VortragsImpulse (Hrsg.)
Deutsches Rednerlexikon

Bibliografische Information der Deutschen Nationalbibliothek

Die Deutsche Nationalbibliothek verzeichnet diese Publikation in der Deutschen Nationalbibliografie; detaillierte bibliografische Informationen sind im Internet über http://dnb.d-nb.de abrufbar.

ISBN 978-3-86936-047-8

Umschlaggestaltung: Brigitte Heckmann, VortragsImpulse GmbH, Freising/Verena Lorenz, München
Satz und Layout: Meta-Team, Weidenberg
Druck und Bindung: Salzland Druck, Staßfurt

2., überarbeitete Auflage 2011
© 2011 GABAL Verlag GmbH, Offenbach
Alle Rechte vorbehalten. Vervielfältigung, auch auszugsweise, nur mit schriftlicher Genehmigung des Verlages.

DEUTSCHES REDNERLEXIKON

Das unentbehrliche **Nachschlagewerk** mit mehr als 700 Rednern und Experten aus dem deutschsprachigen Raum. Das **erste und umfangreichste Gesamtwerk** mit detaillierten Informationen zur Person, Themengebieten, Auszeichnungen und vielen weiteren interessanten Fakten.

Porträt · Vita · Informationen · Themen · Autor · Auszeichnungen

INHALTS-VERZEICHNIS

Vorwort Unternehmen Erfolg –
Vortragsimpulse 6
Vorwort Unternehmen Erfolg –
Vortragsimpulse 8
Vorwort Dr. Langenscheidt 10
Vorwort Prof. Dr. Seiwert 12

Redner von A–Z 14–763

Vortragskategorien 764
    Allianzen & Netzwerke 767
    Einkauf 768
    Gedächtnistraining 769
    Geschichte & Literatur 770
    Innovation, Zukunft & Visionen 771
    Journalismus & Medien 774
    Kommunikation 775
    Körpersprache 780
    Kreativität 781
    Kundenbindung & Vertrieb 783
    Kunst & Kultur 786
    Länder & Kulturen 787
    Management 788
    Marken & Marketing 792

Märkte & Strategien 794
Menschenführung 797
Meteorologie & Klimaforschung 801
Mobilität, Umwelt & Energie 801
Motivation 802
Motorsport & Technik 803
Neue Technologien & Medien 803
Persönlichkeitsentwicklung 805
Politik & Zeitgeschehen 808
Projektmanagement 809
Psychologie & Pädagogik 810
Reisen & Expeditionen 813
Rhetorik 814
Spirit & Werte 816
Sport, Gesundheit & Fitness 819
Stressmanagement 820
Teamentwicklung 822
Teamwork & Networking 824
Umwelt & Energie 826
Unternehmenserfolg 827
Unternehmenskultur & Ethik 829
Vertriebsmethoden 832
Wirtschaft & Finanzen 834
Wissenschaft 835

Sie suchen einen Redner/Experten? www.vortragsimpulse.de

Work-Life-Balance 836

Zeitmanagement 838

Rednerkategorien 840

Business-Experte 843

Celebrity-Speaker 845

Coach 847

Dozent 850

Experte 854

Journalist 857

Kabarettist 858

Keynote-Speaker 859

Moderator 864

Politiker 868

Redner 868

Sport-Persönlichkeit 874

Trainer/Berater 875

Sprache 879

Arabisch 881

Dänisch 881

Englisch 881

Französisch 885

Hindi 887

Italienisch 887

Neugriechisch 888

Niederländisch 888

Portugiesisch 888

Russisch 889

Schwedisch 889

Serbokroatisch 889

Spanisch 890

Tschechisch 890

Ungarisch 891

Verzeichnis der Redner von A–Z 892

ROBERT AMELUNG, VORTRAGSIMPULSE

»Wissen erlebbar machen, Begeisterung schaffen, Impulse geben: Ihr Vorsprung in der Wissensgesellschaft von morgen!«

Robert Amelung ist Geschäftsleiter von Unternehmen Erfolg GmbH und gestaltet die Erweiterung des Portfolio von Unternehmen Erfolg um die Marke VortragsImpulse. VortragsImpulse ist Redneragentur, produziert Medienprodukte wie das Deutsche Rednerlexikon und bietet Rednern Serviceprodukte, die ihren Expertenstatus abrunden und weiter ausbauen. „Von den Besten für die Besten", lautet die Devise.

Das Suchen und Finden steht über jedem Nachschlagwerk. Ohne jede Frage bietet die zweite Auflage des Deutschen Rednerlexikons genügend Auswahl zum Finden. Die im Vorfeld wesentliche Antwort darauf, wann und warum die Suche nach dem passenden Experten beginnt, kann allerdings ebenso umfangreich ausfallen. Machen wir es kurz.

Sicher kennen sie die Redensart: „Was gilt der Prophet im eigenen Land". Abgesehen davon, dass wir frischen Impulsen von außen mehr Aufmerksamkeit schenken, als den alten Zöpfen, geht es doch im Wesentlichen darum, dass eine wertvolle Information dauerhaft erinnert werden soll, dass sie nachhaltig ist. Wenn wir unserem Gedächtnis auf die Sprünge helfen wollen, muss Erinnern attraktiv gestaltet werden. Dazu bedarf es zur Information dem richtigen Impuls. Die hier gelisteten Redner sind solche Impulsgeber. Aber was können sie besser als die eignen Propheten?

Die Antwort ist im menschlichen Gehirn zu suchen – und zu finden: sie setzen die richtigen Anreize. Eine prononcierte Rede schafft es, die Vorstellungskraft des Zuhörers anzuregen. Sie referiert nicht nur Fakten – sie erzählt eine Geschichte. Die Veranstaltung liefert den dazu notwendigen emotionalen Rahmen eines Erlebnisses. In dieser Kombination gelingt die Verknüpfung von Information und Erinnerungsanreiz. Das Resultat: Unternehmen und Botschaft werden im Gedächtnis verankert und haben gewissermaßen einen festen und doppelten Halt.

Mit diesem Pfund nehmen Veranstaltungen als Werkzeuge der Unternehmenskommunikation eine immer wichtigere Rolle ein und stehen auf Augenhöhe mit den Instrumenten der klassischen Werbung und PR.

Nutzen Sie auch mit der zweiten Auflage des Deutschen Rednerlexikons die Chancen zu kommunizieren. Wer könnte das in Ihrem Auftrag besser, als eine Auswahl an professionellen Rednern. Unternehmen Erfolg VortragsImpulse unterstützt Sie gerne beim Finden des für Sie besten Impulsgebers. Egal, auf welchem Gebiet sie zu Hause sind.

Robert Amelung

BRIGITTE HECKMANN, UNTERNEHMEN ERFOLG

»Endlich ein umfassendes Werk – von etablierten Top-Rednern bis zu vielversprechenden neuen Talenten ...«

Brigitte Heckmann ist Geschäftsleiterin von Unternehmen Erfolg GmbH und zuständig für Kooperationspartner, sowie Leiterin der Media-Produktion von VortragsImpulse. Als Networking-Profi versteht sie es, Experten für die Realisierung ihrer Projekte zu gewinnen. Zusammen mit ihrem Mitarbeiterteam und den besten Partnern und Dienstleistern hat sie das Projekt »Deutsches Rednerlexikon« bereits zum zweiten Mal auf die Beine gestellt.

Die Resonanz auf die erste Auflage des »Deutschen Rednerlexikons« war fulminant. Unsere Redner, Experten sowie potentiellen Entscheider von Veranstaltungen bestätigten unsere Idee, dass ein gedrucktes Buch neben allen Online-Präsenzen immer noch Bestand hat. »Endlich ein Standardwerk mit einem umfassenden Überblick im Rednerbereich...«, war eine der vielen positiven Stimmen.

Auch mit der zweiten Auflage wollen wir Transparenz in den deutschsprachigen Rednermarkt bringen. Dabei stellt das Lexikon keinen Nachweis für eine Qualitätssicherung dar und erhebt selbstverständlich keinen Anspruch auf Vollständigkeit. Vielmehr bieten wir mit dem Nachschlagewerk einen Kompass für all diejenigen, die für die Organisation von Veranstaltungen verantwortlich sind.
Im Fokus steht für uns nach wie vor Antworten zu geben. Welche Redner haben sich zu welchen Inhalten auf dem Markt etabliert? Wer ist die geeignete Persönlichkeit zum jeweiligen Thema, zur anvisierten Zielgruppe und zum geplanten Budget? In Form von konzentriertem Hintergrundwissen liefert das Lexikon entscheidende Ankerpunkte auf der Suche nach dem passenden Impulsgeber – für den Kongress, Ihr Kundenevent, die Mitarbeitertagung oder das Top-Management.

Mit über 700 Rednern ist auch die zweite Auflage des Deutschen Rednerlexikons das umfangreichste seiner Art. Nutzen sie unser gesammeltes Wissen über Redner, Speaker, Keynote-Speaker, führende Managementexperten, Unternehmerpersönlichkeiten, Politiker, Wissenschaftler, Denker, Macher, Visionäre und außergewöhnliche Persönlichkeiten.
Redner, die inspirieren, informieren, motivieren und neue Impulse für die Herausforderungen von morgen geben.

Ich wünsche Ihnen viel Erfolg beim Finden Ihres Redners oder Experten.

Brigitte Heckmann

DR. FLORIAN LANGENSCHEIDT

»... das vorliegende ›Deutsche Rednerlexikon‹ füllt eine Lücke in unserem Land und wird zu einem wichtigen und sehr nützlichen Standardwerk werden ...«

Dr. Florian Langenscheidt ist Moderator, Verleger, Gesellschafter bei der Langenscheidt-Verlagsgruppe, TV-Moderator und Autor erfolgreicher Bücher wie »Wörterbuch des Optimisten«, »1.000 Glücksmomente«, »100 x Mut« und »Motto meines Lebens«. Langenscheidt, der als »Botschafter des Herzens« durch die Welt reist und an Universitäten und vor renommiertem Publikum Reden über Sinnfragen des Lebens hält, ist Gründer von CHILDREN FOR A BETTER WORLD, Herausgeber von Kompendien wie »Marken des Jahrhunderts« oder »Lexikon der deutschen Familienunternehmen« u. v. a. m. Er ist Mitglied der German Speakers Hall of Fame.

Virtuelle Communitys, Videokonferenzen, Skypen, Angst vor der globalen Erwärmung und vor Terrorismus – wer dachte angesichts solch technischer Möglichkeiten und grundlegender Einstellungsveränderungen nicht, dass Kongresse, Messen und Symposien an Bedeutung verlieren würden? Das Gegenteil ist der Fall. Der Bereich boomt wie selten zuvor. Die Menschen suchen den persönlichen Dialog, den spontanen Austausch, die physische Nähe, das gemeinsame Bier, die Begegnung beim Mittagessen – und nichts davon ist durch noch so perfekte Medien zu ersetzen. Erst recht nicht das Charisma großer Reden und das Mitgerissenwerden, wenn Persönlichkeiten wie Barack Obama ans Rednerpult treten. Sie können innere Welten neu justieren und äußere ändern. Sie können lieb gewordene Sichtweisen über den Haufen werden, Ungedachtes denkbar machen oder einfach zu Tränen rühren.

Große Redner und Rednerinnen werden uns immer in ihren Bann ziehen. Insoweit füllt das vorliegende »Deutsche Rednerlexikon« eine Lücke in unserem Land und wird zu einem wichtigen und sehr nützlichen Standardwerk werden.

Dr. Florian Langenscheidt

PROF. DR. LOTHAR SEIWERT

»Professionelle Redner sind nicht nur Redner. Sie sind auch Denker – im besten Falle Vordenker, aber auf jeden Fall Nachdenker ...«

Professor Dr. Lothar Seiwert ist Präsident der German Speakers Association (GSA) und Europas führender und bekanntester Experte für das neue Zeit- und Lebensmanagement. Mit mehr als zehn Awards ist er der am häufigsten ausgezeichnete Bestseller-Autor und Keynote-Speaker. In Heidelberg leitet er die Seiwert Keynote-Speaker GmbH, die sich auf Time-Management, Life-Leadership® und Work-Life-Balance spezialisiert hat.

John F. Kennedy soll sich für seine berühmte Rede im Juni 1963 den Satz »Ich bin ein Berliner« in Lautschrift notiert haben. Helmut Kohl versprach zur Währungsunion »blühende Landschaften«. Barack Obamas Satz »Yes, we can« ist schon wenige Tage nach seiner Inaugurationsrede zum geflügelten Wort und zur Metapher für eine bessere Welt geworden. Hervorragende Reden schaffen Emotionen. Sie stehen für Aufbruch, für Veränderung, für einen neuen Einfluss auf die Herzen und Köpfe der Menschen.

Immer dann, wenn Menschen aufeinandertreffen, wird Wissen ausgetauscht. Wissen, Erfahrungen, Gefühle, Gedanken, Schwingungen. Dieses Wissen bringt Menschen weiter: Einen besonderen Effekt hat Wissen, wenn es professionell, spannend, bewegend, sachkompetent und unterhaltend weitergegeben wird. Wenn professionelle Redner und Trainer auftreten, dann macht Lernen richtig Spaß. Das hilft unseren Unternehmen, dem Einzelnen, der Wirtschaft – nicht zuletzt der Tagungswirtschaft, die in unseren aktuell herausfordernden Zeiten besonders leidet. Es ist der falsche Weg, an Veranstaltungen zu sparen. Denn das bedeutet: an Motivation sparen, mit Bildung geizen, sich mit karger Dynamik und bescheidener Produktivität zufrieden geben.

Und bedenken Sie eines: Professionelle Redner aus Kultur, Wirtschaft, Politik, Wissenschaft oder Gesellschaft sind nicht nur Redner. Sie sind auch Denker – im besten Falle Vordenker, aber auf jeden Fall Nachdenker. Denken führt zu Innovation und Fortschritt, zu Entwicklung und Wachstum. Denken ist der erste Schlüssel zum Handeln und Tun.

Die Gemeinschaft der professionellen deutschsprachigen Referenten liegt uns in der German Speakers Association besonders am Herzen. Deshalb freuen wir uns sehr, dass es nun das »Deutsche Rednerlexikon« gibt: Eine einzigartige Enzyklopädie der deutschen Business-Speaker, die Unternehmern, Tagungsplanern, Eventagenturen und Marketingentscheidern hilft, den richtigen Speaker für ihre Veranstaltung zu finden. Wenngleich Sie weder Barack Obama noch Helmut Kohl in diesem Nachschlagewerk finden, so werden Sie viele Redner finden, die ihre Berufung zu ihrem Beruf gemacht haben. Sie werden viele »Professionelle Mitglieder« der German Speakers Association finden. Sie werden Referenten kennenlernen, die originelle Spezialthemen behandeln. Sie werden solche finden, die einen ganz besonderen Lebenslauf haben und daraus wertvolle Analogien für Business und Privatleben ableiten. Um Sie, Ihre Mitmenschen, Ihre Mitarbeiter, Ihre Kollegen und Ihr Tagungspublikum mit wirkungsvollen Reden zu begeistern, aufzurütteln und zu bewegen.

Prof. Dr. Lothar Seiwert, Präsident GSA   Siegfried Haider, Vize-Präsident GSA

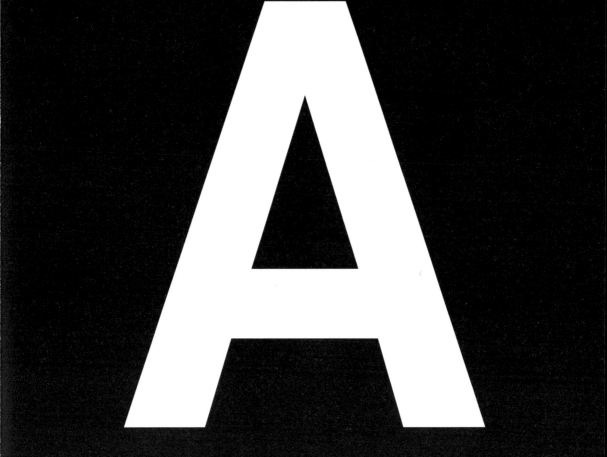

JÖRG ABROMEIT

Themen

Erfolgsgeheimnis Souveränität

Souverän Auftreten – auch in schwierigen Situationen

Charisma!
Das Geheimnis der Gnadengabe

So werden Sie Ihr Lampenfieber los

Veröffentlichungen

Kurzbiografie

Jörg Abromeit, 1966 in Duisburg geboren, ist Redner, Autor und Trainer. Seit 1995 als Trainer und Berater tätig, hat er 2005 die REDEAKADEMIE in Bonn gegründet.

Seit vielen Jahren berät er Politiker und Führungskräfte aus der Wirtschaft bei öffentlichen Auftritten vor Kamera und Live-Publikum. Zu seinen Kunden gehören Politiker aus der Landes- und Bundespolitik, internationale Anwaltssozietäten, Unternehmensberatungen und Führungskräfte großer Konzerne genauso wie Unternehmen aus dem Mittelstand.

Bereits während seines Studiums der Philosophie, neueren Geschichte, Politikwissenschaft und Sprechkunde arbeitete Jörg Abromeit als Dozent im Bereich Rhetorik und Kommunikation. Ursprünglich Trainer für Rhetorik und Stimmbildung, stellte er schnell fest, dass viele Klienten trotz der klassischen rhetorischen Schulungsmaßnahmen im Bereich der persönlichen Ausstrahlung und Souveränität hinter ihren Möglichkeiten zurückblieben. Deshalb eignete er sich ein breites Repertoire an Veränderungsmethoden an, das Techniken wie etwa NLP, Hypnose und Techniken aus dem neuroenergetischen Bereich zur Auflösung innerer Blockaden umfasst, und entwickelte auf der Basis wissenschaftlicher Erkenntnisse eigene Modelle, um Phänomene wie Souveränität und Charisma erklären und trainieren zu können. Im Rahmen eines Lehrauftrags an der Universität Kiel unterrichtet er Studenten zu den Themen Rhetorik und Charisma.

Jörg Abromeit ist bekannt dafür, dass er Dinge auf den Punkt bringt: Sein Stil als Redner ist geprägt von humorvoller Provokation, Inhalte verankert er emotional über Beispiele, Geschichten, plastische Bilder und, wenn es sein muss, auch über hypnotische Sprachmuster. Dabei nutzt er u. a. Elemente des Impro-Theaters. Wichtig ist ihm, die Teilnehmer seiner Veranstaltungen zum Weiterdenken anzuregen und ihnen praktische Hilfen für die Veränderung im Alltag mitzugeben.

Referenzen und Kundenstimmen

»Kompetenter Trainer, ungewöhnliche Methoden, fesselnde Inhalte – eine Veranstaltung mit Tiefgang und Nachklang.«

»Noch niemals vorher habe ich ein so unterhaltendes (fast kabarettistisches) Seminar erlebt.«

»Zwei Tage, die für jeden Teilnehmer eine Herausforderung, aber auch einen Meilenstein seiner Entwicklung darstellen.«

CLEMENS ADAM

Themen

Engpass Vertrieb
Wo steckt das größte Potenzial für mehr Umsatz?

Können Ingenieure erfolgreich verkaufen?

Erfolgreich verkaufen
Wie Sie jeden Kunden begeistern.

Erfolgreich Kunden zu Stammkunden machen?

Veröffentlichungen

Engpass Vertrieb – wo steckt das größte Potenzial für mehr Umsatz?
Erscheint 2010

Mit weniger Angeboten mehr Aufträge
Fachartikel

Wie aus einem Schwein eine leckere Wurst wird - werden Sie zum Umsatzbremsenlöser.

Coaching-Brief für Unternehmer
Monatlich an über 5000 Leser

Kurzbiografie

Clemens Adam ist Jahrgang 1964 und ausgebildeter Mastertrainer, Vertriebsexperte, NLP-Practitioner, Unternehmenscoach, Knigge Umgangsformentrainer und Kooperationsmanager aus dem hessischen Freigericht. Als Dozent an der dualen Hochschule Mannheim und Speaker der German Speaker Association hat er sich bereits einen Namen gemacht.

Als Erfinder des Authentic-Brain-Memory-Effekts entwickelt Clemens Adam Seminare und Workshops, die das Leben einfacher machen, ohne dass man sich dabei verbiegen muss.
Er ist Experte für Umsatz- und Gewinnoptimierung, Marketingberater, Führungs-, Management- und Verkaufstraining, Spezialist für Messetraining. Mastertrainer Sales.

Referenzen und Kundenstimmen

»Am meisten überzeugt hat mich die von Ihnen demonstrierte Fragetechnik und Nutzenargumentation, welche für mich als technisch denkender Mensch Neuland war.« *Jochen Senft, Architekt München*

»Clemens Adam gelingt es auf eine bisher noch nicht erlebte Weise, strukturiertes umfangreiches Vertriebs-Know-how an die Teilnehmer so zu vermitteln, dass die Authentizität der Seminarteilnehmer bestmöglich gewahrt wird. Das Vorgehen führt zu vielfältigen Möglichkeiten, einen individuellen Weg für eine erfolgreiche Vertriebstätigkeit zu finden. Verstellungen im Vertrieb können unterbleiben. Das fördert die Identifikation mit der Vertriebsaufgabe und sorgt für die Nachhaltigkeit der Schulung. Kurz gesagt: ›Clemens Adam gibt auch dem Nicht-Vertriebsmann oder der Nicht-Vertriebsfrau Spaß an der Vertriebsarbeit.‹«
Rolf Gärtner

Auszeichnungen und Pressestimmen

Nominierung für den Innovationspreis für Weiterbildung des Landes Hessen 2010.

Ausgezeichnet mit dem Train-Award Sales 2010 für das nachhaltige V-KEP Vertriebstraining.

Die Presse berichtet:
»Höhepunkt des Vortragsabends im Business-Forum Gelnhausen war der Vortrag von Clemens Adam, in dem er beschrieb, wie es geht, Probleme als Chancen zu sehen. Immerhin werde 90 % jeglicher Diskussion damit verbracht, über Probleme zu reden anstatt über Lösungen. Seine Aussage. Keine Diskussionen mehr ohne mindestens einen Lösungsvorschlag.« *FRANKFURTER RUNDSCHAU und GNZ März 09*

»Clemens Adam rüttelt nicht nur Verkäufer, sondern auch Unternehmer mit seinem Bildhaften Vortrag wach. Jeder findet sich im Vortrag wieder und geht motiviert nach Hause.« *BVMW Mittelstandszeitung 2010*

ERIC ADLER

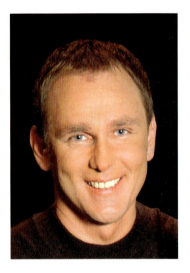

Kurzbiografie

Eric Adler, 1965 in Wien geboren, ist seit 1990 auf soziale Kompetenzen spezialisiert und hat erstmals diese Fähigkeiten nachhaltig (!) lernbar gemacht, indem er eine »neue Trainings-Methode« entwickelte.

2002 veröffentlichte er auf Basis dieser neuen Methode ein Trainingsprogramm unter der Bezeichnung »Adler Social Coaching®« und erbrachte als erster Bildungsanbieter in einer Studie (300 Probanden über zwei Jahre) den Nachweis, dass eine nachhaltige Persönlichkeitsentwicklung mit messbaren Ergebnissen stattfindet.

2007 entwickelte er auf der Grundlage seiner Methode ein Programm zur Steigerung der Sozialkompetenz bei Jugendlichen. 2008 folgte ein Salestraining, welches auf der gleichen Methode basiert. Auch bei diesen Programmen bestätigen Klienten und wissenschaftliche Evaluierung die außergewöhnliche Wirkungsweise.

Eric Adler gilt heute als der führende Experte in den Bereichen Sozialkompetenz und nachhaltige (!) Persönlichkeitsentwicklung. Er vergibt international Lizenzen für seine Methode, hält Vorträge, publiziert in Fachmagazinen, veröffentlichte bis dato sieben Bücher sowie vier Lehrgänge und widmet sich als Präsident des »Europainstitutes für Sozialkompetenz« vor allem der Forschung und Entwicklung von Inhalten und Methoden zur nachhaltigen (!) Förderung von Sozialkompetenz.

Ein Vortrags-Highlight ist sein Coaching-Kabarett »NUTZT eh' NIX®«, in dem er mittels Beispielen aus seiner langjährigen Expertentätigkeit die Anleitung gibt, was man tun muss, um so richtig erfolgLOS und UNzufrieden zu sein. Überwiegend zum Lachen ... aber auch ein wenig zum Nachdenken.

Themen

NUTZT eh' NIX® – Das Coaching-Kabarett

MASTERY.PROGRAM®
Europas einzigartiger Lehrgang zur nachhaltigen (!) Persönlichkeitsentwicklung

TOOLS for LIFE®
Sozialkompetenztraining speziell für Jugendliche

TOOLS for BEST®
Training für Verkauf und Vertrieb mit Erfolgsgarantie

Veröffentlichungen

Referenzen und Kundenstimmen

»... viele begeisterte Rückmeldungen ...« *Berliner Steuerberaterverband*
»... Ihr Auftritt ist noch lange nachgeklungen ...« *Continental-Semperit*
»... Teilnehmer begeistert ... Vorteile im Geschäftsalltag ...« *HONDA Austria*
»... man muss Sie einfach erlebt haben! ...« *Micro Electronic Cluster*
»... eine deutliche Umsatzsteigerung ...« *NACHTSCHICHT*
»... Topkunden waren begeistert ...« *Sparkasse Oberösterreich*
»... überraschende Erfolge bei unseren Lehrlingsausbildnern ...« *STRABAG*
»... hat unsere Erwartungen bei weitem übertroffen ...« *VFG*

Auszeichnungen und Pressestimmen

»... sowohl Wirtschaftskammer als auch Schulen bestätigen die messbaren Erfolge der Adler-Methode ...« *oe1 Wissen Aktuell*
»... Eric Adler verlieh dem Publikum Flügel ...« *Kleine Zeitung*
»... er vermittelt sein Wissen auf eine solch mitreißende Art, dass man immer das Gefühl hat, auf Entdeckungsreise zu sein ...« *Kronen Zeitung*
»... es scheint, als hätte Eric Adler einen Weg gefunden, die so oft geforderte Nachhaltigkeit in der Persönlichkeitsentwicklung bieten zu können ...« *Magazin Training*

LEIF AHRENS

Themen

Würzen Sie Ihr Profil!
erfolgreiches Selbstmarketing für Führungskräfte

Veröffentlichungen

Kurzbiografie

Am 6. Dezember 1992 hat Leif Ahrens seine erste Sendung im Radiostudio moderiert. Seit diesem Tag fasziniert es ihn, wie Menschen sich verkaufen. Wer zu einem Vortrag kommt, dem droht Ansteckungsgefahr! Lassen Sie sich nicht unterkriegen - würzen Sie Ihr Profil.
Jeder Mensch hat ein Profil. Die einen setzen es mehr ein, um sich selbst zu vermarkten, die anderen weniger. Was erfolgreichem Selbstmarketing im Weg steht, sind zu wenig Wissen über sich selbst und keine Taktik, wie das eigene Profil erfolgreich eingesetzt werden kann. Leif Ahrens hat 15 Jahre als Journalist in Radio und Fernsehen gearbeitet. Für den Privatsender FFH in Hessen war er für Moderation und Präsentation von Livesendungen zuständig. In rund 7000 Sendestunden und ca. 500 Interviews hat er das Kommunikationsverhalten von Politikern, Wirtschaftslenkern, Schauspielern und Musikern studiert. Was macht diese Menschen erfolgreich? Worauf konzentrieren sie sich? Wie lauten ihre Geheimrezepte? Kurz gesagt, all das, was das persönliche Profil ausmacht, hat er hier erlebt. Diese Erkenntnisse fließen heute in seine Arbeit ein. Leif Ahrens tritt als Vortragsredner in D, A und der CH auf Tagungen und Kongressen auf.
Der Anspruch von Leif Ahrens ist es, den Zuhörern keine allgemeinen Techniken zu vermitteln, sondern die individuellen Persönlichkeiten und Profile der Menschen in den Mittelpunkt zu stellen. Sein Motto: »Wer seine Stärken kennt, kann authentisch, effektiv und damit nachhaltig kommunizieren.« Er coacht Führungskräfte aus folgenden Branchen (Auszug): Bank, Versicherung, Museum, IT-Branche, sowie Politiker.

Für alle, die im Leben schon einmal an ihrem Selbstmarketing gearbeitet haben, ist jeder Vortrag von Leif Ahrens pure Inspiration. Für alle, die bisher keine Zeit dafür gefunden haben, ist er ein MUSS!

Referenzen und Kundenstimmen

»Meine Mitarbeiter schwärmen immer noch von dem Vortrag und – viel wichtiger – sie wenden die Konzepte auch an!!!« *Klaus Wilmsmeier, TUI Deutschland GmbH*

»Besonders die Herangehensweise von Herrn Ahrens hat uns sehr begeistert. Er hat sich wirklich mit unserer Stadt und unseren Herausforderungen auseinander gesetzt und genau den richtigen Ansatzpunkt ausfindig gemacht. Wenige Stunden vor seinem Auftritt war er sogar noch in der Stadt unterwegs um selbst Gäste zum Thema Service zu befragen, diese Interviews hat er in Form von Videos noch in den Vortrag eingebaut – sehr professionell« *Erich Fasching, Stadtmanager Bad Ischl.*

Unternehmen wie Mercedes-Benz AG, Audi AG, Volkswagen AG, Bahn AG, Lufthansa AG, Kaufhof Warenhaus AG, PriceWaterhouseCoopers AG, DBV Winterthur Versicherungs AG, Commerzbank AG, AOK Hessen, Lufthansa City Center haben ihn für Unternehmensveranstaltungen auf die Bühne geholt.

Auszeichnungen und Pressestimmen

»Gute Tipps für Gesprächsführung und Rhetorik vom Experten Leif Ahrens.« *Tilmann Schöberl, BR1*

DIE AICHHORN®

Themen

Die selbst.bewusste Frau!
Gewinnen Sie die Zielgruppe der Zukunft: mehr Kundinnen für Ihr Unternehmen!

Die 7 Stolpersteine zum Erfolg!
Der selbst.bewusste Weg zu Ihren Zielen!

Veröffentlichungen

Kurzbiografie

Die AICHHORN®, Ulrike Aichhorn, MAS, MTD, 1964 in Salzburg geboren, nutzte nach mehr als 12 Jahren Management-Erfahrung im Jahr 1997 die Chance zum Sprung ins kalte Wasser der Unternehmerin. Seither fühlt sie sich darin nicht nur pudelwohl, sondern schwimmt von Erfolg zu Erfolg.

Die studierte Wirtschaftstrainerin gilt als Profi »mit Herz & Fingerspitzengefühl«, wenn es heißt, engagierte Unternehmen beim Aufbau von Prozessmanagement-Systemen zu begleiten. Durch ihre einzigartigen, maßgeschneiderten Workshops & Trainings gelingt es ihr, MitarbeiterInnen und Führungskräfte gleichermaßen zu begeistern.

Ist es doch das unvergleichliche, persönliche Engagement der AICHHORN®: praxisnah, packend und direkt am Nerv! Sie versteht es wie keine andere, aus den Menschen, mit denen sie arbeiten darf, das Beste herauszuholen und ihre Potenziale zu zeigen! Ganz nach ihrem Motto: »Fördern & fordern, Beispiel geben, Spiegel sein, unterstützen ... und Raum lassen für MEHR.«

2004 erweckte ihre kritische Studie »Frauen auf dem Weg nach oben werfen sich viele Stolpersteine selbst vor die Füße!« enormes Medien- und Wirtschaftsinteresse. »Weg vom Jammern, hin zum aktiven Tun« – daraus entwickelte die AICHHORN® faszinierende Seminare für Menschen, die ihrer Persönlichkeit mehr Strahlkraft verleihen wollen. Doch dem nicht genug, bietet sie als mitreißende Vortragende jenen Unternehmen ein höchst erfolgreiches Marketing-Konzept, die die Zielgruppe der Zukunft gewinnen wollen! Ein Abend zum Thema »Die selbst.bewusste Frau!« und die Veranstaltung ist ausgebucht!

Die AICHHORN® ist anerkannt als Professional Member der GSA – German Speakers Association sowie der GSF – Global Speakers Federation.

Referenzen und Kundenstimmen

»Der Vortrag von Ulrike Aichhorn fasziniert mich jedes Mal aufs Neue. Außergewöhnlich, spannend und inspirierend zugleich!« *Astrid Valek, MAS, Marketing & PR Raiffeisenbank Region Wien-Schwechat (A)*

»Die Resonanz auf die Kundenveranstaltung war überaus positiv! Frauen sind anders – unsere Sparkasse auch. Das passt perfekt zusammen.« *Knut Winkelmann, Vorsitzender des Vorstandes, Stadtsparkasse Blomberg/Lippe (D)*

»Ihr Vortrag war eine große Bereicherung für den Erfolg unseres Kongresses.« *Diana Radam, Radam BioCosmetic, Berlin (D)*

Auszeichnungen und Pressestimmen

»... macht den Zuhörerinnen (und Zuhörern!) Mut, die Initiative für den Erfolg selbst in die Hand zu nehmen!« *Salzburger Nachrichten*
»... ihre Philosophie ›selbst.bewusst.sein‹ wird nicht nur von Frauen mit großer Begeisterung aufgenommen.« *Wirtschaftsmagazin ECONOVA*

DR. BARBARA AIGNER

Themen

Themen rund um das Bankmanagement

Zielgruppe Frau
Frau sein - frei sein. Wie man seine Zielgruppe erorbert

Geschäftsmodelle des Web 2.0
Wie das Web unser Business verändert

Moderation von Events

Kurzbiografie

Dr. Barbara Aigner, 1976 geboren, österreichische Staatsbürgerin, ist Geschäftsführerin des Beratungsunternehmens emotion banking® und Begründerin des internationalen Bankenwettbewerbs victor. Ihr ehrgeiziger Weg brachte sie in Mindeststudienzeit bis zum Doktor der Wirtschaftswissenschaften und als Assistentin an den Bankenlehrstuhl der Wirtschaftsuniversität Wien. Dort verdiente sie sich neben der Lehrtätigkeit auch in praktischer Projektarbeit insbesondere im Bereich des Qualitätsmanagements und Marketings von Banken. Es folgte der Sprung in die Selbstständigkeit und die Gründung des internationalen, objektiven Evaluierungsinstrumentes »victor« verbunden mit der jährlich vergebenen Auszeichnung »Bank des Jahres«. Ihre Leidenschaft gilt der Motivation von Menschen und Organisationen. Stets denkt sie in Potenzialen und Chancen und wird nicht müde, diese zu kommunizieren und auch einzufordern. So vereint sie als Vortragende und Moderatorin weiblichen Charme mit schnörkelloser Klarheit. Mühelos gelingt es ihr, das Publikum durch Spontaneität zu bezaubern und ihre aufrüttelnden Botschaften im Kopf des Auditoriums zu platzieren.

Referenzen und Kundenstimmen

Banken, Sparkassen und Genossenschaften aus dem gesamten deutschsprachigen Raum.

FALK AL-OMARY

Themen

Power-Positionierung
Raus aus der Beliebigkeit – hin zu PR-Excellence

Marke ICH
Der Weg zur unverwechselbaren Persönlichkeit

Nettikette
Empfängerorientierte Kommunikationskultur

Lobbying
Eigeninteressen erfolgreich durchsetzen

Kurzbiografie

Falk Al-Omary, Jahrgang 1973, freier Journalist und Kommunikationsexperte, sammelte sein PR-Know-how in seiner langjährigen Tätigkeit in der Politik sowie in der Wirtschaft und in den Medien. Zu seinen Kunden zählen namhafte Unternehmen und Persönlichkeiten im In- und Ausland. Er ist Inhaber und Geschäftsführer verschiedener Beratungs- und Dienstleistungsunternehmen und stellvertretender Chefredakteur einer Wirtschaftsredaktion. Sein Beratungswissen erstreckt sich von strategischem Unternehmensmarketing über politisches Lobbying bis zur ganzheitlichen Umsetzung von PR- und Werbekampagnen. In seinen Seminaren, Trainings und auf Kongressen gibt er sein praxisorientiertes und fundiertes Fachwissen in einer provozierenden und authentischen Art und Weise weiter.

Falk Al-Omary war viele Jahre politischer Mandatsträger auf der kommunalen und regionalen Ebene und hat während seiner beruflichen Laufbahn unter anderem im Deutschen Bundestag und für verschiedene nationale und internationale Verbände und Organisationen gearbeitet. Seit 2003 ist er Inhaber und Geschäftsführer der Spreeforum International GmbH und anerkannter Berater und Trainer in Fragen der Public Relations, der politischen Kommunikation und der persönlichen Wirkung.

Mitgliedschaften:
- BDVT – Berufsverband für Trainer, Berater und Coaches
- GABAL e. V.
- Die Jungen Unternehmer (BJU)
- German-Norwegian Network (GNN)
- Deutscher Journalistenverband (DJV)
- Deutscher Managerverband

Referenzen und Kundenstimmen

»wertvolle Praxistipps im Minutentakt – sehr empfehlenswert«

»praxisnah, individuell, ehrlich und unterhaltsam«

»Ein Tag, der sich gelohnt hat. Das Training hatte einen echten Mehrwert und war spannend und kurzweilig.«

Auszeichnungen und Pressestimmen

Trainers Excellence TOP 100 Member

Aufnahme als Qualitätsexperte in das Qualitätsnetzwerk der Erfolgsgemeinschaft

TOP Speaker 2010

Aufnahme als Mitglied der German Speakers Association (GSA) in der Kategorie »Professionell«

DR. FRANZ ALT

Kurzbiografie

Franz Alt, geboren 1938, Dr. phil., ist Journalist, Fernsehmoderator und Buchautor. Von 1972 bis 1992 war er Leiter und Moderator des politischen Magazins »REPORT«. Von 1992 bis 2003 leitete er die Zukunftsredaktion ZEITSPRUNG im Südwestrundfunk, seit 1997 das Magazin QUERDENKER und seit 2000 das Magazin »Grenzenlos« in 3Sat.

Franz Alt hält heute weltweit 200 Vorträge pro Jahr und schreibt Gastkommentare sowie Hintergrundberichte für über 40 Zeitungen und Magazine. Für sein Engagement erhielt er zahlreiche Auszeichnungen. Seine Bücher sind in 12 Sprachen übersetzt und erreichen eine Auflage von über zwei Millionen Exemplaren.

Auf seiner Webseite »Sonnenseite« finden Sie aktuelle, kommentierte News rund um Solarenergie, Umweltschutz, Wirtschaft und aktuelle Weltpolitik. Jeden Sonntag gibt es einen kostenlosen NEWSletter.

Auszeichnungen und Pressestimmen

»Adolf-Grimme-Preis, Goldene Kamera, BAMBI, Deutscher + Europäischer Solarpreis, Umweltpreis d. dt. Wirtschaft, Innovationspreis.«

Themen

Die Sonne schickt uns keine Rechnung – neue Energie – neue Arbeit – neue Mobilität

Sonnige Aussichten
Wie Klimaschutz zum Gewinn für alle wird

Unsere Zukunft – die drei großen »E«: Energieeffizienz, erneuerbare Energien, Energieeinsparung

Gewinn durch Sinn
Die neue Unternehmerphilosophie

Veröffentlichungen

 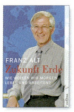

ALEXANDRA ALTMANN

Kurzbiografie

Alexandra Altmann, geboren 1961, berät seit über 20 Jahren Organisationen aller Größen und Branchen zu den Themen Führung, Umsetzungskraft und Change-Management. Nach ihrem Diplom in Organisations- und Wirtschaftspsychologie an der Universität München war sie 16 Jahre in der klassischen Unternehmensberatung bei der internationalen Managementberatung Accenture erfolgreich und wurde dort im Jahr 2000 in die Partnerschaft aufgenommen. Überdies hatte sie Lehraufträge an der Technischen Universität München und der Universität Gießen inne. Im Jahr 2004 gründete sie das Leadership Institut Deutschland, Schweiz, Österreich, das auf die Beratung rund um das Thema »Führung« spezialisiert ist. Das Institut vertritt außerdem exklusiv das global führende Trainingsunternehmen FranklinCovey und den Bestseller Autor Stephen Covey im deutschsprachigen Raum.

Die führende Expertin und Rednerin zum Thema Leadership vermittelt ihre langjährige Erfahrung mit Führungskräften und Change-Management-Projekten in Top-Unternehmen auf sehr lebendige, anschauliche und persönliche Art. Mit der richtigen Mischung aus Business und Psychologie zeigt sie pragmatisch und kompetent, wie man sich selbst und andere führt – und nachhaltig Spitzenleistungen erzielt. Sie inspiriert mit zahlreichen Fall-Beispielen aus dem Unternehmensalltag und illustriert so Mythen und Wahrheit von Umsetzungskraft und guter Führung im 21. Jahrhundert.

Referenzen und Kundenstimmen

»Ich schätze Frau Altmann sehr als Beraterin und Coach, die zum einen Vertrauenswürdigkeit und Kompetenz ausstrahlt und uns zum anderen immer wieder mit innovativen Ansätzen und Ideen überrascht.« *Dr. Alexander Coridaß, Geschäftsführer, ZDF Enterprises GmbH*

»Alexandra Altmann versteht es, eine praxisrelevante Botschaft mit Esprit zu vermitteln. Unsere Teilnehmer waren begeistert – und haben sofort mit der Umsetzung begonnen.« *Olaf Lodbrok, Geschäftsführer Elsevier GmbH, Urban & Fischer Verlag, München*

»Theorie und Praxis zu verbinden und verständlich darzustellen ist häufig eine Herausforderung. Alexandra Altmann ist dies mit ihrer Professionalität, Kreativität und Begeisterungsfähigkeit stets gelungen.« *Reinhard Schäfer, Geschäftsführer, Lufthansa Revenue Services GmbH*

»Wir haben alle sehr von Ihrem Know-how profitieren können.« *Dr. Rosa Cardinale, Credit Suisse*

Themen

Gesagt, getan!
So stärken Sie die Umsetzungskraft Ihres Teams

Leadership
Führung ist eine Frage der Wahl, nicht der Position

Vertrauen
Die unterschätzte ökonomische Macht

Die 7 Wege zur Effektivität
Prinzipien für persönlichen und beruflichen Erfolg

Veröffentlichungen

DR. HANS CHRISTIAN ALTMANN

Themen

Die neuen Spielregeln im Verkauf
Wie Sie trotz veränderter Märkte und neuer Kundenbedürfnisse ungeahnte Verkaufserfolge erreichen

Kunden kaufen nur von Siegern
Wie Sie unwiderstehliche Anziehungskraft erreichen, Kunden begeistern und Top-Umsätze erreichen

Motivation im Verkauf – der Faktor X, der den Unterschied ausmacht.
Wie Sie sich selbst motivieren und in Verkaufsgesprächen durchsetzen

Veröffentlichungen

Kurzbiografie

Dr. Hans Christian Altmann, 1943 in Altötting geboren, machte sich nach dem Studium der Betriebswirtschaft (Dipl-Kfm.) und dem Studium der Geschichte und Psychologie (Dr. phil.) 1979 als Management- und Verkaufstrainer selbstständig. Er ist mit über 80 deutschen und 20 internationalen Auflagen einer der erfolgreichsten Fachbuchautoren und Trainer Europas auf dem Gebiet Verkauf und Motivation.

Sein 1998 erschienenes Buch »Kunden kaufen nur von Siegern« stand zwei Jahre lang auf allen Wirtschafts-Bestsellerlisten und ist mit acht Auflagen das erfolgreichste Verkaufsbuch der letzten Jahre in Deutschland. Für 2010 ist die 9. Auflage geplant. Zu seinen Bestsellern gehört auch sein neuestes Buch »Die neuen Spielregeln im Verkauf«, das im Herbst 2009 herauskam.

Zu seinen Kunden gehören Weltfirmen wie BMW, T-Com, Allianz, E.ON, Microsoft, BASF, Mercedes-Benz, Nestlé, Henkel, Deutsche Vermögensberatung u. a.

Er hat sich darauf spezialisiert, zukunftsweisende Verkaufskonzepte auszuarbeiten und in seinen mitreißenden Motivationsvorträgen zu zeigen, wie man selbst herausfordernde Verkaufsziele erreicht. Darüber hinaus hat er sich als begeisternder Redner auf Kongressen und Verkäufer-Meetings einen Namen gemacht.

Referenzen und Kundenstimmen

»Obwohl bereits ein Jahr seit unserem Verkaufs- und Motivationsseminar vergangen ist, sind unsere Verkäufer noch immer begeistert und schwärmen in den höchsten Tönen von diesem Erlebnis. Ihr mitreißender und begeisternder Vortragsstil – mit faszinierenden Bildern, einprägsamen Leitsätzen und absolut präzisen Tipps – hat bei unseren Verkäufern nicht nur einen enormen Motivationsschub, sondern geradezu eine Explosion unserer Verkaufsabschlüsse ausgelöst.« *Thomas Lehner, Geschäftsführer LEHNER HAUS, Heidenheim*

»Sie haben unsere Vertriebspartner hervorragend motiviert. Es war auch für mich ein Vergnügen, Ihnen zuzuhören, und Sie haben Wissen und Einsichten vermittelt, die unsere Vertriebspartner Tag für Tag in bare Münze umsetzen.« *Dr. Klaus Jung, Dr. Jung & Partner, München*

»Garantiert unvergessen bleiben Ihre lebhaften Vorträge über positives Denken und die Selbstmotivation von Verkäufern. Ganz besonders freut uns, dass wir durch die Zusammenarbeit mit Ihnen zeitnah zu Ihren Aktivitäten ein Plus von 18 % im Neugeschäft erzielen konnten.« *Walter Preisinger, Vorstand der Bausparkasse Schwäbisch Hall AG*

Auszeichnungen und Pressestimmen

»Dr. Hans Christian Altmann zählt im Bereich Verkauf und Motivation zu den 35 profiliertesten Vordenkern in Deutschland und ist der wahre Motivationsguru, dessen Ideen und Ratschläge immer fundiert, seriös und praxisorientiert sind.« *acquisa, Das Magazin für Marketing und Vertrieb*

INGRID AMON

Kurzbiografie

1960 in Dornbirn/Vorarlberg geboren. Mit 18 Jahren Start als freie Mitarbeiterin im ORF. Parallel Studium an der Pädagogischen Akademie für Deutsch und Geschichte sowie Sprech- und Schauspielausbildung. Bis 1997 Sprecherin, Moderatorin und Hörfunk- und Fernsehjournalistin. Seit 1980 Trainerin für Sprechtechnik und Präsentation in Wirtschaft, Medien, Erwachsenenbildung. Vorreiterin und Marktführerin in Österreich. Aus- und Weiterbildungen in Phonetik, Atem- und Stimmbildung, Präsentationstechnik, Körpersprache und atemrhythmisch angepasster Phonation, Stimmbildung, Meditationsleitung, Lachyoga.

Rednerin und Expertin für Stimm- und Sprechtechnik Seit 1990 Tätigkeitsschwerpunkt »Stimme als Business Tool«. Entwicklung einer zukunftsweisenden Spezialform des motivierenden, schwungvollen, interaktiven Vortrages: »Die Macht der Stimme« für Großgruppen bis 600 Zuhörer.

Netzwerkerin Ingrid Amon Mitglied des Austrian Voice Institute und Gründerin und Präsidentin des Europäischen Stimmnetzwerks www.stimme.at.

Themen

Die Macht der Stimme
Wie stärkt die Stimme Ihre Business-Kommunikation

Referenzen und Kundenstimmen

»Ich habe selten so viel gelernt und mich gleichzeitig so gut unterhalten gefühlt. Das docere, movere et delectare des guten Quintilian beherrschen Sie wirklich ausgezeichnet! Ich wünschte mir mehr Menschen in der Wissenschaft wie Sie.« *Prof. Dr. Athina Lexutt, Justus-Liebig-Universität Gießen*

Stimme macht Stimmung
Motivieren, begeistern, beflügeln mit Stimme

Voice sells
Die Stimme: entscheidender Faktor im Verkauf

»Ich durfte Sie gestern erleben – ein Genuss und Faszination pur. Ihre Power, Ihre Gesten, Ihr Lachen, Ihre Stimme – einfach echt, was manch anderen nicht gelingt!« *Roswitha von Heissen, Maxime IdentityTraining*

Stimme und Persönlichkeit
Das eigene Stimm-Charisma entwickeln

Auszeichnungen und Pressestimmen

»Großmeisterin der Stimme« *Wirtschaftskammernachrichten Oberösterreich*

Veröffentlichungen

Excellence Award 2008 *Unternehmen Erfolg*

DR. HEINRICH ANKER

Themen

Mitarbeiter-Zufriedenheit
Zufriedenheit ist die Folge erbrachter Leistungen und nicht deren Voraussetzung

Wer Leistung fordert, muss den Menschen Sinn bieten – und Anerkennung
Aktuelles zur Motivation

Gelebte Unternehmenskultur – das Kraftwerk der Unternehmung

Mission, Vision und Werte – die DNA dauerhaften Unternehmenserfolges

Veröffentlichungen

Der Sinn im Ganzen. Bausteine einer praktischen Lebens- und Wirtschaftsethik
Münster, 2004

Das Menschenbild des Neoliberalismus & die Fiktion von Freiheit und Verantwortung
Wien, 2005

Kurzbiografie

Dr. Heinrich Anker, 1952, schweizerischer Staatsbürger, Mitgründer und Mitinhaber des Management Zentrums Zug (Schweiz), studierte auf dem 2. Bildungsweg Wirtschaftswissenschaften, Soziologie, Geschichte und Medienwissenschaft und später zusätzlich Sinn-zentrierte Psychologie. Als Mitarbeiter einerseits, als Führungsverantwortlicher anderseits sammelte er in mittleren und großen Unternehmungen viel Erfahrung als Führender wie Geführter. Unter dem Eindruck dieser Erfahrungen gelangte er mehr und mehr zur Erkenntnis, dass die besten Management-Instrumente nichts nützen, d. h. nicht zum Erfolg führen, wenn der Respekt vor den Menschen – Kunden wie Mitarbeitenden – fehlt. Themen wie Menschenführung, Unternehmensklima, Menschenbilder und Motivation zogen ihn immer mehr in ihren Bann. Mit der Erfahrung von 20 Jahren Markt- und Sozialforschung im Rucksack entschloss er sich, seiner Vision einer menschenwürdigen Unternehmenskultur zu folgen, und baute sich in der Folge im Bereich der Unternehmenskultur-Forschung und -entwicklung eine eigene Existenz auf.

Referenzen und Kundenstimmen

»Heinrich Anker hat eine besondere Begabung, Hintergründe und Zusammenhänge sichtbar zu machen. Wo es darum geht, das Richtige richtig zu tun, sind seine Dienste äußerst wertvoll.« *Thomas Staudigel, Franchise-Nehmer Kieser-Training, Bamberg*

»Heinrich Anker schöpft aus einem außerordentlich breiten Wissens und Erfahrungsfundus. Sein sinnzentrierter Unternehmenskultur-Ansatz besticht durch seine innere Stimmigkeit und seine Praxisnähe.« *Kongresstechnik AG, Hagneck (Schweiz)*

Auszeichnungen und Pressestimmen

Anerkennungspreis der Schweizerischen Chefredaktoren-Konferenz 2005 für das Leitbild von Schweizer Radio DRS als Beitrag zur Qualitätssicherung

ROLAND ARNDT

Themen

Menschen gewinnen per Telefon

Das Sog-System für neue Kunden und lukrative Aufträge

Die Kunst, gute Gespräche zu führen

Die Zeitgewinn-Strategie

Veröffentlichungen

Kurzbiografie

Roland Arndt, Jahrgang 1950, zählt zu den erfolgreichsten Trainern und Referenten in Deutschland. Seine Themenschwerpunkte sind »Menschen gewinnen per Telefon«, »Neue und begeisterte Kunden mit dem Nachfrage-Sog-System (NFS)« sowie »Wachstum durch Empfehlungs-Management«. Roland Arndt gibt sein Wissen und seine Erfahrungen in Vorträgen, Seminaren, Büchern und auf CDs sowie in Online-Workshops, Team- und Einzelcoachings weiter.

Die Basis seiner Inhalte: den Menschen (egal, ob Kunde, Geschäftspartner, Mitarbeiter oder Freund) als Partner zu sehen und Kommunikation durch Respekt, Freundlichkeit, Fairness und Einfühlungsvermögen zu prägen. Dies sind für Roland Arndt die entscheidenden Zutaten zum Erfolg in allen Lebensbereichen. Es geht um eine neue Kultur des Verstehens und Verstandenwerdens.

Roland Arndt war nach seiner Ausbildung zum Kameramann zunächst als freier Mitarbeiter für TV-Sender (u. a. ZDF, ARD, ORF) tätig. 1979 gründete er seine eigene Produktionsfirma und erstellte als Autor, Regisseur und Produzent Dokumentationen für Fernsehsender sowie Werbe- und Schulungsfilme für Industrieunternehmen. 1988/89 waren mehrere Seminare am Institut Enkelmann (Königstein) der entscheidende Auslöser für ihn, sich als Berater, Trainer, Coach und Autor selbstständig zu machen.

Es folgten zahlreiche Aus- und Weiterbildungen, u. a. am Institut für berufsfördernde Individual-Psychologie. Als H.D.I.-Trainer integriert er das »Ganzhirn-Modell« von Ned Herrmann in seine Trainingstätigkeit.

Roland Arndt ist seit 1998 Mitglied im Q-Pool 100 sowie seit 2007 bei der GSA. Er hat mehr als 20 Bücher und CDs veröffentlicht.

Referenzen und Kundenstimmen

»Wer Menschen noch wirksamer per Telefon gewinnen möchte, braucht sich nur der vielen praktischen Profitipps von Roland Arndt zu bedienen.« *Prof. Dr. Lothar J. Seiwert*

»Roland Arndt ist ein Meister seines Fachs und gibt seine Erfahrungen großzügig weiter.« *Stéphane Etrillard*

Auszeichnungen und Pressestimmen

»Schnell wird deutlich, dass es beim Empfehlungs-Management nicht um die Anwendung von Tricks für neue Kontakte geht, sondern um eine moderne Firmenphilosophie, die den Menschen als ›empfehlenswerte‹ Persönlichkeit in den Mittelpunkt seines Schaffens stellt.«
Handelsblatt

»Roland Arndt zeigt auf, wie missverständlich Kommunikation sein kann, wenn sie nicht ganz klar überlegt ist, und gibt eine schnell umzusetzende Anleitung zum professionellen und erfolgreichen Telefonat.«
Jobfair24 Newsletter

ANTON ASCHENBRENNER

Themen

Alte Werte neu entdecken
Was Führungskräfte von Klöstern lernen können

Mut fassen – Entscheidung treffen

Tod-sicher leben
Wie der Tod das Leben inspiriert

Trauer bewältigen – Leben finden

Veröffentlichungen

Neugierig? Ansichten eines Ex-Pfarrers
Waldkirchen 2006

Kurzbiografie

Anton Aschenbrenner (geboren 1962) wuchs im Bayerischen Wald auf und studierte in Passau und Würzburg katholische Theologie. Schon in seiner Diplomarbeit (einem Vergleich der themenzentrierten Interaktion mit dem Bibliodrama) verband er humanwissenschaftlichtherapeutisches und religiöses Lebenswissen. Als katholischer Pfarrer arbeitete er seit 1988 überwiegend an Gymnasien und in der Erwachsenenbildung. 2003 wurde ihm wegen beabsichtigter Eheschließung gekündigt. Im Kloster Andechs setzte er sich mit dem Wertekodex der Benediktiner auseinander. Seit 2004 gestaltet er Zeremonien zu Hochzeit, Geburt, Tod etc. Im Jahr 2005 baute er in Passau das erste Niederbayerische Trauerhaus auf und führt seit 2006 den damals ersten Naturfriedhof Bayerns, den »Trauerwald Spiegelau« (weitere folgten: 2007 Bayerisch Eisenstein; 2009 Kempten). Vor diesem Hintergrund ist er oft angefragter Referent für Themen im Umfeld von Sterbebegleitung, Trauer und Friedhofskultur.

Referenzen und Kundenstimmen

»Variatio delectat. Ihr Vortrag war mal etwas anderes und daher hat er uns auch so erfreut. Sie werden gemerkt haben, dass Ihnen die Zuhörer an den Lippen hingen, und ich darf bemerken, dass trotz des zeitlich mutigen Rahmens jeder gespannt geblieben ist bis zum Schluss. ... Auch der Sparkassenvorstand war ganz begeistert.« *Dr. Martin Kammerer, IHK Regensburg (zum Vortrag »Wertvoll führen – Klosterregeln für Führungskräfte«, Sept. 2009)*

»Lieber Herr Aschenbrenner, es war schon ein aufregendes Seminar! Herzlichen Dank für Ihren wertvollen Vortrag mit den vertiefenden Gedanken. Sie haben an der Reaktion der Teilnehmer gemerkt, wie gut Ihr Vortrag angekommen ist. Auch im Nachgang haben wir (Verbraucherinitiative Aeternitas im Bestattungswesen) zahlreiche E-Mails bekommen, wo sich Teilnehmer für das Seminar bedanken. Nochmals herzlichen Dank!« *Prof. Dr. Gerhard Richter, Freising (zum Vortrag: »Im Mittelpunkt steht der Mensch – ethische Impulse für den Friedhof von morgen«, Febr. 2008)*

Auszeichnungen und Pressestimmen

»Mittlerweile ist Tochter Dorothea vier Jahre alt und hat ihren Vater immer um sich, denn Anton Aschenbrenner verzichtete ihr zuliebe auf sein Priesteramt. Eine Entscheidung, die er nicht bereut hat, wie er am Montagabend den 150 Zuhörern im voll besetzten Chamer Rathaussaal versicherte. Entscheiden heißt, sich auf etwas zu konzentrieren. Machen Sie es ganz – oder gar nicht! Und: Jede Entscheidung ist ein Gewinn.« *Chamer Zeitung vom 25.4.07*

»Nimm Abschied – und gesunde! Von der Kunst, loszulassen – Über die letzten Dinge wird zu wenig gesprochen. Bewusst Abschied zu nehmen macht den Abschied schwerer, aber auch klarer, sagt Anton Aschenbrenner. Der freiberufliche Diplom-Theologe und Trauerredner, der 15 Jahre lang katholischer Priester war, referierte im voll besetzten VHS-Vortragsraum rhetorisch fesselnd, psychologisch, philosophisch und theologisch fundiert und dabei mitunter befreiend humorvoll über die Kunst, loszulassen.« *Straubinger Rundschau, 2. März 2009*

FRANK ASTOR

Themen

»Projekte in den Sand setzen - leicht gemacht!«
Das erste Business-Kabarett über Projektmanagement

»20 Methoden, sein Leben zu verplempern«
Der Dauerbrenner über Kommunikations- und Scheitermuster

»8 Wege, seine Arbeit aufzuschieben!«
Das ultimative Musikkabarett über Zeit- und Selbstmanagement

»Was Sie schon immer über Kundenorientierung vergessen wollten!«
Für Vertriebler

Veröffentlichungen

Buch »20 Methoden, sein Leben zu verplempern«
Das Erfolgsprogramm als höchst vergnügliche Lesefassung

CD »20 Methoden, sein Leben zu verplempern«
80 Minuten live inklusive aller Songs

DVD »2 Wochen älter in 14 Tagen«
Kurztrailer und Gesamtaufzeichnung. Live im Schüttekeller Bühl!

Kurzbiografie

Frank Astor vermittelt in Form von Businesstheater, Wirtschaftskabarett, Musik-, Seminar- und Unternehmenskabarett fachspezifische Inhalte auf humorvolle und unterhaltsame Weise.

Die nötige Inspiration für seine Arbeit als Seminarkabarettist bezieht er aus seiner 30-jährigen Erfahrung als Führungskräftetrainer und systemischer Berater. Er absolvierte an der Hochschule für Musik und Darstellende Kunst in Hamburg seine Ausbildung zum Schauspieler. Mehrere Ausbildungen u. a. zum NLP-Trainer, systemischen Coach und Unternehmensberater folgten.

Eine unbedingte Empfehlung für Ihren Firmenevent, Ihre nächste Weihnachtsfeier, Kongresse, Kick-off-Veranstaltung, Seminartagung oder Firmenjubiläum.

Referenzen und Kundenstimmen

Referenzen

Siemens, BMW, IBM, Microsoft, LBS, Sparkasse, IHK, ESB, Bavaria, Deutsche Bahn, Deutsche Post, DPD und 400 weitere.

Kundenfeedbacks

»»Acht Wege, seine Arbeit aufzuschieben« haben Sie uns in unnachahmlich erfrischender Weise nahegebracht. Ihr besonderes Coaching in gegenseitiger Rücksichtnahme, Kundenorientierung und Verantwortlichkeit hat sicherlich vielen unserer Mitarbeiterinnen und Mitarbeiter wertvolle Anregungem mit auf den Weg gegeben. Ihr Musik-Kabarett war der Höhepunkt der Veranstaltung schlechthin und hat die Weihnachtsfeier unserer Bibliothek zu einem unvergesslichen Erlebnis gemacht. Vielen Dank noch einmal für Ihren Auftritt. Wir werden bei ähnlich gelagerten Veranstaltungen gerne wieder auf Sie zukommen und wünschen Ihnen weiterhin alles Gute und viel Erfolg bei Ihrer sehr konstruktiven Arbeit.« *Dr. Reiner Kallenborn, Technische Universität München*

»Erst mit der Vorstellung von Frank Astor wurde unsere Presseveranstaltung zu etwas Besonderem.«

Auszeichnungen und Pressestimmen

Von der SZ zum »Deutschen Untenehmenskabarettist Nr. 1« gekürt.

Über 500.000 Zuschauer sind bis heute von seinen Auftritten begeistert.

ANNETTE AUCH-SCHWELK

Themen

Erfolgreich mit Selbstbewusstsein

Erfolg braucht Lebenskraft

Veröffentlichungen

Erfolgreich mit Selbstbewusstsein, HAUFE Verlag, ISBN Nr. 978-3-648-01143-0
Ende November 2010 vorbestellen, Erscheinungsdatum März 2011

Das dazu passende Hörbuch erscheint 2011 im Wortaktiv Verlag

Kurzbiografie

Annette Auch-Schwelk ist Expertin für Selbstbewusstsein. Seit über 12 Jahren ist sie erfolgreich als Rednerin, Coach, Trainerin und Sexualpädagogin in der Weiterbildungsbranche tätig. Getreu ihrem Motto: »Man entdeckt keine neuen Erdteile, ohne den Mut, alle Küsten aus den Augen zu verlieren«, reiste sie alleine um die ganze Welt. Sie ist Mitglied der German Speakers Association. Ab 2011 bei den Top 100 Excellent Speakers.

Sie begann ihre Laufbahn in mittelständischen Unternehmen und Konzernen, als Angestellte und Führungskraft. Getreu dem Motto: Aus der Praxis für die Praxis, gibt sie souverän ihr Wissen erfolgreich an andere weiter. Sie unterstützt Sie bei tief greifenden Veränderungen. Sie hilft Ihnen, Ihren eigenen Weg zu finden und diesen selbstbewusst zu gehen.

Ihr Nutzen: Sie setzen sich neue Perspektiven, Ziele und verfügen über mehr Motivation, Kraft und Energie, dies zu erreichen.

Referenzen und Kundenstimmen

Deutsche Post Consult; T-Systems International; Siemens Power Generation; Telefonica o2 Germany; Deutsche Bahn Training; Performance Training; isacon; BOSTER; Skill Business Partner; kernpunkt; Communico; b.wirkt; Intras Consulting; Deutsche Vertriebs Akademie GmbH ...

»Ihre Trainings sind überraschend, voller Energie, einfühlsam und souverän präsentiert. Sie hat unsere Erwartungen übertroffen. Empfehlenswert!« *Thomas Bartsch, Geschäftsführer, brainwave GmbH*

»Fr. Auch-Schwelk überzeugt durch ihre Kompetenz und Erfahrung. Durch treffende Bezüge zur realen Arbeitswelt gelingt es ihr sehr anschaulich, Kommunikationsprobleme und Verhaltensweisen zu vermitteln. Ihre Motivation, Dinge zu bewegen und bewusst zu machen, ist glaubhaft und überzeugend.« *Gerhard Lindemann, Vorstandsvorsitzender, COMLINE Computer AG*

RAINER BABER

Themen

Was tun wenn der Kunde »nein« sagt? – Verkaufsgespräche professionell führen

Rhetorik: Zielbewusst reden – erfolgsorientiert kommunizieren

Gesprächs- und Verhandlungsführung

Das Telefon als Visitenkarte des Unternehmens:
Professionell und kundenorientiert telefonieren

Veröffentlichungen

»Kühlschränke für Eskimos«, »Sand für Beduinen« und »Neue Büromaschinen« [Rollenspiele].
In: Neumann & Heß: Mit Rollen spielen. Rollenspielsammlung für Trainerinnen und Trainer. Bonn 2005

»Wie war doch gleich Ihr Name?« Wie Sie professionell und kundenorientiert am Telefon kommunizieren. In: Deutscher Vertriebs- und Verkaufs-Anzeiger, Zeitschrift für Handel

Kurzbiografie

- Ihr Ansprechpartner für Training, Coaching und Beratung
- Dozent für Rhetorik- und Kommunikationsthemen

Rainer Baber ist seit 1998 freiberuflicher Trainer, Berater und Coach für Rhetorik, Verkauf und Kommunikation. Er studierte an der Eberhard-Karls-Universität Tübingen Allgemeine Rhetorik, Neuere Deutsche Literaturwissenschaft sowie Neuere Geschichte und schloss mit dem Magister Artium (M. A.) ab. Seinen Studienschwerpunkt legte er frühzeitig auf die Erwachsenenbildung. Vor seinem Studium absolvierte Rainer Baber eine Ausbildung zum Kaufmann für Bürokommunikation in der Werbebranche. Rainer Baber ist für ein breites Branchenspektrum, u. a. für die Automobilindustrie, Banken, Versicherungen, Maschinenbau, Dienstleister, Behörden, und als Dozent bei diversen Weiterbildungsinstituten tätig.

Rainer Baber ist Mitglied bei:
- Rhetorikforum: Verein zur Förderung der Rhetorik in Wissenschaft und Praxis e. V.
- BDVT: Bundesverband der Verkaufsförderer und Trainer e. V.
- GABAL: Gesellschaft zur Förderung Anwendungsorientierter Betriebswirtschaft und Aktiver Lehrmethoden in Hochschule und Praxis e. V.
- Wir führen das Siegel: »Qualität – Transparenz – Integrität« des »Forum Werteorientierung in der Weiterbildung e. V.«

Referenzen und Kundenstimmen

»Durch den ständigen Dialog zwischen Herrn Baber und uns ist er stets flexibel auf unsere spezifischen Anforderungen eingegangen. Erste Erfolge ließen sich auf Grund des wohlstrukturierten Seminars schnell erkennen. Dank der hohen Praxisorientierung finden sich die erlernten Inhalte des Präsentationstrainings ständig in unserem Firmenalltag wieder.« *UMEG, Zentrum für Umweltmessungen, Umwelterhebungen und Gerätesicherheit Baden-Württemberg, Anstalt des öffentlichen Rechts, Karlsruhe*

»Herr Baber hat dieses Seminar mit großem Engagement und Einfühlungsvermögen durchgeführt. Mit großer Fachkompetenz und methodischer Vielfalt gelang es Herrn Baber sehr gut, die Teilnehmer zu motivieren und diese aktiv in das Seminar einzubeziehen. Die Arbeitsergebnisse in Form von Videoaufnahmen und Kurzreferaten zeigten durchweg den Erfolg dieses Seminars. Die engagierte, beherzte und humorvolle Art von Herrn Baber stieß bei allen Teilnehmern auf Anerkennung und äußerst positive Resonanz.« *Kirsten Walter, Deutsche Angestellten Akademie Albstadt*

»Die Seminare ... haben in engagierter Weise Verständnis im Umgang mit Sprechen und Sprache vermittelt.« *Wolff, Studiendirektor, Akademie für Kommunikation in Baden-Württemberg*

»Die Weihnachts- und Jahresberichtsrede, welche Sie für mich vorbereitet hatten, war hervorragend. Auch nachhaltig erfuhren wir große Resonanz. Ich möchte mich nochmals, auch im Namen der Geschäftsleitung, Heim & Haus Bietigheim-Bissingen, recht herzlich bedanken.« *Walter Erfle, Heim & Haus Baden-Württemberg GmbH & Co. KG*

VINZENZ BALDUS

Themen

Lust auf Service?
Vorsicht: tierische Fallen!

Die 7 Stufen zur Service-Best-Marke!

DienstLeister führen?
Viel Vergnügen!

Veröffentlichungen

Wer dient, verdient!
GABLER – vergriffen

Lust auf SERVICE? Vorsicht: tierische Fallen!
SP-Edition 2011

Delphin – Kultur im Unternehmen
SP-Edition 2011

Kurzbiografie

Vinzenz Baldus, geb. 1950 auf einem Bauernhof im Westerwald, Fachhochschulreife, Industriekaufmann (IHK), Fachkaufmann Marketing (IHK), Inh. Wirtsch.-Diplom, Betriebswirt VWA.

Seine berufliche Laufbahn: Vertriebsassistent bei Deinhard in Koblenz, Leiter Marketing Service und Vertriebsleiter Rastal-Glas, Höhr-Grenzhausen, Geschäftsführer-Gesellschafter der AJB-Werbeagentur in Montabaur, seit 1987 Spezialist für die Entwicklung der persönlichen Service-Qualität von Führungskräften und »Mit-Arbeitern«, zertifizierter Trainer und Texter. DER SERVICECOACH besitzt umfassende Erfahrungen aus Change- und Kundenfokussierungs-Projekten bedeutender Unternehmen – als Master Facilitator, Consultant, Coach, Trainer, Texter, Autor, Speaker und Moderator. Seit 2010 leitet er die »ServiceSchule«.

Provokation! Inspiration! Motivation! Mit diesem Dreiklang fesselt er seine Zuhörer. Er ist nach eigenen Aussagen Mitglied im VDA (Verband der Deutlichen Ansage) und in der GGMV (Gesellschaft des Gesunden Menschen-Verstandes). Konsequenter sozialer Marktwirtschaftler – trotz oder gerade wegen der aktuellen Finanz- u. Wirtschaftskrise.

Bekannt geworden ist er mit seinem »DienstLeister-Kabarett«, mit seinen »Armen Schweinen«, »Bissigen Krokodilen«, »Gemeinen Wasser-Ratten«, »Gelangweilten Nilpferden« und seinen »Engagierten Delphinen«, die für ihn den Unterschied machen zwischen »Beschäftigten« und »Mit-Arbeitern« in allen Unternehmensbereichen.

Referenzen und Kundenstimmen

»Was uns besonders an ihm gefällt, ist seine ausgeprägte Fähigkeit, das Selbstwertgefühl aller Mitarbeiter in allen Unternehmensbereichen glaubwürdig neu zu stärken und die Dienstleistungsbereitschaft aller neu zu wecken – von der Technik bis zur Verwaltung, vom Reinigungsservice bis zum Sicherheitsdienst, von der Führungskraft bis zur Aushilfe, vom Lehrling bis zum Chef.« *Marlies Weber, Geschäftsführerin Reformhaus-Fachakademie*

»Große Klasse, der Wort-Jongleur aus dem Westerwald. Einfach Wahnsinn! Fesselnd, mitreißend!« *Teilnehmerinnen des Sekretärinnen-Kongresses 2008*

Auszeichnungen und Pressestimmen

Nominierung unter die TOP 10 der besten Event- und Veranstaltungsreferenten beim CONGA AWARD 2008.

»Die Reden seiner Vorgänger beim Jahresempfang der Wirtschaft waren im Gegensatz zu ihm vergleichbar mit der Tätigkeit, einer frisch gestrichenen Wand beim Trocknen zuzusehen!« *Dr. Andreas Göbel, Westfälische Zeitung*

STEFAN BARTEL

Themen

Wirkung durch Rhetorik, Kinesik und Dialektik
Erfolgreich auftreten und sich verkaufen

Geheimnisse des Überzeugens
Prinzipien optimal nutzen

Führen in Zeiten der Veränderung
So wird aus der Krise die Chance

Einbindung der Arbeitssicherheit in die Unternehmenskultur

Kurzbiografie

Stefan Bartel, 1957 geboren, startete seine berufliche Karriere als Diplom-Ingenieur in der Motorenentwicklung der Daimler AG und lehrte Ingenieurwissen sowie Führung an Hochschulen und Akademien. Er erkannte schnell, dass Wissen alleine nicht den Erfolg ausmacht, sondern dass Führungskräfte, Mitarbeiter und Kunden auch überzeugt und erreicht werden müssen. Diese Erkenntnis veränderte sein berufliches Leben. Seit 1991 ist er als Redner und Trainer unterwegs und gibt sein Expertenwissen auf den Gebieten Rhetorik, Kinesik und Dialektik an Menschen weiter, wodurch er Unternehmen den entscheidenden Wettbewerbsvorsprung ermöglicht. Auch zur Moderation von Strategietagungen und anderen komplexen Unternehmenssituationen wird er bevorzugt nachgefragt. Sein breites Erfahrungsspektrum wird als Initialzündung für einen Kulturwandel im Unternehmen gerne genutzt. Er besitzt die Fähigkeit, Botschaften mit klugen Metaphern, anschaulichen Beispielen und außergewöhnlichen Bildern so zu vermitteln, dass sie zu bewegenden Erkenntnissen werden. So sorgt er für Wirkung. Er ist mit seinen Vorträgen das Gegengift zu Langeweile und Mittelmaß, weil er andere Menschen nicht nur berührt, sondern tief berührt, nicht nur begeistert, sondern nachhaltig begeistert und so Weiterentwicklung generiert. Der Dreiklang aufrütteln, mitnehmen und begeistern macht seine Vorträge so erlebenswert, so aufregend, so außergewöhnlich. Die Teilnehmer sind damit nicht nur Zuhörer, sondern tatsächlich miterlebende Teile des Vortrags selbst. Er schafft es auf unterhaltsame und einzigartige Weise, praxisbezogene Inhalte mit motivierenden Elementen zu verknüpfen.

Referenzen und Kundenstimmen

»Für die souveräne und absolut professionelle Moderation unserer Strategietagung danke ich Ihnen ganz herzlich.« *Dr. Hubert Schmidt, Geschäftsführer Hubert Stüken GmbH & Co. KG*

»Herr Bartel hat als Redner auf unserer Führungskräftetagung das Auditorium emotional berührt und mitgenommen. Er hat in seinem Vortrag entscheidende Impulse gesetzt, die die Unternehmenskultur nachhaltig beeinflussen.« *Gerhard Schoon, Geschäftsführer Mitsubishi HiTec Paper Bielefeld GmbH*

»Nachdem ich Sie viele Jahre kenne, hatte ich höchste Erwartungen, die Sie, Herr Bartel, durch absolut glaubhafte, anschauliche und eindrucksvolle Beispiele, die die Spannung hochhalten und zum Nachdenken anregen, noch übertroffen haben.« *Rudi Klappert, Werksleiter Brohl Wellpappe GmbH & Co. KG*

Auszeichnungen und Pressestimmen

»Lieber Herr Bartel, Sie sind für mich einer der besten Redner und Trainer, die ich je kennengelernt habe.« *Dr. Rolf H. Ruhleder, Deutschlands härtester und teuerster Trainer*

THORSTEN BARTL

Themen

Vermögensaufbau für Privatpersonen

Altersvorsorge mit Immobilien

Der Staat als Sponsor und Partner beim Denkmalschutz

Veröffentlichungen

Chancen und Risiken bei der Investition in denkmalgeschützte Immobilien
Hilfreiche Tipps zum Steuersparen mit geförderten Immobilien nach §7h, §7i und §10h EStG

Kurzbiografie

Thorsten Bartl, geboren 1974, Wirtschaftsberater und Immobilienfachmann.

Überzeugend und dynamisch, so lauten die Bewertungen, die Thorsten Bartl gewöhnlich von den Zuhörern seiner Vorträge erhält. In seiner sympathischen, unkomplizierten Art gelingt es ihm, die komplexen Sachverhalte seiner Vorträge in eine einfache Sprache zu übersetzen, so dass sie vom Publikum problemlos nachvollzogen werden können. So garantiert er ein Vortragserlebnis, das Anlass gibt, viele Dinge aus völlig anderen Blickwinkeln zu betrachten und neue zu denken.

Thorsten Bartl entstammt einer Kleinunternehmerfamilie und wurde so schon als Jugendlicher mit den Themen Investition, Finanzen und Steuer vertraut. Fasziniert von den vielschichtigen Facetten dieses Themenfeldes baute er nach der Schule im Immobilienbereich selbstständig ein Unternehmen auf. Schon bald erkannte er, dass entscheidende Faktoren für die Optimierung von Immobilieninvestments die Berücksichtigung von Aspekten der Finanzierung, der Steuer und der Verknüpfung mit einem Gesamtanlagekonzept sind.

Aufgrund dieser Erfahrung und dem sich beständig ausweitenden Fragenfeld rund um finanzielle Gesamtkonzepte entschied er sich, seine Kenntnisse auch ausgewählten Kunden zur Verfügung zu stellen. Mit der Gründung der Bartl Wirtschaftsberatung GmbH 1996 legte er den Grundstein für ein modernes Beratungsunternehmen, das sich in der Metropolregion Rhein-Neckar zu einer der führenden Adressen für Konzepte zur Anlagenoptimierung und zum Vermögensaufbau für Privatpersonen entwickelt hat. Aufgrund von Kundenempfehlungen werden mittlerweile auch zahlreiche Kunden aus anderen Teilen Deutschlands von dem Unternehmen betreut. Im Jahr 2006 erhielt die Bartl Wirtschaftsberatung den »Excellence Award« für die besondere Qualität ihrer Dienstleistungen am Kunden.

Das Wachstum des Unternehmens gab Thorsten Bartl die Möglichkeit, das in mehr als 15 Jahren gesammelte Spezialwissen in Vorträgen zusammenzufassen und für ein breites Publikum zugänglich zu machen. Er ist als Experte oft Bindeglied zwischen Bauträger und Vertrieb und vermittelt aus Kundensicht den optimalen Sichtwinkel. Mit seinen Präsentationen, die er vorwiegend im Rahmen von Informationsveranstaltungen der Banken durchführt, analysiert er ungewöhnliche Konzepte zum Vermögensaufbau, die selbst Bankberatern häufig nicht bekannt sind.

Auszeichnungen und Pressestimmen

Excellence Award 2006

SASCHA BARTNITZKI

Themen

... NUR DU VERKAUFST:
Mehr Wille, mehr Mut - mehr Erfolg!

Vom Kuschler zum Verkäufer
So entwickeln Sie den richtigen BISS!

Piranha Selling®
Mit Biss in eine neue Dimension des Verkaufens

Erfolgreiche Akquise
in wirtschaftlich anspruchsvollen Märkten!

Veröffentlichungen

Kurzbiografie

Sascha Bartnitzki ist Experte für Akquise und Piranha Selling®, mehrfacher Buch-, Hörbuch- und DVD-Autor. Selbst seit 1989 als begeisterter Verkäufer tätig, weiß er genau, auf was es ankommt und was erfolgreiche Verkaufskommunikation ausmacht.

Seit 1995 arbeitet er als Verkaufstrainer, Vortragsredner und Inhaber des Unternehmens IPT® Innovatives Personaltraining.

Mit zahlreichen Veröffentlichungen in der Fach- und Wirtschaftspresse gilt Sascha Bartnitzki als einer der TOP-Akquise-Experten in den Medien.

Er ist Urheber und Markeninhaber des Begriffs, der Strategie und der Konzeption von Piranha Selling®.

Sascha Bartnitzki ist einer der wenigen Trainer, die gemeinsam mit ihren Teilnehmern die gelernten Inhalte der Seminare in die Praxis umsetzen. Denn in seinem LiveCoaching-Programm begleitet er die Teilnehmer seiner Trainings direkt an den Arbeitsplatz, also an ihren Point of Sale.

Sascha Bartnitzki ist Member of GSA – German Speakers Association e. V.

THOMAS BASCHAB

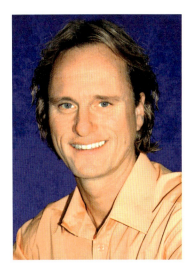

Themen

Erfolg beginnt im Kopf
Selbstmanagement

Geht nicht - gibt's nicht
Veränderungsmanagement

Träume wagen
Zielsetzungs-/Feuerlaufseminar
Outdoortraining

Jugendseminare
Erlebnispädagogik

Veröffentlichungen

Kurzbiografie

Thomas Baschab, 1960 in Neunkirchen/Saar geboren, hat nach seiner Ausbildung zum Versicherungskaufmann und dem anschließenden Studium der Betriebspädagogik seine Berufung im Mentaltraining gefunden.

Er arbeitet als Management-Trainer für renommierte Unternehmen im In- und Ausland sowie als Mentalcoach für zahlreiche Spitzensportler. Er vermittelt in seinen Seminaren eindrucksvoll, wie man Ziele erreichen kann, die man bisher für unmöglich gehalten hat.

Um die Chancen zu erkennen, die uns das Leben bietet, und um unsere Potenziale wirklich zu nutzen, müssen wir manchmal nur den Blickwinkel für die Dinge des Lebens verändern.

Was verhindert, das wir die Erfolge haben, die wir uns wünschen? Oft genug trauen wir uns etwas einfach nicht zu. Denkblockaden, Angst vor dem Versagen und schlechte Erfahrungen hindern uns, unsere Träume zu verwirklichen. Mehr denn je entscheiden die mentale Einstellung und die mentalen Fähigkeiten über Erfolg, Gesundheit und Lebensglück.

Mit seinen ungewöhnlichen Methoden und seinem begeisternden Seminarstil bringt er seit 1987 Führungskräfte und Mitarbeiter aller Branchen sowie Leistungssportler aller Sportarten auf Erfolgskurs. Seit 2009 ist er Mitglied der German Speakers Association (GSA).

Referenzen und Kundenstimmen

»Unter dem Motto ›Geht nicht – gibt's nicht; geht schwer – gibt's schon‹ haben Sie uns auf eindrucksvolle Art und Weise veranschaulicht, neue Sichtweisen zuzulassen, unsere Grenzen zu überdenken und folglich sich neuen Herausforderungen zu stellen. Unsere Mitarbeiter und Händler waren gleichermaßen begeistert!« *Kay Steinbach, Audi AG*

»Die 80 Führungskräfte unseres Unternehmens, die an diesem Tag auf Mallorca zu einer Konferenz zusammenkamen, haben Ihren Auftritt mit dem Titel ›The journey to your mental power‹ durchweg begeistert aufgenommen. Vor allem die praktischen Übungen haben auf beeindruckende Weise gezeigt, wie stark wir durch unser (Unter-)Bewusstsein gesteuert werden und welchen Unterschied eine positive Denkweise macht.« *Carina Melander, SCA TISSUE EUROPE*

NICOLA BATTISTINI

Themen

Beeinflussende Faktoren für kommerzielle E-Mail-Kampagnen (E-Mail-Studie)

Twitter und Social Web

E-Mail-Marketing vs. Twitter

Stufenschritte bei Online-Kampagnen

Veröffentlichungen

Zwei Fachartikel im »Leitfaden E-Mail Marketing 2.0« erschienen Sept. 2009

Kurzbiografie

Nicola Battistini, 1968 in Zürich geboren, Schweizer Staatsbürger.

Nach seinem Maturitäts-Abschluss (neue Sprachen) 1988 in Zürich lebte er bis 1995 als Mönch in einem hinduistischen Ashram. Während dieser Zeit studierte er unter anderem die vedischen Sanskrit-Schriften und praktizierte Yoga und Meditation. Zudem wurde er von indischen Brahmanen in die Geheimnisse der vegetarischen ayurvedischen Küche und Ernährungslehre eingeweiht.

Die Begeisterung für die indisch-vegetarische Küche und die exklusiv erworbenen Kenntnisse bewogen ihn dann 1996 dazu, einen eigenen mobilen vegetarischen Partyservice in der Schweiz zu gründen.

1998 begann Nicola Battistini seine Laufbahn im kaufmännischen Bereich und arbeitete bei renommierten Arbeitgebern wie sunrise communications, IBM, Interbrand Zintzmeyer & Lux, BHI Switzerland und Mondobiotech in verschiedenen Funktionen der Bereiche Customer Care und Marketing & Communications.

Seit 2008 verantwortet er den Bereich Business Development und Marketing bei der Newsmarketing GmbH, einer der ersten auf E-Mail-Marketing spezialisierten Agentur im deutschsprachigen Raum.

Als Co-Autor der E-Mail-Studie 2009, bei welcher verschiedene beeinflussende Faktoren für kommerzielle E-Mail-Kampagnen untersucht werden, tritt Nicola Battistini seit 2009 auf Branchen-Fachmessen (Mailingtage, dmexco etc.) als Vortragsredner auf. Die Schwerpunkte seiner Vorträge kreisen um die Themen: wichtige Faktoren für erfolgreiche E-Mail-Werbekampagnen, Twitter, Faszination und Werbemittel E-Mail, neue Ideen für Web-2.0-basiertes Hotel-Online-Marketing.

Neben seinen Vorträgen ist Nicola Battistini auch Mit-Organisator des jährlich stattfindenden E-Mail-Marketing-Kongresses (EMM-Kongress), bei dem sich die deutschsprachige Crème des E-Mail-Marketings im Tessin trifft.

MICHAEL BAUER

Themen

Mystery Shopping
Das Kundenerlebnis ist das Maß der Wahrheit

Das Automatenprinzip
Ihr Input entscheidet.

Das Modell – SWG
Das Selbstwertgefühl ist entscheidend

Verkaufen ist wie flirten
Wie Sie Ihre Kunden verführen ...

Kurzbiografie

Hoteltester, Dienstleistungsexperte. Jahrgang 1956.

Seit 1985 Anbieter von Quality Checks in Deutschland für die gehobene Hotellerie, Automobilindustrie & Immobilienbranche.

1997 gesamtes Preopening-Training für das Adlon Berlin.

Als Trainer & Quality-Coach tätig für ADAC, Althoff-Hotels, AOK Berlin, Toyota, Lexus und Mercedes Benz.

Referenzen und Kundenstimmen

Seit 2005 Jurymitglied bei Geo Saison (Top Hotels)

Seit 2009 eigenes TV-Format SAT 1: Achtung Urlaubscheck + die Hotelretter

Diverse TV-Auftritte bei Jauch, Kerner u. Lanz

KeyNote-Speaker auf der INCOVISion auf der IAA 2009, Frankfurt.

Speaker auf der STB in Mainz, Sept. 2011

Auszeichnungen und Pressestimmen

»Seine Teilnehmer waren von seiner lebhaften Vortragsart und seinen praxisorientierten und schnell umsetzbaren Servicetipps begeistert.«
Sächsische Zeitung, 7.11.09

»Das ›Automatenprinzip‹ von Michael Bauer ist seit seinem Vortrag auf unserer Jahresauftaktveranstaltung für Führungskräfte zum geflügelten Wort geworden. Unterhaltsam, anschaulich und informativ hat er uns auf unnachahmliche Weise gezeigt, wie Führungskräfte mit dem richtigen Input ihre Mitarbeiter motivieren und eine nachhaltige Win-win-Situation erzeugen. Michael Bauers wertvolle Denkanstöße begleiten uns seitdem auf unserem Weg zu einer noch besseren Firmenkultur. Unseren ›Firmen-Automaten‹ hat er damit dauerhaft gefüllt.« *Sigrid Wandelt, Leiterin Unternehmenskommunikation, NRS Norddeutsche Retail-Service AG, Hamburg*

CHRISTINE BAUER-JELINEK

Themen

Die helle und die dunkle Seite der Macht
Wie Sie Ihre Ziele erreichen, ohne Ihre Werte zu verraten

Mut zur Macht
Erfolgs- und Durchsetzungsstrategien für Frauen

Insignien der Macht
Business-Dresscodes entschlüsseln und bewusst Wirkung erzeugen

Veröffentlichungen

Kurzbiografie

Christine Bauer-Jelinek ist Wirtschaftscoach und Psychotherapeutin, Leiterin des Instituts für Macht-Kompetenz und der Dresscode Company in Wien. Sie ist Gründerin der Initiative für Mikro-UnternehmerInnen, Mitglied des wissenschaftlichen Beirats der Leopold Kohr Akademie Salzburg sowie Lehrbeauftragte an der Wirtschaftsuniversität Wien.

Christine Bauer-Jelinek zählt zu den Pionieren des Coachings, begleitet Menschen bei Karrieren, Krisen und Neuanfängen. Zu ihren Klienten zählen Top-Entscheidungsträger/innen aus Wirtschaft und Politik, Unternehmer/innen von KMU und Kleinstbetrieben, Führungskräfte der öffentlichen Verwaltung ebenso wie Funktionäre/Funktionärinnen von NGOs und Interessenvertretungen.

Referenzen und Kundenstimmen

Seit 1987 Managementtraining und Coaching u. a. für:
Medien wie ORF, ATV, n-tv Berlin, Der Standard, Kurier; Konzerne wie Bank Austria, BA-Immobilien, Raiffeisen Akademie, Volksbanken-Akademie, IBM, Voith, Telekom Austria, Salzburger Landeskliniken Betriebsgesellschaft; Start-ups und Familienbetriebe wie Eudaptics Software, Wunschhaus, Landgarten; Non-Profit-Organisationen und Institutionen wie: ÖGB, WKO, Förderungsverein der Primärbanken, Regionalverband Auland Carnuntum, Stiftung Liebenau (D), Wirtschaftsforum der Führungskräfte, Institute for International Research (IIR), WIFI Management Forum, Kulturverein Schloss Goldegg, IT-Lounge, Renner Institut, Politische Akademie, Grüne Bildungswerkstatt; Frauennetzwerke wie Frau in der Wirtschaft, Medienfrauen, Gründerinnenzentrum Steiermark, Bund der Ärztinnen Österr., Unternehmerinnen im Landesgewerbeamt Baden-Württemberg

Auszeichnungen und Pressestimmen

»Christine Bauer-Jelinek (...), die Spezialistin für strategische Kommunikation und Macht-Kompetenz.« *Kurier*

»Überlebenshilfe im Dschungel der Macht: Kein Zweifel, dieses Werk hat die Kraft, Männer wie Frauen so weit aufzurütteln, dass sie die Welt danach anders sehen.« *Der Standard*

DR. ULRICH BAUHOFER

Themen

Intensive Vortrags- und Seminartätigkeit in den Bereichen Gesundheitsmanagement und Führungsstärke

Veröffentlichungen

Kurzbiografie

Arzt für ayurvedische Medizin, eigene Praxis in München, gilt als einer der führenden Experten für Gesundheitsmanagement.

1971 – 1978 Studium Humanmedizin in Ulm, Würzburg, Promotion 1978, 1980 – 1988 Studium des Ayurveda bei den bedeutendsten Spezialisten Indiens als einer der ersten westlichen Schulmediziner, Beteiligung an der wissenschaftlichen Neuordnung und Systematisierung des Ayurveda, Spezialausbildung in der Pulsdiagnose und für die Herstellung und Anwendung ayurvedischer Pharmazeutika, 1983 Gründungspräsident der deutschen Gesellschaft für Ayurveda, ab 1983 Ausbildung ayurvedischer Ärzte, glz. Aufbau eines Forschungslabors in der Schweiz in Zusammenarbeit mit internationalem Wissenschaftler-Team zur Überprüfung der Anwendbarkeit ayurvedischer Verfahren für den westlichen Menschen, 1988 – 1990 Chefarzt der ersten deutschen ayurvedischen Klinik Sasbachwalden, Schwarzwald. 1990 – 2003 Konzeption und medizinische Leitung von Europas größtem ayurvedischem Zentrum Parkschlösschen Traben-Trarbach. Mitinitiator »Weimarer Visionen« und »Festspiele des Denkens«.

Regelmäßige Fernsehauftritte, hunderte Zeitungs- und Medienartikel, Bestseller: »Aufbruch zur Stille – Maharishi Ayurveda, eine leise Medizin für eine laute Zeit« (1997), Co-Autor des Standardwerks »Handbuch Ayurveda« (2003), Veröffentlichung des Buches »Souverän und gelassen durch Ayurveda« (2005), Sprachen: Englisch, Französisch

Referenzen und Kundenstimmen

Hochtief, Axel Springer, Bank Austria, BLG Logistics Group, Heinz Nixdorf Stiftung, Marquard Medien, Condenast, Hennerkes, Kirchdorfer & Lorz, Vermögensakademie etc.

Auszeichnungen und Pressestimmen

FAZ, Welt, Handelsblatt, taz, Bild, Vogue, Bunte, Bayerischer Rundfunk, ZDF etc.

PROF. DR. KLAUS BAUM

Kurzbiografie

Prof. Dr. Klaus Baum, geb. am 31.03.1957, ist einer der renommiertesten deutschen Physiologen und Sportmediziner. Der passionierte Marathonläufer führt Trainingsinstitute in Köln und Japan. Neben Persönlichkeiten aus Wirtschaft und Politik betreut er als Fitnesscoach die deutsche Handball-Nationalmannschaft, mit der er 2007 Weltmeister wurde. Zahlreiche Publikationen in renommierten Fachzeitschriften sowie Buchbeiträge tragen zu seiner Bekanntheit bei. Er ist Fitnessexperte für RTL. Zahlreiche Hörfunk- und TV-Produktionen sind im Gesundheitsbereich von und mit ihm gestaltet worden.

Individuelle Leistungsdiagnostiken und Trainingsangebote zählen genauso zu seinen Kompetenzen wie Firmenevents, Seminare, Vorträge und Weiterbildung bei Medizinern. Auch praktische Workshops in den Themengebieten Sport, Ernährung und Lebensqualität bringt er für die alltägliche Praxis nahe. Die Hörer seiner Vorträge bekommen Lust auf aktive Lebensgestaltung, erhalten zahlreiche praxisnahe Tipps und Empfehlungen.

In den letzten Jahren hat sich sein Hauptgebiet auf Burn-out und die vier Säulen der Fitness verstärkt.

Themen

Leistungsfähigkeit
Die vier Säulen der Fitness

Anti-Aging
Sport als Wunderdroge?

Trainieren wie die Weltmeister
Mit kleinen Geräten zu großen Erfolgen

Burn-out aktiv begegnen
Das Feuer im Lauf unseres Lebens

SIGRUN BAUM

Themen

Teamentwicklung
Vom Ich zum Wir

Motivation
Erfolg aus Leidenschaft

Kommunikation
Effektive interne und externe Kommunikation

Stressmanagement und Stressbewältigungsstrategien
Konfliktmanagement

Kurzbiografie

Sigrun Baum, Jahrgang 1965, Deutschland, Trainer & Berater, psychologische Beraterin, systemischer Coach

Pädagogikstudium, anschließend als Pädagogin und Bereichsleiterin eines Wohlfahrtsverbandes tätig. Von 1996 bis 2000 absolvierte sie eine Ausbildung zur psychologischen Beraterin an der Paracelsusschule Leipzig und war anschließend bis 2004 in eigener Praxis als psychologische Beraterin tätig. Es folgten Weiterbildungen als Management-Trainerin und Changemanagerin (Cicero Personal Training) sowie die Ausbildung zum Trainer & Berater (BDVT-geprüft) an der Trainerakademie München. Seit Mai 2004 ist sie als Geschäftsführerin der monsun GbR und Trainerin tätig. Im Jahr 2008/09 erfolgte eine Ausbildung zum systemischen Coach bei Metaforum International in Berlin. Zu ihren Themenschwerpunkten gehören die Teamentwicklung und Entwicklung sozialer Kompetenzen bei Mitarbeitern. In den Trainings, die sehr erlebnisorientiert gestaltet sind, werden bei Bedarf auch Elemente des Outdoortrainings (Hochseilgarten) eingebunden. Durch ihre Empathie und hohe soziale Kompetenz schafft sie in den Trainings ein enges Vertrauensverhältnis zu den Teilnehmern und sichert dadurch eine große Nachhaltigkeit.

Erfolg aus Leidenschaft – das ist ihre Devise und das vermittelt sie ihren Teilnehmern in den Maßnahmen.

Referenzen und Kundenstimmen

»Themen wurden praxisnah und verständlich vermittelt, sehr angenehme Atmosphäre.« *Leipziger Messe, 2004*

»Seminar war herausfordernde Teamerfahrung mit viel Selbsterkenntnis.« *Leipziger Messe, 2005*

»Offene und herzliche Atmosphäre im Seminar, bei der Kommunikation und Verständnis füreinander eine wesentliche Rolle spielen.« *envia NSG, 2008*

»Die Bedeutung der Teamarbeit wurde direkt in Erfahrung gebracht.« *GISA GmbH, 2008*

»Super Team-Spirit, sehr gut auf jeden Einzelnen eingegangen.« *AVANCIS, 2009*

Auszeichnungen und Pressestimmen

»Team bilden und Selbstvertrauen tanken.« *Leipziger Volkszeitung 09/2006*

»Nur der erste Schritt kostet Mühe.« *SonntagsWochenblatt 03/2009*

»Projekt für Job-Perspektive.« *Leipziger Volkszeitung 03/2009*

»Transfer mit Tätern.« *Training aktuell Nr. 9/2009*

THILO BAUM

Themen

Komm zum Punkt!
Klartext für Ihre Unternehmenskommunikation

Mach Dein Ding!
Klartext für Ihr Leben

Veröffentlichungen

Kurzbiografie

Thilo Baum, Jahrgang 1970, ist Experte für klare Worte und eindeutige Positionierungen. Nach einer Karriere als Redakteur bringt er heute journalistisches Handwerk in die Unternehmen. Thilo Baum zeigt, wie sich relevante Botschaften erzeugen lassen, um auch in Zeiten des Info-Overkills Kunden besser zu erreichen. Er hilft seinem Publikum, Unternehmensnachrichten aus Sicht der Zielgruppe zu formulieren und für sie attraktiv zu machen.

Referenzen und Kundenstimmen

»Wie Sie bin ich der Meinung, dass klare Worte in der Politik sehr wichtig sind. Tatsächlich entspricht es meiner Erfahrung, dass die Menschen auch in der Politik Ehrlichkeit und klare Standpunkte zu schätzen wissen und dies bei einer nachvollziehbaren Begründung selbst dann honorieren, wenn man ihnen nicht nach dem Mund redet.«
Karl-Theodor Freiherr zu Guttenberg MdB

»Thilo Baum hat unsere Nachrichtenredaktion intensiv geschult. Es ging um Storys und Überschriften. Der Effekt: Unsere Leserzugriffe sind deutlich gestiegen.« *Franz Temmel, Geschäftsführer der Nachrichtenagentur Pressetext, Wien*

»Thilo Baum stößt einen mit der Nase darauf, wie man sich klarer ausdrückt und seine Zielgruppe besser erreicht.« *Bernd Ehlers, GF PariSerive, Kiel*

»Thilo Baum ist die Nummer eins, wenn es um prägnanten Ausdruck geht.« *Dr. med. Stefan Frädrich, Redner und Motivationsexperte*

Auszeichnungen und Pressestimmen

Für sein Buch »Mach dein Ding! Der Weg zu Glück und Erfolg im Job« (Eichborn 2010) bekam Thilo Baum den Trainerbuchpreis 2010 der German Speakers Association (GSA) und von »Managementbuch«. Dazu in der Laudatio: »Thilo Baum entspricht in hohem Maße den Kriterien für Professional Speaker: Expertenwissen unterhaltsam, motivierend und professionell zu vermitteln.« *Lothar Seiwert, GSA-Präsident*

»Am eigens mitgebrachten Overheadprojektor zerpflückte der ausgebildete Journalist die ihm angebotenen Texte mit Verve und dickem Rotstift. Und zwar sehr zur Begeisterung seines Publikums: Die anwesenden Trainer und Berater nahmen die Anregungen zur Verbesserung ihrer Wortwerke dankbar an.« *Training aktuell Nr. 5/2009*

»Wer sich im Beruf prägnant ausdrücken möchte, um Menschen für sich und seine Ziele einzunehmen, kommt an ›Komm zum Punkt‹ nicht vorbei.« *Der Nord-Berliner, 9. Juli 2009*

»Baum blickt hinter die Kulissen, deckt die Schwächen schonungslos auf und zeigt gleichzeitig Wege auf, wie man es besser machen kann.« *Märkische Allgemeine, 18. September 2010*

»Der Journalist leistet Präzisionsarbeit mit dem sprachlichen Skalpell.« *Erfolg ist kein Zufall, September 2010*

BRUNO BAUMANN

Themen

Grenzen überwinden
Als erster Mensch allein durch die Wüste Gobi

Das Hochleistungsteam
Teamwork als Schlüssel zum Erfolg

Von der Vision zur Tat
Der Grenzgang zwischen Innovation und Risiko

CHINA – Innenansichten
In China ticken die Uhren anders: das konfuzianische Denkmodell

Veröffentlichungen

Kurzbiografie

Bruno Baumann, moderner Forschungsreisender, Dokumentarfilmer und Buchautor, 1955 in Kaindorf/Steiermark geboren, reist seit vielen Jahren auf Extremexpeditionen in entlegene Regionen der Erde. In seinen Büchern, Filmen und Vorträgen versteht er es meisterhaft, persönliche Erlebnisse in den verschiedensten Kulturkreisen mit profundem Wissen zu spannenden Dokumentationen zu verdichten. Nicht profane Abenteuerlust oder Rekordsucht stehen dabei im Vordergrund, sondern die Neugier, den Geheimnissen unserer Erde nachzuspüren, und die Suche nach Antworten auf die Grundfragen des Lebens. Er gilt als hervorragender Kenner des Himalayaraumes und Chinas, wobei sein Ohr stets an den Strömungen unter der Oberfläche von Mainstream und Stereotypen der verschiedenen Kulturen ist.

Die Extremexpeditionen Bruno Baumanns:
1989 Zu Fuß durch die Takla Makan in China, die größte Sandwüste der Erde
1990–1992 Quer durch Nord- und Osttibet
1993 Expedition in das Tibesti-Gebirge im Norden des Tschad
1997 Überquerung des Transhimalaya von Süden nach Norden
2003 Als erster Mensch im Alleingang durch die Wüste Gobi
2004 Erstbefahrung des Sutley-Canyon in Tibet mit Wildwasser-Schlauchbooten und Entdeckung der versunkenen Kultur des Königreichs Shang Shung
Aktuell engagiert sich Bruno Baumann mit seinem Projekt »Roads of Dialogue – Silkroad Experiences« für den Wissenstransfer entlang der Seidenstraße mit Blick auf die Lösung technischer, ökologischer und gesellschaftlicher Herausforderungen.

Seinen Weg zur inneren Kraft und die auf authentische Grenzgang-Erfahrungen beruhenden Methoden zur Erschließung unseres schöpferischen Potenzials überträgt Bruno Baumann auf den Unternehmensalltag. In fesselnden Multimediavorträgen motiviert er Menschen, ihre persönlichen Grenzen zu erweitern und innovative Wege zu beschreiten.

Auszeichnungen und Pressestimmen

Verleihung der Ehrenbürgerschaft der Marktgemeinde Kaindorf a. d. Sulm, 2008

Nominiert für den deutschen Hörbuchpreis 2005: Takla Makan – Schätze unter glühendem Sand

Globetrotter-Reisebuchpreis 2002: Kailash. Tibets heiliger Berg.

Kodak-Kalenderpreis 2000: »Mythos Seidenstraße« *Daimler Chrysler*

Königreich Nepal, 1998: Auszeichnung für besondere Verdienste um das Königreich

»Der Schliemann des 21. Jahrhunderts« *Der Spiegel*
»Der Reinhold Messner der Wüste« *Süddeutsche Zeitung*

PAUL JOHANNES BAUMGARTNER

Themen

Vom Kunden zum Fan!
Menschen begeistern.

Stimme ist Macht.
Die Stimme – das hoffnungslos vernachlässigte Machtinstrument

In 3 Minuten vom Zuhörer zum Fan.
Präsentationstraining

Die Presse hat Freiheit. Sie auch.
Medientraining

Veröffentlichungen

Kurzbiografie

Paul Johannes Baumgartner ist Experte für Kundenbegeisterung, Stimme und Emotionale Kommunikation. In seinen Vorträgen bei Vertriebsmeetings, Kick-offs, Kundenevents, Mitarbeiter-Incentives, Messen und Fachtagungen tauchen seine Zuhörer ein in die Welt der Begeisterungsfaktoren, Begeisterungskiller und erleben Phänomene wie die Paradoxe Begeisterung. Er versteht Begeisterung als Triebfeder für Motivation. PJB ist Keynote-Speaker, Buchautor und Moderator bei Deutschlands erfolgreichster privater Radiostation mit über 1 Million Hörern pro durchschnittliche Sendestunde. Seine Philosophie: Der größte Begeisterungsfaktor ist der Mensch – es hat sich nur noch nicht bis zu ihm herumgesprochen.

Referenzen und Kundenstimmen

Der beste Beweis ist der lebende, der vor einem steht. Zu Paul Johannes Baumgartners Kunden zählen namhafte Unternehmen wie z. B. Pepsi, Rodenstock, Burda, TÜV, WÜRTH, E.ON und Media-Saturn.

»PJB hat mich mit seinem Vortrag überzeugt! Er brilliert durch seine Präsenz, gekoppelt mit einem hoch professionellen und vor allem sehr kurzweiligen Auftritt.« *Jörg Tiedt, Abteilungsdirektor Vorstandssekretariat Sparkasse Ingolstadt*

»Ein tolles Seminar – lehrreich und witzig zugleich. Wir haben selten von einem Seminar so viele Tipps mitgenommen, die man einfach in der Praxis umsetzen kann.« *Kerstin Schulte, Marketing E.ON Bayern, Regensburg*

»PJB versteht es, sein Auditorium auf unterhaltsame Art und Weise in die Tiefen der Kommunikation einzuführen. ›Menschen begeistern!‹ ist ein tolles Seminar für jeden, der erfolgreich kommunizieren möchte.« *Markus Stautner, Geschäftsführer Brainagency, München*

Auszeichnungen und Pressestimmen

PJB gehört zu den »Top-100-Member Speakers Excellence«

Sein Wissen gibt Paul Johannes Baumgartner unter anderem an der TU München, der Uni Augsburg und der St. Galler Business-School weiter.

»Charmant, geistreich, schlagfertig.« *Berliner Kurier*

»Begeistert und Herzen gewonnen« *Passauer Neue Presse*

»Ab jetzt nicht mehr sprachlos!« *die aktuelle*

»Eine Stimme erzeugt Emotionen« *Abendzeitung München*

U. AMATA BAYERL

Kurzbiografie

U. Amata Bayerl – Expertin für erfülltes Leben

1964 geboren, Ausbildung zur Erzieherin, 18 Jahre Ordensleben, Kindergartenleiterin, Referentin in der Mädchenbildung, Referentin für Erwachsenenbildung, Kontaktstudium Lehren – Leiden – Lernen der Akademie für wissenschaftliche Weiterbildung in Kooperation mit der PH Freiburg, Rhetorik- und Kommunikationstrainerin, Studium der Theologie, Aufbau und Leitung eines Bildungshauses, Coaching für Persönlichkeitsentwicklung, NLP-Practitioner, geistliche Begleiterin, Ausbildung im Bereich orthomolekularer Medizin, Vitalstofftrainerin, Vitalitätstrainerin, selbstständig tätig als Trainerin und Coach für Menschen, die ein erfolgreiches und erfülltes Leben führen möchten

Themen

Glücklich & gesund

Gesundheit deine Zukunft – was machst du damit?

Krebs – Prävention und Behandlungsmöglichkeiten

Veröffentlichungen

Das kleine Buch der Lebensfreude

Sehnsucht Leben
erscheint Herbst 2010

BERNHARD W. BECKER

Themen

Auf Erfolgskurs durch kommunikative Kompetenz

Angewandte Kommunikationsanalytik für mehr Klarheit in der Sprache und Körpersprache

Wirtschaftsfaktor Kommunikation

Individuelle Reden zu unterschiedlichen Anlässen

Kurzbiografie

Bernhard W. Becker, Wirtschaftsinformatiker und Kommunikationstrainer, erkannte bereits zu Beginn der 90er Jahre die große Bedeutung von sozialer und kommunikativer Kompetenz. Zu jener Zeit war er in der Konzernorganisation eines internationalen Industriekonzerns tätig und gleichermaßen ein feinsinniger Beobachter. Er studierte die Verhaltensweisen und Kommunikationsmethoden der Menschen in allen Hierarchieebenen des Unternehmens sowie in seinem privaten Umfeld. Dabei machte er eine Entdeckung, die sein Leben nachfolgend prägte: Überall entstehen täglich kommunikative Missdeutungen, die oftmals den betroffenen Personen unbewusst sind. Die Folgen dieser Kommunikationsfehler führen häufig zu Irritationen, Beziehungsproblemen, mangelnder Motivation am Arbeitsplatz, Unzufriedenheit und damit leider auch zu wirtschaftlichen Einbußen.

Bernhard W. Becker spezialisierte sich nach diesen Erfahrungen auf Lösungen für den erfolgreichen Umgang im zwischenmenschlichen Miteinander. Er zeigt, dass erfolgreiche Kommunikation möglich ist. Wer die täglichen »Kommunikationsfallen« kennt, kann geeignete Strategien entwickeln, um nicht hineinzutappen. Bernhard W. Becker vermittelt anschaulich und leicht verständlich in seinen Vorträgen und Seminaren die komplexen Zusammenhänge zwischen Sprache, Körpersprache, Verhalten und Kommunikationspsychologie.

DR. PETRA BEGEMANN

Themen

Wer schreibt, der bleibt
Mehr Erfolg durch das richtige Buch

Von der Buchidee zum Verlag
Erfolgreiche Verlagsansprache für Autoren

Veröffentlichungen

Kurzbiografie

Dr. Petra Begemann, 1960 geboren, studierte Germanistik, Anglistik und Pädagogik. Die Sprachwissenschaftlerin promovierte mit einer Arbeit zum Textverstehen und arbeitete bis 1990 als Dozentin an der Fakultät für Linguistik und Literaturwissenschaft der Universität Bielefeld. 1991 bis 1999 war sie Lektorin in Wissenschafts- und Sachbuchverlagen, zuletzt mit Programmverantwortung für das Segment Beruf/Karriere/Management beim Falken Verlag. Seit 1999 selbstständige Autorin mit einem Dutzend Buchpublikationen in einer Auflage von über 100.000 Exemplaren. 2004 Gründung von »Bücher für Wirtschaft + Management«: Realisierung von Buchprojekten (Konzeption, Verlagsakquise und Ghostwriting) für namhafte Kunden aus Wirtschaft, Training und Beratung.

Petra Begemann ist Bücherfrau mit Leib und Seele. Sie gibt ihr fundiertes Branchenwissen in Lektoren- und Autorenseminaren weiter und berät angehende Autoren bei der Themenentwicklung und Verlagssuche. Als Autorin und Ghostwriterin hält sie es mit Voltaire: »Jede Art zu schreiben ist erlaubt – nur nicht die langweilige.«

Referenzen und Kundenstimmen

»Top-Speaker und Top-Trainer können auf ein eigenes Buch heute nicht verzichten. Ich empfehle Frau Dr. Petra Begemann jedem, der sein Business durch ein Buch vorantreiben möchte. Sie schreibt nicht nur hervorragende Texte, sondern ist auch eine hoch professionelle und kompetente Beraterin bei Themenwahl, Konzeptentwicklung und Verlagsakquise.« *Prof. Dr. Lothar Seiwert, Bestsellerautor, Keynote-Speaker und Präsident der German Speakers Association (GSA)*

»Sie bringen Wirtschafts- und Karrierethemen hoch kompetent und dabei gut verständlich auf den Punkt. Es ist immer wieder angenehm, mit jemandem zu arbeiten, der die Spielregeln der Buchbranche so gut kennt!« *Christiane Meyer, Lektorat Ratgeber, Campus Verlag*

»In Sachen Ghostwriting ist Dr. Petra Begemann immer meine erste Wahl. Sie ist nicht nur hoch professionell, ihre Texte sind profund und ihr Stil ist locker und voller Esprit.« *Ute Flockenhaus, Programmchefin GABAL Verlag*

Auszeichnungen und Pressestimmen

President's Award 2010 der German Speakers Association (GSA)

Promotion mit Auszeichnung (»summa cum laude«)

»Exzellent« *Hamburger Abendblatt über Petra Begemann, Der große Business-Knigge, 5. Aufl. 2008*

»Ein herausragendes Wirtschaftsbuch« *Dr. Ralf Dobelli in Bloomberg TV über Petra Begemann, Den Chef im Griff, 4. Aufl. 2009*

»Überzeugt durch Praxisbezug« *Capital über Petra Begemann, Praxisbuch Führung, 2. Aufl. 2005*

HILKE BELILOWSKI

Themen

Ganz mein Typ
Durch stoffwechselspezifische Ernährung Leistungsfähigkeit auf allen Ebenen steigern

Wertschätzung und magisches Denken
Leadership und Teamentwicklung

Salutogenese – So entsteht Gesundheit
Individuelle Ernährung und stressfrei in Minuten mit EFT (Emotional Freedom Technique)

Kraft schöpfen für Körper und Seele »Ich mach mich stark für mich«
Ressourcen erkennen und Wünsche umsetzen

Kurzbiografie

Hilke Belilowski – 1960 in Rotenburg/Wümme geboren –, frühere Leichtathletin, begann sich nach einer langwierigen Krankheitsgeschichte eingehend mit dem Thema Ernährung und ihren Auswirkungen zu beschäftigen. Entstanden sind ihre ganzheitlichen Themen: »Versorgung des Körpers«, was braucht dieser in seiner Individualität, um ordentlich funktionieren zu können, und »Versorgung der Seele«, was benötigt die Seele, um nachhaltig gestärkt Aufgaben auch langfristig gut meistern zu können. Ein weiteres zentrales Thema ist der Umgang mit Stress. Stressoren von außen können oft nicht vermieden werden. Mangelversorgung und belastende Glaubenssätze jedoch sorgen zusätzlich für Stress. Es gilt: Vorsorge treffen und Abhilfe schaffen durch Ausgleich der Systeme, Stärkung auf der physischen und mentalen Ebene.

Hilke Belilowski wirft einen ganz neuen Blick auf das Thema »Vorsorge & Versorgung«, deckt dabei die Zusammenhänge auf zwischen körperlicher und mentaler Ebene. Sie macht deutlich, wie wichtig es ist, die Individualität zu achten, findet heraus, was vom Einzelnen für die Versorgung der Systeme benötigt wird, und lädt ein, Veränderungen zuzulassen. Nicht mit erhobenem Zeigefinger, sondern logisch und nachvollziehbar, im Alltag für Jung und Alt in wenigen Minuten realisierbar, mit verblüffenden und beeindruckenden Ergebnissen für Gesundheit und Leistungsfähigkeit. Sie analysiert und erarbeitet in der Komplexität der Aufgabe maßgeschneiderte Vorträge und Arbeitsgrundlagen für Unternehmen, Organisationen und Vereine. Die Vorträge sind neben der fachlichen Kompetenz humorvoll, charmant, lebendig und aktiv. Sie ist häufig Gast in regionalen und überregionalen Medien (stern tv, Radio Bremen Hörfunk und Fernsehen, Centertv Bremen u. a.) zu Themen rund um Individualität, Ernährung, magisches Denken und EFT.

Sie begleitet darüber hinaus Mitarbeiter von Firmen und Institutionen durch individuelles Coaching.

Referenzen und Kundenstimmen

»Nach der Arbeit mit meinen Mitarbeitern auf der Grundlage des erfolgten Coachings hat sich die Wertschätzung und die Kommunikation in unserem Unternehmen exzellent verbessert.« *Phillip Sayers, Hyper Baric Medicine, Whipps Cross University Hospital, London*

»Wir haben uns immer gesund ernährt – trotzdem fühlten wir uns oft müde und schlapp! Heute wissen wir, es kommt auf die individuelle Zusammenstellung an! Seit der Umstellung auf unseren individuellen Typ fühlen wir uns wesentlich leistungsfähiger und gesünder!« *Regina Jahani beim Radio Bremen Interview*

»Mir hat die Ernährung nach der Stoffwechseltypisierung und durch die Begleitung von Hilke Belilowski geholfen, meine Gesundheit wieder herzustellen.« *Anne Kuhlmann, Trainerin und Beraterin im Bereich Persönlichkeitsentwicklung in einer Sendung Radio Brementv*

REBECCA BELLIN-SONNENBURG

Themen

WHO IS WHO?
Unsere unbewussten Rollen und deren Auswirkungen in unseren Beziehungen

DAS DORNRÖSCHENPOTENZIAL
Ungenutzte, schlummernde Persönlichkeitsanteile erfolgreich managen

DIE PRINZESSIN IST TOT – ES LEBE DIE KÖNIGIN
Wie Frauen ihr Leben regieren können

DIE KRAFT DER INTUITION
Intuition als das Führungs- und Entscheidungsinstrument des 21. Jahrhunderts

Veröffentlichungen

Kurzbiografie

Rebecca Bellin-Sonnenburg wurde 1956 in Berlin geboren. Gefördert durch eine sehr kommunikationsfreudige Familie, interessierte sie sich schon früh für Menschen, ihre Geschichten und ihre Beziehungen. Diese Prägung und ihre intuitive Begabung im Umgang mit Menschen sind bis heute richtungsweisend für ihre Arbeit.

Ihr Ausbildungsweg führte sie dann jedoch zunächst über das geisteswissenschaftliche Studium von Kunstgeschichte, Geschichte und Sprachen zum praktischen Ansatz in Grafikdesign und Werbung und erst damit zur angewandten Psychologie und den Kommunikationswissenschaften.

Nach einer kurzen Tätigkeit als Unternehmensberaterin entwickelte und leitete Rebecca Bellin-Sonnenburg bereits in den Achtzigerjahren erfolgreich eigene Seminare. Während ihre innovativen Selbstmanagement-Seminare in Presse und Medien empfohlen wurden, baute sie parallel ihre Arbeit als Coach für Einzelklienten aus.

Heute arbeitet sie international erfolgreich als Coach für Führungskräfte in der Politik und in der Wirtschaft. Hier kommt ihre intuitive Arbeitsweise besonders lebendig zum Ausdruck.

Ihre Vorträge, Workshops und Seminare rund um ihre Themen BEZIEHUNG, KOMMUNIKATION und LEADERSHIP werden international besonders gerne von vertriebsorientierten Unternehmen wie in der Networkmarketing-Industrie gebucht, weil hier der direkte, menschliche Umgang mit dem Gegenüber ebenso eine wichtige Rolle spielt wie der Umgang mit sich selbst und den eigenen Stärken.

Dabei hat Rebecca Bellin-Sonnenburg ihren ganz eigenen Arbeitsansatz in einer Mischung aus Archetypen-Profilen nach C. G. Jung, Kommunikationsmodellen und den unterschiedlichen sowie den verbindenden Elementen zwischen den Geschlechtern entwickelt, um daran Beziehungssituationen in der Arbeit, im Verkauf und im emotionalen persönlichen Zusammenleben bewusst zu machen und positive Gestaltungsmittel aufzuzeigen. Sie bietet positiv kraftvolle und konstruktive Rollenbilder für eine moderne Weiblichkeit und eine moderne Männlichkeit an. Ihre Vorträge sind inspirierend, interaktiv, humorvoll und äußerst lebendig.

Ihre Erfahrungen aus der Coaching-Praxis, ihren Seminaren und Vorträgen flossen in ihr 2008 erschienenes Buch »Die Prinzessin ist tot – Es lebe die Königin!«, mit dem sie sich auch als Autorin einen Namen gemacht hat.

OTTO BELZ

Themen

Einzigartigkeit macht stark

Konkurrenzkampf im Kopf des Kunden

Aufbruch zu neuen Horizonten

Verkaufen in schwierigen Zeiten

Veröffentlichungen

Kurzbiografie

»Es kommt darauf an, sich von anderen zu unterscheiden; ein Engel im Himmel fällt niemandem auf.« *(George Bernard Shaw)*

Seit über 30 Jahren ist Otto Belz Geschäftsführer der perSens AG St. Gallen. Das internationale Beratungsunternehmen hat sich der Aufgabe verschrieben, die Einzigartigkeit seiner Kunden zu entwickeln und sichtbar zu machen – eine der wesentlichsten Voraussetzungen, um sich in gesättigten Märkten erfolgreich durchsetzen zu können. Otto Belz ist Mitinhaber und Aufsichtsratmitglied einer ganzen Reihe von mittelständischen Unternehmen. Gleichzeitig ist er Chefredakteur der Zeitschrift »index – Management mit gesundem Menschenverstand«.

Referenzen und Kundenstimmen

»Ein Tag mit Otto Belz macht Spaß, gibt Zuversicht und begeistert die Teilnehmer. Er bringt das neue Marketingdenken auf den Punkt und was er sagt, ist nicht nur einleuchtend, sondern auch praktisch und sofort umsetzbar.« *Dr. Dr. Cay von Fournier, Geschäftsführer der SchmidtColleg GmbH & Co. KG, Berlin*

»Sein Marketing ist gesunder Menschenverstand: voller Humor, locker präsentiert und doch unmissverständlich klar.« *Beda Murer, CEO und Präsident der Napac-Gruppe, Sirnach, Schweiz*

DANIELA A. BEN SAID

Themen

Mitarbeiterführungstraining

Kundenverblüffung/Verkauf

Kick-off-Veranstaltungen

Horsecoaching

Veröffentlichungen

Kurzbiografie

Daniela A. Ben Said, ein »Energiebündel ohne Grenzen«, gilt als eine der authentischsten Trainerinnen Deutschlands.

Als Gründerin und Geschäftsführerin des Instituts für Management Coaching »quid agis« trainiert sie Führungskräfte und Unternehmer. Alle Seminare basieren auf Zwischenmenschlichkeit, Ehrlichkeit, Offenheit und Vertrauen. Ihr praktischer Erfahrungsschatz aus über 200 Seminartagen pro Jahr wird durch ihr Psychologie-Studium, einer Ausbildung zur Heilpraktikerin (Psychotherapie), zahlreichen Zusatzqualifikationen in den Bereichen NLP (NLP-Lehrtrainer DVNLP), Transaktionsanalysen, Hypnose und Businessconsulting unterstrichen. Mittlerweile bildet Ben Said selbst Business-Trainer mit höchstmöglicher Qualifikation und staatlicher Überprüfung aus.

Referenzen und Kundenstimmen

Die Seminare von Daniela A. Ben Said besuchen Mitarbeiter der Firmen: Deutsche Telekom, Tesa, AOK, L'ORÉAL, REWE, MBN, Wittfeld, Osma-Aufzüge, Tetra, Hamburg-Mannheimer, Fresenius Medical Care, IKK u.v.m.

Auszeichnungen und Pressestimmen

Coaching-Award 2008

»Problemlöserin Daniela A. Ben Said schafft es immer wieder, die Unternehmer zum Handeln zu bewegen!« *Neue Westfälische Zeitung*

»... gehört zu den besten Trainern Deutschlands!« *Spiegel Wissen*

CHRISTIAN BENNEFELD

Kurzbiografie

Christian Bennefeld studierte Informatik und Mathematik in Karlsruhe und Hamburg. Nach dem Diplom begann er seine berufliche Karriere in Caracas/Venezuela als IT-Consultant bei einem Unternehmen, das sich auf den Aufbau von großen heterogenen Netzwerk-Infrastrukturen spezialisiert hat. Zurück in Deutschland betreute er im Rahmen eines Forschungsprojekts am Max-Planck-Institut für Meteorologie die Entwicklung komplexer Analyse- und Simulationssoftware. Als Projektleiter, Abteilungsleiter und späterer Geschäftsstellenleiter der Gauss Interprise Consulting AG koordinierte er die Entwicklung umfangreicher E-Business-Projekte und war verantwortlich für den weiteren Geschäftsausbau. Für die Gauss Interprise AG baute er im Silicon Valley die amerikanische Tochter auf und war maßgeblich an der Übernahme der Magellan Software, Inc. beteiligt. Mit der Gründung der etracker GmbH wechselte er in die Selbstständigkeit. Als geschäftsführender Gesellschafter verantwortet er das gesamte operative Geschäft, den Vertrieb sowie die Unternehmensstrategie.

Themen

Online-Marketing Controlling
Wechselwirkungen von Kampagnen transparent gemacht

User Experience Analytics
Professionelle Usability Forschung auch ohne Usability Lab

Viele Klicks, hohe Kosten, keine Gewinne
Mit Web-Controlling dem Klickbetrug auf der Spur

Web-Controlling
Transparente Erfolgskontrolle Ihrer Online-Aktivitäten

Referenzen und Kundenstimmen

Online Marketing Trends 2005-2010

Marketing on Tour 2007-2010

Search Engine Strategies Conference & Expo 2006

Schober E-Mail Marketing Workshop 2006

eCommerceForum 2003-2010

Online Marketing Forum 2005, 2006, 2008, 2009

Conversion Rate Forum 2010

webinale 2010

Online Marketing Trends 2010

dmexco 2009-2010

THEO BERGAUER

Themen

Karrierefaktor Souveränität
WertVoll entscheiden

Connecting Teams
Von der Gruppe zum starken Team

Wer bin ich?
Werte, Ziele und Motive der eigenen Persönlichkeit

Veröffentlichungen

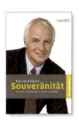

Kurzbiografie

Theo Bergauer, 1958 geboren, ist seit 20 Jahren als Trainer und Coach aktiv. »Als Initiator, Lehrer und vielleicht als Freund, aber vor allem als Begleiter von Prozessen, die durch Veränderungen zum Erfolg führen«, so sieht sich Theo Bergauer selbst. Schon sehr früh entschied sich der Bau- und Wirtschaftsingenieur deshalb für die Arbeit mit Menschen. Von 1995 bis 2001 war Theo Bergauer bei Dale Carnegie Training Leiter des Kompetenz-Centers Rhein/Ruhr. Namhafte Stars aus dem Sport sowie große deutsche und international tätige Unternehmen setzen seitdem auf die persönliche Dynamik, das breit gefächerte Erfahrungspotenzial und die Schulungskraft des Experten. Mit seinem Team von b.wirkt!® Institut für Souveränität, das er seit 2002 führt, geht es Theo Bergauer nicht um kurzfristige Wissensvermittlung oder einen schnellen Motivationsschub, sondern vielmehr um die Begleitung von Prozessen, die zu Souveränität und damit zur persönlichen Zufriedenheit und zum beruflichen Erfolg führen. Seine Beratungsschwerpunkte sind: Souveränität in der Geschäftsführung, Personalentwicklung, Teamarbeit, Projektmanagement und Vertriebsunterstützung. Seit 2008 ist er außerdem Lehrbeauftragter der Hochschule Amberg-Weiden University of Applied Sciences (FH) und hält Vorlesungen zu Präsentations- und Moderationstechniken.

Referenzen und Kundenstimmen

»Bergauer führt seine Zuhörer ›souverän‹ durch die in Windeseile verfliegende Zeit, Langeweile kommt nie auf, er hält die Spannung hoch. Als alter Motorsportler weiß er, wann Gas gegeben werden muss und wann auf die Bremse zu treten ist.« *Wolfram Bremerich, BVV Personalleiter*

»Durch das Setzen neuer Impulse, Unterstützen beim Umsetzen, das individuelle Eingehen auf jeden Einzelnen bewirken die Trainings langanhaltende positive Veränderungen.« *Thomas Born, Personalleiter VOITH AG*

»OTV ist froh, mit dem Unternehmenstrainer Theo Bergauer einen versierten Fachmann gefunden zu haben, mit dessen Ideen die Sendereihe produziert werden konnte. Unsere Zuschauer haben jetzt die Gelegenheit, sich wertvolle Tipps für ihr Berufsleben direkt ins Wohnzimmer zu holen.« *Christoph Rolf, Programmchef OTV*

Auszeichnungen und Pressestimmen

Das Team von b.wirkt!® erhält den Innovationspreis der Metropolregion Nürnberg für das in Kooperation mit den beiden Fernsehsendern OTV und Franken RTL ausgearbeitete Konzept zur Verbesserung der Kommunikations-Vertriebswege regionaler Unternehmen.

Den 3. Platz beim deutschlandweiten Wettbewerb »Bestes Aus- und Weiterbildungskonzept« des Bildungsministeriums in Zusammenarbeit mit dem Unternehmermagazin »impulse«.

In einer drei Jahre laufenden Befragung der Motorola Universität (Chicago USA) attestierten die Teilnehmer Theo Bergauer und seinem Team 98 % Kundenzufriedenheit.

ARMIN BERGER

Themen

Ihr Auftritt bitte!
Werkzeuge für Vorträge, Board-Meetings, Kamera und Bühne.
Körper - Sprache - Emotion

Vernunft ist eine Illusion!
99 % der Kommunikation laufen über unbewusste körperliche und emotionale Faktoren

Kinetic Management
Beziehungen sind Grundlage des Business. Grundlagen für Relationshipmanagement, Verkauf, Karriere!

Widerstand! Chance? So geht's!

Kurzbiografie

Armin Berger, geboren 1965, deutscher Staatsbürger, Schauspieler, Sprecher und Managementtrainer, kam über die Naturwissenschaften zu seiner Tätigkeit. Er studierte allgemeine und anorganische Chemie und arbeitete beim heutigen Helmholtz Zentrum in München. Als Sänger, Songwriter einer Müncher Band, als Autor für Musikzeitschriften und eifriger Leser grenzüberschreitender naturwissenschaftlicher Phänomene beschäftigte er sich mit persönlichem Wachstum und der Frage nach den Motiven menschlichen Handelns. Sein Entschluss, darstellende Kunst in München zu studieren, brachte ihn auf die Bretter, die … Auch heute noch arbeitet er als Sprecher und Schauspieler für den Bayerischen Rundfunk und das Schweizer Fernsehen, liest öffentlich für die Literaturhäuser in München und Zürich.

Ausbildungen in Körperpsychotherapie bei Gerda Boyesen und im körperorientierten Management bei Vermeulen in München führten zu ersten Seminaren und individuellen Trainings mit Jugendgruppen der Theater. Die Theorien der morphogenetischen Felder Sheldrakes, Quantenphysik, Konstruktivismus bilden die Grundlagen seiner Trainings, die sich mit dem Thema Veränderung und den Hintergründen der körperlichen-, emotionalen- und geistigen Zusammenhänge in dynamischen Systemen beschäftigen.

Armin Berger arbeitet mit Führungskräften, Schauspielern, Unternehmern. Er hält körperlich und emotional bewegende Vorträge.

Referenzen und Kundenstimmen

»Ich habe einen Preis als beste europ. Senior Account-Managerin gewonnen, danke für das gute Training.«

»Sehr geehrter Herr Berger, nach der Sitzung mit Ihnen habe ich einen Auftrag bekommen, der mir den Umsatz eines Jahres garantiert.«

»Die merkwürdigen Übungen haben dazu geführt, dass ich die Stelle tatsächlich bekommen habe.«

»Unser Team hat tatsächlich den Pitch gewonnen. Ich hoffe, Sie können sich auch nächstes Jahr wieder Zeit für 2 Tage bei uns nehmen.«

DR. THOMAS BERGER

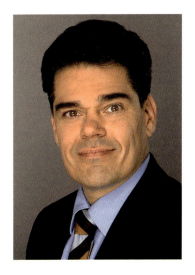

Themen

High Tech meets Human Touch
Technologietrends in der Medizin

From Fiction to Science
Von der Idee zur Innovation

Time to Market
Innovations- und Wissensmanagement in den Life-Sciences

Informationstechnologien in Healthcare und Drug-Development

Veröffentlichungen

Kurzbiografie

Thomas Berger, geboren 1962 in Krefeld. Der Arzt, medizinische Informatiker und Betriebswirt hat sich nach dem Studium in Düsseldorf, Wien, Haifa und Dundee und mehrjähriger klinischer Tätigkeit schon früh auf computerassistierte Verfahren in der Chirurgie und Radiologie (CARS) sowie Informationstechnologien und Wissensmanagement im Gesundheitswesen fokussiert.

Als ehemalige Führungsnachwuchskraft und Manager des THYSSEN-KRUPP-Konzerns besitzt der Entrepreneur umfangreiche Erfahrung in der Entwicklung und Markteinführung neuer Produkte und innovativer Services für die Life-Sciences-Industrie. Weitere sieben Jahre war er in der internationalen klinisch-pharmazeutischen Auftragsforschung tätig. Zurzeit ist er General Manager der Medical Division von FUJIFILM Deutschland.

Welche technologischen Entwicklungen werden unser Gesundheitswesen nachhaltig verändern? Wohin geht die Reise in der Medizin? Was sind die Produkte der Zukunft? Die Faszination für Forschung und Technik sowie der medizinische Fortschritt waren schon immer auch Motor Thomas Bergers eigener Entwicklung und schimmern stets in seinen Vorträgen und KeyNotes durch. Wissenschaftlich fundiert legt er dabei gleichzeitig Wert auf Marktpotenziale und Begleitumstände für erfolgreiche Produkteinführungen. Dies alles jedoch nie ohne gelegentliches Augenzwinkern und eine menschliche Komponente, die sich im Bedarfsfall auch der ethischen Bewertung der Sinnhaftigkeit des Machbaren nicht entzieht.

Referenzen und Kundenstimmen

»In seinen didaktisch gut aufbereiteten Vorträgen versteht er es, sein Auditorium zu fesseln und auch für komplexe Sachverhalte der Medizin Verständnis zu erzeugen.« *Dr. Gottfried Dietzel, ehem. Referatsleiter Bundesministerium für Gesundheit (1998)*

»Nicht nur ein anerkannter Wissenschaftler und profunder Kenner der internationalen Telemedizin- & eHealth-Szene, sondern auch ein visionärer Manager an der Schnittstelle von Medizin, Ökonomie und Informationstechnologien.« *Michael Reiter, Chefredakteur, Management & Krankenhaus*

Auszeichnungen und Pressestimmen

Stipendiat der Louis-August-Jonas-Foundation

Deutscher Delegierter im G8 Global Healthcare Applications Project (GHAP)

Deutscher Multimedia Award 2000

PROF. DR. DR. WOLFGANG BERGER

Kurzbiografie

Wolfgang Berger ist Philosoph und Ökonom. 20 Jahre war er Manager in Europa, Amerika und Asien, neun Jahre Professor für Betriebswirtschaftslehre in Deutschland und den USA. Jetzt leitet er das BUSINESS REFRAMING® Institut für Personal- und Unternehmensentwicklung Karlsruhe. Das Institut unterstützt Unternehmen mit einer einzigartigen Methode dabei, die eigene Zukunft krisenfest zu gestalten.

Referenzen und Kundenstimmen

»Berger hat den zentralen Vortrag vor 250 Teilnehmern auf unserem Firmensymposium ›The 3rd Way – European Impetus for Management in the 3rd Millennium‹ gehalten. Durch die Zusammenarbeit mit ihm sind wir zu einem Magneten für Kunden geworden. Die Abhängigkeit in den Wertschöpfungspartnerschaften mit großen Kunden hat sich umgekehrt.« *Wolf Veyhl (Inhaber, Veyhl GmbH)*

»In den Workshops mit Berger ist eine Mission entstanden, deren Anziehungskraft auf Kunden, Mitarbeiter und Lieferanten fixsterngleich ist. Danach hat sich das Geschäft positiv entwickelt. Die Belegschaft ist kontinuierlich vergrößert worden, einige der besten Fachleute der Konkurrenz sind hinzugekommen. Ein Jahr später hat sich der Marktanteil der Unternehmensgruppe wesentlich erhöht.« *Christian Kohler (Inhaber, Pack 2000 Unternehmensgruppe)*

Auszeichnungen und Pressestimmen

Kommentare und Würdigungen in FAZ, Financial Times Deutschland, Journal of Natural Science (USA), Malerblatt, Buchhändler Heute, Markt und Mittelstand u. a.

Themen

Wir erfahren nur, was wir glauben

Provozieren Sie die Genialität Ihres Unternehmens!

Innovativ aus der Krise

Paradigmen – Woher sie kommen und was sie bewirken

Veröffentlichungen

Business Reframing® – Erfolg durch Resonanz
Gabler

JON CHRISTOPH BERNDT®

Themen

Starke Marken erkennt man daran, dass man sie erkennt
Große Ideen sind besser als große Budgets

Klares Profil durch Human Branding – weniger ackern, mehr erreichen
Wer sich besser verkauft, verkauft besser

Machen Sie den Point of Sale zum Point of Genuss
»Weniger für mehr« statt »mehr für weniger« am PoG

Veröffentlichungen

Kurzbiografie

Der Markenexperte, Management-Trainer und Keynote-Speaker Jon Christoph Berndt® (Politikwissenschaftler, Kommunikationswissenschaftler, Absolvent der Deutschen Journalistenschule München) ist Inhaber der brandamazing: Unternehmensberatung für Markenkommunikation in München.

Schwerpunkte von brandamazing: sind Markenstrategien für starke Unternehmen und Produkte sowie deren multisensuale Inszenierung. Jon Christoph Berndt® ist Erfinder von Human Branding: Damit wird auch der Mensch eine starke Markenpersönlichkeit.

Jon Christoph Berndt® ist Dozent an der Bayerischen Akademie für Werbung und Marketing (BAW) sowie Mitglied des Vorstands der GSA German Speakers Association und Lehrbeauftragter an der Steinbeis-Hochschule Berlin im Studiengang STI Professional Speaker GSA. Er ist Markenexperte bei n-tv, RTL und SAT.1 sowie in Radio und Print. Außerdem ist er Kolumnist beim Hamburger Abendblatt und bei der Frauenzeitschrift Emotion Women at Work; in ARD EinsPlus moderiert er die TV-Gesprächssendung »Leben!«. Sein Ratgeber »Die stärkste Marke sind Sie selbst! Schärfen Sie Ihr Profil mit Human Branding« ist in der 2. Auflage erschienen. Jüngst erschien das Lesebuch »50 einfache Wege zum Glück« von Jon Christoph Berndt® und Christine Koller.

Referenzen und Kundenstimmen

»Danke für die Schärfung meines Profils. Das ist Energie pur!« *Sabine Asgodom, Management-Trainerin*

»Sie haben Ihr Publikum begeistert!« *Jens Geiger, Microsoft*

»Herzlichen Dank für den ausgezeichneten Vortrag!« *Harald R. Fortmann, advertising.com*

»Wir haben ein ausnahmslos sehr positives Feedback.« *Jörg C. Müller-Dünow, Debitel*

Auszeichnungen und Pressestimmen

»Die Teilnehmer riskieren es am Ende tatsächlich, ihren Marken-Kern mit einem, dem einzigen Wort zu füllen. Staunend steht man wie vor einem klaren, klärenden Spiegel: weil da wirklich etwas vom wabernden, wolkigen ›Ich‹ auf einen Punkt zuläuft.« *Süddeutsche Zeitung, München*

»Wer weiterkommen will, kommt zu Jon Christoph Berndt. Human Branding ist mehr als nur der neueste Streich einer schillernden Seminarwelt. Warum soll man sich nicht am Buffet des Lebens bedienen?« *taz, Berlin*

»Human Branding ist ›reduce to the maximum‹.« *Coaching Heute*

President's Award der GSA German Speakers Association 2009

PROF. DR. MICHAEL BERNECKER

Themen

Kunden kaufen lassen
Wie Marketing wirklich funktioniert.

Zukunft Marke
Die Erfolgsfaktoren starker Marken.

Local Hero
Mit Marketing in der Region die Nummer 1 sein.

Online-Marketing
Mit SEO und SEM ganz oben stehen.

Veröffentlichungen

Kurzbiografie

Der Marketingunternehmer Prof. Dr. Michael Bernecker ist Geschäftsführer des Deutschen Instituts für Marketing in Köln.

Der Marketingprofi forscht, berät und trainiert im Kompetenzfeld Marketing & Vertrieb. Seine Kernkompetenz wird geprägt durch sein umfangreiches Fachwissen gepaart mit einer konsequenten unternehmerischen Sichtweise und der Fähigkeit, auch komplexe Sachverhalte zielgruppenadäquat zu kommunizieren.

Sein unternehmerisches Profil hat er sich als Geschäftsführer und Vorstand verschiedener Marketingunternehmen angeeignet. Sowohl als Geschäftsführer eines Marktforschungsunternehmens als auch als Vorstand einer Werbeagentur hat er ein umfangreiches managementorientiertes Erfahrungswissen erworben. Diese unternehmerischen Tätigkeiten prägen seine Sichtweise und bieten eine sinnvolle Basis für sein ausgeprägtes Marketing-Know-how.

Als Professor für Marketing lehrt Michael Bernecker unter anderem an der Hochschule Fresenius in Köln in den Fachgebieten Dienstleistungsmarketing, Bildungsmarketing sowie Marktforschung. Sein Wissen um unternehmerisches Denken und Handeln bildet die Grundlage der Seminare zur Betriebswirtschaftslehre. Mehrere Buchveröffentlichungen, die mittlerweile als Standardwerke gelten, und Fachbeiträge stützen diese Kompetenz. Als Referent tritt er hierzu auf Kongressen und Messen auf. Seine Expertise wird auch von den Medien genutzt.

Michael Bernecker ist u. a. Mitglied/Fachexperte von:
- DDV Deutscher Dialogmarketing Verband e. V.
- GABAL e. V.
- German Speaker Association e. V.
- Marketing-Club Köln-Bonn e. V.

Referenzen und Kundenstimmen

»Prof. Dr. Bernecker versteht es exzellent, Themen auf interessante und zugleich unterhaltsame Art zu präsentieren. Und schafft damit nachhaltigen Eindruck.« *A. Brömmel, Geschäftsführer pro-art werbeagentur essen GmbH*

»Vielen Dank für Ihren sehr guten Vortrag auf unserer Strategietagung. Die verschiedenen Themen haben durchweg während der Veranstaltung wiederholt Wirkung gezeigt.« *E. Blumenthal, Geschäftsführer LD Systeme AG & Co. KG*

»(...) Kompliment für den spannendsten Vortrag, den ich seit sehr langer Zeit gehört habe.« *H. Bischoff, Marketingleiter Masterrind GmbH*

Auszeichnungen und Pressestimmen

Internationaler Deutscher Trainingspreis 2009
5 Sterne Premium Standards 2009 (International Training Center Rating)

DR. ROLF BERTH

Themen

Management by Einstein
Aufbruch zu radikalem Wertemanagement

Die unverkannte Kommunikationsreserve

Veröffentlichungen

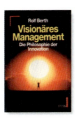

9 Bücher und über 50 Artikel in FAZ, manager magazin, Harvard Manager usw.

Kurzbiografie

Dr. Rolf Berth ist Gründer und Leiter der Akademie Schloss Gerath, genannt »Die Denkfabrik«. Er ist Betriebswirt und Psychoanalytiker und einer großen Öffentlichkeit durch Fernsehauftritte und durch sieben provokative Bücher bekannt geworden. Letztere vereinen Wissenschaftlichkeit mit journalistischem Witz und Humor. Seine Lebensthemen sind: Führung, Absatz, Innovation, Elitebildung und die Erarbeitung einer Firmenmission.

Seine zwei wichtigsten Beiträge sind die Entwicklung der aus der modernen Physik abgeleiteten »Quantentheorie des Managements« und seine praxisnahen Verkaufs- und Kommunikationstechniken, wie etwa das sogenannte »Multi Personality Selling« und »Corporate Multimarketing«.

Berths Laufbahn verlief in einer ersten Etappe im Linienmanagement. Er trug die Verantwortung für die gesamten europäischen Innovationsbemühungen der Knorr-Maizena-Gruppe, war später General Manager von Rodier und verabschiedete sich aus der Linie als Vorstandsvorsitzender von Levi Strauss.

Ab 1989 wechselte er in die Lehre, war Mitglied der Fakultät des International Management Institute, Genf (IMI) und las dort »Management of Change«. Von Genf aus machte er sich selbstständig und berät seither eine ansprechende Liste renommierter Firmen. Er hat einen Lehrauftrag an der Universität Essen/Duisburg: »Wertorientiertes Erfolgs- und Selbstmanagement«.

Referenzen und Kundenstimmen

»Ein herzliches Dankeschön für den gelungenen Workshop. Es ist die reine Freude, an Ihrer Veranstaltung teilzunehmen und mal wieder richtig frische Ideen zu tanken.« *Ortwin Nast, Vors. d. Vorst. Haniel HTS*

»Ich möchte es nicht versäumen, Ihnen für Ihre Lehrtätigkeit zu danken. Sie haben in erheblichem Umfang zum Erfolg dieses Seminars beigetragen.« *Professor Dr. U. Koppelmann, Uni Köln*

»Dass Ihr Beitrag ausgezeichnet aufgenommen wurde, weist das Feedback aus: 96,8 % der Teilnehmer bewerten Ihren Vortrag mit ›sehr gut‹.« *Dir. Dr. J. Krüger, IBM Deutschland*

Auszeichnungen und Pressestimmen

Aufnahme als förd. Mitglied in die Max-Planck-Gesellschaft

JANET BETSCHART

Themen

Moderner Knigge
Was ist heute noch zeitgemäß?

Small Talk und Apéro!
Wie Sie Freunde gewinnen.

Umgang am Telefon!
Der erste Eindruck zählt.

Kurzbiografie

Durch die langjährige Erfahrung als Kosmetikerin, Leiterin einer Schönheitsfarm, Unternehmerin und Schulungsleiterin von Weiterbildungsseminaren hat Janet Betschart ein Auge dafür entwickelt, wer ein gutes Auftreten hat und wer nicht.

Durch die Ausbildung zur Ressourcing® Trainerin in den Bereichen Persönlichkeitsentwicklung, Menschenkenntnis, Zustandsmanagement, Kommunikation und Rhetorik-Training sowie die Besuche von diversen Seminaren und Veranstaltungen hält sie ihr Wissen auf dem Laufenden.

Janet Betschart zeigt an ihren Seminaren, welche Rolle souveräne und sympathische Umgangsformen beim Repräsentieren, in der Kommunikation mit der Kundschaft, bei Kolleginnen und Kollegen sowie Mitarbeitenden spielen. Natürlich bewertet sie einen Menschen nicht alleine nach seinem Auftreten. – Jedoch, der erste Eindruck bleibt.

Janet Betschart ist Expertin für moderne und souveräne Umgangsformen und Business-Veranstaltungen.

Referenzen und Kundenstimmen

»In ihrem Seminar ›Takt & Stil – Der erste Eindruck‹ zeigt Janet Betschart den Teilnehmenden, welche Rolle souveräne und sympathische Umgangsformen beim Repräsentieren, in der Kommunikation mit der Kundschaft, bei Kolleginnen und Kollegen sowie Mitarbeitenden spielt.« *Seminar.INSIDE*

»Janet Betschart, die Expertin für moderne Umgangsformen.« *Bild am Sonntag*

»Die Knigge-Trainerin aus Seengen bringt den Leuten Manieren und gepflegten Umgang bei.« *Radio DRS1*

MARTIN BETSCHART

Themen

Die Geheimnisse des Erfolges

Ente oder Adler?

Handeln statt jammern!

Professionelle Menschenkenntnis

Veröffentlichungen

Kurzbiografie

Martin Betschart ist Experte für Erfolgs-Psychologie, Motivation und Menschenkenntnis. Als Erfolgs-Coach, Key-Note-Speaker, Bestsellerautor und TV-Talkmaster genießt er einen ausgezeichneten Ruf. Seit 1985 haben über 250.000 Personen seine Vorträge und Seminare besucht. Über 500-mal wurde in den Medien über ihn berichtet, davon mehrere Titelgeschichten. Führungskräfte von BayWa, T-Comm, Novartis, Migros, Credit Suisse, VR-Banken, Union Investment etc. lassen sich von ihm begeistern. Er ist der Begründer von Ressourcing®. Einer breiten Öffentlichkeit wurde er mit dem »Martin Betschart Kommunikations-Talk« im Schweizer Privatfernsehen bekannt. Er ist Vorstandsmitglied der GSA (German Speakers Association), der Präsident der GSA Chapter Schweiz und sehr beliebter Dozent an Universitäten bzw. Fachhochschulen. Er ist bekannt für seinen mitreißenden und motivierenden Vortragsstil.

Referenzen und Kundenstimmen

BayWa, VR-Banken, Raiffeisenbanken, Volksbanken, Abicht AG, KZEI

»Ich habe schon viele Seminare besucht, dieses hebt sich von allen ab.« *Gregor Staub, Gedächtnis-Trainer, Zürich*

»Etwas vom Besten, was ich je erlebt habe!« *C. Schärer, Geschäftsführer, Olten*

Auszeichnungen und Pressestimmen

Im Jahr 2007 wurde er zum Trainer des Jahres gewählt.

Er gehört zu den »Top 100 Speakers« (Speakers Excellence) und wurde 2008 und 2009 mit dem Conga Award ausgezeichnet.

Das Schweizer Fernsehen bezeichnet ihn als den Erfolgs-Trainer Nr. 1.

Die Sonntagszeitung bezeichnet ihn als einen der erfolgreichsten Management-Trainer im deutschsprachigen Raum.

JOACHIM G. BEYER

Kurzbiografie

Joachim G. Beyer (Jahrgang 1961) ist Logopäde, Lehrlogopäde sowie ausgebildeter Coach und Berater und kann auf eine mehr als 20-jährige Erfahrung in der Seminar- und Beratungsarbeit sowie als Leiter einer Ausbildung für Logopäden zugreifen.

Er hat 4 Kinder und lebt seit 1994 in der Metropolregion Rhein-Neckar – im schönen Heidelberg.

Seine Stärke ist die Verbindung von Stimme, Sprechen & Persönlichkeit sowie die Verbesserung von Kommunikation und Interaktion der Menschen untereinander. Es liegt ihm besonders am Herzen, Menschen bei der Entwicklung und Optimierung ihrer Möglichkeiten professionell zu begleiten, die ihre Stimme & Kommunikation für wesentliche Teile ihres Berufes unbedingt benötigen. Dies vermittelt er in Vorträgen, Workshops (auch vor und mit Großgruppen!), in Seminaren sowie im individuellen StimmCoaching (auch als Coaching on the Job).

Themen

Stimme & Persönlichkeit – wesentliche Erfolgsfaktoren im Geschäftsleben

Von »Turbosprechern«, »Nuschlern« und »Leise-Tretern«
Was hat Sprechen mit der Persönlichkeit zu tun?

Mit trainierter Stimme punkten:
Das exklusive 10-Schritte-Programm für Ihren Präsentations-Erfolg

Wirkung^3 – mit Knigge, Klang und Körpersprache zu optimaler Wirkung

Veröffentlichungen

StimmCoaching
DVD, erschienen bei managerSeminare

Hörbuch: Trainings-CD StimmCoaching

DVD: StimmCoaching
Wie Sie Stimme und Sprache professionell einsetzen

Referenzen und Kundenstimmen

»... Für Ihre Professionalität, die lebhafte Gestaltung und die praktische Umsetzung bedanken wir uns recht herzlich. Das sehr gute Feedback aus dem Teilnehmerkreis zeigt, dass Ihre Seminare wirkungsvoll sind. Die Kombination aus den drei bedeutenden Themen Stimme, Körpersprache und Umgangsformen finden wir besonders gelungen und einzigartig.« *(Porsche Leipzig GmbH)*

»... Die Gestaltung erfolgte gezielt auf die Bedürfnisse der Teilnehmer.« *(Fa. Sealed Air)*

»... Das Thema wurde fachlich hervorragend bearbeitet und spannend präsentiert. Die vielen praktischen Übungen halfen, das neue Wissen zu erproben.« *(StrategieKompakt – Dr. Karl-Heinz Hellmann)*

»... interessant, spannend, lehrreich und auch noch unterhaltsam.« *(Fa. Wahler & Co. GmbH)*

Auszeichnungen und Pressestimmen

State-of-the-Art-Award für DVD »StimmCoaching«
Zum nunmehr 15. Mal kürte die deutsche Sektion des internationalen Fachverbands für audiovisuelle Kommunikation ›ITVA‹ am 3. November 2007 in Köln ausgewählte Wirtschaftsfilme. Preisträger des State-of-the-Art-Award 2007 für zeitgemäße innovative Mediengestaltung in der Kategorie Multimedia-Anwendungen wurde die DVD »StimmCoaching« von Joachim Beyer.

Auszeichnung zum Qualitätsexperten 2009 und 2010 durch das Qualitätsnetzwerk der Erfolgsgemeinschaft.com

RAINER H. BIELINSKI

Themen

Das Magellan-Prinzip – Aufgaben – Werte – Werkzeuge der Führung

Führungskräfte
Der ultimative Erfolgsfaktor

Vertriebssteuerung in schwierigen Marktumfeldern

Strategisches Verkaufen

Veröffentlichungen

Kurzbiografie

Rainer H. Bielinski, Trainer, Speaker, Coach und Buchautor mit Schwerpunkten Verkauf, Management und Führung. Urheber des Führungskräfte-Konzepts: »Das Magellan-Prinzip«.

Er ist Leiter und geschäftsführender Gesellschafter des Instituts für Wirtschaftspädagogik (IWP).

Nach den Studiengängen Maschinenbau (Dipl.-Ing.) und Wirtschaftswissenschaften (Dipl.-Wirtschafts-Ing.) hat Rainer H. Bielinski, Jahrgang 1961, das YORK Institute, Pennsylvania (USA) und das AIESEC-Programm der IBM in Taiwan absolviert.

Er sammelte seine Verkaufs- und Führungserfahrung in über 20 Jahren in Verkaufs-, Management- und Unternehmer-Funktionen. Er war lange in internationalen Großunternehmen in Asien, USA und Europa tätig. Die Schwerpunkte seiner Vorträge und Trainings sind systemisches Verkaufen und Vertriebssteuerung sowie Effektivität und Effizienz im Führungsprozess.

Seine Teilnehmer profitieren durch seine persönlich-authentische Praxisnähe. Die Aufbereitung bedeutender Grundlagen in handfeste und erprobte Werkzeuge wird besonders gelobt. Durch die starke Einbeziehung, Forderung und Förderung der Teilnehmer seiner systematisch gestalteten Verhaltens-Trainings und Vorträge haben seine Veranstaltungen Erlebnis-Charakter.

Die Tätigkeit von Rainer H. Bielinski erstreckt sich auf Unternehmen der Dienstleistungs-, Konsum- und Investitionsgüterbranchen, die Spitzenleistungen im Verkauf, Management und in der Führung fordern und fördern.

Referenzen und Kundenstimmen

»Wir haben viele andere Trainer eingesetzt. Den Erfolg der Maßnahme mit IWP haben wir systematisch gemessen. Auf den Punkt gebracht: Rainer H. Bielinski ist Diamant!« *Gabriele Happe, Geschäftsführung, Happe Personalentwicklung, Paderborn*

»Rainer H. Bielinski kommt in seinen Vorträgen auf den Punkt. Von Beginn an nimmt er das Auditorium durch seine klaren Botschaften mit. Jeder Zuhörer merkt sofort, dieser Redner hat jahrelange Erfahrung auf internationalem Niveau. Rainer H. Bielinski weiß, wovon er spricht; er ist eine echte Bereicherung für jede Veranstaltung.« *Carsten Michaelis, Direktor Sales & Marketing, DOM Sicherheitstechnik, Brühl/Köln*

Auszeichnungen und Pressestimmen

2007: Internationaler Deutscher Trainingspreis in Bronze, Nationales Projekt

2009: Internationaler Deutscher Trainingspreis in Bronze, Internationales Projekt

CAROLINE BIENERT

Themen

Food & Foodcoaching im Allgemeinen

Stoffwechsel

Anti-Aging

Detoxing

Veröffentlichungen

Kurzbiografie

Caroline Bienert, Inhaberin & Geschäftsführerin des Unternehmens »the bodycoach«, arbeitet seit über 15 Jahren als Personal Food-Coach und hat dies mit Überzeugung und Leidenschaft zu ihrer Berufung gemacht. Die Expertin für Ernährungsfragen, Gesundheit und Anti-Aging hat ihre Ausbildung in New York, London, Sri Lanka und München absolviert. »the bodycoach« bietet insbesondere Menschen, die gesund leben wollen, abnehmen möchten oder sich für ein bewusstes Leben entscheiden, individuelle Programme an. Dabei wird jeder Kunde nach Ernährungsverhalten und Lebensweise analysiert. »Es ist nicht möglich, ein Patentrezept für alle zu definieren«, erklärt Caroline Bienert. »the bodycoach« ist ein maßgeschneidertes Coaching-Programm, das auf die persönlichen Bedürfnisse eines Kunden zugeschnitten ist, wie ein Haute-Couture-Kleid oder ein Maßanzug.

Mit Caroline Bienert und ihrem Programm »the bodycoach« hat der Kunde eine fachlich kompetente Partnerin mit über 15 Jahren Food-Coaching-Erfahrung an seiner Seite, die diese Motivation gerne übernimmt und unterstützt. Kooperationen mit Kliniken und Haut-Zentren zeigen, dass das Spektrum von »the bodycoach« sehr vielfältig ist.

Das Ziel des Programms lautet: gesund leben, gut und jünger aussehen, fit sein, das Wunschgewicht erreichen und langfristig halten! Neben professionellen Tipps erzählt Caroline Bienert von vielen spannenden und ermutigenden Fallbeispielen aus ihrer täglichen Praxis. Kurz, »the bodycoach« begleitet Sie auf dem Weg zu sich selbst und hilft Ihnen, mit Ihrer Umwelt in Einklang zu kommen.

Referenzen und Kundenstimmen

»Während eines Fotoshootings lernte ich Caroline Bienert kennen. Ich litt unter starker Schuppenflechte ... Nach acht Monaten ihres Coachings war alles weg. Ich rufe sie auch heute immer noch an, wenn ich gesundheitliche Probleme habe. Ich kann gar nicht mehr ohne sie sein!!« *Christian, 38 Jahre, Fotograf aus Südschweden*

»Eine Arbeitskollegin empfahl mir Caroline Bienert, die sie aus Sri Lanka kannte. Das war wie eine Vorherbestimmung ...« *Katja, 30 Jahre, Redakteurin aus Stuttgart*

»Seit mich Caroline Bienert coacht, fühle ich mich wie ein neuer Mensch! Sie ist meine persönlich Wunderheilerin!« *Tanja, 36 Jahre, freie Redakteurin aus Berlin*

JASMIN BIERMANN

Themen

Du erreichst alles, wenn du es willst

X = Management + Führung

Der Anziplenum-RefleX®
Die Kunst der effizienten Effektivität

Human Capital Management
Eine gewinnbringende und menschliche Sichtweise

Kurzbiografie

Jasmin Biermann, 1978 in Donaueschingen geboren, stand als Moderatorin von Veranstaltungen schon in frühen Jahren auf den Bühnen in der Heimat. Bereits nach ihrem Abitur war ihr klar, dass sie in ihrem beruflichen Leben Soziales und Wirtschaftliches vereinen möchte. So studierte sie Betriebswirtschaft mit dem Schwerpunkt Personalmanagement an der Fachhochschule in Pforzheim. Während ihres Studiums arbeitete sie bereits als Trainerin und Referentin bei diversen Bildungseinrichtungen und sammelte praktische Erfahrungen im Bank- und Finanzdienstleistungswesen.

Zum Abschluss des Studiums zog es sie beruflich nach München. Dort war sie in der Organisationsentwicklung bei einem Industriekonzern tätig. Kurz darauf erhielt sie eine Stelle in der Geschäftsleitung einer Baumarktkette und sammelte hier ihre ersten Führungserfahrungen.

Im Jahre 2004 verwirklichte sie sich ihren Traum der Selbstständigkeit. Sie hat heute ein kleines Unternehmen (SWP24) in Bad Dürrheim im schönen Schwarzwald, von dem aus sie mit ihrem Team Unternehmen und Institutionen im Bereich der Personalentwicklung berät, unterstützt und begleitet.

Neben den kurzweiligen Vorträgen bietet sie mit ihrem Team individuelle und klassische Fort- und Weiterbildungsmöglichkeiten in den Bereichen der sozialen und methodischen Kompetenzen an. Dazu zählt beispielsweise auch Einzel- und Gruppencoaching.

Die Kombination aus sozialen und wirtschaftlichen Aspekten sind die Kerninhalte der Vorträge von Jasmin Biermann. Ihre Vorträge handeln vor allem vom Management und der Führung, die zum Nachdenken und Handeln anregen.

Jasmin Biermann ist Mitglied des Deutschen Verbandes für Coaching und Training (dvct) e. V. sowie des Trainertreffens Deutschland. Seit Abschluss des Studiums hat sie sich als zertifizierter Business- und Mentalcoach weitergebildet.

Referenzen und Kundenstimmen

»Mit ihrer pfiffigen und vor allem motivierenden Art berührt sie ihr Publikum und hält die Aufmerksamkeit.«

»Frisch, verständlich, tolle Vorträge und sehr interessant sowie vor allem umsetzbar.«

»Tolle Rednerin und Dozentin, sehr motivierend. Sie versteht es, einen immer wieder mitzureißen.«

»Es war eine Bereicherung, Sie gehabt zu haben.«

HARTMUT H. BIESEL

Themen

Krise? Pfeif drauf, mach deine Konjunktur
Das Unmögliche möglich machen

Konzentration auf die Top-Kunden der Zukunft –
Top-Kunden gezielt und strukturiert gewinnen und binden

Evolutionär Steinzeit, aber mit Laptop
Kunden und andere Menschen verstehen und überzeugen

Der Wandel als Chance
Keine Angst vor Veränderungen

Veröffentlichungen

Kurzbiografie

Hartmut H. Biesel begann 1975 nach dem Studium seine berufliche Laufbahn im Vertrieb und arbeitete die ersten Jahre als Außendienstler, Gebietsverkaufsleiter und Regionalverkaufsleiter. Ab 1981 übernahm er Verantwortung als Marketing-/Vertriebsleiter und Geschäftsführer bei Unternehmen im In- und Ausland. 1997 gründete Hartmut H. Biesel die APRICOT Unternehmensberatung GmbH und beschäftigt sich seitdem mit den Themen »Neuausrichtung von Vertriebsorganisationen, Entwicklung und Umsetzung von Vertriebsstrategien und Optimierung des Markt- und Kundenmanagements«. Er stellt seine langjährige Berufserfahrung – Außendienst bis Management – Unternehmen zur Verfügung, die ihre Marketing- und Vertriebsaktivitäten durch Change-Management, Qualifizierung und Coaching optimieren wollen.

Seit 1997 hat er in mehr als 150 Unternehmen Veränderungsprozesse beratend begleitet bzw. durch Qualifizierungsmaßnahmen die Mitarbeiterprofessionalität gesteigert. In den vergangenen 12 Jahren hat er für die wichtigsten Anbieter offener Seminare und Kongresse im deutschsprachigen Bereich Seminare/Lehrgänge abgehalten und Vorträge gehalten (u. a. Forum des Deutschen Buchhandels, Deutscher Verkaufs- und Vertriebsleiterkongress, Ladenbauverband, Sparkassenverband). Hartmut H. Biesel ist Mitglied in diversen Organisationen, u. a. Gründungsmitglied des »EF-KAM European Foundation for Key Account Management«, und war viele Jahre Jury-Mitglied des Sales Award der SalesBusiness. Er ist erfolgreicher Buchautor, Berater, Trainer, Coach und »Manager auf Zeit«.

Referenzen und Kundenstimmen

»Gern denke ich an München zurück und Ihre Art der Präsentation. Sie waren ein Gewinn für mich.« *Hermann Poorthuis, Nellen & Quack*

»Herr Biesel hat durch seine Erfahrungen einen sehr hohen Praxisbezug hergestellt.« *Peter Knapp, Volksbank Baden-Baden*

»Ich konnte eine Menge mitnehmen, auch der Lustfaktor ist gestiegen.« *Reinhold Brommer, Wieland Dental + Technik*

»Es war wieder ein Supervortrag.« *Wolfgang Drumm, Trilux*

Auszeichnungen und Pressestimmen

Auszeichnung zum Top-Speaker durch die Qualitätsplattform Top-Speaker.eu, 2009

Auszeichnung zum Qualitätsexperten 2009 durch das Qualitätsnetzwerk der Erfolgsgemeinschaft

BIRGIT BILGER

Themen

Gelassen und echt!
Durch mehr Authentizität zu mehr Lebensfreude und Gesundheit

Von Managern, Alpha-Softies und anderen Ur-Viechern

Ohne Täler gibt es keine Berge!
Aus dem Tief neue Kraft schöpfen

Wie schütze ich mich vor Energie raubenden Tätigkeiten, Menschen und Situationen?

Kurzbiografie

Birgit Bilger, Vortragsrednerin, Moderatorin, Gastdozentin und Beraterin für Wirtschaft, Sport und Kultur.

Birgit Bilger lebt, wovon sie spricht. Ihre Energie, ihr Wissen und ihre Ausstrahlung haben bis heute zahlreiche Menschen inspiriert, begeistert und nachhaltig motiviert. Sie vermittelt ihre Themen charmant, authentisch und dynamisch. In ihren erlebnisorientierten Vorträgen und Seminaren liefert sie humorvoll und gleichzeitig mit Tiefe wertvolle Impulse und neue Sichtweisen. Mit eindrucksvollen Methoden und praktischen Übungen motiviert sie die Teilnehmer, ihr Denken und Handeln nachhaltig positiv zu verändern.

Ihr Wissen und ihre Authentizität schöpft Birgit Bilger aus ihrer persönlichen und beruflichen Erfahrung. Ihre beeindruckende Stärke ist durch den positiven Umgang mit der großen Herausforderung, die das Leben an sie stellte, stetig gewachsen. Engagiert, kompetent und erfahren inspiriert und begleitet sie seit vielen Jahren Menschen im Wandel zum Nachdenken, Umdenken und Umsetzen. Ganz nach ihrem Motto: Nichts ist so schlecht, dass nicht auch etwas Gutes darin steckt.

Seit über zwanzig Jahren ist sie unternehmerisch tätig. Nach dem Studium der Germanistik, Kommunikationswissenschaften und Portugiesisch gründete sie, nach Stationen in der Medienbranche, ein eigenes Unternehmen. 2000 verkaufte sie dieses, um sich ganz ihrer eigentlichen Leidenschaft zu widmen: der Entwicklung von Persönlichkeit und Authentizität.

Durch zahlreiche Studien westlicher und östlicher Entspannungstechniken und Beratungsformen, dem langjährigen Qi-Gong-Training bei einem Shaolin-Mönch sowie einer intensiven Ausbildung zur Trainerin und Beraterin im Managementcentrum Schloss Lautrach verfügt sie neben ihrer Erfahrung über ein umfangreiches Handwerkszeug, mit dem ihre Kunden nachhaltige Lösungen und Erfolge erzielen.

Durch die Nachfrage vieler ihrer Kunden aus dem In- und Ausland nach Privatsphäre, Ruhe und Individualität bietet sie ihre Aktivitäten seit einiger Zeit auf Schloss Stauffenberg in der Nähe von Ulm an. In dem geschützten Raum dieses privaten Hauses finden ihre Teilnehmer die notwendige Ruhe, um sich ohne Ablenkung ganz auf ihre Themen konzentrieren zu können.

ANSELM BILGRI

Kurzbiografie

Anselm Bilgri, 1953 geboren, trat 1975 ins Benediktinerkloster Andechs ein und studierte in Passau, München und Rom Philosophie und Theologie. 1980 wurde er durch Kardinal Joseph Ratzinger zum Priester geweiht. 18 Jahre lang leitete er die Wirtschaftsbetriebe von Andechs und gründete 1992 das Festival »Orff in Andechs«.

Nach seinem Ausscheiden aus dem Kloster und dem Benediktinerorden war er von Juli 2004 bis Juli 2008 Gesellschafter des von ihm mitbegründeten Beratungsunternehmens »Anselm Bilgri – Zentrum für Unternehmenskultur« in München.

Seit Juli 2008 ist Anselm Bilgri als Vortragender, Buchautor und Ratgeber tätig. Seine Themen schlagen die Brücke von der Philosophie und Religion zur Wirtschaft und Gesellschaft. Seine Bücher »Finde das rechte Maß«, »Stundenbuch eines weltlichen Mönchs« und »Herzensbildung« erscheinen im PIPER-Verlag, »Entrümple Deinen Geist« bei der Verlagsgruppe Droemer-Knaur.

Anselm Bilgri ist Träger des Bundesverdienstkreuzes.

Auszeichnungen und Pressestimmen

»Gratwanderer zwischen Kirche und Welt« *Süddeutsche Zeitung*

Themen

Benediktsregel als Richtschnur werteorientierter Unternehmensführung

Werte in Wirtschaft und Gesellschaft

Wie kann der Mensch in der Moderne zum Wesentlichen vordringen?

ora et labora
Balance von Arbeit und Leben

Veröffentlichungen

CHRISTIAN BISCHOFF

Themen

»ICH WILL!«-Eventreihe

Spitzenleistung – dein Weg!

Machen Sie den positiven Unterschied

Veröffentlichungen

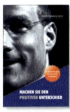

Kurzbiografie

Christian Bischoff kommt aus dem Profisport. »Extrem authentisch«, »mitreißend«, »ehrlich« und »nicht abgehoben« bezeichnen ihn regelmäßig Teilnehmer. Der Lebens-Trainer war mit 16 Jahren zu seiner Zeit jüngster Basketball-Bundesligaspieler und mit 25 Jahren einer der jüngsten Bundesliga-Cheftrainer aller Zeiten. Als Profitrainer hat er über ein Jahrzehnt tausende Spieler betreut und mit den besten Trainern der Welt zusammengearbeitet. Christian Bischoff ist Lebens-Trainer aus Leidenschaft: Seine Events sind eine »emotionale Achterbahnfahrt« und »Selbst-Reflexion«, um im eigenen Leben entscheidend voranzukommen.

Referenzen und Kundenstimmen

»Es ist ein Erlebnis, mit ihm zusammenarbeiten zu dürfen.« *Hermann Oberschneider, Eigentümer und Aufsichtsrat, MBT GmbH Schweiz*

»No speaker has ever touched my heart as much as you did. You are amazing!« *Martino Concelli, AMO International GmbH, Italien*

»Sie waren für mich eine Erleuchtung!« *Melanie von Rosenberg, Hypo Vereinsbank AG, München*

»Sie haben mit Ihrer Person, mit Ihrer Präsentation und Ihrem Auftreten uns alle mitgerissen.« *Wilfried Hohn, Vice President European Sales & Service, Siemens AG, Erlangen*

»In einzigartiger Manier ist es Ihnen gelungen, unser ganzes Team zu begeistern und nachhaltig zu inspirieren.« *Julia Orschel, Leiterin Promotion und Vertrieb, Kabel Deutschland*

»Sie sorgten mit ihrem mitreißenden Auftritt bei allen Beteiligten für reichlich Gesprächsstoff, Lobeshymnen und Verlangen nach mehr.« *Herr Roland Hüter, Marketingleiter, Bosch Sicherheitssysteme GmbH*

Auszeichnungen und Pressestimmen

»Christian Bischoff schaffte es mühelos (...) seine Zuhörer sprichwörtlich von den Sitzen zu reißen.« *Lübecker Nachrichten*

- 3 Europameisterschafts-Teilnahmen für den deutschen Basketball-Bund als Spieler und als verantwortlicher Trainer
- 3-mal Auszeichnung zum Basketball-»Trainer des Jahres«
- 2009 erfolgreiche Teilnahme am »härtesten Marathon der Welt«
- Teilnehmer am Transalpine-Run 2009, dem »härtesten Laufwettbewerb der Welt«

IRENA BISCHOFF

Themen

Den Geist ankurbeln durch Körpersprache
Gestik als Motor

Was das Lernen unterstützt!
Körpersprache beim Vermitteln

Bewusste Gesprächsführung
Körpersprache und Rhetorik

Die politische Rede
Emotionen freisetzen

Veröffentlichungen

Kurzbiografie

Den Körper als wirksamstes Ausdrucksmittel in der Kommunikation in all seinen Facetten einzusetzen, hat sich als Leidenschaft von Irena Bischoff herauskristallisiert. Wie harmonisch Körper und Geist miteinander in Verbindung stehen können, zeigt sie in ihren interaktiven Vorträgen und Auftritts-Seminaren.

Die Hamburgerin, ausgestattet mit Praxiswissen aus Industrie und Dienstleistung, studierte im Rheinland Soziologie und Theaterwissenschaften. Parallel dazu absolvierte sie eine intensive Ausbildung in pantomimischer Darstellung und Körperarbeit bei R. Fabry in Düsseldorf. Eine Gesangs- und Stimmausbildung in Köln sowie Einarbeitung in Persönlichkeitsentwicklung runden ihr Profil ab. Dem Wort und der Rhetorik gilt ihre Aufmerksamkeit auch als Autorin für Buch, Printmedien und TV-Moderationen.

Irena Bischoff hat ihr Expertinnenwissen im Bereich Körpersprache, und hier insbesondere die gestische Darstellung, anschaulich in einem Arbeitshandbuch/Wissenschaft für Berufliche Situationen auf den Punkt gebracht.

In ihren interaktiven Vorträgen motiviert sie voller Energie und Charme auch Großgruppen von bis zu mehreren hundert Personen zum freudigen Einstieg in die Materie »Körpersprache und Signale«.

Referenzen und Kundenstimmen

»Lebendig, professionell, originell!« *Michael Haim, VVG Vorarlberger Volkswirtschaftliche Gesellschaft*

»In geradezu virtuoser Weise zeigten Sie, wie wir Kreativität in den Körperausdruck bringen. Mit großer Freude haben wir gelernt, wie wir unsere gestischen Darstellungsmöglichkeiten ausschöpfen können.« *Balzer, EUMA European Management Ass., Köln/Bonn*

Auszeichnungen und Pressestimmen

»Sie erhalten professionelle Konzepte, praxisnahe Tipps und eine Fundgrube an originellen Ideen.« *Süddeutsche Zeitung*

»Das Repertoire möglicher Gesten im Berufsleben ist jedoch weit größer. Das gibt Standfestigkeit.« *Berliner Morgenpost*

DR. MARKUS BLASCHKA

Themen

Im glücklichen Tal der Ahnungslosen
Kompetenzen für die erfolgreiche Projektleitung

Mein Projekt, mein Coach und ich
Die Rolle des Projektmanagement-Coachs

Systemisches Projektmanagement
Komplexe Projekte sicher(er) zum Erfolg führen

Fifty ways to crash your project
Wie Sie Ihr Projekt garantiert an die Wand fahren

Kurzbiografie

Dr. Markus Blaschka studierte Informatik mit BWL im Nebenfach. Danach sammelte er Erfahrung im Consulting-Business als Berater für das Projektmanagement einer bundesweiten Konsolidierung von IT-Systemen. Im Rahmen seiner Promotion kehrte er in die Forschung zurück und sammelte weiteres Know-how in EU-Projekten für die Textilindustrie. Nach der Promotion arbeitete er als IT-Projektleiter und IT-Consultant bei einem bayerischen Automobilhersteller.

Seit 2003 ist der Projektmanagement-Experte selbstständiger Trainer, Coach, Berater und Dozent an diversen Fachhochschulen in Deutschland und Österreich. Zahlreiche wissenschaftliche Veröffentlichungen, Lehrbücher und Zeitschriftenartikel belegen seine Expertise.

Als Geschäftsführer der Dr. Blaschka Consulting GmbH arbeitet er im Netzwerk mit führenden Experten und Trainingsanbietern an seiner Vision, die Professionalität des Projektmanagements in Unternehmen sowie in der Hochschulausbildung zu erhöhen.

In seinen Vorträgen und Seminaren vermittelt er – stets auf Augenhöhe mit seinen Teilnehmern – praxiserprobtes und fundiertes Expertenwissen in seiner pragmatischen und humorvollen Art.

Referenzen und Kundenstimmen

AKAD. Die Privathochschulen GmbH, AKDB, BMW Group, EMRICH Consulting, F. Obermayer Datentechnik, FH Kufstein, Frontline Consulting, govision tv, Kaufmanns Casino München, LST Group, Neuland & Partner, Paricon Products, Schleupen AG, Steinbeis Beratung.

Auszeichnungen und Pressestimmen

Zertifizierter Experte im Qualitätsnetzwerk der Erfolgsgemeinschaft von Joachim Klein

Aufgenommen in die TOP 100 bei Trainers Excellence

»Experte in Sachen Beratung« Oberbayerisches Volksblatt

PROF. DR. CHRISTIAN BLÜMELHUBER

Kurzbiografie

Christian Blümelhuber ist der InBev Baillet Latour-Professor für Euromarketing an der Université Libre de Bruxelles. Er ist Unternehmer (u. a. Mitgründer der newsports GmbH und von ideenparc) und international gebuchter Redner.

Christian beherrscht den Spagat. Einerseits begeistert er als Referent durch seine unterhaltsame Art, mit der er Konzepte verständlich, anwendungsorientiert und sympathisch referiert. Er nimmt seine Zuhörer mit auf spannende, überraschende Exkursionen in die Welt der Kunden und die Zukunft des Marketings. Und gleichzeitig ist er international anerkannter Wissenschaftler, der in den wichtigsten Journalen seines Fachgebietes veröffentlicht, innovativ Themen entwickelt und neue Themen (u. a. Euro-Marketing) besetzt.

Neben den genannten Themen entwickelt er auch gerne spezifische, auf das Publikum zugeschnittene Vorträge rund um Marketing und Strategie. Dafür können kleine Studien vorgeschaltet werden. Deren oft überraschende Einsichten und Perspektiven sowie die von Blümelhuber entwickelten praktischen Lösungsansätze und Tipps können in den Vortrag eingewoben und so exzellent in Unternehmen verankert werden.

Referenzen und Kundenstimmen

DaimlerChrysler, Degussa Degudent, Deutsche Bahn, BelgaCom, TBWA, Sparkassen-Finanzgruppe, SAP, Gore, ING-DiBa AG, TÜV Rheinland, Lufthansa, Dexia, L'Oréal, Oracle, Solutio, ADC Art Directors Club, Jomo GV-Partner u. v. m.

»Hard-Core-Marketing by Prof. Blümelhuber – unvergesslich! Intellekt, Charme, Perspektivenwechsel (...) holt Menschen bei ihren ureigensten Erfahrungen ab. (...) Unterhaltsam und lehrreich zugleich!« *Dr. Peter O. Wüst, BAU + DIY e. V.*

»Professor Blümelhuber war genial – der Höhepunkt unserer Neujahrskonferenz!« *Aud Feller, TÜV Rheinland*

»Er zeigt, dass Marketing-Theorie alles andere als trockener Lernstoff sein kann. Er sieht nicht aus wie ein Professor und redet auch nicht wie einer. Alles viel besser!« *Richard S. Beerbaum, best page*

Themen

Der Marketing-Code©
Marketing in der modernen Moderne

Unsere Zukunft
Über Trends, Moden und Strategie 2.0: offensiv, glücklich und mutig voraus

Geile Marken!
Außergewöhnlich, faszinierend, sexy – und erfolgreich!

Let's go Europe
Europäisches Marketing, europäischer Konsum

Veröffentlichungen

Seriell! Das Basisprinzip der modernen Moderne

DR. PETRA BOCK

Kurzbiografie

Dr. Petra Bock gehört zu den führenden Coachs im deutschsprachigen Raum.

Die mehrfache Bestsellerautorin berät erfolgreiche Unternehmer, Selbständige und Führungskräfte, geschäftlich und persönlich außerordentliches Wachstum bei gleichzeitig höchster Lebensqualität zu erzielen. Zu ihren Kunden zählen nicht nur namhafte Unternehmen und Persönlichkeiten aus Medien, Sport und Politik, sondern auch Privatkunden, die ihre persönliche Berufung und ein Optimum an Erfüllung, Sinn und Erfolg in ihrem Leben suchen. Als Expertin für persönliche Erfolgsstrategien erhielt sie eine Gastdozentur an der Freien Universität Berlin.

Dr. Petra Bock leitet eine eigene Ausbildungsakademie, die Dr. Bock Coaching Akademie, in Berlin. Dort bildet sie Coachs für berufliche Erfolgsstrategien/Coachs for Professional Development and Life Coachs aus.

Als Expertin ist sie in erstrangigen Fernseh-, Funk- und Printmedien wie z. B. der FAZ, der Wirtschaftswoche, dem Focus, der Welt oder GEO uvm. genauso präsent wie als Keynote-Speaker in Top-Kunden- oder Mitarbeiterveranstaltungen. Dr. Petra Bock ist Mitglied des Vorstands der German Speakers Association, dem Top-Verband deutschsprachiger Rednerinnen und Redner.

»Über Erfolg und Misserfolg im Leben entscheidet die Fähigkeit, uns die richtigen Fragen zu stellen«, sagt sie, »das gilt für den einzelnen Menschen genauso wie für ein Unternehmen.« Als Coach ist Dr. Petra Bock Meisterin der guten Fragestellung und das ist ein zentrales Thema ihrer Vorträge. Wie wird man nachhaltig erfolgreich? Was muss passieren, damit aus einer guten Leistung eine Spitzenleistung wird? Wie erreicht man Ziele sicher und nachhaltig? Welche Fragen muss man sich stellen, um aus seinem Beruf eine Berufung zu machen und ein erfülltes und erfolgreiches Leben zu führen?

Themen

Die Macht der guten Fragen
Wie Sie sich und andere noch erfolgreicher machen

Erfolg durch Selbstcoaching
Die 10 wichtigsten Impulse für Ihr persönliches Wachstum

Nimm das Geld und freu Dich dran
Der Weg zum authentischen Wohlstand

Lebe Deine Berufung!
Sinn, Spaß, Erfüllung und Erfolg bei der Arbeit

Veröffentlichungen

Referenzen und Kundenstimmen

»Dr. Petra Bock wurde mir unabhängig voneinander sowohl von Prof. Dr. Lothar Seiwert als auch von Sabine Asgodom als Key Note Speaker empfohlen. Sie hat meine dadurch ohnehin sehr hohen Erwartungen noch übertroffen!« *Ilse Sabine Kuhn, Kongressveranstalterin*

»Dr. Petra Bock hat unsere Kunden begeistert. Wir haben sie gleich wieder gebucht.« *Susanne Karsten, MLP AG*

Auszeichnungen und Pressestimmen

»Dr. Petra Bock ist eine ausgewiesene Expertin, die lebt, was sie sagt, schreibt und berät.« *Deutschlandradio*

»Eine seltene Mischung aus Kompetenz, Power und Menschlichkeit.« *WDR Hörfunk*

ANDREAS BODE

Themen

Unternehmen Kreativität

Veröffentlichungen

Mit Medienmusik erfolgreich in der Kreativwirtschaft

Sponsoring wirkt emotional! nachhaltig! kostengünstig!

Kurzbiografie

Andreas Bode gilt als Experte für ganzheitliche Kreativität in Unternehmen und hat über 20 Jahre internationale Management-Erfahrung in der Kreativwirtschaft. Seine Neugier, sein fundiertes Wissen und seine ehrliche Offenheit bringen seinen Kunden Erfolg in deren Projekten. Enthusiasmus, Kreativität und Praxisnähe sind die Markenzeichen des Referenten Andreas Bode. Seine Votträge sind inspirierend, er gibt Impulse und bindet sein Publikum partnerschaftlich mit ein. Durch seine lehrreichen Vorträge schafft Andreas Bode für seine Zuhörer einen nachhaltigen Nutzen.

Als Unternehmer betreibt Andreas Bode eine eigene Internet-Plattform und einen eigenen Musikverlag und ist somit selbst Unternehmer in der Kreativwirtschaft. Auch Sponsoringberatung und -vermittlung, Unternehmensberatung und Gründerberatung für die Kreativwirtschaft zählen zu seinen Aufgabengebieten.

Referenzen und Kundenstimmen

Teilnehmerstimmen:

»Andreas Bode ist seit acht Jahren einer der aktivsten Vordenker im forward2Business Think Tank. Seine Visionen haben unsere Trendanalysen für Musik, Medien und Kreativwirtschaft mitgeprägt.« *Sven Gabor Jansky, Deutschlands innovativster Trendforscher, 5 Sterne Redner*

»Andreas Bode ist das Rundum-Sorglos Paket.« *Andy Klein, Constantin Film Entertainment GmbH*

»Herrn Bode haben wir als ausgesprochen innovativen und kreativen Partner kennen- und schätzen gelernt. Seine Erfahrungen in der crossmedialen Vermarktung haben uns neue Vermarktungsansätze beschert.« *Thomas Sewing, Direktor, ZDF Enterprises*

Referenzen:
- Bertelsmann
- Siemens
- KPMG
- ZDF
- BR
- Finnisches Außenhandels Ministerium

Auszeichnungen und Pressestimmen

Mitglied der Expertenrunde Inititative Kultur & Kreativwirtschaft der Bundesregierung

MICHAEL BÖHM

Themen

Wie Sie mit schmalem Budget erfolgreich werben

Marketing vor Ort
Sich als lokaler Anbieter erfolgreich durchsetzen

Erfolgreiches Selbstmarketing
Verkaufen Sie sich nicht unter Wert!

Persönlichkeitsfahrschule
Lassen Sie sich noch fahren oder lenken Sie Ihr Lebensvehikel schon selbst?

Veröffentlichungen

Kurzbiografie

Michael Böhm, geboren 1967 in Wanne-Eickel im Herzen des Ruhrgebiets. Nach Abitur und Zivildienst studierte er 7 Semester Wirtschaftswissenschaften an der Universität Dortmund. Während des Studiums gehörte er zum Aufbauteam des ersten Callcenters in Deutschland. Nach dem Abbruch des Studiums arbeitete Michael Böhm 5 Jahre als Gebiets- und Verkaufsleiter im Finanzdienstleistungssektor. 1993 gründete er seine Marketingagentur »Die Augenfänger«, die in erster Linie kleine und mittelständische Unternehmen (Brauereien, Autohäuser, Einzelhandel) berät sowie bei einigen Unternehmen auch komplett für Marketing und PR verantwortlich zeichnet. Bereits seit 1996 führt Michael Böhm Seminare und Workshops zum Thema Low-Budget- und Guerilla-Marketing durch. Das frühe Engagement auf diesem Sektor führte 2003 zu den Buchanfragen des Cornelsen Scriptor Verlages. Mittlerweile sind 3 Bücher zu den Themen Low-Budget-, Local sowie Persönlichkeits-Marketing erschienen. Sein Know-how im Local Marketing setzt Michael Böhm zudem auch in seiner Heimatstadt, dem Spargeldorf Scherlebeck, und der Region Vest ein. Als erster Vestischer Botschafter und Vorstandsvorsitzender der Wirtschaftsvereinigung Vest organisiert er regionale Unternehmermessen (Vestmacher, Ruhrmacher), Talkabende, Lesungen und seit nunmehr 6 Jahren den Vestischen Unternehmenspreis. Im Rahmen der Projekte »Persönlichkeitsfahrschule« und »bean – Keimzelle für Unternehmenserfolg« bietet Michael Böhm weitere eigene und auch Workshops und Seminare von Kooperationspartnern an. Das langjährig erarbeitete Praxiswissen stellte und stellt der Marketingberater darüber hinaus als Lehrbeauftragter u. a. der Privatakademie Schloss Haus Ruhr und der FH Gelsenkirchen zur Verfügung.

Referenzen und Kundenstimmen

Teilnehmer der Guerilla-Marketing-Seminare: u. a. Klosterfrau, DKV, Europäische Reiseversicherung, Talkline, Eppendorf, NetCologne, MeridianSpa, Fujitsu Siemens Computers, Kasseler Verkehrs-Gesellschaft, EnBW, snom technology, HYUNDAI, Loyality Partner (Payback), Beton-Marketing Deutschland, DekaBank, Deutsche Bank, LIBRI, Öffentliche Vers. – Braunschweig, VPV Vers., Bayerische Beamten Vers., DBV-Winterthur, Audi AG, Optics Network, div. Wirtschaftsclubs, Premium Personal Club

»Sehr inspirierend. Hoher Lerneffekt in Bezug auf neueste Trends. Wie kann man so viele Ideen haben?«

»bildhaft und erfrischend abwechslungsreich«

»Ich habe mir im Vorfeld neue Impulse für die Arbeit erhofft, nehme aber viel mehr mit ... klare Vorstellungen und Konzepte für ein erfolgreiches Marketing.«

»Herr Böhm hat in uns allen kreative Energiequellen freigesetzt. Sehr hoher Praxisbezug.«

»Super Veranstaltung, hat sehr viel Spaß gemacht.«

SUSANNE BOHN

Themen

Vision 2020
Erfolgsstrategien zur Bewältigung neuer Marktanforderungen

Vision 2020
Aus Mit-Arbeitern Mit-Denker und Mit-Unternehmer machen

Strategie – Struktur – Kultur
Veränderungsmanagement professionell gestalten

Unternehmenserfolg durch werteorientierte Mitarbeiterführung

Veröffentlichungen

Kurzbiografie

Susanne Bohn, geboren 1966, ist Inhaberin der Unternehmensberatung susanne bohn Leadership Competence und begleitet seit 1998 bis heute Unternehmen erfolgreich bei Veränderungsprozessen wie Re-Strukturierungsmaßnahmen, Unternehmensnachfolge, Wachstumsinitiativen, Krisenmanagement und Strategieentwicklung. Sie berät Unternehmer und Führungskräfte bei verantwortungsvollen Entscheidungen und konfliktären Situationen durch Coaching.

Susanne Bohn führt seit 2003 das audit berufundfamilie in Unternehmen durch, erhielt 2006 den Internationalen Deutschen Trainingspreis in Bronze für ihr Seminarkonzept »Work-Life-Balance« und beschrieb in mehreren Fachbüchern, wie Karriere und ausgeglichenes Privatleben erreicht werden können.

Seit 2006 veranstaltet sie unternehmensübergreifende Mentoringprogramme, um den Austausch zwischen erfahrenen Führungspersönlichkeiten und Nachwuchsführungskräften zu unterstützen sowie Lernen und Lehren auf hohem Niveau zu ermöglichen.

2008 gründete Susanne Bohn das Kompetenzforum CHANGE, eine Plattform für Führungskräfte und Organisationsentwickler zur Präsentation von praktizierten Change-Management-Projekten.

Susanne Bohn ist Mitglied der German Speakers Association. In Vorträgen und Fachartikeln zu den Themen Change-Management, Strategieentwicklung und werteorientierte Führungskultur inspiriert sie ihre Zuhörer und Leser auf anschauliche Weise.

Ihr Motto ist: »Wer die Kraft hat, Klarheit zu schaffen, wird im Stande sein, Führung zu übernehmen.«

Referenzen und Kundenstimmen

»Ich habe Ihren Ansatz zur Verknüpfung von individueller Wertschätzung mit einer Steigerung unserer Leistungsorientierung kennengelernt und umsetzen können.« *Dr. P. Maag, Novartis Pharma*

»Frau Bohn gelingt es, auch trockene Themen auf interessante, humorvolle und einfühlsame Weise zu behandeln.« *Klaus Brandstätter, HOB*

»Erstaunlich, wie man die teils sehr ›schweren‹ Themen mit einer erfrischenden Leichtigkeit bearbeiten kann!« *Beate Stoll, adidas-Group*

Auszeichnungen und Pressestimmen

2006 erhielt Susanne Bohn den Internationalen Deutschen Trainingspreis in Bronze für ihr Seminar »Work-Life-Balance – Beruf und Privatleben in Einklang«. Teilnehmer melden noch Jahre später zurück, wie nachhaltig positiv sich ihre Arbeits- und Lebenssituation verändert hat.

»Überzeugung ihres unternehmerischen Beratens ist, dass erfolgreiches Leben und Arbeiten nur dem gelingt, der Privates und Berufliches, Körper und Seele ausgeglichen berücksichtigt.« *PrimaSonntag*

DR. GISELA BOLBRÜGGE

Themen

Eindruck – Einfluss – Erfolg
Warum Einfluss im Kopf beginnt

Die Macht der Frau als Kundin
Die unterschätzte Marktmacht der Frauen

High-Performance-Teams
Wie Höchstleistungen im Team möglich werden

Veröffentlichungen

Das unsichtbare Kapital
Rotary Magazin 6/2009

Das Projekt-Team als soziales System Resoom Magazin 03/2009

Herausforderungen für die Chefs von morgen IT-Szene Mün. 4/2007

High-Performance-Teams sind möglich
IT Freelancer Magazin 5/2007

Rituale als Führungsinstrument
Digitale Fachbibliothek Führungspraxis, Düsseld. 2007 Becker/Erhardt/Gora (Hrsg.), Düsseld. 2006

Rituale – Symbole für die harte und unsichere Realität
PMI-Newsletter 09/2005

Kurzbiografie

Dr. Gisela Bolbrügge, Volkswirtin und Pädagogin, gilt als Expertin für Macht und Einfluss. Als Kommunikationspsychologin hat sie die Geheimnisse der Macht erforscht und zeigt pragmatische Wege, Einfluss zu gewinnen und diesen auch zu behalten, auch unter Berücksichtigung männlicher und weiblicher Kommunikationsmuster. Ihr Hauptanliegen dabei ist Vertrauen, denn bereits Machiavelli sagte: »Wer auf Dauer seinen Einfluss behalten will, sollte das Vertrauen seiner Mitmenschen genießen.«

Dr. Bolbrügge verbindet dabei ihr psychologisches Know-how mit langjähriger Berufserfahrung aus der Industrie im In- und Ausland. Sie ist Autorin vieler Fachbeiträge, dabei werden neue wissenschaftliche Erkenntnisse auf die praxisnahe Umsetzung geprüft. Ihre Beratungsprojekte werden nach dem internationalen Standard des Project Management Instituts PMBOK® Guide durchgeführt.

Neben ihrer Arbeit als Management-Coach, Seminarleiterin und Geschäftsführerin eines Beratungsunternehmens ist sie ehrenamtlich als Mentorin an der Bayerischen Elite-Akademie und bei der Käte-Ahlmann-Stiftung tätig. Außerdem ist sie aktiv im Vorstand des PMI Munich Chapter e. V.

Ihr Motto ist: Die Leute wünschen nicht, dass man zu ihnen redet. Sie wünschen, dass man mit ihnen redet.

Referenzen und Kundenstimmen

»Beeindruckender Vortrag bei der Mitgliederversammlung des Verbandes Garten-, Landschafts- und Sportplatzbau (VGL) zum Thema Man(n) trifft Frau! als Kundin« *Martin Gaissmaier; Gaissmaier Landschaftsbau GmbH; Freising*

»Es war wieder ein bereichernder Abend! Kompliment für die herzliche und wertschätzende Stimmung, die Sie geschaffen haben. Einzigartig! Typisch Bolbrügge!« *Dorothee Echter, Top-Management-Coach*

Auszeichnungen und Pressestimmen

Paul Harris Fellow von Rotary International

PROF. DR. THOMAS BOLLER

Themen

Anfang und Ende des Universums:
Was mit uns geschehen wird

Dunkle Energie und Dunkle Materie:
Das Schicksal des Universums

Die wahre Geschichte des Sterns von Bethlehem

Kurzbiografie

Thomas Boller, 1958 geboren, deutscher Staatsbürger, Astrophysiker, ApL Professor an der Goethe-Universität Frankfurt am Main, Wissenschaftler am Max-Planck-Institut für extraterrestrische Physik in Garching. Forschungsschwerpunkte von Thomas Boller sind die Physik Schwarzer Löcher, das Verhalten von Materie unter extremen Gravitationsbedingungen und die zeitliche Entwicklung des Universums. Neben seiner Forschungstätigkeit unterrichtet Thomas Boller Astrophysik an der Goethe-Universität Frankfurt und der Universität Padova. Er hält seit 20 Jahren Vorträge in aller Welt. Aus der Kombination von aktiver Forschung und Lehrtätigkeit hat Thomas Boller seine Medien- und Öffentlichkeitsarbeit entwickelt. Seit 15 Jahren hält er öffentliche Vorträge zu aktuellen Entwicklungen der Astrophysik. Zu dem meistgefragten Vortrag zählt »Anfang und Ende des Universums: Was mit uns geschehen wird«, eine eindrucksvolle Darstellung unseres Wissens über das Universum, seinen Anfang und sein Ende. In 2010 wurde er mit diesem Vortrag von der Novartis Pharma GmbH für den 1. Novartis Pneumo Convent als Abendvortrag vor etwa 1.000 Ärzten eingeladen.

Referenzen und Kundenstimmen

»In 2009 in Hohenkammern hatte ich das Vergnügen Ihren Vortrag zu erleben! Umso begeisterter bin ich, dass Herr Bräutigam Sie für unsere große Veranstaltung im Februar 2010 gewinnen konnte.« *Dr. Antje Thielen, Novartis Pharma GmbH*

Auszeichnungen und Pressestimmen

Mitglied und Lehrkraft der ›International Max-Planck Research School on Astrophysics‹, ApL Professor an der Universität Padova, ApL Professor an der Goethe-Universität Frankfurt am Main

»Rechtzeitig vor dem Fest klärte Physik-Professor Thomas Boller die Frage, ob Weihnachten in diesem Jahr ausfallen muss. Wann wurde Jesus Christus wirklich geboren? Den Zuhörern wurde ein Wissenschaftskrimi erster Güte geboten.« *Thüringische Tageszeitung Freies Wort, Landkreis Sonneberg, 22.12.2008*

KAI BOLLMANN

Themen

Self-Marketing
Und man siehet die im Lichte, die im Dunkeln sieht man nicht.

Das Geheimnis des Erfolges
Anders sein als die anderen!

Corporate Behaviour
Wie du kommst gegangen, so wirst du auch empfangen.

Smalltalk
Fremde sind Freunde, die wir noch nicht kennen.

Kurzbiografie

Der Marketingexperte Kai Bollmann ist einer der wenigen Menschen, die von sich sagen können, sie seien Trainer, Redner und Berater, und das auch so meinten. Während seines Studiums der Mathematik, Physik und Wirtschaftswissenschaften in Bielefeld und Harvard hat er sich auf die Analyse sozialer Netzwerke in Firmen spezialisiert und für die Consultingbranche neue, innovative Konzepte entwickelt. Nach mehreren Jahren Berufserfahrung in der Medien- und Chemiebranche gründete er die Qogir Consulting Group und im Jahre 2009 die Firma Xplus3. Seine Themenschwerpunkte als Berater sind Marketingstrategien und Unternehmensführung.

Zudem sammelte er viele Jahre lang Bühnenerfahrung als Schauspieler und Musiker. Unter anderem trainierte er Polizisten und Personenschützer in verbaler und nonverbaler Deeskalation. Bis dato hat er mehrere Tausend zufriedene Kunden in Kleingruppen und Einzelcoachings erfolgreich weitergebildet und weit über 250 Vorträge gehalten. Seine Themenschwerpunkte als Trainer & Coach sind Infotainment, Self-Marketing, Innovation und Kreativität.

Kai Bollmann ist ausgewiesener Experte im Expertenring des Bundesverbandes mittelständische Wirtschaft, Mitglied im American College of Forensic Examiners, der American Marketing Association, Slow Food Deutschland, der Deutsch-Britischen Gesellschaft, der American Creativity Association und der Gesellschaft für Kreativität.

Geben Sie Ihren Mitarbeitern und Ihren geladenen Gästen neue Impulse und einen Motivationsschub der etwas anderen Art. Erleben Sie Infotainment pur! Als Redner bietet Kai Bollmann Ihnen energiegeladene, einzigartige Vorträge.

Referenzen und Kundenstimmen

»Ich hätte nie gedacht, dass Marketing so spannend sein kann!« *Matthias F., Bremen*

»Wann gibt es endlich eine Fortsetzung?« *Andreas W., Bielefeld*

»Da bekommt der Begriff ›Infotainment‹ eine ganz neue Bedeutung.« *Sonja L., Mainz*

ISABEL BOMMER

Themen

In der Kürze liegt die Würze
Von der Kunst, mit wenigen Textzeilen zu überzeugen

Corporate »Mission«-airing
Vom Tagesgeschäft zum begeisternden Mythos

Aggression, Erotic, Chaos
Untapping tabued creative powers in business environments

Wir sind der Text – der Text sind wir
Das Heilende in Schrift und Sprache

Kurzbiografie

»Am spannendsten ist, wie der Mensch den Kontakt mit anderen organisiert – und wie Unternehmen diesen Prozess gezielt unterstützen können.«

Isabel Bommer, Jahrgang 1967, ist seit mehr als 15 Jahren Beraterin für interne und externe Unternehmenskommunikation und war lange Jahre als Journalistin sowie Business Writerin in Öffentlichkeitsarbeit und Marketing für international aktive Unternehmen tätig. Seit 6 Jahren arbeitet die gebürtige Berlinerin, Sprachwissenschaftlerin und Heilpraktikerin für Psychotherapie als Kommunikations-Coach nach dem Gestaltansatz. BDVT-zertifiziert, trainiert sie heute in Unternehmen Kontakt-, Dialog- und Schreibfertigkeit – für mehr Effektivität in der Unternehmenskommunikation.

Auf der Bühne spricht sie über starke Texte, effektive Rede und produktive Kontakte im Business. Mit schaustellerischem Talent zeigt sie, wie Sprecher und Schriftprodukte eine Aura entwickeln, wie Menschen wahrnehmen und wahrgenommen werden, wie wir Inhalte erinnerbar vermitteln, klare Werte vertreten – und damit Potenziale im Arbeitsalltag freisetzen.

Referenzen und Kundenstimmen

»Nach 10 Minuten Vortrag habe ich endlich einen lang gehegten Traum realisiert – und angefangen, Karate zu lernen.«

»Isabel Bommer überzeugt durch die Fähigkeit, auf individuelle Anliegen einzugehen, Teams zu konstruktiver Kommunikation und neuen Lösungen zu führen.« *Fleishman Hillard*

»Viele Bewerber vergessen in Vorstellungsgesprächen Präsentations- und Verhandlungskompetenzen, die sie sonst beherrschen. Kommunikations- Coach Isabel Bommer geht gezielt dagegen an.« *Career Point*

WOLFGANG BÖNISCH

Kurzbiografie

Wolfgang Bönisch gibt seit 10 Jahren sein umfangreiches Erfahrungswissen aus vielen Verhandlungen als Polizist, Verkäufer und Führungskraft weiter.

Er ist gefragter Spezialist für schwierige Verhandlungen »am Limit«.

Vielen Tausend Seminarteilnehmern und Zuhörern seiner Vorträge in Deutschland und vielen anderen Ländern hat Bönisch bis heute neue Einsichten und Werkzeuge für noch erfolgreichere Verhandlungen vermittelt.

Er ist Autor der Bücher »Werkstatt für Verhandlungskunst« und »The Art of Negotiation« und hat das Audioseminar »Einfach erfolgreich verhandeln« aufgenommen. Wolfgang Bönisch ist einer der wenigen Redner und Trainer, der in der Lage ist, in Deutsch, in Englisch oder auch zweisprachig zu arbeiten.

Der Experte für Verhandlungskunst bietet neben Vorträgen und Seminaren weitere umfangreiche Unterstützung, um in jeder Beziehung besser zu verhandeln.

Referenzen und Kundenstimmen

»... gelingt es Ihnen auf perfekte Art und Weise, die sachliche und emotionale Ebene solcher Trainings mit Leben zu füllen, und erreichen eine weit überdurchschnittliche Akzeptanz bei den Teilnehmern.« *Hans-Jürgen Werndt, Bausch & Lomb*

»Vielen Dank, Herr Bönisch, für die von Ihnen frisch und eindrucksvoll vorgetragenen Punkte zur Verhandlungskunst. Hat mich beeindruckt.« *Michael Müller, Vorstand, financeTec AG*

»fühle mich 3x kompetenter im Verhandeln als vorher« *M. Kundermann*

Themen

Verhandeln am LIMIT – Erfolgreich in Grenzbereichen
Wie Sie auch in schwierigen Situationen gut verhandeln

GAIN MORE – Die Erfolgsformel für Ihre Verhandlungen
In 8 einfachen Schritten zu besseren Ergebnissen

Verkaufsverhandlungen zum Erfolg führen
So punkten Sie richtig

Erfolgreiche Einkaufsverhandlungen in schwierigen Märkten
Preiserhöhungen durchsetzen – Preissenkungen verhindern

Veröffentlichungen

The Art of Negotiation
English Book

RENÉ BORBONUS

Themen

Die Kraft der Rhetorik
Keine Rede ohne Stil

Schwierige Gespräche führen

Psychologie für den Alltag

Veröffentlichungen

 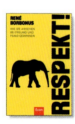

Kurzbiografie

»Ich habe 10 Gebote. Neun davon lauten: ›Du sollst nicht langweilen.‹«

Zitate entfalten ihre Macht erst dann, wenn man sie lebt, weiß René Borbonus und nimmt mindestens neun der 10 Gebote wirklich ernst. Dank seiner persönlichen Begeisterung wird jedes Thema unterhaltsam, jeder Vortrag ein Erlebnis, jeder Moment kurzweilig: Er begeistert mit Humor und Expertise. Erfolg bedeutet für ihn das Gefühl, in jedem Moment alles gegeben und die Freude an freier Rede und Präsentation geweckt zu haben.

René Borbonus zählt zu den führenden Spezialisten für professionelle Kommunikation im deutschsprachigen Raum. Als Kommunikationstrainer, Buchautor, Coach und Vortragsredner bewegt er sich bewusst an der Schnittstelle zwischen Theorie und Praxis. Dabei beherrscht er es wie kein Zweiter, Sachlichkeit und Begeisterung in freier Rede wie im Gespräch zusammenzuführen.

Professionell begleitet er Führungskräfte, Unternehmer und andere Persönlichkeiten des öffentlichen Lebens auf dem Weg zu ihrem persönlichen Auftritt. Sei es in seinen prominent besetzten Trainings, im persönlichen Coaching mit Bundestagsabgeordneten und Vertretern aus der Wirtschaft, oder im Zuge von Lehraufträgen und Vorträgen an renommierten Universitäten: Praxisnah und unterhaltsam vermittelt er rhetorische Fertigkeiten, die alles andere als verstaubt erscheinen.

Sosehr René Borbonus die Teilnehmer seiner Seminare und die Kunden im Coaching motiviert, sosehr begeistert er als Vortragsredner sein Publikum. Betritt er die Bühne, trifft Humor geballte Kommunikationskraft. Auf unvergleichliche Weise führt er Sachlichkeit und Begeisterung zusammen und präsentiert seine Themen kurzweilig und eindringlich.

Referenzen und Kundenstimmen

»Der Vortrag war 100 % geballte, kurzweilige Kommunikationskraft! Hoher praktischer Nutzen.« *Bertram Theilacker, Vorstandsmitglied der Nassauischen Sparkasse*

»Herr Borbonus hat so viel Inhalt und Vorbild vermittelt, dass dies an Effizienz und Professionalität kaum zu überbieten ist.« *Murat Aslanoglu, DaimlerChrysler AG*

»Herr Borbonus hat in mir die Freude an der freien Rede geweckt.« *Patrick Meinhardt, Mitglied des Deutschen Bundestages*

Auszeichnungen und Pressestimmen

»Der smarte Sprechspezialist ist eine Mischung aus seriösem Mentor und Kabarettist.« *Trierscher Volksfreund*

»Der charmante Kommunikationsberater« *SWR*

ANDREAS BORNHÄUSSER

Kurzbiografie

Berater, Coach und Trainer. Seit 1982 erfolgreich selbstständig. Experte für persönliche Wirkung in Vortrag, Präsentation und Verkauf. Über 100.000 Menschen haben ihn als Referenten auf Kongressen und Symposien und als Trainer in Seminaren mittlerweile im In- und Ausland erlebt und von seinen Impulsen beruflich und persönlich profitiert. Darüber hinaus ist er viel gefragter Moderator von Galaveranstaltungen, Kongressen, Messen und Podiumsdiskussionen, der mit charmantem Esprit und journalistischer Präsenz Information und Unterhaltung gekonnt miteinander verbindet. Gastdozent am Lehrstuhl für Kommunikationswissenschaften der Universität Duisburg-Essen, Prof. Dr. Jo Reichertz, Studienleiter der Trainerweiterbildung MBT (Master-of-Business-Training der Präsentainment® Group GmbH in Schwerte) und Urheber der Präsentainment-Methode sowie des S.C.I.L. Interaktionsmodells. Neben seiner Berater- und Trainertätigkeit wird er von zahlreichen namhaften Persönlichkeiten aus Politik, Wirtschaft und der Medienbranche als Coach konsultiert. Geschäftsführender Gesellschafter der Präsentainment® Group GmbH sowie der ValueConnect online coaching & training system GmbH.

Themen

Die Präsentainment-Methode.
Wie Sie mit präzisen Informationen unterhaltsam begeistern.

Das KeyMotion-Prinzip.
Der Schlüssel zur Vereinfachung von Komplexität.

Das S.C.I.L.-Interaktionsmodell.
Wahrnehmung schärfen. Wirkung stärken. Menschen gewinnen.

Referenzen und Kundenstimmen

»Das positive Feedback der Kunden spricht für die Qualität, mit der Sie nun schon zum zweiten Mal unsere Bankenfachtagung moderiert haben. ›Pointiert, motivierend, strukturiert‹ sind nur einige der Rückmeldungen.« *Anja Lindner, Wincor Nixdorf*

»Die Kreativität und Professionalität, mit der Sie den für uns so wichtigen Event konzipiert und moderiert haben, ist bei allen Beteiligten rundherum angekommen.« *Dr. Jürgen Olbrich, Vorstand ThyssenKrupp VDM*

Auszeichnungen und Pressestimmen

»Wirkung ist alles. Das lehrt er. Und das lebt er auch.« *Westfälische Rundschau*

»Charisma ist trainierbar. Darin coacht er Stars, Manager und Politiker.« *Ruhr Nachrichten*

»Ästhetik, Kreativität, Betriebsamkeit und menschliche Seelenruhe: Sein inneres und äußeres Gleichgewicht präsentierten sich ausgewogen.« *IKZ*

»In einer Zeit, wo Veränderungen auf der Tagesordnung stehen, macht Charisma das Leben von Führungskräften leichter und konfliktfreier. Er zeigt Ihnen, wie.« *wirtschaft und weiterbildung*

Veröffentlichungen

 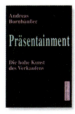

MICHAEL BÖSL

Themen

Das Rating-Stabilisierungs-System (RSS)
Intensivseminar zur Verbesserung der Liquidität in Krisenzeiten

Verkauf mit 5 Sinnen
Zur Verbesserung der Verkaufskommunikation

Der Vorgesetzte und seine Mitarbeiter –
Das Intensivseminar zur Verbesserung und Früherkennung von innerer Kündigung und Mobbingaktivitäten

Kurzbiografie

Michael Bösl, 1957 in München geboren, deutscher Staatsbürger. Seit 2001 selbstständiger Personalberater und Fachtrainer.

Als Inhaber leitet er die MB-Consulting, eine Beratungs- und Trainingsfirma, die sich auf den HR-Bereich, Unternehmensgründung und -sicherung sowie Vertriebstechniken spezialisiert hat. Grundlagen hierzu sind unter anderem in über 10 Jahren bei McDonald's Deutschland gewachsen, als AL Personal Operations für Deutschland. Michael Bösl hat diverse Firmen aufgebaut, erfolgreich geführt, saniert und verkauft. Sein Spezialwissen aus Praxis und Theorie setzte er zuletzt als Interim-Manager mit ausgezeichneten wirtschaftlichen Ergebnissen als Institutsleiter bei einem nationalen privaten Bildungsträger um. Michael Bösl ist als Lehrbeauftragter für BWL, Rechnungswesen, Unternehmensführung und Handelsmanagement an der amd in München, staatlich anerkannte Hochschule für Mode und Design (ein Unternehmen der Cognos-Group), tätig.

Fachvorträge und Workshops zu Unternehmensgründung und Vertriebstechniken runden die Tätigkeit ab. Michael Bösl wurde für seine jahrzehntelange Tätigkeit als Prüfer der IHK mit dem goldenen Ehrenring ausgezeichnet. In diversen humanitären und politischen Organisationen war er viele Jahre ehrenamtlich tätig. Rund 100.000 Seminarteilnehmer wurden in den letzten Jahren erfolgreich geschult oder beraten. Fachvorträge und Fachbeiträge runden das Tätigkeitsumfeld ab.

Referenzen und Kundenstimmen

Neuausrichtung der Personalabteilung bei einem KMU-Betrieb in der Metallverabeitung und das dazu nötige Coaching der neuen Personalchefin, Motto: von der Flugbegleiterin zur Personalleiterin, sowie das erfolgreiche Interim-Management bei einem privaten Bildungsträger, Motto: aktive Wirtschaftlichkeit herstellen

DR. DAVID BOSSHART

Themen

Management und Wandel

Konsum-Trends, Handel, Marken, Marketing im Wandel

Freizeit, Gesundheit, Geschlechter, Politik, Moral

Veröffentlichungen

Kurzbiografie

Dr. David Bosshart ist seit 1999 CEO des Gottlieb Duttweiler Instituts für Wirtschaft und Gesellschaft. Das Institut ist ein unabhängiger Europäischer Think-Tank für den Handel und sein gesellschaftliches Umfeld (gegründet 1962 vom Europäischen Handelspionier Gottlieb Duttweiler). Frühere Tätigkeiten von David Bosshart in Handelsunternehmen, in der Beratung, in der Lehre und in der wissenschaftlichen Forschung. Seine Arbeitsschwerpunkte sind die Zukunft des Konsums und gesellschaftlicher Wandel, Management und Kultur, Globalisierung und politische Philosophie. David Bosshart ist Autor zahlreicher internationaler Publikationen, mehrsprachiger Referent und gefragter Key-Note-Speaker in Europa, USA und Asien. Auftraggeber seiner Analysen und Vorträge sind internationale Konzerne und nationale Unternehmen aus Handel, Konsumgüter und Dienstleistungen sowie Verbände, Forschung und Wissenschaft.

Referenzen und Kundenstimmen

Nestlé, Unilever, Ikea, Coca-Cola, Huhtamaki, IBM, Karstadt, Elektrolux, Nike, Lindt & Sprüngli, Heineken, Edeka, Rewe, Spar, Tchibo, McDonald's, Elior, Zurich Financial Services, E.ON, Intersport, BTI/HRS, Kuoni, Frankfurter Messe, Ogilvy, Saatchi & Saatchi, PwC, Ernst & Young, Sony, Samsung, SAG, SAP, Oracle, Lufthansa, Deutsche Bank, Swiss RE, Credit Suisse, UBS, Crédit Mutuel, Raiffeisen-, Volksbanken und Sparkassen, Kone Burda, Condé Nast, Parador, PostFinance, Deutsche Post, Schüco, BMW, VW u.v.a.

Auszeichnungen und Pressestimmen

Artikel, Interviews, Quotes von David Bosshart sind in folgenden Zeitungen und Zeitschriften (Auswahl international): Time Magazine, Business Week, Wall Street Journal, Financial Times, WirtschaftsWoche, Harvard Business Manager, Neue Zürcher Zeitung, Frankfurter Allgemeine, Der Spiegel, FOCUS, Stern, Playboy, Greenpeace Magazin, Hürriyet, Het Financieele Dagblad, Standard, Die Zeit, manager magazin, Süddeutsche Zeitung, Die Welt.

JEAN-MARIE ALBERT BOTTEQUIN

Themen

Body or nobody. Entdecken Sie die Kraft Ihrer Körpersprache

Erfolg vielleicht?

Einfach Leben!

Keep going! Dranbleiben ist alles.

Veröffentlichungen

Theater, Zirkus, Varieté
vwi Verlag, Herrsching 1980

Der Ring, Bayreuth 1976–1980,
Edit. Robert Laffont, Paris 1980

Shylock
Georg Tabori, Andrea Welker, 1980

L'art, le Style et l'Auto
Musée de l'art moderne de la ville de Paris, 1985

Der Ring, Bayreuth 1988–1992,
Europäische Verlagsanstalt, 1992

»Ingmar Bergmann Archive«
Taschen Verlag 2008

In Arbeit: Körpersprache für Analphabeten; Unsere Sinne-in Liebe das Leben verstehen; Unsere Augen-Liebe sehen

www.vortragsimpulse.de

Kurzbiografie

Trainer in der non-verbalen Kommunikation, Dozent in der Körpersprache

Ausbildung:
Kunsterziehung, Mime (1960), Management, Positive Psychotherapie

Berufserfahrung:
- Seit 1960 internationaler Fotojournalist und Bühnenfotograf
- Berater bei Unesco und Rat von Europa
- Gründer von IPS International Photographic Seminars
- Mitgründer und Dozent der Akademie für Persönlichkeitsbildung
- Trainer in der Körpersprache (1980), Inhouse-Seminare seit 2000
- Univ. Gastprof. in Wien und Ulm (2004 bis heute)

Schwerpunkte:
- Impulsvorträge, Moderation, Messe- und Eventauftritte, Businesstheater
- Schule für Körpersprache in München
- Emotionale Intelligenz, Einzel- und Teamcoaching

Referenzen und Kundenstimmen

»Lieber Herr Bottequin, Ihr gestriges Training für die Führungskräfte unseres Hotel war eine einmalige Erfahrung. Ich habe sehr gutes Feedback erhalten. Wir haben so viel zusammen herzhaft gelacht wie noch nie. Sie haben auf jeden Fall sehr viel bewegt – wie ein Sturm!« *Melanie Egger, Training & Quality Manager, Le Meridien, München*

»Lieber Herr Bottequin, ich höre mir gerade Ihren Vortrag. Wunderbar. Ich klebe förmlich an Ihren Lippen.« *Omid Manavi, Adib Geldschlau, 300 Seiten orientalisches Unternehmerwissen für mehr Erfolg und Reichtum*

»Man spürt bei Dir eine großartige Menschenkenntnis, die ich in der Form noch nicht kennengelernt hatte. Bei allem, was Du tust, arbeitest Du Schritt für Schritt auf mehr Einheit/Gleichklang zwischen Seele/Geist und Körper in jedem hin. Man traut sich dann mehr und mehr, erlernte Anpassungen hinter sich zu lassen und aus sich ›rauszugehen‹« *Otto Kriegenhofer, Arbeitsanalytik/Ideenmanagement PA)*

Auszeichnungen und Pressestimmen

»Jean-Marie Albert Bottequin zeigt uns, wie die Körpersprache der Seismograph der Persönlichkeit ist.« *Lippischer Zeitungsverlag Detmold*
»Auf die Finger geschaut. Bottequin empfiehlt: Entdecke den Clown in dir, statt einen Beamer zu verwenden‹.« *Claudia Wessel, Süddeutsche Zeitung, München*

1965 »Preis der belgischen Kritik« als »vielversprechender junger Künstler« *Salon de l'Humour, Heist an See, Belgien*
1981 Sonderpreis der »Triennale der Photographie« *Fribourg, Schweiz*
1988 »Award of Excellence« in Chicago, USA, für die Posterserie »BMW Classic Car«

DR. REGINA BOUILLON

Kurzbiografie

Dr. Regina Bouillon, 1959 geboren, ist Dozentin an der Fachhochschule sowie an der Seniorenakademie. Ihre Stärke ist das Eingehen auf unterschiedliche Interessengruppen. Die Historikerin war nach ihrer Promotion viele Jahre in der Otto Benecke Stiftung beschäftigt, wo sie für Coaching und Fortbildung der Stipendiaten zuständig war. Danach hat sie für das Raphaels-Werk Fortbildungen im europäischen Ausland organisiert, Dozenten koordiniert und auch selbst unterrichtet.

Ein thematischer Schwerpunkt liegt im Prozess der Wissensvermittlung, von der Kreativitätsförderung über das Visualisieren von Themen bis hin zum Vortrag. Dabei ist es ihr wichtig, dass auch schwierige Sachverhalte verständlich und spannend vermittelt werden. Der zweite Schwerpunkt liegt im Kulturellen. Vorträge und Seminare geben Einblick in geschichtliche Epochen, in die Zusammenhänge zwischen Zeitgeist und Kunst oder Literatur. Ihr Studium der Slawistik motivierte sie zu Vorträgen und Seminaren beispielsweise über F. M. Dostojewski.

Gemeinsam mit ihrem Ehemann Prof. Dr. Rainer Veyhl betreibt sie in Ghana Entwicklungshilfe. Durch die Erfahrungen in Ghana entstanden Vorträge über die dortigen Traditionen, über Kolonialgeschichte und Literatur.

Alle Themen können in Vorträgen vorgestellt oder in Seminaren intensiv behandelt werden. Form und Länge der Veranstaltung werden in Absprache festgelegt. Ihre Vorträge hält Regina Bouillon auf Wunsch auch in englischer Sprache.

Themen

Visualisieren von Themen und Aufbau einer Präsentation

Renaissance erleben

Die Welt des Skriptoriums

Mary Shelley und Frankenstein

CARMEN BRABLEC

Themen

Karriere-Styling
Erfolg beginnt beim ersten Eindruck

Optische Kompetenz
Für den ersten Eindruck gibt es
keine zweite Chance

Online Image
So wirken Sie im Internet

Veröffentlichungen

Kurzbiografie

Als Leiterin des Instituts für Karriere-Styling entwickelt Carmen Brablec für Hidden Potentials ganzheitliche Konzepte mit dem Ziel, deren Fähigkeiten und Kompetenzen schon beim ersten Eindruck sichtbar zu machen und damit die Erwartungen der Zielgruppe zu übertreffen und somit zu begeistern.

Sie klärt auch Fragen auf wie: »Warum sind manche Menschen erfolgreicher als andere, obwohl sie nicht wirklich besser sind?« Das ganzheitliche Konzept hilft identifizieren lernen, was bisher die Karriere ausgebremst hat oder was noch benötigt wird, um eine neue Karriere erfolgreich zu starten und stabil aufzubauen. Carmen Brablec ist Image-Expertin mit Leib und Seele. Sie hat es sich zur Aufgabe gemacht, ihren Klienten beizubringen, wie sie ihren ersten Eindruck perfektionieren und bewusst wirken können.

Mit ihrem Institut entwickelt sie nicht nur die »Optische Kompetenz« ihrer Klienten weiter, sondern kümmert sich auch um die Belange einer ganzheitlichen Karriere-Beratung. Eigene Publikationen und die Mitwirkung als Expertin für Fernsehen und Printmedien zählen ebenso zu ihren Tätigkeiten wie Vorträge, Firmentrainings und Einzelcoachings. Privatkunden aus Wirtschaft, Politik, Sport und den Medien ziehen sie als Expertin zurate, wenn die persönliche Wirkung in der Öffentlichkeit auf dem Prüfstand steht und das Image noch weiter verbessert werden soll.

Referenzen und Kundenstimmen

»Hallo liebe Frau Brablec, ich möchte mich auf diesem Wege ganz herzlich für das gestrige Webinar bedanken. Sie haben in dieser Stunde viel Fachwissen in einer so charmanten, kompetenten Art vermittelt und die Teilnehmer durch Ihre Ausstrahlung fasziniert. Begeisterte und ganz herzliche Grüße aus Schweinfurt.« *Katrin Kupfer, Smile2 GmbH*

»Carmen Brablec habe ich bei einer Veranstaltung im Business Center in Dortmund kennengelernt, wo sie uns in nur 45 Minuten einen guten Überblick über die Wichtigkeit von richtigem Auftreten bei Geschäftspartnern gegeben hat. Es wurden fast alle Bereiche gestreift und man hat einen sehr guten Überblick über persönliche Schwächen und Fehler bekommen. Carmen Brablec hat es ebenso geschafft, uns taktvoll auf unsere Fehler aufmerksam zu machen, ohne uns auf die Füße zu treten. Für Personal im Außendienst und im Vertrieb ist diese Veranstaltung ein Muss! Sollte es mal räumlich oder zeitlich nicht passen, empfehle ich das Hörbuch ›Dresscodes entschlüsseln von A-Z.‹ PS: Für mich sind Sie eine der wenigen echten Profis im Coaching.« *Mike Krug, Autodesk*

Auszeichnungen und Pressestimmen

»Natürlich ist Kleidung nicht alles, aber trotzdem der ›Türöffner‹ in vielen Situationen, vornehmlich in beruflichen, weiß Image-Expertin Carmen Brablec. Für den 1. Eindruck gibt es keine 2. Chance.« *WZ*

»Die Expertin in Stilfragen.« *Aktuelle Stunde WDR*

HEINER BRAND

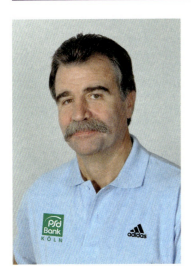

Kurzbiografie

Heiner Brand ist nicht nur einer der erfolgreichsten Sportler Deutschlands, sondern auch ein gefragter Redner. Beim Sport wie in der Wirtschaft geht es um Streben nach Erfolg. Er muss nicht um Aufmerksamkeit bitten, wenn Heiner Brand referiert, wird es still im Saal.

Referenzen und Kundenstimmen

Hall of Fame, Bundesverdienstkreuz, Goldene Sportpyramide u. a.

Themen

Team-Building/-Motivation/-Management

Umgang mit Kritik

Individualisten zusammenführen

Veröffentlichungen

»Projekt Gold«

»Auf meine Art«

MARKUS BRAND

Themen

Work-Life-Balance mit dem Reiss Profile

Wer ist Ich? Die 16 Lebensmotive kennen und leben

Managen Sie noch oder führen Sie schon?

Top-Level-Selling
Motivorientiertes Verkaufen

Veröffentlichungen

Kurzbiografie

Dipl.-Psych. Markus Brand ist Managementtrainer, Coach, Autor und Speaker. Nach fünf Jahren als Key-Account-Manager im Bereich HR Recruiting ist er seit 2002 Gründer und Geschäftsführer der b2 consulting GmbH, die u.a. Führungskräfte bei beruflich relevanten und psychologischen Fragestellungen unterstützt. Er hat umfangreiche Coaching-Ausbildungen, u.a. in systemischer Transaktionsanalyse und in lösungsfokussierter Kommunikation. 2003 zertifizierte er sich als einer der ersten europäischen Berater als Reiss Profile Master; darüber hinaus ist er als Insights Discovery Master und WingWave Master ausgebildet. Er gründete 2006 zusammen mit Frauke Ion das Institut für Lebensmotive, das als modernes Trainings-, Coaching- und Beratungsinstitut motivorientierte Maßnahmen auf der Basis des Reiss Profiles anbietet. Markus Brand ist einer der erfahrensten Reiss Profile-Trainer und -Coachs in Deutschland. Als zertifizierter »Reiss Profile Instructor« ist er qualifiziert und lizenziert, andere interessierte Menschen für die Nutzung und Anwendung des Reiss Profiles auszubilden.

Referenzen und Kundenstimmen

Management Circle, Wolters Kluwer, Kraft Foods, Netsit, Stadtwerke Köln, Kölner Verkehrsbetriebe, Rheinenergie, Stadtentwässerungsbetriebe Köln, Gabler Verlag u. v. m.

»Durch das Reiss Profile wurde in unserem Unternehmen wieder viel stärker ›Out of the Box‹ gedacht. Es wurde von allen sehr viel intensiver darüber nachgedacht, wer auf welchem Platz der Richtige wäre. Strukturen wurden in Frage gestellt, eine gemeinsame Führungsidee wurde diskutiert und der Bedarf nach klareren Funktionen wurde offensichtlich. Es wurde Raum geschaffen für sinnvolle Umstrukturierungen.« *Fred Schmidt, QSC AG*

»›Was wollen Sie wirklich?‹ Diese Frage stelle ich jedem meiner Klienten und Coachs, um mit ihnen ihren persönlichen Gipfel zu finden. Seit ich das Reiss Profile nutze, bekomme ich eine sehr ›greifbare‹ und sogar ›sichtbare‹ Antwort darauf. Dies ist die perfekte Basis für eine längerfristige und nachhaltige Zusammenarbeit.« *Steve Kroeger, Motivationstrainer und Fitnessexperte*

»We are putting purpose back in psychology. People like Markus are figuring out how to apply this type of business context in a business world.« *Steven Reiss, Gründer d. Lebensmotivanalyse*

Auszeichnungen und Pressestimmen

Top Ten Business Books 2009, wirtschaftsblatt.at

Dipl.-Psych. Markus Brand gehört regelmäßig zu den Top-Referenten bei Wirtschafts-Events, ist Member der German Speakers Association sowie einer der führenden Reiss Profile Instructor Europas. Er ist Beiratsvorsitzender der Kölner Domspitzen e.V., im Expertenbeirat weiterer Unternehmen und gefragter Interview-Partner für Journalisten.

LARS BRANDAU

Themen

Vertrauen durch Transparenz

Komplexe Sachverhalte medial umgesetzt

Agenda-Setting in der politischen Kommunikation

Online-Reputation-Management – Sinn und Unsinn

Veröffentlichungen

Kurzbiografie

Lars Brandau ist Geschäftsführer des Deutschen Derivate Verbands. Im November 2007 übernahm er zunächst die Geschäftsführung des Derivate Forums und organisierte die Gründung des Deutschen Derivate Verbands e. V. (DDV).

Nach Abitur und Wehrdienst studierte er an der Universität Hannover und machte sein Examen in Politik und Germanistik.

Beruflich begann er zunächst beim Hörfunk. Erst als freier Mitarbeiter bei Radio FFN, danach als Redakteur beim Norddeutschen Rundfunk in Hannover und Hamburg.

Von 1992 bis 2007 hat er als Redakteur, Reporter, Chef vom Dienst und Chefmoderator beim Nachrichtensender n-tv in Berlin und Köln gearbeitet und dort an allen senderelevanten Formaten führend mitgearbeitet.

Im Jahr 1998 moderierte Lars Brandau die Bundestagswahl, 1999 die Bundespräsidentenwahl und 2000 die US-Präsidentschaftswahl. Von 2001 bis 2003 präsentierte er die Wirtschaftssendung Telebörse und war seit Oktober 2003 Nachrichtenmoderator. Als Reporter berichtete er aus dem Kosovo, Afghanistan, Israel, den USA, Canada sowie aus zahlreichen europäischen Metropolen. Im Juli 2004 wurde er Chefmoderator von n-tv und moderierte neben den Prime-Time-Nachrichten auch das Umfragemagazin »n-tv forsa« sowie Sondersendungen. 2006 präsentierte er außerdem das Nachrichtenmagazin »n-tv newsroom«.

DIETER BRANDES

Themen

Management von Komplexität
Einfach managen

Unternehmensführung
Strategie und Organisation

Vertrauen und Kontrolle als Führungsmethoden

Aldi und Discount

Veröffentlichungen

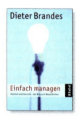 

Konsequent einfach. Die ALDI-Erfolgsstory
Heyne 2004

Bare Essentials – The ALDI Way to Retail Success
Campus 2004

Alles unter Kontrolle? Die Wiederentdeckung einer Führungsmethode
Campus 2004

Kurzbiografie

Geboren 1941 in Hamburg – Diplom-Kaufmann Universität Hamburg.

Berater für Strategie und Organisation und Buchautor sowie langjähriger Geschäftsführer und Mitglied des Verwaltungsrates Aldi-Nord.

Zusammen mit seinem Sohn Nils Brandes betreibt er das Institut für Einfachheit.

Vortragsveranstaltungen und Beratungen in Europa, Amerika und Asien; bei BASF, Hewlett-Packard, IBM, SAP, OBI, Otto, Ikea, Metro, Credit Suisse, Ford, Phoenix Pharmahandel, Karstadt, Deutsche Post, Ruhrgas, Würth, Bank of America, Merrill Lynch, Edeka, T-Systems, Migros und Coop Schweiz, Volksbanken Raiffeisen, Sparkassen, Deichmann, Gottlieb-Duttweiler-Institut, Swiss Economic Forum, SwissCom, Schweizerischer Marketing-Tag, Rewe, Marketing Society London, debitel, UBS, Datev, ING-DiBa, HeidelbergCement, Deutsche Bahn, Ratiopharm, Eurocopter, Telekom, Dekabank, BearingPoint, Züblin, Caritas, E.ON, mittelständische Unternehmen und Universitäten.

Meine wichtigste Botschaft als Berater: Klare Zielorientierung, einfache Systeme sowie Autonomie und Verantwortung der Mitarbeiter sind die Schlüssel zum Erfolg.

Meine Erkenntnis aus Erfahrung: Nicht glückliche oder unglückliche Umstände entscheiden über Erfolg oder Misserfolg, sondern allein die Methoden der Unternehmensführung – und es gibt immer eine andere Möglichkeit.

Referenzen und Kundenstimmen

»Ihr Referat war erfrischend ›anders‹ und brachte es auf den Punkt.«

»Ich habe mit Spannung Ihr Referat gestern in Luzern verfolgt, und gratuliere Ihnen zur brillanten Argumentation.«

Auszeichnungen und Pressestimmen

Ranking der einflussreichsten Managementdenker 2005 (nach Prof. Dr. Winfried Weber, Hochschule Mannheim): Rang 4 der deutschsprachigen Vertreter nach Peter Drucker, Hermann Simon und Fredmund Malik

»Der Applaus des Tages gehörte Dieter Brandes. Das Auditorium tobte. Und zwar vor Begeisterung.« *Deutsche Verkehrs-Zeitung*

»Dieter Brandes war Geschäftsführer von Aldi-Nord und darf deshalb mit Fug und Recht behaupten, dass er vom Weglassen etwas versteht.« *Frankfurter Allgemeine Sonntagszeitung*

PETER KLAUS BRANDL

Themen

Crash-Kommunikation. Warum Piloten versagen und Manager Fehler machen
Wie Sie in herausfordernden Situationen sicher kommunizieren und Fehler vermeiden

Hurricane Management. Führen in stürmischen Zeiten
Gain-Culture statt Blame-Culture: Wie Sie und Ihr Team aus Fehlern lernen.

Happy Landings. Das Selbstmanagement der Piloten
First fly the Aircraft: Wie Sie sich in schwierigen Zeiten auf das Wesentliche konzentrieren.

Veröffentlichungen

Kurzbiografie

Peter Brandl ist der Experte für zwischenmenschliche Kommunikation in herausfordernden Situationen – in der Luft wie auf dem Boden. Durch seine erfolgreiche Laufbahn als Manager und Unternehmer sowie als Berufspilot und Fluglehrer kennt Peter Brandl die Turbulenzen, mit denen Führungskräfte, aber auch Piloten, in ihrem Alltag konfrontiert sind. Er weiß, wie sie wieder auf Kurs kommen, denn oft ist der menschliche Faktor – die zwischenmenschliche Kommunikation – der »Fehler im System«. Er bringt die Luftfahrt mit dem Business zusammen und bewirkt so bei den Zuhörern eine hoch emotionale Auseinandersetzung mit seinen Themen. Mit einer großen Portion Humor und vielen lebendigen Beispielen aus der Fliegerei und dem Unternehmensalltag motiviert und begeistert er die Teilnehmer mit verblüffenden Parallelen und Erkenntnissen. Denn die »Human Factors«, die zum »Crash« führen, sind immer die gleichen – egal ob Menschen ein Flugzeug steuern oder ein Unternehmen leiten. Peter Brandl zählt seit über 15 Jahren mit über 150 Veranstaltungen pro Jahr zu den führenden Vortragsrednern im deutschsprachigen Raum. Er ist international erfahren und hält seine Vorträge auf Deutsch oder Englisch.

Referenzen und Kundenstimmen

»Das Besondere an Peter Brandls Trainings ist, dass die Mitarbeiter die Inhalte sofort umsetzen können und dieses auch tun.« *Borries von Müller, Global Head HR Fresenius Medical Care AG*

»Seine ›Hands-on‹-Erfahrung als Linienpilot und als Unternehmer machen Peter Brandls Vorträge spannend und realitätsnah.« *Michael Baumann, Managing Director and CEO MTU South Africa*

Auszeichnungen und Pressestimmen

Speakers Excellence TOP 100
German Speakers Association

»Peter Brandl weiß, sowohl aus dem Cockpit als auch von Hunderten Managern, wie Stress sich auswirkt und wie man ihn reduzieren kann. […] Brandl gibt Tipps, wie Piloten, die ja in der Regel unter höherem Druck stehen als Manager, ihren Hormonhaushalt im grünen Bereich halten und vorschnellen Handlungsimpulsen widerstehen.« *Handelsblatt*

»[Crash Kommunikation] eröffnet […] einen originellen Blick auf die grundlegenden Fragen von Führung und Kommunikation aus einer ganz praktischen Perspektive.« *Hamburger Abendblatt*

Weitere Presseveröffentlichungen: Welt, Süddeutsche Zeitung, KURIER, Handelszeitung, Werben & Verkaufen, WirtschaftsBlatt, Wissen und Karriere usw.

PROF. DR. KLAUS BRANDMEYER

Kurzbiografie

Seit den achtziger Jahren prägt Klaus Brandmeyer mit seinen Vorträgen und Büchern die Markendiskussion in Deutschland. Der erfahrene Berater großer und kleiner Marken ist heute Seniorpartner eines eigenen Unternehmens in Hamburg – die Brandmeyer Markenberatung. Wenn er vorträgt, folgen ihm Laien genauso gerne wie Profis. Aus Unternehmen aller Größen. Als Professor für Markenmanagement ist er zusätzlich an der UMC University of Management and Communication Potsdam tätig.

Brandmeyer kann bei seinen Vorträgen nicht nur auf einen großen Fundus praktischer Beispiele zurückgreifen, sondern auch auf sein Studium der antiken Rhetorik.

Referenzen und Kundenstimmen

»Wer jetzt noch nicht wach war, den holte Brandmeyer ins ›Hier und Jetzt‹.« *Xerox-Kongress*

»Ein brillanter Brandmeyer.« *Cash Austria, Vortrag vor 1.400 Supermarktmitarbeitern*

Auszeichnungen und Pressestimmen

»Der Markenpapst brannte ein Feuerwerk der Argumente ab.« *Neue Verpackung*

»Deutschlands oberster Markenguru.« *Christoph Süß in »Quer«, Bayern3*

Themen

Das Erfolgsgeheimnis starker Marken

Markenenergie zum Nulltarif

Der Kunde macht die Marke

Werbung gestalten, die verkauft

Veröffentlichungen

Achtung Marke – Aufsätze und Vorträge
Stern-Bibliothek, Hamburg 2002

PROF. DR. MED. KLAUS-MICHAEL BRAUMANN

Themen

Sportmedizin im Leistungssport
Gesundheitsuntersuchung für Führungskräfte, Bewegung als Prävention und Therapie, »Fit for Business«

Veröffentlichungen

Zahlreiche wissenschaftliche Artikel und Buchbeiträge

Buch: Die Heilkraft der Bewegung

Kurzbiografie

Nach Oberarzttätigkeit im Sportmedizinischen Zentrum an der Medizinischen Hochschule Hannover ab 1989 und Leitung der Abteilung für Sport- und Leistungsmedizin am Olympiastützpunkt Hamburg/Schleswig Holstein seit 1993 Professor für Sportmedizin an der Universität Hamburg. Seit 1996 Leiter des Instituts für Sport- und Bewegungsmedizin in der Universität Hamburg (Testsieger der Stiftung Warentest 2/2006 sportmedizinische Untersuchungen). Vielfache Betreuung deutscher Mannschaften als Mannschaftsarzt bei internationalen Großereignissen (Universiaden, Olympischen Spielen sowie der ersten Gesamtdeutschen Mannschaft nach der Wiedervereinigung bei den Schwimm-Weltmeisterschaften 1990 [Perth, Australien]). Seit 1976 Tätigkeiten als Mannschaftsarzt in verschiedenen Sportarten (Eishockey, Hockey, Rugby, Fußball, Volleyball, Handball) sowie des Olympiastützpunkts Hamburg/Schleswig-Holstein etc. Durchführung von Gesundheits-Checks für Führungskräfte mit besonderem Schwerpunkt auf der Verbesserung von gesundheitlichen Schwachstellen durch Hilfe bei der Lebensstilveränderung (Olympus, OTTO, STILL, Unilever, Vattenfall, Beiersdorf etc.). Seit vielen Jahren Referententätigkeit u. a. im Rahmen von Führungskräfteseminaren z. B. über Fitness und Leistungsfähigkeit sowie »Work-Life-Balance«.

Wissenschaftliche Schwerpunkte:
- Erforschung der Möglichkeiten der Bewegungstherapie bei verschiedenen Krankheitsbildern, Erarbeitung geeigneter bewegungstherapeutischer Verfahren für Patienten mit verschiedenen Erkrankungen
- leistungsphysiologische Untersuchungen zum Muskelstoffwechsel in Spiroergometrie bei Schwimmern im Strömungskanal
- Diagnostik einer Übertrainings- und Überlastungssymptomatik
- Untersuchungen zur Messung und Trainierbarkeit propriozeptiver Effekte regelmäßiger körperlicher Aktivität auf die intellektuelle Leistungsfähigkeit sowie das psychophysische Wohlbefinden

Mitgliedschaften in wissenschaftlichen und Berufsorganisationen:
- Mitglied des »American College of Sportsmedicine«
- Mitglied der »Gesellschaft für orthopädisch-traumatologische Sportmedizin (GOTS)«
- Mitglied der »Deutschen physiologischen Gesellschaft«
- Seit 1998 Vorsitzender des Hamburger Sportärztebundes
- 1999 –2005 Mitglied im Wissenschaftsrat der Deutschen Gesellschaft für Sportmedizin und Prävention (DGSP). Seit 2009 Vizepräsident der DGSP

Referenzen und Kundenstimmen

Münchener Rückvers., Deutsche Bank, Aegis Media, OTTO, Akron Wien, Fürstenberg Institut, VW-Gruppe etc.

ROMAN BRAUN

Themen

Hypno-Rhetorik®
Die suggestive Wirkung unserer Alltagssprache

NLP in Beruf und Alltag

Veröffentlichungen

Kurzbiografie

Roman Braun war der erste NLP-Mastertrainer in Österreich. Neben dem Studium der Psychologie, Philosophie und Pädagogik sammelte er schon vor seiner NLP-Laufbahn Lebens- und Berufserfahrung als erfolgreicher Unternehmer. Er ist Präsident der ICF Austria (International Coach Federation) sowie zertifizierter NLP-Lehrtrainer der INLPTA (International NLP-Trainer Association), der ECNLP (European Community for NLP), des ÖDV-NLP, des DVNLP und des HA-NLP. Er ist anerkannter Lebens- und Sozialberater und blickt auf eine langjährige Erfahrung als Berater, Trainer und Coach im wirtschaftlichen, pädagogischen und therapeutischen Bereich zurück.1993 gründete er das »Austrian Institute for NLP«, welches später umbenannt wurde in »Trinergy International«. Roman Braun blickt auf eine der fundiertesten NLP-Ausbildungen zurück, die man im deutschsprachigen Raum findet. Er hat seine Ausbildung direkt bei den Entwicklern des NLP, Richard Bandler und John Grinder, erlebt und in Folge mit Richard Bandler drei Jahre eng zusammengearbeitet. Roman Braun ist darüber hinaus Mitglied beim »American Board of Hypnotherapy«. Er bietet Seminare und Ausbildungen im Bereich NLP (neurolinguistisches Programmieren), Training, Coaching, Mediation, Rhetorik und SDI® (System-Dynamische Interventionen) an sowie Ausbildungen in lösungsorientierter Beratung nach Steve de Shazer, Hypno Rhetorik®, Organisationsentwicklung u. v. m.

Referenzen und Kundenstimmen

»Roman Braun begleitet mich mit den Trinergy®-NLP-Methoden auf dem Weg zurück an die Weltspitze. Die Techniken, die ich bei ihm lerne, sind eine wirkungsvolle Unterstützung in der Kommunikation mit anderen und mit mir selbst und ermöglichen den achtsamen Umgang mit eigenen Ressourcen. Meine Leistung und mein Wohlbefinden erhöhen sich dadurch deutlich!« *Rainer Schönfelder, Slalom-Weltcupsieger*

»Ich bin sehr überrascht, was alles im Rahmen eines Trinergy®-NLPSeminars möglich ist. Es kann das Leben eines Menschen nachhaltig beeinflussen. Die Techniken, die in dieser Zeit besprochen wurden, sind unbeschreiblich. Ich sehe unzählige Möglichkeiten, gerade auf globaler Ebene, im internationalen Dialog, gibt es sehr viele Einsatzmöglichkeiten für dieses Konzept.« *Dr. Camillus Konkwo, Wirtschaftsdiplomat, UNO-Mitarbeiter für Friedenseinsätze*

SVEN BRAUN

Themen

Gedächtnistechniken für Steuerberater
Fit für die Steuerberaterprüfung

Linke Tasche, rechte Tasche
Brennpunkte im Steuerrecht

Rentenbesteuerung
Was kommt im Alter auf mich zu?

Erben, Vererben und Schenken
Intelligente steuerliche Gestaltungen in der Erbschaftsteuer

Veröffentlichungen

Kurzbiografie

Diplom-Betriebswirt (FH), Master of Arts (m.a.) Sven Braun, Steuerberater, 1980 in Völklingen geboren, studierte an der Hochschule für Technik und Wirtschaft des Saarlandes Betriebswirtschaft mit der Fachrichtung Rechnungs- und Prüfungswesen. Als Betriebswirt sammelte er weitere praktische Erfahrung in mittelständischen Wirtschaftsprüfungs- und Steuerberatungsgesellschaften. 2003 trat er in die Kanzlei seines Vaters Olaf Braun, vereidigter Buchprüfer, als Steuerberater ein. Im März 2006 wurde er zum jüngsten Steuerberater des Saarlandes bestellt. In ganz Deutschland hält er Vorträge über steuerliche und betriebswirtschaftliche Themen. Sein Steckenpferd ist sicherlich das Gedächtnistraining. Dafür hat er auch sein Wissen der Internetplattform www.ohrenmenschen.de zur Verfügung gestellt. Dort können Sie mp3-Dateien zum Lernen downloaden. Außerdem ist er Autor mehrerer Fachbücher für den Gabler-Verlag, u. a. »Kraftfahrzeuge im Ertrag- und Umsatzsteuerrecht« und »Keine Panik vor der Steuerberaterprüfung«, das bereits in der 4. Auflage erscheint.

Im August 2009 schloss er den berufsbegleitenden Studiengang »Master of Auditing, Finance and Taxation« erfolgreich ab. Darüber hinaus engagiert er sich bei den Wirtschaftsjunioren.

Referenzen und Kundenstimmen

»So lernt man an Fachbeispielen sein Erinnerungsvermögen auf- und auszubauen.« *Steuerberaterkammer 01.07.2008*

»Vielen Dank für die hilfreichen Antworten auf meine Fragen. Gerne empfehle ich Sie weiter.« *Michael Schneider 2009*

Auszeichnungen und Pressestimmen

»Sven Braun hat nach seinem BWL-Studium und der Ausbildung zum Steuerberater den viersemestrigen Masterstudiengang Auditing, Finance und Taxation an den Fachhochschulen Münster und Osnabrück belegt.« *Handelsblatt, Freitag 14. Mai 2010, Seite 50*

PETER BRDENK

Themen

Die Kunst, mit Kunstlicht zu gestalten

Lichtgestaltung und Lichtkunst im öffentlichen Raum

Das nächtliche Erscheinungsbild der Stadt

Architektur und Licht

Veröffentlichungen

Kurzbiografie

Peter Brdenk, geboren 1959 in Essen, studierte zunächst Luftfahrttechnik und Flugzeugbau in Aachen, bevor er sich dem Studium der Architektur an den Universitäten in Essen und Dortmund widmete. Seit 1992 ist er selbstständig als freier Architekt in seiner Heimatstadt tätig und führt dort das Architekturbüro Planwerk, darüber hinaus ist er in vielen Gremien der Stadt verankert, die sich im Wesentlichen mit der Architektur, der Kunst und der Kultur im Allgemeinen beschäftigen. 1998 wurde er in den Bund Deutscher Architekten berufen, ist von Anfang an Vorstandsmitglied des BDA Essen und war von 2002 bis 2006 auch deren Vorsitzender.

Durch den frühen Kontakt zu Kulturschaffenden aus allen Bereichen ist er durch die Gesamtbetrachtung des kreativen Denkens und durch die dadurch verbundenen Institutionen geprägt. So ist er auch Gründungsmitglied des Forum Kunst und Architektur in Essen und seit 2002 stellvertretender Vorsitzender. Peter Brdenks besondere Leidenschaft gilt der Lichtgestaltung und der Lichtkunst im öffentlichen Raum. Die Verbundenheit zu diesem Thema seit Beginn seiner Selbstständigkeit macht ihn von 2001 bis 2006 zum Lichtkoordinator der Stadt Essen und zum Lichtgestalter in ganz Deutschland. 2006 und 2008 ist er Jurymitglied für den International City People Light Award in Köln und Venedig. Ebenfalls im Jahre 2008 ist er Berater der Ruhr.2010 GmbH zum Thema Licht und Lichtkunst in Bezug auf die Kulturhauptstadt in Essen und dem Ruhrgebiet im Jahr 2010. Seine Vorträge sind bezogen auf die nächtliche Urbanität, die ohne Licht gar nicht existieren kann. Für ihn ist Licht ein wichtiger Baustein zur Formung von Stadträumen und Architektur und ein Medium zur Erschaffung von Kunst. Seine Vorträge beziehen sich dabei auch auf historische Grundlagen zur Stadtbeleuchtung und auf technische Details, die das Licht sichtbar in den Mittelpunkt stellen. Peter Brdenk lebt in Essen.

Referenzen und Kundenstimmen

»Die Reden und Vorträge von Peter Brdenk zu Kultur, Architektur und Städtebau sind fundiert, weil gut recherchiert und klar formuliert. Sie fesseln den Zuhörer, weil Zusammenhänge neu erschlossen werden.«
Dr. Johannes von Geymüller, Kunsthistoriker und Galerist in Essen

»In den Fachvorträgen zum Thema Licht gelingt es Herrn Brdenk, fundiertes Wissen über Lichtgestaltung und Lichtplanung und technisches Basiswissen zu verbinden.« *Philips Lighting, Carsten Zieseniß*

Auszeichnungen und Pressestimmen

2001 Preisträger für die Stadt Essen im Wettbewerb »Förderung von künstlerisch orientierten Lichtprojekten im öffentlichen Raum« des Ministeriums für Städtebau und Wohnen, Kultur und Sport des Landes NRW.

2004 Preisträger Renault Traffic Design Award für KunstLichtTore Bochum zusammen mit der Stadt Bochum.

CHRIS BRÜGGER

Themen

Kreativitätstraining

Innovations-Workshop

Seminar: Six Thinking Hats®

Impulsreferat Kreativität + Innovation

Veröffentlichungen

Kurzbiografie

Chris Brügger studierte Hotelmanagement und absolvierte ein Nachdiplomstudium in Qualitätsmanagement am Schweizerischen Institut für Betriebsökonomie in Zürich. Er absolvierte das Innovationsseminar am Edward de Bono Institut an der Universität in Malta.

Er hat mehrjährige Erfahrung in der Moderation von Innovationsworkshops und der Durchführung von Kreativitätstrainings. Er ist Gastdozent an zwei Fachhochschulen sowie Trainer bei BWI Management-Weiterbildung der ETH Zürich.

Chris Brügger ist Co-Autor der Bücher »Innovationsmanagement für Dienstleistungsunternehmen« sowie »Innovationsmanagement«, welches im Herbst 2009 im GABAL Verlag neu erschienen ist.

Referenzen und Kundenstimmen

Brügger arbeitet für diverse Unternehmen. Ein Auszug: Lufthansa, Mölnlycke Health Care, E.ON, AstraZeneca, McKinsey, Daimler, Migros, Credit Suisse, Generali, Ergo, Evonik, Holcim, mdr, Mettler-Toledo, Wingas, Uster Technologies

»... Kompliment über Ihre Rolle auf unserem Expertengipfel. Auch mit etwas Abstand und Reflexion bin ich von unserem Event uneingeschränkt begeistert! Wir freuen uns auf die nächsten gemeinsamen Schritte ...« *M. Zimmermann, E.ON*

»Ich möchte mich im Namen meiner Kollegen für die vier inspirierenden Ideenworkshops und die angenehme Zusammenarbeit bedanken.« *U. Berli / S. Zimmermann, Mettler-Toledo*

Auszeichnungen und Pressestimmen

»Auch die Qualität des Abends, der Referenten und ihrer Workshops, war ausgezeichnet – alles andere als einfach eine Verkaufsveranstaltung von Denkmotor!« *November 2007*

»Die Leute von Denkmotor verstehen ihr Geschäft, das Kreativitätstraining!« *Februar 2009*

JOHANNA BRÜHL

Themen

Die Krise als Lernchance
Was ist eine Krise; Wozu gibt es Krisen; Was ist zu tun in der Krise

Wissensnetzwerke initiieren
Der Prozess der Vernetzung Methoden für nachhaltige Vernetzung

Von der Natur lernen – Evolutionsmanagement am Beispiel Wein
Lebende Organismen, Kultur und Reifeprozesse, Auslese

Veröffentlichungen

»Wissen teilen und dadurch vermehren«
Interview in der Zeitschrift Markt & Wirtschaft Westfalen, 12/2006

»Wo die Fäden zusammenlaufen – Netzwerke in Lippstadt«
Interview mit der Stadtzeitung 59, 10/2006

Kurzbiografie

Johanna Brühl, 1967 in Heidelberg geboren, Organisationsentwicklerin mit dem Schwerpunkt Change-Management und Vernetzungsberatung. Master of Arts in Human Resources Developement und Diplomverwaltungswirtin, über 20-jährige Berufserfahrung bei der Deutschen Post AG, Zusatzqualifikationen als Großgruppenmoderatorin, Facilitator und Professional Network Enabler (PNE) und Process Improvement Adviser (six sigma). Sie ist Initiatorin und Koordinatorin sowie Beraterin mehrerer Netzwerke, darunter auch Wissensnetzwerke wie z. B. dem Netzwerk Großgruppenmoderation e. V. move-your-vision und weiteren Unternehmensnetzwerken und Frauennetzwerken. Als Großgruppenmoderatorin moderiert Johanna Brühl seit 2006 auf der net's work – das Fachforum für eine Kooperationskultur der Zukunft – und wird vor allem für World-Cafés und Open Spaces auf Großveranstaltungen auch außerhalb der Deutschen Post AG gebucht. Beim BDVT, BVMW und der Deutschen Post AG ist sie eine gefragte Referentin für die Themen: Change-Management und Vernetzung. Lebensmotto: Wenn einer allein träumt, ist es nur ein Traum. Wenn Menschen gemeinsam träumen, ist es der Beginn einer neuen Wirklichkeit.

Referenzen und Kundenstimmen

»... mir gefällt und mich inspiriert Ihre einfühlsame Art des Umgangs mit den jeweiligen Gruppen und einzelnen Teilnehmern. Anders als bei einem Seminar ist es bei Vorträgen viel schwieriger, die einzelnen Zuhörer einzubinden und sie so von der Rolle des Zuhörers in die Rolle des aktiv Beteiligten zu bringen, der in sehr positiver Atmosphäre gerne konstruktiv mitarbeitet. Genau das haben Sie wieder in hervorragender Weise geschafft.« *Christoph Niederberger, Tönisvorst, 26. Februar 2007*

»»Wichtig ist deshalb vor allem, dass die Netzwerkmitglieder einander vertrauen, denn man gibt ja etwas von sich preis und hofft insgeheim, dass man genauso viel wieder zurückbekommt. Networking ist immer auch ein gegenseitiges Geben und Nehmen«, weiß die Netzwerkexpertin Johanna Brühl.« *Stadtzeitung 59*

THOMAS BUBENDORFER

Themen

Wie man sich sinnvolle Ziele setzt ohne die Gegenwart zu übersehen

Wie man mit Rückschlägen, Krisen und Ängsten umgeht

Wie man »sicher« bleibt in einer unsicheren Welt

Wie verhindere ich inneren und äußeren Stillstand

Veröffentlichungen

Kurzbiografie

Thomas Bubendorfer, Jahrgang 1962, wurde mit 16 Jahren der vermutlich jüngste Alleinkletterer in der Geschichte des Alpinismus. Mehr als drei Jahrzehnte später gehen mehr als 90 Erste Alleinbesteigungen, Rekordbesteigungen und Erstbesteigungen in den Bergen der Welt auf sein Konto. International bekannt wurde er bereits mit 21 durch die erste seilfreie Alleinbesteigung der Eiger Nordwand in Rekordzeit. Außerhalb der Alpen gelingen ihm unter anderem der Mount Fitz in Patagonien, einer der schwierigsten Berge der Welt (mit 23) und die 3.000 Meter hohe Südwand des 6.956 m hohen Aconcagua in den Alpen als erstem Bergsteiger an einem Tag. Im Winter 2009 gelingen ihm in den österreichischen Alpen fünf Erstbesteigungen an extrem schwierigen gefrorenen Wasserfällen. Somit ist Thomas Bubendorfer einer der erfolgreichsten Extrembergsteiger.

Seine Entwicklung wesentlich beeinflusst haben ein Jahr in einem englischen Internat, zwei Jahre Studienaufenthalt in Padua und Florenz und 25 Jahre in Monaco. Er sagt heute, dass es »die Sinne schärft und die Aufmerksamkeit, wenn man ein Ausländer ist«.

Thomas Bubendorfer sieht sich als Alleingänger und Familienmensch mit drei Kindern. Das ist für ihn kein Widerspruch, das eine ergänze das andere, sagt er, aber »Alleinsein zum Denken ist das Wichtigste«. Seit 1984 hat er mehr als 900 Vorträge vor den Mitarbeitern führender Unternehmen in Europa, den USA und in Asien gehalten. Wesentlich beschäftigt ihn die Frage, wie der Mensch über einen langen Zeitraum hinweg sein Potenzial entwickeln und seine Leistungsfähigkeit verbessern kann, ohne auszubrennen.

Referenzen und Kundenstimmen

»Das Feedback war großartig. Aber das haben Sie sicher selbst gemerkt.« *E.ON*

»Sie haben die Teilnehmer sprichwörtlich in Ihren Bann gezogen.« *Linde AG*

»Von allen Managementvorträgen, die ich bis heute gehört habe, war das der beeindruckendste. Bei weitem.« *McKinsey Company*

»The rare experience of your speech will be built in our memories forever.« *Bank of China*

Auszeichnungen und Pressestimmen

»Das Bergsteigen hat in Bubendorfer auch den Dichter und Philosophen geweckt.« *Die Welt*

»Die Kameraden der Zunft haben vor Wut geschäumt. Es passt ihnen nicht, dass er Philosophie mit Sport verbindet.« *ZEIT Magazin*

»Längst hat sich das Klettergenie zum Philosophen weiterentwickelt.« *Der Wiener*

RENÉ BUBENHEIM

Themen

Business-Coaching in der IT

Bits & Bytes im Kopf mit Herzblut & Bauchgefühl

Erfolgsfaktor Persönlichkeit
(gemeinsam mit Brigitte Hettenkofer)

Zahlen, Daten, Fakten + Sinn, Werte, Gefühle = Erfolg?!
(gemeinsam mit Brigitte Hettenkofer)

Veröffentlichungen

Wer gut gecoacht wurde, führt gut! Nachwuchskräfte auf ihre Führungsrolle vorbereiten, in: Themenbrief Mitarbeiterführung, Forum Verlag

Kurzbiografie

René Bubenheim, Jahrgang 1959, geboren und aufgewachsen am Mittelrhein nahe Koblenz, ging zunächst als Offizier auf Zeit zur Bundeswehr, wo er in München Informatik studierte und sechs Jahre in einem Programmierzentrum der Luftwaffe tätig war, bevor er 1990 in die Industrie wechselte.

René Bubenheim verfügt über 20 Jahre Management-Erfahrung im IT-Umfeld verschiedener Branchen, u. a. als Qualitätsmanager in einer Bank, Projektleiter in der Unternehmensberatung und Vorstand eines Software-Herstellers. Im Postgraduiertenstudium hat René Bubenheim in London den Executive M.B.A. in General Management erworben.

Seit 2005 ist René Bubenheim als Business-Coach und Trainer aktiv, wobei er sich auf IT-Führungskräfte und IT-Spezialisten fokussiert hat. Weiterhin ist er beraterisch tätig und bietet Vorträge an.

Vorträge oder Trainings hält er als Diplom-Informatiker gemeinsam mit Diplom-Theologin Brigitte Hettenkofer, wenn es um Dualitäten wie Fakten – Intuition, Ratio – Emotion oder männlich – weiblich geht.

René Bubenheim ist Vizepräsident des »Verbands zur Förderung der Wirtschaftspsychologie« und noch als Oberstleutnant der Reserve aktiv.

Referenzen und Kundenstimmen

»Ich bin beeindruckt, daß der Trainer es so gut verstanden hat, auf jede Persönlichkeit ehrlich einzugehen.«

»Außergewöhnliches Seminar ... Besonders möchte ich hervorheben, wie gut mir das Referententeam Hettenkofer/Bubenheim gefallen hat.«

DR. JOACHIM BUBLATH

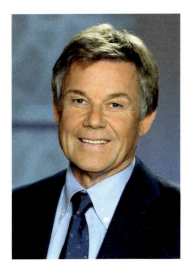

Themen

Wege aus der Energie- und Klimakrise?
Welche Vorhersagen und Annahmen sind bei den Energie- und Klimaszenarien wirklich gesichert?

Die Illusion von Zeit
Einfache Beispiele zeigen, wie schnell sich das persönliche Zeitempfinden erschüttern lässt.

Grenzen der Vorhersagbarkeit
Vorhersagen von Abläufen sind möglich, aber es gibt Grenzen: v. a. in komplexen technischen Systemen

Veröffentlichungen

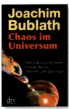

Kurzbiografie

Joachim Bublath studierte bis zum Diplom in Frankfurt a. M. Chemie, Mathematik und Physik und promovierte 1971 an der Technischen Universität München in Theoretischer Physik. Schon während seines Studiums arbeitete er in den Semesterferien beim Hessischen Fernsehen – zunächst als naturwissenschaftlicher Berater für Serien der Erwachsenenbildung, dann entwickelte er eigene Sendungen wie »Der Physik Zirkus«, das Wissenschaftsmagazin »Strukturen« und wissenschaftliche Quizsendungen und Diskussionen über Entwicklungen der naturwissenschaftlichen Forschung. Seine naturwissenschaftlichen Dokumentationen wurden weltweit in verschiedene Länder gesendet. Joachim Bublath baute im Hessischen Fernsehen eine Wissenschaftsabteilung auf und produzierte zudem naturwissenschaftliche Filme für diversere Fernsehstationen in der Dritten Welt. 1981 wechselte er zum ZDF und leitete bis 2008 die Abteilung »Naturwissenschaft und Technik«. Er entwickelte Sendungen wie »Abenteuer Forschung«, »Die Knoff Hoff Show«, »Geheimnisse unseres Universums«, »Faszination Erde«, »Joachim Bublath« und viele andere Formate. Für alle Sendungen war er Autor und Moderator. Zudem publizierte Joachim Bublath zahlreiche Bücher über aktuelle Forschungsthemen wie Relativitätstheorie, Quantenphysik, Astronomie, Gentechnik, Chaostheorie etc. Für seine Arbeiten erhielt er zahlreiche nationale und internationale Auszeichnungen.

Referenzen und Kundenstimmen

Unter anderem:
1990: »Telestar« – Deutscher Fernsehpreis
1997: Bundesverdienstkreuz für seine Arbeiten als Wissenschaftsjournalist
2007: Wissenschaftsjournalist des Jahres
2008: Carl-Sagan-Preis

PETER BUCHENAU

Themen

Führung 3D²
Was macht Führungskräfte von morgen erfolgreich? Werte, Gesundheit, Selbstmarketing?

Erst Feuer und Flamme, dann ausgebrannt.
Behalten Sie Ihre Leistungsfähigkeit auch in stressigen Zeiten.

Burn-out-Prävention
Purer Luxus oder unternehmerische Notwendigkeit

Erfolg ist planbar
Goldene Regeln und Fallstricke im Projektgeschäft

Veröffentlichungen

Kurzbiografie

Peter Buchenau ist Begründer der Performer-Methode©, eine Methode zur Leistungssteigerung für Unternehmen und Mitarbeiter. Seine Kunden sind namhafte Unternehmen und Privatpersonen, denen er als Sparringspartner, Speaker, Coach und Trainer für Leistungssteigerung, Werteentwicklung, Stress- und Burn-out-Prävention zur Seite steht. Seine Ausbildungen absolvierte er an der Unisys University, der HSG St.Gallen und an der TH Winterthur. An der FH Karlsruhe hält er einen Lehrauftrag »Stressprävention für Studenten« – ein deutschlandweit einzigartiges Projekt.

Peter Buchenau ist zudem Qualitätsexperte sowie Professional Speaker in der Erfolgsgemeinschaft von Joachim Klein, Leiter der Professional Expert Group »Ethik, Werte und Nachhaltigkeit« der German Speakers Association.

Referenzen und Kundenstimmen

»Peter Buchenau hat die Burn-out-Problematik sehr ansprechend und unterhaltsam aufbereitet. Ein so ernstes Thema so geschickt mit Humor anzureichern, ist eine große Kunst.« *Monika Sion*

»Ich fand den Vortrag kurzweilig und interessant. Er hat mir sehr gute Anregungen gegeben für den Arbeitsalltag. Mitarbeitergespräche im neutralen Bereich werde ich sofort umsetzen.« *Klaus Müller*

Auszeichnungen und Pressestimmen

»Peter Buchenau: ein Mann, der uns helfen will, dem Stress ein Stück weit zu entfliehen.« *Bayerischer Rundfunk/Bayern 5*

NORMAN BÜCHER

Kurzbiografie

Motivationsexperte Norman Bücher ist Extremläufer mit Leib und Seele. Mit 22 lief er den ersten Marathon. Knapp 7 Jahre später absolvierte der Athlet einen der härtesten Bergläufe in Europa, den Ultra-Trail du Mont-Blanc. Der Abenteurer stellt sich waghalsigen sportlichen Challenges und bestreitet die schwierigsten Marathons der Welt.

Die jahrelange Erfahrung aus dem Extremsport sowie sein betriebswirtschaftliches Fachwissen machen die Einzigartigkeit seiner spannenden und genussreichen Vorträge aus. Der 5 Sterne Redner hat die Gabe, als Referent dem Publikum seinen außergewöhnlichen Erfahrungsschatz mit Kompetenz, Leidenschaft und rhetorischem Geschick zu vermitteln.

Der Motivationsexperte besitzt die Fähigkeit, bei seinen Vorträgen den Zuhörern zu vermitteln, wie viel Extremsport mit dem Arbeits- und Alltagsleben zu tun hat. 5 Sterne Redner Norman Bücher zeigt dabei auch überwältigende Fotos, die ihn bei seinen sportlichen Spitzenleistungen aus aller Welt zeigen.

Themen

break your limits!
Was das Business vom Extremsport lernen kann

Der 6. Sinn
Grenzerfahrungen aus dem Sport erfolgreich nutzen

Mit aller Willenskraft
Motivation stärken – Höchstleistungen erzielen

Laufen am Limit!

Veröffentlichungen

Zahlreiche Veröffentlichungen in: Running, Condition, aktiv laufen, runningpur und Ultramarathon

DVD: Laufen am Limit

Referenzen und Kundenstimmen

»Ich möchte mich im Namen der Hochschule für Ihren erfrischenden Vortrag herzlich bedanken. Von sportbegeisterten Zuhörern hörte ich, dass Sie ihnen ›aus der Seele‹ gesprochen haben. Auch die Art, wie lebendig Sie den Vortrag gestalteten, wie Sie ›Ihre Arbeit‹ mit Begeisterung und Freude gestalten, übertrug sich auf die Gäste.« *Daniela Bartelt, Marketing und Kommunikation, Hochschule Offenburg*

»Auf diesem Wege danke ich Ihnen noch mal sehr herzlich für Ihren Vortrag in Berlin. Das Feedback der Mitarbeiter war am gleichen Abend, aber auch in den Tagen danach uneingeschränkt sehr gut. Sie haben es verstanden, unsere Führungs- und Führungsnachwuchskräfte für ihren Auftritt im Verkauf zu begeistern und ihnen neue Anregungen mitzugeben!« *Christian Plaug, Bildung und Qualifikation, Peek & Cloppenburg*

Referenzen:
- AOK
- Herbalife Deutschland
- Hochschule Augsburg
- Hochschule Offenburg
- Janssen-Cilag
- LBS Baden-Württemberg
- Münchener Hypothekenbank
- Walter Medien

Auszeichnungen und Pressestimmen

»Norman Bücher sprengt schrittweise immer neue Grenzen. Der Extremläufer und Motivationskünstler lässt sich von Vangelis' Eroberung des Paradieses voll auf Touren bringen.« *Badische Neueste Nachrichten*

DR. EDLEF BUCKA-LASSEN

Themen

Image, Erwartungen und blaue Elefanten

Kommunikation, Botschaften und Signale

Stressig? ... nein danke

Das Märchen vom Zeit-Managemen

Veröffentlichungen

Kurzbiografie

Edlef Bucka-Lassen, Jahrgang 1942, ist dänischer Staatsbürger. Seine Wurzeln hat er in der deutschen Minderheit; Deutsch ist seine Muttersprache.

Edlef Bucka-Lassen ist Facharzt in Allgemeinmedizin und Autor zahlreicher Artikel und mehrerer Bücher über Image und Kommunikation, hierunter in Deutsch »Das schwere Gespräch«, erschienen im Deutschen Ärzte-Verlag.

Seit Jahrzehnten beschäftigt er sich bevorzugt mit den in der Regel unbewussten und unbemerkten Einflüssen der Kommunikation und des Verhaltens auf das Miteinander. Im Vordergrund stehen dabei stets praktische Aspekte des täglichen Lebens und der täglichen Kommunikation.

Seine Leser und Hörer ermuntert er leidenschaftlich dazu, Lust und Mut dafür zu entdecken, mit diesen Einflüssen bewusst umzugehen. Das nötige Wissen hierzu veranschaulicht er mit Beispielen aus Literatur, Geschichte, Politik und dem Leben im Allgemeinen und gibt so viel Stoff – und Mut – zum Nachdenken.

Referenzen und Kundenstimmen

ALSO ABC Trading GmbH; Bayerische Landesbank; Bundesverband Deutscher Heimwerker-, Bau- und Gartenfachmärkte; D & W Auto-Sport und Zubehör; Euroforum; FBF Betondienst; Freier Verband Deutscher Zahnärzte e. V.; Fujitsu Siemens Computers; Gruner + Jahr; Henkel KGaA; Hogast GmbH; ICI Paint Deco GmbH; Object Oriented Ltd; Schwarzkopf Professional; Siemens AG Computer Systems Deutschland; WIG Nenzing; Wincor Nixdorf GmbH & Co. KG; Zahnärztekammer Sachsen-Anhalt; Ehrenamtlicher Ambulanter Hospizdienst Potsdam; Deutsche Gesellschaft für Palliativmedizin; Österreichische Palliativgesellschaft

Auszeichnungen und Pressestimmen

»... und regte sein Publikum mit seinem hervorragenden Vortrag zum Nachdenken an.« *b&h markt, 2001*

»Die Lacher hatte Edlef Bucka-Lassen schnell auf seiner Seite. Und die ungeteilte Aufmerksamkeit ... Bucka-Lassen gab den Zuhörern drei Werkzeuge mit an die Hand: 1) das Bewusstsein um die Bedeutung der Erwartungen; 2) den Willen, sie zu finden und zu benennen; 3) den Mut, sie zu bearbeiten und weiterzugeben.« *DFZ 11/2004*

INGO BUCKERT

Themen

Nichtraucher in 5 Stunden

Fit in 5 Stunden

Träume dein Ziel und dann erfüll dir, was du dir wünschst

Erfolg in 5 Stunden

Veröffentlichungen

Kurzbiografie

Ingo Buckert, geboren im Jahr 1969 in Gevelsberg, wandte sich früh dem Leistungssport zu. Neben aktiven 15 Jahren Bundesligavolleyball und Top 10 im Beachvolleyball studierte er an der Deutschen Sporthochschule in Köln und beendete das Studium 1997 als Diplom-Sportlehrer. Nach seinem Studium gründete er eine Eventagentur mit einem außergewöhnlichen Sportartikelverleih und baute die erste multifunktionale Beachsportanlage mit Erlebnisgastronomie und Biergarten in Deutschland auf dem Campus der Sporthochschule. Seit 2003 ist Ingo Buckert Trainer für gesundheitsspezifische Themen mit seinen eigenen Coaching-Firmen. Neben seinen Vorträgen bildet er Trainer für die Seminare »Nichtraucher in 5 Stunden« und »Fit in 5 Stunden« aus. Er ist Experte und Mitinitiator der Deutschen Gesellschaft für Nikotinprävention, Gründer des Vereins für Sport und Gesundheit in Köln und professionelles Mitglied der German Speakers Association. Ingo Buckert ist verheiratet und hat einen Sohn.

Referenzen und Kundenstimmen

»Inhaltlich besonders positiv fiel mir auf, dass auf das übliche Abschreckungsszenario verzichtet wurde und stattdessen Information zur Suchtentstehung, der Verführung zur Sucht und ihrer Aufrechterhaltung im Vordergrund standen. Im Ergebnis war zu beobachten, dass sehr rasch ein starker ›polarity response‹ bei den TL entstand.« *Prof. Dr. med. Ulrich Schwantes, Charité, zum Seminar »Nichtraucher in 5 Stunden«*

»Durch Ihre Kombination aus gesundem Menschenverstand und Techniken der kognitiven Verhaltenstherapie ermöglichen Sie dem Raucher, die Begleiterscheinungen des Nikotinentzugs in eine positive Einstellung umzukehren.« *Dipl.-Ingenieur Andreas Bergsch*

Auszeichnungen und Pressestimmen

»Jahrelang suchte ich nach Gründen für das Rauchen – weil ich nie wirklich aufhören wollte! ... aber jetzt ganz bestimmt ...« *Zeitschrift »Emotion« Ausgabe 01/08*

DR. SONJA A. BUHOLZER

Themen

Umdenken, jetzt!
Nachhaltigkeit für das Management

Shark-Leadership
Was Manager von Haien lernen können

Frauenzeit
Erfolgsstrategien für Gewinnerinnen

Verrückte Zeiten
Neue Rollen im Welttheater des 21. Jahrhunderts

Veröffentlichungen

Kurzbiografie

Die frühere Bankdirektorin ist Doktor der Philosophie (Universität Zürich), Master of Arts (State University New York) und seit 1994 Inhaberin der in der Schweiz und im benachbarten Ausland tätigen Wirtschafts- und Unternehmensberatung VESTALIA VISION. Damals gründete sie ihre Firma mit dem Ziel der Synthesen-Bildung von Ökonomie und Ethik, von Erfolg und Nachhaltigkeit im Denken und Handeln der Wirtschaft und Politik.

Sie ist persönliche Beraterin und langjährige Sparring-Partnerin von namhaften Führungspersönlichkeiten der Wirtschaft und Politik im In- und Ausland sowie engagierte Wirtschaftsreferentin und Keynote-Sprecherin.

Sonja A. Buholzer ist Autorin von acht Sachbüchern und Bestsellern und gilt mit ihren Denk- und Handlungsansätzen auch als Wirtschaftsethikerin. Ihr neuestes Buch »Umdenken, jetzt! Ein Buch für Mutige« beschäftigt sich mit dem Thema der Nachhaltigkeit: Jeder Mensch sollte sich im Rahmen seiner Möglichkeiten für die Verwirklichung der Grundwerte einsetzen und somit einen aktiven Beitrag zu einer zukunftsorientierten Gesellschaft leisten.

Frau Dr. Buholzer ist nebenbei auch engagiert als ehrenamtliche Stiftungsrätin in ethisch-nachhaltigen Organisationen und für Frauen im Management, u. a. auch als vieljährige Elektorin des Unternehmerinnen-Preises Schweiz. Die in Zürich domizilierte Wirtschafts- und Unternehmensberatung VESTALIA VISION ist seit ihrer Gründung 1994 die Spezialistin für maßgeschneidertes Executive-Coaching und die professionelle Sparring-Partnerschaft von CEO's, Geschäftsleitungen, Vorständen und einzelnen Managern im deutschsprachigen Europa, darunter auch zahlreiche Frauen.

Referenzen und Kundenstimmen

»Dr. Sonja A. Buholzer gehört zu den erfolgreichsten Frauen Europas, die sich seit über zehn Jahren als persönliche Beraterin oberster Kreise von Wirtschaft und Politik einen Namen gemacht haben.« *Schweizer Bank*

»Sonja A. Buholzer ist eine der wenigen Frauen, die sich einen Namen als persönliche Beraterin von obersten Wirtschafts- und Politikkreisen gemacht haben. Sie ist Inhaberin eines Wirtschaftsberatungsunternehmens in Zürich und gehört zu den gefragtesten Management-Coachs.« *NZZ*

Auszeichnungen und Pressestimmen

»Von Davos bis New York wird klar: Unserer Welt droht eine ökonomische und ökologische Krise. Sie lässt sich nur verhindern, wenn diejenigen aktiv werden, die gestalten können: Führungskräfte in Wirtschaft und Politik. Hier sind Fähigkeiten und sachliche Urteilsfähigkeit von wirklichen Leadern gefragt. Die bekannte Wirtschafts-Referentin und Management-Beraterin Dr. Sonja A. Buholzer zeigt mit packenden Beispielen aus dem Management-Alltag konkrete Erfolgsstrategien in Zeiten des Wandels.«

ANDREAS BUHR

Themen

Die Umsatz-Maschine
Wie Sie mit VertriebsIntelligenz® Umsätze steigern

©lean leadership
Zehn Regeln machen Führung leicht und effizient

Die Kunst der Motivation
Sieben Schritte zum Erfolg

Veröffentlichungen

Kurzbiografie

Andreas Buhr, »die Umsatz-Maschine«, ist einer der bekanntesten Speaker im Bereich Führung und Vertrieb. Der Experte für VertriebsIntelligenz® und ©lean leadership ist Vollblutunternehmer und erfolgreicher Trainer, Buchautor, Referent und Inhaber der go! Akademie für Führung und Vertrieb AG.

Bekannt geworden ist Andreas Buhr durch seine zahlreichen Vorträge auf großen Weiterbildungsforen und Kongressen, seine Aktivitäten in TV und Hörfunk sowie seine reiche Publikationstätigkeit. Er ist Herausgeber zahlreicher Weiterbildungsmedien wie des renommierten go! Coachingbriefes für Führung und Vertrieb, eines Referenten-Blogs und des seit 2005 erscheinenden Weiterbildungs-Podcasts COACHCAST®. Als Geschäftsführer des auf Medien für die Business-Weiterbildung spezialisierten go! Live-Verlages ist Andreas Buhr auch verlegerisch tätig. Seine Arbeit als Unternehmer, Coach und Autor zeichnet sich durch eine große Praxisnähe, überzeugende Techniken und Engagement aus. Schließlich ist Andreas Buhr ein fesselnder Pragmatiker, der die Erfahrungen seiner Vertriebstätigkeit direkt in die Coaching- und Vortragstätigkeit integriert. In den letzten 25 Jahren nahmen mehr als 300.000 Menschen an seinen Veranstaltungen teil. Sein sportlicher Ehrgeiz, die Begeisterung für den Marathon und das Golfen haben sicherlich sowohl sein Privatleben als auch die Menschen in seinem beruflichen Umfeld geprägt.

Referenzen und Kundenstimmen

Zu seinen Kunden gehören namhafte Firmen wie u. a.:
Peek & Cloppenburg KG; Swisscom (Schweiz); Bank Austria (Österreich); BHF Bank AG; MediaMarkt Management GmbH; HDI-Gerling Leben und Aspecta; Tommy Hilfiger (USA)

»Ich habe mich sehr gefreut, dass ich Sie in Bayreuth und auch in Filderstadt erleben durfte (...) auf Ihre faszinierenden Vorträge aufmerksam gemacht.« *Manfred Maus, ehem. Vorstands- und Aufsichtsratsvorsitzender der OBI-Organisation*

»(...) durch Ihren mitreißenden Vortrag haben Sie entscheidend zu dem Erfolg unserer Tagung beigetragen. Das Feedback der Teilnehmer war ausgesprochen positiv (...)« *Beatrix Henseler, Director Human Resources & Organisation der Douglas Holding AG*

Auszeichnungen und Pressestimmen

Ausgezeichnet als Top-Referent 2008 und Trainer des Jahres 2009. Er gehört seit 2010 zu den Certified Speaking Professional der National Speakers Association (NSA).

Regelmäßige Fachbeiträge in bekannten Zeitschriften und Publikationen aus Wirtschaft, Weiterbildung und Vertrieb

Mitgliedschaften:
GSA German Speakers Association, Q-Pool 100, Club 55

CHRISTOPH BURGER

Themen

Mensch Macke!
Warum Technik nie funktioniert, einer immer schuld ist und Sonntagsfahrer den Alltag dominieren

Die Erfolgslüge
Wie Ratgeber und Trainer Erfolgsmärchen inszenieren und den menschlichen Selbstbetrug forcieren

Die Kraft des Ärgerns
Warum wir uns negative Gefühle zumuten müssen, um weiterzukommen

Veröffentlichungen

Kurzbiografie

Diplom-Psychologe Christoph Burger, 1967 in Freiburg geboren, ist Trainer und Coach für berufliche Entwicklung und persönliches Wachstum. Seit 15 Jahren berät und unterstützt er Coachees und Seminarteilnehmer auf ihrem Weg zu mehr beruflichem und persönlichem Erfolg ohne Verbiegen. Die Leitlinie dabei lautet: Charakter zeigen! – denn Abziehbilder gibt es genug. Da er selbst nach diesem Motto lebt, scheut er auch vor einem kritischen Blick auf die eigene Branche nicht zurück.

Schon früh in seiner Karriere wandte sich Christoph Burger von den dominierenden Schulen der wissenschaftlichen Psychologie ab und begann seinen eigenen, pragmatischen Weg zu gehen. In den letzten Jahren sind es vor allem die neuesten Erkenntnisse der Hirnforschung, die er für die psychologische Praxis nutzbar macht.

Für die praktische Anwendung psychologischen Wissens im Coaching erhielt Christoph Burger einen Lehrauftrag an der Universität Mannheim. Er ist Vortragsredner und Buchautor.

Auf eigene empirische Untersuchung gestützt erklärt Christoph Burger, wieso wir uns negative Gefühle zumuten müssen, wenn wir wirklich vorankommen wollen.

Als authentischer Querdenker erforscht er die Irrwege und Sackgassen in Unternehmen und Gesellschaft. Mit treffenden Worten spießt Christoph Burger menschliche Macken auf – und liefert augenzwinkernd »eine unentbehrliche Handreichung für unsere fehlerhafte Spezies.«

Auszeichnungen und Pressestimmen

»Viele Zuhörer nicken lachend.« *Südhessen Morgen*

THOMAS BURGER

Themen

Rhetorik: »Sprache wirkt!«
Wie Sie jedes noch so trockene Thema so verpacken, dass die Leute gebannt zuhören

Sicher und schlagfertig reagieren
Wie Sie nie mehr sprachlos bleiben

Selbstmanagement
Es ist nicht wichtig, wo Sie im Moment gerade stehen, entscheidend ist, in welche Richtung Sie gehen

Vorführung des preisgekrönten Films »Eigernordwand« mit einführenden Worten

Veröffentlichungen

Kurzbiografie

Mit 15 Jahren gründete Thomas Burger seine erste Firma – eine Gitarrenschule, mit 16 begann er extrem zu klettern. Drei Jahre später erlitt er einen schweren Unfall in der berüchtigten Eigernordwand. »Nie wieder ohne Krücken gehen können« war die Prognose der Ärzte nach einem Jahr Krankenhaus.

Thomas ging seinen eigenen Weg, ließ sich zum Therapeuten für Dynamische Integration® ausbilden, absolvierte die Verbandsskilehrer- und Hochtourenführerprüfung, studierte Germanistik, Verwaltungswirtschaft und Geografie. Zudem durchlief er die Trainerausbildung von Matthias Pöhm, dem wohl besten und bekanntesten Rhetorik- und Schlagfertigkeitstrainer im deutschsprachigen Raum.

Seit Jahren unterrichtet und trainiert er Menschen, ist seit 1988 als Darsteller und Autor bei zahlreichen Fernsehproduktionen tätig und verfasste mehrere Buch- und Zeitschriftenbeiträge.

Heute geht es ihm als gefragter Vortragsredner und Trainer für Selbstmanagement, unterhaltsame Rhetorik und Schlagfertigkeit darum, dass seine Teilnehmer das Drehbuch für ihr eigenes Leben schreiben und leben lernen.

Referenzen und Kundenstimmen

»Es war sehr interessant und ich habe kennengelernt, was der Unterschied zu den Chacka-Chacka-Veranstaltungen, die man häufig am Markt bekommt, zu dem sehr praxisorientieren Ansatz vom Herrn Burzler ist.«»Thomas Burger referiert auf eine herrlich kurzweilige Art Techniken, die jeden schlagfertig reagieren lassen.« *Hallberger, Sept. 2009*

»Ich kann mir nicht vorstellen, wie man Rhetorik und Präsentation besser vermitteln könnte.« *Gaby Funk, Journalistin, Autorin und Übersetzerin*

»Thomas Burger ist ein Kommunikationstrainer der besonderen Art. Er versteht es, seine Zuhörer gleichermaßen zu fesseln und absolut praxisorientiert zu trainieren. Man kann ihn nur wärmstens weiterempfehlen.« *Wolfgang Pohl, Präsident des Deutschen Skilehrerverbandes*

»Wir hatten bereits viele Verkaufstrainer, die uns in die unterschiedlichsten Richtungen trainiert haben. Thomas Burzler hat mit Abstand die beste Schulung abgehalten. Einfach, pragmatisch, anwendungsorientiert!«American Express, Bauknecht Hausgeräte, Becton Dickinson, British Telecom, Deutsche SiSi Werke (Capri-Sonne), Hewlett-Packard, IBM, KraussMaffei, KUKA, Sixt, Volks- und Raiffeisenbanken, WashTec Cleaning Technology, Wanzl Metallwarenfabrik, Würth und viele andere

THOMAS BURZLER

Themen

Verkaufen mit Gewinn
Die Vorträge zum Thema Vertrieb werden exakt der Branche und Zielgruppe angepasst.

Neukundengewinnung ohne Rabatte
Wie Sie mit der Vertriebsstrategie Profitselling neue Kunden gewinnen und Ihren Umsatz steigern

Verkaufspsychologie
Wie Sie zu Experten für Ihre Kunden werden und perfekt auf deren Bedürfnisse eingehen

Preisverhandlungen
Wie Sie überzeugend hinter Preis und Leistung stehen

Veröffentlichungen

Mission Profit! Die Lizenz zum Abschluss
Buch und Hörbuch

Günter lernt verhandeln
Buch

www.vortragsimpulse.de

Kurzbiografie

Profitselling – Verkaufen mit Gewinn

Thomas Burzler bietet Verkaufstrainings, Sales Workshops, Coachings und Vorträge mit hohem Praxisbezug. Begeisterte Teilnehmerstimmen und sehr gute Umsetzungsquoten zeigen, dass er den richtigen Mix aus Theorie und Praxis bietet.

Der Verkaufstrainer, Redner, Coach und Fachbuchautor setzt sich quer durch alle Wirtschaftszweige für faire Preise und gegen ruinöse Rabatte ein. Seine Spezialthemen sind Neukundengewinnung ohne Rabatte, mehr Umsatz mit Profitselling, Preisverhandlungen und Verkaufspsychologie. Mit dem Profitselling hat er eine Vertriebsstrategie entwickelt, in deren Zentrum die Vermittlung des individuellen Mehrwerts für den Kunden steht.

Der zertifizierte NLP-Master-Practitioner und HBDI-Trainer steht für sehr gutes Fachwissen und hohe Glaubwürdigkeit. Vor seiner Karriere als Sales Trainer hat Thomas Burzler lange Jahre selbst im Vertrieb mit direktem Kundenkontakt gearbeitet, zuletzt als Verkaufsleiter eines mittelständischen Unternehmens. Auf seine Expertise zählen nationale wie internationale Unternehmen sowie zahlreiche Fachzeitschriften. Der Keynote-Speaker hat in Afrika, Amerika, Asien und Europa Vorträge zum Thema Vertrieb und Selbstvermarktung gehalten. Er ist zudem Gastdozent an der Hochschule Augsburg.

Referenzen und Kundenstimmen

»Es war sehr interessant und ich habe kennengelernt, was der Unterschied zu den Chacka-Chacka-Veranstaltungen, die man häufig am Markt bekommt, zu dem sehr praxisorientieren Ansatz vom Herrn Burzler ist.« *Transcom WorldWide, Jürgen Baier*

»Wir hatten bereits viele Verkaufstrainer, die uns in die unterschiedlichsten Richtungen trainiert haben. Thomas Burzler hat mit Abstand die beste Schulung abgehalten. Einfach, pragmatisch, anwendungsorientiert!« *KRAIBURG TPE, Michael Pollmann, Geschäftsleitung Europa, Vertrieb*

American Express, Bauknecht Hausgeräte, Becton Dickinson, British Telecom, Deutsche SiSi Werke (Capri-Sonne), Hewlett-Packard, IBM, KraussMaffei, KUKA, Sixt, Volks- und Raiffeisenbanken, WashTec Cleaning Technology, Wanzl Metallwarenfabrik, Würth und viele andere

Auszeichnungen und Pressestimmen

»Er ist einer der führenden Experten im Bereich verkaufende Präsentationen und Preisgespräche in Deutschland.« *Augsburger Allgemeine*

»Thomas Burzler hat in Deutschland nicht nur als Autor für Wirtschaftsfachbücher einen Namen. Als Vertriebs- und Verkaufstrainer ist er genauso bekannt. Sein Aushängeschild: Training für Verkäufer in ausgefallener Form.« *Handelsjournal*

Teaching Award in Gold der International Business School (ZfU)

RONALD BUESSOW

Themen

Reiss Profile
Was uns wirklich antreibt. 16 Lebensmotive nach Steven Reiss

Prioritäten setzen und Entscheidungen treffen

Kreativität ist erlernbar

Selbstmanagement
Deine Zeit entsteht

Veröffentlichungen

Verschiedene Fachartikel

Buch in Vorbereitung, Thema: Das Reiss Profile

Kurzbiografie

Berufs-/Führungserfahrung:
- Realschullehrer für Mathematik und Technik bis 1985
- Berufspädagoge und Geschäftsführertätigkeit bis 1990
- Dozent an der Fachhochschule Kiel für internationalen Vertrieb und Einkauf
- Seit 1990 selbstständig als Trainer, Moderator und Coach
- Inhaber der Denk-Fabrik am See Bordesholm

Trainingserfahrung: 20-jährige Erfahrungen im Führungskräftetraining, spezialisiert auf Veränderungsprozesse, Rhetorik, Persönlichkeitsentwicklung, Zeit- und Selbstmanagement, Moderation

Zusatzqualifikationen:
- Lizenztrainer für das Team Management System (TMS)
- Master Instructor für das Reiss Profil
- Verschiedene psychologische Zusatzqualifikationen

Referenzen und Kundenstimmen

»Gelungene Optimierungsprozesse im Außendienst« *Niederegger, Lübeck*

»Selbstmanagement von Führungskräften mit dem Reiss Profile – hat uns weitergebracht ...« *Volksbanken Raiffeisenbanken Neumünster*

»Die Ausbildung unserer Versicherungsberater läuft super.« *Kieler Rückversicherungsverein*

Auszeichnungen und Pressestimmen

»Das besondere Managementtraining.« *Kundenzeitung der Color Line*

»Exzellente Gestaltung von Veränderungsprozessen.« *MC Brief des Marketing-Club Schleswig Holstein*

»Reiss Profile und Outdoor-Training sind eine herausragende Kombination.« *Convention International*

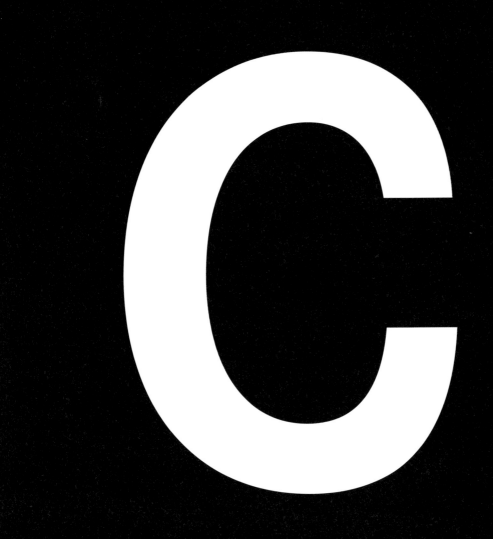

RALF CHINA

Kurzbiografie

Ralf China ist Experte für praktische Menschenkenntnis in Führung und Verkauf.

Der Diplom-Oeconom und STRUCTOGRAM-Master-Trainer war mehrere Jahre aktiv im Verkauf und leitete als Geschäftsführer ein mittelständisches Beratungsunternehmen mit den Schwerpunkten Kundenzufriedenheit und Kundenbindung.

Seit 1996 ist er als Vortragsredner aktiv und führt Seminare mit Führungskräften und Mitarbeitern durch.

In seinen Vorträgen und Seminaren begeistert er die Teilnehmer mit seiner Art, fundiertes Expertenwissen anschaulich und unterhaltsam zu vermitteln.

Referenzen und Kundenstimmen

»Ich selbst habe schon viele Trainings im Bereich ›Persönlichkeit/Menschenkenntnis‹ kennengelernt – aber noch keines mit solch genialer Systematik, die vor allem auch schnell und zuverlässig in der Verkaufspraxis funktioniert.« *Burghard Claus, Geschäftsstellenleiter MLP*

»Herzlichen Dank für Ihren großartigen Vortrag … Die Lebendigkeit Ihres Vortrags und der professionelle Umgang mit dem Thema war beeindruckend.« *Günter Butter, Direktionsleiter DVAG*

»Menschenkenntnis mal ganz praktisch – vielen Dank für das hochklassige Training von einem supertollen Trainer. Eine klare Empfehlung für alle, die andere Menschen überzeugen und begeistern wollen.« *Mathias Matzner, Account-Manager PC-Ware*

»Sehr interessante und gewinnbringende Veranstaltung. Ich habe selten so viel Energie, neue Ideen und Begeisterung mitgenommen wie von diesem Workshop. Herzlichen Dank dafür.« *Klaus Würtenberger, Stv. Geschäftsführer IKK*

»Es ist Ihnen gelungen, das Triogram auch in der großen Gruppe von 130 Teilnehmern erfolgreich zu trainieren. Wir haben viel Neues dazu gelernt, besonders auch der Nachmittag mit den vielen Kurzfilmen und Interviews hat alle begeistert.« *Paul Meyer, EAS-Systemzentrale*

Auszeichnungen und Pressestimmen

- Trainers Excellence – Top 100 Member
- GSA-Mitglied (German Speakers Association)
- brainGuide Premium-Experte
- Experte bei Vertriebs-Experts.de

Themen

Schlüssel zum Kunden
Wie die Einkaufszentren in unserem Gehirn funktionieren und warum Verkäufer manchmal daran scheitern

Führungs-KRAFT
Was erfolgreiche Führungskräfte auszeichnet und wie Sie Ihre persönliche Wirkung maximieren

Nie wieder zu teuer
Wie unser Gehirn Preise bewertet und wie Sie dieses Wissen für Vertrieb und Marketing nutzen

Begeisterung statt Burn-out
Wie Sie die Erfolgsprogramme der Evolution für dauerhaft erfolgreiche Teamarbeit nutzen

Veröffentlichungen

Der Schlüssel zum Kunden
in »Cash« 01/2009

Umsatzsteigerung mit Menschenkenntnis Vertriebs-Experts-Beratungsbrief 8/2009

Führungs-KRAFT – eigene Potenziale nutzen und persönliche Wirkung maximieren Vertriebs-Experts-Beratungsbrief 10/2009

NICOLAI CHRIST

Themen

Königsdisziplin Soft Selling
Auf dem Weg zur rechten Gehirnhälfte

Vertrieb verstehen
Wer Probleme löst, muss nichts verkaufen

PowerPresentations & The Art of Story Telling
Mit Erfolg begeistern

Black-Box-Motivation
Motive verstehen

Kurzbiografie

Nach seinem Studium der Wirtschaftsinformatik an der European Business School und Abschluss zum Master of Business Administration an der James Madison University war Nicolai Christ zehn Jahre in verschiedenen Führungspositionen in der IT- & TK-Branche und als Beirat innovativer Start-up-Unternehmen tätig.

Verantwortlich für den Aufbau verschiedener Vertriebsorganisationen sammelte er umfangreiche Erfahrungen in der Führung schlagkräftiger Vertriebseinheiten und im Aufbau neuer Organisations- und dezentraler Vertriebsstrukturen direkter und indirekter Absatzkanäle und entwickelte als Interim-Manager Marketing-, Vertriebs- und Business-Development-Strategien für Kunden verschiedener Branchen.

Anfang 2005 gründete Nicolai Christ die eXcite Group mit dem Fokus auf erstklassige, individualisierte und nachhaltige Trainingskonzepte im Bereich der Vertriebs- und Führungskräfteentwicklung und ist heute ein international gefragter Trainer, Coach und Redner zu den Themen Vertrieb und Präsentationskunst.

Neben unterschiedlichen Train-the-Trainer-Seminaren absolvierte er eine Trainerausbildung bei Dale Carnegie & Associates und erlangte verschiedene internationale Zertifizierungen in den Bereichen Vertrieb und Präsentationstechniken. Er ist anerkannter Trainer im BDVT und Mitglied der Deutschen Gesellschaft für Sprechwissenschaft und Sprecherziehung sowie der German Speakers Association und der International Federation of Professional Speakers.
Darüber hinaus entwickelte Nicolai Christ fundierte Kenntnisse und Fähigkeiten der systemischen Beratung und des Coachings am Centrum für Integrative Psychotherapie München, in systemischer Strukturaufstellung sowie in der neurolinguistischen Programmierung. Ergänzend hierzu studierte er am renommierten Zentrum für Sprache und Kommunikation der Universität Regensburg Sprechwissenschaften und Sprecherziehung, um eine fundierte Ausbildung im Bereich der Sprech- und Stimmbildung und den Abschluss zum Master of Arts in Speech Communication and Rhetoric zu erlangen. Sein Erfolgsrezept ist die Leidenschaft, die Interaktion mit Menschen und der Spaß auf der Bühne.

Referenzen und Kundenstimmen

»Emotionell, professionell, individuell – versprochen und gehalten und unsere Erwartungen noch übertroffen. Wir freuen uns auf weitere Veranstaltungen mit Ihnen!« *Stephan Langkawel, Geschäftsführer, MPC Capital Investments GmbH*

»Ein großartiges Training mit unglaublich viel Spaß und nachhaltigem Erfolg, kann ich nur jedem empfehlen, der endlich merk-würdige Präsentationen halten will.« *Axel Stiehler, Geschäftsführer, Aquila Capital Advisor GmbH*

»Die Leidenschaft, mit der Sie die Inhalte vermitteln, steckt an. Die Fähigkeit, charmant-provokant alles aus einem herauszuholen und dabei neue Wege aufzuzeigen, habe ich so noch nie erlebt – das beste Training bisher, vielen Dank!« *Jan Pörschmann, Managing Partner, Proventis GmbH*

ALEXANDER CHRISTIANI

Themen

Warum klassisches Marketing immer weniger funktioniert!

Wie Sie zu den Ersten gehören, die den Paradigmenwechsel von der Verkaufs- zur Kaufpsychologie nutzen

7 kritische »Kundenmagneten«, mit denen Sie bei kleinsten Budgets neue Kunden gewinnen und begeistern

Wie Sie das Herz Ihrer Kunden berühren

Veröffentlichungen

Kurzbiografie

Alexander Christiani – Marketing- und Vertriebsprofi mit über 20-jähriger internationaler Erfahrung – gilt als Vordenker der neuen »Kaufpsychologie«. Er zählt zu den gefragtesten Beratern und Trainern führender Spitzenleister aus Wirtschaft und Sport. So coachte er u. a. die deutschen Bundestrainer in Train-the-Trainer-Seminaren für die Olympischen Spiele in Sydney. Als Autor mehrerer Bestseller ist er Experte für innovative Marketing-Ansätze, Vertriebskonzepte und Vertriebsmotivation. Bei Kunden und im Rahmen von Lehraufträgen (u. a. am Management Center Innsbruck) begeistert er durch permanent neues und packendes Know-how, für das er sich jedes Jahr einen Monat lang in den USA weiterbildet.

Referenzen und Kundenstimmen

Zu seinen Kunden zählen unter anderem:
Bertelsmann AG, Datev eG, DKV, Deutsche Vermögensberatung AG, Deutscher Leichtathletikverband, Dresdner Bank, DuPont Deutschland GmbH, Fraunhofer Institut, IBM Deutschland, Jaguar Austria GmbH, L'Oréal , Microsoft Deutschland GmbH, MLP Finanzdienstleistungen AG, Novartis Pharma GmbH, OTTO-Group, Procter & Gamble, Raiffeisen Kapitalanlage Wien, Schlumberger AG, Siemens AG, T-Mobile Deutschland GmbH, Zentrum für Unternehmensführung

Auszeichnungen und Pressestimmen

Nach einer Befragung von mehreren hundert Entscheidern durch die Zeitschrift acquisa zählt Alexander Christiani zu den innovativsten Vordenkern in Marketing und Vertrieb. Das Magazin cash beschreibt ihn als »Den Mann, der Motivation verkörpert.«

Er ist u. a. Mitglied im Club 55 der Europäischen Marketing- und Verkaufsexperten und im Q-Pool 100, dem Qualitätszirkel der 100 deutschen Top-Trainer. Der Trainer des Jahres 2001 in Österreich zählt zu den »Fünf Weisen« des Handelsblatts.

ANDREA CLAVADETSCHER

Themen

Mut zum Unvorstellbaren

Motivation durch Sinn

Lust auf Leistung

Veröffentlichungen

Kurzbiografie

Andrea Clavadetscher, 1960 in Schiers/Graubünden geboren, fuhr mit 14 Jahren sein erstes Radrennen. Seither wurde er, neben ca. 250 Podestplätzen, zweimal Schweizer Straßenmeister. Nach dem Sieg des Race across America 2001, dem mit knapp 5000 km härtesten Radrennen der Welt, gewann er 2002 die internationale USMeisterschaft im 24-Stunden-Einzelzeitfahren und verbesserte 2004 den 24-Stunden-Weltrekord auf der Straße auf 813.636 km. Heute ist Andrea Clavadetscher ein gefragter Referent und Coach. Neben seiner erfolgreichen Tätigkeit als Nationaltrainer der schweizerischen MTB-Marathon-Nationalmannschaft leitet er auch Seminare zum Thema Motivation. In seinem Vortrag berichtet Andrea Clavadetscher authentisch über seine Grenzerfahrungen und zeigt, dass es letztendlich die gleichen Mechanismen sind, die sowohl im Sport als auch in der Wirtschaft zum Erfolg führen. Am eigenen Beispiel veranschaulicht er, was man alles erreichen kann, wenn man seine ganze Energie auf ein Ziel konzentriert und dieses mit Freude, Disziplin, Begeisterung und Durchhaltewillen verfolgt. Er gibt Einblick in sein Erfolgsrezept, wie er große Aufgaben angeht und dabei seine Chancen auf Erfolg maximiert. Mitreißende Geschichten und wertvolle Erfahrungen für den persönlichen Alltag sind zentrale Elemente des Referates. Seine Geschichte ist mehr als gute Unterhaltung. Sie vermittelt hautnahen Einblick in eine der härtesten sportlichen Herausforderungen unserer Zeit, in das Um- und Spannungsfeld eines Hochleistungsteams. Die bewegenden Bilder und die Energie des Referenten sind kraftspendende Motivation im Umgang mit Herausforderungen, Rückschlägen und den Ungewissheiten der Zukunft.

Referenzen und Kundenstimmen

»Sie haben eindrücklich dargestellt, wie viele Parallelen es zwischen Hochleistungssport und Geschäftsleben gibt. Mit guter Vorbereitung, konsequenter Umsetzung und natürlich viel Leidenschaft kann man auch im Beruf nahezu unerreichbar scheinende Ziele erreichen.« *Klaus Mikat, Geschäftsführer AMC Schweiz*

CHRIS COHN-VOSSEN

Themen

Strahle ich oder das Charisma einer Blechbüchse

Auftritte mit Applaus. Immer. Überall.

Small-Talk, der Türöffner

Einführungsseminar – Löwenstrategie

Veröffentlichungen

Buch: »Strahle ich oder das Charisma einer Blechbüchse«
Frühjahr 2010

Kurzbiografie

Coach. Trainerin. Speaker. Expertin für Medien und Auftritte in der Öffentlichkeit und im Berufsalltag. Fernsehjournalistin. Moderierte mehr als 1.200 Sendungen live. So auch die »Riverboat-Talkshow« mit Jan Hofer. Zwei Jahre begleitete sie Christian Wulff mit der Kamera. Sie kennt viele Erfolgsgeheimnisse. Dieses Wissen gibt sie weiter. Die Gabe, Menschen ins beste Licht zu setzen, entdeckte sie bei Dreharbeiten mit dem Malerfürsten »Baselitz«, dem wohl teuersten Maler der Welt. Als Medienprofi verhilft sie dem publikumsscheuen Weltstar zu einem mitreißenden Fernsehauftritt. Ihr ZDF-Porträt wird im Sheridan-College in Kanada als Lehrfilm für Porträts eingesetzt. 2007 steht sie für die ZDF-Sendereihe »Rivalinnen« als Jackie Kennedy selbst vor der Kamera. Ihr aktuelles NDR-Fernsehporträt von Paul Schockemöhle ist für den Medienpreis: »Das silberne Pferd« 2010 nominiert.

Um das Talent, anderen Mut zu machen, gezielt zu nutzen, lässt sie sich von den Besten trainieren: Rhetorikzyklen bei Rolf H. Ruhleder. Seminar bei Samy Molcho. Sprech- und Schauspielausbildung bei Prof. Spolvint. Business-Coaching an der Universität Hannover.

Entwickelt die »Löwenstrategie«, ein ganzheitliches Training, ähnlich wie es Fernseh-Moderatoren erhalten, zugeschnitten auf das moderne Management: Körpersprache, Redekunst, Diskussionsstrategien, Durchsetzen eigener Anliegen, doch auch das Freisetzen individueller Vorzüge.

Chris Cohn-Vossens größter Spaß: auf der Bühne stehen. Wissen vergnüglich vorgetragen. Egal, ob im kleinen oder großen Kreis, vorm Kamin oder vor großem Publikum. Sie spricht jeden Zuschauer an, inspiriert, motiviert, provoziert, will, dass jeder Teilnehmer gestärkt und fröhlich nach Hause geht, überzeugt: Das kann ich auch, ich muss es nur wollen.

Referenzen und Kundenstimmen

»Ganz herzlich möchte ich mich für Ihren eindrucksvollen und engagierten Vortrag bedanken. Er hat die Teilnehmer nicht nur begeistert, sondern auch interessante und spannende Einblicke in die Wirkungsweise der verbalen und nonverbalen Kommunikation gegeben. Der anschließende Gedankenaustausch hat gezeigt, wie sehr Sie die Teilnehmer für das Thema sensibilisiert haben.« *UVN – Unternehmerverbände Niedersachsen e. V.*

»Sie zählt zu den Besten.« *Dr. Rolf H. Ruhleder (einer der ganz Großen der Seminarszene)*

TIM COLE

Kurzbiografie

Der »Wanderprediger des deutschen Internet«: So bezeichnete die »Süddeutsche Zeitung« Tim Cole schon vor Jahren. Der gebürtige Amerikaner, der seit 1961 in Deutschland lebt, war einer der ersten Journalisten, Autoren und Referenten, die sich auf das Thema »Internet & Wirtschaft« spezialisiert hatten. Seine Kommentare, Kolumnen und Artikel sind in führenden Tageszeitungen und Wirtschaftsmagazinen erschienen. Seine Bücher, vor allem sein 2000 bei Econ erschienener Bestseller »Erfolgsfaktor Internet«, haben vielen Managern und Unternehmern bei ihren eigenen Schritten ins Internet wertvolle Orientierung und Hilfestellung gegeben. Als Moderator der Sendung »eTalk« auf n-tv ist Cole auch einem breiten Publikum ein Begriff.

2004 gründete Cole zusammen mit Martin Kuppinger die Analystengruppe Kuppinger Cole, die sich auf das Thema digitale Identität und Identity-Management fokussiert. 2008 zog sich Cole aus der aktiven Geschäftsführung zurück, um sich stärker seinen publizistischen Projekten und seiner Tätigkeit als Referent und Moderator zu widmen. Als Distinguished Fellow bleibt er Kuppinger Cole aber eng verbunden.

Coles zentrale These lautet, dass Digitalität und Vernetzung die Art und Weise verändern, wie Unternehmen funktionieren und wie sie mit Partnern, Kunden und den eigenen Mitarbeitern umgehen. Die »digitale Transformation« ist auch das Thema seines neuen Buchs, »Unternehmen 2020 – das Internet war erst der Anfang«, das im März 2010 im Verlag Carl Hanser erscheint. Darin fordert er deutsche Unternehmen auf, sich stärker der Transparenz der vernetzten Wirtschaft zu öffnen und den Dialog mit Kunden und Mitarbeitern als Teil eines zukunftsorientierten Geschäftsmodells zu verstehen.

Im Gegensatz zu wertkonservativen Kritikern des Internet wie FAZ-Herausgeber Frank Schirrmacher glaubt Cole nicht, dass der Mensch durch den wachsenden Kommunikations- und Informationsdruck bedroht ist. Vielmehr bildet das Informationszeitalter für ihn eine neue Herausforderung der Evolution. Sie führt dazu, dass Menschen Information anders beschaffen, aufnehmen und verarbeiten werden. Er sieht diese Entwicklung als eine große Chance, warnt aber davor, durch technikfeindliches Bedenkenträgertum den Fortschritt aufhalten zu wollen, weil das eine ernste Gefahr für den Wirtschaftsstandort Deutschland bedeuten würde.

Referenzen und Kundenstimmen

Die Liste von Firmen und Verbänden, die Cole als Referent angefordert haben, liest sich wie ein »Who's who« der deutschen Wirtschaft und reicht von »A« wie Allianz oder Alcatel bis »Z« wie ZVEI (ZVEI – Zentralverband Elektrotechnik- und Elektronikindustrie).

Themen

Unternehmen 2020
Wie Digitalität und Vernetzung die Unternehmenskultur verändern

König Online-Kunde:
Die neue Macht des Kunden im Internet und wie die Anbieterseite darauf reagieren kann - und muss!

Mittelstand 2.0
Wie Unternehmen das »Mitmach-Internet« nutzen können, um rundum zufriedene Kunden zu schaffen

The Extended Enterprise

Veröffentlichungen

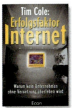

HORST CONEN

Themen

Das LebensNavi
Wie wir dort ankommen, wo wir gerne hinwollen

Das Take-Care-Prinzip
Entspannt und lebensfroh trotz Stress im Beruf und Alltag

Die neue Teamschule
Was Teams heute wirklich erfolgreich macht

Veröffentlichungen

Kurzbiografie

Horst Conen, 1956 in Köln geboren, studierte Kunst und Psychologie und startete bereits in den frühen 80er Jahren mit persönlichkeitsentwickelnden Coachings für Medienprofis sowie Moderatoren-Trainings für TV-Sender.
Seinen Ansatz, die Stärken eines Menschen zu stärken und die Schwächen zu schwächen, entwickelte er über die Jahre zu einer eigenen Methode. Der Gründer von ConenCoaching® gilt heute als einer der führenden Coachs Deutschlands mit den Tätigkeitsschwerpunkten Leben, Beruf und Erfolg.
Horst Conen führt sowohl persönliche Einzelcoachings als auch Teamcoachings in Unternehmen durch. Zu seinen Klienten zählen neben Führungskräften, Unternehmern und Freiberuflern auch Privatpersonen sowie internationale Firmen, die ihre Mitarbeiter positiv entwickeln möchten.
Er ist Autor zahlreicher Bücher – viele davon sind Bestseller, die in mehrere Sprachen übersetzt wurden und er ist häufig als Experte für Rundfunk, Fernsehen und Zeitschriften tätig.
Horst Conen hält Vorträge in Unternehmen und Institutionen zu Themen wie Selbstmanagement, Motivation oder Erfolg und ist ein gefragter Redner auf Veranstaltungen.

Referenzen und Kundenstimmen

»Horst Conen ist wirklich ein exzellenter Motivations-Redner. Mit seiner ›Take-Care-Strategie‹ hat er auf unserer NIVEA-Presseveranstaltung alle Journalisten der deutschen Frauenpresse begeistert.« *Elke Voß, Presseabteilung, Beiersdorf AG Hamburg*

»Der Vortrag von Horst Conen anlässlich unserer Firmenveranstaltung war für die ganze Belegschaft ein großer Erfolg. Herr Conen hat durch sein professionelles Auftreten und seine praktischen Beispiele einen sehr wichtigen Beitrag zu einem Neustart und einer neuen Firmenkultur geliefert. Ich bin sehr froh, dass die positiven Effekte zu der gewünschten neuen Kultur sofort spürbar waren.« *John Geurts, CFO Director Business Development, Coram International B. V.*

»Der gelungene und sehr empfehlenswerte Vortrag von Horst Conen hat bei uns großen Anklang gefunden. Herr Conen versteht es, auf angenehme Weise Anregungen und Denkanstöße mitzugeben. Persönlich hat mir besonders gefallen, dass er auf alle individuellen Fragen eingegangen ist und ohne Technik-Schnickschnack seine Zuhörer fesseln konnte.« *Nicole Hoffmann, Senior Consultant, MLP Finanzdienstleistungen AG, Frankfurt a. M.*

Auszeichnungen und Pressestimmen

»Einer der renommiertesten Coachs im Bereich Selbst- und Lebensmanagement.« *Psychologie Heute*

»Horst Conen hat psychologisch fundierte Strategien gegen die tägliche Selbstsabotage entwickelt.« *manager magazin*

»Der Glückscoach.« *SWR1*

GERHARD CONZELMANN

Themen

Die Kraft des Denkens
Geistige Klarheit für neue Wege und Visionen

Siegen, ohne zu kämpfen
Die 12 Erfolgsprinzipien der Shaolin-Mönche

Bewusstsein für Erfolg
Erkennen und erfolgreicher Einsatz des eigenen Potenzials

Meditation und Intuition:
die wichtigsten Führungswerkzeuge des 21. Jahrhunderts

Kurzbiografie

Gerhard Conzelmann wurde und wird seit 1988 im Shaolin-Kloster bzw. durch die Shaolin-Mönche ausgebildet und fortgebildet. In seinen Beratungen, Seminaren und Vorträgen versteht er es, fernöstliche Techniken mit Management- und Erfolgsthemen der westlichen Welt erfolgreich zu verbinden. Er schafft somit ein Bewusstsein für die wichtigsten Leadership-Werkzeuge des 21. Jahrhunderts. Seine Teilnehmer begeistert er durch die Kombination eines sachlich und wissenschaftlich fundierten Vortrags mit praxisbezogenen Demonstrationen eines Shaolin-Mönchs.

Er wird zu Recht als der Experte für Bewusstsein und Leadership in Europa bezeichnet.

Er betreut mehrere Topführungskräfte als Coach.

Seine Trainings- und Beratungsschwerpunkte sind:
Strategisches Management
Persönlichkeitsentwicklung
Motivations-, Bewusstseins- und Energietraining

Gerhard Conzelmann ist Präsident des Int. Shao Lin Institute e. V., Wiesbaden.

Referenzen und Kundenstimmen

»Ein Muss für Führungskräfte!« *Ralf Redetzky, Vattenfall Europe*

»Bestes Seminar des Jahres!« *Pia Baumgartner, Novartis Pharma*

JANETTA CORDIER

Themen

Personalstrategie als Teil der Geschäftsstrategie

Entwickeln und Implementieren der juristisch korrekten und menschlich wertschätzenden Personalarbeit

People-Management
Veränderungsprozesse erfolgreich gestalten

Die persönliche Krise als Chance
Neue berufliche Perspektiven in der Lebensmitte entwickeln und umsetzen

Veröffentlichungen

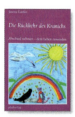

Kurzbiografie

Janetta Cordier, HR-Strategieberaterin, Rechtsanwältin und Managementcoach, entwickelte in der Projektarbeit ein kreatives Handlungsinstrumentarium. Die Verknüpfung der analytisch geprägten Denkweise mit einer menschenorientierten Vorgehensweise zeichnet ihre Arbeitsweise aus. Als langjährige Lehrbeauftragte für Arbeitsrecht an der Frankfurt School of Finance and Management knüpfte sie die Verbindung zwischen Theorie und Praxis. Sie begleitet noch heute eine Vielzahl ihrer ehemaligen Studenten in deren jetzigen Führungspositionen.

Fundierte Weiterbildungen in strategisch-unternehmerischen Themen sowie die Zusatzausbildung zum systemischen und hypnotherapeutischen Coach bieten eine exzellente Basis für ihre Tätigkeit. Die Begleitung von Start-ups auf dem Weg zu global tätigen Unternehmen meistert sie ebenso wie den Neuaufbau von Konzerngeschäftsfeldern und die Neugründung von Tochtergesellschaften ausländischer Konzerne in Deutschland. Jeder Kunde ist ein Individuum, welcher mit seinen Besonderheiten genau betrachtet und beraten wird. Mit zukunftsorientiertem Weitblick, strategischem und wirtschaftlichem Denken schafft sie die Basis für klare und mutige Entscheidungen. Wenn widerstreitende Interessen zielorientierte Lösungen verhindern, gelingt es ihr, die Beteiligten an einen Tisch zu bringen, deren Vorstellungen und Ideen zu koordinieren und ein gemeinsames Ergebnis im Sinne des Unternehmenserfolges und der Menschen zu erreichen. Neben der Unternehmensberatung ist Janetta Cordier erfolgreich als Coach für Fach- und Führungskräfte. Sie berät in deren beruflichen Alltag, besonders wenn dieser mit weitreichendem Veränderungsdruck einhergeht.

Referenzen und Kundenstimmen

»Durch ihre langjährige Erfahrung in Großunternehmen ist sie hervorragend in der Lage, Strukturen und Prozesse zu optimieren, verliert dabei aber nie den Blick für das Machbare auch in kleinen Unternehmen.« *Dr. Hartmut Schwesinger, Geschäftsführer, FrankfurtRheinMain GmbH*

»Durch ihre strategische Kompetenz, ihre Lebenserfahrung ist sie ein Top-Sparringspartner für Change-Management-Projekte.« *Martin Max, Global Head Inhouse Consulting, Deutsche Bank AG*

»Eine Person mit breiter fachlicher wie menschlicher Kompetenz, deren Motivation das kontinuierliche Hinterfragen und Anpassen der Faktoren Prozess und Personal ist. Ideen und Strategien transportiert sie auf eine integrierende und motivierende Art.« *Dr. Michael Welker, Global Head Business Risk & Control, Private Wealth Management, Deutsche Bank AG*

»Ein sehr einfühlsamer Coach, der mich in wenigen Stunden meiner eigenen Stärken wieder bewusst hat werden lassen.« *Jens Alsleben, Managing Director, H.I.G. European Capital Partners GmbH*

PROF. DR. WERNER CORRELL

Kurzbiografie

Studium Uni Tübingen, Psychologie u. a. Lehr- u. Forschungstätigkeit an deutschen und USA-Universitäten (Harvard). Seit 1964 o. Professor Psychol. Uni Gießen. Berater für Politik und Wirtschaft. Führung – Motivation – Überzeugung für Management und Vertrieb. 35 Bücher, Verlag Mod. Industrie München, Heidelberg u. a.

Themen

Faktoren des Erfolgs-Überzeugungspsychologische Erkenntnisse für Führung und Verkauf

Motivationstypen und ihre Bedeutung für Führung und Marketing (und Politik)

Psychologische Kriterien für Mitarbeiterqualifikation

Veröffentlichungen

Menschen durchschauen und richtig behandeln
Verlag Mod. Industrie –
München+Heidelberg 2009 18. Auflage

Motivation und Übersetzung in Führung und Verkauf
Verlag MI, München/Heidelberg
2009 9. Auflage

Denken und Lernen (mit B. F. Skinner)
Verlag Westermann, Braunschweig 1967

Ca. 250 Fachaufsätze und weitere 31 Buchveröffentlichungen

JENS CORSSEN

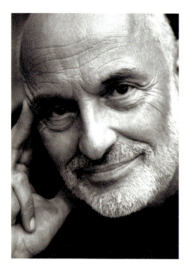

Themen

Der Selbst-Entwickler

Der exzellente Dienstleister

Krise gibt es nicht

Ist Ihre Software noch up to date?

Veröffentlichungen

Kurzbiografie

Jens Corssen, geboren 1942 in Berlin, ist Diplom-Psychologe und Verhaltenstherapeut sowie einer der profiliertesten Berater und Referenten im deutschsprachigen Raum. Mit seinem mitreißenden und provokant-humorvollen Vortragsstil ist er zur unvergleichlichen Marke geworden. Dies verdankt er nicht zuletzt seiner Fähigkeit, komplexe wissenschaftliche Erkenntnisse gut verständlich und zugleich verdichtet für Menschen und Unternehmen anwendbar zu machen. Hubert Burda bezeichnet ihn in seiner Biografie als den »Chiropraktiker meiner Seele«.

Nach über 25-jähriger Tätigkeit als praktizierender Verhaltenstherapeut hat sich der Wahl-Münchener in den letzten 15 Jahren verstärkt den Bedürfnissen des Managements und der Wirtschaft gewidmet. Mit dem »Selbst-Entwickler« hat er eine in der deutschsprachigen Wirtschaft weitverbreitete Philosophie und Praxis für exzellentes Selbstmanagement geschaffen. In den letzten Jahren gilt sein Engagement auch zunehmend gesellschaftspolitischen Herausforderungen. Jens Corssen ist erfolgreicher Autor zahlreicher Publikationen.

Zu seinen zahlreichen Kunden zählen Unternehmen wie BankAustria Creditanstalt, Daimler, Egon Zehnder, Nokia, Novartis, Otto, Robert Bosch, Swisscom, ThyssenKrupp, UBS, Vodafone.

Referenzen und Kundenstimmen

»Ich schätze Jens Corssen als lebensklugen Berater und inspirierenden Gesprächspartner.« *Prof. Dr. Hubert Burda, HUBERT BURDA Media*

»Jens Corssens Idee des Selbst-Entwicklers fördert erfolgreiches Selbstmanagement und leistet damit einen wesentlichen Beitrag für die lernende Organisation.« *Dr. Wolfgang Reitzle, Vorstandsvorsitzender THE LINDE GROUP*

LILLI CREMER-ALTGELD

Kurzbiografie

Lilli Cremer-Altgeld, in Köln geboren, hat politische Wissenschaft, Soziologie, Psychologie, Medienwissenschaft und VWL an den Universitäten Bonn und Köln studiert. Sie absolvierte ein Forschungspraktikum am Lehrstuhl von Prof. Dr. Erwin Scheuch, Universität Köln, in Medizin-Soziologie und ist 1985 als Markt- und Sozialforscherin im Bundesverband Deutscher Markt- und Sozialforscher zugelassen worden. Sie ist Absolventin der Kommunikationsakademie/Werbeakademie Köln. Cremer-Altgeld war Universitätskuratorin an der Universität Witten/Herdecke und arbeitet heute als Coach, Journalistin und Moderatorin. Sie ist Expertin für Hochbegabte.

Referenzen und Kundenstimmen

Gründerin und Geschäftsführerin der »Neue Marktforschung KG, Köln.«
Wirtschaftsjunioren Köln (Pressearbeit, Forschung).
Dozentin an der Fortbildungsakademie der Wirtschaft (Institut der Deutschen Wirtschaft) in Köln, Jena, Dresden, Leipzig.
Chefredakteurin PR von CampusRadio Bonn.
Gründungsvorstand des Karrierenetzwerks »Bonner Forum«.

Kunden: Bundesministerium für wirtschaftliche Zusammenarbeit; Bundesministerium für Bildung, Wissenschaft, Forschung und Technologie; Bundespresseamt; CC Friesland, Niederlande; Deutscher Bundestag; Deutsche Telekom AG; Estée Lauder; Ford AG; Helmholtz-Gemeinschaft Deutscher Forschungszentren; Pfizer Pharma Deutschland; Rhenus AG; Universitäten Köln, Tübingen, Konstanz u. a. m.

Auszeichnungen und Pressestimmen

Lilli Cremer-Altgeld wurde als eine der bekannten »70 Kölner Persönlichkeiten« für das »Kölnische Stadtmuseum« porträtiert. Auswahlkriterien waren: wer »hervorragend geeignet erschien, sein Köln in all seiner Lebendigkeit und Farbigkeit, seiner menschlichen Wärme und hohen Intellektualität zu vertreten (...).«

»Das Präsidium der Universität Witten/Herdecke dankt Frau Lilli Cremer-Altgeld für ihre engagierte Mitarbeit im Kuratorium der Universität Witten/Herdecke in den Jahren 1990-1994. Das Kuratorium hat im besonderen Maße den Aufbau der Universität ermöglicht und begleitet«, *schreibt Dr. Konrad Schily als Präsident der Universität Witten/Herdecke*

»Lilli Cremer-Altgeld, Markt- und Sozialforscherin, gehört zu den führenden Business-Coachs in Deutschland. Zu ihrem Kundenkreis zählen Präsidenten, Bundesminister, Vorstandsmitglieder, Bundestagsabgeordnete ebenso wie international bekannte Wissenschaftler/innen, Künstler/innen und Sportcoachs/Olympiasieger.« *Der Deutsche Bildungsserver (Herausgeber: Bund/Länder)*

»Die besten Coachs in Deutschland.« *ELLE*

Pressestimmen in: Bizz/Capital, Capital, Handelsblatt, Markt & Wirtschaft, Kölnische Rundschau, Kölner Stadt-Anzeiger, EXPRESS, W & V, FAZ, WDR-Hörfunk, WDR-Fernsehen, freundin, WirtschaftsBlatt u. a. m.

Themen

Politik

Hochbegabung

Kommunikation

Veröffentlichungen

Umsetzung der Entwicklungspolitik der Bundesregierung in den Medien und Folgerungen für die Pressearbeit
Bonn 1987

Informationsdienst Entwicklungspolitik (Bundesregierung)

Fachartikel »Arbeitgeber«, Bundesvereinigung Dt. Arbeitgeberverbände; Karriereführer Hochschulen; KONSENS

Informationen des Deutschen Akademikerinnenbundes; Forum: Frau und Gesellschaft u. a. m.

Im Internet: Forum Hochbegabung – Drama oder Erfolgsstory

Für Hochbegabte und Höchstbegabte

Hochbegabung in Wissenschaft

PROF. ANDREAS CREUTZMANN

Themen

Marketing & Management:
Grundsätze, Aufgaben und Werkzeuge erfolgreicher Berater

Rainmaking oder wie gewinne ich neue Mandanten?

Fachvorträge zur Unternehmensbewertung und Bewertung immaterieller Vermögenswerte

Kurzbiografie

Prof. Andreas Creutzmann, 1967 geboren, ist ein auf Bewertungen spezialisierter Wirtschaftsprüfer, Steuerberater und Certified Valuation Analyst. Er ermittelt Barabfindungen beim Ausscheiden von Minderheitsaktionären (Squeeze out) sowie beim Abschluss von Ergebnisabführungsverträgen bei börsennotierten Unternehmen. Darüber hinaus bewertet Andreas Creutzmann Unternehmen bei Käufen und Verkäufen sowie Restrukturierungen. Außerdem ist er als gerichtlich bestellter Sachverständiger in mehreren Spruchverfahren tätig. Im Rahmen seiner Bewertungstätigkeiten beschäftigt er sich regelmäßig auch mit der Bewertung immaterieller Vermögenswerte, wie beispielsweise Technologien, Software, Kundenbeziehungen und Marken. Daneben lehrt Prof. Creutzmann Unternehmensbewertung sowie Marketing und Management für angehende Steuerberater und Wirtschaftsprüfer an der SHR Hochschule Calw.

Er hält Vorträge und Seminare zur Unternehmensbewertung und zum Marketing & Management von Wirtschaftsprüfern, Steuerberatern, Rechtsanwälten und anderen Unternehmensberatern sowie deren Mitarbeitern. Dabei zeigt er, wie die konsequente Anwendung der Grundsätze, Aufgaben und Werkzeuge erfolgreicher Berater zu mehr Erfolg führt. Er macht aus Beratern »Rainmaker«. Seine Veröffentlichungen betreffen sowohl die Unternehmensbewertung als auch das Marketing und Management von Beratern.

Andreas Creutzmann ist Gründer und Vorstandsvorsitzender der IACVA-Germany e. V. (International Association of Consultants, Valuators and Analysts). IACVA-Germany ist der erste und einzige Berufsverband für Unternehmensbewerter in Deutschland und geht auf den Marktführer bei der Ausbildung und Zertifizierung von Bewertungsprofessionals in den USA, die National Association of Certified Valuation Analysts, zurück. Die NACVA hat mehr als 7.000 Mitglieder in den USA. Andreas Creutzmann unterrichtet im Rahmen der Trainingswochen zur Ausbildung zum Certified Valuation Analyst.

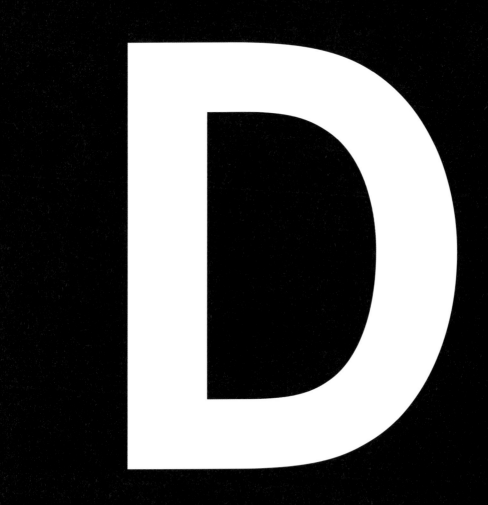

DANIEL DAGAN

Themen

Muslimischer Orient & christliches Abendland
Die Begegnung zweier großer Kulturen/Israel und Nahost

Demokratie ohne Grenzen
Zukunftsvision im Globalisierungszeitalter/Der Mensch muss wieder im Mittelpunkt stehen

Bildung: die beste aller Investitionen
Alliance Française, Kibbuz in Israel, eigene Schule in Bonn, Unis in Europa & USA

Air Force One & sein deutsches Pendant
Unterwegs mit US-Präsidenten & Kanzlerin Merkel/Hinter den Kulissen der Macht

Veröffentlichungen

Die über uns – Deutschland und das Fremde

Kurzbiografie

Er verkörpert Vielfalt, Internationalität und Mobilität: in Kairo geboren, in Frankreich und im Kibbuz in Israel aufgewachsen, in Washington, Madrid, Paris, Brüssel und Moskau gearbeitet.

Nicht umsonst gleichen seine Vorträge über Globalisierung, Politik, Wirtschaft und Medien persönlichen Erfahrungsberichten. Allein in der Familie des Journalisten sind zehn Nationen vertreten.

Hobby-Klavierspieler Daniel Dagan ist Vorstandsmitglied des 1906 in Berlin gegründeten Vereins der Ausländischen Presse, dessen aus 60 Ländern mitwirkende Kollegen das Bild Deutschlands in aller Welt prägen. Zudem ist er auch in der Association des Journalistes Européens tätig.

Der viel gereiste Journalist ist Mitbegründer der Bonn International School. Neben seiner Muttersprache Französisch beherrscht Daniel Dagan Deutsch, Englisch, Spanisch, Hebräisch und etwas Arabisch. Dem deutschen Publikum ist Daniel Dagan vor allem durch häufige Diskussionsbeiträge im Fernsehen und im Hörfunk bekannt.

DR. RUEDIGER DAHLKE

Themen

Die Schicksalsgesetze
Die Spielregeln des Lebens

Krankheit als Symbol
Deutung und Bedeutung der Krankheitsbilder

Die Psychologie des Geldes

Der Körper als Spiegel der Seele
Was Hand und Fuß über uns verraten

Veröffentlichungen

Kurzbiografie

Dr. med. Ruediger Dahlke ist seit 1979 als Arzt und Psychotherapeut tätig, Zusatzausbildung zum Arzt für Naturheilweisen und Fortbildung in Homöopathie.

Der Öffentlichkeit wurde er vor allem als Autor von Bestseller-Büchern wie zuletzt »Die Schicksalsgesetze – Spielregeln fürs Leben«, »Krankheit als Symbol«, »Krankheit als Weg«, »Krankheit als Sprache der Seele«, »Lebenskrisen als Entwicklungschancen«, »Körper als Spiegel der Seele«, »Frauen-Heil-Kunde«, »Aggression als Chance« und »Depression – Wege aus der dunklen Nacht der Seele« oder »Psychologie des Geldes« bekannt wie auch durch zahlreiche Fernseh- und Rundfunkauftritte.

Nach 12-jähriger Arbeit in München, in der er die Grundlagen seiner ganzheitlichen Psychosomatik legte und in der auch das Buch »Krankheit als Weg« entstand, gründete er 1989 mit seiner Frau Margit das Heil-Kunde-Zentrum Johanniskirchen in Niederbayern, das er bis vor wenigen Jahren mit ihr leitete.

In Deutschland, Österreich, der Schweiz und Italien hält er regelmäßig Vorträge und (Ausbildungs-)Seminare zur seelischen Be-Deutung von Krankheitsbildern, über bewusstes Fasten, verbundenen Atem, Bewusstseinsentwicklung und Meditation wie auch Firmentrainings. Seine Ideen zur ganzheitlichen Medizin und spirituellen Philosophie propagiert er in Artikeln, Fernseh- und Rundfunkauftritten.

Bücher wie »Entschlacken – Entgiften – Entspannen«, »Woran krankt die Welt?«, »Reisen nach Innen«, »Bewusst fasten«, »Mandalas der Welt« oder »Schlaf – die bessere Hälfte des Lebens« zeigen das breite Spektrum seiner Arbeit, deren Ziel es ist, Patienten auf dem Weg zu Eigenverantwortung, Selbstbestimmung und Gesundheit zu unterstützen.

Als Ergänzung zu den Krankheitsbilder-Deutungsbüchern hat er die geführte Meditation zu einer wirksamen Selbsthilfemethode entwickelt. So sind zu vielen spezifischen Krankheitsbildern wie auch allgemeinen Gesundheitsthemen Audioprogramme (auf CD) entstanden, die zusammen mit den Deutungen eine wirksame Form der Selbsthilfe darstellen. Ruediger Dahlkes Bücher haben im deutschsprachigen Raum Millionen Menschen erreicht und trugen dazu bei, ein wachsendes Bewusstsein für psychosomatische Zusammenhänge und ganzheitliche Medizin zu schaffen. Sie liegen in über 200 Übersetzungen und in 23 Sprachen vor.

WOLFGANG DAHLMANN

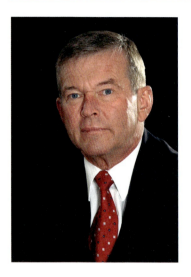

Themen

Führen in der neuen Wirtschaftswelt
Soziale Kompetenz – mehr als ein Schlagwort

Professioneller Umgang mit Kunden
Es war noch nie so leicht erfolgreich zu sein

Unternehmerisch denken und handeln
Das 21. Jahrhundert wird das Jahrhundert der Paradigmenpioniere

Globalisierung = Veränderung = Ängste?!
Eine Führungsaufgabe – unseren Mitmenschen die Ängste zu nehmen

Kurzbiografie

Wolfgang Dahlmann, geb. 13. März 1945, verheiratet, Trainer und Berater BDVT

Berufliche Entwicklung
- Ausbildung zum Industriekaufmann
- Verkäufer und Organisationsberater für Büromaschinen
- Produktmanager für Kopiersysteme
- Verkäufer für Großcomputer
- Ab 1979 Prokurist und Vertriebsleiter eines mittelständischen Unternehmens im Bereich Fördertechnik, u.a. maßgeblich beteiligt beim Aufbau der Vertriebsorganisation (Direktvertrieb, weltweites Vertriebspartnernetz sowie Gründung eigener Niederlassungen)
- Seit 1997 selbstständiger Trainer und Berater

Weiterbildung (Auswahl)
- Ausbildungsseminare für Rhetorik und Kommunikationslehre
- Käser-Training
- Tratec Audio Sales Workshop
- Verkaufsleiter-Akademie
- Trainerausbildung bei Rudolf Beljean AG

Arbeitsschwerpunkte
- Firmeninterne und externe Trainings und Seminare
- Vorträge, Workshops und Moderation
- Beratung in Vertriebs- und Führungsprozessen

Mitglied im BDVT (Berufsverband Deutscher Verkaufsförderer und Trainer), im Marketing-Club Bochum und im Wirtschaftsrat.

Referenzen und Kundenstimmen

Auszug aus der Referenzliste
- BURG F. W. Lüling KG, Wetter
- Minova CarboTech GmbH, Essen
- CD-Color GmbH & Co. KG, Herdecke
- Dörken GmbH & Co. KG, Herdecke
- Germanischer Lloyd Prüflabor GmbH, Mühlheim/Hamburg
- GSW Schwabe AG, Kempen
- Hartmut Räder Wohnzubehör GmbH & Co. KG, Bochum
- Heinz Lutze GmbH & Co. KG, Einbeck
- Vogelsang Klimatechnik GmbH, Bochum
- RTZ Werkzeug- und Formenbau GmbH, Halver
- Zeschky Galvanik GmbH & Co. KG, Wetter

DOMINIK DALLWITZ-WEGNER

Themen

Zum Glück gibt's Glück

Wozu glücklicher?
Gute Gründe für gute Gefühle

Was ist Glück?
Eine Landkarte für Glück und Zufriedenheit

Fitness-Center Glück
Einfach glücklicher

Kurzbiografie

Dominik Dallwitz-Wegner, 1968 geboren in Mannheim, ist Sozialpsychologe, seit 15 Jahren in führenden Positionen in der Marktforschung tätig und Unternehmer. Seit 2000 widmet er sich engagiert der Glücksforschung und ihrem Nutzen für Privatpersonen und Unternehmen. Der Redner, Trainer und Autor versteht sich als Vermittler zwischen Wissenschaft und Praxis. Er ist Vorstandsmitglied des Europäischen Netzwerks für Positive Psychologie (ENPP) und deutscher Ansprechpartner für Positive Psychologie.

In Fernsehauftritten, Artikeln, Interviews, Vorträgen, Trainings und Internet-Beiträgen bringt Herr Dallwitz-Wegner Forschungswissen in verständlicher und motivierender Form zu Menschen, die zufriedener und damit widerstands- und leistungsfähiger werden möchten.

Glücksforschung zeigt, wie eine Steigerung der Zufriedenheit in Unternehmen und im Privatleben Mehrwerte schafft. Dominik Dallwitz-Wegner vermittelt unterhaltsam, wie Sie das auf einfache Weise erreichen.

Seine mitreißenden Vorträge vermitteln ungewöhnliche Perspektiven auf Glück und Zufriedenheit und bringen Ihnen Übersicht über das vielfältige Thema. Er motiviert Sie, in Berufs- und Privatleben mehr Energie zu entwickeln, glücklicher und zufriedener zu werden und nicht zuletzt dabei auch noch Spaß zu haben.

Referenzen und Kundenstimmen

»Dominik Dallwitz-Wegner begeisterte durch seinen mitreißenden Vortrag mehr als 150 Gäste und bescherte uns allen einen lehrreichen Vormittag. Mit Witz, Charme und Kompetenz entführte er auf eine Reise in die Welt des Glücks – unterhaltsam und interessant, aber dennoch praxisnah und im beruflichen Alltag konkret umsetzbar.« *Thomas Schwabel, Geschäftsführer Marketagent*

»Dominik Dallwitz-Wegner war als Person sowie mit seinem Thema eine große Bereicherung für unseren HR Club. Er überzeugte mit seiner gewinnenden Art, seinem authentischen Auftreten und dem informativen wie auch unterhaltsamen Vortrag zum Thema Glück und wirtschaftlicher Erfolg.« *Manfred Faber HR-Consultants, Veranstalter des HR Clubs*

GERRIET DANZ

Themen

QUERMACHER©.
Neue Ideen, kreative Wege, mehr Erfolg.

QUERMARKETING.
Schärferes Profil. Höherer Profit.

QUERPRÄSENTIEREN.
Begeistern und überzeugen mit den Profi-Techniken der Spitzenredner.

Veröffentlichungen

Kurzbiografie

Gerriet Danz ist seit mehr als zwei Jahrzehnten gefragter Kreativ-Experte, Innovationsturbo und einer der anerkanntesten Kommunikationscoaches Deutschlands. Die Live-Keynotes des Buchautors sind so inspirierend und ungewöhnlich wie der Mix seiner Erfahrungen. Zunächst startet er als Kreativdirektor der internationalen Werbeagentur BBDO. Dort unterstützt er global agierende Unternehmen dabei, querzudenken und -handeln. Karriere zwei führt ins Fernsehen: Gerriet Danz entwickelt neue, innovative TV-Formate, moderiert selbst den Wissensquiz- Klassiker »JEOPARDY«.

Um sich aus dem Meer der Gleichheit – gleicher Marken, gleicher Produkte, gleicher Konzepte, gleicher Auftritte – zu retten, darf es beim Querdenken nicht bleiben. QUERMACHEN ist die einzige Chance, sichtbar anders zu werden, beliebt statt beliebig zu sein und wettbewerbsfähig zu bleiben. Gerriet Danz präsentiert in seinen Vorträgen internationale Quermacher-Beispiele, die zum Denken und Handeln inspirieren. Motivierend, lebendig und humorvoll vermittelt der Unternehmer in seinen Auftritten, wie man Ideen, Konzepte und Präsentationen als QUERMACHER© erfolgreich mit Leben füllt.

2010 erschien bei CAMPUS sein Buch »Neu präsentieren. Begeistern und überzeugen mit den Erfolgmethoden der Werbung.« Ein Ratgeber, über den Keynote-Speaker und Bestsellerautor Prof. Dr. Lothar Seiwert (»Simplify your life«) meinte: »Da steht nicht nur ›neu‹ drauf, da steht auch viel Neues drin. Dieses Buch ist ein Muss für jeden, der ein Publikum begeistern möchte ...!«

Referenzen und Kundenstimmen

Unter anderem: Commerzbank, DELL, Kyocera Mita, MAN, Nestlé, NDR, Beiersdorf, Steelcase, Financial Times Deutschland, SIEMENS

»Lebendig. Lehrreich. Lustig. Gerriet Danz ist als Speaker selbst ein Quermacher!« *Robert Müller von Vultejus, Ufa Sports GmbH, Managing Director*

»Sie haben uns durch Ihre vielen praxisnahen Quermacher-Tipps in hohem Maße motiviert und inspiriert! Die ersten Konzepte sind schon realisiert!« *Regina Mehler, Adobe Systems, Marketingleiterin EMEA*

»... ist es nicht schön, während der Präsentation zu merken, wie das Publikum reagiert, aufmerksam lauscht und darauf wartet, was als Nächstes passiert? Die Resonanz und Begeisterung haben gezeigt, es hat sich gelohnt ... Danke!« *Oliver Kreth, KYOCERA MITA Deutschland, Marketing-Direktor*

ZACH DAVIS

Themen

PowerReading® – doppelt so schnell lesen bei gleichem Verständnis

Der Effektivitäts-Code©: vom Zeitmanagement zur Zeitintelligenz!

Veröffentlichungen

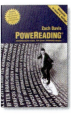

Kurzbiografie

Nach seinem Studium der Betriebswirtschaftslehre in Köln und seiner Tätigkeit als Human Resources Consultant bei der KPMG Consulting AG hat Zach Davis 2003 das Trainingsinstitut Peoplebuilding gegründet. Im April 2007 wurde der US-Amerikaner in die Personenenzyklopädie »Who's who in der Bundesrepublik Deutschland« aufgenommen, welche Personen des öffentlichen Lebens porträtiert, die exzellente persönliche und berufliche Leistungen erbracht haben.

Der als Trainer, Speaker und Bestseller-Autor bekannt gewordene Zach Davis wird in den Medien als einer der erfolgreichsten und innovativsten Akteure im deutschen Markt bezeichnet. Er hält Seminare und Vorträge muttersprachlich sowohl auf Deutsch als auch auf Englisch und wird hierdurch auch für internationale Veranstaltungen gebucht.

Zach Davis gilt laut »Perfect Speakers« zu den Top-100-Referenten in Deutschland und wurde schon für zahlreiche Topveranstaltungsreihen als Speaker gebucht, wie z. B. Denkanstöße Stuttgart; DK-Forum Wissen, Ingolstadt; »Von den Besten profitieren«, Chemnitz; Wissensforum, München; Erfolgsimpulse, Wien; etc.

Zudem wird Zach Davis regelmäßig rund um das Thema »persönliche Effektivität« interviewt. Er ist außerdem Lehrbeauftragter an mehreren Hochschulen. Kunden schätzen vor allem seinen interaktiven, spannenden und lockeren Trainingsstil mit maximalem Praxisbezug.

Seine Geld-zurück-Zufriedenheitsgarantie auf alle Dienstleistungen und Produkte entspricht seinem Selbstverständnis.

Referenzen und Kundenstimmen

»Ziel voll erreicht – Lesegeschwindigkeit bei gleichbleibendem Textverständnis mehr als verdoppelt. Das nützlichste Seminar seit langer, langer Zeit.« *Norbert Magdalena, Bereichsleiter Marketing/Vertrieb, Sanacorp Pharmahandel*

»Sie verstehen es wie kaum ein anderer Trainer, jeden Einzelnen auf individuelle Art in seinem Potenzial zu fördern!« *Tilman Hesse, Geschäftsführer, Hesse von Nordeck*

Auszeichnungen und Pressestimmen

Auszeichnung zum Top-Keynote-Speaker unter den Top-100 der Perfect Speakers 2007, 2008, 2009 und 2010
Auszeichnung zum Qualitätsexperten 2007, 2008, 2009 und 2010 durch das Qualitätsnetzwerk der Erfolgsgemeinschaft

»Zach Davis lehrt, wie man mit Maximalgeschwindigkeit liest!« *Welt am Sonntag*

»Bestsellerautor, führender Experte zur nachhaltigen Effektivitätssteigerung, Hochschullehrbeauftragter, Innovator, Infotainment auf höchstem Niveau.« *Handelsblatt*

OLIVER DEBUS

Themen

Komet oder Planet
Was war der Stern von Bethlehem?

Aliens – Leben auf anderen Planeten

Von der Vision zur Wirklichkeit
Geschichte der deutschen Raumfahrt

Berufe unter dem Sternenhimmel

Kurzbiografie

Oliver Debus, Jahrgang 1969, deutscher Staatsbürger, Amateurastronom und Astronomielehrer. Schon in seiner frühsten Kindheit hat sich Oliver Debus für die Welt der Sterne interessiert. Ein Teleskop, mit dem er gemeinsam mit seinem Vater Beobachtungen machte, Science-Fiction-Serien und Lego Raumfahrt vertieften die Faszination an der Astronomie. Über einen Volkshochschulkurs kam Oliver Debus zur astronomischen Volksbildung und hält seit 1990 eigene Vorträge und Kurse zu astronomischen und raumfahrttechnischen Themen. Nach seinem Physikstudium an der Johann Wolfgang Goethe-Universität Frankfurt am Main gründete er eine Astronomieschule und begann seine Volksbildungstätigkeit auch an Schulen und Kindergärten auszuweiten. Dort bietet er Vorträge, Projektwochen und Arbeitsgemeinschaften an sowie Fortbildungen für Lehrer und Erzieher. 2007 eröffnete Oliver Debus das Mondbasis Luna Weltraummuseum, in dem mit zahlreichen Exponaten das Sonnensystem, Sterne, Raumfahrt und viele spannende Themen aus der Welt der Sterne erlebbar werden. Dabei steht für ihn die Anschaulichkeit der Thematik immer vor der wissenschaftlichen Genauigkeit. Sein Ziel ist es, die Faszination an der Astronomie und Raumfahrt zu wecken und den Forscherdrang seiner Zuhörer zu aktivieren. Gerade jungen Leuten möchte er die beruflichen Möglichkeiten, die die Weltraumforschung bietet, vermitteln. Mit der Deutschen Gesellschaft für Schulastronomie setzt sich Oliver Debus für ein eigenständiges Pflichtfach »Astronomie und Raumfahrt« im Fächerkanon der weiterführenden Schulen ein.

Auszeichnungen und Pressestimmen

Silberne Ehrennadel der Stadt Bad Homburg, 2003

»Damit die Teilnehmer eine Vorstellung bekamen, was für eine Dimension die Sonne innerhalb des Sonnensystems einnimmt, hat Debus eine ganz simples Beispiel parat: ›Wenn das ganze Sonnensystem so viel wie 100 Gummibärchen wiegt, wäre die Sonne so schwer wie 99,8 Gummibärchen‹«. *FNP*

»Doch als der ›Sternenmann‹, wie ihn die Kinder liebevoll nennen, auf den ›An‹-Schalter drückt, verwandelt sich die Zimmerdecke in ein funkelndes Sternenmeer.« *Karbener Zeitung*

STELLA DEETJEN

Kurzbiografie

Stella Deetjen ist die Initiatorin der Projekte von Back to Life e. V., ein gemeinnütziger Verein, der in Indien und Nepal bedürftige Menschen unterstützt unter dem Motto: »Hilfe zur Selbsthilfe«.

STEFANIE DEMANN

Kurzbiografie

Kommunikationstrainerin und Coach: die studierte Rhetorikerin mit außerordentlichem Fachwissen und Praxis-Sinn.

2007 hat sie mit ihrer Präsentation den Trainer-Pitch der German Speakers Association gewonnen.

2009 ist sie für den Newcomer Award der German Speakers Association nominiert.

2009 erschien ihr erstes Buch im GABAL Verlag: »30 Minuten Selbstcoaching«.

Stefanie Demann hat Rhetorik studiert und viele Jahre in der Unternehmenskommunikation als Pressesprecherin gearbeitet. Sie weiß, wie wichtig es ist, dass Sie sagen können: »Das ist genau mein Ding!«

In ihren Seminaren und Coachings unterstützt sie ihre Kunden dabei, »genau ihr Ding« zu finden und zu erlernen, wie man wirkungsvoll und überzeugend kommuniziert. Ihr Praxis-Sinn und ihr außergewöhnliches Fachwissen haben Hartz-IV-Empfänger, Freiberufler, Unternehmer und Führungskräfte inspiriert, nach dem Besonderen in sich zu suchen und es anderen effektvoll mitzuteilen.

Stefanie Demann ist professionelles Mitglied der German Speakers Association. Für Sie bedeutet das Trainingsqualität auf höchstem Niveau, erprobte und stets aktuelle Methodik sowie Wissensvorsprünge durch internationales Networking.

Referenzen und Kundenstimmen

»Ich fand die Art und Weise von Stefanie Demann außerordentlich erfrischend. Dazu bot sie eine professionelle Führung – bei hervorragender Präsenz – durch das sehr gut vorbereitete Seminar.« *Barbara Schwarz, Personalleiterin, Akzo Nobel Nippon Paint GmbH*

»Ein sehr gut strukturiertes und informatives Seminar, das mich voll überzeugt und weitergebracht hat. Ich freue mich schon auf das Aufbauseminar.« *Siegfried Müller, Wirtschaftsjurist*

»Sehr überzeugend. Ich werde davon sehr viel in Zukunft verwenden. Supergut!« *Monika Moser, Reise Oase*

Auszeichnungen und Pressestimmen

»Heft des Handelns in die eigenen Hände nehmen.« *Fürther Nachrichten*

Interview mit der Kommunikationstrainerin Stefanie Demann über ihr neues Buch »30 Minuten Selbstcoaching«.

»›Wie modern ist Ihr Unternehmen wirklich?‹ Fachartikel von Stefanie Demann über moderne Korrespondenz in Unternehmen.« *tempra 365*

»Trauen Sie sich Ihren Preis zu nennen.« *Hamburger Abendblatt*

Themen

Die Kunst, sich besser zu verkaufen

Schmeiß den Frosch an die Wand!

Veröffentlichungen

ANDREA DENNES

Themen

Talking Faces
Gesichter sagen mehr als 1.000 Worte

Persönlichkeit und Ausstrahlung
Seien Sie anders! Seien Sie SIE

Die Macht der unbewussten Sprache
Wie wir diese Fähigkeit auch positiv nutzen können

Sweep it!
Wollen Sie Ihren Stress loswerden oder ihn weiterhin managen?

Kurzbiografie

Andrea Dennes, Jahrgang 1960, ist bekannt für gute Laune. Für Ausstrahlung. Anders und quer zu denken. Kreativität, Begeisterung, Motivation und Mut.

Nach einem Dolmetscherstudium in Heidelberg sammelte sie praktische Erfahrungen zu Menschen, Sprache und Kultur in Italien und Frankreich.

Ihre andere Art zu denken, mit Sprache zu spielen, kreative Lösungsansätze zu finden, setzte sie bereits in ihren Funktionen auf Geschäftsleitungsebene für namhafte Firmen ein (u.a. auch sehr erfolgreich für die internationalen Zeitschriften VOGUE, GQ, AD im Bereich Vertrieb, Marketing, Werbung).

Dann folgte ein Paradigmen-Perspektiven-Wechsel. Eine Ausbildung zur NLP-Trainerin bei Dr. Richard Bandler, USA und eine Ausbildung zur Kinesiologin.

Heute arbeitet sie erfolgreich als Potenzialentwicklerin und Coach, Kommunikationstrainerin und Vortragsrednerin.

Ihren Kunden kommen ihr geballtes Wissen und ihre eigenen Erfahrungen zugute. Lachen, Motivation und Humor. Zu ihren Kunden zählen Menschen mit den verschiedensten Persönlichkeiten und Führungsaufgaben.

Sie ermuntert Menschen, die eigenen Potenziale zu entwickeln. Auf die innere Stimme zu hören. Sich mehr zuzutrauen. Andere und bessere Wege zu gehen. Den Mund aufzumachen. Mit Mut, Motivation und Begeisterung das eigene Leben erfolgreich zu leben.

Referenzen und Kundenstimmen

»Andrea Dennes hat ihr Publikum innerhalb kürzester Zeit für das Thema begeistert und dabei zugleich eine heiter-gelöste Stimmung erzeugt. Mit ihrer packenden Vortragsweise hat sie nicht nur den Inhalt präzise auf den Punkt gebracht. Sie schaffte es auch, ihre Zuhörer durch ihre lebendige, persönliche Ansprache aus der Komfortposition zu locken. Ihre Seminare und Vorträge empfehlen wir sehr gerne weiter.« *Thomas Bierschenk, Geschäftsführer, Stadtmarketing Böblingen*
»... klasse, lebendig, hätte noch Stunden länger zuhören können. Ein Thema das mich, die sich ständig mit Menschen, Ihren Wünschen und versteckten Ressourcen beschäftigt, ganz besonders interessiert und begeistert hat.« *Ursula Rimmele-Konzelmann, kPLANING & PROJECTS, VDU Vorstand LV Württemberg*
»Andrea Dennes provoziert Erfolg und gute Laune.« *Christine Detering, architopia*

Auszeichnungen und Pressestimmen

»... zog Andrea Dennes ihr Publikum in ihren Bann. Überzeugend, mit großer sprachlicher Präsenz.« *Böblinger Kreiszeitung*

ARIANE DERKS

Themen

Grundlagen des erfolgreichen Standortmarketing/Place- Branding

Modernes Standortmarketing (Maßnahmen, Botschaften und Kommunikationsinstrumente)

Erfolgreiche Entwicklung von Standortmarketingprozessen (Analysen, Werte, Strukturen)

Standortmarketing in Zusammenhang mit Groß-Events

Veröffentlichungen

Kurzbiografie

Ariane Derks, Studium der internationalen Betriebswirtschaftslehre und Stipendium zum Master of Business and Engineering mit Studienaufenthalten in England, Frankreich, USA und Japan.

Nach ihrem Studium und ersten Berufserfahrungen wurde Ariane Derks die Studienleitung der Executive-Master-Studiengänge der Steinbeis-Hochschule, Berlin übertragen. In Zusammenarbeit mit internationalen Partnerhochschulen (Schweiz, USA, Japan) war sie verantwortlich für die Executive-Ausbildung von Führungskräften und Unternehmern und übernahm deren Betreuung und Coaching.

Ariane Derks veröffentlichte mit erfolgreichen Unternehmern Artikel zu den Themen Führung, Strategie, Organisation und Finanzmanagement im Buch »Unternehmensführerschein«, Praxis-Know-how von Unternehmern für Unternehmer. Parallel dazu realisierte sie Projekte in Mitarbeiterführung, Unternehmensstrategie, CIP-Prozessen und Unternehmenskultur. Im Rahmen der Standortinitative »Deutschland – Land der Ideen« beschäftigt sich Ariane Derks seit einigen Jahren mit dem Thema Standortmarketing und gründete 2010 das Steinbeis Transferinstitut Standortmarketing.

Die Globalisierung resultiert nicht nur im Wettbewerb zwischen Unternehmen, sondern auch zwischen Standorten. Wenn sich eine Nation dafür entscheidet, ganzheitliches, modernes und strategisches Standortmarketing zu betreiben, um sich dem Wettbewerb zu stellen, so muss sie neben den bekannten Strategien zur Investorenansprache vor allem die eigene Bevölkerung in den Prozess einbinden. So werden im Rahmen eines erfolgreichen Place-Branding-Prozesses bestehende Identitätsmerkmale definiert und mit neuem Leben, neuen Inhalten und Aktivitäten gefüllt. Der Initiative »Deutschland – Land der Ideen« ist dies als erfolgreichste Standortinitiative Deutschlands hervorragend gelungen. Ariane Derks hat diesen Prozess seit Beginn der Initiative begleitet und sich zum Ziel gesetzt, die Strukturen des Standortmarketingprozesses mit bekannten Mechanismen aus der Managementlehre zu beschreiben, um so den Prozess »begreifbarer« darzustellen.

Referenzen und Kundenstimmen

»... an innovative and systematically structured approach on nation branding ...« *M. Aronczyk, Professor and Expert on Nation Branding NYU/Carleton University*

»Herzlichen Dank für Ihre spannenden Vorträge zum Thema Standortmarketing, die ›Deutschland – Land der Ideen‹ unseren Partnern in der Ukraine nähergebracht haben.« *J. Granovskaja, Geschäftsführung, Ost-Ausschuss der Deutschen Wirtschaft*

»... hierbei möchte ich insbesondere die außerordentlichen Leistungen von Frau Ariane Derks hervorheben.« *Tovar da Silva Nunez, Gesandter/Brasilianische Botschaft, Berlin*

DR. DR. MICHAEL DESPEGHEL

Kurzbiografie

Dr. Dr. Michael Despeghel ist seit rund 25 Jahren ein erfahrener Referent zu Fitness-, Präventions- und Gesundheitsthemen. Der Sportwissenschaftler ist Spezialist für nachhaltige Lebensstiländerung und gesunde Lebensführung.

Als Redner der Extraklasse hält der Lifestyle-Guru europaweit Vorträge (in Deutsch und Englisch) zum Thema »Lust auf Leistung«, »Bewusster leben, bewusster handeln«. Auch in Managementkreisen genießt der eloquente Experte aufgrund seiner Überzeugungskraft höchste Akzeptanz. Rund 250.000 begeisterte Menschen leben mittlerweile nach seinen Gesundheitskonzepten.

Der Gesundheitsexperte – bekannt durch eine FOCUS-Serie und zahlreiche Fernsehauftritte – und Bestseller-Autor von »Fitness für faule Säcke« und »Anti-Aging« (beide vgs-Verlag), »Lust auf Leistung« (Haufe Verlag), »Abnehmen mit dem inneren Schweinehund« (Gräfe & Unzer) vermittelt sein fundiertes Fachwissen mit hoher Überzeugungskraft. Typische Teilnehmerfeedbacks: »rhetorische Meisterleistung«, »inhaltlich exzellent«, »sehr informativ«, »hervorragende Empfehlungen«, »Tipps, die wir sofort umsetzen können« etc.

Den Erfolg der Konzepte von Dr. Dr. Despeghel weisen Studien der Deutschen Sporthochschule Köln, der Universität Gießen sowie der Zeitschrift FOCUS nach. Zurzeit habilitiert Dr. Dr. Despeghel an der Universität Gießen. Er ist Vorstandsmitglied der Deutschen Gesellschaft für präventive Männermedizin.

Referenzen und Kundenstimmen

»Einfach, aber gerade deshalb wirksam. Phänomenal, wie schnell sich Erfolge einstellten. Meine Führungskräfte und ich sind begeistert!« *Miki Rosenblatt, Geschäftsführer Tom Taylor GmbH*

»Dr. Dr. Despeghels 2+2+4-Konzept schafft die Basis für beruflichen wie privaten Erfolg – Gesundheit, Fitness, Leistungsstärke. Der Clou: Der Aufwand dafür ist minimal!« *Prinz Leopold von Bayern, Ex-Rennfahrer*

Auszeichnungen und Pressestimmen

»Bester deutschsprachiger Speaker« 2008 und 2009, verliehen vom Bonner REDNERFORUM

Themen

Lust auf Leichtigkeit

Bewusster leben, bewusster handeln

Speed fit

Veröffentlichungen

Autor der Bestseller:
Fitness für faule Säcke; Be Fit

MONICA DETERS

Themen

Die Sehnsucht nach dem Mehr
Mehr aus sich herausholen mit der Meer-Methode!

Volle Kraft voraus!
Mehr Erfolg durch richtiges Netzwerken am Beispiel des Equal Pay Day!

Lass rocken!
Mehr Mut zur eigenen Persönlichkeit im Job am Beispiel von Bruce Springsteen!

Schon längst erledigt, Chef
Mehr Service in deutschen Sekretariaten!

Veröffentlichungen

Monatlicher Artikel im Add-on-Internet Magazin »Coaching heute«, Asgodom Publishing

Newsletter, Deters-Coaching
www.vortragsimpulse.de

Kurzbiografie

Monica Deters ist Business-Persönlichkeits-Coach aus Bargteheide bei Hamburg. Nach ihrer Karriere als Top-Vorstandssekretärin in internationalen Großkonzernen, wie z. B. der Allianz Gruppe, hat die in Heidelberg studierte PR-Beraterin (DPRG – Deutsche Public Relations Gesellschaft) ihr eigenes Trainingsunternehmen für selbstsichere und motivierte Business-Persönlichkeiten DETERS-COACHING in 2007 gegründet. Die Expertin hat über 20 Jahre Berufserfahrung in den Branchen Dienstleistung, Industrie und Handel gesammelt und hier viele interessante Charaktere kennenlernen dürfen, deren Erfolgsgeheimnisse sie studiert hat.

Ihr Schwerpunkt liegt in der Findung vom persönlichen »Mehr« eines jeden. Zum Beispiel: mehr Erfolg, mehr Selbstvertrauen, mehr Strategie, mehr Sinn. Ihr liegt viel an der Bildung und Stärkung von überzeugenden Persönlichkeiten, damit diese authentisch und souverän ihr Können im Job präsentieren können. Als PR-Beraterin DPRG ist sie Expertin in der maßgeschneiderten Entwicklung eines unverwechselbaren, glasklaren, persönlichen und individuellen Profils, gepaart mit professioneller Öffentlichkeitsdarstellung. Darüber hinaus setzt sie sich für mehr Service in Deutschlands Sekretariaten ein.

Direkt am Meer aufgewachsen, hat die Trainerin die erfolgreiche »Meer-Methode« entwickelt, mit der sie durch maritime Symbolik »Die Sehnsucht nach dem Mehr« mit den eigenen inneren Ressourcen zu mehr MUT zur eigenen Persönlichkeit im Job verbindet.

Monica Deters ist Mitglied bei der GSA – German Speakers Association – in München, Mitglied beim BPW-Germany – Business and Professional Women e. V. – in Hamburg.

Referenzen und Kundenstimmen

»Liebe Frau Deters, seit November habe ich eine neue Festanstellung in einer Agentur in Hamburg. Vielen Dank noch mal für Ihre freundliche, motivierende Unterstützung!!!« *M. Weber, Art-Director Frankfurt und Zürich*

Auszeichnungen und Pressestimmen

»Der Business-Coach Monica Deters weiß, was man den ›Killerargumenten‹ der Chefs in Gehaltsverhandlungen entgegensetzt.« *RTL*

»Die Businessberaterin Monica Deters weiß, wie schwer es Frauen fällt, ihren Chef von einer Gehaltserhöhung zu überzeugen.« *TAZ*

BARBARA DIBUÉ

Themen

Mit »Wow-Effekt« präsentieren!
Aufmerksamkeit & Impact erzeugen.
»Mentale Widerhaken« schaffen.

Von der Idee zur Marke.
Brand-DNA bestimmen. Brandsignals konzipieren & »Brand-Fahrplan« erstellen.

Veröffentlichungen

Frontberichte
Erlebnisse und Erfahrungen aus den Konferenzräumen internat. Unternehmen. (Sommer 2010)

Kurzbiografie

Barbara Dibué studierte Kommunikationswissenschaften und verfügt über eine lange internationale Laufbahn in deutschen und amerikanischen Werbeagenturen, davon 12 Jahre in den USA, als Kreative bei Young & Rubicam, New York, 11 Jahre als Internationaler Kreativ-Direktor bei Grey Worldwide, Düsseldorf. Ausbildung in systemischer Beratung und systemischem Coaching.

Seit 2006 Geschäftsführerin & Seminarleiterin der Red Ribbon Career Company, die sich ganz auf aufmerksamkeitsstarkes Präsentieren in Beruf & Job spezialisiert hat. Dozentin am Euro-Business-College, Düsseldorf, für internationales Marketing.

»In unzähligen Präsentationen habe ich erlebt, wie nüchterne Fakten auf einmal spannend und visionär erscheinen, wenn man sie beeindruckend ›verpackt‹, ihnen im übertragenen Sinne eine rote Schleife gibt. Wie sich das Publikum nur allzu gerne durch eine mitreißende Präsentation begeistern lässt! Wie ein kreatives, überraschendes WIE das Publikum begeistert – für den Inhalt, das WAS, aber auch für den, der ihn präsentiert. Oft hat es mir aber auch das Herz gebrochen, wenn ich mit ansehen musste, wie eine gute Idee oder ein perfekt durchdachtes Konzept keinen Eindruck machten, weil der Präsentierende keine Ausstrahlung besaß und den Funken der Begeisterung nicht entfachen konnte. Weil er sich über die Verpackung seiner Inhalte keine Gedanken gemacht und nur eine Fülle an Informationen dem Publikum entgegengeschleudert hat. Wie schade für das Konzept! Wie traurig für die vergeudete Investition von Zeit & Geld. Und wie tragisch um die verschenkte Chance! Die Chance, das Publikum für seine Inhalte zu gewinnen. Und die Chance, sich selbst vor wichtigem Publikum zu profilieren! Red Ribbon – das steht für Empowerment. Empowerment, Präsentationsinhalte wirkungsvoll zu ›verpacken‹ und sich selbst als innovative, kreative Persönlichkeit darzustellen. Es geht darum, einmalige Chancen gekonnt nutzen zu können.« *Barbara Dibué*

Referenzen und Kundenstimmen

»Wenn ich diesen Workshop vor 10 Jahren mitgemacht hätte, wäre ich heute GF!« *Jörg Frankenberger, Vodafone D2 GmbH*

»Wer sein Publikum in den Bann ziehen will, lernt es hier!« *Frank Mauel, CMF Frankfurt*

»Besser kann man seine Zeit kaum investieren!« *Volker Nitschke, Vodafone D2 GmbH*

»Der beste Workshop seit langem. Zu 100 % verwert- und anwendbar!« *Marco Goll, Vodafone D2 GmbH*

»Danke für all das Know-how über ›innovatives Präsentieren‹!« *Klaus Kartmann, Concept – die Markenagentur*

»Wow! – und danke!« *Christian Hirsch, F & F Software Development*

DR. WERNER DIEBALL

Themen

Charismatisch überzeugen

Körpersprache
Wegweiser zum Erfolg?!

Besser wirken. Besser auftreten

berzeugen durch Rhetorik und Körpersprache

Veröffentlichungen

Auftrittswirkung im Corporate Speaking.
In: Bazil u. Wöller (Hrsg.): Rede als Führungsinstrument: Wirtschaftsrhetorik für Manager. 2008

Kurzbiografie

Werner Dieball, Dr. phil., 1976 in Siegburg geboren.

Nach seinem Zivildienst in einem Obdachlosenheim studierte er an der Westfälischen Wilhelms Universität Münster Politikwissenschaften, Soziologie und Öffentliches Recht.

Sein Studium finanzierte er als Vertriebler bei einem großen internationalen Finanzdienstleister. Seit dem ersten Semester analysiert Dieball das »nonverbale Management« in Politik und Wirtschaft. Dabei erforscht er die Wirkung der Motorik, Mimik, Gestik und Stimme von Spitzenpolitikern und Spitzenmanagern.

Er promovierte zum Thema »Die Bedeutung der Körpersprache im Bundestagswahlkampf«.

Seit 2000 coacht und trainiert Dieball Unternehmer, Manager, Führungskräfte, Sportler und Politiker. Im Rahmen seiner Coachings, Seminare und Vorträge konzentriert er sich auf die Gebiete Rhetorik, Körpersprache und Auftrittswirkung.

Werner Dieball vermittelt seinen Teilnehmern Techniken, wie sie ihre Botschaften durch Worte, Stimme und Körpersprache überzeugend und klar platzieren.

Für verschiedene Printmedien, Radioanstalten und TV-Sender (u. a. Welt am Sonntag, Frankfurter Allgemeine Sonntagszeitung, Süddeutsche Zeitung, BamS, WDR, ARD, Sat 1, 3sat, N24) analysiert Werner Dieball regelmäßig die Auftrittswirkung von Spitzenpersönlichkeiten.

Referenzen und Kundenstimmen

Coachings/Trainings/Vorträge für Unternehmen und verschiedene Institutionen

Lehraufträge/Dozent an verschiedenen Fachhochschulen und Universitäten (u. a. Köln, Brühl, Münster, Stuttgart, München)

Auszeichnungen und Pressestimmen

»Er sieht, wer heute lügt.« *Express*

»Dreigezacktes Fingerröllchen. Die Körpersprache der Politiker.«
Süddeutsche Zeitung

DR. DETLEF DIECKMANN-VON-BÜNAU

Themen

Liebe deinen Nächsten wie dich selbst
Lässt sich damit ein Unternehmen führen?

Alles hat seine Zeit
Nur wir haben keine. Zeitmanagement nicht nur für Christen

Seit Adam und Eva – kommen Menschen zum Handeln

Spiritualität für Manager

Veröffentlichungen

Du hast mich aus meiner Mutter Leib gezogen.
Beiträge zur Geburt im AT, BThSt 75, ders./ Dorothea Erbele-Küster (Hgg.), Neukirchen-Vluyn 2006

Zahlreiche Aufsätze.

Kurzbiografie

Geboren 1970 in Aurich, Studium der Fächer Theologie, Germanistik und Judaistik, 1997–2009 Wissenschaftlicher Mitarbeiter für Altes Testament und Hebräischlehrer an der Universität Siegen und der Freien Universität Berlin.

2004–2006 Vikariat, danach ehrenamtlicher Pastor, heute hauptamtlicher Pastor in Engerhafe/Kr. Aurich.

Ab 2004 Ausbildung in Seelsorge und Beratung, 2004–2006 Coaching-Ausbildung an der Evangelischen Fachhochschule Berlin bei Prof. Dr. Annegret Böhmer, zertifiziert durch den Deutschen Verband für Coaching und Training (dvct), seitdem Tätigkeit als Coach in den Bereichen Wissenschaft, Kirche, Unternehmen, mit ressourcen- und lösungsorientiertem Ansatz.

Spezialist für das Coaching von akademischen Laufbahnen und für life coaching, auch in Unternehmen, z. B. Begleitung von Lebenskrisen. Experte für biblische Themen im Alltag. Offen für Themen, die sowohl Religion als auch den beruflichen Alltag bzw. Unternehmensführung berühren.

Referenzen und Kundenstimmen

»Ein Kurs, in dem man sich zu Hause fühlen konnte – gut aufgehoben und gut beraten!«

»Sehr gut empfand ich die Bereitschaft des Dozenten, jederzeit die Studierenden mit einzubeziehen.«

»Der Stoff war gut gegliedert, sehr verständlich, angenehm vorgetragen.«

»… als vertrauensvoll und angenehm in bleibender Erinnerung.«

»Ich war mit dem Coaching sehr zufrieden und werde Sie ganz bestimmt weiterempfehlen.«

Auszeichnungen und Pressestimmen

»Empfehlung: 100 %«

Platz 7 auf der Bestenliste von 500 Dozenten an der Freien Universität Berlin. *(Bewertung durch Studierende in meinprof.de, abgerufen am 1.11.2009)*

CHRISTIANE DIERKS

Themen

Erkennbar besser sein
Ressourcenorientiertes Profiling, Maximierung der Individualität

What is beautiful is good
Outfit is outcome, Das Potenzial perfekter Kleidung

Eigentlich bin ich ganz anders ...
Aussehen, Ziele und Wirkung in Einklang bringen!

Vom Mittelmanagement ins Topmanagement
Selbstmarkting für Frauen

Veröffentlichungen

Kurzbiografie

Christiane Dierks, 1964 in Rotenburg/Wümme geboren, Modedesignerin, Imageberaterin und Coach. Dierks studierte Modedesign und war danach über 15 Jahre in der Bekleidungsindustrie für Firmen wie ADIDAS, Levis, S. Oliver und Tchibo als Managerin tätig. In 2000 nahm sie eine gesundheitliche Krise als Chance, sich beruflich auf einen neuen Weg zu machen. Sie ließ sich in USA zur Imageberaterin ausbilden und in Deutschland zum Trainer und systemischen Coach. Mit »THE IMAGE INSTITUTE« hat Dierks ihr eigenes Dienstleistungsunternehmen gegründet. Das Besondere daran ist der ganzheitliche Beratungsansatz, der die äußere Erscheinung mit Umgangsformen, Selbstvermarktung und Personen-PR vereint.

Als Rednerin, Trainerin und Autorin schafft es Dierks, auf kreative Art die Einzigartigkeit von Persönlichkeiten auf den Punkt zu bringen, und entwickelt mit ihren Klienten ein individuelles »Markenzeichen«. Zu ihren Kunden gehören große Unternehmen aus Handel und Industrie sowie Führungskräfte, Politiker, Schauspieler und Moderatoren. Dierks war Präsidentin des AICI Germany (Association of Image Consultants International) und ist Mitglied in der DGTA (Deutsche Gesellschaft für Transaktionsanalyse) sowie der GSA (German Speakers Association).

Referenzen und Kundenstimmen

»Frau Dierks gelingt es, mit ihrem geschulten Auge auch erfahrenen Managern den letzten Schliff im persönlichen Auftreten zu geben.« *Dr. Michael P. Seiler, Leiter Control & Planning, Eurofighter Jagdflugzeug GmbH*

»Ihre Seminare haben auch im Nachhinein ein sehr positives Feedback erhalten – dies nicht zuletzt aufgrund Ihres unkomplizierten und offenen Kommunikationsstils. Erfrischend!« *Hans-Georg Meyer, Leiter Personalentwicklung, Ludwig Görtz GmbH*

»Die große Begeisterung hunderter Filialleiterinnen nach Seminaren bei Frau Dierks spricht für sich selbst – wir bedanken uns für ihr Engagement!« *Helmut Johannson, Bereichsleiter Filialen, Tchibo GmbH, Hamburg*

Auszeichnungen und Pressestimmen

Mitglied des Jahres 2008 im internationalen Verband der Imageberater AICI

Beste Trainerin des Ausbildungsjahrgangs 2004

»Auf dem ›Womens Business Day‹ hielt Dierks einen viel beklatschten Vortrag.« *Welt am Sonntag*

»Natürlich geht es Dierks darum, dass sich ihre Klienten so gut wie möglich präsentieren und positionieren. Aber sie versucht immer zu vermitteln, wie wichtig Authentizität ist.« *freundin*

LOTHAR DIETE

Themen

Internationale Führungskräfte-Entwicklung

Prozesscoaching, Begleitung von Veränderungsvorhaben

Int. Sales-Programme

Vermittlung von 280 Trainern, Speakern, Coachs

Veröffentlichungen

Kurzbiografie

»Trüffelschwein der Weiterbildung« (managerSeminare): Experte für internationale Führungskräfte-Entwicklung und für Persönlichkeitsmarken

Studium der Theologie und Philosophie, Diplom-Sozialwirt, Bildungsmanager, Geschäftsführer Go Inhouse, Trainer, Speaker, internationaler Unternehmensberater, Führungskräfte-Coach. Lothar Diete bietet folgende Schwerpunkte: Konzeption von internationalen Weiterbildungsmaßnahmen, Führungskräfte-Entwicklungsprogramme, Trendvorträge im Weiterbildungsmarkt, Vertriebstrainings, Coaching für Persönlichkeitsmarken, Kundenbegeisterung. Langjähriger Geschäftsführer verschiedener Institutionen (Die Akademie, DFI, Zürich School of Management) und Sanierer (NAA). Systemische Coachingausbildung bei Peter Müller Egloff, Rhetorikzyklus bei Rolf H. Ruhleder, Systempartner von edutrainment und Profiles International. Institutional Member of »Club 55«, Gemeinschaft europäischer Marketing- und Verkaufsexperten. Seine Arbeitsweise: virtuoser Wechsel zwischen Tacheles und Empathie, Kennerblick für verborgene Marken und Potenziale, werteorientierte, punktgenaue und nachhaltige Begleitung seiner Partner und Kunden. Diese schätzen ihn wegen seines beinahe unerschöpflichen Empfehlungspools erstklassiger Trainer, Speaker und Coachs. Seine Verhandlungssprachen: Deutsch, Englisch, Französisch.

Referenzen und Kundenstimmen

Mitglied des Club 55 der europäischen Marketing- und Vertriebsprofis

ANGELA DIETZ

Themen

Empathisch erfolgreich führen und überzeugen
Wie Sie die Herzen Ihrer Mitarbeiter gewinnen

In Konflikten fair und effizient kommunizieren
Einführungs- und Vertiefungsseminare in die wertschätzende Kommunikation

Sichern Sie sich Ihren Logenplatz im Herz des Kunden
Kunden- und Beschwerdemanagement durch Empathie

Kurzbiografie

Angela Dietz, 1964 in Niedersachsen geboren, studierte Biologie, Sportwissenschaft und päd. Psychologie mit Auszeichnung. Fasziniert vom vielschichtigen Thema »Kommunikation und Beziehung«, setzte sie ihren Weg mit einer Trainerausbildung in der freien Wirtschaft und einer Ausbildung zur beratenden Psychotherapeutin fort. Seit 1993 ist sie sehr erfolgreich beratend tätig. 2003 gründete sie ihr eigenes Unternehmen »Menschlich erfolgreich«. Seitdem begleitet Sie Führungskräfte, Topentscheider, trainiert Mitarbeiter, Teams, Privatpersonen oder bildet Trainer für Unternehmen aus, die menschlich erfolgreich sein möchten.

Sie verfügt über ein breites Spektrum an Erfahrungen und Wissen auf dem Gebiet menschlicher Beziehungen, Kommunikation und Konfliktlösung. Als Coach und zertifizierte Trainerin des »Center for Nonviolent Communication«, USA, ist sie in Unternehmensgrößen von »klein bis Dax-notiert« mit dem Rosenberg-Ansatz unterwegs.

Was liegt ihr besonders am Herzen? Seit nunmehr 20 Jahren geht sie der Frage nach, wie Verständigung gelingt. Was braucht es, damit Menschen sich gegenseitig zuhören und sich aufrichtig so ausdrücken können, dass Verbindung statt Stress entsteht? Sie sorgt dafür, dass Beziehungen, Unternehmen, Teams und Organisationen nicht nur funktionieren, sondern »lebensbereichernd« sind.

Weg von Skepsis, Angst, Kontrolle, Rückzug und Mangel, hin zu Vertrauen, Aufrichtigkeit, Einfühlung, Liebe, Eigenmotivation und Selbstverantwortung.

Neben Vorträgen und Seminaren über Kommunikation und Konfliktlösung, Kundenbindung, Beziehung oder Führung bietet sie Weiterbildungen an, die Ihre Selbstreflexion und Persönlichkeit fördern. Sie lernen wahrzunehmen statt zu verurteilen, Gefühle und Bedürfnisse hinter Vorwürfen und Kritik zu erkennen sowie kurz und prägnant das zu formulieren, was Sie wirklich brauchen.

Referenzen und Kundenstimmen

»Der Tag mit Angela Dietz hat mir und allen Führungskräften sehr gefallen, einige fanden es das Beste, was wir jemals hatten. Die Kommunikation unter den Teamleadern hat sich extrem verbessert. Das Wahrnehmen der eigenen Gefühle und Bedürfnisse hat einen wesentlichen Beitrag zur Verbesserung unserer internen und externen Kommunikation geleistet. Ihre Art, auf jeden Menschen individuell und intensiv einzugehen, hat mir besonders gefallen.« *Renate Kobjoll, Hotel Schindlerhof, Nürnberg*

»Der Kommunikationsansatz, den Frau Dietz vermittelt, bietet geniale Hilfe und ist von hoher praktischer Relevanz, auf Mitarbeiter- wie auf Geschäftsführerebene. Die Arbeit mit Frau Dietz: jederzeit sehr angenehm, außerordentlich kompetent und erfolgreich. Die Ergebnisse sind ein wesentlicher Baustein für unsere Unternehmenskultur.« *Volker Panier, Geschäftsführer, Suxxeed GmbH*

PROF. ALEXANDER DODERER

Themen

Wie wirkt was – was wirkt wie?

Trends im Marketing

Trends im Standortmarketing

Trends unserer Gesellschaft

Veröffentlichungen

Kurzbiografie

Reden ist das eine, verstanden werden das andere. Wer etwas zu sagen hat, sollte einige Dinge beachten: Inhalt, Didaktik, Rhetorik, Gestik und Mimik etc. Wer Vorträge hält, sollte nicht langweilen. Leicht gesagt! Wer nach einem langen und anstrengenden Arbeitstag seine müden Zuhörer beim abendlichen Dinnertalk immer noch begeistern kann, der beherrscht eine komplexe Sache: Leidenschaft.

Leidenschaft für den anderen. Leidenschaft für Kommunikation. Da spricht und spielt alles: der Körper, die Augen, die Hände, die Stimme und selbstverständlich auch der Mund. »Mein Ziel ist es, Menschen in 20 oder 30 Minuten für ein Thema zu begeistern, sie zur Hinwendung und zur positiven Konzentration zu bewegen.«

Alexander Doderer, 1954 in Stuttgart geboren, studierte Kunstpädagogik, Grafikdesign und Germanistik in Freiburg im Breisgau. Bis 1991 war Prof. Doderer im Schuldienst an Realschulen und Gymnasien in Baden-Württemberg.

1990 begann Alexander Doderer mit einem Lehrauftrag an der Hochschule Furtwangen, und zwar in den Bereichen Visuelle Kommunikation und Design.

1991 gründete Alexander Doderer die Werbeagentur GRUPPE DREI® in Villingen-Schwenningen. Heute, 18 Jahre nach der Gründung, ist die Agentur für strategische Kommunikation Mitglied im Kommunikationsverband GWA und gehört zu den Top-Dienstleistern des Landes Baden-Württemberg.

Seit 2002 hält Alexander Doderer Vorträge zu den Themen Marketing, Marke, Markenführung, Unternehmenskommunikation sowie zu den Themen Gesellschaftsstruktur, Zeitgeist, Zukunft, Deutschland, Dienstleistung und Mittelstand. Weitere Schwerpunkte sind Standortmarketing und Tourismusmarketing mit all seinen Facetten.

2010 erschien sein erstes Buch »Die Psychologie erfolgreichen Standortmarketings«.

Referenzen und Kundenstimmen

International M&A GmbH, Düsseldorf

»Ihr äußerst fachkundiger Vortrag hat die Mitglieder unseres Clubs überaus beeindruckt. Sie sind wirklich ein Raconteur ersten Ranges, der seine Zuhörer mit klar strukturierten Ausführungen zu gewinnen vermag.« *Rüdiger Goll, geschäftsführender Gesellschafter Industrie Consult*

ULRICH DRAX

Themen

Komplexitätsmanagement

Change Management

Systemisches Führungsverständnis

Strategische Vertriebsentwicklung

Kurzbiografie

Während seines Studiums der Philosophie und Psychologie begann Ulrich Drax seine berufliche Karriere in einem Marktforschungsinstitut. Über Stationen als Personalentwickler in der Automotive-Branche und Leiter des Geschäftsfeldes Training und Beratung in einem Beratungsunternehmen führte sein Lebensweg zum Horst Rückle Team (hr TEAM). Hier ist er als Produktmanager verantwortlich für Führungskräfteentwicklung und Change Management. Das seit mehr als 40 Jahren erfolgreich tätige Trainings- und Beratungsunternehmen aus Böblingen ist einer der führenden deutschen Anbieter im Bereich der Personal- und Organisationsentwicklung.

Ulrich Drax berät, coacht und trainiert zahlreiche deutsche und internationale Unternehmen in Projekten zur Organisationsentwicklung, Leadership Performance und Vertriebsstrategie.

Referenzen und Kundenstimmen

Air France/KLM Deutschland
Bausparkasse Schwäbisch Hall
Bosch Thermotechnik
Deutsche Flugsicherung
Kölner Verkehrsbetriebe
Metro
Price Waterhouse Coopers
Thomas Cook

»Ich habe seit gestern schon dreimal Ihr Beispiel benutzt, um zu erklären, was Komplexität bedeutet.«

»Während des Kurses haben Sie mich sehr beeindruckt durch Ihre Fähigkeit, die Teilnehmer zu durchschauen und gemäß ihren Schwächen herauszufordern.«

»Ich würde mich sehr über die Fortsetzung der Zusammenarbeit freuen, insbesondere deshalb, weil Sie auf mich einen so sehr erfahrenen und sehr kompetenten Eindruck gemacht haben.«

DIANA DREESSEN

Themen

Implementierung einer transparenten, direkten und anerkennenden Kommunikationskultur

Das souveräne Führen von unangenehmen Gesprächen

Etablierung einer gewinnbringenden Leadershipkultur

Die ersten 100 Tage in der neuen Führungsposition als CEO

Kurzbiografie

Diana Dreeßen, seit 2002 Managementtrainerin, weiß, worüber sie spricht. Ihre berufliche Laufbahn begann sie bei einer renommierten deutschen Großbank in Frankfurt und stieg schnell zur Führungskraft auf. Systematisch entwickelte sie dabei ein sehr gutes Gespür in den fachlichen Themen. Sie überzeugte ihre Kunden, wie z. B. Versicherungen, Investmentfonds und ausländische Anleger, und auch ihre Mitarbeiter von ihrer Wirtschaftskompetenz und sehr früh auch von ihrem empathischen Einfühlungsvermögen. Sehr schnell erkannte sie, dass der berufliche, aber auch der private Erfolg vom Gleichklang von Herz, Seele und Verstand abhängt. Ihre Fähigkeit, die Menschen in ihren fachlichen Themen abzuholen und zu authentischen Persönlichkeiten zu entwickeln, macht sie zu einer unschlagbaren Kapazität im Bereich Führungs- und Kommunikationsverhalten.

Diana Dreeßen begleitet hochkarätige Unternehmen in Change-Management-Prozessen und im Etablieren einer erfolgsorientierten Kommunikations- und Führungskultur. Ihre Workshops sind bekannt dafür, die Menschen im Herzen zu berühren und somit den schnellen Wandel und die Einsicht für das Neue zu beschleunigen. Meistens wird sie dann in Unternehmen gerufen, wenn schon viele Trainingsmaßnahmen ausprobiert wurden und es zu keiner Besserung des Kommunikationsverhaltens und der Prozessoptimierung gekommen war. Vorstände und Führungskräfte, die mit ihr gearbeitet haben, berichten davon, dass sie eine völlig neue Sichtweise in Bezug auf ihr Führungs- und Kommunikationsverhalten bekommen haben und dieses neue Wissen sehr schnell umsetzen konnten.

Ihr persönliches Ziel ist es, Führungskräften und Mitarbeitern die Fähigkeit beizubringen, abwechselnd die Unternehmerbrille und Kundenbrille aufzusetzen, um Prozess- und Ergebnisverzögerungen erst gar nicht mehr entstehen zu lassen. Sie hat die meisten ihrer schnell wirkenden Trainingsmethoden selbst entwickelt, um für eine nachhaltige Wirkung zu garantieren. Unangenehme Themen, die unter der Oberfläche von Abteilungsteams schmoren, werden von ihr mit Leichtigkeit aufgelöst.

Ehrenamtlich setzt sich Frau Diana Dreeßen in einigen Organisationen dafür ein, dass viele Menschen, besonders die, die es sich finanziell nicht leisten könnten, in den Genuss kommen, sich selbst aus ihren misslichen Lebenssituationen herauszubringen.

Mit Witz, Charme und dem Mut, unangenehme Dinge auszusprechen und diese leicht und klar zu verpacken, schafft es Frau Diana Dreeßen immer wieder, Menschen zu bewegen, sich schnell in ihrem Verhalten zu ändern. In vielen Frauenzeitschriften, wie z. B. Cosmopolitan oder Vital, hat sie die Leserinnen schon von ihren Übungen profitieren lassen. Zwischen ihren Trainingsterminen schreibt sie zurzeit gerade an ihrem ersten Sachbuch zum Thema Erfolgsverhinderungsblockaden.

DR. MARTINA DRESSEL

Themen

Abschied vom Kommunikations-Tohuwabohu
Vorsprung durch zielführende Kommunikation

Zeit ist Geld, E-Mailen auch
E-Mail-Knigge, -Recht und -Management

(R)Evolution Social Media
Auswahl überlebensfähiger Kommunikationsstrategien im Web 2.0

Schönheit geht vor Alter
In TOP-Form mit 40plus

Veröffentlichungen

Kurzbiografie

Martina Dressel zeigt Wege auf, statt inflationär zielführend zu kommunizieren. Ihre Praxisbeispiele öffnen die Augen dafür, wie viel Potenzial zu erschließen ist, um verfügbare Kommunikationskanäle so zu nutzen, dass sie den Arbeitsalltag vereinfachen. Effizienz, Wettbewerbsvorsprung und Lebensqualität sind der Lohn.

Martina Dressel ist promovierte Ingenieurin. Sie erwarb postgradual einen hochschulpädagogischen Abschluss. Sie ist seit über 25 Jahren Dozentin. Nach achtjähriger steiler Karriere als angestellte Führungskraft in der Wirtschaft gründete sie 1998 ihr erstes Unternehmen, inzwischen mit Vertretungen in Kanada und in der Schweiz. Sie ist Buchautorin (E-Mail-Knigge) und seit zehn Jahren ist sie als Rednerin aktiv und geschätzt. Zu ihren Referenzen zählen neben Dax- weitere namhafte Unternehmen.

Wer sie erlebt, wird in ihren Bann gezogen und mitgerissen, spürt Brillanz, Leidenschaft und Kompetenz.

Wieder voller Aha-Effekte, kommt ihr neuer Vortrag »In TOP-Form mit 40plus« daher. Sie präsentiert ein Buffet voller mitunter verblüffend einfacher, aber wirksamer Methoden, um die Hürden, die sich einem ab 40plus in den Weg stellen, zu nehmen und attraktiv und vital zu bleiben.

Sie ist Mitglied »Professionell« der German Speakers Association und Mitglied im Industrieclub Sachsen und im Wirtschaftsclub Rhein/Main.

Referenzen und Kundenstimmen

»90 Minuten mit einem persönlichen Nutzen, der bisher so nur nach einem Tagesseminar selbstverständlich war! Beeindruckend und für jeden, der Weiterbildung als aktiven Lernprozess versteht, unbedingt empfehlenswert.« *Dr. B. Wetzel, ENSO AG*

»Besonders gut gefallen hat mir die Rednerin, die ein hohes Maß an Empathie und Kompetenz ausstrahlte. Die Möglichkeit, die Theorie an konkreten eigenen Problemen zu durchdenken, hat mich weitergebracht. Sie sind ein Vortragsprofi!« *Prof. A. Rösen-Wolff, Uni Dresden*

»Vielen Dank für die vielen Hinweise, Tipps, Beispiele und Anmerkungen. Eine komprimiertere und ehrlichere Art des Informationsflusses habe ich zu diesem Thema noch nicht erlebt.« *Lutz Gebhardt, Miltitz Duft und Aroma GmbH, Leipzig*

Auszeichnungen und Pressestimmen

»E-Mail-Knigge-Expertin« *ZDF und Radio Hamburg, 2009*
»Online Bewerbungen« *Radio Andernach, 2009*
»Die Kommunikationsexpertin« *Hitradio FFH, 2008*
»Expertin für E-Mail, SMS- und Business-Knigge« *Neue Welle Karlsruhe, 2008*
»Deutsch in bits und bytes.« *Die Sprache in Zeiten elektronischer Kommunikation, WDR5, 2008*

PROF. KLAUS-PETER DREYKORN

Themen

Brennpunkte + Strategien im Handel und Handwerk

Aktives Kundenmanagement

Führen ist lernbar!

Kunden mit Worten erobern!

Veröffentlichungen

Ohne Ziel – kein Erfolg!
Ziele bestimmen den Weg persönlicher Entwicklung.

Was zeichnet erfolgreiche Menschen aus?
Planen Sie Ihr berufliches Wachsen und Werden!

Der kommunikative Regelkreis!
Prägen Sie Ihren ersten Eindruck professionell!

Heiße Rede-Tipps!
Erfolgreich in Gesprächen und Verhandlungen.

Duzen – Terror der Intimität!
Verletzte Seelen durch pseudo-progressive Kommunikation.

Kurzbiografie

Klaus-Peter Dreykorn wurde 1947 in Fulda geboren, machte dort sein Abitur und danach seine Lehre zum Industriekaufmann. In Berlin absolvierte er sein Psychologie-Studium.

Fortbildung war für Klaus-Peter Dreykorn stets Priorität. Wertvolle Impulse für seine professionelle Rhetorik-Ausbildung erhielt er von Dr. Rudolf Stoll, Prof. Dr. Reinhard Tausch und Dr. Ruppert Lay. Im Rahmen der kommunikativen Psychologie waren Prof. Dr. Prescha, Dr. Kurt Lehnert und Dr. Eduard Herz, der bis heute sein persönlicher Mentor ist, wichtige ›Meilensteine‹. Dieter Marowski, Klaus Vopel, Dr. Gisela Eberlein und Ph. D. Ken Dichtwald sorgten für die Horizont-Erweiterung innerhalb der Gruppendynamik, Interaktion und Körperbewusstsein. Wichtige Stationen für das Managen und Führen waren für Prof. Dreykorn u. a. Dr. Rudolf Bossle und Dr. Rudolf Matheis.

Am 1. Januar 1980 gründete Klaus-Peter Dreykorn »ISF Management Consulting« und die »ISF RhetorikAkademie«. In deutschsprachigen Gastvorlesungen an internationalen Hochschulen doziert er mit der von ihm entwickelten und geschützten »PROTORING®-Erfolgsmethode«. Klaus-Peter Dreykorn stellt mit seiner PROTORING-Erfolgsmethode die kognitive Persönlichkeitsentwicklung der persönlichen, sozialen und methodischen Kompetenzen in den Vordergrund. Das sorgt für ein konsequentes, individuelles Wachsen und Werden und garantiert somit die Steigerung der eigenen Lebenskompetenz!
Prof. Dreykorn ist Mitglied in der »Tafelrunde« der TÜV-Süd Management Service GmbH, München und Vorsitzender der Speakers Society Malaga/Spanien. Im Jahre 2008 wurde Prof. Dreykorn als Member of GSA (German Speaker Association) aufgenommen. Ehrenamtlich ist Klaus-Peter Dreykorn als Gutachter in der BIVA e. V. tätig.

Als Fachautor ist Prof. Dreykorn in diversen Medien bekannt.

Referenzen und Kundenstimmen

Triplan AG, Bad Soden; Mainau-Akademie, Insel Mainau; GFS – Gesellschaft für Steuerrecht mbH, Berlin

Auszeichnungen und Pressestimmen

»Noch nie habe ich eine solche Trainings-Intensität erfahren. Prof. Dreykorn ist begeisternd, reißt seine Teilnehmer mit und packt selbst die heißesten Eisen mit seinem Charisma und Humor an. Seine hohe Kompetenz beweist, dass er sich in den oberen Management-Etagen bestens auskennt!« *Heinz Braun, Vorstand*

»Man kann ihn nicht beschreiben. Prof. Dreykorn muss man live erleben. Keine Minute langweilig. Beeindruckende Kompetenz. Einfach Spitze!« *Gundi Beckenbach, Landesvorsitzende BVBC e. V.*

»Die Workshops von Prof. Dreykorn sind in der Tat einmalig! Lernen mit Spiel und Spaß! Ich konnte fast alles in meine berufliche Praxis direkt umsetzen! Seine Trainings und Workshops gehören für mich zur absoluten Spitzenklasse!« *Thomas Spahn, Geschäftsführer*

KATJA DYCKHOFF

Kurzbiografie

Katja Dyckhoff hat an der Musikhochschule Köln studiert und mit dem Staatsexamen in Musik (Klavier, Gesang), Pädagogik, Psychologie abgeschlossen. Viele weitere Ausbildungen im Bereich der Psychologie, des Coachings und der Psychotherapie (Systemisches Coachen, Provokative Therapie, Kurzzeittherapie nach de Shazer, Transaktionsanalyse, Zertifikat Psychotherapie HPG, europäisches Zertifikat für Psychotherapie) folgten. 1993 gründete sie das Institut für Wahrnehmung und Kommunikation und wurde dann Mitinhaberin des international tätigen Trainings- und Coachingunternehmens Power Research Seminare mit Sitz in Bonn. Als Sprecherin, Referentin, Lehrtrainerin und Lehrcoach für verschiedene Institutionen (u. a. ECA, DVNLP, Q-Pool 100) hält sie Vorträge und führt offene Seminare und Inhouse-Trainings/Coachings durch. Tätigkeit in deutschsprachigen Ländern (Deutschland, Österreich, Schweiz) und im Ausland (Spanien, USA, Italien, Dubai). Zu ihren Kunden zählen viele namhafte Großkonzerne sowie mittelständische Betriebe. Ihre Medienerfahrung reicht von Radio, TV (SAT 1, WDR, VOX, 3SAT) bis hin zu CD- und Hörbuchproduktionen.

Themen

Stimme: Instrument des Erfolgs

Die Wirkung von Stimme und Körpersprache

Emotional kommunizieren, das Geheimnis von Charisma

Der Wertemanager, Wertemanagement in Entscheidungssituationen, Coaching und Beratung

Veröffentlichungen

Zusammen mit Thomas Westerhausen ist sie Autorin des bestverkauftesten deutschsprachigen Stimmbuches: »Stimme: Instrument des Erfolgs.« Dieses Buch wurde vom Hamburger Abendblatt zu einem der zehn besten Trainingsbücher gewählt. Sie ist Autorin des Buches »Der Neugier-Erfolgs-Loop« als auch des Buches über Wertemanagement in Entscheidungssituationen, Coaching und Beratung »Der Wertemanager«. Viele der in den Büchern dargestellten, von den Autoren neu entwickelten Methoden werden mittlerweile an unterschiedlichsten Institutionen und Hochschulen gelehrt.

Katja Dyckhoff ist auf Grund ihres musikalischen Studiums und durch ihre langjährige internationale Bühnen- und Medienerfahrung eine kreative Rednerin, die mit viel Herz und Verstand ihre Zuhörer fasziniert und inspiriert. Nach dem Motto »Es gibt nichts Gutes, außer man tut es« liebt sie das pragmatische Umsetzen im Alltag, die Klarheit und Menschen durch ihr Temperament für neue Wege zu begeistern.

Referenzen und Kundenstimmen

»Fantastisches Seminar, absolut praxisnah, superklasse, Top-Referentin.« *SVI, internationale Gesellschaft für Dialogmarketing*

Auszeichnungen und Pressestimmen

»Stimme: Instrument des Erfolgs« *vom Hamburger Abendblatt unter die zehn besten Bücher des Jahres gewählt.*

»Probieren Sie die Trainingsmethoden von Dyckhoff und Westerhausen aus; Sie werden überrascht sein, wie viel Potenzial noch in Ihrer Stimme steckt. Jeder, der viel sprechen und überzeugen muss, wird davon profitieren.« *Hamburger Abendblatt*

THOMAS EBERL

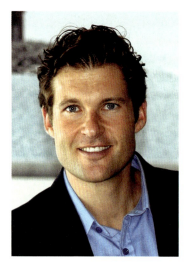

Themen

Körperliche Stärke, geistige Frische
Wer fit ist, hat mehr Erfolg!

Gesund powern – effektiv abschalten
Professionelles Energiemanagement

Work-Life-Balance
Der Weg zu mehr Energie und Lebensfreude

Effektives Stress-Management & BurnOut-Vorsorge

Veröffentlichungen

Kurzbiografie

Thomas Eberl (* 1973) lebt vor, wovon er spricht. Seine Energie, sein Humor und sein Charisma haben bis heute zehntausende Menschen begeistert, motiviert und dauerhaft inspiriert.

Er überzeugt als brillanter Referent und Experte auf dem Gebiet der Gesundheitsoptimierung. Er verbindet körperliche und geistige Fitness in einem ganzheitlichen Programm. Er liefert wertvolle Anregungen und vermittelt praktische Übungen, die durch ihre einfache Umsetzung im Alltag nachhaltig wirken. Er zeigt uns, wie wir unsere Energiereserven immer wieder auftanken – und unser Leben jeden Tag neu entdecken können. Auf der ganzen Welt hat er die unterschiedlichsten Menschen beobachtet; er hat die Gewohnheiten der Amazonas-Indianer genauso kennengelernt wie die Bewegungsabläufe der Shaolin-Mönche in China. Dabei hat Thomas Eberl immer wieder festgestellt, dass es die kleinen Impulse sind, die in ihrer Summe eine große Wirkung entfalten.

Der diplomierte Sportwissenschaftler (TU München) ist als Buchautor, Gastdozent, Fitnesscoach und Berater erfolgreich. Seine fachübergreifende Kompetenz basiert auf 20 Jahren Erfahrung und stets aktuellem und innovativem Wissen. Als Redner zeichnet er sich durch Bühnenpräsenz und Dynamik aus. Er vereint alltagstaugliche Wissensvermittlung mit psychologischem Feingefühl und macht seine interaktiven Vorträge, Events und Seminare zu einem unvergesslichen Erlebnis.

Lassen Sie sich von Thomas Eberl begeistern – und leben Sie los!

Referenzen und Kundenstimmen

»Wer Vorträge über Fitness & Gesundheit für nüchtern und theoretisch hält, hat Thomas Eberl noch nicht erlebt ...« *Kay Steinbach, Gesamtvertriebsleiter Region Süd-West AUDI AG*

»Thomas Eberl zählt für mich zu den führenden Referenten im deutschsprachigen Raum. Er ist eine Bereicherung für unsere Events und Veranstaltungen.« *Udo Brand, Leiter Wella Friseur-Service PROCTER & GAMBLE*

»Ihr authentisches Auftreten und die lebendige Art, einen derart gelungenen Vortrag vor einem Fachauditorium von mehr als 1.200 Ärzten so souverän und kompetent abzuliefern, hat uns veranlasst, Sie gleich für weitere Veranstaltungstermine einzuplanen.« *Dr. Sandra Kluge, Fachreferentin BERLIN-CHEMIE AG*

»Von den Teilnehmern nur bestens bewertete Referenten werden für Folgetermine eingesetzt. Die von 2007 bis 2009 gebuchten 18 Seminartermine mit Ihnen sprechen für sich. Für unsere Terminplanung 2010 haben wir Sie wieder als Referent vorgesehen.« *Sina Poeck, Training Consulting Staff-Events, THE BOSTON CONSULTING GROUP*

»Sie haben es geschafft, 1.400 Kunden und Mitarbeiter für das Thema Fitness & Gesundheit zu begeistern!« *Manfred Buncke, Vorstandsvorsitzender der SPARKASSE Höxter*

HEIKO VAN ECKERT

Themen

Mit Level-Selling zum richtigen Zeitpunkt in den Einkaufsprozess einsteigen

In Vertriebsverhandlungen Ziele durchsetzen – mit der richtigen Strategie

Effiziente Zusammenarbeit im international aufgestellten Vertrieb

Forecast-Planung und zielsichere Opportunity-Bewertung mit dem Chance-Radar

Veröffentlichungen

Kurzbiografie

Heiko van Eckert ist Gründer und Vorstand der salegro AG – der führenden komplementären Vertriebsberatung – und leitet erfolgreich internationale Beratungsprojekte im B2B-Projektvertrieb.
Er ist Berater, Trainer, Coach und Keynote-Speaker für Personal, Persönlichkeits- und Organisationsentwicklung im Vertrieb. Seit 13 Jahren ist er als Berater und Trainer aktiv, zehn Jahre lang trug er im Vertrieb entscheidend zum Unternehmenswachstum bei, zuletzt vier Jahre als Leiter einer Vertriebsniederlassung. Führungskräften auf Managementebene steht er als geschätzter, vertrauensvoller Sparringspartner zur Seite. Fachkompetenz, Vertriebserfahrung und Weitblick – davon profitieren seine Zuhörer.
Vertrieb mit Methode. Methode mit Leidenschaft – so erlebt man Heiko van Eckert. Nach diesem Ansatz spricht, berät, trainiert und begeistert er Unternehmen, Fachexperten, Führungskräfte, seine Kunden.

Ein klares Vortragskonzept für nachhaltig wertvolle Impulse
- Maßgeschneidert – durch breite Branchenerfahrung: ITK, Industrie, Maschinenbau, Finanzen, Beratung, Bildung und Medien
- Anwendbares, wertvolles Know-how, auf dem neuesten Stand von Wissenschaft und Praxis
- Fundierte Einblicke in wirklich relevante Vertriebsthemen
- Der Blick für's Ganze: Themenspecials in ihrem Gesamtkontext erfassen – Mitarbeiter, Vertriebsorganisation, Vertriebsprozesse

Keynote-Speech – Lassen Sie sich von einem spannenden Impulsvortrag inspirieren und motivieren.

Master Class – Erarbeiten Sie Ihre Strategie zum Thema in einem Tages-Workshop mit Ihren Führungskräften.

Referenzen und Kundenstimmen

Namhafte Unternehmen, anspruchsvolle Kunden
GEA/Westfalia Separator, RWE, Siemens Gebäudetechnik, Stauf Klebstoffwerk, Süd Chemie, Bentley Systems, msg systems, Telefónica o2 Germany, Capgemini, Sun Microsystems, TKS, T-Systems International, HypoVereinsbank, Xenium, Arthur D. Little, Siemens Management Consulting.

»Kurz, bündig, effektiv – ein Leitfaden für die Nutzung der Komponente Mensch im Vertrieb.« *Hans Roland, msg systems AG*

»Wenn du weiterkommen willst, ist dein Geld hier gut investiert.« *Stefan Vogelgesang, msg systems AG*

»Kompetent, motivierend und sofort an die Bedürfnisse der Teilnehmer angepasst.« *Helmut Bader, DNS Deutschland GmbH*

»Gute Inhalte, die sofort in der Praxis angewandt werden können.« *Stephan Finke, Tailormade Brand Consulting*

»Das lohnt sich wirklich – muss man mitgemacht haben!« *Volker Lakenbrink, GEA Westfalia Separator GmbH*

HOLGER ECKSTEIN

Themen

Stimmigkeit – Der Weg zum Handeln aus der eigenen Mitte

Stimmig leben – Die eigene Lebensaufgabe meistern

Stimmig führen – Das eigene Führungspotenzial entfalten

Kurzbiografie

Holger Eckstein coacht und berät seit 15 Jahren Führungskräfte und Privatpersonen aus allen Teilen der Gesellschaft und gilt als Top-Experte zum Thema »Stimmig leben und führen«

»Der Weg zur Stimmigkeit ist der Weg zum unmittelbaren Handeln aus der Mitte heraus«, sagt Holger Eckstein. In langjährigen Beziehungen hilft er seinen Kunden (Einzelpersonen und Unternehmen) immer wieder, Sinn und Erfolg miteinander zu verbinden – das nächste Stück Weg stimmig und erfolgreich zu gehen. Die Schwerpunkte seiner Arbeit sind (Top Management) Coaching, Persönlichkeitsseminare, Teamentwicklung (an der Unternehmensspitze), Change Management und Führungskräfteentwicklung.

Der Diplom-Kaufmann der WHU Vallendar und ehemalige Strategieberater erwarb sich als Coach den Ruf, schnell zum Wesentlichen zu kommen, die »harten« und »weichen« Aspekte gelingender Lebens- und Menschenführung auf den Punkt zu bringen und das überzeugend zu kommunizieren. Menschen aus allen Walks of Life vertrauen seinem Rat. Wegen der Vorbildwirkung, die Führungskräfte haben, hält er gerade bei ihnen das Handeln und Entscheiden aus der Stimmigkeit heraus für wichtig und notwendig.

Seine Vorträge sind inspirierend, kraftvoll und klar.

Er arbeitet in zwei Sprachen: Deutsch und Englisch.

Referenzen und Kundenstimmen

Kundenliste (Auszug):
1 & 1 Internet AG
BASF
Boehringer Ingelheim
Deutsche Bahn
Deutsche Post/DHL
Fraport
ImmobilienScout24
Universal Music
Walt Disney
Zwilling

»Wenn ich das, was ich von Ihnen gelernt habe, vor zehn Jahren schon gewusst hätte, wäre mein Leben viel besser verlaufen.« *Vorstand aus der Konsumgüterindustrie (40)*

»Du bist ein verdammt guter Coach! Du hast hier nur Anhänger. Du würdest hier alle Menschen entscheidend weiterbringen, jeden Einzelnen, das weiß ich!« *Vorstandsvorsitzender einer Industriegruppe (48)*

»Sie haben mein Leben verändert. Das ist ein großes Geschenk – danke!« *Unternehmer (38)*

CARLA EGGEN

Themen

Konstruktive Kommunikation

Kreativität & Potenziale

Standing & Authentizität

Bewusstseinsarbeit

Kurzbiografie

Carla Eggen ist seit 1989 selbstständig als Moderatorin (Kundenveranstaltungen, TV, Kongresse, Großveranstaltungen), ausgebildeter Business-Coach, zertifizierter Coach (dvct), seit 2001 tätig als Coach und Trainerin für namhafte deutsche Konzerne und mittelständische Unternehmen.

Sie ist Spezialistin für individualisiertes, zielorientiertes und begleitendes Coaching für Führungskräfte. Zu ihren Stärken zählt die Durchführung von MA-Trainings, die geprägt sind von individuellem Feedback und sehr persönlicher Analyse.

Die 4 Säulen ihrer Arbeit sind:

1. Kommunikation + Präsentation

2. Standing + Authentizität

3. Wo ist die Kreativität

4. Konstruktive Motivation

Sie arbeitet mit Menschen aus unterschiedlichen Branchen zusammen, z.B. Handel, Vertrieb, IT, Medien, Banken, Finanzen, Medizin, Werbung, Konsumgüter, Personaldienstleistungen.

Referenzen und Kundenstimmen

Zu ihren Kunden zählen u.a.: BMW; Postbank; Tchibo.

MICHAEL EHLERS

Kurzbiografie

Ehlers (geb. 1972) hilft bei professioneller Kommunikation! Rhetorik-, Marketing- und Vertriebsprofi – explosiver Sympathieträger mit Herz.

Geschäftsführender Gesellschafter des Institut Michael Ehlers
Internationaler Trainer, Coach und Berater
Politikberater (Spindoctor)
Dozent der Boston Business School
Dozent der SGMI »St.Galler Management Institut«

Expert Member des Club 55
(European Community of Experts in Marketing & Sales)
Professional Member der GSA (German Speakers Association)

Fachautor (z. Bsp.: »acquisa«, Convention, AI u. a.)
Mitherausgeber der »Vertrieb Experts Site«

Michael Ehlers ist »Der Rhetoriktrainer«. Wenn es um die authentische Wirkung von Persönlichkeiten auf einer Bühne, hinter einem Mikrofon oder im Verkaufsgespräch geht, gehört Ehlers zu den Top-Trainern und -Referenten in Europa.

Der Schwerpunkt seiner Arbeit liegt im Bereich Rhetorik (Das »Reden halten« lernen; vor kleinen Gruppen oder großen Auditorien), Dialektik (Die Kunst der Überzeugung in Konferenz, Gespräch, Debatte, Funk & Fernsehen) und Körpersprache sowie das »Trainieren« und »Coachen« von Verkäuferpersönlichkeiten, Managern und Spitzen-Politikern.

Bei Michael Ehlers geht es also um den »Spin«, den richtigen Dreh in der Kommunikation. Der Unternehmer und sein Team betreuen im »Institut Michael Ehlers, Bamberg« weltweit Kunden in strategischer Personalentwicklung. Schwerpunkt: Communication, Leadership and Sales.

In seinem Bamberger Institut arbeiten professionelle Teams in den Abteilungen: Marketing, PR & Lobbying, HR sowie dem »Michael Ehlers Verlag« für Audio- und Podcast. Seine Kunden beschreiben seine Arbeitsweise so: humorvoll, medien-virtuos, freundschaftlich-direkt und hanseatisch klar

PROF. HARALD EICHSTELLER

Themen

Facebook, Twitter & Co im B2B-Bereich

Herausforderung Social Media

Fit für die Geschäftsführung

Der Kunde im Mittelpunkt

Veröffentlichungen

Kurzbiografie

Professor Harald Eichsteller hat nach 20 Jahren als Manager in Industrie, Beratung, Agentur und Medien die Seiten gewechselt und lehrt seit 2003 an der renommierten Hochschule der Medien (HdM) in Stuttgart. Seine Erfahrung im Siemenskonzern weltweit, als Strategiechef von RTL Television in Köln sowie Strategie- und Onlinechef der Aral AG bringt er in seine Vorlesungen an der HdM sowie europaweit in seine Beratungs- und Vortragstätigkeiten ein.

Der studierte Betriebswirt (WHU Koblenz, Northwestern University, ESC Lyon) ist seit 1996 als Experte für kundenorientierte Strategien, Onlinemarketing und Innovationsmanagement gefragter Referent und Chairman von Kongressen und Gipfelkonferenzen (u. a. in Rio de Janeiro, London, Valencia, Montreux, Zürich, Heiligendamm). In den letzten Jahren entstanden zahlreiche Fachartikel und Bücher; der prominenteste Titel ›Fit für die Geschäftsführung‹ erschien 2005 im CAMPUS Verlag und wird 2009/2010 neu aufgelegt. In den Standardwerken ›Leitfaden Onlinemarketing‹ (marketing-BÖRSE) und ›Auslaufmodell Fernsehen‹ (Gabler Verlag) ist Prof. Eichsteller mit vielbeachteten Beiträgen vertreten.

Der Redner der Fünf-Sterne-Agentur Sales Motion unterstützt als Beirat junge und etablierte Firmen der digitalen Wirtschaft und war bis zum Saisonende 2009 Beiratsvorsitzender des Basketball-Bundesliga-Clubs Köln 99ers.

Referenzen und Kundenstimmen

»Für unser junges, wachsendes Unternehmen nehme ich sehr viele wertvolle Impulse mit. Die Veranstaltung war Zeit und Geld wert.«
Geschäftsführer, Start-up, Aschaffenburg

»Eine Veranstaltung von hoher Qualität mit starkem Bezug zur Praxis.«
Geschäftsführer D-A-CH, internationaler Telekommunikationsdienstleister, Köln

Auszeichnungen und Pressestimmen

Deutscher Multimedia Award 2002
1. Preis in der Kategorie web-based Services für www.fuehrerschein.de

Intermedia Globe Grand Prix 2002
Silber-Auszeichnung in der Kategorie Kinder für www.kidstation.de

ANJA EIGNER

Kurzbiografie

»Es gibt kein Schema F. Um erfolgreich zu sein, muss man die Augen offen halten, flexibel und mit Leidenschaft bei der Sache sein. Und solide Arbeit machen.« Leidenschaftlich bei der Sache ist Anja Eigner, Jahrgang 1978, immer.

Mit 18 Jahren beginnt sie in Dresden ihr BWL-Studium, absolviert parallel dazu eine Bankausbildung und arbeitet für die heute größte ostdeutsche Sparkasse. Mit 21 Jahren schließt sie das Studium mit Diplom ab. Mit 22 erhält sie an ihrer Alma Mater den ersten Lehrauftrag. Zu der Zeit berät sie für Andersen Consulting (heute: Accenture) bereits Global Player der Finanzindustrie. Doch die erste große Krise der Branche trifft auch sie. Sie startet neu: Mit 25 gründet sie ihre eigene Unternehmensberatung. Schwerpunkt: Marktorientierte Unternehmensführung.

Heute erarbeitet Anja Eigner mit ihren Mandanten individuelle Lösungen in Strategie, Marketing und Organisation, um die Unternehmen konsequent auf ihre Zielmärkte auszurichten. Das Ergebnis sind nachhaltige Unternehmenserfolge. Ihre Firma ist darauf spezialisiert, durch gezieltes Kundenbeziehungs- und Qualitätsmanagement Potenziale für Gewinnsteigerungen aufzudecken und umzusetzen. Seminare ergänzen das Angebot. Kunden kommen aus ganz Europa.

Als Jurorin bei Start-up-Wettbewerben ist Anja Eigner ebenso gefragt wie als Autorin und Partnerin für Fachinterviews. Darüber hinaus ist sie Dozentin und Prüferin an der Staatlichen Studienakademie Sachsen sowie der Hochschule für Technik und Wirtschaft, Dresden.

Referenzen und Kundenstimmen

»Das war ein großes Thema und ich bedanke mich ausdrücklich für die Gedanken und die Diskussion, die Sie dem sehr interessierten Publikum geboten haben. (...) Gefallen hat mir, dass Sie sich engagiert der Sache gewidmet haben. Bei mir ist der Eindruck entstanden, dass Sie das Thema selbst für sich und Ihre Arbeit als sehr wichtig empfinden und es deshalb auch sehr komplex betrachten.« *Dr. Wolfgang Uske, Telefonbuchverlag Sachsen*

»Wir schätzen sowohl Ihre ausgeprägte fachliche als auch Ihre hohe menschliche Kompetenz. Durch Ihr großes Engagement und Ihre interessanten Vorträge konnten Sie schon vielen Unternehmern unserer Region bereits wichtige Anregungen und Hilfestellungen geben.« *Thomas Schulz, Creditreform*

»You are able to convince people to innovate in critical situations, that's important!« *Dr. David Dalleau, Qimonda*

»Die »Unternehmensführung der S-Klasse« ist entschieden das funkelndste Juwel in Ihrem Portfolio: Ihr Vortrag war für mich zweifelsfrei das beeindruckendste Seminar der letzten zehn Jahre und die seltene Gelegenheit, selbst als praxiserfahrener Manager noch etwas Feinschliff zu erhalten.« *Dr. Wolfram Kaiser, electromotive engineering & consulting GmbH*

Themen

Marktorientierte Unternehmensführung
Endziel Kunde: Organisation optimal gestalten; Produktentwicklung: Was will der Kunde?

Marketing & Branding
Menschen machen Marken. Marken machen Märkte

Customer Relationship Management
Kunden verstehen, Potenziale ausschöpfen. Erfolg dank Feedback-Management

E-Business & Web 2.0
Social Media nutzen für Unternehmensoptimierung, Kundenkommunikation und Innovation

Veröffentlichungen

Das Primus-Prinzip – 7 mal 7 Praxiswahrheiten aus der DDMC-Berater-Schatztruhe (erscheint 2011)

Steuerberater Magazin

CrefoINFO – Newsletter und Informationsportal der Creditreform

Mittelstandsdialog – Wissen, Tipps, Trends z. Unternehmensfinanzierung

www.vortragsimpulse.de

REINHARD EMATINGER

Themen

Play for Profit
Mit LEGO® SERIOUS PLAY® Brücken bauen, Märkte entdecken und Zukunft gestalten

Ich streichelte Picassos Katze!
Mit selberdenken® powered by LEGO® SERIOUS PLAY® auf die Zukunft vorbereitet sein

Iaido Punk
Reinhard Ematinger on Strategic Preparedness.

Veröffentlichungen

Kurzbiografie

Reinhard Ematinger will nur spielen: Er bietet aktivierende Keynotes und mit selberdenken® powered by LEGO® SERIOUS PLAY® funktionierende Werkzeuge, um Prozesse, Strukturen und Konzepte auf den Tisch zu bringen, Schlüsselpersonen zu involvieren, Märkte zu entdecken und Zukunft zu gestalten.

Nach Abschluss als Maschinenbau-Ingenieur studierte Reinhard Ematinger an der Montanuniversität Leoben und graduierte an der Oakland University zum Master of Science in Engineering Management. Er ist NLP Master Practitioner (DVNLP), zertifizierter Coach (EBS, DCV) und in Moderation, Gruppendynamik, Lean Management und LEGO® SERIOUS PLAY® ausgebildet und erfahren.

Mehr als 80 Semester Lehraufträge an mehreren Hochschulen in Österreich und Deutschland zu Kundenbindung, E-Commerce, Logistikmanagement, Kommunikation und strategischer Unternehmensführung, mehrere Sachbücher und 15 Jahre Konzernerfahrung in IT-Beratung, Business Development und Operations Management stellen neben dem wissenschaftlichen Anspruch die praktische Relevanz seines Ansatzes sicher.

Referenzen und Kundenstimmen

»Herr Ematinger versteht es mit seiner sanft und zugleich bestimmt führenden Persönlichkeit sowie seinem außergewöhnlichen Konzept, zu einem Reiseleiter der ganz besonderen Art zu werden. Es braucht nicht mal die Dauer eines Fußballspiels, um auf spielerische Art und Weise einen Besuch bei seiner eigenen Kreativität zu absolvieren. Um wieder die Fantasie eines Kindes zurückzugewinnen. Und mit Hilfe sorgfältig ausgewählter LEGO-Bausteine zum Schöpfer neuer Ideen, Dienstleistungen und Produkte zu werden. Und um diese schlussendlich ohne Scheu vor einer Gruppe zu präsentieren, die sich bisher nicht gekannt hat. Respekt, Herr Ematinger, das ist eine der ganz besonderen, merk-würdigen Erfahrungen für mich bis heute!« *Ulf Runge, Referatsleiter IT, Commerzbank AG*

»Herr Ematinger führt professionell als ›Facilitator‹ durch sein spannendes Seminar. Unbedingt empfehlenswert, wie er hochkonzentriert und dennoch flexibel die Inhalte auf die Zielgruppe adaptiert.« *Knut R. Walther, Leiter Internationale Personalentwicklung, Fraport AG*

»Es war erfrischend ›anders‹ zu sehen, wie viel Freude es macht, wieder mit den Händen zu schaffen und das Ergebnis vor sich zu haben. Diese Visualisierung brennt sich ein und lässt einen so schnell nicht wieder los. Dieses Erlebnis war etwas noch nicht da Gewesenes und wurde von den Teilnehmern in den höchsten Tönen gelobt.« *Dr. Andreas Eckstein, CEO, Verband Europäische Zukunftsforschung*

CHRISTOPH EMMELMANN

Themen

Management by Freude
Die Humor-, Lach- und Motivationsstrategie für Führungskräfte und Mitarbeiter

Lebe dein Lachen
Die Kraft des Lachens erfolgreich nutzen

Nichts zu lachen – oder doch!?
Persönlichkeit stärken – ausgeglichen leben

Mit Lachen zu neuer Kraft bei Burn-out

Veröffentlichungen

Kurzbiografie

Christoph Emmelmann, 1961 in München geboren, Betriebswirt des Handwerks, Buchautor, Lachtrainer und Therapeut, ist einer der wenigen Menschen, die das Lachen und den Humor zum Berufsbild gemacht haben. Er ist zu diesem Thema anerkannter Experte in Rundfunk und Fernsehen wie auch in Lehrakademien und Instituten im deutschsprachigen Raum, u. a. in München, Köln, Bozen. Der gelernte Flugzeugmechaniker, Schlossermeister und Betriebswirt des Handwerks kam über die Selbstständigkeit im Baumanagement durch eine Referentenausbildung bei der ascent AG Akademie im Jahr 2000 ins Seminar- und Vortragswesen.

Durch eine schwere Herzoperation mit Ersatz einer Herzklappe, ausgelöst durch Stress, entdeckte er das Lachen und Humor als Heilmittel für sich selbst und schöpfte daraus neue Kraft und Lebensfreude. Durch mehrere Ausbildungen und seine umfangreichen praktischen Erfahrungen in Unternehmen, sozialen Institutionen und Lehranstalten erwarb er sich ein großes Know-how im Bereich Stressmanagement sowie Lach- und Humortherapie. Sein Ziel ist es, das Lachen und den Humor mit all seinen Facetten einer möglichst breiten Öffentlichkeit zugänglich zu machen. Dabei hebt er besonders die gesundheitlichen Aspekte des Lachens und die fördernde Wirkung des Humors hervor, die gerade in Unternehmen zur Entwicklung einer neuen Kommunikations- und Führungskultur beitragen können sowie als sehr wirkungsvolles Stresstraining und Teambildungsmaßnahme einsetzbar sind. Seine außergewöhnlichen, interaktiven Impulsvorträge sind oft Höhepunkt jeder Veranstaltung. Seine selbst entwickelten Seminare, Trainings und Ausbildungen setzen in namhaften Unternehmen nachhaltige Impulse für mehr Gesundheit, Motivation und Lebensfreude am Arbeitsplatz.

Christoph Emmelmann gründete die erste Lachschule Deutschlands mit eigenem Ausbildungssystem in München, ist Mitglied bei Humorcare Deutschland e.V. und autorisierter Ausbilder im Verband der deutsche Lachyoga-Therapeuten. Seine Bücher und sein erster Film zum Thema setzen Maßstäbe in der Branche.

Referenzen und Kundenstimmen

»Seine Vorträge kennzeichnen sich durch lautes Lachen und Tränen des Glücks beim Publikum.« *Anne Koark, Bestsellerautorin*

Auszeichnungen und Pressestimmen

»ZAUBERHAFT« *Buchreport 2007*

DR. MARTIN EMRICH

Themen

DELFIN-Strategie – Auftrieb für Ihr Unternehmen
Erkennen Sie die 6 Erfolgsfaktoren für den Sprung aus dem Meer der Mittelmäßigkeit

Employer Branding – wie Sie sich als attraktive Arbeitgebermarke positionieren
Wie Sie High Potentials erkennen und gewinnen und Blender entlarven

Erfolgsgeheimnisse der Top-Leader in Krisenzeiten
Business-Knigge – die 7 peinlichsten Fettnäpfchen für Top-Entscheider

Veröffentlichungen

Kurzbiografie

Dr. Martin Emrich ist Nachfahre des berühmten Begründers der Gedächtnispsychologie, Hermann Ebbinghaus (1850-1909). Nachdem er sein Abitur mit dem Notendurchschnitt 1,2 absolviert hatte, studierte Martin Emrich in Italien, in den USA und in Deutschland Organisationspsychologie, Französisch, Italienisch und Erwachsenenbildung. Sowohl das Vordiplom wie auch das Diplom in Psychologie bestand er jeweils als Jahrgangsbester mit der Note 1,0. Als Praktikant und Diplomand arbeitete Martin Emrich in der Führungskräfteentwicklung bei DAIMLER. Seit 1996 führt Dr. Emrich die Geschäfte der Beratungsfirma EMRICH Consulting ... improving people! Seine Firma berät Kunden wie HUGO BOSS, adidas, DAIMLER, Hilton Hotels, Telecom Italia und Toshiba. Dr. Emrich beschäftigt heute ein Team aus 30 MitarbeiterInnen, welche in internationalen Projekten Trainings, Coachings und Beratungen von Führungskräften durchführen. Nach einer kurzen Beschäftigung bei The Boston Consulting Group promovierte Martin Emrich 2004 zum Thema »Diagnose von Führungskompetenz mit dem Verfahren Assessment-Center«. Im gleichen Jahr erschien auf dem deutschen Markt sein mit Prof. Dr. Daniela Eisele verfasster Persönlichkeitstest EpsKA, der sich seitdem Jahr für Jahr tausendfach verkauft.

Dr. Emrich arbeitet als Speaker, Trainer, Coach und Berater in den Sprachen Italienisch, Englisch, Französisch, Spanisch und Deutsch und ist dadurch europaweit als Keynote-Speaker gefragt. Seine Fähigkeit, sich auf die jeweilige Kultur der Zielgruppe einzustellen, zeichnet den Diplom-Psychologen auch in Deutschland besonders aus.

Sein fundiertes Wissen präsentiert der erfahrene Redner authentisch, fesselnd und praxisorientiert. Interaktive Komponenten in seinen Vorträgen sowie zahlreiche Praxisbeispiele begeisterten bereits Tausende von Zuhörern.

Dr. Emrich ist Entwickler der preisgekrönten DELFIN-Analyse und Autor von über 40 Büchern und wissenschaftlichen Publikationen in Fachzeitschriften.

Referenzen und Kundenstimmen

»Dr. Emrich ist Championsleague – authentisch, nachvollziehbar, fesselnd!« *Markus Neubrand, Director Controlling bei HUGO BOSS*

»Bravo! Bravissimo!« *Prof. Dr. Nello Gaspardo, European School of Business*

»Dr. Emrich schafft wirklichen Mehrwert für Unternehmen!« *Oliver Ueltzhöffer, o2*

Auszeichnungen und Pressestimmen

Ehrung der National Honor Society in Psychology (1999)
Promotionsstipendium der Studienstiftung des deutschen Volkes (2001)
Aufnahme in Hübners »Who-is-Who« (2009)
Auszeichnung »TOP 100« von Speakers Excellence (2009 und 2010)

SIGRID ENGELBRECHT

Themen

Richtig gute Laune kriegen
Stimmungsmanagement in Job und Freizeit

Tanz mit dem Säbelzahntiger
Stress und Stressbewältigung

Best Age Power
Wie man dem Älterwerden die guten Seite abgewinnt

Entspannt den Tag genießen
Die Kunst des Loslassens

Veröffentlichungen

Kurzbiografie

Sigrid Engelbrecht, 1954 geboren, deutsche Staatsbürgerin, Persönlichkeits- und Kommunikationstrainerin, Coach, Dipl.-Designerin, Malerin, Kommunalpolitikerin.

»Wege entstehen dadurch, dass man sie geht« – dieses Zitat von Franz Kafka ist das Motto von Sigrid Engelbrecht, deren Lebensweg sehr viele Facetten hat – so farbenfroh wie ihre Bilder, so farbenfroh ist auch ihr Leben und Wirken. Ausgestattet mit einem großen Vorrat an Ideen, viel Energie und Tatkraft versteht sie es, auch anspruchsvolle Projekte zu realisieren.

Sigrid Engelbrecht studierte Germanistik, Publizistik und Volkswirtschaft in Berlin und Textildesign in Münchberg (Bayern). Nach ihrem Diplom als Designerin arbeitete sie zunächst in der Textilbranche, spezialisierte sich per Fernstudium auf den Bereich Werbegrafik und machte sich 1990 mit einem eigenen Grafik-Design-Atelier in Bayreuth selbstständig. Als Malerin bestritt sie seit 1989 mehr als 20 Einzelausstellungen in Deutschland, Frankreich und Österreich mit meist abstrakten Arbeiten in kräftiger Farbgebung.

Seit 1990 ist sie Mitglied des Bayreuther Stadtrats, wo sie sich seitdem für ihre Heimatstadt engagiert, und seit 2004 zertifizierte Mental und Wellnesstrainerin mit Schwerpunkt Persönlichkeitsentwicklung. Ihr besonderes Interesse gilt den Bereichen Kreativität, Motivation, Stressbewältigung, Selbst- und Stimmungsmanagement. Zu diesen Themen ist sie auch als Vortragsrednerin und Seminarleiterin unterwegs, seit 2006 auch als Autorin mehrerer Sachbücher.

Referenzen und Kundenstimmen

»Sehr anschaulicher Vortrag, praxisorientiert, humorvoll und kurzweilig, jede Menge Denkanstöße« *Michael Strack, Seminarteilnehmer*

»Humor und Tiefgang ganz ideal verbunden« *Teilnehmer bei einer Buchpräsentation von Sigrid Engelbrecht in Karlsruhe*

»Sigrid Engelbrecht hat die Gabe, klar und gut verständlich zu formulieren, dabei aber einfühlsam und sehr bezogen zu bleiben.« *Tanja Konnerth, zeitzuleben.de*

Auszeichnungen und Pressestimmen

»Auf kompakten 170 Seiten liefert die Autorin Sigrid Engelbrecht Rezepte für einen gesunden Umgang mit den Stressauslösern unseres Alltags. Das gelingt ihr bemerkenswert gut.« *Hamburger Abendblatt zum »Tanz mit dem Säbelzahntiger«; dort war »Tanz mit dem Säbelzahntiger« im August 2009 Buch der Woche*

»Die Ideen in ihrem klugen Kopf reichen noch für mindestens neun weitere Leben.« *Manfred Spörl, Darstellung von Sigrid Engelbrecht in »Edition Profile – Bürger unserer Zeit«, Bayreuth 2008*

DR. CLAUDIA E. ENKELMANN

Themen

Das neue Charisma-Training
Verdoppeln Sie Ihre Ausstrahlung

Was Frauen unschlagbar macht
Erfolgreich mit den Waffen einer klugen Frau

Mit Liebe, Lust und Leidenschaft zum Erfolg
Privat glücklich; beruflich erfolgreich

Veröffentlichungen

Die Venus-Strategie:
Ein unwiderstehlicher Karriereratgeber für Frauen

Liebe, Glück & Erfolg

Name-Power: Nie mehr ein Nobody!

Kurzbiografie

Dr. Claudia E. Enkelmann, 1968 in Lippstadt/Westf. geboren, studierte Psychologie in Deutschland und an der Stanford University in den USA. Als Diplom-Psychologin hat sie mit einer soziologischen Forschungsarbeit über weibliche Führungskräfte im Vertrieb promoviert. Claudia E. Enkelmann ist eine der wenigen weiblichen Top-Trainerinnen und versteht es, wissenschaftliche Informationen gekonnt mit Motivation zu verbinden. Ihr fundiertes Wissen ist beeindruckend und sie übermittelt es mit viel Charme und Humor. Als Tochter von Nikolaus B. Enkelmann konzentriert sie sich auf die Themen Erfolg, Charisma und das Geheimnis glücklicher Beziehungen. Ihre fünf Bücher sind bereits in sieben Sprachen übersetzt worden und sie ist eine sehr gefragte Referentin auf Großveranstaltungen. Die pragmatischen Tipps von Claudia E. Enkelmann sind sofort umsetzbar und bewirken echte Veränderungen. Beruflicher und privater Erfolg sind möglich und mit dem richtigen Wissen sogar ganz einfach. Sie verrät die wichtigsten Unterschiede im Denken, Fühlen und Handeln von Männern und Frauen. Im Seminar »Charisma-Training« lüftet die leidenschaftliche Infotrainerin den Schleier um das Geheimnis positiver Ausstrahlung. Sie sagt: »Ja, es gibt Menschen, die eine große Ausstrahlung besitzen. Menschen, die durch ihr großes Charisma gewinnen.« Und sie verspricht: »Durch das richtige Training lässt sich das persönliche Charisma verdoppeln.« Sie fügt als Vertreterin einer neuen Trainergeneration dem Enkelmann'schen Erfolgssystem aktuelle Inhalte und Werkzeuge auf Basis der bestehenden Werte hinzu.

Referenzen und Kundenstimmen

»Dr. Claudia E. Enkelmann ist eine exzellente, eloquente und humorvolle Rednerin, die Frauen wie Männer gleichermaßen emotional ansprechen und begeistern kann.« *Prof. Dr. Lothar Seiwert, President der German Speakers Association GSA, Keynote-Speaker und Bestsellerautor*

»Ihr Auftreten ist fulminant, höchst informativ und außerordentlich unterhaltsam.« *Manfred Läkamp, ZÄT-Info, Ostbevern*

»Es war die richtige Entscheidung, sie einzuladen, denn sie ist fachlich fundiert und versteht es, authentisch, kurzweilig und charmant ihr Publikum zu überzeugen. Mit ihren vielen Beispielen trifft sie den Nagel auf den Kopf und bewirkt langfristig anhaltende positive Veränderungen.« *Günter Butter, Direktionsleiter, Deutsche Vermögensberatung AG, Mannheim*

Auszeichnungen und Pressestimmen

»Ob in Familie oder Beruf – Dr. Claudia E. Enkelmann kennt die richtigen Strategien für Erfolg und Anerkennung auf der ganzen Linie.«
Fernsehwoche

NIKOLAUS B. ENKELMANN

Themen

Die Macht der Motivation:
Was Manager über Menschen wissen müssen; Sich und andere richtig motivieren

Die Gesetze des Erfolges:
Die Macht des Unterbewusstseins; Wie Sie große Ziele erreichen

Rhetorik & Körpersprache
Die Sprache des Erfolges: die Power der Verkaufsrhetorik; Wer reden kann, gewinnt!

Veröffentlichungen

Kurzbiografie

Nikolaus B. Enkelmann (Jg. 1936) ist einer der renommiertesten Persönlichkeits- und Rhetorik-Trainer im deutschsprachigen Raum. Er begann seine Karriere in Lippstadt/Westfalen. Neben dem Studium engagierte er sich in der Politik und wurde in jungen Jahren Landrat. Schon früh erkannte er die Bedeutung der Rhetorik. Enkelmann lernte beim »Vater des autogenen Trainings«, Prof. H. Schultz, und gilt als Koryphäe für die Aktivierung des Unterbewusstseins zur Verursachung von Erfolgen nach psychologisch fundierten Grundsätzen. Die wissenschaftliche Basis des Enkelmann-Erfolgs-Systems sind die sinnzentrierte Logotherapie nach Prof. Viktor Frankl sowie die Erkenntnisse der modernen Gehirnforschung. Er entwickelte wirksame Methoden zur Entfaltung der Persönlichkeit und damit das bewährte Enkelmann-Erfolgs-System. Sein großer Durchbruch kam, als er das mentale Training in den Spitzensport einführte. Er entwickelte als Erster in Deutschland eine erfolgreiche Methode, die jedem Wettkämpfer helfen kann, sein Potenzial optimal zu nutzen. So zum Beispiel Karl Schnabl (Goldmedaillengewinner), Toni Innauer (Weltmeister), Irene Epple (Silbermedaillengewinnerin) usw. Seine Seminare, Vorträge und Bücher sind absolute Klassiker und er gilt als Grandseigneur der deutschen Erfolgstrainer. Mehr als eine Million Teilnehmer haben seine Erfolgsseminare besucht und sein Institut für Rhetorik, Management und Zukunftsgestaltung in Königstein im Taunus ist seit langem ein Geheimtipp. Schon seit über 40 Jahren trainiert er Topmanager, Verkäufer, Ärzte, Spitzensportler und Mitarbeiter führender Unternehmen. Als Motivationsexperte versteht er es wie kein anderer, Menschen wachzurütteln und ihre Stärken zu mobilisieren. Seine inzwischen 18 Bücher wurden in mehr als 10 Sprachen übersetzt.

Referenzen und Kundenstimmen

»Ihre professionelle Einstellung, der erstklassige Inhalt und der Ablauf Ihrer Seminare haben eine anhaltende Tiefenwirkung bewirkt. Das hat sich letztendlich auch auf den beruflichen Erfolg ausgewirkt.« Joachim H. aus Bad Vilbel

»Tausend Dank für Ihr wundervolles Wochenendseminar in Bonn. Wir haben eine großartige Begeisterung mit nach Hause genommen und bereits heute mit Stimmtraining und Autosuggestionen begonnen. Es ist ein Erlebnis, Sie live sehen zu dürfen!« Jürgen R. aus Werl

Auszeichnungen und Pressestimmen

- Träger des Bundesverdienstkreuzes am Bande der Bundesrepublik Deutschland
- Mitglied der »Hall of Fame«, German Speakers Association
- Life Achivement Award, DVWO Dachverband der Weiterbildungsorganisationen

»Der Grandseigneur unter den Erfolgstrainern« Focus

»Deutschlands wohl erfolgreichster Erfolgstrainer« Frankfurter Allgemeine Zeitung

STÉPHANE ETRILLARD

Themen

Hautnah verkaufen, denn Menschen kaufen gute Gefühle

Erfolgsrhetorik: So überzeugen Sie noch besser

Authentisch – glaubwürdig – erfolgreich

Spitzengespräche – Führen durch den Dialog

Veröffentlichungen

Kurzbiografie

Stéphane Etrillard, 1966 geboren, zählt zu den Top-Wirtschaftstrainern und Coachs. Er gilt als führender europäischer Experte zum Thema »persönliche Souveränität«.

Bei Entscheidern und Führungskräften ist er als Ratgeber und »Trainer der neuen Generation« gesucht und bekannt. Als Coach und Autor genießt er einen hervorragenden Ruf. Mit seinen offenen Seminaren im Bereich Rhetorik und Dialektik sowie Selbst-PR verhilft er seinen Teilnehmern zu mehr Souveränität in allen Lebenslagen.

Stéphane Etrillard vermittelt Kompetenz aus der Praxis für die Praxis. Sein bewährtes Know-how ist in den letzten 12 Jahren in der Beobachtung und Begleitung von mehreren Tausend Führungskräften und Verkäufern aus unterschiedlichsten Branchen entstanden. Coachings und Seminare führte er bis jetzt in Deutschland, Österreich, der Schweiz, den Niederlanden, Belgien, Luxemburg, Frankreich, Italien, Ungarn sowie in Russland durch.

Zu seinen Privatklienten zählen Manager aus Top-Unternehmen, mittelständische Unternehmer und Politiker sowie viele Menschen, die sich bei ihm neue Impulse holen, um ihre Kommunikation zielführender zu gestalten. Durch zahlreiche Vorträge und Publikationen ist er einem breiten Publikum bekannt geworden.

Er ist Autor von über 30 Büchern und Audio-Coaching-Programmen, die zu den Business-Topsellern zählen. Er ist beliebter Interviewpartner für die Presse von »Cash« bis »ManagerSeminare« über »Focus Money« sowie gern gesehener Gast bei Talkrunden und Podiumsdiskussionen. Vielen ist er auch aus Fernsehinterviews bei NRW TV sowie Rundfunkinterviews bei »Bayern 2 Radio« bekannt.

Stéphane Etrillard zählt das Who's who europäischer Unternehmen zu seinen Kunden. Das Spektrum seiner Kunden erstreckt sich von innovativen Mittelständlern über DAX-Unternehmen bis zu global agierenden Konzernen. Bei den führenden Seminar- und Kongressveranstaltern zählt er zu den gefragtesten Referenten. In Zusammenarbeit mit Führungskräfte-Akademien und Seminarveranstaltern hat er Fach- und Führungskräfte von fast allen DAX-Unternehmen geschult.

Referenzen und Kundenstimmen

»ein Meister der sanften Töne.«
»ein kultivierter Trainer, der natürlich, menschlich und authentisch wirkt.«
»ein Profi aus der Praxis, ein äußerst sympathischer Mensch, der keine Spur von Überheblichkeit zeigt.«
»Stéphane Etrillard weiß als Top-Trainer, worauf es ankommt.«

Auszeichnungen und Pressestimmen

Stéphane Etrillard wurde unter die Top 100 »Excellent Speakers« sowie in den Kreis der Top 100 »Excellent Trainers«, der »Perfect Speakers« und »Platinum Speakers« aufgenommen.

DR. CHRISTOPH ETZLSTORFER

Themen

Erfolg ist, wenn man merkt: Und es geht doch!

Erfolg und Motivation aus der Praxis des Spitzensports

Über den Umgang mit Rückschlägen und mit schwierigen Rahmenbedingungen

Kurzbiografie

Dr. Christoph Etzlstorfer, geboren 1963, Universitätsassistent, Spitzensportler, Trainer, Motivationsreferent in der Wirtschaft, Vereinsobmann.

Ein Saltosprung im Turnunterricht veränderte 1981 das Leben von Christoph Etzlstorfer radikal. Nach dem missglückten Sprung landete er Kopf voran in der Matte, zog sich dabei eine Querschnittlähmung zu und verwendet seither für die Fortbewegung einen Rollstuhl. Dem Schulabschluss folgte das Studium Wirtschaftsingenieurwesen technische Chemie, seit der Promotion 1993 ist er Assistent am Institut für organische Chemie.

Unmittelbar nach der Zeit im Rehazentrum begann er sich regelmäßig sportlich zu betätigen, zunächst der Fitness wegen, später, um bei Wettkämpfen Spitzenplatzierungen zu erreichen, schließlich, um die körperlichen und mentalen Grenzen auszuloten. Vor allem die Ausdauerwettbewerbe, im Speziellen der Marathon, hatten es ihm angetan, auch dem Teamsport Rollstuhlrugby kann er viel abgewinnen. Seit 1984 nahm er an sieben Paralympics (Olympische Spiele im Behindertensport) teil und gewann Medaillen und verbesserte oftmals Weltrekorde.
Seit Absolvierung einer Trainerausbildung betreute er Athleten im In- und Ausland. Seine Erfahrungen im mentalen Bereich gibt er in Vorträgen und Workshops für Firmen und Organisationen weiter. Ganz wichtig ist ihm dabei der Brückenschlag aus der Welt des Sports in die Welt der Zuhörer, sei es fürs Privat- oder fürs Berufsleben.

Referenzen und Kundenstimmen

Behindertensportler des Jahres in Österreich 1994

Sportler des Jahres in Oberösterreich 1996

Silbernes Ehrenzeichen für Verdienste um die Republik Österreich, 2000

Sportler des Jahres in Oberösterreich 2004

Goldenes Ehrenzeichen für Verdienste um die Republik Österreich, 2004

Fitness Tribune Award 2007

Silbernes Ehrenzeichen für Verdienste um das Land Oberösterreich, 2009

»Die erste Goldmedaille bei Paralympics, die er in Athen gewann, ist deshalb mehr als die Belohnung für fünfeinhalb Kilometer schnelles Fahren. Sie steht für ein Lebenswerk. Typisch für ihn: Man musste ihn für die Auszeichnung nicht vorschlagen. Er hat sie sich selbst erarbeitet.« *Thomas Arnoldner, Oberösterreichische Nachrichten, 2004*

ANTONY FEDRIGOTTI

Kurzbiografie

Antony Fedrigotti, Buchautor, Coach und Motivationstrainer des Jahres 2003, hat schon mit 15 Jahren sein Heimatland Südtirol verlassen, um Antworten auf Fragen zu finden, die sich viele Menschen stellen: »Warum sind manche Menschen erfolgreich, andere nicht?« und »Wie kann ein Mensch sein Potenzial aktivieren?«.

Seit über 20 Jahren beschäftigt er sich mit Selbst- und Gedankenmanagement sowie Erfolgs- und Verhaltensstrategien. Durch seine Erfahrung im Aufbau mehrerer eigener Firmen sind seine Vorträge und Seminare sehr praxisnah und sofort umsetzbar.

Antony Fedrigotti sieht jeden Menschen als ein einmaliges Individuum, als ein eigenes Unternehmen ... das »Unternehmen Persönlichkeit«.

Jede Persönlichkeit wird durch die Gedanken gesteuert und kann dadurch ihren Misserfolg und Erfolg bestimmen. Seine These lautet: »Wer sein Denken ändert, ändert sein Verhalten, wer sein Verhalten ändert, ändert seine Ergebnisse.«

Referenzen und Kundenstimmen

»Standing Ovation – sehr aussagekräftig. Emotional abgeholt und direkt auf den Punkt gebracht. Mit lustigen Beispielen ernste Themen platziert. Wir freuen uns sehr, dass Herr Fedrigotti unsere Veranstaltung bereichern und zum Ende das Bild abrunden konnte.« *J. Sieh, Degussa Bank GmbH*

»Sie sind bei unserem Kick-off-Meeting auf Burg Staufeneck sehr gut angekommen. Vor allem Ihre direkte Art Situationen anzusprechen, die vielleicht jedem bekannt sind, die aber in der Regel an der ›Trägheit der Masse‹ scheitern und das Vermitteln des Geheimnisses, das alles doch sehr stark oder ausschließlich an unserer eigenen Beschränktheit liegt. Es gab noch viele Gespräche nicht nur an diesem Tag, sondern bis heute. Einige sagten, das war das/der Beste, den wir bisher hatten!! Kompliment und Dankeschön hierfür.« *T. Wezel, Morgenstern AG*

Auszeichnungen und Pressestimmen

Auszeichnung zum Top-Keynote-Speaker unter den Top-100 der Perfect Speakers, 2009

Auszeichnung zum Qualitätsexperten 2009 durch das Qualitätsnetzwerk der Erfolgsgemeinschaft.com

Member of German Speakers, Association e. V.; Motivationstrainer des Jahres 2003; TOP 100 Member, Speakers Excellence; Excellence Award; Q-Pool 100 Member; TOP 10 Conga; Keynote-Speaker Top 100 Perfect Speakers; Qualitätsexperte 2009 durch das Qualitätsnetzwerk

Themen

PowerThinking®
Die Macht der Gedanken

ESR-BIOGRAMM®
Der Schlüssel zur Menschenkenntnis

Alpha Imagination®
Das mentale Erfolgstraining

Powertalking
Mit der Macht Ihrer Sprache gewinnen

Veröffentlichungen

SONJA FELDMEIER

Themen

Media-Business und -Agenturen

Mediaplanung und -forschung

Der deutsche Medienmarkt

Werbung und Kommunikation

Kurzbiografie

Seit Anfang der 1990er Jahre berichtet Sonja Feldmeier für führende nationale und internationale Fachmedien als freie Autorin über die deutsche Kommunikationsbranche und den Medienmarkt. Das Themenfeld erstreckt sich von wirtschaftlich relevanten Themen über Forschung und Vermarktung bis hin zu Marketing und Kommunikationsstrategien.

Mit der Fokussierung auf das umsatzstarke Media-Business besetzte sie schon früh eine thematische Nische. Als eine der ersten Journalisten überhaupt thematisierte und kommentierte sie das Geschäftsgebaren der Media-Agenturen und die Verwerfungen des Marktes.

Sonja Feldmeier gilt als ausgewiesene und eine der erfahrensten Kennerinnen des deutschen Medien- und Mediamarktes sowie seiner komplexen Strukturen und Mechanismen.

Referenzen und Kundenstimmen

TV-Beitrag im NDR-Magazin »Zapp« im April 2009 zum Thema Media-Agenturen

JOSUA FETT

Kurzbiografie

Josua Fett, 1964 geboren, deutscher Staatsbürger, Verkaufstrainer und Buchautor. Josua Fett absolvierte eine solide kaufmännische Ausbildung und war bei namhaften Unternehmen als Verkäufer hocherfolgreich tätig. Berufsbegleitend erwarb er seine wirtschaftswissenschaftliche Qualifikation. Er sammelte auch als Verkaufsleiter wichtige Führungserfahrung im Vertrieb. Danach erfolgte eine umfassende Trainerausbildung mit den Schwerpunkten Strategie und Psychologie im Verkauf und in Motivationstechnik bei einem renommierten Unternehmen in Oberbayern. Er war mehr als acht Jahre Berater und Trainer bei einer der ersten Adressen in Europa und leitet seit 10 Jahren sein eigenes Unternehmen mit Sitz im malerischen Klosterdorf Windberg. Das absolute Spezialthema von ihm ist der Verkauf von hochpreisigen Produkten und Dienstleistungen. Er gehört mittlerweile zu den Top Ten der Trainer im deutschsprachigen Raum. Er ist Initiator des Mehr-Wert-Denkens und zu diesem Thema hat er auch den Bestseller »Die Mehr-Wert-Strategie« geschrieben, welcher bereits in der vierten Auflage erhältlich ist. Mehrere in- und ausländische Wirtschaftsakademien haben ihn zu seinem Spezialthema »Die Mehr-Wert-Strategie« als Dozenten engagiert. Zudem ist er Autor von zahlreichen Lehrbriefen für verschiedene Fachbereiche und Mitautor in diversen Fachbüchern. Josua Fett ist einer der gefragtesten Key-Note-Speaker bei Großveranstaltungen und Top-Events mit mehreren tausend Teilnehmern bei Weltkonzernen.

Themen

Mehrpreise nur durch Mehrwerte
Wie Sie durch die Mehrwertstrategie bessere Erträge erzielen

Preisgespräche und Preisverhandlungen erfolgreich führen
Wie Sie sich auf harte Preisgespräche effizient vorbereiten

Veröffentlichungen

Referenzen und Kundenstimmen

»Einfach klasse und genial. Ihr Vortrag am 15.12.2005 in Düsseldorf für die Provinzial, kann mich nur anschließen, beste Bewertung!!!!« *Provinzial Rheinland*

»Ihr Tagesseminar war einfach toll! Sie haben sich hervorragend auf den Kreis der Teilnehmer eingestellt und die Resonanz zeigt uns, das wir den richtigen Referenten ausgesucht haben.« *Cum Nobis*

»Sehr geehrter Herr Fett, während unserer ISH-Tagung im Februar 2009 wurde Ihr Vortrag durchwegs positiv von unserem Verkaufsteam aufgenommen. Dies zeigten auch die anschließenden Gespräche und Diskussionen. Nochmals herzlichen Dank.« *Kermi GmbH*

»Lieber Herr Fett, jetzt ist die Preisserie wieder gelaufen. Die Bewertungen waren überall wieder top. Bewertung Referent: München 1,1, Stuttgart 1,1, Frankfurt 1,2, Hamburg 1,2, Düsseldorf 1,2, Nürnberg 1,2, Wien 1,2 und Salzburg 1,1.« *Manfred Hartan, GG., DVKS, Deutsche Verkäufer-Schule, Nov. 2006*

Auszeichnungen und Pressestimmen

»Josua Fett, Pro-Value-Berater aus Straubing, hielt einen mitreißenden Vortrag, wie Rollendruckbetriebe ›Mehr-Werte‹ für ihre Kunden schaffen können. Dazu müssen Unternehmen zuerst die Erwartungshaltung des Kunden analysieren und sich darüber klar werden, was der Kunde wirklich kauft.« *Zeitung Deutsche Drucker Nr. 38/Nov. 2005*

DR. GUDRUN FEY

Themen

Power-Talking
Die Sprache des Erfolgs

Vorhang auf! Jetzt rede ich!

Das unterschiedliche sprachliche und kommunikative Verhalten von Frauen und Männern

Selbstmarketing
Wie Sie Ihren beruflichen Erfolg steigern

Veröffentlichungen

Kurzbiografie

Dr. Gudrun Fey ist eine der erfahrensten und renommiertesten Trainerinnen für Rhetorik und Kommunikation in Deutschland. Ihr Seminardesign zum Thema Rhetorik ist von vielen Trainern übernommen worden. Nach einer Schauspielausbildung in Hamburg studierte sie Linguistik, Betriebswirtschaft und Philosophie mit dem Schwerpunkt antike Rhetorik und Dialektik. Sie promovierte über das ethische Dilemma der Rhetorik in der Antike und der Neuzeit. Als Rede- und Mediencoach berät sie Führungskräfte, Geschäftsführer, Pressesprecher, Vorstände und Landesminister. Ihr Bestseller »Gelassenheit siegt. Mit Fragen, Vorwürfen und Angriffen souverän umgehen« erschien jetzt in der 12. Auflage.

Zu Ihren Kunden gehören u. a. Automobilindustrie und -zuliefererindustrie, Banken, Versicherungen, Arbeitgeberverbände, Landesverwaltungen und Universitäten. 1992 bis 1996 war sie Lead Trainer beim größten amerikanischen Seminarveranstalter CareerTrack Inc., Colorado, USA. Die Stärke von Gudrun Fey ist ihr motivierender Seminar- und Vortragsstil. Sie überzeugt durch exzellente Fachkenntnisse und Einfühlungsvermögen.

Ihre über 30-jährige Erfahrung mit 30.000 Seminarteilnehmern aller Branchen machen jede Veranstaltung mit ihr zu einem nachhaltigen Erlebnis. Seit 1997 ist sie geschäftsführende Gesellschafterin von study & train, Gesellschaft für Weiterbildung mbH in Stuttgart. study & train trainiert mit seinen 20 Rhetorik- und Kommunikationsexperten jährlich über 3.000 Menschen.

Mitgliedschaften:
- Professionelles Mitglied bei der German Speakers Association
- Q-Pool 100, offizielle Qualitätsgemeinschaft internationaler Wirtschaftstrainer und -berater
- GABAL
- EWMD (European Women's Management Network)

Referenzen und Kundenstimmen

»Das Seminar ›Rhetorik mit Power‹ mit Dr. Gudrun Fey wurde 2006 getestet. Die Qualität der Seminardurchführung wurde mit ›hoch‹ bewertet. Diese Note erreichten nur 3 von 19 Anbietern.« *Stiftung Warentest (Ergebnisse in Finanztest 6/2006)*

»Dr. Gudrun Fey überzeugte durch ihre große Souveränität. Die Teilnehmer waren von ihr begeistert. Gelobt wurde insbesondere, dass sie ihre große Berufs- und Lebenserfahrung sehr lebendig weitergegeben hat und super mit Fragen umging ...« *Dr. Baier, Leiter Abt. Personalentwicklung und Personalplanung, Wirtschaftsuniversität Wien, 2009*

HEINKE FIEDLER

Themen

Jeder spricht und keiner kommuniziert
Wie du kommunizierst, ist, wer du bist und wie du führst

Never waste a good crisis!
Vom Glück, herausgefordert zu werden.

Generation Classic: alles andere als Altersheim.
Ein Megatrend, den keiner wahrnimmt.

Kurzbiografie

Heinke Fiedler, 1964 geboren, studierte an der European Business School in Oestrich-Winkel, London und Paris Betriebswirtschaft mit den Schwerpunkten Marketing und Steuern. Bis 1999 arbeitete sie für verschiedene Konzerne im FMCG-Bereich. So zeichnete sie verantwortlich für eine Vielzahl an innovativen Produkteinführungen von »FruchtZwerge« bis »Vasa«, den Aufbau von »Nespresso« in Deutschland sowie den Relaunch der Feinkostmarke »KATTUS«. Heinke Fiedler ist seit 1999 selbstständig und arbeitet schwerpunktmäßig in Beratung und Umsetzung für Market-Entry-Projekte, Produktlaunches und -relaunches sowie für Start-ups. 2009 hat sie ihre erste Studie aufgelegt: »Wirtschaftskrise – Chance für Neubeginn?« Sie ist Mitgründerin des Charity-Projekts Wahlverwandtschaften, das einen Gegenpol zu Vereinsamungstendenzen in unserer Gesellschaft schaffen will.

Referenzen und Kundenstimmen

»Liebe Frau Fiedler, ich möchte Ihnen meine ehrliche Wertschätzung Ihrer Person zum Ausdruck bringen. Sie gehören für mich zu den wenigen Menschen, die allein durch ihre Anwesenheit ein wirklich positives Umfeld schaffen können. Ganz zu schweigen von Ihren fachlichen Qualitäten, die ich sehr bewundere.« *Ralf Dreher, Geschäftsleiter von Essen Bank*

»›Wer mir schmeichelt, ist mein Freund – wer mich tadelt, ist mein Lehrer.‹ Es ist schön und herausfordernd, jemanden im Leben zu treffen, der beides vollbringt.« *Patryk Lyzcywek, ehemaliger Mitarbeiter*

»Heinke Fiedler überzeugt durch Disziplin und gewinnt durch ihr außerordentliches Maß an Empathie. Sie ist eine der wenigen im Business, die das Prinzip Fairness leben. Jedes Projekt, das ich mit und für sie umsetzen durfte, hat Erfolg mit Spaß verbunden.« *Antje Meyer, Inhaberin orangeblue relations GmbH*

Auszeichnungen und Pressestimmen

Gewinner 12. Internationaler Sponsoring Award, Kategorie ›Innovation‹ für das Projekt ›Eulen nach Athen tragen‹ *DaimlerChrysler Bank, Olympia 2004*

Erfolgreichste Neuprodukteinführung (Vi'Thai), *Lebensmittelzeitung 1992*

KLAUS-J. FINK

Kurzbiografie

Jahrgang 1960, Jurastudium, Speaker, Erfolgstrainer und Coach, Buchautor und Herausgeber von Video- und Audiotraining.

Er gilt im deutschen Sprachraum als anerkannter Erfolgstrainer für Telefon- und Empfehlungsmarketing sowie für das Thema Recruiting. Insbesondere in der Finanzdienstleistungsbranche wird er von vielen als die Nr. 1 in Sachen Neukundengewinnung angesehen!

Klaus-J. Fink versteht es durch seine eloquente Art, als Keynote-Speaker große Auditorien mitzureißen.

Klaus-J. Fink ist Lehrbeauftragter der Fachhochschule für angewandtes Management im Rahmen des MBA (Master of Business Administration), Dozent an der European Business School im Rahmen der Ausbildung »Certified Financial Planner« (CFP) sowie Gastdozent an der Europäischen Fachhochschule, Brühl.

Themen

Bei Anruf Termin – professionelle Terminvereinbarung

Empfehlungsmarketing – Königsweg der Neukundengewinnung

Vertriebspartner gewinnen – professioneller Vertriebsaufbau per Telefon

Top-Selling, die 4 Erfolgsfaktoren für mehr Umsatz – mehr Gewinn

Veröffentlichungen

Bücher, CDs sowie DVDs zu den drei Kernthemen

DVD:
Top-Selling, Die 4 Erfolgsfaktoren für mehr Umsatz – mehr Gewinn

Buch:
888 Weisheiten und Zitate für Finanzprofis

Referenzen und Kundenstimmen

Zu den Kunden gehören namhafte Unternehmen und Banken wie: AachenMünchener Versicherung AG, Allianz AG, Commerzbank, Credit Suisse, Deutsche Vermögensberatung AG, Hallesche Krankenversicherung, Microsoft, Sparkassenakademie Münster, Telis Finanz, UBS und viele mehr.

Er ist Expert-Member im Club 55, einer Vereinigung der besten Verkaufstrainer Europas.

Auszeichnungen und Pressestimmen

Dem renommierten Keynote-Speaker wurde zweimal der Conga Award der TOP 10 Deutschland verliehen; er erhielt zweimal die Auszeichnung als »Trainer des Jahres«.

Auszeichnung zum Top-Keynote-Speaker unter den Top 100 der Perfect-Speakers.eu

Auszeichnung zum Qualitätsexperten 2009 durch das Qualitätsnetzwerk der Erfolgsgemeinschaft

ARNO FISCHBACHER

Themen

Geheimer Verführer Stimme
Die unbewusste Macht in der Kommunikation

Voice sells
Mehrwert bei jedem Kundenkontakt

Corporate Voice
Hörbare Markenkompetenz gegenüber Kunden und Partnern

Mehr Stimme, mehr erreichen!
Führen mit Stimme

Veröffentlichungen

Kurzbiografie

Arno Fischbacher, geboren 1955 in Oberösterreich, ist Wirtschafts-Stimmcoach, Rhetoriktrainer, Redner und Autor. Nach seinen Ausbildungen zum Goldschmied und zum Schauspieler begann er eine eindrucksvolle Karriere am Theater. Zwei Jahrzehnte zählte er zum Stammensemble des heutigen Schauspielhauses Salzburg. Arno Fischbacher spielte bei den Salzburger Festspielen und in Film- und Fernsehproduktionen. Von 1985 bis 1996 leitete er das Theater als kaufmännischer Direktor. 1997 verließ er die Bühne und baute den Privatsender Welle 1 mit auf. Arno Fischbachers Stimme ist weit über die Grenzen von Salzburg bekannt und auch heute noch wird er als Sprecher für Hörfunk und Fernsehen gebucht.

Seit 1998 ist Arno Fischbacher als Trainer und Coach selbständig. Er profiliert sich seither als Experte für die unbewusste Macht der Stimme in Kundenservice, Führung und Vertrieb. Als Redner, Trainer und Coach arbeitet er mit den Führungskräften und Mitarbeitern der Top-Unternehmen in Deutschland und Österreich, um sie für Gespräche, Präsentationen oder Medienauftritte fit zu machen. Voice Awareness© ist seine moderne Trainingsmethode, in der er seine Erfahrungen mit neuem Wissen aus Psycholinguistik und Wahrnehmungsforschung verbindet. Dabei fokussiert er sich auf konkrete Situationen und schnelle Umsetzbarkeit.

Stimme wirkt. Um das immer mehr Menschen bewusst zu machen, gründete Arno Fischbacher »stimme.at«, ein Netzwerk von Stimmexperten mit mittlerweile über 70 Mitgliedern im deutschsprachigen Europa. Er ist im Vorstand des Austrian Voice Instituts und der German Speakers Association (GSA) Österreich. Arno Fischbacher ist Autor des Buches »Geheimer Verführer Stimme« (Junfermann 2008).

Referenzen und Kundenstimmen

»Noch nie habe ich in einem Workshop in so kurzer Zeit so viel gelernt. Und das so spielerisch, ohne das Gefühl, mich anzustrengen.« *Erich Postl, Bezirksblätter*

»Der Vortrag von Herrn Fischbacher bedeutete einen ›Einschnitt‹ in die Beschwerdebearbeitung. Die Mitarbeiter berichten, dass sie gelöster sind und objektiver handeln und entscheiden können.« *Telekom AG*

Auszeichnungen und Pressestimmen

Auszeichnung zum Qualitätsexperten 2009 durch das Qualitätsnetzwerk der Erfolgsgemeinschaft.com

Auszeichnung zum Top-Speaker durch die Qualitätsplattform Top-Speaker.eu, 2009

»Zwei Tage Stimm-Seminar mit Arno Fischbacher bescheren den einen oder anderen Aha-Effekt. Und die Erkenntnis: Stimme ist Macht.« *Wirtschaftsblatt*

CLAUDIA FISCHER

Themen

Telefonpower
wie Sie maximalen Kundenerfolg erzielen sowie mit Ihrer Einstellung, Stimme und Sprache überzeugen

Telefonsales – wie Sie Ihr Produkt optimal präsentieren und verkaufen

Akquisition
wie Sie erfolgreich akquirieren und mehr qualifizierte Termine machen

Telefonleitfaden – wie Sie kompetent und strukturiert telefonieren

Veröffentlichungen

Kurzbiografie

Claudia Fischer, Trainerin und Autorin, ist Kommunikationsexpertin für profitable Telefonate. Sie gilt als eine der renommiertesten Telefon- und Kommunikationstrainer im deutschsprachigen Raum.

Ihren Erfahrungsschatz baute sie in ihrer Tätigkeit bei Mercedes-Benz und UPS auf. In ihrer Tätigkeit für UPS übernahm sie die Leitung der Abteilung TeleSales/-Servicing. Sie ist eine Frau aus der Praxis für die Praxis.

Sie trainiert in deutscher und englischer Sprache Menschen, die noch professioneller und gleichzeitig authentisch telefonieren möchten. Sie konzentriert sich auf die mittel- und langfristige Umsetzung von Telefontrainingskonzepten.

Dabei geht es ihr um die Spezifika des anspruchsvollen Businesstelefonats, den Telefonvertrieb auf höchstem Niveau bzw. die erfolgreiche und professionelle Akquisition.

Im Mittelpunkt steht der Mensch in seinem Umfeld.

Referenzen und Kundenstimmen

»Claudia Fischer hat unsere Mitarbeiter im Direct- so wie im Tele-Sales mit absoluter Professionalität trainiert und dabei überaus erfolgreiche Wege zur Gewinnung von Neukunden vermittelt. Das sehr individuelle Training bereichert unseren Vertriebsprozess, es macht Spaß, motiviert und bringt beste Erfolge. Das zeigen die vielen qualifizierten Kundentermine auf höchstem Niveau als auch entsprechende Abschlüsse. Frau Fischer ist nun seit mehreren Jahren regelmäßig in die Weiterentwicklung unserer Vertriebsmannschaft involviert und wir schätzen anhaltend den Mehrwert, den sie uns bietet.« *Detlev Legler, Open Text GmbH*

»Claudia Fischer führt bei uns regelmäßig seit 1999 Trainings durch, jede einzelne Veranstaltung wird seitens der Teilnehmer durchgehend überaus positiv bewertet. Unser Ziel, eine optimale Kundenorientierung per Telefon zu erreichen, ist bei jedem durchgeführten Training zu 100% erreicht worden.« *Michael Steinbauer, Deutsche Doka Schalungstechnik GmbH*

Auszeichnungen und Pressestimmen

»In ungewohnt ironischer und praxisnaher Weise bringt die Autorin die eher staubtrockene Thematik leicht und beschwingt an den Leser.«
Shortbooks – Rezension von »telefonpower«

ERNST PETER FISCHER

Kurzbiografie

Geboren 18. Januar 1947 in Wuppertal (verheiratet, zwei Töchter; zwei Enkel); Studium der Mathematik und Physik in Köln (Diplom 1972); Studium der Biologie am California Institute of Technology in Pasadena (USA) (Promotion 1977); wissenschaftlicher Mitarbeiter an den Universitäten Freiburg und Konstanz (Biochemie und Biophysik), Habilitationsstipendiat der DFG im Bereich Wissenschaftsgeschichte (Habilitation 1987); apl. Professor für Wissenschaftsgeschichte an der Universität in Konstanz; daneben freie Tätigkeiten als Wissenschaftsjournalist (unter anderem für Die Weltwoche, FAZ, Focus, Geo, Bild der Wissenschaft, NZZ, Der Spiegel), als Berater (für die Pharmaindustrie und ein Rückversicherungsunternehmen), als Herausgeber (Mannheimer Forum in der Nachfolge von Hoimar v. Ditfurth) und für das »Forum für Verantwortung« als Stiftung für nachberufliche wissenschaftliche Bildung; von 1995 bis 2000 Mitwirkung bei der Gründung eines europäischen Studienkollegs für wissenschaftliche Weiterbildung; mehrfach Gastprofessor an der Universität Basel (»Naturwissenschaftliche Bildung«, Geschichte der Genetik).

Themen

Welche Naturwissenschaft braucht der gebildete Mensch?

Wie viele Antworten hat eine Frage?

Die Unbelehrbarkeit des Menschen
Evolutionäre Schranken in globalen Zeiten

Wissen und Glauben
Zum Verhältnis von Wissenschaft und Religion

Referenzen und Kundenstimmen

Zuhörer bewerten meine Auftritte als mitreißend und stimulierend und begeistern sich an meiner Begeisterung für die Naturwissenschaften.

Auszeichnungen und Pressestimmen

Heinrich-Bechold-Medaille (1980)
Preis der wissenschaftlichen Gesellschaft Freiburg (1981)
Lorenz-Oken-Medaille (2002)
Eduard-Rhein-Kulturpreis (2003)
Treviranus-Medaille des Verbandes Deutscher Biologen (2003)
Medaille der Deutschen Physikalischen Gesellschaft für Naturwissenschaftliche Publizistik (2004)
Sartorius-Preis der Akademie der Wissenschaften zu Göttingen (2004)

»Ernst Peter Fischer erklärt dem Volk alles, was es über Naturwissenschaften wissen muss.« *DIE ZEIT*

Veröffentlichungen

DR. JÖRG FISCHER

Kurzbiografie

Der KULT-Redner (kreativ, universal, lehrreich, thematisch). Spricht über Fachliches ebenso wie über Menschliches. Mit gesundem Humor und sinnigem Ernst erleben die Zuhörer ein Feuerwerk der Rhetorik. Er ist sowohl Fachbuchautor und Referent zu vielen Themen rund um die moderne Kommunikationstechnik also auch Redner und Talkgast bei unterschiedlichen Veranstaltungen über empathische Kompetenzen, Coaching und Training von Führungskräften, Teams und Kundenbetreuern. Sein Motto: »Erfolg ist 90 % Perfektion und 12 % Überraschung.«

Referenzen und Kundenstimmen

»Ein brillanter Redner mit freier Rhetorik, Witz, Klarheit und Verständlichkeit.« *Matthias Diem*

»Fazit zum Buch: gründlich, informativ und vor allem sehr praxisrelevant. Wer sich für VoIP interessiert und die Technik professionell, auch in großen Unternehmen, einsetzen will, findet hier den richtigen Begleiter für Planung und Konzeption.« *Elmar Török*

Auszeichnungen und Pressestimmen

»Ein höchst kompetenter Redner, lebendiger Präsentator und aufmerksamer, empathischer Moderator.« *Klaus Häbel, Akademie der Technologien*

Themen

Motivation als Managementaufgabe

»KapiTrain« – Businesstraining und Seefahrt

Coaching für »Start-up«- Unternehmen

Veröffentlichungen

 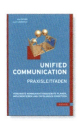

Fachbücher und Beiträge aus der Praxis für die Praxis über moderne Kommunikationstechnologien
VoIP und UC Praxisleitfaden

MARTIN FISCHER

Themen

Natürliche Autorität
Mit Kompetenz und Charakter führen

Was gute Mitarbeiter wollen …
Attraktive Arbeitgeber und ihre Kultur

Gutes Management braucht keine Leitbilder!

Einfach zufrieden und leistungsfähig

Kurzbiografie

Meine acht wichtigsten Stationen auf dem Weg zum Vortragsredner für »Christliches Management«

1987 – 1989 Unteroffizier bei der Bundeswehr
Als Ausbilder bekam ich jedes Quartal »frische« Soldaten – Mitarbeiter, die nicht unbedingt freiwillig und mit Begeisterung dabei waren. Ich habe nie zuvor und danach so viel über natürliche Autorität, wirksame Führung durch Persönlichkeit und Klarheit gelernt. Nicht zuletzt aus eigenen Fehlern und von beeindruckenden Vorbildern (im Guten wie im Schlechten).

1988 – 1990 Abendschule Fachoberschule Neu-Ulm
»Ohne Fleiß kein Preis!«

1990 bis dato Vom Atheisten zum überzeugten Christen
Während meines Studiums habe ich zum christlichen Glauben gefunden. Meine Überzeugung: Man kann nicht sonntags Christ sein und werktags »business as usual« machen. Und so begleitet mich seither die Frage: »Wie ist es möglich, im Beruf authentisch als Christ zu leben – so dass dies auch für andere spürbar wird?«

1990 – 1994 Betriebswirtschaftsstudium in Nürtingen und London
Im Studium und in meinen Praktika stellte ich fest: Betriebswirtschaftliche Kenntnisse sind relativ leicht zu erlernen und anzuwenden. Menschen zu einer guten und fruchtbaren Zusammenarbeit zu bewegen hingegen ungleich schwieriger. Und so faszinierten mich bereits im Studium die Fächer Betriebspsychologie, -soziologie, Führungslehre und Wirtschaftsethik.

1996 – 1998 Assistent Vorstand Möbelgruppe DLW Aktiengesellschaft
Dabei zu sein, wenn ein Teilkonzern restrukturiert und anschließend verkauft wird – das war extrem spannend. Hier erhielt ich tiefe Einblicke in Unternehmen, die in Schwierigkeiten geraten waren, und lernte Stück für Stück zu verstehen, warum.

1998 – 2001 Vertriebsleiter Süd bei DLW (Haworth) Büroeinrichtungen
30 Jahre alt und die Verantwortung für 25 Mio. Euro Umsatz und sechs Außendienstmitarbeiter – das forderte heraus. Zudem galt es, als junge Führungskraft die Akzeptanz der teilweise deutlich älteren Mitarbeiter zu gewinnen.

2004 – 2007 Fernstudium Katholische Theologie
Hier konnte ich die vielen theologischen Themen und Fragen, die mich seit langem bewegten, auf eine saubere theoretische Grundlage stellen.

Seit 2001 Trainer und Vortragsredner

Referenzen und Kundenstimmen

»Ihnen gelingt es einfach gut, aus fundierten Inhalten und vielen Praxisbeispielen einen tollen Spannungsbogen zu schaffen.« *Thomas Rist, Vertriebsleiter neue bkk*

»Mit klaren und einfachen Bildern, mit nachdenkenswerten Geschichten, mit witzigen Erfahrungsberichten aus dem beruflichen Alltag hält Martin Fischer den Teilnehmern einen Spiegel vor, der es ermöglicht, eigenes Verhalten zu reflektieren und zu korrigieren.« *Regina Ritter, Personalleiterin Stuttgarter Volksbank AG*

BERNHARD FISCHER-APPELT

Themen

Führungspositionierung in Unternehmenskrisen

Führung zu bahnbrechendem Wandel (Die Moses-Methode)

Führen im Grenzbereich

Krisenkommunikation von Unternehmen

Veröffentlichungen

Kurzbiografie

Bernhard Fischer-Appelt ist Inhaber und Geschäftsführer der fischerAppelt Agenturgruppe, eines der größten deutschen Beratungsunternehmen für Kommunikation. Mit spezialisierten Agenturen für die Bereiche PR, Werbung, Design, Bewegtbild und Strategieberatung bündelt die fischerAppelt Gruppe das komplette Kompetenzspektrum integrierter Kommunikation.

Geboren 1965, absolvierte Bernhard Fischer-Appelt ein Doppelstudium der Volkswirtschaftslehre sowie der Politikwissenschaften. Er schloss sein Studium mit einem Master of Science (Econ.) in Industrial Relations und Personnel Management an der London School of Economics and Political Science ab.

Noch während seines Studiums gründete er 1986 gemeinsam mit seinem Bruder Andreas Fischer-Appelt die PR-Agentur, aus der später die fischerAppelt Agenturgruppe hervorgegangen ist. Heute beschäftigt das Unternehmen mehr als 220 Mitarbeiter an sechs Standorten.

Neben seiner beruflichen Tätigkeit war er von 1996 bis 2002 Präsidiumsmitglied der Gesellschaft der Public Relations Agenturen (GPRA) und trug in dieser Funktion maßgeblich zu der Profilierung der PR-Branche während dieser Zeit bei.

Zudem engagiert sich Bernhard Fischer-Appelt ehrenamtlich für die evangelische Kirche. So war er unter anderem Mitglied der Synode der Nordelbischen Kirche und 2005/06 Mitglied der »Perspektivkommission 2030« der Evangelischen Kirche in Deutschland (Leitung Bischof Huber).

Bernhard Fischer-Appelt ist Autor der Management-Fachbücher »Die Moses-Methode – Führung zu bahnbrechendem Wandel« (2005) sowie »Führen im Grenzbereich« (2007).

Referenzen und Kundenstimmen

Bernhard Fischer-Appelts Arbeitsschwerpunkte liegen unter anderem in den Beratungsfeldern Corporate Profiling, Branding, Change-Management, Themenmanagement und Steuerung von Kommunikationsprozessen. Im Rahmen dessen beriet er unter anderem Unternehmen wie die Knappschaft, Deutsche Bundesstiftung Umwelt, Pfizer, GlaxoSmithKline und die Deutsche Telekom.

Auszeichnungen und Pressestimmen

1997: Auszeichnung als Hamburger Unternehmer des Jahres (gemeinsam mit seinem Bruder Andreas Fischer-Appelt)
2005 & 2009: Auszeichnung als begehrtester Arbeitgeber unter kontinentaleuropäischen PR-Profis (Sabre Awards)
2008 & 2009: fischerAppelt ist laut Dr.-Doeblin-Wirtschaftsstudie die deutsche Agentur mit dem größten Ansehen bei Wirtschaftsjournalisten
2009: Finalist als Entrepreneur des Jahres (gemeinsam mit seinem Bruder Andreas Fischer-Appelt)

BIRGIT FLEISCHLIG

Themen

Der Geschmack von Peperoni
Erfolgreich durch zeitgemäße Kommunikation

Chancen der Finanz- und Wirtschaftwelt aus weiblicher Sicht
Wenn Frauenquoten überflüssig werden

Kurzbiografie

Birgit Fleischlig, 1967 in Gelnhausen/Hessen geboren, ist Beraterin, Trainerin und Coach. Mit ihrem Unternehmen charismatika® steht sie für zeitgemäße Kommunikation.

Sie ist Expertin für die Positionierung von Menschen und Unternehmen. In den mehr als 15 Jahren als Inhaberin einer Live-Marketing Agentur (Agentur Charisma) konnte Birgit Fleischlig zahlreiche Veranstaltungen und Events realisieren, die nachhaltige Eindrücke hinterließen. Noch heute arbeitet sie mit namhaften nationalen und internationalen Unternehmen zusammen, die gerne auf ihren Erfahrungsschatz zurückgreifen.

Durch ihre fachliche Qualifikation zum Dipl. Wellness- und Mental-Coach (DGMT) und zur NLP-Trainerin (DVNLP) hat Birgit Fleischlig ihre langjährige praktische Erfahrung ergänzen und ihre Arbeitsmethodik verfeinern können. So hat sie für Beratung, Training und Coaching eigene Techniken entwickelt, um auf Basis wissenschaftlicher Erkenntnisse und zukunftsweisender Philosophien Charisma und Authentizität zu trainieren.

In ihren Vorträgen bringt sie Dinge gekonnt auf den Punkt. Ihr Stil ist geprägt von humorvoller Provokation und Liebe zu kontroversen Diskussionen. Gerne setzt sie emotionale Geschichten oder plastische Bilder und Beispiele ein, um Inhalte nachhaltig zu verankern. Sie nutzt Elemente des Coachings und integriert des Öfteren kurze anschauliche Übungen. So erzielt sie spielerisch eine erhöhte Aufmerksamkeit und regt zum Weiterdenken an.

Referenzen und Kundenstimmen

»Eine charismatische Frau. Ich habe selten so viel Esprit erlebt und konnte jede Menge Anregungen für mich mitnehmen. Ein wahrer Motivationsvortrag mit Herz und Verstand.« *Manuela Hanke, Rechtsanwältin der Sozietät Lässig Fieber Landgraf Seiffert & Hanke, Rechtsanwälte Steuerberater*

DR. ANDREAS FÖLLER

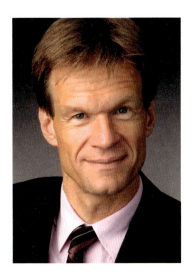

Themen

Human Perfomance Indicator als der eigentliche Werttreiber eines Unternehmens

Ethische Führung ist die Voraussetzung für bestmöglichen unternehmerischen Erfolg

Kurzbiografie

Dr. Andreas Föller, 1961 geboren, deutscher Staatsbürger, seit 1985 mit Monika Föller geb. Rettinger verheiratet, zwei Kinder, Sohn Daniel (*1989), Tochter Laura (*1994). Studium der Medizin und Betriebswirtschaft. Nach einer anfänglichen Berufstätigkeit als Arzt und als wissenschaftlicher Assistent in einem führenden Universitätsklinikum Wechsel in die Managementberatung. Parallel zu der Assistenzarzttätigkeit Betreiben eines Bauträgerunternehmens, das er zum Ende des Studiums gegründet hat. In der Managementberatung über vier Jahre rascher Aufstieg, zuletzt Mitglied der Geschäftsleitung. Schwerpunkt der Beratung sowohl umfassende Kostensenkungsprogramme als auch strategische Neuausrichtungen. Auslandstätigkeit in Japan. Danach neunjährige Tätigkeit für Heidrick & Struggles, Einstieg als Principal, zuletzt Managing Partner Europe. Auslandstätigkeit in den USA (San Francisco, Boston) und UK (London).

Seit 2003 Gründungspartner und Geschäftsführer der Comites GmbH. Etablierung des Nachhaltigkeitsprinzips in der Personalberatung. Neudefinition von Erfolg eines Personalberatungsprojektes. Nicht die Platzierung ist der Erfolgsparameter, sondern die Bewertung des vermittelten Kandidaten durch den Klienten. Und dies erst nach ausgiebiger und intensiver Zusammenarbeit, in der Regel nach etwa einem Jahr. Gemäß diesem ambitionierten Erfolgsparameter 98%ige Erfolgsquote. Durch Hereinnahme weiterer Partner Verbreiterung des Dienstleistungsportfolios in Richtung auf Aufsichtsratsberatung, Management Audit und Organisationsentwicklung. Büros in Beijing, Boston, Moskau, München, Tokio und Wien.

Referenzen und Kundenstimmen

»Den Unterschied macht Herr Dr. Föller. Seine außergewöhnlich intensive persönliche Betreuung jedes Projektes, seine beeindruckende Kenntnis unserer Branche ergibt eine Qualität der Beratung, die für uns mehr als wertvoll ist.« *Ergebnis einer durch externe Dritte durchgeführten Kundenumfrage*

FOAD FORGHANI

Themen

Verhandlungsführung in Extremsituationen

Die Psychologie des Verhandelns

Entscheidungen lügen nicht!
Verhandlungsmanagement einmal anders.

Erfahrungen eines Ghost Negotiators

Veröffentlichungen

Artikel: »Verhandlungen richtig managen«
Juni 2007, capNess Magazin

Kurzbiografie

Foad Forghani, geboren 1970, ist einer der gefragtesten Ghost Negotiators in Deutschland. Ghost Negotiators (oder auch Verhandlungsberater) entwickeln Verhandlungsstrategien für Mandanten aus Wirtschaft und Politik. Forghani arbeitete nach einem Management-Studium an der Heriot Watt University in Edinburgh, Schottland, zunächst für internationale Firmen in leitender Funktion, ehe er sich vor 10 Jahren auf die strategische Verhandlungsführung spezialisierte.

Mit seinem Unternehmen »FORGHANI NEGOTIATIONS« berät der aus Persien abstammende Verhandlungsexperte internationale Unternehmen und Institutionen bei komplexen Verhandlungen. Forghani wird vor allem auch in Krisensituationen und politisch brisanten Verhandlungsfällen als Spezialist hinzugezogen. Mit Artikeln und Interviews in namhaften Medien und Auftritten als Studiogast bei NRW.TV, MDF1 und anderen TV-Sendern hat er bereits Einblicke in die einzigartige Tätigkeit des Ghost Negotiators gewährt. Zu seinen Mandanten zählen hochrangige Politiker sowie Wirtschaftsführer.

Foad Forghani hat sich inzwischen auch als Keynote-Speaker einen Namen gemacht. Seine Vorträge und Seminare zu Themen wie »Verhandlungen in Extrem-Situationen«, »Negotiation-Management« oder »Psychologie des Verhandelns« sind sehr gefragt, unter anderem spricht Forghani regelmäßig vor Abgeordneten des Deutschen Bundestags.

Referenzen und Kundenstimmen

»Wenn Herr Forghani redet, herrscht höchste Konzentration im Publikum. Man könnte eine Stecknadel zu Boden fallen hören. Herr Forghani spricht bis in die kleinste Nuance hinein kontrolliert, zugleich plastisch und verständlich. Jeder Gedanke aufregend, jeder Satz ein Vergnügen, jedes Wort ein Treffer.« *Klaus Tovar, »Führungsakademie der sozialen Demokratie« SPD-Parteivorstand*

»Herr Forghani hat es zum wiederholten Male erreicht, dass alle Teilnehmer begeistert waren, sie hingen förmlich an seinen Lippen. Ein sehr wertvoller Beitrag für berufliche Verhandlungen.« *Tim Oliver Goldmann, Personalleiter KHS AG*

Auszeichnungen und Pressestimmen

»Forghani tritt bei Problemfällen auf den Plan, dann, wenn der Mandant schon mit dem Rücken zur Wand steht.« *Politik & Kommunikation*

»Hinter manch ausgebuffter Verhandlung steckt ein Ghost Negotiator (Foad Forghani).« *Financial Times Deutschland*

»Nur eine kleine Schar solcher Einflüsterer gibt es in Deutschland. Foad Forghani ist einer von ihnen.« *Handelsblatt*

»Er berät Manager, wie sie in schwierigen, oft aussichtslos scheinenden Verhandlungen ihre Interessen durchsetzen können.« *Der Bund*

REGINA FÖRST

Kurzbiografie

Regina Först, Jahrgang 1959, ist Speaker, Trainer und Coach. Mit ihrer Botschaft »people först! ... denn der Mensch macht den Unterschied ...« ermutigt sie ihre Zuhörer zu einer großen Portion gesundem Egoismus. Denn Erfolg hat, wer sich selbst folgt. Und dann wird empathische Führung zum Kinderspiel.

In 20 erfolgreichen Berufsjahren hat Regina Först über 40.000 Menschen inspiriert und auf ihrem Weg in ihre persönliche Erfolgskraft begleitet.

Nach ihrem Studium der Textilbetriebswirtschaft sammelte Regina Först Führungserfahrungen auf den Gebieten Personalführung und Management als Einkäuferin, Verkaufsleiterin und Personalchefin bei internationalen Modeunternehmen. Ein wichtiger Impulsgeber und langjähriger Freund bis heute ist der renommierte Pantomime und Körperspracheehrer Samy Molcho, der Regina Först zu ihrer Passion und ihrem heutigen Beruf inspirierte.

Regina Försts erstes Buch »Ausstrahlung. Wie ich mein Charisma entfalte« (Kösel Verlag) erscheint aktuell in der 7. Auflage.

Das zweite Buch der internationalen Bestsellerautorin erscheint 2011.

Neben ihrer Angestellten- und Trainerlaufbahn ist die Mutter zweier Kinder auch erfolgreich als Unternehmerin tätig und sozial engagiert. 1998 gründete sie först class Corporate Fashion für authentische Berufsmode im Gesundheitswesen und entwickelte 2001 das farbige CAPE SYSTEM CONCEPT für Friseurkunden, das unter anderem von der Firma Wella erfolgreich auf dem Markt umgesetzt wird.

2004 gründete sie mit Freunden den Verein »Heute ist ein Lächeltag e. V.«. Der Verein für Lebensfreude und gute Taten hilft Menschen in Not und setzt sich dafür ein, das Lächeln in die Welt zu tragen.

Themen

people först!
... denn der Mensch macht den Unterschied ...

Wie viel Charisma hat Ihre Company?
Steigern Sie die Anziehungskraft Ihres Unternehmens auf Top-Mitarbeiter und loyale Kunden

Starkes ICH. Starkes DU. Starkes WIR.
Von Einzelkönnern zu exzellenten Teamplayern

Veröffentlichungen

Referenzen und Kundenstimmen

»Authentisch und feinfühlig folgt Regina Först ihrem Weg, ihrer Lebensaufgabe, indem sie auf liebenswerte Weise anderen hilft, ihr Potenzial zu entfalten.« *Samy Molcho*

»Der Vortrag von Regina Först war einer der Höhepunkte in unserem Kongressprogramm. Die Zuhörer erlebten einen intensiven, glaubwürdigen und menschlich anrührenden Vortrag. Sie dankten es ihr mit stehendem Beifall.« *Dr. Rebecca Kandler*

»Ihr Beitrag war das Highlight der Veranstaltung. Sie haben es geschafft, die Teilnehmerinnen in wenigen Minuten in Ihren Bann zu ziehen.« *A. Kapeller, Forum-Institut für Management*

HARALD R. FORTMANN

Themen

Online-Marketing

Performance-Marketing

Suchmaschinen-Marketing

Die Digitale Wirtschaft

Kurzbiografie

Harald R. Fortmann (40) ist Geschäftsführender Gesellschafter der Yellow Tomato GmbH und Geschäftsführer der CPX Interactive Deutschland GmbH. Die Yellow Tomato GmbH ist ein Unternehmen der Pixelpark Gruppe. Die Yellow Tomato GmbH versteht sich als Performance Marketing Manufaktur mit Sitz in Hamburg.

CPX Interactive ist ein globales Online-Werbenetzwerk und ermöglicht seinen Kunden den Zugang zu einem der global größten Werbenetzwerke und einer der fortschrittlichsten Online-Marketing-Technologien.

Fortmann ist seit 1996 in der Digitalen Wirtschaft aktiv. Nachdem er 7 Jahre im Mobilfunksektor mit dem Schwerpunkt Mobile Data unternehmerisch tätig war, startete er im September 2002 bei 24/7 Real Media Deutschland GmbH, einem US-amerikanischen AdServer- und Suchmaschinen-Marketing-Dienstleister, wo er den Bereich Suchmaschinen-Marketing in Europa mit eingeführt hat und als Direktor 24/7 Search, Europa fungierte. Im März 2003 übernahm er zudem die Geschäftsführung von 24/7 Real Media Deutschland/Österreich.

Im September 2006 wechselte Harald R. Fortmann als Geschäftsführer zu Advertising.com Deutschland GmbH. In dieser Position strukturierte er das Unternehmen neu und positionierte es als eines der führenden Ad-Networks im deutschen Markt. Im Juni 2008 wurde ihm die Fusion der Vertriebsteams der Unternehmen AOL Deutschland Medien GmbH und Advertising.com Deutschland GmbH zu Platform-A (später AOL Advertising) anvertraut, die er erfolgreich durchführte und das Unternehmen in die Profitabilität führte.

Neben den geschäftlichen Aktivitäten ist Fortmann seit 2005 Vizepräsident des Bundesverband Digitale Wirtschaft (BVDW) e.V. Daneben fungierte er von 2005 bis Februar 2009 als Vorsitzender der Fachgruppe Performance Marketing im BVDW – die er 2005 federführend initiiert hat. Auf eigenen Wunsch begleitet er die Fachgruppe nun als stellvertretender Vorsitzender. Den hieran angegliederten Arbeitskreis Suchmaschinen-Marketing führte er ebenfalls von März 2004 bis Dezember 2006.

Darüber hinaus ist Harald R. Fortmann Studienleiter am Standort Hamburg, Dozent und Mitglied des Prüfungsausschusses der DDA – Die Dialog Akademie für den von ihm mitinitierten Lehrgang zum Fachwirt Online Marketing BVDW.

Harald R. Fortmann ist zudem in diversen Fachbeiräten zu Veranstaltungen und Publikationen rund um den Bereich des Online Marketings aktiv.

Referenzen und Kundenstimmen

- Die besten Manager 2009 – Werben & Verkaufen (W&V), 2009
- Best General Manager – Internet World Business (IWB), 2008
- Köpfe des Jahres – Internet World Business (IWB), 2007, 2008 & 2009

DR. DR. CAY VON FOURNIER

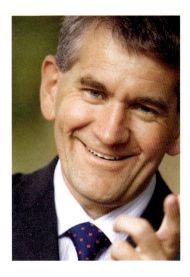

Themen

Die 10 Gebote für ein erfolgreiches Unternehmen
Die Grundthesen einer zeitgemäßen Unternehmensführung im 21. Jahrhundert

Der perfekte Chef
Führungsqualität als Schlüssel zum Erfolg

Lebensglück durch Lebensbalance
Unternehmen/Beruf und Privatleben in Einklang bringen

Gesunde Menschen in gesunden Unternehmen
Gesundheitsmanagement als Basis unternehmerischen Erfolgs

Veröffentlichungen

Kurzbiografie

Arzt und Unternehmer, Trainer und Berater des Mittelstandes. Studium der Medizin in Deutschland, USA und Neuseeland – Facharzt für Chirurgie. Promotion in Medizin an der Berliner Humboldt-Universität und in Wirtschaftswissenschaften an der TU Dresden. Erstes Unternehmen mit 22, seit 2002 Inhaber und Geschäftsführer der SchmidtColleg GmbH & Co. KG in Berlin und der SchmidtColleg AG in St. Gallen (2005). 2008 Gründung der SchmidtColleg Gesundheitsmanagement GmbH in Berlin. In seinen Vorträgen und Seminaren begeistert Cay von Fournier durch Wissen, Humor und seine vielen Beispiele aus der täglichen Praxis. Eine kluge Strategie, wirksame Führung und ein gesundes Leben sind die Eckpfeiler seiner ganzheitlichen Betrachtung eines Unternehmens. Hierfür hat er ein praktisches und ganzheitliches Führungssystem (FührungsEnergie®) entwickelt, das besonders für den Mittelstand geeignet ist und aus den Teilen Strategie, Steuerung, Management und Führung besteht. Ein Unternehmen ist nur dann langfristig erfolgreich, wenn alle Bereiche harmonieren und wenn wieder Werte zum Maßstab der Führung und des täglichen Handelns werden. Nur durch gelebte Werte wird ein Unternehmen wertvoll. In diese Richtung wird das Bewusstsein eines ganzen Unternehmens verändert und werden konkrete Werkzeuge geliefert. Was Cay von Fournier auszeichnet ist, dass er Menschen bewegt, die etwas bewegen, und dass es ihm gelingt, komplexe wirtschaftliche Sachverhalte auf die Praxis im mittelständischen Unternehmen zu übersetzen. Den Besuchern seiner Vorträge geht in seinen Veranstaltungen häufig das sprichwörtliche »Licht« auf und viele sind erstaunt darüber, wie einfach Unternehmensführung sein kann. Sein Wissen vermittelt Cay von Fournier hauptsächlich im Seminar UnternehmerEnergie® von SchmidtColleg. Zu seinen Kunden zählen Burda Medien, Edeka, Lufthansa System Group, Mövenpick, Rewe, Seat, Wella und mehrere Tausend mittelständische Unternehmen.

Referenzen und Kundenstimmen

»Strukturierter, plausibler Aufbau des Vortrags, rhetorisch perfekt vermittelt, nie langweilig und hoch motivierend.« *Andreas Sandbichler, Private Weissbierbrauerei G. Schneider & Sohn GmbH*

»Sehr kompakt, sehr professionell, hoch informativ.« *Dr. Jochen Dresselhaus, Viline Consulting GmbH*

Auszeichnungen und Pressestimmen

»Wie kaum ein anderer gilt Cay von Fournier als Mahner für Veränderungen und permanenten Wandel. Tausende Unternehmer hängen bundesweit jährlich regelrecht an seinen Lippen. Denn komplexe Sachverhalte verpackt der zweifach promovierte Arzt und Unternehmer in eine verständliche Sprache.« *Südkurier*

DR. STEFAN FRÄDRICH

Themen

Das Günter-Prinzip.
So motivieren Sie Ihren inneren Schweinehund!

Verkaufen? Au ja!
So bringen Sie Ihrem inneren Schweinehund das Verkaufen bei!

Nichtraucher in 5 Stunden

Schlank in 5 Stunden

Veröffentlichungen

Kurzbiografie

Dr. med. Stefan Frädrich ist Experte für Selbstmotivation. Als Trainer, Coach und Consultant bekannt wurde er durch seine Bestsellerbücher (»Günter, der innere Schweinehund«, »Besser essen – Leben leicht gemacht«), umfangreiche Medienpräsenz mit eigenen TV-Sendungen (Pro7, WDR, Focus Gesundheit), als Entwickler erfolgreicher Seminare (z. B. »Nichtraucher in 5 Stunden«) sowie als Speaker, Referent und Moderator. Sein Ziel: komplexe Zusammenhänge verständlich, logisch und unterhaltsam machen – und dadurch etwas bewirken!

Stefan Frädrich promovierte zu einem Persönlichkeitspsychologie-Thema, arbeitete als Arzt in der Ulmer Uni-Psychiatrie, bildete sich zum Betriebswirt (IHK) fort und war in der Geschäftsführung eines mittelständischen Textilhandels tätig. Dann machte er sich als Trainer, Coach und Consultant selbstständig, gründete mehrere Firmen und baute mit seinen Partnern ein international tätiges Trainernetz sowie eine eigene Produktlinie um »Günter, den inneren Schweinehund« auf.

Dr. Frädrichs Vorträge und Seminare verbinden Inhalt und Humor. Er spricht lebendig, pointiert und verständlich, mit Spaß, Power und Geschwindigkeit, mit hohem Entertainmentfaktor und dennoch Tiefgang. Seine Vorträge hält er frei – maximal unterstützt von Zeichnungen am Flipchart oder einer Powerpoint-Präsentation, die fast nur aus Cartoons besteht.

Stefan Frädrichs Bühnenerfahrungen als Moderator und Redner reichen zurück bis in die frühen neunziger Jahre – mit sämtlichen Gruppengrößen (von der Kleingruppe bis zu über 1.000 Personen), in verschiedensten Branchen, Settings und Teilnehmerkreisen.

Referenzen und Kundenstimmen

»Die Beschwörungen des Dr. Frädrich zeigen überraschende Wirkung!«
BILD

Auszeichnungen und Pressestimmen

Dr. Frädrich gehört regelmäßig zu den Top-Referenten bei Wirtschafts-Events, ist Professional Member der German Speakers Association sowie Mitglied im Club 55, der European Community of Experts in Marketing and Sales. Darüber hinaus sitzt er im Expertenrat der Mentor Stiftung und ist Gründungsmitglied der Deutschen Gesellschaft für Nikotinprävention.

UWE FRANKE

Themen

Die Expedition zum Monte Logo
Persönlichkeits- und Teamentwicklung

Vom Verkäufer zum Beziehungsmanager
Kernkompetenzen im Verkauf

Veröffentlichungen

Audioseminar
»Vom Verkäufer zum Beziehungsmanager« – Grundlagen im Automobilverkauf

Kurzbiografie

Uwe Franke, 1958 geboren, lebt in der Nähe von Berlin. Seit über zehn Jahren ist er als Trainer und Coach mit den Schwerpunkten Kommunikation im Verkauf, Kundengewinnung und emotionale Kundenbindung unterwegs.

Er ist Trainer und Coach, weil es seine Mission ist. Er hat für sich herausgefunden, dass ihn die hilfreiche Begleitung von Menschen auf ihrem persönlichen Entwicklungsweg am meisten fordert und fördert. Darüber hinaus lässt ihn diese Herausforderung selbst wachsen und macht ihm am meisten Spaß. Basis für die Tätigkeit bildet eine fundierte und BdVT-zertifizierte Ausbildung als Trainer und Coach am INtem Institut Mannheim, dem Institut für angewandte Synergethik und das INSIGHTS Accreditation Diploma am Scheelen Institut für Managementberatung und Bildungsmarketing.

Spannend an ihm ist sein beruflicher Entwicklungsweg. Der begann mit einer Ausbildung als Verkäufer für Lebensmittel, dem ein Musikstudium und die Tätigkeit als Musiker folgten. 1990 erfolgte der Wechsel in den Nutzfahrzeugverkauf der Daimler AG, wo auch der Setzling für die Trainertätigkeit gepflanzt wurde, der inzwischen zum Baum geworden ist und einige Stürme überstanden hat und weiter wächst.

Seine Vorteile liegen in der fundierten Ausbildung als Trainer und Coach sowie in seiner Lebenserfahrung als Musiker und Verkäufer. Diese sind gepaart mit positiver Einstellung, Witz und Humor. Er liebt es, wichtige Aussagen mit Beispielen aus dem Leben und Metaphern verständlicher zu machen und auf den Punkt zu bringen, ohne dabei der Märchenonkel zu sein. Die Botschaft ist klipp und klar, manchmal hart und immer fair.

Referenzen und Kundenstimmen

»Wenn Sie am Thema Verkaufspsychologie und Optimierung Ihrer Vertriebsaktivitäten interessiert sind, wird es Ihnen schwerfallen, in Theorie und Praxis jemand besseren als Herrn Franke zu finden.« *Dr. Detlef Kanders, Institut für angewandte Synergethik*

»In meiner Tätigkeit im Vertrieb habe ich viele Weiterbildungsmaßnahmen für effektiveren und erfolgreichen Verkauf durchlaufen. Die Inhalte Ihrer Seminare und Vorträge haben mir für meine Arbeit mit Abstand die nachhaltigsten und in der Praxis am besten umsetzbaren Verbesserungen gebracht.« *Marko Ludwig, Mercedes-Benz, F/G/M Automobil GmbH*

»Durch Ihr ehrliches, sympathisches und einfühlsames Auftreten gewann das Team sehr schnell Vertrauen. Der Aufbau des Vortrages und des Seminars waren professionell und für die Teamentwicklung ein enormer Schritt zur Findung, Stärkung und Bindung. Wir werden Sie an Geschäftspartner und Kunden weiterempfehlen.« *Jens Rückert, CEO FOOD.CYCLE*

RALF FRENZEL

Themen

Kulinaristik

Molekulares Kochen

Synergiemarketing

Das Parlament des guten Geschmacks

Veröffentlichungen

Kurzbiografie

Seine Karriere startete der 1963 geborene Gastwirtssohn und gelernte Koch als Glücks- und Wunderkind in der internationalen Weinwelt. Sein glanzvoller biografischer Sturmlauf vom ersten und zugleich jüngsten Sommelier Deutschlands, der in nur wenigen Monaten zu weltweitem Renommee fand, über Händler für exklusive Weine, macht ihn heute zu einem ausgewiesenen Fachmann für Essen, Trinken und Genuss. Er ist vielgefragter Chef einer Projekt-Agentur für alle Genuss-Themen und Events (CPA!) und zum Beispiel beratend für Alfred Biolek und Alfredissimo tätig, erfolgreicher Verleger (Tre Torri) ungewöhnlicher, innovativer Bücher über die Kunst des Kochens, des klugen Speisens und die großen Weine sowie Verleger und Herausgeber von »FINE Das Weinmagazin«.

Referenzen und Kundenstimmen

Buchtitel SALZ wird Kochbuch des Jahres

»Da haben sich zwei gesucht und gefunden: Holland, das Trüffelschwein, und der kleine Tre Torri Verlag, Spezialist für die allerschönsten Kochbücher.« *Die 17-köpfige Jury des Instituts für Koch-und Lebenskunst, zu der unter anderem die Drei-Sterne-Köche Harald Wohlfahrt und Jean Claude Bourgeuil gehören.*

Auszeichnungen und Pressestimmen

»(...) Frenzel ist heute Verleger, hat 25 Angestellte und berät seit Jahren Fernseh-Entertainer Alfred Biolek bei seinen diversen Sendungen. (...) Sein exklusiver Verlag »Tre Torri«, der Essen, Trinken und Genuss im Focus hat, besteht seit fünf Jahren und hat ganz teure Bücher wie die Chateau Mouton Rothschild-Saga für über 100 Euro im Sortiment wie auch ein populäres Maggi-Rezept-Buch, von dem er jährlich 200.000 Stück verkauft.(...)« *Münchner Abendzeitung vom 28.10.09*

ALFRED FREUDENTHALER

Kurzbiografie

Alfred Freudenthaler wurde 1957 in Salzburg geboren. Nach Abitur und Handelsakademie startete er seine Berufslaufbahn bei einem namhaften Finanzdienstleistungskonzern, wo er von 1981 bis 1986 als Trainer arbeitete, bevor er dann 8 Jahre lang Leiter der Abteilung Personalentwicklung war. Seit 1994 ist Alfred Freudenthaler selbstständig als Trainer, Coach und Mediator. Er absolvierte diverse berufsbegleitende Ausbildungen, z. B. in Transaktionsanalyse, NLP, systemischer Organisationsberatung und Mediation. Als Marathonläufer weiß er, was es heißt, mit Ausdauer und Beharrlichkeit ein Ziel zu verfolgen. Ein weiteres Hobby ist die Musik (Schlagzeug), so entstand eines seiner Spezialgebiete: Seminare mit Rhythmus. Seine sonstigen Arbeitsschwerpunkte sind Führungskräfte-Entwicklung, Konfliktmanagement/ Mediation und Coaching sowie die Begleitung von Teamentwicklungs- und Veränderungsprojekten. Er ist Gründungsmitglied der Coaching-Plattform coaches.at, Senior Coach (ACC), Lebens- und Sozialberater, Lektor an der Fachhochschule Salzburg sowie eingetragener Mediator.

Themen

Gestern Kollege/Kollegin – heute Führungskraft

Konflikte konstruktiv lösen

Rhythmus & Persönlichkeit

Führen mit Coaching-Tools

Referenzen und Kundenstimmen

»Alfred Freudenthaler ist ein Trainer der besonderen Art – mit viel Erfahrung, hohem Einfühlungsvermögen, starken Aussagen und konsequentem Handeln, wenn es um Ziele und Ergebnisse geht. Er weiß, was die Teilnehmer/innen brauchen, und vermittelt Wissen und Können mit starkem Praxisbezug. Das begeisterte Feedback unserer Seminarteilnehmer/innen ist stets gegeben – eine Freude für unser Team in der Personalentwicklung, mit ihm zu arbeiten!« *Mag. Olga Emerstorfer, Referatsleiterin Bildung und Personalentwicklung, Direktion Personal, Land Oberösterreich*

»Die Führungskultur in der internationalen Firmengruppe insgesamt nachhaltig zu verbessern – das ist die Herausforderung, der wir uns gemeinsam mit Alfred Freudenthaler in einem mehrjährigen Entwicklungsprozess stellen. Als Berater, Coach und Lehrgangsleiter für mehrere Managementebenen wird Alfred Freudenthaler in hohem Maße geschätzt. Für mich persönlich zeichnet sich Alfred Freudenthaler vor allem durch seine umfassende Fachkompetenz als Berater und Trainer sowie sein feines Menschenbild aus. Zudem macht die gemeinsame Arbeit Spaß!« *Mag. Reinhard Natter, Manager HR, Palfinger Europe*

JÜRGEN FREY

Themen

So werden aus Kunden Fans
Erfolgreich verkaufen in schwierigen Zeiten

Veröffentlichungen

Mitautor des Buches: Die TEMP-Methode® Das Konzept für Ihren unternehmerischen Erfolg
Campus Verlag 2009

Kurzbiografie

Jahrgang 1970

Ausbildung zum Industriemechaniker

Studium zum Diplom-Wirtschaftsingenieur an der Hochschule für Technik und Wirtschaft Aalen

Zwölfjährige Tätigkeit als Vertriebs- und Marketingleiter in verschiedenen mittelständischen Unternehmen

Internationale Vertriebserfahrung

Mitgestalter der TEMP-Methode®

Mitautor des Buches: Die TEMP-Methode® – Das Konzept für Ihren unternehmerischen Erfolg

Referenzen und Kundenstimmen

»Inhalt mit Realitätsbezug und nicht Hochschulvortrag.« *Michael Wurstbauer, Christiani GmbH & Co. KG*

»Ein super Vortrag.« *Werner Prantl, WIFI Tirol*

»Echt toll. Ein Blitzgewitter an hervorragenden Ideen.« *Arno Weber, Raiffeisenverband Tirol*

AOK – Die Gesundheitskasse; Drexel und Weiss GmbH; WIFI Tirol; ZMK – eine Fachgruppe der Akademiker-SMD; DIGI-Zeiterfassung GmbH; Etiket Schiller GmbH

Auszeichnungen und Pressestimmen

Ludwig-Erhard-Preis-Wettbewerb

EFQM – Recognised for Excellence in Europe

Best Factory Award

Förderpreis Innovatives Handwerk

PROF. DR. URS FREY

Themen

Strategieentwicklung
Strategische Planung ersetzt den Zufall durch den Irrtum!

Servicekompetenz
Der Kunde ist nicht König, sondern ein Partner, der königlich bedient werden darf!

Teamentwicklung
Wer das machen kann, was er gerne macht, ist erfolgreich! Entwickeln Sie Ihr Hochleistungsteam.

Kurzbiografie

Prof. Dr. Urs Frey, geboren 1968, Schweizer Staatsbürger, Geschäftsleitungsmitglied und Leiter Bereich Consulting & Services des Schweizerischen Instituts für Klein- und Mittelunternehmen an der Universität St. Gallen (KMU-HSG); Mitgründer und Geschäftsleitungsmitglied des Center for Family Business der Universität St. Gallen (CFB-HSG); Professor für Strategische Unternehmensführung an der Steinbeis-Hochschule Berlin (SHB).

Urs Frey lehrt und forscht im Themenbereich strategische Unternehmensführung in mittelständischen Familienunternehmen. In zahlreichen Projekten (Beratungs- und Coaching-Mandaten) und in den von ihm geleiteten Erfahrungsaustauschgruppen setzt er sich mit den unterschiedlichen Führungsaspekten und -eigenheiten von familiengeführten Unternehmen auseinander.

Er legt dabei besonderen Wert auf den praxisrelevanten Transfer von theoriebasierten Konzepten und Modellen der Betriebswirtschaftslehre, mit dem Ziel, den Teilnehmenden einen echten Mehrwert im Sinne der Verbesserung der eigenen Handlungskompetenz zu geben. Sein Motto: »Nur was im Alltag angewendet werden kann, wird verstanden und führt zu einer bewussten Verhaltensänderung im Beruf!«

Er fordert konsequent ein Überdenken der bestehenden Geschäftsmodelle, ein »Refraiming« mit dem Ziel: Ausbruch aus der bestehenden Branchenlogik. Es geht darum, anders zu werden, neue Standards zu setzen, neue Spielregeln festzulegen und sich mit der Effektivität seines Tuns auseinanderzusetzen. Weg vom Benchmarking hin zum Benchbreaking!

Lernen wird behindert, wo Wissen bewahrt wird. Nur wer die Idee aufgibt, er wüsste, verliert seine Lernbehinderung. In diesem Sinne gilt es, Tradition und Innovation zu verbinden und seinen eigenen Weg zu gehen.

THOMAS FRICKE

Themen

Ein Tor würde dem Spiel guttun
Emotionaler Erfolg für Ihr Business

Wir sind ein Team
Teamfähigkeit, Motivation und Führung

Projekt Sommermärchen
Transformierbare Erfolgsfaktoren

Veröffentlichungen

Kurzbiografie

Thomas Fricke ist ein gefragter Gastredner, Managementberater und Motivationscoach. Zu seinem Kundenkreis zählen renommierte Unternehmen und Unternehmer ebenso wie Industrie- und Sportverbände. Er lebt vor und vermittelt, wie mit Spaß, Leidenschaft und Motivation besondere Erfolge erzielt werden. Seine mitreißenden Erlebnisvorträge sind informativ, aber auch sehr unterhaltsam, gewürzt mit viel Humor, positiven Emotionen und Beispielen aus dem Fußball. Diese einmalige Form des Business-Infotainment kommt an und ist erfolgreich – für Unternehmer, deren Ziele und deren wichtigster Ressource im Unternehmen: der Ressource Mensch.

Thomas Fricke war Bereichsleiter des Organisationskomitees der Fußbal-WM 2006, leistete mit seinem Team einen Beitrag zu ihrem Gelingen. Seitdem weiß er, wie man unter großem Druck ein Team einschwört und einen Megaevent organisiert, vor allem aber, wie man emotionalen Erfolg erzielt und wie man von der Wirkung und den Mechanismen des großen Fußballs profitiert. Der Gleichklang von Organisation und Emotion führte zum unvergesslichen Sommermärchen und Thomas Fricke war mittendrin.

Expertenwissen, organisatorische und soziale Kompetenz, gepaart mit der Fähigkeit, Menschen zu begeistern, Authentizität, die Liebe zum Fußball, dazu ein kräftiger Schuss Humor; das (und einiges mehr) bildet die Grundlage für Ihr Infotainment. Lassen Sie sich mitreißen und überzeugen, wie Sie Ihr Unternehmen, Ihre Teams, Ihre Projekte erfolgreich machen.

Referenzen und Kundenstimmen

»Sie waren das absolute Highlight der Veranstaltung und an Professionalität nicht zu übertreffen. Unsere Teilnehmer haben sich im Feedback und in den Gesprächen vor Lob fast überschlagen.« *Björn Daubenfeld, Deutsche Telekom AG*

»Mit Ihrem Vortrag haben Sie dazu beigetragen, einer intensiven Konferenz ein anregendes Ende zu bescheren. Oder um es mit den Worten eines unserer Teilnehmer zu sagen: ›Very motivated and impassioned speaker, very entertaining.‹« *Dr. Frank Stietz, Carl Zeiss AG*

MICHAEL FRIDRICH

Themen

Verkaufstraining – Erfolgreicher verkaufen

Neue Kunden akquirieren – Strategien und Wege

Rhetorik – Schweigen ist Silber, Reden ist Gold!

Schlagfertigkeit – So finde ich die passenden Worte.

Veröffentlichungen

Und was motiviert Sie?
Beitrag in der Spitzenkompetenz, Ausgabe 11/2009

Kurzbiografie

Michael Fridrich schöpft aus über 20 Jahren erfolgreicher Berufserfahrung in Marketing und Vertrieb, davon allein 15 Jahre in diversen Managementfunktionen, zuletzt als Geschäftsführer. Seit 2007 wirkt der Diplom-Betriebswirt als Business-Coach in Aachen, hält Vorlesungen an der dortigen Fachhochschule und ist gefragter Redner. Der zertifizierte Trainer und Berater wurde 2009 mit dem BaTB-Trainerpreis für das beste Seminarkonzept ausgezeichnet und ist Autor verschiedener Fachbeiträge. Als Spezialist für die Geschäftsbereiche Führung und Vertrieb bietet er Unternehmen aus Industrie und Dienstleistung diese drei Bereiche an: Business-Coaching, Firmentrainings und Offene Abendtrainings. Zu seinen Kunden gehören Geschäftsführer, Manager, Vertriebsleiter, Key Account Manager und vertriebsorientierte Mitarbeiter.

Referenzen und Kundenstimmen

center.tv
Dr. BABOR GmbH & Co. KG
Gneuß Kunststofftechnik GmbH
KOHL automobile GmbH
RWTH Aachen
Sparkassen Immobilien GmbH

»Wir bedanken uns für dieses erfrischende, unterhaltsame und durchaus interessante Training zum Thema Schlagfertigkeit. Meine Kollegen und ich waren sehr überrascht, wie umfangreich dieses Thema ist und welche Möglichkeiten sich für die Kommunikation ergeben. Es war sehr kurzweilig und spannend, die Zeit verging ja wie im Flug. Wir freuen uns schon heute auf das Smalltalk-Training. Bis dahin wünschen wir Ihnen alles Gute.« *Claudia Schumacher, Assistentin der Geschäftsführung, Rouette-Eßer GmbH*

»Michael Fridrich spricht wirklich KLARTEXT! Er schafft es in kurzer übersichtlicher Form Zusammenhänge klar zu strukturieren, zu analysieren und daraus jede Menge praktische Verhaltensregeln und Tipps für seine Seminarteilnehmer zu vermitteln. Für mich die genialste Art mich weiterzubilden! Besten Dank!« *Katrin Weber, Geschäftsleitung, Weber Metallgestaltung GmbH*

Auszeichnungen und Pressestimmen

BaTB-Trainerpreis 2009 in der Kategorie Seminarkonzept

MICHAEL FRITSCH

Themen

Führungsqualität!
Die Professionalität der Leader

Sich selbst und andere erfolgreich führen

Leadership zwischen Passion und Disziplin

Courage und Leadership

Veröffentlichungen

Kurzbiografie

Durch seinen beruflichen Werdegang, auf der Basis einer Ausbildung zum Bankkaufmann und einem betriebswirtschaftlichen (Diplom-Betriebswirt) und volkswirtschaftlichen (Diplom-Volkswirt) Studium, zieht sich die Begleitung von Führungskräften in Veränderungssituationen wie ein roter Faden durch die berufliche Karriere von Michael Fritsch. Als wissenschaftlicher Mitarbeiter an einem betriebswirtschaftlichen Lehrstuhl, mit Schwerpunkt Personal-Management, hat er über das Thema Führungskräfteentwicklung promoviert. Seit 1985 ist er als Executive Coach, Trainer und Berater tätig.

In seinen Funktionen als Geschäftsführer und Partner von drei national und international führenden Beratungsgesellschaften (davon zehn Jahre KPMG), mit den Schwerpunkten Suche und Auswahl von Führungskräften, Human-Resources-Consulting und Change-Management, konnte er intensive Führungs- und Projektverantwortung sammeln. Schwerpunkte waren die Beratung von Führungskräften, Karriereberatung, Führungskräfteentwicklung und Change-Management. Zusätzlich konnte er als Personalleiter auf Zeit in einem mittelständischen Unternehmen in Süddeutschland intensive Erfahrungen in der klassischen Personalarbeit mit den Schwerpunkten HR-Strategie sowie Personal- und Organisationsentwicklung sammeln.

Durch kontinuierliche fachliche und persönliche Weiterbildung bietet er seinen Klienten Lösungsunterstützung auf dem aktuellen Stand des Wissens. Er sieht seine Rolle insbesondere darin, als Sparringpartner eine »distanzierte« Sicht auf Problemsituationen zu haben und mit den Klienten gemeinsam alternative Sichtweisen und Handlungsoptionen zu erarbeiten. Seit 2008 ist Michael Fritsch Vorstand der International Coach Federation (ICF).

Erfahrungsschwerpunkte:
- Führungskräfteentwicklung, Förderkreise, Seminare, Workshops
- Coaching von Führungskräften
- Prozessbegleitung, Change-Management, Organisationsentwicklung
- Strategieentwicklung und -umsetzung
- Teamentwicklung

HANNELORE FRITZ

Themen

... und wo bleibe ich?
So gelingt Work-Life-Balance

Navigieren auf neuen Wegen
Mitarbeiter durch Veränderungen führen

Das Ende von Stapel- und Zettelwirtschaft
Gut organisiert im Büro

Downshifting
Oder von der Kunst des Weglassens

Veröffentlichungen

 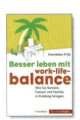

Kurzbiografie

Hannelore Fritz, 1954 in Stuttgart geboren, begann ihre berufliche Tätigkeit im Vorstandssekretariat eines international tätigen Konzerns, dem schlossen sich weitere Assistenzpositionen in der Geschäftsführung an. Nach betriebswirtschaftlicher Ausbildung folgten diverse Qualifizierungen zur Trainerin und zum Coach. Seit 1982 ist sie als selbstständige Trainerin, Beraterin und Coach im gesamten deutschsprachigen Raum tätig. Sie hat sowohl die Mitarbeiter- wie auch die Führungsperspektive kennengelernt und kann sich hervorragend in unterschiedliche Positionen hineinversetzen.

Ihre Seminar- und Workshopthemen sind u. a. Führung, Kommunikation, Change-Management, Zeit- und Selbstmanagement, Stressprävention. Sie war Vorreiterin in Deutschland beim Thema »Vereinbarkeit von Beruf und Familie« und entwickelte Konzepte und Seminare zur »Work-Life-Balance«. In ihren Vorträgen greift sie aktuelle Themen auf und vermittelt diese lebensnah, mit Humor und Leichtigkeit. Auch bietet sie spezielle Themen für Frauen wie »Mut zum Erfolg«, »Zeit für mich«, »Selbst-PR« an. Ihre Kunden kommen aus Banken, Handel, Versicherungen, Automobil, Hotellerie, Profit- und Non-Profit-Organisationen – aus Großunternehmen und dem Mittelstand. Im Coaching betreut sie Manager, Mitarbeiter, Teams und Privatpersonen. Sie lebte viele Jahre in Frankfurt am Main und ist seit 2006 in Berlin. Als Mutter eines Sohnes realisiert sie Work-Life-Balance ganz praktisch. Sie ist Autorin verschiedener Bücher.

Referenzen und Kundenstimmen

»Was für eine ganzheitliche Bereicherung: beruflich und persönlich! Sie haben es geschafft, uns ein komplexes Thema nahezubringen in konzentrierter und effizienter Form, welche es unmittelbar ermöglichte, das Berufs- und Privatleben gewinnbringend zu ändern! Sie erreichen dies durch Ihre rhetorische Kompetenz, sachliche Überzeugungskraft, aber auch mit der Fähigkeit, Ihre Zuhörer emotional zu erreichen. Ich empfehle Sie jederzeit sehr gerne weiter.« *Frank Pauli, Frankfurter Buchmesse*

»Einem hochsensiblen Thema, das im Alltag von Betroffenen individuell und unterschiedlich erlebt und bewertet wird, hat sich Frau Fritz in ihrem Vortrag professionell, ernsthaft und ausgesprochen unterhaltsam angenommen. Meine Hochachtung!« *Petra Schaefer-Schubert, Hessischer Rundfunk*

NICOLA FRITZE

Themen

Wir können auch anders!
Raus aus der Sackgasse

Think Gender!
Warum Frauen shoppen und Männer einkaufen

Volle Kraft voraus!
Wie Sie die Kraft Ihrer Gedanken für Ihren Erfolg nutzen

Smile & Sell

Veröffentlichungen

DVD: Think Gender
Warum Frauen shoppen und Männer einkaufen

CD: Packen Sie's an!
15 Kicks für Ihre Motivation

CD: Erreiche Deine Ziele.
Ein Mentaltraining.

DVD: Smile & Sell!
Verkäufer und Serviceoasen in Deutschland

Kurzbiografie

Die charmante Rednerin Nicola Fritze ist ein Quell der Lebendigkeit, Begeisterungsfähigkeit und Motivation.

Seit 2001 ist sie zu den Themen Persönlichkeitsentwicklung, Motivation, Körpersprache, Kommunikation und der »kleine« Unterschied zwischen Männern und Frauen eine gefragte Rednerin, mit stetig wachsender Resonanz.

Ihre starke Präsenz, die die 5 Sterne Rednerin ihrer Theatererfahrung verdankt, begeistert ihre Zuschauer. Ihr Charme verzaubert, denn als leidenschaftliche Referentin verbindet sie Authentizität und Lebensfreude mit fundierter Fachkompetenz. In ihren Vorträgen zeigt die Potenzialentwicklerin effektive Übungen mit Überraschung und Spaß, um Ihnen praktikable Wege zu öffnen, Ihr Potenzial zu leben und Ihren Erfolg zu steigern.

Der berufliche Werdegang von Nicola Fritze spiegelt ihre Vielseitigkeit wider: Die Pädagogin finanzierte ihr Studium als Telefonberaterin und -verkäuferin, unter anderem für Banken und Versicherungen, und war anschließend als Führungskraft tätig. Berufsbegleitend absolvierte sie ein Aufbaustudium in Organisationspsychologie, zusätzlich ist sie unter anderem in integrativem Coaching (ICI- und ECA-zertifiziert), NLP (DVNLP zertifiziert) sowie in klinischer Hypnose ausgebildet. Nicola Fritze gehört zu Deutschlands Podcast-Pionieren und veröffentlicht seit 2006 regelmäßig Hörsendungen (Podcasts) im Internet. Mit ihrem Podcast »Abenteuer Motivation« und dem »Fritze-Blitz« erreicht sie über 30.000 Hörer, die sich zum Thema Motivation und Persönlichkeitsentwicklung regelmäßig von ihr inspirieren lassen.

Referenzen und Kundenstimmen

»Liebe Frau Fritze, danke für die professionellen Telefontrainings. Viel gute Laune, Engagement und Verständnis für die Teilnehmer ließen jedes Training zu einem Highlight werden. Ihre zahlreichen praktischen Tipps und Hinweise haben allen geholfen, das individuelle Gesprächsverhalten am Telefon deutlich zu optimieren.« *Klaus Spiegel/AOK*

»Nicola Fritze, erfrischend lebendig. Frau Fritze verknüpft Theorie und Praxis auf spielerische Art und Weise, die begeistert. Die Themeninhalte werden nachhaltig vermittelt und sind von hoher Fachkompetenz geprägt. Mit ihrer positiven Ausstrahlung gewinnt Frau Fritze schnell die Aufmerksamkeit und das Interesse der Teilnehmer.« *Jörg Rohde/Filialleiter der Deutschen Krankenversicherung AG*

Referenzen:
AOK, DKV, Janssen-Cilag, Rupp und Hubrach, SchäferRolls, Schwäbisch Hall Training

Auszeichnungen und Pressestimmen

Gewinnerin des »Trainer-Casting 2005« der Bayerischen Akademie für Werbung und Marketing

GABRIELE FRÖHLICH

Themen

In der Ruhe liegt die Kraft – entdecke die innere Stimme
Entspannung und Intuition für Privat- und Geschäftsleben

Wissensvorsprung mit Physiognomik
Training für Führungskräfte

So wird der Arbeitsplatz zum Kraftplatz
Mehr Erfolg und bessere Gesundheit mit Feng-Shui am Arbeitsplatz

Veröffentlichungen

Kurzbiografie

Gabriele Fröhlich, Jahrgang 1959, machte nach langjähriger Tätigkeit als Vermögensberaterin einer Großbank ihre Berufung zum Beruf und gründete 1999 die Firma RaumKraft – kraftvolle Räume – kraftvolle Menschen. RaumKraft beschäftigt sich mit der Wirkung und Ausstrahlung von Räumen und Menschen. Kraftvolle Räume entstehen durch die Anwendung von Feng-Shui- und Geomantietechniken, aber auch durch die Harmonisierung von Erdenergien wie Wasseradern, Erdverwerfungen usw. sowie Elektro-Smog und Mobilfunkstrahlungen. Hierzu entwickelte sie das Konzept »der Vitale Arbeitsplatz«, welches von zahlreichen namhaften Unternehmen erfolgreich umgesetzt wird.

Die Wirkung von Räumen spiegelt sich in den darin lebenden Menschen wider und zeigt sich vor allem in der Mimikbildung und der Körpersprache. Um diese besser zu verstehen, beschäftigte sie sich schon früh mit diesen Themen und ließ sich bei namhaften Lehrern ausbilden. Seit 2008 bietet sie ihr Wissen in Gruppen- und Einzeltrainings über Körpersprache, Gesichtslesen, Entspannung und Intuitionsförderung an.

Referenzen und Kundenstimmen

»Unser Erfolg ist auch Ihr Erfolg. Danke, dass wir uns begegnet sind!«
Reingard Pöhnitzsch, Vorstandsvorsitzende der Sparkasse Döbeln

»Sie sind ein besonderer Mensch.« Christel Röttinger, Geschäftsführerin Pharmdirekt, Hirschberg

Auszeichnungen und Pressestimmen

»Besser mit der Wand zum Rücken« Mannheimer Morgen

»re-peat« Jahrbuch Treasury und Private Banking 2009

DR. HELMUT FUCHS

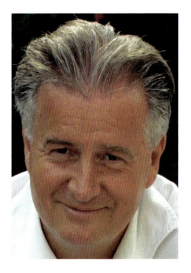

Themen

Psychologisches Kabarett
Nur wer sich selbst kennt, weiß, was er anderen zumutet!

Launologie
Stimmungsmanagement

Werteanalyse und Management

Veröffentlichungen

Kurzbiografie

Dr. Helmut Fuchs ist Gründungspräsident und Verwaltungsrat der European Academy for Training and Development EATD AG und Inhaber und Cheftrainer der TAM – Trainer Akademie München, der ältesten und renommiertesten Ausbildungsstätte für Managementtrainer in Deutschland. 2007 Gründung des Wissenschaftl. Instituts für angewandte Launologie WIFAL. Er wohnt in Siebnen (CH) und arbeitet in Deutschland, der Schweiz, Austria und Spanien. 1998 wurde er für seine Trainingsseminare mit dem Deutschen Trainingspreis in Gold ausgezeichnet und erhielt 2000 das Deutscher Trainingspreis Excellence Certification.

Helmut Fuchs arbeitet seit 1999 vorwiegend in den Bereichen Motivations-, Volitions- und Handlungsforschung und –anwendung, promovierte in Pädagogik (Andragogik) mit einer Arbeit zum erlebnisorientierten Managementtraining und promoviert gegenwärtig an der TU München in Psychologie mit einer Arbeit zum Thema »Motivation, Werte, Ziele«.

Er hält regelmäßig Vorträge und Seminare zu den Themen Teammotivation, Leistungsentwicklung und Persönlichkeit und ist Autor zahlreicher Bücher, Kassettenprogrammen und hunderten von Fachartikeln.

Referenzen und Kundenstimmen

»Spritzig, witzig, aber mit dem nötigen Ernst – empfehlenswert.«
»Er hat den Nagel auf den Kopf getroffen – oder so.«
»Ein positiver Zeitgenosse, davon profitiere ich.«
»Launologie – einfach, genial, gut.«
»Es ist schon sehr erstaunlich, wie Herr Fuchs mit einfachsten Mitteln Menschen begeistern kann.«
»Ein – das – Highlight unserer Fachtagung.« Aussagen von TeilnehmerInnen der 4. Sparkassen-Call-Center-Qualitätstage am 24. & 25. November 2008 in der Sparkassenakademie Münster

»Herzlichen Dank, Herr Fuchs, für Ihren spritzig-launologischen Vortrag auf dem großen GSA-Humor-Tag 2009 in Ausgburg. Mit hervorragenden Übungen und hoher Professionalität begeisterten Sie die Teilnehmer und zeigten Tipps und Strategien für die sofortige Umsetzung in einen humorvolleren und gutgelaunten Alltag auf.« German Speakers Association e. V., Claudia Haider

»Lieber Helmut Fuchs, noch einmal herzlichen Dank für Ihren wunderbaren Vortrag auf dem GSA-Humortag! Sie waren eine echte Bereicherung. Die gute Bewertung zeigt das auch.« Sabine Asgodom, GSA-Präsidentin

»... unsere Teilnehmer waren von der Leichtigkeit Ihres Vortrages und zugleich der inhaltlichen Dichte fasziniert. Viele Ihrer Themen lieferten unseren Mitgliedern reichlich Diskussionsstoff. Ihre launologischen Ausführungen sorgten für lang anhaltende Heiterkeit und haben damit zum Gelingen unserer Tagung beigetragen – nochmals vielen Dank.«
Cord Tepelmann, Edmund Cramer (Die KMU-Berater, Düsseldorf)

GRÄFIN DONATA FUGGER

Themen

Mit Stil zum Ziel®

Business-Knigge

Nationale und internationale Umgangsformen

Veröffentlichungen

Als Kolumnistin d. Augsburger Allg.: drei Jahre lang Beantwortung von Leserfragen zu Etikette-Themen

Interviews mit und Beiträge über Gräfin Fugger in zahlreichen Zeitungen und Fachzeitschriften

Kurzbiografie

Referentin Donata Gräfin Fugger gehört zu den beliebtesten Rednerinnen zu den Themen Stil und Etikette. Dabei profitiert sie von ihrer Lebenserfahrung und ihrer beruflichen Laufbahn. Nach ihrem Studium zur Betriebswirtin übernahm die 5 Sterne Rednerin neun Jahre Aufgaben im Vertrieb und in mehreren Dienstleistungsunternehmen.

Heute strahlt sie bei jedem Vortrag und jedem Seminar, sie überzeugt durch Redegewandheit und Sympathie. Ihre Etiketteregeln reicht sie den Zuhörern als nützliche Tipps und Tricks. Keynote-Speaker Donata Gräfin Fugger begeistert Führungskräfte internationaler Konzerne, Privatpersonen und Menschen, die im Rampenlicht stehen. Sie besticht mit einer Leichtigkeit vor großem Publikum, dem mehr Stärke und Souveränität mit auf den Weg gegeben wird. Es geht stets um Stil, daher hat 5 Sterne Rednerin Donata Gräfin Fugger ihre Marke »Mit Stil zum Ziel®« genannt.

Wer kennt sie nicht aus Zeitungen und Fachzeitschriften? Referentin Donata Gräfin Fugger gibt auch dort regelmäßig in Interviews ihr Wissen zu Etiketteregeln preis. In der Augsburger Allgemeine widmete man ihr gar eine wöchentliche Kolumne, in der sie die Leser über Benimm- und Etiketteregeln informierte.

Jeder ihrer Zuhörer ist begeistert von ihrer natürlichen, aber doch eindringlichen Art. Wer über Business-Etikette und Stil reden möchte, kommt nicht um Donata Gräfin Fugger rum. Sie ist eine der führenden und kompetentesten Keynote-Speaker auf diesem Gebiet.

Referenzen und Kundenstimmen

Teilnehmerstimmen:

»Gräfin Fugger hat mich auf eine äußerst sympathische und charmante Art in die fast vergessene Welt von Stil & Etikette „entführt" und mir Tipps an die Hand gegeben, die meine Persönlichkeit noch weiter entwickeln.« *K.Schmitt/Dubai Ski Club*

»In den letzen zwei Tagen habe ich mir komprimiert viele Regeln bewusst gemacht, die den Umgang mit anderen sicher noch weiter bereichern.« *S. Borkowski/Siemens Management Consulting*

Referenzen:
- Insiders
- Marketingclubs
- Wirtschaftsjunioren Deutschland

Auszeichnungen und Pressestimmen

»Es umgibt die Gräfin eine Aura tief empfundenen Verständnisses für die Fettnapf-Dapper dieser Welt.« *Süddeutsche Zeitung online*

MARC GALAL

Themen

Die Kraft der Verkaufsmotivation

Die Macht der Überzeugung

Die Geheimnisse der Verkaufshypnose

Machtfaktor Kommunikation
Wie man mit Sprachmustern Botschaften direkt im Unterbewusstsein platziert

Veröffentlichungen

Kurzbiografie

Marc M. Galal ist Verkaufstrainer und Vertriebsexperte aus Leidenschaft, entwickelte die nls® Verkaufsstrategie vor mehr als zehn Jahren und baute sie kontinuierlich zu einer gefragten Marke aus. Durch seine Erfahrungen als Vertriebsleiter, durch zahlreiche Weiterbildungen in den Bereichen Rhetorik, Kommunikation und Verkauf und durch verhaltensverändernde Fortbildungen in der Hypnose und der provokativen Therapie und durch die persönliche Ausbildung durch Dr. Richard Bandler, einen der beiden NLP-Entwickler, konnte Galal diese unterschiedlichen Fachbereiche miteinander verknüpfen und daraus die speziell auf die Belange des Verkaufs abgestimmte nls® Strategie entwickeln. nls® steht für Neuro Linguistic Selling; die Kunst der Überzeugung durch die gezielte Anwendung von Sprache.

Durch sein umfangreiches Wissen und seine Praxisorientierung ist Marc M. Galal bereits seit Jahren als Experte und Autor von zahlreichen Artikeln in der Fach- und Publikumspresse gefragt und als Vortragsredner gern gesehen. Sein Fokus liegt nie nur auf der Vermittlung von Know-how, vielmehr sollen die Hörer lernen, ihr eigenes Verhalten zu reflektieren, dieses bewusst zu verändern und so unmittelbar von dieser positiven Entwicklung zu profitieren.

Als einer der wenigen Verkaufstrainer besitzt Galal das begehrte Zertifikat der Sales Professional Q 100 (Verband DIN EN ISO 9000 ff. für Zertifizierung e. V.) und ist lizenzierter Trainer der Society of NLP.

Referenzen und Kundenstimmen

Kunden wie Nike, Nestlé, Bang & Olufsen, Toyota, Renault und mehrere Sparkassen profitieren bereits von nls®.

»Die Power von Marc M. Galal ist ansteckend, ich bin überzeugt davon, dass er einer der besten Verkaufstrainer überhaupt ist. Dank der neuen Techniken war 2008 ein gutes Jahr für LUXHAUS.« *Dirk Adam, Geschäftsführer LUXHAUS*

»Marc M. Galal ist einer der besten Verkaufstrainer Europas.« *Brian Tracy, Managementvordenker und weltweit gefragter Erfolgstrainer*

Auszeichnungen und Pressestimmen

»Wettstreit im Blut« *acquisa*

»Verkaufen in der Finanzkrise« *Wirtschaft & Dienstleistungen*

PETER GALL

Themen

Wenn du es eilig hast, gehe langsam
Mit Life-Leadership® zu einem erfolgreichen Zeitmanagement

Work-Life-Balance
Mehr Lust auf Leistung

Für ein Leben in Balance
Zeitmanagement für Frauen

Ferienseminare auf der Insel Madeira

Veröffentlichungen

Kurzbiografie

Peter Gall, geboren 1956, begann seine Laufbahn als Organisator und Projektleiter. Parallel dazu durchlief er eine umfassende Ausbildung in Pädagogik, Didaktik und Kommunikation. Peter Gall absolvierte die Organisatoren-Ausbildung der Akademie für Führung und Organisation in Bonn und trägt den Berufstitel MdO (Mitglied der Organisatoren-Berufsrolle). Weiters besuchte er das EKS®-STRATEGIE-FORUM bei Prof. Dr. Seiwert, Heidelberg. Heute ist Peter Gall Erfolgstrainer, Vortragender und Buchautor und gilt in Österreich als der führende Experte für Zeitmanagement, Life-Leadership® und Work-Life-Balance. Auf diesem Gebiet kooperiert er seit Jahren erfolgreich mit dem deutschen Seiwert-Institut. Als ausgebildeter Reiss-Profile-Master setzt Peter Gall in seinen Seminaren auch das Motivationsmodell von Stephen Reiss ein. Vorträge und Seminare mit Peter Gall richten sich nach den Prinzipien des Lean Learnings. Das heißt, sie bieten Ihnen und Ihren Mitarbeitern den größtmöglichen Nutzen in der zur Verfügung stehenden Zeit. Peter Galls Veranstaltungen zeichnen sich durch eine lebendige, anschauliche Sprache aus. Nicht umsonst erzielt er bei seinen Vorträgen und Seminaren immer Spitzenwerte. Er präsentiert mit Humor und Witz. Er arbeitet mit bildhafter Sprache und liefert zahlreiche Beispiele aus der Praxis. Selbst Kurzvorträge werden interaktiv aufgebaut – jeder Teilnehmer denkt mit und erarbeitet anhand von Checklisten und Maßnahmeplänen Lösungen für sich selbst und sein Unternehmen. So bleibt Gelerntes besser im Gedächtnis und kann sofort aktiv in die Praxis umgesetzt werden.

Referenzen und Kundenstimmen

»Ich habe von Peter Galls Seminar total profitiert und viele Methoden helfen mir täglich im Job.« *Mag. Magdalena Schwarz, Rotes Kreuz*

Auszeichnungen und Pressestimmen

Trainer des Jahres in Österreich, gewählt 2006 vom »Magazin Training«

»In Zukunft sage ich öfter mal ›nein‹. Ich lasse mir keine zusätzlichen Aufgaben mehr aufhalsen, ich lächle, wenn ein Auftrag den Vermerk ›Wichtig, dringend, sofort!‹ trägt und drehe mein Handy nach 18.00 Uhr eiskalt ab. Denn ich war bei Peter Gall. Und der hat mich – im wahrsten Sinne des Wortes – aufgestachelt.« *Ursula Krebs, Magazin Training*

»Peter Gall präsentiert das neue Zeitmanagement witzig und glaubwürdig, weil er die Ruhe selber ist.« *Kurier*

CRISTIÁN GÁLVEZ

Themen

Persönlichkeit schafft Wirkung!
Erfolg durch SELBST-Inszenierung

Der Humor-Faktor
So lächeln Sie den Erfolg an!

Energize yourself!
Motivation schafft Wirkung

Veröffentlichungen

Kurzbiografie

Cristián Gálvez, Jahrgang 1969, Moderator, Referent, Speaker, Coach. Mit über 6.000 Präsentationen im Rahmen von Unternehmensveranstaltungen ist Cristián Gálvez einer der erfahrensten Infotainer Europas. Seine Referenzen lesen sich wie das »Who is Who« der Unternehmenswelt.

Cristián Gálvez versteht es auf einzigartige Weise, modernste Erkenntnisse und Erfolgstechniken aus der Wirtschafts- und Sozialpsychologie mit seinen praktischen Erfahrungen aus der Welt der kommerziellen Unterhaltung zu einem stimmigen Gesamtkonzept zu verbinden. Sein besonderes Kennzeichen ist die Verknüpfung von relevanten Inhalten mit intelligenter Unterhaltung – immer bewegend und praxisorientiert.

Cristián Gálvez studierte Betriebswirtschaftslehre, Wirtschafts- und Sozialpsychologie an der Universität zu Köln und der Pennsylvania State University. Nach seinem Studium verbrachte er weitere 18 Monate in Los Angeles. Dort besuchte er an der U.C.L.A. Regie- und Produktionskurse, tourte als Comedian durch die Clubs in Süd-Kalifornien und spielte Improvisationstheater. Zusätzlich studierte er am renommierten Lee Strassberg Theatre Institute und Jeff Goldblums Playhouse West.

Seither moderierte Cristián Gálvez unzählige Live-Events und unterschiedliche TV-Formate (u. a. Studio 1, ARD; People TV, RTL II). Der mehrfach ausgezeichnete Referent und Coach ist einer breiten Öffentlichkeit bekannt als Experte zum Thema »Persönlichkeit & Wirkung«.

Referenzen und Kundenstimmen

»Frisch und fröhlich, kompetent und professionell« *H. – M. Heitmüller, Vorsitzender des Vorstandes Deutsche Leasing*

»Abschluss und Höhepunkt der Plenums-Veranstaltung war Ihr äußerst inspirierender Vortrag ... Beeindruckend, wie Sie mit Ihren rhetorischen Fähigkeiten stets im Kontakt mit den Teilnehmern waren und sich in die Welt unserer Mitarbeiter hineingefühlt haben. Auch heute noch sind die positiven Nachwirkungen zu spüren: die Metaphern und Beispiele werden gerne zitiert. Man spricht von Ihnen ...« *Hildegard Wolf, Geschäftsführerin LifeScan*

Auszeichnungen und Pressestimmen

»Cristián Gálvez hat die Kunst der unterhaltsamen Informationsvermittlung perfektioniert.« *mep, Marketing Event Praxis*

»Deutschlands führender Persönlichkeitstrainer« *SAT.1*

»Mal leise, oft moderat .... nie langatmig nimmt der Persönlichkeitstrainer und Bestsellerautor Cristián Gálvez seine Zuhörer beim Verfassen eines Drehbuchs ihrer Persönlichkeit an die Hand.« *Kieler Nachrichten*

JÖRG GANTERT

Kurzbiografie

Jörg Gantert, 1969 geboren, ist einer der führenden Top-Experten zu den Themen Motivation, Leistungsstärke und Stressresistenz. Er ist Bankkaufmann und Dipl.-Betriebswirt und war mehrere Jahre in leitender Funktion in der Personalentwicklung eines großen Industrieunternehmens tätig. Als langjähriges Mitglied der Nationalmannschaft war er mehrfacher Europa-Meister und krönte seine Sportlerkarriere mit dem Weltmeistertitel im All-Style-Karate.

In Seminaren, in Vorträgen und als Buchautor gibt er heute seine vielschichtigen Erfahrungen an Führungskräfte und Mitarbeiter weiter. Jörg Gantert ist ein Meister in der Kunst der Motivation und Menschenführung. Er spornt seine Zuhörer zum Handeln und zum Erfolg an. Der Weltmeister zeigt, wie sich Erfahrungen aus dem Hochleistungssport und der Persönlichkeitsentwicklung auf den Alltag anwenden lassen. Achtzehn Jahre dauerte sein Weg zum Titel. Jörg Gantert weiß also, was es heißt, sich Ziele zu setzen und sie zu verfolgen.

Mit innerer Stärke und Souveränität hat er diverse Rückschläge und Herausforderungen gemeistert. Den unbeirrbaren Willen, an seine Vision zu glauben, und die innere Stärke gibt er an seine Zuhörer weiter.

Themen

Das Potenzial der inneren Stärke

Leistungsstärke und Motivation in Zeiten des Wandels

Selbstmanagement der Spitzenklasse

Erfolg durch Selbstmotivation und mentales Reengineering

Referenzen und Kundenstimmen

»Jörg Gantert ist einer der authentischsten und kompetentesten Trainer, mit denen wir je zusammengearbeitet haben. Er versteht es wie kaum ein anderer, sich in die Denke der Seminarteilnehmer zu versetzen und sie zu Höchstleistungen zu motivieren.« *Thomas Duebe, Geschäftsleitung Bertelsmann AG Direktvertriebe*

»Ich bilde mir ein, dass meine mentale Stärke und Leistungsfähigkeit schon vor dem Seminar auf einem hohen Level waren, aber der Tag mit Jörg Gantert hat mich zu einer nächsten Stufe getragen.« *Dipl.-Ing. Wolfgang Dornhöfer, Geschäftsleitung, TAC GmbH Control Systems*

Auszeichnungen und Pressestimmen

Ehrenurkunde der Stadt Münster für besondere sportliche Leistungen

Sportler des Jahres

»Jörg Gantert ist ein Meister der Motivation.« *Westfälische Nachrichten*

»Karate Weltmeister und Management Coach Jörg Gantert begeisterte seine Zuhörer zu den Themen Leistungsstärke und Motivation.« *Augsburger Allgemeine*

»Persönlichkeitstrainer Jörg Gantert kombinierte meisterhaft modernes Selbstmanagement mit der Weisheit asiatischen Wissens.« *Westfälische Apotheker Zeitung*

Veröffentlichungen

ISABEL GARCÍA

Kurzbiografie

Isabel García wurde am 7. Dezember 1969 in Hamburg geboren. Mit 14 Jahren fing sie professionell mit dem Singen an. Später studierte sie Gesang an der Hochschule für Musik und darstellende Kunst in Hamburg. Sie arbeitete als Chorleiterin, Gesangslehrerin und Sängerin. Von 1997 bis 2007 arbeitete sie als Radiomoderatorin u. a. für R.SH und den NDR. Nebenbei ließ sie sich zur Diplomsprecherin ausbilden, wurde die Stimme der Nord-Ostsee-Bahn, spricht Werbung, Dokumentationen, Hörbücher und Hörspiele. 2004 gründete sie ihr eigenes Lehrinstitut »Ich rede« und erhielt von Weiterbildung Hamburg e. V. das Qualitätssiegel. 2008 brachte sie ihr erstes Hörbuch »Ich rede – Kommunikationsfallen und wie man sie umgeht« heraus, stand wochenlang auf Platz 1 zahlreicher Bestsellerlisten und wurde dreimal ausgezeichnet u. a. als Hörbuch der Woche vom MDR und vom Hamburger Abendblatt. Heute ist Isabel García als singende und schauspielernde Rednerin unterwegs und weist auf ihre unvergleichliche Art die Zuhörer auf Kommunikationsfallen hin bzw. zeigt den Zuhörern eindrucksvoll, wie überzeugendes Auftreten funktioniert.

Auf vielen Firmenveranstaltungen wird sie als Garant für gute Stimmung, nachhaltige Lerneffekte und hervorragende Impulse geholt.

Referenzen und Kundenstimmen

»Volltreffer!! Persönlichkeit, Präsentation, Kompetenz, alles stimmig und daher total authentisch.« *Johannes Nattler, comdirekt*

»Mit viel Spaß und Humor hat Isabel García begeistert und nachhaltig Werkzeuge in die Hand gegeben, um bewusster aufzutreten. Es war eine Freude, ihr dabei zuzusehen!« *Johannes Lensges, hagebau*

»Eine Kommunikationsexpertin, die ihresgleichen sucht. Ihre Lache ist ansteckend und beim Gesang bekam ich eine Gänsehaut.« *Katja Horneffer, ZDF*

Auszeichnungen und Pressestimmen

»… Es ist schwer, sich dem Charme dieser Stimme zu entziehen. Isabel García trifft perfekt den Ton und wirkt dabei überhaupt nicht gekünstelt wie so manch anderer Rhetoriker …« *Mark Hübner-Weinhof, Hamburger Abendblatt*

»… Ganz ohne Zweifel ist Isabel García eine Meisterin ihres Fachs, was dem Zuhörer auf unterhaltsame Art und Weise eine eindrucksvolle und zugleich subtile Einführung in die Kunst des optimierten Sprechens beschert.« *Alexander Golfmann*

Themen

Kommunikationsfallen und wie man sie umgeht
Die Grundlagen jeder Kommunikation

Persönlichkeitsmarketing
Beeindrucken, überzeugen und begeistern

Veröffentlichungen

FRANK GARRELTS

Themen

Öffentlichkeitsarbeit und Partnerkommunikation via Internet

Verbundgruppen des Handels
Erfolgsgaranten für den Vertrieb

Kooperationen des Handels, eine Zielgruppe für sich

Kooperationen als Erfolgsfaktor in der Krise

Veröffentlichungen

T.E.A.M. – Toll, Ein Anderer Macht's

Märkte im Umbruch – Kooperationen als Chance im Handel
Verlag C. H. Beck

Marketing und Electronic Commerce
Co-Autor 2002

Gastreferent zu den Themen Kooperation, Kommunikation via WEB

Diverse Fachbeiträge und Vorträge im In- und Ausland

Kurzbiografie

Geboren 1951, Industriekaufmann, staatl. gepr. Betriebswirt, geschäftsführender Gesellschafter der PROVOTO GmbH & Co. KG. Frank Garrelts machte sich 1983 als Handelsvertreter und Unternehmensberater selbstständig. 1984 gründete er die IT-Fachhandelskooperation Compart Computerpartner, welche später in Comteam umbenannt wurde. 1992 verkaufte Garrelts seine Anteile am Unternehmen an die Kommanditisten der Gesellschaft, die diese dann an den Verbund Electronic Partner (EP) weiterverkauften. Parallel zu Comteam gründete seine Frau die Fachgroßhandelsfirma Microteam, aus der später die Akcent Computerpartner Deutschland AG hervorging. Die Geschäftsführung dieser Kooperation übernahm Garrelts 1993. Im Jahr 2006 verkaufte er seine Aktienanteile an Synaxon und wechselte in den Akcent-Aufsichtsrat. Als Generalbevollmächtigter der Synaxon für International Development und Verbandsangelegenheiten begleitete er weitere drei Jahre die Kooperationen in der neuen Konzernumgebung. Heute widmet er sich mit seiner eigenen Firma PROVOTO dem Thema Öffentlichkeitsarbeit und Partnerkommunikation. Er berät Unternehmensnetzwerke, Verbände und Kooperationen speziell bei der Planung und Gestaltung ihrer Online-Strategien. Außerdem überarbeitet er gerade sein 1998 im Verlag C. H. Beck erschienenes Buch »Märkte im Umbruch« über Sinn und Wirken von Kooperationen im Handel.

Mitgliedschaften in Arbeitskreisen:
- Präsident des Verbandes International Technology Channels Association ITCA
- Mitgründer und 2. Vorsitzender des Vereins Gewerbefreiheit e. V.
- Vorsitzender BITKOM-Arbeitskreis Handel Distribution
- Mitglied im Channel Line Advisory Council (CLAC), Canada/USA
- Mitglied im Beirat d. Berufsbildenden Schulen Osterholz-Scharmbeck
- Mitglied im Rotary Club Worpswede

Frühere Funktionen:
- Bildungsausschuss im Deutschen Industrie- und Handelskammertag (DIHK) bis 2008
- Vollversammlung und Regionalausschuss der IHK Stade bis 2008
- Ehrensenator und Mitglied im Vorstand des Wirtschaftssenats im BVMW (Bundesverband mittelständische Wirtschaft)
- Ehrensenator und Mitglied im Europäischen Wirtschaftssenat
- Vizepräsident d. Zentralverbandes Gewerblicher Verbundgruppen ZGV
- Mitglied im Ausschuss für Telekommunikation + weitere Dienste im DIHK
- Mitglied im Handelsausschuss der IHK Stade

Auszeichnungen und Pressestimmen

Manager des Jahres 1996 und 1997 der Branchenzeitschrift Computerpartner (heute: Channelpartner)
Best Speaker Award, Focus Stuttgart 1998
Most Valued Speaker Awards, Focus Denver 1999, San Diego 2000, Düsseldorf 2004, Mainz 2005
Wirtschaftsförderpreis Sparkasse Osterholz 1999

MATTHIAS GARTEN

Themen

Presentation-Booster – Der Turbo für Ihre Präsentationen
Präsentationen auf Basis neuester Erkenntnisse der Hirnforschung

Jeder powerpointet, aber keiner präsentiert
Welche Fehler Sie auf jeden Fall vermeiden sollten

Profi PowerPoint Techniken für Anfänger, Fortgeschrittene und Experten
Für alle, die mehr aus PowerPoint rausholen wollen

Konzeption, Dramaturgie und Didaktik von Präsentationen
Ein gutes Gerüst ist die Basis für eine erfolgreiche Präsentation

Veröffentlichungen

Kurzbiografie

»Jeder powerpointet, aber keiner präsentiert!«
Matthias Garten ist der Top-Experte für Multimediapräsentationen im deutschsprachigen Raum, zudem ist er Speaker, praxisorientierter Trainer, Buchautor und Unternehmer. In seinen Seminaren und Vorträgen begeistert er die Teilnehmer mit Infotainment, Spannung und umfassendem Know-how im Bereich Multimediapräsentationen. Seine »Presentation-Booster« Methode, die er auf Basis der Neurowissenschaften entwickelt hat, ist der Turbo für Präsentationen. Unternehmen und Referenten präsentieren sich damit noch wirkungsvoller.

Als Dipl.-Wirtschaftsinformatiker gründete er 1993 die erste Präsentationsagentur Deutschlands – smavicon Best Business Presentations. Seitdem haben er und sein Expertenteam mehr als 10.000 Präsentationen für mehr als 150 Branchen und Unternehmensgrößen entwickelt, wie z. B. Allianz, Merck, Nestlé, Paramount, Wella u. v. a. Die Besonderheit ist neben der grafischen Optimierung die Beratung und Konzeption von Multimediapräsentationen. Die Stärke der Agentur liegt darin, Inhalte mediendidaktisch aufzubereiten und unter inhaltlich-psychologischen Gesichtspunkten zu interpretieren. Daher sind smavicon-Präsentationen im Gegensatz zu anderen Präsentationen erheblich wirkungsstärker und imagebildender.
Seine Vorträge und Seminare sind ein »Muss« für alle Firmen, die sich durch professionelle Multimedia-Präsentationen einen Wettbewerbsvorteil verschaffen und innovativ präsentieren wollen.

Referenzen und Kundenstimmen

»Beeindruckender Vortrag mit vielen tollen Ideen, Tipps und Beispielen. Die Inhalte waren leicht verständlich, klar und sehr praxisnah.«
A. Handera, Marketing

»Matthias Garten hat mich mit multimedialem Zauber für alle Sinne begeistert.« *M. Göhre, Trainer & Consultant*

»Genial, was man mit PowerPoint und Präsentationstechniken erreichen kann. Habe viel über die unterschiedlichen Wirkungsweisen gelernt und wende das Wissen jetzt gezielt und erfolgreich für meine Marketingkunden bei Workshops, Vorträgen und Veranstaltungen an.«
Christian Görtz, Marketingberater

»Besonders fasziniert haben mich die dreidimensionalen Präsentationen.« *T. Nienaber, Projektleiterin Messen*

Auszeichnungen und Pressestimmen

- TOP 100 Speakers Excellence 2004–2008
- TOP 100 Trainers Excellence 2009-2011;
- Best of Semigator, CONGA Award 2008 u. 2009.

»Matthias Garten ist der Keynote Speaker für Multimediapräsentationen.« *working@office*
»... begeisterte mit Tipps, Tricks und innovativen Techniken ...« *IHKZeitschrift Bochum.*

ROLAND GARTNER

Themen

Erfolgsfaktoren in der Unternehmenspositionierung

Verkaufen im Verdrängungswettbewerb

Vision, Werte und Glauben als Grundstein für Ihren Unternehmenserfolg

Veröffentlichungen

Kurzbiografie

Roland Gartner, geboren 1967 in Zell am Ziller, Tirol, verheiratet, 3 Kinder.

Schon mit 23 Jahren hat Roland Gartner nach zwei handwerklichen Berufsausbildungen seine Ziele und Visionen verwirklicht: Er gründete sein erstes eigenes Unternehmen.

In der Bag Company lebt Roland Gartner mit seinem Team das, was er in seinen Workshops, Trainings und Vorträgen weitergibt.

Während der letzten Jahre absolvierte er Ausbildungen zum Master-Verkaufstrainer, NLP-Practitioner und Management-Coach.

Er ist Gründungsmitglied und zweiter Vorstand im Verband für Ethische Unternehmensführung (VEU).

Sein Wissen und seine Erfahrung aus den Ausbildungen und seiner Unternehmertätigkeit gibt er unter seiner Vision »Erfolg weitergeben« an Menschen und Unternehmen weiter.

Referenzen und Kundenstimmen

»... Zwischen den einzelnen Seminarmodulen wurde mir immer wieder von einzelnen Damen stolz über Erfolgserlebnisse berichtet, die sie aufgrund des von Ihnen neu erlernten Wissens hatten. Auch ich kann beobachten, dass das Verhalten unserer Customer Service Mitarbeiterinnen im Umgang mit unseren Kunden sicherer und zielgerichteter geworden ist. ...« *Sales & Marketing, AMOENA Deutschland und Österreich*

»... Ich hatte gestern ein positives Gespräch mit einem Kunden, dem ich schon seit langem »hinterher« bin. Die Umsetzung hat perfekt funktioniert – ich bin begeistert! Noch nie habe ich so viele praktische Umsetzungsvorschläge erhalten wie in Ihrem Vortrag ...« *R. Lichtenwald*

FRIEDBERT GAY

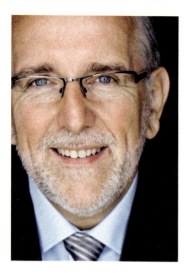

Kurzbiografie

Friedbert Gay, 1956 in Karlsruhe geboren, begann seinen bemerkenswerten Werdegang zum Keynote-Speaker als angestellter Elektroinstallateur. Kurz nach Abschluss der Meisterschule startete er in die Selbstständigkeit. Schon in seinen ersten Berufsjahren entdeckte Friedbert Gay seine Begabung, Menschen Inhalte zu vermitteln. Vordergründig ging es um Sachwissen mit dem Ziel, Arbeitsabläufe zu optimieren. Friedbert Gay merkte schnell, dass nicht Wissen, sondern die Förderung des menschlichen Miteinanders die Zusammenarbeit voranbrachte. Nach einer ersten Periode als freiberuflicher Trainer wurde er 1990 bei drillbox Cheftrainer Zeitplanung und 1994 Cheftrainer Persönlichkeit.

Seit 2000 ist er geschäftsführender Gesellschafter eines Verlages für HR-Lerninstrumente mit angegliederter Akademie für Trainer, Berater und Personaler und einem Consulting-Bereich unter dem Dach der persolog GmbH in Remchingen.

Friedbert Gay absolvierte während seiner Laufbahn vielfältige Aus- und Weiterbildungen im Bereich der Personal- und Organisationsentwicklung. So ist er u. a. geprüfter Betriebspädagoge, zertifiziert für Shared Values und SDI, sowie EFQM Assessor.

In Mittelpunkt seines Wirkens steht das Thema Persönlichkeit. Friedbert Gay hat in unzähligen Seminaren und Vorträgen Menschen dazu bewogen, sich mit der eigenen Persönlichkeit und der Persönlichkeit von anderen zu beschäftigen. Die Auswirkungen von systematischer Persönlichkeitsentwicklung auf den unternehmerischen wie auf den persönlichen Erfolg, auf erfolgreiche Zusammenarbeit oder effektive Personalbeschaffungsprozesse faszinieren seine Teilnehmer immer wieder. Mit seiner humorvollen und bodenständigen Vortragsweise spricht er jedes Publikum an: ehrlich, aufrichtig und direkt. Es ist seine Persönlichkeit, die Friedbert Gay zu einem solch fesselnden Referenten macht.

Friedbert Gay ist Mitglied der German Speakers Association, ASTD, BDVT, Trainertreffen u. a.

Referenzen und Kundenstimmen

»Farbenfroh und humorvoll. Anschaulich und bildhaft erklären, eine absolute Stärke von Friedbert Gay.« *Werner »Tiki« Küstenmacher, Bestseller-Autor*

»Die Stärke des Referenten Friedbert Gay? Wirklich alle Zuhörer anzusprechen. Sie abzuholen, mitzunehmen und einzubinden.« *Hermann Scherer, Top-Speaker*

Themen

Persönliche Stärke ist kein Zufall

Glücksspiel Stellenbesetzung

Unternehmenserfolg
Der Mensch, der entscheidende Erfolgsfaktor

Veröffentlichungen

EDGAR K. GEFFROY

Themen

Die Kairos-Chance – Zeit für Neues!
Changement ... keine Angst vor Wandel!

Quantensprung – die Märkte der Zukunft!
Die Wirtschaftswelt im Umbruch – Perspektiven für Neudenker!

High-Speed-Selling
Die Neuentdeckung des Erfolgsfaktors Zeit

Keiner gewinnt allein
Beziehungen als Erfolgsfaktor

Veröffentlichungen

Kurzbiografie

Der Business-Neudenker! Zitat: »Die besten Gelegenheiten ergeben sich dann, wenn man die Grundregeln ändert!«

Seit mehr als 25 Jahren ist Edgar K. Geffroy ein international erfolgreich agierender Unternehmer, Berater, TOP-Speaker und Bestseller-Autor. Über 2.000 Auftritte vor mehr als 400.000 Menschen zu den Themen Clienting®, Changement, Exnovation® und Verkauf zeigen die Akzeptanz seiner Konzepte.

Edgar K. Geffroy ist Verfasser eines der meistgelesenen Verkaufsbücher der 80er Jahre – Verkaufserfolge auf Abruf. Die neuen Erkenntnisse der Clienting-Lehre flossen in den 90er Jahren in sein Buch »Das Einzige, was stört, ist der Kunde« und behauptete sich 100 Wochen in den Top-Ten-Listen. Die mittlerweile 15 Bücher aus der Feder von Edgar K. Geffroy erreichten Auflagen bis zu 250.000 Exemplaren in 25 Ländern.

Doch Erfolg ist kein Grund, sich auszuruhen. Die Gesellschaft wandelt sich mit einer Geschwindigkeit, die die Verantwortlichen in der Wirtschaft zum sofortigen Handeln zwingt. Und genau jetzt beweist der Trendbrecher (Impulse) und Business-Guru (managementbuch.de) erneut sein Gespür für die Märkte der Zukunft. Nach jahrelangen erfolgreichen Konzepten für Vertrieb, Bildung und Finanzen rückt Edgar K. Geffroy jetzt den Gesundheitsmarkt in den Fokus der neuen Gesellschaft. Konsequent setzt er auf die neuen Technologien, um mit Kreativität aus Ideen Geschäfte zu machen. Diese Ideen sind nicht nur neu gedacht, sondern verblüffen durch sofortige Umsetzbarkeit.

Auszeichnungen und Pressestimmen

- Aufnahme in die German Speakers Hall of Fame® (2007)
- Speakers Excellence Top 100 (2007/2008 und 2009/2010)
- Conga Award Top 10 (2007 und 2008)
- Beste EKS-Anwendung Unternehmensstrategie 2000

»Geffroy zeigte, wie er Trends wittert und dann die Wege trassiert mit schlagkräftigen neuen Begriffen wie Changement, der Wandel als Chance mit dem Menschen als Kernproblem und Kernlösung.«
www.marketing-club.net 01/09

»Einer der zehn führenden Business-Motivatoren.« *WirtschaftsWoche*

»Eine eindrucksvolle Referenzliste brachte ihm einen Platz in der neuen Wirtschaftselite ein. Geffroy, selbst Unternehmer, gilt als Vordenker, der auf wichtige Herausforderungen an die Unternehmen hinweist. Durch unkonventionelle Ansätze motiviert er zur persönlichen und unternehmerischen Veränderung.« *Wirtschaftsnachrichten 04/07*

»Was seine Vorträge so sympathisch macht, ist sein niederrheinisches Naturell. Der Profi parliert aus dem Bauch heraus, unverfälscht, geradeaus und ohne Wenn und Aber.« *Niederrhein Edition 07*

THOMAS GEHLERT

Themen

Integriertes Projekt-Management
Projektarbeit im Spannungsfeld von Methoden, Strukturen und psychosozialen Prozessen

Change-Management
Integration harter und weicher Ansätze und neue Blickwinkel und Wechselwirkungen entdecken

Menschen und Organisationskulturen verstehen
Die Wahrnehmungsfähigkeit entwickeln und sich auf Menschen und Organisationen erfolgreich einstellen

Supply Chain
Grenzenübergreifende Zusammenarbeit erfolgreich gestalten

Veröffentlichungen

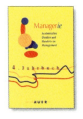

Kurzbiografie

Thomas Gehlert, 1960 in Würzburg/Bayern geboren, studierte Werkstoffwissenschaften und Betriebswirtschaftslehre in Erlangen und Nürnberg. Ersten Erfahrungen in der Produktion bei Koenig & Bauer folgte bei der Audi AG das Arbeiten in der Qualitätssicherung. Dem schloss sich eine Vertriebs- und technische Beratungstätigkeit bei 3M an. Als Key-Account-Manager für den Kunden BMW konnte er umfangreiche eigene Vertriebs- und Projekterfahrung erlangen. Die Arbeit über innerbetriebliche als auch unternehmensübergreifende Grenzen hinweg prägte seine 1993 startende Organisationsberatungs- und Trainingstätigkeit. Seine technische und kaufmännische Ausbildung in Verbindung mit zahlreichen mehrjährigen Weiterbildungen im systemischen und individualpsychologischen Feld, ergänzt mit Gruppendynamik und Systemaufstellungsarbeit, liefern die Grundlage für neue, wirkungsvolle Vernetzungen verschiedenster Ansätze und Methodiken.

Er ist ein echter Praktiker, der Erfahrungen aus unterschiedlichsten Funktionen mit neuesten Erkenntnissen aus Wissenschaft und Forschung umsetzungsorientiert anzuwenden und zu vermitteln weiß. Seine Arbeit und seine Vorträge sind geprägt vom Geiste der Anwendbar- und Nachhaltigkeit. Die Berücksichtigung von Hard- und Softfacts ist ihm ein zentrales Anliegen.

Seine Spezialgebiete sind:

Projektmanagement in jeglicher Form – von großen Changeprojekten bis hin zu klassischer Projektarbeit. Von der Projektmanagement-Einführung im Unternehmen bis zum Coaching von Projektleitern.
Supply-Chain und Vertriebsarbeit erfolgreich gestalten – Zusammenbringen von Menschen und Bereiche innerhalb der Unternehmen und unternehmensübergreifend.
Psychologie leicht gemacht – Vermittlung von Menschenkenntnis in ausgesprochen einfacher und anwendbarer Art und Weise. Auch für Führungskräfte und Mitarbeiter in der technischen und kaufmännischen Welt.

Referenzen und Kundenstimmen

»Note 1 mit Stern für den hohen Praxisbezug und die bildhafte Darstellung. Die Arbeit auf Fach-, Methoden- und Persönlichkeitsebene war hervorragend.« *Teilnehmer einer Veranstaltung zum Thema Projektmanagement für Changeprozesse bei professio*

»Ich habe selten einen Referenten erlebt, der Theorie und Praxis so anschaulich vermitteln konnte.« *Teilnehmer im Rahmen einer Schulung für Führungskraft bei DATEV*

OLIVER GEISSELHART

Kurzbiografie

Oliver Geisselhart, »Deutschlands Gedächtnistrainer Nr.1« (ZDF), war bereits 1983, mit 16 Jahren, Europas jüngster Gedächtnistrainer. Der Bestsellerautor ist Top 100 Speaker und Uni-Lehrbeauftragter. Sein Spezialgebiet sind praxisnahe und unterhaltsame Trainings und Vorträge mit sofortigen Erfolgen. Der »Gedächtnis-Papst« (TV HH1) versteht es in unnachahmlicher Weise, mit Witz, Charme und Esprit seine Zuhörer zu begeistern, zu motivieren und zu Gedächtnisbenutzern zu machen. Seine mitreißende und unterhaltsam-kurzweilige Art der Präsentation begeistert regelmäßig Teilnehmer sowie Auftraggeber.

Oliver Geisselhart ist bekannt durch unzählige Zeitungs-, Radio- und Fernsehberichte. Internationale Großkonzerne, aber auch kleine und mittlere Unternehmen buchen ihn weltweit für Mitarbeiter- und Kundenveranstaltungen.

Referenzen und Kundenstimmen

Volle Hallen – begeisterte Teilnehmer!
Bosch, Telekom, Deutsche Bahn, Fujitsu Siemens, E-Plus, Deutsche Bank, LBS, KPMG, Sparkassen, Volksbanken, TUI, RWE, TÜV, Lufthansa, P&C, Microsoft, DHL, Schering, AOK, BMW uvm.

»... Highlight unserer Tagung!« *Ruth Fellert, IHK*
»Eines meiner motivierendsten Seminare!« *Christine Knorst, Bankkauffrau*
»Für alle ›Kopfarbeiter‹ ein Muss!« *J. M. Steiger, Betriebswirt, Mercedes- Benz*
»... 1.100 Personen hat alle Veranstaltungen um 30 % übertroffen. Diese Steigerung hat sicher mit Ihrer Person und dem attraktiven Thema zu tun.« *Michael Kaiser, Volksbank eG*
»Ich habe gelacht und gelernt. Und das mit über 2000 anderen, Kompliment.« *Massimo Gallo, Zeppelin University.*
»... unsere 200 Verkäufer von Ihnen, dem Vortragsinhalt und Ihrer motivierend entertainigen Art begeistert.« *D. Schmidt-Wilkens, Tecis-Finanz*

Themen

Gedächtnistraining: »Kopf oder Zettel?«
Ihr Gedächtnis kann wesentlich mehr als Sie denken!

Frei Reden halten: Die Power der Memo-Rhetorik

So merke ich mir Namen und Gesichter wie ein Gedächtnistrainer
Schnell, sicher und dauerhaft: ca. 20 Namen in ca. 15 Min. behalten

Verkaufserfolg beginnt im Kopf
Souverän, sicher, schlagfertig sein

Auszeichnungen und Pressestimmen

Bekannt aus: »BILD«, »ARD«, »ZDF«, »VOX«, »RTL«, »SWR3«, »N24«, »DIE WELT«, »hr3«, »FOCUS«, »Capital«, »Manager Magazin« ...

- 1983: »jüngster Gedächtnistrainer Europas«
- 2000: »Gedächtnistrainer des Jahres«
- 2004–2010: »Top-100-Speaker«
- 2008–10: »Conga Award, Kategorie: Referenten und Trainer«

»So vergessen Sie nie wieder etwas.« *BILD*
»Dieses Training hat Methode und bringt Erfolg.« *manager magazin*
»Schnell wird klar: Es steckt viel mehr in uns, als wir glauben.« *ZDF*
»Deutschlands führender Gedächtnistrainer.« *N24*
»Top-Referent.« *FOCUS*
»Erfolgreichster und gefragtester deutscher Gedächtnistrainer.« *Hit-Radio Antenne*
»Kursteilnehmern winken schon nach kurzer Zeit erste Erfolgserlebnisse.« *Die Welt*
»Europas erfolgreichster Gedächtnistrainer.« *VOX*

Veröffentlichungen

ROLAND GEISSELHART

Themen

Gedächtnis- und Motivationstraining

Topfit im Kopf
Die Macht der Bilder für Namen, Fakten und Argumente

Gedächtnis-Power
Die besten Kniffe der Memo-Weltmeister

Besser Argumentieren und Verkaufen – mit der richtigen Gedächtnis-Power

Veröffentlichungen

Kurzbiografie

Name: Geisselhart, Roland
Geburtsdatum: 13.08.1949
Ausbildungsschwerpunkte: Großhandelskaufmann, Psychologiestudium an Privatschule
Beruflicher Werdegang: 7 Jahre Tätigkeit als rechte Hand des Verwaltungsleiters in Stuttgarter Klinik, 17-facher Buchautor, Ausbilder von Trainern
Trainerqualifikation: 20 Jahre Spezialisierung auf Marktsegment Memo-Power und Motivation
Bisherige Trainertätigkeiten: Agfa-Gaevert, Bosch, BMW, e-on, IIR, BA
Referenzunternehmen, Bezugsperson: Innenministerium Düsseldorf, Herr Ruhrmann Bosch Stuttgart, Frau Lindenmaier IIR Deutschland GmbH, Herr Stammen (Referenzliste auf Wunsch), AVS Meißen, Frau Morgenstern
Persönlicher Hintergrund: Hobby zum Beruf gemacht – nach TVAuftritt bei Dr. Alfred Biolek 1984; konstante Forschungen mit Memo-Weltmeisterschafts-Training
Ihr wichtigstes Trainingsziel: Zufriedene Kunden, Umsetzungen in alle Branchen
Bevorzugt eingesetzte Medien: TV, Radio, Bücher, Presse
Bevorzugte Methode: Visualisierung, Training in Zweier-Paaren
Transfersicherung: Hoher Erfahrungswert, Referenzen

Referenzen und Kundenstimmen

»In den ersten 5 Minuten lernten wir spielend die ersten Artikel des Grundgesetzes in der richtigen Reihenfolge und vollständig mit Absätzen. Im Verlauf des Seminars kamen wir aus dem Staunen nicht mehr heraus. Unser Gedächtnis wurde besser und besser. Wir konnten die ersten Reihen der Seminarbesucher mit Namen ansprechen und die Nachrichten exakt wiedergeben. Auch der Ablauf unserer Terminkalender war perfekt in unseren Hirnen gespeichert. Ob Alt- oder Jungsteuerberater, wir waren uns alle einig, wie leicht und einfach es doch sein kann, umfangreichen und trockenen Stoff in großem Umfang zu lernen und abzurufen.« *Steuerkanzlei Lechner – beim Tagesseminar der Steuerberaterkammer München*

Auszeichnungen und Pressestimmen

Verleihung der Georg Kerschensteiner Medaille an Herrn Roland Geisselhart am 09.03.2007 für besondere pädagogische Leistungen an der Städtischen Berufsschule in Regensburg – überreicht vom Schulleiter Herrn Siegfried Ullmann

»Hervorragende Textgliederung, Spielkarten zum Ausschneiden, hoher Informationsgehalt, für jede Altersgruppe. Ein praktisches, dabei schön aufgemachtes Buch in sehr verständlicher Sprache. Der Leser wird motiviert und aktiviert (machen Sie sich an die Arbeit). Kontrolltest für den Lernerfolg. Für Berufstätige, die ihre Leistungsfähigkeit verbessern wollen.« *beurteilt Stiftung Warentest sein Buch »Das perfekte Gedächtnis«*

»104-stellige Zahlen im Kopf behalten. Gedächtnistraining ist keine Hexerei.« *Der neue Bodenseeanzeiger*

ELKE GERLAND

Themen

007 – Geheimwaffen einer Führungskraft

Feedback als Chance

Volltreffer – 6 Richtige – Abgeräumt!
Erfolgreich Ziele verwirklichen

Die Möhre vor der Nase – wohin läuft der Hase?!
Erfolgsstrategien für jedermann und jederfrau

Veröffentlichungen

NLP-Masterarbeit: Vom Traum über die Idee zur Realisierung – das Trainingscenter

NLP-Coachingarbeit: Umsetzung und Vision eines firmeninternen Trainingscenters

Diverse Fachartikel zum Themenbereich Führungskräfte

Kurzbiografie

Elke Gerland, 1969 geboren, startet nach dem Abitur als MTA (medizinisch-technische Assistentin) in Forschung und Routine die Karriere bis in die Ebene der Geschäftsführung. Hierbei sammelt sie reichhaltige Erfahrung in den Bereichen Mitarbeiterführung, Motivation, Management, Kommunikation u.v.m. Mit dem zusätzlich erfolgreich absolvierten Fernstudium Innenarchitektur macht Elke Gerland sich mit der Geschäftsidee »Raumkonzept« für Privat- und Arbeitsräume selbstständig. Diese zahlreichen Erfahrungen im Umgang mit Menschen auf allen Kommunikationsebenen gepaart mit dem Wissen als NLP-Lehrtrainer und Coach inspirieren Elke Gerland zu ihren Seminaren. Ihre Trainings sind eine gute Mischung aus Empathie, Augenzwinkern und einer Portion Humor.

Neben ihren Seminaren, Vorträgen, Inhouseseminaren und Workshops bietet Elke Gerland NLP-Ausbildung in Zusammenarbeit mit etablierten, kooperierenden Instituten an. Sie teilt die Einschätzung Hermann Hesses, der einst formulierte: »Die Dinge, die wir sehen, sind dieselben Dinge, die in uns sind. Es gibt keine Wirklichkeit als die, die wir in uns haben.«

Elke Gerland veranstaltet Trainings für jeden, der sich selber und seine Persönlichkeit weiterentwickeln möchte. Getreu dem Motto von Walt Disney »If you can dream it you can do it« inspiriert Elke Gerland andere Menschen, die eigenen Träume zu entdecken und zu leben. Die Erweiterung der persönlichen Wissenskompetenz kombiniert mit Erfahrungsaustausch und Spaß beim Lernen, das ist ihr Geheimrezept. »Der Mensch lernt und arbeitet einfach am effektivsten, wenn er sich wohlfühlt.«

Referenzen und Kundenstimmen

»Wir ›ticken‹ alle anders, jedes Problem ist speziell und alle Fragen sollen natürlich schnell und gründlich beantwortet werden. Elke ließ sich dadurch allerdings niemals aus der Ruhe bringen. Rasch und geschickt hat sie sich den Weg durch den Wildwuchs unserer Erwartungen und Bedürfnisse gebahnt. Auf einmal war alles ganz einfach! Danke, Elke!«

»Die mitreißende, positive Ausstrahlung von Elke Gerland hat mich begeistert und motiviert. Die praxisnahen Trainingsinhalte kann ich gut und erfolgreich in meiner Führungsposition nutzen und umsetzen.«

Auszeichnungen und Pressestimmen

NLP-Practitioner, NLP-Master und NLP-Professional-Coach

NLP-Lehrtrainer (DVNLP/INLPTA)

Zusatzqualifikationen in phänomenologischer Familienaufstellung, Dialektik und Rhetorik

DR. CHRISTIANE GIERKE

Themen

Das ist ja 'ne Marke!
Bekannter, beliebter & erfolgreicher mit Persönlichkeitsmarketing

Enabling-Marketing:
Gewinn(en) mit Sinn und Verstand

Der Klügere gibt ... eben nicht nach.
Starke stärken Stärken

Veröffentlichungen

Kurzbiografie

Dr. Christiane Gierke, Expertin für Persönlichkeitsmarketing, Buchautorin und Unternehmerin, leitet mit der text-ur text- und relations agentur eine erfolgreiche Kommunikationsagentur, die große mittelständische Kunden in den Bereichen Marketing, Text, PR, Ghostwriting und Corporate Publishing betreut.

Als Rednerin fokussiert sie auf die Themen, die sie als Kommunikationsberaterin täglich mit ihren Kunden umsetzt:

1. Persönlichkeitsmarketing als Erfolgskonzept werteorientierter, kohärenter Persönlichkeiten, die sich als starke Marke durchsetzen,
2. die Verbindung innovativer Medien mit neuen Trends im Marketing. Denn nicht jeder neue Trend ist wertvoll – aber Werte und Wert sind immer im Trend.

Bereits während der formalen Ausbildung zum Dipl.-Jour. Dr. phil. hat sie sich mit der Frage auseinandergesetzt, wie Medien »Wahrheit«, Werte und Wissen transportieren und damit Menschen erreichen, berühren, bewegen.
Dazu hat sie parallel zu Studium und mehreren zusätzlichen Weiterbildungen Erfahrung in einem Fernsehvolontariat beim ZDF sowie mehrjähriger Arbeit in Hörfunk und TV, als Multimedia-Producerin, in der Geschäftsleitung eines bekannten Multimedia-Weiterbildungsunternehmens und als Medienexpertin bei der Europäischen Kommission, Brüssel, gesammelt.
Unter ihrem eigenen Namen ist rund ein halbes Dutzend Bücher (Autorenschaft und Co-Autorenschaft) erschienen, als Ghostwriterin ist sie zudem am Erfolg von gut 30 weiteren Buchtiteln sowie vielen Hörbuch- und Mediaproduktionen beteiligt; alle aus den Bereichen Wirtschaft, Marketing, Persönlichkeitsentwicklung sowie Verkauf und Vertrieb.

Mitgliedschaften:
Verschiedene Fachverbände, GSA

Referenzen und Kundenstimmen

»Inspirierend, zukunftsweisend, unternehmerisch wertvoll: die Vorträge und Workshops von Frau Dr. Gierke bringen Unternehmen strategisch nach vorne und setzen starke Impulse!« *Frank M. Scheelen, Vorstandsvorsitzender SCHEELEN® AG und Geschäftsführer CHRISTIANI, SCHEELEN & CIE.*

»Die Vorträge von Dr. Christiane Gierke zeichnen sich durch ständig aktualisiertes Fachwissen, packende Fakten, grundlegende Werteorientierung und viele (multimediale) Praxisbeispiele aus.«
Gabriela Krieger, Seminarscout NUR DIE BESTEN

Auszeichnungen und Pressestimmen

Regelmäßige Fachbeiträge in bekannten Zeitschriften und Publikationen aus Wirtschaft und Weiterbildung sowie Vertrieb und Marketing.

GERHARD GIESCHEN

Themen

Service-Selling
DIE Verkaufsmethode für alle Menschen, die nicht verkaufen wollen – aber müssen

SOS Neukunden
Wie Sie Kunden gewinnen, ohne anrufen zu müssen

SOS Preisdruck
Wie Sie Preise & Honorare erfolgreich verkaufen

SOS Werbung
Wie Sie wirksam werben

Veröffentlichungen

Kurzbiografie

Nach dem Studium der Betriebswirtschaft und seinen ersten Berufsjahren bei der IBM startete er schon 1983 erfolgreich in die Selbstständigkeit und bewies seine unternehmerischen Qualitäten als Mitbegründer, Gesellschafter und Geschäftsführer mehrerer Software- und Dienstleistungsunternehmen. Mit seiner Betriebsberatung Denken & Handeln und der von ihm gegründeten Akademie für Geschäftserfolg berät, coacht und trainiert Gerhard Gieschen Mittelständler, Freiberufler und internationale Konzerne.

Auf der Grundlage seines vom Bundesverband der Freien Berufe empfohlenen Buches »Erfolgreich ohne Chef« entwickelte er das Konzept der 6-Monats-Programme »Erfolgreich im Geschäft«. Dieses ist laut Chefredakteuer Martin Pichler »das erste umfassende Konzept einer Unternehmer-Ausbildung, die über Existenzgründerkurse, Tagesseminare zu einzelnen betriebswirtschaftlichen Problemen sowie Einzelcoaching weit hinausgeht.« *Wirtschaft und Weiterbildung 08/2008*

Als Coach-Ausbilder entwickelt und unterrichtet er für die Internationale Akademie an der Freien Universität Berlin die Coaching-Intensivausbildung »Mallorca Premium Coaching«. An der AKAD Private Hochschulen lehrt er die Themen Firmenkunden-Kreditgeschäft und Turnaround-Management.

Die größten Verkaufsblockaden befinden sich im Kopf des Verkäufers, vor allem, wenn es sich um Ingenieure, Angestellte, Freiberufler und Ärzte handelt. Um diese aufzuheben, entwickelte er zusammen mit Martina Caspary von der Akademie für Geschäftserfolg in Tübingen die Service-Selling-Methode. Mit dieser können Menschen die Distanz zwischen Ethos und Verkaufsrealität überwinden und erfolgreich werden, ohne die eigene Einstellung zu verleugnen.

Referenzen und Kundenstimmen

»Liege mit einem Plus von über 50 % über dem Vorjahr in der vergleichbaren Periode. Danke!« *Claudia Schimkowski, www.wortoptimal.de*

»Ihr Vortrag ›SOS Neukunden‹ hat die Teilnehmer begeistert und mitgerissen. An diesem Abend konnten wir deshalb sofort 14 neue Mitglieder gewinnen.« *Raimund Rolfs, Regionalgruppe Berlin*

»Unser Team war sehr begeistert und ich bin zuversichtlich, dass wir die angesprochenen Aktionen mit Biss angehen werden. Ihr Stil, speziell auch Ihr Humor, hat mir sehr gefallen.« *Marcus Schumacher, Entwicklung & Projekt-Management Ceag Cooper Crouse Hinds*

Auszeichnungen und Pressestimmen

»Gieschen gibt konkrete Tipps, wie Gewinn gesteigert werden kann.«
Financial Times Deutschland

»Gieschen stellt einen praxiserprobten Werkzeugkasten für mittelständische Unternehmen und Existenzgründer zur Verfügung.« *Acquisa*

DR. ANDREAS GIGER

Themen

Die Bewusstseins-Elite
Warum Werte immer wertvoller werden

Vom Lebensstandard zur Lebensqualität
Der Schlüsseltrend des Werte-Wandels

Reife Lebensqualität
Warum Falten sexy werden

Lebensqualitäts-Märkte
Wofür Kunden künftig Geld ausgeben

Veröffentlichungen

Kurzbiografie

Dr. Andreas Giger, Jahrgang 1951, lebt und arbeitet als freier und unabhängiger Zukunfts-Philosoph, Autor und Photograph in Wald im schweizerischen Appenzellerland.

Giger studierte in Zürich Sozialwissenschaften und begann dann einen Weg der persönlichen und beruflichen Evolution. Er arbeitete, immer selbstständig, in verschiedensten Feldern wie Sozialwissenschaften, Politik, Publizistik, Unternehmensberatung, Ghostwriting, Marketing und Zukunftsforschung.

1996 gründete er »SensoNet«, ein Netz von Zukunfts-LiebhaberInnen aus dem ganzen deutschsprachigen Raum, welche regelmäßig zu ihren Zukunftsbildern befragt werden, wobei der Schwerpunkt auf Werte- und Bewusstseinswandel liegt. Die Ergebnisse werden publiziert (www.sensonet.org) und für die Beratung von Unternehmen genutzt.

Giger ist Autor zahlreicher Studien und Bücher, u. a. für das Zukunftsinstitut von Matthias Horx. Sein neustes Werk: »Moses 2.0 – Wie wir gemeinsam den Wandel vom Lebensstandard zur Lebensqualität schaffen« BOD, 2009.

Giger ist Initiant der neuen Internet-Plattform spirit.ch: Für Nachhaltige LebensQualität (www.spirit.ch).

Thematisch referiert Giger vorzugsweise im Rahmen seiner Schwerpunkte, nimmt aber auch gerne inhaltliche Herausforderungen an. Besonders geeignet sind seine Vorträge als Eröffnungsreferate, die einen Überblick über ein Tagungsthema aus ungewohnter Perspektive bieten und so den Horizont öffnen.

Gigers Spezialität ist die freie Rede ohne visuelle Begleitung, denn die gute alte Kunst der reinen Rhetorik wird als Kontrastprogramm zum heute Üblichen von vielen geschätzt. Selbstverständlich sind alle seine Vorträge maßgeschneidert. Schubladen mag er nicht, weder solche, in die man ihn einordnet, noch solche, aus denen man Vorträge von der Stange bezieht.

Referenzen und Kundenstimmen

Referenzen sind Schall und Rauch. Ob die Themen und Tonlagen von Andreas Giger bei Ihnen eine Resonanz auslösen, erfahren Sie am besten beim Stöbern auf den genannten Websites.

Auszeichnungen und Pressestimmen

»Während sich das philosophische Establishment im Wiederkäuen und Verstehen alter Weisheiten übt und neue Gedanken darauf aufbaut, geht es Andreas Giger um Neues, ums Werden, um unsere Zukunft.«
St. Galler Tagblatt, 9.1.08

KARIN GLATTES

Kurzbiografie

Karin Glattes, geb. 1971 in Wien, schwedisch-österreichische »Mischung« und Mutter zweier Kinder, lebt seit über 10 Jahren in Deutschland und arbeitet als Beraterin mit den Schwerpunkten Kundengewinnung und Kundenbindung. Sie absolvierte eine Studienkombination aus BWL, Psychologie und Publizistik, bevor sie bei Dr. Hochegger (Burson Marsteller Austria) für int. PR-Projekte zuständig war. Eine Nachwuchsführungskräfteausbildung ermöglichte ihr eine Diplomausbildung zum Wirtschaftscoach – die weiteren Stationen: Change-Management-Beratung/ Konzernprojekte bei Accenture, internationale Trainingsprojekte und Großgruppenevents bei TMI Training Consulting, Führungskräftecoaching und Personalentwicklung bei Droege & Comp. rundeten ihr Profil ab, bevor sie sich eine Erziehungsauszeit gönnte, aus der sie über die Gründung von »strictly people« erfolgreich in die Selbstständigkeit startete.

Zu ihren Kunden gehören große Konzerne wie regionale KMU. Vorträge hält sie im Kundenauftrag ebenso wie für Netzwerke, im Rahmen von Messen oder Jahrestagungen. Karin Glattes läuft als Katalysator zur Höchstform auf, wenn Begeisterung auch Sinn machen soll und mit Folgemaßnahmen verknüpft wird. »Wenn der Funke überspringt, sollen auch Veränderungsimpulse möglich werden – das ist mein Antreiber ...«, sagt sie selber.

Referenzen und Kundenstimmen

»Eine tolle Kombination aus Theorie und praktischen Beispielen, vor allem haben Sie ein Talent, Menschen für Ihr Thema zu begeistern.«
Nadine Fuchs, Junited Autoglas

»Vielen Dank! Ihr Optimismus ist sehr motivierend.« Heike Kemp, Inhaberin QM DESIGN

»Ihr Vortrag von heute Morgen hat mich einfach nur begeistert. Insbesondere der etwas andere Einstieg – abholen von Erwartungshaltungen in einem Impulsvortrag habe ich so auch noch nicht erlebt.« Michael Cramer, Direktor Unternehmensbetreuung, Volksbank Bonn Rhein-Sieg eG

»Ich habe Ihrem Vortrag gebannt gelauscht – und fand ihn total klasse. Ihnen kann ich ansehen, dass Sie Ihre Berufung gefunden haben, Sie haben Spaß an Ihrer Arbeit!« Monika Beßling, Beraterin

Themen

Werbung erlebbar machen
Füllen Sie Ihre Kampagne mit Leben und erhöhen Sie dramatisch deren Wirkung

10 Wege, wie Sie Ihre Kunden halten und sogar neue gewinnen können

10 Gründe warum Mütter in D nicht arbeiten sollten
... und warum Kinderbetreuung nicht das wahre Problem ist

Servicewüste Deutschland
Oder liegt es nur an den anspruchsvollen Kunden?

Veröffentlichungen

»Zwischen Beamer und Bobby Car«
(Porträt) Generalanzeiger Bonn

»Inhaltliche Dauerbrenner in einer ungewöhnlichen Verpackung«
(Artikel) Generalanzeiger Bonn

»Serientäter gesucht«
(Artikel) Training aktuell

»Entscheiden statt um den heißen Brei reden«
(Artikel) gmbH chef

MATHIAS GNIDA

Themen

Flugangst (allgemein)
Seminare – Vorträge – Kompetenztraining

Flugangst in Unternehmen
Ergebnis- und Leistungseinbußen durch Dienstreisen

Flugangst – vom Profi, für den Profi
Umsatz- und Imagesteigerung durch richtigen Umgang mit der Zielgruppe: »Flugangstbetroffene«

Veröffentlichungen

Kurzbiografie

Mathias Gnida, deutscher Staatsbürger Jahrgang 1970, absolvierte nach seinem Abitur 1989 eine technische Ausbildung zum Flugzeugmechaniker, später zum Verkehrsflugzeugführer und studierte 9 Semester Maschinenbau mit Fachrichtung Flugzeugsystemtechnik.

Seine profunden Fachkenntnisse als anerkannter Flugangstexperte und Produktmanager gewann er im Laufe der Jahre durch seine verschiedenen Tätigkeiten innerhalb eines großen Luftfahrtkonzerns sowie zusätzlich durch die erfolgreiche Gründung eigener Firmen, wie beispielsweise der Flugangstseminar.com GbR.

Heute beweist er seine Kompetenz vorrangig durch das Coachen von Flugangstbetroffenen, im Kompetenztraining für Unternehmen sowie in nationaler und internationaler Vortragstätigkeit.

Referenzen und Kundenstimmen

»Kurz & knackig« *5. Mai 2009*

»Endlich mal ein Buch, das verspricht, was es hält. In 30 Minuten (zugegeben, ich habe etwas länger zum Lesen gebraucht) ist es prima möglich, alles Wissenswerte zum Thema Flugangst zu erfassen.«

»Es beginnt mit einem psychologisch-physiologischem Abriss über Angst im Allgemeinen und Flugangst im Besonderen. Danach fundierte Hardfacts rund ums Fliegen, gefolgt von einigen Entspannungstechniken. Am besten hat mir jedoch der letzte Teil mit den ganzen Checklisten gefallen. DAS ist wirklich mal was Sinnvolles, gut zu verwerten und mit dem einen oder anderen Insidertipp!«

»Ich kann es bestätigen: Dieses Buch macht einen sicherer und gelassener« *5. Februar 2010*

»Ich hätte nie gedacht, dass in so einem kleinen Buch so viel Hilfreiches drin stehen kann. Es fasst das komplexe Thema Flugangst kompakt und kompetent zusammen. In Kürze werden alle wichtigen Aspekte z.B. ›Wie entsteht Flugangst‹, wissenschaftlich beschrieben und sind dennoch leicht verständlich und transparent. Sehr hilfreich fande ich auch die Checklisten … Zudem kommt der Autor ohne Umschweife zum Punkt ohne dabei oberflächlich zu wirken.« *Amazon Kundenrezension 2009/2010*

JÜRGEN W. GOLDFUSS

Themen

Nie Chef gelernt – oder wie man trotzdem führt

Mit Service richtig Geld verdienen

Unternehmen im Europa der Zukunft

Veröffentlichungen

Kurzbiografie

Jürgen W. Goldfuß, seit 20 Jahren selbstständig als Trainer, Publizist, Berater und Autor, mit mittlerweile 10 Büchern (Ausgaben in Korea und China), über 300 Artikeln in verschiedenen Medien und bei Google mit über 10.000 Einträgen zu finden. Sein Bestseller »Endlich Chef – was nun?« gilt als das Standardwerk für Führungskräfte. Über Umsatzsteigerungen informiert er in »Umsatzeinbruch oder Umsatzplus«. Das Thema Mobbing, ein klassisches Führungsproblem, behandelt er in »Schluss mit Mobbing!«. Sein »TOK-Prinzip« wird von erfahrenen Führungskräften als Schlüssel zum Erfolg beurteilt. Wie Firmen Reklamationen sinnvoll nutzen können, das beschreibt er in »Gewinn durch Reklamation«. In »Wer sich nicht führt, der wird verführt« gibt er praxisgerechte Tipps, wie jeder seine persönliche Zukunft in die Hand nehmen kann. Goldfuß steht als Redner bei verschiedenen Top-Veranstaltern im Programm – und auf der Bühne mit »Goldfuß & Heiderich – Management-Spotlight« oder mit seiner eigenen Kabarett-Nummer »Ein Programm für ein Publikum und eine Geige«. Als Anti-Guru bringt er erfrischend offen, ohne Verklausulierungen und Umschweife Probleme und Chancen von Führungskräften, Unternehmen und Mitarbeitern in einem sich schnell ändernden Umfeld auf den Punkt. Seine Stärke: die internationale, multikulturelle Erfahrung als Projektleiter, Schulungsleiter und Marketingleiter, die ihm erlaubt, sich auf jedes Publikum einzustellen – ohne sich anzubiedern. Zukünftigen Ex-Führungskräften gibt er wertvolle Impulse auf seinem »Plan-B-Tag« mit auf den Weg.

Referenzen und Kundenstimmen

»Der Mann hat ganz Recht, das alles hätten wir vorher wissen sollen.«

»Er scheut sich nicht vor Diskussionen – und provoziert mit einem Lächeln.«

»Was er sagt, ist nicht ›erlesen‹, sondern erlebt, glaubwürdig.«

»Spricht jeden Teilnehmer auf der richtigen Ebene an, hat für jeden ein passendes Beispiel parat.«

»Findet man selten: Er kann schreiben und reden.«

»Auf jeden Fall möchten wir uns nochmals ganz herzlich für Ihren Vortrag bedanken – es war wirklich ein schöner Abend. Unsere 150 Gäste waren von den Ausführungen begeistert.« *Elita Personalberatung, Rapperswil*

Auszeichnungen und Pressestimmen

»Goldfuß beschreibt den idealen Repräsentanten einer Marktwirtschaft mit menschlichem Antlitz.« *Bruno Schrep, Spiegel Hamburg*

»Jürgen W. Goldfuß lenkt den Fokus in kurzer, prägnanter Form auf die Punkte, die für die Zukunft eines Unternehmens von Bedeutung sind.«
Claudia Tödtmann, Handelsblatt Düsseldorf

Auszeichnung zum Top-Keynote-Speaker unter den Top 100 der perfectspeakers.eu 2009

DR. KLAUS GOLDHAMMER

Themen

Neue Geschäftsmodelle und Zukunft der Medien

Qualitätsjournalismus
Ende der Quersubvention von Qualität?

Personalisierung im Netz
Shopping, Werbung, Content und mehr …

Herausforderungen der Digitalisierung für den Handel

Veröffentlichungen

Kurzbiografie

Klaus Goldhammer – Jahrgang 1967 – ist Medienexperte, Unternehmensberater und Hochschuldozent für Medienökonomie. Klaus Goldhammer gründete 1998 die Goldmedia GmbH Media Consulting & Research und leitet das Unternehmen seitdem als Geschäftsführer. Goldmedia ist auf Strategieberatung im Bereich Medien, Telekommunikation und Entertainment spezialisiert. Klaus Goldhammer gründete zudem zwei weitere Firmen in der Goldmedia-Gruppe, im Jahr 2004 die Goldmedia Sales & Services GmbH und 2007 die Goldmedia Custom Research GmbH.

Klaus Goldhammer arbeitet seit vielen Jahren als Dozent und Gastprofessor an verschiedenen Universitäten und Hochschulen. Er war unter anderem von 2004 bis 2007 Vakanzprofessor an der Freien Universität Berlin für Ökonomie und Massenkommunikation, von 2003 bis 2004 Professor für Medienwirtschaft an der Rheinischen Fachhochschule in Köln und hält regelmäßig Vorlesungen beim MedienMBA der Steinbeis-Hochschule und am Institut für Medienwissenschaften der Universität Basel.

Von 1992 bis 1997 studierte er in Berlin und London Publizistik und BWL. Während des Studiums war er mehrere Jahre als Medien-Journalist tätig, u. a. beim Berliner Tagesspiegel. 1997 promovierte er an der Freien Universität Berlin zum Thema »Hörfunk und Werbung«. Anschließend arbeitete Klaus Goldhammer als Berater, u. a. für Kohtes & Klewes, Goldman Sachs und diverse Radiosender und Landesmedienanstalten. Zugleich war Klaus Goldhammer als Managing Editor des European Communication Councils (ECC), eines europäischen Gremiums von Medienwissenschaftlern, maßgeblich an einem Buch mit dem Titel »Die Internet-Ökonomie. Strategien für die digitale Wirtschaft« beteiligt.

Klaus Goldhammer ist Mitglied im Münchner Kreis, beim BDU – Bundesverband deutscher Unternehmensberater e. V., der DGPuK – Deutsche Gesellschaft für Publizistik und Kommunikationswissenschaft sowie im Mediennetzwerk medianet berlin-brandenburg.

Referenzen und Kundenstimmen

Klaus Goldhammer referiert im In- und Ausland zu Themen der klassischen u. digitalen Medien, Telekommunikation, Mobilfunk u. Entertainment. Schwerpunkte: Finanzierung, Geschäftsmodelle, Perspektiven, Nutzerakzeptanz u. technologische Entwicklung.
Beispiele: Branchenevents wie ANGA Cable, Medientage München, Medienwoche Berlin-Brandenburg, medienforum nrw, NAB Radio Conference, Tagungen von Verbänden wie VPRT, BITKOM oder BDZV, bei Landesmedienanstalten, Klausurtagungen in Politik und Wirtschaft.

RALPH GOLDSCHMIDT

Kurzbiografie

Ralph Goldschmidt ist Redner aus Leidenschaft und Experte für schwierige Balanceakte: für berufliche Leistungsoptimierung UND private Lebensqualität, für Höchstleistungen UND Wohlbefinden, für Arbeitskraft UND Lebenslust.

Bis heute hat Ralph Goldschmidt in seinen Vorträgen viele Tausend Menschen berührt, bewegt und begeistert. Und mit seinem webbasierten, interaktiven »Umsetzungs-Turbo« sorgt er dafür, dass seine Teilnehmer ihre Erkenntnisse auch nachhaltig umsetzen!

Ralph Goldschmidt, Jg. 1963, hat Volkswirtschaft, International Management und Sportwissenschaften in Köln und Mailand studiert. Er ist Dozent für Skill-Seminare an der Universität zu Köln und der ZfU International Business School in der Schweiz, gründete und leitete erfolgreich zwei Unternehmen und brachte als Executive-Coach und Trainer zahlreiche Top-Führungskräfte in ihrer beruflichen und persönlichen Entwicklung voran. In den Medien ist er gefragter Interviewpartner.

Themen

Der Vortrag zum Buch: Shake your Life
Der richtige Mix aus Karriere, Liebe, Lebensart

Balance statt Burn-out
Wie Sie dauerhaft Spitzenleistungen bringen

Kraftvoll durch bewegte Zeiten
Die Strategie der Stehaufmännchen

Die 7 Wege zur Effektivität
(Stephen R. Coveys Management-Bestseller)

So weit die Erfolgsstory. Aber es gab auch die Schattenseiten – die man weniger gerne zeigt, lieber verdrängt, die aber für viele so typisch sind: Stress, psychosomatische Beschwerden, Depression, Schuldgefühle, Scheidung, Sinnkrise ... Er weiß, wovon er redet. Heute lebt er »in Balance« mit seiner Frau und seinen 4 Kindern in Köln.

Referenzen und Kundenstimmen

Zu seinen Kunden zählen die meisten DAX-30-Unternehmen, namhafte Mittelständler sowie zahlreiche renommierte Global Player, darunter Allianz, Bayer, Commerzbank, Daimler, Dell, Deloitte, Deutsche Bank, Douglas, Dyson, EDEKA, E.ON, Evonik, Fujitsu Siemens, Henkel, IBM, Johnson & Johnson, Linde, L'Oréal, Lufthansa ...

»Humorvoll, mitreißend, kurzweilig, aufrüttelnd.« *ManagementCircle*

Veröffentlichungen

»Ralph Goldschmidt schafft es in seinen Vorträgen, Menschen wirklich zu bewegen. Er hält ihnen auf charmante und unterhaltsame Art den Spiegel vor, gibt inspirierende Impulse und lebt selbst vor, was er zum Besten gibt.« *Prof. Dr. Markus Warg, Mitglied der Vorstände, Signal-Iduna-Gruppe*

»Vielen Dank für den kurzweiligen Abend. Ich habe bei diversen Unterhaltungskünstlern ohne den Begleiteffekt der Nutzengewinnung vielfach deutlich weniger Spaß gehabt.« *Th. Goyert*

Auszeichnungen und Pressestimmen

Ralph Goldschmidt ist Professional Member der German Speakers Association (GSA), der Global Speakers Federation (GSF) und gehört zu den Top-100-Trainern in Deutschland (Trainers Excellence).

Leistungskraft & Lebensglück
Beitrag in: Jörg Löhr »Die besten Ideen für eine starke Persönlichkeit«

»Kein Quanten-Quassler. Ralph Goldschmidt überzeugt, weil er ausstrahlt, was er verspricht: Leistungskraft & Lebensglück.« *stern*

THOMAS GÖLLER

Themen

Mentoring für Unternehmer:

Die meisten Verkaufstrainings sind rausgeschmissenes Geld.
Und was wirklich funktioniert.

Die »Bananenschalen« auf Ihrem Unternehmer-Weg zum Erfolg.
Und wie Sie künftig festen Boden unter Ihren Füßen haben.

Sie finden Ihr inneres GPS-Navigationssystem.
Und begeben sich auf die unternehmerische Überholspur.

Veröffentlichungen

Kurzbiografie

Dipl.-Ing.(FH) Thomas Göller ist »Der Mentor unter den Coaches und Strategieexperte für Chefs.«
Seine Coaching- und Mentoring-Programme speziell für Chefs und »All-in-one-Unternehmer« sind Business-Tuning und zeigen Strategien für unternehmerischen Erfolg auf.

In Unternehmen werden Mitarbeiter und Führungskräfte durch Coaching- und Mentoring-Programme gefördert und unterstützt. Aber wer steht den Unternehmern zur Seite? Wer kümmert sich um die Chefs und Geschäftsführer in kleinen und mittleren Unternehmen (KMU)? Chefs und »All-in-one-Unternehmer« brauchen einen kompetenten Sparringspartner, der Sie unterstützt und begleitet. Auf Augenhöhe von Chef zu Chef.

Als Mentor ist Thomas Göller Unternehmensberater und Business- und Management-Coach. Er seit über 20 Jahren Unternehmer und begleitet seit Mitte der 90er Jahre andere Chefs auf ihrem Weg zu mehr Erfolg. Er redet Klartext mit seinen Klienten und Kunden. Ein kleines Unternehmen zu führen, heißt nicht etwa nur kleine Probleme und kleine Aufgaben zu haben, im Gegenteil!

Der Geschäftsführer der Göller Mentoring GmbH wird von seinen Klienten als der Experte für Strategie und Management bezeichnet.
Das sind einige Themen: Businessplanung/Zielfindung und -konsequenz/Unternehmerische Vision & Bestimmung/Priorisierung von Aufgaben/Zeit- und Selbstmanagement/Kundengewinnung und Positionierung/Kundenbindung und -Service/Finanzierung durch Banken und andere Kapitalgeber/Mitarbeiter und Talente finden/Talent-Fokussierung/Innovation und Kreativität/Führung und Teamentwicklung/Stressreduzierung (Work-Life-Balance).

Thomas Göller ist von der GSA (German Speakers Association e.V.) als professioneller Redner anerkannt. Seine Vorträge und Reden zeichnen sich durch Praxisnähe und Interaktivität aus.

Thomas Göller ist akkreditierter KfW- und BAFA-Berater.

Referenzen und Kundenstimmen

»Man merkt, dass er weiß, wovon er spricht, und keine Plattitüden, wie so mancher Kollege aus diesem Bereich, von sich gibt.«

»Vielen Dank für das Coaching und das Bewusstwerden meiner Selbst. Es hat mich ein großes Stück näher gebracht, meine Ziele zu erkennen, und das Verständnis gegenüber anderen Menschen, mit denen ich beruflich und privat zu tun habe, gefördert.«

Auszeichnungen und Pressestimmen

Thomas Göller wurde 2008 mit dem »Innovation-Coaching-Award« des IFAR-Instituts ausgezeichnet.

DR. BARBARA GORSLER

Kurzbiografie

Dr. Barbara Gorsler, geboren 1959 in Freiburg i. Brsg., Schweizerin, hat sich nach Studien der Ökonomie und Kommunikation sowie erfolgreicher Aktivitäten in Banken und internationalen Projekten dem Mensch in der Unternehmung und der Entwicklung seines persönlichen Potenzials verschrieben. In ihren Seminaren und individuellem Coaching im Bereich Kommunikation, Konfliktlösung, Teambildung, Selbst- und Zeitmanagement vermittelt sie ihren Klienten Anstöße für persönliche Weiterentwicklung.

Dr. Barbara Gorsler moderiert auch Teamworkshops und Konferenzen – auf Deutsch, Englisch und Französisch.

In jüngster Zeit hat sie ihr Hobby, die Pferde, in ihre Kurse integriert – die Pferde mit ihrer hohen Sensibilität bilden eine emotionale Brücke zu Selbstwahrnehmung und -reflexion. Die Teilnehmer sind begeistert von dieser Seminarform – das direkte Erleben fördert den Transfer noch viel nachhaltiger als die bloße rationale Erkenntnis.

Themen

Wirkungsvoller kommunizieren
So verkaufen Sie sich und Ihre Anliegen effektiver

Entfalten Sie Ihr volles Potenzial
Werden Sie sich Ihrer persönlichen Ziele bewusst und erreichen Sie diese erfolgreich

Neue Dynamik für Ihr Team
Emotionales Lernen als Booster für den Teamerfolg

Pferde als Spiegel
Lerne dich selbst und deine Wirkung auf andere besser einschätzen

Mitglied:
- GSA – German Speakers Association
- EAHAE – European Association of Horse Assisted Education
- pod network – Netzwerk für Personal- und Organisationsentwicklung

Referenzen und Kundenstimmen

ABB, Basler Versicherungen, EDA (Eidgenössisches Department für Auswärtige Angelegenheiten), Orange Telecommunications, Hiestand, SBB, Swiss Exchange (Börse), SAWI, Swiss Life, RUAG Ammotec, UBS

»Der Lerntransfer ist voll gelungen – dank der konsequenten und umsetzungsorientierten Moderation von Barbara Gorsler.« *J.B., CEO ABB, Seminar Arbeitstechnik*

»Raus aus dem Büro – back to earth – die Pferde haben mich meine Intuition wieder spüren lassen – ich bin motiviert mit vielen neuen Ideen – danke, Barbara, für die Erfahrung und die unterstützende Moderation.« *Dr. C.W., Anwältin, pferdeunterstütztes Training*

THOMAS GOTTSCHLING

Themen

Textwerkstatt I und II
Konzipieren und Gestalten

Texten in Internet und E-Mails

Veröffentlichungen

Kurzbiografie

Stefan Gottschling ist Direktmarketer, Texter aus Leidenschaft und erfahrener Bestseller-Autor. Der studierte Pädagoge, Germanist und Direktmarketing-Fachwirt (BAW) hat über 20 Jahre Erfahrung im Direktmarketing. Er war Texter und Kreativchef in einem großen Fachverlag, Geschäftsführer einer Print- und Multimedia-Agentur (Deutscher PRPreis) und gilt als Spezialist für verkaufsstarke Texte und Konzepte im deutschsprachigen Raum.

Heute sind seine beruflichen Schwerpunkte die Geschäftsleitung der Textakademie GmbH in Augsburg und die Leitung des SGV Verlags.

Mit der Textakademie berät er zahlreiche Unternehmen und bildet Texter, Journalisten und Marketing-Profis aus. Seine Texterseminare, Vorträge und Bücher haben bereits viele tausend Zuhörer und Leser begeistert. Als Vorstand des Instituts für messbare Werbung und Verkauf beschäftigt er sich unter anderem mit Verständlichkeitsforschung und entwickelt neue Dialogkonzepte.

Referenzen und Kundenstimmen

»Tipp der Redaktion« *W&V-Shop, Werben & Verkaufen, Februar 2009*

»Das Ziel ist klar: Marketing-Attacke will verstärken, wo Sie wirken. Neue Ansatzpunkte, neue Instrumente oder einen klaren Blick liefern.« *Wirtschaftsmagazin*

»Ein Must-have, mit dem Sie Stilbrüche vermeiden und Schreibblockaden überbrücken können. Mit zahlreichen Textbeispielen.« *Werben und Verkaufen: »Lexikon der Wortwelten« als W & V Topseller 07/2008*

BARBARA GRABER

Themen

So schmeckt Unternehmertum
Erfolgszutaten richtig mischen

Scharf rangehen
Wer ganz bei sich ist, kommt auch bei anderen an

Raus aus der Tret-, ran an die PePPer-Mühle

Scharf auf Erfolg? – PePPer your Image

Kurzbiografie

Mag. Barbara Graber
Impulse geben, Appetit anregen, kräftig umrühren!

Seit 1999 Erfolgstrainerin, Businesscoach, Keynote-Speaker, Expertin für Perfect Personal Performance für Führungskräfte, UnternehmerInnen, Office-MitarbeiterInnen, Teams

Arbeitsschwerpunkt
PePPer your Business©
interaktiv gewürzte Vorträge, scharfe, menschenorientierte Coachings, anregende, lebendige Trainings und raffiniert zusammengestellte, ganzheitliche Beratungen nach dem PePPer-Konzept

Referenzen und Kundenstimmen

»Anlässlich unseres Tages für Ein-Personen-Unternehmen mit ca. 500 TeilnehmerInnern hat Barbara Graber wirkungsvoll, sehr pointiert und praxisrelevant gezeigt, wie Unternehmen sich erfolgreich & differenziert positionieren können/sollen.« *Mag. Herwig Draxler, Unternehmerservice, Wirtschaftskammer Kärnten*

»Barbara Graber war für mich mein Coach in die Selbstständigkeit und damit Wegbegleiterin bei der besten Entscheidung meines Lebens. Ich verdanke ihr viele kreative Stunden, voller scharfer Ideen und würziger Dialoge. Ihre Seminare sind stark in Wirkung und Nachhaltigkeit. Eine perfekte Kombination aus Pepp und Power!« *Mag. Anita Arneitz, Schreibcoach, Reifnitz*

»Es war und ist immer eine Freude, mit Ihnen zusammenzuarbeiten. Besonders hervorzuheben ist neben der Fachkompetenz Ihre Flexibilität. Weiters zählen Sie zu den Top 3 der Unterrichtenden im WIFI Salzburg mit einem Notendurchschnitt von 1,04.« *Wolfgang Pitzl, WIFI der Wirtschaftskammer Salzburg*

»Ich habe schon zahlreiche Trainer erlebt, von ganz schlechten bis zu ausgezeichneten – du warst eindeutig die Beste!« *Martin Gröblacher, Organisationsleiter Merkur Versicherungs AG, Villach*

»Abgesehen von der überaus ausgeprägten fachlichen Kompetenz ist Frau Mag. Barbara Graber für mich ein positiver, motivierender und powervoller Mensch, der Menschen den Anstoß und Mut gibt, etwas zu verändern.« *Mag. Claudia Konrad, Psychologin und selbstständige Trainerin, Villach*

Auszeichnungen und Pressestimmen

»Sie ›pfeffert‹ die Frauen.« *Kleine Zeitung*

GSA Newcomer Award 2009

Barbara Graber wurde von der GSA mit dem Newcomer Award 2009 für beeindruckende persönliche und unternehmerische Entwicklung als Referentin, Trainerin und Coach ausgezeichnet.

MELANIE VON GRAEVE

Themen

Garantiert perfekte Veranstaltungen mit herrlicher Leichtigkeit
Die Eventexpertin Melanie von Graeve zeigt, wie es geht!

Ihr Event-Rezept inklusive Plan B!

Die Veranstaltungs-Todsünden
Worauf Sie besser verzichten sollten!

Messeauftritte, die begeistern – Messepersonal, das überzeugt!

Veröffentlichungen

Kurzbiografie

Melanie von Graeve, geb. 1970, Event-Management-Ökonom (VWA), war als Vorstandssekretärin und Managementassistentin mehr als zehn Jahre in internationalen Konzernen für die Durchführung von Finanz- und Marketingveranstaltungen verantwortlich.

2002 gründete sie die inhabergeführte Agentur DKTS Der Konferenz- und Tagungs-Service in Frankfurt, die sich auf professionelle Veranstaltungs- und Messeorganisation sowie Analyse und Beratung im Bereich Messen und Veranstaltungen spezialisiert hat.

Seit 2003 gibt Melanie von Graeve ihr Event-Know-how rund um Veranstaltungsorganisation von Firmen- und Agenturseite in Seminaren, Vorträgen und Inhouse-Trainings weiter.

Melanie von Graeve ist Mitglied der German Speakers Association AsgodomTrainingGroup, der Wirtschafts-Junioren Frankfurt und Gründerin des Netzwerks für Veranstaltungsprofis in Frankfurt.

Referenzen und Kundenstimmen

Akademie Messe Frankfurt GmbH
FORUM INSTITUT FÜR MANAGEMENT GmbH, Heidelberg
Gesellschaft für Wirtschaftsinformation GmbH & Co. OHG, Kissing
Haufe Akademie GmbH & Co. KG, Freiburg
MANAGEMENT CIRCLE AG, Eschborn
VWEW Energieverlag GmbH, AGE Frankfurt

»Die Dozentin sprüht vor Ideen aus der Praxis.«
»Ich bin für meine nächste Veranstaltung total motiviert!«
»Sehr spannendes Seminar, das alle, die Veranstaltungen planen, besuchen sollten.«
»Super Seminar, klasse Referentin!«
»Einfach TOP.«
»Diese Kommentare lassen das Herz eines jeden Veranstalters höher schlagen. Einfach klasse, ich danke Ihnen sehr.« *Karina Scholl, Konferenzmanagerin Führung & Assistenz, FORUM Institut für Management GmbH*
»Sehr gut! Das Verständnis, die Identifikation, weil Sie unseren Job, unsere Position, unsere Probleme kennen, schafft enorme Nähe und großes Vertrauen. Sie kamen sehr kompetent rüber. Sie waren sehr authentisch, sehr bei sich, sehr angenehm!« *Filiz Konur-Zech, Messe Frankfurt*

Auszeichnungen und Pressestimmen

CONGA-Award als Nummer eins der Top-Referenten Deutschlands

Von der Hessischen Verwaltungs- und Wirtschaftsakademie für Dozententätigkeit mehrfach ausgezeichnet

Ehrung mit dem Frankfurter Gründerpreis 2003

GABY S. GRAUPNER

Kurzbiografie

Gaby S. Graupner, 1961 in München geboren, ist seit 16 Jahren Trainerin für Vertrieb und Menschenführung. Sie ist seit 10 Jahren Unternehmerin DIMAT Services Ltd. und die Deutsche Akademie für Training. Seit 2008 entwickelt und testet Sie das KONSENSITIVE VERKAUFEN® in der firmeneigenen Vertriebsservice-Abteilung.
KONSENSITIVES VERKAUFEN® – Verkaufe dein Produkt, nicht deine Seele. Verkaufen ist für die meisten Menschen mit Stress verbunden. Viele sagen deshalb: Verkaufen kann ich nicht. Oder haben ein schlechtes Gewissen, weil sie glauben, als Verkäufer müssten sie andere über den Tisch ziehen. Dabei stimmt einfach die Vorgehensweise nicht. Gaby S. Graupner zeigt eine grundlegend neue Verkaufsmethode. Der Schlüssel: klare Vereinbarungen. Ergebnisse – auch das Nein des Kunden – akzeptieren. Mit dieser Methode muss sich niemand verbiegen, sondern kann immer authentisch bleiben. So macht Verkaufen richtig Spaß!

Themen

Verkaufen ist die schönste Sache der Welt!
KONSENSITIVES Verkaufen – Die Methode®

Führen Sie Ihre Vertriebsmitarbeiter zum Erfolg!
KONSENSITIVES Verkaufen – Die Reiseroute

Referenzen und Kundenstimmen

Kundenstimmen
»Wir arbeiten seit Jahren mit Gaby S. Graupner zusammen und sind immer wieder begeistert! Die Impulse und Ideen von Frau Graupner tragen immer wieder zu Erfolgen der Mitarbeiter und unseres Unternehmens bei. Besonders das Konzept des konsensitiven Verkaufens hat uns dabei geholfen, in kürzerer Zeit mehr Umsatz zu erzielen!«
Isabella Koenen, geschäftsführende Gesellschafterin, Koenen GmbH

»Ich hatte viele ›Aha‹-Effekte in den zwei Trainingstagen: konsensitives Verkaufen. Der Kunde muss sich bei mir qualifizieren, ein Kunde zu werden! Sie haben völlig recht damit, dass wir ein super Produkt haben und ganz selbstbewusst damit in den Markt gehen können! Frau Graupner, Sie haben eine sehr erfrischende und sehr nette Art zu moderieren, überzeugen durch Kompetenz, eine tolle Ausstrahlung und viel, viel Erfahrung. Beneidenswert, wie Sie auf jede Frage, jede Entgegnung und in jeder Situation die ›richtigen Worte‹ finden.« *Günther Reifferscheidt, EXPENSE REDUCTION ANALYSTS – Deutschland – Region West*

Stimmen zum Buch
»Endlich eine Verkaufsmethode, bei der Käufer und Verkäufer gleichermaßen profitieren. Gaby S. Graupner bringt Fairness und Ehrlichkeit mit Umsatz und Verkaufserfolg zusammen. Das ist Verkaufen für das 21. Jahrhundert.« *Prof. Dr. Lothar Seiwert, Keynote-Speaker, Bestsellerautor*

»Schluss mit dem Taktieren! Gaby S. Graupner setzt auf klare Vereinbarungen und verbindliche Aussagen im Verkaufsgespräch. Da begegnen sich beide Partner auf gleicher Augenhöhe.« *Gabriele Rittinghaus, Vorsitzende der Geschäftsführung, FINAKI Deutschland GmbH*

Veröffentlichungen

Mitautorin der Bücher:

Autorin des Buches:

Auszeichnungen und Pressestimmen

- Preisträgerin des President's Award 2008 und 2009 der German Speakers Association e. V.
- Präsidentin der German Speakers Association September 2011 – September 2013

DR. MANFRED GREISINGER

Themen

EROS statt EUROS
Neuorientierung nach der Krise

Erfolgsfaktor ICH-Marke
So lassen Sie Ihre Persönlichkeit strahlen

EROS of work & life
So gelingt Ihre Lebens-Balance

Die Kunst des »Ent-Steigens«
Neue Motivation für Sie

Veröffentlichungen

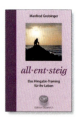 
 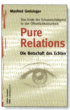

Kurzbiografie

Dr. Manfred Greisinger, geb. 1964, Univ.-Lektor, PR-Trainer, freier Autor, GF der Edition Stoareich. Langjährige Erfahrung als Print-, Radio- und Fernsehjournalist sowie Herausgeber diverser Zeitschriften.

Er ist der Pionier für »personal branding« im deutschsprachigen Raum! Bereits 1998 hat er den Bestseller »Ihr ICH als unverwechselbare MARKE« geschrieben (6. Auflage!).

Die »ICH-Marke« ist allerdings nur einer von mittlerweile 16 Erfolgstiteln, die Greisinger in seiner 1991 gegründeten Edition Stoareich publiziert hat. Zum Beispiel: »EROS of work & life«, »Pure Relations – vom Ende der Schaumschlägerei in der Öffentlichkeitsarbeit«, »Glücksmomente« und »all·ent·steig – das Hingabetraining für Ihr Leben«.

Manfred Greisinger ist auf der Bühne in seinem Element und versteht's, seine Leib- und Seelenthemen, die »ICH-Marke«, den »EROS of business« sowie »wirksame Öffentlichkeitsarbeit« packend, enthusiastisch und impulsreich rüberzubringen: egal ob für 12–20 TeilnehmerInnen im motivierenden Kleingruppen-Seminar (u. a. für Raiffeisen, Mobilkom, Die Erste Bank, Uniqa, Kommunalpolitik) oder für 100 bis 1.000 begeisterte ZuhörerInnen bei Symposien/Fachtagungen (Unternehmertage, Wirtschaftskammer, Tagesmütter, Landeskliniken, Vereinsklausuren, Universität …).

Referenzen und Kundenstimmen

»Herzlichen Dank für's engagierte Dabeisein bei der Vertriebstagung – die Bewertungen sprechen eine klare Sprache – das Referat ›ICHMarke‹ war spitze und es haben uns viele Sparkassen rückgemeldet, dass sie die Inhalte ins Haus hinein kommunizieren möchten!« *Prok. Peter Zehetner, DIE ERSTE BANK*

»Vielen Dank für das tolle, lebhafte ›Eros of business‹-Referat, das sie uns geboten haben. Ich habe mich gefreut, sie kennenzulernen, und wünsche viele wegweisende Inspirationen.« *Anton Lauber, President & CEO SCHURTER AG, CH – Lucerne*

»Autor und PR-Profi Dr. Manfred Greisinger – wer ihn kennt, wusste, was ihn erwartet, wer ihn noch nicht erlebt hat, dem sei gesagt: ›Schauen Sie sich das an!‹ – zog in seiner unverwechselbaren Art mehr als 200 TeilnehmerInnen der Öffentlichkeitsarbeits-Enquete wahrlich in seinen Bann. Zitat: ›Das waren die kurzweiligsten 3 Stunden Referat, die ich je gehört habe!‹« *Konrad Tiefenbacher, NÖ Dorf- und Stadterneuerung*

»Ich habe Ihren Enthusiasmus spüren können! Ihr Vortrag war wie frischgepresster Multivitaminsaft, als perfekter Start in den Tag!« *Mag. Ulrike Krasa, Wien*

»Ihr ›ICH-Marke‹-Vortrag beim Unternehmenstag im Austria Center Vienna war heuer wieder der bestbesuchte. Für ein weiteres Engagement werden wir uns zeitgerecht bei Ihnen melden.« *Mag. Marie-Therese Bradl, RAM Consulting, Event-Management*

ALEXANDER GREISLE

Kurzbiografie

Alexander Greisle ist Experte für neue Arbeitsweisen und -technologien und unterstützt als Berater, Trainer und Referent seine Kunden ganz praktisch dabei, neue Arbeits- und Lernkonzepte anzudenken und umzusetzen. Nach verschiedenen Fach- und Führungspositionen hat er sich mehrere Jahre am Fraunhofer-Institut intensiv auch mit den theoretischen Grundlagen beschäftigt. Seit mehreren Jahren lebt er als selbstständiger Unternehmer die neuen Lebens- und Arbeitsweisen im Alltag.

Als Betriebswirt und Informationswissenschaftler liegen seine besonderen Interessen in New-Work-Konzepten, neuen Informations- und Internettechnologien und deren Chancen und Auswirkungen. Ganz praktisch: Wie können wir die Innovation nutzen, um unsere Gesellschaft voranzubringen? Wie lassen sich die Konzepte und Werkzeuge nutzen, um Unternehmen besser zu machen? Wie gelingt es uns, die immer schneller entstehenden neuen Möglichkeiten menschenfreundlich umzusetzen?

Leidenschaftlich arbeitet er an neuen Arbeitsumgebungen, zum Beispiel an kreativitätsfördernden CoWorking-Orten für kleine Unternehmer und Selbstständige. Er ist Mitherausgeber des Online-Magazins »CoWorking News«.

Seit Gopher, einem frühen Vorgänger des WWW, im Internet dabei, interessiert sich Alexander Greisle besonders für den digitalen Lebensstil und die Entwicklungen der Digital Natives. Ganz praktisch findet das zum Beispiel Eingang in seine Vorträge und Seminare zum persönlichen Informationsmanagement und zur Medienkompetenz.

Das Motto von Alexander Greisle: »Wir brauchen mehr why-notter – yes-butter gibt es schon genug.«

Themen

Future of Work
Trends der neuen digitalen Arbeitswelt

CoWorking
Neue Arbeitsorte für die New Generation

Communication & Collaboration 2020 –
neue Technologien und Anforderungen in der Zusammenarbeit

Rettungsbojen in der Informationsflut –
wie Ihr Selbstmanagement auch im Web 2.0 gut funktioniert

Veröffentlichungen

Referenzen und Kundenstimmen

Auszug Kundenliste: IIR, MFG Baden-Württemberg, Union Investment, IBM, Universität Stuttgart, LIMAK, Lufthansa, M + G, Freistaat Bayern, EU

»Wir haben viel gelernt. Die gelungene Art von Herrn Greisle, das Wissen kompetent zu vermitteln, möchte ich hier nochmals erwähnen. Hervorragend!«

»Schöner Vortrag ... mit Nutzeffekt.«

»Lockere Atmosphäre, ungewöhnliche Ansätze – einfach mal anders machen.«

ILONA GROSS

Themen

Den Pitch gewinnen

Top präsentieren

Professionelle Konfliktkommunikation

Konstruktive Schlagfertigkeit

Veröffentlichungen

Provokatives Verkaufen?© GesprächsVerführung!
(Karsten Bredemeier und Ilona Gross)

Kurzbiografie

Als Management-Kommunikationstrainerin und Top Executive Coach trainiert die studierte Betriebswirtin Entscheider für den souveränen, überzeugenden und schlagfertigen Auftritt in typischen Situationen wie Präsentation, Verhandlung, Verkaufs- und Personalgespräch. Als Inhouse-Trainerin und Coach mit mehrjähriger Erfahrung im Personalmanagement war Ilona Gross bei einem der größten deutschen Reiseveranstalter und zuletzt als Trainingsverantwortliche im Consultant Development einer der führenden Strategieberatungen Deutschlands tätig.

Trainings, Vorträge und Executive Coaching u. a. für Accenture, Arcor, Deutsche Telekom, DZ Bank, FTI, ProBioGen AG, Sanofi-Aventis, Sparkasse KölnBonn, Sun Microsystems und die WestLB Akademie Schloss Krickenbeck.

Top Executive Coaching u. a. für Deloitte, Bayer Schering Pharma und T-Mobile.

Referenzen und Kundenstimmen

»Um es auf den Punkt zu bringen: Frau Gross lebt das, was sie ihren Teilnehmern vermittelt: Kontaktstärke, Kompetenz und Überzeugungskraft.«
»Ihr professionelles und sehr sympathisches Auftreten hat wirklichen Vorbildcharakter.«
»Motivierende Herangehensweise bei konsequenter Provokation unter positiver Einbindung aller Teilnehmenden.« *Top-Executives internationaler Konzerne*

Auszeichnungen und Pressestimmen

2006 wurde Ilona Gross als Mitglied der German Speakers Association (GSA) in die Kategorie »Professionell« aufgenommen,

2008 als Mitglied in die Association of Proposal Management Professionals (APMP),

2009 als Fördermitglied in den Deutschen Coaching Verband e. V. (DCV).

»Mit Begeisterung nahmen die Teilnehmer der Tagung die Botschaften der Management-Kommunikationstrainerin Ilona Gross aus Bayern auf. Das Interesse am Thema war gewaltig.« *Kärntner Tageszeitung, 17.07.2007*

MATTHIAS GROSSMANN

Themen

Teuflische Verhandlungstaktiken
... und wie Sie himmlisch darauf reagieren

Veröffentlichungen

Kurzbiografie

Matthias Grossmann, Dipl.-Betriebsw., mit mehr als 20-jähriger Erfahrung im Einkauf. »In die Lehre« ging er bei dem bekanntesten Einkaufsmanager aller Zeiten: Ignacio López (GM).

Schwerpunkt seiner Fortbildungen sind die Methoden zur Preis- und Kostenreduzierung sowie die Verhandlungsführung. Zielgruppe sind Einkäufer, aber auch Verkäufer, die »durch die Brille des Einkäufers« schauen möchten.

Zu seinen Kunden zählen Unternehmen, wie Bahlsen, BASF, Böllhoff, dlv, Dürr Systems, FegroSelgros, Hydac, Kölle-Zoo, Nycomed, PASM, ProSiebenSat.1, Radeberger, T-Mobile Austria, Toyota Deutschland. Auf Großveranstaltungen konnte er bis zu 2.000 Teilnehmer für einen starken Einkauf und selbstbewusstes Verhandeln begeistern. Sein Motto: Kurzweilig, spannend, praxisnah und einer Prise Humor.

Referenzen und Kundenstimmen

»Herr Grossmann war mit Abstand der beste Vortragende im Bereich Einkauf, den ich je gesehen habe.« *Michaela Löcker, Inspirations*

»Wir arbeiten schon mehrere Jahre zusammen. Die Inhouse-Trainings sind sehr gut strukturiert, praxisnah und haben zu einer nachhaltigen Entwicklung beigetragen. Darüber hinaus konnten wir durch die gemeinsam durchgeführten KVP-Workshops deutliche Einsparungen erzielen.« *Michael Schneider, Toyota Deutschland*

»Gute Tipps, die sicher in die Praxis umgesetzt werden können.« *Stefan Schledt, Untha Shredders*

»Ich habe an dem Einkaufstraining teilgenommen und war von dem, was uns Herr Grossmann vermittelt hat, begeistert.« *Lothar Matschke, Kölner Studentenwerk*

»Sie haben immer den meisten Erfolg auf der Bühne an unseren Vortragstagen.« *Manfred Kastel, WVIB*

Auszeichnungen und Pressestimmen

»Der deutsche Berater und Trainer Matthias Grossmann über die Bedeutung einer Reduzierung der Beschaffungskosten.« *Wirtschaftszeitung*

»Mit Willen und Energie zum Erfolg.« *Beschaffung Aktuell*

»Erfolgsstrategien – nicht nur für Einkäufer.« *Noch Erfolgreicher*

ALEXANDER GROTH

Kurzbiografie

Alexander Groth ist Professional Speaker und Bestsellerautor der Bücher »Führungsstark im Wandel« und »Führungsstark in alle Richtungen«. Er gehört zu den renommiertesten Führungsexperten in Deutschland und gibt Führungskräften bei Tagungen und Konferenzen mit seinen Vorträgen neue Impulse für ihre Arbeit.

Seine Expertise in allen Führungsfragen ist in regelmäßigen Zeitungs-, Radio- und Fernseh-Interviews gefragt. Zu seinen Kunden gehören die Führungsetagen internationaler Konzerne.

Alexander Groth leitet mit 150 Lehrstunden das Mastermodul »Leadership« an der Universität Stuttgart und ist Lehrbeauftragter für »Change Management« und für »Rhetorik« an der angesehenen BWL-Fakultät der Universität Mannheim, wo er selbst Betriebswirtschaftslehre und Philosophie studiert hat. Seine Vorlesungen werden heute von bis zu 700 Studenten besucht.

Themen

Führungsstark im Wandel
Wie Sie als Führungskraft schwierige Veränderungen erfolgreich umsetzen

Führungsstark in alle Richtungen
Wie Sie Mitarbeiter zu Bestleistungen führen und mit Kollegen und Chefs optimal kooperieren

Stärken stärken
Wie Sie Ihre Mitarbeiter und auch sich selbst zu Bestleistungen führen

Veröffentlichungen

Referenzen und Kundenstimmen

»Sehr erfrischend, sehr bildhaft, sehr interaktiv.« *Dr. Christian Schmeichel, MBA (Global Head of Organisational Effectiveness, SAP AG)*

»Sehr lehrreich, sehr präzise und sehr viele Beispiele.« *Prof. Dr. Gunther Friedl (Lehrstuhl BWL Controlling, TU München)*

»Sehr plastisch, nachvollziehbare Beispiele, rhetorisch sehr gut.« *Dipl.-Ing. Ralph Jakobs MBA (Director R&D, Volkswagen of America)*

»Sehr gut, exzellenter Vortrag, sehr gute Praxisorientierung.« *Dr. Markku Klingelhöfer, MBA (Head of Recruiting and HR-Marketing, Merck KGaA)*

»Absolut begeistert!« *Prof. Dr. h. c. Herbert Binder (Geschäftsführer, Brainwaves)*

Auszeichnungen und Pressestimmen

»Alexander Groth ist einer der renommiertesten Führungsexperten der Bundesrepublik.« *Bayrischer Rundfunk*

»Der Führungsexperte und Bestsellerautor Alexander Groth.« *Pro 7*

»Alexander Groth ist Führungsexperte.« *N24*

»Alexander Groth ist Redner und renommierter Führungsexperte.« *Frankfurter Rundschau*

BRIGITTE GROTZ

Themen

Knigge 2000 – stilvoll zum Erfolg

Imagepflege als Marketinginstrument
Punkten Sie mit Ihrer Persönlichkeit, gestalten Sie Ihre Marke

Dress-Code
(K)eine Frage des guten Stils?

Kurzbiografie

Brigitte Grotz, geb. 1963, ist selbstständige Imageberaterin und Trainerin für Auftreten und Umgangsformen. Sie leitet die Consult-Agentur der TYP Akademie Limburg.

Nach ihrer pädagogischen Ausbildung sammelte sie langjährige Erfahrungen als Leiterin einer sozialen Einrichtung. Im Zuge einer beruflichen Neuorientierung erwarb sie als verantwortliche Textileinkäuferin wertvolle Kenntnisse über Firmenphilosophien und geschäftliche Umgangsformen. Parallel dazu absolvierte sie eine zweijährige Ausbildung zum Image-Consultant an der TYP Akademie in Limburg. Seit 2002 schult sie deutschlandweit namhafte Unternehmen im Bereich Image, Stilberatung und Umgangsformen; führt Kundenincentives durch und organisiert Firmenevents. Brigitte Grotz ist Ansprechpartnerin für authentische Wirkung durch professionelles Outfit und sicheres Auftreten. Als lizenzierte Kniggetrainerin vermittelt sie den neuesten Stand in Sachen Business-Behaviour, Tischkultur, Small Talk …

Referenzen und Kundenstimmen

»Es ist Ihnen gelungen, die annähernd 1000 Teilnehmer sehr gezielt anzusprechen, neugierig und nachdenklich zu machen. Es war ein Paukenschlag zur Kongresseröffnung, der, engagiert diskutiert und hoch gelobt von den Kongressteilnehmern, die erhoffte Wirkung gebracht hat. Hierfür möchte ich Ihnen im Namen des Bundesvorstands, aller Kongressteilnehmer und auch persönlich ganz herzlich danken.«
Gerhard v. Bressensdorf, Vorsitzender BVF

»Andächtige Stille im Saal, konzentrierte Zuhörer, aufmerksames Mitschreiben. Nur selten zuvor hat ein Vortrag die Mitgliederversammlung ähnlich stark gefesselt.« *Peter Tschöpe*

DR. PHIL. KLAUS-JÜRGEN GRÜN

Kurzbiografie

Klaus-Jürgen Grün, geboren 1957 in Hanau/Hessen, entschied sich mit 21 Jahren, seinen Beruf als Chemielaborant bei DEGUSSA zu kündigen, das Abitur für Begabte abzulegen und Philosophie zu studieren. »Während die Arbeitswelt der Industrie unphilosophisch war, gaben sich die Philosophie-Professoren alle Mühe, unverständlich zu sein.« Klaus-Jürgen Grün entschloss sich, dies zu verändern, und beschritt den Weg eines Philosophen der Öffentlichkeit, der die großartigen Themen der Geistesgeschichte interessant und verständlich zu präsentieren versteht.

1983 Studium der Philosophie, Geschichte, Mathematik und Geschichte der Naturwissenschaften an der Goethe-Universität in Frankfurt am Main

2001 Gründung und fortan Leitung des Philosophischen Kollegs für Führungskräfte (www.philkoll.de)

2001 Vizepräsident des Ethikverbands der deutschen Wirtschaft e. V.

Philosophischer Berater von Unternehmern und Führungskräften, Persönlichkeiten im öffentlichen Leben sowie als Privatdozent Lehrbeauftragter für Philosophie am Institut für Philosophie der Goethe-Universität in Frankfurt am Main. Freier Wissenschaftler und Autor. Honorarprofessor an der Universität Babes-Bolaiy in Cluj-Napoca (Klausenburg) in Rumänien.

Themen

Richtige und falsche Werte
Der Umgang mit Geist und Geld

Das Fürchten lernen
Warum Unternehmer weniger Angst benötigen

Vom Einzelkämpfer zum Team
Philosophische Strategien zur Teambildung und zur Lösung von Problemen

Wirtschaftsethik als Warnung vor der Moral

Referenzen und Kundenstimmen

»Didaktisch meisterhaft und in vollkommen freier Rede führte er die aufmerksam mitgehenden Teilnehmer des Gästeabends in das Werk des großen Philosophen ein und gestaltete so die Veranstaltung wohl für alle zu einem unvergesslichen Erlebnis.« *Hans R. Kirchhoff*

»Alle Teilnehmer waren begeistert und haben viele wertvolle Anregungen mit nach Hause genommen. Vielen Dank nochmals an Dr. Klaus-Jürgen Grün.« *Roland M. Dürre, Vorstand*

Auszeichnungen und Pressestimmen

»Philosophie ist zu schade, als dass man sie in den Händen von Philosophieprofessoren belassen könnte.« ... In der Wirtschaft stoßen Grüns Ideen auf Interesse, in seiner eigenen Zunft ist das Projekt umstritten. *Spiegel Online 2001*

»Der Erkenntnisgewinn bei Grün ist alltagsnah und aktuell. Seine Beispiele reichen vom Supermarkt-Einkauf bis zum Bankenrettungspaket der Bundesregierung im vergangenen Herbst. Querverweise in die Philosophiegeschichte ... sowie in die moderne Hirnforschung machen das Buch zu einer spannenden, bildenden Lektüre.« *dpa, 2009*

Veröffentlichungen

BORIS GRUNDL

Themen

Magie des Wandels
Wie Veränderungsprozesse erfolgreich werden

Steh auf! – Bekenntnisse eines Optimisten
So funktioniert Selbstverantwortung auf höchstem Niveau

Erfolgsgeheimnis Firmenkultur

Leading Simple – Führen kann so einfach sein
Menschen fördern – mit System

Veröffentlichungen

Kurzbiografie

Boris Grundl hat eine Blitzkarriere als Führungskraft und Führungsexperte erreicht. Der mitreißende Kongress-Redner gehört zu Europas Trainerelite. Er ist Management-Trainer, Unternehmer, Autor sowie Inhaber der Grundl Leadership-Akademie. Sein Erfolgs-Geheimnis: Er perfektionierte die Kunst, sich selbst und andere auf höchstem Niveau zu führen. Zahlreiche Spitzen-Führungskräfte vertrauen der Akademie um Europas Leadership-Coach im Rollstuhl. Seine Referenzen bestätigen seine Ausnahmestellung. Keinem wird eine so hohe Authentizität und Tiefgründigkeit bescheinigt. Er redet Klartext, bleibt dabei stets humorvoll und bringt die Dinge präzise auf den Punkt. Kurze Rede – tiefer Sinn.

Die Grundl Leadership-Akademie befähigt Unternehmen, ihrer Führungsverantwortung gerecht zu werden. Aus der Praxis für die Praxis. Die Akademie macht mit der Menschenentwicklung dort weiter, wo die meisten Managementlehren aufhören. Menschen fördern – mit System.

Referenzen und Kundenstimmen

Auszug Referenzliste: Microsoft, Telekom, BMW, Daimler AG, IBM, Lufthansa, SAP, Hewlett Packard, Telekom, Deutsche Bank, Edeka, Deutsche BP, Klosterfrau, Signal Iduna, Sparkasse, Hamburg-Mannheimer, Barmenia, T-Systems, IVF Hartmann, Kötter, Meda Pharma, Novartis, AWD, Bonnier Media, Agravis, TRW, Inline, Hellmann Logistics, Chiron Vaccines, Sauer Danfoss, AMC, Fresenius Medical Care, Atos Worldline

»Boris Grundl zeigt an seinem persönlichen Beispiel, wie wichtig es ist, nie aufzugeben.« *Reinhold Würth, Unternehmer*

»Das war mit Abstand das Beste, was ich je zum Thema Leadership gehört habe.« *Thomas Mauthe, CEO Rücker Aerospace GmbH*

Auszeichnungen und Pressestimmen

»Der Menschenentwickler. Ein Stehaufmann, der seinesgleichen sucht.« *Süddeutsche Zeitung*

»Boris Grundl gehört zu den erfolgreichsten Management-Trainern Deutschlands.« *WirtschaftsWoche*

»Führungskräfte aus ganz Europa strömen zu seinen Vorträgen.« *ZDF*

»Kaum einer verkörpert die Botschaft von Krise und Überwindung so wie Boris Grundl.« *Sonntag aktuell*

»Der geistige Urenkel Dale Carnegies« *Financial Times Deutschlands*

ANGELIKA GULDER

Themen

Karriere-Navigator
Finde den Job, der dich glücklich macht!

Veröffentlichungen

GSA Top Speakers Edition
Die besten Ideen für eine starke Persönlichkeit

Kurzbiografie

Angelika Gulder, Expertin für Beruf & Berufung, ganzheitlicher Coach und Handelsblattbestseller-Autorin. Mit ihrem Background als Bankerin, jahrelanger Erfahrung in der Weiterbildungsbranche und Leiterin von Coaching up!, der ersten Ganzheitlichen Coaching-Akademie, kennt Angelika Gulder die Business-Welt sehr gut. Als Diplom-Psychologin und Coach hat sie darüber hinaus tiefen Einblick in Themen und Methoden der Persönlichkeitsentwicklung und Spiritualität. Ihre langjährige Tätigkeit als Ganzheitlicher Coach zusammen mit umfangreichen Erfahrungen in unterschiedlichen Branchen und Berufsfeldern haben sie zur Expertin mit dem besonderem »Rundumblick« gemacht.

Viele Tausend Menschen hat Angelika Gulder mit ihrer Coaching-Methode »Karriere-Navigator« persönlich auf dem Weg zu einem erfüllten und erfolgreichen Leben begleitet; mehr als 150 Kollegen hat sie in den letzten Jahren in ihren ganzheitlichen Ansätzen ausgebildet und Dutzende sorgfältig ausgewählte Coachs in der Anwendung ihres »Karriere-Navigators« lizenziert.

Mitglied der German Speakers Association e. V. und International Coach Federation e. V.

Referenzen und Kundenstimmen

»Frau Gulder gehört zu den meistgeschätzten Autoren und Autorinnen des Campus Verlages. Sie hat mit ihrem Karriere-Navigator ein neues Konzept entwickelt, das mit seinem ganzheitlichen Ansatz und dem fundierten psychologischen Hintergrund besticht. Mit Leidenschaft und tiefer Überzeugung weiß sie ihr Thema zu transportieren. Und sie trifft damit einen Nerv beim Publikum. Frau Gulder ist eine sehr charismatische, authentische, einfühlsame, eloquente Person. Leser, die sie in Vorträgen live erlebt haben, waren begeistert.« *Britta Kroker, ehemals Verlagsleiterin Programm, Campus Verlag, heute Geschäftsführerin der Kroker Medien GmbH*

»Frau Gulder ist seit vielen Jahren bei uns als Referentin auf den VDI-Nachrichten-Recruiting-Tagen tätig. Auf unseren Karrieremessen begeistert sie regelmäßig mehrere Hundert Ingenieure und technische Fach- und Führungskräfte mit ihren engagierten Vorträgen zum Thema ›Finde den Job, der dich glücklich macht‹. Dabei zeigt sie unseren Besuchern neue Wege und Möglichkeiten bei der Jobsuche und -auswahl auf.« *Ulrike Gläsle, Marketingleiterin, VDI Verlag GmbH*

Auszeichnungen und Pressestimmen

Testsieger bei Stiftung Warentest im »Spezial Karriere« 12/2008 mit dem Buch »Finde den Job, der dich glücklich macht« mit dem »Karriere-Navigator«. Als einziger von zwölf getesteten Karriere-Ratgebern als mit »uneingeschränkt empfehlenswert« ausgezeichnet.

Testsieger 2009 im Bereich Bewerbung & Neuorientierung bei Managementbuch.de.

ALIDA GUNDLACH

Veröffentlichungen

Kurzbiografie

Alida Gundlach hat sich als 4-sprachige Talkmasterin, Moderatorin, Autorin, Produzentin und Entertainerin einen hervorragenden Namen gemacht. Auch in ihrer 2. Heimat Spanien werden ihre kenntnisreichen Interviews, Artikel und Bücher sehr geschätzt.

Die geborene Niedersächsin ist verheiratet und lebt mit ihrer Familie seit 2004 wieder in Norddeutschland. Als Tochter einer temperamentvollen Italienerin erhielt sie eine vielseitige Ausbildung: klassisches Ballett, Sprachstudium, Psychologie, Exportkauffrau, Journalismus. 2008 erschien ihr erstes CD-Album »ZEIT«, zu der sie eine gleichnamige Bühnenshow inszenierte. Nach ihrer internationalen Tätigkeit als Choreografin begann Alida Gundlach bei Zeitungen, Radio- und Fernsehstationen mit eigenen Kolumnen und Berichten, bis sie von Radio Luxemburg als Rundfunksprecherin und Programmplanerin angestellt wurde. Dort entwarf sie Sendekonzepte und konnte etliche Ideen ausprobieren. Der SWR engagierte sie zum Fernsehen. Es folgten fast 6 Jahre als Moderatorin des TV-Info-Magazins »Aktuelle Schaubude« im NDR. Legendär sind ihre 17 Jahre als Talkmasterin und Anchorwoman des erfolgreichen Fernsehklassikers »NDR-Talkshow«. Von ihren eigenen Sendekonzepten war das VIP- und Reisemagazin »… Exclusiv« im Ersten der ARD besonders quotenstark mit 16 Filmen aus aller Welt, gefolgt von ihrer 15-teiligen Adels-Dokumentation »Herrenhäuser und Schlösser«, die Reihen »Perlen des Nordens« und »Wassergeschichten«. Danach dann die ARD-Sendereihe »Alida – Lust am Wohnen«, ein Lifestyle- und Wohnmagazin. Von Alida Gundlach als Autorin sind 11 Bücher erschienen. Das 12., »Miteinander oder gar nicht« (Random House/Südwest), ist ab Februar 2010 erhältlich.

Alida Gundlach ist freie Moderatorin für diverse Fernsehsender und andere Auftraggeber. Moderatorin und Organisatorin von über 100 Bühnen- und Modeshows weltweit, Gesprächsleiterin auf Messen, Kongressen, Pressekonferenzen, Referentin, Seminarleiterin, Moderatorin für Industrie, Verbände und Organisationen, speziell zu Medizin-, Frauen- und Medienthemen. Autorin von »Miteinander oder gar nicht« Random House/Südwest 2010, »Socke & Konsorten« bei Rowohlt/Wunderlich, Hörbuch/CD »Socke & Konsorten«, von der Autorin gelesen, »Pünktchen Olé, eine Dalmatinerin auf Mallorca« Rowohlt/Wunderlich, »Alida Gundlach MALLORCA Exclusiv« DER Bildband zur Fernsehreihe, »Wolkengeschichten« Das Kinderbuch zum Vorlesen, »Pfeif der Angst ein Liedchen« Benefiz-Buch für KINDER GEGEN GEWALT, Herausgeberin/Autorin von 2 Bildbänden »Herrenhäuser in Niedersachsen«, Herausgeberin/Autorin »Perlen des Nordens« zur NDR-Fernsehreihe.

Auszeichnungen und Pressestimmen

Mit 2 EUROPA-PREISEN für Fernseharbeit ausgezeichnet:
erster Preis des Spanischen Fernsehens für das beste ausländische Magazin

Mit dem »Europe Crystal Globe« für Verdienste um europäische Verständigung (weitere deutsche Preisträger: Gräfin Döhnhoff, Luigi Colani, Prof. Gertrud Höhler)

KLAUS GUNKEL

Themen

Selbstmanagement Ihres Führungsteams

Optimierung der Terminvereinbarung

Beschleunigung der Einarbeitungsprozesse

Unterstützung u. Betreuung von Vertrieben bei der Gewinnung, Bindung und Führung von Führungskräften

Veröffentlichungen

Kurzbiografie

Klaus Gunkel, 1961 als Unternehmersohn geboren, begann 1982 seine Karriere bei einer der größten Vertriebsorganisationen der Versicherungswirtschaft. Er qualifizierte sich durch seine Erfolge für die höchste Führungsebene und bildete kontinuierlich Führungspersönlichkeiten aus. Er führte ein Team von über 1.200 Geschäftspartnern und war in dieser Zeit selbst mit allen Aufgaben des Vertriebsaufbaus vertraut. Im Jahre 2000 verließ er das Unternehmen auf eigenen Wunsch.

Seit 2001 steht er Geschäftsführern und Vorständen bei den Themen Gewinnung, Bindung und Führung von Führungskräften mit seiner FührungsPartnerschaft® zur Seite.

Seine Ausbildungs-Konzepte nehmen einen starken Bezug auf seine eigene praktische Tätigkeit im Vertrieb. Ziel seiner Betreuung ist es, Maßnahmen so zu vermitteln, dass die geschulten Inhalte angewendet und möglichst langfristig umgesetzt werden. So können wiederkehrende Abläufe so standardisiert werden, dass sich daraus nachhaltige, positive Gewohnheiten entwickeln.

Klaus Gunkel betreut eine Vielzahl von Unternehmen und unterstützt deren Führungsteams bei Selbstmanagement und Motivation und schult praktische und funktionierende Lösungsansätze für mehr Umsatz, Einkommen und Wachstum.

Auszeichnungen und Pressestimmen

»Das Werk hat das Zeug, für Vollblut-Vertriebler, die ihr eigenes Rad drehen wollen und eine Anleitung für Abkürzungen auf dem Weg nach oben suchen, zur Bibel zu werden.« *Buchvorstellung »Vertriebserfolg mit Leidenschaft und Führungskraft«, Cash 3/08*

»Das Buch ist eine sofort anwendbare Gebrauchsanweisung eines Praktikers für Persönlichkeiten, die selbstbestimmt handeln und messbare Resultate wollen.« *Buchservice Versicherungsmagazin 2008, »Vertriebserfolg mit Leidenschaft und Führungskraft«*

»Wie Sie so charismatisch werden wie Barack Obama.« *acquisa 2008, »FührungsPartnerschaft im Vertrieb«*

PROF. DR. THORSTEN GURZKI

Kurzbiografie

Thorsten Gurzki ist Professor für Web, Unternehmensportale und Usability, im Studiengang E-Services an der Hochschule der Medien in Stuttgart. Er leitet den Bereich Business Process- & IT-Engineering am Institut für angewandte Forschung (IAF) der Hochschule. Er ist damit einer der wenigen »Portal-Professoren« dieser Art weltweit. Nach seinem Studium der Informatik war er an der Universität Stuttgart und am Fraunhofer IAO, wo er zum Thema »Unternehmensportale« promovierte. Bei der SAP Deutschland verantwortete er strategische Kunden- und Eigenprojekte. Er ist seit mehr als 15 Jahren erfolgreich freiberuflich tätig.

Prof. Dr. Thorsten Gurzki gehört zu den bekanntesten Experten für Unternehmensportale, Intranet und innovativen webbasierten Kunden- und Mitarbeiterprozessen im deutschsprachigen Raum. Seine Schwerpunkte sind Vorträge und Seminare für namhafte Konzerne und mittelständische Unternehmen und deren Beratung bei der praktischen Umsetzung. Er ist ein renommierter Moderator, Chairman und Keynote-Speaker für Fachkongresse. Ein besonderer Fokus seiner Tätigkeit liegt im Coaching komplexer Projekte und strategischer Entscheidungen. Er zeigt in seinen lebendigen Seminaren und Beratungsprojekten, dass die erfolgreichsten Lösungen nicht alleine aus Einzelteilen, wie Innovationen, Prozessen, Marketing und Technik bestehen – sondern aus der interdisziplinären Gesamtheit. Prof. Dr. Thorsten Gurzki ist Autor einer Vielzahl von Veröffentlichungen in den Themenfeldern Kundenkommunikation- und prozesse, Portale und Intranets.

Themen

E-Service Innovation
Neue (elektronische) Dienstleistungen für das Unternehmen

HR Self Services
Vom Intranet zu effizienten Mitarbeiterprozessen

Marketing im Web und in Communities
Von erfolgreicher Kundenakquise und Marketing-Desastern

Optimale Geschäftsprozesse
Das Hexenwerk, optimale Prozesse zu leben

Veröffentlichungen

Evolution der Portale:
Vom Intranet zum Desktop der Zukunft

Marktübersicht Portalsoftware

Content & Collaboration-Best Practices im Web 2.0

Ratgeber:
Konzepte zur Portaleinführung

IRIS HAAG

Themen

Wirkung hoch 3
Mit Knigge, Klang & Körpersprache zu optimaler Wirkung

Wirkung hoch 2
Mit Ihrer Stimme & Körpersprache optimal wirken

Der beste Weg zum Kunden
Wirkungsvoll auftreten und begeistern

Veröffentlichungen

Kurzbiografie

Iris Haag, aus einer Handwerkerfamilie stammend, ist Expertin und Autorin rund um die Themen Auftreten & Wirkung im Kundenkontakt. Als European Business Trainer EBT® und zertifizierte Trainerin (BDVT) coacht sie Führungskräfte wie auch Mitarbeiter, hält Seminare, Moderationen und Vorträge im deutschsprachigen Raum auf hohem Niveau. Seit März 2009 ist die Hör-CD ›Wirkung² – Überzeugen mit Körpersprache & Stimme‹ im GABAL Verlag erhältlich – damit wird sie deutschlandweit als Expertin zum Thema ›Wirkung‹ gehandelt. Zu ihren Kunden gehören renommierte Unternehmen, wie Porsche Leipzig GmbH, AOK – Die Gesundheitskasse und Deutsches Zentrum für Luftund Raumfahrt e. V., sowie mittelständische Betriebe aus Handwerk und Dienstleistung. Ihre Leidenschaft & ihr Humor machen ihre Veranstaltungen zu einem besonderen Highlight.

Referenzen und Kundenstimmen

»Frau Haag schaffte es durch ihre humorvolle Erzählweise, gekoppelt mit verschiedenen Übungen zu Körperhaltung, Stimme und Sprechtempo, das Publikum zu begeistern und mitzureißen. Der Vortrag ›Wirkung² – Überzeugen mit Körpersprache und Stimme‹ verging wie im Fluge, wir hätten ihr noch stundenlang zuhören können. Ein toller Vortrag – danke!« *Gabriele Fleck-Gottschlich, Präsidium des Unternehmerinnen Forum e. V., Ingolstadt*

Auszeichnungen und Pressestimmen

Cognitus Award 2006

»Erfrischend, wertvoll, einzigartig. In dieser Hör-CD erhalten Sie einen wichtigen Überblick über die Wirkung von Körpersprache und Stimme. Praxisgerechte Übungstexte gepaart mit handfesten Tipps für Ihren beruflichen und privaten Alltag im Umgang mit der eigenen Körpersprache und Stimme machen diese Hör-CD zu einem besonderen Highlight.« *acitive women, 08.2009*

THOMAS HAAK

Themen

Die Welt der Money-Pulation

Ichwert schlägt Geld- und Sachwert

Goldmine Internet

(Vor)-Sorge dich nicht – investiere!

Veröffentlichungen

Buchtipp:
»Baufinanzierung ohne Risiko«. Sehr verständlicher und anschaulicher Ratgeber. Zeitschrift Geldidee

Kurzbiografie

Der Ghostwriter, Buchautor und Geldtrainer Thomas Haak warnt schon seit Jahren vor einem möglichen Staatsbankrott. Die Finanzkrise ist aus seiner Sicht nur der Vorbote einer viel dramatischeren Entwicklung. Weit mehr als 1,3 Billionen Euro hat uns die Finanzkrise gekostet. Wir sind somit Zeuge vom teuersten Versagen in der Menschheitsgeschichte geworden. Diese Krise ist das bisher teuerste finanzielle Regulierungsversagen der Menschheitsgeschichte. Und was sagt die Bundeskanzlerin Frau Merkel zu dieser Entwicklung: »Es gibt das Gerücht, dass Staaten nicht pleitegehen können. Dieses Gerücht stimmt nicht!« Wir leben in der Zeit von Fiat Money. »Fiat lux« heißt übersetzt »es werde Licht«. Fiat Money steht für »es werde Geld«, also die Aufforderung, einfach die Druckerpressen nach Belieben einzuschalten. Genau das wurde während dieser Finanzkrise unentwegt getan. So entstand sehr viel Geld buchstäblich aus dem Nichts und das wird katastrophale Folgen für uns alle haben. Die Gelder, die nach dem Platzen der Internetblase (2001) zur Rettung des Finanzsystems aufgewendet wurden, sind gemessen an dem Geldvolumen dieser Finanzkrise nur ein Windhauch. Was mit ihr aber ausgelöst wurde, sehen wir heute. Um wie viel größer wird der Schaden in ein paar Jahren sein, wenn die Folgen dieser desaströsen Geldpolitik sichtbar werden. Für das viele Geld, das nicht so einfach aus dem Markt genommen werden kann, gibt es keine »guten« Anlagemöglichkeiten. Insofern ist es nur eine Frage der Zeit, bis die Anleger wieder auf hochspekulative Anlagen und Luftbuchungen hereinfallen. Deshalb ist die nächste Krise vorprogrammiert, wobei die Zeitabstände zwischen den einzelnen Krisen immer kürzer werden. Zu dieser Einschätzung kommen auch die Redakteure vom Spiegel, die in ihrer Ausgabe 48/2009 von einer neuen Spekulationsblase »Die Billionenblase« sprechen, die die Weltwirtschaft bedroht. Kluge Investoren handeln jetzt und bringen ihr Geld in Sicherheit, denn: Wissen ist die einzige Ressource, die sich bei Gebrauch vermehrt.

Referenzen und Kundenstimmen

»Aufgrund der guten Resonanz auf die Seminare können wir Herrn Haak eine hohe Kompetenz in seinem Fachgebiet und ausgeprägte methodisch-didaktische Fähigkeiten sowie Wertschätzung unserer Mitarbeiter bescheinigen.« *DaimlerChrysler AG*

»Unsere Kunden haben Ihre Fachkompetenz ebenso wie Ihre didaktischen Fähigkeiten durchweg positiv gewürdigt. Wir schätzen Ihre Zuverlässigkeit und Gewissenhaftigkeit in unserer Zusammenarbeit.« *Haufe Akademie Freiburg*

»Die IHK und die Teilnehmer schätzen Herrn Haak als engagierten und fachlich qualifizierten Dozenten und unabhängigen Ratgeber.« *Industrie- und Handelskammer Oldenburg*

»Schon seit den Anfängen der Bau- und Immobilienmesse zählen die Vorträge von Herrn Haak zu den angesagtesten im Seminar- und Vortragsprogramm.« *Weser-Ems Halle*

MARTINA HAAS

Themen

Professionelles Business Networking
Vom Einzelkämpfer zum Profi-Netzwerker

Netzwerken Sie noch oder twittern Sie schon?
Professionelle Business Kommunikation in Zeiten von Social Media

Vom Small Talk zum Business Talk

Das Löwinnen-Prinzip – Karrierestrategien für Frauen

Veröffentlichungen

Verschiedene Artikel und Interviews im Print- und Onlinebereich

Kurzbiografie

Martina Haas wurde 1960 in Lörrach nahe Basel (Schweiz) geboren. Aus einer Unternehmerfamilie stammend, wählte sie das Studium der Rechtswissenschaften, um ihren sprachlich-kommunikativen Neigungen eine fundierte berufliche Basis zu geben.

Aufgrund des Interesses am wirtschaftlich-juristischen Kontext spezialisierte sie sich im Wirtschaftsrecht, arbeitete zunächst als Anwältin einer renommierten Freiburger Wirtschafts- und Steuerrechtskanzlei. Dem Wechsel nach Berlin 1991 folgte eine fast 10-jährige Karriere in einem internationalen Banken- und Immobilienkonzern. In Letzterem leitete sie die Bereiche Beteiligungen, Gremienbetreuung, Marketing/ Unternehmenskommunikation, war Geschäftsführerin von Beteiligungen. Daran anknüpfend gründete sie 2005 »Konzept & Innovation Consulting Coaching« mit dem Schwerpunkt Kommunikations- und Netzwerkberatung, das ihre wirtschaftsrechtlich ausgerichtete Kanzlei Rechtsanwälte Seiler & Haas ergänzt.

2007 veröffentlichte Haas den viel beachteten Karriereleitfaden »Was Männer tun und Frauen wissen müssen – Erfolg durch Networking«. In Vorträgen und Seminaren vermittelt sie das Know-how professioneller Vernetzung und Business-Kommunikation. Ihr ganzheitlicher, innovativer Ansatz zeigt, dass strategisch sinnvolle Vernetzung in einer komplexen Arbeitswelt nicht nur zu besseren Arbeitsergebnissen führt, sondern auch zu einer überzeugenderen Präsentation des Einzelnen und seiner Fähigkeiten – elementare Voraussetzungen für nachhaltigen Erfolg, auch für das Unternehmen.

Haas weist Wege, motiviert charmant, macht Zuhörer zu Beteiligten, unabhängig davon, ob es 10 sind oder 400 wie beim Österreichischen Journalistinnenkongress. Ihre langjährige Konzern- und Beratungspraxis sind Basis für die differenzierte Erörterung von Karriere- und Kommunikationsfragen.

Referenzen und Kundenstimmen

»Martina Haas verliert sich nicht in Nebensächlichkeiten. Sie geht mit klaren Worten dem Thema auf den Grund und zieht so die Zuhörer in ihren Bann. Kurz und prägnant statt langatmig und schwammig.« *Petra Ledendecker, Präsidentin, Verband Deutscher Unternehmerinnen*

»Die Resonanz war durchweg positiv: Der Impulsvortrag war nicht nur inhaltsreich, kompetent und praxisnah, sondern darüber hinaus mit viel Engagement und Humor vorgetragen.« *Nina Leseberg, Bundesverband Deutscher Stiftungen*

Auszeichnungen und Pressestimmen

»Mit dem Referat (von Martina Haas) zum Thema Netzwerken ist dem BPW ein bemerkenswerter Auftakt im neuen Jahr gelungen.« *Neue Osnabrücker Zeitung vom 22.01.2008*

MATHIAS HAAS

Themen

Wissen wie der Hase läuft!
Kontrollieren Sie die Zukunft. Sie ist berechenbar.

Wissen wie der Hase denkt!
Der Experte für Trendbeobachtung.

Wissen wie der Hase fühlt!
Sicher entscheiden, Ihre persönliche Strategie im Veränderungswahn.

Wissen wie der Hase sieht!
Veränderung ist stark – Sie sind stärker.

Veröffentlichungen

Verschiedene Artikel und Interviews in Print- und Onlinebereich.

Kurzbiografie

(* 1972)

FUNDAMENT.
Ausbildung zum Bankkaufmann, Deutsche Bank AG.
Abschluss zum Diplom-Betriebswirt (BA), Hegenloh Reisen GmbH.

SÄULEN.
Operativer Projektleiter sowie Vertriebsunterstützung in EMEA, Maritz GmbH.
Strategischer Einkäufer in EMEA, George P. Johnson GmbH.
Vertriebs- und Marketingleiter in Europa, George P. Johnson GmbH.

DACH.
2005 Gründung HAAS. KOMMUNIZIERT.
Aufgaben: Redner, Moderator, Kommunikationsstratege.

LEGO SERIOUS PLAY Professional.

Zertifizierter Trainer nach Q Pool 100 in Europa, TEAM CONNEX AG.

Referenzen und Kundenstimmen

- AGJF (Arbeitsgemeinschaft Jugendfreizeitstätten).
- Deutsche Post World Net.
- Deutsche Sparkassenakademie.
- EnBW.
- Essilor.
- Europäische Medien- und Eventakademie.
- Mannheimer Versicherung.
- Meeting Professional International.
- Pharmazeutische Zeitung.
- sds business services,
  A XEROX Company.
- SOLARLUX Aluminium Systeme.
- VDI (Verein Deutscher Ingenieure e.V.).

»Ich fand den Vortrag spritzig und gut.« *Claudia Haider, Gründerin und Geschäftsführerin German Speakers Association*

Auszeichnungen und Pressestimmen

»Schließlich kann es auch heilsam sein, zu hören, was bei anderen so schiefgeht. ›Man muss auch nicht jeden Fehler selbst gemacht haben. Manchmal reicht es, nur von ihnen zu hören‹ .« *Financial Times Deutschland*

»Der Spaß kommt dabei nicht zu kurz.« *absatzwirtschaft*

RUDOLF HABERL

Themen

Führen mit Herz und Verstand – die Krise meistern

Leadership durch Persönlichkeit

Führungskompetenz ist Zukunftskapital

Change als Chance einer neuen Zukunft

Veröffentlichungen

Eignungsdiagnostische Betrachtungen in der Fach- und Führungskräfteauswahl
Grundlagen und psychologische Ansätze

Kurzbiografie

Rudolf Haberl, 1957 in München geboren, absolvierte den MBA – General Management – am Institut für Management/Salzburg mit Schwerpunkt Organisation und HR. Während seiner Managementtätigkeit schloss er seine Qualifikation zum Personalfachkauf- und Betriebswirt ab. Zudem verfügt er über eine Trainerausbildung und ist zertifizierter Consultant SAP-HCM (Human Capital Management).

Während seiner langjährigen Tätigkeit im leitenden Management lagen seine Schwerpunkte unter anderem im Personalrecruiting, der Mitarbeiter- und Führungskräfteentwicklung und in der Weiterentwicklung und Begleitung von Führungskräften. Er sammelte Erfahrung in Outsourcing, in Changeprozessen und im Outplacement.

Sein Focus liegt heute im Recruiting, in der qualifizierten Outplacementberatung und im Bereich der Qualifzierung und des Coaching von Fach- und Führungskräften.

Zudem fungiert er im Bereich HR als Berater und Dozent für das SAP-Modul HCM/HR.

Neben Seminaren und pers. Coachings bietet er Vorträge und Kurzvorträge in diesen Schwerpunktthemen an.

Referenzen und Kundenstimmen

»Danke für die Motivation, die wir sicherlich alle etwas vermisst hatten ...« *A.Oe., Mannheim*

»Vielen Dank für die zwei erfrischenden ›genialen‹ Wochen mit SAP und Ihnen, weiter so.« *D.R., Ladbergen*

ARDESCHYR HAGMAIER

Kurzbiografie

Ardeschyr Hagmaier ist Deutschlands Problemlösungsexperte Nummer 1. Der Vortragsredner, Umsetzungscoach und Autor des Business-Bestsellers »Ente oder Adler« weiß, wie er die Zuhörer in seinen Bann zieht. Erleben Sie den Business-Speaker mit einem echten Adler – ein unvergessliches Erlebnis für Ihr Event. Ardeschyr Hagmaier überzeugt in seinen Vorträgen mit wirksamen und nachhaltigen Inhalten in origineller Verpackung, mit viel Humor und Spannung: interaktiv, umsetzbar, motivierend. Das bringt den garantierten Klick im Kopf der Zuhörer. Blockaden lösen sich auf, Probleme erscheinen überwindbar, Lösungen sind möglich. Für seine innovative Art der Präsentation erhielt er in den letzten Jahren gleich zweimal den »Internationalen deutschen Trainingspreis«.

Referenzen und Kundenstimmen

AOK, Allianz, AMWAY, BONDUELLE GmbH, Ernst & Young AG, DZ-Bank AG, Deutsche Bahn AG, EnBW – Thermogas, HelfRecht, Nord LB, Swatch Deutschland, Sony Deutschland GmbH, Union Investment AG

»Ardeschyr Hagmaier versteht es, dass wir über seine Ente-Adler-Geschichten in uns gehen und wie ein Adler handeln.« *Prof. Samy Molcho*

»Unglaublich humorvoll mit vielen hilfreichen Praxistipps.« *Julia Andree, Ernst & Young AG*

Auszeichnungen und Pressestimmen

Q-Pool: Auszeichnung zum »Certified Human Resources Professional«

GSA: Mitglied und Mentor

BDVT: Trainingspreise für »Unternehmensnachfolgesicherung« und für »Kompetenzenmanagement«

»Wer glaubt, sich bei diesem Vortrag in Ruhe zurücklehnen zu können, der war noch nicht bei Ardeschyr Hagmaier. Keinen einzigen Zuhörer hat es auf dem Stuhl gehalten, wenn es darum ging, eine Erfahrung zum Thema zu machen.« *Frankfurter Allgemeine Zeitung*

»Umsetzbare Tipps für messbar mehr Ertragssteigerung gibt der Vertriebscoach Ardeschyr Hagmaier.« *Impulse*

Themen

Erkennen Sie den Unterschied von ProblemEnte und LösungsAdler

Wie Sie mit den Adler-Fähigkeiten durchstarten, Höhe gewinnen und nachhaltig Ihren Erfolg sichern

Wie Sie mit der Adler-Führungsstrategie Adler-Teams aufbauen und dauerhaft motivieren

Verkaufschancen erkennen und nutzen – kein Gespräch ohne Auftrag

Veröffentlichungen

GERHARD HAGSPIEL

Themen

Bestimme deine Zukunft

Liefern statt Labern! – Mut zum Handeln

Warum ist der Papagei bunt?

LifemagiX – Die Magie des Lebens

Kurzbiografie

Geboren 1967 in Österreich, verheiratet mit Monika, drei Söhne 1992, 1995 und 1996. Seit 1995 wohnhaft in der Schweiz. Er ist ursprünglich gelernter Landwirt, sollte den elterlichen Betrieb übernehmen, entschied sich aber mit 19 Jahren, nach seiner Ausbildung zum Landwirt, einen anderen Weg zu gehen. Er sammelte dann Erfahrungen im Vertrieb von Finanzprodukten und war einer der erfolgreichsten Führungskräfte im Direktvertrieb von Versicherungen in Österreich. Seit 20 Jahren beschäftigt er sich intensiv mit der persönlichen Weiterentwicklung von Menschen. »Wie kommen Menschen schneller und einfacher an ihr Ziel«, war und ist eine seiner zentralen Fragen. Er hat schon sehr früh das Wort »normal« vergessen und sich deshalb immer auf unkonventionelle Wege begeben. So war er, Anfang der 90er Jahre, einer der ersten Erlebnispädagogen in Europa, der mit »High-Ropes«-Anlagen gearbeitet hat.

Heute ist Gerhard Hagspiel spezialisiert auf erlebnisorientiertes Lernen und einer der führenden Experten in diesem Gebiet. Frei nach dem Motto: »Lernen ohne Erlebnis ist wie Arbeiten ohne Ergebnis« gestaltet er heute Erlebnisse, die »bewegen« und auch nach langer Zeit den Teilnehmern noch in Erinnerung bleiben. Sein Motto lautet: »Jeder Mensch kann sein Leben selbst nach seinen Vorstellungen gestalten, wenn er klare Entscheidungen trifft und bereit ist zu handeln.« Neben seiner Trainertätigkeit ist Gerhard Hagspiel auch persönlich an mehreren Unternehmen beteiligt. Als Erlebnispädagoge greift Gerhard Hagspiel auf sein umfangreiches Wissen zum Thema persönliche Entwicklung in den Bereichen NLP, konversationelle Hypnose, DHE, MSA-Master, zertifizierter Feuerlauftrainer und viele andere zurück. Gerhard Hagspiel ist zertifizierter Trainer der TAM (Trainer Akademie München) und des BDVT. Zudem ist er Mitglied in der German Speaker Association. Mittlerweile wurden über 10.000 Menschen durch seine Seminare berührt, durch seine Vorträge begeistert und durch seine Moderationen amüsant bewegt. Vielleicht sind Sie der/die Nächste.

Referenzen und Kundenstimmen

»Ich habe in meinem Leben viele beeindruckende Referenten erlebt. Die Art und Weise von Gerhard Hagspiel ist sehr inspirierend, informativ und authentisch und hat von allem etwas: gute Laune, spannende Infos, Power, Souveränität und vor allem viel Begeisterung.« *Thomas Rauscher, Geschäftsführer ySale Est.*

»Um die eigenen Grenzen und Ängste überwinden zu können, ist es unabdingbar, dass die Inhalte vom Seminarleiter gelebt werden. Herr Hagspiel ist dieser Verantwortung durch seine Authenzität eindrücklich und erfolgreich nachgekommen.« *Peter Baumgartner, Unternehmer, Schindellegi*

PROF. DR. CARL H. HAHN

Themen

Fragestellungen zur internationalen Automobilindustrie

Industrielle Unternehmensstrategien

Globale Wirtschaftsthemen

Veröffentlichungen

Kurzbiografie

Carl H. Hahn begann seine berufliche Laufbahn im Jahre 1953 bei der Organization for European Economic Cooperation (OEEC) in Paris, bevor er ein Jahr später zu Volkswagen nach Wolfsburg wechselte. Von 1959 bis 1964 leitete er die »Volkswagen of America« in den USA. Seine dortige Erfolgsbilanz mit dem VW-Käfer sollte ihm den Weg in den VW-Vorstand ebnen, wo er bis 1972 für den Vertrieb verantwortlich zeichnete. Von 1973 bis 1981 sanierte er als Vorstandsvorsitzender die Reifenfirma Conti AG in Hannover, um schließlich 1982 als Vorsitzender des Vorstands zu VW zurückzukehren. Als er Ende 1992 in den Ruhestand ging, war das Unternehmen dank neuer Produktionsstätten in China, Spanien, Portugal, Tschechien, der Slowakei, Polen, Ungarn sowie Ostdeutschland zu einem Weltkonzern herangewachsen.

Nach seiner Pensionierung war er Aufsichtsratsmitglied in zahlreichen europäischen und amerikanischen Unternehmen. Bis heute nimmt Carl H. Hahn Mandate in Aufsichtsräten und Beratergremien wahr und ist darüber hinaus Honorarprofessor für »Industrielle Unternehmensstrategien« an der Westsächsischen Hochschule Zwickau. Daneben ist er in zahlreichen politischen, kulturellen und sozialen Organisationen tätig. Als Initiator des Kunstmuseums Wolfsburg gehört er dessen Kuratorium an.

Auszeichnungen und Pressestimmen

Auszeichnung durch neun Hochschulen des In- und Auslandes mit akademischen Würden.

Österreich, Belgien, Brasilien, Italien, Spanien, Südafrika, Kirgistan, Tschechien und die Bundesrepublik Deutschland verliehen ihm hohe Orden.

Ehrenbürger von Wolfsburg, Chemnitz, Zwickau und Changchun, China.

»Goldenes Lenkrad«, 1990

»Bambi«, 1991

»Man of the Year«, Detroit, 1992

»European Businessman of the Year 1992«, Madrid

»Corporate Americas Outstanding Director 1999«, New York

Aufnahme »European Automotive Hall of Fame«, Genf, 2006

»Luminary in China Automotive Industry«, Peking 2008

»Hahn baute am Fundament mit, auf dem VW heute steht.« *Handelsblatt*

»Wherever Hahn went during his long career he sowed seeds of success for Volkswagen.« *Automotive News Europe*

HANS-JOACHIM HAHN

Themen

Werte ohne Wurzeln?

Führungskompetenz durch Werte

Die abendländisch-christlichen Werte als Erfolgsfaktor

Starke Werte, starke Menschen, starke Unternehmen
Werte, die Sie für Kunden und Partner attraktiver machen

Veröffentlichungen

Umkehr in Babylon
Roman, 2. Aufl. Lahr, 1995

Seit 1998 Mitherausgeber der Buchreihe des Professorenforums

Kurzbiografie

Geb. 1950; Studium der Anglistik und Sportwissenschaft für das Lehramt an Gymnasien; Examensarbeit über »Die Suche nach der Identität des Menschen im modernen englischen Drama«; Engagement in christlicher Jugendarbeit.

Seit 1974 hauptberuflich tätig in der Erwachsenenbildung im gemeinnützigen Bereich: Aufbau von studentischen Kreisen und Initiativen im In- und Ausland mit dem Schwerpunkt der Werte- und Sinnfrage; Schulungs- und Lehrtätigkeit; Nationaldirektor von Campus für Christus Deutschland (1984–89).

Seit 1982 verheiratet mit Dorothee; zwei Kinder. Initiator (1996) des Professorenforums. Es pflegt den interdisziplinären Austausch über Weltanschauung, Werte, Glaube und Wissenschaft und die Suche nach Wahrheit. Seit 1996 Öffentlichkeitsreferent der Studiengesellschaft für internationale Analysen.

Von 1996–2006 Verkauf und Aufbau von Verkaufsteams. Lehraufträge »Wirtschaftsethik« an der Hochschule München und Meran. Professionelles Mitglied der »German Speakers Association« (GSA).

Hans-Joachim Hahn spricht als Keynote-Speaker in Deutsch und Englisch bei Unternehmen, Kongressen und Fortbildungsveranstaltungen. Mit seinen Vorträgen: »Werte ohne Wurzeln?«, »Führungskompetenz durch Werte«, »Die abendländisch-christlichen Werte als Erfolgsfaktor« und »Werte gegen den Untergang« spricht er zu drängenden Themen in der gegenwärtigen Wertekrise.

Referenzen und Kundenstimmen

»Hans-Joachim Hahn hat einen faszinierenden Vortragsstil. Die packend erzählende und gleichzeitig intellektuell spritzige Redeweise lässt die Hörer die Zeit vergessen und ist zugleich hochgradig bildend. Seine Bühnenpräsenz ist stark und sehr authentisch!« *Lothar Kuhls, WEGe, Managementberatung, Hamburg*

»Hans-Joachim Hahns Begabung als Redner ist es, komplexe Inhalte knapp, klar und sehr verständlich zu präsentieren, und das mit einem persönlichen Engagement und einer Begeisterung, die auch akademisch anspruchsvolle Zuhörer fasziniert. Besonders glaubwürdig ist seine Präsentation zum Thema Werte und Ethik, weil er seit über 30 Jahren in diesem Gebiet u. a. im gemeinnützigen Bereich tätig ist.« *Prof. Dr. Hermes A. Kick, Direktor des Instituts für medizinische Ethik, Grundlagen und Methoden der Psychotherapie und Gesundheitskultur (IEPG)*

»Herr Hahn überzeugt in seinen spannenden und intelligenten Vorträgen durch seine Authentizität und Leidenschaft, indem er komplexe logische Zusammenhänge mit Inspiration und Leichtigkeit präsentiert. Seine christlichen Werte und Überzeugungen vermittelt er sehr glaubwürdig und gewinnend.« *Prof. Dr. iur. utr., Dr. phil., Dr. theol. Lutz Simon, Präsident der Anwaltskammer Frankfurt; Leitungskreismitglied des Professorenforums*

THORSTEN HAHN

Themen

99 Irrtümer des Networking – erfolgreich vermeiden

Das Märchen von der Kundenorientierung

Alle Macht den Kunden
Über den Kunden im 21. Jahrhundert und die Bedeutung für Ihr Unternehmen

99 Irrtümer des Vertriebs
Kunden wollen kaufen, aber nichts verkauft bekommen!

Veröffentlichungen

Kurzbiografie

Thorsten Hahn, Jahrgang 1967, Hamburger und Wahlkölner, ist Geschäftsführer des Start-up-Unternehmens BANKINGCLUB GmbH. Der Netzwerkprofi, »Mister Network« (WiWo 06/2006) und »Mister XING« (manager magazin 07/2007), nutzt seine Online- und Offline-Netzwerke wie kein anderer. Nach Abitur und Wehrdienst machte Thorsten Hahn eine Ausbildung zum Bankkaufmann bei der Dresdner Bank in Köln. Danach wechselte er als Vertriebscoach zur Bausparkasse Schwäbisch Hall. Seine Arbeit als Trainer brachte ihm unter anderem den Internationalen Deutschen Trainingspreis 2003 ein. Im Januar 2005 gründete der diplomierte Kaufmann den BANKINGCLUB, eine Netzwerk-Community für Banker und Finanzdienstleister. Im Businessnetzwerk »Xing« moderiert Thorsten Hahn das größte Onlineforum für Banker in Europa, welches er 2004 gegründet hat. Heute ist er bei Xing Xpert-Ambassador für die Bankbranche und hat bei Xing weltweit die meisten direkten Kontakte.

Seine Kompetenz aus den Bereichen Vertrieb und Networking bringt er in verschiedenen Publikationen und Fachvorträgen zum Ausdruck. Seit August 2010 ist sein neues Buch, »77 Irrtümer des Networkings«, auf dem Markt.

Teilnehmer schätzen seine offene und humorvolle Art, mit der er auch kritische und fachlich anspruchsvolle Themen vermittelt.

Referenzen und Kundenstimmen

»Mit seinem Vortrag ›Die 99 Irrtümer des Vertriebs‹ konnte Herr Hahn mit der Verwendung klischeehafter Beispiele geschickt den Bogen zu vertriebsrelevanten Tipps spannen.« *Dirk Mahnert, Geschäftsführer B2MS GmbH*

»Der Networking-Vortrag von Herrn Hahn ist bei unseren Kunden auf nachhaltige Begeisterung gestoßen, bedingt durch seine öffnende Art und die konkreten Empfehlungen für ein zeitgemäßes Networking.« *Prof. Dr. Michael Bernecker, Geschäftsführer, Deutsches Institut für Marketing*

Auszeichnungen und Pressestimmen

Internationaler Deutscher Trainingspreis 2003 und Trainingspreis in Gold 2003

»Drei Sterne für ein in meinen Augen bestens gelungenes Praxisfachbuch – auch und gerade für ›Akquise-Muffel‹ im Bildungsmarkt.« *Sandra Heinzelmann, www.lebensregie.de*

SIEGFRIED HAIDER

Themen

Die 5 Ps professioneller Positionierung: So werden Sie gebucht!

Kundenbeziehungen optimal gestalten: neue und treue Kunden ein Leben lang!

Die 7 besten Wege, Dienstleistungen zu vermarkten: viel Umsatz mit wenig Budget!

Veröffentlichungen

Presse-Veröffentlichungen in Wirtschafts-Magazinen, Tageszeitungen; Auftritte in Rundfunk/Fernsehen

Kurzbiografie

Siegfried Haider ist anerkannter Experte für professionelle Selbst-Vermarktung, einfache Kundengewinnung und Kundenbindung. Sein Unternehmen, die HTMS GmbH, zählt zu den besten Anbietern innovativer Vermarktungs- und Weiterbildungskonzepte. Siegfried Haider ist zudem Initiator/Gründer der German Speakers Association e. V.

Der studierte Wirtschaftsinformatiker und Hochschulfachökonom für Human Resources verhilft seinen Kunden zu mehr Umsatz ohne großes Investment. Seine Methoden sind praxiserprobt und basieren auf seiner knapp zwanzigjährigen beruflichen Erfahrung als Führungskraft in internationalen Großkonzernen und mittelständischen Unternehmen. Methoden, die er täglich in seinem Unternehmen selbst erfolgreich anwendet.

Siegfried Haider und sein Team bieten Innovationen aus aller Welt, die er für seine Kunden und Zuhörer ins deutschsprachige Umfeld adaptiert. Er begeistert durch wertvolle Inhalte, humorvoll und klar präsentiert. Er hat in den letzten zehn Jahren mit zahlreichen Weiterbildungsorganisationen und namhaften Top-Experten im deutschsprachigen Raum und international erfolgreich zusammengearbeitet. Siegfried Haider betreibt eine Internet-Plattform, auf der Trainer und Referenten bewertet werden. Dort finden Sie auch zahlreiche hervorragende Bewertungen zu ihm.

Siegfried Haider ist Gründer und Vize-Präsident der German Speakers Association.

Referenzen und Kundenstimmen

»Ich schätze Sie als Experte für Positionierung und Dienstleistungsmarketing schon seit Jahren. Als Sie jedoch beim ›tempus-Tag der Gelassenheit 2008‹ für den erkrankten Lothar Späth spontan und kurzfristig mit dem Plenumsvortrag ›Expertenpositionierung‹ vor 1.000 Teilnehmern eingesprungen sind, haben Sie meine Erwartungen erneut weit übertroffen. Sie sind ein Innovator der Extraklasse mit Vortragsqualitäten, die begeistern.« *Prof. Dr. Jörg Knoblauch, Geschäftsführer der tempus GmbH*

»Jeder Spitzensportler braucht und hat einen Spitzencoach. Höchstleistungen sind die Kombination aus der Kraft, dem Willen und der Brillianz des Sportlers und der Erfahrung und Weitsicht des Coachs. Genauso ist es im Geschäftsleben. Ein besonderer Glücksfall, wenn der Coach bei Speaker und Trainer vom Kaliber eines Sigi Haider ist, eine außergewöhnliche Kombination von Herz, Hirn und Branchenkenntnis. Lesen Sie einfach nach, was ein Coach für Sie tun kann. Wenn Sie mehr möchten – sehen Sie zu, dass Sigi Haider mit Ihnen arbeitet! Vielen Dank, Sigi.« *Martin Laschkolnig, offizieller und exklusiver Repräsentant von Jack Canfield im deutschsprachigen Europa*

Auszeichnungen und Pressestimmen

»Great Success Award« der German Speakers Association e. V., 2007

MICAELA HALBOTH

Themen

Mit Frauenpower zum Erfolg!
Selbstbewusst auftreten und siegen.

STOP – jetzt bin ich dran!
Gehör verschaffen ohne eigentlich, wenn und aber!

Erfolg ist reine Kopfsache – kein Erfolg auch!
Geht nicht – gibt es nicht!

Werden Sie zur LebensUnternehmerin!
... oder Unterlasserin?

Kurzbiografie

Micaela Halboth ist Querdenkerin, Andersdenkerin, Mitdenkerin und Vordenkerin. Sie ist authentisch, ansteckend und humorvoll. Ihre größte Stärke ist es, andere Menschen zu begeistern und zu inspirieren. Durch ihre Power und Motivation steckte sie viele Menschen an, ihren eigenen Erfolgsweg zu finden.

Seit 2000 ist sie selbstständig mit ihrer Firma: erfolgsfrauen.de. Studium zur Fachtherapeutin für Psychotherapie (HpG). Weiterbildung zur Fachtrainerin sozialer Kompetenz.

Als Coach, in ihrer Praxis für zielorientiertes Coaching, berät sie im privatfamiliären und unternehmerischen Bereich: IchSelbst-Coaching, Karrierecoaching von der Strategie bis zur Umsetzung sowie Bewerbungscoaching von der Bewerbungsmappe bis zum Vorstellungsgespräch.

Neben ihren Vorträgen und Seminaren bietet sie spezielle Weiterbildungen für Frauen in den verschiedensten Thematiken an: Selbstbewusstseinstraining, Selbstwert, Motivation u.a.

Micaela Halboth ist Veranstalterin und Organisatorin verschiedener Events: Powerfrauen-Kongress, Businessforum u. a., sowie Inhaberin des Erfolgsfrauen-Portals zur Vernetzung von Unternehmerinnen incl. Weiterbildungsangebote.

Referenzen und Kundenstimmen

»So eine Referentin ist mir noch nie begegnet; sie ist so kraftvoll und absolut witzig – eine richtige Powerfrau eben!« *Martina Flennert, Mainberg*

»Tolle Frau! Bin begeistert! Trifft den Nagel auf den Kopf. Sie bringt so viel Leidenschaft rüber, sie LEBT ihren Job!!!« *Claudia Kuhn, Würzburg*

»Sie ist quirlig, überzeugend und motiviert mit ganz viel Power.« *Heike Keller, Kürnach*

»... offen, selbstbewusst, verrückt, motivierend ...« *Stefanie Seubert, Bergrothenfels*

»Sehr authentisch rübergebracht, mit viel Gefühl!« *Sabine Wartmann, Remlingen*

Auszeichnungen und Pressestimmen

»Sie macht anderen Mut zum Karriere-Sprung.« *Zeitschrift Freundin*

»Sie spricht Themen an, die vielen Geschlechtsgenossinnen unter den Nägeln brennen.« *Mainzer Nachrichten*

»Sie hält sich kerzengerade und stemmt die Arme temperamentvoll in die Hüften. Jede Faser ihres Körpers signalisiert: Frauenpower.« *Münchner Merkur*

RAINER W. HAMBERGER

Themen

Kanada – die Zukunft hat begonnen

Quer durch den Süden Afrikas

Australien – Traumpfade in die Weite

Seychellen – wo die Zeit verlorenging

Veröffentlichungen

 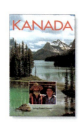

Kurzbiografie

Rainer W. Hamberger, Jahrgang 1949. Nach dem Studium lebte er 5 Jahre in Kanada. 1984 Aufbau des publizistischen Unternehmens »Erleben durch Reisen«. Spannende Begegnungen, ganz gleich in welchem Kulturkreis, ob zu Fuß, im Kanu, im Wasserflugzeug, zu Pferd, im Rentierschlitten. Als Vortragsreferent, Fotograf, Autor und Journalist sieht er sich als Vermittler zwischen Kulturen und Lebensräumen. Dabei geht es ihm um ein vielschichtiges Gesamtbild fremder Kulturen und Lebensumstände. Während der letzten 25 Jahre veröffentlichte er 14 Bücher, Bildbände, Reiseführer und Reiselesebücher aus allen Kontinenten. Seine Livevorträge mit ganz besonderen Aufnahmen bereichern seit über 25 Jahren Versammlungen von Banken, Instituten, Reiseveranstaltern, der Automobilindustrie und Verbänden. Seine Naturerlebnisse bei Eisbären oder Leoparden im Zusammenhang mit den dortigen Lebensumständen der Einheimischen sind besonders gefragt. Die Beiträge erschienen auch im Fernsehen, im Rundfunk, in renommierten Verlagen wie Baedeker, DuMont, Kunth, Hoffmann und Campe sowie bei Gruner & Jahr.

Referenzen und Kundenstimmen

»Der letzte Abend über Westkanada war ein ganz besonders schöner Abend. Wir danken Ihnen für die Einbeziehung unseres Unternehmens (DERTOUR/DER Reisebüro) in das Veranstaltungsprogramm.«

»Es steckte ganz sicher viel Engagement und Zeit in der Planung sowie der Gestaltung des abendlichen Diavortrages. Die überzeugenden, kompetenten und gut abgestimmten Ausführungen ergänzten die fantastischen, eindrucksvollen Bilder in hervorragender Weise. Ich würde mich sehr freuen, wenn wir unser Gespräch über die Möglichkeiten einer weiteren Zusammenarbeit baldmöglichst fortsetzen.«

Auszeichnungen und Pressestimmen

»Hamberger verstand es, seine persönlichen Erlebnisse und Begegnungen mit Mensch und Natur mit kulturellen und geschichtlichen Informationen zu verbinden. Er erzählte mit ansprechender Lebendigkeit oder überließ die Zuhörer einfach den schon meisterlich zu nennenden Bildern. Und die sprechen für sich.« *Trossinger Zeitung*

»Die Assoziation Film drängt sich durch Hambergers elegant-souverän gemeisterte Überblendtechnik fließender Bildfolgen auf. Seiner Kennmarke als Reiseberichter blieb er wieder treu: in leuchtend erlebnisstarken Bildern von Finnland, seiner Natur, Menschen und Kultur.«
Schwäbische Zeitung Leutkirch

ERIK HÄNDELER

Themen

Was kommt nach der Krise?
Eine bessere Arbeitskultur und ein präventives Gesundheitssystem

Die Geschichte der Zukunft
Sozialverhalten heute und der Wohlstand von morgen

Die langen Wellen der Konjunktur
Kondratieffs Globalsicht auf die gesamtgesellschaftliche Entwicklung

Warum Gesundheit Wachstumsmotor der Wirtschaft wird

Veröffentlichungen

Kurzbiografie

Erik Händeler, *1969, Buchautor, Vortragsredner und Zukunftsreferent. Als Spezialist für die Kondratiefftheorie der langen Strukturzyklen bietet er einen anderen Blick auf die wirtschaftliche und gesellschaftliche Entwicklung: Nicht die Banker haben weltweit alle zum selben Zeitpunkt beschlossen, gierig zu werden und unseren Wohlstand zu verzocken, weswegen nun eine Krise anrollt. Sondern weil der Computer uns nach drei Jahrzehnten nicht mehr produktiver machte, gab es nichts mehr, wofür es sich lohnte, rentabel zu investieren. Deswegen sanken die Zinsen, und Kredite wurden leichtsinnig vergeben – aber in dieser Reihenfolge. Immer haben sich an den knappen Produktionsfaktoren die neuen Märkte entwickelt – diese Sicht hilft, die Zukunft zu gestalten: Nach der Industriegesellschaft geht es nun darum, in Menschen zu investieren, in deren Gesundheit, Kooperationsfähigkeit und Bildung.

Nach Zeitungsvolontariat und Arbeit als Redakteur beim Donau Kurier in Ingolstadt studierte Erik Händeler Volkswirtschaft und Wirtschaftspolitik in München. 1997 wurde er freier Wirtschaftsjournalist, um die Konsequenzen der Kondratiefftheorie in die öffentliche Debatte zu tragen.

Verheiratet, Papa von drei kleinen Kinder.

Referenzen und Kundenstimmen

Verbände der Gesundheitspolitik, Banken und Sparkassen, staatliche Stellen, Arbeitsämter, IHKs, Firmenveranstaltungen.

Auszeichnungen und Pressestimmen

»Das Buch strahlt einen unerschütterlichen Optimismus aus.« *Rheinischer Merkur*

»Es wäre sehr zu wünschen, wenn Händelers erhellendes Buch eine weite Verbreitung findet.« *Dagmar Deckstein, Süddeutsche Zeitung*

»Händelers Buch ist ein Kursbuch, um die Qualität zwischenmenschlicher Beziehungen als wichtigste Quelle der Wertschöpfung zu entdecken.« *Norbert Copray, Publik Forum*

CHRISTIAN R. HANISCH

Kurzbiografie

Der Motivator – Kurzbiographie: Christian R. Hanisch, 1960 geboren, lebt in Deutschland in Goslar am Harz, verheiratet, eine Tochter und ein Sohn.

Christian R Hanisch ist ein begnadeter Rhetoriker und Menschenbegeisterer. Seinen Witz und Charme lebt er gnadenlos und liebevoll aus. Hier merkt der Zuhörer schnell seine offene und wertschätzende Haltung anderen Menschen gegenüber. Selbst wenn er harte und strenge Töne anklingen lässt, nimmt man sie gern von ihm an. Voller Vertrauen in sich und andere zitiert er gern seine Mottos: »Ein Tritt in den Ars.. ist auch ein Schritt nach vorn.« Hier ist er ein Meister der Motivation. Es gibt Menschen, die brauchen einfach Druck und sind auch froh, wenn sie ihn bekommen. Sie bedanken sich sogar dafür. Im anderen Fall muss einer umgarnt und verführt werden. Das ist die hohe Kunst der Motivation. »Freundlich direktiv – informativ und lehrreich« sind die Attribute von Christian Hanisch. Er selbst nennt sich spaßig liebevoll auch: »Ich bin multischizoid und ein Allrounddilettant, der sich spezialisiert hat.« Sein Werdegang ist dabei voller interessanter Wege. Er hat auf dem Bau gearbeitet und auf der höchsten politischen Ebene gecoacht. 1996 war er der Eröffnungsmoderator der CeBIT in Hannover. Danach folgten einige größere und kleinere Veranstaltungen. Christian R. Hanisch arbeitete bei großen namhaften Companies in Vertrieb, Führung, Training und Coaching. Heute ist Herr Hanisch Leiter der European Business Academy und Geschäftsführer der 7 Mirrors Consulting GmbH. Seine weiterführenden Interessen liegen in der Gehirnforschung. Da geht es um bessere und schnellere Lerntechniken, ebenso geht es darum, Gelerntes, was eher hinderlich ist, wieder zu entlernen. Besonders sind auch seine Vorträge zum Thema »Burn-out«, das liegt daran, dass Christian R. Hanisch nicht nur Heilpraktiker, sondern auch ein Kenner des Business ist. Hier gilt die Regel »Reden ist Silber und Schweigen ist Gold« nicht! Es muss viel geredet werden, und zwar sehr viel, aber richtig! Christian Hanisch besticht auch als Redner zum Thema Coaching: »Die große Coachinglüge – Es hat sich ausgecoacht!«

Sein Highlight ist sein Erfolgsvortrag: »Erfolg! Erfolg! Erfolg! E hoch 3!«

Themen

Erfolg! Erfolg! Erfolg! E hoch 3!

Die Coachinglüge, es hat sich ausgecoacht!

Die Unfähigkeit der Motivation
Warum Führung Führung braucht!

Burn-out
Die Sicherung knallt durch!

Veröffentlichungen

DR. STEPHANIE HANN

Themen

Leadership als Lebenshaltung – Walk the Talk

Die 7 Energielevel der Führung. Schlüsselelemente für ein bewusstes Führen

Schlüssel verloren? Wege zur Lösung von Erfolgsblockaden

Who are you? Crosscultural Communication and Energy Leadership

Veröffentlichungen

In Vorbereitung: Energie (ver)führt. Führungsstile positiv verändern.

Artikel in Coaching Heute

Artikel in Pressesprecher

Kurzbiografie

Dr. Stephanie Hann hat das Konzept von Energy Leadership™ aus den USA nach Deutschland gebracht. Der Zusammenhang von Erfolg und Lebenszufriedenheit mit der eigenen Energie und Einstellung wird durch dieses Konzept klar und messbar. So ist ihr Motto: Mehr positive Energie, mehr Erfolg. Die Expertin für Energy Leadership und Leadership Coaching fasziniert in ihren Vorträgen und Seminaren durch Lebendigkeit und Authentizität.

Internationale Arbeits- und Lebenserfahrung sammelte sie durch mehrjährige Aufenthalte in USA und Mexiko, wo sie auch zu interkulturellen Themen forschte. Ein Erfahrungsschatz der Eingang in ihre Vorträge und Arbeit als Trainerin und Coach findet.

Ihr beruflicher Weg führte sie zunächst als Trainerin für Deutsch als Fremdsprache zu multinationalen Konzernen. Nach einer Ausbildung zur Mediendidaktikerin wurde sie Projektleiterin in der Computerindustrie. 1994 führte ihr Weg sie erst als Professorin nach Mexiko und dann 2003, nach einem kurzen Zwischenstopp in Deutschland, für 5 Jahre in die USA.

Neben ihrer Tätigkeit an der Universität machte sie eine Coaching-Ausbildung, zertifizierte sich zum Energy Leadership Coach und arbeitete als Leadership Coach.

Referenzen und Kundenstimmen

»Frau Dr. Stephanie Hann hat mich in ihrem Vortrag ›Leadership als Lebenshaltung – Walk the Talk‹ sofort in den Bann gezogen: Klar strukturiert und kompetent präsentiert, begeisterten mich ihre auf das Wesentliche konzentrierten Inhalte. Besonders gut gefallen haben mir ihre im Vortrag eingesetzten Bilder, die ihre Aussagen wirkungsvoll unterstrichen und ihren Vortrag fesselnd und lebendig machten.« *Gaby Regler, Laufbahn- und Karriereberaterin*

»Frau Dr. Stephanie Hann stellte Energy-Leadership als neues Leadership-Coaching-Modell aus den USA im Rahmen des Münchner Coaching-Tages vor. Sie sprühte vor Energie und erklärte die Grundlagen des Modells im Vortrag sehr plastisch. Auf Fragen reagierte sie authentisch.« *Ina Melms, Personalentwicklung*

»Stephanie Hann hat mir in ihrem Vortrag in einer klaren und verständlichen Sprache das Konzept Energy Leadership und den Energy Leadership Index nahe gebracht und innerhalb kürzester Zeit meine Begeisterung für das Thema geweckt. Die direkte Ansprache an das Publikum prägt ihren Vortragsstil, sie bezieht Ihr Publikum aktiv ein und hat stets ein offenes Ohr für die Fragen und Anregungen aus dem Publikum.« *RCSWORKS, Robert C. Summers, M.A. Systemischer Business Coach (SBC)*

RENATE M. HANNEMANN

Kurzbiografie

Renate M. Hannemann, 1955 in Linz geboren, Coach und Seminarleiterin. Sie hat ein Studium zur Rechts- und Versicherungsfachwirtin abgeschlossen. Vor ihrer Selbstständigkeit arbeitete sie viele Jahre als leitende Angestellte in einem Allfinanzkonzern und greift bis heute auf zahlreiche Verkaufs- und Führungskräftetrainings zurück. Das von ihr 1998 gegründete Institut für Zukunftsgestaltung bietet eine Weiterbildungs-Plattform für alle Führungskräfte und UnternehmerInnen aus Wirtschaft, Politik und Sport. Neben dem individuellen 4-Augen-Coaching bietet Frau Hannemann auch Gesundheits-Coaching und Kommunikations-Intervall-Trainings an. Hierzu gehören Verkaufs- und Präsentationstrainings mit Nachhaltigkeit in einem speziellen Erfahrungsfeld. Menschen gestalten mit ihrer Hilfe seit Jahren erfolgreich die berufliche oder private »Karriere« neu. Dabei gilt es, die eigenen Potenziale mittels wissenschaftlicher Analysen sichtbar zu machen.

Referenzen und Kundenstimmen

IIR Deutschland für 7 Jahre Erfolgsseminarreihe: »Soziale Kompetenz & Teamfähigkeit«

Themen

Heute ist mein bester Tag

Geld ist eine Vision

Blamiere Dich täglich

Persönliche Navigation

Veröffentlichungen

PROF. DR. NORBERT HANS

Kurzbiografie

Herr Professor Hans hat Betriebswirtschaftslehre studiert. Bereits während seiner Tätigkeit in mehreren Managementpositionen lernte er den bedeutenden Einfluss der emotionalen Ebene in Beziehungen kennen und entwickelte daraus das Konzept »MOOVE«.

1981 gründete er sein eigenes Unternehmen mit dem Schwerpunkt in der Beratung und dem Training in Bereichen der strategischen Unternehmensentwicklung, der Managemententwicklung sowie der Personalentwicklung.

Er ist Experte für Beziehungen, insbesondere für:
- die Entwicklung und das Schaffen von Beziehungen,
- die Erhaltung und die Förderung von Beziehungen,
- die Analyse von Beziehungsfaktoren, die das Auseinanderbrechen von Beziehungen verursachen.

Als umsetzungsstarker Begleiter des Mittelstandes berät und trainiert er nun seit mehr als 25 Jahren branchenübergreifend Unternehmen. Vorträge und Seminare von ihm sind hochmotivierend und professionell. Herr Professor Hans lehrte an verschiedenen Hochschulen. Er ist Mitglied der offiziellen Qualitätsgemeinschaft Q-Pool 100 und gehört zu den Excellent Speakers.

Referenzen und Kundenstimmen

Bezogen auf seine Vorträge:
»Der beste Redner Deutschlands.« Geschäftsführer einer Referentenagentur

Bezogen auf sein Buch »Aufbruch in den Mittelstand«:
»Ein einzigartiger Leitfaden für die Gewinner von morgen.« aus den Mitteilungen der Arbeitsgemeinschaft Partnerschaft in der Wirtschaft e. V.: AGP Mitteilungen

Bezogen auf initiierte MOOVE-Prozesse:
»MOOVE ist der einzige Schlüssel zum gemeinsamen Erfolg.« Aussage eines führenden NRW-Bankers

Auf Wunsch wird gerne ein Referenzkontakt vermittelt.

Themen

Mit Zuversicht und Selbstvertrauen in die Zukunft

Neue Vertriebswege
Kundenbeziehungen veredeln

Erfolgreiche Zukunftsstrategien für den Mittelstand

Erfolgreich in jeder Beziehung

Veröffentlichungen

REINER HARSCHER

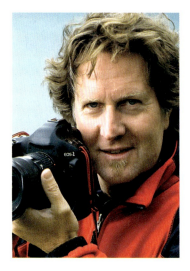

Themen

Namibia

Kanada – Alaska

Norwegen – Hurtigrute

Schottland

Veröffentlichungen

Bildbände:
Kanada, Persien, Toskana, Türkei, Norwegen, Irland, Griechenland

DVDs:
Namibia, Kanada, Irland, Toskana, Griechenland, Schottland

Kurzbiografie

Live moderierte Reise-Multivisions-Shows: der Natur ganz nah, dem Abenteuer auf der Spur. Weltreise ohne Jetlag? In die Welt eintauchen statt darüber hinwegfliegen? Der Fotograf und Weltreisende Reiner Harscher war schon überall dort, wo man den Atem vor Faszination anhält, den Alltag einfach vergisst und die Kulisse perfekt ist. Kanada und Alaska, Persien, Namibia und Feuerland, Norwegen und Toskana – nur ein paar der Orte, in denen Reiner Harscher den Einwohnern direkt in die Augen geblickt, exotische Tierwelten kennengelernt und unberührte Naturlandschaften bestaunt hat. Reiner Harscher, Jahrgang 1958, versetzt die Zuschauer mit seiner Bilderwelt an die entlegensten und schönsten Plätze der Erde, hin zu alten Kulturen und Traditionen und hinein in atemberaubende Landschaften. Die Stars vor seiner Film- und Fotokamera: Ureinwohner, Nomaden, Handwerker, Fischer, Künstler, Elefanten, Löwen und Giraffen. Es gibt keinen Zweifel, in der Liga der ebenso talentierten wie preisgekrönten Fotografen spielt Reiner Harscher schon lange ganz oben mit. Aus faszinierenden Momentaufnahmen des Lebens stellt der Experte immer und immer wieder Panorama-Shows zusammen, die Gänsehaut erzeugen und Gedanken fliegen lassen. Und mehr noch: Der Abenteurer erzählt Geschichten zum Schmunzeln, Wundern und Weinen und reißt die Besucher mit grenzenloser Energie mit – beim atemlosen Erleben. Die Schauen werden in neuer digitaler HDAV-Technik mit extrem hellen und sehr hoch auflösenden digitalen Projektoren präsentiert. Die Standbilder und Filme hinterlassen beim Zuschauer bleibende Erinnerungen, wie dies nur tiefgründige Fotografie vermag. Die sensible Vermischung von Musik, Originalton und persönlicher Moderation schaffen die Art eines Bilderlebnisses, das dem Publikum ein Gegengewicht zur schnellen und oft hektischen Medienwelt bietet. Die ausdrucksstarken und künstlerischen Präsentationen werden auf spannende Weise von Reiner Harscher live moderiert. Als »Referent zum Anfassen« ist er während der Moderation auf der Bühne sichtbar. Die Besonderheit der Präsentation ist die Projektion auf einer großen Panoramaleinwand. Sie gibt dem Zuschauer das Gefühl, mitten im Geschehen zu sein, im Gedränge des orientalischen Bazars genauso wie in einer idyllischen Berglandschaft.

Referenzen und Kundenstimmen

In Deutschland, Österreich, Luxemburg, Belgien und der Schweiz findet der Fotograf und Produzent ein begeistertes Publikum. Als erster deutscher Referent zeigte er für die Leica Camera AG seine Panoramavisionen in 13 Städten der USA. Reiner Harscher gastiert regelmäßig bei führenden Vortragsveranstaltern (Landestheater Hannover, Muffathalle München, Gewandhaus Dresden, Stadthalle Bayreuth etc.), bei Banken und Industrie (DaimlerChrysler, Volvo, Apollon Tour, TUI, ADAC etc.). Auch ins belgische Königshaus wurde er von König Albert II. mit seiner Live-Multivision eingeladen.

Auszeichnungen und Pressestimmen

Blue Genius Award Internationales Medien-Festival Villingen-Schwenningen

MATHIAS HARTEN

Themen

Vorbild mit Herz und Verstand
Effektivität im Umgang mit sich und anderen. Veränderungen verantwortungsvoll gestalten

Humor gewinnbringend einsetzen
Mit Humor Eis brechen und Konflikte lösen – mit Humor eine produktive Atmosphäre schaffen

Kurzbiografie

Mathias Harten, 1965 in Dortmund geboren, wuchs im Rheinland auf und studierte Betriebswirtschaft in Köln und in den USA.

Er versammelt mehr als 12 Jahre Erfahrung im internationalen Management, wo er für verschiedene Markenartikler in Handel und Industrie in führenden Funktionen tätig war. Sanierungs- und Veränderungsprozesse, Personalführung und Projektmanagement gehörten hier zu seinen Kernkompetenzen. Auf Konferenzen und Tagungen stellte er in diesen Jahren bereits seine Talente als Redner und Moderator unter Beweis.

Mathias Hartens große Leidenschaft gehört dem Sport. Als Hochspringer war er lange Jahre Kaderathlet des Deutschen Leichtathletikverbandes und vertrat Deutschland auch erfolgreich bei Wettkämpfen im Ausland. Die Auseinandersetzung mit Motivation und Leistung wurde zu einem Steckenpferd.

Seit 2005 bündelt er seine Erfahrungen und Talente als Wirtschafts-Trainer und Redner. Er arbeitet im In- und Ausland, gerne zweisprachig in Deutsch und in Englisch. Sein Auftritt lebt von seiner rheinischen und humorvollen Art, die er auch im spontanen Spiel des Improvisations-Theaters zeigt. In seiner Arbeit widmet er sich den Schwerpunkten »Führung mit Herz & Verstand« und »Humor & Gelassenheit in der Kommunikation«.

Er ist zertifizierter Business-Coach und -Trainer, Mitglied im Deutschen Verband für Coaching und Training (dvct) und Mitglied der German Speakers Association (GSA).

Referenzen und Kundenstimmen

»Ich empfand Ihren Auftritt als ein echtes Highlight des Abends. Die Pointen waren gut gewählt, der Kern des Themas war voll getroffen, und Ihre Art, auf die Zuhörer zuzugehen, war einfach erfrischend und gekonnt.« *Andreas Dederichs, assimo*

»Sie haben es perfekt verstanden, die Leute zu fesseln und ihnen mit Spaß, Sachverstand und Unterhaltungswert viel Neues zu vermitteln – also genau das, was man sich bei Vorträgen immer wünscht. Vielen Dank!« *Jantorsten Hamm, DSV Air & Sea GmbH*

JÖRG HARTIG

Kurzbiografie

Jörg Hartig, Psychologe und Psychotherapeut, arbeitet seit 2004 selbstständig in Leipzig. Auf den Gebieten psychologischer Gesundheitsförderung, Stressmanagement, Zeitmanagement und Persönlichkeitsentwicklung leitet er als Trainer und Referent, unter dem Namen HARTIG SEMINARE, bundesweit erfolgreich lebendige Seminare, hält Vorträge und veranstaltet Workshops. Er ist ausgebildeter, geprüfter und erfahrener Trainer für Stressmanagement und Entspannungsmethoden (progressive Relaxation).

Als einer der Ersten, die sich im deutschsprachigen Raum mit Onlineforschung beschäftigt haben, gründete er 2001 sein Internetportal für die professionelle Publikation von wissenschaftlichen Onlinebefragungen. Jörg Hartig ist Entwickler und Autor des wissenschaftlich evaluierten Tests »Stress Check-up«TM zur Analyse von Stressausmaß und Stressoren-Quellen sowie weiterer Tests im Bereich psychischer Gesundheit.

Seine Kompetenz und seine Erfahrungen aus Psychologie, Wirtschaft, Medien und Kultur machen ihn zum gefragten Partner für Coaching, Supervision sowie Einzel- und Teamberatung für Selbstständige, Führungskräfte, Berufseinsteiger, Ensembles, Arztpraxen und Firmen. Sehr geschätzt wird sein einfühlsamer, klarer und direkter Arbeits- und Beratungsstil. Jörg Hartig leitet Trainings für Führungskräfte und Mitarbeiter. Er hält Vorträge zu den Themen Motivation und Leistung, Stress, Burn-out, Bore-out, Zeitmanagement, Stressmanagement, Entspannungstechniken, Konflikte im Arbeitsumfeld – Mobbing/Bossing sowie positives Beziehungsmanagement. Er bietet außerdem Privatklienten und Firmen Gesundheitscoaching zur Burnout-Prävention und Verbesserung der Stress- und Belastungresistenz (Resilienz) an.

Seine Seminar- und Vortragsarbeit haben ein klares Ziel: Stärken zu nutzen ohne Überlastung und Schwachstellen reduzieren, für ein Leben und Arbeiten in Balance. Diese Kerninhalte werden, je nach Kundenwunsch, auf ein Zielpublikum passend zugeschnitten.

Referenzen und Kundenstimmen

Radio PSR, Angela Liedler GmbH, DIE WELT.de, Techniker Krankenkasse, DeTelmmobilien, MATERNUS Kliniken AG, Tour Das Rennrad Magazin, Stadt Leipzig, UNIVERSITÄT LEIPZIG, Deutsche Post, VOLKSHOCHSCHULE LEIPZIG, Men's Health, MDR.de, proseat, envia TEL, Stadtwerke Leipzig, Leipziger Verkehrsbetriebe (LVB) GmbH

Auszeichnungen und Pressestimmen

Bei Fragen zu Selbst-, Stress-, Zeit- sowie Stimmungsmanagement ist Jörg Hartig ein gefragter Experte für Presse, Rundfunk und das Fernsehen. Als Interviewpartner, Berater oder auch als Telefonratgeber wurde er für verschiedene Rundfunk- und Fernsehformate tätig, unter anderem für den MDR und RTL TV. In den verschiedensten Zeitungen, Zeitschriften und Illustrierten werden häufig und gern seine themenzentrierten Beiträge, Stellungnahmen und Analysen veröffentlicht.

Themen

Stress
Entstehung, Reduzierung, Stressmanagement

Burn-out & Resilienz
Ziele, Werte, Grenzen

Persönlichkeitsentwicklung
Selbstmanagement, Selbstführung

**Selbstständigkeit entwickeln –
Ziele erreichen**

KATRIN HAUGENEDER

Themen

Persönlichkeit ist.
spürbar.hörbar.sichtbar.

Spiritualität

Entwicklung von nachhaltigem Atem- Stimm- und Sprechtraining

Die Stimme als Führungsinstrument

Veröffentlichungen

Kurzbiografie

»Stimme kommt nur dann kraftvoll und authentisch an, wenn sie in Verbindung mit der Persönlichkeit steht. Stimmentfaltung geschieht von innen nach außen. Sie macht die Persönlichkeit spürbar, hörbar und sichtbar. Das Potenzial eines Menschen entfaltet sich und erreicht seine schönste, stimmigste Ausprägung in dem, was man Charisma nennt. Dies zu fördern ist meine Berufung.«

Katrin Haugeneder, 1967 geboren in Linz/Ö., ist Expertin für Stimmentfaltung und eine der erfolgreichsten Stimmtrainerinnen im deutschsprachigen Raum. Sie haben eine wertschätzende Fachfrau vor sich, die Wege kennt, Menschen in ihre Lebendigkeit zu locken. 2004 gründete Katrin Haugeneder ihr Unternehmen »Stimmentfaltung« – von innen nach außen: spürbar. hörbar. sichtbar.

Katrin Haugeneder ist AAP®-Lehrtrainerin und Vizepräsidentin der österreichischen Vereinigung für AAP®-Atem- und Stimmtraining. Ebenso ist sie Gründungsmiglied des Netzwerkes stimme.at. Als professionelles Mitglied der German Speakers Association (GSA) weiß sie, was Menschen begeistert.

Katrin Haugeneder ist Gründerin und Leiterin von AWITAET, der Akademie für Wirtschaft und Spiritualität. AWITAET versteht sich als Raum für Wachstum und bietet Führungskräfte Seminar in Stift Reichersberg (O.Ö.) an.

In ihrem Buch »Stimme spüren! Praxis und Philosophie zur Stimmentfaltung« eröffnet sie neue Perspektiven für erfolgreiche Kommunikation, Charisma und Spiritualität durch die Kraft der Stimme.

Auf der DVD »Stimme macht Stimmung!« erleben Sie Katrin Haugeneder in einem Live-Vortrag und im Gespräch mit Pater Anselm Grün.

Referenzen und Kundenstimmen

»Authentisch, herzlich, kompetent, großartig.« *Mag. Martina Holl, Geschäftsführerin Holl PrintMedien GmbH Wels*

»Ein sehr stimmiges Gesamtkonzept, das mich restlos überzeugt. Ich habe Energie beim Sprechen und Lebendigkeit im Ausdruck gefunden. Faszinierend ist auch, wie sich die Wirkung verändert, wenn Menschen zu ihrer Stimme finden.« *Dr. Nikolaus Kawka, Geschäftsführender Gesellschafter, Hagenberg Software GmbH über den Lehrgang »Reden Sie nur? Oder überzeugen und bewegen Sie schon?« im Rahmen von Interreg IV Niederbayern/Oberösterreich (Unternehmeakademie Linz)*

»Wundervolle Trainerin. Trainerin sehr taktvoll, behutsam und trotzdem klar und kompetent. Referentin sehr engagiert; fundiertes Fachwissen; positive Ausstrahlung! Präsentation sehr engagiert und motivierend. Vortragende ist auf jeden Einzelnen eingegangen. Sehr anschaulich und viele Erfolgsfaktoren.« *Seminar-Teilnehmerstimmen vom 17.8.09 ARS (Akademie für Recht, Steuern und Wirtschaft), Wien*

JÖRG HAUPTMANN

Themen

Brechen Sie aus! – aus der Servicewüste
Wie man Service richtig umsetzt

Kunden finden und Kunden begeistern
Wie man professionell kommunizieren und verkaufen soll

Genieße deine Zeit ohne Stress
Vortrag und Seminar zum Zeitmanagement und zur Stressbewältigung

Starten und oben bleiben – von der Vision zur Wirklichkeit
Denkanstöße für künftige Existenzgründer

Veröffentlichungen

Beiträge in diversen Fachzeitschriften und Handbüchern zu den Themen:
Vertriebsoptimierung und Vertriebsmanagement auf Zeit

Kurzbiografie

Jörg Hauptmann, 1945 in Leipzig geboren, begann seine Verkaufslaufbahn 1990 beim namhaften internationalen Kommunikationsunternehmen Toshiba Deutschland. Vordem war er über 20 Jahre als Industriefotograf tätig. Mit der Wende hat sich Jörg Hauptmann auf ein neues Tätigkeitsfeld orientiert. Nach einer Intensivausbildung war er erfolgreich als Vertriebsleiter und Trainer tätig. 2000 startete er in die Selbstständigkeit und absolvierte mehrere Ausbildungen an Trainingsakademien mit den Schwerpunkten Kommunikation, Vertrieb, Service und Dienstleistung.

Schwerpunkt seiner Arbeit sind die Beratung und Betreuung in mittelständischen Unternehmen. Er führt sowohl persönliche Einzelcoachings als auch Teamcoachings in Unternehmen durch mit dem Ziel, die Service- und Vertriebsqualität zu optimieren und durch gezielte Kundenansprache neue Umsätze zu schaffen.

Sein Motto: »Verkaufen und Service leisten können viele. Gutes Verkaufen, wunschgerechten Service und damit erfolgreich verkaufen sowie optimale Dienstleistung für den Kunden zu offerieren will gelernt sein.« Zu diesem Thema ist Jörg Hauptmann der richtige Ansprechpartner. Mit seinen Trainingskonzepten und Vorträgen, abgestimmt auf die individuellen Situationen der jeweiligen Unternehmen, sorgt er dafür, dass erfolgreiche Verkaufs- und Servicekonzepte entwickelt und mit den Mitarbeitern umgesetzt werden.

Referenzen und Kundenstimmen

»Wir haben Herrn Hauptmann erleben dürfen, sein Vortrag war spannend und für die Teilnehmer sehr inhaltsreich. Er verbindet Theorie und Praxis hervorragend und jeder der Anwesenden konnte viele Denkanstöße mit nach Hause nehmen.« *Martina Wagenknecht, Wirtschaftsförderung Chemnitzer Land*

»Der Vortrag von Herrn Hauptmann anlässlich der Messe ›KarriereStart‹ in Dresden war für mich und die anwesenden Zuhörer ein großer Wissenszugewinn. Durch sein professionelles Auftreten und seine vielen praktischen Beispiele hat er vielen der Teilnehmer einen neuen Blickwinkel für die Arbeit im Vertrieb gegeben.« *Heiko Colditz, Service- und Dienstleistungsgesellschaft Oschatz*

»Es war ein Feuerwerk von Ideen und praktischen Tipps, die Herr Hauptmann in seinem Vortrag ›Brechen Sie aus! – aus der Servicewüste‹ den Teilnehmern vermittelt hat. Service und Dienstleistung wurde von vielen Gesichtspunkten beleuchtet und bewertet. Für die Arbeit mit unseren Kunden war diese Veranstaltung hervorragend geeignet.« *Ulrike Trotzki, LOWTAX Steuerberatungsgesellschaft Leipzig*

DR. HANS-GEORG HÄUSEL

Kurzbiografie

In der Marketing-Hirnforschung und ihrer Übertragung auf Fragen des Konsumverhaltens, Marketings und Markenmanagements zählt er weltweit zu den führenden Experten. Zu den Beratungskunden zählen viele internationale Markenartikelhersteller, Handelskonzerne sowie Dienstleistungsunternehmen und Banken. Er ist Mitglied im wissenschaftlichen Beirat der Zeitschrift »NeuroPsychoEconomics«.

Durch seinen faszinierenden und innovativen Ansatz ist Dr. Häusel auf vielen nationalen wie internationalen Veranstaltungen ein gefragter Keynote-Speaker.

Referenzen und Kundenstimmen

Er wurde 2008 von Unternehmen Erfolg® mit dem Excellence Award als einer der besten Redner im deutschsprachigen Raum ausgezeichnet.

»Geldausgeben wirkt im Kopf wie Zahnweh – Der Hirnforscher Dr. Hans-Georg Häusel zeigt Unternehmen, wie sie ihre Produkte besser an den Kunden bringen.« *Stuttgarter Nachrichten vom 7.12.2009*

»»Den einen großen Kaufknopf gibt es nicht – dafür aber tausend kleine«, sagte der Bestsellerautor, der als Pionier auf dem Gebiet des Neuromarketings gilt.« *Ruhrnachrichten vom 01.09.09*

Themen

Emotional Boosting
Die hohe Kunst der Kaufverführung

Brain-View
Warum Kunden kaufen

Neuromarketing
Erkenntnisse der Hirnforschung für Marketing, Werbung und Verkauf nutzen

Think Limbic!
Die Macht der Emotionen

Veröffentlichungen

 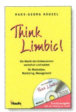

TOBIAS HAUSER

Themen

Philippinen
7107 Inseln voller Kontraste

Costa Rica
Reise in den tropischen Garten Eden

Neuseeland
Paradies am Ende der Welt?

Cuba real
Die Perle der Karibik

Kurzbiografie

Tobias Hauser, Gründer des Freiburger MUNDOlogia Festivals, lebt und arbeitet als selbstständiger Fotograf, Buchautor und Reisejournalist in Freiburg im Breisgau. Seine Bilder werden von laif, einer renommierten und international agierenden Agentur für Photos und Reportagen, vertreten.

Hausers Arbeiten wurden in verschiedenen Buchverlagen (u. a. Bruckmann; Rosenheimer; Geo-Buchreihe) und Magazinen veröffentlicht. Hinzu kommen unterschiedliche Kalenderprojekte und Auftragsarbeiten für Firmen und Reiseagenturen.

Seine Vorträge sind professionell konzipiert und überzeugen durch technisch brillante, liebevolle Aufnahmen. Die stimmungsvolle Musik wurde zum Teil von Künstlern speziell für bestimmte Bildsequenzen komponiert. Unterhaltsam und mit fundiertem Wissen berichtet er live von interessanten Erlebnissen und Begegnungen auf seinen Reisen und erzählt ungewöhnliche Geschichten, die er oft in jahrelanger Arbeit sorgfältig recherchiert hat.

Auszeichnungen und Pressestimmen

»Ein Highlight der Fifth-Avenue-Veranstaltung war die Live-Reportage von Tobias Hauser mit dem vielversprechenden Namen ›Magie der Habanos‹. Mit ebenso herrlichen wie einfühlsamen, ausdrucksstarken und meisterhaft fotografierten Bildern nahm der junge Mann die Zuschauer mit auf eine Reise nach Kuba. (...) Der Titel ›Magie der Habanos‹ hatte nicht zu viel versprochen. Die Bilder zogen tatsächlich magisch an.« *Die Tabak Zeitung*

»Er überzeugt nicht nur mit technischer und konzeptioneller Perfektion, seine Bilder vermitteln vor allem eine besondere Intimität, eine unmittelbare Nähe zu den Personen, die sich oftmals erst auf den zweiten oder dritten Blick einzustellen vermag.« *Badische Zeitung*

»Ein fulminantes Feuerwerk mit meisterhaft fotografierten Bildern. Witzig und pointiert kommentiert er seine Bilder und Geschichten, die sich um seine Figuren ranken. Der Mensch im Mittelpunkt.« *Westfälische Rundschau*

THORSTEN HAVENER

Kurzbiografie

Deutschlands bekanntester Experte für Körpersprache und Mimik, Bestsellerautor, Persönlichkeitstrainer und Keynote-Speaker

Selten fasziniert ein Mensch die Menschen so sehr wie der Münchener Thorsten Havener.
Havener besticht durch seine charismatische Ausstrahlung, seine Erfolge und seine verblüffenden Ergebnisse. Sein Talent, aus winzigen, oft unterbewussten Verhaltensreaktionen der Menschen umfassende Informationen zu deuten, beeindruckt die Massen. Der gelernte Dolmetscher hält unzählige Vorträge in Großkonzernen und mittelständischen Unternehmen, deren Mitarbeiter von seinem Vortrag hellauf begeistert sind. Erkennen Sie die Absichten anderer Menschen, ohne dass diese ein Wort darüber verlieren. Lernen Sie Methoden kennen, mit denen Sie anhand des Verhaltens anderer Menschen erkennen können, wie diese wirklich denken. Lernen Sie die Anpassung des eigenen Verhaltens an das Auftreten Ihres Verhandlungspartners, um sich in dessen Gefühls- und Gedankenwelt einzuklinken.

Themen

90 Minuten, die Ihr Leben verändern können
- Der Vortrag

7 Stunden, die Ihr Leben verändern können
- Das Tagesseminar

Denken und andere Randsportarten
- Die Tournee

Referenzen und Kundenstimmen

»Der Gedankenleser, der in Wahrheit ein ganz feiner, brillianter Beobachter ist.« *Markus Lanz, TV Moderator*

»... er macht das sehr sehr sehr gut!« *Johannes B. Kerner, TV Moderator*

»Ich bin fassungslos« *Stefan Raab, TV Moderator und Entertainer*

»Das ist wirklich fantastisch, absolut überzeugend und faszinierend«
Jan Hofer, Sprecher der ARD Tagesschau

Auszeichnungen und Pressestimmen

- Professional Member der German Speakers Association
- Mitglied im Top 100 Speakers Excellence Club

Platz 1 der Spiegel Online Bestsellerliste und Platz 1 der Amazon Verkaufscharts mit »Denken Sie nicht an einen blauen Elefanten!«
Platz 2 der Spiegel Online Bestsellerliste und Platz 9 der Spiegel Jahresbestsellercharts mit »Ich weiß, was du denkst«

»... Thorsten Havener ist eine Sensation. Ein angehendes Weltwunder!«
Süddeutsche Zeitung

»... der Hingucker, ... sein Handwerk basiert auf Beobachtungs- und Kombinationsgabe« *FAZ*

»Unheimlich – er guckt in die Gehirne fremder Menschen!« *Bild*

»... ein genialer Menschenbeobachter« *Münchner Merkur*

Veröffentlichungen

BRIGITTE HEGEMANN

Kurzbiografie

Brigitte Hegemann ist 1954 in Emsdetten, in Westfalen, geboren. Bereits während ihrer Zeit als Studentin für Diplom-Pädagogik und Romanistik leitete sie einen Kurs für Psychologie an der WWU Münster. Daraus entwickelte sich eine lebenslange Leidenschaft für das Lernen und Lehren in Gruppen. Sie vertiefte ihre Kenntnisse der Psychologie an der John F. Kennedy Universität in Orinda in Kalifornien. Die kleinen Arbeitsgruppen, die Ausrichtung an der Humanistischen Psychologie und das Motto »We practise, what we teach« haben ihr dort gezeigt, wie man mit Freude lernen kann. Seit sie 1982 in den USA die Meditation in Bewegung durch Qigong und Tai Chi kennenlernte, praktiziert sie diese Form der Entspannung und hat dazu 1999 ein Fachbuch veröffentlicht. In ihren Vorträgen, Seminaren und Beratungen konzentriert sie sich auf erfolgreiches Führen, wirkungsvolles Kommunizieren und Präsentieren sowie effektive Arbeitsorganisation, alles auch in Englisch. Sie moderiert Strategie-Workshops und internationale Kongresse und Konferenzen. Wichtige Ziele ihrer Arbeit sind konzentriertes Lernen in einem positiven Lernklima, das allen Teilnehmenden gute Ergebnisse und Spaß bringt. Der kontinuierliche Verbesserungsprozess ist der Motor für ihre Arbeit, ganz nach Kästner »Es gibt nichts Gutes, außer: Man tut es.«.

Referenzen und Kundenstimmen

»Sehr gute fachliche Kompetenz, Aufbau des Trainings war schlüssig, sehr guter Praxisbezug, Einbeziehung aller Teilnehmer, Struktur spiegelte sich im Inhalt des Trainings – Vorbildfunktion.« *Training: Erfolgreich Führen*

»Mit Ihrer freundlichen und offenen Art haben Sie sehr zum Gelingen der Konferenz beigetragen.« *Prof. Dr. Friederike zu Sayn-Wittgenstein, Fachhochschule Osnabrück, Konferenz »Developments in Midwifery« am 12.11.1009*

Themen

Optimieren Sie wichtige Arbeitsprozesse in Ihrem Unternehmen:
Wege zur Strategie-Entwicklung

There is no second chance for your first impression
Präsentieren Sie sich souverän mit Ihrer Stimme und Körpersprache

Arbeiten Sie noch, oder leben Sie schon?
Verbessern Sie Ihre Balance von Arbeit und Privatleben

Bleiben Sie ruhig und gelassen in den Wirren des Alltags
Mentales Training und Entspannungsmethoden

Veröffentlichungen

Fachbuch: Heilen mit den fünf Elementen des Tao: Qigong für Gesundheit und Gelassenheit im Alltag
(Praktische Übungen für jeden Tag; Kraft schöpfen)

ANTJE HEIMSOETH

Themen

Mentale Gesundheit, Manager´s Health
Gesunde Mitarbeiter – gesundes Unternehmen

Siege und Erfolge entstehen im Kopf
Wie Sie mit mentaler Stärke Spitzenleistung erzielen

Mentale Ressourcen optimal nutzen
Wie Sie Stärken stärken, innere Blockaden erkennen und lösen und Erfolge erzielen

Was Manager vom Spitzensport lernen können
Spitzenleistungen erzielen

Veröffentlichungen

Kurzbiografie

Antje Heimsoeth ist Vortragsrednerin, Trainerin und Coach aus Leidenschaft und Berufung. Eine ihrer Stärken sind Authentizität, Empathie, ihre Fähigkeiten, zuzuhören und darauf zu achten, was nicht gesagt wird, und so anschließend auf den Punkt zu kommen – zur Kernessenz vorzudringen. Was wir von Sportlern lernen können und wie Gewinner denken, erläutert Ihnen Antje Heimsoeth. Mit ihrer authentischen, leidenschaftlichen und natürlichen Vortragsweise mit »Herz«, gepaart mit ihrem Wissen, Talent und einer speziellen Gabe, beeindruckt, begeistert und inspiriert sie die Teilnehmer ihrer Ausbildungen, Seminare und Vorträge. Die ausgebildete Ingenieurin und ehemalige Leistungssportlerin vermittelt praxisnahe Einbindung der Teilnehmer, die die rasche Umsetzung in Alltag, Business und Sport ermöglichen.

Als Unternehmerin, Trainerin und Coach in den Bereichen Sport, Teamtraining, mentale Stärke, Führung, Management und Buchautorin ist sie Expertin ihres Faches.

Antje Heimsoeth ist Leiterin und Gründerin der Sport- & BusinessNLP-Academy, Lehr-Institut (ECA), Gründerin und Sprecherin der Fachgruppe Sport (DVNLP) & Lehr-Coach & Lehr-Trainerin, ECA.

Referenzen und Kundenstimmen

Hochschule Ansbach

»Super, hervorragend. Viele Anregungen, die sofort umsetzbar sind.«
Führungskräfte der Volksbank eG Mosbach

»In meiner Tätigkeit als Fußballtrainerin habe ich viele FußballspielerInnen technisch und taktisch ausbilden können. Im Laufe der Zeit hat sich bei mir der Wunsch entwickelt, Sportler auch auf mentaler Ebene zu stärken. Zur Ausbildung: Insbesondere war ich von Deinen umfangreichen Erfahrungen sowie Deiner hohen fachlichen Kompetenz angetan.« *Angelika Kirsch, Fußballtrainerin, FCR Duisburg*

»Ich habe bei Antje Heimsoeth Sportmentaltraining mit all seinen unzähligen Facetten und Anwendungsmöglichkeiten begonnen kennenzulernen und anzuwenden. Meine Erwartungen wurden weit übertroffen!«
Dr. Wolfgang Mader, Extremsportler.

»Vielen Dank für den ausgezeichneten Workshop in Heidelberg! Das Thema sowie die Präsentation waren für mich ein ausgesprochenes Highlight an diesem Kongress.« *Maya Rätz, Teilnehmerin des Kongresses »Mentale Stärken« 2010 in Heidelberg*

»Ich habe Antje Heimsoeth bei meiner Mentaltrainerausbildung kennengelernt. Ihr Fachwissen und ihre Begeisterung fand ich sehr beeindruckend, sie ist ein Mensch mit riesengroßen Herz und Charakter!«

EDUARD HEINDL

Themen

The Google-Age

Google und Web 2.0

Das Tsunami-Alarm-System

Mobile Security für Menschenleben

Veröffentlichungen

Kurzbiografie

Eduard Heindl, 1961 geboren, deutscher Staatsbürger, Wissenschaftler und Unternehmer. Nach dem erfolgreichen Studium der Ingenieurwissenschaften und der Physik hat er an der Eberhard Karls Universität Tübingen im Institut für Angewandte Physik über das Thema »Neuronale Netze in der Elektronenholographie« promoviert.

Er gründete mehrere Unternehmen, darunter die Heindl Internet AG, das erste Internetunternehmen in Tübingen, die Heindl Server GmbH und die A3M AG. Die Website »Der Solarserver« (solarserver.de) ist marktführend unter den Solarportalen in Deutschland und wurde mit dem Umwelt-Online-Award und dem Deutschen Solarpreis ausgezeichnet.

Er entwickelte das erste Tsunami-Alarm-System für Mobil Telefone und wurde dafür mit dem ICT-Preis (2007) der Europäischen Union für Innovationen ausgezeichnet. Weiterhin erhielt er den Preis für die humane Nutzung der Informationstechnologie (2007). Für seine wissenschaftliche Arbeit an der Universität Tübingen wurde er mit dem Friedrich-Förster-Preis (1993) ausgezeichnet.

Durch das frühzeitige Erkennen der Bedeutung des Internet (erste Internetfirma 1995) hat er bereits 1996 begonnen, in über 100 Vorträgen und Schulungen das Thema Internet der Öffentlichkeit zu vermitteln. Basierend auf diesem Wissen hat er die Fachbücher »Der Webmaster« (1999 seither in drei Auflagen erschienen), »Der IT-Sicherheitsexperte«, »Informationsinformatik« und das Buch »Logfileanalyse« geschrieben.

Nach einem Lehrauftrag an der Hochschule Nürtingen von 2001 bis 2003 erhielt er einen Ruf an die Hochschule Furtwangen auf den Lehrstuhl E-Business-Technologien, den er 2003 angenommen hat. Er leitet dort seit 2004 den Master-Studiengang Application Architecture (AAM).

Neuerdings beschäftigt er sich auch mit konkreten Fragen des Klimaschutzes und untersucht Technologien zum Bau von künstlichen Gletschern. Auch dieses Thema hat er bereits in mehreren Vorträgen und Artikeln der Öffentlichkeit spannend vermittelt.

Referenzen und Kundenstimmen

Friedrich-Förster-Preis der Universität Tübingen (DM 5000)

»Umwelt-Online-Award« in Silber durch den B.A.U.M. e. V. für den Solarserver

Eingetragen im Who is Who (Personendaten)

Deutscher Solarpreis (Medien) von der Eurosolar für den Solarserver

ICT Price 2007 der Europäischen Union für das Tsunami-Alarm-System

Preis für humane Nutzung der Informationstechnologie, vergeben von der Integrata-Stiftung 2007

PROF. DR. ELISABETH HEINEMANN

Themen

Das Rampensau-Gen®
Wirkungsvolle Lektionen für erfolgreiche »Auftritte«

Jenseits der Programmierung
... der Blick über den fachlichen Tellerrand

Dream Teams mit Wirkung
Erfolgreich MITeinander statt erfolglos GEGENeinander

Der WERTvolle Mitarbeiter
Führen mit Wirkung!

Veröffentlichungen

Kurzbiografie

Prof. Dr. Elisabeth Heinemann, geb. 1968 in Darmstadt, ist Expertin für Handlungskompetenz mit Wirkung. Die promovierte Wirtschaftsinformatikerin war lange Jahre als IT-Consultant und Projektleiterin im In- und Ausland tätig, bis sie sich 2000 mit effactory® als Rednerin, Trainerin und Coach selbständig machte. Zu ihrer Ausbildung gehören neben dem technisch-wirtschaftlichen Studium noch etliche Weiterbildungen aus dem kommunikationspsychologischen Bereich, der Imageberatung und dem Emotionscoaching.

Seit 2007 trägt Elisabeth Heinemann als deutschlandweit erste und bis dato einzige Professorin für »Schlüsselqualifikationen in der Informatik« an der FH Worms dafür Sorge, dass auch der Nachwuchs nicht nur kompetent, sondern wirkungsvoll handelt. Neben ihrer Lehrtätigkeit bringt sie ihr diesbezügliches Engagement u.a. als Präsidiumsmitglied der Gesellschaft für Informatik ein.

Prof. Dr. Elisabeth Heinemann ist eine Frau, die mit Herz, Humor und – wie die Presse einmal schrieb – »resolutem Charme« am Ball bleibt, selbst wenn die Themen ans Eingemachte gehen. Das betrifft die »harten« Fakten wie etwa Projektmanagement ebenso wie die eher »weichen« Aspekte der Selbstdarstellung und Kommunikation. Der rote Faden all ihrer Vorträge und Trainings ist dabei »Handlungskompetenz mit Wirkung«. Denn »nur« kompetent in seinem Bereich zu sein, ohne dass es jemand merkt ... damit ist niemandem gedient. Klappern gehört eben zum Handwerk. Wenn man etwas zum Klappern hat. Und davon überzeugt die charmante Rednerin, Autorin und Entertainerin ihr Publikum über die Grenzen Deutschlands hinweg mit Vorträgen und Seminaren, die sie durch die Kombination von hoher Fachkompetenz und mitreißender Bühnenpräsenz zu einem bereichernden Erlebnis werden lässt.

Prof. Dr. Elisabeth Heinemann ist Professional-Mitglied der GSA.

Referenzen und Kundenstimmen

Merck KGaA, Alpro GmbH, Stahl AG, Bombardier Transportation AG, CSC Ploenzke AG, Sparkassen und Volksbanken, Karl Otto Braun GmbH & Co. KG u. v. m.

Auszeichnungen und Pressestimmen

Auszeichnung zum Qualitätsexperten 2011 durch das Qualitätsnetzwerk der Erfolgsgemeinschaft.com

Auszeichnung zum Top-Speaker 2011 durch die Qualitätsplattform Top-Speaker.eu

SUSI HEINZ

Themen

Was der Mensch sieht, das glaubt er auch!
Das Video ist das Marketingtool des 3. Jahrtausends.

Hollywood für die Homepage
Wie Sie mit einem Internet-Film Ihr Image verbessern.

Video elevator pitch
Wir trainieren Sie und filmen, wie Sie sich/Ihr Business in 60 sec optimal darstellen.

Schreibwerkstatt fürs Business
Briefe, PR-Texte, Vorträge, Texte für unterschiedliche Medien, so einfach geht's.

Kurzbiografie

Susi Heinz, Redakteurin und Filmproduzentin, Expertin für Video-Marketing. Als Reporterin und Chefin vom Dienst hat sie Erfahrung aus über 500 Sendungen für ARD und ZDF, aus über 300 Sendungen für ProSieben und n-tv und unzähligen Filmen zusammen mit der freien Wirtschaft.

Ihre Basis: Studium der Philosophie an der Universität Karlsruhe und Wirtschaftsredaktions-Volontariat. Seit 1989 ist sie als Redakteurin und Autorin für verschiedene Medien tätig. Von Zeitung über Hörfunk bis Fernsehen, für jedes Medium kultiviert sie seine eigene Sprache. 2001 gründete sie nahe München das Film-Unternehmen govision.tv, mit dem sie »Business Movies« realisiert: Produktvideos, Unternehmenspräsentationen, Messespots etc. Hier setzt sie mit internationalen Case-Studies und Projekt-Dokumentationen Akzente in den Erfolgsstorys von Global Playern und Kleinunternehmen.

»Ich habe es selbst gesehen.« Kaum eine Aussage wirkt überzeugender, als was man unter dem Eindruck des Selbsterlebten vermittelt. Sehen ist dabei für viele Menschen der intensivste Sinn, der Mensch ist ein »Augentier«. Wie Unternehmer die sieben Sinne des Menschen packend fürs Marketing nutzen können, vermittelt Susi Heinz spannend und unterhaltsam in ihren Vorträgen und Workshops zum Thema Video-Marketing.

Referenzen und Kundenstimmen

»Unsere Kunden sind begeistert; ein Erfolg, der ohne den hohen Einsatz, den Sie und Ihr Team gezeigt haben, so nicht möglich gewesen wäre. Dafür möchten wir uns herzlich bedanken.« *Fa. DACHSER GmbH & Co. KG, Kempten*

»Frau Heinz schaffte es in einer äußerst ansprechenden Weise, alle unsere Wünsche in einen 3-min-Spot zu verpacken, der durch Musik und Text zu einem außergewöhnlichen Medium wurde, mit dem wir uns 100%ig identifizieren können.« *Fa. Schreier Werbetechnik, Rosenheim*

Auszeichnungen und Pressestimmen

»Die Beiträge von Autorin Susi Heinz gehören zu einer der beliebtesten Rubriken der ProSieben-Servicesendung.« *ProSieben Journal*

»Echte Frauen-Power.« *Zeitschrift »Gesundheit«*

ELISABETH HELLER

Themen

Gründen Sie Ihren Clan. Jetzt!
Warum Sie im Clan besser durch Krisenzeiten gehen.

Cultural Behavior
Der Elefant im Porzellanladen oder doch lieber erfolgreich internationale Geschäfte machen?

Business im Middle East
Chancen, Risiken und Trends in einem spannenden Markt

Veröffentlichungen

Kurzbiografie

Elisabeth Heller ist seit 1982 mit ihrer Wiener Firma Heller Consult selbstständig in der Steuer- und Unternehmensberatung tätig. Im Jahr 2001 entschied sich die Unternehmerin und Buchautorin mit ihrem Team zum Sprung nach Dubai. Seither ist die zweifache Mutter erfolgreich als »Brückenbauerin« zwischen exportinteressierten Unternehmen des deutschsprachigen Marktes und des arabischen Raums tätig.

In ihrem Buch »Clan Value« analysiert sie die Erfolgsprinzipien von Clans in Zeiten zerbröckelnder Familien- und Wirtschaftsstrukturen. Denn: Zusammengeschweißt durch gemeinsame Werte und Visionen steigert das Arbeiten und Leben im funktionierenden Netzwerk des Clans die Zufriedenheit und Motivation von Mitarbeitern und den Unternehmenswert.

Als passionierte Keynote-Speakerin bringt Elisabeth Heller durch ihre Erfahrung, ihr Know-how und ihren ständigen Kontakt mit anderen Kulturen Inspiration und regt ihr Publikum dazu an, über den Tellerrand zu blicken.

Referenzen und Kundenstimmen

»Warum soll das freigesetzte, unabhängige Einzelwesen der Neuzeit nicht versuchen, anstelle der abbröckelnden Hilfesysteme der Blutsverwandtschaften, die in der Vormoderne eine letzte Sicherheit versprachen, Geistes- und Wahlverwandtschaften zu knüpfen und Clansysteme zu entwickeln? Ist es nicht das, was wir bräuchten?« *Dr. Peter Gross, Professor an der Universität St. Gallen, Bestseller-Autor (»Die Multioptionsgesellschaft«) über das Buch »Clan Value«.*

»(...) Ihre Gedanken, verstärkt durch Ihre bestechenden rhetorischen Fähigkeiten, und die Botschaft, die Sie mit Ihrer Idee des Clan Value an unsere Köpfe, aber – noch wichtiger – auch an unsere Herzen gesandt haben, ist angekommen. Ich denke, dass man sich einmal Gehörtem und Diskutiertem nicht entziehen kann.« *Johanna L. Sassarak, General Manager, Austro-Arab Chamber of Commerce*

Auszeichnungen und Pressestimmen

»Elisabeth Heller hat eine Nase für Trends und ziemlich viel Kraft. (...) Sie postuliert den Trend zur Wir-Gesellschaft. Dazu nahm sie die Erfolgsprinzipien großer Unternehmer-Clans in Zeiten zerbröckelnder Familien- und Wirtschaftsstrukturen unter die Lupe. Im Clan Value liegt das zukunftsweisende Modell des Zusammenlebens und -arbeitens. Das Wir-Gefühl macht Mitarbeiter, Kunden und Lieferanten zufriedener.« *Wirtschaftsmagazin Profil*

»(...) Anhand von Beispielen wie Miele, Haniel und Tengelmann zeigt sie, dass die Werte von Sippe, Stamm und Großfamilie als Blaupause für eine moderne Unternehmenskultur taugen.« *Handelsblatt*

CLAUDIA HENKE & HEIKE HÖLTIG

Themen

Verwirklichung von Lebensträumen

Perspektivwechsel

Bewusstseinserweiterung

Veröffentlichungen

Erfolgsmodell »Metropole Hamburg – Wachsende Stadt«?
Hamburg 2006

Branchenmarketing
Hamburg 2003

Kurzbiografie

Unser Unternehmen claheiten steht für Claudia Henke und Heike Höltig und für das, was uns am Herzen liegt: Die Entdeckung der eigenen Möglichkeiten.

Wir unterstützen Sie dabei, Ihre Lebensvision zu finden.

Claudia Henke, mit wirtschaftswissenschaftlichem und soziologischem Hintergrund und einer wissenschaftlichen Ausbildung. Nach mehrjährigem Auslandsaufenthalt und langjähriger Tätigkeit im kaufmännischen Bereich in unterschiedlichen Branchen und Positionen, als Projektleitung und als Mitglied der Geschäftsführung, war es für mich an der Zeit, meine praktischen Kenntnisse mit Theorie zu ergänzen, und ich startete mit Begeisterung meine universitäre Ausbildung. Neben meiner Tätigkeit als Studierende war ich zeitgleich einige Jahre als Dozentin, Beraterin und Coach tätig.

Perspektiven zu wechseln, persönliche Grenzen zu erweitern, Neues auszuprobieren, und das mit viel Lebensfreude: Das sind für mich Herzensangelegenheiten. Mich bewegt die Vision, dass Menschen so leben, wie es ihnen entspricht.

»Es gibt einen Platz, den du füllen musst, den niemand sonst füllen kann. Und es gibt etwas für dich zu tun, was niemand sonst tun kann.«
Platon

...und Heike Höltig. Als Kind war ich der festen Überzeugung, im Leben alles erreichen zu können, was ich mir vorstellte. In meiner kindlichen Welt gab es keine Grenzen und Beschränkungen. Alles war möglich. Dieser tiefe Glaube verlor sich dann auf meinem weiteren Lebensweg. MAN zeigte mir, wie die Welt „wirklich" aussah und ich glaubte es. Es hat viele Jahre und Erfahrungen gedauert, bis ich erkannte, dass nur ICH dafür verantwortlich bin, dass meine Herzenswünsche in Erfüllung gehen.

Diese Erkenntnis und die Tatsache, dass es bereits viele Menschen gibt, die dies wissen und danach handeln, sowie die neusten Ergebnisse der Naturwissenschaft auf diesem Gebiet an Menschen weiterzugeben, ist zu meiner Herzensangelegenheit geworden, damit Sie den Mut finden, Ihre Möglichkeiten zu entdecken, um so zu leben, wie es Ihnen wirklich entspricht.

»Was vor uns liegt und was hinter uns liegt ist nichts im Vergleich zu dem, was in uns liegt. Und wenn wir das, was in uns liegt nach außen tragen, geschehen Wunder.« *Henry D. Thoreau*

HANS-OLAF HENKEL

Themen

Globalisierung einmal anders

Die wettbewerbsfähige Gesellschaft

Was bedeutet die Finanzkrise für die Globalisierung, für Mittelstand und Gesellschaft?

Die Abwracker

Veröffentlichungen

Die Abwracker: Wie Zocker und Politiker die Zukunft verspielen, 2009

Der Kampf um die Mitte: Mein Bekenntnis zum Bürgertum, 2007

Die Kraft des Neubegins (The Power of Renewal), 2004

Die Ethik des Erfolgs (The Ethics of Success), 2002

Die Macht der Freiheit - Erinnerungen, (The Power of Freedom, Memories), 2001

Jetzt oder nie. Ein Bündnis für Nachhaltigkeit in der Politik (Now or Never, Pol. Stability), 2001

Kurzbiografie

Henkel wurde am 14. März 1940 in Hamburg geboren. Nach kaufmännischer Lehre und Studium an der Hochschule für Wirtschaft und Politik trat er 1962 in die IBM ein. Nach mehrjährigen Auslandsaufenthalten in den USA, Asien und Frankreich wurde er 1987 Vorsitzender der Geschäftsführung der IBM Deutschland, 1989 Vice President der IBM Corporation und 1993 Chef der IBM Europa, Mittlerer Osten und Afrika. Von Anfang 1995 bis Ende 2000 war er Präsident des Bundesverbandes der Deutschen Industrie (BDI), von 2001 bis 2005 Präsident der Leibniz-Gemeinschaft.

Heute lehrt Henkel als Honorarprofessor an der Universität Mannheim und ist Mitglied der Aufsichtsräte von Altira/Frankfurt, Bayer/Leverkusen, Continental/Hannover, Daimler Luft- und Raumfahrt/München, EPG/Zweibrücken, SMS/Düsseldorf, Ringier/Zofingen, Schweiz. Zusammen mit Roman Herzog und anderen arbeitet er im »Konvent für Deutschland«. Er ist engagiertes Mitglied bei Amnesty International.

Henkel wurde die die Ehrendoktorwürde der TU Dresden zuerkannt. Als weitere Auszeichnungen erhielt er die »Karmarsch-Denkmünze« der TU Hannover, der WWF wählte ihn zum »Ökomanager des Jahres«, die Wirtschaftswoche zeichnete ihn mit dem »Innovationspreis der Deutschen Wirtschaft« aus und »Markt Intern« mit dem »Deutschen Mittelstandspreis«. Als Autor zahlreicher Bestseller und Beiträge zu gesellschaftspolitischen Themen erhielt er den internationalen Buchpreis »Corine«, den »Ludwig-Erhard-Preis für Wirtschaftspublizistik«, die »Hayek-Medaille« und den »Cicero-Preis« (»Bester Redner Wirtschaft«). Als Ehrung für seine Tätigkeit als Präsident der Leibniz-Wissenschaftler wurde ein neu entdeckter Schmetterling nach ihm benannt (»Bracca olafhenkeli«). Für seine sonntägliche Jazzsendung auf Berlins Jazzradio 101,9 erhielt er den »New York Programming Award«. Henkel ist »Commandeur« der Französischen Ehrenlegion, Träger des japanischen Ordens »Vom Heiligen Schatz« und des brasilianischen »Kreuz des Südens«.

Henkel ist Vater von vier Kindern.

DR. GUDRUN HENNE

Themen

Führen und Folgen.
Wie Leadership gelingt.

Erfolgreich scheitern.
Wie Sie eine Krise meistern.

Kurzbiografie

Dr. Gudrun Henne ist Organisationsberaterin, Spezialgebiet Führung und Zusammenarbeit. Sie arbeitet für Unternehmen, Organisationen und Verbände, coacht Führungskräfte aus Wirtschaft und Politik und tritt als Rednerin auf.

Bevor sich Dr. Gudrun Henne mit den Themen Führung und Zusammenarbeit als Organisationsberaterin selbstständig gemacht hat, war die promovierte Volljuristin und gelernte systemische Beraterin auf vier Kontinenten als internationale Führungskraft tätig.

Die Sehnsucht nach zukunftsfähigen Entscheidungen, funktionierenden Vorständen und erfolgreichen Teams in Unternehmen und Organisationen führte sie über viele Stationen 2005 zur Gründung von Viveka International.

Viveka bedeutet Klarheit, die Kraft der Unterscheidung.

Klarheit bei Fragen wie: Wie führe ich mein Unternehmen erfolgreich in eine ungewisse Zukunft? Wie führe ich Mitarbeiter und Mitarbeiterinnen in Zeiten der permanenten Veränderung? Wie minimiere ich zwischenmenschliche Reibungsverluste und steigere damit den Unternehmenserfolg?

Unterscheidungskraft bei Themen wie: Was für eine Struktur braucht ein Unternehmen, damit Führungskräfte erfolgreich sind? Was für Führungskräfte braucht ein Unternehmen, damit das Unternehmen gelingt? Welche gesellschaftlichen Rahmenbedingungen unterstützen ein Führen mit Verantwortung?

Das Motto von Viveka: Klarheit auf dem Weg zum Ziel.

Referenzen und Kundenstimmen

»Fantastischer Vortrag. Lebendig und witzig und mit gleich umsetzbaren Erkenntnissen bringt Frau Dr. Henne das Thema Führung auf den Punkt. Fazit: richtig gut.« *Prof. Dr. J. Nord, Hochschule Wismar*

»Ein erstaunlicher Vortrag, der Spaß macht und zum Denken anregt. Er hilft beim Orientieren. Durch die vielen praxisbezogenen Anregungen habe ich nützliche neue Anstöße für die Führung meines Unternehmens bekommen. Frau Dr. Henne weiß, worum es geht, und sagt es in einer klaren, direkten Art mit einer schönen Portion Humor.« *Marek Kulas, Kulas-Concept GmbH*

LUTZ HERKENRATH

Themen

Erfolg mit Biss – Die Peperoni-Strategie
Aggression positiv einsetzen

Ist Charisma lernbar? – Ihr Auftritt bitte!
Präsenz, Ausstrahlung und Glaubwürdigkeit erhöhen

Veröffentlichungen

Kurzbiografie

Lutz Herkenrath, 1960 in Hannover geboren, ist als Schauspieler durch seine Rollen in den TV-Serien »Ritas Welt« und »Sonntag & Partner« sehr bekannt geworden. Auch in vielen anderen Spielfilmen, Krimis und Komödien ist der Darsteller zu sehen, dessen Spezialität die »bösen« Rollen, also schräge, finstere und skurrile Charaktere sind. Insgesamt sind so weit über 250 Filme mit seiner Beteiligung entstanden. In zahlreichen Hörspielen, Features und Hörbüchern hört man seine markante Stimme. Und auch der Bühne ist er bis heute treu geblieben. In seiner Wahlheimat Hamburg spielt er regelmäßig Theater.

Als Moderator verschiedener Galas hat er sich ebenso einen Namen gemacht wie als Vortragender in intensiven Lesungen. Er erhielt den Deutschen Comedy Preis und den Rolf Mares Preis der Hamburger Theater für besondere Leistungen als Darsteller.

Seit 2003 gibt Herkenrath seine Erfahrung in Seminaren und Vorträgen weiter. Aufgrund seiner Ausbildung und langjährigen Berufserfahrung als Schauspieler hat er einen klaren und untrüglichen Blick für die individuellen Kernfragen der Teilnehmer und kann als Coach wertvolle Hinweise geben, wie sie gelöst werden können. Seine Vorträge zeichnen sich durch Humor, plastische Darstellung und lebendige Vermittlung aus.

Referenzen und Kundenstimmen

»… Sie haben es durch Ihre Fähigkeit und Erfahrung, Menschen zu lesen, und Ihre immense Ausstrahlung und Offenheit geschafft, mich emotional zutiefst zu bewegen …«

»… Danke, dass Sie so echt sind – Sie selbst sind. Das hat mich tief berührt …«

»… Herzlichen Dank für Ihre wertvollen Impulse, die jetzt dafür sorgen, dass mein Leben wieder mehr Balance bekommt …«

Auszeichnungen und Pressestimmen

Deutscher Comedy Preis
Rolf Mares Preis

ELLEN HERMENS

Themen

... weil Sie Sie selbst sein dürfen!
Authentisch überzeugend präsentieren!

Kritisieren Sie noch – oder verändern Sie schon?
Mit Feedback Potenziale zum Gedeihen bringen

Veröffentlichungen

Kurzbiografie

Ellen Hermens, Jahrgang 1969, versteht sich als Katalysator für authentische Präsentation und wirksames Feedback.

Als Frau aus der Praxis hat sie schon als angestellte Diplom-Informatikerin regelmäßig präsentiert. Später ergänzte sie ihre Erfahrung als Direktorin einer der weltgrößten Netzwerkorganisationen. Sie trainierte und coachte Unternehmensführer aus allen Bereichen der Wirtschaft zu Bestleistung.

Sie kombiniert als Kommunikationsexpertin ihr Know-how als lizenzierte NLP-Trainerin (NLP Society™) in einzigartiger Weise mit ihren Erfahrungen, die sie seit vielen Jahren in der Praxis als Rednerin und Trainerin im Geschäftsleben und bei Toastmasters International sammelt. Aus diesem Portfolio an Erfahrungen weiß Ellen Hermens, was wirklich funktioniert und wirkt.

Neben ihren Vorträgen bietet Ellen Hermens auch Coaching und Weiterbildungen für authentische Präsentation und wirksames Feedback in Wirtschaft und Business an.

Ellen Hermens spricht als Keynote-Speaker in Deutsch und Englisch. Sie passt ihre Motivationsvorträge und Keynote-Reden ideal an die Anforderung ihrer Kunden an.

Referenzen und Kundenstimmen

»Vielen Dank für die großartigen Präsentationen, die Sie auf der Konferenz gegeben haben! Ich habe viele neue Dinge gelernt und es hat mich an einige andere erinnert, von denen ich vergessen hatte, dass ich sie weiß.«

»Überzeugende Vorstellung. Einzelbeiträge wurden sehr geschickt und treffend ergänzt.«

»Perfekt und lebendig. Sie haben Anerkennung und Lob in der besten Weise angewandt, sprühend gut gelaunt und persönlich.«

»Sie zeigten eine ruhige, gute, unterstützende Körpersprache und souveräne Wortwahl. Ihr Auftreten war bestimmt und Ihre Beispiele waren konkret und auflockernd. Insgesamt ein ermutigender Aufbau.«

Auszeichnungen und Pressestimmen

2008 Ellen Hermens wurde die Auszeichnung »Distinguished Toastmaster« (DTM) für hervorragende Leistungen als Rednerin und Führungskraft verliehen.

Ellen Hermens führte als geschäftsführende Europa-Vorsitzende ihr 54-köpfiges Team in die Top-6 von weltweit über 80 Distrikten. Ihr wurde der Titel »President´s Distinguished District Governor 2009/2010« verliehen für den District 59, Continental European Toastmaster.

BRIGITTE HERRMANN

Themen

NEU: StrahlKRAFTCoaching. Entdecken Sie Ihren Glow-Effekt.

Echt STARK. Stärken erkennen, Ziele erreichen, Erfolg leben!

ÜBERRASCHEND anders! Kunden gewinnen durch Ausstrahlung, Freundlichkeit, Präsenz.

Resilienz – innere Stärke als Erfolgsfaktor. Das 7-plus-1-Konzept.

Kurzbiografie

Mit ihrem Unternehmen »inspirocon« bietet Brigitte Herrmann Beratung/Coaching zur ressourcenbasierten Persönlichkeitsentwicklung und Förderung von Ausstrahlung, Karriere, Motivation und Balance.

Mehr als 12 Jahre Erfahrung als selbstständige Personalrecruiterin für Industrie- und Dienstleistungsunternehmen (KMU/Konzerne), die mehrjährige Beratung im Rahmen einer Transfergesellschaft und regelmäßige Aus- und Weiterbildungen sind die Basis ihrer Beratungskompetenz.

Brigitte Herrmann führte branchenübergreifend bereits mehr als 7.000 Interviews mit Spezialisten, Fach- und Führungskräften einschließlich Top Level.

Aus ihren Erfahrungen in Personalauswahl, Interviewführung, Potenzialentwicklung und individuellen Veränderungsprozessen verfügt Brigitte Herrmann über ausgeprägte kommunikative Fähigkeiten, eine sensitive Beobachtungs- und Beurteilungsgabe und sehr gute Menschenkenntnis. Davon profitieren ihre Klienten und Auftraggeber.

Mit Empathie, Herz und Humor und enthusiastisch professioneller Arbeitsweise gelingt es Brigitte Herrmann, ihre Zuhörer und Klienten zu motivieren, zu stärken und für neue Lösungen zu begeistern. Erkenntnisse aus ihren »Herzensthemen« Positive Psychologie und Neurowissenschaften bindet Brigitte Herrmann in ihre tägliche Arbeit ein.

Die BDVT-geprüfte Trainerin/Beraterin ist zudem für renommierte Trainingsinstitute und als externe Lehrbeauftragte an Hochschulen tätig. Als Vortragsrednerin ist Brigitte Herrmann bei offenen und firmeninternen Veranstaltungen und Messen vertreten.

Referenzen und Kundenstimmen

»Eine Frau, die erfreulich authentische Offenheit ausstrahlt und voller Energie begeistert.« *Inhaber eines Personalmagazin*

»Spitzentrainerin, sympathisch und fachlich kompetent. Die humorvolle natürliche Art, die praxistauglichen Methoden und die sehr strukturierte Vorgehensweise haben mir besonders gut gefallen.« *Seminarteilnehmerin*

»Der Tag war ein voller Erfolg. Die Zusammenarbeit in der Vorbereitungszeit und besonders während der Veranstaltung selbst lief ausgezeichnet und kooperativ. Wir freuen uns sehr, dass Sie als Partner dabei waren. Das sehr positive Feedback unserer Mitarbeiter hat selbst unsere Erwartungen übertroffen.« *Leiter Training & Development, Unternehmen im Bereich Navigationssoftware*

»Regelmäßig halten Sie für unser Haus Vorträge und Seminare. Die Teilnehmer sind immer wieder begeistert. Zitat: eine Powerfrau, kompetent, professionell, mit Humor und immer gut gelaunt. Vielen Dank für Ihr Engagement.« *Geschäftskundenmanager einer großen deutschen Krankenkasse*

RALF HERRMANN

Themen

Mehr Umsatz durch freundliche Mitarbeiter

Erfolgsfaktor Umgangston
Kriegsschauplatz oder Arbeitsplatz

Benehmen? Wie uncool.
Werte für Kidz

Wege aus der Servicekrise
Warum der Preis nicht alles ist

Veröffentlichungen

Unternehmenspartnerschaften durch SCM
Fachartikel

Kurzbiografie

Ralf Herrmann, 1961 in Willstätt (Ortenau) geboren, studierte Betriebswirtschaft und Supply-Chain-Management. Er begann 1996 mit ersten Vorlesungen. Seit 2007 betreibt er das Beratungsunternehmen para-digma, eines der ersten Unternehmen mit den Beratungsschwerpunkten Freundlichkeit und Ethik in Deutschland. Mit selbst entwickelten Vorträgen, Seminaren und Workshops bringt er den Teilnehmern erfolgreich die Themen Freundlichkeit, Umgangston, Nachhaltigkeit und Wirtschaftsethik näher.

In seinen lebendigen, facettenreichen Vorträgen und Workshops zu allen wertebezogenen Themenstellungen sensibilisiert Ralf Herrmann Fach- und Führungskräfte gemäß dem Motto »Freundliche und motivierte Mitarbeiter ziehen Kunden – und damit Umsatz – ganz automatisch an« und öffnet damit das Bewusstsein für eine zeitgemäße Unternehmenskultur. Hierbei legt er besonderen Wert auf einen hohen Praxisbezug. In seinen Schulseminaren lockt er auch Jugendliche aus der Reserve, versteht es, die angesprochenen Themen nachhaltig näherzubringen und zu überzeugen. Für ihn steht immer der Mensch im Mittelpunkt. Während der Zusammenarbeit mit ihm spürt man, dass er die angesprochenen Themen selbst lebt und dass er von dem, was er vermittelt, auch überzeugt ist.

Er verfügt über umfangreiche und vielschichtige internationale Erfahrung aus der Industrie und dem Handel, die er in seine Vorträge und Seminare einfließen lässt.

Zu seinen Kunden gehören namhafte Weiterbildungsinstitute, Unternehmen aus Industrie und Handel sowie Schulen. Neben seiner Tätigkeit als Referent ist er als Trainer und Dozent in der Erwachsenenbildung tätig. Er ist gelisteter Berater beim RKW und Mitglied diverser Ethik-, Mobbing- und Werteforen. Er lebt und arbeitet im Großraum Stuttgart.

MARGIT HERTLEIN

Kurzbiografie

Margit Hertlein, 1953 geboren, studierte Ethnologie und BWL und gründete nach dem Studium einen Zubehörversandhandel für VW-Busse. Nach diesen ersten unternehmerischen Erfahrungen übernahm sie für ein Jahrzehnt die Geschäftsführung in einem VW-Autohaus. Danach gab es einen schöpferischen, musikalischen Wechsel mit verschiedenen Bandprojekten. Über eine Kursleitung bei einem Bildungsträger schnupperte sie Seminarluft, stellte fest: »Das ist es«, und machte sich noch einmal selbstständig.

Sie hält leidenschaftlich gerne Vorträge, schreibt Bücher, die sich erfolgreich verkaufen, produziert Podcasts und Hör-CDs und geht seit über 15 Jahren als Trainerin, Coach und Konzeptexpertin gerne ungewöhnliche Wege. Ihre Begeisterung gilt den Themen Präsentation und Kommunikation in allen Facetten.

Margit Hertlein ist Mentorin und Mitglied in der Professional Expert Group »Coaching« der German Speakers Association.

Referenzen und Kundenstimmen

»... eine HERVORRAGENDE Trainerin. Sie hat Humor und Witz, reißt die Leute mit und hat viel Fachkenntnis. Ihre Vortragsweise ist so beeindruckend, dass man damit sehr gut Kunden werben kann.« *LGA Training & Consulting GmbH TÜV Rheinland Group*

»I very much enjoyed meeting you in Munich. And I loved your workshop. You are a master at what you do.« *Shelle Rose Charvet*

»... lange nicht habe ich einen Vortrag erleben dürfen (das meine ich wörtlich, denn es war viel mehr als nur zuhören), der mit so viel Humor und Sachverstand das wahre Leben widerspiegelte, vor dem wir Erfolgsverwöhnten oder -entwöhnten so gerne die Augen verschließen. Meine Mitarbeiter kamen sofort zu mir und meinten, Frau Hertlein müssen wir einladen.« *Bundeskongress der DRK-Schwesternschaft*

»... bin noch ganz fasziniert von Ihrem Vortrag! Ich habe mich heute oft dabei ertappt, dass ich immer noch falsch reagiere in Gesprächen mit ›Stufenmenschen‹ und dann mich beleidigt ins Schneckenhaus zurückziehe. Aber von nun an wird alles besser, deshalb möchte ich gerne Ihr Buch bestellen ›Frauen reden anders‹.« *Fa. Bernina, Schweiz*

Themen

Frauen reden anders
Eine humorvolle Betrachtungsweise über Frauen und Männer

Was gibt's denn hier zu lachen?
Heitere Theorie über eine ernste Angelegenheit

Warum Bruce Willis nicht blinzelt
Ein-Frau-Schauspielerei über Körpersprache und Status

Vom Ich-Schwein zum Team-Tiger
Wie ein Team von den Stärken jedes Einzelnen profitieren kann

Veröffentlichungen

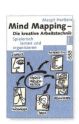 

MATTHIAS HERZOG

Themen

Spitze sein, wenn's drauf ankommt
Die 7 Spitzen-Strategien für persönliche Bestleistungen

Hauptgewinn Lebensqualität
Die 5 Säulen für mehr Gesundheit und Erfolg

Veröffentlichungen

Kurzbiografie

Matthias Herzog, 1976 geboren, ist Dipl.-Wirtschaftsingenieur (u.a. Studium an der University of California, Berkeley) und hat Sportwissenschaften studiert. Er ist Keynote-Speaker, Autor und führender Experte für persönliche Bestleistungen – im Beruf, Sport und Alltag. Seine intensive Beschäftigung mit dem Thema seit über 15 Jahren sowie die erfolgreiche Teilnahme an Marathons, IRONMAN und Treppenläufen sprechen für seine Authentizität und Erfahrung. Matthias Herzog weiß, wovon er spricht, und lebt es vor.

Matthias Herzog ist Teil des Qualitätsnetzwerks der Erfolgsgemeinschaft, in das nur ausgewählte und hoch qualifizierte Experten Zugang erhalten. Als Lehrbeauftragter unterrichtet er u.a. an den Pädagogischen Hochschulen Wien und Klagenfurt. Matthias Herzog gehört zu den Top 100 Excellent Speakers. Sein Motto: »Spitze sein, wenn's drauf ankommt!«

Zu seinem Kundenkreis zählen namhafte Unternehmen und Organisationen. Darüber hinaus unterstützt Matthias Herzog Spitzensportler, Nationalmannschaften und Bundestrainer. Er bietet umsetzbare Impulse und ist ein Redner mit Wirkung. Matthias Herzog zeigt, dass »Spaß Erfolg und Erfolg Spaß macht!«.

Referenzen und Kundenstimmen

»(...) großartigen Vortrag (...) durch Ihre sensationelle Vortragsart verbunden mit Leidenschaft und Herz schaffen Sie es, Menschen zu erreichen und damit in ihnen etwas zu bewegen (...).« *Mercedes-Autohaus LUEG GmbH, Andreas Sobe, GF*

»(...) Europameister! (...) Ihr habt uns neue und wertvolle Impulse gegeben, unseren eigenen Blickwinkel zu erweitern. Wir freuen uns bereits auf die weitere Zusammenarbeit (...)« *Klaus Dieter Petersen, Landestrainer Niedersachsen & Handball-Jugend Nationalmannschaft männlich*

Auszeichnungen und Pressestimmen

- Im Rahmen des Qualitätspreises Schleswig-Holstein der IHK, 2003
- Qualitätsnetzwerk der Erfolgsgemeinschaft, 2009, 2010
- Top 100 Trainers Excellence, 2009, 2010
- Top 100 Excellent Speakers, 2011

»Der Erfolg gibt ihm recht. (...) Zu seiner Kundschaft gehören neben nationalen und internationalen Spitzensportlern auch global operierende Wirtschaftsunternehmen. (...) Das Publikum (...) war restlos begeistert.« *Deister-Leine-Zeitung*

»(...) begeistert (...) es gelang ihm, (...) am Abend 600 Besucher ›ins Handeln‹ zu bringen ... allerhand humorvolle Tipps im Gepäck (...) langanhaltenden Applaus.« *Rieser Nachrichten*

ALEXANDRA HERZOG-WINDECK

Themen

Best of Marketing – die Umsatzhits
Drei Erfolgssäulen: Marketingplanung, Alleinstellungsmerkmal, Corporate Design

Marketing-Aufstellung – wenn ich einmal ein Produkt wär ...
Systemisches Marketing: mit Aufstellungen Lösungen erarbeiten

Kreativität – denken, spinnen, Kunden gewinnen
Kreativtechniken für Marketinglösungen

Kurzbiografie

Alexandra Herzog-Windeck, 1967 in Forchheim geboren, Handelsfachwirtin, studierte Betriebswirtschaftslehre an der Freien Universität Berlin und an der Universität Bamberg. Ihre Marketing-Erfahrung stammt aus Handel, Werbung und Industrie. Sie ist seit 2001 als Marketingberaterin selbstständig und entwickelte Instrumente für ein neues Marketing-Zeitalter.

Die zentralen Elemente des Marketings kommen hierbei zu Wort: Produkte, Ziele, Umsatz, Budgets, Zielgruppen, Kampagnen oder Designs – alle haben etwas zu sagen. Aus dem Wechselspiel von Verstand und Intuition, Marketing-Tools und systemischer Aufstellung, Bewusstsein und Unterbewusstsein entstehen punktgenaue und effiziente Lösungen – jenseits des klassischen Marketings.

So reduziert Alexandra Herzog-Windeck die Komplexität im Marketing: Vielschichtige Fragen werden einfach, begreifbar und damit lösbar. Kopf und Bauch erhalten gleichberechtigt Antworten auf Fragen wie: Wie sieht das ideale Produkt aus? Welche Idee ist die beste? Was findet die Zielgruppe am attraktivsten? Wie kommen wir noch schneller ins Handeln?

Alexandra Herzog-Windeck ist als professionelles Mitglied der German Speakers Association und der International Federation For Professional Speakers anerkannt und Mitglied bei den Wirtschaftsjunioren. Sie ist ausgebildete Dozentin und integraler Coach, hat Fortbildungen im Bereich Bewusstseinserweiterung, Wahrnehmungsschulung und Veränderungsarbeit.

Referenzen und Kundenstimmen

»Alexandra Herzog-Windeck hat als eine der Ersten klassisches Marketing mit systemischem Wissen kombiniert und daraus ein Feuerwerk an neuen Zugängen, Denkansätzen und Ergebnissen bereitet. Mehr Erfolg ist kaum vermeidbar, und das mit wesentlich geringerem Aufwand. In ihren Vorträgen, Seminaren und Beratungen begeistert sie Menschen und Marketer.« *Lorenz Wied, Experte für strategische Positionierung und Differenzierung*

»... völlig losgelöst von den finanziellen Aspekten – es macht einfach Spaß, mit Ihnen zusammenzuarbeiten ...« *Peter Ernst, ABACUS Nachhilfeinstitut Bamberg*

»Faszinierend, wie Sie die Kreativität der einzelnen Teilnehmer zum Sprudeln brachten.« *Georg Hetz, Geschäftsführer UDI in Nürnberg*

Auszeichnungen und Pressestimmen

»... Ob als Engel, als ›Dienstmann‹ oder Knut der Eisbär – die Marketing-Fachfrau ist selbst das beste Beispiel dafür, wie man Ideen kreativ, mit Witz und überzeugend an die Frau und den Mann bringt. Bei allem Unterhaltungswert, den ihre One-Woman-Show durchaus hat, sind die dabei gegebenen Anregungen praxisrelevant und umsetzbar ...« *Rundschau – Fachzeitschrift für internationale Damenmode und Schnitttechnik*

SABINE HESS

Themen

Bewegende Trainings
7 Schlüssel für nachhaltige Trainingserlebnisse

Lust auf mehr?
Methoden zur nachhaltigen Wissensvermittlung

Mit Rollen spielen
Das »Juhu – Rollenspiele« bei Teilnehmern wecken

Trainerpersönlichkeit – Persönlichkeitstraining
Was gute Trainer ausmacht

Veröffentlichungen

Kurzbiografie

Peppig; vielseitig; Power; lebendig; unnachahmlich; Herz; einprägsam; intensiv – Ausschnitte aus Rückmeldungen zu Vorträgen von Sabine Heß.

Die 42-jährige arbeitet seit über 20 Jahren mit Gruppen, als Trainerin, Rednerin und Moderatorin. Zunächst intern in den Unternehmen Berliner Bank AG, Bankgesellschaft Berlin und Bertelsmann Club; seit 1997 selbstständig als eine der Inhaberinnen von flextrain. Mit ihrem Schwerpunktthema »Lehren und Trainieren: begeisternd und nachhaltig« bewegt sie Trainer, Ausbilder, Fachreferenten und Führungskräfte. Zu ihren Kunden zählen unter anderem BCD Travel, Gütersloh; Bertelsmann, Gütersloh; Central KV, Köln; L'Oréal, Düsseldorf; Sparda-Bank, Berlin; Thyssen-Krupp-Nirosta, Krefeld; Wirtschaftsförderinstitut der Wirtschaftskammer Österreich, Wien; Unito, Salzburg.

Sabine Heß verantwortet die BDVT-zertifizierte Trainerausbildung »Punktlandung« und lenkt im größten und ältesten Berufsverband die Qualitätskriterien der Train-the-Trainer-Arbeit mit.

Die Bankfachwirtin ist zertifizierte Trainerin (dta), systemisch ausgerichtet (Prof. Simon; MC Vorarlberg) und hat zahlreiche Zusatzqualifikationen: u. a. NLP-Coach und Trainerin (Kutschera); Großgruppeninterventionen (Königswieser); systemische Strukturaufstellung (Sparrer; Varga von Kibeth); LAB-Consultant (Charvet); Story Telling (Stevenson).

Seit 2007 holt sie sich methodische und persönliche Anregungen aus dem Improvisationstheater; gründete 2008 die Trainer-Impro-Gruppe »Heilbutt«.

Die Buchautorin ist professionelles Mitglied der German Speakers Association, des BDVT und des BJU.

Referenzen und Kundenstimmen

»Sie haben mit einer 1,15 von allen Vortragenden die besten Bewertungen! Gratulation!!!« *Heidemarie Fürnweger, Wirtschaftsförderungsinstitut der Wirtschaftskammer Österreich, WIFI Netzwerk – im Rahmen der jährlichen Train-the-Trainer-Großveranstaltung, ca. 100 Teilnehmer im Vortrag*

»Beste Referentin bei den Petersberger Trainertagen 2007 und 2008 – dies ergaben die Auswertungen der Teilnehmer-Rückmeldungen.« *managerSeminare – im Rahmen der jährlichen Großveranstaltungen, ca. 300 Teilnehmer im Vortrag*

»Wir sind mit der Zusammenarbeit mit Sabine Heß äußerst zufrieden: methodisch wirkungsvolle, praxisnahe und motivierende Seminargestaltung, Einbeziehung aller beteiligten Stellen im Hause und ausgeprägtes Engagement.« *Heribert Sang, Leiter Zentrale Bildung, Bertelsmann AG*

Auszeichnungen und Pressestimmen

Deutscher Trainingspreis in Silber 2003 vom BDVT
Excellence in Practice Citation als flextrain-Team 2002 vom ASTD

BRIGITTE HETTENKOFER

Themen

Die heilsame Kraft innerer Bilder
Gesundheitsförderung durch Visualisierung

Intelligenz der Zellen
Neueste Erkenntnisse aus der Biologie

Fit am Arbeitsplatz durch Einsatz persönlicher Stress-Intelligenz

Gesund werden, gesund bleiben
Nutzen Sie Ihre mentalen Kräfte

Veröffentlichungen

Regelmäßiger kostenfreier Newsletter

Kurzbiografie

Brigitte Hettenkofer, groß geworden in Bayern, studierte Theologie an der LMU München. Bereits im Studium faszinierte sie vor allem der Mensch: Wie tickt eine Person? So absolvierte sie anschließend eine psychotherapeutische Ausbildung und arbeitete dann viele Jahre in psychosomatischen Fachkliniken. Dort unterstützte sie auf einfühlsame Weise Menschen, gesünder, zufriedener und ausgeglichener ihren Alltag zu gestalten. Empathie gehört zu ihren großen Stärken.

Seit 1998 ist Brigitte Hettenkofer als Beraterin für Privatpersonen mit dem Thema Mentale Gesundheitsförderung selbstständig. Für Menschen, die an einer lebensbedrohlichen oder chronischen Erkrankung leiden, entwickelte sie ein erfolgreiches mentales Gesundheitstraining. Brigitte Hettenkofer ist davon überzeugt, dass jeder Mensch über innere Heilressourcen verfügt, und die gilt es zu aktivieren. Schwerpunktmäßig arbeitet sie mit der Vorstellungskraft, mit Visualisierungsübungen. Die Arbeit mit inneren Bildern setzt sie sowohl für Gesundheitsthemen ein als auch im beruflichen Kontext, wie z. B. zur Vorbereitung schwieriger Gespräche oder wichtiger Meetings.

Als Rednerin überzeugt sie ihr Publikum von Gestaltungsmöglichkeiten, die eigene Gesundheit im Privat- und Berufsleben zu fördern. Weiterhin arbeitet sie als Trainerin und Business-Coach in Unternehmen. Ihre Trainings sind lösungsorientiert angelegt und die Themen sind: Stressmanagement, Gesund sein im Beruf, Führungskräftetraining, Persönlichkeitsentwicklung.

Mit Diplom-Informatiker René Bubenheim hält sie als Diplom-Theologin Vorträge und Trainings, wenn es um Dualitäten wie Fakten – Intuition, Ratio – Emotion oder männlich – weiblich geht.

Brigitte Hettenkofer ist Mitbegründerin und Rednerin der Frankfurter Veranstaltungsreihe »Der Montagskatalysator – Spirit meets Business«.

Referenzen und Kundenstimmen

»Als ich 2003 nach meiner Krebserkrankung aus dem Krankenhaus kam, beschäftigte ich mich ausgiebig mit alternativen Heilmethoden und entdeckte die ›Visualisierung nach Simonton‹. Dabei stieß ich auf Brigitte Hettenkofer. Ich war überglücklich, eine so kompetente und einfühlsame Ansprechpartnerin gefunden zu haben. Nach drei Jahren konnte ich mit sicherem Gefühl, nun gut alleine zurechtzukommen, die Beratung erfolgreich beenden. Ich danke Brigitte Hettenkofer für ihre liebevolle und auch fordernde Unterstützung.« *Eine Teilnehmerin*

MATTHIAS K. HETTL

Themen

Mit dem Führungskompass zum Führungserfolg

Der Lead-Navigator zur wirksamen Mitarbeiterführung

Führungsteam und Führungstypen
Old rabbits & young tigers – der Mix macht's

30 + x effektive Tools zur Mitarbeitermotivation

Veröffentlichungen

Kurzbiografie

Matthias K. Hettl studierte Volks- und Betriebswirtschaft und war nach Studium und Doktorandenzeit erst Assistent der Geschäftsführung und danach in verschiedenen Managementpositionen mit Führungs- und Budgetverantwortung tätig. Er ist seit 1995 Geschäftsführer des Management-Instituts Hettl Consult in Rohr bei Nürnberg. Als Executive-Coach, Trainer und Managementberater ist er vorwiegend für Führungskräfte tätig. Seine Schwerpunkte umfassen die Themen Leadership-Skills und Managementkompetenzen. Erfahrung bringt er mit aus seiner Tätigkeit als Aufsichtsrat, der Geschäftsführung in einem mittelständischen Unternehmen und international als Consultant bei den Vereinten Nationen in New York. Ferner vertrat er mehrere Jahre eine Professur für Management, ist als Fachbuch- und Hörbuchautor und Verfasser zahlreicher Fachartikel bekannt. Er berät mit seinem Team CEOs, Vorstände, Geschäftsführer und das Human Ressource Management von mittelständischen Unternehmen sowie von Konzernen im nationalen und internationalen Bereich. Als ›Excellent Speaker‹ gehört er seit Jahren zu den bedeutendsten Referenten im Bereich Leadership und Management im deutschen Sprachraum und ist für die TOP-Seminar- und Kongressveranstaltungen in Europa tätig. Er begeistert seine Zuhörer durch einen motivierenden und kompetent direkten Vortragsstil mit 1:1 umsetzbaren Praxistipps. Seine Veranstaltungen werden regelmäßig mit Bestnoten bewertet.

Referenzen und Kundenstimmen

»Kompliment an den hervorragenden Referenten, der auf die Bedürfnisse der Teilnehmer sehr gut einging. Traf voll meine Erwartungen und übertraf sie sogar.« *Landesbank Baden-Württemberg*

»Sehr dynamische, kompetente und unterhaltsame Vortragsweise.« *SANYO Europe GmbH*

»Sehr kurzweiliges und spannendes Seminar.« *Deutsche Gesellschaft für Qualitätsmanagement*

»… hat mir sehr gut gefallen. Viele neue Erkenntnisse kann ich mitnehmen.« *T-Systems AG*

Auszeichnungen und Pressestimmen

»Gehört zu den bedeutendsten Referenten.« *Alex S. Rusch, Rusch Verlag*

»Einer der besten deutschen Trainer im Bereich Leadership-Skills.« *Management Forum Starnberg*

MICHAEL A. HEUN

Themen

KonjunkTURBO – Wachstum gegen den Trend
Wie Sie auch zum Startertyp werden

Starten Sie Ihre eigene KonjunkTOUR

Wie Sie PowerVoll in die Pole-Position aufrücken

Veröffentlichungen

Kurzbiografie

Der studierte Betriebswirt Michael A. Heun, Jahrgang 1972, ist nicht nur seit über einem Jahrzehnt im Verkauf tätig, sondern auch Verkaufstrainer, Management-Coach und Unternehmer.

Durch sein Studium und die jahrelangen Erfahrungen in der Wirtschaft, kennt er die praktischen Gesetze des Erfolges. Dass seine Strategien zum Erfolg führen, hat er mit seinem eigenen Unternehmen bewiesen. Er hat den bbq-donut® zu Weltruhm verholfen und die Marke Wasser-FEST® als Marktführer positioniert.

In seine Trainings, aber vor allem auch in seinen motivierenden und zukunftsweisenden Vorträgen lässt er die neuesten Erkenntnisse und Erfolgstechniken einfließen, so dass die Teilnehmer und Zuhörer sofort im Anschluss stets für ihre persönliche Entwicklung und damit Erfolgsgeschichte gerüstet sind.

Unter dem Motto »Starten Sie jetzt Ihre persönliche KonjunkTOUR« können Sie mit ihm Ihre Erfolgsgeschichte neu schreiben und in die Königsklasse der Unternehmer aufsteigen. Mit ihm finden Sie den Schalter, der Sie auf »Durchstarten« stellt, und Sie werden in der Lage sein, sich die Ziele zu erfüllen, denen Sie sonst nur bei anderen Erfolgsmenschen hinterherschauen würden.

Sofern Sie Interesse an informativen und fundierten Inhalten haben und einen kurzweilig-spannenden Vortrag hören möchten, sollten Sie Michael A. Heun einladen. Wenn Sie dann noch einen ausgeprägten Sinn für Humor und Authentizität haben, sind Sie mit ihm als Redner bestens beraten.

Referenzen und Kundenstimmen

Deutsche Bahn, Köln und Frankfurt; Happy Dog, Deutschland; Alsco Germany, Köln; GE Health Care, München; Raiffeisen Waren-Zentrale, Friedberg; EBS Lights GmbH, Limburg; Samas Office, Frankfurt; Bruynzeel, Neuss; Müller Granit Küchen, Mainz; KMW GmbH, Limburg; go! Akademie, Düsseldorf und viele erfolgreiche Menschen mehr

Auszeichnungen und Pressestimmen

Int. Deutscher Trainingspreis in Gold 2008, Mit-Preisträger

Int. Deutscher Trainingspreis 2010, Preisträger mit »KonjunkTURBO«

BERND HEYNEMANN

Themen

»Momente der Entscheidung«
Inhalt der Präsentation:

der Weg zum Entscheider, das Umfeld

Motivation, erfolgreich entscheiden

Kurzbiografie

Name: Bernd Heynemann
Geb.: 22.01.1954 in Magdeburg
Beruf: Dipl.-Betriebswirt
Wohnort: Magdeburg
Familienstand: verheiratet, 2 Kinder

Tätigkeit:
seit 2010 Projektberater in der AOK Sachsen-Anhalt
2002 – 2009 Mitglied des Deutschen Bundestages
1992 – 2002 AOK Magdeburg – Leiter Öffentlichkeitsarbeit
1979 – 1992 Rechenzentrum Magdeburg – Planungsleiter, Büroleiter, Marketingleiter
1975 – 1979 Studium TU Magdeburg – Abschluss Dipl.-Betriebswirt
1973 – 1975 Grundwehrdienst
1970 – 1973 Berufsausbildung mit Abitur als EDV-Facharbeiter
1960 – 1970 Polytechnische Oberschule mit Abschluss 10. Klasse

Politische Funktionen:
seit 1999 Mitglied des Stadtrates Magdeburg
seit 2004 Mitglied des CDU-Landesvorstandes Sachsen-Anhalt

Referenzen und Kundenstimmen

Vorträge bei Sparkassen, Banken(DKB, Commerzbank), Unternehmen der Wirtschaft und Sportevents

2005 Veröffentlichung der Biografie »Momente der Entscheidung«

im Fußball: Top-Schiedsrichter für die FIFA, UEFA und in der Bundesliga mit den Höhepunkten Weltmeisterschaft 1998 in Frankreich und Europameisterschaft 1996 in England

Auszeichnungen und Pressestimmen

Bundesverdienstkreuz am Bande 2001

ACHIM HIMMELREICH

Themen

Conversion-Rate im E-Commerce II
Recommender-Systeme oder Tante Emma 2.0

Neue Technologien, alte Probleme
Potenziale und Schwachstellen des Online-Handels

Zahlsysteme und Online-Payment
Entwicklung und Trends

Payment – ein unterschätzter ökonomischer Erfolgsfaktor

Veröffentlichungen

Online-Zahlungssysteme
Gastbeitrag für das E-Commerce-Magazin, 20.05.2009

Die Steigerung der Conversion-Rate – das Gebot der Stunde
DMMA-Jahrbuch

Zeit ist Geld. Relevanz ist mehr Geld
iBusiness-Jahrbuch

Kurzbiografie

Achim Himmelreich, 1969 in Köln geboren, ist Vorsitzender der Fachgruppe E-Commerce und Mitglied im Expertenrat im Bundesverband Digitale Wirtschaft (BVDW) e. V. sowie Engagement Manager bei der Management-Beratung Mücke, Sturm & Company. Seine erste berufliche Station bei einer auf Marketing fokussierten mittelständischen Unternehmensberatung trat er nach seinem Studium der Betriebswirtschaftslehre und Philosophie an der Universität zu Köln an. Er spezialisierte sich als selbstständiger Berater und Dozent auf neue Geschäftsmodelle im E-Commerce.

Seit drei Jahren leitet er bei Mücke, Sturm & Company zahlreiche Projekte im Bereich E-Commerce und digitale Güter.

Achim Himmelreich ist ein gefragter Experte für strategische Fragestellungen im E-Commerce sowie im Umfeld digitaler Geschäftsmodelle, mit einem Fokus auf die Etablierung neuer Märkte und Standards. Seine Themen drehen sich um Mobile Commerce, E-Commerce, Medien-Konvergenz, Innovationen und neue Geschäftsmodelle.

Bei seinen unterhaltsamen Vorträgen versteht es Achim Himmelreich, mit kölschem Humor auch trockene Fakten anschaulich und verständlich zu machen. Als Experte kann er mit aktuellen Inhalten aufwarten, als Rhetor fesselt er das Publikum mit Esprit und vielen Beispielen aus der Praxis.

Referenzen und Kundenstimmen

»Wenn Achim Himmelreich, Engagement Manager, Mücke, Sturm & Company und Vorsitzender der Fachgruppe E-Commerce beim BVDW, die Bühne betritt, ist das Mobile-Shopping auf einmal gar nicht mehr so weit weg, sondern zum Greifen nahe. Mit wenigen Schritten wird die Strecke vom ›Internet zum Outernet‹ zurückgelegt und verdeutlicht, dass es sich seit der erfolgreichen Einführung der Smartphones beim Thema ›Mobile-Shopping‹ keineswegs weiterhin um Utopie, sondern vielmehr um eine logische Konsequenz handelt. In drei prägnanten Szenarien präsentierte er die aktuellen Studienergebnisse von Mücke, Sturm & Company zum Thema ›Wie der E-Commerce mobil wird‹«.
E-Commerce-Center Handel, 16. EC-Forum

TIMO HINRICHSEN

Themen

Von Taschen und Trantüten
Verfolgen Sie den Rachefeldzug eines enttäuschten Kunden; erfahren Sie, wie Sie in Beschwerdesituationen punkten

Salto mortale
Als Führungskraft im Ausland erfolgreich durchstarten. Erfahren Sie, wie Sie die Untiefen umschiffen

Veröffentlichungen

Kurzbiografie

1975 in Hamburg geboren. Diplom-Betriebswirt. Tourismus- und Hotelmanagement-Studium an der International School of Management in Dortmund, der European Business School in Dublin und der l'Université Laval in Quebec. Gelebt, geführt und gearbeitet in der Karibik, Türkei, Griechenland, Ägypten, Kanada, Spanien und Irland. Von 2003 bis 2005 verantwortlich für die Qualität der TUI-Reiseleitung in den Feriengebieten.

Seit 2005 als Coach und Trainer für Führungskräfte im Auslandseinsatz tätig. Timo Hinrichsen bietet Lösungsmittel für Unternehmen, die Kunden und Mitarbeiter zu Fans machen wollen. Energiegeladen und voller Leidenschaft begeistert er sein Publikum. Sein Anspruch: mit Humor und Geschichten, die die Praxis schreibt, überzeugen und verändern. Dabei wird das Ergebnis konsequent im Blick behalten.

Referenzen und Kundenstimmen

Eine Auswahl von Unternehmen, die von unserer Erfahrung profitiert haben: TUI Service AG, TUI Suisse, Shell (switzerland) AG, Kuoni Connect

»Herrlich! So viel Spaß, Freude und tolle Infos gibt es selten bei einem Seminar.« *Teilnehmer*

»Danke für die vielen Anregungen, das Mich-in-Gang-Setzen und das gemeinsame Lachen.« *Teilnehmer*

»Top – der beste Vortrag, den ich je besuchen durfte.« *Teilnehmer*

Auszeichnungen und Pressestimmen

Geprüfter Trainer und Berater BaTB und BDVT, Coachingausbildung durch Christopher Rauen. Ausgezeichnet mit dem Trainerpreis des BaTB 2008 in der Kategorie Servicemanagement.

OLAF HINZ

Themen

Projekte sind POLITIK
Projektmanagement jenseits der Planwirtschaft

MACHTvolle Veränderungen
Veränderungen werden von vorn geführt – der Kaiser darf nackt sein

SINNvolle Motivation jenseits vom Heldentum
Haltung statt Anspruch

Veröffentlichungen

Das andere Projektmanagement
Titelbeitrag in Management & Qualität 03/2010

Das Management braucht keine Helden
manager magazin 11/09

Motivationshelden
perspektive blau 11/2009

Kurzbiografie

Olaf Hinz, geboren 1968 und aufgewachsen in Schleswig-Holstein. Dort lebt Olaf Hinz mit seiner Frau und seinen drei Söhnen.

In Vorträgen ist seine hanseatische, ironische Art sehr beliebt. Er hinterfragt scheinbare Selbstverständlichkeiten, erkennt Probleme präziser, stellt sie in einen größeren Zusammenhang und präsentiert ausgewogene Lösungsideen. Dabei weiß der ehemalige Büroleiter von Peer Steinbrück: Politik – Macht – Sinn!

Olaf Hinz coacht und trainiert vor allem erfahrene Führungskräfte und Projektleiter, die jenseits von Tools und Checklisten wirksam sein wollen. Außerdem berät er Organisationen bei der Gestaltung von effektiven Veränderungsprozessen.

Olaf Hinz ist bekennender Hanseat – als solcher unterstützt Olaf Hinz seine Kunden darin, ihre Aufgaben mit seemännischer Gelassenheit zu erfüllen. Gemeint ist damit eine konzentrierte, wache und entspannte, aber auch konsequente Haltung sowohl zu beruflichen Herausforderungen als auch zu der eigenen Mannschaft.

Olaf Hinz publiziert regelmäßig zu den Themen Führung, Projektleitung, Coaching und Organisationsentwicklung.

Referenzen und Kundenstimmen

»Olaf Hinz hat sehr wertvolle Unterstützung geleistet. Die Zusammenarbeit war unkompliziert, erfrischend und professionell.« *Peter Poppe, Leiter Kommunikation & Marketing Vattenfall Europe*

»Klar gegliedert im Aufbau, er adressiert die relevanten Fragestellungen leicht und flüssig.« *Prof. Dr. Rudolf Wimmer, Universität Witten*

»Olaf Hinz ist meine erste Wahl als professioneller Begleiter. Er schafft Spannung, setzt Impulse und stößt mit beeindruckender Klarheit Veränderungen an.« *Michael Kunz, Werksleiter, Rheinmetall AG*

Auszeichnungen und Pressestimmen

»›Sicher durch den Sturm‹ ist kein weiterer und damit überflüssiger Titel mit Methoden und Werkzeugen für Projektmanager, sondern hier geht es um die handfesten Herausforderungen, die ein Projektleiter in der Praxis meistern muss.« Hamburger Abendblatt

»Olaf Hinz hat ein kleines Meisterwerk geschaffen. Mit dem Bild vom Kapitän auf hoher See gelingt es ihm, die besonderen Anforderungen der Projektführung anschaulich darzulegen. Dass er das jenseits der gängigen Projektmanagementdoktrinen tut, verleiht seinen Ausführungen zusätzliche Brisanz. Die Lektüre ist für jeden Projektleiter fast ein Muss, ein Fachbuch, das gut geschrieben zudem Lust aufs Lesen macht.« Management & Qualität

WOLF RÜDIGER HIRSCHMANN

Themen

Messbarer Markterfolg mit dem Frequenz-System®
Neue Kunden gewinnen. Profitable Kunden binden.

Aufbruch! Erfolgsstrategien im Verdrängungswettbewerb

Kunden verblüffen. Wie Werte Wert schaffen

Veröffentlichungen

Kurzbiografie

Wolf Rüdiger Hirschmann, geboren 1960 in Stuttgart, ist seit seinem 24. Lebensjahr selbstständiger Unternehmer und zählt zu den Experten für Dialogmarketing. Als Strategieberater für Marketing und Vertrieb bringt er messbar mehr Markterfolg

Bereits 1984 gründete er sein Unternehmen, die SLOGAN Werbung Marketing Consulting GmbH. Langjährige Kunden sind z. B. ERGO Direkt Versicherungen und die Würth-Gruppe.

Das von ihm entwickelte »Frequenz-System®« steht für maßgeschneiderte Konzepte zur Kundenbindung und Neukundengewinnung. Hirschmann ist Autor zahlreicher Fachartikel. 1998 hat er die Grundlage seines Konzepts im Buch »Das Frequenz-System« veröffentlicht. Als Co-Autor hat er im Bestseller-Buch von Edgar K. Geffroy »Das Einzige, was immer noch stört, ist der Kunde« die Anwendung des Systems vorgestellt. Im Oktober 2003 erschien sein Buch »Mut zum Marketing«, im August 2008 das Buch zum Thema »Direktmarketing – Mailings & Co, die Neuauflage im Jahr 2011«.

Als gefragter Referent und Speaker sowie als Dozent der Akademie für Führungskräfte vermittelt er Praxiswissen. Von 1999 bis 2003 war Hirschmann Lehrbeauftragter für die Steinbeis Hochschule. 2006 wurde Hirschmann in den Kreis der 55 europäischen Marketing- und Vertriebsexperten, den renommierten Club 55, berufen.

Referenzen und Kundenstimmen

»Das Haus war voll, die Resonanz war großartig, und der Referent war in Glanzform. Das war der beste Hirschmann, den ich bisher erlebt habe, und deshalb danke ich Ihnen (...) ganz herzlich für Ihre glänzende Vorstellung.« *Willy Schwenger, Geschäftsführer Carl Stahl GmbH*

»Sie haben unseren Kunden durch Ihren Vortrag Mut zum Marketing gemacht!« *Beatrice Kiesel, Kiesel Bauchemie*

»Sie verstehen es hervorragend, den Abend zum einen sehr interessant, zum anderen aber auch sehr kurzweilig zu gestalten.« *Brigitte Strobel, vdm Verband Druck und Medien*

»Ein brillanter Vortrag!« *Dr. Lutz Wentlandt, Landesverband Wohnungsunternehmen*

Auszeichnungen und Pressestimmen

TOP 100 Unternehmen
Nominiert für »Großen Preis des Mittelstandes« 2007 und 2008

BERND HÖCKER

Themen

Fachautor:
mehrerer Artikel in managerSeminare, Wirtschaft und Weiterbildung

Co-Autor
in »Trainerkarriere«, »Das siebte Gesetz«, »Spielbar I« und »Spielbar III«

Auf den Punkt argumentieren
Wie Sie aus dem Stegreif in allen Situationen souverän bleiben.

Kurzbiografie

Geboren 1946 in Mülheim an der Ruhr • trainiert seit 30 Jahren die Schwerpunkte Verkauf, Führung, Team, Rhetorik und Präsentation • coacht Führungskräfte und Verkäufer bei ihrer täglichen Arbeit • bildet seit 1988 Trainer aus.

Nach seiner Führungstätigkeit für bekannte deutsche und internationale Unternehmen (Rank Xerox, Ferrero, Deutsche Leasing, Weight Watchers) im Bereich Aus- und Weiterbildung ist er seit 1992 selbstständig als Trainer, Coach und Berater • 1995 Mitgründer des Trainings- und Beratungsinstituts hp trainings • 2001 Erweiterung zu Flextrain. Zusatzausbildung in Entscheidungsanalyse nach Kepner-Tregoe • Kreativitätstechniken, 1980 Gruppendynamik, Transaktionsanalyse, NLP Master-Practitioner, Systemische Organisationsaufstellung, Ausbildung zum Performance Coach, AMT, und gewaltfreie systemische Coachausbildung und Teamentwicklung bei Bernd Schmid, Wiesloch

Referenzen und Kundenstimmen

»... das Ergebnis ist überzeugend, ... Praxisbeispiele haben einen deutlichen und nachhaltigen Effekt gebracht. ... danke für das hervorragende Seminar.« *Karl-Josef Kremers, Neuman & Esser*

»In persönlichen Kundengesprächen und in Empfehlungen für Kollegen fließen die Inhalte Ihres Trainings auch nach fünf Jahren noch immer ein. Das Training mit Ihnen war lehrreich und einprägsam. Ich empfehle Sie gerne weiter.« *Detlev Fronert, Project Manager Endosuite, Stryker GmbH*

Auszeichnungen und Pressestimmen

Mehrfacher Preisträger des Deutschen Trainingspreises und ebenfalls ausgezeichnet mit dem Excellence in Practise des weltgrößten Trainerverbandes ASTD

DR. RALF HÖCKER

Themen

Einspruch
Die große Rechtsirrtümer-Show

Rechtsirrtümer und deren Ursachen

Infotainment-Bühnenschau

Veröffentlichungen

Anwalt – Deutsch/Deutsch - Anwalt
Langenscheidt 2008

Das dritte Lexikon der Rechtsirrtümer
Ullstein 2008

Lexikon der kuriosen Rechtsfälle
Ullstein 2007

Neues Lexikon der Rechtsirrtümer
Ullstein 2005

Lexikon der Rechtsirrtümer
Ullstein 2004

Kurzbiografie

Dr. jur. Ralf Höcker, geboren 1971 in Köln, vertritt Unternehmen und Künstler in Fragen des Medien-, Marken-, Urheber- und Wettbewerbsrechts. Nach seiner deutschen Juristenausbildung und der Promotion zum Dr. jur. absolvierte er am King's College London ein LL.M.-Studium in Intellectual Property Law. Vor Gründung der Kölner Kanzlei »Höcker Rechtsanwälte« arbeitete er für internationale Sozietäten in London (Willoughby & Partners) und Köln (Linklaters Oppenhoff & Rädler).

Bekannt wurde er durch drei Lexika, in denen er populäre Rechtsirrtümer aufklärt. Die Bücher gehören zur Mitte der 1990er Jahre entstandenen Sachbuchgattung der Irrtumslexika. Außerdem schilderte Höcker in einem weiteren Buch kuriose Fälle, die vor deutschen Gerichte verhandelt wurden.

2007 war er als Experte in einer Reihe der Sat.1-Show »Akte – Reporter decken auf« zu sehen, in der er einige Rechtsirrtümer aufklärte. Im gleichen Jahr präsentierte er seine Bühnenschau »Einspruch«. Ab 2010 moderiert er die RTL-Show »Einspruch«.

Trockene Juristerei? Top-Anwalt Ralf Höcker zeigt, dass Information durchaus unterhaltsam sein kann. Im Februar 2008 erschien sein drittes Lexikon der Rechtsirrtümer. Ob vor 100 oder 1.000 Zuschauern – Dr. Ralf Höcker begeistert in jedem Rahmen. Sein profundes Wissen über Rechtsirrtümer und kuriose Rechtsfälle weiß er seinem Publikum spannend und souverän zu präsentieren.

Referenzen und Kundenstimmen

Fernsehen, TV-Rechtsexperte u. a. bei: Punkt 12 (RTL), Akte (Sat 1), Kerner (ZDF), Stern-TV (RTL), Markus Lanz, Menschen bei Maischberger (ARD), Riverboat (MDR), Menschen der Woche (SWR), 3 nach 9 (NDR), Wie schlau ist Deutschland (ZDF), Volle Kanne (ZDF), V – Die Verbrauchershow (RTL), DAS! (NDR), Menschen und Schlagzeilen (NDR), ZIBB (RBB), daheim & unterwegs (WDR), Frühstücksfernsehen (Sat 1), Weck Up (Sat 1), Exclusiv (RTL), Extra (RTL), service: trends (HR), VIP Show (HR), Automagazin (Sat 1), Couchgeflüster (MDR), Ein Fall für Escher (MDR), Mittagsmagazin (ZDF), Leute (SWR), Börse am Mittag (N24), hier ab vier (MDR), Konkret (ORF2), SAM (Pro7)

SVENJA HOFERT

Kurzbiografie

Svenja Hofert ist Expertin für neue Karrieren, hundertfach zitiert in Presse, Rundfunk und Fernsehen. Autorin von mehr als 25 Wirtschaftssachbüchern und Ratgebern zum Thema Karriere. Inhaberin eines Büros für Karriere und Entwicklung.

Viele Bücher erschienen in mehreren Auflagen. Hofert gilt als Trendsetterin, die viele Entwicklungen im HR-Bereich frühzeitig vorhergesagt hat. Besonderer Fokus der in Hamburg arbeitenden und in Schleswig-Holstein lebenden Autorin ist die Zukunft von Arbeit/Bewerbung/Karriere in der digitalisierten Welt. In ihrem »Das Karrieremacherbuch« zeichnet die Autorin Wege auf, wie Menschen in Zukunft beruflich erfolgreich sein werden – und sagt, warum klassische Karriereplanung heute nicht mehr funktioniert. Im Buch »Ich hasse Teams. Wie sie die Woche mit Kollegen überleben« gibt sie gemeinsam mit Co-Autor Thorsten Visbal unterhaltsame Antworten auf den täglichen Wahnsinn bei der Zusammenarbeit in Projekten und bei Meetings.

Sie ist als Rednerin buchbar zu den Themen:
- Ich hasse Teams. Wie Sie die Woche mit Kollegen überleben
- Karrieretrends 2030: Damit Sie jetzt schon wissen, wie Sie Ihre Mitarbeiter morgen gewinnen und halten

Auszeichnungen und Pressestimmen

Unter anderem durch die Managementbuch-Redaktion für den »Testsieger Unternehmensführung« (Praxisbuch für Freiberufler, Eichborn)

»Detailliert, kenntnisreich und vernünftig strukturiert vermittelt Hofert ein umfassendes Bild der Ausbildungs- und Karrieremöglichkeiten sowie Strategien.« *Berliner Morgenpost 2009 zum »Praxisbuch IT-Karriere«, Eichborn-Verlag*

»Kurzum: ein Ratgeber, der sowohl für Anfänger als auch für Profis den virtuellen Karrierekick bereithält.« *E-Fellows.net zu »Jobsuche und Bewerben im Web 2.0«, Eichborn-Verlag*

»In drei Kapiteln über den Status quo, eine Zukunftsvision und einem praktischen Teil mit Ratschlägen gelingt es Hofert, Zuversicht zu verbreiten und den Leser zu motivieren. Dabei verliert sie nicht die Kritikfähigkeit und stellt viele vermeintliche Regeln der Arbeitsgesellschaft infrage.« *Die ZEIT online schreibt 2009 zum Karrieremacherbuch*

Themen

Karriere
Karriere der Zukunft; Karriereplanung; Weiterbildung

Bewerbung
Neue Trends; Jobsuche und Bewerben im Web 2.0; Online-Bewerbung

Recruiting
Recruiting Online/Web 2.0; Zukunftstrends im Recruiting

Freiberuflichkeit
Erfolg als Freiberufler; Zukunftstrends

Veröffentlichungen

Ich hasse Teams
Wie Sie die Woche mit Kollegen überleben

Das Karrieremacherbuch
Erfolgreich in der Jobwelt der Zukunft

Jobsuche und Bewerbung im Web 2.0

Das Slow-Grow-Prinzip
Erfolgreich gründen und zufrieden wachsen

und viele andere mehr

DR. KERSTIN HOFFMANN

Themen

Kommunikation im Umbruch
Warum wir uns dringend neu orientieren müssen

Reich und berühmt im Social Web

Das kostet es, das bringt es ein –
Budgets und ROI
... in klassischer PR und Social Media

Veröffentlichungen

Kurzbiografie

Dr. Kerstin Hoffmann, geboren 1966 in Hamburg. Kommunikationsberaterin und Text-Expertin. Promovierte Philologin und gelernte Journalistin. In den 1990er Jahren arbeitete sie beispielsweise für DIE ZEIT, den Westdeutschen Rundfunk, die Rheinische Post, das Hamburger Abendblatt oder den Rowohlt Verlag. Über mehrere Jahre leitete sie die Kommunikationsabteilung eines bedeutenden Technikmuseums und baute dessen Werbung und PR nach unternehmerischen Kriterien völlig neu auf. An der Hochschule Fresenius in Köln lehrte sie PR und Kommunikation. Zudem ist sie als Fachautorin tätig. Kerstin Hoffmann berät seit vielen Jahren Unternehmen und Verbände in ihrer gesamten Kommunikation. Im Bereich Web 2.0 und Social Media hat sie in der Fachwelt erhebliche Bekanntheit erlangt. Ihre Stärke liegt darin, die Kernkompetenzen klassischer Kommunikation mit den jeweils aktuellen Möglichkeiten und Technologien des Internets zu verbinden. Ihr Blog »PR-Doktor« gehört für viele PR-Experten, Unternehmer und Blogger zur regelmäßigen Standardlektüre. Kerstin Hoffmann zeigt in Vorträgen, Seminaren und in ihren Veröffentlichungen zielgruppengerecht, wie zeitgemäße Kommunikation in Deutschland aussehen kann – und warum Wandel und Umdenken dringend erforderlich sind.

Referenzen und Kundenstimmen

»Die Schamanin des Wortes!« *T. B., Geschäftsführer*

»... jemand, die sich mit Texten und Schreibstilen wirklich auskennt – das ist zu merken, zu erleben und zu hören!« *D. Z., Seminarteilnehmerin*

»Offen, warmherzig, empathisch und humorvoll. Von Anfang bis Ende sehr informativ und gehaltvoll! Fachlich einwandfrei verbunden mit großer Kompetenz!« *H. G., Vortragsbesucher*

»Kunden- und mediengerecht auf den Punkt gebracht!« *J. T., Geschäftsführer*

»Sie hat es perfekt verstanden, sich in unser Business und in unsere Kunden zu versetzen. Besonders gut haben mir ihr Enthusiasmus und ihre Freude an den Formulierungen gefallen.« *N. A., Marketing Specialist Germany, Austria, Switzerland*

»Positiv überrascht war ich von dem strukturierten Aufbau und dem sehr guten Vermitteln der Inhalte durch Frau Dr. Hoffmann. Es entstand schnell eine angenehme und persönliche Atmosphäre.« *E. M., Vertriebsleiter Kontraktgeschäft*

»Bemerkenswert fand ich die Individualität.« *J. C. M., Geschäftsführer*

»Ab jetzt und für die Zukunft gilt – keine PR mehr, die nicht durch ihre Hände geht!« *P. E., Geschäftsführer*

ALEXANDER HOFMANN

Themen

Erfolge sind planbar

Von der Vision zum Erfolg

Sicher entscheiden

Entscheidungen zwischen Bauch und Verstand

Veröffentlichungen

Kurzbiografie

Alexander Hofmann, 1965 in Berlin geboren, gründete schon mit 22 Jahren sein erstes Unternehmen. Aufgrund seiner Fähigkeit, gerade in kritischen Situationen die passenden Worte zu finden und mit Menschen richtig umzugehen, wurde er während seiner Lehre zum Ausbildungssprecher bei der AEG in Berlin gewählt. Während seiner Zeit an der Staatlichen Technikerschule Berlin übernahm er die Rolle des Studentensprechers. Nach seinem Studium der Betriebswirtschaft mit dem Schwerpunkt Wirtschaftsinformatik verantwortete er den Bereich Controlling und Betriebsorganisation eines großen Handelsunternehmens. Anschließend arbeitete er mehr als 12 Jahre für große internationale Unternehmensberatungen wie Capgemini, PWC und C & L als Manager und Projektleiter. Seit 2007 ist Alexander Hofmann als selbstständiger Projektmanager, Management-Berater und Coach mit den Schwerpunkten Projektmanagement, Merger/DeMerger, Krisen- und Change-Management tätig.

Erste Auftrittserfahrungen sammelte Alexander Hofmann schon während seiner Zeit als Gitarrist und Sänger im Alter von 16 Jahren. Auf unterhaltsame Weise schaffte er es nicht nur damals als Musiker, sondern heute auch als Redner, sein Publikum zu begeistern. Komplexe Inhalte vermittelt er seinem Publikum anhand von einfachen Beispielen, Witz und Humor.

2007 veröffentlichte er sein Buch mit dem Titel »Erfolge sind planbar«, in dem er auf einfache Art und Weise dem Leser das Wissen rund um die Themen Zielsetzung, Entscheidungsfindung, Finanz- und Projektplanung, Motivation und Zeitmanagement näherbringt.

Zu seinen Kunden zählen namhafte internationale Unternehmen, die insbesondere bei sehr kritischen und komplexen Projekten seine Erfahrungen anfragen. Zusätzlich steht er mit Rat und Tat auch kleineren Firmen, insbesondere bei deren Neuausrichtung, zur Seite.

Seine langjährigen praktischen Erfahrungen machen Alexander Hofmann zu einem adäquaten und kompetenten Ansprechpartner sowohl für das Topmanagement als auch für die unterschiedlichsten Fachbereiche.

Referenzen und Kundenstimmen

»Aufgrund des hervorragenden Coachings war es mir möglich, mein Geschäft schneller und rentabler aufzubauen als zuvor geplant.« *S. Heinrich, Unternehmensinhaber*

»Man kann auch schwierige Dinge einfach vermitteln. Man muss nur wissen, wie.« *G. Dörken, Global SAP Alliance Manager*

MARKUS HOFMANN

Themen

Gedächtnistraining: interaktiv, mitreißend, motivierend, humorvoll
Namen, Fach- und Allgemeinwissen auf Dauer merken.

Verkaufen beginnt im Kopf.
Gedächtnistraining für Vertriebs- und Verkaufsteams. Verkaufsargumente immer abrufbereit im Kopf!

Leading heads.
Gedächtnistraining für Führungskräfte. Alle wichtigen Daten, Fakten & Zahlen nachhaltig abspeichern.

In jedem Kopf steckt ein Superhirn.
Gedächtnistraining als Motivationsevent. Begeistern Sie Ihre Kunden und Mitarbeiter.

Veröffentlichungen

Kurzbiografie

Markus Hofmann ist der wohl inspirierendste und effektivste Gedächtnisexperte Europas und einer der begehrtesten Vortragsredner für Unternehmen aller Branchen. Er ist Direktor des Steinbeis Transfer Instituts, Professional Speaker GSA, Lehrbeauftragter u.a. an der Management-Universität St. Gallen sowie an der ZfU International Business School in der Schweiz.

Ob auf Corporate Events oder öffentlichen Veranstaltungen, der leidenschaftliche Redner verpackt erstaunliches Wissen in exzellentes Infotainment und begeistert sein Publikum mit einem erfrischenden Mix aus lebendiger Interaktion, hohem Praxisbezug und bewegenden Erfolgserlebnissen. Er vermittelt Lern- und Merktechniken, die jeder sofort für sich umsetzen kann. Sein Versprechen: Der Weg zu mentaler Fitness ist eine leichte Übung für uns alle.

Referenzen und Kundenstimmen

»Ich glaube nicht, dass wir schon einmal so viele positive Rückmeldungen zu einem Vortrag bekommen haben wie bei Ihnen. Die Kommentare reichten von mitreißend, unterhaltsam, informativ, lehrreich bis hin zu einmalig. Ich finde dieses positive Feedback bemerkenswert, denn viele unserer Kunden sind häufig auf Veranstaltungen und kennen viele Keynote-Speaker.« *American Express Services Europe Ltd., Andreas Krick, Director Marketing Central Europe*

»Das Highlight und der Knaller zum Schluss eines vollen Business-Tages. Mit Ihrer spannenden, abwechslungsreichen Präsentation (...) haben Sie neue Dimensionen erschlossen und zu sofortigen Erfolgserlebnissen verholfen. Von 0 auf 100 in 10 Sekunden! Sie haben ein Plenum von kritischen Geistern zu später Stunde noch zu Höchstleistungen angespornt.« *IBM Deutschland GmbH, Wolfram Stein, Global Business Services*

»Auch Wochen nach der Veranstaltung haben wir positive Rückmeldungen unserer Kunden und Mitarbeiter zu Ihrem Gedächtnistraining erhalten.« *Sparkasse Verden*

»Ihr Vortrag war die beste Kundenveranstaltung seit vielen Jahren und brachte einen großen Imagegewinn.« *VB Dornstetten*

Auszeichnungen und Pressestimmen

- Einer der Wenigen Certified Speaking Professionals (CSP) weltweit!
- Excellence Award »Best Of« UE-TOP-Speaker-Vortragsreihen

»Markus Hofmann ist Mann gewordene Motivation.« *WAZ*
»Er kennt die Tricks, mit denen das menschliche Gehirn zu Höchstleistung gebracht werden kann.« *Die Welt*
»Wo immer Markus Hofmann auftaucht, begeistert der Gedächtnistrainer sein Publikum.« *Schwarzwälder Boote*
»Vortrag? Es ist weit mehr, nämlich professionelles Entertainment, kurzweilig dargeboten von einem Mann, der seine Zuhörer in den Bann zieht und zu geistigen Höchstleistungen motiviert.« *Der Neue Tag*

PROF. DR. GERTRUD HÖHLER

Themen

Die neue Kooperation:
Alphafrauen machen Siege sicherer

Wer siegen will, muss führen

Spielregeln für den Umgang mit Macht:
Freiheit, Sicherheit, Gerechtigkeit

Emotionale Intelligenz:
Die EQ-Revolution

Veröffentlichungen

Ende der Schonzeit Alphafrauen an die Macht ECON Verlag 2008

Aufstieg für alle. Was die Gewinner den Verlierern schulden.
ECON Verlag 2007

Jenseits der Gier. Vom Luxus des Teilens. ECON Verlag 2005

Warum Vertrauen siegt.
ECON Verlag 2003

Die Sinn-Macher. Wer siegen will muss führen ECON Verlag 2002

Wölfin und Wölfen
Warum Männer ohne Frauen Fehler machen ECON Verlag 2002

Kurzbiografie

- Studien der Literaturwissenschaften und Kunstgeschichte in Bonn, Berlin, Zürich, Mannheim
- Stipendiatin der Studienstiftung des Deutschen Volkes
- 1967 Promotion zum Dr. phil., Assistentin an der Universität Mannheim
- 1972 Berufung an die Universität Paderborn
- Ab 1976 Professor für Allgemeine Literaturwissenschaft und Germanistik
- 1987–1990 Beratervertrag für Fragen der Öffentlichkeitsarbeit beim Vorstandssprecher der Deutschen Bank AG, Dr. Alfred Herrhausen
- 1992–1995 Non-executive Director bei Grand Metropolian PLC, London
- Seit 1997 Verwaltungsratsmitglied der CIBA AG, Basel
- Seit 1998 Verwaltungsratsmitglied der Bâloise Insurance, Basel
- Seit 1999 Verwaltungsratsmitglied der Georg Fischer AG, Schaffhausen
- Vorträge zu kulturwissenschaftlichen Fragen; Beratung in Fragen der Öffentlichkeitsarbeit und Kommunikation, Führung und Unternehmenskultur, Kundenbeziehungen
- Arbeiten für Rundfunk, Fernsehen, Zeitungen und Zeitschriften. Leiterin des Baden-Badener-Disputs, SWR-Fernsehen (bis 2000)

Mitgliedschaften:
- Fellow des Wissenschaftskollegs Berlin
- Vorstand der Deutschen Stiftung Denkmalschutz (1990–1999)
- Senat der Fraunhofer-Gesellschaft (1989–1995)
- Beirat des Ministers für Forschung und Technologie (1990–1993)
- Kuratorium der Stiftung »Alte liebenswerte Bäume in Deutschland«
- Kuratorium der RTL-Stiftung »Wir helfen Kindern e. V.«
- Wissenschaftlicher Beirat beim Landessportbund Berlin
- Beirat der Solarfirma Q cells, Thalheim
- Think Tank der Deutschen Bahn

Auszeichnungen und Pressestimmen

1964 Kulturpreis der Stadt Wuppertal für Lyrik
1988 Orden wider den tierischen Ernst
1988 Konrad-Adenauer-Preis für Literatur
1993 Kulturpreis der Stiftung für Abendländische Besinnung, Zürich
1996 Frau des Jahres (Deutscher Staatsbürgerinnen-Verband)
1999 Verdienstorden der Bundesrepublik Deutschland, Auszeichnung durch den Bundespräsidenten, Prof. Roman Herzog
2002 Verleihung des Fairness-Ehrenpreises Fairness-Stiftung gem. GmbH, Frankfurt a. M.

HEIKE HOLZ

Themen

Charisma
Menschen durch Ausstrahlung überzeugen

Körpersprache
Wenn der Körper immer dazwischenredet

Stil und Etikette
Mit zeitgemäßen Umgangsformen souverän auftreten

Mentaltraining
Der Weg zur inneren Mitte

Veröffentlichungen

Kurzbiografie

Mit großer Begeisterung arbeitet Heike Holz bereits seit 1999 als ganzheitliche Persönlichkeitstrainerin und unterstützt andere Menschen, sich individuell weiterzuentwickeln und erfolgreich durchs Leben zu gehen.

Mit Freude und Enthusiasmus berät sie neben Führungskräften aus Wirtschaft und Verwaltung, Marketing- und Vertriebsspezialisten, Dienstleistungsunternehmen und Handwerkern auch Studenten und Schüler und veranschaulicht die Bedeutsamkeit der zwischenmenschlichen Kommunikation.

Heike Holz ist im deutschsprachigen Raum geschätzt für ihre empathischen und professionellen Seminare und Vorträge zu den Themen Charisma, Ausstrahlung, Körpersprache, Rhetorik, Stimme, Schlagfertigkeit, zeitgemäße Umgangsformen, Mentaltraining und Motivation.

Die Philosophie von Heike Holz ist, dass ein souveränes Auftreten, stetiger Erfolg und ein glückliches Leben nur dann möglich sind, wenn die Menschen frei von mentalen und seelischen Barrieren sowie ihre Wurzeln in Ordnung sind. Dann können den Menschen Flügel wachsen und sie sich ihrer persönlichen Stärke bewusst werden. Hier unterstützt Heike Holz ihre Kunden unter anderem mit systemischen Familienaufstellungen.

Referenzen und Kundenstimmen

IHK, ADAC, CosmosDirekt, Villeroy & Boch, Sparkassen, Banken.

»Die Gäste waren begeistert, wir als Veranstalter natürlich auch.«

»Heike Holz hat das alles mit dem ihr eigenen, ganz persönlichen Charme hervorragend geleitet.«

»Eine kompetente, engagierte Frau, die den Gästen einen interessanten, stilvollen Abend gestalten kann.«

»Durch die sehr empathische und unterhaltsame Art der Trainerin Heike Holz lassen sich die zahlreichen, praxisbezogenen Erklärungen und Hinweise sofort umsetzen.«

Auszeichnungen und Pressestimmen

»Charisma kann man nicht kaufen – aber trainieren.« *Wirtschaft im Saarland und IHK Regional*

»Benimm bei Tisch – Damit ihre Klienten auch auf dem hochoffiziellen Parkett keinen Fauxpas begehen und immer up to date sind, hat sich Heike Holz, Personality-, Rhetorik- und Verkaufstrainerin, etwas einfallen lassen. Gemeinsam mit Fernsehkoch Frank Seimetz ...« *EuroSaar*

»Benimm-Kurse für Schüler sind ausgebucht.« *Saarbrücker Zeitung*

MATTHIAS HORX

Themen

Die Macht der Megatrends
Wie die großen Wandlungsprozesse unsere Welt verändern.

Die Zukunftsgesellschaft – wie wir morgen leben werden
Alltag, Liebe, Bildung, Arbeit im 21. Jahrhundert.

Die Märkte von morgen
Innovationen und Paradigmen für die kommende Wissens-Ökonomie.

Technolution – die Evolution der Technologie.
Wie menschliche Bedürfnisse Technologien erzeugen – und verhindern.

Veröffentlichungen

Wie wir leben werden

Technolution

Das Buch des Wandels

Kurzbiografie

Matthias Horx, Jahrgang 1955, interessierte sich schon als Kind in den 60er Jahren für das faszinierende Reich der Zukunft. Die Besiedelung des Weltraums, denkende Computer und die Pille für die Unsterblichkeit, all das schien damals in greifbarer Nähe zu liegen. Doch zunächst führte sein Werdegang über ein Soziologie-Studium und eine Journalismus-Karriere in die Publizistik: Horx begann bereits in den 80er Jahren mit dem Buchschreiben, veröffentlichte Scifi-Romane, Essays über Wertewandel und die berühmten »Trendbücher«, arbeitete als Redakteur bei TEMPO, ZEIT und MERIAN. In den 90er Jahren war er maßgeblich an der Entwicklung der neuen Disziplin der Trendforschung beteiligt – das von ihm mitbegründete Hamburger »Trendbüro« experimentierte damals mit soziokulturellen Consulting-Methoden für Management und Marketing.

Heute ist Horx seinem Anliegen, die prognostische Wissenschaft zu einer anerkannten Disziplin zu entwickeln, ein gutes Stück näher gekommen. Sein Beratungsunternehmen »Zukunftsinstitut« hat sich zu einem viel gefragten Think-Tank entwickelt. An der Zeppelin-Universität am Bodensee lehrt er wissenschaftliche Trend- und Zukunftsforschung. Seine auch theoretisch anspruchsvollen Bücher sind Bestseller. Zahlreiche Unternehmen und Politiker arbeiten mit Horx-Thesen und den Inhalten seiner Studien und Analysen. Über seine Innovations- Arbeit hinaus beschäftigt er sich vor allem mit der Natur des gesellschaftlichen Wandels - die alten philosophischen Fragen: »Was kann ich wissen?« – »Was können wir tun? Worauf dürfen wir hoffen?« – stehen im Zentrum seiner Arbeit. »Zukunft ist kein ferner, utopischer Ort, sondern das Ergebnis von gelungenen Wandlungsprozessen. Diese Prozesse versuche ich, so ehrlich, dramatisch und humorvoll darzustellen, dass die Lust auf Zukunft endlich die Angst vor dem Morgen ablösen kann!«

ELIZABETH (LIZ) HOWARD

Themen

Musikalische Vorträge:

Sechs Schritte zum Erfolg mit Ihrer Stimme

Sista Oh Sista Sista

Sista oh Sista and Brothers Too!

Veröffentlichungen

Kurzbiografie

Elizabeth (Liz) Howard, Vocal Coach und Keynote-Speaker, wurde in Denver/Colorado (USA) geboren. Aufgewachsen in New Orleans, der »Wiege des Jazz und Soul«, fließen ihre dort erworbenen Eindrücke und mittlerweile über 30-jährige Bühnenerfahrung in ihre Stimmlehre mit ein. Die musikalische Ausbildung von Elizabeth (Liz) Howard begann bereits mit fünf Jahren, zuerst Unterricht an Geige und Klavier, später Chorsängerin bis zum Abitur. Nach einer fundierten Ausbildung im Dienstleistungsbereich wurde ihr stimmliches Talent ab 1987 durch eine professionelle Ausbildung zur Mezzosopranistin, unter der Leitung von George Byrd, gefördert. In den Jahren 1989–1997 folgte zudem ein Studium der Atemtechniken an der Seite von Elaine Baker.

Seit 2000 ist Elizabeth (Liz) Howard mit großem Erfolg als Vocal Coach tätig und gründete im Jahr 2003 das Unternehmen »Soulfood Seminars«. Die Liste begeisterter Kunden reicht von Moderatoren und Schauspielern wie Harry Weber und Veronica Ferres bis hin zu großen Unternehmen wie BASF, HVB, IBM, EnBW, Sony u.v.m. Seit 2007 ist Elizabeth (Liz) Howard als Keynote-Speaker aktives Mitglied der German Speakers Association und begeistert ihr Auditorium vor allem durch ihren musikalischen Vortrag. Elizabeth (Liz) Howard ist bislang deutschlandweit das einzige GSA-Mitglied, das diese Vortragskunst mit Bravour beherrscht: Vortragsthemen und Inhalte werden gekonnt mit bekannten Songs oder Melodien verknüpft. Inhalte werden dadurch besser transportiert und bleiben länger im Gedächtnis, der Vortrag wird zu einem Erlebnis, spannend und abwechslungsreich. Ab dem Frühjahr 2010 wird Elizabeth (Liz) Howard als Gastdozentin an der Hochschule für Wirtschaft und Umwelt in Nürtingen/Geislingen lehren.

Referenzen und Kundenstimmen

»Liz Howard has a unique way of bonding with an audience and getting them to open up and play. She sets the stage for what's next with her enthusiasm, joy and warm heart.« *Doug Stevenson*

»Ich habe Liz Howard als eine so außergewöhnliche Frau erlebt, die innerhalb weniger Augenblicke vor großem Publikum das Eis bricht, das Publikum mitreißt [...] wunderbar, wie sie eine Brücke über deutsche Zurückhaltung bauen kann und alle aus der Reserve lockt! Wenn ich an ihre Auftritte denke, zaubert es mir ein Lächeln aufs Gesicht.« *Professor Dr. Lothar Seiwert*

PROF. MARTIN HRABĚ DE ANGELIS

Kurzbiografie

Prof. Hrabě de Angelis studierte Biologie an der Philipps-Universität in Marburg und promovierte 1994. In seiner Postdoc-Zeit am Jackson Laboratory in Bar Harbor/USA (1994–1997) studierte er den Delta/Notch Pathway und untersuchte mutante Mauslinien mit beeinträchtigter Somitogenese. Seit 2000 leitet Prof. Hrabě de Angelis als Direktor das Institut für Experimentelle Genetik am Helmholtz Zentrum München und hält den Lehrstuhl für Experimentelle Genetik an der Technischen Universität München. Er ist ebenfalls als Direktor des Europäischen Maus-Mutanten-Archivs (EMMA) in Monterotondo/Rom, Italien tätig. 2001 gründete er die German Mouse Clinic (GMC) zur systemischen Analyse menschlicher Erkrankungen. Er ist Sprecher des Nationalen Genomforschungsnetzes. 2009 war er Mitbegründer des »Deutschen Zentrums für Diabetesforschung e. V.« und ist dort als Vorstandsmitglied tätig. Prof. Hrabě de Angelis publizierte über 160 Originalarbeiten und ist Autor mehrerer Fachbücher. Er leitet Forschungsprojekte auf internationaler Ebene.

Themen

Systemische Analyse von biologischen Einheiten

Genom-Umwelt-Interaktion

Erfolg durch internationale Forschungsprojekte

Veröffentlichungen

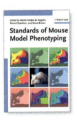

Lisse TS et.al., ER stress-mediated apoptosis in a new mouse model of osteogenesis imperfecta, PLoS, Genet. 2008 Feb; 4(2):e7

Referenzen und Kundenstimmen

Schofield P. et. al., Post-publication sharing of data and tools, Nature Vol 461, Sep. 10, 2009

Abbott A., The Check-up, Nature Vol 460, Aug. 20, 2009

Evers M., Der kleine Elefant. Spiegel-Extra München. Nr. 20/2009, 11. Mai, 2009

Degen M., Die Nächste bitte, DIE ZEIT, 23. März, 2006.

Auszeichnungen und Pressestimmen

Paula und Richard von Hertwig award for interdisciplinary research, 2003

»Incarico di Ricerca« CNR Italien, since 2001

»Best scientific consortium« German Human Genome Project Meeting-Verein zur Förderung der deutschen Genomforschung, 2000

Jackson Laboratories/NIH funded Postdoctoral Fellowship, 1996–1997

»Deutsche Forschungsgemeinschaft« Postdoctoral Fellowship, 1994–1996

»summa cum laude« for overall performance in Ph.D. Program (Dr. rer. nat.), Philipps-Universität Marburg, Deutschland, 1994

RENÉ E. HUBER

Themen

Sales-Excellence, die Erfolgsregeln der Profis

In jedem steckt ein Gewinner

So gewinnen Sie jede Verkaufsverhandlung

Kundenloyalität und Kundenzufriedenheit

Veröffentlichungen

Kurzbiografie

René E. Huber ist seit 15 Jahren selbstständiger Trainer und Speaker für Verkaufserfolg, Führung und Kommunikation. Davor war er über 20 Jahre bei IBM. Zehn Jahre im Verkaufsmanagement und vier Jahre als Leiter Ausbildung. Er ist seit 20 Jahren Mitglied im exklusiven Club 55, der Gemeinschaft europäischer Verkaufs- und Marketing-Experten, und seit zehn Jahren im Top-100-Club von Speakers Excellence.

Seine Spezialgebiete sind die Neukundengewinnung, Verkaufsmotivation, Persönlichkeitstraining und Serviceoptimierung. Zu diesen Themen hat er mehrere Bücher, Hörbücher und DVDs veröffentlicht. Er referiert und publiziert regelmäßig zu diesen Themen im In- und Ausland.

René Huber ist ein Mann der Praxis. Er nennt die Dinge beim Namen und in seinen Vorträgen und Seminaren spüren Sie, dass er selber erlebt hat, wovon er spricht. Besonderheiten seiner Arbeit sind die Entwicklung neuer Techniken zur Verbesserung der Motivation und Effizienz im Verkauf.

Referenzen und Kundenstimmen

»Vielen Dank für Ihr megastarkes Referat auf unserer Kundentagung.« *H. Pavesi, Verkaufsleiter Honeywell*

»Dank den Trainings mit René Huber bringen unsere Verkäufer endlich die PS auf den Boden.« *H. Koening, Leiter International Sales Training, Ciba*

»Das Seminar ›So gewinnen Sie jede Verkaufsverhandlung‹ vom Januar 2009 war mit 9,5 von 10 Punkten das bisher bestbeurteilte offene Seminar.« *Euroforum*

Auszeichnungen und Pressestimmen

»Der frühere IBM-Manager René E. Huber lehrt praxisnahe und umsetzbare Inhalte, die Gold wert sind in Führung und Verkauf.« *W. Riedi, Redaktor Handelszeitung*

»René Huber ist ›DER Spezialist‹ für erfolgreiche Neukundengewinnung und Verkaufsmotivation.« *Amalthea-Signum Wirtschaftsverlag München*

Auszeichnung zum Top-Keynote-Speaker unter den Top 100 der perfectspeakers.eu, 2009 – Auszeichnung zum Qualitätsexperten 2009 durch das Qualitätsnetzwerk der Erfolgsgemeinschaft.com

MARTIN HUBERT

Themen

Strategisches Marketing im digitalen Informationsraum

Trends und Strategien im Performance-Marketing-Umfeld

Kurzbiografie

Martin Hubert (46) ist seit Januar 2009 Geschäftsführer des Performance-Marketing-Spezialisten eprofessional. Das Unternehmen wurde 1999 gegründet und ist heute eine der führenden Agenturen für Performance-Marketing in Europa. Der Diplom-Physiker gründete bereits 1992 ein Unternehmen mit dem Schwerpunkt digitale Kommunikation und baute dieses erfolgreich auf. Im Jahre 2000 übernahm er einen Vorstandsposten bei Kabel New Media. Martin Hubert war seit 2001 CEO der Interone und hat die erfolgreiche Entwicklung der Agentur entscheidend geprägt. Als Holding-Partner der BBDO-Gruppe Deutschland, Mitglied des Strategy Board der BBDO Worldwide und CEO der Interone trug Martin Hubert maßgeblich zur Etablierung digitaler Kommunikations- und Absatzkanäle in Europas führenden Unternehmen bei.

Referenzen und Kundenstimmen

Während seiner Berufslaufbahn betreute Hubert diverse Marken wie z. B. BMW, MINI, Boehringer Ingelheim, E-Plus, Deutsche Post, DHL, Lufthansa, Adidas, AOL sowie Ebay

DIMA, Außenhandelstage der IHKs Deutschlands, OMD, Deutscher Lebensmitteltag des BVE, BDI für verschiedenste Veranstaltungen, DDV (Dialogmarketing Verband), Marketing Club Hamburg, Innovation Day Postbank, DMEXCO, Medientage München

SABINE HÜBNER

Themen

Service macht den Unterschied
Wie Kunden glücklich und Unternehmen erfolgreich werden

Gelebte Servicekultur. Vom Wunsch zur Wirklichkeit
Service darf kein Zufall sein

Service schlägt Preis.
Qualität als entscheidender Wettbewerbsfaktor

Nachhaltige Unternehmenskultur – die Grundlage für den Geschäftserfolg
Eine starke Unternehmenskultur bedeutet Vorsprung.

Veröffentlichungen

Kurzbiografie

Wenn in den Chefetagen großer Konzerne und des Mittelstands das Schlagwort »Serviceverbesserung« fällt, dann steht ihr Name ganz oben auf jeder Liste der Spezialisten und Berater. Sabine Hübner ist erfolgreiche Unternehmerin und Praktikerin durch und durch. Sie gehört zum Referentenpool »Von den Besten profitieren« und zum Kreis der »Top 100 Excellent Speaker«. 2009 und 2010 wurde sie mit dem Conga Award ausgezeichnet, Pro7 bezeichnet sie als »Serviceexpertin Nr. 1 in Deutschland«, und das Magazin Focus zählt sie zu den »Erfolgsmachern«. Sabine Hübner besticht durch ihren kurzweiligen, beispielreichen und charmanten Vortragsstil. Sie macht Serviceaspekte erlebbar und begeistert ihre Teilnehmer nachhaltig für einen veränderten Blickwinkel. Ihre Vorträge geben Anstöße für eine neue, außergewöhnliche Servicekultur und Beziehungsqualität. Namhafte nationale und internationale Unternehmen verlassen sich auf ihre Empfehlungen.

Referenzen und Kundenstimmen

Zu ihren Kunden zählen namhafte Unternehmen wie:
Allianz, BASF, BayWa, BMW, Brax, comdirect, Deutsche Bank, Diakonisches Werk, DSL-Bank, Haema, Henkel, John Deere, Klingele Papierwerke, Klinikum Nürnberg, Land Rover, L'Oréal, Lufthansa, MHK, Miele, Postbank, RWE, Schindler Deutschland, Schwarzkopf, Strabag, Swisscom, Techem, T-Mobile, UBS, Winkhaus, Zurich AG

»Herzlichen Dank für alles. Mit Ihrem Charme und Ihrer unbestrittenen Kompetenz haben Sie das Publikum gefesselt.«
G. Zenhäusern, KUONI Reisen AG

»Sie haben mit Ihrem Vortrag den Nerv der Teilnehmer perfekt getroffen und maßgeblich dazu beigetragen, dass das Zukunftsforum ein voller Erfolg war. Die Teilnehmer waren begeistert!«
K. Stolzenberger, Uzin Utz AG

»Rundum schwärmen die Mitarbeitenden vom Anlass; insbesondere Sie waren das Highlight des Tages. Unvergessen bleiben Ihre Geschichten. Sie können versichert sein, dass Sie bei uns positive Emotionen geweckt haben und wir Sie jederzeit anderen Kunden empfehlen können.« *B. Zollinger, Zürcher Kantonalbank*

Auszeichnungen und Pressestimmen

- »Serviceexpertin Nr. 1 in Deutschland« *Pro7*
- Excellence Award von Unternehmen Erfolg®
- Conga Award 2009 und 2010 in der Kategorie »Referenten/Trainer«
- Perfect Speaker

PROF. ULRICH HUMMEL

Themen

Führung und Verantwortung in der heutigen Arbeitsgesellschaft

Ethik und Gewinn
Unternehmensethik in der Praxis

Alle sprechen von Teamarbeit ...

Wirtschaft und Soziales – Ein Widerspruch?

Veröffentlichungen

Kurzbiografie

Prof. U. Hummel war damals der jüngste Professor Baden-Württembergs. Dabei galt er schon als junger Mensch als jemand, der hinter die Kulissen schauen wollte. So setzt sich seine Studienzeit auch aus mehreren Studiengängen zusammen. Immer wieder war er dabei aber auch in der Praxis tätig. So vermag er Themen immer auch mit einem gesunden Praxisbezug darzustellen.

Seine Beschäftigung mit Psychologie, Betriebswirtschaft, Soziologie, Psychotherapie, Mediation und Erziehungswissenschaft scheint genau die wissenschaftliche Mischung zu sein, aus der er so vielperspektivisch auch andere Menschen faszinieren vermag.

Besonders zeichnet ihn sein interdisziplinäres Denken aus, das auch seine Reden auszeichnet. Er vermag unterschiedlichste wissenschaftliche und theoretische Konzepte so illustrierend und auch motivierend darzustellen, dass die Zuhörer nicht nur humorvoll unterhalten werden, sondern tatsächlich auch jeweils einen Mehrwert – einen Lernfortschritt – erfahren.

Prof. U. Hummel weckt Interesse, stellt unterschiedliche Sichtweisen zu seinen Themen aus interdisziplinären Blickwinkeln dar, ist motivierend und sehr humorvoll.

Die Sichtweisen aus den Unternehmen sind ihm bekannt aus vielen Seminaren mit dem Top-Management. In langjähriger Consulting-Tätigkeit erreichte er hohe Anerkennung und die gesunde Sicht für das Reale und Machbare.

Dabei ist er sehr anpassungsfähig an Sprachlichkeit und Fachlichkeit.

Seine Bücher beziehen sich ebenso auf unterschiedliche Themenbereiche: Psychologie, Qualitätsmanagement oder Wissenschaftstheorie.

Seine unternehmensberaterische Tätigkeit bezieht sich schwerpunktmäßig auf die Führungskräfte, die Organisation, Qualität, die Unternehmensstrategie, die Unternehmenskultur, Veränderungsprozesse und das positive Verändern von Konflikten.

Prof. U. Hummels motivierende Kompetenz wird immer wieder abgerufen von großen Unternehmen. Er vermag spezielle Fragestellungen ebenso zu bearbeiten wie auch allgemeine. Sein Engagement in der Steinbeis-Stiftung Baden-Württemberg und an verschiedenen Hochschulen unterstreicht Hummels strategisches Arbeiten.

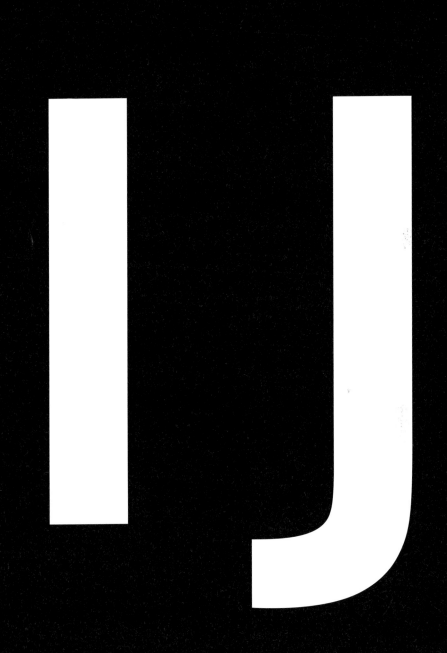

FRAUKE K. ION

Themen

Motivorientiertes Führen

Personal- und Teamentwicklung mit dem Reiss Profile

Work-Life-Balance mit dem Reiss Profile

Corporate Flow
Vom Bedürfnis zum Ergebnis

Veröffentlichungen

Kurzbiografie

Frauke Ion ist seit 1988 als Consultant, Trainerin, Vortragsrednerin, Autorin und Business-Coach tätig. Sie blickt auf eine langjährige Führungserfahrung in weltweit agierenden Konzernen zurück. Im In- und Ausland hat sie für Unternehmen wie Mövenpick, Sheraton, NUR Touristik, Intercontinental, Marriott und FranklinCovey in leitender Funktion, u. a. als Personalleiterin (8 Jahre) und Geschäftsführerin (5 Jahre), gearbeitet. Ihre Kompetenz basiert auf hochwertigen Trainerausbildungen in den USA und in Deutschland. Sie ist zertifiziert für verschiedene Kommunikations- und Management-Programme, z. B. Persolog Persönlichkeitsmodell (DISG), Insights Discovery sowie die Programme von FranklinCovey. Sie ist ausgebildeter Business-Coach und Reiss Profile Master. Seit 2005 leitet sie ihre eigene Beratungs- und Trainingsfirma ion international und ist gleichzeitig Mitinhaberin des Instituts für Lebensmotive in Köln. Frauke Ion arbeitet zweisprachig in Deutsch und Englisch, entwickelt maßgeschneiderte Personalentwicklungs- und Trainingskonzepte und ist Mitglied in verschiedenen Trainer- und Consultant-Netzwerken. Ihre besondere Leidenschaft gilt der Konzeption, Umsetzung und Moderation von Führungskräfte-Veranstaltungen und Unternehmensevents aller Art.

Referenzen und Kundenstimmen

Deutsche Bahn AG, RWE Systems, Toshiba Europe GmbH, Franklin-Covey Leadership Institut GmbH, Magna Cosma Europe, ecos Office Center GmbH & Co. KG, Renaissance Hotels & Resorts, access KellyOCG AG, Ballwanz Immobilien GmbH & Co. KG, DATALOG Software AG, DIREVO Industrial Biotechnology GmbH, Management Circle, Kraft Foods Deutschland, Peek & Cloppenburg

»Sie ist sehr aktiv bei der ganzen Sache dabei, gibt viele praxisbezogene Tipps und man hat genug Zeit für die ganzen Übungen in der Praxis. So kann man das Ganze auch gut umsetzen.« *Jörg Welsch, Head of Sales, Toshiba Europe GmbH*

»Kompetent, locker, erfrischend, bringt mich inhaltlich weiter.« *Thomas Friedrich, Head of Affiliate Business, Toshiba Europe GmbH*

»Sie haben erreicht, dass wir durch Teambuilding, Analysen und Zielsetzungen die richtige Strategie für unser Haus entwickelten ... Ohne Ihre Unterstützung und Ihr Konzept, das komplett auf unsere Wünsche abgestimmt war, hätten wir dies nicht mit großem Erfolg durchführen können.« *Sabine Rahmel, General Manager Renaissance Karlsruhe Hotel*

EDGAR ITT

Themen

Olympia steckt in jedem
Inspiration und Motivation

Veröffentlichungen

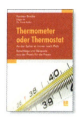

Kurzbiografie

Edgar Itt, Inhaber der »Edgar Itt Group – Coaching for Leadership«, deckt die Bereiche Vorträge, Seminare, Coaching für Unternehmen ab.

Ausbildung: Dipl.-Kaufmann BWL

Sportliche Karriere:
- 1986 Bronzemedaille Juniorenweltmeisterschaften
- 1988 Olympia-Bronzemedaille, 4 x 400 m, Seoul/COR
- 1989 1. Platz Europacup, 400 m, Gateshead/GBR
- zweifacher Vize-Europameister
- mehrfacher Deutscher Meister

Berufliche Karriere:
- 1997 – 1998 Saatchi & Saatchi: Aufbau der Unit »Sports Connection«
- 1998 – 2000 Leitung der Abteilung »Sponsoring, Sport & Musikmarketing«
- seit 2000 ist Edgar Itt, Inhaber der »Edgar Itt Group – Coaching for Leadership«

Ehrungen:
»Silbernes Lorbeerblatt« der Bundesrepublik Deutschland

Referenzen und Kundenstimmen

»... unsere Führungskräfte haben Sie mit Ihrem Vortrag ... sowohl in Bewegung als auch zum Nachdenken gebracht! Die zentralen Aspekte ›Erfolg beschleunigen‹, ›Die Macht positiven Glaubens‹ und ›Techniken des Erfolgs‹ haben Sie mit olympischem Leben erfüllt. Die aussagekräftigen Bilder haben alle in ihren Bann gezogen. Ihre Worte klingen immer noch nach.« *WWK Allgemeine Versicherung AG*

»Durch Ihr großes persönliches Engagement haben Sie entscheidend dazu beigetragen, dass dieser Tag tatsächlich ein wirklich glücklicher und rundum gelungener ›Geburtstag‹ für unsere große Vermarktungsorganisation wurde. Das Fundament für den Erfolg der Zukunft ist gelegt, und ohne Sie wäre uns das so nicht gelungen.« *Axel Springer AG*

»Mit Ihrer herausragenden persönlichen Präsenz sind Sie bei den Teilnehmern auf höchste Resonanz gestoßen. Sie haben einen inspirierenden und sehr nachhaltigen Eindruck bei den über 140 Teilnehmerinnen und Teilnehmern hinterlassen.« *Barmer Ersatzkasse Hessen*

»Die Art und Weise Ihres Vortrages hat uns geholfen, nach einem arbeitsreichen Tag nochmals ganz andere Perspektiven in unserem Denken aufkommen zu lassen. Der Einfluss war bereits am nächsten Tag zu spüren. Irgendwie hing das Motto ›Unmögliches möglich machen‹ über uns.« *DekaBank*

»Sie haben es hervorragend verstanden, die anwesenden Unternehmerinnen und Unternehmer sowie die Vertreter der Behörden und der Kommunalpolitik mitzureißen und zu begeistern. Diese erfrischende Mischung aus Information und Inspiration hat maßgeblich zum Gelingen des Abends beigetragen.« *VR-Bank NordRhön eG*

ROLAND JÄGER

Themen

Konsequent handeln und führen

Ausgekuschelt
Der Mythos Mitarbeiterloyalität

Klartext reden
Mitarbeitern charmant auf die Füße treten

Low Performer auf Kurs bringen

Veröffentlichungen

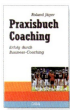 

Über 150 Fachartikel zu den Themen Führung, Change- und Selbstmanagement

Kurzbiografie

Roland Jäger wurde 1962 in Frankfurt geboren. Nach einer Banklehre sammelte er erste Berufserfahrung bei einer Sparkasse. Ab 1987 war er für zehn Jahre in einer renommierten Privatbank, zuletzt in deren Management, tätig. Von 1987 bis 1991 studierte er berufsbegleitend Betriebswirtschaft. Zahlreiche Weiterbildungen in Changemanagement, NLP, Training und Moderation sowie Coaching folgten. Seit 1997 berät, coacht und trainiert er Führungskräfte und deren Unternehmen: sechs Jahre für eine bedeutende Unternehmensberatung, seit 2002 als Inhaber der »rj management – konsequent führen« in Wiesbaden. Er ist zudem systemischer Berater und ausgebildeter Spontanschauspieler.

Neben seinen Vorträgen bietet er Beratungs- und Trainingsleistungen rund um das Thema »konsequent führen« an. Sein Credo: Erfolge fallen nicht vom Himmel – sie sind das Ergebnis konsequenten Handelns im Führungs- und Betriebsalltag.

Als langjährige Führungskraft, routinierter Trainer und Berater weiß er: Das Durchbrechen gewohnter Routinen und Verhaltensmuster ist schwer und Erfolge sind das Ergebnis hartnäckiger und ausdauernder Arbeit. Entsprechend viel Wert legt er auf die konsequente Umsetzung.

Roland Jäger bezieht Position und provoziert zuweilen. Zugleich inspiriert und unterstützt er die Teilnehmer, mentale Barrieren zu überspringen.

Referenzen und Kundenstimmen

Zu seinen Kunden zählen u. a. ABN AMRO, Bayer, BMW Bank, Commerzbank, Clariant, Credit Suisse, Deutsche Bank, Deutsche Börse, DekaBank, DZ Bank, Schufa, T-Systems, TUI und UBS.

»Benennt schonungslos typische Führungsschwächen und zeigt Wege aus der Kuschelzone.«

»Er überzeugt durch seinen lebhaften Vortragsstil, erfrischende Provokationen und eine prägnante Darstellung der Sachverhalte.«

Auszeichnungen und Pressestimmen

»Führungskräfte (...) sollen lieber mal ordentlich auf die Pauke hauen. Wie das klingt, macht er gleich selber vor: An knackigen Sprüchen mangelt es ihm wahrlich nicht. (...) Seine Botschaft steht so konträr zum Mainstream, dass ein bisschen Übertreibung nötig ist, damit sie überhaupt gehört wird. Mit gezielten Provokationen sticht Jäger gegen kaum je hinterfragte Arbeitsideale (Kreativität! Loyalität! Solidarität!) und lässt die Luft aus hohlen Wohlfühlphrasen.« *get abstract, Luzern, November 2009*

»Denn wer stets nett ist und lobt, Konflikten ausweicht, sich vor unangenehmen Entscheidungen drückt und führungsbedürftige Mitarbeiter nicht kontrolliert, schadet den Unternehmensergebnissen und bringt den Mitarbeitenden keinen Respekt und letztendlich Wertschätzung entgegen.« *io Management, Zürich, November 2009*

MARGARET JANKOWSKY

Themen

Developing cultural intelligence.
Learn how to avoid cultural obstacles and pitfalls and do business in and with other cultures

You know you are Irish when ...
Learn how to be self aware and other aware and feel at ease wherever you are in the world.

Capturing your intercultural audience.
Learn how to speak to intercultural audiences and get the desired result.

Kurzbiografie

Margaret Jankowsky, die Auslandsexpertin für interkulturelle Kommunikation, 1955 in Dublin Irland geboren, war schon als Kind neugierig auf fremde Sprachen und Kulturen. Ihre mehrsprachig und multikulturell geprägte Familie gab ihr viele Gelegenheiten und Impulse, die sie zielstrebig zu ihrem Beruf führten – der für Margaret Jankowsky auch ihre Berufung ist. Ihre Leidenschaft ist es, die Kulturen andere Länder zu erforschen, zu verstehen und ihr Wissen darüber weiterzugeben.

Als zertifizierte Interkulturelle Trainerin und Coach hält sie Vorträge, Seminare, Workshops und gibt Einzelcoachings, die sich mit den spannenden Fragen auseinandersetzen: »Warum sind die Anderen nicht wie wir? Wie kann ich lernen, meine und die andere Kultur miteinander in Einklang zu bringen?« Da Margaret Jankowsky Englisch, Deutsch und Spanisch fließend spricht, gestaltet sie ihre Arbeit in diesen drei Sprachen.

Margaret Jankowsky hat in vier Ländern – Irland, England, Bolivien und Deutschland – gelebt. Hierdurch hat sie hautnah erleben können, wie unterschiedlich die Menschen sind und wie leicht es beim Zusammentreffen der Kulturen zu Missverständnissen kommen kann. In über 15 Ländern, von der Ukraine bis Uruguay, hat sie bis jetzt ihre Erfahrungen weitergegeben. Margaret Jankowsky hilft Führungskräften in Wirtschaft, Handel und Banken dabei, ihre Präsentationen auf die Zielkultur zuzuschneiden. Margaret Jankowsky sorgt dafür, dass ihre Botschaft die Augen und Ohren sowie den Verstand und die Herzen ihrer internationalen Zuhörer erreicht.

Margaret Jankowsky ist Mitglied in mehreren internationalen Netzwerken, z. B., Toastmasters International, German Speakers Association und Business Network International. Sie hat ein transatlantisches Netzwerk, Crossing Bridges, ins Leben gerufen und ist Vorsitzende von ANKO e. V., Atlanta Nürnberg Komitee.

Ihr Lebens- und Arbeitsmotto lautet: »Überraschung und Verwunderung sind der Anfang des Begreifens.« Jose Ortega y Gasset

Alle Seminare, Vorträge und Workshops werden in Englisch, Spanisch und Deutsch gehalten.

Referenzen und Kundenstimmen

»Margaret Jankowsky hält keine Rede – sie erzeugt Kopfkino. Sie stellt Fragen, sie irritiert, provoziert und erzeugt Gefühle. Und nach dem Vortrag geht man mit erwärmtem Herz nach Hause.« *Andi Geisler, Vorstand der Wirtschaftsjunioren Nürnberg*

»Margaret Jankowsky bereitete mich optimal darauf vor, die ›landestypischen Signale‹ meines Publikums zu erkennen und richtig zu deuten.« *Dr. Christine Varga, Rechtsanwältin*

BENEDIKT JANSSEN

Themen

Wer nur Fakten reiht, bleibt blass
Überzeugungskraft durch emotionale Kommunikation

Liebend verkaufen
Vertriebserfolg im Verdrängungswettbewerb

Positive Kommunikation
Die Feinheit macht den Unterschied

Die Balsamschleife™
Kommunikationsmittel zur Konfliktlösung

Kurzbiografie

Benedikt Janssen, geboren 1980 in Kleve, fand als bislang jüngster Trainer den Weg zum renommierten Horst Rückle Team (hr TEAM). In dem seit mehr als 40 Jahren erfolgreich tätigen Trainings- und Beratungsunternehmen aus Böblingen zählte er auf Anhieb zu den am besten bewerteten Trainern. Er versteht es, Teilnehmer für neue Ideen zu öffnen, zur Weiterentwicklung zu motivieren und ins Handeln zu bringen. Seine Spezialgebiete sind Kommunikation, Vertrieb sowie Zeit- und Selbstmanagement.

Der diplomierte Betriebswirt konnte nach seinem Studium in Stuttgart und London in mehrjähriger Vertriebstätigkeit sehr gute Verkaufsergebnisse erreichen und bei der Durchführung von Großgruppenseminaren konstant Bestbewertungen erzielen.

Benedikt Janssen hat bereits als Jugendlicher bei Aufbau und Leitung einer regional viel beachteten Nachwuchsorganisation gezeigt, dass er Menschen für neue Ideen und Projekte gewinnen kann.

Seine authentischen Vorträge und Trainings sind praxisnah, humorvoll, motivierend und mit eingängigen Beispielen unterlegt.

Referenzen und Kundenstimmen

»Hervorheben möchte ich Ihren Vortragsstil, der die Teilnehmer einbindet und an dem man merkt, dass es Ihnen um die Inhalte und die persönliche Entwicklung der Teilnehmer geht. Ich war mit der Zusammenarbeit sehr zufrieden.« *Dr. Klaus Vogt, Leiter der Wirtschaftsförderung Stuttgart*

»Er versteht es, die Zuhörer einzubeziehen und die Inhalte authentisch und humorvoll zu vermitteln. Durch seine Sprachgewandtheit und Überzeugungskraft aus seinem persönlichen Lebensweg heraus hat er die Gabe, andere mitzureißen.« *Sönke A. Siegmann, Stv. Betriebsratsvorsitzender der buw Unternehmensgruppe*

»Sie konnten die Seminarinhalte glaubwürdig vermitteln und die Teilnehmer durch Ihre engagierte und motivierende Art für das Thema gewinnen. Ihre Eloquenz und stimmliche Variationsmöglichkeit haben während der gesamten Schulung die Aufmerksamkeit der Teilnehmer hochgehalten. Nicht zuletzt durch Ihre natürliche Ausstrahlung und Ihren Humor hat mir das Seminar sehr viel Spaß gemacht.« *Anne Kühl, Inhaberin von sprechtrainerin.de*

»Sehr erfrischend war Ihre Bereitschaft und Fähigkeit, auf die unterschiedlichen Teilnehmer und deren Belange einzugehen, nicht zu vergessen Ihre generell motivierende Art und praxisnahen Beispiele.« *Alexander Klein, Bayerische Hypo- und Vereinsbank AG*

»Mit Herrn Janssen habe ich einen in jeder Hinsicht vertrauenswürdigen und loyalen Menschen kennengelernt, den große Zuverlässigkeit, Selbstständigkeit, Lernfähigkeit und Motivation auszeichnen.« *Prof. Dr. Joachim Weber, Direktor Berufsakademie Stuttgart*

HEIKO JANSSEN

Themen

Verkaufen als Prozess der Vertrauensbildung

Nachhaltige Vertrauensbildung – aber wie?

Kurzbiografie

Heiko Janßen, 1966 geboren in Aurich; Diplom-Kaufmann und zertifizierter Coach nach Hephaistos, Coaching-Zentrum, München, anerkannt vom DBVC.

Nach dem betriebswirtschaftlichen Studium war er in unterschiedlichen Funktionen in Unternehmen der Versicherungs- und Finanzdienstleistungsbranche tätig und erwarb sich dort großes Fachwissen: So bewertete und zeichnete er Industrierisiken für einen amerikanischen Konzern, betreute Makler, beriet als Consultant für einen großen deutschen Unternehmensberater Versicherungsgesellschaften und unterstützte als Vermögensberater vermögende Privatkunden. Später entwickelte er bei einem Direktversicherer als Produktmanager neue Versicherungsprodukte. Zuletzt war Janßen im Vertrieb eines britischen Industrieversicherungsmaklers tätig und beriet dort die Geschäftsführungsebenen des deutschen Mittelstands.

Seine Vertriebserfahrungen konnte er in seinen Ausbildungen zum Coach reflektierend einbringen und konzeptionell weiterentwickeln.

Aufgrund seiner gesammelten Erfahrungen steht für ihn die wertschätzende Vertrauensbildung und Kontaktfähigkeit von Vertriebsleuten an erster Stelle im Verkaufsgespräch. Die Frage, wann der Kunde etwas kauft und auf die angebotene Dienstleistung eingeht, steht bei ihm im Fokus seiner Arbeit. Seine Philosophie lautet: »Wer Menschen berührt, kann bewirken, dass sie sich öffnen, wer sich öffnet, kann vertrauen, und wer vertraut, lässt sich ein.« Zukünftig möchte er sein erworbenes Wissen an seine Klienten in Coachings, Trainings und Beratungen weitergeben.

SVEN GÁBOR JÁNSZKY

Themen

Lebenswelten 2020

Kundendialog 2020

Von Bodytuning zum Hirndoping

Die Wirtschaft braucht Regelbrecher!

Veröffentlichungen

Rulebreaker – Wie Menschen denken, deren Ideen die Welt verändern

Jánszky ist Autor zahlreicher Artikel und Kolumnen zu Lebenswelten und Geschäftsmodellen der Zukunft

Kurzbiografie

Sven Gábor Jánszky ist der innovativste Trendforscher Deutschlands. Der Diplom-Journalist mit Lehraufträgen an mehreren Universitäten, Schulen und Instituten ist Gründer der Medien-Politik-Beratung MDKK und leitet den kreativen 2b AHEAD-ThinkTank. Zusammen mit über 200 der wichtigsten deutschen Unternehmen analysiert Zukunftsforscher Sven Gábor Jánszky jährlich die aktuellen Entwicklungen und konstruiert die künftigen Lebens- und Geschäftswelten in einem Jahrzehnt.

Sven Gábor Jánszky ist der Autor des neuesten Trendbuchs »2020 – So leben wir in der Zukunft« sowie gefragter Interview-Experte in Deutschlands wichtigen Wirtschaftsmedien (u.a. Handelsblatt, Financial Times, FAZ, Wirtschaftswoche) und im Fernsehen.

5 Sterne Redner Sven Gábor Jánszky setzt seine Themenschwerpunkte auf Geschäftsmodelle und Lebenswelten der Zukunft. Er ist ein faszinierender Visionär. Seine Vorträge zeigen neue künftige Welten. Der Zukunftsforscher Jánszky spricht über visionäre und revolutionäre Ideen, innovative Konzepte und Inspirationen aus und für verschiedenste Branchen. Der innovative 5 Sterne Redner bietet mit seinen Vorträgen unvergessliche Erlebnisse, die einen ideal auf die Zukunftstrends der nächsten Jahre und Jahrzehnte vorbereiten.

Als Berater und Trainer coacht Jánszky Manager in Prozessen des Kreativitätsmanagements, Trend- und Innovationsmanagements, leitet und moderiert Kreativprozesse zu Produktentwicklung und Geschäftsmodellen der Zukunft. Er ist Autor zahlreicher Artikel zu Lebenswelten und Geschäftsmodellen der Zukunft und gefragter Keynote-Speaker auf Kongressen.

Referenzen und Kundenstimmen

»Der Vortrag von Herrn Jánszky im Rahmen unserer Strategieklausur war ausgesprochen inspirierend und aufschlussreich. Mit einem gelungenen Mix aus Unterhaltung und Information hat uns Herr Jánszky für eine Stunde in die Welt von 2020 entführt – das hat uns einen spannenden Ausblick mit vielen Anregungen für unsere Arbeit gegeben.«
Mathias Hüske, Leiter Online- und Agenturvertrieb, Deutsche Bahn Vertrieb GmbH

»Für mich war es ein sehr interessanter und inspirierender Tag! Vor allem auch zu sehen, wie intensiv die Gruppe am Nachmittag diskutiert und gearbeitet hat, das war ziemlich neu. Ich habe viele Aufgaben mitgenommen und hoffe, dass wir den Funken gut weitertragen können.«
Christiane Behrendt, Knauf Gips KG

Referenzen:
- Deutsche Bahn
- Deutsche Bank
- DKV
- E.ON Energie
- EnBW
- Haufe Fachmedien Verlag
- Knauf Gips
- Wienerberger

GERHARD A. JANTZEN

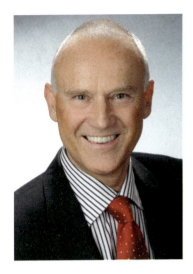

Themen

Erfolgsfaktor Verhandeln
Es geht um IHR Leben

Verhandeln auf der Basis des Harvard Konzepts
Win-win ist möglich

Mut zur Entscheidung
Schneller sein im Besser-Werden

Was Verkäufer über Einkäufer und den Einkauf wissen müssen
Wie tickt der Einkäufer wirklich?

Veröffentlichungen

Das EKV Prinzip
Persönlichkeitsentwicklung und Selbstcoaching

Hörbuch »Verhandeln – so geht´s«
erschien 2010

Kurzbiografie

Gerhard A. Jantzen führt seit 25 Jahren Seminare, Coachings und Beratungen durch. Er ist Gründer und Geschäftsführer der implus Trainings AG, Widnau-Schweiz, mit mehreren Niederlassungen in Deutschland und gehört zu den profiliertesten Trainingsunternehmer am Markt. Bis heute hat er über 1850 Seminare, Vorträge und Coachings durchgeführt. Nach seinem Studium der Betriebswirtschaftslehre und Psychologie und Ausbildungen als Maschinenbauer und Groß- und Außenhandelskaufmann war er in verschiedenen Positionen als Verkaufsleiter, Vertriebsleiter und Geschäftsführer tätig. Ein eigenes Unternehmen in der Nahrungsmittelbranche baute er in sechs Jahren auf einen zweistelligen Millionenumsatz mit über 100 Mitarbeitern aus. Nach dessen Verkauf und einer Ausbildung zum Trainer und Berater spezialisierte er sich auf das Training von Fachkräften, Verkäufern und Führungskräften im Bereich Verhandlungstechniken, Verkaufen, Persönlichkeitsentwicklung und Entscheidungstechniken. In vielen Begleitungen hat er Firmen in schwierigen Entscheidungs- und Verhandlungssituationen strategisch unterstützt, gecoacht und Verhandlungsführer ausgebildet.

Gerhard Jantzen ist der anerkannte Experte für Verkaufen, Entscheiden und Verhandeln. In seinen Beratungen hat er ein professionelles Praxis-Know-how aufgebaut, von dem Sie profitieren werden. Er ist kreativ, optimistisch und ein Visionär. Sein Charisma und mitreißender Trainings- und Vortragsstil bewirken bei seinen Zuhörern höchste Aufmerksamkeit und Umsetzungsenergie. Seine Vorträge zum Thema »Verhandeln« leben vom professionellen Auftreten, unerwarteten Effekten und begeisterten Zuhörern. Seine Kundenliste umfasst Dax-Unternehmen genauso wie KMUs und Kleinunternehmen.

Referenzen und Kundenstimmen

Angst + Pfister AG (Zürich, Wien), Apple Computer, AUGUST STORCK, Bayer AG, Brain LAB, Change Communication, Carl Zeiss AG, ci projektmanagement GmbH, Coko-Werk GmbH + Co. KG, Credit Suisse Asset Management GmbH, Demag Cranes, Deutsche Postbank AG, Jung DMS & Cie. Akademie, Eurotax Schwacke GmbH, EWS Kopiersysteme GmbH, Friedrichs & Rath GmbH, Hella GmbH. Sonnenschutztechnik (Österreich), Hochtief, Horizont Deutscher Fachverlag, IMI Norgren Buschjost GmbH, KSB AG, KSB Service GmbH, Monsanto Agrar Deutschland, Multident Dental GmbH, Neckermann, Ogilvy & Mather, Plana Küchenland, Pioneer Fonds Marketing GmbH, Pirelli RI, Publicis Werbung, RAU Arabella Sonnenschutztechnik GmbH, Robert Bosch Elektronik GmbH, Schaufler Group Medientechnik, SGL Carbon GmbH, Shell & DEA Direct GmbH, Techniker Krankenkasse, UBS Deutschland AG, Watt Energieversorgung, Wunderman

Auszeichnungen und Pressestimmen

Gewinner des Deutschen Trainingspreises in Gold

Best of Semigator, Top Speaker 2010

PROF. DR. THOMAS JENDROSCH

Themen

Impression Management 2.0
Wie Sie heute Eindruck machen, Aufmerksamkeit bekommen und Ausstrahlung gewinnen.

Trends im Kaufverhalten
Was das Marketing von heute über den Kunden von morgen wissen muss.

Die Psychologie erfolgreicher Partnerschaft
Betriebliche Prozesse und Strukturen auf Kundenkurs steuern.

Team-Psychologie
Die Neurosen der Chefs und die Marotten der Mitarbeiter.

Veröffentlichungen

Kurzbiografie

Prof. Dr. rer. oec. Thomas Jendrosch ist Medien-, Konsum- und Verhaltensforscher. Er ist ausgewiesener Marketing-Experte und gefragter Management-Trainer sowie Autor erfolgreicher Fach- und Ratgeberbücher:
- Geliebter Kunde, Weinheim 2010 (WILEY Verlag)
- Impression Management, Wiesbaden 2010 (Gabler Verlag)
- Kundenzentrierte Unternehmensführung, München 2001 (Vahlen Verlag)
- SexSells, Darmstadt 2000 (GIT Verlag)
- Projektmanagement, Bern 1998 (Verlag Hans Huber)
- Der programmierte Konsument, Darmstadt 1995 (GIT Verlag)

Vorträge werden auch zu folgenden wirtschaftspsychologischen Themen angeboten:
- Chefneurosen & Mitarbeitermarotten
- Charisma – Führen mit Ausstrahlung!
- Marketing 2015 – Was Kunden morgen mögen
- Moral oder Moneten? – Was Mitarbeiter von moderner Führung erwarten

Referenzen und Kundenstimmen

Vorträge bei Verbänden, auf Fachkonferenzen und in Unternehmen (Management Circle, Marketingverband, Kommunikationsverband, Fresenius, Otto, BDW, RAG, Telekom usw.)

Auszeichnungen und Pressestimmen

Sat 1, WDR, MDR, SR, HR, Handelsblatt, Financial Times Deutschland, Wirtschaftsbild, Rheinische Post, Salzburger Nachrichten, Süddeutsche Zeitung, Psychologie heute, Stern, Der Handel, Frankfurter Rundschau sowie diverse Fachmagazine

PETER JESCHKE

Themen

Ganz einfach gut führen

Was Menschen bewegt

Den Leistungsturbo zünden

Zeit- und Selbstmanagement

Veröffentlichungen

Zahlreiche Artikel in der Fachpresse für Druck und Medien
u. a.: Erfolgsfaktor Personalentwicklung, Die Kunst der guten Führung, So schaffen Sie Effizienz

Kurzbiografie

Peter Jeschke, 1959 geboren, studierte »Verfahrenstechnik Papier-Kunststoff« (Dipl.-Ing.) und absolvierte ein weiteres Studium zum Diplom-Wirtschaftsingenieur. Nach seinem Berufsstart bei einem renommierten Etikettenhersteller wechselte er 1991 zu GC Graphic Consult, einer Münchner Unternehmensberatung, die sich auf Managementberatung in der Druck- und Medienbranche konzentriert. Dort ist er seit 1994 geschäftsführender Gesellschafter mit den Beratungsschwerpunkten Strategie, Organisation, Vertrieb, Personalentwicklung, Sanierung. Seit 17 Jahren wird ein Top-Branchenevent mit circa 150 Führungskräften unter seiner Federführung organisiert.

Darüber hinaus ist er engagiert als Lehrbeauftragter der Hochschule der Medien, assoziiertes Mitglied des Fachverbandes der Faltschachtelindustrie (FFI) und Mitglied des Bundesverbandes deutscher Unternehmensberater.

Als Redner tritt er bei großen Events und Fachveranstaltungen der Druck- und Medienbranche auf. Seine Vortragsschwerpunkte liegen in den Bereichen Führung, Profilierung und Begeisterung, Verkauf und Marketing.

Auszeichnungen und Pressestimmen

»Am Führungssymposium von GC Graphic Consult trifft sich die Elite der Druck- und Medienindustrie zur Horizont-Erweiterung. Das professionelle Moderating, die internationalen Top-Referenten, die Praxisnähe und das unterhaltsame Rahmenprogramm charakterisieren den Anlass der Münchner Beratungsfirma, der sich vom Durchschnitt deutlich abhebt.« *viscom print & communication – 2006*

»Schon lange hat man an einem Management-Anlass nicht mehr so viele zufriedene Gesichter und leuchtende Augen gesehen ...« *viscom print & communication – 2009*

DR. WOLFGANG JESCHKE

Themen

Mit Erfolg aus der Krise

Den Besten geht es immer gut!

Differenzieren oder verlieren

Fachthemen der Druck- und Medienbranche

Veröffentlichungen

Zahlreiche Artikel in der Fachpresse für Druck und Medien, u. a.:

Grünes Profil schärfen
(zum Thema Klimaschutz in Deutsch und Englisch)

Mehr Umsatz dank neuer Vertriebsideen

Was Markenartikel so attraktiv macht

Private Equity – eine Chance für die Druckindustrie?

Die Grundregeln für einen Unternehmensverkauf

Kurzbiografie

Dr. Wolfgang Jeschke, 1962 geboren, studierte Betriebswirtschaft an der LMU München (Dipl.-Kfm.) und promovierte zum Dr. oec. publ. Nach mehreren Berufsjahren in einer Unternehmensberatung und einem großen Industriekonzern wechselte er 1998 zu GC Graphic Consult, einer Münchner Unternehmensberatung, die sich auf Managementberatung in der Druck- und Medienbranche konzentriert. Seit 2001 ist er geschäftsführender Gesellschafter der GC Graphic Consult München, seit 2008 geschäftsführender Gesellschafter der GC Graphic Consult Austria. Schwerpunkte seiner Beratungstätigkeit sind die Themenbereiche Strategie, Organisation, Vertrieb, Sanierung sowie Mergers & Acquisitions. Seit mehr als zehn Jahren ist er Ideengeber und Mitgestalter des GC-Führungssymposiums, einem Top-Branchenevent, der jährlich circa 150 Führungskräfte der Druckindustrie anzieht.

Darüber hinaus ist er engagiert als Lehrbeauftragter an der Fachhochschule München, Druck- und Medientechnik.

Als Redner tritt er im Rahmen des GC-Führungssymposiums sowie bei großen Events und Fachveranstaltungen der Druck- und Medienbranche auf. Seine Vortragsschwerpunkte sind Führung, Krisenmanagement sowie Fachthemen der Branche.

Auszeichnungen und Pressestimmen

»Am Führungssymposium von GC Graphic Consult trifft sich die Elite der Druck- und Medienindustrie zur Horizont-Erweiterung. Das professionelle Moderating, die internationalen Top-Referenten, die Praxisnähe und das unterhaltsame Rahmenprogramm charakterisieren den Anlass der Münchner Beratungsfirma, der sich vom Durchschnitt deutlich abhebt.« *viscom print & communication – 2006*

»Schon lange hat man an einem Management-Anlass nicht mehr so viele zufriedene Gesichter und leuchtende Augen gesehen ...« *viscom print & communication – 2009*

HEINZ DIETER JOPP

Themen

Sicherheitspolitische Risiken und Herausforderungen zu Beginn des 21. Jahrhunderts
Die Sicherheit der Seetransportwege

Krieg um Klima
Auswirkungen des Klimawandels

Milliarden für Rüstung

Bildungscontrolling
strategische Neuausrichtung der Generalstabsausbildung

Veröffentlichungen

Sicherheitspolitische Herausforderungen zu Beginn des 21. Jhdt. – neue Aufgaben für die Streitkräfte
Recht und Militär. 50 Jahre Rechtspflege der Bundeswehr, NOMOS, Baden-Baden 2006

Climate Change and Security in the 21st Century
Hexagon Series on Human and Environmental Security and Peace, Berlin-Heidelberg 2008

Europäisierung der Bundeswehr?
Streitkräfte zähmen, Sicherheit schaffen, Frieden gewinnen, NOMOS, Baden-Baden 2008

Kurzbiografie

Geboren: 15. Juni 1948 in Köln, Schulabschluss: Abitur Juni 1967, verheiratet, 3 Kinder

Militärischer Werdegang
- Nach Ausbildung zum Marineoffizier von 1967 bis 1970 folgte von 1971–1974 Studium Elektrotechnik, Fachrichtung Nachrichtentechnik an der Hochschule der Bundeswehr in München.
- von 1974–1982 folgten Verwendungen als Technischer Offizier, Inspektionschef Marineortungsschule und Staffelchef.
- 1982–1984 Teilnahme Admiralstabsoffiziersausbildung
- Nach dieser Ausbildung folgten Verwendungen von 1985 – 1987 als wissenschaftlicher Mitarbeiter bei der Stiftung Wissenschaft und Politik (SWP), S 3 – Stabsoffizier Technische Gruppe, Referent im Führungsstab der Streitkräfte, sowie Kommandeur Technische Gruppe im Marinefliegergeschwader 2.
- Nach einer Verwendung als Dozent Sicherheitspolitik an der Führungsakademie der Bundeswehr und Militärischer Berater bei der Ständigen Vertretung der BR Deutschland bei der OSZE
- folgten vom Juli 2000 bis Juni 2009 Verwendungen an der Führungsakademie der Bundeswehr als Kommandeur Stabsoffiziersgrundlehrgang/Führungslehrgang Streitkräfte, Chef des Stabes sowie Leiter Fachbereich Sicherheitspolitik und Strategie,
- seit 01.07.09 Gesellschafter des Instituts für strategische Zukunftsanalyse der Carl Friedrich von Weizsäcker-Stiftung.

Mitgliedschaft in: Deutsches Marine Institut, Clausewitz Gesellschaft, U.S. Naval Institute, Freundeskreis für die Ausbildung ausländischer Offiziere an der Führungsakademie der Bundeswehr in Hamburg, Carl Friedrich von Weizsäcker-Stiftung, 29.04.09 Gründungsgesellschafter des Instituts für Strategische Zukunftsanalysen (ISZA) der Carl Friedrich von Weizsäcker-Stiftung UG in Hamburg, Mitherausgeber der Vierteljahreszeitschrift Sicherheit und Frieden (bis Heft 03/2009)

Auszeichnungen und Pressestimmen

Bundesverdienstkreuz am Bande, Ehrenkreuz der Bundeswehr in Gold

ANN JUNK

Kurzbiografie

Ann Junk, geboren 1948, Dipl.-Psych., wohnhaft in Hamburg und Céret, Frankreich – therapeutische Tätigkeit im sozialen Bereich – mehrjährige Zusatzausbildung zur Sozialmanagerin – Konzipierung und Leitung eines der ersten Arbeitsbeschaffungsprojekte – Personalentwicklerin und Trainerin in einem internationalen Konzern – seit 1988 freiberufliche Trainerin und Beraterin von Organisationen im Profit- und auch Nonprofit-Bereich

Referenzen und Kundenstimmen

Bsb Bundesverband Sekretariat und Büromanagement, Bremen; Club d'Affaires franco-allemand, Toulouse, Frankreich; Handelskammer Hamburg: Hamburger Mediationstag; Hamburg-Mannheimer Versicherung, Hamburg; Messe Düsseldorf: Rationalisierungskuratorium der Deutschen Wirtschaft, NRW; Universitäten Kiel, Hamburg, Stuttgart

Auszeichnungen und Pressestimmen

Dem Nachwuchs aufs Pferd helfen, in: hamburger wirtschaft, 2/2005

»Sie können phantastisch zuhören und dann die Dinge haargenau auf den Punkt bringen – und alles so ›unakademisch‹.«

Themen

Mentoring als Führungsaufgabe

Coaching als Führungsinstrument

Mediation bei innerbetrieblichen Konflikten

Interkulturelles Management
speziell: deutsch-französische Zusammenarbeit (in deutscher oder französischer Sprache)

Veröffentlichungen

Sand im Getriebe
hamburger wirtschaft Nr. 12/05

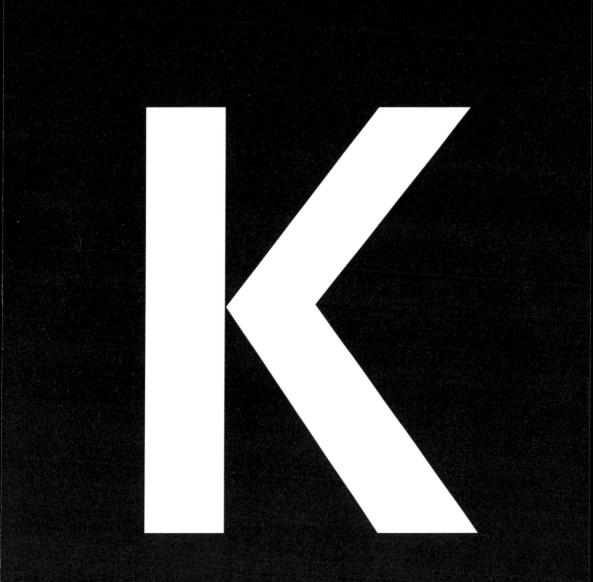

OLIVER KAHN

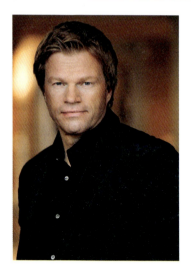

Themen

Die Kraft des Erfolges

Gestärkt aus der Krise hervorgehen

Die Philosophie der Nr. 1

Ich schaff's
Motivation von Jugendlichen

Veröffentlichungen

Ich. Erfolg kommt von innen
von Oliver Kahn

Nummer 1
von Oliver Kahn

Kurzbiografie

Oliver Kahn wurde 1969 in Karlsruhe geboren. Mit sechs Jahren begann er als Feldspieler beim Karlsruher SC, bevor er ins Tor wechselte. Nach dem Abitur studierte er neben dem Fußball Wirtschaftswissenschaften. Bereits mit 18 schaffte er den Sprung in den Profikader des KSC. 1994 Wechsel zum deutschen Rekordmeister FC Bayern München. Der Wechsel wird zum bis dahin teuersten Torwarttransfer der Bundesligageschichte. Er wächst zu einem der erfolgreichsten deutschen Fußballprofis aller Zeiten und zum erfolgreichsten deutschen Torhüter schlechthin: unter anderem achtmal Deutscher Meister, sechsmal DFB-Pokal-Sieger, 2001 Gewinn der Champions League, des höchsten Titels des europäischen Vereinsfußballs. Er bestreitet in seiner Karriere 864 Pflichtspiele, darunter 554 Bundesligaspiele, 424 mit dem FC Bayern München, 86 Spiele als Torhüter der Deutschen Nationalmannschaft und 141 Spiele im Europapokal und in der Champions League. Dreimal Welttorhüter des Jahres. 2002 bester Spieler und bester Torhüter der Weltmeisterschaft in Japan. Für seine herausragenden sportlichen sowie für besondere persönliche Leistungen erhält er zahllose weitere Preise und Auszeichnungen. Im Sommer 2008, seinem 22. Jahr als Profifußballer, beendet er eine beispiellose Karriere.

Seit September 2008 ist Oliver Kahn als Fußballexperte bei Länderspielen und anderen ausgewählten Fußballhighlights für das ZDF im Einsatz. Im Rahmen der »Ich-schaff's-Tour mit Oliver Kahn« engagiert sich der ehemalige Fußballprofi für die Motivation von Jugendlichen an bayerischen Schulen. Oliver Kahn ist Initiator und Jurymitglied der TV-Casting-Show »I never give up – the Kahn principle« in China, einer Wettkampfshow, in der das Torhüter-Nachwuchstalent in China gesucht wird.

Referenzen und Kundenstimmen

DWS
Boehringer Ingelheim
Boston Consulting Group/Brand Club
»Ich-schaff's-Tour« in Schulen

Auszeichnungen und Pressestimmen

»Kahn ist eine Persönlichkeit, die in ungewöhnlicher Art andere weit überragt.« *DFB-Präsident Theo Zwanziger*

Sport Bambi 2001, 2006
Goldenes Band des Verbandes 2007
Goldene Kamera 2007
Goldener Prometheus 2007
Legende des Sports 2009
GQ »Man of the Year 2008«
Herbert Award »Newcomer des Jahres 2009«
Radio Regenbogen Award »Medienmann des Jahres 2009«

GABRIELA KAISER

Themen

Future-Living
Die wichtigsten Einflussfaktoren für die kommenden Jahre in Konsum und Gesellschaft

Shopping-Erlebnisse statt Rabatt-Schlachten
Auch alltägliches Einkaufen muss inszeniert werden

Junge Alte contra Jugendkult

Produktpräsentation
Für den ersten Eindruck gibt es keine zweite Chance

Kurzbiografie

Gabriela Kaiser absolvierte nach ihrem Abitur eine kaufmännische Aus- und Weiterbildung bei einem großen Handelsunternehmen der Modebranche in Frankfurt und schloss ein Studium der Textiltechnik mit Schwerpunkt Design in Mönchengladbach an. Danach war sie 6 Jahre in leitender Funktion als Designerin tätig.

2002 startete sie ihre Karriere als Trendberaterin und zählt seither bekannte Unternehmen aus Industrie und Handel zu ihren Kunden, wenn es um Trends, Design, Kundenwünsche, Werbung, Produktpräsentation und -inszenierung geht.

Ihre Stärke besteht darin, mit gezielten Analysen aus der Fülle der Informationen die für ihre Kunden relevanten herauszufiltern und die richtigen Schlussfolgerungen daraus zu ziehen.

Sie ist Impulsgeberin, Querdenkerin und Ideenentwicklerin. Zu ihren Kunden zählen Villeroy & Boch, Johnson & Johnson, Kettler, Parador, Knauber Freizeitmärkte. Sie hält Vorträge auf internationalen Messen, Design- und Trendveranstaltungen.

Begleitend zu ihrer Trendanalyse veröffentlicht sie regelmäßig Artikel in verschiedenen Fachzeitschriften zum Thema Trends, Design und Lifestyle.

Seit 2006 gibt sie eine CD mit Trendinformationen heraus, die vielen Firmen als Grundlage dient für deren Produktentwicklung.

Gabriela Kaiser wurde 1969 in Frankfurt/Main geboren, ist verheiratet und hat zwei Söhne.

Referenzen und Kundenstimmen

»Ihre Trendinformationen sind eine wichtige Grundlage für meine Arbeit.«

»... wollte mich auf diesem Wege für den ausführlichen und wirklich gelungenen Vortrag bedanken. Er hat mir wieder gezeigt, wie wichtig langfristige Trendbetrachtungen sind und wie wichtig es ist, diese in eine verständliche Sprache zu übersetzen, so dass sie auch von Nichttrendforschern verstanden werden.«

Auszeichnungen und Pressestimmen

»Ausgehend von der Gefühlslage der Menschen heute, gab Gabriela Kaiser spannende Einblicke in die Lifestyle-Trends der Zukunft.«

»Immer auf der Suche nach Neuheiten spürt die 39-jährige Textilingenieurin auf ihren Streifzügen stets Außergewöhnliches auf.«

CHRISTIAN KALKBRENNER

Kurzbiografie

Christian Kalkbrenner, 1960 in München geboren, begann seine berufliche Laufbahn nach dem Studium der Betriebswirtschaftslehre an der Universität Regensburg mit den Schwerpunkten Marketing und Personal bei sogenannten »Hidden Champions«. Zusätzlich bildete er sich in verhaltensrelevanten und tiefenpsychologischen Bereichen weiter. Seit 1992 leitet er die KALKBRENNER-Unternehmensberatung und arbeitet als Berater und Coach. Er hat sich darauf spezialisiert, Unternehmen in Wachstumsfragen zu beraten, zu begleiten und die gemeinsamen Konzepte operativ umzusetzen. Seine Zielgruppe ist der Mittelstand.

Die positiven Erfahrungen aus zahlreichen Projekten führten schließlich zur Entwicklung des »Bambus- Codes®«, eines neuen strategischen Verfahrens, das sehr systematisch Wege aufzeigt, wie Unternehmen schneller wachsen können. Daneben ist er Autor mehrerer Fachbücher und hält Vorträge in den Themengebieten Wachstum, Marketing und Vertrieb. Seine Artikel erscheinen regelmäßig in vielen Fachmagazinen.

Themen

Entschlüsselt: Der Bauplan der Wachstums-Champions

Wachstums-Turbos toppen Slogans
Wie sich Unternehmen effektiver positionieren und neue Kundenkreise erschließen

Der Bambus-Code®
So wachsen Sie schneller als die Konkurrenz.

Veröffentlichungen

Referenzen und Kundenstimmen

»Es ist Ihnen im Vortrag und der anschließenden Diskussion bestens gelungen, die Systematik Ihres Beratungssystems unter Verwendung einer Vielzahl von empirischen Beispielen zu verdeutlichen.« *Prof. Dr. Hermann Freter, Marketing-Club Siegen e.V.*

»Absolut empfehlenswert! Der Bambus-Code® übertraf meine Erwartungen. Ich hätte nicht gedacht, dass wir für unser Unternehmen in so kurzer Zeit so viele neue Perspektiven entwickeln können, von denen ich bereits viele erfolgreich auf den Weg bringen konnte.« *Markus Zankl, Inhaber Zankl-Dentallabor*

»Meine Erwartungen wurden voll und ganz erfüllt.« *Uwe Bremer, Geschäftsführer IMA Messebau GmbH*

Auszeichnungen und Pressestimmen

Auszeichnung »Mittelstands-Buch 2010« für »Die Wachstums-Champions« *Oskar-Patzelt-Stiftung (» Großer Preis des Mittelstandes«)*

»Der Bambus-Code®« *als Buchtipp des Monats Unternehmermagazin »Impulse«*

»Neuer Beratungsansatz will Unternehmen schneller wachsen lassen« *Trainingaktuell*

MARKUS KAMPS

Themen

Jobangst und Schlafstörungen als Leistungskiller

Schlafkompetenz als Wirtschaftsmotor

Burn-out-Prophylaxe durch Stresskompetenz

Mobbing-Prophylaxe durch Schlafkompetenz

Veröffentlichungen

Verschiedene Themenberichte in Haustex, Schlafmagazin und Einzelberichte!

»Gute-Nacht-Schlaftraining«

Kurzbiografie

Markus Kamps kommt aus einer traditionsreichen Branchenfamilie. Seine Eltern hatten mehrere Bettenfachgeschäfte, in denen er branchengeprägt aufwuchs. Sein Vater hat viele interessante Seminare für Industrie und Fachhandel gehalten. Später war Herr Kamps sen. für namhafte Hersteller in der Entwicklung tätig. Darüber hinaus wurde er branchenweit durch eine eigene Industrieproduktion mit sehr hohem med. Hintergrund bekannt, die er zusammen mit seiner Familie betrieben hat. Im Mittelpunkt der Familie Kamps stand also schon immer das ergonomisch richtige Liegen und Sitzen im Bett, verbunden mit dem Ziel des gesunden und erholsamen Schlafes. Somit verwundert es auch nicht, dass Herr Markus Kamps nach verschiedensten Erfahrungen in der Branche ein Dienstleistungsunternehmen für Endverbraucher, Einzelhändler und Industriebetriebe der Betten- und Möbelbranche betreibt. Markus Kamps macht aus seiner breiten Branchenerfahrung und seiner freundlichen offenen Art eine interessante und moderne Mischung auf der Basis des aktuellen technischen Standes. Mittlerweile ist Herr Kamps sowohl als Redakteur der Schlafkampagne, als Präventologe & Schlafberater und als Fachdozent der Textilhochschule sowie als Vorstand der Degges e. V. in Deutschland und auch im Ausland tätig. Dies beschränkt sich nicht nur auf sein Spezialgebiet Schlaf & Stress, sondern erweitert sich gerade bei Seminaren und Trainings und Vortragsreihen zunehmend auf das breite Feld der Präventionsthemen.

Referenzen und Kundenstimmen

»Lassen auch Sie sich von seinen interessanten Vorträgen begeistern und machen Sie mit bei Körpervermessungen, bei Demonstrationen oder lernen Sie Ihr Schlafmuster kennen.«

»Herr Markus Kamps ist als Schlafbotschafter der Rückenoffensive der einzige deutsche Präventologe mit Fachrichtung Schlaf & Stress, er ist zudem Redakteur der Schlafkampagne und hat für und mit verschiedensten Print- und TV-Medienanstalten (ZDF, Vox, NDR, WDR, RTL, Pro7, Süddeutsche, Bild, Glocke, House & More, Burda Media, Axel Springer) Infosendungen oder Berichte zur Aufklärung umgesetzt. Er lebt in Goch am Niederrhein, ist aber bundesweit tätig für Prävention und den gesunden Schlaf. Seit Jahren unterstützt er auch verschiedene Selbsthilfegruppen oder Organisationen zu den Themen Schnarchen, RLS und Insomnie.«

KLAUS-PETER KAPPEST

Themen

Skandinavien
Norwegen per Hurtigrute, Schweden, Finnland

Arktis
Eisbärensafari, Spitzbergen

Wandern in Deutschland
Rothaarsteig, Rheinsteig, von der Uckermark bis Berchtesgaden

Fotoseminare
Gegenlicht & Co., Fotografieren beim Wandern, Einkaufstipps für Digitalkameras

Veröffentlichungen

Norwegen per Hurtigrute

Finnland

Schweden

Rothaarsteig

Kurzbiografie

Klaus-Peter Kappest, 1969 geboren, deutscher Staatsbürger, Fotodesigner, Sprachen: Deutsch und Englisch

Garantiert unmanipulierte Fotos in der Projektion – stimmungsvoll, emotional und farbintensiv – bilden die Grundlage der Vorträge von Klaus-Peter Kappest. Der freischaffende Fotodesigner stammt aus dem Rothaargebirge im Süden Westfalens. Seine große Liebe gehört schon seit vielen Jahren dem Norden Europas. Seit über 20 Jahren ist er jährlich mehrere Monate in Norwegen, Schweden, Finnland und der Arktis unterwegs. Thematisch konzentriert er sich ganz auf diese Länder und auf seine Heimat im Herzen Deutschlands.

Nach dem Studium der Germanistik, Allg. Literaturwissenschaft und Informatik an der Universität Siegen war er dort für einige Jahre als Dozent und Mitglied des Graduiertenkollegs »Intermedialität« tätig. Eine Ausbildung in Bühnensprache erhielt er an der Akademie für kulturelle Bildung in Wolfenbüttel und an der Comedia in Köln. 1998 machte er sich als Fotograf und Reisejournalist selbstständig.

Referenzen und Kundenstimmen

»Die Qualität Ihres Vortrages war in allen Punkten spitzenmäßig. Besonders die Fülle von fotografisch ausgefeilten Bildkompositionen ließ mich staunen.«

»Die Dynamik in visueller und akustischer Hinsicht war kaum zu überbieten.«

Auszeichnungen und Pressestimmen

Als Auszeichnung für seine Arbeit wurde er in angesehene Verbände berufen: 2000 Gesellschaft für Bild und Vortrag (GBV), 2001 Gesellschaft Deutscher Tierfotografen (GDT) und 2009 Deutsche Gesellschaft für Photographie (DGPh).

Seine Bilder erscheinen international in zahlreichen Büchern, Kalendern, Zeitungen sowie Magazinen (wie Die Zeit, terra u. v. m.), sind in Ausstellungen zu sehen und werden weltweit in verschiedenen Galerien verkauft. Aufgrund seiner kreativen Bildideen und seines lebendigen Vortragsstils erhielt er bereits für mehrere seiner Vorträge das renommierte Prädikat LEICAVISION, das weltweit nur 10 Fotografen führen dürfen.

DR. HELENE KARMASIN

Kurzbiografie

Dr. Helene Karmasin ist Leiterin von Karmasin Motivforschung GmbH in Wien. Das Institut arbeitet im Bereich der qualitativen Marktforschung in Österreich, Deutschland und der Schweiz mit den Schwerpunkten auf: psychologische Marktforschung, Beratung im Bereich von Unternehmenskulturen, strategische Markenführung, semiotische Analysen. Wissenschaftliche Schwerpunkte sind: semiotische und kulturanthropologische Analysen von Alltags- und Produktkulturen, medienwissenschaftliche Analysen.

Vortragsgebiete
- Wirtschaft
- Klima/Umwelt/Ökologie
- Gesundheit
- Zukunft/Wissenschaft
- Gesellschaft/Ethik

Vortragssprachen
- Deutsch
- Englisch

Themen

Was bedeutet uns Gesundheit?

Wohin die Reise geht/ soziokulturelle Trends

Die Sprache der Küche – unser kulinarischer Code

Zeichenwelten, die uns faszinieren

Veröffentlichungen

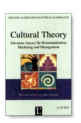 

DR. GUNTHER KARSTEN

Themen

Lernen wie ein Weltmeister
Techniken und Methoden zur Steigerung der Lernleistung

Erfolgsgedächtnis
So nutzen Sie Ihr Gehirn für mehr Erfolg!

Turbo-Reading
Die Wahrheit ist hart!

Mit Staunen ins Event
Gedächtnisshow vom Weltmeister

Veröffentlichungen

Kurzbiografie

Gunther Karsten, 1961 in Hamburg geboren, studierte Chemie (mit den Zusatzfächern Philosophie und Psychologie) in den USA, Hamburg sowie Heidelberg und promovierte in München mit magna cum laude in Biochemie/Biotechnologie. Anschließend gründete er eines der größten Patentübersetzungsbüros Deutschlands.

Seit 1997 beschäftigt er sich mit Gedächtnis- und Lerntechniken. 1998 bereits gewann er die Deutsche Gedächtnismeisterschaft souverän – danach mehrmals in Folge. 2007 wurde er Gedächtnisweltmeister & TOP 1 der Weltrangliste mit einem Ergebnis, das nie ein Mensch vor ihm erreicht hatte. Zudem stellte er mehrere Weltrekorde auf: z. B. memorierte er an der Universität von Oxford eine 1949-stellige Zahl in nur 1 Stunde!

Erfolgreich ist er auch als Trainer: So stammen zahlreiche Kinder- und Junioren-Gedächtnisweltmeister sowie die jüngste Abiturientin Deutschlands 2003 aus seinen Lernkursen. Mit seinem Unternehmen MemoVision® gibt er seit über 10 Jahren sein Wissen in Form von Vorträgen und Seminaren an Firmen/Institutionen weiter. Tausende Teilnehmer begeisterte er bisher nicht nur durch die von ihm spannend vermittelten Gedächtnistechniken, sondern auch durch seine stets vorgeführte eigene Gedächtnisperformance (Denn wer ist nicht neugierig, was ein Gedächtnisweltmeister wirklich kann?!).

Dr. Karsten ist international tätig, kooperiert mit Lernfirmen insbesondere in Asien und ist Autor weltweit vertriebener Bestseller-Bücher. Einem breiten Publikum wurde G. Karsten durch zahlreiche TV-Auftritte wie bei der Guinness-Show mit R. Beckmann, bei H. Schmidt oder J.B. Kerner bekannt. In einem spektakulären Live-Auftritt in der Grips-Show mit G. Jauch vor 12 Millionen Zuschauern bewies er eindrucksvoll, wie leicht und schnell seine Techniken erlernbar sind: In nur knapp 2 Stunden brachte er Verona Feldbusch zu phänomenalen Merkleistungen!

Referenzen und Kundenstimmen

»... sympathisch, kurzweilig und faszinierend.« *Lufthansa (Service Excellence)*

»An incredible memory performance – a great start for our business event!« *Jim Chismar, Microsoft*

»Unglaublich, hat mich sehr beeindruckt!« *Harald Schmidt*

Auszeichnungen und Pressestimmen

8-facher Deutscher Gedächtnismeister; Gedächtnisweltmeister 2007; Mehrfacher Gedächtnisweltrekordler; Guinness-Weltrekordhalter; Bayer des Jahres; Nominierung für den Preis »Brain of the Year 1999«
(u. a. mit Bill Gates und Steven Spielberg)

»Gunther Karsten, frisch gekürter deutscher Gedächtnismeister, trimmt mit Fantasie und Strategie zu Höchstleistungen.« *FOCUS*
»Deutschlands Superhirn: So merkt er sich alles.« *TZ*

DETLEF KARTHAUS

Themen

Kostenfalle Mitarbeiter
Demotivation kostet Millionen. Motivation häufig nur ein Lob.

Schlagfertigung
Nicht mehr sprachlos zu sein ist mehr Übung als Talent.

Jetzt bin ich mal dran!
Durchsetzung ist Kopfsache und somit lernbar.

Veröffentlichungen

Kurzbiografie

Lebenslanges Lernen ist für Detlef Karthaus Programm. Seinen Abschluss als Diplom-Kaufmann hat er nebenberuflich an der Fern-Universität erworben. Während und nach dem Studium sammelte er umfangreiche Erfahrung im Vertrieb, ehe er den Sprung in die Selbstständigkeit wagte.

Er beschäftigt sich intensiv mit dem Lernen und dem, was im Gedächtnis geschieht. Daher hat er sein erstes Buch auch dem Lernen gewidmet: »Lebendig lernen«. Hierzu gehört für ihn eine ständige Weiterbildung.

Detlef Karthaus kommt in seinen Vorträgen und Seminaren auf den Punkt. Er vermittelt die Inhalte präzise, informativ und humorvoll. Damit macht Weiterbildung Spaß und ist erfolgreich. Er versteht es, seine Zuhörer zu fesseln und für die Inhalte zu begeistern. Als ausgebildeter Trainer und Coach führt er seine Teilnehmer zielorientiert zum persönlichen Erfolg.

Referenzen und Kundenstimmen

»Sie haben das Wissen eines Professors und vermitteln es mit dem Humor eines Kabarettisten. Diese seltene Mischung hat mir sehr gut gefallen.« *T. Schönberger, Pfalztheater Kaiserlautern*

»... Sie verstehen es in besonderer Weise, relevante Inhalte sowohl fachlich qualifiziert als auch unterhaltsam zu präsentieren. Ich denke, diese besondere Vortragsart spricht unsere Kunden besonders an.« *Jörg Kilian, Niederlassungsleiter, Wilhelm Layher GmbH & Co. KG*

»Auf diesem Weg bedanken wir uns noch einmal recht herzlich für Ihren humorvollen und impulsreichen Vortrag auf unserem Koordinatorentag. Sie verstehe es, das Thema Marketing und Kundenkommunikation besonders eindrucksvoll und nachhaltig zu vermitteln.« *Michaela Schiffer, Geschäftsführung, HNC-Datentechnik*

Auszeichnungen und Pressestimmen

»... mit dem Thema ›aktive Marktbearbeitung‹ dem interessierten Publikum und zog dieses in seinen Bann mit Tipps, wie man neue Kunden gewinnt, aber auch – was genauso wichtig ist – bereits bestehende Kunden an sein Unternehmen bindet.« *Fachmagazin Der Gerüstbauer*

»Eindrucksvoll und interessant rüttelte er – auch durch diverse Lacher – die anwesenden Koordinatoren wach.« *Fachmagazin SiGeKoBau*

MATINA KATSIAMITA-BUSSMANN

Themen

Innovatives Führen durch kreative Metaphern

Körpersprache als souveräner Erfolgsbegleiter auf dem Weg als Führungskraft

Männer führen anders – Frauen auch
Was Männer und Frauen voneinander lernen können

Der Charisma-Mensch als ideale Führungspersönlichkeit

Veröffentlichungen

Publikationen zu ausgewählten Coachingthemen für den Markenverlag Köln

Kurzbiografie

Matina Katsiamita-Bußmann, Gründerin und Inhaberin von MKBCoaching, arbeitet seit über 15 Jahren als freiberuflicher Coach & Verhaltenstrainer im In- und Ausland mit Schwerpunkt auf wirtschaftliche und verhaltensorientierte Themen. Interkulturelle Kooperationsprojekte runden ihre Coach- und Trainerpersönlichkeit ab. Sie ist Diplom-Psychologin, NLP-Practitioner, Verhaltenstherapeutin, systemische Beraterin & Heilpraktiker für Psychotherapie.

Als langjährige Führungskraft und Projektmanager in einem global agierenden Konzern mit großer Personalverantwortung verfügt sie über ein breites Spektrum an Management- und Unternehmens-knowhow aus erster Hand. Sie ist sowohl auf dem Gebiet der Mitarbeiterführung und Mitarbeiterentwicklung als auch auf das Konzipieren und Durchführen qualifizierter Führungskräfte-Entwicklungsprogramme spezialisiert.

Seit Mitte 2005 ist Matina Katsiamita-Bußmann zusätzlich als freie Journalistin für einen renommierten Verlag in Köln aktiv und verfasst Artikel zu unterschiedlichen Coachingthemen. Die Artikel werden regelmäßig in 3 verschiedenen Zeitschriften des Verlages veröffentlicht.

Eine große Leidenschaft für asiatische Kampfkünste, Fremdsprachen & Flamenco begleitet Matina Katsiamita-Bußmann seit ihrer Kindheit. Diese Hobbys bilden häufig eine Brücke zu ihrer beruflichen Welt. Somit ermöglichen sie bei komplexen Zusammenhängen oft eine Sichtweise aus anderen, wenig konventionellen Perspektiven und sorgen für innovative Management-Techniken, die Matina Katsiamita-Bußmann eigens für ihre Kunden erarbeitet und in Form von kreativen Metaphern in den Berufs- und Privat-Alltag authentisch einbaut.

Referenzen und Kundenstimmen

»Die perfekte Mischung aus Kompetenz, Lebendigkeit und Humor machen Sie als Trainerin einzigartig & authentisch!«

»Super; großartige, geniale Trainerin! Machen Sie weiter so!«

»Danke! Sie sind der Hammer! Bleiben Sie, wie Sie sind!«

WERNER KATZENGRUBER

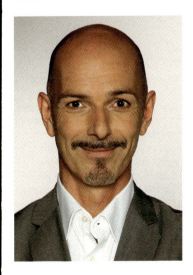

Themen

Einfach erfolgreich
Die ROADMAP-Strategie

Paradigmenwechsel im Verkauf
Warum der klassische Verkäufer ausgedient hat

Mythos Führungskraft

Die neue Psychologie des Verhandelns

Veröffentlichungen

Kurzbiografie

Werner Katzengruber ist Jahrgang 1963 und wurde in Hall/Tirol geboren. Nach seinem psychologischen und betriebswirtschaftlichen Studium in den USA, Deutschland und der Schweiz wurde er in den USA zum Coach und Personaldiagnostiker ausgebildet. Seit 1994 arbeitet er als Berater, Coach und Trainer für nationale und internationale Unternehmen sowie für Personen des öffentlichen Lebens aus Politik, Wirtschaft, Sport und Medien. Er ist Gründer der KHD-Katzengruber Human Development Group GmbH, die sich auf den Bereich Human Capital Management spezialisiert hat. Die Seminare und Vorträge von Werner Katzengruber sind wissenschaftlich valide und ausgesprochen unterhaltsam. Sie sind brandaktuell und geben Antworten auf verschiedenste Fragestellungen im beruflichen wie im privaten Bereich, wobei seine Grundthese »Erfolg ist lernbar« stets im Mittelpunkt steht. Werner Katzengruber ist seit 2004 als Dozent an der renommierten Steinbeis-Hochschule Berlin und am Stuttgart Institute of Management and Technology tätig.

Referenzen und Kundenstimmen

Allianz SE, AOL, Avaya GmbH & Co. KG, Bauer Media Group, Börsenverein des Deutschen Buchhandels e.V., Hubert Burda Media, Burger King, Deutsche Bahn AG, Deutsche Lufthansa AG, DIE ZEIT, GRÄFE UND UNZER VERLAG GMBH, Handelsblatt GmbH, McDonald's, Microsoft Deutschland GmbH, Mobau Partner AG, Tillotts Pharma, Neue Züricher Grasshoppers AG, mobilkom austria AG, NBC UNIVERSAL Global, Otto Versand, ProSiebenSat.1 Media AG, Rheinische Post, RTL Television, Schneider Electric, Steinbeis-Hochschule Berlin GmbH, Styria Multi Media AG & Co KG, Der Tagesspiegel, Vattenfall Europe AG, Verlagsgruppe Georg von Holtzbrinck, Vodafone D2 GmbH, O2, Wirtschaftskammer Österreich, WirtschaftsWoche, ZDF und weitere ...

»Werner ist mit Sicherheit der beste Coach, mit dem ich zusammengearbeitet habe.« *Franco Carlotto, 6-facher World-Fitness-Champion*

»Ein hervorragender Coach und eine inspirierende Persönlichkeit.« *Sandra Studer, Starmoderatorin CH*

»Werner Katzengruber steht für Erfolg, sowohl beruflich als auch privat.« *Vanessa Kullmann, Balzac Coffee, Unternehmerin des Jahres 2006*

Auszeichnungen und Pressestimmen

»Einer der führenden Kommunikations- und Verhaltenstrainer.« *Johannes B. Kerner*

»Deutschlands Personality Coach Nr. 1.« *Pro7*

CORINNA KATZMAIER

Kurzbiografie

Corinna Katzmaier, geboren 1966. Nach Schule und Ausbildung Sammeln von beruflichen Erfahrungen in Produktions- und Dienstleistungsunternehmen. 2003 berufsintegriertes Studium zum Bachelor of Business Administration und parallel zum Studium Sprung in die Selbstständigkeit als Beraterin für Zeit- und Selbstmanagement sowie für Büroorganisation. Dozentin und Coach von Zielfindungsworkshops sowie Ablage- und Dokumentationsseminare. Seit 2006 Dozentin für Zeit- und Selbstmanagement sowie wissenschaftliches Arbeiten an der Steinbeis-Hochschule Berlin. Angespornt durch das lebenslange Lernen Studium zum MBA in »International Management and Innovation« in 2008, ebenfalls berufsintegriert. Seit 2009 Direktorin der School of Management and Technology der Steinbeis-Hochschule Berlin. Die Begeisterung anderen zu helfen treibt Corinna Katzmaier voran, ob als Studienbegleiterin für Studierende an der Steinbeis-Hochschule Berlin oder für Unternehmen, die sich effektiver und effizienter organisieren wollen. Interessante und herausfordernde Projekte sind der Motor für ihr Wirken.

Auszeichnungen und Pressestimmen

Bachelor-Abschluss mit summa cum laude

Themen

Führung beginnt bei sich selbst
Zeit- und Selbstmanagement auf Basis der LöhnMethode und Getting Things Done (GTD)

Zielplanung und Zielfindung
Mit Zielen und Planung den persönlichen und beruflichen Erfolg erreichbar machen

Informations- und Wissensmanagement
Informationen strukturieren und daraus nutzbares Wissen generieren

Ordnung schaffen:
im Kopf, auf dem Schreibtisch, am PC

Veröffentlichungen

WOLFGANG T. KEHL

Themen

Aus 1 mach 3 – IT-Umsatz-Potenziale vom dreifachen Wert des Umsatzes erschließen

Die goalingtoolbox für reibungslose Projektabläufe

Vom IT-Lieferanten zum unverzichtbaren Entwicklungspartner für unvorstellbaren Unternehmenserfolg

Veröffentlichungen

Kurzbiografie

Wolfgang T. Kehl, Dipl.-Ing., wurde in Bochum geboren, studierte Elektrotechnik und übernahm Führungsverantwortung in Elektrokonzernen. Im internationalen Marketing entwickelte er Auslandsmärkte und erschloss seinen Produkten neue Technologiegebiete, wie die Windenergie in Kalifornien und die Offshore-Ölförderung in der norwegischen Nordsee. In Shanghai wurde eine Produktionsstätte gestartet.

Er gründete ASSIST und entwickelte »das goaling system« für die zielorientierte Unternehmensentwicklung. Dieses System bewirkt bei seinen Kunden messbare Ergebnisverbesserungen in Millionenhöhe. An der Spitze jeder Entwicklung steht die starke Orientierung – die Vision. Der Entwicklungsprozess wird in einem »Drehbuch« dargestellt, wie bei einem Spielfilm. Die Mitarbeiter erkennen sich im Drehbuch wieder und sind schnell mit im Boot, alle ziehen an einem Strang. Das System baut auf dem auf, was da ist. So ergeben sich Akzeptanz und Identifikation bei allen Beteiligten.

Bei allen seinen Aktivitäten spielt die Informationstechnologie eine entscheidende Rolle. Er konzipierte das erste CRM-System der Welt, setzte Kundenprobleme in Softwarelösungen um. Er kombinierte die IT und die Unternehmensentwicklung zur einmaligen »goalingtoolbox« für unvorstellbaren Unternehmenserfolg. Jeder kann die goalingtoolbox sofort ohne fremde Hilfe für seinen Erfolg nutzen.

Referenzen und Kundenstimmen

»Wenn ich mein Leistungspaket mit goaling gestalte, laufen die Kunden hinter uns her.«

»Ich sehe jetzt die Kunden ganz anders und die mich auch.«

»Überall stoße ich auf Umsatz-Potenziale, die ich vorher nicht gesehen habe.«

»Ich finde Ihr großes persönliches Engagement ist das Herausragende des goaling systems und die dadurch bedingt ständige Weiterentwicklung schafft den Unterschied.«

Nach einem Entwicklungsprozess: »Verbringen Sie so viel Zeit in unserem Unternehmen, wie Sie können.«

Auszeichnungen und Pressestimmen

»CSS orientiert sich mit dem goaling system bewusst am Kunden.«
IT-BUSINESS

»So erschließen Sie Umsatzquellen.« *ChannelPartner*

»Gewinn gezielt entstehen lassen.« *ChannelPartner*

IMKE KEICHER

Themen

Arbeitswelt 3.0
Neue Spieler, neue Regeln, innovative Konzepte

Leidenschaft bringt Leistung
Erfolgskonzepte der Zukunftsmacher

Gefühl gewinnt
High Touch als Wettbewerbsfaktor der Zukunft

Innovate Innovation
Neue Wege im Innovationsmangement

Veröffentlichungen

Kurzbiografie

Imke Keicher ist Managementberaterin, Querdenkerin, Zukunftsforscherin und Autorin einer neuen Generation. Engagiert, authentisch, mutig und humorvoll inspiriert sie Menschen in Organisationen, gewohnte Denkmuster zu hinterfragen, eigene Talente neu zu bewerten und verborgene Potenziale für die unternehmerische Zukunft zu identifizieren.

Ihre Beratungs-Expertise hat sie bei der internationalen Unternehmensberatung Gemini Consulting im In- und Ausland entwickelt. Sie lebte in England und war für die Organisationsentwicklung der Mobilfunksparte von Motorola in Europa verantwortlich. Seit Mitte 2002 ist sie selbstständig mit ihrer eigenen Firma ikmc in Zürich und zählt namhafte internationale Brands zu ihren Kunden.

Referenzen und Kundenstimmen

Accenture, AirPlus, BASF, Connex AG, Degussa, Deutsche Telekom, DZ Banken, EnBW, Fraunhofer Institut, FESTO, Henkel, IBM, Kempinski Hotels, Klinger Group, L'Oréal, Motorola, Publicis, Neckermann, ÖAMTC, Plansee, Siemens Medical Care, SKP, Svenska Cellulosa SCA, Strähle und Hess, Swisscom, Swiss Life, Xella, Zürcher Kantonalbank u. v. m.

»... für alle strategisch überaus wertvoll ... die begeisternde und ansteckende Art Ihres Referats regte uns zur weiteren Beschäftigung mit diesem Thema an.« *Thomas Sattelberger, Vorstand Deutsche Telekom und 1. Vorsitzender der Selbst GmbH*

»... inspirierend, frisch, kompetent. Durch Sie haben wir einen faszinierenden Blick in die Arbeitswelt der Zukunft werfen können.« *Nicole Bußmann, Chefredaktion managerSeminare Verlags GmbH*

»Ihr Vortrag war ein Highlight ... Sie erreichen den Exekutive-Level und Vertreter des operativen Geschäfts gleichermaßen und öffnen den Blick für Trends und Zukunftsperspektiven.« *Paul Drewes-Magdanz, Category Marketing Director Global Markets, Svenska Cellulosa SCA*

»Ein inspirierendes, originelles und optimistisches Buch für alle, die bereit sind, ihre eigene Zukunft zu gestalten.« *Matthias Horx, Zukunftsinstitut*

Auszeichnungen und Pressestimmen

- Unternehmens-Botschafterin des Steinbeis-Europa-Instituts (European Network of Female Entrepreneurship Ambassadors)
- Wissenschaftliche Beirätin IMI Schweiz

»... Gegenentwurf zur Angestelltenkultur. Lesenswert!« *WirtschaftsWoche*

TAMER KEMERÖZ

Themen

Foodsport
Gesünder leben, trotz Zeitmangel und Stress!

Ernährungsmanagement auf Geschäftsreise

Gesunde Ernährung und Fitness

Veröffentlichungen

Kurzbiografie

Redner und Diplom-Kaufmann Tamer Kemeröz ist seit vielen Jahren im Vertrieb und im internationalen strategischen Marketing im Management tätig. Enormer Zeitmangel, unzählige Meetings und Auslandsreisen, Stress – trotz seines übervollen Terminkalenders gelang es Kemeröz stets, einen Lebensstil mit mehr Gesundheit, Genuss und Leistungsfähigkeit zu pflegen als die meisten Menschen. Er forschte nach den Gründen und begann sein Verhalten zu beobachten und zu dokumentieren. Entstanden sind daraus seine Marke »Foodsport« und sein gleichnamiges Buch. Das Erfolgs-Konzept hat der 5-Sterne-Redner immer weiter ausgefeilt und sport- wie ernährungswissenschaftlich abgesichert.

Dem Referenten Tamer Kemeröz merkt man an, dass ihm die Leistungssteigerung, der Erfolg und die Gesundheit der Menschen am Herzen liegen. Er lebt und glaubt das, was er in seinen Vorträgen sagt. Deshalb ist der 5-Sterne-Redner extrem überzeugend und glaubwürdig. Er schafft es so, die Zuhörer zum Ablegen von ungesunden Verhaltensweisen zu motivieren. Kemeröz vermittelt seine Foodsport-Erfolgsstrategien nicht von oben herab, sondern auf höchst unterhaltsame, sympathische Weise. Schließlich kennt er aus eigener Erfahrung die Umsetzungsprobleme im Alltag.

Referenzen und Kundenstimmen

Referenzen:
- Marriott
- Volksbank
- Unternehmerakademie

Auszeichnungen und Pressestimmen

»Mit seinem Fitness-Programm ›Foodsport‹ hat Tamer Kemeröz einen Weg gefunden, bewusste Ernährung und regelmäßige Bewegung trotz Zeitmangels in den Alltag zu integrieren.« *Werben und Verkaufen*

»Foodsport fängt dort an, wo viele andere Ratgeber den Leser alleinlassen – nämlich bei der Frage nach der Umsetzung im zeitlich und beruflich stark eingeschränkten Alltag.« *managerSeminare*

PETER KENZELMANN

Themen

Schlagfertigkeit im Alltag
So kontern Sie richtig

Ein Überraschungsvortrag
Eine Podiums-Aktion von 30 bis 90 Minuten – mehr wird nicht verraten.

30 Knaller der Kommunikation
... und was sie Ihnen bringen

Raus aus der Fußgängerzone!
Ideen zum Durchstarten

Veröffentlichungen

Expresspaket Schlagfertigkeit:
Werden Sie schlagfertiger! (Heragon Verlag)

Schlagfertigkeit:
Die besten Werkzeuge für Abwehr und Konter. (Beck Juristischer Verlag)

Kundenbindung:
Kunden begeistern und nachhaltig binden. (Cornelsen Verlag Scriptor)

Schlagfertig mit dem richtigen Zitat:
Für jede Situation die passenden Worte. (Linde-Verlag)

Kurzbiografie

Peter Kenzelmann ist Verleger, Business-Experte, Geisteswissenschaftler, Fachbuchautor, Speaker und vor allem Unternehmer. Als Geschäftsführer des Heragon Verlags und Inhaber eines Weiterbildungsinstituts sowie mehrerer anderer erfolgreicher Unternehmen verschiedener Branchen verfügt er über langjährige unternehmerische Erfahrung.

In seinen kurzweiligen Reden und Impulsvorträgen gibt er seinen Zuhörern wertvolle Praxistipps im Minutentakt und regt zu nachhaltigen Veränderungen an. Er steht für kompaktes Businesswissen und schnelle, moderne Kommunikation.

Peter Kenzelmann ist Experte für Kurzzeitimpulse mit Langzeitwirkung und vermittelt sein Businesswissen humorig, schnell und kompakt – irgendwo zwischen Top-Management, Comedy und Kabarett, aber stets fundiert, informativ und ideenreich.

Referenzen und Kundenstimmen

Referenzen: Akzo Nobel Chemicals GmbH, Daimler AG, Deutsche Bahn AG, Deutsche Post AG, E.ON Ruhrgas AG, ETAS GmbH, SAP AG, Topcon Deutschland GmbH und mehr als 200 weitere Unternehmen.

»Ihr Vortrag war das Highlight des Vertriebsmeetings.«

»Die praxisorientierte Art der Präsentation, in Verbindung mit den erfolgten Übungen, bot die Basis für einen hohen Transfer des Erarbeiteten in den Alltag.«

»Die aktive Einbeziehung der Zuhörer und Ihre Flexibilität ist hervorragend angekommen.«

»Wir haben viel gelacht und viel gelernt. Danke.«

»Herzlichen Dank für Ihren Vortrag. Unsere Kunden haben sich auch Wochen später noch begeistert geäußert.«

»Ein spritziger Vortrag auf höchstem Niveau.«

Auszeichnungen und Pressestimmen

Peter Kenzelmann ist eine Art doppelter Espresso für Teilnehmer von Kongressen, Vertriebsmeetings oder Fachtagen. Er taucht dann auf, wenn Einschlaf-Alarm droht. Oder wenn für ein Kick-off oder ein Event anregende Impulse gefragt sind.

Was er bietet, sind Podiums-Aktionen von 30 bis 90 Minuten. Prall gefüllt mit unterhaltsamen Infohäppchen zu Themen wie Kommunikation, Motivation oder Verkauf. Ganz einfach: Kurzzeitimpulse mit Langzeitwirkung.

Seit 1990 begeistert Peter Kenzelmann als Vortragsprofi und Keynote-Speaker Unternehmen aus unterschiedlichen Branchen.

GERD KERKHOFF

Themen

Einkauf & Beschaffung

Mittelständische Wirtschaft

Unternehmensführung

Selbstständigkeit und Unternehmensgründung

Veröffentlichungen

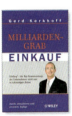 

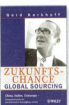 

Kurzbiografie

Gerd Kerkhoff, geboren 1958, gilt als einer der bekanntesten Experten für Einkaufs- und Beschaffungsfragen in Deutschland. Der Familienvater führt das Düsseldorfer Beratungsunternehmen Kerkhoff Consulting mit über 200 Mitarbeitern an acht Standorten weltweit. Mit seinen Beratern hat Kerkhoff bereits Unternehmen wie Henry Lambertz, Debitel, Klöckner, ThyssenKrupp, Nobilia oder SieMatic in ihren Einkaufs- und Beschaffungsprozessen unterstützt.

Kerkhoff ist seit seinem 27. Lebensjahr selbstständig. Nach dem Studium der Betriebswirtschaftslehre in Essen hat er gemeinsam mit seinem Studienfreund Hubert Tempelmann die Geschäftsführung der Kaffeerösterei der Familie Tempelmann in Dorsten übernommen. Bis zu seinem Ausscheiden als Inhaber und Geschäftsführer für Vertrieb und Einkauf im Jahr 1999 hat Kerkhoff die Kaffeerösterei zum zweitgrößten Produzenten für Handelsmarken in Deutschland aufgebaut. Im Jahr seines Ausscheidens gründete Kerkhoff sein Beratungsunternehmen.

Für Medien, Unternehmen und auch Politiker ist Gerd Kerkhoff, der unter anderem Bundeskanzlerin Angela Merkel und Bundeswirtschaftsminister Michael Glos mehrfach auf Delegationsreisen begleitet hat, einer der wichtigsten Ansprechpartner für das Thema Einkauf, Beschaffung und Lieferkettenmanagement. Als waschechter Mittelstandsunternehmer ist er zudem stark mit mittelständischen Familienbetrieben vernetzt.

Auszeichnungen und Pressestimmen

Hidden Champion des Beratungsmarktes, Prof. Dr. Dietmar Fink und Wissenschaftliche Gesellschaft für Management und Beratung (WGMB)
Mai 2009

Unternehmensberater CMC/BDU

»Vor allem Vorstände und Geschäftsführer großer Mittelständler schätzen den Düsseldorfer Berater … Kerkhoffs Markenzeichen ist seine klare, direkte Sprache.« *CAPITAL*

»Gerd Kerkhoff gilt als einer der wichtigsten Einkaufsexperten in Deutschland.« *FAZ Hochschulanzeiger*

»Der Düsseldorfer Unternehmer gilt als der führende Beschaffungsberater.« *Impulse*

»Der Einkaufsberater aus Düsseldorf« *Westdeutsche Zeitung*

»Gerd Kerkhoff kennt sich aus beim Einkauf und mit Konditionen.«
Lebensmittelzeitung

DR. SYLVIA E. KERNKE

Themen

Das Solitärprinzip
Partner, Mitarbeiter und Kunden bedürfen individueller Strategien

Kunst-reiches Marketing – die sprichwörtliche Unternehmenskultur
Mit Kunst- u. Kulturevents Kunden- und Mitarbeiterbindung gestalten

Marketing für Dienstleister
Je intangibler die Produkte, desto wichtiger der Mitarbeiter und Service

Moderne Verkaufsförderung

Veröffentlichungen

Kurzbiografie

Dr. Sylvia E. Kernke, 1966 in Nordhessen geboren, studierte Wirtschaftswissenschaften, Marketing, Kommunikation und Kunstgeschichte. Seit 1991 berät und referiert sie als Senior-Marketing-Consultant, Trainerin, Referentin und Coach in Deutschland, Schweiz und USA. Sowie die Kernke-Agentur GmbH + Co. KG als auch das Kernke-Institut für Marketing und Kommunikation GmbH werden von ihr als geschäftsführende Gesellschafterin sehr erfolgreich geführt. Sie ist als Dozentin verschiedener Werbeakademien tätig und seit 1995 im Vorstand des Marketingclubs Nordhessen engagiert. Sie initiiert verschiedene Kunst- und Kulturinitiativen, die als beispielhafte Kommunikations- und Begegnungsplattformen verschiedener Zielgruppen gelten. Sie gründete einen Kulturverein sowie einen Marketingclub im Gesundheitswesen. Sie schuf die Zentrale Marketing-Tagung in der Gesundheitswirtschaft (ZeMark) als einen innovativen Treffpunkt in der Klinikbranche, die seit 2003 jährlich stattfindet. Marketing für Dienstleistungserstellungsprozesse sind neben Marketing mit und durch Kunst ein wichtiger Baustein ihrer täglichen Arbeit. Mia Mare Bildungsreisen, bei denen Wissensvermittlung und Erholung gleichsam kombiniert werden, wurden von ihr mit gegründet. Sie führt Unternehmen und Menschen zu Erfolgen, weil sie alles und jeden Ansprechpartner individualisiert und keine Standardkonzepte kopiert und implementiert.

Referenzen und Kundenstimmen

Teilnehmer werden von Frau Kernke kompetent und engagiert geschult, beraten und betreut.« *Ingeborg Frimmel, Fa. Catherine*

»Vielen Dank für Ihren erfrischenden Vortrag ...« *Dr. Fank Hüttemann, Stabsstelle Wirtschaftsförderung des Landkreises Marburg-Biedenkopf*

»Sylvia Kernke bietet einen abwechslungsreichen, lebendigen Vortragsstil mit interessanten Praxisbeispielen. Mit ihrer charmant-resoluten Wissensvermittlung aktiviert sie mühelos auch große Gruppen.« *Volker Baars, Akademieleiter AfAK*

Auszeichnungen und Pressestimmen

Paul-Dierichs-Preis für Bürgerengagement

Initiatorin Get more competence-Trophy

Initiatorin ZeMark-Med Award

»Mangelndes Durchsetzungsvermögen wird ihr niemand vorwerfen können. Und an intelligenten Ideen im Marketing und für die Kunst fehlt es ihr auch nicht: Sylvia Kernke ist Powerfrau durch und durch.« *Hessische/Niedersächsische Allgemeine*

»Die Teilnehmer des Seminars bestätigten im Anschluß ausdrücklich, dass ihre Erwartungen zu 100 Prozent erfüllt worden waren.« *Wirtschaft Nordhessen*

STEFAN KERZEL

Themen

Odysseus, der erste Manager
Listenreich die Zukunft meistern

Der Körper sagt immer die Wahrheit
Warum der Bauch den Kopf besiegt

Fit für die Bühne des Lebens?
Ballast abwerfen, durchstarten, erfolgreich sein

Born to be wild
Was blieb von den Träumen der Kindheit und Jugend?

Kurzbiografie

Stefan Kerzel, Diplom-Journalist, studierte Journalistik und Wirtschaft mit den Schwerpunkten Marketing, Menschenführung und -entwicklung. Seine große Leidenschaft, auf der Bühne zu stehen, zeigte ihm frühzeitig seine Berufung zum exzellenten Redner.

Nach sehr erfolgreicher Arbeit als internationaler Wirtschaftsjournalist baute er sein Unternehmen für Persönlichkeits- und Unternehmensentwicklung sowie Rhetorik & Medienperformance auf. Die Welt am Sonntag erhob ihn in die Kategorie »Gründer des 21. Jahrhunderts«.

Seine Mandanten sind Unternehmer, Inhaber und Persönlichkeiten, die ihre Ziele erkennen, finden und im Umgang mit Kamera und Medien sicher umsetzen wollen. Aus mehr als drei Jahrzehnten Bühnenerfahrung entwickelte Stefan Kerzel seinen treffenden Slogan: »Ich mache Sie fit für die Bühne des Lebens!«

Stefan Kerzel hält Lehraufträge an verschiedenen Ausbildungsinstituten, unter anderem an der Mediadesign Hochschule Düsseldorf. Zu seinen Mandanten zählen große DAX-Unternehmen, Konzerne, Mittelständler und inhabergeführte Unternehmen.

Referenzen und Kundenstimmen

»Wer Stefan Kerzel gesehen und gehört hat, weiß, was Dynamik ist.« *Detlef Wanizek, BNI*

»Bei ihm sind wir in besten Händen.« *Bernward Becker, VTW*

»Vielen Dank für einen wunderbaren Abend im Forum Bewusstes Business.« *Astrid-Beate & Christoph Oberdorf, EQ Kundengewinner*

»Seine Rethorik ist zum Funkenschlagen.« *André Zalbertus, AZ-Media*

Auszeichnungen und Pressestimmen

»Gründer des 21. Jahrhunderts.« *Welt am Sonntag*

»Ein absoluter Profi seines Fachs!« *centerTV*

DR. ANNETTE KESSLER

Themen

Culture-Talk – Die Kunst kultivierter Konversation
Basics der kulturellen Bildung Parkettsicherheit

Small Talk im Business
Souverän ins Gespräch kommen
Erfolgreich netzwerken

Veröffentlichungen

Kurzbiografie

Nach ihrem Studium der Musikwissenschaft, Kunstgeschichte, Theaterwissenschaft und Germanistik war sie viele Jahre als Lektorin und Redakteurin in einem Verlag sowie als Dozentin in Aus- und Weiterbildung tätig. Durch ihre klassische Gesangsausbildung bekam sie Engagements auf Konzert- und Theaterbühnen. Seit 2003 ist sie Mentorin an der Universität Konstanz und leistet einen wichtigen Beitrag zum Transfer zwischen Wissenschaft und Wirtschaft, indem sie junge Studierende begleitet, um ihnen mit Rat und Tat bei ihrem Eintritt ins Wirtschaftsleben zur Seite zu stehen. Zusätzlich hat sie an der Universität einen Lehrauftrag für kulturelle Bildung.

Sie ist eine gefragte Managementtrainerin vorwiegend in Großbanken, Automobilkonzernen und Pharmaunternehmen. In ihren Seminaren vermittelt sie auf humorvolle Weise Basiswissen sowie Strategien für den intelligenten Small Talk. Diese Inhalte hat sie in ihrem Buch »Small Talk von A bis Z« anschaulich, unterhaltsam und praxisnah zusammengefasst.

Ihr »spezielles« Thema ist Culture-Talk. In ihren Seminaren vermittelt sie mit amüsanten Storys aus Musik, Literatur und Kunst kulturelles Basiswissen. So wird das Themenrepertoire für die Konversation erweitert und kulturelle Kompetenz gewonnen, die noch immer als Eintrittskarte in bestimmte Gesellschaftskreise gilt. Ihr Buch dazu erscheint 2010.

CHRISTIAN KHALIL

Themen

So verhalte ich mich richtig vor der Kamera!

Ihr Auftritt in der Öffentlichkeit – So wird er zum Erfolg!

Die richtigen Tricks für Ihren TV-Auftritt!

Durch klare Aussagen die Zuschauer beeindrucken!

Kurzbiografie

Christian Khalil, 1971 in Bonn geboren, arbeitet seit 1999 für verschiedene Fernsehsender und betreut in leitender Position erfolgreiche TV-Sendungen. Zuvor studierte er an der Deutschen Sporthochschule Köln Publizistik. Während seiner langjährigen und vielfältigen Tätigkeit beim Fernsehen – von Talkshows bis hin zu Nachrichtenmagazinen – bereitet Christian Khalil bis heute eine Vielzahl von Menschen auf ihren Fernsehauftritt vor und begleitet sie während der Sendung. Dabei profitieren Neulinge vor der Kamera gleichermaßen von einer erfolgreichen Zusammenarbeit wie erfahrene Moderatoren, beispielsweise Hans Meiser und Oliver Geissen.

Vor allem aufgrund dieser Tätigkeit hat sich Christian Khalil zu einem führenden Experten auf dem Gebiet des Coachings für Fernsehauftritte entwickelt. Innerhalb kürzester Zeit ist er in der Lage, jeden individuell auf seinen Auftritt in der Öffentlichkeit vorzubereiten. Mit seiner besonderen Art des Speed-Trainings setzt Christian Khalil neue Maßstäbe auf diesem Gebiet.

Neben seinen Vorträgen bietet er Seminare in »Richtiges Verhalten vor der Kamera«, »So präsentiere ich mich im Fernsehen« und »Interviewtraining« an.

Als Redner hat er den Schwerpunkt »Wie wird Ihr öffentlicher Auftritt ein voller Erfolg?«, »Schnell und präzise auf den Fernsehauftritt vorbereiten« und »So hilft Ihnen die richtige Einstellung vor der Kamera!«.

Referenzen und Kundenstimmen

»Seine schnelle Auffassungsgabe, seine Kreativität, sein Engagement und seine soziale Kompetenz trugen zu einer sehr guten Zusammenarbeit bei.« *Hans Meiser, TV Moderator*

»Sein umfassendes, detailliertes und jederzeit abrufbares Fachwissen setzt er sehr erfolgreich in seiner täglichen Berufspraxis ein.« *Rainer Noseck, Geschäftsführer NORDDEICH TV*

DR. DARIUS KHOSCHLESSAN

Themen

Auswirkung des demographischen Wandels auf Handel und Wirtschaft

Seniorenmarkt als Zielgruppe der Zukunft

Umgang des Handels, der Wirtschaft, des Marketings und der Produktentwicklung mit älteren Kunden

Herausforderung: Kundenorientierung 50 plus

Veröffentlichungen

»Organisationshilfe rund um den Todesfall«
1995 Sachbuch

»Handbuch Seniorenmarketing«
1999 Beitrag, Deutscher Fachverlag

»Jahrbuch Senioren- Marketing«
2006 Beitrag

»Wettlauf um die Alten«
2007 Beitrag

»Jahrbuch Seniorenmarketing 2008/2009«
2008 Beitrag

Kurzbiografie

Dr. Darius Khoschlessan (geb. 1964 in Neuwied) ist approbierter Humanmediziner und gründete 1992 in Heidelberg Deutschlands ersten Fachhandel für Senioren. Aus einem kleinen, anfänglich belächelten Spezialgeschäft entwickelte er erfolgreich einen Großhandel, ein Franchisesystem und einen Versandhandel. Als Geschäftsführer der »Senio« leitet er nicht nur das Unternehmen, sondern ist im Rahmen von umfangreichen Veröffentlichungen und Aktivitäten im Bereich des Seniorenmarketings einer der anerkanntesten Experten und Vorreiter dieser neuen Branche.

Der direkte Kundenkontakt sowie die Tätigkeit als Entwickler und Produzent für spezielle Seniorenprodukte ermöglichen ihm außergewöhnliche Erfahrungen mit der Zielgruppe der Senioren.

Nach dem Verkauf der »Senio« beendete er 2008 seine Tätigkeit dort. 1999 gründete er bereits die fitage GmbH & Co. KG, mit der er die weltweit ersten vollwertigen Senioren-Handys entwickelte und erfolgreich im Markt platzierte.

Seit 2008 verstärkt Dr. Darius Khoschlessan seine Tätigkeit als Berater, Coach, Projektleiter, Autor und Referent. Bei AgeExpert.de gibt er sein Wissen praxis- und anwendungsorientiert an den Handel, die Industrie und Dienstleister weiter. Als Referent gelingt es ihm, das ernste und zukunftsträchtige Thema der demografischen Herausforderung unterhaltsam und eingängig zu präsentieren.

Referenzen und Kundenstimmen

Bundesministerium für Familie, Senioren, Frauen und Jugend; Stadt Heidelberg; Deutsches Zentrum für Alternsforschung; Expertenkreis des Forschungsprojekts »FAZIT« des Fraunhofer-Instituts ISI Stuttgart; Zukunftsinitiative Rheinland-Pfalz; Kuratorium deutsche Altershilfe, Bonn; Katholische Akademie der Erzdiözese Freiburg; IHK Berlin, Frankfurt/Oder, Potsdam; BAG Handelstag Berlin; WIFO – Wirtschaftsforschungsinstitut der Handels-, Industrie-, Handwerks- und Landwirtschaftskammer Bozen; Zukunftsmarkt Gesundheit des Landesgewerbeamts Baden-Württemberg; Akademie für Ältere, Heidelberg; Design-Zentrum Bremen; Schweizerisches Marketingforum; Handelsforum 2005 der Sparkassen-Finanzgruppe Baden-Württemberg; u. a.

»Beste Bewertung aller Referenten« *(bei 28 Referenten)* STORES99

Auszeichnungen und Pressestimmen

• Innovationspreis des deutschen Handels für Senio als das innovativste junge Handelskonzept des Jahres
• Auszeichnung für »das Konzept und die Umsetzung von Senio« im Rahmen der ersten europäischen Konferenz Seniorenwirtschaft durch das Ministerium für GSFF des Landes NRW
• Anerkennung für fitage beim Innovationspreis des Landes Baden-Württemberg – Dr.-Rudolf-Eberle-Preis

DR. KARSTEN KILIAN

Themen

Marketing mit allen Sinnen
Wie Sie Ihre Kunden »sinnvoll« für Ihre Marke begeistern

So bringen Sie Ihre Marke auf Kurs
Mit dem richtigen Markenprofil zu mehr Unternehmensprofit

Mitarbeiter als Markenbotschafter
Wie Sie Ihre Mitarbeiter zu Mittlern Ihrer Markenbotschaften entwickeln

RESET for Success – Innovative Ideen
In 5 Schritten zum Innovationserfolg

Veröffentlichungen

WOM- und WOW-Branding
(zs. mit Brandtner), in: Schüller/ Schwarz (Hrsg.), Leitfaden WOM Marketing, 2010, S. 99-112

Von der Markenbotschaft zum Markenbotschafter
(zs. mit Wenzel), in: Baumgarth (Hrsg.), B-to-B-Markenführung, 2010, S. 357-377

Vom Erlebnismarketing zum Markenerlebnis
in: Herbrand (Hrsg.), Schauplätze dreidimensionaler Markeninszenierung, 2008, S. 29-68

Kurzbiografie

Karsten Kilian, Diplom-Kaufmann, 1972 geboren, Markenstratege und Hochschuldozent, ist einer der führenden Markenexperten Europas. Mit Markenlexikon.com hat er das größte Markenportal im deutschsprachigen Raum aufgebaut. Nach seinem BWL-Studium an der Universität Mannheim, der University of Florida und der Université Sorbonne arbeitete er mehrere Jahre als Consultant bei Simon-Kucher & Partners (Prof. Dr. Hermann Simon). Neben seiner Forschungstätigkeit an der Universität St. Gallen (Prof. Dr. Torsten Tomczak) lehrt er seit vielen Jahren als Hochschuldozent im In- und Ausland, u. a. an den Fachhochschulen in Würzburg und Graz. Daneben hält er regelmäßig Vorträge auf Konferenzen und Kongressen, moderiert Großveranstaltungen (z. B. den »2. International Audio Branding Congress« und die »5. Markenkonferenz B2B«) und berät mittelständische Unternehmen in Markenfragen. Karsten Kilian ist Autor von über 40 Fachartikeln (u. a. in der FAZ und der WELT) und Buchbeiträgen (u.a. im »Jahrbuch Marketing 2009« und in »Memorable Customer Experiences«). Jeden Monat erklärt er in der Marketing-Zeitschrift »Absatzwirtschaft« in »Kilians Corner« einen Marketing-Fachbegriff. Mit »Marke unser« hat er 2009 ein kurzweiliges Buch über Kultmarken verfasst.

Referenzen und Kundenstimmen

»Karsten Kilians Vortrag hat mich sehr beeindruckt. Er versteht es, vertrackte und versteckte Zusammenhänge aufzuspüren und mit klarer, einfacher und deutlicher Sprache auf den Punkt zu bringen.« *Erich Posselt, geschäftsführender Gesellschafter, Neufrankfurt Corporate Design*

»Karsten Kilian verbindet in seinen Vorträgen und Seminaren gekonnt sein Markenwissen mit spannenden Storys und exzellenten Fallbeispielen.« *PD Dr. Carsten Baumgarth, Associate Professor, Marmara Universität Istanbul*

Auszeichnungen und Pressestimmen

»Sie sind in der Zwischenzeit wirklich ein Markenguru geworden. Da kann ich nur Anerkennung und herzlichen Glückwunsch aussprechen.« *Prof. Dr. Hermann Simon, Chairman, Simon-Kucher & Partners*

»Ihr Vortrag war begeisternd, kurzweilig und fachlich gut. Eine bessere Kombination gibt es nicht. Ich denke, Sie haben das Auditorium rundum überzeugt – und das ist meine Überzeugung ... Es war kein 08/15-PowerPoint, sondern sehr überraschend und frisch!« *Christian Thunig, Stellv. Chefredakteur, Absatzwirtschaft*

CORNELIA KISSLINGER-POPP

Themen

Unternehmen Steuerkanzlei
oder warum sind manche Kanzleien erfolgreicher als andere

Mut und Tun – lassen Sie Ihren Erfolg zu.
Ein Vortrag, der Menschen dazu ermutigt, das eigene Potenzial zu erkennen und zu leben

Veröffentlichungen

Kurzbiografie

Cornelia Kisslinger-Popp, 1956 in einem Ort in der Nähe des Bodensees geboren, war schon in jungen Jahren Steuerberaterin und im Angestelltenverhältnis tätig. Der Bürokratismus, den man in diesem Beruf erfährt, hätte sie beinahe dazu gebracht, den Beruf aufzugeben. Irgendwann aber hat sie gemerkt, dass man sich nur trauen muss, seine Persönlichkeit zu leben. Dann eröffnen sich einem ungeahnte Möglichkeiten.

Sie hat es sich inzwischen auf die Fahnen geschrieben, in die Branche der Steuer- und Wirtschaftsberater frischen Wind zu bringen. Alles ist möglich – man muss es nur wollen. Kreativität ist auch in diesem Beruf gefragt. Derzeit bietet Sie Workshops zum Thema Kanzleimarketing an. Außerdem schreibt sie eine regelmäßige Kolumne auf dem Portal www.stb-web.de.

Aus der eigenen Erfahrung und durch den ständigen Kontakt mit Unternehmern/Unternehmerinnen hat sie erkannt, dass viele Menschen sich nicht trauen, ihr Leben in der ganzen Fülle zu leben. Der Vortrag »Mut und Tun« soll Frauen wie Männer dazu anregen, ihr Potenzial zu erkennen und es zuzulassen.

Referenzen und Kundenstimmen

»Endlich wieder ein Seminar einer Praktikerin, die weiß, wovon sie spricht. Ein lebendiger, kurzweiliger Vortrag mit vielen Tipps und Beispielen, die man sofort anwenden kann. Absolut empfehlenswert.«
Wolfgang Ronzal

»Cornelia Kisslinger-Popp spricht mit großer Leidenschaft über ein Thema, das ihr selbst sehr am Herzen liegt, und motiviert und begeistert damit ihre Zuhörer/innenschaft. Sie zeigt an vielen praktischen Beispielen, wie man/frau mit Mut und Engagement alles in seinem/ihrem Beruf erreichen kann. Der Vortrag ist ein MUSS!« *Kirstin Wolf, PURPLE Consulting, www.kirstin-ist-die-beste.de*

ARMIN M. KITTL

Themen

Geniales Denken
Vorsprung durch neues Wissen aus dem Hyperraum

Grenzen überwinden
Auf dem Weg zu neuen Spitzenleistungen in Wirtschaft, Sport und Wissenschaft!

Die Relativitätstheorie des Erfolges

Die genialen Erfolgswerkzeuge

Veröffentlichungen

Kurzbiografie

Inhaber der EAGS – Erfolgsakademie für Genialität und Spitzenleistungen®, geb. 01.04.1965, Studium an der LMU München zum Diplom-Kaufmann mit den Schwerpunkten empirische betriebswirtschaftliche Forschung, Arbeits- und Organisationspsychologie, Personalwesen; die EAGS arbeitet mit den »Who's who« im Sport und der weltweiten Wirtschaft zusammen. Seine speziellen sensitiven Fähigkeiten entdeckte Armin Kittl schon als Kind und war verwundert, z. B. »wusste« er, daß er bei der Fernsehshow »der Preis ist heiß« als Teilnehmer gezogen wird und gewinnen wird. Er gewann den Superpreis.

Armin M. Kittl hält weltweit Vorträge über geniales Denken und neue Denkmethoden, über den Zusammenhang zwischen Geist und Materie, dem Zusammenhang zwischen Makro-, Mikro-, Nanotechnologie und Quantenphysik, um das »Unfassbare« möglich zu machen durch geniale Denkmethoden. Er ist Urheber des Genialen Denkens®, Erfinder des Alpha-Sellings®, Erfinder des Hyperkubusmodells, Begründer der 4-dimensionalen Wahrnehmung, Erfinder der Relativitätstheorie des Erfolges und Erforscher des Hyperraums. Er ist Mitglied der Platinum Speakers, Mitglied bei Trainers Excellence, GSA – German Speakers Association, IFFPS, er zählt zu den 24 Top-Referenten der business bestseller seminare, des Verlags des größten deutschsprachigen Wirtschaftsbuchmagazins, und er ist Gründungsmitglied der ILG Faculty Germany; er gehört zu den wenigen Menschen weltweit, die die verschiedenen Bewusstseinszustände (alpha, beta, delta, theta) managen und daraus Nutzen ziehen können!

Referenzen und Kundenstimmen

»Hätte ich diese genialen Trainingsmethoden zu meiner Zeit gehabt, wäre ich die Nummer 1 der Welt im Tennis geworden.« *Markus Zöcke (ehemaliger Weltklassespieler im Tennis und Mitglied des deutschen Daviscupteams)*

»Das ist das Genialste, was mir über den Weg gelaufen ist.« *Petra Moje*

»Ich bin der Meinung, dass dieses Seminar jeder Mensch braucht! Es war perfekt!« *Michael Stelzer*

Auszeichnungen und Pressestimmen

»Geniales Denken genial verständlich präsentiert. Begeisterte Zuhörer beim Vortrag von Armin M. Kittl.« *Allgäuer Zeitung 18.07.2007*

Auszeichnung zum Top-Speaker durch die Qualitätsplattform Top-Speaker.eu, 2009

Auszeichnung zum Qualitätsexperten 2009 durch das Qualitätsnetzwerk der Erfolgsgemeinschaft.com

MARTIN KLAPHECK – DER PIANO-REFERENT

Themen

Erfolg durch Entscheiden, Ziele setzen und konsequentes Handeln und dabei seine Stärken ausleben

Humor, Verrücktes tun & positives Denken

Zeitmanagement & Life-Balance

Von der Standard-Dienstleistung zur Spitzen-Dienstleistung

Kurzbiografie

Auf der Tonleiter zum Erfolg.

Das Besondere ist, dass der Motivationsvortrag mit live gespielter Piano-Musik kombiniert ist. Martin Klapheck spielt immer wieder kleine Klavierparts, die das Gesagte und Visualisierte zusätzlich musikalisch vermitteln. Diesem zusätzlichen Kommunikationskanal kann sich kaum jemand entziehen. Dieses Konzept ist weltweit einzigartig. »Die Vortragsinhalte können Sie selbst aus den 10 Erfolgsmodulen zusammenstellen. Alle Inhalte werden von Martin Klapheck selbst erfolgreich gelebt und in seinem Unternehmen umgesetzt.«

Martin Klapheck hat 16 Jahre lang in der Sparkassen-Finanzgruppe gearbeitet und beim Lehrinstitut (der höchsten Ausbildungsstufe dieser Organisation) erfolgreich studiert. Schwerpunkte waren BWL, VWL, Recht, Kommunikation und Führungspsychologie. Gleichzeitig ist er erfolgreicher Pianist. Beruflich war er auf dem Weg Vorstandsmitglied zu werden. In diesem Stadium hörte er auf seine innere Stimme und traf eine mutige Entscheidung. Er beendete seine Sparkassenkarriere und machte sich selbstständig als Referent, Coach, Moderator und Eventmanager.

In seinen Vorträgen zeigt er, wie es gelingt, Blockaden aufzulösen und in Energie umzuwandeln. Konsequentes Entscheiden und Handeln bringt nicht nur mehr Erfolg, sondern vor allen Dingen auch mehr Spaß und dadurch ein glücklicheres Leben. Durch Loslassen lernen, Humor und Verrücktes tun kommen Sie in Balance. Sie lernen auch kreativer zu sein und Produkte und Dienstleistungen so zu positionieren, dass sie zu Spitzenprodukten werden.

• motivierend & • musikalisch & • unterhaltsam & • sofort umsetzbar

Und noch eins. Er liebt seine Arbeit – das werden Sie spüren.

Referenzen und Kundenstimmen

»Lieber Herr Klapheck, nach Ihrem Vortrag bin ich zwischenzeitlich von vielen Teilnehmern angesprochen worden, die dabei waren, aber auch von welchen, die jemanden kennen, der dabei war. Fazit: eine uneingeschränkte herausragend gute Resonanz. Viele Stimmen sagten sogar, dass sie noch nie eine so gute Veranstaltung erlebt hätten. Das ist zu einem ganz großen Teil Ihr persönlicher Verdienst.« *Christoph Schulz, Vorstandsvorsitzender der Braunschweigischen Landessparkasse*

»Martin Klapheck wusste 250 Unternehmerinnen zu begeistern. In seinem Vortrag über Kreativität, Handeln, Live-Balance und Humor sprühte der smarte Rheinländer vor Charme und Ideenreichtum. So überraschte es nicht, dass er nach seinem Vortrag noch lange von begeisterten Zuhörerinnen belagert wurde.« *Fränkischer Tag*

Auszeichnungen und Pressestimmen

energy speaker-award 2008

STEFFEN KLAUS

Themen

Net(z)werkstatt
Kundengewinnung in turbulenten Zeiten

Das Internet vergisst nichts
Wie Sie Ihren guten Ruf managen können

Social Networks professionell nutzen
Wie Sie LinkedIn, XING und Co. im beruflichen Weiterkommen unterstützt

Pressearbeit – aber richtig
So kommen Sie sicher in die Medien

Veröffentlichungen

Kurzbiografie

Spannende und mitreißende Vorträge, von Social Networking, Social Media, Führungskräfte-Coaching bis hin zum Online-Reputationsmanagement – wertvolle Anregungen und motivierende Denkanstöße zum Handeln und Umsetzen. Das bekommen Sie von Steffen Klaus.

Steffen Klaus ist 1980 in Löbau geboren. Neben seiner betriebswirtschaftlichen Ausbildung ging er dem Beruf des Verwaltungsfachangestellten nach. Doch ein Leben hinter einem Schreibtisch konnte er sich einfach nicht vorstellen. Das Leben in die eigenen Hände nehmen ist seine Vision. Schon im Alter von 22 Jahren machte er sich deshalb selbstständig. Drei Jahre leitete er eine Finanzagentur mit mehreren Mitarbeitern in Zittau und lernte alle Facetten des Vertriebs kennen.

Im Jahr 2006 gründete er das erfolgreiche Beratungsunternehmen suXess24. Als Unternehmensberater berät er seitdem kleine und mittelständische Unternehmen in der Kommunikationsvielfalt des Web 2.0. Im Besonderen hat er sich auf Social Media und dessen Einsatzgebiete im Unternehmen spezialisiert.

»Menschen verbinden« ist seine Leidenschaft, deshalb gründete er die nun größte Open-Business-Community in seiner Region.

Bekannt wurde Steffen Klaus vor allem durch seine XING-Seminare. Als einer der Ersten gab er seit Oktober 2006 sein Wissen an Hunderte Seminarteilnehmer weiter. Steffen Klaus bietet zu den verschiedensten Themenbereichen Vorträge an. Diese sind nicht nur inspirativ, sondern direkt aus der Praxis und vor allem für die Praxis. Mit seiner charmanten und ruhigen Art verwandelt er selbst schwierige Wissensgebiete in spannende und unterhaltsame Vorträge.

Die optimale Kombination aus Vorträgen, Fachwissen, Erfahrungsberichten, Fragerunden und Humor zur Vermittlung der angesprochenen Thematik lässt seine Vorträge und Seminare zu einmaligen und persönlichen Erlebnissen werden.

Referenzen und Kundenstimmen

»Endlich einmal ein Vortrag, bei dem man nicht ständig auf die Uhr schaut und sich das Ende sehnlichst herbeiwünscht (...) Es waren hochinteressante, sehr informative und auch sehr gut moderierte zwei Stunden (...) Merci vielmal.«

»Der Vortrag hat mich den entscheidenden Schritt vorwärts gebracht (...)«

»Locker, unkompliziert und absolut verständlich! So sollte jede Fortbildung sein ...«

Auszeichnungen und Pressestimmen

SZ, Sächsische Zeitung, Data Becker, Network Karriere

SUSANNE KLEIN

Kurzbiografie

Susanne Klein ist studierte Psycholinguistin und Psychologin, Führungskraft im Unternehmen, seit 1994 eigenes Unternehmen für Beratung uind Coaching, Mitglied im EMCC (European Mentoring and Coaching Council) und im BWA (Bundesverband für Wirtschaftsförderung und Außenhandel).

Schwerpunkt ihrer Arbeit bildet die Begleitung von Führungskräften mit Workshops, Coachings und Teamentwicklungsmaßnahmen, die Konfliktmediation sowie die Ausbildung zum Business Performance Coach. Auf Kongressen und Tagungen hält sie Impulsvorträge zu den Themen »Führung« und »Coaching«.

Ihr Fokus ist der humorvolle und lösungsorientierte Umgang mit den Hürden und Herausforderungen des Führungsalltags. Dabei stehen die Ressourcenorientierung, die innere Klarheit und die Neufokussierung der Aufmerksamkeit im Mittelpunkt.

Auszeichnungen und Pressestimmen

European Qualitiy Award des European Mentoring and Coaching Council (EMCC) 2007

Themen

Use your Self – Die 4 Erfolgsstrategien für Führungskräfte

Erfolglos im Team – Die Hürden und Klippen der Teamarbeit und wie man damit umgehen kann

Weiter, höher, schneller
Provokation und Humor in Führung und Coaching

Wenn die anderen das Problem sind – Wie Sie mit schwierigen Zeitgenossen umgehen können

Veröffentlichungen

SUSANNE KLEINHENZ

Themen

Erfolgreich sein, heißt sich verändern

Frauen ansprechen, überzeugen und gewinnen
Typgerechte Ansprache in Marketing und Vertrieb

Der Don-Juan-Verkäufer
Illusion, Verführung und Faszination im Verkaufsgeschehen

Mehr Verkaufserfolg durch das Persönlichkeits-Mythenrad®

Veröffentlichungen

Kurzbiografie

Susanne Kleinhenz leitet die live-academy, eine Unternehmung der HDI-Gerling Leben Vertriebsservice AG. Als Trainer, Autorin und Vortragsrednerin verbindet sie fachliches Know-how im Versicherungs- und Marketingbereich mit fundierter Erfahrung aus Verkauf und Psychologie. Das besondere Anliegen von Susanne Kleinhenz ist es, Menschen auf die immer schneller werdenden Veränderungen und Neuerungen im Arbeits-, Vertriebs- und Privatleben vorzubereiten. Sie versteht es mit viel Freude, Humor und Einfühlungsvermögen, Menschen darin zu ermutigen, neue Wege zu gehen und ihre Persönlichkeit selbst zu gestalten.

Susanne Kleinhenz ist Mitglied bei der GSA, im Club 55 und im Q-Pool 100.

Referenzen und Kundenstimmen

HDI-Gerling Leben, ASPECTA, MBI, Telis, AWD und viele andere Vertriebe der Finanzdienstleistungsbranche

Auszeichnungen und Pressestimmen

»Ein empathischer, humorvoller und zielgerichteter Zugang zum Kunden. Begeisternd und mitreißend zugleich.« *Carola-Anna Elias, Brandconsulting*

»Susanne Kleinhenz hat ein wunderschönes Buch geschrieben, das ich sehr interessant fand.« *Roger Horné, TV-Journalist (Horné live), NRW.TV, Januar 2007*

»Das Anliegen von Frau Kleinhenz ist es (...), Frauen beizubringen, wie sie ihre unbewussten Muster erkennen und daraus bewusste Strategien entwickeln können. (...) Diese Botschaft gehört dringend unters Volk!« *Barbara Bierach, Süddeutsche Zeitung, 26.05.2007*

BERND W. KLÖCKNER

Themen

Die Rentenlüge
Was Sie als Verbraucher tun müssen, um über die Runden zu kommen

Die Magie des Erfolges
Persönlicher und beruflicher Spitzenzustand

Klöckner-Methode
Sprachliche, fachliche und emotionale Kompetenz – speziell für Finanzverkäufer

Verkaufstherapie
Methoden, Techniken und Interventionen für gelingende Verkaufs- und Beratungsprozesse

Veröffentlichungen

Kurzbiografie

Bernd W. Klöckner, geb. 1966, verheiratet, vier Kinder, wohnt in Berlin. Er ist Diplom-Betriebswirt, Master of Arts in Erwachsenenbildung, absolvierte seinen MBA mit Schwerpunkt Marketing und Unternehmensführung, studierte mit Abschluss systemisches Management und ist ausgebildet in Psychotherapie. Er bietet damit eine in der Trainerbranche einzigartige Mischung aus Praxis-Verkaufskompetenz & Wissenschaft. Der erfolgreiche Unternehmer lebt vom und für den Verkauf seit über 25 Jahren. Bernd W. Klöckner gehört heute zu den gefragten und bestbezahlten Verkaufs- und Persönlichkeitstrainern mit internationalen Engagements. Er ist gefragter Redner zu den Themen Geld, Verkauf, Kommunikation, Motivation. Der 42-fache Buchautor schrieb diverse Bestseller, seine Bücher werden international gelesen, zuletzt erschien »Die Magie des Erfolges« in China. Über 250.000 Teilnehmer besuchten bislang seine Seminare, Trainings und Vortragsreden. Über 60 Mio. Zuschauer sahen seine regelmäßigen TV-Auftritte in allen namhaften Sendungen. Bernd W. Klöckner ist Begründer der Klöckner-Methode. Ein besonderes Training speziell für Finanzverkäufer, Bank- und Versicherungsmitarbeiter. Auf Grundlage eines sofort einsetzbaren Kompetenztools. Mit dieser Neuentwicklung tritt er seit Jahren mit großem Erfolg gegen große Wettbewerber in der Branche an. Er entwickelte ferner die Verkaufstherapie, ein spezielles Training für Verkäufer und Berater aller Branchen. Inhalt: spezielle, wirkungsvolle Methoden, Techniken und Interventionen für erfolgreiche Verkaufs- und Beratungsprozesse. Bernd W. Klöckner provoziert und bewegt als Redner und Referent. Er spricht humorvoll. Kommt auf den Punkt. Ist authentisch. Wer ihn bucht, sagt Ja zu Veränderung.

Referenzen und Kundenstimmen

»… eine tolle Sache! … konkretes Training. Motivation … umsetzbar. Die Klöckner-Methode unterstützt uns mehr als jedes andere Training …« *Stefan Maier, Sparkassen-Versicherung, Spaichingen*

»Ich verkaufe einfach besser – MIT BEGEISTERUNG.« *Bodo Pleßmann, Allianz-Außendienst*

»… Klöckner … übertrifft alle unsere Erwartungen.« *Martin Gräfer, Gothaer Ausschließlichkeit*

»… erstklassige Eigeninvestition! Für mich selbst sowie eines Großteils meines Teams.« *Uwe Daßler, ehemalige Olympiasieger & Weltrekordler*

Auszeichnungen und Pressestimmen

»Zum Glück gibt's Klöckner.« *Süddeutsche Zeitung*

Weitere Veröffentlichungen bislang in: Handelsblatt, Die Welt, Versicherungsmagazin, Bankmagazin und viele mehr

TV Auftritte: ARD: Anne Will, Menschen bei Maischberger; ZDF: Maybrit Illner, Johannes B. Kerner; SWR: Nachtcafé u. a. m.

NADINE KMOTH

Themen

Körperrhetorik
Sicher und schnell Kontakte knüpfen

Körperrhetorik
Überzeugen im Job mit Gestik und Mimik

Körperrhetorik
Vier Temperamente in der Führung

Schwalbe, Grätsche, Unschuldslamm
Körpersprache der Fußballer

Veröffentlichungen

Kurzbiografie

Nadine Kmoth, 1965 in Genf geboren und in Deutschland aufgewachsen, hat die Methode der Körperrhetorik© entwickelt – eine Lernstruktur, die Menschen dabei unterstützt, sich die eigene Körpersprache bewusst zu machen, sie zu verstehen und ggf. zu optimieren, aber auch die der Mitmenschen lesen zu können, um so die Menschenkenntnis noch zu erhöhen.

Globale Wirtschaftsunternehmen profitieren durch Training, Coaching und Vorträge von ihrem Wissen. 1998 gründete sie das Management-Institut EMC Coaching und kooperiert mit den besten des Seminarmarkts. Trainerlizenz, systemische Coachingausbildung und Zertfizierung zum Organisationsstellen liefern ihr das notwendige Know-how, um Unternehmen mit ihren Themen nach vorne zu bringen. Sie ist Bestsellerautorin, hat mehrere Publikationen zum Thema Körperrhetorik am Markt, wird vom TV zu körpersprachlichen Analysen unter anderem über Ottmar Hitzfeld, Angela Merkel und Frank-Walter Steinmeier befragt und hält regelmäßige Vorträge auf Kongressen, Tagungen und Kundenveranstaltungen. In einem Impulsvortrag bezieht sie das Publikum aktiv mit ein, denn sie besitzt eine professionelle Fähigkeit, ihre Zuhörer zu motivieren und zu begeistern.

Als temperamentvoller Mensch setzt Nadine Kmoth einen erfrischenden Gegenpol zur Riege der älteren Generation von Körpersprachlern. Seit frühster Kindheit steht sie auf der Bühne. Durch ihr Tanzstudium hat sie die Fähigkeit, sich in Szene zu setzen. Theaterarbeit und Komikerseminare bereicherten ihre Referentenauftritte um neue Aspekte.

Seit 1983 ist sie mit Markus Kmoth verheiratet, hat 3 erwachsene Kinder und lebt in Hamburg.

Referenzen und Kundenstimmen

»Spannende Unterhaltung und eine absolut begeisterungsfähige Rednerin.« *Oliver Vetter, IVU Informationssysteme*

»Es war wirklich beeindruckend, wie sie die unterschiedlichen Verhaltensweisen aufgezeigt hat, und dabei hat es auch noch Spaß gemacht mitzumachen.« *Peter Eggers, Axel Springer Verlag*

»Eine hohe Präsenz und leidenschaftliche Begeisterungsfähigkeit lässt den Funken schon in den ersten Sekunden überspringen. Nadine Kmoth vermittelte dem Publikum, dass sie nur für uns alleine da sei und niemanden anders!« *Jean Petrahn, Stadtwerke Hof GmbH*

RUDOLF KNAUER

Themen

Innovationskompetenz
Innovationskompetenz; ein integrativer Weg

Zwischenmenschliche Kommunikation
Wir sind Experten ›unserer‹ Kommunikation – verstehen und verstanden werden

Persönlichkeitsentwicklung
Was das Wesen in uns will – was Charakter verhindert

Selbstpositionierung
Den eigenen Standpunkt in »wichtigen« Situationen, auch gegenüber schwierigen Gesprächspartnern, vertreten

Kurzbiografie

Rudolf Knauer, 1967 in Regensburg geboren, beginnt mit 17 Jahren eine Schreinerlehre, die er erfolgreich abschließt. In den folgenden vier Jahren Sanitätsdienst bei der Bundeswehr holt er die mittlere Reife an der Abendrealschule nach, macht sein Fachabitur und studiert Holztechnik an der Hochschule Rosenheim. Zu seinem 30. Geburtstag hält er die Dipl.-Ing.-Urkunde in Händen und arbeitet acht Jahre als Manager und Berater für ein deutsches Softwareunternehmen in Süddeutschland, Österreich und Italien.

In seiner Zeit als Berater und Führungskraft stellt er fest, dass nachhaltige Veränderungen in Unternehmen ausschließlich von der Bereitschaft der Mitarbeiter und Führungsmannschaft abhängen. Dies veranlasst ihn 2005, das MBA-Studium für Change-Management der Universität Augsburg zu absolvieren.

Seine Erfahrungen und sein Wissen gibt er seit Beginn 2006 in selbstständiger Tätigkeit als Berater, Trainer und Coach mit den Schwerpunkten Innovationskompetenz, Kommunikation und Persönlichkeitsentwicklung weiter. Was ihn auszeichnet, sind seine Offenheit, Neugierde, innovativen Ideen und die stetige Tendenz zur eigenen Weiterentwicklung, gepaart mit persönlicher Präsenz, Herzlichkeit und Verlässlichkeit, die auch eine gute Basis für positive Konfliktbewältigung darstellen. Zudem unterrichtet er an der Hochschule Regensburg zum Thema menschliche Kommunikation.

Referenzen und Kundenstimmen

»Rudolf Knauer verbindet auf außergewöhnliche Weise die strukturierte Herangehensweise eines Ingenieurs mit dem lösungsorientierten Ansatz des Praktikers. Seine Arbeitsweise als Berater und Trainer ist gekennzeichnet von großer Herzlichkeit und Professionalität.« *Dr. Rolf Schulz, Vorstandsvorsitzender der Rolf Schulz HR Consultants*

»… Durch die ganzheitliche Sicht des Menschen im Prozess wird nicht nur ein Symptom behandelt, das auf einer anderen Stelle wieder eine negative Auswirkung auslösen würde, sondern die ursächliche Grundeinstellung, die für das Problem verantwortlich ist, greifbar und bewusst gemacht …« *Dipl.-Ing. (FH) Josef Kloibhofer, GF SKLOIB Wohndesign*

»… Sie haben ohne eine direkte Branchenkenntnis Ihrerseits erreicht, dass die individuell auf unser Unternehmen und unsere einzelnen (50) Mitarbeiter zugeschnittene Beratung auch zu einem großen Erfolg geführt hat …« *Micha Weishaupt, geschäftsführender Gesellschafter der ASWR*

Auszeichnungen und Pressestimmen

»»Alle wollen etwas besitzen, Bindungen herstellen, die Welt verstehen und Errungenes verteidigen«, erklärte Knauer, der auch Moderator des Unternehmertags war. Und bei diesen Bedürfnissen müsse der Betrieb seine ›Hebel‹ ansetzen – zum Beispiel leistungsbezogene Vergütung, Vertrauen und Anerkennung im Team oder Arbeitsinhalte, die den Fähigkeiten des Mitarbeiters entsprechen.« *Deggendorfer Zeitung, 25.10.2008*

MAG. ULRIKE KNAUER

Themen

Verkauf – Spitzenverkauf
Was macht die 7 % der Top-Verkäufer aus? Was machen sie anders und warum sind sie damit erfolgreich?

Positionierung im Verkauf
Einfache Kaltakquise mit Positionierung

Körpersprache und Kommunikation im Verkauf
Wirksame überzeugende Kommunikation

Beschwerden und Reklamation
Beschwerden als Neugeschäft nutzen

Veröffentlichungen

Kurzbiografie

Langfristiges Verkaufen heißt auch Verkaufen mit Werten – Walk your talk

Ulrike Knauer, Dipl. Betriebswirtin (FH) und Autorin, ist die Expertin für Spitzenverkauf durch Integrität. Mehr als 20 Jahre Führungsverantwortung im Vertrieb, Verkauf und ihre Tätigkeit als Geschäftsführerin eines internationalen Logistikkonzerns garantieren praxisbezogene, umsetzungsstarke und wirkungsvolle Verkaufsmethoden. Ihre Teilnehmer, in Seminaren und auf Kongressen, begeistert sie mit ihrer energiegeladenen Vortragsweise. Sie versteht es mit einfachen, verständlichen Worten komplexes Vertriebs-Know-how auf den Punkt zu bringen. Durch den Einsatz der Techniken von High-Performance-Selling begleitet sie Verkäufer auf ihrem persönlichen Weg an die Spitze.

Referenzen und Kundenstimmen

Kundenstimmen: »Frau Knauer versteht es ... mit Enthusiasmus, Energie und Integrität zu sprechen. Wenn Sie einen Experten für Verkaufs- und Kommunikationstrainings suchen, werden Sie keinen Besseren finden.«

»Frau Knauer .... kurzweilig mit fundiertem Hintergrund zu referieren. ... durch die Provokation wurde das pro-aktive Denken und Reflektieren von uns Teilnehmern angeregt.«

Auszeichnungen und Pressestimmen

Ulrike Knauer ist Expertin für RTL und wird regelmäßig von RTL interviewt.

Wissen und Karriere 10/2010: Spitzenverkauf ist vor allem Ethik und Integrität! Frau Knauer ist Expertin im Bereich des Spitzenverkaufs.

Pressestimmen zum Buch: Was Spitzenverkäufer besser machen - das seit Mai 2010 beim Gabler Verlag erschienen ist: »... die Mehrheit der Verkäufer reflektiert ihr Vorgehen zu wenig und zieht aus Misserfolgen keine Konsequenzen ortet Ulrike Knauer die Wurzel des Übels im Verkauf. Rückmeldungen vom Kunden könnten wohl auch das ein oder andere Missverständnis aufklären. So glaubt jeder fünfte Verkäufer, er würde in seinen Argumenten den Kundennutzen hervorstreichen - bei den Kunden sehen das allerdings gerade einmal vier von 100 Befragten auch so.«

JÜRGEN T. KNAUF

Themen

H2B-Strategie
ganzheitliche Unternehmensberatung

Veröffentlichungen

Kurzbiografie

Unternehmensberater, Coach, Visionär, Redner, Businessexperte, Moderator zu unterschiedlichen Themen aus dem geschäftlichen Umfeld, insb. Strategie, Unternehmensentwicklung, Reorganisation, Benchmarking, Marketing/Sales, Gesundheitsmanagement

Seit 2005 Managing Director von SCOPAR – Scientific Consulting Partners in München, einer Unternehmensberatung mit Fokus wissenschaftlich fundierter Management-, HR- und IT-Beratung auf strategisch-konzeptioneller Ebene. SCOPAR bietet Beratung, Coaching, Moderation, Gutachten sowie Konzeption und Umsetzung aus einer Hand an – unabhängig und neutral. SCOPAR entwickelt innovative, praktikable und zukunftssichere Konzepte und begleitet deren Umsetzung. Die ausgewiesenen Experten und Wissenschaftler arbeiten eng mit den Projektteams zusammen und sorgen gemeinsam mit Inhouse-Teams für den maximalen Nutzen im Rahmen eines Projektes.

Parallel ist Herr Knauf seit 2007 Managing Director von SCOPAR HEALTH in München, einer Unternehmensberatung mit Fokus einer ganzheitliche Unternehmensentwicklung durch den Ansatz Business-Health-Management. SCOPAR HEALTH bietet mit H2B – Health2Business Beratung, Coaching, Gutachten sowie Strategie, Konzeption und Umsetzung rund um ein ganzheitliches und integriertes Business-Health-Management an. Bis 2005 war Herr Knauf Geschäftsbereichsleiter Marketing/Sales bei einer Münchner IT-Strategie-Beratung in München. Bis 1998 war Herr Knauf Managementberater und Projektleiter einer Münchner Strategie- und Organisationsberatung.

Neben verschiedenen Positionen in Unternehmensberatungen hatte Herr Knauf als Mitarbeiter auch Einblick in mehrere Konzerne und war als Entwicklungsingenieur bei einem Sportautomobilhersteller tätig.

Herr Knauf studierte im Erststudium Elektrotechnik mit Schwerpunkt Informationstechnik und als Aufbaustudium Wirtschaftsingenieurwesen mit dem technischen Schwerpunkt Maschinenbau.

Referenzen und Kundenstimmen

Herr Knauf hat eine Vielzahl von Veröffentlichungen und Fachpublikationen und ist Autor und Co-Autor mehrerer Bücher.

PROFESSOR DR. JÖRG KNOBLAUCH

Kurzbiografie

Professor Dr. Jörg Knoblauch ist nach seinem Ingenieurstudium, Studium der Betriebswirtschaft in den USA und Dissertation zum Doktor rer. soc. oec. heute Honorarprofessor und Dozent an der Hochschule für Wirtschaft und Umwelt Nürtingen-Geislingen und weiteren Universitäten im In- und Ausland. Er ist Spezialist für Mitarbeiterführung und Mitarbeitermotivation und Inhaber von drei mittelständischen Unternehmen, Autor, Speaker und Unternehmensberater.

In Deutschland gilt er mittlerweile als Experte für das Thema: »Die besten Mitarbeiter finden und halten« (ein gleichnamiges Buch erschien im Campus Verlag). Sie werden staunen, welche Potenziale freigesetzt werden, wenn Ihre Mitarbeiter erst mal zu Mit-Unternehmern werden. Die von ihm entwickelte ABC-Methode wird mittlerweile in vielen Firmen angewandt.

Als Referent vermittelt Jörg Knoblauch komplexes Wissen einfach, praxisnah und humorvoll und versteht es, bei Vorträgen zu begeistern.

Sein Motto: work hard, pray hard, give people vision.

Themen

Die besten Mitarbeiter finden und halten
wie Sie den »war for talents« gewinnen

Motivierte und eigenverantwortlich handelnde Mitarbeiter sind kein Zufall

Mit Werten in Führung gehen

Vom Wollen zum Handeln

Referenzen und Kundenstimmen

»Nochmals herzlichen Dank für das mitreißende Referat und die erhellenden Einblicke in Ihr außergewöhnliches Unternehmen.« *Hannes Streng, Geschäftsleitung OBI*

»Ihr Kick-off-Vortrag begeisterte alle Teilnehmer.« *Gerhard Lauterbach, Deutsche Telekom AG*

»Inspirierend gut.« *Prof. Dr. Rolf Wunderer, Universität St. Gallen, Institut für Führung und Personalmanagement*

»Unser European Dealerevent war, nicht zuletzt dank Ihres lebendigen und erkenntnisreichen Vortrages, ein Erfolg.« *Peter Alexander Trettin, Daimler AG*

Auszeichnungen und Pressestimmen

- International Best Service Award, 2008
- Finalist Internationaler Deutscher Trainings-Preis, 2006
- BestPersAward, 2005
- Manufacturing Excellence Award, 2004
- International Best Factory Award, 2004
- EFQM – Recognised for Excellence in Europe, 2002
- Ludwig-Eberhard-Preis-Wettbewerb, 2002
- Auszeichnung zum Top-Keynote-Speaker unter den Top 100 der Perfect-Speakers.eu, 2009
- Auszeichnung zum Qualitätsexperten 2009 durch das Qualitätsnetzwerk der Erfolgsgemeinschaft.com

Veröffentlichungen

Dem Leben Richtung geben
Campus Verlag 2003

Die TEMP-Methode® – Das Konzept für Ihren unternehmerischen Erfolg
Campus Verlag 2009

Ein Meer an Zeit
Campus Verlag 2005

PROF. DR. MULT. NIKOLAUS KNOEPFFLER

Kurzbiografie

Prof. Dr. mult. Nikolaus Knoepffler, geb. 1962 in Miltenberg/Bayern, leitet den ersten in Deutschland eingerichteten Lehrstuhl für angewandte Ethik und das von ihm gegründete Ethikzentrum der Universität Jena. Er ist Vizepräsident der Deutschen Akademie für Transplantationsmedizin. Nach seiner Ausbildung durch die Jesuiten in Rom arbeitete er u. a. in der Krankenhausseelsorge und begleitete Menschen bei der Suche nach dem Lebenssinn. Seine Habilitationsschrift widmete sich der Frage einer verantwortbaren Embryonenforschung. Seit 1996 ist er verheiratet und hat zwei Töchter.

Seit über 20 Jahren hält Knoepffler Vorträge zu brisanten ethischen Fragen und bietet Seminare zur Sinnorientierung und zum Wertemanagement. Seine Hörer und Teilnehmer kommen aus Unternehmen, der Politik, den Kirchen und der Wissenschaft. Vortragsreisen führten ihn u. a. in die USA, nach Großbritannien, Japan, in die Schweiz und Österreich.

Themen

Was wirklich zählt!

Mit Kant an die Börse?

10 Wege, um sicher unglücklich zu werden

Ist der Ehrliche der Dumme?

Veröffentlichungen

Referenzen und Kundenstimmen

»Klar, spannend, humorvoll!« *Hermann Scherer, Unternehmen Erfolg GmbH*

»Endlich jemand, der auf den Punkt kommt.« *Helmut Klausing, Vorstand Verband der Elektrotechnik*

»Bitte kommen Sie wieder.« *Otto Diederichs, Wirtschaftsforum e. V., Eichsfeld*

»Applied Philosophy in the best sense of that word. It has application in the real world.« *Martin O'Malley, World Ethics Scientific Network*

Auszeichnungen und Pressestimmen

Aufnahme des Beitrags »Fortschritt ohne Maß und Grenzen? Plädoyer für eine lebensdienliche Gestaltung der bio- und gentechnischen Entwicklung« in: Deutscher Hochschulverband (Hg.), Glanzlichter der Wissenschaft 2000

Mitglied der Bayerischen Ethikkommission

»Der Jenaer Ethikprofessor Nikolaus Knoepffler hat Verhaltensregeln angemahnt, die speziell für die Führungsebene eines Unternehmens gelten.« *www.Focus.de*

DR. KLAUS-PETER KNOLL

Themen

Die Kosten der Adipositas in der Bundesrepublik Deutschland

Wachsende Anforderungen an moderne Klinikbetriebe

Beratungsdienstleistungen im Gesundheitssegment

Veröffentlichungen

Ökonomische und politische Aspekte des Wettbewerbs und der Konzentration des deutschen Fernsehmedienmedienmarktes
Hartung-Gorre Verlag

2008: Die Kosten der Adipositas in der Bundesrepublik Deutschland – eine aktuelle Krankheitskostenstudie
»Adipositas« Heft 4 / 2008, Schattauer Verlag

Kurzbiografie

Dr. Klaus-Peter Knoll, geboren 1966 in Baden-Baden, ist Ökonom, Arzt der Humanmedizin und langjähriger Unternehmensberater. Nach der Steuerung von Projekten im Bereich Medienökonomie über einige Jahre kam im Jahr 2003 die zukunfts- und richtungsweisende Ausrichtung hin zur Medizin und zu einem prognostizierten Wachstumsmarkt »Gesundheit«. Sein Studium der Volkswirtschaftslehre beendete er 1992 an der Universität Konstanz und suchte seine Herausforderung zunächst in den neuen Bundesländern, in Leipzig. Als Vorstandsstabsreferent kam der Berufseinstieg, welcher von der Promotion an der Uni Leipzig und einem Aufbaustudium der Informationswissenschaften an der Uni Konstanz flankiert wurde. In dieser Zeit übernahm er unterschiedliche Dozententätigkeiten und brachte sich mit seinem bis dahin erworbenen Know-how u. a. in eine Medienproduktionsfirma ein, der er bis zum Jahr 1996 angehörte und die er als externer Berater auch darüber hinaus begleitete. Mit Abschluss seiner Promotion im Jahr 1998 beschloss er, sein Beraterleben auszubauen, und es folgte das Engagement bei einer der Top-5-Adressen im Consultingbusiness. Dort führte ihn der Weg nach München und Zürich und in zahlreiche Beratungsprojekte im In- und Ausland. Im Jahr 2003 sah er neue Perspektiven im Gesundheitssegment und verband diese mit seinem seit jeher gehegten Wunsch, noch ein Studium der Humanmedizin zu absolvieren. Dieses Vorhaben realisierte er über die Gründung seiner eigenen Beratungsfirma und somit der Möglichkeit, über bestehende Kontakte im Beratermarkt beide Wege von Studium und Beruf gleichzeitig zu gehen. Mit erfolgreichem Abschluss des »Abenteuers« Medizinstudium folgte im Jahr 2008 die Veröffentlichung einer umfassenden Krankheitskostenstudie über das Phänomen von Adipositas in Deutschland, welche die Verknüpfung von Medizin und Wirtschaft in praktischer Weise für ein hochaktuelles Themengebiet ermöglichte. Die Beratungserfahrung wird er zukünftig gezielt für gesundheitsökonomische und -politische Fragestellungen einsetzen und sich den Problemen, aber v. a. auch Potenzialen der Akteure im Markt, wie Kliniken, Rehazentren, Leistungserbringern oder auch Pharmaunternehmen, widmen. Aufgaben, die der leidenschaftliche Sportler in einem multiplen Rollenverständnis als Wirtschaftler, Arzt, Unternehmensberater und Mensch mit ganz besonderem Interesse und Engagement verfolgt.

Referenzen und Kundenstimmen

Sachsen LB, Landesbank Sachsen
KPMG Consulting GmbH
Bearing Poijnt Consulting GmbH
KirchMedia Konzernbilanzierung und Finanzprojekte
Herzzentrum Bodensee Konstanz/Kreuzlingen
Dr. Knoll Unternehmensberatung

ULLA KNOLL

Kurzbiografie

Ulla Knoll arbeitete 19 Jahre lang als Administration-Manager in einem mittelständischen Unternehmen. Vor 5 Jahren gründete sie die Firma IVR, Consulting, Seminare und Verlag.

Ulla Knoll ist Repräsentantin von Innovations International Inc. Consulting mit Sitz in San Francisco und Salt Lake City, für den deutschsprachigen Raum. Die wesentlichen Inhalte der Seminare und Workshops sind: Kollaboration, Teamwork, Diversity, Empowerment, Führungsstil und Quantum-Denken. Ullas Ziel ist es, Unternehmen, deren Manager und Angestellte in die Lage zu versetzen, sich kraftvoll und dauerhaft als High-Performance-Organisation darzustellen. Unter dem Leitsatz: Ich kann anderen nur vermitteln, was ich selbst erlebt habe, richtet sie den Fokus auf ihre eigenen Erlebnisse, Herausforderungen und Transformationen der letzten Jahre, als ihr Leben sich grundlegend verändert hat.

Zu den Kunden zählen: American Airlines, Procter & Gamble, Kellogg, Eastman Kodak, Disney, Toyota, Textron, Amgen, Avon, Chevron-Texaco, DaimlerChrysler, Hewlett-Packard, Merck, Texas Instruments, TDindustries u. v. m.

Die Seminare sind für alle, die intensiver leben und arbeiten wollen.

Ulla Knoll übersetzt im Eigenverlag die Bücher von Dr. Guillory, ph. D. (Präsident von Innovations) ins Deutsche und ist zuständig für die Vermarktung. Unter anderem sind bis jetzt erschienen: Königreich der Tiere; Es ist alles Illusion; Der Weg zum absoluten Versager; Diversity – Die vereinende Kraft; Rodney, die Geschichte eines ganz gewöhnlichen außergewöhnlichen Jungen.

Frau Knoll lebt in der Nähe von Frankfurt.

Referenzen und Kundenstimmen

»Hallo Frau Knoll, ich denke, jetzt ist es an der Zeit, sich hier mal zu verewigen und mich auf diesem Weg bei Ihnen zu bedanken (auch im Namen aller Kollegen!). Das Seminar am Wochenende hat uns allen die Augen und Herzen geöffnet und wir freuen uns, dass Sie uns auf dem Weg begleitet haben und in Zukunft auch weiter werden. Ich kann's nur allen Firmen empfehlen, mal ungewöhnliche Wege zu beschreiten und sich im Spiegel zu betrachten. Vielen lieben Dank dafür.« *René Sasserath, SF-Sauerland*

Themen

Transformation, Spiritualität und Lebensqualität
Das Leben verändern mit den ©Small Acts of Kindness

©Der Weg zum absoluten Versager
Wie aus Fehlern Erfolge werden

©Die Macht der persönlichen Performance

Veröffentlichungen

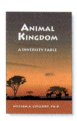

JEPPE HAU KNUDSEN

Themen

Jammern ≠ Erfolg
Visionen – Ideen – Umsetzung

Trendbarometer
Das Aktionsfeld zwischen Markt, Kundenanspruch und Wirtschaftsprognosen

Erfolgsfaktor Führungskraft
Wie führt man heute?

Veröffentlichungen

Kurzbiografie

Jeppe Hau Knudsen, 1964 in Aarhus/Dänemark geboren, beschäftigt sich seit Anfang seiner beruflichen Karriere mit Trends und der Entwicklung innovativer Business-Lösungen auf internationalen Märkten. Zunächst für den Vertrieb von dänischen Designermöbeln zuständig, übernahm er später Aufgaben im internationalen Vertrieb und Marketing der Hugo Boss AG. Bei der smart GmbH betreute er die europaweite Einführung eines innovativen CRM-Systems, bevor er für die DaimlerChrysler AG Projekte im Bereich Business Development auf verschiedenen Kontinenten leitete. Seit mehreren Jahren berät Jeppe Hau Knudsen mit seiner Firma »executive now« Unternehmer und Unternehmen. Mit einem ganzheitlichen Ansatz und einem breiten Portfolio unterstützt er diese bei Maßnahmen im Business Development – von der Vision bis zur konkreten Umsetzung. Individuell und mit immer neuen Ansätzen, wie z. B. dem VideoPodCast executive-LIFESTYLE. Seine dynamischen Vorträge kommen aus der Praxis. Themenschwerpunkte sind das Aufspüren von Trends, die Analyse von Marktentwicklungen sowie die Frage, wie man darauf individuell und einfallsreich reagieren kann. Faktenreich, unterhaltsam und mit einer guten Portion Ironie gibt er Ideen und zeigt Perspektiven für die künftige Marktbearbeitung auf.

Referenzen und Kundenstimmen

»Herr Knudsen war unser Trendbarometer. Er ist ein Macher, das spürt man sofort. Er hat große, innovative Ideen – und im Unterschied zu anderen Visionären kann er diese nicht nur hervorragend artikulieren, sondern auch bis ins Detail umsetzen.« *Thomas W. Seuring, CIO DaimlerChrysler AG, Mexiko*

KLAUS KOBJOLL

Themen

Wa(h)re Herzlichkeit
Schaffung eines Treibhausklimas für wirtschaftliche Spitzenleistungen

Führen mit Herz – Steuern mit Verstand:
So erreichen Sie die freiwillige Mitarbeit Ihres Teams!

Motivaction!
Nur engagierte MitarbeiterInnen schaffen durch hohe Service-Qualität begeisterte Kunden

Be different or die!
Alleinstellungsmerkmale durch Innovation, Marketing und Servicequalität

Veröffentlichungen

Motiva(c)tion
Buch

Kurzbiografie

Kein klassischer Vortrag – nein, es geht bei Kobjolls Vorträgen um eine Anleitung zum Total-Einsatz. Der Vollblutunternehmer und Autor des Buches »Wa(h)re Herzlichkeit« zeigt dabei seine Arbeitsmittel zum Erfolg.

Für Kobjoll sind Unternehmen Spielplätze für Erwachsene! Und er unterscheidet zwei Arten von Unternehmern: Yes-butter und Why-notter und die, die es werden möchten. Mit Teams ein Perpetuum mobile des Erfolgs schaffen, dafür bietet Kobjoll viele praxiserprobte Ansätze: ob Total Quality-Management, strategische Planung mit Jahreszielplan, Unternehmens-Leitbild, KVP (kontinuierlicher Verbesserungs-Prozess) oder Mitarbeiterauswahl, -führung, -motivation und -beurteilung.

Kobjoll begeistert, weil er tut, was er sagt. Er hat sich mit 22 Jahren selbstständig gemacht, zwischenzeitlich 10 Firmengründungen gemeistert – als der Begriff »Start-up« noch nicht gebräuchlich war – und weiß, wovon er spricht.

Sein unternehmerischer Erfolg ist unter anderem verwurzelt in dem methodischen Begeistern sowie dem ständigen und systematischen Überdenken, Querdenken und Erneuern.

Erfolg kommt, wenn man sich selber folgt. 14 Auszeichnungen einschließlich des European Quality Award bestätigen, was mit Planung, einer klaren Vision und im Team machbar ist.

Referenzen und Kundenstimmen

»Es hat wirklich Spaß gemacht, Ihnen zuzuhören. Ich habe Ihre persönliche Überzeugung zu Führung und Erfolg gespürt und das hat mir sehr gefallen. Da ich schon einige Vorträge aus diesem Umfeld gehört habe, kann ich nur sagen: Kompliment, Sie sind die Benchmark!« *Klaus Bongardt, Dresdner Bank AG*

»Es war geradezu faszinierend, mit welcher Überzeugung Herr Kobjoll und seine Tochter Nicole das Seminar gestaltet haben.« *Birgit Trautwein, Trautwein Catering GmbH*

Auszeichnungen und Pressestimmen

7 x bestes Tagungs- bzw. Seminarhotel Deutschlands
2 x großer Deutscher Marketingpreis (HSMA)
3 x höchste deutsche Qualitätsauszeichnung: Ludwig-Erhard-Preis
1 x European Quality Award
2003: EFQM Special Prize Customer Focus
2004: EFQM Special Prize People Development
Bei »Great Place to work« bester Arbeitgeber Europas in der Hospitality-Industry – 2009 zum 3. Mal in Folge
2009: Aufnahme in die German Speakers Hall of Fame®

DR. SILVANA KOCH-MEHRIN

Themen

Politische Themen

Europa

Kommunikation und Medien

Frauen und Karriere

Veröffentlichungen

Kurzbiografie

Dr. Silvana Koch-Mehrin ist seit Beginn der 7. Wahlperiode Vizepräsidentin des Europäischen Parlaments und die Vorsitzende der FDP-Delegation im Europäischen Parlament. Sie wurde am 17. November 1970 in Wuppertal geboren. Nach dem Studium der Volkswirtschaftslehre und Geschichte in Hamburg, Straßburg und Heidelberg promovierte sie 1998 zum Thema Historische Währungsunion. 1999 bis 2004 war sie Mitbegründerin und Geschäftsführerin einer Public-Affairs-Agentur in Brüssel, bevor sie als Spitzenkandidatin die FDP nach zehnjähriger Abwesenheit wieder ins Europäische Parlament zurückführte. 2009 schaffte sie es, das Wahlergebnis der FDP um 80 Prozent der Stimmen zu steigern.

Dr. Silvana Koch-Mehrin ist in der aktuellen Legislaturperiode Mitglied im Petitionsausschuss und stellvertretendes Mitglied im Ausschuss für Industrie, Forschung und Energie und in der Delegation des Gemischten Parlamentarischen Ausschusses EU-Kroatien. Durch ihre berufliche Erfahrung hat sie ein besonderes Interesse an der Informations- und Kommunikationspolitik und trug zur Errichtung des europäischen Internetfernsehsenders Europarl webtv bei.

Als Vizepräsidentin ist Dr. Silvana Koch-Mehrin verantwortlich für die stärkere Zusammenarbeit zwischen Europäischem Parlament und nationalen Parlamenten und zuständig im EP-Präsidium für das Organ des Europäischen Parlaments zur Bewertung wissenschaftlicher und technologischer Optionen (»STOA – Science Technology Options Assessment«). Sie ist auch Vorsitzende der Arbeitsgruppe »Gender Equality and Diversity« und nimmt an der Arbeitsgruppe »Informations- und Kommunikationspolitik« teil.

Auszeichnungen und Pressestimmen

2004 Politikaward »Nachwuchspolitikerin« des Helios Verlags

2000 »Frau des Jahres« der Zeitschrift freundin

ECKHARDT KÖDER

Themen

Die 4 Schritte zu mehr Erfolg

Nutze die Innere Kraft

Change
Chancen und Herausfoderungen

Gewinne zuerst den Mensch –
dann den Kunde

Kurzbiografie

Eckhardt Köder, 1958 geboren, deutscher Staatsbürger, selbstständiger Trainer und Referent. Alleinerziehender Vater von vier tollen Töchtern. Zwei Töchter führen mittlerweile ihr eigenes Leben und zwei wohnen noch bei ihm. Als Mädchen-Fußballtrainer engagiert er sich mit viel Freude und Engagement ehrenamtlich. Nach seinem Elektronik-Studium arbeitete er erst in der Softwareentwicklung. Später wechselte er in den Vertrieb und lernte Kommunikation, Verhandeln, Kundenorientierung und zielorientiertes Arbeiten. Im Jahr 1989 startete er seine Trainerausbildung und bildete sich, auch heute noch, laufend weiter. 1990 wurde er angestellter Trainer bei der Deutschen Telekom. Um mehr Praxis zu sammeln, wurde er von 1994 bis 1998 erfolgreicher Vertriebsleiter, dabei machte er sich 1995 nebenberuflich selbstständig als Trainer. Ab 1998 widmete er sich ganz dem Trainings- und Vortragsgeschäft.

Mittlerweile hält Eckhardt Köder seine Vorträge sowie seine Seminare in ganz Europa. Dabei gilt er als Kapazität, wenn es um Vorträge geht mit den Schwerpunktthemen »Erfolg«, »Change«, »Profisport zu Profibusiness«, »High Speed Reading«, »Innere Kraft« oder »Der Mensch und sein Verhalten«. Dabei erwartet die Zuhörer eine Mischung aus Zuhören, Mitmachen, Aha-Effekten und Lachen. Bei seinem Einsatz »Von den Besten lernen«, wo er unter anderem mit Jörg Löhr, Samy Molcho und vielen anderen namhaften Referenten in verschiedenen Lokalitäten auftrat, waren alle Zuhörer fasziniert. Viel Anerkennung erntete Eckhardt Köder bei seinen Auftritten mit Andreas Köpcke im Nürnberger Fußballstadion oder mit Jörg Löhr oder mit den Telekom Baskets. Dabei stand das Thema »Sport zu Business« im Mittelpunkt. Seine Seminare zu den Themen »Teamentwicklung (In- und Outdoor)«, »Präsentation«, »Führung«, »Leading Power«, »Kommunikation« und »High Speed Reading« sind eine wahre Bereicherung. Sein Wissen stellte er beim schriftlichen Managementlehrgang »Souveränes Handeln und Wirken« zur Verfügung.

Referenzen und Kundenstimmen

Price Waterhouse Coopers (PWC), Deutsche Börse, Gemini Consulting, Dresdner Bank, Cap Gemini Consulting, Axa, Ernest & Young, VW AG, Allianz AG, Zeiss international, DaimlerChrysler AG, Vontobel-Bank (CH), Deutsche Telekom AG, Stadt Münster, Volks- und Raiffeisenbanken, Lufthansa AG, Deutsche Bank Schweiz, TUI AG, Siemens AG, SV-Versicherungen, Coiffure Suisse, Thomas Cook AG, FTI, BLSV – Bayerischer Landessport Verband, Deutsche Postbank, Deutsche Post AG, Fitness Company, Phillip Morris, Messe Düsseldorf, Frankfurter Rundschau, Südwestpresse, Manager Congress mit Andreas Köpcke, FTI, SV-Versicherungen, Coiffure Suisse, Vontobel Bank, Omicron, Carl Uwe Steeb (Tennis Davis-Cup-Gewinner), Jörg Löhr (Handball-Europameister), Telekom Baskets, Frank Löhr (Handball)

DR. ALEXANDER KOENIG

Themen

Luxus für lau
Exklusives Reisen für jeden erschwinglich gemacht

Der Meilenvirus und wie er auch Sie infizieren wird

Urlaub und Leben in Dubai

Warum der Tourismus in Dubai weiter boomen wird

Veröffentlichungen

Kurzbiografie

Alexander Koenig, geboren 1975 in München und promovierter Wirtschaftswissenschaftler, ist eine Spezies, die man wohl am besten mit dem Titel »Smart Traveller« umschreiben kann. Reisen ist seine große Leidenschaft und diese teilt er mit unzähligen Kunden, die seine jährlich erscheinenden Bücher zum Thema »Luxusreisen zu günstigen Preisen« sowie seine Reiseführer mit Begeisterung lesen. Dabei ist sein Credo: Durch eine optimale Ausnutzung von Kundenbindungsprogrammen à la Lufthansa Miles & More kann JEDER, ob Gelegenheitsreisender oder Vielflieger, Luxusreisen und VIP-Status zum Sparpreis genießen.

Die Leidenschaft für das Reisen war ihm bereits mit in die Wiege gelegt worden. Doch erst sein reiseintensives berufliches Leben machte ihn zum gefragten Reise- und Tourismusexperten. So war er von 2000 bis 2008 als Unternehmensberater für die weltweit führenden Top-Management-Beratungen, The Boston Consulting Group (BCG) und McKinsey & Company, tätig, flog jede Woche durch die Welt und verbrachte mehr als 200 Nächte pro Jahr in Hotels. In dieser Zeit gründete er First Class & More, ein führendes Info-Portal für smartes Reisen. Jeden Monat verrät er dort seiner Anhängerschaft die besten Tipps & Tricks, um Business-Class-Flüge, 5-Sterne-Hotels und Autos der Oberklasse zum Sparpreis zu genießen. Seit 2008 arbeitet Alexander Koenig in Dubai und hilft dabei, seine Traumstadt durch exklusive Reiseangebote und Megaprojekte wie »Dubailand« für den Tourismus weiter zu erschließen.

Seine Vorträge reflektieren seinen Erfahrungsschatz und sind eine gelungene Symbiose aus Insiderwissen, authentischen Reiseerlebnissen und wirtschaftlichem Know-how. Sie helfen jedem, Reisen und die aufstrebende Metropole Dubai aus einem vollkommen neuen Blickwinkel zu sehen.

Referenzen und Kundenstimmen

»Alexander Koenig ist ein Kenner in Sachen Reisen und weiß, wie man für weniger Geld an mehr Luxus kommt.« FOCUS Online

»Luxus für lau. 5-Sterne-Hotels oder Business-Class-Flüge – alles erschwinglich. Alexander Koenig liefert die besten Rezepte für sparsame Verwöhnte.« MYSELF

»Koenigs Ansatz ist so simpel wie effektiv. Spätestens wenn Sie Koenigs Tipps befolgen, wissen Sie: ›Manche Träume werden wahr‹.« COSMOPOLITAN Online

»Letztlich kann jeder für überschaubares Geld per Traumauto ins Luxushotel fahren oder in der Business Class in die Südsee jetten. Wie man solche Reisen finanzierbar macht, das erklärt Alexander Koenig.« msn (Microsoft Network)

Auszeichnungen und Pressestimmen

Preis des Markenverbandes 2006

RÜDIGER KOHL

Themen

Märkte ohne Konkurrenz

Veröffentlichungen

Kurzbiografie

Als erfolgreicher Unternehmer, Autor, Berater und Innovator aus Profession begeistert er seine Zuhörer in Seminaren und Vorträgen zu den Themen Innovation, Differenzierung und strategische Unternehmensentwicklung.

Rüdiger Kohl studierte Maschinenbau sowie MBA in Entrepreneurial Management. Als einer der jüngsten Prokuristen konnte er in einem großen deutschen Konzern erfolgreich seine neuen Ideen und Konzepte etablieren. Erfolgreiche Menschen und Unternehmen differenzieren sich nicht über den Preis vom Wettbewerb, sondern gewinnen mit neuen, unvergleichbaren Angeboten die Aufmerksamkeit der Kunden. Jeder muss sich differenzieren, egal ob im Beruf oder im Privatleben. Die von ihm entwickelte Innovationsstrategie wurde 2007 mit dem »Business Innovation Award« als herausragende Innovationsstrategie ausgezeichnet. Bei seinen Vorträgen und Reden begeistert er die Zuhörer mit anschaulichen Beispielen und Analogien für das Thema »Neue Ideen & Differenzierung« und ist über alle Branchen hinweg immer ein gern gesehener Redner bei Kongressen und Tagungen. Rüdiger Kohl wurde 2005 mit dem »Excellence Award« für herausragende Vortragsleistungen ausgezeichnet.

Referenzen und Kundenstimmen

Zu den Kunden gehören Eventveranstalter, Banken und Verbände genauso wie Mittelständler, Konzerne und die meisten DAX-Unternehmen.

»… die Stimmung unter den Kunden war sehr, sehr positiv, was sich auch in der gesamten Bewertung der Veranstaltung widergespiegelt hat. Es war wirklich eine gelungenes Event. Ihr Vortrag wurde von den 108 Zuhörern mit sehr gut (1,21) gewertet und wir haben sehr viel positives Feedback bekommen. Die Zusammenarbeit hat uns viel Spaß gemacht – Professionalität auf ganz hohem Niveau – einfach lobenswert. Gerne werden wir Sie an unsere Kollegen in Deutschland weiterempfehlen.« *Michael Vogt, Hewlett-Packard Wien*

»… nochmals herzlichen Dank für Ihren äußerst interessanten Vortrag anlässlich unseres druckforum – wir hatten mit Ihnen eine gelungene Schlussveranstaltung. Nicht nur die Denkanstöße, sondern auch Ihre sympathische Art kam bei uns wie auch bei den rund 450 druckforum-Besuchern sehr gut an. Es war schön, dass sie auch im Anschluss noch dabei sein konnten und mit dem einen oder anderen Besucher Gespräche führten. Wegen einer weiteren Zusammenarbeit werden wir sie Anfang März anrufen.« *Michael Hüffner, Verband Druck und Medien*

Auszeichnungen und Pressestimmen

»Excellence Award« *2005*

»Business Innovation Award« *2007*

HANS-UWE L. KÖHLER

Themen

Verkaufen ist wie Liebe!
Verkaufen in seiner feinsten Art!

Fit 4 sales!
Ein perfekter Tag der mentalen und körperlichen Fitness

Mit der Kraft der Begeisterung zum Erfolg!
Entdecken Sie das Perpetuum mobile in sich!

Christopher-Columbus-Concept
Von der Lust, Neuland zu entdecken!

Veröffentlichungen

Kurzbiografie

Kaum ein Redner spielt so gekonnt auf der Klaviatur der rhetorischen Möglichkeiten wie Hans-Uwe L. Köhler! In einem Mix aus Story-Telling und Entertainment entwickelt er seine Ideen für Erfolg und Motivation.

Hans-Uwe L. Köhlers Vorträge sind ein Garant für ein nachhaltiges Erlebnis bei den Zuhörern. Sein erfolgreichstes Vortragskonzept ist »Verkaufen ist wie Liebe!«, das durch die bereits 15. Auflage seines gleichnamigen Buch-Bestsellers untermauert wird.

Besondere Zeiten erfordern aber oftmals besondere Maßnahmen: Hans-Uwe L. Köhler entwickelt deshalb auch gerne Vorträge im Kundenauftrag, die punktgenau auf individuelle Erfolgsziele eingehen.

Zum Thema Change-Management hat Hans-Uwe L. Köhler jüngst das Programm »Das Christopher-Columbus-Concept« entwickelt: Vor welcher Situation stand dieser Mann vor 500 Jahren? Welche Barrieren und Ängste mussten überwunden werden, um den Mut zu haben, Neuland zu entdecken? Diese Geschichte wird nicht im Nadelstreifenanzug erzählt, sondern in einer zeitgerechten Kleidung, und stellt eine wohltuende Auseinandersetzung mit den heutigen Problemen dar.

Referenzen und Kundenstimmen

»Ihr Vortrag war eine perfekte Nachhilfestunde in Sachen Menschlichkeit, mit der Sie unsere Gesellschafter und Gäste begeistert haben! Geistreich, humorvoll, tiefgründig und mit Bezug zu unseren eigenen Konzepten. Dass erfolgreiches Verkaufen keine Frage der Technik, sondern der Einstellung ist, die Botschaft ist angekommen! Bitte bleiben Sie Ihren Überzeugungen treu! Mit allen guten Wünschen für Sie als meisterhafter Botschafter der emotionalen Intelligenz grüßen Sie« *Elfi Fuchs, Holger Kachel, Geschäftsführung der SHK, Bruchsal*

Auszeichnungen und Pressestimmen

1997 Deutscher Trainingspreis BDVT

2005 Award of excellence in communication BDVT

2006 Best Speaker Club 55

2007 Hall of Fame German Speakers Association

2010 Innovations Award German Speakers Association

MARTIN KÖHLER

Themen

Aufbau und Struktur einer Lern-Architektur im Unternehmen
7 Bausteine für planvolles Lernen im Unternehmen

Lernen unter neurowissenschaftlichen Erkenntnissen
Neue pädagogische Ansätze in der betrieblichen Weiterbildung

Strategieumsetzende Personalentwicklung
Leitbild, Positionierung und Instrumente einer strategieumsesetzenden Personalentwicklung

Den Außendienst in Schuss bringen
Mit einem Vertriebs-Fitness-Programm langfristige und nachhaltige Verkaufserfolge sichern

Kurzbiografie

Martin Köhler, 1969 geboren, startete bereits während seines Studiums zum Diplom-Pädagogen seine Laufbahn als Experte für das Lernen bei Erwachsenen. Als wissenschaftlicher Mitarbeiter der Universität Dortmund war er maßgeblich an dem Erfolg des Programms des Bildungsministeriums NRW zur Verbesserung der Qualität der Lehre beteiligt.

Nach dem wissenschaftlichen Lernen widmete sich Martin Köhler ganz dem Thema des beruflichen Lernens. Vor der Gründung seiner eigenen Unternehmensberatung war Herr Köhler zunächst freier Mitarbeiter in verschiedenen Projekten der beruflichen Bildungsplanung tätig, dann als Bildungsmanager im Fachbereich Förderung der beruflichen Weiterbildung und zuletzt in der Personalentwicklung bei einem Daxnotierten Finanzdienstleistungsunternehmen.

Neben seinen Vorträgen bietet er Unternehmen eine umfassende Beratung im Bereich der Personalentwicklung an. Martin Köhler entwickelte hierzu das Konzept der Lern-Architektur zum Aufbau und der Struktur eines lernenden Unternehmens.

Sein professionelles Methoden-Know-how als Lernexperte rundete er mit Fortbildungen in den Bereichen strategieumsetzende Personal- und Organisationsentwicklung, Change-Management, Unternehmensanalyse, Prozesskommunikation, neue Lerntechnologien und Coaching ab.

Martin Köhler ist zertifizierter Trainer, Berater und Coach (BDVT), Mitglied im Forum Werteorientierung in der Weiterbildung und Mitglied der Akademie für neurowissenschaftliches Bildungsmanagement.

Referenzen und Kundenstimmen

»Ihnen ist es gelungen, wichtige Impulse zu setzen und erfolgreiche Maßnahmen zu initiieren, die eine deutliche Leistungssteigerung bewirkten. Es macht Spaß und bringt vor allem Erfolg, mit Ihnen zu arbeiten.« *Die Teilnehmer an einem Verkaufsleiter-Entwicklungsprogramm*

»Sie haben bei der Ziel- und Strategie-Entwicklung meines Unternehmens eine wertvolle Hilfe geleistet. Innerhalb des Coachings haben Sie es geschafft, mit zielgerichteten Fragen den Fokus auf die wirklich wichtigen Dinge zu lenken und längst bekanntes und neues Wissen ins Bewusstsein zu holen. Die Entscheidung für dieses Coaching war die beste in den letzten Jahren.« *Gisbert Weber, Geschäftsführer, Bonaccura GmbH*

Auszeichnungen und Pressestimmen

Preisträger des Mittelstandsprogramms 2009

TANJA KÖHLER

Themen

Grenzen überschreiten – von fremden Welten lernen!
Was und wie Führungskräfte von Drogensüchtigen, Obdachlosen und sterbenskranken Menschen lernen!

Gute Firmen – Schlechte Firmen!
Gesellschaftliches Unternehmensengagement – ein Wettbewerbsfaktor der Zukunft

Beweg Deinen Hintern!
Wie wir unser Verhalten tatsächlich verändern!

Das Dreigroschenoper-Prinzip
Wann Veränderungsvorhaben scheitern und wann sie gelingen

Kurzbiografie

Tanja Köhler – die Weltengängerin – ist anders als andere Redner: In ihren Vorträgen schockiert und berührt sie und bricht Tabus!

Sie geleitet die Zuhörer in Welten, über die normalerweise nicht gesprochen wird und wenn doch, dann über »die dort« und »wir hier«. Die Rede ist von Drogenabhängigen, Schwerst-Mehrfachbehinderten, Obdachlosen, sterbenskranken Menschen, ...

In ihren Vorträgen geht es nicht um Mitleid für diese Menschen und nicht um das Aufzeigen, wie schlimm das alles doch ist ... Die Zuhörer erleben in aller Härte, was man von diesen Welten und den Menschen lernen kann – und wie man WIRKLICH Verantwortung für sich und für andere übernimmt.

Ihr unterhaltsamer rhetorischer Stil bricht dabei alle Regeln im zwischenmenschlichen Miteinander und trifft die Zuhörer genau dort, wo Veränderungen stattfinden: am Nerv und am Herzen!

Tanja Köhler ist DIE Botschafterin, wenn Veränderungen anstehen, sich jedoch keiner bewegt. Ein Muss für jedes Unternehmen!

Referenzen und Kundenstimmen

»Tanja Köhler ist absolut glaubwürdig und authentisch und überzeugt mit viel Inhalt. Sie hat sich für soziale Projekte in der Unternehmensentwicklung starkgemacht, als andere dies noch als Sozialromantik abgetan haben. Heute, in Zeiten der ›Corporate Social Responsibility‹, ist das anders, da springen viele auf den Zug auf, den Tanja Köhler schon lange mit Passion verfolgt! Gottlob: Der Kenner kann die Spreu vom Weizen unterscheiden ...« *Stephanie Leibkutsch-Schorp, Leiterin strategisches und operatives Personalmanagement, Vereinigte Postversicherungen, Stuttgart*

Auszeichnungen und Pressestimmen

LEA-Mittelstandspreis Baden-Württemberg 2010 – nominiert

Ausgewählter Ort 2010: Projekt *Jungs bewegen WAS!*

Ausgewählter Ort 2008 : *Qualifizierungskonzept Azubi-Fit!*

Ausgewählter Ort 2008: *Generationenprojekt »17/70 – Junge Paten für Senioren« (mit Ehrenamt Agentur Essen)*

»Tanja Köhler ist wie eine Peperoni – im ersten Moment harmlos – danach raucht es aus den Ohren.« *Südkurier*

»Tanja Köhler ist mit Leidenschaft bei der Sache.« *TU intern*

THOMAS R. KÖHLER

Themen

Perspektive 2020
Wie wir leben, arbeiten und kommunizieren werden

Das Internet der Dinge
Die nächste Kommunikationsrevolution

Der beste Service ist kein Service
Neue Wege für Dienstleistungen im Internetzeitalter

Kostenlos ist erst der Anfang
Geschäftsmodelle für das Onlinezeitalter

Veröffentlichungen

Die Internetfalle,
Frankfurter Allgemeine Buch, 2010

IT von A bis Z,
Frankfurter Allgemeine Buch, 2008

Die leise Revolution des Outsourcing,
Frankfurter Allgemeine Buch, 2007

Reorganizing Voice and Data Networks, Verlag Artech House Boston/London, 2006

Netzwerk-Konsolidierung,
Verlag Addison-Wesley, 2004

www.vortragsimpulse.de

Kurzbiografie

Thomas R. Köhler ist einer der profiliertesten Experten für Zukunftsthemen. Als Serial Entrepreneur ist er erfolgreich seit den Anfangstagen des Internet in ganz unterschiedlichen Feldern: E-Commerce, Softwareentwicklung, Logistik, Venture-Capital und Technologieberatung. Zahlreiche eigene Bücher unterstreichen seinen fachlichen Anspruch ebenso wie seine langjährige Lehrtätigkeit an mehreren Hochschulen. Derzeit lehrt er Wirtschaftsinformatik und Competitive Intelligence an der Hochschule Ansbach.

Seine besondere Stärke liegt in der gleichermaßen verständlichen wie unterhaltsamen Vermittlung auch komplexer Themenstellungen rund um die Trends, die unser aller Leben beeinflussen werden, in allen seinen Vorträgen, Workshops und Seminaren.

Ganz gleich, ob die Zielgruppe nun aus Führungskräften, Fachexperten oder dem gemischten Publikum einer »dinner speech« besteht – Thomas Köhler gelingt es stets, sich auf unterschiedliche Erfahrungshorizonte und Vorstellungen des Publikums perfekt einzustellen.

Auch als Fachmoderator weiß Thomas Köhler mit Sachkunde wie feinem Humor zu begeistern und beherrscht eines perfekt: die richtige Frage zur richtigen Zeit an den richtigen Adressaten zu richten.

SPOMENKA KOLAR-ZOVKO

Kurzbiografie

Schon 1989 auf der CeBIT Standdienst als Key-Account-Manager

Von 1991 bis 1996 Vertriebsleitung für ein börsennotiertes Softwareunternehmen. Neben der Verkaufstätigkeit konzeptionelle Entwicklung und Durchführung von Verkaufs- und Präsentationsseminaren

Seit 1997 selbstständig als Verkaufs-, Management- und Persönlichkeitstrainerin in der Dienstleistungs- und Investitionsgüterbranche. In den Praxis-Trainings liegt ein Schwerpunkt auf der Vermittlung von Insider-Know-how und umsetzbaren Erfolgsstrategien.

Mit jährlich mehr als 1.000 Teilnehmern zählt Spomenka Kolar-Zovko zu den erfolgreichsten Kommunikationstrainern Deutschlands.

Referenzen und Kundenstimmen

»Danke. Frau Kolar-Zovko hat es wieder einmal geschafft, unser weltweit agierendes Team zusammenzuschweißen und auf Kurs zu bringen.« *Daimler*

»Wie immer, eine perfekte und gelungene Schulung unserer Standmitarbeiter. Schon das Briefing hebt Frau Kolar-Zovko aus der Masse ab. Sie hört genau zu und setzt unsere Erwartungen und Zielsetzungen genau um.« *Dekra*

Auszeichnungen und Pressestimmen

»... Die Maßnahmen und der Erfolg rechtfertigen die Aufwendungen ...«

»... Kolar-Zovko gehört zu den kompetentesten deutschsprachigen Trainern auf dem Gebiet Soft Skills ...«

»... Ein Vortrag kann ein Feuerwerk entzünden. Frau Kolar-Zovko versprüht Funken auf Menschen und bleibt nachhaltig in Erinnerung ...«

Themen

Messe KICK-OFF

Messetraining für internationale Verkaufsteams

Live-Coaching während der Messe

M³ = Mitarbeiter leben MARKEN, auch auf Messen

Veröffentlichungen

ANDREA KONHARDT

Kurzbiografie

Als diplomierte Betriebswirtin und Personalfachkauffrau ist Andrea Konhardt Spezialistin auf dem Gebiet des Personalmanagements. Ihr Themengebiet reicht vom Personalmarketing über die Leistungsbeurteilung bis hin zur Erstellung umfassender, auf die betriebliche Situation abgestimmter Personalentwicklungsstrategien. Mittelständische Unternehmen, aber auch bundesweit bekannte Namen nehmen ihre Beratungen und Trainings in Anspruch.

Referenzen und Kundenstimmen

»Besonders hervorzuheben ist die sorgfältige Vorbereitung und die individuelle Erarbeitung des Gesamtkonzeptes. Die Authentizität, mit der Frau Konhardt die Sachverhalte glaubhaft herüberbringt, kann man so beschreiben: ›Hier steht jemand, der das schon einmal gemacht hat, der weiß, wovon er spricht‹.«

Themen

Spezialisten und Führungskräfte professionell identifizieren
Potenzialanalysen als Instrument der Pesonalauswahl

Wer sind unsere Leistungsträger von morgen?
Leistungsbeurteilungen als Mittel der Personalentwicklung

Erfolgreiche Personalauswahl und Interviewmethoden

HELMUT KÖNIG

Themen

Kunden aus dem Netz mit Xing und Co.
Das Internet und seine Möglichkeiten der Kundengewinnung und -bindung

10 Thesen zum Thema Reklamationsmanagement

Neue Kunden per Post und Mail

Kooperationsmanagement
Was man braucht, um eine Kooperation zu führen

Kurzbiografie

»Vertrieb ist meine Leidenschaft.« Helmut König, geboren im April 1954, verbringt sein Leben im Vertrieb. Nach seinem Betriebswirtschaftsstudium hat er alle Positionen vom Verkaufsinnendienst über den Vertriebsleiter und Marketingleiter bis hin zum SAP Projektleiter Sales and Distribution des Vertriebs hautnah erlebt. Er ist genauso erfahren im praktischen Verkauf wie auch in der Planung und Durchführung von Werbemaßnahmen und in der Verbindung der verschiedenen Organisationsbereiche eines Unternehmens. Dabei ist seine Devise: »Leidenschaft braucht keine Emotion, die führt leicht zu unüberlegten Entscheidungen. Leidenschaft braucht einen kühlen Kopf.« Er ist ein typischer Konzepter, der ein Thema nimmt, Ideen zu diesem Thema entwickelt und in einem Aktionsplan verwirklicht.

Sein Schwerpunkt liegt in der Beratung von Unternehmen im Bereich Vertriebskonzept- und Vertriebsorganisationsberatung, aber er führt auch an verschiedenen Instituten Trainings und Seminare zu diesen Themen durch. Seine Vorträge liegen überwiegend im vertriebstechnischen Bereich.

Helmut König schreibt regelmäßig Fachartikel für unternehmensnahe Zeitschriften, etwa 100 Zeitschriften und Presseportale haben bis heute insgesamt etwa 500 Artikel von ihm veröffentlicht.

Referenzen und Kundenstimmen

Bauakademie der Hochschule Biberach
TÜV – Dekra – VDI
Qualifizierungsoffensive Hessen
Regionalbüros Baden-Württemberg
Nestor Services Berlin
IPcontrols Marburg
Wirtschaftsförderung Marburg-Biedenkopf
Solarenergiezentrum Stuttgart

verschiedene IHKs und HWKs

Hilti Liechtenstein

S&B Griechenland

Kingspan Niederlande/Irland

Anni Russland

Premium Perlit Georgien

BORIS NIKOLAI KONRAD

Themen

Gedächtnistraining in Alltag und Beruf

Namen merken

Namen und Zahlen spielerisch merken

Gedächtnis- und Lerntechniken in Aus- und Weiterbildung

Veröffentlichungen

Außergewöhnliche Gedächtnisleistungen und Mnemotechnik
in: Wissenschaft an den Grenzen des Verstandes (mit Martin Dressler)

CD: Namen merken – Boris Nikolai Konrad im Interview mit Zach Davis

Kurzbiografie

Dass das Lernen etwas Faszinierendes sein kann, glauben nicht viele Schüler – Gedächtnistrainer und Vortragsredner Boris Nikolai Konrad schon. Seine Begeisterung für Lerntechnik, Lernmethoden und Gedächtnistraining ist zu seiner Leidenschaft geworden. Der Experte für Gedächtnis- und Lernstrategien studierte erfolgreich Physik und angewandte Informatik mit den Nebenfächern Mathematik und Betriebswirtschaftslehre.

Bei der Gedächtnis-Weltmeisterschaft 2008 in Bahrain wurde er Weltmeister mit der Mannschaft und Einzelweltmeister im Wörter- und Namenmerken. Zwei neue Weltrekorde stellte er bei den Deutschen Gedächtnismeisterschaften im Jahre 2009 auf: 280 Wörter sowie 195 Namen und Gesichter in je 15 Minuten! Im Fernsehen machte er in Thomas Gottschalks »Wetten dass« auf sich aufmerksam und bewies, dass man lernen lernen kann.

Für sein Steckenpferd macht er sich auch als Präsident von »MemoryXL«, des größten Gedächtnissportvereins der Welt, stark.

Wer möchte sich nicht den Namen der neuen Bekanntschaft merken oder der neuen Kollegen? Dazu braucht es die richtigen Techniken, die Referent und Trainer Boris Nikolai Konrad seinem Publikum in aufregenden und unterhaltsamen Vorträgen und Seminaren vermittelt.

Referenzen und Kundenstimmen

»Anlässlich unserer ersten Alumniveranstaltung hatten wir den Gedächtnistrainer Boris Konrad zu uns eingeladen. Der Vortrag war spannend und interessant. Verblüfft waren wir von den Merkfähigkeiten von Hr. Konrad. In welcher Schnelligkeit er sich willkürlich genannte Begriffe und Zahlen merken konnte, hat uns alle begeistert. Interessant war auch, wie relativ einfach man sich Begriffe und Namen merken kann. Ein bisschen mehr Training in der Richtung schadet sicher nicht! Kurzum, es war ein toller Abend und der nachträglichen Resonanz zu urteilen waren alle Teilnehmer begeistert.« *Andrea Wobser-Krohmer, Organisation + Marketing, DHBW Mosbach*

»Hallo Herr Konrad, vielen Dank für die tollen Tipps im Rahmen Ihres Gedächtnistrainings. Durch Ihren sympathischen und faszinierenden Vortrag ist es Ihnen gelungen, allen Teilnehmern ein beeindruckendes Erfolgserlebnis zu verschaffen. Ich bin sicher, dass alle noch lange von den gelernten Methoden und Übungen profitieren werden.« *Gudrun Riegel, Leiterin Personal- und Organisationsentwicklung, Erdgas Schwaben*

Referenzen:
Erdgas Schwaben, HSBC Trinkhaus, Neckermann, Nintendo, Roche

Auszeichnungen und Pressestimmen

Weltmeister im Namen- und Wörtermerken; Weltrekordhalter im Wörtermerken

»Boris – das Superhirn.« *Bild*

TON KOPER

Kurzbiografie

Ton Koper, wurde 1949 in Amsterdam geboren. Als Creative Director für Personalmarketing (u. a. für BMW und Lufthansa) sowie als Gründer und Geschäftsführer von Respect Net hat sich Koper im Bereich nachhaltiger Beschäftigung, Arbeitsmarktkommunikation und Kompetenzentwicklung großes Renommee erworben. Als Social Entrepreneur hat er die powerAge Foundation ins Leben gerufen. Mit dieser Stiftung setzt er sich für die schlummernden Stärken kommender Altersgenerationen in Wirtschaft und Gesellschaft ein. Auf Einladung des Bundeskanzleramts ist er regelmäßig Teilnehmer der Zukunftsgesprächsreihe »Deutschland – eine Generation weiter«. Kopers Kompetenz und seine fundierten Analysen in diesen zukunftsweisenden Bereichen machen ihn national wie international zu einem gefragten Redner.

Referenzen und Kundenstimmen

»Mit diesem Vortrag haben Sie meine persönlichen Vorstellungen vom Alter endgültig, definitiv und unwiderruflich verändert – haben Sie vielen Dank.« *Spätlese-Kurse, Freiburg*

»Einer der kreativsten Wegbereiter in unserem Land für eine neue Generation Altersvorstellungen.« *Power of Age, im Swiss Leadership Forum*

Themen

Wir müssen jetzt stark sein
Über die Eintrübung der Altersperspektiven für uns Babyboomer-Jahrgänge 1964–1946

Immer noch unruhig?
Vor 40 Jahren wollten wir nicht wie früher erwachsen werden – und heute wollen wir nicht alt werden

Alterspotenziale
Nur wenn wir die Potenziale des Alters entdecken, können wir auch die Probleme unseres Alters lösen

Die Letzten ihrer Art
Als letzte vordigital geprägte Arbeitnehmergeneration wird unser Erfahrungskapital ziemlich kostbar

Veröffentlichungen

BOOM.
Neue Seiten der zweiten Lebenshälfte Beilage zur NZZ am Sonntag, 2009

Den Silberschatz heben – aber wie?
Deutsche Gesellschaft für Personalführung (DGFP), 2006

Erfolgsmodell Altern »Altersstrategie« Schweizerischer Arbeitgeberverband, 2005

KOSCHI DER MUTMACHER

Themen

Heute ist mein bester Tag
... eine Lebensphilosophie zur Steigerung des Erfolges beruflich + privat!

Das 8x8 des Lebens
... Mach es EINFACH – und dann – MACH ES einfach!

Leben macht Spaß
... und täglich grüßt der innere Schweinehund!

Das BALL-System
... denn Leben ist Bewegung!

Veröffentlichungen

Kurzbiografie

Leben macht Spaß – dir auch?!? »Mach es EINFACH und dann MACH ES einfach ...« Das ist das Lebensmotto von »Koschi der Mutmacher« alias Frank Koschnitzke (Bj. 62) – Erfolgsautor, Moderator, Life-Coach, Managementberater und lizenzierter Trainer (LET) für das Thema »Heute ist mein bester Tag«, seit 2008 Member of Trainers Excellence und seit November 2009 Mitglied der BVMU mit der Fachrepräsentanz MOTIVATION! Seine Maxime: »Lebe jeden Tag so, als wenn es der einzige wäre – in deinem Leben! Das macht dich gelassener, lebensfroher, glücklicher und erfolgreicher, also fang an – wenn nicht jetzt, wann dann?!?« Als erster Sohn einer Beamtenfamilie in Hildesheim geboren und in Osterode am Harz aufgewachsen, war er schon früh davon überzeugt, dass es seine Lebensaufgabe sei, anderen Menschen zu »helfen«. So führte ihn sein Weg über eine Ausbildung zum Konditor und eine 9-jährige Tätigkeit als Polizeibeamter im BGS im Jahr 1989 in die Selbstständigkeit. Er ist bekennender Autodidakt in allen Lebensbereichen und traf im Jahr 1995 seinen Mentor, Arthur Lassen, der mit seiner Lebensphilosophie »Heute ist mein bester Tag« den Grundstein für die Karriere als Speaker und Trainer legte. So begeistert »Koschi« seit 2001 mit Impuls-Vorträgen, Workshops, Seminaren, Verkaufstraining und bei Live Coaching in Deutschland, Österreich, der Schweiz und ganz Europa die Menschen mit seinem Lebensmotto: Mach es EINFACH und dann MACH ES einfach!

Referenzen und Kundenstimmen

b2d BUSINESS TO DIALOG, BUKO 2006 der Wirtschaftsjunioren, BVMU, Entscheidermesse, Jafra Kosmetik, Marketingclubs, MEKOM Regionalmanagement, Oldtimer Yachtclub, prowin International, Sparkassen, START-Messe, VHHG Spelle, WELLA AG

»... unser Mandatstreffen war ein voller Erfolg. Danke für 100 % Motivation + Spaß.« *Volker Fröhlich, Vorstand Fröhlich & Friends Consulting AG*

»... so muss ein Impulsvortrag sein, kurzweilig, spannend, intensiv, einfach super!« *Alfred Pommerenke, VS FV Edelstahlhandel BW*

»Heute ist mein bester Tag – das kann jeder behaupten, der dich mal erlebt hat ...« *Matthias Krieger, GF Bauunternehmung Krieger + Schramm*

Auszeichnungen und Pressestimmen

»Was dann folgte, war ein Feuerwerk an Informationen und Motivation. Nachdem ›Koschi‹ erläutert ...« *Harzkurier*

»... Mittelstandsmesse ›b2d‹ eröffnet/rund 60 Firmen präsentieren sich – und ›Koschi‹ macht allen ›Mut‹« *Weserkurier*

DR. GERD KÖSTER

Themen

Werte schaffen Wert

Philosophie bringt doch nichts!

Inhalt und Form des Wertemanagements für die Führungspraxis in Unternehmen

Die Rolle der individuellen Werte für die Arbeit im Team und für die Führung im Verkauf

Veröffentlichungen

Kurzbiografie

Nach dem Abschluss eines geisteswissenschaftlichen und betriebswirtschaftlichen Studiums arbeitete Dr. Gerd Köster lange Jahre erfolgreich als selbstständiger Unternehmer. Die Erfahrungen in diesen so unterschiedlichen Disziplinen weckten das Interesse an einer neuen Herausforderung. Seine Beraterlaufbahn begann er mit einer Trainerausbildung, dem Erwerb von Trainerlizenzen der Verhaltens- und Werteprofile nach DISG und Reiss und einer Dissertation über eine neue Form des Managements, des Wertemanagements.

Referenzen und Kundenstimmen

Lehraufträge an den Hochschulen und Universitäten des Landes Bremen, Bundesverband Sekretariat und Büromanagement e. V., BÜRO UND SEKRETARIAT, GPS Wilhelmshaven, Havanna Lounge, Hochschule für Öffentliche Verwaltung Bremen, Universität Bremen, Forum Werteorientierung in der Weiterbildung, Apotheken-Ketten in Bonn und Bremen.

Zertifikat »Qualität Transparenz Integrität«

Begeisterte Kunden

PROF. DR. BERNHARD KOYE

Kurzbiografie

Bernhard Koye ist Professor an der Fachhochschule Kalaidos in Zürich, Gründer und Managing Partner der »Koye & Partner GmbH« und Netzwerkpartner von Königswieser & Network für systemisches Veränderungsmanagement. Sein Beratungs- und Forschungsschwerpunkt sind Veränderungsprozesse von Geschäftsmodellen (Strategie, Prozesse, Struktur, Führung und Kultur) – mit speziellem Fokus auf nachhaltiger Implementation. Im Laufe seiner beruflichen Entwicklung war er u. a. Projektleiter nachhaltiger Reorganisationsprojekte bei verschiedenen börsennotierten Firmen, Abteilungsleiter bei einem globalen Finanzdienstleister in den Bereichen Market Strategy & Development und Product & Services Consulting, Bereichsleiter und Programmdirektor an der Swiss Banking School (heute Swiss Finance Institute) sowie Managing Director des Zurich Wealth Forums.

Sein Doktorat an der Universität Zürich bei Prof. Dr. Hans Geiger zum Thema »Private Banking im Informationszeitalter« wurde von der Fachpresse als Pflichtlektüre zum Verständnis der Auswirkungen des Informationszeitalters auf Geschäftsmodelle bezeichnet. Neben seiner Professur ist Bernhard Koye u. a. Lehrbeauftragter an der Universität Zürich (Banking & Finance) und der AZEK (Ausbildungszentrum für Kapitalanlagen, Mergers & Akquisitions) sowie Coach, Referent und Konferenzleiter für Change Management, nachhaltige Strategie-, Struktur- und Kulturentwicklung und strategische Entwicklungen in der Finanzindustrie.

HELMUT KRAFT

Kurzbiografie

Ein Leben zwischen Mönchskutte und Pappnase.

Schon als Theologie-Student war es für mich ein wichtiger Versuch, die Gegensätze von Mönch und Clown als zwei wesentliche Pole eines kreativen und freudvollen Lebens zu sehen. Nach den tiefgründigen Exegesen heiliger Schriften war ich abends als Musiker, Entertainer oder Animateur unterwegs.

Später, als Gymnasiallehrer und dann als verantwortlicher Personalentwickler in der Metallindustrie, war ebenfalls beides gefordert: Disziplin und Klarheit gepaart mit Humor und Freude am Kontakt mit Menschen.

Seit 1993 habe ich als selbstständiger Trainer, Coach und Speaker die sehr befriedigende Möglichkeit, beide Lebensqualitäten in meiner Arbeit kraftvoll leben zu lassen.

Themen

Pflege deinen Lieblingsfeind
Vom eleganten Umgang mit »schwierigen« Kunden

Gender-Talk
Frauen kommunizieren anders, Männer auch

Gönn dir, echt zu sein
Von den Vorteilen authentischer Führung

Veröffentlichungen

Fische haben Feinde – Fischstäbchen nicht
Überlebensstrategien fürs Büro

Coaching und Unternehmensentwicklung Dr. Reckert, R. Dilts, H. Kraft Buch

Wissen + Karriere (10/09): Pflege deinen Lieblingsfeind

Süddeutsche Zeitung: »Feinde im Büro: Angriff ist die beste Verteidigung«

BILD.de: Seien Sie kein Fischstäbchen – machen Sie sich Feinde!

Referenzen und Kundenstimmen

- Bayer AG
- Carl Zeiss AG
- Global Foundries GmbH, Dresden (ehemals AMD)
- Verbände: Augenoptiker, REFA, Diakonisches Werk
- Kongresse: Open Hair Hannover und Düsseldorf

»Faszinierend, wie er die Zuhörer mit Humor und Tiefgang fesselt.«

»Die anschauliche Sprache macht seine Tipps noch wertvoller.«

»Herrn Kraft könnten wir stundenlang zuhören, so spannend redet er!«

Auszeichnungen und Pressestimmen

»Dieses Buch irritiert. Ist es doch die Aufforderung, den Konflikt mit Kollegen und Vorgesetzten zu suchen und zu schüren. Der Autor wandert auf einem Grat. Zum einen rät er kompromissloses Verhalten und den totalen Angriff. Zum anderen zeigt er, wie man mit Würde und Respekt seine Feindschaften pflegt. Letztlich mit dem Ziel, sich im Berufsleben nicht unterkriegen zu lassen.« *Business-Wissen*

RAINER KRATZMANN

Kurzbiografie

Rainer Kratzmann, Jahrgang 1964, ist Spezialist für die bewusste Gestaltung der persönlichen und unternehmerischen Zukunft. Themen wie Leistungssteigerung und Lebensqualität, unternehmerisches Wachstum und positive Abgrenzung zum Wettbewerb beinhalten vielschichtige eigene Erfahrungen und aktuelle Erkenntnisse aus Expertengruppen und Wissenschaft. In seinen Vorträgen zeigt er prägnant, wie weiche Faktoren zu harten Fakten werden, und vermittelt auch komplexe Themen »zuhörergerecht« und leicht verständlich. Seine Kunden und Zuhörer schätzen dabei seine präzise, strukturierte Art ebenso wie seinen offenen Stil und seine Authentizität. Mit seinem umfassenden Sachverstand sowie fein dosierter Ironie ist Rainer Kratzmann Garant für unterhaltsame und informative Vorträge, die Ihren Gästen nachhaltig in Erinnerung bleiben.

Themen

Steigern Sie Ihre LebensEnergie
vom bewussten Umgang mit Stress

Wettbewerbsvorteil; Unternehmens-Individualität

In 3 Schritten zur mentalen Stärke
denn gewonnen wird im Kopf

Individuell nach Kundenwünschen

URSULA KREMMEL

Themen

Leadership beginnt bei dir
Erfolgreich durch Selbstleadership:
Die besten Führungskräfte haben
die besten MitarbeiterInnen

Brennen, ohne auszubrennen
Leicht und spielerisch zum Erfolg
– eine wirkungsvolle Burn-out-
Prophylaxe

Ihr Auftritt, bitte ...
Locker und sicher reden, überzeugen, präsentieren – das eigene
Charisma entwickeln

Die pure Lust am Leben
Mehr Ausstrahlung und Lebenslust durch Selbstbewusstsein und
Authentizität

Kurzbiografie

»An der Zündschnur des Lebens bleiben«, dieses Motto zieht sich wie ein roter Faden durch ihr Leben. Ursula Kremmel wurde 1964 in Bregenz/Vorarlberg geboren, studierte Deutsch und Geschichte an der Pädagogischen Hochschule. Nach kurzer Unterrichtstätigkeit arbeitete sie als Tourismusmanagerin einige Jahre im Ausland. Seit 1996 ist sie im ORF Landesstudio Vorarlberg aktiv – im Nachrichtenressort als Hörfunk- und Fernsehjournalistin, Moderatorin und Sendeverantwortliche.

Parallel dazu ist sie seit 2005 als Referentin, Trainerin und Coach (nach der FUTURE-Methode) selbstständig. Sie coacht Führungskräfte, PolitikerInnen, Teams und Selbstständige, bietet unter anderem Leadership- und Rhetoriktrainings und begleitet Unternehmen, etwa bei der Implementierung von Kulturprozessen oder in Veränderungsphasen.

Den direkten Weg zum Kern, zum Eigentlichen, zum Wesentlichen zu finden – darin besteht ein besonderes Charakteristikum ihrer Arbeitsweise. Die Klarheit der Sprache hilft dabei. Ihr Ziel ist, den Mut zur Veränderung wachsen zu lassen – sowohl in Einzelpersonen als auch in Teams und Organisationen.

Referenzen und Kundenstimmen

»Mit dem Seminar ›Impulse zur Selbstführung‹ hat mir Ursula Kremmel ganz neue Perspektiven im Erkennen und in der Wahrnehmung meiner eigenen Person eröffnet und damit für mich den Weg auch für neue Ansätze in der Mitarbeiterführung frei gemacht.« *Dr. Peter Kircher, ehem. Direktor Wirtschaftskammer Vorarlberg*

»Coachs gibt es viele. Auch die Coaching-Methoden sind fast unüberschaubar. Umso mehr hat es mich gefreut, mit Ursula Kremmel auf Anhieb eine Persönlichkeit und Fachfrau gefunden zu haben, die mir in einer beruflichen Veränderungsphase zu einer wertvollen Begleiterin wurde. Die Future-Methode brachte überraschende Zugänge zur Lösung meiner Fragestellungen im Bereich von Führung und Organisation. Und sie wirkte. Kann ich gerne weiterempfehlen.« *DSA Karl Bitschnau, Leiter der Caritas-Hospizbewegung Vorarlberg*

Auszeichnungen und Pressestimmen

»Führen lernen für Chefs.« *Wirtschaftszeit, September 2009*

»Die Macht der Kommunikation.« *Vorarlberger Nachrichten, Febr. 2009*

»Frischer Wind für die Unternehmenskultur.« *Wirtschafsnachrichten West, Frühjahr 2008*

MARTIN KRENGEL

Themen

Selbstcoaching & Leistungssteigerung
Zeitmanagement, Motivation, Konzentration, Stressprävention

Lernpsychologie
Lesestrategien, Denk- und Strukturierungsmethoden

Marketing
Konsumentenentscheidungen, Sortimentsoptimierung, Markenpositionierung

Veröffentlichungen

Kurzbiografie

Martin Krengel, 1980, studierte Wirtschaftswissenschaften und Psychologie in Witten/Herdecke, St. Gallen, Los Angeles und an der London School of Economics. Er schloss beide Studiengänge »mit Auszeichnung« ab. Fachlich spezialisiert auf Marketing arbeitete er für Start-ups, in der internationalen Markenstrategie-Abteilung eines Großkonzerns bis hin zur Top-Unternehmensberatung. Er ist als Berater, Verlagsgründer, Autor und Referent selbstständig.

Als jüngster Zeitmanagement-Autor Deutschlands entwickelte Krengel das erste Selbstmanagement-Konzept für Studenten (»Studi-Survival-Guide«) und zeigt in den prägnanten »Golden Rules«, welche 50 Methoden für Selbstmotivation, Konzentration und zur Organisation auch wirklich funktionieren. In »30 Minuten für effizientes Lesen« stellte er SpeedReading-Techniken in Frage und entwickelte eigene Lesetechniken speziell für die Lektüre von Sach- und Fachtexten. Seit diesen Publikationen ist er als Gastdozent an Universitäten deutschlandweit tätig und gibt Vorträge für Freiberufler und Berufstätige.

Als Doktorand der Werbepsychologie erforscht er in einer interdisziplinären Promotion menschliches Denken und Handeln. Ihn interessieren psychologische Gesetzmäßigkeiten, die das Denken vereinfachen und Entscheidungen für Konsumenten erleichtern können. In seinem Fokus liegen kognitions- und motivationspsychologische Effekte bei der Gestaltung von Produkten und Sortimenten. Er glaubt, dass es wiederkehrende Muster und Denkprozesse gibt, die ihre Auswirkungen in ganz verschiedenen Bereichen zeigen. Schaffen wir es, diese Prinzipien zu verstehen, können wir auch persönlich effizienter und zufriedener werden.

Durch eigene Forschungstätigkeit in seinen zwei Kompetenzfeldern »Marketing« und »Selbstcoaching« beleuchtet Krengel seine Themen aus mehreren Perspektiven und präsentiert seinem Publikum sowohl bewährte Erfolgsprinzipien als auch innovative Methoden.

Referenzen und Kundenstimmen

»Flexibilität in der Vortragsweise«

»Sehr guter didaktischer Aufbau«

»Offene unvoreingenommene Art«

»Glaubwürdig, da er die Dinge selbst erprobt und erarbeitet hat«

»Sehr spannende Aspekte«

Auszeichnungen und Pressestimmen

Mehrere Leistungsstipendien deutscher Begabtenförderungswerke

L'Oréal Marketing Award 2004, 2. Platz

Einladung zu internat. Konferenzen u. a. in Peking und Hongkong

ROLAND KRENN

Themen

Mit Wertschätzung zur Wertschöpfung

Erfolgreich scheitern, erfolgreich aus der Krise

Erfolgreiche Teams und wie sie entstehen
Praxisbeispiele aus der Welt der Hochleistungsteams

Führungskraft
Was bedeutet »Chef« sein, Manager oder Hausmeister?

Kurzbiografie

Von Österreich über Deutschland in die Schweiz, weiter nach Israel in die Wüste Sinai, USA, Palo Alto mit der Stanford University. Marokko mit Marrakesch und den Wüstenbergen. Es war immer der direkte Kontakt mit den Menschen aus den unterschiedlichsten Ebenen und Kulturen, die Roland Krenn geprägt haben. Seit 1993 arbeitet er als selbstständiger Berater, Coach und Prozessbegleiter in internationalen Projekten, z. B. bei BMW, SIEMENS, MAGNA, DEUTSCHE TELEKOM, PFANNER ... Zu seinen Kunden zählen Konzerne, mittelständische Familienunternehmen, Start-ups und kreative Freelancer. Seine eigenen Erfahrungen in der Lehre, beim Militär, als staatlicher Berg- und Schiführer, im Vertrieb internationaler Versicherungskonzerne, in der universitären Weiterbildung bis hin zum Traumatherapeuten bilden die Grundlage für seine unkonventionelle Arbeitsweise.

Seine Auftraggeber sehen Roland Krenn als Spezialisten für die Entwicklung von Menschen und Teams. Als Berater, Coach, Prozessbegleiter und Keynote-Speaker gibt er konkrete Hilfestellung für Veränderungen und zeigt neue praxisnahe Wege für persönliches bzw. unternehmerisches Wachstums auf. Durch seine direkte und persönliche Art in Workshops, Coachings und Vorträgen bewegt Roland Krenn Menschen.

Referenzen und Kundenstimmen

BMW AG, enocean, MAGNA Fahrzeugtechnik Graz, O2 Deutschland, Leykam Papierfabrik, SIG Combibloc Saalfelden, Siemens Deutschland, Deutsche Telekom, Pfanner Getränke GesmbH Lauterach, ZF Friedrichshafen

»Roland Krenn ist ein Begleiter bei Veränderungsprozessen von Personen und Organisationen, der sich durch ungewöhnliche Ansätze, Einfühlungsvermögen, Humor, innere Ruhe und Gelassenheit und ganzheitliche Vorgehensweisen auszeichnet. Er schafft es, seine Klienten in Situationen zu begleiten, in denen sie selbst ihre Veränderungsbedürfnisse erkennen sowie eigene Ideen und Handlungsansätze finden. Roland Krenn arbeitet ganzheitlich und betrachtet Menschen und Organisationen immer in einem Gesamtkontext. Durch seine Persönlichkeit schafft er sehr schnell Nähe und Vertrauen. Entwicklung von Teams, Teamspirit und Visionen sowie das Aufbrechen und Bearbeiten von Konflikten sind aus unserer Sicht bevorzugte Arbeitsgebiete und Beratungsbereiche von Roland Krenn.« *Clemens Braunsburger, Leiter Management-Entwicklung für obere Führungskräfte, BMW AG*

DIRK KREUTER

Themen

Neukunden mit Garantie, Angebot = Auftrag, Vertriebspower im Außendienst, strategische Führung im Vertrieb

Veröffentlichungen

Kurzbiografie

Dirk Kreuter ist Verkaufstrainer, Vortragsredner und Autor mit dem Schwerpunkt Neukundengewinnung.

Nach einer kaufmännischen Ausbildung wagte er sofort den Schritt in die Selbstständigkeit als Handelsvertreter und sammelte so neun Jahre Praxiserfahrungen im Vertrieb. Mehrere Trainerausbildungen und Fachqualifizierungen runden seine Fachkompetenz ab.

Die Zusammenarbeit mit vielen Marktführern (und solchen, die es werden wollen), mittelständischen und namhaften internationalen Unternehmen aus ganz Mitteleuropa haben ihm den Ruf des konsequent praxisorientierten Vertriebs- und Marketingexperten eingebracht.

Er ist Expertenmitglied im Club 55, Europäische Vereinigung der Verkaufs- und Marketingexperten mit Sitz in Genf, im ASTD, American Society for Training and Development, und bei den SALESMASTERs. Er ist Autor, Co-Autor und Mitherausgeber von 10 Fachbüchern, DVDs, EBooks, Newslettern und Hörbüchern, die bereits in mehreren Ländern erschienen sind.

Neben Schulungen rund um die Neukundenakquise führt Dirk Kreuter ebenfalls Coachings und Beratungen im Bereich der Vertriebsoptimierung durch. Die Themen rund um die Gewinnung neuer Kunden im Geschäftskundenkontakt stehen dabei im Zentrum seiner Vorträge und Seminare.

Referenzen und Kundenstimmen

Arcor, Santander, Miele, SCA, DELL, Deutsche Post, ThyssenKrupp, Sony, Philips, Shell, L'Oréal, Zeiss, T-Mobile, Lufthansa, VW ...

Auszeichnungen und Pressestimmen

Das Fachmagazin Cash zählt ihn zu den 10 führenden Verkaufstrainern Deutschlands.

»Spitzenverkaufstrainer« *RTL*

»... gebündeltes Experten-Know-how ...« *salesBusiness*

»Verkaufsprofi« *Impulse*

»Return on Investment« *Technischer Handel*

»Experte für Neukundengewinnung« *Wirtschaft & Weiterbildung*

»Verkaufs-Guru« *Der Handel*

MICHAEL KRIESTEN

Themen

Per Huckepack nach Dubai
Interims-Management im Export

Ostwestfalen erkunden
Boom-Region am Golf

Personalmanagement

Moderation von Seminaren und Symposien im (technischen) Vertrieb

Kurzbiografie

Michael Kriesten, geboren 1957 in Bielefeld, Deutschland. Volontariat bei der Lippischen Landeszeitung in Detmold. Studium der Diplom-Journalistik an der Ludwig-Maximilians-Universität München und Deutschen Journalistenschule München. 1984 bis 1988 Geschäftsleitung Lippischer Zeitungsverlag, geschäftsführender Redakteur der Lippischen Landeszeitung. 1988 bis 2006 Mitglied der Geschäftsführung/Vorstand eines internationalen Klebstoffkonzerns mit Stammsitz in Detmold und weltweit 15 Tochterunternehmen. Tätigkeitsschwerpunkte globale Verantwortung Vertrieb und Marketing, strategischer Einkauf, Human Ressources weltweit. Seit 2006 Inhaber »Prime Project« Deutschland, Paderborn, und »Prime Project UAE FZE«, Vereinigte Arabische Emirate (2008). Schwerpunkte Unternehmensberatung, Marktanalysen, Messeorganisation und Coaching für mittelständische Unternehmen im Export. Sourcing für Unternehmen aus Middle East, Indien/Sri Lanka und Südostasien in Mitteleuropa. Zusätzlich seit Januar 2009 Alleingeschäftsführer eines mittelständischen Klebstoffherstellers in Herford. Referent der Kongressmesse »Mehr Erfolg im Mittelstand (MEiM)« in Bielefeld und Paderborn. Referent und Moderator von Seminaren und Symposien im In- und Ausland für mittelständische Unternehmen.

Mitglied im Beirat für Öffentlichkeitsarbeit des Industrieverbandes Klebstoffe, Düsseldorf. Mitglied des Kuratoriums der Philharmonischen Gesellschaft Ostwestfalen-Lippe, Herford. Mitglied des Vorstandes des Lions Clubs Detmold. Mitglied im Marketing Club Paderborn. Mitglied im Industrie- und Handelsclub Ostwestfalen-Lippe, Bielefeld.

Referenzen und Kundenstimmen

»Bestbewerteter Vortrag von insgesamt 36 bei der MEiM 2008 in Paderborn.« *Kongressmesse »Mehr Erfolg im Mittelstand«*

BEAT KRIPPENDORF

Themen

Kundenorientierung und Kundennähe
Das Prinzip Menschlichkeit – gelingende Beziehungen als nachhaltigster Wettbewerbsvorteil

Marketing als praktische unternehmerische Tätigkeit
Eine kommentierte Definition von praktischem Marketing

Veröffentlichungen

Kurzbiografie

Beat Krippendorf (1948) wurde in Bern zum dipl. Kaufmann ausgebildet. Nach einem Aufenthalt in New York 1971/72 war er Leiter der Grundschulung der Schweizer Hotellerie. 1972 bis 1979. Von 1979 bis 1989 leitete er die Unternehmerschulung der Schweizer Hotellerie. Seit 1989 ist er Gesellschafter des Institutes ibk+partner, das sich auf Bildung, Beratung und Coaching in und für Dienstleistungsunternehmen spezialisiert hat. Er ist Präsident des Verwaltungsrates von Swiss Quality Hotels International (82 Betriebe) seit 2000.

Lehraufträge, Tätigkeiten und Funktionen: Dozent für Marketing und Rhetorik an den Universitätslehrgängen für Tourismus an der Universität Innsbruck sowie dem Zentrum für Wissenschaft und Weiterbildung »Schloss Hofen« in Vorarlberg (1988–2005); Dozent für Rhetorik- und Präsentationstechnik an den Nachdiplomslehrgängen für Betriebswirtschaft der Hochschule für Technik und Architektur in Bern (1989–2003); Dozent für Persönlichkeitsbildung im Modul Sozial- und Selbstkompetenz des Lehrganges dipl. Tourismus-Expertin/Experte an der Hochschule für Wirtschaft, Luzern; Dozent für strategisches und operatives Marketing im Lehrgang Tourismus und Freizeitmanagement an der Fachhochschule MCI – Management Center Innsbruck, Austria (2006–2009); Stiftungsrat der Hotelfachschule in Thun (Schweiz); seit 2003 Mitglied der Studienleitung des Nachdiplomstudiums zum eidg. dipl. Hotelier in der Schweiz; Vortragstätigkeit zu aktuellen Management-Themen, vor allem in den Bereichen Kundenorientierung und Kundennähe und der Persönlichkeitsbildung und -entwicklung; Moderator von Kultur- und Zukunftswerkstätten in Unternehmen und Institutionen; Ehrenmitglied der Vereinigung diplomierter Hoteliers/Restaurateure SHV/VDH und der Vereinigung »Touristiker« in Tirol.

Referenzen und Kundenstimmen

»Ihr Auftritt war der ›Hammer‹ – die Gäste waren durchwegs begeistert!« *Tobias Burkhalter, Casino, Bern*

»Ich danke Ihnen für Ihren fulminanten Vortrag und bin sehr begeistert von Ihren Ausführungen.« *Urs Delay, Bern*

»Ich danke Ihnen für Ihre brillante Präsentation – das Feedback der Zuhörer war schlicht überwältigend.« *Walo Stählin, LionsClub, Bern*

»Ein riesiges Kompliment für Ihren wunderbaren, begeisternder Auftritt.« *Marco Baumann, Rausch AG, Kreuzlingen*

STEVE KROEGER

Themen

Die 7 SUMMITS® Strategie
Mit Leichtigkeit hohe Ziele erreichen

Erfolgsfaktor: »Intuition«
Wie Sie unter Druck Fehler vermeiden

Expedition zum persönlichen Gipfel
Im HochleistungsTEAM zum Erfolg

Veröffentlichungen

Zurzeit in Arbeit
geplante Veröffentlichung 2011

Kurzbiografie

Nutzen Sie die Erfolgsstrategien der Extrembergsteiger und erreichen Sie Ihren persönlichen Gipfel. Der Experte für Motivation, Vitalität und Persönlichkeitsentwicklung, Personal Trainer und Bergsteiger kennt die Tricks, mit denen auch hohe Ziele erreichbar werden.

Redner Steve Kroeger zeigt Ihnen mit seiner außergewöhnlich authentischen Art, wie Sie Schritt für Schritt Ihr persönliches Potenzial zur vollen Entfaltung und zum Erfolg bringen. In seinem inspirierenden Vortrag zieht er die Parallelen zwischen persönlichen Bestleistungen im Berufsalltag und den Herausforderungen bei internationalen Expeditionen zu den höchsten Gipfeln unserer Kontinente. Lernen Sie, wie Sie Angst als kompetenten Partner einsetzen, Rückschläge in Energiequellen verwandeln und Bestleistung im Sport und Alltag abrufen, wenn es drauf ankommt.

Referenzen und Kundenstimmen

»Steve Kroeger versteht es, seine Zuhörer in seinen Vorträgen auf eine faszinierende Reise mitzunehmen. Eine Reise, von der jeder Zuhörer motiviert, positiv aufgeladen und mit wertvollen Tipps zur Steigerung der eigenen Klarheit, Entscheidungsfreudigkeit und Erfolgsorientierung zurückkehrt.« *Conrad Albert, General Counsel, ProSiebenSat.1 Media AG*

»Herr Kroeger verstand es hervorragend, seine 7 SUMMITS® Strategie auf die Herausforderungen unserer Zielgruppe zu übertragen. Im direkten Feedback sprachen die Teilnehmer davon, dass sie Steve Kroegers Impulsvortrag als ›höchst faszinierend, motivierend und inspirierend‹ erlebt haben.

Die quantitative Auswertung des schriftlichen Feedbacks bestätigt diese Aussagen: 97,4 Prozent unserer Teilnehmer fühlten sich durch den Impulsvortrag von Steve Kroeger motiviert!« *Dr. Jana Scheunemann / Stiftung der Deutschen Wirtschaft e. V.*

Auszeichnungen und Pressestimmen

- 5 Sterne Redner
- TOP-100-Trainer – TRAINERS EXCELLENCE
- Professional Member: German Speakers Association (GSA)
- International Federation of Professional Speakers (IFFPS)

RAINER KRUMM

Themen

Führung – Kultur – Erfolg
Erfolg durch Unternehmenskultur

Unternehmen verstehen, gestalten, verändern
Das Graves-Value-System in der Praxis

Changemanagement ist wie Achterbahnfahren
Höhen und Tiefen aus dem Unternehmensalltag

Change – Top-down oder Bottom-up?
Von den Irrwegen in Changemanagementprojekten

Veröffentlichungen

 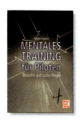

Kurzbiografie

Rainer Krumm, Managementtrainer und Coach, ist geschäftsführender Inhaber und der Kopf der axiocon GmbH, die auf die Verknüpfung von Personal- und Organisationsentwicklung spezialisiert ist. Er studierte Wirtschaftspädagogik und strategische Unternehmensführung an der Ludwig-Maximilians-Universität München. Seit 1997 ist er in der Weiterbildungsbranche aktiv und begleitet in zahlreichen internationalen Projekten Veränderungsprozesse.

In Unternehmen implementiert er Führungsphilosophien, führt kreative Team-Workshops durch und coacht Topführungskräfte. An Hochschulen ist er gefragter Gastdozent und Lehrbeauftragter. Er ist Spezialist für strategische Changemanagement-Projekte und Unternehmenskultur-Transformationen.

Rainer Krumm hat in 18 verschiedenen Ländern über 40 verschiedene Nationalitäten beraten und trainiert. Ein von ihm geleitetes globales Projekt wurde 2006 mit dem Internationalen Deutschen Trainingspreis ausgezeichnet. In zahlreichen Fachartikeln und Büchern publiziert er regelmäßig seine Erfahrungen. Gerne trainiert und referiert er auch in englischer Sprache.

Rainer Krumm ist in folgenden Organisationen Mitglied:
- GSA – German Speakers Association
- DGAT – Deutsche Gesellschaft für angewandte Typologie
- DVCT – Deutscher Verband für Coaching & Training

Referenzen und Kundenstimmen

Siemens, Campari, Wrigley, KIA Motors, MTV & Viva

Auszeichnungen und Pressestimmen

Internationaler Deutscher Trainingspreis in Bronze 2006

»Axiocon is one of the top companies of human resource and organizational development in Germany.« *EU Today*

»Der Change-Experte von axiocon.« *ManagerSeminare*

DR. ANETTE KÜBLER

Themen

Alternde Belegschaft
Auswirkungen und Lösungsansätze

Wir befinden uns in der Wissensgesellschaft – was bedeutet das für Unternehmen?

Produkte mit Know-how für Menschen mit geringem Einkommen – nicht nur in Schwellenländern

Veröffentlichungen

Das Geschäft mit dem Wissen
Anette Kübler, Thomas Strobel, Wissensmanagement, August 2009

Enterprises face the aging demographic
International Journal of Human Resources Development and Management. Vol. 9, No. 2 / 3, 2009

Kurzbiografie

Dr. Anette Kübler, 1968 in Stuttgart geboren, studierte Physik und promovierte im Bereich Werkstoffwissenschaften. Seit 1998 hat sie auf technischem Gebiet in Nachrichtentechnik, Telekommunikation und Informationstechnologie in verschiedenen Funktionen gearbeitet. Seit mehreren Jahren beschäftigt sich Frau Dr. Kübler intensiv mit Zukunftsthemen, Trends und Szenarien, die sie branchenübergreifend und ganzheitlich betrachtet.

Die Kunden ihres Unternehmens »Dr. Anette Kübler – ChanceNavigator« nutzen ihr Wissen im Rahmen von Vorträgen und insbesondere in Studien und Projekten zur Entwicklung neuer Geschäftsmöglichkeiten. Ebenso begleitet sie die Umsetzung erarbeiteter Ergebnisse und vermittelt bei Konflikten: technisches Know-how, Prozess- und Branchenwissen sowie ihre Coaching-Expertise stellt Anette Kübler ihren Kunden aus einer Hand bereit.

Referenzen und Kundenstimmen

»Frau Dr. Kübler kann sich sehr schnell in komplexe Themengebiete hineindenken. Aus erkannten Zusammenhängen von Trends zieht sie wertvolle Schlussfolgerungen für Geschäftsmodelle und Portfolio-Überlegungen.« *Dipl.-ing. Thomas Strobel, geschäftsführender Gesellschafter der FEWIS GmbH, Gauting*

»Frau Dr. Kübler hat uns mit der Darstellung der heutigen Wissensgesellschaft überzeugt. Ihre daraus abgeleiteten Szenarien und Chancen für die Wirtschaft im Mittelstand waren für uns der Auslöser, Dr. Anette Kübler als Unternehmen des Monats in der Sonderedition ›TECHNIK und INNOVATION‹ und beim Vision Summit 2009 in Berlin als Vorbild hervorzuheben.« *Orhidea Briegel, Geschäftsführerin Orhideal® IMAGE int.*

»Wir schätzen an Frau Dr. Kübler, dass sie sich rasch und mit großem Engagement in unterschiedlichste Technologiethemen hineindecken kann, dabei wichtige Zusammenhänge nicht aus dem Auge verliert sowie innovative Ideen in Strategieüberlegungen einbringt.« *Georg Berner*

Auszeichnungen und Pressestimmen

Unternehmen des Monats in der Sonderedition Orhideal® IMAGE, TECHNIK & INNOVATION, Oktober 2009

ANNE KÜHL

Themen

Stimme und Sprache

Deutsche Phonetik

Atemtechnik

Rhetorik und Kommunikation

Kurzbiografie

Anne Kühl, geboren 1979 in Göttingen, ist Dipl.-Sprecherin, Dipl.-Sprecherzieherin und Rezitatorin. Ihre professionelle Sprecherlaufbahn startete sie mit 20 Jahren bei Radio Seefunk in Konstanz. Nach einer Ausbildung zur Rundfunkredakteurin begann sie 2002 ihr vierjähriges Studium der Sprecherziehung an der Hochschule für Musik und Darstellende Kunst in Stuttgart, wo sie sich in Bühnen- und Mikrofonsprechen sowie Methodik und Didaktik des Sprechens ausbildete. Seit 2006 lebt sie in Hamburg. Als Expertin für Stimme, deutsche Phonetik und Rhetorik gibt sie Seminare und hält Vorträge für Firmen und Weiterbildungseinrichtungen. Zu ihren Geschäftspartnern zählen Fromm Management Seminare, die Europäische Fernhochschule und die Universität Hamburg. An der Freien Schauspielschule Hamburg sowie an der Hamburg School of Entertainment ist sie Dozentin für Atemtechnik, Stimme und Bühnensprechen.

Anne Kühl ist Sprecherin in Bühnenprojekten (»Schiller spricht – ein Balladenabend« am Alten Schauspielhaus Stuttgart, »Sechs Metamorphosen nach Ovid« u. a.) sowie die Stimme zahlreicher Industriefilme und Werbespots. In ihren Seminaren und Vorträgen vermittelt sie die Faszination der menschlichen Stimme und des gesprochenen Wortes – als künstlerische Ausdrucksform genauso wie als Mittel, die persönliche Präsenz und Kommunikationsfähigkeit zu steigern.

Referenzen und Kundenstimmen

»Durch Ihr Engagement und Fachwissen vermittelten Sie mir verständlich die Zusammenhänge zwischen Aussprache, Körpersprache und gesendeter Botschaft. Durch Sie konnte ich meine Präsenz im Gespräch deutlich steigern!« *Allianz*

»Die Wahl Ihrer Person als Partnerin für unser firmeninternes Sprech- und Kommunikationstraining hat sich als goldrichtig erwiesen. Ihre Übungen zu Beratungs- und Führungsgesprächen konnte ich sofort bei meinen Mitarbeitern und Kunden mit Erfolg umsetzen. Vielen Dank!« *Horbach Wirtschaftsberatung*

STEFANIE KÜHN

Themen

Gelassen in die Zukunft
Die Kühn-Strategie® für finanzielle Unabhängigkeit

Leben ohne Bankberater

Ein Mann ist kein Vermögen®

Geld wächst nicht auf Bäumen

Veröffentlichungen

Kurzbiografie

Stefanie Kühn, Jahrgang 1973, ist Diplom-Wirtschaftsingenieurin, Finanzökonomin (ebs) und Certified Financial Planner (CFP).

Mit über 10 Jahren Erfahrung als reine Honorarberaterin in Finanzangelegenheiten ist Stefanie Kühn nahezu einzigartig im deutschsprachigen Finanzberatungssektor. Anders als sonst in der Finanzdienstleistungsbranche üblich, kann sie ihre Mandanten frei von Vertriebsdruck und Provisionsinteressen beraten und individuell coachen.

Sie steht für eine neue Generation von Finanzexperten: höchst kompetent und modern, dabei aber auch grundehrlich und bodenständig verhilft sie ihren Zuhörern, Mandanten, Lesern und Seminarteilnehmern, die eigene, individuelle finanzielle Unabhängigkeit zu erreichen.

Die mehrfache Buchautorin Stefanie Kühn ist regelmäßige Expertin und Ratgeberin in Presse, Funk und Fernsehen (u. a. ARD, SAT1, N24).

Als Dozentin, Keynote-Speakerin und Professionel der German Speakers Association (GSA) zeigt sie, wie kurzweilig Geldthemen sein können.

Referenzen und Kundenstimmen

»Mein Simplify-Finanzen-Tipp: Stefanie Kühn.« *Werner Tiki Küstenmacher*

Auszeichnungen und Pressestimmen

Stefanie Kühn wird ständig von der Finanzzeitschrift »Euro« unter den besten Finanzberatern Deutschlands geführt.

»Die Finanzberaterin Stefanie Kühn liefert eine umfassende Strategie zur finanziellen Unabhängigkeit.« *Wirtschaftsblatt, 19.06.2009*

»Bestsellerautorin Stefanie Kühn coacht Anleger, damit sie zu finanzieller Selbstständigkeit gelangen.« *Euro am Sonntag, 06.06.2009*

MATTHIAS KULINNA

Themen

Seminare, Beratung und Vorträge zu Ethnomarketing in Deutschland: wissenschaftlich und anwendungsorientiert

Seminare und Vorträge zur Türkei, insbesondere zum Umgang mit türkischen Geschäftsleuten.

Veröffentlichungen

Kurzbiografie

Matthias Kulinna, 1963 in Bielefeld geboren, deutscher Staatsbürger, studierte Geographie, Soziologie und Sozialökonomik in Göttingen. Er diplomierte zum Thema: »Die Einflussmöglichkeiten der Kommunen auf ihre Energieversorgung«. Es folgte ein Studienaufenthalt in der Türkei. Im Anschluss war er für das Institut für Strukturpolitik und Wirtschaftsförderung in Halle an der Saale aktiv und beriet die Landesregierung Sachsen-Anhalts. 1995 wechselte er als Projektleiter zum Institut für Energetik in Leipzig und beriet Unternehmen der Energiewirtschaft zu Zukunftsfragen und zur sozioökonomischen Entwicklung ihres Absatzmarktes.

1999 gründete Matthias Kulinna zusammen mit der Istanbuler Turkologin Yasemin Özbek-Öncel die Kooperation TürkeiFokus und ist seitdem als unabhängiger Berater und Dozent tätig. 2007 promovierte er an der Universität Frankfurt am Main über das Thema Ethnomarketing. 2009 gründete er zusammen mit dem Dipl.-Geographen Rüdiger Kohls aus Berlin die Kooperation Standortfokus.

Matthias Kulinna lebt heute im Raum Bielefeld, ist verheiratet und hat zwei Kinder.

MICHAELE KUNDERMANN

Themen

Emotion und Gefühl als Leistungs-Bremser oder als Leistungs-Motor?
Energie und Klarheit durch Synergie von Bauch- und Kopf-Gehirn

Krisen stressfrei meistern
Stress vermeiden ist leichter als wir denken – geniale »Zauberformeln« für unsere Leistungsfähigkeit

Veröffentlichungen

Kurzbiografie

Michaele Kundermann, 1953 geboren, ist Expertin für emotionale Erfolgsfaktoren. Seit 1992 ist sie als Soft-Skills-Trainerin mit einem weiten Themen-Spektrum für Führungskräfte und Mitarbeiter in Unternehmen und Behörden aktiv.

Sie studierte Psychologie an der Uni Frankfurt und wandte sich bald der »Angewandten Psychologie« zu. Ihr wichtigster Lehrer war Brian Tracy, den sie bei seinem Debüt in Deutschland kennen lernte. Sie fragte sich, warum wir wichtige Persönlichkeits-Fähigkeiten für unseren Erfolg nicht schon in der Schule lernen? Das motivierte sie, dieses Wissen praxisorientiert weiterzugeben.

Dabei entwickelte sie eine einzigartige Methode zum bewussten Umgang mit Emotionen als Leistungsfaktor, zur Lösung von emotionalen Bremsen und zur Wiederentdeckung des Gefühls als Kommunikator und innerer Kompass.

Ausbildungen in Kinesiologie in Deutschland und USA, in NLP und systemischer Arbeit führten 1999 zur Eröffnung ihrer Coaching-Praxis in Frankfurt. Seit 2003 befindet sich der Sitz ihres Unternehmens »Kundermann Consulting & Training« in Neu Anspach/Ts.
Weitere Tätigkeitsfelder sind Moderation, Assessment-Center und Konflikt-Mediation. Sie gründete und leitete berufliche Netzwerke.

Für firmeneigenes Gesundheits-Management bietet sie verschiedene Lösungen mit Fokus auf Selbstregulierungs-Methoden an. Ihre Heil-Kräuter-Erlebnis-Seminare/Vorträge bereichern die Gesundheits-Bildung – auch als Incentives.

Sie ist Autorin des Selbst-Coaching-Hörbuchs »free your heart for success«. Sie verfasst einen kostenlosen Quartals-Newsletter mit Tipps und Impulsen für Personal- und Persönlichkeits-Entwicklung.

Zurzeit schreibt sie ein Buch über einen neuen Umgang mit Gefühl und Emotion, in dem sie die Erfahrung aus langjähriger Coaching- und Trainingsarbeit und ihre daraus gewonnenen Methoden vermittelt.
Seit 2000 ist Michaele Kundermann als Rednerin gefragt. Vielseitigkeit, Humor und ihre publikumsnahe Vortragsweise fesseln die Zuhörer. Sie ist professionelles Mitglied in der German Speakers Association (GSA).

Referenzen und Kundenstimmen

»… und Ihre Ihnen eigene Art, Wissen zu vermitteln, einzigartig ist.«
Teilnehmerkommentar
»Michaele Kundermann glaubt man gern, dass sie immer eine Reisende war, wohl auch immer bleiben wird. Reisen im Sinne von Suchen, sich mit Gefundenem nicht zufrieden geben, andere und sich selbst immer wieder zum Probieren und Kennenlernen einladen. All das betreibt sie mit Spaß und Begeisterung, ihr Lachen ist einfach ansteckend.« *A. Meyen, Journalistin*
»… man kann das, was Sie vermitteln, richtig nachfühlen.« *Teilnehmerkommentar*

DR. MARTIN KUPP

Themen

Die Madonna-Strategie
Mit beständiger Erneuerung zum Erfolg

Strategische Innovation
Das Beispiel Damien Hirst

Individuelle und organisationale Kreativität
Was können wir von Joseph Beuys lernen?

Veröffentlichungen

the fine art of success
John Wiley & Sons, 2010

Kurzbiografie

Martin Kupp ist Mitglied der Fakultät und Programm-Direktor an der European School of Management and Technology (ESMT), Berlin. Er unterrichtet Führungskräfte zahlreicher internationaler Unternehmen wie Bosch, Coca-Cola, Deutsche Bank, MAN, Siemens und Thyssen-Krupp sowohl in offenen als auch maßgeschneiderten Programmen.

Seine Forschungs- und Vortragsschwerpunkte sind Wettbewerbsstrategie, Innovation und R & D-Management.

Zuvor war Martin Kupp als Dozent an der Duquesne University in Pittsburgh tätig. An der EGP Business School in Portugal nimmt er Lehraufträge als Gastprofessor wahr und für das European Case Clearing House unterrichtet er das Lehren mit und Schreiben von Fallstudien.

Seinen Doktortitel in Betriebswirtschaftslehre hat er an der Universität zu Köln erworben.

Martin Kupp hat eine Vielzahl von Artikeln, Fallstudien, Büchern und Buchkapiteln veröffentlicht. Seine Fallstudie »Celtel Nigeria« gewann den Fallstudienpreis 2008 der European Foundation of Management Development (EFMD). Von der Zeitschrift »Business Strategy Review« wurde er 2008 als »Leading Business Thinker« bezeichnet. Regelmäßig kommentiert er das aktuelle Wirtschaftsgeschehen in nationalen und internationalen Zeitungen und im Fernsehen.

Referenzen und Kundenstimmen

»I very much enjoyed Martin's teaching in Edinburgh last December and it has definitely lead to an improvement in the way I moderate and teach cases on my executive development programmes.« *Nicholas Jeffery, Real Organisation Development Ltd. (Teilnehmer eines Fallstudien-Workshops)*

»Martins Vortrag über strategische Innovation war nicht nur unterhaltsam, sondern hat viele konkrete Anregungen für die Praxis gegeben.«
Teilnehmer einer Keynote zum Thema Strategische Innovation

Auszeichnungen und Pressestimmen

• Wahl zum »Leading Business Thinker« durch das Journal Business Strategy Review der London Business School
• Gewinner des »Case study awards« der European Foundation of Management Development (EFMD)

»Martin Kupp points out that many artists have also been superb entrepreneurs. Tintoretto upended a Venetian arts establishment that was completely controlled by Titian.« *The economist, Feb 17 2011*

JÜRGEN KURZ

Kurzbiografie

»Das Genie beherrscht das Chaos.« *Albert Einstein*
»Das Genie beherrscht SEIN Chaos.« *Jürgen Kurz*

Kaizen im Büro, das ist sein Erfolgsprinzip! In der Produktion seit Jahren erfolgreich, hat Jürgen Kurz (MBA, Jahrgang 1965) die Methode »der ständigen Verbesserung« auf das Büro übertragen und damit die Verwaltung nachhaltig auf Effizienzkurs gebracht.

Als Referent, Berater und Bestsellerautor gibt der Geschäftsführer von tempus und tempus-Consulting sein gesammeltes Wissen in unterhaltsamer Weise an seine Zuhörer weiter.

Überladene Schreibtische und undurchsichtige Arbeitsabläufe sind echte Erfolgs- und Motivationsbremsen. Jürgen Kurz entlastet – Ablagen, Abteilungen und jede einzelne Arbeitskraft. Er beweist: Effizienzsteigerungen im zweistelligen Prozentbereich sind möglich.

Referenzen und Kundenstimmen

»Jürgen Kurz ist Deutschlands renommiertester Experte für das Aufräumen großer Büros.« *Werner Tiki Küstenmacher, Autor von »simplify your life«*

»Jürgen Kurz in unser Unternehmen zu holen war die beste Investition meines Lebens.« *Erwin Ballis, Maschinenringe Deutschland GmbH, Geschäftsführer*

»Ein überragendes Seminar!« *Oskar Müller*

»Eine Schneise in den Papierdschungel schlagen kann jeder. Jürgen Kurz macht eine 6-spurige Autobahn daraus.« *Armin Haas, Paul Hartmann AG*

Auszeichnungen und Pressestimmen

- International Best Service Award, 2008
- Finalist Internationaler Deutscher Trainings-Preis, 2006
- BestPersAward, 2005
- Manufacturing Excellence Award, 2004
- International Best Factory Award, 2004
- EFQM – Recognised for Excellence in Europe, 2002
- Dr. Günter von Alberti-Preis, 2002
- Ludwig-Erhard-Preis-Wettbewerb 2002
- Auszeichnung zum Top-Keynote-Speaker und den Top 100 der Perfect-Speakers.eu, 2009
- Auszeichnung zum Qualitätsexperten durch das Qualitätsnetzwerk der Erfolgsgemeinschaft.com

»Der Experte für Effizienz im Büro« *n-tv*
»Der Büro-Chaos-Detektiv« *RTL*
»Der Effizienzprofi« *SPIEGEL ONLINE*
»Profi-Aufräumer Jürgen Kurz« *ARD*

Themen

Für immer aufgeräumt
20 % mehr Effizienz im Büro

Veröffentlichungen

Für immer aufgeräumt
Gabal Verlag 2007

Handbuch Büro-Kaizen
tempus-Verlag 2009

STEFAN KÜTHE

Themen

Wirkungsvoll kommunizieren
Die Grundlagen erfolgreicher Gesprächsführung

Die 5 Hebel für Ihren Verkaufserfolg
Die Grundlagen erfolgreicher Verkaufsgespräche

Verkaufen wie die Profis
Die Professionell verkaufen mit emotionalen Sprachmustern

Goethe für Manager
Wie Sie einfach genial Arbeit und Leben meistern

Veröffentlichungen

Goethe für Manager
Wie Sie einfach genial Arbeit und Leben meistern

Kurzbiografie

Stefan Küthe, Betriebswirt und Kommunikationswirt, ist praxisorientierter Experte für hirngerechtes Verkaufen und Kommunizieren mit langjähriger Erfahrung im Verkauf und Marketing für renommierte Markenartikler.

Seit 1999 trainiert und begleitet er Verkäufer, Führungskräfte und Mitarbeiter für namhafte Unternehmen aus der Industrie, dem Handel sowie dem Dienstleistungs- und Bankensektor.

Darüber hinaus hält er als Referent Motivationsvorträge auf Kongressen sowie Veranstaltungen und ist Autor des Management-Bestsellers »Goethe für Manager – wie Sie einfach genial Arbeit und Leben meistern«.

Stefan Küthe ist Jahrgang 1968, geboren in Wuppertal und lebt in der Nähe von Leipzig. Er hat in den vergangenen rund 10 Jahren ca. 1.000 Seminare und Vorträge vor insgesamt über 10.000 Teilnehmern gehalten.

Referenzen und Kundenstimmen

Referenzen (Auszug):
CDH, Berlin; Deutsche Post AG, Leipzig; Hamburger Einkaufstage; HVB Immobilien AG, Leipzig; Komsa AG, Hartmannsdorf/Chemnitz; Münchener Verein Versicherungsgruppe, Halle; Primacom AG, Leipzig; Raiffeisenbank Gotha eG; Volvo Truck Center Ost GmbH, Berlin; VR Bank Leipziger Land eG

Kundenstimmen:
»Aufgrund Ihrer ausgezeichneten fachlichen Kompetenz und Ihrer beruflichen Erfahrung ist es Ihnen hervorragend gelungen, auf die Teilnehmer einzugehen und diese zur aktiven Beteiligung am Seminar zu gewinnen. Sie haben es verstanden, theoretisches Wissen zu vermitteln und dieses durch die Teilnehmer in praktische Beispiele umsetzen zu lassen. Die Teilnehmer haben viele Impulse zur Verbesserung ihres Verkaufsalltags kennengelernt und entsprechende Tipps zur praktischen Umsetzung bekommen.« *Volker Leistner, Komsa AG*

»Vielen Dank für die sehr gute Zusammenarbeit. Ihre Seminare waren eine gelungene Kombination aus Theorie und Praxis. Die Wirkung auf meine Mitarbeiter war auf Grund der sehr guten Vorbereitung und praxisorientierten Durchführung ein voller Erfolg. Gern empfehlen wir Sie weiter.« *Detlev Gebel, Primacom AG*

Stimmen zum Buch:
»Dieses Buch (Goethe für Manager von Stefan Küthe) wird Sie stets aufs Neue inspirieren und zu einem der wertvollsten Büchern in Ihrem Leben werden.« *Nikolaus B. Enkelmann, Träger des Bundesverdienstkreuzes*

PATRIC P. KUTSCHER

Themen

Vorstandscoaching

Eventvorträge

Trainerausbildung

Veröffentlichungen

Der Ton macht die Musik
Patric P. Kutscher

Kurzbiografie

Patric P. Kutscher, Jahrgang 1960, ist Trainer, Berater und Coach. Er ist diplomierter Verkaufs- und Verhaltenstrainer sowie zertifizierter Business- und Management-Coach.
Im Jahre 1999 gründete Patric P. Kutscher das Institut für Stimm- und Sprecherziehung KG sowie das Deutsche Institut für Rhetorik KG mit Sitz in Bensheim bei Frankfurt am Main.
Seit 1990 führt er Seminare und Einzelcoachings in den Bereichen Stimme und Sprechen, Rhetorik und Verkaufspsychologie durch. 1993/94 war er Sprecher für das ZDF in Mainz. In Zusammenarbeit mit den großen Seminar- und Konferenzveranstaltern in Deutschland und Europa bietet Patric P. Kutscher regelmäßig Seminare für Führungskräfte und Manager an. Sein Spezialgebiet ist die nationale und internationale Trainerausbildung.

Referenzen und Kundenstimmen

»Sie waren selbst Zeuge von 400 begeisterten Gästen, und auch ich und eine Reihe von Mitarbeitern der Süddeutschen Zeitung, die diesen Abend mit verfolgt haben, waren begeistert von Ihrem Vortrag und den praktischen Beispielen. Über 400 Menschen mit einem Korken im Mund Gedichte sprechen zu hören war schon ein Erlebnis ...« *Dr. Hans Gasser, Geschäftsführer, Süddeutsche Zeitung 17.02.2003*

»Sie haben das Publikum begeistert. Zusätzlich hat es aber auch die Notwendigkeit erkannt, die Stimme richtig einzusetzen und auf eine positive Erscheinung zu achten. (...) Ihr Referat und Ihre besondere Art des Auftretens wurden sehr gelobt.« *Manfred A. Buksch, Bundesverband der Fach- und Betriebswirte in der Immobilienwirtschaft e. V. 22.02.2004*

Auszeichnungen und Pressestimmen

- Qualitätszertifikat 2008, ausgestellt vom Q-Pool 100, der Offiziellen Qualitätsgemeinschaft internationaler Wirtschaftstrainer und –berater e. V. 15.01.2008
- Urkunde für besondere unternehmerische Leistungen 2007, vergeben vom Bundesverband mittelständige Wirtschaft, BVMW
- »Bester Rhetorik Trainer 2007« Urkunde der IIR Deutschland GmbH für Herrn Patric P. Kutscher 17. Dezember 2007
- Patric P. Kutscher und sein Team gewannen den »Internationalen Deutschen Trainings-Preis 2006« 23. Februar 2006
- Trainer des Jahres 2005 für den Bereich »Stimme und Rhetorik« Management-Forum Starnberg 07. Juni 2005
- »Bester Rhetorik Trainer des Jahres« 2004 und 2005 International Institute of Research (IIR) Deutschland GmbH
- Bester Rhetorik-Trainer des Jahres 2004 Deutschland GmbH der International Faculty of Management Education
- Platin-Urkunde 1.000 mal Hervorragend und sehr gut Urkunde der INtem Trainergruppe Seßler & Partner GmbH 16. Juli 2002

CLAUS VON KUTZSCHENBACH

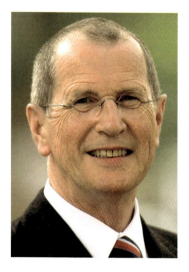

Kurzbiografie

Claus von Kutzschenbach, geboren 1949 in Passau, ist Managementberater und -Trainer in Wiesbaden. Er studierte in Kiel Volkswirtschaft, Politologie und Soziologie (Abschluss Diplomvolkswirt) und startete seine Karriere als Tageszeitungsredakteur. Schon früh übernahm er Führungsaufgaben in mehreren Verlagen, zuletzt über 12 Jahre als leitender Angestellter eines Unternehmens der Bertelsmann-Fachverlage. Dort war er neben operativen Aufgaben auch für die Unternehmenskommunikation zuständig.

1995 machte sich Claus von Kutzschenbach in Wiesbaden selbstständig. Seine Schwerpunkte als Berater: marktorientierte Strategie, Unternehmensstruktur und Unternehmenskommunikation. Als Trainer und Coach arbeitet er vor allem mit Führungskräften und Vertriebsprofis mit dem Ziel, seine Klienten pragmatisch und wirksam fit zu machen für die steigenden Anforderungen des operativen Führungs- und Vertriebsalltags. Seine Kunden sind Unternehmen aus dem gesamten deutschen Sprachraum, Kroatien und Slowenien.

Als Redner greift Claus von Kutzschenbach spitz und pointiert Themen aus dem Unternehmensalltag auf. Seine Zuhörer merken schnell, dass da ein Insider spricht, der Hintergründiges aus der Unternehmenspraxis in eine verblüffende Logik bringt – ehrlich, schnörkellos, selten im Mainstream-Denken, aber immer mit Witz, versöhnlichem Augenzwinkern und mit hohem Erkenntnisgewinn.

Themen

Strategie entzaubern – mit dem »magischen Fünfeck«
Wie das Denken in kleinen Schritten große strategische Vorteile beschert

Führungs-Routinen noch zeitgemäß?
Der Steinzeitmensch in uns will es – auch im Zeitalter des web 2.0

Teamspirit & Co.
Es muss nicht immer outdoor sein
...

Meeting – Königsdisziplin des Führens!
Wer Rituale männlicher Alpha-Tiere erkennt, weiß auch, wie er ein Meeting steuert: 5-mal Rollenwechsel.

Referenzen und Kundenstimmen

»Mit Freude kann ich Ihnen schon meinen ersten kleinen Erfolg nennen. Heute hatten wir ein Gespräch (mit einer schwierigen Mitarbeiterin), und ich habe betont, dass ICH keine Diskussionen mehr über dieses Thema möchte. ... Fazit: Mein Gespräch ist kurz und knackig und für mich positiv verlaufen, dank unserem Seminar.«

»Ihr Workshop war für mich eine Art Offenbarung (das mag zwar übertrieben klingen, aber es war so!). Er setzte in mir Energien frei. Vor allem gefiel mir, dass Sie uns nicht einfach starre Regeln vorgesetzt haben ...«

Auszeichnungen und Pressestimmen

Präsidiumsmitglied BDVT e. V., weitere Ehrenämter als Beirat, Jurymitglied u. a.

»... Mit leichter Ironie spricht da einer zu uns, der die Mechanismen der Führungsriege kennt, die unsichtbaren Netzwerke, über die Frauen stolpern. Und endlich mal ist es ein Mann, der uns die Rituale der Männer erklärt, ihr Platzhirsch-Gehabe, das seit der Steinzeit zum richtigen Mann gehört ...« *Cornelia Wohlhüter, Passauer Neue Presse*

Veröffentlichungen

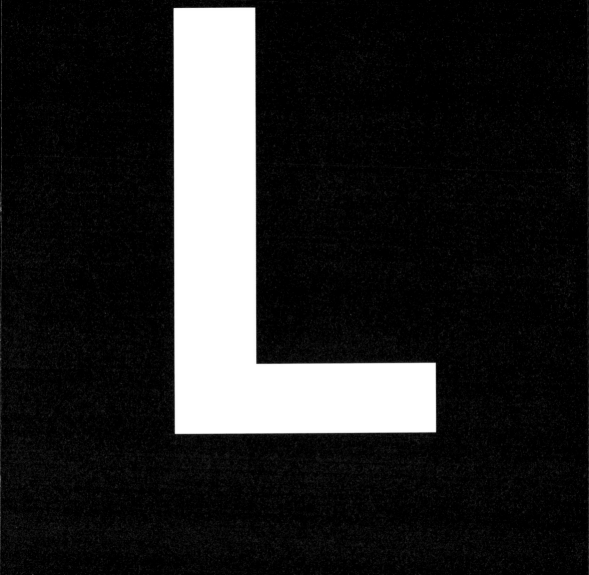

SIEGFRIED LACHMANN

Themen

Dreamdays – Den roten Faden im Leben entdecken

Das Leben leben

Mit Powertipps mehr erreichen

Gegen die Aufschieberitis

Veröffentlichungen

Kurzbiografie

Siegfried Lachmann, Jahrgang 1962, geboren in Dortmund, seit über 25 Jahren Wahl-Badener und wohnhaft in Zell am Harmersbach im Schwarzwald.

Seit über 20 Jahren ist Siegfried Lachmann in der Weiterbildungsbranche. Die Anfänge bestanden darin, Schulungsseminare für EDV-Einsteiger zu geben. Es folgten Qualifizierungen zu den Themen »Ziel- und Zeitmanagement« und »Rhetorik«. Im Laufe der Jahre entwickelte Siegfried Lachmann zusammen mit Prof. Dr. Jörg Knoblauch von der Firma tempus die »Dreamday«-Thematik. Dieses am Markt sehr erfolgreiche Lebensplanungsseminar ist eine Möglichkeit, das Leben mittels geeigneter Tools zu planen. Darüber hinaus ist Siegfried Lachmann heutzutage in den Themen »Rhetorik für Einsteiger«, »Dreamdays – Den roten Faden im Leben entdecken« und »Behaviour Based Safety« (Arbeitssicherheit) im In- und Ausland bei Konzernen und KMUs unterwegs. Hier geht es hauptsächlich um die Thematik »Verhaltensänderung«. Daneben hält er Telefonseminare und Online-Workshops.

Neben dieser Tätigkeit als Trainer ist Siegfried Lachmann auch als Coach und Mentor im In- und Ausland aktiv. Er bedient hier den persönlichen Bereich als Personal Coach.

Der Dreamday-Experte hat bislang zwei Publikationen herausgebracht. Sein erstes Buch »Dreamday – Das Wesentliche im Leben entdecken« erschien bei www.ziele.de. Als Co-Autor war er beim zweiten Buch »Zeitmanagement-Trainer« dabei, welches im Haufe-Verlag erschien.

Darüber hinaus ist Siegfried Lachmann Hörbuchsprecher für diverse Produktionen. Mit seiner Audio- und Videoproduktionsfirma produziert er Clips für Webseiten.

TATJANA LACKNER

Themen

Sprache ist die Kleidung unserer Gedanken – Stimme ein Seismograph der Psyche

Veröffentlichungen

Kurzbiografie

Dir. Tatjana Lackner, Eigentümerin der Schule DES SPRECHENS GmbH, Wien, Kommunikations-Profilerin und Bestsellerautorin, 1970 in München geboren

Trainerin: Tatjana Lackner ist durch ihre wirkungsvollen Coachings Top-Trainerin deutschsprachiger Radio- & Fernsehmoderatoren, vieler Führungskräfte, Manager, Politiker und erfolgreicher Unternehmer im In- und Ausland. Blitzschnell erkennt sie die Lernfelder ihrer Kunden. Ihr Trainer-Feedback ist: präzise formuliert, inhaltlich punktgenau und spürbar ehrlich. Tatjana Lackners Trainings, Seminare & Veranstaltungen garantieren hohen Fun-Faktor.

Vortragende & Gastdozentin:
Medizinische Universität, Wirtschaftsuniversität Wien, Universität für Bodenkultur, Universität Wien, Donau Uni Krems, Renner-Institut; 4 Jahre war sie FH-Lektorin

Sprecherin: Sie moderierte Sendungen, Beiträge und gestaltete Themenreihen beim Österreichischen Rundfunk. Veranstalter buchen sie gerne für internationale Vorträge vor großem Publikum als Speakerin.

Unternehmerin & Führungskraft: 1995 gründete sie ihre eigene Schule, in der Kommunikationsstrategien im umfassendsten Sinne gelehrt werden.

Die Schule des Sprechens ist die Kaderschmiede für Berufssprecher und Karriereorientierte im deutschsprachigen Raum. 46 Experten arbeiten in 7 Abteilungen:
1. Atem- & Sprechtechnik
2. Stimm-Modulation
3. Kameracoaching
4. Nachrichten & Moderationen
5. Rhetorik & Kommunikation
6. Persönlichkeitsbildung & Körpersprache
7. Outfit & Styling

Autorin & Förderin: Tatjana Lackner ist seit vielen Jahren erfolgreiche Buchautorin. Auch als Führungskraft schafft sie laufend herausfordernde Perspektiven und entwickelt ihre HighPotentials. – Viele Trainerkarrieren starteten in der Schule DES SPRECHENS.

Referenzen und Kundenstimmen

»Erstaunlich, wie rasch sie im Gespräch den Finger auf wunde Punkte der Kommunikation und der Persönlichkeit legen kann, von denen man dachte, man wäre der Einzige, der sie kennt ...« *DI Peter Baldauf, Managing Director, CANON*

Auszeichnungen und Pressestimmen

2002 wurde Tatjana Lackner als »beste Jungunternehmerin Österreichs« ausgezeichnet.
2005 Mercur Urkunde zum Leitbetrieb Wiens

ORIANA LAI

Themen

Märchen für Manager
Grundwerte und Wertschätzung

Das Prinzip »Einer für Alle – Alle für Einen«
Die Unanfechtbarkeit eines festen Teams

Reputations-Management
kult. Kapital als soz. Ressource; alte Tugenden im Wirtschaftsleben; Ehrlichkeit währt am längsten

Veröffentlichungen

Kurzbiografie

Märchen für Manager

Oriana Lai, geboren 1963 in Hamburg, kam als Abteilungsleiterin eines internationalen Handelshauses 1990 nach Bremen. Für internationale Sport- und Freizeitmarken entwickelte sie mit ihrem Team Sport- und Freizeitkleidung. Ihre späteren Erfahrungen im Film-/TV-Produktionsbereich aus der aktuellen Berichterstattung für die öffentlich-rechtlichen Sender und aus privaten Sendeanstalten sowie Filmproduktionen für die Markenindustrie mündeten in der Gründung ihrer eigenen Werbe- und Medienagentur im Jahr 1998.

Ihre große Liebe gehörte jedoch immer den Märchen und dem Lernen von und mit Kindern. So gründete sie 2004 parallel zu ihrer Agentur ihren Märchenverlag und erarbeitete mit über 1.200 Kindern in Märchenschreibwerkstätten Märchen von Kindern für Kinder. Das hieraus entstandene Buch und das Projekt wurde u. a. von Nina Ruge unterstützt. Oriana Lai – mit Leib und Seele Unternehmerin und Trendsetterin – entwickelt zurzeit des Wertewandels Vorträge mit »Märchen für Manager«.

Im Märchen finden wir die funktionierenden Grundwerte für Erfolg und Nachhaltigkeit wieder. Sie ermöglichen Orientierung, Wertevermittlung, Vertrauen, Zusammenhalt und die Erarbeitung alter Mechanismen, die in der heutigen, ablenkenden Kommunikation täglich verloren gehen. Märchen zeigen die Werte auf, die bei genauer Betrachtung u. a. auch einen langfristig erfolgreichen Manager ausmachen. »Ehrlichkeit währt am längsten« – schließlich ist es immer der »Dumme/Ehrliche«, der mit dem Schatz und der Prinzessin nach Hause kommt, denn wer kauft schon gern von einem Lügner?

Referenzen und Kundenstimmen

Projekt »Bremer Märchenbuch« unter Schirmherrschaft von Nina Ruge und Bürgermeister a. D. Henning Scherf

www.bremer-maerchenbuch.de

www.bremer-maerchentage.de

Auszeichnungen und Pressestimmen

TV und Hörfunk Buten und Binnen *Lokalsender des WDR*

center tv bremen *Privatsender TV*

Weser Kurier *Lokalzeitung*

Wirtschaft in Bremen *Wirtschaftsmagazin*

STEFAN LAMMERS

Themen

Bin ich mein Handeln?
Authentizität durch Wertebewusstsein.

China – ein Hype?

Leadership in Zeiten des Wandels

Die Rolle der Führung in der Strategieumsetzung

Veröffentlichungen

Über das verborgene Potenzial –
Das Prinzip der Leerheit
Marketing & Sales Review des Club 55 (2010)

Kundenbindung als Wettbewerbsvorteil – Chancen und Grenzen des Direktmarketings
Thexis, Fachzeitschrift für Marketing der Universität St. Gallen (2000)

»Sex sells« oder wie viel Sex muss sein?
Sex sells, Mythos oder Wahrheit
(Hans-Uwe L. Köhler, 2006)

Die Rolle der Vertriebsführung in der Strategieumsetzung
Marketing & Sales Review des Club 55 (2009)

Kurzbiografie

Stefan Lammers verfügt über mehr als 25 Jahre Berufserfahrung, davon mehr als zehn Jahre in Führungspositionen. Durch seine Mitarbeit gelang das erfolgreiche Wachstum der Kreditkarte Eurocard/Mastercard in Deutschland. Er führte mehrere Großprojekte für die Deutsche Bank AG durch und entwickelte den Netzbetreiber Easycash als selbstständiges Tochterunternehmen der Bank. Als Geschäftsführer und Mitglied des europäischen Management-Board von Experian war Stefan Lammers verantwortlich für das Outsourcing der Debit- und Kundenkarten sowie für steigende Kundentreue bei Unternehmen wie beispielsweise Douglas und Kaufhof.

Im Jahr 2000 gründete er die internationale Unternehmensberatung Stefan Lammers Business Building. Seine Schwerpunkte liegen in den Themen Entwicklung von Führungskompetenzen, Organisationsentwicklung und Vertriebsberatung, Workshop Moderation sowie Executive Coaching. Diese Leistungen werden in Deutschland, Europa, Asien, insbesondere in China, angeboten. Stefan Lammers ist einer der wenigen IHK-zertifizierten Coachs der Wirtschaft und systemischer Organisationsberater. Er ist ausgebildeter Sport-Mental-Trainer / Coach und der erste Europäer, der in China zum REN-Coach ausgebildet wurde.

Stefan Lammers ist Dozent, Berater und Executive Coach der Frankfurt School of Finance & Management sowie Referent der internationalen Ausbildung »ProPer Executive – Head of HRM« der DGFP (Deutsche Gesellschaft für Personalführung e.V.). Er zählt heute zu den Top-Executive-Coachs in Deutschland.

Stefan Lammers ist Mitglied der International Coach Federation (ICF), Hongkong International Coaching Community (HKICC), Asia Pacific Alliance of Coachs (APAC) und Expert Mitglied der Gemeinschaft Europäischer Marketing- und Verkaufsexperten (Club 55).

Referenzen und Kundenstimmen

»Sie haben uns mit Ihrem energetischen Vortrag zum Thema ›China – ein Hype?‹ begeistert. Auch in der abschließenden Podiumsdiskussion brillierten Sie mit Ihren fundierten Kenntnissen und spannenden Prognosen.« *John Kriwet, Managing Director M.E.C.H. The Communication House, McCann Erickson*

MANUEL C. LAMPE

Themen

Durch Positionierung zum nachhaltigen Unternehmenserfolg
Positionierung von Hotels, Gasthöfen und Pensionen durch Zielgruppenmanagement

Management von Destinationen
Neupositionierung eines Tourismusverbandes am Praxisbeispiel

Veröffentlichungen

Kurzbiografie

1980 geboren, österreichischer Staatsbürger, Tourismusprofi

Nach Abschluss der Handelsakademie 1999 beginnt Lampe seine Tätigkeit im Tourismus als Trainee Marketing in einem Tiroler Tourismusverband. Bereits 2001 wird er im Alter von 21 Jahren als bis dato jüngster Geschäftsführer eines österreichischen Tourismusverbandes bestellt. Nach 5 Jahren Tätigkeit in der Branche entscheidet sich Lampe für ein Studium der »Unternehmensführung in der Freizeit- & Tourismuswirtschaft« am Management Center Innsbruck (MCI), gleichzeitig begleitet er die touristische Entwicklung und Vermarktung eines technischen Museums in seiner Heimatstadt. Nach einem Auslandsaufenthalt an der norwegischen Universitetet i Stavanger (UIS) und abgeschlossenem Studium kehrt er 2008 nach Österreich zurück. Ihm wird die Neupositionierung und Angebotsentwicklung einer Tiroler Tourismusregion in Funktion als Geschäftsführer übertragen.

Referenzen und Kundenstimmen

Vortragstätigkeiten für Pressetexter (seit 2006) sowie am Tourismuskolleg Innsbruck (seit 2008)

Tagesseminare für DMC (seit 2009)

Gastbeiträge: Tourismusmagazin »Saison«, Tourismuslehrbuch »Finanzmanagement im Tourismus«

KIRSTEN LAMPRECHTER

Kurzbiografie

Kirsten Lamprechter entwickelt als Business-Coach Menschen mit beruflichen Anliegen weiter.

In ihren Trainings profitieren die Teilnehmer von sehr praxisnahen Seminaren mit den Themenschwerpunkten BWL, Zeit- und Selbstmanagement und Projektmanagement.

ADELE LANDAUER

Themen

Doch. Charisma ist erlernbar!
Die Kunst selbstsicher aufzutreten

Tear Down Your Walls and Become Free to Achieve
Inspired by the Fall of the Berlin Wall

Veröffentlichungen

Kurzbiografie

Adele Landauer aus Berlin ist internationale Keynote-Speakerin, Coach, Autorin, Schaupielerin in Film, TV, Theater. Mit beeindruckender Bühnenpräsenz voll Klarheit und einzigartigem Charme und ihren tiefgreifenden, emotional berührenden und inspirierenden Themen begeistert sie ihr Publikum auf der ganzen Welt. Unternehmen, Teams und Einzelpersonen buchen Sie, um Grenzen zu überschreiten und Erfolg zu maximieren. Sie ist Autorin mehrerer Bücher und Hörbücher und war Kolumnistin bei der WELT. Viele TV-, internationale Radiosender und Presseartikel berichten über die Einzigartigkeit ihrer inspirierenden Arbeit und holen ihren professionellen Rat ein.

»Doch. Charisma ist erlernbar! – Die Kunst selbstsicher aufzutreten« – Jeder Mensch besitzt Charisma. Meist ist es verschüttet – unter der Last des Alltags konzentrieren wir uns lediglich auf Inhalte und Argumente. Diese machen aber nur einen verschwindend geringen Teil unserer Wirkung aus. Kinder, die im Spiel versunken sind, besitzen eine unglaubliche Ausstrahlung. Die meisten Erwachsenen haben diese Strahlkraft verloren – spätestens, seit man in der Schule die »Kunst« des Selbstzweifels gelernt hat. Doch das kann man wieder verlernen. Adele trainiert mit Ihnen die Techniken, die Schauspieler nutzen, um jeden Abend aufs Neue ihr Publikum zu faszinieren, so dass Sie Ihre einzigartige Persönlichkeit und die Besonderheit Ihres Wesens sichtbar entfalten. Für jeden, der sich selbst, sein Produkt und sein Unternehmen erfolgreich, mit Herz und Humor präsentieren, seinen Marktwert erhöhen und den beruflichen Erfolg maximieren will.

Tear Down Your Walls and Become Free to Achieve – Inspired by the Fall of the Berlin Wall – Adele Landauer witnessed first hand the fall of the Berlin Wall. What was once an indestructible symbol for a divided globe was torn down to the disbelief of millions overnight. She uses that amazing example of success to inspire international audiences to change in the same way. Adele draws upon this historic and momentous occasion to show that every barrier and obstacle in life at anytime can be torn down and destroyed just as the once mighty Berlin Wall was. Adele delivers professional, dynamic and unforgettable presentations, which inspire, liberate, transform and entertain each member of her audience. They become liberated to fulfill all of their potential to advance their career and reach a higher level of personal freedom, happiness and success. Her speeches are touching and fuel the motivation to change, develop and make progress.

Referenzen und Kundenstimmen

VW, BMW, Bayer AG, Siemens, Microsoft, Süd-Chemie, SAT.1, Pro7, Axel Springer, viele deutsche Banken, Versicherungen, Beratungen

»Adele Landauer ist eine absolut fantastische Rednerin. Das Publikum war enthusiastisch und spricht heute noch von ihren interessanten Themen und ihrer großartigen Präsenz und Authentizität.« *Michael Sandvoss, General Manager Sales, Axel Springer AG*

»Adele is a magnificent speaker. After listening to her, the audience will never be the same.« *Dr. J. de Posada, Autor »Don't Eat the Marshmallow ... Yet«*

THOMAS LANDWEHR

Themen

Managerkarrieren im Umbruch
Vom Arbeitnehmer zum Lebensunternehmer; Vom Anpassungsdruck zum Veränderungsdruck

Outplacementberatung im Mittelstand
Kreative Einsatzmöglichkeiten, Nutzen, Kosten

Ein Tomatensalat ohne Tomaten!
Oder – Trennungsmanagement von Führungskräften fair und zielorientiert

Kurzbiografie

Thomas Landwehr, Jahrgang 1953, Studium der Betriebswirtschaft. Nach langjähriger Führungs- und Beratungsverantwortung in der Wirtschaft berät er Unternehmen und Manager zu Themen der beruflichen Veränderungen.

Der Arbeitsmarkt ist in Bewegung – wie es auch seine Karriere stets war. Eigentlich waren es sogar drei Karrieren: als Führungskraft und Geschäftsführer in Unternehmen, als Management-Consultant in großen internationalen Personalberatungen und zuletzt als selbstständiger Unternehmer.

Während des Studiums arbeitete er parallel bei der »Welt« und »Welt am Sonntag« in Hamburg. Seine reguläre Laufbahn begann im Marketing und Vertrieb von Exxon/Mobil. Danach folgten über 12 Jahre Verantwortung als Geschäftsführer und kaufmännischer Leiter in mittelständischen, inhabergeführten Unternehmen mit bis zu 3.000 Mitarbeitern.

Er ist in besonderem Maße vertraut mit den großen Veränderungen, die immer häufiger in der Wirtschaft stattfinden: die Gründung neuer Standorte, Standortverlagerungen, Outsourcing-Prozesse, Börsengänge und Fusionen. Schon immer faszinierte ihn die Dynamik von Veränderungen in Unternehmen und was diese bei Menschen auslösen können.

Da ihn vor allem die besondere Rolle von Führungskräften und ihr Umgang mit Veränderungen sowie der Umgang des Unternehmens mit seinen Mitarbeitern interessierten, arbeitete er zwischen 1998 und 2008 als Senior Berater in namhaften internationalen Personalberatungen. Seine Schwerpunkte: Karriereberatung, Coaching, Headhunting und Outplacement für gehobene Führungskräfte. Spannende Themen, schließlich müssen die Führungskräfte ihre Karriere immer häufiger selbst in die Hand nehmen, systematisch planen und strategisch vorantreiben.

Immer wieder ist es faszinierend zu beobachten, wie Menschen durch neue Aufgaben geformt und gefordert werden. Wie sie sich weiterentwickeln. Und wie sportlicher Ehrgeiz in Verbindung mit intelligenter Planung einen wahren Karriereturbo in Gang setzen kann.

Referenzen und Kundenstimmen

Thomas Landwehr begleitete in den vergangenen 12 Jahren über 300 Führungskräfte in Coaching und Karriereberatung zu Themen der beruflichen Entwicklung. Die Klienten kommen aus nahezu allen Branchen. Ebenso berät er namhafte Unternehmen bei Personalanpassungsprozessen zu Themen des Trennungsmanagements, der Retention, aber auch des Talentmanagements.

Auszeichnungen und Pressestimmen

Thomas Landwehr. Einer der führenden Karriereberater und Coachs für das mittlere und gehobene Management.

DR. JUERGEN LANG

Themen

Erfolgsgeheimnis Emotionen

Nr. 1-Erfolgsfaktor Menschenkenntnis

Personal Breakthrough
Kraft freisetzen, Grenzen überwinden, Durchbruch schaffen

Veröffentlichungen

Emotiologie – die ErfolgsFeelosophie.
Wie Sie die Macht der Gefühle intelligent nutzen. Buch

Menschenkenntnis & Verhaltensstrategien
Hörbuch

Kurzbiografie

Dr. Juergen Lang zählt mit seinem exklusiven Wissen über emotionale Erfolgskompetenzen und Menschenkenntnis inzwischen zu den gefragtesten deutschen Experten für Soft Skills und Persönlichkeitsentwicklung. Seit über 15 Jahren hilft der »Macher-Macher« Geschäftsleuten, Potenziale freizusetzen, die Macht der Gefühle bewusst zu nutzen und ein sicheres Gespür für Menschen zu entwickeln. In seinen Vorträgen inspiriert er Auditorien als eloquenter und leidenschaftlicher Redner, dem es zuverlässig gelingt, auch anspruchsvollste Sachverhalte genial einfach und begeisternd zu vermitteln. Juergen Lang räumt auf mit naivem Rationalitätsdenken und zeigt, wie Emotionen die ergiebigste Erfolgsquelle und den kritischsten persönlichen Performance-Faktor zugleich darstellen. Er entschlüsselt den Code des emotionalen Betriebssystems, nach dem Menschen »ticken«, und öffnet die Augen für erfolgreiches Verhalten in der Alltagspraxis. Juergen Lang studierte Psychologie, Wirtschaftswissenschaften und Kommunikation und sammelte parallel 6 Jahre umfassende Erfahrung im Finanzvertrieb. Es folgten Stationen als Außendienst-Referent, HR-Manager/Vertrieb und Chief Training Officer einer multinationalen Sales-Consulting. Seine Coachings führten ihn zu immer umfassenderen Erkenntnissen über die emotionalen Faktoren für persönlichen Erfolg, die er parallel wissenschaftlich weiterentwickelte. Dabei promovierte der gestandene Praktiker neben 180 jährlichen Reisetagen »magna cum laude«. Bekannt ist Juergen Lang auch für sein besonders authentisches und variationsreiches Vortragsenglisch. Er ist gern gesehener Gast an mehreren Hochschulen, lehrt Persönlichkeitspsychologie an der FH Riedlingen und ist Mentor im »Kreis der Besten« der Universität Mannheim.

Referenzen und Kundenstimmen

Allianz; BIZERBA; SPAR; Nord/LB; Berliner Bank; Münchner Bank; Sparkassen & VR Banken; TIB; BEKB

Auszeichnungen und Pressestimmen

Brainguide-Premium-Experte

Anerkannt als Professional Member der GSA – German Speakers Association

Ministerium für Wissenschaft, Forschung und Kunst Baden-Württemberg

DIETER LANGE

Themen

Den Sieger erkennt man am Start – den Verlierer auch
Wie du führst, ist – wer du bist

Satte Löwen jagen nicht
Erfolgreich ganz oben – und nun was ...

Wer immer in den Spuren anderer wandelt, muss sich nicht wundern, wenn er keine Eindrücke hinterlässt

Das Tal hat sich gereinigt
Die Rezession ist die Konjunktur der Guten

Veröffentlichungen

Kurzbiografie

Dieter Lange studierte Betriebswirtschaftslehre und Psychologie, verbrachte viele Jahre mit ethnischen Studien verschiedener Kulturen. Er verfügt über breite Erfahrung aus der Wirtschaft als Produktmanager und als Marketingmanager und verbindet stets westliches Wissen mit östlichen Weisheiten. Er zählt zu jenen seltenen Top-Führungskräfte-Trainern, von denen entscheidende Impulse für Veränderungen in Unternehmen ausgehen.

Dieter Lange stimuliert besonders durch seine positive und optimistische Art – geht jedoch auch Konflikten in Veränderungsprozessen nicht aus dem Weg. Seine brillante Rhetorik, bewegende Sprachbilder und Metaphern machen seine Auftritte zu einzigartigen Erlebnissen in freier Rede.

Leitsätze:
- Du musst heute sein, was du morgen werden willst – und dich zuerst selber führen können.
- Sieger erkennt man am Start – Verlierer auch.
- Wer du bist, macht den wahren Unterschied – nicht, was du hast oder tust. Persönlichkeit! Persönlichkeit! Persönlichkeit!

Referenzen und Kundenstimmen

Dieter Lange ist seit 20 Jahren gesuchter Referent, Trainer und Coach für Führungskräfte und Verkaufsseminare, u. a. bei Bayer, Bertelsmann, Gruner & Jahr, IWC, Lindt & Sprüngli, Novartis, Siemens, Unilever und für viele andere Konzerne in Europa, Asien und den USA. Er ist Coach von Spitzenmanagern und Vorständen in mehreren europäischen Top- Unternehmen.

Dieter Lange ist Referent u. a. an der Universität St. Gallen, Harvard-Business-School, ZfU, Zürich

Auszeichnungen und Pressestimmen

»Provozierte, dozierte und faszinierte: Referent Dieter Lange traf den richtigen Nerv.« *Sales Profi*

»Die Pädagogik von Dieter Lange ist vortrefflich. Sie ist an der Spitze der Zeit.« *Trend*

»Welch einen bleibenden Eindruck haben Sie hinterlassen!« *Financial Times*

»Einer der 10 Erfolgsmacher in Deutschland.« *Focus*

»I do not remember witnessing such a level of interest and attention from H-B-S students.« *Harvard-Business-School*

PROF. DR. DR. H.C. GERHARD LANGE

Kurzbiografie

Er studierte Deutsch, Geschichte, Psychologie und beendete das Studium mit 24 Jahren an der Universität Bonn. Anschließend war er wissenschaftlicher Reiseleiter bei dem Wuppertaler Unternehmen »Dr.-Tigges-Fahrten« in Europa.

Nach darauffolgender sechsjähriger Tätigkeit als Stellvertretender Direktor des Studienkollegs für ausländische Studierende der Universität Bonn begann er seine Lehrtätigkeit in angewandter Rhetorik an der Universität zu Köln 1962, zuletzt (seit 1987) als Professor und Vorstand des Instituts für Deutsche Sprache.

Professor Lange hält neben seiner Lehrtätigkeit in Köln und als Distinguished Guest Professor an der Webster University (St. Louis) seit über 25 Jahren praxisorientierte Vorträge bei Unternehmen, Verbänden, Bank-, Versicherungs- und Handelshäusern. Zu seinen Kunden gehören Siemens, Deutsche Telekom, Deutsche Post, Henkel, Coca-Cola Deutschland.

Themen

Rhetorik-Kunden mit Worten gewinnen!
Spannendes und Amüsantes von der Energie der Sprache

Rhetorik, Kunst der Jahrtausende!
Amüsantes von Cäsar bis Thatcher

Unternehmer haben das Sagen
Können sie auch reden?

Der Heitere ist Meister seiner Seele
Mit Humor motivieren und gesund bleiben

Veröffentlichungen

Rhetorik - Mit Worten gewinnen
Reden - Verhandeln - Führen

Rhetorik - Mit Worten gewinnen
DVD

Der Witz ist die Rhetorik des Unbewussten
Studien zur Rhetorik

»Der Heitere ist der Meister seiner Seele«
CD und DVD

Referenzen und Kundenstimmen

»Pointenreich führt Lange mit verbaler Finesse und nonverbaler Kraft in die rhetorische Wirkung von Körpersprache, Formulierungstechnik, Redeaufbau, Stimmführung, Argumentationstechnik, Schlagfertigkeit und Zuhören ein.« *Rasche Nachrichten*

»Sie haben es geschafft, meinen Mann zu begeistern. Glückwunsch! Das ist bisher nur mir gelungen.« *Frau eines Zuhörers, 06.02.2004*

Auszeichnungen und Pressestimmen

»Wer viel redet, erfährt wenig«, »Ausgezeichnet!«. *Der Spiegel*

SIMONE LANGENDÖRFER

Themen

Auf der ewigen Suche nach dem Glück – die eigene Glückskompetenz trainieren
Neueste Erkenntnisse aus der Glücksforschung

Vom Lebensfrust zur Lebenslust
Die spannende Entwicklung vom Leistungssklaven zum Lebenskünstler

Selffulfilling Management®
Der erfolgreiche Führungsstil, der keine Krise kennt

Vorbild sein und Stärke zeigen
Führungspersönlichkeiten mit Charakter und Charisma

Kurzbiografie

Simone Langendörfer ist Expertin für dauerhaften Lebenserfolg. Sie ist Urheberin der innovativen Managementform **SELFFULFILLING MANAGEMENT®**. Als Botschafterin des Glücks ist sie regelmäßig in den Medien zu Gast. Sie arbeitet aktiv in der Glücksforschung. Neueste Erkenntnisse aus der Hirnforschung und der Positiven Psychologie sind die Basis ihrer Beratertätigkeit als Erfolgscoach für Unternehmer. »Ein erfülltes und sinnvolles Leben ist kein Zufall«, sagte Simone Langendörfer in ihren Mastervorlesungen, die sie an der Georg-Simon-Ohm-Hochschule in Nürnberg hielt.

SELFFULFILLING MANAGEMENT® ist die Erfolgsformel für privaten und beruflichen Lebenserfolg. Simone Langendörfer zeigt, dass Glückskompetenz für fremdbestimmte Leistungsträger unabdingbar ist. Zielvorgaben und Umsatzzahlen, Audits und Beurteilungsgespräche schließen eine gelebte Wertekultur, Ethik und Fairness nicht aus. Denn: Jeder ist für sein Glück und für seine Zufriedenheit selbst verantwortlich!

SELFFULFILLING MANAGEMENT® bedeutet:
- Körperliche Gesundheit und geistige Fitness
- Exakt definierte Zielsetzung und strategische Entscheidungen in komplexen Lebenssituationen
- Informationen zur Umsetzung von dauerhaftem Lebenserfolg
- wertvolles Fachwissen für eine sinnvolle Koordination von Beruf und Privatleben
- Maximale Lebensqualität durch persönliche Weiterentwicklung
- Lebenssinn und Erfüllung kontra innere Unruhe, Leere und Erschöpfung

Die Vorträge von Simone Langendörfer wecken die Lust auf ein glückliches Leben. Begeisterung und Leidenschaft wirken ansteckend. Erfolg macht sexy. Marktwirtschaft besteht aus Unternehmen. Unternehmen bestehen aus Menschen. Menschen bestehen aus Erziehung, Bildung und individueller Prägung. Erziehung und Bildung sind gesellschaftlich geprägt. Erziehung prägt Menschen. Menschen prägen Unternehmen. Unternehmen prägen die Wirtschaft. Wirtschaft prägt die Welt. Simone Langendörfer ist regelmäßig bei Podiumsdiskussionen zu Gast. Sie spricht auf Symposien, Galas und Kongressen.

Referenzen und Kundenstimmen

Hermann Scherer, München, Unternehmen Erfolg, Themen: Coaching und Vorträge

Hörfunk: psychologische Expertin für SWR 3, 2008 in der Ratgebersendung »Der krankmachende Stress im Alltag von Familien« Universität Stuttgart im Hochschulradio mit der Sendung »Männerängste und Männerstress«

»Eine Frau voller Charisma und Herzenswärme. Sie weiß, wovon sie spricht, und motiviert die Menschen zum Hinterfragen und Handeln.«
Albrecht Bürkle, Unternehmer Bürkle Bau- und Unternehmensgruppe

DR. FLORIAN LANGENSCHEIDT

Themen

Die wichtigste erneuerbare Energie: Optimismus

Das Beste an Deutschland.
Gründe, unser Land heute zu lieben

An die eigene Schulter kann man sich nicht lehnen.
Eine Rede gegen den Egoismus

Vom Tragen einer berühmten Marke

Veröffentlichungen

Kurzbiografie

Dr. Langenscheidt wurde 1955 in Berlin geboren. Er studierte Germanistik, Journalismus und Philosophie in München und promovierte dort über Werbung. Dem folgte ein Studium des Verlagswesens an Harvard in Cambridge/USA und eine zweijährige Verlagstätigkeit in New York. Seinen MBA machte Dr. Langenscheidt an der Eliteschule INSEAD in Frankreich (Fontainebleau). Von 1985 bis 1994 hatte er verlegerische und geschäftsführende Positionen in der Langenscheidt Verlagsgruppe inne. Außerdem war er von 1988 bis 2009 Vorstands- und Aufsichtsratsmitglied bei BROCKHAUS und DUDEN.

Seit Mitte der 90er Jahre arbeitet er vor allem als Publizist und Unternehmer. Florian Langenscheidt ist unter anderem Autor von Büchern wie »Glück mit Kindern«, »1.000 Glücksmomente«, »100 x Mut«, »Von Liebe, Freundschaft und Glück« und seinem aktuellen Bestseller »Wörterbuch des Optimisten« (alle im Heyne Verlag erschienen).

Er ist Herausgeber der Kompendien »Das Beste an Deutschland. 250 Gründe, unser Land heute zu lieben«, »Marken des Jahrhunderts«, »Aus bester Familie. 100 vorbildliche deutsche Familienunternehmen«, »Weltmarktführer«, »Unternehmerische Verantwortung«, »Deutsches Markenlexikon« und »Lexikon der Familienunternehmen«.

Des Weiteren prägt ihn ein starkes gesellschaftliches und soziales Engagement. So ist er Gründer und Vorstandsvorsitzender von »CHILDREN FOR A BETTER WORLD«, Stiftungsratsmitglied des WWF, Gründungsgesellschafter der »Deutschen Kinder- und Jugendstiftung«, Vorstand der Atlantikbrücke und vieles mehr.

In seinen zahlreichen Reden im In- und Ausland befasst er sich mit Optimismus, Werten, Familienunternehmen, Marken, Schule, Erziehung, Glück und Deutschland!

Referenzen und Kundenstimmen

»Wer Optimismus nicht nur hören, sondern sehen und spüren möchte, der kommt nicht daran vorbei, Dr. Florian Langenscheidt zu erleben. Rhetorische Brillanz einer herausragenden Persönlichkeit, die die dauerhaften Quellen des Glücks erkennen lässt.« *Frau Buschhaus*

»Florian Langenscheidt ist einer der herausragendsten Querdenker unserer Zeit, der sich selbst immer wieder neu erfindet und mit dem ›Wörterbuch des Optimisten‹ einen Lichtblick nicht nur für alle Krisen-Manager und Schwarz-Seher, sondern vor allem für die Schatten-Seiten der gegenwärtigen und künftigen Wirtschaftsentwicklung herausgegeben hat. Sein Keynote-Vortrag auf unserem Querdenker-Kongress war mehr als ein Highlight, es war eine inspirierende Philosophie für beruflichen und privaten Erfolg.« *Otmar Ehrl, Vizepräsident Verband deutscher Wirtschaftsingenieure*

Auszeichnungen und Pressestimmen

German Speakers Hall of Fame (2008)

ZITA LANGENSTEIN

Themen

Wichtigkeit der Dienstleistungsqualität im Unternehmen.

Implementierung der Dienstleistung im Unternehmen.

Gewünscht und Gefordert! Gute Manieren.

Lernen zu dienen. Ein Bericht der Butlerschule.

Kurzbiografie

Zita Langenstein wollte schon als Kind Butler werden. Besonders angetan hatten es ihr die Krimigeschichten des Grafen Yoster und seines schlauen Butlers Johann. Doch mit Humor und witzigen Dialogen hat das Wirken eines Butlers wenig zu tun.

Der klassische Werdegang mit zwei Berufsausbildungen als Hotelfachassistentin und Servicefachangestellte führte Zita Langenstein durch alle Bereiche der Hotellerie und Gastronomie. Bald ergänzte sie die umfangreiche Praxis durch Diplome als Betriebsausbildnerin IAP sowie das Managementdiplom IMAKA.

Im Alter von 25 Jahren stellte sie erste Nachforschungen an, um herauszufinden, wie sie eine Butlerausbildung absolvieren könnte. Einige Jahre später stellte sie den Kontakt zur Londoner Ivor Spencer Butler School her und bat um Aufnahme. Ihr Ersuchen wurde abgelehnt. Man nehme nur Männer zur Ausbildung auf, hieß es regelmäßig. Doch im Jahr 2005 durfte sie endlich nach London reisen und lernte zwei Monate intensiv, was der perfekte Hausvorstand wissen muss. »Es war eine anstrengende und überaus spannende Zeit«, sagt Zita Langenstein heute. Den Hemdenmacher des Prince of Wales kennt sie heute ebenso wie den Schuhmacher der Queen, der neulich bei ihr zum Tee war. Anlässlich der Feierlichkeiten zum 80. Geburtstag der Queen 2006 wurde sie in den Buckingham Palace eingeladen.

Jetzt erstellt sie Butler-Konzepte für 5-Sterne-Hotels der Schweiz und bildet Hotel-Butler aus. Häufig wird Zita Langenstein zu speziellen Fragen der Etikette kontaktiert, so 2006 im Vorfeld zur eidgenössischen Herbstsession von Bundesräten und Parlamentariern in Flims oder wie ein japanisches Brautpaar betreut sein möchte, das in der Schweiz heiratet. Zita Langenstein gibt jährlich mehrere Seminare und tritt als Rednerin auf.

Einen Wunsch würde sich Zita Langenstein noch gern erfüllen: am Zürichsee einen großen, anspruchsvollen Haushalt »schmeißen«. Die Weinliebhaberin wohnt heute in Adlikon und erholt sich gerne bei verschiedenen Reisen rund um die Welt.

Referenzen und Kundenstimmen

Bad Ragaz Resort, Bad Ragaz; Schulthess Klinik, Zürich; Alter Wirt, DGrünwald; International Womens Club, Luzern; Swiss Re, Zürich

Auszeichnungen und Pressestimmen

»Wie begrüsst man einen Bundesrat?« *NZZ 07/07*
»Flims präpariert sich für die Session der eidgenössischen Räte mit dem ersten weiblichen Butler der Schweiz.« *Brigitte 06/08*
»Butlerdienste und Kniggeregeln sind heute wieder gefragt. Gastrofrau Zita Langenstein kennt die Gründe und Faszination des ›James in uns‹.« *Coop Zeitung 11/08*
»Tea is ready when you are, Sir!« *NZZ 08/08*
»Zita Langenstein, erste weibliche Fachfrau mit Butlerdiplom, bereitet die Gastgeber auf die Euro 08 vor.« *11/09, Zita Langenstein, 48*

BIRGIT LANGER-WEIDNER

Themen

Wie kann ich die Motivation meiner Mitarbeiter stärken?

Führen, Coachen ... aber wie?

Meine Zeit und ich – Zeitmanagement unter die Lupe nehmen

Zielvereinbarung – wozu?

Kurzbiografie

Birgit Langer-Weidner, geboren am 5.2.1956 in Karl-Marx-Stadt, jetzt Chemnitz, ist diplomierte Betriebswirtin, verheiratet und hat zwei erwachsene Töchter. Sie gründete 1991 die Unternehmensberatung Langer GmbH, die aktiv am Aufbau des Klein- und Mittelstandes in Sachsen mitwirkt. Seitdem berät und trainiert sie außerdem Unternehmen und Manager im Führungsalltag.

Zu ihren Tätigkeitsbereichen zählen Management-Coaching, Führungsentwicklung und Personalentwicklung sowie Einzel- und Gruppenseminare über soziale und emotionale Kompetenz. Ebenso ist das Führungskräftecoaching für Nachwuchskräfte und Frauen ein interessantes Aufgabengebiet.

Darüber hinaus lehrt sie als Honorardozent das Fach »Managementtraining« mit Schwerpunkt Rhetorik, Kommunikation und Vertiefung der Soft Skills. Ihre Seminare zeichnen sich durch Kompetenz, Scharfsinn und Humor aus. Die Lehrtätigkeit im Fach Managementtraining von angehenden Diplombetriebswirten ist mit vielzähligen Beispielen aus der Praxis untersetzt.

Sie ist Mitglied im Rotary Club Lichtenstein/Sachsen und engagiert sich aktiv im Rahmen der Initiative »Sachsen grüßt Asien – und Asien grüßt Sachsen«.

VERONIKA LANGGUTH

Themen

Selbstpräsentation und Wirkung
»Erfolgreiche Gespräche mit Körper und Stimme«, »Die Stimme als Spiegel der Persönlichkeit«

Selbst-Stress und Zeitmanagement im Kundenkontakt
»Work-Life-Balance: Burn-out-Prophylaxe«, »Berufsalltag mit Power«

Sich selbst und andere führen
»Erfolg im Beruf«, »Männliche und weibliche Kommunikationsformen und -strategien nutzen«

Konfliktbewältigung
»De-Eskalation – professioneller Umgang mit Beschwerden und Reklamationen«

Veröffentlichungen

Kurzbiografie

Veronika Langguth, Trainerin, Moderatorin und Coach, Pädagogin, Atemtherapeutin, Heilpraktikerin, Autorin von Büchern und Fachbeiträgen (u. a. für die WirtschaftsWoche).

Sie arbeitete als Tutorin (FU Berlin) und wissenschaftliche Assistentin (Pädagogisches Zentrum) und lehrte 4 Jahre als Lehrerin (Berlin, London) und 5 Jahre als leitende Mitarbeiterin am Ilse-Middendorf-Institut für Atemtherapie/-unterricht, Berlin. Sie gründete und leitete 12 Jahre das Ilse-Middendorf-Institut in Beerfelden/Odw. Seit 1990 arbeitet sie als Trainerin und Coach in großen und mittelständischen Unternehmen mit den Zielgruppen Führungskräfte und MitarbeiterInnen im Innen- und Außendienst. 1995 gründete und leitet sie das Zentrum für Körperbewusste Kommunikation und Persönlichkeitsentwicklung, Köln/Lohmar, seit 2009 Neunkirchen-Seelscheid.

In ihren unterschiedlichen Funktionen erwarb Veronika Langguth vielfältige Kompetenzen in Führung, Kundenbetreuung und Verkaufsstrategien wie Teamleitung und -betreuung, Konzeption, Durchführung und Vermarktung von Seminaren u. a. m..

Sie ist u.a. Mitglied im BDVT, 1. Vorsitzende des Berufsverbandes der AtemtherapeutInnen/-päd. BEAM und gern gefragte Expertin in Fernsehen, Rundfunk und Presse. Als Referentin und Moderatorin auf Veranstaltungen, Kongressen und Tagungen begeistert sie durch ihre humorvolle, kreative und mitreißende Darstellungsweise (u. a. Daimler AG, GWI Verlag, STB Seminar- & Tagungsbörse, MEDICA, DGSS, British Naturopathic Association).

Referenzen und Kundenstimmen

Daimler AG, Ford-Werke GmbH, Merckle GmbH, Ratiopharm International GmbH, Deutsche Post AG, Wieland-Werke AG, Gardena AG, AXA Versicherungen AG, Mövenpick Hotels & Resorts Management AG, Bonner Akademie MBH, ASB Management-Zentrum Heidelberg, AH Akademie für Fortbildung Heidelberg GmbH, Tempra Akademie Berlin, bSb Berufsverband Sekretariat u. a. m.

»Veronika Langguth ist im Gegensatz zu vielen anderen Menschen in der Öffentlichkeit kein Selbstdarsteller, sondern ein Mensch, der anderen Menschen zu mehr Erfolg und Lebensqualität verhilft«

»Mir gefällt: ... Ihre lebhafte Gestaltung ... lockere Atmosphäre ... erfrischend ... die vielen Anregungen, Stress im Arbeitsleben zu bewältigen ... lebendige Moderation ... Beispiele/ Tipps sehr gut ... Ihre Ausstrahlung ist ›top‹! ... bin begeistert.«

ANTONIA LANGSDORF

Themen

Wissensvorsprung durch Astrologie
Wie Finanzprofis und andere die Vorhersagekraft der Gestirnszyklen nutzen

Die Macht der Astrologie
Geliebt, umstritten, umsatzstark: Was ist dran am alten Sternenwissen?

Zeichen der Zukunft
Globale Trends bis 2020

Jahresvorschau für die 12 Sternzeichen

Veröffentlichungen

Kurzbiografie

Antonia Langsdorf, 1962 in Hannover geboren, ist international tätig als Moderatorin, Autorin, Astrologin, Filmproduzentin und Coach. Parallel zum Studium der freien Kunst in Köln begann sie bereits ihre Medienkarriere als Kultur- und Musik-Journalistin. Seit 1984 ist sie als Moderatorin und Filmproduzentin für Funk und Fernsehen tätig (WDR, SWF, ARD, RTL, Vox u.v.m.). Mit der Astrologie entdeckte sie ein Wirkungsfeld, in dem sie ihre Leidenschaft für Kunst und Wissenschaft gleichermaßen ausleben konnte – die Sternkunde ließ sie seitdem nicht mehr los. Nach einem Studium der traditionellen Astrologie und Astronomiegeschichte präsentierte sie in den RTL-Morgennews sechs Jahre erfolgreich die »Astrotrends«. Heute ist Antonia Langsdorf international als Vortragsrednerin (in Deutsch und Englisch) gefragt, ist gern gesehener Gast in Talkshows, organisiert und leitet Panels und Symposien über Astrologie, Zukunftsthemen sowie Liebe und Partnerschaft. In ihren unterhaltsamen und erkenntnisreichen Multimedia-Vorträgen begeistert sie mit Kompetenz, Ausstrahlung und Stil.

Antonia Langsdorf ist »International Vice President« der ISAR (International Society for Astrological Research) mit Sitz in den USA. Sie ist außerdem Mitglied der AAGB (Astrological Association of Great Britain) und des DAV (Deutscher Astrologenverband) und der »Cosmic Intelligence Agency«.

Referenzen und Kundenstimmen

»Ich war skeptisch. Aber jetzt weiß ich, dass Astrologie Hand und Fuß hat!« *Burkard Ann, Immobilienmakler*

Auszeichnungen und Pressestimmen

»Modelmaße, funkelndes Lächeln, feinfühliger Charme ... in den Reihen der Zuschauer hat Antonia Langsdorf schon nach wenigen Minuten selbst die Skeptiker überzeugt.« *Andrea Rau, Mallorca Magazin*

MARTIN LASCHKOLNIG

Themen

Die Erfolgsprinzipien
Mehr Geld verdienen. Mehr Freizeit genießen. Mehr Erfüllung im Leben finden

Gemeinsam Berge versetzen
5 Schritte zu motivierten Führungskräften, begeisterten Mitarbeitern und einer Arbeitsumgebung, die Leistung und Freude an der Arbeit fördert

8-80-80
Wie Sie mit 8 Körperpunkten und einem 80-Sekunden-Prozess 80 % weniger Stress erleben können

Kurzbiografie

Martin Laschkolnig, 1970 in Linz geboren, ist Experte für Potenzialentwicklung, Erfolgsdenken, Selbst- und Teammotivation auf der Basis von Selbstwert und Selbstvertrauen. Er ist Speaker, Autor, Trainer und Unternehmer, der sein Publikum sowohl auf Deutsch, Österreichisch und auch in perfektem Englisch begeistert.

Mit einer wirtschaftlichen Ausbildung, jahrelanger Unternehmertätigkeit in Österreich und drei Jahren Studium der buddhistischen Philosophie und Erkenntnistheorie mit tibetischen Mönchen in Indien vereint er Wirtschaftsverstand mit dem etwas anderen Blickwinkel auf die Herausforderungen unserer Tage. Weiterführende Ausbildungen, z. B. mit Jack Canfield (America's Success Coach) und in EFT (Emotional Freedom Techniques).

Sein Motto: »Wir helfen Menschen, ihr höchstes Potenzial in einem Kontext von Liebe und Freude zu leben.«

Martin Laschkolnig ist der europäische Partner von Jack Canfield (Autor von »The Success Principles«, Co-Creator der »Chickensoup For The Soul«-Reihe [dt. Hühnersuppe für die Seele] und Experte in »The Secret«). Martin Laschkolnig hat die exklusive Berechtigung zu »Die Erfolgsprinzipien«-Keynotes, -Workshops und -Seminaren in Europa (auf Deutsch oder Englisch). Weiters ist er der österr. Repräsentant des »International Council for Self-Esteem« (dt. »Int. Rat für Selbstwert«), einer Non-Profit-Organisation zur Förderung des Selbstwertgedankens. Martin Laschkolnig ist Mitglied des Vorstandes der German Speakers Association (GSA) und Vizepräsident des Österreich-Chapters der GSA. Er ist das erste (und bislang einzige) GSA-Mitglied, das einen Vortrag auf der Convention der National Speakers Association in den USA gehalten hat – der größten Speaker-Convention weltweit.

Seminarteilnehmer beschreiben ihn als: »herzlich«, »kompetent«, »offen«, »überzeugend« etc.

Martin Laschkolnigs Einsatzgebiete reichen von inspirierenden und motivierenden Keynote-Vorträgen, Workshops & Trainings bis hin zu genau abgestimmten Programmen aus Kick-off-Vorträgen, Vertiefungstrainings & Coachings. Zielgruppen umfassen neben Unternehmen, Verkaufs- und Vertriebsteams auch Non-Profits, Schul- und Hochschulbereich, öffentl. Dienst etc. Alle Vorträge werden spezifisch auf die Teilnehmer abgestimmt.

Referenzen und Kundenstimmen

»Martin Laschkolnig ist ein exzellenter Business-Speaker. Er hat als erster deutschsprachiger Redner im Sommer 2009 bei der renommierten Convention der National Speakers Association gesprochen und auch dort seine Teilnehmer begeistert. Sein Englisch ist outstanding. Seine Kernkompetenz, ›Die Erfolgsprinzipien‹ nach Jack Canfield, verdeutlicht er in hervorragender Weise, ich kann ihn nur allerbestens empfehlen.« *Prof. Dr. Lothar Seiwert, GSA HoF, Präsident der German Speakers Association (GSA) 2009–2011*

JÖRG LAUBRINUS

Themen

Vom Verkäufer zum Unternehmer
Der strategische Entwicklungsschritt für dauerhaften Erfolg

Neukundentermine auf Abruf!
Praxiserprobte Konzepte, sofort anwendbar

Wer will, der macht!
Klares Denken + klare Entscheidung = Ziel erreichen

Die Strategien der Sieger!
Denken, handeln, Ergebnisse erzielen

Kurzbiografie

Jörg Laubrinus ist Vertriebscoach und Geschäftsführer von Vertrieb24 – Die Vertriebsoptimierer GmbH & Co. KG.

32 Jahre Vertriebserfahrung! Laubrinus hat alle Höhen und Tiefen des Vertriebsalltags selbst erlebt, das macht ihn zum Praktiker unter den Verkaufstrainern. Seine Fähigkeiten im Bereich Vertriebsaufbau, Organisation und Führung hat der Vertriebsexperte in vielen Funktionen erfolgreich unter Beweis gestellt.

Sein außergewöhnliches Praxiswissen hat Laubrinus u.a. Führungspositionen in verschiedenen Vertrieben, einer eigenen Firmengruppe sowie bei namhaften Marktteilnehmern zu verdanken. Seit dem Jahr 2000 als Vertriebscoach und Speaker aktiv, hat er hierdurch zahlreichen Vertriebsunternehmen und Verkaufsorganisationen zu nachhaltigem Erfolg und mehr Umsatz verholfen.

In seinen Vorträgen gelingt es Jörg Laubrinus stets, für den wichtigsten Effekt im Publikum zu sorgen: Klarheit und Umsetzungsbereitschaft! Der Vertriebs-Praktiker besticht durch seine klare und direkte Ansprache. Ohne Umschweife sagt er, WAS zu tun ist, WARUM es zu tun ist und WIE es zu tun ist!

Als bekennender Querdenker zeigt er seinem Publikum zudem neue Herangehensweisen, neue Blickwinkel und sorgt für den gewissen »Aha-Effekt«.

Wer den »Unternehmer aus Leidenschaft« bereits live erlebt hat, der weiß: Jörg Laubrinus versteht und spricht die Sprache der Verkäufer und Führungskräfte. Dabei gelingt es ihm wie keinem Zweiten, Motivation und Tatendrang zu entfachen. Er weckt den unbedingten Willen, Dinge in Gang zu setzen und (Vertriebs-) Ziele zu erreichen. Mit seiner menschlichen Art trifft er dabei stets den richtigen Ton: Präzise. Praxisorientiert. Persönlich.

Referenzen und Kundenstimmen

»Seine mitreißende und menschliche Art der Präsentation wirkte unmittelbar motivierend auf unser Vertriebsteam.« *Matthias Adamietz, Vorstand der IMMOVATION AG*

»Jörg Laubrinus ist ein begnadeter Referent, der Gruppen von Menschen in beliebiger Größe schnell und trotzdem nachhaltig motivieren kann.« *Norbert Porazik, Geschäftsführer Fonds Finanz GmbH*

Auszeichnungen und Pressestimmen

»Jörg Laubrinus überzeugt durch seine kompetente und authentische Persönlichkeit.« *Dorothee Schöneich, Finanzwelt*

»Jörg Laubrinus in drei Worte gefasst: sachlich, analytisch, lösungsorientiert.« *Peter Ehlers, Das Investment*

JÖRG LAUENROTH

Themen

Teamentwicklung

Persönlichkeitsentwicklung

Coaching

Veröffentlichungen

Von der Gruppe zum Topteam,
CD Wortaktivverlag

Kurzbiografie

Jörg Lauenroth überzeugt und gewinnt Menschen, mit denen und für die er arbeitet, weil er so schnell wie konkret und umfassend deren Gesamtsituation erfasst und zur Basis einer auf den Einzelnen und das Team abgestimmten Coaching- und Seminararbeit macht. Spitzensportler wie Manager, Führungskräfte und Mitarbeiter aller Hierarchie-Ebenen nehmen greifbare Ergebnisse und praktikable Lösungen für beruflichen Erfolg und persönliche Erfüllung »mit nach Hause«. Erfolg und Erfüllung sind für Jörg Lauenroth der Schlüssel zum unternehmerischen Erfolg.

Seine Art, mit Menschen zu kommunizieren und ihnen auf Augenhöhe zu begegnen, seine Ehrlichkeit, seine Empathie, Integrität, Flexibilität und Zuverlässigkeit sind die Werte, die Jörg Lauenroth in seiner Coaching- und Seminararbeit überzeugend lebt.

Teamentwicklungs- und Persönlichkeitstrainings werden je nach Wunsch mit:
- Gesundheitsthemen
- Outdoor-Aktionen im eigenen Outdoorgarten im Bodenseehinterland und in Ebnit/Dornbirn
- Handwerk und
- sportlichen Aktivitäten kombiniert.

Referenzen und Kundenstimmen

SAP AG, Endress + Hauser Wetzer GmbH & Co. KG, Infotec (Ricohgroup), GfK Switzerland AG, Clopay Europe

»Ob bei den Infotec-Führungskräftetrainings ›Persönlichkeits- und Teamentwicklung‹, ob im Coachingseminar ›Vision und Ziele‹ mit unseren sieben Mitgliedern des Management-Teams – Jörg Lauenroth hat es mit seinem Team meisterlich verstanden, bereits vorhandene Erfahrungen bewusst zu machen und neue Erkenntnisse in menschlicher und vor allem positiver Weise zu vermitteln, so dass die Seminarteilnehmer konkrete Unterstützung für ihre Führungs- und Teamaufgaben ›mit nach Hause genommen haben‹ und auch anwenden. Jederzeit wieder!«
Albert Kolakowski, Personalleitung infotec (Ricohgroup)

»Ein wichtiges und außergewöhnliches Vorgehen beim Recruiting erlebte ich bei Bewerbungsgesprächen, die das Fachwissen und die Persönlichkeit des Bewerbers von zwei Gesprächspartnern beurteilten. Mein Part war der fachliche, während Jörg Lauenroth mir zur Seite die ›Charakterfragen‹ stellte und mich mit Blick auf die optimale Teamzusammensetzung kompetent beraten hat. Fazit: Indem ich Jörg Lauenroth zur Bewerberauswahl hinzugezogen habe, gestaltete sich der gesamte Recruiting-Prozess für unser neues Headquarter extrem effektiv und zielführend.« *Sven Johannson, CFO Clopay Europe*

BEATRICE LEGIEN-FLANDERGAN

Themen

Gesundes Führen
Sich selbst und andere gesund und effektiv führen

Sich selbst entdecken
Authentisch und souverän durch Selbsterkenntnis

Stark und souverän im Wandel
Was uns belastbarer macht für den Wandel

Proaktives, gesundes Selbstmanagement
Sich selbst gesund managen für mehr Lebenskraft

Kurzbiografie

Beatrice Legien-Flandergan, geboren 1963 in Ost-Westfalen, ist über Umwege zu ihren heutigen Tätigkeiten als **Business- und Life-Coach, Beraterin und Referentin** gekommen. 1986 begann sie als gelernte Datenverarbeitungskauffrau im elterlichen Betrieb und leitete dort viele Jahre ein Rechenzentrum. 1998 verließ sie die Firma und arbeitete 2 Jahre in Projekten in einem mittelständischen Großhandelsunternehmen.

Diverse persönliche und gesundheitliche Herausforderungen bewegten sie ab 2001, sich **komplett neu** zu **orientieren**. Sie sammelte bedeutende neue Erfahrungen im Marketing und Vertrieb und ganz besonders im Umgang mit sich und anderen Menschen. Sie bildete sich parallel weiter in Rhetorik, Gesundheitsförderung und Persönlichkeitsentwicklung – ganz speziell zu Persönlichkeitstypen.

Durch die Ausbildung zur **Ernährungsberaterin** und zum **systemischen Coach** und durch die parallel gewonnenen neuen Erkenntnisse entdeckte sie **effektive und nachhaltige Lösungsmöglichkeiten**, die Menschen helfen, gesund, motiviert und belastbar im permanenten Wandel zu bleiben.

Ihr Leitsatz lautet:

»Menschen befähigen, das Bestmögliche aus sich hervorzuholen und ihre gesunde Lebenskraft zu fördern.«

Sie lebt ihre Arbeit und gibt ihre eigenen Erfahrungen gerne weiter. Sie entwickelte auf Basis vieler erprobter Konzepte und wissenschaftlicher Erkenntnisse eigene Methoden und Strategien, um nachhaltige und individuell anpassbare Lösungen zu schaffen.

Sie arbeitet sowohl mit Einzelpersonen als auch mit Gruppen und hält Vorträge zu ihren Spezialthemen.

Referenzen und Kundenstimmen

»Ich bin immer noch ganz begeistert von Ihnen und Ihrem Vortrag!«
Natali Zindel, Inhaberin Ansichtsart

»Mir gefällt, dass ihre Vorträge klar und leicht verständlich sind und Frau Legien-Flandergan sehr authentisch wirkt und hinter dem steht, was sie sagt. Man merkt, dass sie es lebt.« *Maya Arlt, Inhaberin MA Office-Service*

»Die Zusammenarbeit mit Dir hat mir einen bemerkenswerten Erkenntnisfortschritt gebracht. Da vorne will ich meine Potenziale lassen, um die vermisste Balance zu erleben und wieder neu zu genießen.« *Horst Langnäse, selbstständiger Vertriebsleiter*

MAREN LEHKY

Kurzbiografie

Maren Lehky, geboren 1962 in Hamburg, absolvierte nach ihrem Studium der Soziologie, Volkswirtschaft und Psychologie eine sehr erfolgreiche Managementkarriere in vier verschiedenen namhaften Unternehmen, seit 1990 war sie als Personalleiterin tätig. Ihre Angestelltenlaufbahn beendete sie als Geschäftsleitungsmitglied eines internationalen Industriekonzerns mit mehr als 4.000 Mitarbeitern, wo sie die Verantwortung für die weltweite Personalwirtschaft trug. Darüber hinaus engagierte sich die Hamburgerin in leitenden Ehrenämtern in Sozialversicherungsorganen und war sechs Jahre als Arbeitsrichterin tätig.

Seit dem 1. Februar 2002 ist Maren Lehky als Unternehmerin Inhaberin der Unternehmensberatung Lehky Consulting, die sich auf Führungs- und HR-Managementfragen spezialisiert hat und mit ihrem Team neben Beratung auch Seminare und Coachings anbietet. Seit 1998 sind zahlreiche Fachbücher von ihr erschienen. Sie ist eine von den Medien gefragte Expertin.

Mit ihrem charmanten und gleichermaßen Klartext vermittelnden Vortragsstil, ihrer bildhaften Rhetorik und zahlreichen Beispielen aus der Praxis versteht Maren Lehky es, ihre Zuhörer inhaltlich zu fesseln und gleichermaßen zu berühren und zu motivieren.

Als Vortragsrednerin ist die Leadershipexpertin auch dafür bekannt, Kompliziertes vereinfachen zu können und pragmatische Lösungsansätze für unterschiedliche Fragestellungen zu vermitteln, so dass die Zuhörer Gehörtes wunderbar umsetzen können.

Auszeichnungen und Pressestimmen

»Während des Vortrags sah ich alle Beispiele direkt vor mir, dank Ihrer fantastischen, einzigartig umwerfenden Bildsprache!!!«

»Es hat mir sehr gut gefallen und auch Ihre humorvolle, sprachlich schöne Präsentation. Der Abend war ein Genuss!«

»Dieses Buch setzt sich wohltuend ab von solchen marktschreierischen Werken. Lehky hält ›denen da oben‹ zwar kritisch den Spiegel vor, baut zugleich aber Brücken zwischen Mitarbeitern und Vorgesetzten. Das alles ist flüssig geschrieben, mit gut gewählten, aktuellen Beispielen flankiert und insgesamt lesenswert. Jetzt muss es nur noch in die richtigen Hände geraten.«
Süddeutsche Zeitung, 05.12.2009

Themen

Führung 2.0
Führungsstrategien für die »schöne neue Arbeitswelt«

Was Ihre Mitarbeiter wirklich von Ihnen erwarten
7 Erfolgsstrategien für eine konstruktive Zusammenarbeit

Die 10 größten Führungsfehler und wie Sie sie vermeiden

Change-Management
Von kommunikativen Dos und Don'ts bis zum Management von Emotionen

Veröffentlichungen

UTE LEHMANN

Themen

Teamentwicklung
Mit erfolgreicher Teamentwicklung zur optimalen Teamarbeit

Motivation
Erfolg aus Leidenschaft

Kommunikation
Effektive interne und externe Kommunikation

Konfliktmanagement
Konflikte erkennen, analysieren und lösen

Kurzbiografie

Ute Lehmann, Jahrgang 1963, Deutschland, Trainer & Berater, systemischer Coach

Pädagogikstudium, anschließend Tätigkeit als Journalistin einer Tageszeitung. Von 1993 bis 1998 leitete sie ein Druck- und Verlagshaus als Geschäftsführerin und sammelte dabei Erfahrungen im Bereich Personalführung und Management. Seit 1998 bis Mitte 2004 war sie als freischaffende Journalistin und Werbeberaterin tätig. Im Jahr 2004 absolvierte sie eine Weiterbildung zum Trainer & Berater (BDVT-geprüft) an der Trainerakademie München, im Jahr 2008/09 absolvierte sie die Ausbildung zum systemischen Coach bei Metaforum International. Seit Mitte 2004 ist sie in der monsun GbR als Geschäftsführerin und als Trainerin & Beraterin im Bereich der Personalentwicklung tätig. Zu ihren Themenschwerpunkten gehört die Teamentwicklung und die Entwicklung sozialer Kompetenzen bei Mitarbeitern. In die Trainings, die sehr erlebnisorientiert gestaltet sind, werden auch Elemente des Outdoortrainings (Hochseilgarten) eingebunden. Der Erfolg ihrer Trainings besteht darin, dass sich die Menschen selbst erkennen, über sich hinauswachsen und persönliche sowie unternehmerische Entwicklungsziele meistern. Durch ihre hohe soziale Kompetenz und Begeisterungsfähigkeit entstehen Vertrauen und eine hohe Nachhaltigkeit.

Referenzen und Kundenstimmen

»Diese Veranstaltungen waren nicht nur erlebnisreich, sondern wirken bis heute nach. Es besteht die einhellige Meinung, dass diese Art von Seminaren fester Bestandteil der Personalarbeit sein sollte!« *Sächs. Krankenhaus Altscherbitz*

»Die Resonanz zur internationalen Tagung mit Teilnehmern aus 24 Ländern war überwältigend. Ganz besonders dazu beigetragen hat das Training zur Teamentwicklung im Rubiconpark Dübener Heide.« *Chr. Hörmann, Hörmann KG*

Auszeichnungen und Pressestimmen

»Team bilden und Selbstvertrauen tanken« *Bundesliga-Handballer zur Teamentwicklung im Rubiconpark, Leipziger Volkszeitung 09/2006*

»Nur der erste Schritt kostet Mühe.« *Sonntags-Wochenblatt 03/2009*

»Projekt für Job-Perspektive« *Veränderungscoaching, Leipziger Volkszeitung 03/2009*

»Transfer mit Tätern« *Transfermodelle des monsun-Trainingskonzepts »wind of change« Training aktuell Nr. 9/2009*

DR. ERICH LEJEUNE

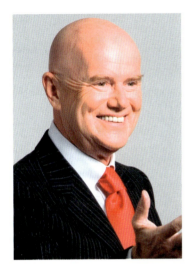

Themen

Ask.Think.Act.
Mit Motivation dem Leben Kraft geben

Mit Motivation in die Zukunft!
Inhalt: Wie lebe ich authentisch? Du schaffst, was du willst!

Kommunikation und Leadership: Überzeugen und Gewinnen
Inhalt: Erfolgsstrategien entwickeln. So verkaufen Sie sich reich!

Veröffentlichungen

Kurzbiografie

Erich Lejeune ist im Juni 1944 in Dorfen, Bayern geboren und aufgewachsen. Er ist verheiratet und lebt in München. 1976 gründete er die ce CONSUMER ELECTRONIC AG. In 1999, ein Jahr nach dem Gang des Unternehmens an die Deutsche Börse, gründete er die erste virtuelle Chip-Börse. Er revolutionierte damit den Halbleitermarkt. Der Börsenwert seines Unternehmens stieg zeitweise auf über 3 Milliarden DM.

Die Grundsätze und Strategien dieses sprichwörtlichen Erfolges vom »Tellerwäscher zum Millionär« gibt er in zahlreichen Publikationen, Motivationsvorträgen und Coachings weiter. 2003 gründete er sein heutiges Unternehmen, die »Lejeune Academy – for Philosophy & Motivation«. Erich Lejeunes Rat wird von Wirtschaftsführern, Spitzenpolitikern, Universitäten und Schulen gefragt. Seit 1999 ist er als TV-Moderator bei münchen.tv mit der wöchentlichen Samstagssendung »Lejeune – Der Personality-Talk« zu sehen. Zudem seit 2004 Initiator und Moderator der Sendereihe »Motivation Deutschland!« und seit 2007 des 3. Formats »Brennpunkt Motivation!«.

Erich Lejeune ist Bestsellerautor von Büchern wie »Lebe ehrlich, werde reich!«, »Du schaffst, was du willst!« und, aktuell veröffentlicht, »Erkenne dich selbst!«. In 2001 wurde er aufgrund seiner Verdienste als Unternehmer für die Wirtschaft zum Honorarkonsul von Irland für Bayern und Baden-Württemberg ernannt. Mit der im Jahre 2003 gegründeten »Herz für Herz – Stiftung für Leben!«, in der er heute als Kuratoriumsvorsitzender fungiert, kann er ein Stück seines Erfolgs an herzkranke Kinder dieser Welt zurückgeben. Seit 2008 besteht die Zusammenarbeit zwischen der »Lejeune Academy« und der Münchner Hochschule für Philosophie der Jesuiten. 10/2008 erhielt er dort den Lehrauftrag zum Thema: Motivation. Zudem hat er einen Lehrauftrag an der Eliteuniversität TU München inne.

Zitat Erich Lejeune: »Wer begeistert und motiviert lebt, lebt bewusst, glücklich und länger.«

Referenzen und Kundenstimmen

»Dass Erich Lejeune nicht nur über die Medien begeisternd auf Menschen wirkt, sondern auch mit seiner Akademie für Philosophie und Motivation, freut mich ganz persönlich. Ich befürworte und unterstütze sein Engagement für München und für unser Land aus ganzem Herzen.« *Ulrich Gehrhardt, Geschäftsführer münchen.tv*

Auszeichnungen und Pressestimmen

1999 »Entrepreneur des Jahres«, ausgezeichnet vom manager magazin, Ernst & Young und SAP AG

2002 Verdienstkreuz am Bande des Verdienstordens der Bundesrepublik Deutschland

2007 Verdienstkreuz erster Klasse der Bundesrepublik Deutschland – überreicht durch den Bayerischen Ministerpräsidenten Dr. Edmund Stoiber mit Urkunde des Bundespräsidenten Prof. Horst Köhler

MICHAEL LETTER

Themen

Mitarbeiterführung auf den Punkt gebracht!
Raus aus der Harmoniefalle

Burn-out
Dem Stress ein Schnippchen schlagen

Dem Horst sein Logbuch
Runter vom Eis, Volldampf für Ihren Unternehmenserfolg

Warum Kunden kaufen und warum Mitarbeiter so sind, wie sie sind!
Neues aus der Hirnforschung, leicht verdaulich!

Veröffentlichungen

Kurzbiografie

Letter, Michael, Spezialist für Führung und Management, Mitbegründer der Commitment-Gesprächstechnik, Jahrgang 1957

Themenschwerpunkte: Einführung der Commitment-Gesprächstechnik als Führungs- und Managementtool, Führungskräfte-Entwicklung und -Coaching, ganzheitliches Unternehmenscoaching, Vertriebstrainings, erfolgreich mehr verkaufen.

Zielgruppen: mittelständische Unternehmen, Finanzdienstleistung, Führungskräfte, Management

Professionalisierung und Weiterbildung: INtem Institut, Trainer-Diplom Ausbildung 1999–2000, Business- und Management-Coach, INtem Institut und BDVT 2004, NLP-Practitioner, DVNLP 2002–2006, QMA (Qualitätsmanagement Auditor) TÜV Akademie Süd 2004 bis 2007, Master Management Executice Coach, ECA 2007–2008, Personalauswahl- und Entwicklung by Assess, Scheelen Institut, 2008, Lehrtrainer und Lehrcoach INtem-Institut, Mannheim 2009

Methoden/Modelle/Metaphern, die wir besonders gern einsetzen: Das Letter-Prinzip, darauf geben wir Ihnen Brief und Siegel! Das heißt, oberste Priorität hat die werteorientierte Umsetzung!

Mein »persönliches Credo«, das mich in der Arbeit leitet: Wer heute und in der Zukunft in die Weiterbildung seiner Mitarbeiter und Führungskräfte investiert, wird auch in Krisensituationen erfolgreich bestehen.

Referenzen und Kundenstimmen

»Die Qualifizierung unserer Mitarbeiter liegt uns sehr am Herzen und mit Ihrer Hilfe konnte die Motivation und Freundlichkeit deutlich gesteigert werden. Die hierdurch spürbare Verbesserung der Kundenzufriedenheit hat sicherlich zur Umsatzsteigerung beigetragen.«
Margarethe Sonnen, Geschäftsleitung Sonnen Herzog AG

»Wir können uns dem Urteil der Jury, logischerweise, nur anschließen. Schließlich arbeiten wir bereits so lange miteinander, dass wir uns dieses Urteil – hoffe ich – durchaus erlauben dürfen.« *Friedrich Freiherr von Göler, Vertriebschef RheinLand Versicherungen*

Auszeichnungen und Pressestimmen

2002 Certifed Sales Professional, Q-Pool 100

2008 Gewinn des internationalen deutschen Trainingspreises in Gold, BDVT

AXEL LIEBETRAU

Themen

Zukunft machen
Wie Sie von Trends zu neuem Business kommen

Lebensstile 2020
Ihr Kunde von morgen

lateralTHINKing Ideen und Innovationen entstehen durch Querdenken

Let's innovate
Trendgestützte Innovationen für Ihr Business

Veröffentlichungen

Kurzbiografie

Axel Liebetrau ist ein gefragter Experte für Innovations- und Zukunftsmanagement und gilt als Thought Leader für Innovation und Zukunft. Er ist Redner und Unternehmer aus Leidenschaft. Sein Know-how ist von Führungsteams großer und mittelständischer Unternehmen gleichermaßen gefragt.

Neben seinen mittlerweile 23 Jahren Praxiserfahrung als Banker, Trainer und Managementberater hat er eine fundierte akademische Ausbildung als Dipl.-Betriebswirt (FH) und MBA in International Management Consulting.

Axel Liebetrau hält Vorträge und Seminare zu innovativen Themenbereichen in Unternehmen, Verwaltungen und Universitäten. Er verbindet als Forscher und Lehrbeauftragter in verschiedenen Hochschulen Praxis und Theorie einzigartig.

Referenzen und Kundenstimmen

»Der Referent mit dem besten Feedback unserer Mitarbeiter.«
François Meres, Direktor Sales-Lentz, Luxembourg

»Positive Resonanz im Publikum und eine sehr professionelle Vorbereitung und Durchführung des Vortrags.«
Dr. Thomas Schräder, Verband Deutscher Maschinen- und Anlagenbauer e. V.

»Für die Präsentation anlässlich der Strategietagung in Interlaken sowie für die ausführlichen Unterlagen möchten wir Ihnen nochmals danken ... Die Veranstaltung darf als gelungen bezeichnet werden, wozu Ihre Ausführungen einen wichtigen Beitrag leisteten.«
Dr. Doris Fellenstein und Hanspeter Hess, Leiterin PR / Direktor des Verbands Schweizer Kantonalbanken

Auszeichnungen und Pressestimmen

Top 100 Speaker Speakers Excellence

MARTIN LIMBECK

Themen

DAS NEUE HARDSELLING®
Verkaufen heißt verkaufen

Siegerstrategien für Verkaufsprofis
Ein Top-Verkäufer hat die DNA des neuen Hardsellers

Führungsstil mit höchstem Wirkungsgrad
Verhindern, dass »draußen« das Verkaufen vergessen wird

Mut zur Neukundenakquise
akquirieren, überzeugen, binden

Veröffentlichungen

 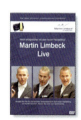

Kurzbiografie

»Nur ein Verkaufstrainer, der selbst verkaufen kann, kann auch Verkaufsschulungen durchführen.«

Martin Limbeck ist der Hardselling-Experte in Deutschland und der Kopf des Martin Limbeck Trainings®Teams. Seit über 18 Jahren begeistert er mit seinem Insider-Know-how und praxisnahen Strategien Mitarbeiter aus Management und Verkauf. Nicht nur in seinen provokativen und motivierenden Vorträgen, sondern auch in den umsetzungsorientierten Trainings steht das progressive Verkaufen in seiner Ganzheit im Mittelpunkt. Dies hat ihn in den letzten Jahren zu einem der effektivsten und wirksamsten Trainer gemacht. Die herausragenden Ergebnisse des Verkaufsexperten wurden zusätzlich durch die Wahl zum »Trainer des Jahres 2008« bestätigt.

Martin Limbeck, Jahrgang 1966, ist Speaker, Trainer, Bestsellerautor und Coach mit den Schwerpunkten Hardselling, Verkauf, Vertrieb, Vertriebsstrukturierung, Preisverhandlung, Abschlussorientierung, Key-Accounting, Motivation, Salesführung und Verkaufsmotivation.

Referenzen und Kundenstimmen

Allianz Beratungs- und Vertriebs-AG; Commerzbank AG; eBay Advertising Group GmbH; E-Plus Service GmbH & Co. KG; LBS Immobilien GmbH; Miele & Cie. KG; Siemens AG; Tchibo GmbH; The Phone House Telecom GmbH; Toshiba Tec Imaging Systems GmbH

Auszeichnungen und Pressestimmen

- Preisträger Conga Award 2009 & 2010, Kategorie Referenten & Trainer
- Trainer des Jahres 2008
- Bronze-Preisträger des 5-Years-Award des BDVT 2008
- Bronze-Preisträger des Int. Deutschen Trainingspreises 2006
- Lehrbeauftragter im Bereich Sales-Management an der European School of Business (ESB), Reutlingen
- Dozent des Zertifizierungslehrgangs »Professional Speaking« der GSA und der Steinbeis-Hochschule Berlin (SHB)
- Mitglied des Club 55
- Mitbegründer des Top-Trainer-Teams SALES MASTERs

»Limbeck zeigt keinerlei Scheu vor Klischees, überzeugt mit einem exzellenten Aufbau und vielen Lesehilfen und überrascht mit konkreten Tipps für Kaltakquise, Kundenbesuche und Preisverhandlungen.« *Financial Times Deutschland*

»Martin Limbeck ist einer der wirksamsten Vertriebstrainer, weil er die Dinge beim Namen nennt und keinen Schmusekurs mit den Teilnehmern fährt.« *Frankfurter Allgemeine Zeitung*

»Limbeck verkauft. Er kann nicht anders. Es ist die Rolle seines Lebens.« *managerSeminare*

NADJA LINS

Themen

Make your life magic!

Krisen menschlich lösen!

Wenn schon Multifrau, dann aber richtig!

Was Führungskräfte vom Sport lernen können.

Kurzbiografie

Nadja Lins, Jahrgang 1971, Business-Coach, selbstständige Rechtsanwältin, Trainerin und Rednerin, ist nicht nur Coach für privates und berufliches Krisenmanagement und Inhaberin von Nadja Lins Coaching, sondern auch die Erfinderin von »Multifrau« und Gründerin von »magic-Sportkids«. Die selbstständige Rechtsanwältin erkannte schon vor einigen Jahren, dass die Menschen oder die Unternehmen zwar die rechtliche Betreuung benötigten, dennoch aber die zwischenmenschlichen Belange auf der Strecke blieben.

Unter dem Motto »Krisen menschlich lösen« coacht sie Manager, Führungskräfte, Selbstständige und Unternehmer sowohl im privaten als auch im beruflichen Kontext und unterstützt diese im Lösungsprozess. Unter dem Motto »Was Führungskräfte vom Sport lernen können!« coacht die ehemalige Leistungssportlerin Führungskräfte, aber auch Selbstständige und Unternehmer hin zu Höchstleistungen in ihrem beruflichen Kontext. Unter dem Motto »Wenn schon Multifrau, dann aber richtig!« unterstützt sie berufstätige Frauen nicht nur in ihrem Vorhaben, Familie und Beruf optimal zu vereinbaren, sondern auch erfolgreich zu sein, ohne sich dabei selbst zu vernachlässigen.

Ihre Erfahrungen aus der praktischen Arbeit bringt Nadja Lins als beschwingte Rednerin auf die Bühne und begeistert mit spielerischer Leichtigkeit. Sie besticht durch präsentes Auftreten und einer Fülle an praktischen Ideen und sofort anwendbaren Tipps/Gedanken.

Ziel und Erfolg ihrer Vorträge ist es, tiefsinnige Impulse mit viel Humor und Esprit zu präsentieren und den Einzelnen damit auf seinem Weg zu Stärke, Lebenslust und Erfolg zu begleiten. Die Erfolge der Coachees, Zuhörer und Workshopteilnehmer im persönlichen und beruflichen Kontext sind auf die gelungene Kombination ihrer beiden Berufe zurückzuführen, aber auch auf ihre mitreißende Energie und ihre Authentizität.

Referenzen und Kundenstimmen

»Das Auditorium profitierte von ihren wertvollen Impulsen, die sie in lebendiger, witziger und charmanter Weise vortrug.« *Bundesverband der Autoglaser*

»Am besten hat mir die Lebendigkeit von Nadja Lins, das Lebensnahe und das Praktikable gefallen.« *A.B.*

»Nadja Lins hat eine begeisternde Energie, die einlädt, neue Wege zu gehen«. *J.B.*

Auszeichnungen und Pressestimmen

»Eine schnelle Auffassungsgabe, ein hohes Einfühlungsvermögen und eine ansteckende Energie«, bescheinigte ihr die Zeitschrift »Emotion« und das Internet-Portal »Emotion-Coaching« im Sommer 2009 und zeichnete sie als Coach des Monats aus.

GIANNI LISCIA

Themen

GoOut&TradeIN®
Notwendigkeit Neukundengewinnung

Customer'sWOW®
Emotionale Wege der Kundenbegeisterung

story changing®
Veränderungsprozesse im Sales und im Service gestalten

Gestärkt durch die Krise, durch die Krise gestärkt
Die grundlegende Natur des Wandels begreifen, um Chancen zu ergreifen

Kurzbiografie

Gianni Liscia ist ein Mann der Praxis. In den letzten 15 Jahren sammelte er vielfältige Erfahrungen in den Bereichen Verkauf, Vertrieb, Finanzdienstleistung, Gastronomie, Hotellerie, Industrie und Wirtschaft. Er verfügt über Führungserfahrung in der Hotellerie und Gastronomie und war als Interimsmanager im Bereich Medienvertrieb tätig. 1994 gründete er sein erstes Beratungsunternehmen speziell für die Gastronomie und Hotellerie. Seit 1996 kamen vermehrt Projekte aus weiteren Branchen hinzu. Dann folgte 2000 die Gründung von Team Liscia – Experten für Veränderungsprozesse, dessen Leistungen branchenunabhängig eingesetzt werden. Gianni Liscia, geschäftsführender Gesellschafter, ist für seine Kunden als Berater, Trainer und Coach tätig. Er ist ein mitreißender Keynote-Speaker – getreu seinem Motto: »emotional, rational, unbequem« – und ist Mitglied im TOP 100 of Trainers Excellence.

Referenzen und Kundenstimmen

»Die frischen und innovativen Ideen gepaart mit hoher Kompetenz von Team Liscia stechen in der heutigen Zeit ab vom Standard in der Beratung.« *Peter Schumpp-Kappler, Leiter Vertrieb Service, Fujitsu Technology Solutions GmbH*

»Auf diesem Weg mein/unser nochmaliges Danke an euch drei. Die Veranstaltung mit Euch war wirklich klasse! Das ist die Meinung meiner Mitarbeiter, die gestern mit dabei waren, und auch das Resümee der Gäste, die gestern Abend dabei waren. Ich fand jeden der Vorträge klasse, Eure Verlässlichkeit und das Einhalten der Redezeiten sprechen von Professionalität. Weiter so!« *Klaus Birkhahn, Geschäftsführer, BARMER*

»Ein interessanter und mitreißender Vortrag, der unseren Mitgliedern transparent und eindringlich die Notwendigkeit der Neukundengewinnung verdeutlicht hat.« *Franz Schwarzinger, System-Partner Betreuung, DATEV*

Auszeichnungen und Pressestimmen

Förderpreis des Mittelstandes der DQS, 2007

Ehrenurkunde des dvct – Deutscher Verband für Coaching & Training e. V., 2007

Auszeichnung des Konzeptes »GoOut&TradeIN®« zur Neukundengewinnung als qualifiziertes Produkt im Rahmen des IT-Innovationspreises, 2009

MARCELLO LISCIA

Themen

Gekonnte Selbstdarstellung
Wie Sie die unbegrenzte Aufmerksamkeit Ihrer Kunden gewinnen

Gewusst wie
Überzeugender Auftritt durch Business-Knigge

Erfolg durch EGO-Marketing
Die eigene Person als Marke verstehen

Fit für den Job mit A.P.F.E.L.-Strategie®
Mit Energie und Lebenskraft zu mehr Freude im Beruf

Kurzbiografie

Marcello Liscia, Jahrgang 1971, kann auf eine langjährige Berufserfahrung in der Gastronomie und in der Fitnessbranche zurückblicken. Während und nach seinem anschließenden Studium der Romanistik und Anglistik hat er als Übersetzer und Dolmetscher gearbeitet und Sprachkurse für die Sprachen Englisch, Französisch und Italienisch gegeben. Seit 1998 ist er freiberuflich in der Erwachsenenbildung tätig. Im Jahr 2001 folgte dann die Gründung der Firma Team Liscia – Experten für Veränderungsprozesse. Marcello Liscia ist als Berater, Trainer, Dozent und Moderator in den unterschiedlichsten Branchen tätig. Im Mai 2006 ist eine Zertifizierung durch den dvct e. V. (Deutscher Verband für Coaching und Training e. V.) zum zertifizierten Trainer erfolgt.

Referenzen und Kundenstimmen

»Liscia hat's drauf!« *Ralf Mantel, Leiter Geschäftsfeld Pharo, Hansgrohe AG*

»Das Team Liscia begeistert mich persönlich durch seine tolle menschliche Art gepaart mit viel Fachkompetenz und Leidenschaft beim eigenen TUN!« *Jennifer Zacher, STRUPAT. Kundenbegeisterung*

Auszeichnungen und Pressestimmen

Förderpreis des Mittelstandes der DQS, 2007

Auszeichnung des Konzeptes »GoOut&TradeIN®« zur Neukundengewinnung als qualifiziertes Produkt im Rahmen des IT-Innovationspreises, 2009

MICHAEL LÖHNER

Kurzbiografie

Michael Löhner, 1945 geboren in Schöningen/Braunschweig. Bis zum 29. Lebensjahr war er Leiter der Systembetreuung des Landeskriminalamtes in Düsseldorf und Gutachter für Computer-Kriminalität. Danach Studium der Psychologie.

Als Jesuitenschüler lernte er über seinen Mentor Rupert Lay das Handwerk der Kulturberatung. Er entschied sich 1978 für die selbstständige Tätigkeit als Trainer aus Leidenschaft für Verhaltensoptimierung im Bereich der Gesprächsführung, speziell: Führung, Team und Verkauf.

In Vorträgen, Seminaren, Workshops usw. für sehr viele Branchen konzentrierte seine Arbeit sich auf das Thema »Kulturberatung«. Seine Frage: »Sind die jetzigen Gewohnheiten im System menschen- und marktgerecht?« wurde zur Arbeitsphilosophie und er entwickelte Analyseverfahren (Kulturspiegel), Potenzialbestimmungen in der Führungsfähigkeit und zunehmend Coachingsysteme, die den Einzelnen in der Entwicklung der Social Perfomance unterstützen.

Referenzen und Kundenstimmen

»Herr Löhner hält seine Zuhörer geistig hellwach und bringt jeden zum Nachdenken. Seine brillante Logik beeindruckt alle und seine klare Rhetorik begeistert jeden.« *P. Paasivaara, Germ. Lloyd*

»Begeisterung gepaart mit klarer Orientierung, dass sind die Elemente von Michael Löhner. Seine Botschaft ›Wir wollen im Umgang miteinander größer werden‹ ist der Bibelspruch für Kommunikation und Handlung und charakterisiert seine Botschaft entscheidend. Spaß und Freude gepaart mit Anregung für Handlung, das ist Michael Löhner.« *M. Grau, Mankiewicz*

Auszeichnungen und Pressestimmen

»Löhners Ansatz ist von zwingender Logik, zerstört Führungsmythen und entledigt so manchen Manager seines ›Superman‹-Kostüms.« *Hamburger Abendblatt – Buch der Woche*

»Löhners Konzept des hierarchiebezogenen Managertypus erlaubt es Führungskräften, ihre Position im Unternehmen mit ihren Fähigkeiten abzugleichen. Offen und selbstkritisch gelesen, kann das Buch Handreichungen für den Berufsalltag liefern, die zu mehr Zufriedenheit und Erfolg im Job führen können.« *manager magazin*

Themen

Culture-Change
Führungsenergie gegen ungeeignete Gewohnheiten.

Identifikation mit dem Unternehmen
Führende als Orientierungsgeber in Krisensituationen.

Der weise Tyrann
Führung zwischen Problemlösung und Überzeugung.

Veröffentlichungen

JÖRG LÖHR

Themen

Erfolg und Motivation in Zeiten der Veränderung

Wege zur Höchstleistung
Was wir vom Spitzensport lernen können

Erfolgreich Führen

Veröffentlichungen

 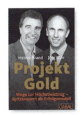

Kurzbiografie

Jörg Löhr zählt seit Jahren zu den angesehensten und kompetentesten Management- und Persönlichkeitstrainern im deutschsprachigen Raum. SAT1 beurteilt: »Jörg Löhr ist Europas Persönlichkeitstrainer Nr. 1.« »Die Zeit« beschreibt ihn als »einen der erfolgreichsten Erfolgs- und Motivationstrainer der Welt«. Er betreut Spitzensportler, Nationalmannschaften sowie Bundestrainer und seine Referenzen lesen sich wie das ›Who is Who‹ der Unternehmenswelt: IBM, Oracle, Daimler, SAP, Porsche, Deutsche Telekom, PriceWaterhouseCoopers, GlaxoSmithKline, ADAC, BASF, Siemens, L'Oréal, BMW und weitere namhafte Unternehmen.

Mehrfach wurde Jörg Löhr in den letzten Jahren für die herausragende Verbindung von fundierter Wissensvermittlung und seinem Talent zu begeistern ausgezeichnet. Aus sportlicher Sicht war er 94-facher Handball-Nationalspieler, Europa-Cup-Sieger, Deutscher Pokalsieger und mehrfacher Deutscher Meister. Heute ist der ehemalige Unternehmensberater Inhaber mehrerer Firmen und gilt als einer der bestgebuchten Referenten Europas.

Für Jörg Löhr selbst ist die von ihm entwickelte Methodik sowie die ihm eigene Motivation und Begeisterung zum Lebensmotto geworden. Darüber hinaus lässt er ständig die neuesten Erkenntnisse und Erfolgstechniken in seine Seminare einfließen und gibt diese nicht nur als Referent, sondern auch als Lehrbeauftragter der Universität Augsburg weiter.

Referenzen und Kundenstimmen

»Wir haben mit der diesjährigen Fachtagung die besten Ergebnisse der letzten Jahre erzielt. Was sich bereits vor Ort an der Stimmung abzeichnete, bestätigt sich nun anhand der sehr guten Befragungsergebnisse. Einen ganz wesentlichen Teil zu diesem hervorragenden Ergebnis hat Ihr Vortrag geleistet, der mit Abstand die Bestnote aller Vorträge in diesem – und auch in den letzten Jahren – erzielte.« *Thomas Weiss und Susanne Bar, Deutscher Sparkassen Verlag*

»Mit Ihrer sympathischen und begeisternden Art haben Sie an diesem Abend unsere Gäste für einen Augenblick in eine andere Welt entführt – so wie wir es uns für die Startveranstaltung vorgestellt haben. Sie haben uns aus dem derzeit tristen Grau eines Unternehmeralltags entführt und auf amüsante und sehr unterhaltsame Weise die wesentlichen Komponenten des Erfolgs vermittelt.« *Bernd Adamaschek, Bundesverband mittelständische Wirtschaft*

Auszeichnungen und Pressestimmen

Aufnahme für sein Lebenswerk in die Hall of Fame der German Speakers Association (GSA)

»Europas gefragtester Erfolgs- und Persönlichkeitstrainer. Authentisch, natürlich, anwendbar.« *Focus*
»Europas Persönlichkeitstrainer Nr. 1. Jörg Löhr zeigt, wie man seine Stärken erkennen und sie gewinnbringend im Job einsetzen kann.« *N24*

DR. BJØRN LOMBORG

Themen

Global warming

Climate Change

Environmentalism

Sustainability

Veröffentlichungen

Cool it – The Skeptical Environmentalist's Guide To Global Warming.
Bjørn Lomborg Knopf, 2007

The Skeptical Environmentalist
Bjørn Lomborg Cambridge, 2001

Kurzbiografie

Bjørn Lomborg is adjunct professor at the Copenhagen Business School. He is the organizer of the Copenhagen Consensus Center, which brings together some of the world's top economists, including 5 Nobel laureates, to set priorities for the world. Time magazine named Lomborg one of the world's 100 most influential people in 2004. In 2008 he was named »one of the 50 people who could save the planet« by the UK Guardian; »one of the top 100 public intellectuals« by Foreign Policy and Prospect magazine; and »one of the world's 75 most influential people of the 21st century« by Esquire.

- Bjørn Lomborg was born January 6, 1965
- M. A. in political science, 1991
- Ph. D. at the Department of Political Science, University of Copenhagen. 1994
- Assistant professor at the Department of Political Science, University of Aarhus, 1994 –1996
- Associate professor at the same place, 1997–2005
- Director of Denmark's national Environmental Assessment Institute, February 2002–July 2004
- Organizer of the Copenhagen Consensus prioritizing the best opportunities to the world's big challenges, May 2004
- Adjunct professor at the Copenhagen Business School 2005–present
- Director for the Copenhagen Consensus Center 2006–present

Referenzen und Kundenstimmen

»Bjørn has contributed to a panel discussion of the Swiss Management Association in 2008. As expected, he was thoughtful, provoking and entertaining in the same time. It was a pleasure having him on the panel.« *Luc Estapé, Managing Director, Schweizerische Management Gesellschaft SMG*

»Brilliant, challenging and, most of all, sensible. Bjørn Lomborg brings some much needed context to the climate change debate, and he's a wonderfully engaging speaker.« *David Nott, President, Reason Foundation*

Auszeichnungen und Pressestimmen

Esquire magazine found that Lomborg is one of the »World's 75 most influential People of the 21st Century«.

The UK Guardian found that Lomborg is one of the »50 people who could save the planet«.

The Economist said that with regards of the public intellectuals of 2009, Lomborg is one of the »established stars« along with Thomas Friedman and Martin Wolf.

THOMAS LORENZ

Themen

Vom Training zur Performance
Führungs- und Trainingserfolge nachhaltig umsetzen und messen

Verkaufen auf Augenhöhe
Mit dem MBTI® zu mehr Kundenorientierung in Service und Vertrieb

Führen durch das Wort
Verantwortlich handeln als Führungspersönlichkeit

Ziele, Prioritäten, Teamfähigkeit
Als Teamassistent/in zwischen Chef und Team spannungsfrei agieren

Veröffentlichungen

Kurzbiografie

Thomas Lorenz ist als Firmengründer und Vorstandsvorsitzender der A-M-T Management Performance AG seit 1988 als Berater tätig. Der Diplom-Ökonom hat vorher auf verschiedenen Positionen in den unterschiedlichsten Unternehmen Personalentwicklung gestaltet und war viele Jahre Leiter einer Weiterbildungseinrichtung.

Er setzt sich seit Jahren in Deutschland dafür ein, Improving-Performance als neue Kompetenz der Bildungsarbeit in der beruflichen Weiterbildung einzuführen. Gleichzeitig bietet der Performance-Consultant ein außergewöhnliches Führungsprogramm an, in dem Performance und Leadership zusammengeführt werden.

Im Jahre 2000 wurde die von ihm gegründete A-M-T Management Performance AG von der amerikanischen ASTD im Rahmen des Award-Programms mit der »Excellence in Practise Citation« im Bereich Improving-Performance geehrt.

Sein modulares Qualifizierungsangebot »Ausbildung zum Performance-Coach« wurde 2001 durch den Berufsverband der Verkaufsförderer und Trainer e. V. (BDVT) im Bereich »öffentliche Seminare« ausgezeichnet. Markenzeichen dieses Programms ist, dass auch immer der Return on Invest (ROI) berücksichtigt wird.

Thomas Lorenz steht somit für konsequente Anwendung der Performance-Prozesse in der Personal- und Organisationsentwicklung. Nach dem Motto »so funktioniert es« hilft er dabei die Konzepte im Unternehmensalltag zu realisieren. Er ist Autor mehrerer Bücher zum Thema Performance-Improvement und viel beachteter Redner auf verschiedenen internationalen Konferenzen.

Referenzen und Kundenstimmen

Kunden sind u. a. Behring, Deloitte, Demag Craines, Daimler Insurance, Hamburg Mannheimer, KPMG, Radiosender Neo 1 (Schweiz), Landeshauptstadt München, Volksfürsorge, UBS

»Es werden nicht nur Techniken vermittelt, sondern auch fachliche und ethische Ideen. Aus Führungskräften werden Führungspersönlichkeiten. Meine Vorstellung einer lebensbejahenden und entfaltenden Ethik werden realisiert und in die beratenden Unternehmen eingebracht.«
Prof. Dr. Rupert Lay

Auszeichnungen und Pressestimmen

International ausgezeichnet im ASTD Award-Programm, Mitglied im BDU und BDVB.

EVA LOSCHKY

Themen

Lernen Sie von den Gorillas
Und Ihre Kommunikation wird erfolgreich!

Lassen Sie Ihre Stimme erblühen
Und positionieren Sie sich neu!

Zünden Sie Ihr Energiefeuerwerk
Sie begeistern, überzeugen, stecken an!

Veröffentlichungen

Kurzbiografie

Eva Loschky kann Funken sprühen lassen – bei sich und bei ihren Zuhörern. Mit ihrer Bühnenpräsenz, Lebendigkeit und Erfahrung schafft sie Begeisterung und Schwung bei jedem Einzelnen. Innerhalb kürzester Zeit sind alle motiviert, selbst zu üben, um ihre eigene Performance, Präsentation und Kommunikationsfähigkeit zu optimieren. Die Energien fließen, die Stimmen erblühen, die Gesichter strahlen, die Sinne werden geschärft für die Karrierefaktoren Stimme, Präsenz, Potenzial.

Als ausgebildete klassische Sängerin und Schauspielerin weiß Eva Loschky alles über Bühnenpräsenz oder »Bühnengenuss«, wie sie es nennt. Als Coach bringt sie Menschen in Schlüsselpositionen bei, wie sie sich positionieren und glaubhaft Standfestigkeit gewinnen. Kurz: Sie stellt Menschen im Business vom Kopf auf die Füße. Sie wurde als Buchautorin mit der Loschky-Methode® bekannt, einem neuen Training, das die Kraft im Körper zündet. Eva Loschky ist professionelles Mitglied der German Speakers Association und von stimme.at, dem europäischen Netzwerk von Stimmexperten. Sie ist Partnerin von Asgodom Live und Trainerin der AsgodomTrainingGroup. Sie arbeitet für Unternehmen, Verbände und Seminaranbieter, sie coacht Menschen, die mit ihrer Stimme Realitäten schaffen, sie begeistert in interaktiven Vorträgen und Seminaren.

Referenzen und Kundenstimmen

»Ich konnte sehr viel für mich mitnehmen, erkennen, wie ich mich trotz langjährigen Trainings als Führungskraft in der Kommunikation (trotz offenem Charakter) verschließe, und dies will ich ändern!« *Karin Perathoner, Südtiroler Sparkasse*

»Ihr Vortrag – oder war es mehr ein Event? – im Rahmen unseres Workshops des Geschäftsbereichs ›Banken und Versicherungen‹ in Sexten kam sehr gut an. Die Inhalte und Ihr Stil waren sehr inspirierend, lehrreich und dabei immer auch unterhaltsam. Sie haben damit ein Highlight gesetzt! Das belegt die Umfrage unter den Teilnehmern auch eindrucksvoll: Circa 90 % der Teilnehmer fanden Ihren Vortrag sehr interessant und für sich persönlich wertvoll. Es wurde auch bereits nachgefragt, ob wir Ihr Training in unsere Standard-Ausbildungskanon integrieren können.« *Klaus-Peter Weiß, Geschäftsbereichsleiter sd & m AG, software*

Auszeichnungen und Pressestimmen

Auszeichnung zum Top-Speaker durch die Qualitätsplattform Top-Speaker.eu, 2009

Auszeichnung zum Qualitätsexperten 2009 durch das Qualitätsnetzwerk der Erfolgsgemeinschaft

CAROLIN LÜDEMANN

Themen

Business mit Stil
Souverän auftreten, besser wirken, mehr erreichen

Schlagfertigkeit
Gekonnt kontern

Fit für den Auftritt
Wie Sie zum Souverän Ihrer eigenen Persönlichkeit werden

Veröffentlichungen

Kurzbiografie

Carolin Lüdemann ist Juristin und ausgebildeter Business-Coach. Ihre Vorträge und Seminare – praxisnah, lebendig und durch namhafte Referenzen ausgezeichnet – sind regelmäßig ausgebucht und unterstützen den Einzelnen dabei, die Wirkung auf seine Mitmenschen signifikant zu erhöhen. Carolin Lüdemann ist Mitglied des Deutschen Knigge-Rats und verfasste als Buchautorin bereits 14 Karriereratgeber. Als Expertin bei den TV-Sendern N24 und Sat.1 sowie anderer namhafter Medien wie beispielsweise SWR Funk und Fernsehen, Süddeutsche Zeitung und Welt ist sie regelmäßig für eine breite Öffentlichkeit präsent. An ihren Trainings nehmen Top-Manager sowie High Potentials aus Industrie, Beratung und Verbänden teil. Carolin Lüdemann führt außerdem als Moderatorin professionell und charmant durch Veranstaltungen.

Carolin Lüdemann vermittelt auf praxisnahe Art und Weise, wie sich Unternehmen und Mitarbeiter besser in Szene setzen. Sei es bei einem Auftritt auf gesellschaftlichem Parkett oder im Rampenlicht der Medien. Zu ihren Kunden gehören MHP – A Porsche Services Company, Ernst & Young, VW Consulting, Südwestmetall – Verband der Metall- und Elektroindustrie Ba.-Wü., Würth, Allianz Deutschland sowie renommierte Bankinstitute.

Referenzen und Kundenstimmen

»Mit Professionalität und Fingerspitzengefühl haben Sie unsere Teilnehmer überzeugt, dass das Thema ›Business-Knigge‹ alles andere als staubig und langweilig ist.« *Verlagsgruppe Georg von Holtzbrinck GmbH*

»Wer Karriere machen will oder auch sonst im Leben Erfolg haben möchte, sollte die geheime Schlüsselkompetenz Manieren sein Eigen nennen. Carolin Lüdemann zeigt in charmanter Art und Weise, worauf es ankommt.« *Prof. Dr. Armin Trost, Hochschule Furtwangen, Human Resource Management*

Auszeichnungen und Pressestimmen

»Als Medienmann lerne ich Tag für Tag neue Menschen kennen. Die Erfahrung lehrt: In Stresssituationen zeigen diejenigen Souveränität, die wissen, dass sie dank stilvollem Auftreten smart und sympathisch jedem Anlass gewachsen sind.« *Thomas Schwarzer, Moderator und Wirtschaftsexperte beim Nachrichtensender N24, über »Business mit Stil« von Carolin Lüdemann*

DIETER LUTZ

Themen

Erfolgsstrategien in der Wirtschaftskrise
Lage, Chancen, Risiken, Sofortmaßnahmen

Lust auf Zukunft statt Angst vor der Krise!?
Erfolgsstrategien für Unternehmer und Berater

Der Unternehmer und sein Steuerberater
von der Zwangsehe zum Dream-Team

Das Unternehmen erfolgreich erneuern
Führungs- und Umsetzungsstrategien

Veröffentlichungen

Marketing für Steuerkanzleien
Verlag C.H. Beck, 1995

Kurzbiografie

Wirtschaftsprüfer, Rechtsanwalt, Fachanwalt für Steuerrecht – 1951 im badischen Offenburg geboren, Studium der Rechts- und Wirtschaftswissenschaft, Philosophie, Psychologie in Freiburg und Aix-en-Provence.

Der Unternehmer und Pionier des Life- und BusinessCoaching zeigte sein Interesse und Talent für das Coaching von Spitzenleistern schon früh als Leichtathletik-Trainer (u. a. Betreuung Hallen-Europameister, Olympiateilnehmer 1972). Neben seiner früheren Tätigkeit als Gesellschafter-Geschäftsführer einer größeren Steuerkanzlei sammelte er vielfältige Erfahrungen als Krisen- und Sanierungsberater. Er ist Gründer der ERC Lutz Business Coaching AG und entwickelt und leitet u. a. Seminare und strategische Entwicklungsprogramme für Unternehmen und Steuerkanzleien. Aus seinen praktischen Erfahrungen heraus entwickelt Dieter Lutz laufend innovative Systeme zur Erfolgs- und Kompetenzsteigerung. So entstand auch das sogenannte »Kooperative Business-Coaching-Modell« und der StrategischeUnternehmensNavigator (SUN) sowie eine Vielzahl von Instrumenten zur Diagnose, Bewertung, Planung und Steuerung wissensbasierter Unternehmen.

Durch zahlreiche Veröffentlichungen und Veranstaltungen ermöglichte er schon vielen Interessierten den Zugang zu aktuellstem Wissen auf den Gebieten Strategie, Organisation, Marketing, Kooperation, Kompetenz und Wissensmanagement, Business-Coaching und Unternehmertum. In Hunderten von Vorträgen, Seminaren und Trainings erlebten die Teilnehmer die energetisierende Wirkung seiner leidenschaftlichen Vortragsweise. Dabei vertritt er einen ganzheitlichen Ansatz, wonach berufliche Spitzenleistung und Lebensqualität, individuelle Freiheit und soziale Verantwortung sich nicht ausschließen, sondern zusammengehören.

Referenzen und Kundenstimmen

»Wir Steuerberater betrachten sehr häufig ausschließlich steuerspezielle Themen und meinen damit eine Kanzlei erfolgreich führen zu können. Dabei geht es hauptsächlich um die zwischenmenschlichen Bereiche in der Kanzlei. Neben dem wirtschaftlichen Erfolg ist das etwas, was wir durch den ERC wahnsinnig verbessert haben. Vielen Dank an das ERC-Team!« *Frank Urich, Steuerberater*

»Die letzten Monate rückblickend, waren eine sehr bewegende und bewegte Zeit. Aber ich muss rückblickend sagen, ich habe es nicht einen Tag bereut, diese Entscheidung getroffen zu haben. Dass ich mich mit meinem Team auf den Weg zum ERC gemacht habe, war die beste unternehmerische Entscheidung, die ich getroffen habe. Die permanente, kompetente Betreuung während der Trainingsphase durch den ERC war vorbildlich.« *Manuela Hartmann, Steuerberaterin*

»Trotzdem unsere Kanzlei bereits DIN-EN-ISO-zertifiziert ist, haben uns insbesondere die Module Effizienzsteigerung und Kompetenzsteigerung enorm weitergebracht. Alle unsere Erwartungen wurden voll und ganz erfüllt. Vielen Dank dafür!« *Othmar Schmitt, Steuerberater*

M

H.-GEORG MACIOSZEK

Themen

Wer argumentiert, verliert

Strategie und Taktik in Verhandlungen mit:
Konkurrenten, Lieferanten, Kunden, Kooperationspartnern, Aktionären, Behörden, Gewerkschaften

Veröffentlichungen

Chruschtschows dritter Schuh, Anregungen für geschäftliche Verhandlungen Ulysses Verlag, Hamburg

Kurzbiografie

»Wer argumentiert, verliert« ist die politisch gänzlich unkorrekte Maxime des promovierten Soziologen, Jahrgang 1940, der den »Ghost Negotiator« in Deutschland begründet hat und der erfahrenste Vertreter seines Faches ist.

Wer mit anderen über Kreuz geraten ist, erhält für die Dauer der Auseinandersetzung konkrete Empfehlungen zur Strategie und Taktik in seinem konkreten Fall. Jede Verhandlungsrunde wird detailliert vorbereitet, entscheidende Phasen werden simuliert.

»Damit die andere Seite sich nicht mehr Mühe gibt als sonst«, bleibt Macioszek im Hintergrund und sitzt selbst nicht mit am Verhandlungstisch.

Seine Ideen bezieht er von Clausewitz, John le Carré und seiner Frau, einer Psychotherapeutin. Von ihr habe er gelernt, dass der Unterschied zwischen Kranken und Gesunden so groß nicht sei.

Auszeichnungen und Pressestimmen

»Für jeden, der nicht mit Anstand und in Schönheit verlieren, sondern am Ende der Auseinandersetzung als Sieger dastehen will.« *Süddeutsche Zeitung*

Presseartikel und eine detaillierte Beschreibung seiner Tätigkeit finden Sie auf seiner Homepage.

THOMAS MADER

Themen

Mediamorphosen
wie aus dem diffusen Zustand der traditionellen Kommunikation eine neue Ordnung in der Medienlandschaft entsteht

In-Game-Advertising

Was die Nutzungsforschung (er)klären kann

Social Networks & Communities

Kurzbiografie

Thomas Mader, Jahrgang 1968 und diplomierter Medienökonom mit dem Schwerpunkt Media-Management. Während seines Studiums zum Dipl.-Medienökonom an der RFH in Köln war er in verschiedenen deutschen und internationalen Unternehmen der Medienwirtschaft tätig.

Die im Januar 2009 in Düsseldorf gegründete Marketingagentur co-siks e. K. Emerging Media Agency konzipiert für den schnell wachsenden Medienmarkt zielgerichtete Marketing- und Werbestrategien.

Zuletzt war Thomas Mader als Country Manager bei der JOGO Media einer amerikanischen Agentur für In-Game-Advertising und verantwortete dort den Markteintritt und -aufbau in Deutschland.

Davor war er in unterschiedlichen strategischen Projekten der Vermarktung, so z. B. bei AOL, AdLINK und TISCALI, tätig.

Referenzen und Kundenstimmen

»Ich habe Herrn Mader als stets zuverlässigen, flexiblen und innovativen Geschäftspartner erlebt und die Zusammenarbeit sehr geschätzt.«
Wichard von Alvensleben: Leiter Marketing bwin (vormals: BETandWIN)

Auszeichnungen und Pressestimmen

Die Fachgruppe Connected Games im Bundesverband Digitale Wirtschaft (BVDW) e. V. hat einen Arbeitskreis zu dem Thema Marktforschung gegründet. Auf der letzten Sitzung wurde u.a. Thomas Mader für den Arbeitskreis Marktforschung als Leiter gewählt. Der Arbeitskreis Marktforschung hat sich als Ziel gesetzt, mehr Markttransparenz für die werbetreibende Industrie zu schaffen. Gleichzeitig sollen Zielgruppen erweitert werden – hier ist sowohl soziodemografisch als auch psychografisch noch deutliches Potenzial vorhanden. »Der Arbeitskreis Marktforschung befasst sich zeitnah mit der Reichweite von Spielen. Auf dieser Basis können allgemeingültige Definitionen und Kennzahlen festgelegt werden, um eine Vergleichbarkeit im Markt zu schaffen«, so Thomas Mader (www.bvdw.org).

Thomas Mader moderiert auf der diesjährigen Gamesconvention Online in Leipzig das Podium: »Was die Nutzungsforschung (er)klären kann – und was nicht.« – Diskussion zur Erwartungshaltung, zur Praxisrelevanz und zur Datenbasis (www.internet-world.de).

Thomas Mader, Country Manager JOGO Media: »Die Testpersonen stuften die Glaubwürdigkeit der Werbebotschaften höher ein als bei der Fernsehübertragung eines realen Vergleichsspiels. Die Resultate für gestützte und ungestützte Bekanntheit der Marken haben selbst uns positiv überrascht.«

Die von Thomas Mader gegründete co-siks referiert auf der ersten und diesjährigen DMEXCO in Köln in der Speakers Corner über die »Mediamorphose – wie aus dem diffusen Zustand der traditionellen Kommunikation eine neue Ordnung in der Medienlandschaft entsteht/ Games, Games und Mobile«.

URSU MAHLER

Themen

Führung zwischen Macht und Menschlichkeit:
Menschen führen heißt Menschen lieben

Wahrheit – Klarheit – Transparenz
So bewegen Sie Menschen

Veröffentlichungen

Beiträge zu Fernlehrgängen:

Führen ohne Vorgesetztenfunktion
(Informa Group)

Kommunikation und Konfliktmanagement
(Business Circle)

Führen für Fortgeschrittene
(Euroforum Deutschland GmbH)

Die Führungskraft als Coach
(Informa Group)

Der Konflikt-Coach: Sicherer Umgang mit Konfliktsituationen im Familien- und Berufsalltag.
Jungfermann Verlag, 2011.

Kurzbiografie

Ursu Mahler, Managementtraining, Potenzialentwicklung, Speaker, Coach.

Als Führungsexpertin mit über 25-jähriger Erfahrung zählt sie zu den besten und gefragtesten Trainerinnen Deutschlands und erntet – wo immer sie auftritt – begeisterte Zustimmung. Ihre Vorträge und Trainings sind gleichermaßen Ereignis, Erlebnis und Entwicklungsmöglichkeit für die Teilnehmer. Witzig, pfiffig, packend und unter die Haut gehend werden Themen präsentiert und gemeinsam erarbeitet. Sie trainiert und coacht erfahrene Vorstände ebenso wie Nachwuchsführungskräfte und Assistentinnen.

Referenzen und Kundenstimmen

»Vielen Dank! Hervorragende, praxisnahe, flexible Trainerin. Spannend und mitreißend – aus der Praxis für die Praxis – großartig und kurzweilig – für jede Führungskraft zu empfehlen.« *Führungskräfte-Training, Wien*

»Ich durfte sie in Rottweil bei den ›Denkanstößen‹ erleben und habe den Abend genossen. ›Zwischen Macht und Menschlichkeit‹ steht in einer Zahnarztpraxis doch eigentlich immer im Vordergrund! Also ein Abend, an dem ich einiges mitnehmen konnte.« *Oliver Müller*

Auszeichnungen und Pressestimmen

2004: Teaching Award der ZfU Business School, Schweiz

2008: Trainerin des Jahres in Österreich durch Business Circle GmbH, Wien

Professional Member of GSA (German Speakers Association)

Mitglied der ATG (AsgodomTrainingGroup)

Beitrag über Ursu Mahler in »myself« 2009

Autorin vieler Fachbeiträge, Fernlehrgänge

Mitautorin des Buches »Die Frau, die ihr Gehalt mal eben verdoppelt hat … – 25 verblüffende Coaching-Geschichten« (Kösel-Verlag)

RENATE IRENA MAHR

Kurzbiografie

Renate Irena Mahr ist Veränderungsbegleiterin für Führungskräfte, ihre Mitarbeiter und Teams. Sie nutzt innovative neurowissenschaftliche Techniken, um persönliche Potenziale zu entwickeln. Ihre Coachings haben branchenübergreifend Erfolg durch mentale Coaching-Methoden wie limbisches Coaching und hypnotische Muster.
Top-Unternehmen genauso wie Führungskräfte aus dem Mittelstand zählen zu ihren Kunden. Mit Coachings begleitet sie seit 10 Jahren über 500 Führungskräfte bei der Selbstentwicklung.
»Heute sind für den Erfolg der Führungskräfte ihre Persönlichkeitsentwicklung, die Teamentwicklung, die Gruppendynamik mit formellen und informellen Hierarchien entscheidend.« Diese psychologischen Komponenten an Ihrem Erfolg bringt Renate Irena Mahr mit Coaching auf den Punkt •

Qualifikationen auf den Punkt •
- 1999 MBTI-Trainer
- 2000 MBTIPlus-Coach
- 2001 Entwicklung MBTI-Team-Modul
- 2002 Limbic-Coach
- 2003 Co-Trainerin limbisches Coaching
- 2004 Lehr-Trainerin limbisches Coaching
- 2008 Certified Consulting Hypnotist (NGH)
- 2009 Wirkungs-Coach
- 2010 Hypnose M.E.G.

Renate Irena Mahr ist Hochschul-Dozentin für Management-Techniken und Neuroökonomie: Persönlichkeitsentwicklung, Coaching und Selbst-Coaching, Teamentwicklung und Gruppendynamik.

Themen

Business trifft Hirn
Tipps und Tricks aus den Neurowissenschaften direkt fürs Management

Persönlich zum Erfolg ... mit Persönlichkeit zum Erfolg!
Persönlichkeitsentwicklung für Führungskräfte und Spezialisten

Führungskraft heißt Kraft zum Führen!
Gutes Führen heißt Situatives Führen heißt Führen über Persönlichkeit

Auf die Plätze, fertig ... Team!
Teamentwicklung und Gruppendynamik leicht gemacht

Referenzen und Kundenstimmen

»Vielen Dank für das Gruppencoaching. Gleich am nächsten Tag konnte ich mit dem neuen Wissen einen Konflikt lösen: praxistauglich! Ich habe die Veranstaltung sehr genossen und hoffe, dass viele Kollegen in diesen Genuss kommen.« *Dr. Gerhard Biermann, Bereichsleiter des Automobil-Zulieferers Hella KG*

»Letztes Jahr haben wir unser Change-Projekt gestartet und Lehrgeld bezahlt. Frau Mahr hat endlich ein Team aus uns gemacht! Die Workshops waren locker, packend und fachlich hervorragend, voller Motivation haben wir viel gelernt. Heute gelingt es uns, die vermittelten Inhalte und Techniken umzusetzen. Wir empfehlen Frau Mahr als kompetente und flexible. DANKE SCHÖN sagen die Roadrunner!« *Rita Billmann (Verantwortliche eines Change-Prozesses für vernetzte Teamarbeit), Kabel Deutschland Breitband Services GmbH*

Veröffentlichungen

ANDREAS P. MAIER

Themen

Der erfolgreiche Sprung über den »Röstigraben«
oder: Die Sprachgrenze als Chance wahrnehmen.

Ungewollt zum erfolgreichen System-Event-Caterer
Kundenbegeisterung ist planbar.

Kunden-Wünsche, -Bedürfnisse und -Probleme erkennen, bewusst gestalten u. in Verkaufserfolg ummünzen

Veröffentlichungen

Kurzbiografie

1971 in Winterthur geboren, lebt Andreas P. Maier mit seiner Familie seit 15 Jahren in der französischen Schweiz. Unter seiner Beratungsfirma hat er seine Aktivitäten als innovativer Unternehmer und als Kommunikator – je etwa zu 50 % – unter einen Hut gebracht und dabei ein feines Gespür für den germanischen und den lateinischen Sprachraum entwickelt.

Schon während seiner kaufmännischen Grundausbildung in der Software-Abteilung eines Maschinenbau-Konzerns entdeckte er seine Fähigkeiten zur Kommunikation, indem er mitentwickelte Software-Lösungen gleich selbst bei Kunden einführte.
1996 gründete er mit seinem Onkel eine Firma zur Vermarktung einer revolutionären, völlig rauchfreien Grillmaschine. Mit einem fließenden Übergang wurde daraus die klare Nummer 1 im Grill-Event-Catering der Schweiz, mit 200 Mitspielerinnen und Mitspielern, gleichzeitig bis zu 10 Anlässen von 20 bis 1.000 Gästen und zweistelligen Wachstumsraten pro Jahr.

Neben seinem Broterwerb als Unternehmer widmete er sich stets seiner Berufung als Kommunikator:
* im Rahmen seiner Dienstpflicht bei der Schweizer Armee, seit 1997 als Fachoffizier für Rhetorik, Konfliktlösung, Leadership und Führungscoaching.
* beim Aufbau eines Internetportals als Verantwortlicher für Marketing, Public Relations und Redaktion des firmeneigenen Magazins.
* als Verkaufstrainer für europaweit operierende Consultingfirmen mit erstklassigen Mandaten in den Bereichen Finanz, Versicherung, Automobilwirtschaft, Detailhandel. Umsetzung in Deutsch, Französisch, Englisch.
* als Instruktor für fahrtechnische Weiterbildungskurse von Autofahrerinnen und Autofahrern
* als Verwaltungsrat eines Autohauses

Einzigartig in seinen Referaten sind seine täglich gelebten Erfahrungen als Vollblut-Unternehmer mit Einblick in seine Erfolgsrezepte, seine branchen- und sprachregionenübergreifende Denkweise, seine Interaktivität mit dem Publikum und die Gesamtinszenierung mit seiner bildlichen Sprache: »Als leidenschaftlicher Fotograf muss mein Bild so gut sein, dass es ohne Begleittext auskommt, ebenso muss meine Aussage so prägnant und so bunt sein, dass sie jeden Videobeamer übertrifft.«

Referenzen und Kundenstimmen

»Ein erfrischendes und fesselndes Referat von einer charismatischen Persönlichkeit.« *Sarah Angelsberger, Investor Relations Swiss Life*
»Seine Kommunikations- und Moderationsfähigkeit kombiniert mit viel praktischem Verkaufswissen machen ihn zu einem unserer beliebtesten und nachhaltigsten Referenten.« *Rainer von Arx, Leiter HR Entwicklung, CSS-Gruppe*

Auszeichnungen und Pressestimmen

»Formel 1 der Gastronomie« *Winterthurer Stadtanzeiger*

ROSWITHA ADELE VAN DER MARKT

Themen

Burn-out = Chefsache
Sinnvoll weniger arbeiten – mehr leisten

Mut zum Eigen-Sinn
Definieren Sie Ihre Unique Personal Proposition (UPP)

Werte lohnen sich
Wertorientiert führen – sinnvoll leben

Lifelong Burning
Personal Turnaround zu mehr Lebens-Exzellenz

Veröffentlichungen

Kurzbiografie

Roswitha Adele van der Markt, 1959 geboren in München, ist Autorin, Unternehmensberaterin, Leadership Coach und Vortragsrednerin mit mehr als **20 Jahren Management-Erfahrung** in der Industrie und als geschäftsführende Partnerin der weltweit führenden Unternehmensberatung Accenture. Mitte der 90er Jahre absolvierte sie das Executive-MBA-Programm der Harvard-University in Kooperation mit dem Massachusetts Institute of Technology (MIT) in Boston, USA.

Seit 1998 begleitet die erfahrene Change-Management-Expertin M&A-Projekte, Strategie- und Organisationsentwicklungen und berät und coacht das Management von Top Unternehmen bei Human Performance Strategien.

Als Managementtrainerin, Coach, Autorin wie Rednerin konzentriert sie sich auf **Leadership** und **wertorientierte Führung**. Mit ihr finden Leistungsträger in Politik, Wirtschaft und Gesellschaft zu einem selbstbestimmten Leben, das ihrer wahren zeitgemäßen Vorbildfunktion tatsächlich gerecht wird. Dies lässt ihnen den Raum und die Zeit dafür, sich selbst und anderen das wert zu sein, was ihr Herz wirklich ernährt.

Referenzen und Kundenstimmen

»Sachlich, kompetent, voller Power – sie ist überzeugend, pointiert und motivierend. Ich kenne niemand mit solch professioneller Seniorität.«
Rudolf Gröger, ehemals Vorstand O2

»Sehr geehrte Frau van der Markt, von meiner Seite noch einmal Hochachtung vor Ihrer ausgezeichneten Workshopdurchführung.« *Tobias Kosten, Mitglied der Geschäftsleitung, Z+Z Holding*

»Roswitha van der Markt hat mich mit ihrem Vortrag überzeugt wie berührt. Anders als viele andere sind ihre Wege business- und alltagstauglich. Realitäts- und praxisnah und deswegen so wirksam. Roswitha van der Markt kommt authentisch rüber. Mit viel Energie und Humor erzählt sie ihre eigene Story. Und die ist spannend, anschaulich und regt mal zum Schmunzeln, mal zum Nachdenken an. Man merkt einfach, sie schöpft aus einem unglaublich reichen Erfahrungsschatz, an dem sie ihre Zuhörer teilhaben lässt.« *Manuela Bernard, Trainerin, Business Coach, Moderatorin, Inhaberin sprachmuster coaching & communication*

Auszeichnungen und Pressestimmen

Deutscher Hochschul-Software-Preis 1990 – Wirtschaftswissenschaften

Lehraufträge: Universität Bamberg, TU Dresden, LMU München

»The idea of bringing health & fitness in our busy manager life is so important. I really admire the fact that you are able to combine a successful professional life with such an active healthy lifestyle – you are an inspiration to us all.« *Andrew Renshaw, International Account Manager UEFA, Sport + Markt*

LEO MARTIN

Themen

Geheimwaffen der Kommunikation
Sanfte Strategien mit durchschlagender Wirkung

Mentale Illusionen
Die interaktive Bühnenshow rund um psychologische Tricks und kommunikative Kniffe

Veröffentlichungen

Zahlreiche Veröffentlichungen in Fachzeitschriften

Buch-Veröffentlichung 2010

Kurzbiografie

Leo Martin ist Kriminalist und Experte für unterbewusst ablaufende Denk- und Handlungsmuster. Im Auftrag des Bayerischen Staatsministeriums des Inneren analysierte er von 1998 bis 2008 das Kommunikationsverhalten von Menschen in Extremsituationen. Heute ist Leo Martin für eine renommierte Unternehmensberatung tätig. Mit seinem interaktiven Vortragsprogramm ist er regelmäßiger Gast auf den Tagungen, Kongressen und Top-Events führender Unternehmen.

Referenzen und Kundenstimmen

»Geheimwaffen der Kommunikation – sanfte Strategien mit durchschlagender Wirkung« *Siemens, Petersberger Gespräche, Vortrag*

»Mentale Illusionen« *Gothaer, Gala der Jahresbesten, Vortrag*

»Mehr als ein Vortrag! Durch intelligente Interaktionen überwindet Leo Martin die sonst übliche Distanz zwischen Vortragendem und Zuhörern. Interaktive Experimente machen seine Kommunikationstheorie erlebbar und erlauben einen einfachen Transfer in die Praxis.« *Marco Fiege, Geschäftsführer Rex GmbH, Redneragentur24*

»Ein Erlebnis! In einem fesselnden Mix aus fachlich fundierten Fakten und spannenden Interaktionen macht Leo Martin die Erfolgsfaktoren wirksamer Kommunikation sichtbar: unsere unterbewusst ablaufenden Denk- und Handlungsmuster.« *Dr. Peter Berg, Unternehmer*

Auszeichnungen und Pressestimmen

»Der Profiler mit dem stechenden Blick ... einer der besten Kriminalisten Deutschlands« *Pro7*

»Leo Martin hat mit seinen Fähigkeiten für Begeisterung gesorgt!« *Augsburger Allgemeine Zeitung*

FRANK MARX

Themen

Fit fürs »Wildwasser«?
Vertrieb und Marketing für die Erlebnisgesellschaft von heute

Kurzbiografie

Frank Marx, 1963 in Berlin geboren, hat seine berufliche Laufbahn vor über 20 Jahren im technischen Marketing/Verkauf begonnen und leitete, zuletzt als Vorstand eines globalen, börsengelisteten Technologieunternehmens, erfolgreich Vertrieb und Marketing weltweit.

Seine Internationalität und interkulturelle Kompetenz, vereinigt mit operativen und strategischen Vertriebserfahrungen weltweit, machen seine Vorträge authentisch und praxisnah.

Frank Marx ist Mitgründer der Unternehmensberatung »Die Unternehmensflüsterer«, die sich auf Ratingoptimierung, Profiling und Tabus-Brechen spezialisiert haben.

Referenzen und Kundenstimmen

»Exzellenter Vortrag. Bin immer wieder gerne als Hörer anwesend, zusätzlich zu Deinen Fachbeiträgen, Gasteditorials und Interviews.«
Bodo Arlt, Publishing Editor, Bodos Power Systems

Auszeichnungen und Pressestimmen

»Frank Marx has the rare ability to present his topic in a lively, engaging and persuasive manner which holds the attention and interest of his audience. Presentations and dialogs alike benefit from Frank's engaging and perfectly articulated style and his intuitive understanding of what his particular audience needs.« *Cliff Keys, Editorial Director & Editor-in-Chief, Power Systems Design Europe & North America*

LAILA MATEJKA

Themen

Ein gutes Gedächtnis ist Gold wert

Businessgedächtnis
Wie merke ich mir Zahlen, Daten, Fakten?

Des Esels Brücke

Mit Memotechnik zum Spitzengedächtnis

Veröffentlichungen

Kurzbiografie

Laila Matejka, geb. 06.10.1966, deutsche Staatsbürgerin, Speakerin, Trainerin, Coach

Mnemotechniken und mentale Kompetenz sind Spezialgebiete und Leidenschaft von Laila Matejka. In ihren Seminaren, Vorträgen und Einzelcoachings würzt sie Gedächtnis-Know-how mit Spaß und Humor und setzt dieses Thema für Unternehmer und Führungskräfte so greifbar um, dass die Teilnehmer die Techniken direkt einsetzen und anwenden können. Überraschende Erfolgserlebnisse stellen sich augenblicklich ein. Die eigene Steigerung der Gedächtnisleistung faszinierte schon viele tausend Teilnehmer.

Nach einem erziehungswissenschaftlichen Studium, einer ungewöhnlich engagierten Lehrerkarriere mit dem besten Staatsexamen ihres Jahrgangs und als jüngste Ausbilderin für Referendare in Bayern setzt sie heute ihren Weg als Gründerin der Villa Intelligentia, einer privaten Akademie für Mnemotechnik, sowie als Trainerin und Rednerin für Kongresse und Veranstaltungen erfolgreich fort.

Ein perfektes Business-Gedächtnis ist Gold wert! Unternehmer und Führungskräfte sind permanent aufgefordert, mentale Bestleistungen zu erbringen, um ihrer Rolle als Leistungsträger und Vorbild gerecht zu werden.

Mit einem guten Businessgedächtnis können Sie leicht und einfach
- Zahlen, Daten, Fakten und Fachwissen in Ihrem Gedächtnis verankern,
- Reden und umfangreiche Präsentationen ohne Aufzeichnungen souverän vortragen,
- Fachterminologien und Vokabeln lernen und
- Namen und Gesichter von Kunden und Kollegen jederzeit parat haben.

»Mit Mnemotechnik zu einem Spitzengedächtnis!« – Eine Kombination aus Information und Entertainment, die lange im Gedächtnis bleibt.

Referenzen und Kundenstimmen

»Unsere Stipendiatengruppe der Deutschen Wirtschaft war begeistert von Ihrem Aktivvortrag – ein sehr gelungener Abschluss unserer Wochenendveranstaltung. Die Teilnehmer begeisterte vor allem die kurzweilige Form und die hohe Nachhaltigkeit des Vortrags. Ich freue mich schon jetzt auf das vereinbarte Tagesseminar ...« *kommentierte die Organisatorin den interaktiven Impulsvortrag*

Auszeichnungen und Pressestimmen

»Intelligent, witzig, charmant und begeisternd ... ein vollauf gelungener Vortrag!« *kommentiert TV touring den Auftritt von Laila Matejka*

MONIKA MATSCHNIG

Themen

Körpersprache bei internationalen Meetings
Was Sie vermeiden und beachten sollten

Wirkung. Immer. Überall.
Lassen Sie Ihre Leistungen sichtbar werden!

Körpersprache der Mächtigen
Power-Gesten für mehr Erfolg und Durchsetzungskraft

Ausstrahlung: Das gewisse Etwas – haben Sie mehr Mut zum ICH

Veröffentlichungen

Kurzbiografie

Monika Matschnig lebt, was sie lehrt. Die ehemalige Leistungssportlerin Monika Matschnig ist diplomierte Psychologin, internationaler Keynote-Speaker, Trainer und Coach. Ihre Vorträge vermitteln unterhaltsam und wirkungsvoll, wie sie in Gesprächen, Präsentationen und Verhandlungen überzeugender auftreten und damit erfolgreicher agieren können. Die Zuhörer erleben viele AHA-Effekte und staunen über wertvolle Impulse, die dazu motivieren, das eigene Verhalten zu optimieren. Die Bestseller-Autorin begeistert sowohl kleine Gruppen als auch große Säle und punktet mit ihrem lebendigen Vortragsstil und profundem Fachwissen bei Kunden- und Mitarbeiterveranstaltungen, Kick-Offs, Kongressen, Events, Symposien und anderen Tagungen. In ihren Seminaren und Coachings lockt sie die Teilnehmer aus der Reserve und schafft es, dass jeder mit seinem „Körper" spricht. Bekannt sind auch ihre TV-Analysen von Prominenten, Politikern und Entscheidungsträgern.

Referenzen und Kundenstimmen

Sie doziert an verschiedenen Instituten, Universitäten und zu ihren Kunden zählen nationale und internationale Unternehmen: Axel Springer Verlag, BRAX, e.on, Deutsche Bank, Deutsche Bahn, IBM, Land Rover, Lufthansa, PWC, Roche, Schwarzkopf, Siemens, Sparkassen, UBS u. v. m.

»Vielen Dank für Ihren hervorragenden und engagierten Vortrag – die Begeisterung aller Teilnehmer war deutlich spürbar!« *Werner Boekels, Linde AG*

»Ihr Vortrag war brillant und ging unter die Haut!« *Jens Wagner, BION-pad®*

Auszeichnungen und Pressestimmen

Sie gehört zu den »Top 100 Excellent Speakers« und erhielt das Siegel zum Top-Keynote-Speaker unter den Top-100 der Perfect-Speakers.eu. Das Nachrichtenmagazin Focus zählt sie zu den »Erfolgsmachern« und sie wurde von der German Speakers Association e. V. als »Professionell« anerkannt. 2007, 2008, 2009 und 2010 wurde die Referentin mit dem begehrten Conga Award ausgezeichnet.

»Die Trainerin präsentierte in einem anschaulichen Vortrag, wie man verräterische Gesten erkennt und wie man ein überzeugendes Auftreten üben kann.« *Stuttgarter Zeitung*

»Jörg Löhr, der Persönlichkeitsexperte Nummer 1 in Deutschland … Sie ist der Shootingstar der Motivations-Szene.« *CASH*

MICHAEL MATTERSBERGER

Themen

Persönliche Top-Leistung erreichen!

Gesund sein als Erfolgsfaktor

Wie steht es um Ihr persönliches Energie-Management?

Business, Motivation & Gesundheitsprävention

Kurzbiografie

Michael Mattersberger wurde am 14. März 1963 in Innsbruck geboren und war nach seiner Ausbildung mehr als 25 Jahre als Marketingleiter und Geschäftsführer in verschiedenen touristischen Unternehmen in Österreich, Deutschland und der Schweiz tätig.

Durch sein Engagement als Unternehmensberater, Unternehmer und CEO der Internationalen TOP-Hotel-Marketinggruppe »Premium Spa Resorts« hat er langjährige Erfahrung im Bereich Gesundheit, Spa und Marketing gesammelt.

Er drückt seine Lust und Freude an der Bewegung als mehrfacher Ironman-Triathlon und Marathon-Finisher aus. »Jeder kann sein Energieniveau steigern!« – so sein Lebensmotto.

Michael Mattersberger gibt sein in der Praxis erworbenes Wissen in Vorträgen und Seminaren and das Top-Management und Mitarbeiter von Firmen weiter.

Referenzen und Kundenstimmen

Wella Schweiz AG / Zürich - Basel
Anwaltskanzleien Gleiss Lutz - Frankfurt
Diverse Gesundheitsmessen - Deutschland / Schweiz
Mey & Edlich - München
Millionairs Fair – München (Moderation für Premium Spa TV)
Energieseminar Krallerhof - Leogang

»Pure Lebensfreude und super Wellnesstipps.« *M. Pontius, Frankfurt*

»Referent mit toller Persönlichkeit« *R. Claussen, Pirmasens*

GERHARD MATTHES

Themen

Dienstleistungsmarketing
Wie verkaufe ich das Ungreifbare?

Marketing für Unternehmen, die sich das eigentlich nicht leisten können!

Verkaufen – kein Buch mit sieben Siegeln.

Meine Sprache als Erfolgsfaktor für Führung, Verkauf und Beziehungen.

Kurzbiografie

Gerhard Matthes, 1965 in Darmstadt geboren, ist seit 1999 erfolgreicher Trainer und Berater für die Themen Marketing, Vertrieb und Kommunikation. Er ist Geschäftsführer von matthes-training.com.

Nach Abschluss seiner handwerklichen Berufsausbildung studierte er Betriebswirtschaft mit Schwerpunkt Agrarwissenschaft. Mit einer anschließenden Ausbildung zum IHK-Fachwirt für Marketing und Vertrieb baute er sein interessantes Kompetenzprofil aus.

Sein berufliches Praxiswissen ist weit gefächert: Als Assistent der Geschäftsleitung war er für Key-Account-Kunden in Lebensmittel verarbeitenden Betrieben verantwortlich. Mitte der Neunziger entwickelte er für einen Verband in Südhessen eine regionale Vermarktungsinitiative im Bereich Fleischproduktion und setzte diese mit Erfolg am Markt um.

Herr Matthes war zu Beginn seiner Laufbahn auch Ausbilder für Fachwirte für Marketing und Vertrieb bei der IHK Wiesbaden und bei der SRH Learnlife AG, Heidelberg.

Der wortgewandte und inspirierende Trainer wird aufgrund seiner weitreichenden praxisnahen Erfahrungen, gepaart mit seiner hohen fachlichen Kompetenz, immer wieder als Seminarleiter und Redner gebucht:
- Er berät und entwickelt Unternehmen aus unterschiedlichen Branchen in dem Bereich des Marketing, Vertriebs und der Kommunikation.
- Er vermittelt und trainiert die Umsetzung der forcierten Maßnahmen im Vertriebs- und Serviceteam.
- Er begleitet die Unternehmen bis zur Realisierung des jeweiligen Vertriebsprojektes.

Seine Kunden sind Unternehmen, die nachhaltige Entwicklung für ihr Verkaufsteam, ihre Innendienstmannschaft, ihre Serviceingenieure oder Franchisepartner anstreben. Unternehmen, die ihren Wettbewerbern eine Nasenlänge voraus sein wollen.

Herr Matthes ist Mitglied im BVDT (Bundesverband der Trainer und Verkaufsförderer), BVMW (Bundesverband der mittelständischen Wirtschaft) und des Förderkreises der Wirtschaftsjunioren Deutschland.

Referenzen und Kundenstimmen

Deutsche Verkaufsleiterschule, München; Suzuki International, Bensheim; Bimatec Soraluce, Limburg; ADETE, Kaiserslautern u. v. a. m.

»Keinen Moment Müdigkeit – Keinen Moment Langeweile! Ich bin von Ihrer Art zu präsentieren begeistert! Viele detaillierte Anregungen, freue mich darauf, das Gelernte anzuwenden.« *Peter K., Suzuki Deutschland*

PETER MATTHIES

Themen

Next Generation Leadership Principles
Keys for becoming a Great Leader

Leadership in the Face of Crisis
Turning Economic Challenges into Opportunities for Growth

Signs that Predict the Future of Your Organization

Engage! People Solutions for Future-Minded Businesses

Veröffentlichungen

Kurzbiografie

Peter Matthies vermittelt neue, erprobte Methoden für persönlichen und unternehmerischen Erfolg. In seinen augenöffnenden Ansätzen verbindet er neue Einblicke in menschliche Verhaltensweisen mit Erfahrungen aus seiner 18-jährigen Karriere im internationalen Technologie- und Finanzbereich.

Peter Matthies ist Gründer des Conscious Business Instituts (CBI) in Kalifornien, dessen neue Führungsparadigmen da ansetzen, woran heutige Modelle scheitern: am persönlichen und emotionalen Engagement der Mitarbeiter als treibende Kraft für Innovation, Produktivität und Erfolg. Mit erfahrenen Managern, Führungskräfteberatern und Organisationsentwicklern hat er grundlegend neue Modelle entwickelt, die u. a. zu direkt messbarem Unternehmenswachstum und einer von Engagement, Verantwortung & Vertrauen geprägten Firmenkultur führen.

In leitender Position bei Apax Partners & Co., einer der weltweit führenden Private-Equity-Firmen, hat Peter Matthies Einblick in die Erfolgsdynamik vieler Hundert Unternehmen bekommen. Er begann seine Karriere bei Andersen Consulting (Accenture), bevor er ein Softwareunternehmen und später einen Accelerator im Silicon Valley gründete.

Peter Matthies ist Autor von 2 Büchern und über 100 Artikeln zu den Themen Führung, Unternehmenstrends, Innovation, Technologie und Aikido. Er ist begeisterter Skifahrer, Tennisspieler und trägt einen Schwarzgurt in Aikido.

Referenzen und Kundenstimmen

»Dank CBI sind unsere Umsätze über 700 % gewachsen.« *Murray Steinman, Flying Horse Communications, Inc.*

»Peter hat tiefe Einsichten, spricht aus Erfahrung und vermittelt Kernbotschaften mit Integrität.« *Regina Flores, BearingPoint, Inc.*

»Wahrhaft transformativ! Ich sehe bereits positive Veränderungen in meinem persönlichen Leben und in meiner Karriere.« *D. Colbert, Venture-Capitalist*

Auszeichnungen und Pressestimmen

Global Advisor & German Chair der Climate Prosperity Alliance

President German Venture Capital Club

DR. ANNE KATRIN MATYSSEK

Themen

Do care!®
Gesund führen – sich und andere!

Wachstum durch Wertschätzung
Spielen Sie mal Sonne!

Veröffentlichungen

Kurzbiografie

Dr. Anne Katrin Matyssek, geb. 1968, Diplom-Psychologin, promovierte 2002 an der Universität zu Köln. Seit 1998 arbeitet die approbierte Psychotherapeutin als Rednerin und Beraterin zu betrieblichem Gesundheitsmanagement.

2002 erfolgte unter dem Namen do care! die Fokussierung und Spezialisierung auf das Thema »Gesund führen«. Hierzu hat sie inzwischen 3 Bücher veröffentlicht. Weitere Sachbücher, Ratgeber und zwei wöchentlich erscheinende Podcasts folgten. Das Ziel ist jeweils die Erhaltung und Förderung der psychosozialen Gesundheit durch mehr Wertschätzung im Betrieb.

Anne Katrin Matyssek hat einen Lehrauftrag für »Gesundheitsgerechte Mitarbeiterführung« an der Gottfried Wilhelm Leibniz Universität Hannover (Institut für interdisziplinäre Arbeitswissenschaft). Sie ist Mitglied des Berufsverbandes Deutscher Psychologen (BDP) und der German Speakers Association (GSA, Status: professionell).

Referenzen und Kundenstimmen

»Sie haben mit Ihrer Art die Wertschätzung in unserem Unternehmen vorangebracht.« *Hans-Otto Bute, Personalleiter Mannesmannröhren Werke*

»Authentisch. Überzeugend. Für die Praxis sehr hilfreich.« *Jochen Elbertzhagen, Personalleiter Finanzamt Münster-Außenstadt*

»Ich bin immer noch begeistert von Ihrem Vortrag, den Sie vor einiger Zeit bei Boehringer Ingelheim gehalten haben.« *Stefan Hartmann, KPI, Boehringer Ingelheim*

ROLAND MATZIG

Themen

Clevere Maßnahme, das Passivhaus

Bauen als Klimaschutz

Passivhaus aus Altbau

Kurzbiografie

Roland Matzig, geboren 1956, liebt die Natur und die Menschen. Vielleicht ist das der Grund dafür, dass er kein »normaler« Architekt geworden ist, sondern einer, der Bauen immer in Harmonie mit der Natur verwirklichen will. Deshalb wurde er einer der ersten Passivhaus-Architekten in Deutschland und hat sich einen Namen als Referent für die Themen »Passivhaus« und »Energieeffizienz« gemacht.

Roland Matzig ist seit 1978 freier Architekt mit realisierten Bauten in Deutschland, Holland, Belgien, Luxemburg, Schweiz, Spanien, Portugal, Österreich und Australien. 1998 realisierte er sein erstes Passivhaus, 2007 wurde er der erste zertifizierte Passivhausplaner in Baden-Württemberg.

Roland Matzig schafft es in seinen Vorträgen, Natürlichkeit und Fachkompetenz zu verbinden.

Er ist jemand, der sein Wissen gerne weitergibt und Vorträge oder Workshops spannend und informativ zugleich gestaltet. Einer, dem man gerne zuhört. Die Basis dafür ist die Nähe zur Praxis: Seit 28 Jahren leitet Roland Matzig das Architekturbüro »r-m-p passivhaus architekten und ingenieure« mit Niederlassungen in Mannheim und Frankfurt, das sich auf das Bauen von Passivhäusern spezialisiert hat und mehrfach ausgezeichnet wurde.

Referenzen und Kundenstimmen

»Seine Vorträge zählen immer zu den Highlights auf unseren Messen.«
Detlev Garten, Umweltmessen GmbH

»One of the best speakers at the topic ›Passivhaus‹ I've ever heard!«
Brendan O'Neill, CEO Celtic Trade Group, Boston

Auszeichnungen und Pressestimmen

1. Platz beim internationalen 2-stufigen Wettbewerb »Passivhaus als Informationszentrum für energieeffizientes Bauen und Sanieren« in Groflschönau/Österreich

MANFRED MAUS

Kurzbiografie

Manfred Maus ist Gründer sowie ehemaliger Aufsichtsrats- und Vorstandsvorsitzender der OBI-Organisation.

Seine Idee vor über 30 Jahren: dem Heimwerker alles, was er braucht, unter einem Dach zu bieten, in einem einzelhandelsbezogenen Umfeld ein zielgruppenorientiertes, kundenfreundliches Home-Center für den Heimwerker zu schaffen – im Gegensatz zur damals branchenorientierten Einzelhandelslandschaft (Eisenwarenfachhandel, Sanitärfachhandel, Holzfachhandel). Der erste Markt wurde 1970 in Hamburg-Poppenbüttel eröffnet.

Franchising war damals in Deutschland noch unbekannt. Manfred Maus machte die Franchise-Idee in Deutschland bekannt und organisierte die OBI Bau- und Heimwerkermärkte konsequent von Anfang an im Franchising. Alle Märkte vor Ort werden von rechtlich und wirtschaftlich selbstständigen Franchise-Partnern geführt. Der Franchise-Geber, das OBI Franchise-Center in Wermelskirchen, stellt ein ausführliches Dienstleistungspaket zur Verfügung, z. B. Buchhaltung, Werbung, Verkaufsförderung, Controlling, Einrichtung und Planung etc.

Heute ist OBI Marktführer im Do-it-yourself-Bereich und europaweit tätig in: Deutschland, Italien, Österreich, Polen, Schweiz, Slowenien, Tschechien, Ungarn, Bosnien-Herzegowina und Russland.

Aus dieser Tätigkeit »Aufbau einer Franchise-Organisation« gibt Manfred Maus heute seine Erfahrungen als Unternehmensführer zu den Themen »Aufbau und Pflege einer Unternehmenskultur«, das »Führen mit Werten« etc. weiter.

Auszeichnungen und Pressestimmen

Auszeichnung mit Goldenem Zuckerhut als »Manager mit Visionen« (1997)

Öko-Manager des Jahres 1998

Träger des Bundesverdienstkreuzes

Verleihung der Staufermedaille durch den Ministerpräsidenten des Landes Baden-Württemberg am 27.04.2001 in Schwäbisch Gmünd

Auszeichnung von Manfred Maus mit dem Verdienstorden des Landes Baden-Württemberg für das Engagement von OBI innerhalb der Stiftung Sport und Kultur des Landes Baden-Württemberg

Seit 10.10.2004 Träger des Silvester-Ordens, der höchsten päpstlichen Auszeichnung für Laien

Auszeichnung mit dem HDE Lifetime Award für sein Lebenswerk im Oktober 2004

DR. RALF MAYER DE GROOT

Themen

Was ist das Geheimnis der Sieger-Marken?
Und was das Versäumnis der Verlierer?

Marken-Erweiterung
Wie Sie die großen Chancen nutzen und die Risiken vermeiden.

Erfolgs-Rezepte durchschlagender Innovations-Erfolge

Kurzbiografie

Dr. Ralf Mayer de Groot, geboren 1955, gilt als Vordenker in Marketing-Strategie und -Research. Seit 2007 leitet er das MAYER DE GROOT Marketing-Research and Consult Netzwerk. Von 1999 bis 2006 war er Vorstand/COO bei Konzept & Analyse. Davor war er Marketing- Geschäftsführer bei Carat, Geschäftsführer bei Target Group sowie bei Effem Tiernahrung (heute Masterfoods) und Scholz & Friends tätig.

Er ist Autor der Bücher »Produkt-Positionierung«, »Imagetransfer« sowie »Marken-Diversifikation und Tragfähigkeit« sowie zahlreicher Fachartikel.

Vorträge hielt er u. a. bei folgenden Veranstaltungen:
1. Retail Card Congress (2009)
1. Kongress für mehr Markenerfolg (2008)
6. Markenkongress (2006)
Hamburger Dialog 2006
Expopharm 2006
2. und 5. Deutscher Spirituosen Kongress (2003, 2006)
Süßwaren Kongress (2004)
6.–10. Marken-Erfolgs-Kongress (2001–2006)
Mediagipfel St. Gallen 2003

Referenzen und Kundenstimmen

»Bei der Einführung von Beck's Gold waren für uns die Marktsimulationen und Werbetests eine wichtige Entscheidungshilfe« *David John Shaw*

»Nutzen Sie die guten Werkzeuge in Form von Marktforschungsansätzen und Wirkungsmodellen zur Kapitalisierung der Potenziale, die nahezu in jeder Marke schlummern.« *Leo A. Möllerherm*

»Behandeln Sie Ihre Assets, Ihre Marken ebenso wie Mayer de Groot.« *Jean-Paul Rigadeau*

Auszeichnungen und Pressestimmen

Marken, die Ralf Mayer de Groot betreut und beraten hat, wurden u. a. augezeichnet mit: Produkt des Jahres 2009, 2008, 4 x 2006, 4 x 2005, 2 x 2004, Marken-Kooperation 2006; Marken Award 2004 und 2 x 2003.

DR.-ING. REINHARD MAYR

Themen

Zielgruppenorientiere Vorträge und Seminare im Umfeld von
Business Process Management, Lean Management, Business Process (Re-)Engineering, Processcontrolling

und über das Thema
Kontinuierlicher Verbesserungsprozess (KVP)

Veröffentlichungen

Kurzbiografie

Dr.-Ing. Reinhard Mayr, geb. 1947, ist Professor für Informationstechnologie und Prozesse an der Fachhochschule Köln (FHK) in der Fakultät für Fahrzeugsysteme und Produktion. Als Geschäftsführender Direktor leitet er heute das Institut für Produktion in dieser Fakultät. Er studierte Maschinenbau in Paderborn, Mathematik und Informatik an der Technischen Universität in Berlin (TU Berlin) und promovierte 1979 über 3D-Finite-Elementstrukturen am Institut für Werkzeugmaschinen und Fertigungstechnik (IWF) der TU Berlin bei Prof. Dr. mult. G. Spur. Er ist verheiratet und hat 2 Kinder. 1980 gründete er zusammen mit 4 Assistenten der TU Berlin das CAD-Beratungshaus SYSTEM CONSULT GmbH in Berlin. Er widmete sich in den 80er Jahren hauptsächlich der CAD-Beratung in der Automobilindustrie. Unter seiner Leitung wurde u.a. die CAD-Schnittstelle VDAPS (DIN 66304) für CAD-Normteile im Verband der deutschen Automobilindustrie entwickelt. Er wechselte 1989 zur Firma vw-gedas GmbH, einem Tochterunternehmen des VWKonzerns in Berlin. Dort war er zunächst kurz in der Softwareentwicklung für Produktdatenmanagementsysteme (PDM) tätig. Im Anschluss übernahm er die Vertriebsleitung für PDM- und Normteil-Datenbanksysteme im deutschsprachigen Raum. Seit 1995 ist Dr. Mayr Professor an der FHK und befasste sich dort von Anfang an mit der Entwicklung von Prozesslogiken und der Realisierung von Prozessen im ERP-System SAP/R3. Seit 2004 entwickelt er mit seinem Team in der FHK die offene graphische Business-Prozess-Designsprache OMEGA+ kontinuierlich weiter. Parallel implementiert er am Institut den zugehörigen graphischen Editor PROMETHEUS. Auf Basis seiner langjährigen Erfahrungen im Bereich des Geschäftsprozessmanagements entstand an der Hochschule 2007 die Master-Vorlesungsreihe »Business Process Management (BPM)«. Sein Beratungshaus ICP Prof. Mayr führt heute BPM-Projekte auf der Basis der Sprache OMEGA+ in der Industrie, bei Lehr- und Forschungseinrichtungen sowie bei Banken und Versicherungen durch. Dabei stehen nicht nur die Wertschöpfungsprozesse der Entwicklung und Produktion, sondern ebenfalls administrative Prozessabläufe im Fokus. Als Einstieg in die BPM-Entwurfsmethodik für Firmen ist das mehrtägige BPM-Trainingsseminar in den oben genannten Tätigkeitsfeldern gedacht. Mitarbeiter und Führungskräfte werden in diesem Seminar auf Ihre BPM-Teamaufgabe vorbereitet. Industrievorträge über die BPM-Studie 2008 in der deutschen Automobilindustrie bilden die vorläufigen Höhepunkte seiner BPM-Vortragsaktivitäten.

Referenzen und Kundenstimmen

Vorträge:
- Business Process Management – A way to fight the crisis? *auf dem Deutsch-Polnischen-Seminar in Köln 16. Juni 09*
- Business Process Management – was macht die Automobilindustrie? *auf der DMS in Köln 17. Sept. 09*
- OMEGA+ – eine neue Prozessbeschreibungsnotation *im BPM-Club in Düsseldorf 29. Okt. 09*

HANS-GERD MAZUR

Themen

High Performance für High Potentials.

Die fünf Dimensionen erfolgreicher Unternehmensführung.

Was Kunden heute brauchen.

Selbstmanagement – the next Level.

Veröffentlichungen

Kurzbiografie

Hans-Gerd Mazur, geboren 1964, CEO, Consultant, Trainer und Coach für Unternehmen und Unternehmer. Er studierte Wirtschaftswissenschaften mit dem Abschluss Diplom-Ökonom. Qualitätsmanagement-Auditor, Fachjournalist, Autor und Co-Autor zahlreicher Fachartikel und Mitglied der GSA – German Speaker Association.

»Wäre alles wunschgemäß gelaufen, wäre ich Fußballprofi geworden ...«, doch im Alter von 15 Jahren haben gesundheitliche und private Schicksalsschläge zum Umdenken angeregt.

Nach dem Studium gründete er, zusammen mit seiner späteren Frau Kerstin, die Beratung für erfolgreiche Unternehmensführung – Eusera GmbH. Innerhalb der letzten 2 Jahrzehnte waren so manche Höhen und Tiefen zu meistern, die mit viel Engagement und wirksamen Erkenntnissen zum Erfolg führten. Heute ist er mit seinem Team von Beratern und Kooperationspartnern als Unternehmensbegleiter unterwegs. Mit dem speziell entwickelten 5-Dimensionen-Konzept arbeitet er in den Bereichen Strategie, Prozesse, Organisation, Steuerung und Performance.

»Erfolg durch Erfahrung« ist das Firmenmotto.

Als Marketing- und Vertriebsexperte sorgt Herr Mazur bei seinen Klienten nachweislich für wertschöpfenden Output, der sich schnell in Umsatz und Gewinn widerspiegelt.

Zusätzlich arbeitet er als Lehrbeauftragter an Hochschulen und Universitäten, um den zukünftigen Führungskräften sein Know-how zur Verfügung zu stellen.

Außer seinen Zertifikaten und Abschlüssen bekam Herr Mazur u. a. das Platin-Siegel für über tausend zufriedene Teilnehmer mit der Bewertungsnote sehr gut und gut.

Referenzen und Kundenstimmen

»Wir arbeiten mit Herrn Mazur seit über 9 Jahren zusammen und können ihn wärmstens weiterempfehlen.«

»Herr Mazur bietet Know-how auf sehr hohem Niveau und auf unterhaltsame Weise ...«

»... sehr kurzweilig und individuell.«

»Wir werden Herrn Mazur für unser gesamtes Team buchen.«

»... ohne Herrn Mazur wäre unser Erfolg sicherlich nicht in dieser Weise zustande gekommen. Vielen Dank.«

WALTRAUT VON MENGDEN

Themen

Die Magie der Medien

Coaching für den Umgang mit Medien

Die Macht der Marke

Was bedeutet der mediale Wandel für die Gesellschaft?

Kurzbiografie

Waltraut von Mengden, geboren am 25. Januar in München, ist seit 1999 Geschäftsführerin der MVG Medien Verlagsgesellschaft mbH & Co., einer Tochtergesellschaft der Schweizer Marquard Media AG, und ist für die erfolgreichen Premium-Lifestylemagazine COSMOPOLITAN, JOY und SHAPE mit den entsprechenden Websites verantwortlich.

Nach ihrem BWL-Studium und ersten Stationen bei Reynolds Tobacco und BMW hat sie ihre Leidenschaft zum Beruf gemacht und sich schon sehr früh der Luxus- und Lifestyle-Branche verschrieben. 1983 fing Waltraut von Mengden als Marketingdirektorin für die Kosmetikmarke Clinique/E. Lauder an und wusste schon damals, was Frauen wollen. 1989 profilierte sie sich als Außendienstrepräsentantin bei Gruner + Jahr in der Verlagswelt, so dass sie bereits 1991 bei Burda als Anzeigenleiterin für »Bunte« entdeckt worden ist. Nach dieser intensiven Zeit hat sie sich ganz den Frauen und ihren Bedürfnissen verschrieben. 1994 wurde Waltraut von Mengden Anzeigendirektorin bei MVG. Ihre Überzeugungskraft bescherte ihr großen Erfolg im Anzeigenmarkt und sie wurde 1999 Geschäftsführerin mit der Gesamtverantwortung für alle Titel.

Waltraut von Mengden gelingt es auf einzigartige Weise, Printprodukte, die gleichermaßen begehrenswert für Leser und Anzeigenkunden sind, erfolgreich im Markt zu positionieren. Ihr Erfolgsrezept ist der Glaube an Markenwerte, Stringenz in der Führung der Marken, hoher Sachverstand gepaart mit einer einzigartigen Branchenkenntnis, ihre außerordentliche Begeisterungsfähigkeit für das Medium Print und ihr hervorragendes Netzwerk. Ihre Stärke ist es, Menschen zu begeistern und in ihren Bann zu ziehen.

Referenzen und Kundenstimmen

Aktuelle Moderationen:
Verleihung des Cosmopolitan Prix de Beauté, Joy Trend Award
Deutscher Medienkongress, Horizont – Podiumsdiskussion
Euroforum – Vortrag
Medientage München – Podiumsdiskussion
VDZ Veranstaltung »Frauen im Fokus von Print und Online« – Podiumsdiskussion

»Waltraut von Mengden ist nicht nur fachlich eine punktgenau analysierende und erfahrene Ansprechpartnerin, sondern gehört zu den kompetentesten Ansprechpartnerinnen der Branche. Es ist immer wieder inspirierend mit ihr zusammenzuarbeiten.« *Thomas Schindlbeck, Geschäftsführer H,T,P Concept, Gesellschaft für Marketingforschung mbH BVM*

»In der Branche genießt MVG einen sehr guten Ruf und hat zweifellos einen gewissen Sympathiebonus. Und das hat mehrere Gründe: 1. MVG gilt als professionell gemanagt und gut aufgestellt. In den Segmenten, in denen die MVG mit ihren drei Titeln unterwegs ist, spielt der Verlag eine ausgesprochen starke Rolle. 2. Für Journalisten wichtig: Die Zusammenarbeit mit MVG ist professionell, zuverlässig und menschlich angenehm.« *Jürgen Scharrer, Chefredakteur HORIZONT*

THOMAS MENTHE

Themen

Die sieben K-Faktoren für erfolgreiche Umsetzung

Der Schlüssel zum Vertriebserfolg®

Neue Methoden für das Vertriebsmanagement

Handlungskompetenz und Unternehmertum

Veröffentlichungen

Kurzbiografie

Thomas Menthe studierte Informatik mit dem Schwerpunkt BWL. Anschließend sammelte er 13 Jahre Erfahrung im Bereich Training und Verkauf in der IT-Industrie bei marktführenden Unternehmen.

Seit 8 Jahren arbeitet er für Unternehmen als Consultant, Dialogtrainer und gründete 2001 gleichzeitig seine eigene Firma für B2C-Vertrieb. Besonderes Interesse gilt der Strategieumsetzung, dem Vertrieb und dem Human Resource Development. Sein Ziel als zertifizierter Coach ist die Nachhaltigkeit sowie die Ergebnisorientierung entwickelter Ideen durch Perspektivenwechsel und kontinuierlicher Innovation. Thomas Menthe ist ein begeisternder wie auch lebendiger Redner und wurde dafür von der weltweiten Rhetorik-Vereinigung »Toastmasters« mehrfach ausgezeichnet.

Thomas Menthe gehört zu den TOP 100 Speakers Excellence, ist Mitglied der German Speakers Association (GSA) und zertifizierter Business-Coach im DVCT (Deutscher Verband für Coaching und Training). Am 31.1.2004 wurde er von der Akademie der Führungskräfte zum »Unternehmer des Jahres 2003« ausgezeichnet, bildet angehende Business-Coachs aus und lehrt Verkaufsmanagement in einem Bachelor-Studiengang an der BVS Business School/Robert Gordon University in Zürich.

Referenzen und Kundenstimmen

AMC, Cisco Systems, Deutsche Telekom, Daimler AG, Dehoga, Deutsche Post, E.ON AG, Edeka Gruppe, HDS Retail, Marktkauf, Philip Morris, Remax, Robert Gordon University, Sanner GmbH, Volksbanken

»In der heutigen Zeit ist permanente Improvisation und Anpassung an das Marktgeschehen unausweichlich. Thomas Menthe überzeugt durch Dynamik, Erfahrung und praxisnahe Darstellung in seinen Seminaren. Der Nutzen ist sofort messbar.« *Johannes von Knobelsdorff, Panasonic Europe*

»Ihre Präsentation und Kommentierung war wirklich herausragend. Mit Charme und Kompetenz verstanden Sie es, uns in Ihren Bann zu ziehen. Kompliment!« *Prof. Dr. Dr. habil. Kurt Nagel, Systeme für Erfolg*

Auszeichnungen und Pressestimmen

»Die Firmeninhaber Stefan Culjak und Thomas Menthe können stolz sein, sind sie doch im vergangenen Frühjahr als ›Unternehmer des Jahres‹ geehrt worden.« *Süddeutsche Zeitung*

»Thomas Menthe (Toastmaster) hat die Jury überzeugt. Aus 30 Wettbewerbern ist er zur Nummer 1 gewählt worden und darf nun seinen BMW (eine 7-minütige Rede) in Paris auf der europäischen Toastmasterkonferenz verkaufen.« *Süddeutsche Zeitung, 2003*

Unternehmer des Jahres 2003, Akademie der Führungskräfte

Mehrfach ausgezeichnet von der weltweiten Rhetorikvereinigung Toastmasters

STEFAN MERATH

Themen

Zielgruppe: Inhaber von kleinen und mittleren Unternehmen aller Branchen

Der Weg vom Selbstständigen zum Unternehmer

Strategie und Vision für KMU

Die Aufgaben des Unternehmers

Veröffentlichungen

Der Weg zum erfolgreichen Unternehmer
Gabal Verlag 2008, 3. Auflage.

Der Weg zum erfolgreichen Franchisegeber
ProBusiness, 2006

Veröffentlichung von mehreren Dutzend Fachartikeln
z. B. in Focus Online, Alpha, Coaching Magazin u. a.

Kurzbiografie

Stefan Merath, geboren 1964 in Stuttgart, studierte Informatik, Psychologie, Philosophie, Publizistik und Soziologie. 1997 gründete er sein erstes Unternehmen und ist seit 2004 Unternehmercoach, d. h. selbst Unternehmer und Coach ausschließlich für Unternehmer. Mit dieser engen Fokussierung war er der Erste auf dem deutschsprachigen Markt und sein Portal unternehmercoach.com steht seit Jahren bei Google auf Platz 1.

Er ist Experte für die sogenannte zweite Wachstumshürde, den Übergang vom Selbstständigen, der selbst und ständig arbeitet, hin zum Unternehmer, dessen Firma ohne ihn funktioniert. Im Fokus liegen also Unternehmen mit fünf bis 30 Mitarbeitern. Als Erster im deutschsprachigen Raum erarbeitete er ein systematisches Konzept, das die Aufgaben des Unternehmers nachvollziehbar bestimmt und beschreibt. Damit wird eine systematische Entwicklung der Unternehmerkompetenzen ermöglicht.

Das Ziel seiner Arbeit sind erfolgreiche Unternehmen mit Bedeutung, die Sinn schaffen. Sein Buch »Der Weg zum erfolgreichen Unternehmer« entwickelt sich zum Standardwerk für Kleinunternehmer.

Er ist Mitglied in der Beratergruppe Strategie, im Strategieforum e. V. und in der German Speakers Association.

Referenzen und Kundenstimmen

»Ich kann jeder Unternehmerin und jedem Unternehmer dieses Seminar empfehlen. Und wer eine Firma gründet, für den ist dieses Seminar oberste PFLICHT. Wer es nicht besucht und verwertet, sollte jeden Tag mindestens 10 Liter Wasser trinken – die Tagesration für ein Kamel. :-)« *Alfred Amacher, Amacher AG, Schweiz*

»Das Coaching von Herrn Merath hat eine richtiggehende Initialzündung bei mir ausgelöst. Die daraus resultierende Verbindung von privater Leidenschaft und Beruf setzt erhebliche Energien frei.« *Wilfried Lehr, Steuerberater, München*

Auszeichnungen und Pressestimmen

Strategiepreis 2009

»Ein Mann der klaren Worte« *Lüdenscheider Nachrichten*

DR. MARKUS MERK

Themen

Sicher entscheiden

Das kleine Entscheidungs-EIN-mal-ELF

Mit Leistung und Fairplay zum Erfolg

Meine Werte:
Wie Sie erkennen, was Ihnen wirklich wichtig ist

Veröffentlichungen

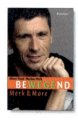

Kurzbiografie

Dr. Markus Merk, Jahrgang 1962, ist dreifacher Fußball-Weltschiedsrichter. Von 1988 bis 2008 leitete er insgesamt 339 Bundesligaspiele und ist damit der absolute Rekordhalter. Von 1992 bis 2008 war er als FIFA-Schiedsrichter auch international im Einsatz.

Als jüngster Schiedsrichter in der Geschichte leitete er bereits 1993 das DFB-Pokal-Finale sowie 1997 das Endspiel im Europapokal der Pokalsieger. Im Jahr 2003 pfiff er das Champions-League-Finale zwischen Juventus Turin und dem AC Mailand in Manchester. Als einziger deutscher Schiedsrichter war er für die Europameisterschaften 2000 und 2004 sowie die Weltmeisterschaften 2002 in Japan/ Korea und das deutsche Sommermärchen 2006 nominiert. Dabei war die Leitung des Endspiels der Fußballeuropameisterschaft in Portugal zwischen dem Gastgeber und Griechenland einer von vielen Höhepunkten.
Dr. Markus Merk wurde siebenmal zum Schiedsrichter des Jahres in Deutschland gewählt, von Experten aus über 100 Ländern in den Jahren 2004, 2005 und 2007 außerdem zum besten Schiedsrichter der Welt. Der Referee aus Kaiserslautern steht für Kompetenz, Fairness, Seriosität und Leistung.

Jenseits der nationalen und internationalen Glitzerwelt des Fußballs gibt es für Dr. Markus Merk noch eine ganz andere Welt. Im Süden Indiens kümmert er sich um die Sorgen und Nöte der Ärmsten der Armen. Seit 1991 hat er verschiedene Entwicklungsprojekte aufgebaut, darunter drei Schulen, zehn Waisenhäuser sowie ein Altenheim. Außerdem ist er Botschafter der Kampagnen »Schützt Kinder im Krieg« des Internationalen Roten Kreuzes und der UEFA und »Sechs Dörfer für 2006« der SOS-Kinderdörfer und der FIFA.

Mit dem Ziel, »sich und andere zu bewegen«, verkaufte er Ende 2004 seine Zahnarztpraxis. Seitdem zählt Markus Merk zu den gefragtesten Vortragsrednern. Das Handelsblatt bezeichnete seine authentische Vortragsweise als »Die Marke Merk«. Mit seiner Energie spielt er geschickt Doppel- und Steilpässe, setzt Reize und bestätigt seine Zuhörer in ihrem Tun und Handeln.

Referenzen und Kundenstimmen

Auf Anfrage

Auszeichnungen und Pressestimmen

Bundesverdienstkreuz für sportliche und soziale Leistungen 2005

Fair-Play-Diplom der UNESCO

Fairplay Award der UEFA

Deutschlands Sportler mit Herz 2005

Jahrespreis des Kinderschutzbundes 2006

Ethikpreis des Sports 2007

BIRGITT MERKEL

Themen

Ob wir schweigen oder nicht – unser Körper spricht
Gewaltfreie Kommunikation; Paargespräche

Persönlichkeitsentwicklung
Das Enneagramm – Chance zur Selbsterkenntnis; Heilsame Versöhnungsrituale

Beziehungs-/Konfliktmanagement
Andere wahrnehmen, so, wie sie sind; Die 2-Gewinner-Beziehung; Starke Kinder brauchen starke Eltern

Schlaf-, Atem- und Lachtraining
Der Clown als Lebensberater; Atem- und Bewegungsmeditationen; Der Schlaf: ein Geschenk der Götter

Kurzbiografie

Birgitt Merkel, geb. 30.09.1953, ist seit über 10 Jahren als Trainerin für Körpersprache und Kommunikation für die verschiedensten Organisationen und Institutionen tätig.

Vor knapp 7 Jahren entschied sie sich in Villingen-Schwenningen mit ihrem Studio »ETUDE: La vie« für die Selbstständigkeit und hat in den vergangenen Jahren zahlreiche Vorträge, Kurse, Seminare und Workshops gehalten.

In den letzten 5 Jahren öffnete sie sich dem tantrischen SEIN, ohne ihre katholischen Wurzeln zu verlassen. Seit ihrer 2-jährigen Ausbildung zur Tantralehrerin, die sie im Mai 2009 erfolgreich abschloss, stehen Lebensfreude und Aufspüren des Wesentlichen im menschlichen Leben im Fokus ihrer Themenangebote.

Aber auch die Vorträge im Rahmen von Persönlichkeitsentwicklung, Beziehungs- und Konfliktmanagement, Schlaf-, Atem- und Lachtrainings, Trauerbegleitung, Selbsterfahrung und Selbsterkenntnis hält sie mit humorvollem Engagement und Fachkompetenz.

Ihre medizinische Grundausbildung als Assistentin in der Medizin macht sie zu einer kompetenten Gesprächspartnerin, wenn es um pathologische Veränderungen des menschlichen Körpers und seiner Körpersprache geht.

Die 5-fache Mutter von erwachsenen Kindern im Alter von 30–18 Jahren lässt auch gern Anekdoten aus der eigenen Familie einfließen – einschließlich der umfassenden Erfahrungen mit allen Höhen und Tiefen als Ehefrau in 33-jähriger Partnerschaft. Die nonverbale Kommunikation erlebt sie sowohl als Paar im Gesellschaftstanz, beim Tango argentino, als auch »solo« beim Ausdruckstanz.

Birgitt Merkel war auch als Laienschauspielerin am Galli Theater in Freiburg und beim Freilichttheater des Theaters am Turm in Villingen-Schwenningen tätig. Mit einer Geisinger Jugendgruppe kreierte sie ein Theaterstück zum Thema »Gewaltprävention«.

Seit 5 Jahren organisiert sie den Event »Frauen leben – leiden – lachen«, der alljährlich zum Weltfrauentag in der Neuen Tonhalle in Villingen stattfindet. Dort schafft sie eine Plattform für und mit Frauen, die auch männlichen Besuchern und Mitwirkenden in allen Bereichen offensteht.

CHRISTA MESNARIC

Themen

Die Digital Natives kommen!
Ist Ihr Unternehmen Generation Y-tauglich?

Intelligente Intuition
Raus aus der Vergangenheitsfalle – Innovation durch Intuition: Global Viewing

Sex. Macht. Erfolg. Macht Sex erfolgreich?
Mehr Erfolg durch Selbstbestimmung, Energie und Ausstrahlung.

Veröffentlichungen

Die besten Ideen für eine starke Persönlichkeit
Erfolgreiche Speaker verraten ihre besten Konzepte und geben Impulse für die Praxis

Artikelreihe Philosophie fürs Business
managerSeminare

www.vortragsimpulse.de

Kurzbiografie

Christa Mesnaric, geboren 1960, aufgewachsen in München, Studium in Kiel, lebt heute im Fünf-Seen-Land bei München. 1990 baute sie ein Unternehmen für technische Dokumentation und Lernsysteme auf. Aus der Leitung großer Projekte ergaben sich Beratungen zur Unternehmensphilosophie, Außendarstellung der Kunden und Trainings zur Unternehmensführung. Seit 2006 steht sie an der Spitze der Michl Group, der Unternehmensberatung mit Akademie. Die Tätigkeitsfelder: Beratung für Aufbau und strategische Ausrichtung von Organisationen; Training für Führungskräfte; Coaching in Europa und international mit Schwerpunkt China; Ausbildung von zertifizierten Trainern und Business-Coachs nach BDVT.

Sie ist Vizepräsidentin des BDVT und Lehrbeauftragte an mehreren Hochschulen.

Ihre Vorträge beschäftigen sich mit dem Thema Erfolg und Veränderung: »Viele Jahre habe ich Menschen beraten und begleitet und dabei ›Die Gesetze des Erfolges‹ erkannt.« Der gleichnamige Vortrag zeigt auf, worum es wirklich geht: Jeder Mensch hat 10 persönliche Erfolgsfaktoren zu erkennen und in drei großen Veränderungsbereichen Aspekte zu ändern. Alles Weitere ist Disziplin und Fleiß im Sinne von selbstbestimmtem, beständigem Handeln.

Christa Mesnaric konfrontiert und packt heiße Eisen an, um Veränderung in Gang zu bringen. Themen wie Spiritualität, Sexualität und Philosophie unterstützen den Change-Prozess enorm, sie wirken wie Katalysatoren auf den beruflichen und privaten Erfolg. Alle Vorträge stellen Altbekanntes in Frage, laden ein, die Komfortzone zu verlassen, und ermöglichen neue Sichtweisen. Aha-Erlebnisse garantiert!

Referenzen und Kundenstimmen

Dräxlmaier Group, Hoffmann Group, Industrie und Handelskammer, Krauss Maffei Technologies GmbH; Le Meridien, Starwood Gruppe; NETG GmbH, London; Radio Beijing, SAP AG

Auszeichnungen und Pressestimmen

Internationaler Deutscher Trainings-Preis 2008 in Gold

Internationaler Deutscher Trainings-Preis 2010/2011 in Gold

REINHOLD MESSNER

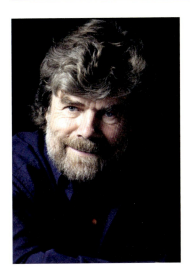

Veröffentlichungen

50 Buchveröffentlichungen (in zwei Dutzend Sprachen übersetzt)

Diverse Artikel in:
STERN, SPIEGEL, GEO, EPOCA, ESPRESSO, NATIONAL GEOGRAPHIC usw.

Kurzbiografie

Grenzgänger, Autor, Bergbauer, MdEP von 1999 bis 2004; geboren am 17. September 1944 in Südtirol, Italien; Geometer-Schule in Bozen, Studium in Padova; Vorträge in ganz Europa, USA, Japan, Australien, Südamerika, usw.; Dokumentarfilme; Ehrenmitglied der Royal Geographical Society und des Explorers Club in New York; Auszeichnungen in Italien, Nepal, Pakistan, Frankreich, USA.

Reinhold Messner gehört seit 30 Jahren zu den erfolgreichsten Bergsteigern der Welt. Er hat bei 3.500 Bergfahrten etwa 100 Erstbegehungen durchgeführt, alle 14 Achttausender bestiegen, zu Fuß die Antarktis, Grönland der Länge nach, Tibet, die Wüsten Gobi und Takla Makan durchquert.

Reinhold Messner bestieg bereits als 5-Jähriger in Begleitung seines Vaters den ersten Dreitausender. Nach seinem Technikstudium arbeitete er kurze Zeit als Mittelschullehrer, ehe er sich ganz dem Bergsteigen verschrieb. Ein Leben als Grenzgänger folgte. Seit 1969 unternahm er mehr als hundert Reisen in die Gebirge und Wüsten dieser Erde. Er schrieb vier Dutzend Bücher. Ihm gelangen viele Erstbegehungen, die Besteigung aller 14 Achttausender sowie der »seven summits«, die Durchquerung der Antarktis, der Wüsten Gobi und Takla Makan sowie die Längsdurchquerung Grönlands. Im Gegensatz zu modernen Abenteurern geht es Reinhold Messner weniger um Rekorde als vielmehr um das Ausgesetztsein in möglichst unberührten Naturlandschaften und das Unterwegssein mit einem Minimum an Ausrüstung. Er folgte dem von Albert Frederick Mummery proklamierten »By fair means« am Nanga Parbat, Fridtjof Nansens »Ruf des Nordens« ins Packeis der Arktis und durchquerte die Antarktis über den Südpol nach einer Idee von Ernest Henry Shackleton. Den Möglichkeiten des Kommunikationszeitalters setzt er sein Unterwegssein als Fußgänger gegenüber und verzichtet auf Bohrhaken, Sauerstoffmasken und Satellitentelefon – ein Anachronismus zwar, der aber der Wildnis ein unerschöpfliches Erfahrungspotenzial bewahrt. Zwischen seinen Reisen lebt Reinhold Messner mit seiner Familie in Meran und auf Schloss Juval in Südtirol, wo er Bergbauernhöfe bewirtschaftet, schreibt und museale Anlagen entwickelt. Als Kommentator im Fernsehen sowie als Vortragsredner ist er von Alpinisten, Touristikern, Wirtschaftsführern weltweit begehrt. Seit einigen Jahren widmet sich Reinhold Messner seinem Projekt Messner Mountain Museum (MMM) sowie seiner Stiftung (MMF), die Bergvölker weltweit unterstützt.

Auszeichnungen und Pressestimmen

Literaturpreis »ITAS« *(1975)*, »Primi Monti« *(1968)*, »DAV« *(1976/1979)*, »Donauland«-Sachbuchpreis *(1995)*, »CONI« *(1998)*, »BAMBI« Lifetime Award *(2000)*, »Pangea Foundation *(2001)*, Umweltpreis »Acquiambiente« *(2002)*, »ITAS« *(2002)*, »Dolomiti-Superski« *(2002)*, internationaler Preis der Sociedad Geográfica Española *(2005)*

JUTTA METZLER

Themen

Authentische Unternehmenskommunikation

Verkäuferisch schreiben

Veröffentlichungen

Kurzbiografie

Jutta Metzler, 1965 in Winterthur/Schweiz geboren, kommt aus der Industrie.

Gestartet mit einer kaufmännischen Ausbildung und Vertrieb bei IBM in Deutschland und Frankreich, studierte sie anschließend an der Hochschule Pforzheim Betriebswirtschaft und Werbewirtschaft. Im Anschluss ging sie zu Gildemeister Großbritannien, wiederum in den Vertrieb, und dann nach Polen, um neue Vertriebsstrategien für das Reiseland Polen und den deutschsprachigen Markt zu entwickeln. Mit einem Stipendium der Europäischen Union kam sie für ein zusätzliches Studium in Internationalem Marketing und Portugiesisch an die ISCTE Lissabon. Zurück in Deutschland absolvierte sie ein weiteres Studium für Journalismus und Medienpraxis an der Pädagogischen Hochschule Weingarten. Seit 1991 ist Jutta Metzler Werbetexterin und Trainerin und hat sich dabei auf den Bereich der authentischen Sprache und des individuellen Verkaufens über die schriftliche Kommunikation spezialisiert.

Neben ihren Vorträgen in Deutschland, Österreich und der Schweiz bietet sie Aus- und Weiterbildungen in authentischer Unternehmenskommunikation, Werbelehre, Werbetext und Konzeption und Öffentlichkeitsarbeit für Unternehmen und Akademien an.

Jutta Metzler ist Mitglied im Fachverband Freier Werbetexter (FFW), der Allianz Deutscher Designer (AGD) und im deutschen Journalistenverband (DJV).

Referenzen und Kundenstimmen

»Tolle Atmosphäre, umfassend und inspirierend!« *Geschäftsführer Werbeagentur München*

»Was Sie spürbar auszeichnet: Sie sind Trainer – aber auch Praktiker!« *Geschäftsführer Romantik Hotel*

»Gut vorbereitet. Große Kompetenz. Sie haben eine besonders positive Art!« *Redakteur, Spieleredaktion, Ravensburger Spieleverlag*

»Sehr, sehr gute Referentin! Gelungene, aktive Gestaltung. Viele Übungen und Beispiele.« *Mitarbeiter, Vertriebsabteilung, ROX Koffer & Taschen, Hofstetten/München*

Auszeichnungen und Pressestimmen

Berliner Type für den besten Werbetext im gesamten deutschsprachigen Raum

Goldene Windrose im Wettbewerb um die besten Touristik-Prospekte

JENS-UWE MEYER

Themen

Querdenken für Manager
Wie Sie Ihr Unternehmen zur Ideenfabrik machen

Das Edison-Prinzip
Geniale Ideen sind kein Zufall!

Thinking Out Of The Box
Neue Produkte, neue Geschäftsmodelle, neue Marketing- und Vertriebswege

The Creativity Economy
Die kreative Revolution der Wirtschaft

Veröffentlichungen

Kurzbiografie

Jens-Uwe Meyer, 1966 geboren, hat Deutschlands ungewöhnlichste Berufsbezeichnung: »Ideeologe«. Für die Presse ist er »Deutschlands Ideentrainer«. Jens-Uwe Meyer zeigt Unternehmen wie Volkswagen, der DekaBank, Microsoft und der ARD, wie sie auf neue Ideen kommen. In seinen Vorträgen motiviert er seine Zuhörer, eingefahrene Denkwege zu verlassen und systematisch auf die Suche nach neuen Ideen zu gehen.

So kreativ wie seine Berufsbezeichnung ist auch sein Werdegang: Jens-Uwe Meyer ist ausgebildeter Polizeikommissar, war Polizist auf der Hamburger Davidwache und ermittelte bei der Rauschgiftfahndung gegen Heroinkartelle. Nach mehr als sieben Jahren verließ er 1990 die Polizei. Er wurde Frühmoderator beim Radio und Journalist. Als Reporter der Voice of America berichtete er hautnah über den US Wahlkampf, für ProSieben aus Krisengebieten wie dem Nahen Osten, Algerien und Bosnien. Als Programmdirektor eines landesweiten Radiosenders gewann er mit seinen Ideen zwei Hörfunkpreise, unter anderem für die »beste Kampagne des Jahres«.

Jens-Uwe Meyer ist Autor von fünf Büchern und zahlreichen Fachartikeln. Er hat einen MBA in Medienmanagement und unterrichtet angehende Manager im MBA-Curriculum der Handelshochschule Leipzig (HHL).

Referenzen und Kundenstimmen

»Der Vortrag hat unsere Abteilungsleiter sehr inspiriert. Er hat uns ausgezeichnete Querdenker-Ansätze für unsere Strategieplanung gegeben.« *Uwe Neumann, Leiter Konzernentwicklung, Deutsche Bahn AG*

»Dieser Vortrag zählte zu einem der besten Vorträge der letzten Zeit, mit einem supertollen Thema. Wir wünschen uns für die Zukunft immer solche brillanten Referenten.« *Marketing-Club Ortenau-Offenburg*

Auszeichnungen und Pressestimmen

»Deutschlands Ideentrainer« *Wirtschaft und Weiterbildung*

»Wer sich an diese Strategien hält, wird feststellen, dass Kreativität durchaus erlernbar ist. Exzellent.« *Hamburger Abendblatt*

STEPHAN MEYER

Kurzbiografie

Stephan Meyer – studierter Wirtschaftspsychologe und Regelbrecher.

Vielen gilt er als ein respektloser Rebell, als Querdenker in Sachen Unternehmensstrategien, Corporate Foresight und Krisenmanagement, als einer, der »heilige Kühe« gern in Frage stellt. Sein Credo: Spielregeln sind zum Verändern da. Eingefahrenen Prozessen und Denkweisen erteilt er eine klare Absage und beweist, warum Mittelmaß nie gewinnen wird.

Wer glaubt, sich an alten Regeln und Ritualen festhalten zu können, wird sicher auch glauben, dass die nächste Revolution nie stattfinden wird. Während die Unternehmensführer noch mit dem Zeigefinger auf die Fata Morgana des gelobten Landes weisen, zeigt Stephan Meyer schon die Stolperstellen und die längst vertrockneten Oasen auf, an denen Führungskräfte mit ihrer Belegschaft auf dem Marsch zu verdursten drohen. Doch es gibt Hoffnung!

Stephan Meyer besitzt die Fähigkeit, auch extrem komplexe Zusammenhänge einfach und gut verständlich zu formulieren. Seine Rhetorik, gewürzt mit einem guten Schuss Humor, begeistert immer wieder aufs Neue.

Referenzen und Kundenstimmen

»Der beste Vortrag, den ich je im Leben gehört habe!« *Susanna Fuchsbrunner, Rechtsanwältin/Attorney at Law*

»Stephan Meyer ist ein Verführer. Er weckt die Lust am Mitdenken und Gestalten der Zukunft. Wenn es eines neuen Wortes bedarf, um ihn zu beschreiben, dann ist das: future performer! Wer Dinge verändern und aus dem Vollen schöpfen will, wird um Stephan Meyer nicht herumkommen.« *Nadin Buschhaus, München*

Auszeichnungen und Pressestimmen

»Ein ausgewiesener Experte zum Thema Zukunft.« *Ruhr Nachrichten*

Themen

Anleitung zum Unvernünftigsein.
Wie man ein aufregendes Leben lebt und ganz nebenbei noch die Welt verändert.

Der Visionär – Aufzucht und Pflege.
Er raubt Ihnen den letzten Nerv. Sie werden ihn dafür lieben.

Psychologie ohne Blabla.
12 Semester in 90 Minuten.

Biete Schönheit – suche Luxus.
Über den Wirtschaftsfaktor Schönheit.

KLAUS MICHAEL

Themen

Business-, Lebens- und Wertemanagement
Power of Mind im Business

Fitness für die 1. Vertriebsliga
Vom IT-Experten zum nationalen Account-Manager IT bis hin zum internationalen Key-Account-Manager IT

Veröffentlichungen

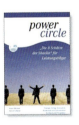

Kurzbiografie

Jahrgang 1952, verheiratet, zwei Kinder, lebt im Naturpark Aukrug bei Hamburg, Gründung der KBM-Consult 1995, Geschäftsführer der KBM-Consult, Gründung der AFL 2008, Managing Director der AFL GmbH

Ausbildungen: nach mehreren Semestern Studium der Medizin Ausbildung zum staatlich geprüften Pharmareferenten. Anschließend Prozess- und Unternehmensberater (Team Rosenkranz), außerdem Curriculum für erfolgreiche Unternehmensführung (Prof. Kurt Nagel). Trainer und Coach (BDVT), Qualitätsmanagement-Auditor (TÜV) und Master-Business Qi-Gong-Trainer (Bernd Scherer Training®). Ferner Trainer für internationales Key-Account-Management (Bernd Scherer Training®).

Berufserfahrung: über 35 Jahre Führungs-, Team- und Vertriebserfahrung in diversen Großunternehmen und Institutionen: vom Offizier der Bundeswehr über den Vertriebsbeauftragten in einem führenden Pharmakonzern, in IT-Unternehmen, Geschäftsführer bzw. Managing Director von zwei Beratungs- und Trainingsunternehmen.

Seine Einstellung: Persönlichkeit ist das authentische Leben von Werten und Traditionen in der glaubwürdigen und individuellen Umsetzung im Alltag.

Referenzen und Kundenstimmen

Wir haben in unserem Netzwerk der Kompetenz Menschen aus folgenden Unternehmen, Institutionen oder als Einzelklienten begleitet, oder arbeiten aktuell mit ihnen zusammen (Auszug):
awn; HDI; Volkswagen Financial Services AG; Volkswagen AG; Mercedes-Benz AG; Aksys GmbH; Novar GmbH; Bankgesellschaft Berlin; Krankenhaus Buxtehude; Deutsche Post AG; Deutsche Telecom AG; Telecom Schweiz; Deutsche Airbus; Integrata AG; Esso AG; Spar AG; S:hz; Kraftwerk Kiel; Programator GmbH; bkt; Beiersdorf; Beiersdorf-Lilly; Tschibo; awd; Thalis; Sparkasse (Baden-Württemberg); Sparkassenakademie Baden-Württemberg; dvg Baden-Württemberg; Planta Projektmanagement GmbH; Harting KGaA; Deutsche Lufthansa Technik AG; Deutsche Lufthansa Systems; SAB Sächsische Aufbaubank GmbH; Phoenix AG; Alstom Power Energy Recovery GmbH; Aug. Winkhaus GmbH & Co. KG; Gira Giersiepen GmbH & Co. KG

DR. ROLF MICHELS

Themen

Steuerliche und betriebswirtschaftliche Themen aus dem Bereich Heilberufe, u. a.: Ärztliches Gesellschaftsrecht; Ärztliche Vertragsgestaltung; Ärztliche Kooperationsverträge

Veröffentlichungen

Ärztliche Kooperationen – Rechtliche und steuerliche Beratung
Michels, Rolf/Möller, Karl-Heinz 2. Auflage, NWB-Verlag, 2009

Kurzbiografie

Dr. Rolf Michels, Jahrgang 1952, studierte Betriebswirtschaftslehre an der Universität zu Köln. Nach dem Diplomexamen arbeitete er am Lehrstuhl für Betriebswirtschaftliche Steuerlehre als wissenschaftlicher Mitarbeiter. Parallel dazu promovierte er und machte sein Steuerberaterexamen. Er war mehrere Jahre in einer großen Wirtschaftsprüfer-/ Steuerberaterkanzlei tätig, bevor er 1987 zusammen mit Michael Laufenberg die Kanzlei Laufenberg Michels und Partner gründete.

Seine Beratungsschwerpunkte sind die steuerliche und betriebswirtschaftliche Beratung von Ärzten, insbesondere die Beratung ärztlicher Kooperation, Umstrukturierungen und Nachfolgeberatung sowie Finanzplanung. Hierzu veröffentlicht er zahlreiche Artikel in Fachzeitschriften und hält regelmäßig Vorträge.

Referenzen und Kundenstimmen

Dr. Rolf Michels ist regelmäßig u. a. als Referent für das Deutsche Anwaltsinstitut, die Deutsche Anwaltsakademie, die Steuerberaterkammer Düsseldorf und das IWW-Institut tätig. 2006 hielt er einen Vortrag auf dem Deutschen Steuerberaterkongress. Weiterhin referiert er für die Deutsche Bank, die Apotheker- und Ärztebank, die Deutsche Ärztefinanz, ärztliche Berufsverbände und privatwirtschaftliche Institutionen.

Dr. Rolf Michels wird in Veranstaltungen angekündigt als: »Der Steuerberater, der es versteht, das Steuerrecht auch Anwälten und Ärzten verständlich darzustellen.«

Auszeichnungen und Pressestimmen

1983 wurde Dr. Michels der Gerhard-Thoma-Ehrenpreis des Fachinstituts der Steuerberater e. V. Köln verliehen. Er erhielt ihn für seine Dissertation mit dem Titel »Steuerliche Wahlrechte. Analyse der außerbilanziellen steuerlichen Wahlrechte (Rechtswahlmöglichkeiten), ihre Zuordnung zu Entscheidungsträgern und Entwicklung von Entscheidungshilfen«.

ANNEKATRIN MICHLER

Themen

Mitarbeiterorientierung heißt Wertschätzen und kreatives Handeln fördern
So arbeiten erfolgreiche Unternehmen

7 Strategien für eine erfolgreiche Kommunikation
Sie erleben ein Typenmodell, das Ihre Kommunikation revolutioniert

Weibliche Strategien für die Chefetage – eine Anleitung auch für Männer
So führen moderne Führungskräfte

Das Rollenrepertoire einer Führungskraft
entdecken Sie Ihre persönliche Klaviatur, Spielen Sie mit Ihrem Status

Veröffentlichungen

Das lebendige Buch: von über 4.000 Zuschauern erlebt

Kurzbiografie

Annekatrin Michler, 60er-Jahrgang, Diplomkulturwissenschaftlerin, Mediatorin, systemischer Business-Coach, Kommunikationstrainerin, hat eine Besonderheit. Sie arbeitet mit Methoden des Theaters, Improvisierens nach Keith Johnson, Humortechniken und demonstriert in den Vorträgen ihre Themen sofort spielerisch. Mit ihrer ausgeprägten Verwandlungskunst, ihrem Mut, ihrer ziel- und lösungsorientierten Klarheit sowie Lust zum eigenen Verändern erreicht sie schnell Herzen und Verstand der Teilnehmer. Mit ihren Bildern erreicht sie bei den Zuschauern nachhaltige Wirkungen.

Sie ist u. a. bei der Galli Group Deutschland ausgebildet und setzt bei ihren Reden das Mittel Businesstheater erfolgreich ein. Sie hat bis 1989 im Kulturmanagement gearbeitet, war 17 Jahre Versicherungsmaklerin – Firmensachgeschäft – und stand immer auf Bühnen – als Spontanschauspielerin, als bewegende Vortragsrednerin bei Tagungen und Kongressen.

Ihre Maxime: Das Arbeitsleben ist geprägt von Stress. Mit Bewusstsein zur eigenen Rollenvielfalt kann man schneller und erfolgreicher Gesprächsstrategien wechseln. In ihren Vorträgen ermuntert sie zum Loslassen und zur produktiven Betrachtung von Fehlern. So entsteht wieder Kreativität, neue Energie und neues Verhalten. Ihren Hauptfokus richtet sie auf Körpersprache und die Rollenvielfalt aller Menschen.

Annekatrin Michler hat zwei erwachsene Kinder und engagiert sich wirtschaftspolitisch.

Referenzen und Kundenstimmen

»Wollen Sie einmal ausgetretene Denkpfade verlassen? ... und so richtig nach Herzenslust lachen und dabei viel Tiefsinniges und Innovatives über sich und Ihr Unternehmen erfahren, dann buchen Sie Annekatrin Michler.« *Dr. Rainer Thiehoff, Leiter Kommunikation, Öffentlichkeitsarbeit Geschäftsführer ddn, Bundesanstalt für Arbeitsschutz und Arbeitsmedizin, Vorstand ddn*

»Ich habe noch nie einen Vortrag gehört, der so viel Spaß gemacht hat und trotzdem so lehrreich war.« *Kathrin Kühner, SITA GmbH*

Auszeichnungen und Pressestimmen

»Zwar als Show getarnt, handelt es sich doch um eine sehr gelungene Aufführung, die der Realität entspricht und von der jeder etwas mitnehmen konnte.« *QZ: Qualitätsmanagement in Industrie und Dienstleistung, 5/2009*

HERBERT MICHLER

Themen

Querdenken
Mit kreativen Ideen zu unternehmerischem Erfolg

Die Existenzgründung
Ihr persönlicher Weg zum Erfolg

Firmenübernahme
Chance oder Risiko?

Veröffentlichungen

Kurzbiografie

Herbert Michler, 1956 in Saarlouis geboren, ist seit 1980 in der Beratung tätig und war in leitender Stellung für das Controlling sowie betriebswirtschaftliche und steuerliche Aufgabenstellungen in einer Steuerberatungs- und Wirtschaftsprüfungsgesellschaft verantwortlich. 1993 gründete er die mit Spezialisten aus den Bereichen Recht, Steuern, EDV, Wirtschaftsprüfung, Marketing, Personal und Qualitätsmanagement im Verbund stehende Herbert Michler Unternehmensberatung. Neben der Koordination der verschiedenen Beratungsbereiche liegt seine Kernkompetenz in der innovativen, praxisbezogenen Seminarentwicklung.

Schnell erkannte er, dass rein rationale Denkansätze allein nicht ausreichen, um Erfolge in Unternehmen zu generieren. Er wurde zum Querdenker und hat sich neben der Quantenphysik intensiv mit Themen wie Wahrnehmung, Perspektive, Verstand und Kreativität beschäftigt.

So begegnet Herbert Michler den einseitigen Mechanismen des Marktes mit einem ganzheitlichen Ansatz. Die Querdenker-Seminare und Vorträge präsentieren sich als Mischung zwischen rhetorischer Kompetenz des Referenten, einer Präsentation auf technischem Höchstniveau und der Verschmelzung betrieblicher, naturwissenschaftlicher und philosophischer Inhalte. Damit macht er sich auch stark für eine Bewegung, die eine werteorientierte Unternehmensführung als eine wesentliche Voraussetzung für wirtschaftlichen Erfolg definiert. Seine langjährige Beratertätigkeit garantiert eine große Praxisnähe.

Referenzen und Kundenstimmen

»Super gut, toll gemacht, mit viel Liebe zum Detail, keine Sekunde langweilig und sehr spannend.« *Antonia Mohr, Heilpraktikerin*

»Ein sehr guter Vortrag, welcher mit mitreißender Begeisterung, hoher Kompetenz und Sicherheit vorgestellt wurde. Das Thema wurde genau getroffen.« *Thomas Krisam, Krisam Orthopädie Centrum*

DR. PERO MÍCÍC

Kurzbiografie

Dr. Pero Mícíc zählt zu den führenden Experten für Zukunftsmanagement in Europa. Er ist Vorstand der FutureManagementGroup AG und managt seit 1991 Zukunftsprojekte bei führenden Mittelständlern und großen Konzernen zur Früherkennung, Erforschung und Erschließung von Zukunftsmärkten. Er erschließt die Zukunftsforschung als Ressource zur Orientierung und Inspiration. Pero Mícíc ist Gründungsmitglied des US-Berufsverbands »Association of Professional Futurists«, Vorsitzender des Beirats der European Futurists Conference und Vorsitzender der Konferenz »Internationales Trend- und Zukunftsmanagement«.

Pero Mícíc studierte Betriebswirtschaft und promovierte in Großbritannien über Methoden des Zukunftsmanagements. Pero Mícíc hält nicht nur Vorträge. Wenn möglich, arbeitet er mit seinem Publikum und macht Ihre Veranstaltung mit einem Workshop oder einem Talkshop zu einem interaktiven Erlebnis.

Referenzen und Kundenstimmen

BOSCH, Siemens, Deutsche Bank, ABB, BASF, Microsoft, RWE, E.ON, Hilton, BAYER, OTTO, Continental, AXA, Nestlé, 3M, Swisscom, Procter&Gamble, EADS u.v.a. sicherten sich bereits sein Know-how.

»Sie haben ja die große Gabe, Dinge leicht und verständlich zu erklären.« *Ulrich Wickert, ARD*

»Uns hat noch nie ein Vortrag so begeistert.« *VDR*

»Ein virtuoser Redner und intellektueller Höhepunkt der Tagung.« *ew*

»Das Echo bei unserem Publikum war durchweg phänomenal.« *ITM, D. Taubert*

Auszeichnungen und Pressestimmen

»Pero Mícícs Thesen sind originell formuliert und wissenschaftlich untermauert.« *Business Bestseller Publishing*

»Mícíc sagt, welche Unternehmen und welche Manager in zehn Jahren die Nase vorn haben werden.« *Handelsblatt*

»Dabei werden praxiserprobte Tipps für erfolgreiche Zukunftsprojekte geliefert.« *Die Welt*

Themen

Mehr von den Zukunftsmärkten sehen als die Konkurrenz!
Wie Sie gewinnbringend Marktchancen vor Ihren Mitbewerbern erkennen und nutzen

Die fünf Zukunftsbrillen
Die Zukunft besser verstehen

ZukunftsRadar 2020
Wie mächtige Trends und Technologien Ihr Leben und Geschäft verändern können

Glanz oder Untergang?
Wie Zukunftsforscher über Ihr Geschäft (Ihren Beruf) denken

Veröffentlichungen

GLORIA J. MILLER

Themen

Führungskompetenzen für Spitzentalente
Die erfolgreiche Anwendung von BI-Software

BI Competency Centers
Erfolgreiche Verbesserung der Unternehmensstrategie

Implementierung von IT-Change-Programmen

Planungsorientierung auf höchster Ebene für zukünftige BI-Anforderungen

Veröffentlichungen

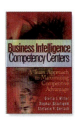 

Kurzbiografie

Gloria J. Miller, MBA, hat mehr als 20 Jahre Erfahrung als Wirtschafts-, Unternehmens- und IT-Beraterin für einige der umsatzstärksten US-Unternehmen und staatlichen Organisationen. Ihr umfangreiches Wissen zum Thema Informationstechnologie, Business-Intelligence und Knowledge-Management brachte Frau Miller als Co-Autorin einer Reihe von Methodologien und Büchern aus dem Fachgebiet »Erneuerungen in Organisationen, um Daten effektiv zu nutzen« zu Papier. Dazu gehören die Bücher »Business Intelligence Competency Centers: A Team Approach to Maximizing Competitive Advantage«, »Information Revolution: Using the Information Evolution Model to Grow Your Business« und »The Modern BI Organization«.

Als inspirierende Managerin, Beraterin und Rednerin besitzt Miller eine einmalige Kombination aus unternehmerischem Scharfsinn, visionärem Führungsstil und technischem Fachwissen.

Gloria Miller studierte Betriebswirtschaft sowie Computerwissenschaften, sie ist Mitglied des »Project Management Institute« und des »Institute of Management Consultancy«. Sie leitete die Softwareentwicklung für eine Suite von Industrie-spezifischen Business Analytical Solutions im Bereich Banken, Telekommunikation, Industrie, Versicherungen und Handel. Sie hielt Vorträge in mehr als 26 Ländern zu verschiedenen Themen im IT-Bereich.

Seit 2007 ist Miller Gründerin und Geschäftsführerin von MaxMetrics, einer Management- und IT-Unternehmensberatung, die Dienstleistungen für IT, Business-Intelligence und Business-Analytics anbietet, spezialisiert darauf, Organisationen bei der Implementierung komplexer Projekte und Programme zu unterstützen und Management und Entscheidungsfindungen zu optimieren.

Referenzen und Kundenstimmen

»... Gloria is one of the best trainers I have worked with. ... Gloria successfully delivered the training with intensive knowledge where delegates rated her 8/10. Delegates found her highly interactive sessions very fruitful and overall the training exceeded their expectations ...« *MarcusEvans 2009*

Auszeichnungen und Pressestimmen

»Geballte Kompetenz« *SAS/special Nov. 2006*

»hochkarätiger Key-Note-Speaker« *www.monitor.co.at Juni 2009*

RAIMUND MINDERER

Kurzbiografie

Raimund Minderer, Jahrgang 1955, ist Rechtsanwalt und Business Coach. Nach seinem Jurastudium in München war er zunächst 15 Jahre lang als Wirtschaftsanwalt tätig. 1999 absolvierte er seine Ausbildung für psychologisches Coaching in der Wirtschaft und eine Zusatzausbildung für Großgruppeninterventionen. Seine Kernkompetenz liegt in der Lösung von komplexen Konflikten mit zahlreichen Beteiligten. Wo juristische Logik an ihre Grenzen stößt, setzt er mit ausgeprägtem Einfühlungsvermögen selbstorganisierende Einigungsprozesse in Gang. Zu seinen Klienten gehören vor allem Mitglieder von zerstrittenen Unternehmerfamilien, die er vertritt oder im Hintergrund begleitet.

Minderer ist in der Rednerszene ein Newcomer. Nach Fachvorträgen in den 90er Jahren entdeckte er seine Liebe zur Vortragstätigkeit erst im Rahmen seines bürgerschaftlichen und sozialen Engagements wieder neu. Er engagiert sich in der Antikorruptionsorganisation »Transparency International Deutschland« und setzt sich bei Rotary International für die Interessen benachteiligter Jugendlicher ein. Für beide Organisationen baut er Allianzen und Netzwerke auf.

Themen

Die beste Intrige ist ihr Gegenteil.
Umgang mit Macht in Unternehmerfamilien und Familienunternehmen

Vertrauen ist gut, Punkt!
Compliance fördern – Generalverdacht vermeiden.

Der Blickwinkel macht den Erfolg.
Wie gelingt Kooperation?

Veröffentlichungen

MONIKA MISCHEK

Themen

Veränderung im Unternehmen erfolgreich umsetzen
Höhere Produktivität + Mitarbeiterzufriedenheit während Veränderungsprozessen

Projektmanagement
Wahnsinn oder Methode?

Eine Frage der Persönlichkeit?
Entdecken Sie das D, I, S, G in sich
...

Kurzbiografie

Monika Mischek, geboren 1964 in Babenhausen/Hessen, studierte Informatik und Betriebswirtschaft. Seit 1993 ist sie als Beraterin, Trainerin und Moderatorin selbstständig tätig. Ihre Themenschwerpunkte sind Veränderungsprozesse in Unternehmen sowie auf der persönlichen Ebene, Kommunikation und Projektmanagement.

Vor dem Schritt in die Selbstständigkeit hat sie in verschiedenen Unternehmen Führungsaufgaben wahrgenommen und dabei vielfältige Erfahrungen mit Menschen auf verschiedenen Ebenen der Unternehmenshierarchien sammeln können. Dabei konnte sie feststellen, dass Schwierigkeiten in Unternehmen sehr häufig in der Kommunikation zu lokalisieren sind. Hier setzt ihre Arbeit an, Verständnis für Verschiedenartigkeit zu schaffen, klare Kommunikation zu ermöglichen und Menschen in die Lage zu versetzen, Veränderungen mitzugestalten. Dies gilt für die Zusammenarbeit im Unternehmen ebenso wie für das Projektgeschäft. Die demografische Entwicklung sowie die daraus resultierenden Aufgaben für Unternehmen und Führungskräfte nehmen inzwischen eine zunehmend wichtigere Rolle bei ihren Aufträgen ein.

Sie berät kleine und mittlere Unternehmen zu Fragestellungen der Personal- und Organisationsentwicklung. Sie entwickelt für Unternehmen aller Größen Konzepte für Veränderungsprozesse und Trainings und setzt diese um, moderiert Workshops und Kick-off-Veranstaltungen für Veränderungsprojekte. Zu ihren Kunden zählen unter anderem die Deutsche Bahn, die Deutsche Post/DHL, Banken und Telekommunikationskonzerne sowie kleine und mittlere Unternehmen aus unterschiedlichen Branchen, beispielsweise eine Corporate-Publishing-Agentur.

Referenzen und Kundenstimmen

»Mir hat die sehr gute Verbindung der theoretischen Vermittlung mit den Übungen gefallen, die Seminaratmosphäre und die Leitung waren sehr angenehm und meine Fragen wurden sehr gut beantwortet.« *Schulungsteilnehmer, Inhouse-Seminar für die Deutsche Bahn AG, Frankfurt/Main*

»... Ihre herausragenden Kenntnisse über Primavera Enterprise und deren effiziente Anwendung haben entscheidend zur Akzeptanz dieses Planungstools in meiner Abteilung beigetragen.« *Roland Hettrich, BenQ Mobile GmbH & Co. OHG, München*

»Frau Mischek war uns neben ihrer eigentlichen Tätigkeit im Projektmanagement eine wertvolle Ergänzung bei weiteren Fragestellungen. Neben der Kompetenz von Frau Mischek schätzen wir ihre pragmatische und effiziente Vorgehensweise.« *Stephan Rothe, DB Regio AG, Frankfurt/Main*

ALEX MODER

Themen

Finanzen im Griff oder im Griff Ihrer Finanzen?

Die Wirtschaftskrise – quo vadis?

Mensch oder Maschine

Veröffentlichungen

Kurzbiografie

Alex Moder, 1971 in Berlin geboren, deutscher Staatsbürger, Trainer, Speaker und Unternehmensberater.

Nach einer soliden Handwerkslehre zog es ihn zum Militär, wo er als Ausbilder in verschiedenen Spezialeinheiten umfangreiche Kenntnisse und Führungserfahrungen besonders in Extremsituationen sammeln konnte. Zuletzt war er dort im Personenschutz eingesetzt. Privat interessierte er sich sehr früh für wirtschaftliche Zusammenhänge, analysierte die Bewegungen an den Finanzmärkten und nahm den Vermögensaufbau erfolgreich in die eigenen Hände. Bereits mit 24 Jahren war er als Berater bei Unternehmen im Kostencontrolling gefragt. 1999 gründete er eine Werbeagentur, die binnen kürzester Zeit gewinnbringend am Markt agierte. Ein Jahr darauf gründete er ein Sicherheitsunternehmen als zweites Standbein, welches sich ebenfalls sehr schnell etablierte. Hier sammelte er neben tiefgreifenden wirtschaftlichen Erkenntnissen zusätzliche Führungserfahrung in der freien Wirtschaft. Bereits während seines Studiums der BWL gründete er die IAM®-Unternehmensberatung und etablierte sie am Markt. Seine Intention, solide wirtschaftliche Beratung mit anspruchsvollen Seminaren zu verbinden, konnte er als Mann der Praxis nun umsetzen.

Als Trainer für Wirtschaft, Finanzen und Krisenmanagement ist er gefragt, da er stets den Fokus auf reale Vermögenswerte legt und klare, funktionierende Anweisungen für das Krisenmanagement vermittelt. Als Redner und Moderator liegt sein Schwerpunkt bei Finanz- und Wirtschaftsthemen sowie Personalführung und Motivation.

Sein Motto ist: »Klarheit in den Worten, Brauchbarkeit in den Dingen!«, was seine Bodenständigkeit betont.

Alex Moder ist Profimitglied der German Speakers Association und der International Federation for Professionel Speakers.

Referenzen und Kundenstimmen

»Herr Moder überzeugte mit seiner hervorragenden fachlichen, methodischen und didaktischen Performance. Sein Seminar ist ein absoluter Gewinn für jeden Entscheider.« *M. Weitz, Unternehmensberater Personal*

»Die Beratung durch Herrn Moder war tiefgreifend und goldrichtig! Die gesteckten Umsatzziele nach der Firmenfusion wurden bereits mehrfach übertroffen!« *Glaswerkstätten Magdeburg*

MICHAEL MOESSLANG

Themen

Gesten der Macht
Körpersprache des Erfolgs

Der eigene Körper: Das Aushängeschild der Persönlichkeit

PreSensation®
Schluss mit Langeweile!

Self-PreSensation®
Wirken Sie!

Veröffentlichungen

Professionelle Authentizität - Warum ein Juwel glänzt und Kiesel grau sind

Kurzbiografie

Michael Moesslang ist Experte für persönliche Wirkung und Präsentation. Er begeistert durch seine professionelle Authentizität und lebt vor, wozu er die Teilnehmer aufruft. Die Augsburger Allgemeine Zeitung beschreibt seine Auftritte mit »Die Kunst des fesselnden Vortrages«.

Als langjähriger Inhaber einer Werbeagentur bringt er die Erfahrung aus unzähligen Pitches und Präsentationen mit. Er weiß, dass es nicht alleine auf kreative Inhalte ankommt, sondern darauf, mit wie viel Überzeugung und Persönlichkeit jemand präsentiert.

Michael Moesslangs unterhaltsame Vorträge zu den Themen Präsentation und Rhetorik sowie persönliche Wirkung und Körpersprache rütteln auf und bleiben nachhaltig im Gedächtnis. Seine Philosophie ist, dass jeder durch die eigene Wirkung und Selbstsicherheit im Auftreten zum positiven Botschafter für sich selbst und sein Unternehmen wird.

Ob Sie sich selbst oder Ihre Inhalte präsentieren: Es kommt darauf an, welche Wirkung Sie erzielen. Selbsteinschätzung ist nahezu unmöglich. Ehrliches Feedback selten und deshalb umso wichtiger. Eine »Gebrauchsanleitung« haben die meisten nie erhalten. Michael Moesslang gibt deshalb seinen Zuhörern sofort umsetzbare Tipps für die wichtigsten Elemente eines guten Vortrags bzw. einer begeisternden Präsentation:
- professionelle Authentizität und Körpersprache
- lebendiges, begeisterndes Auftreten, Selbstsicherheit
- erfolgreiche, gewinnende Kommunikation.

Michael Moesslang bezieht aktuelle Erkenntnisse aus Psychologie und Verhaltenswissenschaften mit ein.

Referenzen und Kundenstimmen

»Ein Thema lässt mich nicht mehr los! Drei Tage Kurs ›Persönliche Wirkung‹ haben ausgereicht, meinen Blick zu richten auf die wesentlichen Dinge im Leben: auf meine Umwelt, meine Mitmenschen und auch auf mich selbst. Michael Moesslang hat es verstanden, von der ersten bis zur letzten Minute, seine Zuhörer zu begeistern – mit Engagement, mit Leidenschaft. Ein Vollprofi vom Scheitel bis zur Sohle! Seine Tipps und Tricks, seine plastischen Darbietungen sind praktische Lebenshilfe und berufliche Weiterbildung in einem, Gruppentherapie und Selbstmanagement vom Feinsten. Seine Kurse sollten zum Pflichtprogramm gehören – für jeden – der mit Menschen zu tun hat!« *Bernd Czerniec, Siemens Enterprise Communications*

»Mich hat die Klarheit beeindruckt, mit der Michael Moesslang sein Konzept für den unternehmerischen Alltag dargestellt hat. Seine persönliche Ausstrahlung und die professionelle Vortragsweise (ohne technischen Schnickschnack) sind überzeugend, und Nachfragen treffen auf hilfreiche Antworten.« *Wolfgang Fänderl, Center for Applied Policy Research*

Referenzen:
IBM, Kabel Deutschland, Knorr Bremse, MAN, Siemens, St. Galler Business School

PROF. SAMY MOLCHO

Themen

Die Zunge kann lügen – der Körper nie!

Die Körpersprache ist der Handschuh der Seele

Körpersprache
Intensiv-Einführungsseminar in die Körpersprache

Körpersprache
Fortsetzungsseminar – Eine Vertiefung der Wahrnehmung und Verbesserung der Körpersprache

Veröffentlichungen

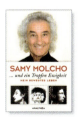

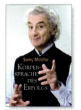
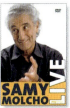

Kurzbiografie

Samy Molcho, 1936 geboren, österreichischer Staatsbürger, Pantomime und Regisseur, ao. Univ.-Professor an der Universität für Musik und darstellende Kunst am Max-Reinhardt-Seminar in Wien, ist einer der bedeutendsten Pantomimen des 20. Jahrhunderts und hat die Kunst der Pantomime erstmals um rein psychologische und dramatische Elemente erweitert. Er repräsentierte Österreich mit Erfolg in zahlreichen Ländern als Gesandter im Rahmen des Kulturaustausches und erlangte internationalen Ruhm an berühmten Theatern der ganzen Welt. Seit 1978 ist er mit Haya Heinrich verheiratet und hat vier Söhne. Von 1980 bis 1990 hielt Samy Molcho die Internationale Sommerakademie für Pantomime und Körpersprache in Wien ab, an der jährlich über 180 Personen aus dem In- und Ausland teilnehmen.

Seit seinem 10. Lebensjahr steht Molcho auf der Bühne. Er studierte klassischen, modernen und fernöstlichen Tanz sowie die Technik der Pantomime in Israel. Er absolvierte die Schauspielschule sowie ein Seminar für Regisseure und Dramalehre und war ab 1952 Tänzer am Jerusalemer Stadttheater von Rina Nikowa. Von 1956 an war er Solotänzer für modernen Tanz in Tel Aviv und wirkte als Schauspieler am Cameri Theater und am israelischen Nationaltheater Habimah mit. Samy Molcho war Vorläufer in der Analyse und dem Erfassen der Körpersprache und gilt als die internationale Kapazität auf diesem Gebiet. Samy Molcho hält in aller Welt Vorträge, Seminare und Coachings zum Thema Körpersprache und ist Autor vieler Bestseller-Bücher, die in über 20 Sprachen übersetzt wurden. Er zeigt, was Körpersprache wirklich bedeutet, wie sie funktioniert und wie sie wirkt: Im Berufs- und Geschäftsleben, zwischen Mann und Frau, in der Familie – die Körpersprache spielt in allen Bereichen des täglichen Lebens eine viel größere Rolle, als uns bewusst ist.

Auszeichnungen und Pressestimmen

Eine Auswahl:
- Silbernes Ehrenzeichen für Verdienste um das Land Wien 198
- Österreichisches Ehrenkreuz für Wissenschaft und Kunst 1. Klasse 1996
- Großes Silbernes Ehrenzeichen für Verdienste um die Republik Österreich 2004
- Aufnahme in die German Speakers Hall of Fame® 2006
- IIR Excellence Award 2008
- Goldenes Ehrenzeichen für Verdienste um das Land Wien 2008

»Ikone der Körpersprache« *diePresse.com*

»Still steht Samy Molcho nur, um zu zeigen, wie man es nicht macht. Bewegungslos und mit starrem Blick rattert der Pantomimenkünstler mit wohlgesetzten Worten die Beschreibung eines romantischen Sonnenuntergangs herunter. Die Teilnehmer des Seminars ›Ein Tag mit Samy Molcho‹ lachen, sie haben die Botschaft verstanden ...« *www.focus.de*

»Samy Molcho ist ein genialer Pantomime: Er zuckte als Vogel, er hob die Flügel, er flog.« *Frankfurter Neue Presse*

ELISABETH MOTSCH

Kurzbiografie

Stilsicher. Selbstbewusst. Kompetent.

Elisabeth Motsch ist mit ihrem stilsicheren, selbstbewussten und kompetenten Auftritt zur Marke geworden. In ihrer Tätigkeit als Referentin und Trainerin verbindet sie sprühende Leidenschaft für Menschen, Mode und Stil mit fachlicher Kompetenz. In ihren Vorträgen und Seminaren geht es um Wirkung und Performance der Kleidung und den guten Ton im Berufsleben. Mit ihrem Experten-Know-how berät sie heute namhafte Firmen im In- und Ausland und referiert als Speaker bei Kongressen und Seminaren. Sie ist Erfolgsautorin der Bücher »Karriere mit Stil – Top-Umgangsformen im Business« und »Lust am eigenen Stil«.

Referenzen und Kundenstimmen

»Mitreißend, faszinierend, kundenfokussiert und mit Charme präsentiert: Elisabeth Motsch begeistert ganz einfach in ihren Seminaren.«
Birgit Sandföhr, Rodenstock München

»Der Auftritt unserer Mitarbeiter muss zur Anmutung und zum Anspruch unserer hochwertigen Produkte passen. Seit den Seminartagen mit Frau Motsch gehören Diskussionen über nicht adäquate Kleidung am Arbeitsplatz und bei Kundenterminen der Vergangenheit an. Frau Motsch hat selbst die schärfsten Gegner dieser Veranstaltung durch ihr profundes Wissen sowie ihre charmante Art von der Wichtigkeit und Richtigkeit eines professionellen Auftritts überzeugt. Und obendrein machen die Seminare auch noch Spaß!« *Stefan Waldeisen, Verlagsleitung, MI-Verlag, Landsberg am Lech*

Themen

Kleidung und Auftreten als Ausdruck von Kompetenz
Das Image eines Unternehmens wird über die Mitarbeiter kommuniziert

Sie sind die Botschaft
Um erfolgreich zu werden, reicht Kompetenz alleine nicht aus

Umgangsformen im Business
Das Know-how der Umgangsformen

Beziehungsmanagement im Kundenempfang
Kundenbegeisterung beginnt schon am Empfang

Veröffentlichungen

SABINE MRAZEK

Themen

Firmen-Coaching
Ganzheitliches Wachstum in klein- und mittelständischen Unternehmen

Ganzheitliches Erfolgs- und Krisen-Coaching

Emotionen als integraler Bestandteil des Coachings im Wachstumsprozess

Interkulturelles Coaching

Veröffentlichungen

Kurzbiografie

Sabine Mrazek, 1965 in Kelkheim/Taunus geboren, ist Geschäftsführerin und zertifizierter Business Coach von sabeconsult® Coaching. Bereits seit 1997 begleitet sie erfolgreich **Manager/innen der oberen Führungsebene aus Politik & Wirtschaft** sowie **ganze klein- und mittelständische Unternehmen (KMU)** im In- und Ausland bei ganzheitlichen Veränderungsprozessen.

Sie ist Pionierin im Bereich **Firmen-Coaching** und **Ausbilderin** in der von ihr entwickelten ganzheitlichen Firmen-Coaching Methode »sabeconsult® Coaching«. Sie ist Coach-Gutachterin sowie Mitglied der Zertifizierungskommission des Deutschen Verbands für Coaching & Training e.V. und steht für hohe Qualität ein.

Die ausgebildete Industriekauffrau mit Aufbaustudium zur Wirtschaftsassistentin wurde mit 23 Jahren von einem Chemiekonzern – als erste weibliche Expatriat – für 2 Jahre als Marketing- und Vertriebsleiterin nach Westafrika delegiert. Später folgte eine 4-jährige Führungsaufgabe in Portugal, wo sie u. a. für die Fusion zweier Unternehmen zuständig war. Sie zählt zu den Wegbereiterinnen der weiblichen Führungskräfte in Deutschland.

Ausgebildet und zertifiziert in Ausdruckstherapie, Coaching und Spontanschauspiel, gründete sie in 1997 das Unternehmen sabeconsult® Coaching und folgte somit ihrem Herzensanliegen: Ganzheitliches Wachstum von Mensch & Unternehmen zugleich zu initiieren sowie Mensch – Unternehmen – Spiritualität miteinander zu vereinen.

Ihre Internationalität prägt nach wie vor ihre Arbeit: Sabine Mrazek hält Vorträge, Coachingseminare und Coachings auf der internationalen Bühne. Mit ihrer Lebendigkeit, Praxis- und Menschennähe und ausgeprägten Kompetenz inspiriert sie ihre Kunden und Zuhörer – mit Tiefgang und Humor – FÜR neue Sichtweisen. FÜR Veränderung. FÜR gesundes, stimmiges Wachstum.

Referenzen und Kundenstimmen

»... auch dieses Mal wurden meine Erwartungen übertroffen, und ich bin begeistert, wie das heterogene Team wirklich alle Konflikte gelöst hat.« *Geschäftsführer, Mittelstand/Firmen-Coaching, Space Clearing, 2009*

»Ich bin zutiefst berührt, auf welch professionelle und vertrauensvolle Art Sie beeindruckende Durchbrüche und Ergebnisse im gesamten Führungsteam hervorgerufen haben.« *Abteilungsleiter, Mittelstand, Coachingseminar, 2010*

Auszeichnungen und Pressestimmen

Die Protagen AG wurde nach erfolgtem Firmen-Coaching in 2007 mit dem Personalmanagementprädikat Dortmund ausgezeichnet.

GABRIELE MÜHLBAUER

Themen

Mentales Training!
Erfolge und Siege beginnen im Kopf

Den Stress managen!
Stressprävention und Stressbewältigung

Das NLP-Modell in Führung und Management

Einfach gut kommunizieren!
Mit wirkungsvollen Techniken einfach erfolgreicher

Veröffentlichungen

Diverse veröffentlichte Artikel zum Thema Kommunikation, Stressbewältigung, Mentales Training.

Kurzbiografie

Gabriele Mühlbauer, 1956 in Augsburg geboren. Sie ist Trainerin und Coach für Kommunikation, Führungskräfteentwicklung und Mentaltraining aus Überzeugung.

1990 gründete sie ihr eigenes Beratungs- und Trainingsunternehmen, köhler consulting seminare und coaching in Augsburg. Die ersten Erfahrungen im Verkauf wie auch als Führungskraft sammelte sie in einem der führenden Touristikkonzerne Europas. Danach übernahm sie die Geschäftsführung einer internationalen Yacht-Charteragentur und leitete später die Trainingsabteilung eines großen Unternehmens. Hier war sie verantwortlich für die Analyse des Bildungsbedarfs, die Konzeption und Durchführung von Seminaren für Führungskräfte, das Führen und Coachen der Mitarbeiter und internen Trainer.

Trainerausbildung – Kontaktstudium Management Universität Augsburg – Psychologische Beraterin/Personal Coach – Hypnotherapeutin – Ausbildung in hypnosystemischer Kommunikation nach Milton Erickson – wingwave®-Coach – NLP-Lehrtrainerin DVNLP e. V. – NLP-Businesstrainer INLPTA – Identity Compass® Consultant – zahlreiche Fortbildungen (Verkauf, Rhetorik, Präsentation, Führung, Motivation, Gruppendynamik, Management, Psychologie).

Gabriele Mühlbauer wird meist direkt in die Firmen und Konzerne geholt, um Führungskräfte und Mitarbeiter durch Coaching und/oder Training in ihren Entwicklungsprozessen zu unterstützen.

2006 hat sie mit after-work-coaching eine neue Art des Coachings ins Leben gerufen und erhielt hierfür deutschlandweit große Anerkennung.

In den eigenen Praxisräumen in Augsburg bietet Gabriele Mühlbauer Einzelpersonen Leistungs- und Emotionscoaching sowie Businesscoaching auf höchstem Niveau an.

Referenzen und Kundenstimmen

»Herzlichen Dank noch mal für den beflügelnden Workshop.« *Barbara Maria Z.*

»Das Seminar habe ich als ziemlich klasse empfunden und ich hab für mich sehr viel mitnehmen können. Einen ganz großen Dank an Deine tolle Arbeit! Hast ein super Feeling in die Gruppe gebracht.« *Martina O.*

»Was wir in Neuss bei Dir alles gelernt haben, war grandios.« *Stefan W.*

»Gabriele Mühlbauer ist Authentizität und Präsenz in einer Person.« *Markus D.*

HERMANN MÜLLER

Themen

Die souveräne Führungskraft
Managen, Leiten, Führen

Projekte – Unternehmen auf Zeit
Menschen und Prozesse zusammenbringen

Vertrautes Führungsteam
Erkennen, verstehen, effizienteres Miteinander

Konflikte – Die Innovationsquelle
Menschliche Energien sinnvoll nutzen

Kurzbiografie

Internationaler Trainingsexperte, Business-Coach und Konflikt Consultant mit Erfahrungen in Amerika, Europa und Asien.
Seit 1994 moderiert und trainiert er in maßgeschneiderten Veranstaltungen und Workshops seine Teilnehmer und leistet damit einen wertvollen Beitrag in der Personalentwicklung und somit in der Unternehmensentwicklung.

Er bietet Vorträge, Trainings und Coachings zu den Themen Management, Leitung und Führung.
Spezialthemen sind Projekt-Management, Führungsteam-Entwicklung. Konfliktmanagement und Konfliktlösung runden das Angebot ab.
Erfahrungen sammelte er als selbstständiger Berater, Trainer und Coach sowie als Führungskraft.

Seine Erfahrungsbereiche sind Geschäftsführung, Management, Produktivität, Qualität, Industrial Engineering und Verkauf.
Projekte waren Management-Konzepte, Management-Strategien, Optimierung und Rationalisierung von Prozessen, Unternehmenssanierung und Qualitätsmanagement.

»Wir schaffen die Veränderung!« Dieser Leitspruch wird für seine Kunden Wirklichkeit durch seine umfassenden Erfahrungen.

Kompetenz-Programme: Der professionelle Manager, Der erfolgreiche Verkäufer, Die souveräne Führungskraft, Der prozessorientierte Leiter
Performance-Training: Train the Trainer, Madeira-Outdoor-Workshop für Führung und Teamarbeit, Vertrautes Führungsteam (Outdoor), Führungskraft Training und Coaching.

Hermann Müller zeichnet sich durch 95% Kundenzufriedenheit seit über 10 Jahren aus. Mit seiner Empathie und der dialoggesteuerten Arbeitsweise schafft er es, die Menschen zu aktivieren.
Sein Grundsatz: »Verstehen und Horizonte erweitern.«

Referenzen und Kundenstimmen

»Unsere Erwartungen wurden übertroffen. Meine Mitarbeiter und ich waren begeistert. Nach dem Training ging ein richtiger ›Ruck‹ durch unsere Mannschaft. Besonders die Zusammenarbeit, die Kommunikation und die Stimmung haben sich nach dem Training enorm verbessert, so dass unsere tägliche Arbeit viel reibungsloser und effektiver abläuft. Die Organisation war ›top‹, das Team von M+Consulting® hätte nichts besser machen können.« *Christoph Kainz, Geschäftsführer*

»Hallo Herr Mueller, ich hatte im Oktober diesen Jahres an Ihrem Seminar ›Train the trainer‹ im Hause MAN teilgenommen. Die dort erlernten Kenntnisse habe ich sukzessive in meinen Schulungen umgesetzt. Der Bewertungsschnitt der Teilnehmer hat sich von einer durchschnittlichen ›zwei‹ auf eine durchschnittliche ›eins‹ (Schulnotensystem) in diesem Jahr gehoben. Einen nicht unerheblichen Anteil davon führe ich auf Ihr Seminar zurück und möchte mich an dieser Stelle recht herzlich dafür bedanken!« *Marius Colle, After Sales*

WALDEMAR MÜLLER

Themen

Service ist sexy!
Ein humorvolles Plädoyer für mehr Servicekultur.

Arbeitszeit ist Lebenszeit!
Ein humorvolles Plädoyer für mehr Spaß bei der Arbeit.

Powerplay
Service-Comedy-Show zum Thema »Moderne Arbeitswelten«.

Service Comedy-Clips
Entwicklung und Produktion von maßgeschneiderten Videoclips für Vortrag und Show

Veröffentlichungen

Autor der Rubrik Comedy im Handbuch Populäre Kultur
(J. B. Metzler)

Kurzbiografie

Waldemar Müller, der »Powerdienstleister« (geb.1969), ist Schauspieler, Moderator und Business-Kabarettist. Nach einer Ausbildung an der nationalen britischen Zirkustheaterschule in Bristol, der Ecole Philippe Gaulier, London, und der Hogeschool vor de Kunsten Utrecht absolvierte er das Studium der angewandten Kulturwissenschaften in Hildesheim. An deutschen Theatern arbeitete er mit den Regisseuren Albrecht Hirche (Theaterhaus Jena), dem mehrfach zum Berliner Theatertreffen eingeladenen Sebastian Nübling (Staatsschauspiel Hannover) und dem New Yorker Biennale-von-Venedig-Künstler Christian Marclay (Bayerisches Staatsschauspiel, München).

Seit über 15 Jahren spielt der Powerdienstleister auf bekannten Comedy- und Varieté-Bühnen und liefert Deutschlands erste Show zu den Themen »Service« und »Moderne Arbeitswelten«. In seinem Web-TV-Format »Der Servicepionier« (Kooperationen u. a. mit der Grimme-Akademie, sueddeutsche.de, PRO7 / SAT1, Brainpool) beweist Müller, dass auch Service sexy sein kann, und kämpft mit Hingabe und Humor für einen offiziellen deutschen Tag des Kundenservice.

Referenzen und Kundenstimmen

Über 2.000 Live-Shows und Vorträge u. a. für: SAP, BMW, Siemens, Roche, Metro Group, Köln Comedy Festival, Daidogei Worldcup Shizuoka (Japan), Schmidt Theater Hamburg, Senftöpfchen Köln, GOP Varieté Hannover. Als unterhaltsamer Serviceexperte in SAT 1 (»Weck Up«).

Auszeichnungen und Pressestimmen

Mitglied der German Speakers Association (GSA), 2009

Nominierung für den Conga Award (Entertainment), 2009

»Ein Heidenspaß für alle, die sich durch ihre dröge Schreibtischarbeit schleppen.« *Stuttgarter Zeitung*

»Sein Markenzeichen ist die Nachtportiers-Klingel, die er sich auf den Scheitel geschnallt hat. Ein Schlag darauf, und schon ist er zur Stelle, um irgendwem mit irgendwas das Leben zu erleichtern. Er ist der Flaschengeist ohne Flasche, die Wunderlampe ohne Lampe. Ein dienstbarer Geist, der sich gegen die Gegenwart stemmt, weil er Hässliches und Langweiliges nicht zulassen kann. Und weil er das Leben auch ein bisschen in der Pflicht sieht, Dienst zu üben am Lebenskunden, der nun einmal wir sind …« *Bernd Graff, Süddeutsche Zeitung*

WOLF K. MÜLLER SCHOLZ

Kurzbiografie

Wolf K. Müller Scholz, Jahrgang 1957, Europäer, Intelligence-Guru, Publizist.

Wolf K. Müller Scholz gibt seit 2004 die schweizerisch-deutsche Managementzeitschrift BUSINESS INTELLIGENCE MAGAZINE heraus. Er zählt seit langem zu den renommierten deutschsprachigen Experten für Modernisierungsstrategien in Unternehmen. Der gelernte Sozial- und Wirtschaftswissenschaftler bietet in seinen Vorträgen die gesamten Managementaspekte – von der Strategie über Geschäftsprozesse bis hin zum Marketing. Er bezieht inhaltlich stets das gesellschaftliche Umfeld ein.

Dabei schöpft der erfahrene Wirtschaftspublizist aus mehr als 25-jähriger Arbeit: Viele Jahre leitete er bei CAPITAL unter anderem die Ressorts Modernes Leben und Innovation. Besondere Erfahrungen sammelte Wolf K. Müller Scholz von 1997 bis 2002 als CAPITAL-Kolumnist mit Sitz im kalifornischen Silicon Valley/San Francisco. Dort begleitete er hautnah den Aufstieg der neuen Wirtschaftskultur und gesellschaftlicher Strukturen, wie sie sich – getrieben durch Internet und Unternehmen wie Apple oder Google – von dort weltweit verbreiteten. Sein Ende 1999 erschienener FINANCIAL-TIMES-Bestseller »Inside Silicon Valley« ist ein Standardwerk für innovatives Management.

In seinen Vorträgen beschränkt sich der gelernte Soziologe nicht allein auf trockene wirtschaftliche Aspekte, sondern er schärft stets auch den Blick für Perspektiven im Management wie in der gesamten Gesellschaft – etwa bei Trendthemen wie Nachhaltigkeit. Je nach Anforderung der Auftraggeber präsentiert er seine Vorträge auf einer breiten Klaviatur zwischen Anthropologie und Finanzmanagement, Kultur und Controlling.

Organisationen und Unternehmen, die für Veranstaltungen nachhaltige Anregungen und unkonventionelle Gedanken aus einem breiten Themenfeld benötigen, finden in Wolf K. Müller Scholz den richtigen Redner oder Moderator. Er trägt auf Deutsch und Englisch vor.

Ausbildung: Master »mit Auszeichnung« als Abschluss des Studiums der Sozial-, Kultur- und Wirtschaftswissenschaften.

Themen

Willkommen im Haifischbecken!
Wie Business-Intelligence die Unternehmensführung verändert

Nie wieder: nach mir die Sintflut!
Wege zu mehr Nachhaltigkeit im Management

Das Silicon-Valley-Paradigma!
Change-Management unter neuen Vorzeichen

Das kundenzentrierte Unternehmen!
Wertschöpfung durch innovative Sensoren im Management

Veröffentlichungen

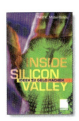 

DR. MARCO FREIHERR VON MÜNCHHAUSEN

Themen

100 % Engagement
Motivation durch Werte

Effektive Selbstmotivation
So zähmen Sie Ihren inneren Schweinehund

Die 7 Lügenmärchen von der Arbeit ...
und was Sie im Job wirklich erfolgreich macht

Work-Life-Balance
Stress- und Selbstmanagement

Veröffentlichungen

Über 15 Veröffentlichungen zu den Themen Selbstmanagement und Selbstmotivation u. a.

Kurzbiografie

Dr. Marco Freiherr von Münchhausen, Jahrgang 1956, studierte in München, Genf und Florenz Jura, Psychologie und Kommunikationswissenschaften. Er gilt als einer der renommiertesten Referenten und Trainer Mitteleuropas und bietet konkrete Inhalte statt purer Show. Spannend, unterhaltsam und fachlich fundiert vermittelt er praxisbezogene Strategien und handfeste Tipps für den Umgang mit den eigenen Ressourcen – auf emotional bewegende Art und Weise, kurzweilig und lebensnah.

Ob als Redner bei großen Firmenveranstaltungen oder im kleinen Seminarkreis, bei öffentlichen Vorträgen oder im Rahmen eines Kamingesprächs – von Münchhausens Ausführungen sind mit Leben gefüllt. Mit seinem Motto »100 % Engagement – Motivation durch Werte« zeigt er seinen Zuhörern ein nachvollziehbares Leitsystem für mehr Erfolg in Beruf und Privatleben, für ein erfülltes Leben »in Balance«.

Seine Auftritte bei renommierten Wirtschaftsunternehmen und auf Kongressveranstaltungen begeistern seit Jahren die Zuhörer. Aus seinen Büchern und Vorträgen haben weit über 500.000 Menschen hilfreiche Tipps mitgenommen. Der erfolgreiche Unternehmer und Bestsellerautor hält über die Grenzen Deutschlands hinaus (auch auf Englisch, Französisch, Italienisch und Neugriechisch) Vorträge und Seminare über Work-Life-Balance, Selbstmotivation und Stressmanagement, Selbstmanagement im Alltag sowie die Aktivierung persönlicher Ressourcen.

Referenzen und Kundenstimmen

Agfa Health Care, Allianz, AMC Metalcraft, AOK, Barmenia, Bäko, Roland Berger, BMW, Bristol Meyer Squibb, Bundesagentur, Camlog, CISCO, Commerzbank, Credit Suisse, DaimlerChrysler, Dresdner Bank, Deutsche Bahn, Deutsche Bank, Edeka, Erdgas Südbayern, Fercam, GHX, Hewlett-Packard, IBM, IBC Solar, IHK, IVECO, Linde, L'ORÉAL, Novartis, Rohde & Schwarz, Rotary- und Lionsclubs, R+V Versicherung, Santander Consumer Bank, Schering, Siemens, Sparkassenverband, Sparkassenversicherung und div. Sparkassen, Süddeutsche Zeitung, Swiss Economic Forum, Telekom, TÜV, UBS, div. Volks- und Raiffeisenbanken, Wella, Woman's Vision International Business Forum, zahlreiche Wirtschafts- und Branchenverbände u. v. a.

»Brillanter kann die Thematik nicht vermittelt werden!« *Guinness UDV Deutschland GmbH*

»Sie haben es geschafft, dass mehr als 1.000 Mitarbeiter begeistert waren.« *IBM Deutschland GmbH*

»Glücksgriff und Bereicherung unserer Tagung ... außerordentlich gekonnt, souverän, anspruchsvoll, rhetorisch bestens und doch für jeden verständlich ...« *R+V Versicherung, Frankfurt*

Auszeichnungen und Pressestimmen

Trainer des Jahres 2002, Excellence Award 2005, Conga Award 2007, Conga Award 2010

CHRISTOPH MÜNZNER

Themen

Die Macht der Sympathie
Wie Sie mit Ihrer Persönlichkeit authentisch überzeugen

Durch Sprache begeistern
Wie Sie Ihre Zuhörer packen – selbst bei staubtrockenen Themen

Auf die Haltung kommt es an
Öffentliche Auftritte überzeugend meistern – vor Kamera und Live-Publikum

Zum Interview bitte!
Ein spezielles Kameratraining für Führungskräfte, mit ausführlicher Videoanalyse

Veröffentlichungen

Kurzbiografie

»Wenn man es genau nimmt, habe ich fünf Jahre meines Lebens als Rausschmeißer gearbeitet.«

Als Chef vom Dienst eines tägliches Magazins auf RTL musste Christoph Münzner vor jeder Sendung neu entscheiden: »Welchen Interviewpartner nehme ich ins Programm und welchen schmeiße ich raus?«, weil er uninteressant redet, ausdrucksschwach oder viel zu »kompliziert« ist. Weil er einfach nicht gut rüberkommt!

In dieser Zeit – in der er auch Moderatorinnen und On-Air-Reporter coachte – entwickelte er ein klares Bild von überzeugender und authentischer Wirkung vor Kamera und Live-Publikum. Ein reicher Erfahrungsschatz direkt aus der Praxis, den er als Medientrainer und Referent gerne weitergibt.

Gemeinsam mit der ZDF-Moderatorin Kay-Solve Richter gründete er 2006 Richter & Münzner Medientraining. Als Trainer bereiten sie Führungskräfte auf ihre Auftritte in der Öffentlichkeit vor – die Ziele: authentisch präsentieren, Botschaften spannend und unterhaltsam auf den Punkt bringen.

Christoph Münzner ist Soziologe, Sport- und Medienwissenschaftler (MA). Als Redakteur und Autor arbeitete er u. a. für den WDR, RTL, Hit Radio FFH und Klassikradio.

Referenzen und Kundenstimmen

»Mit seinen individuellen Medientrainings verhilft Christoph Münzner unseren Führungskräften zu einem souveränen Auftreten und wappnet sie für besondere Situationen – egal ob Interview oder Moderation. Immer auf Augenhöhe und mit großer Fachkenntnis gibt er Einblicke in die Medienlandschaft und viele praktische Tipps für den Umgang mit Journalisten.« *Eliza Manolagas, ING-DiBa AG*

»Wir beraten Top-Führungskräfte, die eine neue berufliche Herausforderung suchen. Wenn es darum geht, ihren persönlichen Auftritt zu optimieren, betreuen wir immer sehr gerne Herrn Münzner mit dem Coaching. Er erfüllt unsere Erwartungen nicht nur, sondern übertrifft sie bei weitem. Herzlichen Dank dafür!« *Dr. Daniel Detambel, Karriereberater*

HELMUT MUTHERS

Themen

Gold-Quelle 50plus
Ältere Kunden sind Edelmetall

Ver-rückte Zeiten brauchen »ver-rückte« Unternehmen
Erfolgreich im Verdrängungs-Wettbewerb

Veröffentlichungen

Kurzbiografie

Helmut Muthers (Jg. 1951), Betriebswirt, ehemaliger Bankvorstand und Bankensanierer, ist seit 1994 selbstständig. Er ist Experte für Unternehmenserfolg bei den Generationen 50 plus. Speaker & Business-Motivator. Als 59-Jähriger weiß Helmut Muthers, wovon er redet, wenn er über den demografischen Wandel und die damit verbundenen Chancen für Unternehmen spricht. Als mitreißender, begeisternder Redner, Seminar- und Projektleiter hat er sich mit mehr als 1.000 Auftritten einen Namen gemacht. Helmut Muthers ist leidenschaftlicher Redner, Mut- und Muntermacher. Seine Vorträge sind zukunfts- und chancenorientiert, fachlich fundiert und humorvoll. Sie rütteln auf, stoßen an und zeigen einfache, umsetzbare Wege zur Veränderung. Helmut Muthers ist Praktiker und begleitet Unternehmen bei der Gestaltung neuer Leistungen und Problemlösungen für ältere Kunden. Vor seiner Selbstständigkeit war er 20 Jahre in Führungspositionen im Marketing, Vertrieb und Personalmanagement.

Mitgliedschaften:
- Professional Member der German Speakers Association
- Vorstand und Expert-Member im CLUB 55 – Exklusive Gemeinschaft europäischer Marketing- und Verkaufsexperten
- Bundesverband 50 Plus

Referenzen und Kundenstimmen

»... bei Ihrem äußerst erfrischenden Vortrag war der gesamte Saal hellwach! Genau so etwas hat unsere Branche gebraucht. Das Motto der bundesweiten Veranstaltungsreihe 5. Forum Massiver Wohnbau lautete ›Wegweisend‹, und in dieser Hinsicht haben Sie uns mit Ihrem Vortrag tatsächlich neue Wege und Marktpotenziale gewiesen. Klasse!« *Wolfgang Thome, Xella Deutschland GmbH, Messel, Vertriebsleiter YTONG*

»Ihr Vortrag ›Wettlauf um die Alten‹ war ein voller Erfolg. Die Mitglieder des Wirtschaftsbeirates haben Ihren Vortrag mit Begeisterung aufgenommen. Ihre Ideen und Denkanstöße und die flotte Art zu referieren hat uns sehr überzeugt u. bereichert.« *Manfred Herpolsheimer, Vorstandsvorsitzender Sparkasse Leverkusen*

»Helmut Muthers zeigt anhand von konkreten Beispielen, wie man es schafft, sich von der Masse und seinen Wettbewerbern abzuheben und die Aufmerksamkeit der Marktpartner auf sich zu ziehen. Er verstand es hervorragend, in seinem Vortrag beim CDH-Branchenevent seine Erfahrungen aus vielen Engagements in der Wirtschaft authentisch zu vermitteln und die Veranstaltungsteilnehmer zu fesseln.« *Dr. Andreas Paffhausen, Hauptgeschäftsführer, CDH Centralvereinigung Deutscher Wirtschaftsverbände für Handelsvermittlung und Vertrieb, Berlin*

»Engagiert, in höchstem Maße fachkompetent und mit viel Humor haben Sie es verstanden, das Auditorium von der ersten bis zur letzten Minute zu fesseln. Dabei ist es Ihnen gelungen, jedem einzelnen Zuhörer die Quintessenz mit auf den Weg zu geben: Denkbarrieren und tradierte Handlungsmuster sind zu überwinden, Ideenreichtum und Querdenken sind gefordert! Vielen Dank dafür!« *Wolfgang Willers, Geschäftsführer, Berufsbildungswerk der Versicherungswirtschaft*

ESTHER NARBESHUBER UND JOHANNES NARBESHUBER

Kurzbiografie

Narbeshuber und Narbeshuber: Das junge Querdenker-Duo predigt das pralle Leben. Wie erfülltes Sein, inspiriertes Zusammenarbeiten und durchschlagender Erfolg einander wechselseitig ermöglichen, ist ihr Kernthema. Frisch und fundiert verknüpfen sie innovative Ansätze für Management und persönliche Weiterentwicklung mit Grundwerten wie Verantwortlichkeit und Integrität und mit überraschenden psychologischen Erkenntnissen. Ein internationaler Background und treffende Beispiele aus ihrer eigenen Praxis als Unternehmer, Coachs und Berater prägen ihre unterhaltsamen Vorträge.

Esther N. Narbeshuber (MBA) ist Business-Expert für persönliche Präsenz. Ihre Ausbildungen in Betriebswirtschaft, Personal Branding und Coaching absolvierte sie in New York, Berlin, Paris und an der European Business School (ebs).

Johannes Narbeshuber (MBA) ist Wirtschafts- und Organisationspsychologe und Coach der European Business School in Oestrich-Winkel. Als Gesellschafter der Trigon Entwicklungsberatung leitet er den Geschäftsbereich Kunden- und Mitarbeiterbefragungen. Seit 2003 bei Trigon, davor im Inhouse-Consulting einer großen deutschen Personalberatung sowie beim spanischen Marktführer in E-Media.

Referenzen und Kundenstimmen

»Narbeshuber and Narbeshuber. Profound, entertaining and full of new insights.« *Javier Trillo-Figueroa, McGraw-Hill*

»Als Rednerin ist Esther Narbeshuber einfach anders. Jede Minute war spannend. Besonders überrascht hat mich der Tiefgang.« *Annette Harris, Deloitte & Touche*

»Amazing. How we all live in the same world and see so different things. An eye opener!« *François-Xavier Quéré, Galleries Lafayette*

Themen

Vorne ist immer Platz
Gemeinsam gewinnen statt einsam siegen und wie das gelingt

Einmal Glück und zurück, bitte!
Was am Glück so einfach ist, was es nicht mit Erfolg zu tun hat u. wie wir beides gekonnt verhindern

Ich will nicht nach Hamburg und nicht an den Wörthersee
Zukunftsziele für ein erfülltes Hier und Jetzt

Wirkung. Bewusst. Sein.
Präsenz als Erfolgsfaktor (Esther Narbeshuber solo)

Veröffentlichungen

Erfolgsfaktor Relationship-Management
Prof. Werner Faix (Hrsg.)

PROF. DR. JACK NASHER

Themen

Competence Display
Die Kunst, Kompetenz zu zeigen

Durchschaut.
Das Geheimnis, kleine und große Lügen zu entlarven

Mind Mysteries
Angewandte Psychologie zum Entertainment

Veröffentlichungen

Kurzbiografie

Prof. Dr. Dipl.-Jur. Lord J. Nasher-Awakemian, M. A., M. Sc. (Oxford), ist Wirtschaftspsychologe und hält Seminare und Vorträge (auf Deutsch und Englisch) für Unternehmen auf der ganzen Welt. Zu seinen Kunden zählen Siemens, T-Mobile, Aventis-Sanofi, Bosch, Schweizer Privatbankiers und internationale Großkanzleien.

Er studierte und lehrte an der Oxford University und ist Professor für Leadership und Organizational Behaviour an der Munich Business School. Sein Buch »Die Kunst, Kompetenz zu zeigen« hat 2004 eine neue Disziplin der Managementpsychologie begründet. Sein aktuelles Buch »Durchschaut. Das Geheimnis, kleine und große Lügen zu entlarven« erschien im Heyne Verlag, erstürmte die deutschen Bestsellerlisten und wird zur Zeit in fünf Sprachen übersetzt.

Referenzen und Kundenstimmen

»Jack Nashers presentation was immensely interesting and thought-provoking ... truly absorbing ... very practical techniques that are already part of my everyday routine.« *Dr. Keqing Lin, Project Manager, BSH Bosch und Siemens Hausgeräte GmbH*

»... Jack Nasher hat viele spannende Informationen auf äußerst kurzweilige Art und Weise präsentiert. Es hat viel Spaß gemacht und – vor allem – viel gebracht!« *Dr. Mark Grether, Leiter Strategisches Marketing, United Internet Media AG*

»Jack Nashers Seminar war für mich sehr erkenntnisreich und praxisbezogen ... eine sehr gelungene Veranstaltung.« *Adrian v. Sigriz, Leiter Technologie/Systementwicklung, Roche Diagnostics GmbH*

»Jack Nashers lecture was different from what I had heard before. Rigorous science applied for the everyday practice in the business context ... vividly and memorably demonstrated ... a thoroughly unique and exceptionally fascinating approach.« *Catherina Lachenmeier, Director Patent Affairs, R & D, Mepha AG*

»Wonderful ... very interesting and different ... most important when exercising leadership. Competence Display proved very useful! I wholeheartedly recommend Jack Nasher to anyone who wishes to convince in his professional environment.« *Jens Kohlmann, Officer and Principal Technical Manager, AIDA Cruises*

Auszeichnungen und Pressestimmen

Nummer 1 von über 2.000 Referenten bei Brainguide 2008
Mitglied des Royal Institute of Philosophy, London
»Ein Meister der psychologischen Manipulation« *Frankfurter Rundschau*
»Absolutely Amazing« *Uri Geller*

RÜDIGER NEHBERG

Themen

Visionen – Strategien – Motivation
Utopien realisieren

Leben gegen den Strom
Mit unkonventionellen Mitteln zu hohen Zielen

Veröffentlichungen

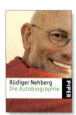 

Kurzbiografie

Auf Wanderschaft gehen, Grenzen überschreiten – das ist es, was Rüdiger Nehberg immer schon will. Als Frühchen drängelt er sich im Mai 1935 in Bielefeld auf die Welt und mit vier Jahren büchst der Rüdiger in den Teutoburger Wald aus, wo er seine erste Nacht allein im Freien verbringt und Survival-Erfahrungen sammelt.

Reisen auf eigene Faust und Survival prägen seither sein Leben: die Erstbefahrung des Blauen Nil, die Durchquerung der Danakilwüste (beides Äthiopien), dreimal über den Atlantik mit Tretboot, Bambusfloß und massiver Tanne, 1.000 Kilometer ohne Nahrung durch Deutschland oder der 700-Kilometer-Wettlauf gegen einen Aborigine und einen Ironman aus USA in Australien – um nur einiges zu nennen.

Dann ein Wandel. 1982 wird er Augenzeuge des drohenden Völkermordes an den Yanomami-Indianern in Brasilien. Das Abenteuer erhält Sinn. Mit Büchern, TV-Filmen und spektakulären Aktionen mobilisiert er Hilfe. 2000 erhalten die Yanomami einen akzeptablen Frieden. Nehberg erhält das Bundesverdienstkreuz am Bande.

Zeit für eine neue Herausforderung. Das wird der Kampf gegen Weibliche Genitalverstümmelung. Als konventionelle Organisationen seine Vision nicht mittragen wollen, gründet er 2000 kurzerhand seine eigene Menschenrechtsorganisation TARGET (ZIEL). Gemeinsam mit höchsten muslimischen Autoritäten will er den Brauch als unvereinbar mit der Ethik des Islam erklären lassen. Und er schafft das Unmögliche, bis hin in die heiligen Hallen von Al Azhar zu Kairo.

Nehberg gelang, wovon viele Manager träumen. Für seine Themen benötigte er keinen Werbe-Etat. Die Medien lieferten die Werbung kostenlos, redaktionell und massenweise.

25 Bücher, 20 TV-Dokumentationen und ungezählte Vorträge rundeten die PR-Arbeit ab.

Für seine unvergleichliche Arbeitsweise und seine Erfolge erhielt er viele Auszeichnungen.

Referenzen und Kundenstimmen

»Rüdiger Nehberg ist einer der wenigen Referenten, der immer wieder Standing Ovations erhält.« *Hermann Scherer, Unternehmen Erfolg*

Auszeichnungen und Pressestimmen

• Bundesverdienstkreuz am Bande (2002) und 1. Klasse (2008) u. a.

»Es ist ein kleines Wunder, dass ausgerechnet Nehberg, den viele für einen großen Träumer halten, etwas geschafft hat, woran selbst UN, EU und alle großen Hilfsorganisationen der Welt gescheitert sind.«
Süddeutsche Zeitung
»Nehbergs Leben ist so unwahrscheinlich und wunderbar, dass jeder Romanschriftsteller Ärger mit seinem Lektor bekommen würde, hätte er's erfunden.« *Die Welt*

HEIKE NEIDHARDT

Themen

Elefantengedächtnis? Wissenswertes rund um Lernen und Gehirn
Sinnvoll lernen, besser behalten

So bleiben Sie als Marke im Gedächtnis
Spuren hinterlassen

LernMahlZeit – der sinnliche Mix aus Lernen und Genießen
Ein ganz besonderes Lern-Event ...

So kommt Schwung in Ihren Vortrag und Unterricht
Müde Massen munter machen

Veröffentlichungen

Zum lebenslangen Lernen gezwungen?
Deutsches Institut für Erwachsenenbildung, 2006

Der letzte Eindruck bleibt – 10 Tipps, wie Sie Rede, Vortrag oder Seminar eindrucksvoll beenden könn
akademie.de, 2009

Wenn jüngere und ältere Erwachsene gemeinsam lernen ...
Deutsches Institut für Erwachsenenbildung, 2008

Kurzbiografie

Lernen, sich Neues erarbeiten, Komplexes ergründen – sie liebt das. Findet es so beflügelnd, dass sie mit Freude auch anderen zeigt, wie Lernen funktioniert. Effektives, kreatives, erfüllendes Lernen – ein Leben lang.

Was sie macht, ist fundiert. Heike Neidhardt hat zwei Studienabschlüsse, ein Diplom in Psychologie, einen Master in Erwachsenenbildung. Ihre Schwerpunkte, zu denen sie forscht, veröffentlicht und auftritt: Lern- und Gedächtnispsychologie, Lernen im Alter, Gehirnforschung. Seit 12 Jahren leitet sie bundesweit Bildungsprojekte, trainiert Lernende, bildet Lehrende weiter.

Und: Sie spricht – als Rednerin. Ihre Vorträge gleichen Lern-Events – sie sind gespickt mit Geschichten, Knobel-Aufgaben, praktischen Experimenten oder gar Kulinarischem. Inhaltlich überrascht sie oft mit Querverbindungen zu so spannenden Themen wie Profi-Sport, Zauberkunst oder Krimi-Schreiben.

Egal, ob 50 oder 500 Zuhörer – Heike Neidhardt erreicht, dass alle beteiligt sind, mitdenken, mitmachen. Denn sie weiß: So lernt sich's am besten!

Referenzen und Kundenstimmen

»Frau Neidhardt gelang es auf fachlich fundierte und unterhaltende Art und Weise, die Teilnehmenden zu fesseln. Ich bedanke mich für die großartig geleistete Arbeit.« *Antje Schimmel, Fachbereichsleiterin, VHS Hamm*

»Vielen Dank für das unterhaltsame und kurzweilige Seminar. Unsere Kursleiter haben neue Ideen und Anregungen bekommen, die sie gerne künftig in der Praxis anwenden werden.« *Helmut Claas, Leiter der VHS Flensburg*

»Dieses Seminar war eine der besten Entscheidungen, die ich seit langer Zeit getroffen habe.«
»Meine Erwartungen sind mehr als erfüllt worden.«
»Wie haben Sie das gemacht, dass Sie schon nach wenigen Minuten all unsere Namen kannten!?«
»Zwei enthusiastisch erhobene Daumen!«
Stimmen von Seminar-Teilnehmern

»Schon vorbei? Ich könnte noch stundenlang zuhören!«
»Sie haben ein unglaubliches Fachwissen und zugleich so eine angenehme Leichtigkeit.«
»Das hat richtig Spaß gemacht!«
»Das war mal was anderes. Ich habe mich keine Sekunde gelangweilt und viel gelernt. Wann kommen Sie wieder?«
Zuhörer-Stimmen nach Vorträgen

ALEXANDER NIEMETZ

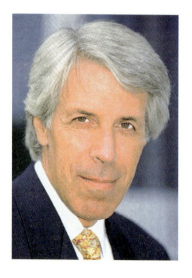

Themen

Ethik & Werte in der Globalisierung

Verantwortung statt Bevormundung

Der globale Energiewettbewerb zwischen Politik und Wirtschaft

Sozialstaat ade! Hat soziale Marktwirtschaft Zukunft?

Kurzbiografie

Alexander Niemetz, Jahrgang 1943, Publizist, ehemaliger Moderator des ZDF »heute-journal«, studierte an der Freien Universität Berlin Politikwissenschaften. Im Anschluss arbeitete der gebürtige Schweizer als Deutschland-Korrespondent für verschiedene Schweizer Zeitungen. Seine Karriere beim ZDF begann Alexander Niemetz 1979 als freier Mitarbeiter. Schon zwei Jahre später wurde er Redakteur beim »heute-journal« und 1982 Redaktionsleiter und Moderator der Sendung »Tele-Illustrierte«. Nachdem er ab 1984 in der Hauptredaktion Innenpolitik gearbeitet hatte, übernahm Alexander Niemetz 1985 für mehrere Jahre die Funktion des ZDF-Chefreporters und berichtete u. a. hautnah von den Fronten in Nahost. Von November 1991 bis Ende 2000 war Alexander Niemetz stellvertretender Leiter und Moderator der Hauptnachrichtensendung »heute-journal«. Den Zuschauern prägte sich der »bekennende Konservative« in diesen Jahren nicht zuletzt durch seinen markanten Sprachstil ein. Seit 2001 ist Alexander Niemetz als freier Journalist, Publizist und Medien-Berater für Wirtschaft/Industrie und Politik tätig.

TJALF NIENABER

Themen

Kaltakquise ist out – Networking ist in

HR meets Social Media

Erfolg mit Networking für Finanzdienstleister

Revenuemodelle 2.0 für Verlage
Webinare, WebKongresse und Communities

Veröffentlichungen

Beiträge von und über Tjalf Nienaber wurden in verschiedenen Fachzeitschriften veröffentlicht.

Online-Marketing-Attacke

Kurzbiografie

Unternehmen finden qualifizierte Mitarbeiter auf Xing, lukrative Aufträge werden bei Branchentreffen geschlossen – kein Zweifel: Networking boomt, denn Netzwerke sind eine Abkürzung zum Ziel. Egal, ob Sie aus dem Vertrieb kommen, selbstständig sind oder Führungskraft und Personalentwickler: Der Netzwerk-Papst und 5 Sterne Redner Tjalf Nienaber gibt Ihnen in seinen Vorträgen eine für Sie passende Übersicht, wie man mit Netzwerken den Erfolgsturbo anwirft.

Doch welche Dos und Don´ts gilt es zu beachten? Hier nimmt der Netzwerk-Pionier Tjalf Nienaber seine Zuhörer mit auf eine Reise in die faszinierende Welt der Netzwerke. Seine 2002 gegründete Onlineplattform Networx hat heute über 70.000 Nutzer und zählt zu einer der führenden Business-Plattformen im Internet. Hinzu kommen viele Online-Jobbörsen, die er ebenfalls ins Leben gerufen hat.

Unterhaltsam, informativ und mit wichtigen Tipps versehen, erklärt der Experte auf anschauliche Weise, wie das Netzwerken funktioniert. Es ist weit mehr als Visitenkartensammeln. Inzwischen sind nahezu alle Berufe im Internet vertreten und laden jenseits von Xing, Twitter, Facebook und Co. zum Austausch ein. Doch Synergien nutzen will gelernt sein, sonst verzettelt man sich leicht. Der 5 Sterne Redner gibt Einblicke, was beim Online- und Offline-Networking wichtig ist und wie eine effiziente Strategie aussieht. Mit einer (optionalen) Life Demo während des Vortrags führt er die Zuschauer in die Welt der Social Media ein.

Unterhaltsam führt der ehemalige Marketing- und Vertriebsmanager von Jobscout24 in die große Kunst des kleinen Gesprächs ein, wenn man in einem Raum mit duzenden potenziellen Netzwerkpartnern zusammen ist. Gleichzeitig erklärt er, wie professionelles Netzwerken im Internet funktioniert, Sie Ihre Bekanntheit erhöhen, Ihr Image steuern und wertvolle Kontakte knüpfen, oder neue Mitarbeiter, Aufträge und Jobs finden.

Tjalf Nienaber brachte selber schon weit über 60.000 Personen zusammen. Zum strategischen Einsatz von On- und Offline-Netzwerken berät er Verlage und Unternehmen. Anschaulich und alltagstauglich macht er auch Ihnen Lust auf produktives und sinnvolles Netzwerken.

Referenzen und Kundenstimmen

Referenzen:
- CeBit Forum HR
- geno kom
- Hewitt
- HRnetworx
- msConsult
- Scout24
- Volks- und Raiffeisenbanken
- Zukunft Personal

Auszeichnungen und Pressestimmen

Preisträger des BMWT 1999 mit der Auftragsbörse abori.de

RAINER NIERMEYER

Themen

Motivation – Instrumente für Führung und Verführung – Das Spielfeld für Höchstleistung ermöglichen

Change Management –Bereitschaft für Veränderungen schaffen, Chancen im Change erkennen

Mythos Authentizität
Rollenerwartungen klar erkennen, Performance optimal anpassen

Emotionale Intelligenz – Für sich und andere zielorientiert nutzen

Veröffentlichungen

Kurzbiografie

Rainer Niermeyer ist ein mitreißender Redner, gefragter Management-Coach und erfahrener Trainer. Der ehemalige Partner der Kienbaum Management Consultants GmbH versteht es, sein breites und fundiertes Wissen greifbar zu vermitteln. Mit brillanter Rhetorik und provokativ-neuen Ideen gewinnt er sein Publikum. Das Ziel: nachhaltig umsetzbare Tipps zur Optimierung der persönlichen Leistung unterhaltsam zu vermitteln.

Rainer Niermeyer entlarvt die Mythen der Führung und der falschen Authentizität und ermutigt zur absoluten Eigenverantwortlichkeit. Als Erfolgsautor machte er sich einen Namen zu Büchern wie »Führen – Die Top-Instrumente«, »Motivation – Führung und Verführung« sowie »Mythos Authentizität«. Seine dynamischen Vorträge und Seminare fesseln mit positiver Energie an das Thema. Gezielte Impulse setzt er greifbar und zur sofortigen Umsetzung. Das Ergebnis: praxisnahe Ideen mit anhaltender Wirksamkeit.

Herr Niermeyer ist Lehrbeauftragter des Zentrums für Unternehmensführung (ZfU) und der Business and Information Technology School (BITS).

Referenzen und Kundenstimmen

Accor, Airbus, Allianz, AMD, Autostadt, Carl Zeiss, Dachser, Deutsche Bank, E.ON, Easycash, Ebay, Epson, EuroHypo, Porsche, Sara Lee, Schüco, State Street, Software AG, T-Com

»Dieses Niveau habe ich bei anderen Vorträgen bisher noch nicht erlebt.« *Vattenfall Europe Berlin AG & Co. KG*

»Ihr Vortrag ist auf reges Interesse gestoßen, wie ich in nachträglichen Gesprächen mit unseren Mitarbeitern gemerkt habe. Sie haben sehr lebhaft und amüsant vorgetragen. Es hat Spaß gemacht, Ihnen zuzuhören. Vielen Dank!« *compertis Beratungsgesellschaft für betriebliches Vorsorgemanagement mbH*

»Habe persönlich noch keine Fortbildung besucht, die mich beruflich und persönlich verändert wie diese. Arbeitsbedingt: unglaublich effektiv, persönlich: extrem stark wachsend.« *PANDION AG*

Auszeichnungen und Pressestimmen

Teaching Award in Gold für die begeisterten Beurteilungen der Teilnehmer:
»Sehr hohe Energie, sehr engagiert.«
»Sehr greifbar, hoher Praxisbezug, fesselt ans Thema.«
»Sehr dynamisch und spannend präsentiert, Thema wird greifbar.«
Zentrum für Unternehmensführung ZfU

DR. JUR. CHRISTIANE NILL-THEOBALD

Themen

Ganzheitliche Kommunikation als Wettbewerbsfaktor

Von den Unternehmenszielen zur Kommunikationsstrategie

Grundlagen erfolgreicher Krisenkommunikation

Veränderungskommunikation – Chancen des Flurfunks nutzen

Veröffentlichungen

Kurzbiografie

Dr. jur. Christiane Nill-Theobald, geb. 1967 in Tübingen. Nach Studium der Literaturwissenschaften an der State University of New York at Stony Brook (1986/1987) fünfjähriges Studium der Rechtswissenschaften an den Universitäten Tübingen und Freiburg i. Br. (1987/1993). Danach Promotion in Freiburg i. Br. im Bereich Völkerstrafrecht, zugleich wissenschaftliche Mitarbeiterin am Max-Planck-Institut für internationales und ausländisches Strafrecht in Freiburg (1993–1995). Die Ausbildung zur Volljuristin erlangte sie in Rheinland-Pfalz.

Christiane Nill-Theobald ist seit nunmehr 11 Jahren in der Energiewirtschaft tätig. Dabei hat sie in leitender Funktion verschiedene Institutionen mit aufgebaut bzw. Prozesse der Restrukturierung begleitet. Nach mehren Jahren bei einem Verlags- und Medienunternehmen der Energiewirtschaft, war sie Partnerin einer Unternehmensberatung und Mitglied der Geschäftsleitung. Sie ist aktuell Gründerin und Inhaberin von TheobaldConsulting, Agentur für strategische Kommunikationsberatung in der Energiewirtschaft, und verfügt über umfassende Vortrags- und Moderationserfahrung. Darüber hinaus ist sie Verfasserin zahlreicher Fachpublikationen und Herausgeberin einschlägiger Schriftenreihen sowie u. a. Mitglied der German Speaker Association e. V. (GSA) sowie des Deutschen Fachjournalistenverbandes e. V. (DFJV). Die gelernte Juristin hat sich in den letzten Jahren zunehmend auf das Thema »Kommunikationsmanagement« für Unternehmen spezialisiert. Des Weiteren begleitet sie Einzelpersonen bei Veränderungsprozessen durch Coachingmaßnahmen.

Referenzen und Kundenstimmen

»Neben ihrem tiefgreifenden Praxiswissen versteht Nill-Theobald die Kunst der Unterhaltung par excellence! Sie zu erleben ist pure Energie!« *Dipl.-Volkswirtin Christina Sternitzke, Mitglied der Geschäftsleitung, INFORMA Deutschland*

»Theobalds Vorträge geben Denkanstöße – sie nimmt kein Blatt vor den Mund! Lebendiger Fachaustausch mit gesundem Menschenverstand und einer großen Portion Humor.« *Dorett Bausback, Leiterin Unternehmens- und Marketingkommunikation, Technische Werke Ludwigshafen*

SABINE NIMO

Themen

Wertschätzung gleich Wertschöpfung
Mitarbeiterführung durch Anerkennung

Frequenzloch und Kundenmord
Kann und will ich das ändern?

Ziele und Visionen
Wie wird das Erreichen meines Zieles Wirklichkeit

Sprechende Blicke
Können diese Augen lügen?

Kurzbiografie

Sabine Nimo wurde 1959 im quirligen Duisburg/NRW geboren. Eine Stadt, die in der damaligen Zeit der Inbegriff von Produktion und kraftvoller Unternehmenskultur war.

Frau Nimo hat ihren Weg im Handel, speziell im Bereich des Möbeleinzelhandels beschritten. Die Karriereleiter der harten Schule absolvierte sie 10 Jahre lang als Kundendienstleiterin in einem Filialunternehmen. Danach ergriff sie die Chance im Verkauf, hier konnte sie 15 Jahre erfolgreich als Verkaufsleiterin ihr Können mit Zahlen des Erfolges untermauern. Parallel dazu absolvierte sie bei Kapazitäten aus den USA, R. Mc Donald & R. Dilts, NLP-Ausbildungen, um heute als erfolgreiche Trainerin tätig zu sein.

Seit 10 Jahren arbeitet Sabine Nimo mit Schwerpunkten im Management an der Verkaufsförderung und Verkaufssteuerung. Dazu gehört neben der Kommunikationsentwicklung der Bereich des Unternehmercoachings.

Einer ihrer Kernsätze lautet:
»Eine Treppe fegt man erfolgreich von oben nach unten.«

Die wahre Wertschöpfung in Betrieben liegt in einer Führungsspitze, die gemeinsam den Weg zum Gipfel des Erfolges besteigt und dabei den Mitarbeitern als Leuchtturm dient.

Sabine Nimo ist Mitglied im DVNLP.

Referenzen und Kundenstimmen

»Nach der Arbeit mit Frau Nimo konnte ich für mich andere Prioritäten setzen. Mit neuen Erkenntnisse führe ich meinen Filialbetrieb noch zielorientierter und habe trotzdem als erfolgreiche Unternehmerin Zugriff auf eigene private Zeiträume.« *Inh. Monika Seidel, Möbel Seidel Auerbach*

»Was soll ich noch sagen? Jeder, der nicht mit Frau Nimo arbeitet, hat Wesentliches für sein Unternehmen verpasst.« *Inh. Birte Brügge, Möbel Brügge Neumünster*

»Der Workshop Körperwahrnehmung bei Frau Nimo war eine echte Bereicherung für mich: Sie hält keine trockenen Vorträge, sondern versteht es, die Teilnehmer aktiv einzubinden und mit spannenden Übungen für das Thema zu begeistern. Hier habe ich erkannt, dass Wahrnehmung individuell und subjektiv ist, und gelernt, mich selbst anders und neu wahrzunehmen.« *Katrin Schweins, Gepade Möbel, Dellbrück*

BEATE NIMSKY

Themen

Unternehmenskultur

Führung und Kompetenzmanagement

Intrinsische Kompetenz

Energy Management®

Veröffentlichungen

Kurzbiografie

Beate Nimsky hat sich im Human Resource Management insbesondere auf die Bereiche Unternehmenskultur, Mitarbeiterführung, Persönlichkeitsentwicklung und Coaching von Führungskräften spezialisiert. Sie begleitet Unternehmen bei der Entwicklung und Umsetzung ihrer Unternehmensvisionen, Strategien und Leitlinien sowie der Qualifizierung ihrer Führungskräfte und berät Unternehmen bei der strategischen Personalentwicklung u. a. durch Einsatz individuell ausgerichteter Kompetenzmodelle und Diagnostikverfahren.

Sie ist Coach u. Mitglied der Leadership Academy USA. Sie zählt zu den TOP 100 Speakers von Speakers Excellence und ist Mitglied der GSA. Zusätzlich studierte die gebürtige Mannheimerin taoistische Philosophie und Energiearbeit in Asien und Amerika über einen Zeitraum von 10 Jahren bei dem Großmeister Mantak Chia. Sie ist im klassischen Sinne eine Meisterschülerin des Großmeisters Mantak Chia, da sie von ihm aus erster Hand die Übungen und Hintergründe der ehemals geheimen Lehren zur Erhaltung und Vermehrung der Lebensenergie erhalten hat. Als führende Expertin auf diesem Gebiet lässt sie dieses Wissen kontinuierlich in ihre Arbeit einfließen.

Ihr Ziel ist es, Wege aufzuzeigen, wie Werteorientierung und persönliche Leistungsfähigkeit ökonomische Erfolge nach sich ziehen.

Referenzen und Kundenstimmen

ADG, Montabaur
Atronic, Austria
Bahn AG, Köln/Bonn
Bausparkasse Schwäbisch Hall
BMW, Köln/Euskirchen
Bosch Siemens Hausgeräte
Burda Verlag, München
Christoffel Blindenmission
Entegris Europe GmbH
Georg Fischer, Schweiz

Hughes Network Systems GmbH
Karlsruher Versicherungen
Ruland Engineering & Consulting GmbH
Tegut, Fulda
Technische Universität Darmstadt
Tiroler Versicherungen
Volksbanken
Phadia, Freiburg
Woco Unternehmensgruppe
Bad Soden-Salmünster

Mitgliedschaften
Mit Wirkung zum September 2010 ist sie in die IHK-Vollversammlung für die Metropolregion Rhein-Neckar gewählt worden.

Auszeichnungen und Pressestimmen

- 2002 - 3. Platz Human Resource Award Insights International Deutschland GmbH
- 2003 - 1. Platz Human Resource Award Insights International Deutschland GmbH
- 2005 - 1 Platz Human Resource Award Insights International Deutschland GmbH
- Seit 2005 gelistet in Top 100 Excellent Speakers

TOBIAS NITZSCHKE

Kurzbiografie

Tobias Nitzschke, Jahrgang 1979, studierte Wirtschaftswissenschaft und Wirtschaftspsychologie an der Ruhr-Universität Bochum sowie den Masterstudiengang Mediation an der Fern-Universität in Hagen. Während seiner Studienzeit absolvierte er diverse Weiterbildungen und seine Ausbildung zum diplomierten Coach an der Akademie für systemisches Coaching in Köln. In der Praxis analysierte er in Unternehmen über Jahre, wie sich der Faktor Psychologie auf den Unternehmenserfolg auswirkt. Im intensiven Austausch mit Management und Personal entwickelte er psychologische Erfolgsstrategien für Unternehmen.

Tobias Nitzschke ist an diversen Institutionen Referent für Wirtschaftspsychologie und Konfliktmanagement. Er ist Autor, Journalpublizist und Herausgeber des Fachmagazins WiPsy.

Seit 2003 nutzen Unternehmen seine wirtschaftspsychologische Beratung. Trainings, Coachings, Wirtschaftsmediation und Konfliktberatung führt Tobias Nitzschke mit mehr als 200 Beratungseinsätzen pro Jahr durch.

Als Redner und Experte für Psychologie in Unternehmen ist Tobias Nitzschke zudem Trainer für Führung, Kommunikation und Verhandeln.

In seinen Vorträgen und Seminaren vermittelt er mit hohem Informations- und Entertainmentfaktor die Gesetze der Psychologie im Business-Alltag. Neben seinen Vorträgen und Seminaren bietet er Aus- und Weiterbildungen in Wirtschaftspsychologie, Konfliktmanagement (u.a. Mediation), Kommunikation und Führung an.

Tobias Nitzschke ist Mitglied im Verein Bochumer Wirtschaftspsychologen, Mitglied im Berufsverband für Trainer, Berater und Coaches e. V. und ist aktiv in der Deutschen Gesellschaft für Mediation e. V. tätig.

Themen

Verkaufen Sie noch oder verhandeln Sie schon?
Erfolgreich Fairhandeln im Business

»Ich« als Mediator/in
Konflikte lösen und nutzen

Psychologischer »Kraftstoff« für Unternehmen
Menschenkenntnis, die wirkt und viel bewirkt!

Die Kraft der inneren Sprache
Erfolgsfaktor »Selbsthypnose«

Veröffentlichungen

Referenzen und Kundenstimmen

»Seinem Leitsatz ›Psychologie, die wirkt und viel bewirkt!‹ wird Herr Nitzschke voll und ganz gerecht. Ich war überrascht, wie sehr die hard facts in unserem Unternehmen von den menschlichen Faktoren unmittelbar beeinflusst werden.« *Personalleiter (HRM)*

»Seminare, die in Kopf und Herz gehen.« *Deutsche Vermögensberatung AG*

»In seinem Vortrag begeisterte Tobias Nitzschke durch eine perfekte Mischung aus Fachwissen, Motivation, Psychologie und Spaß.« *Zeitschrift Boulevard H & F*

DR. ALBERT NUSSBAUM

Themen

Die Guten wollen zu den Guten.
Wie man als attraktiver Arbeitgeber Talente für sich gewinnt.

Sicher ist nur die Veränderung.
Welche Mitarbeiter benötigen Unternehmen in Zukunft?

Führung macht den Unterschied.
Wodurch sich erfolgreiche Unternehmenskulturen auszeichnen.

Kurzbiografie

Dr. Albert Nußbaum, 1953 geboren, deutscher Staatsbürger, Wirtschaftspsychologe und Personalberater, verantwortet als Geschäftsführer die Deutschland-Aktivitäten der internationalen Personalberatung Mercuri Urval.

Nach dem Studium der Psychologie arbeitet Albert Nußbaum ab 1977 als wissenschaftlicher Assistent an der RWTH Aachen. 1980 promoviert er dort im Fach Psychologische Diagnostik, anschließend ist er fünf Jahre in der Forschung und Lehre tätig. Seine Schwerpunkte bilden dabei Psychologische Diagnostik, Lernen und Gedächtnis sowie die Organisationspsychologie. In dieser Zeit verfasst er mehr als 30 fachwissenschaftliche Publikationen.

1985 wendet sich Dr. Albert Nußbaum der Beratung zu und kommt als Management Consultant zur internationalen Personalberatung Mercuri Urval. Er übernimmt 1986 die Leitung der ein Jahr zuvor neu gegründeten Niederlassung Frankfurt und 1987 die Gesamtverantwortung für die Mercuri Urval GmbH in Deutschland. Unter seiner Führung entwickelt sich das Unternehmen zu einem leistungsstarken Personalberatungsunternehmen mit mehr als 90 Mitarbeitern.

Dr. Albert Nußbaum gehört auch dem International Board der ursprünglich aus Schweden stammenden Mercuri Urval plc. an und ist Aufsichtsratsvorsitzender mehrerer Tochterunternehmen.

Schwerpunkte seiner Beratungstätigkeit sind Kompetenzentwicklung, Organisationsaufbau, Strategie-Implementierung und Integration nach M&As. Besondere Branchenkenntnis aus langjähriger Beratungstätigkeit auf internationaler Ebene hat er in der Informations- und Kommunikationstechnologie sowie in der Papierindustrie.

Dr. Albert Nußbaum spricht fließend Englisch und Schwedisch, zudem Portugiesisch. Er ist verheiratet mit einer Schwedin und Vater von fünf Kindern.

CORDULA NUSSBAUM

Kurzbiografie

Cordula Nussbaum revolutionierte den Karriere- und Zeitmanagement-Bereich. Sie ist die Begründerin eines völlig neuen Ansatzes, der statt 08/15-Methoden individuelle Strategien für mehr Erfolg auf Basis unserer Talente bringt. Statt uniformen »So-muss-es-sein-Methoden« entwickelte sie Strategien, wie besonders kreativ-chaotische Menschen ihre ideenreichen und empathischen Stärken ausleben und damit Zeit und Erfolg gewinnen.

Tausende Menschen haben diesen Weg in Büchern der Bestseller-Autorin, in Seminaren und Vorträgen und im Coaching kennen- und lieben gelernt. Die Medien bezeichnen die Münchnerin deshalb als »Deutschlands Zeitmanagerin Nummer 1« (Volksstimme) und STIFTUNG WARENTEST kürte ihr Buch »Organisieren Sie noch oder leben Sie schon? Zeitmanagement für kreative Chaoten« zum Testsieger unter den aktuellen Zeitmanagement-Ratgebern.

Berufstätige, Unternehmer und Führungskräfte schätzen Nussbaums frischen und kreativen Ansatz, um mit mehr Spaß, Erfolg und Zufriedenheit zu arbeiten. Sie entdecken ihre Talente, auf denen sie dann eine schlagkräftige Firma, ein erfolgreiches Marketing, ihre Karriere oder einen besseren Umgang mit der Zeit aufbauen. Sie erleben sich als wertvollen Menschen, mit Ecken und Kanten, dessen nun freigewordene Leidenschaft ungeahnte Ergebnisse bringt.

Cordula Nussbaum, langjährige Wirtschaftsjournalistin, arbeitet als Trainerin, Coach und Speakerin mit zahlreichen Stammkunden.

Themen

Organisieren Sie noch oder leben Sie schon?
Zeitmanagement für kreative Chaoten. Neue Ideen in dynamischen Zeiten

Chaotisch? Logisch! Das Geheimnis der kreativen Chaoten.
So machen Ihre unkonventionellen Talente Sie richtig erfolgreich!

Doppelt gut! Selbst-Marketing für Unternehmer
Selbst-Marketing ist der Erfolgsturbo für jeden Selbstständigen.

Ecken – Kanten – Leidenschaft
Selbstbewusste Querdenker haben mehr vom Leben

Referenzen und Kundenstimmen

»Ihren Vortrag letzte Woche fand ich spitze. Sehr inspirierend, informativ und authentisch. Sie kann man jederzeit mit ganzem Herzen weiterempfehlen.« *Karl Pilsl, Wirtschaftsjournalist und Verleger, USA/Österreich*

»Ich habe in meinem Leben viele Vorträge besucht, beeindruckende Referenten erlebt, spannende Inhalte gehört. Ihr Vortrag hatte von allem etwas: gute Laune, viel spannende Info, Lächeln, Motivation, Begeisterung, Souveränität und vor allem viel Esprit. Danke!« *Michaela Wall-Doppler, Kanzlei für Wirtschaftsmediation, München*

Auszeichnungen und Pressestimmen

STIFTUNG WARENTEST: Testsieger unter den aktuellen Zeitmanagement-Ratgebern mit »Organisieren Sie noch oder leben Sie schon? Zeitmanagement für kreative Chaoten« (Campus), erhältlich als Buch und Hörbuch

Presseberichte erschienen u. a. in: ARD, Pro7, Bayerisches Fernsehen, ZDF online, WirtschaftsWoche, Süddeutsche Zeitung, Welt am Sonntag, W & V, AZ, Brand eins, FAZ.NET u. v. m.

Veröffentlichungen

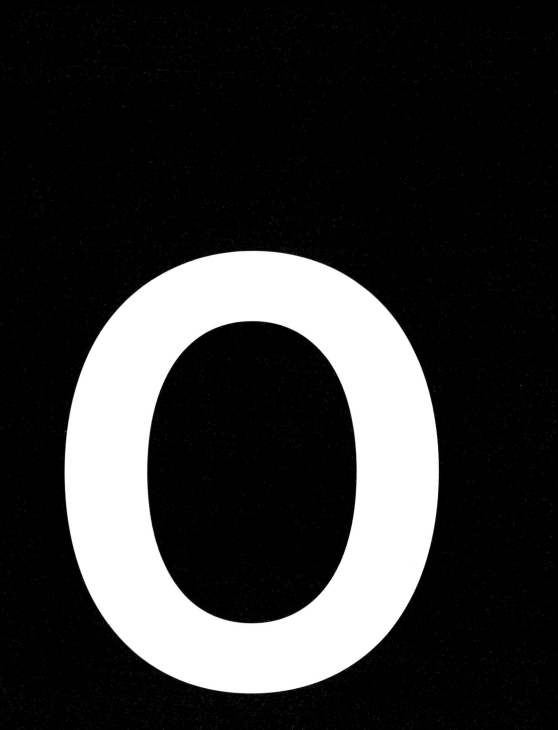

GISELA OBST

Themen

!»Akquirieren«! !»Verhandeln«!
!»Verkaufen«!
Energy Selling

Key Account Management
So! Kommen Sie zu profitablen Kunden!

Erfolgsregeln!
Psycho-Logik des Gelingens

Veröffentlichungen

Kurzbiografie

Gisela Obst hinterlässt bei ihren Zuhörern bleibende Eindrücke.
Gisela Obst steht für Initialzündungen als intensive und langfristige Begeisterung und Motivation.
Gisela Obst ist anders, kein austauschbares »Massenprodukt«, das 08/15- und durchschnittliche Reden hält. Sondern ein »Prototyp«, einmalig und unverwechselbar.
Gisela Obst wirkt, inspiriert und überzeugt durch Klartext und kommt auf den Punkt. Ihr individueller, unverkennbarer Vortragsstil begeistert und motiviert!
Gisela Obst setzt keine Kommas, sondern Punkte!
Gisela Obst motiviert zum aktiven Handeln und überzeugt durch klare Rhetorik und Humor. Neben ihrem Fachgebiet, dem erfolgreichen Verkaufen, ist sie als Sprecherin für firmenspezifische Themen oder als Keynote-Speaker für Kongresse, Firmenevents und Kick-offs ein Erfolgsgarant.

Referenzen und Kundenstimmen

Allianz AG; Arcandor AG; Aufina Immobilien; Bayer AG; Bertelsmann; Berufsbildende Schulen Stadt Hamburg; BFG Bank; Bosch und Siemens Hausgeräte GmbH; Böhringer Pharma; Cornelsen Verlag; Cornelsen Akademie; Danzas Euronet GmbH; Douglas Holding AG; Escada AG; Esprit design and product development GmbH; Electrolux AG; E.ON AG; Euro Cargo AG; EVONIC; healthpro GmbH; Initiative Media GmbH; IBM Deutschland AG; IBS Deutschland AG; IVAX Deutschland GmbH; LGA (Landesgewerbeanstalt); Landesamt für Pädagogik und Medien; LBS; MAN Roland GmbH; Merzenich KGaA; Nestlé Deutschland AG; Novatis AG; O2 (Germany) GmbH & Co OHG; Oracle Deutschland GmbH; Paribas GmbH; Peugeot Deutschland GmbH; ProSieben-Sat.1 Media AG; Ravensburger AG; RTL new media; Robert Bosch GmbH; Siemens AG; T-Mobile; T-Systems; Train the Trainer Stadt Köln – UFA Film und TV Produktion; Vodafone AG; WDR Köln; Weber AG

»Der charismatische, abwechslungsreiche und von Esprit geprägte Vortrag hat jedem Teilnehmer wertvolle Unterstützung und Motivation für den beruflichen und privaten Alltag gegeben.« *IBM Europe*

»Von der ersten bis zur letzten Sekunde hatten Sie das Publikum auf Ihrer Seite, und dass Ihr Vortrag mit Standing Ovations honoriert wurde, spricht für sich und vor allem für Sie.« *Siemens AG*

JACOBUS ONNEKEN

Themen

Vertrieb
Strategie, Optimierung, Aufbau, Organisation, erfolgreiche Verhandlungen

Externes Management im Vertrieb
Part-Time-, Interim- und Projektmanagement

Vertriebskooperationen in der heutigen Zeit
Warum, welche Vorteile bringt das?

Vertrieb während und nach der Existenzgründung

Kurzbiografie

Jacobus Onneken, 1975 geboren, deutscher Staatsbürger, Vertriebsberater und Vertriebsexperte, 2 Kinder, arbeitet seit 1994 im Vertrieb – meist von beratungsintensiven Produkten und Dienstleistungen. Er bringt Erfahrungen aus über 15 Jahren in verschiedenen Branchen und Unternehmen mit. Er hat national und international sehr gute Vertriebserfolge erzielen können. Er besuchte die Freie Waldorfschule in Frankfurt am Main und Pretoria (Südafrika) und machte eine Ausbildung zum Industriekaufmann.

Referenzen und Kundenstimmen

»Es ist ein gutes Gefühl zu wissen, dass Sie immer da sind, wenn man Sie braucht. Egal ob persönlich, telefonisch, per E-Mail oder Skype. Ich wünsche uns weiterhin viel Erfolg und eine gute Zusammenarbeit.«
Peter Knüppel, Personal Kontor im Norden, Kollow

»Die langfristige Zusammenarbeit mit Sales Consulting Onneken ist mir wichtig, weil ich unsere Gespräche als sehr motivierend empfunden habe. Ich habe auch den Eindruck, selbst bei schwierigeren Fragen in Ihnen den richtigen Ansprechpartner gefunden zu haben.«
Manfred Geest, Zahlen nach Maß e. K., Hamburg

STEFAN OPPITZ

Kurzbiografie

Stefan Oppitz ist Vorstand der A-M-T Management-Performance AG und seit über 12 Jahren als Berater tätig. Der Bankkaufmann arbeitete noch einige Zeit im Finanzbereich, bevor er Psychologie bzw. Training & Development in Deutschland und den USA studierte. Nach seiner Rückkehr nach Deutschland entwickelte er in der Zentrale einer großen Bank Auswahlinstrumente und Entwicklungsprogramme für Mitarbeiter.

Das von ihm auch international begleitete modulare Qualifizierungsangebot »Ausbildung zum Performance-Coach« wurde durch den Berufsverband der Verkaufsförderer und Trainer e. V. (BDVT) im Bereich »öffentliche Seminare« ausgezeichnet. Diese Qualifizierung findet seit Jahren als Inhouse- oder offene Veranstaltung statt und ist ein »Muss« für alle auf dem Weg zum BUSINESSPARTNER®.

Als A-M-T hat Stefan Oppitz seit 2001 das exklusive Recht, für den deutschsprachigen Raum die Lizenzierung für den MBTI® durchzuführen. Er nutzt dieses weltweit führende Persönlichkeitsinstrument auch im Coaching von Führungspersönlichkeiten und bei der Teamentwicklung. Er ist Mitglied der Deutschen Gesellschaft für angewandte Typologie (DGAT) und lizenziert darüber hinaus diagnostische Persönlichkeitsinstrumente wie den 16PF.

Themen

Persönlichkeit im Team nutzen
Mit dem MBTI auf dem Weg zu High-Performance-Teams

Konsens statt Kompromiss
Lösungsorientierte Streitkultur und Deeskalation von Auseinandersetzungen

Mit Strategie und Taktik verhandeln
Tools für Einkaufs-, Verkaufs- und Projektgespräche

Schwierige Gespräche führen
Sicher im Umgang mit Feedback und Kritik

Stefan Oppitz steht für Praxisnähe und Umsetzung der Themen aus den unterschiedlichsten Bereichen der Personalentwicklung in den Unternehmensalltag. Er ist Autor mehrerer Bücher, unter anderem zur Persönlichkeitsentwicklung, und viel beachteter Redner auf verschiedenen internationalen Konferenzen.

Stefan Oppitz ist Gründungsvorstand des ASTD GN Germany, dem deutschen Netzwerk des weltweit größten Verbandes für »workplace learning and performance«.

Referenzen und Kundenstimmen

Kunden sind u. a. SAP, HOCHTIEF, Microsoft, RWE, Generali, LeasePlan, EMC, UBS, Biogen Idec u. v. m.

Auszeichnungen und Pressestimmen

International ausgezeichnet im ASTD-Award-Programm

Mitglied im BDU

»Stefan Oppitz, A-M-T, has been selected as an OPP®approved training partner for MBTI® qualifying training in the German language due to his proven commitment to high qualify delivery and product expertice.« *Dr. Robert McHenry; Chairman and CEO, OPP Limited*

Veröffentlichungen

DR. INGO ORTMANN

Themen

Komplementäre Beratung und systemische Entwicklung
Beispiel einer komplexen Organisationsveränderung

Der Weg zwischen Fachberatung und systemischer Prozessberatung
Mit Beispiel eines Change-Prozesses

Veränderung komplexer Systeme
WAS oder WIE?

Veröffentlichungen

Betreuung diverser Diplom- und Promotionsarbeiten

Mythos Leadership
(unveröffentlicht)

Kurzbiografie

Dr. Ingo Ortmann, geboren 19.06.1962 in Hage (Ostfriesland), ist Vater von vier Kindern, studierte in Kiel Chemie Diplom und wechselte zur Promotion an die Max-Planck-Institute Kohleforschung und Strahlenchemie in Mühlheim an der Ruhr. 1991 wurde die Promotion mit Schwerpunkten in der Organischen Chemie, Kristallographie und Photochemie abgeschlossen.

Im Anschluss an die Promotion startete Dr. Ortmann seine Karriere bei Schering im Werk Bergkamen für Wirkstoffproduktion. Veränderungen/Entwicklungen von Prozessen und Strukturen waren sein steter Begleiter.

Mit dem Wechsel 1998 in das Schwesterwerk in Mexiko (Orizaba) für 3,5 Jahre wurden Spanisch-Kenntnisse aufgebaut und durch die Inbetriebnahme und Etablierung eines neuen Endstufenbetriebs in die vollkontinuierliche, automatisierte Fahrweise sammelte Dr. Ortmann Erfahrungen für Veränderungen in einem nicht europäischen Umfeld.

2001 kehrte Dr. Ortmann von Mexiko auf eine Betriebsleiterstelle in Bergkamen zurück und konnte bis zum heutigen Datum grundlegende Veränderungsprozesse als Betriebsleiter in zwei Betrieben anregen und erfolgreich umsetzen. Die Prozessorientierung/Teambildung als wichtige Ausrichtung in diesen Change-Prozessen zeigten deutliche Einsparungen und Effizienzsteigerungen.

Mit der Ausbildung zum Change Agent 2006/07 wurden Systemische Bausteine in einer Trainingsgruppe durch Frau Dr. Königswieser von »Königswieser & Network Komplementäre Beratung und systemische Entwicklung GmbH« erlernt.

Dieses grundsätzliche Verständnis von Systemen wird durch die Kombination von Prozesswissen mit technischem Fachwissen zu einem neuen »komplementären« Führungsverhalten und führt zu einer systemischen Sicht auf Veränderungsprozesse.

Seit 2007 steht Dr. Ortmann dem Netzwerk von KÖNIGSWIESER & NETWORK zur Verfügung und er wird wegen seiner großen praktischen Erfahrung in Veränderungsprozessen vielfach zur Präsentation der »Komplementärberatung« eingeladen.

DR. DIRK OSMETZ UND DR. STEFAN KADUK

Themen

Lernen von Musterbrechern
Erfolgreich führen

Mit Führungsexperimenten zu neuer Exzellenz

Beware of Management
Musterbrechend zu Wettbewerbsvorteilen 2. Ordnung

Veröffentlichungen

Kurzbiografie

Dr. Dirk Osmetz, 1967 in Mannheim geboren, war Fallschirmjägeroffizier und studierte Luft- und Raumfahrttechnik sowie Wirtschafts- und Organisationswissenschaften an der Universität der Bundeswehr München, wo er 2003 promovierte. Dr. Stefan Kaduk, geboren 1970 im Rheinland, studierte Betriebswirtschaftslehre an der Ludwig-Maximilians-Universität in München und promovierte 2002 an der Universität in Basel. Ab Ende der 90er Jahre widmeten sich beide zunächst den eher klassischen Themen in der Unternehmensberatung. Zunehmend faszinierte sie jedoch der Blick hinter die als selbstverständlich geltenden Muster von Führung und Management. 2006 veröffentlichten sie gemeinsam mit Prof. Dr. Hans A. Wüthrich den Management-Bestseller »Musterbrecher – Führung neu leben«, der bereits 2008 in dritter Auflage erschienen ist. Das Team plädiert für eine Akzentverschiebung im Management: weniger das Alte perfektionieren – dafür mehr an den Rahmenbedingungen arbeiten und experimentieren. Sie gründeten Anfang 2007 die Musterbrecher® Managementberater Osmetz + Kaduk Partnerschaft mit Sitz in Taufkirchen bei München und sind nach wie vor in Forschung und Lehre an der Universität der Bundeswehr München tätig. Ihre Vorträge, Führungskräfte-Workshops und ihre musterbrechende Führungs- und Veränderungsbegleitung stoßen im deutschsprachigen Raum auf große Resonanz.

Auszeichnungen und Pressestimmen

»Ein gehaltvolles Buffet an Anregendem und gleichzeitig Verwirrendem, das die eigenen Denkschablonen gehörig herausfordert.« *Abendzeitung München*

»Das Musterbrecher-Team Stefan Kaduk und Dirk Osmetz (Autoren des Buches ›Musterbrecher‹) regte mit erfrischenden Impulsen dazu an, eine neue Führungskultur durch einen kreativen Systembruch zu gestalten.« *HR Today*

»Die Autoren laden die Leser ein, nicht alle Probleme mit einer To-do-Liste anzugehen. Stattdessen sollten sich Führungskräfte auf die Paradoxien einlassen, die ihre Aufgabe mit sich bringt.« *Harvard Business Manager*

BERND OSTERHAMMEL

Kurzbiografie

Bernd Osterhammel, 1957 geboren, Dipl.-Bauingenieur/Dipl.-Wirtschaftsingenieur, über 20 Jahre erfolgreicher Unternehmer.

Bernd Osterhammel erwarb im Alter von 25 Jahren das väterliche Ingenieurbüro mit 3 Mitarbeitern. Er entwickelte daraus eine Ingenieurgesellschaft mit 30 qualifizierten Beschäftigten, die er erfolgreich führte. Diese Erfahrung ist heute seine Basis, um Unternehmer beraten und begleiten zu können.

Mit über 30 Jahren Pferdeerfahrung konnte Bernd Osterhammel feststellen, dass nicht nur er diese faszinierenden Tiere ausbildet, sondern dass auch sie seine Lehrer sind. Die Pferde spiegeln unser Dasein direkt und auf zutiefst ehrliche Art. Pferde lehrten Bernd Osterhammel sehr viel über Vertrauen, Respekt, Folgen, Führen, Ursache und Wirkung, Präsentsein im Augenblick, Talente-Erkennen und -Fördern und vieles mehr. Dies sind Bausteine für eine erfolgreiche Firma, ein erfolgreiches Leben und eine gesunde Welt.

Mit der Erkenntnis und dem Erlebnis aus beiden Bereichen geht Bernd Osterhammel seit einigen Jahren seiner wahren Berufung als Vortrags- und Gastredner, Coach und Kommunikationstrainer nach und trainiert viele Unternehmer auf dem Weg zu einer Traumfirma.

Themen

Pferdeflüstern für Manager
Mitarbeiterführung tierisch einfach

Den Geist der Traumfirma wecken, Sternenweg
Wie entsteht unsere Wirklichkeit, wie eine Traumfirma?

Der göttliche Funke im irdischen Erfolg
Kraftvoll, glücklich und authentisch leben

Referenzen und Kundenstimmen

»Engagiert, in höchstem Maße fachkompetent, humorvoll und mit Tiefgang haben Sie es verstanden, das Auditorium in unserem vollbesetzten Forum von der ersten bis zur letzten Minute zu fesseln. Dabei ist es Ihnen gelungen, jedem einzelnen Zuhörer seine ganz persönliche Quintessenz für den eigenen Unternehmeralltag mit auf den Weg zu geben.« *Stockhausen, Schneider, Vorstände der Volksbank Oberberg eG*

»Voller Dankbarkeit sind meine Gedanken an Sie und Ihren Vortrag beim Deutschen Manager-Verband. Sie sind ein Volltreffer!« *Rainer Willmanns, Vorstandsvorsitzender Deutscher Manager-Verband*

Auszeichnungen und Pressestimmen

»Bei Pferdeflüstern für Manager blieb ich bei der Stange, das lag an den Kernsätzen von Bernd Osterhammel.« *Handelsjournal*

»Beeindruckend, wie authentisch der gesamte Vortrag war. Beeindruckend, wie man auf eine ganz andere Art Mitarbeiterführung vermitteln kann.« *Wochenblatt News-Verlag*

»Osterhammel überzeugt auf sachliche, kompetente und humorvolle Art.« *Hamburger Abendblatt*

Veröffentlichungen

PROF. ROLF OSTERHOFF

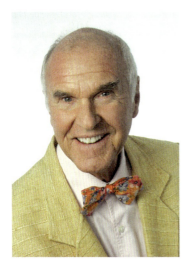

Themen

Charisma als Erfolgsfaktor

Erfolg ist machbar

East meets West

Ich – Regisseur meines Lebens

Veröffentlichungen

Zahlreiche Veröffentlichungen und Auftritte in Fernsehen und Rundfunk.

DVD: Bewusstsein – Schöpfungskraft aus dem Inneren!

Kurzbiografie

Professor Rolf Osterhoff, 1936 als Nordlicht geboren, lebt seit über 3 Jahrzenten in Süddeutschland. Nach dem Abitur folgte eine Lehre als Industriekaufmann bei C. H. Boehringer, Ingelheim. In Mainz begann sein Studium der BWL, in Hamburg kam Psychologie hinzu. Schon als junger Student konnte er seine Fachkompetenz und seine Rhetorik erfolgreich einsetzen als 1. Vorsitzender des BCH, Betriebswirtschaftlicher Club in Hamburg. Nach seinem Gast-Studium in der Türkei, Studienaufenthalten in den USA und einer 2-jährigen Tätigkeit als wissenschaftlicher Assistent an der Universität Stuttgart ging Rolf Osterhoff als Außendienst-Verkäufer zur Olivetti nach Frankfurt. Seine Vertriebserfahrungen, die frühe Berufung als Lehrbeauftragter für Rhetorik an der Fachhochschule Nürtingen, die Ausbildung zum Ausbilder an der IHK Stuttgart, seine mehrjährigen Management-Erfahrungen in Deutschland und China schufen die Basis für seinen erfolgreichen Lebensweg. So gründete Rolf Osterhoff bereits 1967 sein eigenes Institut: IWP-Institut für Weiterbildung und Personalentwicklung, welches bis heute mit qualifizierten Trainern und Beratern ein hohes Ansehen genießt. Die Mischung von Theorie und Praxis machte Rolf Osterhoff schon frühzeitig zum weltweit gefragten Coach und Keynote-Speaker.

Weitere Stationen: Professor für Führungspsychologie an der Universität Mateja Bela, Banska Bystrica, Dozent an der BAW, Bayerische Akademie für Werbung und Marketing, München, geschäftsführender Gesellschafter der RTV China, Media House, Peking und Schanghai. Seine Radio-Sendung »Erfolg ist machbar« für Radio Peking bleibt unvergessen.

Über 10 Jahre reiste Rolf Osterhoff mehrmals jährlich nach Nepal, um in Begegnungen mit außergewöhnlichen Menschen und intensiver Meditation sein persönliches Charisma zu entdecken und zu erleben. Mit seiner authentischen, charismatischen Ausstrahlung begeistert Rolf Osterhoff weltweit seine Zuhörer. Und das in seinem Alter! Rolf Osterhoff ist Mitglied der GSA, German Speakers Association, Perfect Speakers, Speakers Excellence und aufgenommen in Who is Who.

Referenzen und Kundenstimmen

»Ein Spitzenreferent, der begeistert.« *Prof. Dr. Lothar Späth*

»Für uns in den USA ist es immer wieder anregend, mit Rolf Osterhoff aus Old Europe neue Erfolgsstrategien zu erarbeiten.« *Hubert Boehle, CEO, Bauer Publishing, New Jersey*

Auszeichnungen und Pressestimmen

- Auszeichnung zum Top-Keynote-Speaker unter den Top 100 der Perfect-Speakers.eu, 2009 und 2010
- Auszeichnung zum Qualitätsexperten 2009 und 2010 durch das Qualitätsnetzwerk der Erfolgsgemeinschaft.com

»... Rolf Osterhoff erfasst und begeistert den Menschen, den ganzen Menschen.« *Die WirtschaftsWoche*

BRIGITTE OTT-GÖBEL

Themen

Vielfalt ist Trumpf – Diversity als Erfolgsfaktor für Unternehmen

Warum ein Frauennetzwerk ein Gewinn für das Unternehmen ist

Erfolgreiche Verhandlungsstrategie in China

Als Geschäftsfrau in China unterwegs

Kurzbiografie

Brigitte Ott-Göbel ist Dipl.-Betriebswirtin (Berufsakademie) und verfügt über 25 Jahre Berufserfahrung in der Automobilindustrie. Bei einem großen Premium-Automobilhersteller war sie für die Händlerorganisation in China und Südostasien zuständig. In Joint-Venture-Projekten mit chinesischen Partnern verhandelte sie die Themen Qualität und Effizienz der Händlernetze und bereiste über viele Jahre die asiatischen Märkte. Seit 2008 ist Brigitte Ott-Göbel selbstständig tätig als Beraterin, Trainerin und Coach. Darüber hinaus hat sie zwei Lehraufträge an Hochschulen in Stuttgart und Nürtingen. Sie ist zertifizierte Trainerin Daimler AG (Vertriebstraining), systemischer Coach (Ausbildung am Institut für Systemisches Coaching und Training ISCT in Wien) und ausgebildete OE-Beraterin.

Neben ihrer Leidenschaft für die asiatische Kultur und Mentalität engagiert sich Brigitte Ott-Göbel seit vielen Jahren im Thema Frauen im Management. 1995 gründete sie gemeinsam mit zwei Kolleginnen ein Frauennetzwerk in ihrem Unternehmen, das als Vorreiter der heutigen Programme für Diversity gilt. Ihre feste Überzeugung ist es, dass Vielfalt im Team zu deutlich höheren Leistungen führt und dass die spezifisch weiblichen Führungseigenschaften heute mehr denn je unverzichtbar sind.

Brigitte Ott-Göbel ist seit 1999 Mitglied bei EWMD (European Women's Management Development International Network), einem Netzwerk für weibliche Führungskräfte in Wirtschaft, Politik und Verwaltung. Sie ist Mentorin für weibliche Nachwuchsführungskräfte im Rahmen des Programms »FiV – Frauen in Verantwortung«.

Mit ihrer Stiftung, der Ott-Goebel-Jugend-Stiftung, setzt sie sich für die Gesundheit, Erziehung und Ausbildung von Kindern und Jugendlichen ein und fördert u. a. Initiativen für Hauptschüler im Rahmen der Berufsorientierung.

Referenzen und Kundenstimmen

»Der große Erfolg des Kongresses wurde im Wesentlichen durch Ihren Beitrag und Ihre Unterstützung erst möglich.« *Wirtschaftsministerium B-W, Kongress »Spitzenfrauen«*

»... die kreative und lebendige Art der Trainerin wurde sehr geschätzt ... die Teilnehmer erfuhren wichtige ›do's und don'ts‹ im Umgang mit internationalen Kunden.« *Pentland Firth, Seminar »Active Selling«*

»Sie haben es verstanden, den anwesenden Frauen Mut zu machen, sich selbst mehr in den Vordergrund zu stellen und eigene Stärken aktiv zu vermarkten.«

MIKE JOHN OTTO

Themen

Digitale Kommunikation
Was ist gerade State of the Art, wohin entwickelt sich digitale Werbung?

Der Kreative als Marke
Wie wende ich Mechnismen der Marken und Produktinszenierung für die Selbstinszenierung an?

Veröffentlichungen

Co-Autor von:

Logo Design Vol2
Taschen Verlag

Web Design: Interactive
Taschen Verlag

Weave Magazine 05.09

Advertising Now Online
Taschen Verlag

Kurzbiografie

Nach dem Studium der visuellen Kommunikation im Jahr 2000 arbeitete er zunächst frei in London, bis er dann 2001 als Senior Designer bei der Agentur Razorfish begann. Nach zwei Jahren bei Razorfish startete er als Art Director bei Elephant Seven in Hamburg, bis er Anfang 2003 zu der INTERONE (agency of BBDO) ging.

Dort arbeitete er zunächst als Senior Art Director unter anderem für die Marke BMW und später als Creative Director für die Marken o2 und für MINI. Seine Arbeiten für BMW und MINI wurden mehrmals, sowohl in Cannes, D&AD als auch beim Art Directors Club Deutschland und vielen weiteren Awards wie Clio, Cresta, New York Festivals und Effie ausgezeichnet.

Ende 2006 verließ er die INTERONE und arbeitete zunächst als freier CD unter seinem Design-Label stereoplastic.com für diverse nationale und internationale Agenturen wie Jung von Matt, Saatchi & Saatchi, Farfar, BBDO, AKQA, Plantage und Neue Digitale.

Mitte 2007 gründete er das Studio blackbeltmonkey.

Das Studio versteht sich als digitales Kommunikations- und Design-Studio und bildet die Schnittstelle zwischen klassischer und digitaler Kommunikation, mit einem Schwerpunkt auf digitalen Kampagnen, (Online-Specials) und digitalem Branding.

Mike John Otto ist zudem Dozent und Mitglied des Art Directors Clubs Deutschland und vertreten in diversen Interactive Jurys. Für das Magazin Page und den Art Directors Club hat er verschiedene Seminare zum Thema digitale Kampagnen gehalten.

Referenzen und Kundenstimmen

Mitglied des Art Directors Club Deutschland und ADC New York.
Dozent für Digitale Kommunikation an der Design Factory Hamburg und der Hamburger Technischen Kunstschule.
Redner bei der OMD 2008, Cisco Wien 2008 und DM-Exco 2009.

Fach-Publikationen/Beiträge für:
Advertising Now Online (Taschen Verlag)
Logo Design Vol2 (Taschen Verlag)
Web Design: Interactive (Taschen Verlag)
Weave Magazine 05.09
Page Magazine

Auszeichnungen und Pressestimmen

Über 200 nationale und internationale Kreativ- und Designpreise wie z. B: Cannes Cyberlions, Art Directors Club Deutschland, DDC, Red Dot, Cresta, D&AD, One Show Interactive etc.

BORIS PALLUCH

Themen

Führen mit Service

Kundenbegeisterung

Kurzbiografie

1971 in Dortmund geboren, ist Boris Palluch im elterlichen Friseurbetrieb aufgewachsen. »Ein offener Umgang mit den Kunden war damals wie selbstverständlich«, erinnert er sich. »Service steht nicht zwangsläufig für Dienen und Bedienen. Es ist vielmehr eine Einstellung zu sich und seinen Mitmenschen.«

Der Dienstleistungsbranche ist Boris Palluch bis heute treu geblieben. Nach zehnjähriger Auslandstätigkeit als Destination Manager für einen internationalen Touristik-Konzern ist er seit 2009 als selbstständiger Trainer und Berater für die Lösungsfinder GmbH unterwegs, mit Firmensitz in der Schweiz. Auch hier liegt ihm die Rolle des Dienstleisters sehr am Herzen.

Servicementalität ist in jeder Branche mit direktem Kundenkontakt ein Schlüssel zum Erfolg. Die Regeln des Service bilden die Grundlage einer erfolgreichen Mitarbeiterführung. »Erfolgreiche Servicekräfte wissen ganz genau, was ihre Kunden erwarten, und kennen ihre Bedürfnisse. Wenn ich als Führungskraft den Bedarf meiner Mitarbeiter erkenne, unterstützt mich das z. B. bei Zielvereinbarungsgesprächen. Mitarbeiter haben ein Recht auf Gespräche mit der Führungskraft. Einvernehmliche und gegensätzliche Interessen müssen offen angesprochen werden. Das Ergebnis: Klare Verhältnisse unterstützen die Konfliktprävention.«

Als geprüfter Trainer und Berater BaTB und BDVT gibt Boris Palluch seit 2007 Seminare zum Thema Kundenbegeisterung, Konflikte bzw. Reklamationen managen und Führen mit Service. An der FH Bern bildet er sich zurzeit weiter zum Mediator SDM-FSM. Vortrags-Sprachen: Deutsch und Englisch.

Referenzen und Kundenstimmen

Eine Auswahl von Unternehmen, die von seiner Erfahrung profitiert haben: TUI Service AG, TUI Suisse, Hamburger Sparkasse, IHK Würzburg

»Professionell und charmant hast Du es geschafft, das Team aufzuwecken und es auf die gestiegenen Bedürfnisse und Erwartungen der Gäste anhand von anschaulichen Beispielen aus dem Alltag zu sensibilisieren.«

»Meine Erwartungen wurden übertroffen. Es waren zwei sehr aufschlussreiche Tage. Vielen Dank!«

KAI HENRIK PAULSEN

Themen

Coaching
Talentscouting, Moderationstrainer, Persönlichkeitsmarketing

Seminare
Was ist Ihre wahre Ware? Die Suche nach Ihrem versteckten Potenzial!

Vortrag
Die Rumpelstilzchen Promotion! Wie man aus Heu Gold macht.

Kurzbiografie

»Erst seine Fähigkeit, in einem Stück Kohle den Diamanten zu sehen, hat mich auf den richtigen Weg gebracht!«

Talente erkennen, Stärken stärken, Klischees nutzen, Mut fördern, Ängste abbauen, Ziele schärfen, Wirkungen verbessern, Menschen als Marken aufbauen.

Kai Paulsen sucht Rohdiamanten. Er schürft nach ihrem schlummernden Potenzial und bringt es mit ihnen ans Licht. Begeben Sie sich mit ihm auf eine spannende Schatzsuche und fördern Sie Ihren wahren Wert zu Tage.

Als Radiocoach entdeckte und trainierte Kai Paulsen viele junge Moderationstalente, einige davon sind nun als Prime Time Moderatoren bei landesweiten Radiostationen tätig, zwei wurden für den niedersächsischen Hörfunkpreis nominiert.

Seit 2008 bietet er die Techniken des Talentscoutings und Moderatorenmarketings für alle Branchen in Seminaren, Vorträgen oder Einzelcoachings.

Kai Paulsen, 1975 in Berlin geboren, begann seine Karriere 1994 als Journalist in den Bereichen Print, TV und Radio. Seit 2004 leitete er Radiostationen als Geschäftsführer oder Programmdirektor im privaten Rundfunk (Radio Energy Bremen, JAM FM – Black Music Radio). Zweimal gehörten seine Stationen zu den TOP 3 Performern im Bereich Hörer-Wachstum in Deutschland.

Er moderierte Radiosendungen mit bis zu 200.000 Zuhörern und Großveranstaltungen bis zu einer Größe von 100.000 Besuchern, unter anderem die größte Veranstaltung Deutschlands zum Milleniumswechsel am Brandenburger Tor in Berlin.

In Radiokreisen steht Kai Paulsen für effiziente Strategien, erfolgreiches Talentscouting und kreatives Marketing (unter anderem für Coca-Cola, Burger King, McDonald's und Beck's).

Referenzen und Kundenstimmen

»Kai Paulsen hat mein Talent fürs Radio zu einem Zeitpunkt erkannt, als mir das Radiomachen selbst noch fremd war.« *Rieke Bargmann, Prime Time Moderatorin, radio ffn*

»Er hat es mit wenigen finanziellen Mitteln geschafft, aus Radio-Amateuren und -Neulingen ein eingespieltes, unverwechselbares und professionell arbeitendes Morningshowteam zu formen. Ich wünsche jedem deutschem Radio-Nachwuchstalent einen Entdecker und Trainer wie Kai Paulsen.« *Matthias J. Milberg, Prime Time Moderator, planet radio*

Auszeichnungen und Pressestimmen

Brandenburger Journalistenpreis 1999

ANTJE PELZER

Themen

Alt und Jung – gemeinsam zum Erfolg

Für unsere Kunden werden wir noch besser ...

Vom Umgang mit Konflikten

Der Weg zur eigenen Persönlichkeit

Veröffentlichungen

Mitarbeit an einigen Büchern:
84 Erfolgstipps von Trainern und Beratern; Spielbar I und II

Artikel in Fachzeitschrift
fachfrau-im-vertrieb

Kurzbiografie

Geboren 1946 in Frankfurt am Main, arbeitete Antje Pelzer in fast allen Bereichen eines Büros – von der Verwaltung der Bibliothek über den Einsatz am Telefon bis zur Assistenz der Geschäftsleitung; alle Kenntnisse wurden selbst erarbeitet. Parallel dazu bereitete sie sich im Selbststudium auf das Abitur extern an einem Darmstädter Gymnasium vor.

Seit 1973 tätig im Umgang mit Kunden und nach der Übernahme des Sohnes des zweiten Mannes kombinierte sie das Wissen um Pädagogik, Psychologie, Verhaltensforschung, Soziologie, Gehirnforschung und neuerdings Genforschung zu ihren Wissensgrundlagen für ihre Seminare.

Seit 1992 Mitglied im BDVT, dem Berufsverband für Trainer, Berater und Coaches (Köln), engagiert im Regionalclub Frankfurt am Main.

Seit einigen Jahren Lehrbeauftragte der Hochschule für Technik und Wirtschaft, Karlsruhe für Moderation, Rhetorik und Präsentation.

Referenzen und Kundenstimmen

»Überzeugung durch Authentizität.«

»Große Erfahrung im Umgang mit Menschen.«

»Aus der Praxis für die Praxis.«

»Fundiertes Wissen, praxisorientiert und bedürfnisbefriedigend vorgetragen und angewandt.«

MARC PERL-MICHEL

Themen

Positionierung
Zeigen Sie Ihren Kunden, wer Sie sind, was Sie machen und was sie davon haben, dass es Sie gibt

Fundamente & Werkzeuge für ein erfolgreiches Kundengewinnungsmarketing:
mehr Interessenten, mehr Kunden, mehr Umsatz & Gewinn

Kundenbegeisterungsmarketing
So machen Sie Ihre Kunden zu Fans

Kreativitätstechniken für unkreative Unternehmer

Veröffentlichungen

Kurzbiografie

Ich bin Fokusveränderer und helfe Unternehmern dabei, mehr Interessenten zu finden, diese in zahlende Kunden zu verwandeln und mehr Umsatz und Gewinn zu erwirtschaften, ohne dass noch mehr Geld in Werbung investiert werden muss. Außerdem berate ich Unternehmer, Selbstständige und unternehmerisch denkende Führungskräfte in Sachen Marketing, Kommunikation und Positionierung.

Dauerhaft erfolgreiche Unternehmer stellen sich regelmäßig folgende Fragen: Wer bin ich? Was mache ich? Und vor allen Dingen: Was haben meine Kunden davon, dass es mich gibt? Bei der Beantwortung dieser Fragen helfe ich gerne als Auslöser und Begleiter einer gewollten Entwicklung.

Seit 1988 arbeite ich als Impulsgeber mit dem Spezialgebiet: Positionierung. Meine Kunden bestätigen mir immer wieder, dass meine Vorträge, Seminare und Workshops absolut authentisch, praxisorientiert und die Inhalte sofort umsetzbar sind.

Besonders aufgefallen ist mir, dass viele Unternehmen sehr viel über sich selbst schreiben und sprechen und weniger darüber, was Kunden tatsächlich davon haben, dass es das Unternehmen überhaupt gibt. Die wenigsten denken eben KUNDISCH.

Tatsache ist, dass in Prospekten von Unternehmen aus ein und derselben Branche beliebig Bilder, Texte und Kontaktinformationen ausgetauscht werden können, ohne dass hierbei ein signifikanter Schaden für irgendjemanden entsteht.

DAS DARF SO NICHT SEIN. Das ist Branchen-Inzest. Das kostet im schlimmsten Fall sogar die Existenz. ES GEHT BESSER. MACHEN SIE ES BESSER! Es geht immer wieder darum, Position zu beziehen und Kunden und Interessenten ganz klar zu zeigen, wofür IHR Unternehmen steht, was IHR Unternehmen macht und was IHR Kunde davon hat, dass es IHR Unternehmen gibt.

Einer meiner gelebten Grundsätze lautet: Jeden Tag (mindestens) eine gute Idee, das sind 365 gute Ideen pro Jahr. Klar ist: Jede Idee KANN Sie weiterbringen, doch nur jede umgesetzte Idee WIRD Sie weiterbringen.

Referenzen und Kundenstimmen

»Super Redner, spannender Vortrag, Realitätsnähe.« *Christian Backhaus*

»Sehr inspirierend, anregend und für Menschen, die offen für Anregungen sind, ein Muss!« *Bärbel Petsch*

»Informativ, überraschend, hoher Gegenwert, anregend, motivierend, kurzweilig, spannend, interessant.« *Gilbert Bergner*

»Absolut super. Für den Aufbau und die Weiterentwicklung unerlässlich.« *Detlev Soekeland*

»Neue Wege, neues Denken, andere Sichtweisen.« *Siegfried Schuster*

RAINER PETEK

Kurzbiografie

Wir überschätzen das Ausmaß an Planbarkeit und unterschätzen unsere Möglichkeiten im Umgang mit dem Ungewissen«, lautet das Credo von Rainer Petek. Er ist Extrembergsteiger, systemischer Organisationsentwickler und Managementberater und seit 1998 als Berater und Trainer vorwiegend für deutsche, österreichische und schweizerische Unternehmen zwischen Dänemark, Moskau, Quatar und Atlanta im Einsatz. Darüber hinaus lehrt er an der Universität Klagenfurt sowie im Executive-MBA-Programm der Donau-Universität Krems.

Bereits als 19-Jähriger durchstieg Rainer Petek eine der schwierigsten Nordwände der Alpen, die Grandes Jorasses, über den berühmten Walkerpfeiler. Als Profibergführer führte er über 12 Jahre lang viele Menschen durch extreme Kletterrouten in den Alpen.

In seinen Vorträgen lädt Rainer Petek zu einem radikalen Ortswechsel des Denkens ein: Anhand extremer Bergerfahrungen vermittelt er neue Zugänge zu unternehmensrelevanten Fragestellungen und gibt vielfältige Impulse für den Umgang mit den komplexen und teilweise undurchschaubaren Problemlagen, denen Führungskräfte, Teams und Organisationen in der heutigen Zeit gegenüberstehen.

Packende Geschichten und eindrucksvolle Bilder aus senkrechten Felswänden sowie pragmatische Transfergedanken für die Anwendung in Unternehmen erhöhen die Handlungsoptionen der Zuhörer und garantieren einen hohen Erinnerungswert.

Referenzen und Kundenstimmen

»Rainer Peteks Nordwand-Prinzip ist ein kraftvoller und origineller Ansatz, neue Wege in herausfordernden Unternehmenssituationen zu finden.« *Prof. KR Friedrich Macher, Generaldirektor RailCargo Austria AG*

»Das Besondere an Rainer Peteks Vortrag ist, dass er Erfahrungen in Extremsituationen und strategisches Denken kombiniert. Dadurch erzielt er einen extrem hohen Aufmerksamkeitslevel und zeigt praxisnah, wie man anders denken und anders mit Herausforderungen umgehen kann.« *Alexander Buchner, MBA – Country Manager Central Europe-Romania, M-I SWACO Drilling Fluids*

Auszeichnungen und Pressestimmen

»Berechenbarkeit und vorgefasste Pläne entpuppen sich zunehmend als Illusion, sagt der Management-Berater Rainer Petek, der Weg in die Zukunft gleicht einer Expedition ins Ungewisse. Das Bild der Nordwand steht für den Mut, die vorgezeichneten Wege zu verlassen und gemeinsam im Team die Herausforderungen zu meistern.« *Hamburger Abendblatt*

Themen

Mit dem Nordwand-Prinzip das Ungewisse managen
Neues Denken, neues Handeln, neue Wege gehen

Expedition CHANGE – Führen in rezeptfreien Räumen
Orientierung finden und Sicherheit geben, wenn sich alles verändert

Turbulenzen meistern – an Krisen wachsen
Prinzipien der Hochverlässlichkeit und Resilienz in Teams und Organisationen

Vom Leitungskreis zum Leadership-Team
Unternehmenserfolg durch Zusammenarbeit auf höchster Ebene

Veröffentlichungen

NIELS PFLÄGING

Themen

Der Kodex
Die 12 neuen Gesetze der Führung.
Warum Management verzichtbar ist

Bye-bye Management!
Der Weg zum Neuen Leadership

Führen mit flexiblen Zielen
Den Wettbewerb schlagen – ohne fixe Ziele oder Jahresplanung!

So arbeiten Höchstleister!
Erfolgreich sein im neuen Zeitalter der Dynamik

Veröffentlichungen

Führen mit flexiblen Zielen. Den Wettbewerb schlagen – ohne fixe Ziele oder Jahresplanung!
Vortrag, DVD

Kurzbiografie

Wo Niels Pfläging auftritt, sprühen Funken. Der Berater, Business-Speaker und Autor mit Wohnsitz in São Paulo (Brasilien) ist ein überaus engagierter und kompetenter Management-Vordenker, der keine Konfrontationen scheut. Er ist Mitbegründer des BetaCodex Network (www.betacodex.org), einem internationalen Open-Source-Netzwerk. Zwischen 2002 und 2008 war er Direktor des renommierten Beyond Budgeting Round Table BBRT.

Niels Pfläging ist gefragter Referent auf internationalen Kongressen zum Thema Unternehmensführung. Versiert in vier Sprachen, begeisterte er Unternehmer und Manager in mehr als 20 Ländern mit seinen provokativen, fundierten und stimulierenden Vorträgen. Als Ratgeber und Advisor unterstützt er Manager und Organisationen aller Art bei der Transformation.

In seinem Erstlingswerk »Beyond Budgeting, Better Budgeting« nahm er die Traditionen des Finanzmanagements aufs Korn und stellte die Alternative »Beyond Budgeting« vor. In seinem zweiten Buch »Führen mit flexiblen Zielen. Beyond Budgeting in der Praxis« belegte er, dass die Organisation der Zukunft bereits existiert, und zeigte, wie sie funktioniert. Dafür wurde er mit dem Wirtschaftsbuchpreis 2006 von Financial Times Deutschland und getAbstract ausgezeichnet.

Referenzen und Kundenstimmen

»Mit Niels in unserem Managementteam zusammenzuarbeiten war eine fast schon religiöse Erfahrung. Wir halten seine Ideen, Konzepte und seine Ansätze für äußerst wertvoll für unsere Organisation!«

»Für mich einer der besten und beeindruckendsten Vorträge seit Jahren.«

Auszeichnungen und Pressestimmen

Gewinner des Wirtschaftsbuchpreises 2006 von FT Deutschland und getAbstract, in der Kategorie »Leadership«

»Wenn Pfläging die Dogmen des Managements durchschüttelt, zerbröseln sie in seinen Händen.« *Financial Times Deutschland*

»Niels Pfläging ist immer dabei, wenn das Ganz-Vorne vermessen und kartografiert wird.« *ChangeX*

MANUEL PHILIPP

Themen

Damit was bleibt! Die Elementarteilchen guter Vorträge.
Der Vortrag zum Thema Vortrag.

Damit was bleibt! Das Vortrags-Coaching
Damit Ihr Publikum ab Morgen etwas anderes macht.

Warum es besser ist, keine Versicherungen abgeschlossen zu haben.
Versicherungs- vs. Verbraucherschutz

Veröffentlichungen

Zahlreiche Fachartikel
zu Wirtschafts-/Finanz-/Steuerthemen uvm. in Zeitungen/Magazinen

Kolumnen
naturwissenschaftliche Phänomene und Sprach-Kuriositäten im Alltag auf dem Portal regionalwissen.de

Kurzbiografie

»Warum ist der Himmel blau?«
Diese und ähnliche Fragen zu Alltagsphänomenen beflügelten Manuel Philipp, nach seiner Ausbildung Physikalische Technik in München zu studieren. Sein naturwissenschaftliches Wissen fand bald ungewöhnliche Anwendung:

Er bot Beratung zur Rentabilität von Kapitalanlagen in Zukunftstechnologien, wie z.B. der Nanotechnik. 2000 machte er sich im Alter von 30 Jahren als unabhängiger Berater selbstständig. Zusammen mit Finanzfirmen entwickelte er neuartige innovative Vorsorgeprodukte für Privat- und Firmenkunden und präsentierte diese bei über 700 freien Finanzdienstleistern.

Sein Kreativitätspotenzial, sein interdisziplinäres Fachwissen und sein Talent, Komplexes anschaulich und begeisternd zu erklären, ließen den Unternehmer schnell zum gefragten Mann für wirkungsvolle Kommunikation werden. Kreative Herausforderungen meistert er mit der Vorgehens- und Denkweise eines Physikers. Überzeugende Vorträge und erstklassige Werbekonzepte zeichnen ihn aus.

Mit Gründung der WIRKfabrik hat sich der Ingenieur 2008 eine neue Aufgabe gestellt: Interessierte bei der Ideenfindung, Kommunikation und Präsentation ihrer Dienstleistungen oder Produkte zu unterstützen. 2009 entwickelte und startete er das Portal www.regionalwissen.de

Manuel Philipp ist professioneller Vortragsredner, VortragsCoach, Kommunikationsprofi und kreativer Kopf der WIRKfabrik. Er absolvierte zahlreiche Ausbildungen und Coachings zum Thema Kommunikation/Vortrag/Präsentation/Wirkung/Stimme.

Referenzen und Kundenstimmen

»Mit einem Wort: Wow! Selten hat mich ein Vortrag so begeistert. Erfrischend, inspirierend, motivierend und trotzdem fachlich einwandfrei. Machen Sie weiter so, Herr Philipp!« *Bianca Stiegler, Senior Human Resources Manager, SILVER ATENA GmbH, München*

»Vielen Dank für Ihren wichtigen und kompetenten Beitrag und Ihre Hilfe bei der Optimierung meines Vortrags. Das hat mir sehr gefallen und geholfen. Sie sind ein Experte!« *Bruno Stärk, Fachpersonal-Leasing, Waldshut-Tiengen*

Auszeichnungen und Pressestimmen

»Was bleibt hängen? – Mit Recht stellte Herr Philipp diese Frage in den Mittelpunkt seines hervorragenden Vortrags. Danke für die vielen Tipps, anschaulichen Beispiele und motivierenden Ideen. Beim Publikum blieb sehr viel hängen.« *pressewoche*

»Manuel Philipp punktet mit seiner Stimme: Radiophon! Ich könnte ihm stundenlang zuhören. Ausdrucksstark, melodisch, präsent, eine gute Struktur, Pausen und Betonungen, wie sie sein sollen.« *Ingrid Amon, Stimm-Expertin, Institut für Sprechtechnik, Wien*

DR. KARL PILNY

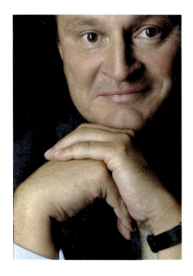

Themen

Zeitenwende
die neuen Mächte und Märkte

Das asiatische Jahrhundert
Menschen, Märkte und Mächte

Globalisierung 3.0 – Welt im Wandel
Wirtschaft und Werte in der neuen Welt?

Investieren in Asien
Chancen und Risiken für Anleger und Investoren

Veröffentlichungen

Kurzbiografie

Dr. iur. Karl Pilny, geboren 1960, gilt als einer der profundesten deutschen Asienkenner und als Experte für Schwellenländer. Der internationale Wirtschaftsanwalt aus Berlin ist auch als Unternehmer und Finanzexperte in Zürich tätig. Als Partner einer internationalen Anwaltssozietät in Tokio, London, Paris und Brüssel betreute er zahlreiche Transaktionen jeglicher Größe und Branche in Asien, Afrika sowie den Amerikas. Zahlreiche Beratungs- und Aufsichtsmandate, eine starke Medienpräsenz und permanentes Reisen gewährleisten aktuelles Wissen und Kontakte.

Als Keynote-Speaker und vielbeachteter Buchautor analysiert Pilny die aktuellen Trends und Tendenzen und stellt die historischen Zusammenhänge her. Die Abläufe und Auswirkungen unserer epochalen Zeitenwende zu kennen und umsetzen zu können, das garantiert Pilny. Er entwirft überzeugende und verwertbare Zukunftsszenarien für Regionen, Länder und Branchen.

Seine Vorträge in Deutsch, Englisch und Japanisch bieten neue Perspektiven. Sie sind mitreißend, interdisziplinär und visionär.

Pilny zeichnen Eloquenz, Charisma, Souveränität und Lebendigkeit aus. Daneben Präsenz, Humor und persönliche Anekdoten. Egal ob 600, 60 oder sechs Zuhörer – egal ob Fachleute oder nicht –, Dr. Pilny versteht es, alle in seinen Bann zu schlagen.

Referenzen und Kundenstimmen

»... Ihre wirklich enthusiastisch und kenntnisreich vorgetragenen Ausführungen zu den Schwellenländern im Rahmen unserer NEUE PERSPEKTIVEN TOUR 2010, die bei den jeweils rund 400 Zuhörern ausgezeichnet ankamen. Wir fragten nach jeder der sechs Veranstaltungen nach Feedback und Sie sind jedes Mal herrvorragend beurteilt worden.«
Dr. Christian Wrede, Geschäftsführer, FIIDELITY INVESTMENT SERVICES GMBH

»Beim diesjährigen Capital Geldanlagegipfel verstanden Sie es, farbig und kenntnisreich die asiatischen Kapitalmärkte darzustellen...«
P. Prandl, stv. Chefredakteur Capital

»... durch Ihre äußerst interessanten und lebhaften Ausführungen zu Asien bereichert. Ihre Überzeugungskraft war mit ein Grund dafür, dass es gelang die Attraktivität der Region für Immobilieninvestments zu vermitteln ...« *Dr. Georg Reul, Mitglied des Vorstands, IVG Immobilien AG*

»... beim Investmentforum Berlin ... war es ein Genuss mitzuverfolgen, wie sich Ihre Expertise mit einem sehr eloquenten und lebendigen Vortragsstil gepaart hat ...« *Andrea Bauer, Managing Director, Landesbank Berlin*

Auszeichnungen und Pressestimmen

»Endlich eine differenzierte und kritische Analyse des fernöstlichen Strukturwandels ...« *Handelsblatt*

»Kenntnis- und faktenreich ...« *WirtschaftsWoche*

»... seine Szenarien muten so realitätsnah an, dass sie den Leser unweigerlich in ihren Bann ziehen ...« *Frankfurter Allgemeine Sonntagszeitung*

KARL PILSL

Themen

Die Wirtschaftsrevolution
Wem gehört die Zukunft in Europa?

Der Megatrend des 21. Jahrhunderts: der Menschenspezialist

Die naturkonforme Strategie
Die Natur ist erfolgreich Jahr für Jahr: Was macht sie richtig?

Visionäre Leadership
Der Weg vom operativen Management zu visionärer Leadership

Veröffentlichungen

Kurzbiografie

Karl Pilsl: »Wenn es uns gelingt, die hohe Qualität/Perfektion deutscher Leistungen mit der Kreativität, dem Denken und der Leadership-Philosophie der Amerikaner in der richtigen Weise miteinander zu verbinden, dann sind wir Deutschen am Weltmarkt unschlagbar!«

Karl Pilsl, Wirtschaftsjournalist in den USA, ist seit 40 Jahren Unternehmer mit hunderten Mitarbeitern, seit 1977 im Medienbereich tätig, seit 1979 in den USA und dort seit 1987 als Wirtschaftsjournalist mit der Frage beschäftigt: »Was können deutsche Mittelständler und Führungskräfte von ihren amerikanischen Kollegen wirklich lernen?«

Er ist Autor von mehr als 20 Büchern zu den Themen Strategie, Leadership, Arbeitsmarkt, Wirtschaftsrevolution und Motivation. Karl Pilsl ist auch Gründer mehrerer Firmen und Organisationen in Österreich, Deutschland und den USA. Seit 25 Jahren ist er gefragter Sprecher »around the world« und er ist auch Gründer der Umdenk-Akademie® in Deutschland.

Referenzen und Kundenstimmen

Tausende Unternehmer und Führungskräfte in vielen Ländern haben in den letzten 25 Jahren die motivierenden, inspirierenden und aufschlussreichen Botschaften von Karl Pilsl gehört. Darunter auch Unternehmen wie BMW, Der Standard, DVAG, IHK, SchmidtColleg, SCA Hygiene Products, Sparkasse, Tempus, Volksbank, Wirtschaftskammer Österreich, XXXLutz etc.

»Du hast wie immer einen analytischen Beitrag versehen mit klaren Zielsetzungen und Werten geliefert. Ich bedanke mich dafür sehr herzlich und bewundere Dich auch immer wieder, wie Du auf ganz einfache Weise versuchst, Schlüsse vom allgemeinen auf das geschäftliche Leben zu ziehen ...« *Dr. Christoph Leitl, Präsident der österreichischen Wirtschaftskammer und Ehrenpräsident der europäischen Wirtschaftskammer*

»Gratulieren möchte ich Dir zu deinem hervorragenden Weg, der sich aber schon in frühen Jahren anlässlich unserer ersten Begegnungen abgezeichnet hat. Gerne denke ich noch an die hervorragenden Seminare zurück, die ich bei Dir besuchen durfte ...« *Hubert Gorbach, Vizekanzler der Republik Österreich a.D.*

Auszeichnungen und Pressestimmen

Auszeichnung zum Top-Keynote-Speaker unter den Top 100 der perfect-speakers.eu, 2009

Auszeichnung zum Qualitätsexperten 2009 durch das Qualitätsnetzwerk der Erfolgsgemeinschaft.com

PROF. DR. MAG. ANNA MARIA PIRCHER-FRIEDRICH

Kurzbiografie

Professorin für Human Resources und Qualitäts- und Dienstleistungsmanagement am Management Center Innsbruck – die unternehmerische Hochschule. International gefragte Vortragende und Seminarleiterin, Training und Coaching von Führungskräften aus Wirtschaft, Schulen und Krankenhäusern.

Referenzen und Kundenstimmen

»Wer mit Menschen umgeht, wird die Seminare und die Bücher von Prof. Dr. Anna Maria Pircher-Friedrich schätzen lernen. Für die tägliche Praxis sofort übertragbar und endlich einmal keine unglaubwürdigen ›Kochrezepte zur Mitarbeitermotivation‹. Das ›GEBEN-Konzept‹ wird ganz sicherlich zukünftig in den Unternehmen mit nachhaltigem Erfolg eingesetzt. Branchenunabhängig, leicht verständlich, praxisnah und mit viel ›Sinn‹ fordert das Buch jeden Leser zum Nachdenken auf und führt zur selbstkritischen Verhaltensänderung.« *Prof. Edgar E. Schaetzing Internationales Institut für Hotel & Restaurant Administration e. V.*

»Eine Pflichtlektüre für jede Führungskraft, die im 21. Jahrhundert erfolgreich führen will. Endlich ein Buch, das dem Anspruch auf Ganzheitlichkeit gerecht wird. Es beginnt bei der Entwicklung der Geisteshaltungen der Führungskräfte und verbindet diese in ausgezeichneter Form mit den vorgeschlagenen Führungsinstrumenten. Auf diese Weise können betriebliche Veränderungen wirkungsvoll erfolgen. Das Kernstück dieses Konzeptes, nämlich die Sinnsuche des Menschen in allem, was er tut, entspricht dem ureigensten menschlichen Bedürfnis, dessen Defizite die Wirtschaft und Unternehmen zum Lähmen bringen. In hervorragender Weise ist es der Autorin gelungen aufzuzeigen, wie durch Sinn und Werteorientierung die nachhaltige Wertsteigerung erst möglich ist.« *Rezensentin/Rezensent: Klaus Kobjoll aus Nürnberg*

Themen

Mit Sinn zum nachhaltigen Erfolg
Anleitung zur Werte- & wertorientierten Führung.

Sinnorientierte Selbstführung
Die Kunst der Selbstmotivation und Selbstentwicklung

Was Mitarbeiter wirklich motiviert, ihr Bestes zu geben

Wie Sie sich loyale Kunden verdienen

Veröffentlichungen

»Endlich ein Konzept, das dem Anspruch auf Ganzheitlichkeit gerecht wird. Es beginnt bei der Entwicklung der Geisteshaltungen der Führungskräfte und verbindet diese in ausgezeichneter Form mit den vorgeschlagenen Führungsinstrumenten. In hervorragender Weise ist es der Autorin gelungen, aufzuzeigen, wie durch Sinn und Werteorientierung die nachhaltige Wertsteigerung erst möglich ist.« *Klaus Kobjoll, Nürnberg, Gewinner des European Quality Award*

»... Ihre Ausführungen haben mich beeindruckt und sie finden meine volle Zustimmung. Man könnte sich nur wünschen, dass es in der Welt der Unternehmen so zuginge, und wenn alle nach diesen Grundsätzen handelten ....« *Univ. Doz. Dr. med. Helmuth Amor, Chefarzt und Wissenschaftlicher Leiter der Landesfachhochschule für Gesundheitsberufe Bozen*

Auszeichnungen und Pressestimmen

Mitglied von Q-Pool 100: Offizielle Qualitätsgemeinschaft internationaler Wirtschaftstrainer und -berater

ALEXANDER PLATH

Themen

5 Minuten vor dem richtigen Publikum bringen mehr als ein ganzes Jahr im Büro!

In 7 Sekunden jeden überzeugen
Sympathisches Auftreten & überzeugende Wirkung

Mit Stil zum Ziel
Mit Business Knigge sicher und stilvoll auftreten

Warum Neandertaler erfolgreicher sind!

Veröffentlichungen

In 7 Sekunden jeden überzeugen, mit einem starken ERSTEN EINDRUCK
Audioseminar unter www.audioseminar24.de/plath

Regelmäßige Veröffentlichungen in Obtainer Magazin, Wissen & Karriere, Society, Netcoo

Kurzbiografie

Alexander Plath ist Experte für die Themen
• Der entscheidende »erste Eindruck« - Ihre Wirkung auf andere!
• Überzeugend und souverän auftreten – beruflich und privat
• Präsentation & (Verkaufs-) Rhetorik
• Ausstrahlung & Körpersprache
• Schlagfertigkeit & positive Kommunikation
• SmallTalk & Networking
• Etikette & Business-Knigge
• Krisenkommunikation
• Elevator Pitch/Kurzpräsentation (Training/Coaching)
• Führungskräfte Coaching: Präsentation, Rhetorik, Kommunikation
• Impuls-/Motivationsvorträge auf Events & Kongressen

Er ist seit 20 Jahren im Verkauf und Vertrieb aktiv und hat in dieser Zeit alle Stationen vom Verkäufer bis zum Direktor Vertrieb Ausland und Pressesprecher eines multinationalen Unternehmens durchlaufen. Seit mehr als 10 Jahren trainiert und coacht er Führungskräfte und Verkäufer im In- und Ausland mit hoher Praxisnähe, Humor und Begeisterung.
Mit dieser Erfahrung versteht er, »wo Sie heute stehen«, und optimiert gemeinsam mit Ihnen in Trainings oder Einzelcoachings Ihr Auftreten oder das Auftreten Ihrer Mitarbeiter. Für einen starken, überzeugenden, sympathischen und souveränen (ersten) Eindruck – bei Ihren Kunden, Mitarbeitern und privat.

Ihr Nutzen:
Messbare Resultate und erfolgreicher Praxistransfer – in kleinen Gruppen oder im Einzelcoaching – durch intensives Video- und Trainer-Feedback. Viele praktische Übungen, Rollenspiele, Fallbeispiele und Checklisten – sofort umsetzbar!
Die Trainingssprachen sind Deutsch, Englisch, Französisch.

Referenzen und Kundenstimmen

»Klar und eindrucksvoll! ... er versteht, von was er redet, und kann es super weiter vermitteln !« S. Isler-Werlen
»Superansteckend! Toll gemacht!« Patrick Stöcklin
»...durch das Seminar habe ich meine Abschlussquote um über 25 % steigern können!« Siegfried Neuendorf
»Die Hemmschwelle, gegen die ich vorher immer gekämpft habe, ist jetzt weg !« Helga Schoirer

Auszeichnungen und Pressestimmen

»geprüfter Trainer & Berater BDVT«
»zertifizierter Business-Knigge Trainer AUI«
zertifizierter persolog-Trainer (DISG Modell)
Mitglied der Umgangsformen Akademie Deutschlands
»Best of Semigator«

Presse:
»... der Trainer der Herzen...«
»... Begeisterung, Humor und Kompetenz in einem Paket ...«

KERSTIN PLEHWE

Themen

Change Can Happen
Das »New Marketing« des Barack Obama

Erfolgsfaktor Glaubwürdigkeit
Die neuen Regeln heutiger Geschäftserfolge

Die Dialog-Revolution
So funktioniert erfolgreiches Marketing im 21. Jahrhundert

Die Kraft der Mobilisierung
Was Unternehmen und NGOs von amerikanischen Wahlkämpfern lernen können

Veröffentlichungen

Kurzbiografie

Kerstin Plehwe ist Autorin und Beraterin für Entscheidungsträger in Politik und Wirtschaft. Unternehmerin aus Leidenschaft – das kennzeichnet den beruflichen Weg der Protagonistin für neue Wege politischer und werblicher Kommunikation. Sie selbst versteht sich als Überzeugungstäterin und Grenzgängerin zwischen Wirtschaft, Politik und Zivilgesellschaft. Ihre langjährige internationale Beratungs- und Umsetzungserfahrung, ihre Visionskraft, Praxisnähe und ihr hautnah zu erlebender Enthusiasmus motiviert Zuhörer aller Branchen, Altersgruppen und Managementebenen. Kerstin Plehwe ist Gründerin des Internationalen Instituts für Politik und Gesellschaft mit Sitz in Berlin, Hamburg und New York sowie Vorsitzende der überparteilichen Initiative ProDialog in Berlin. Die Kommunikationsexpertin hat zahlreiche internationale Wahlkämpfe und Kampagnen analysiert, für Hörfunk und Fernsehen kommentiert sowie mehrere Bücher veröffentlicht. Zudem engagiert sie sich in unterschiedlichen gemeinnützigen Organisationen. Nach Lebensstationen in Südafrika, USA und Japan lebt sie heute in Berlin und Hamburg. Die ehemalige Präsidentin des Deutschen Dialogmarketing Verbandes ist eine gefragte nationale und internationale Rednerin. In ihren Vorträgen behandelt sie die Themen Kommunikation, Strategie und Leadership unter den veränderten Bedingungen des 21. Jahrhunderts.

Referenzen und Kundenstimmen

»… klar, präzise, fokussiert auf das Wesentliche, authentisch, unterhaltsam. Danke.« *Dr. Werner Veith, Direktor, Deutscher Caritasverband*

»… der Vortrag war phantastisch und meine Kolleginnen und Kollegen sind begeistert!« *St. Jöris, Commerzbank AG*

»In ihrer gekonnt markanten Art hat es Frau Plehwe mal wieder geschafft, die Zuhörerschaft durch eine fein abgestimmte Mischung von Theorie und (auch selbst erlebter) Praxis sowie den daraus zu schließenden Konsequenzen für die tägliche Arbeit zu begeistern. Es ist tatsächlich beflügelnd, ihr zuzuhören.« *C. v. Mohl, Vorstand, Stiftung VorsorgeDatenbank*

»Ich habe Ihrem Beitrag fasziniert zugehört, da Sie es geschafft haben, Ihren Enthusiasmus auf den Zuhörerkreis zu übertragen.« *O. Lübbe, HSH Nordbank AG*

Auszeichnungen und Pressestimmen

»Kerstin Plehwe ist die Dialog-Expertin in Deutschland – auch im Wahlkampf.« *Welt am Sonntag*

»Spannende Information, Inspiration und Motivation für Entscheider in Politik und Wirtschaft … sogar als Handlungsanleitung.« *Die Welt*

»Mit kritischem Blick und großer Expertise blickt die Autorin hinter die Kulissen des Wahlkampfs in den USA und zeigt, was Politik und Wirtschaft auch bei uns von Barack Obama lernen können.« *Unternehmer-Magazin*

SVEN PLÖGER

Themen

Gute Aussichten für morgen?
Nicht mit der Klimakatastrophe resignieren, sondern mit unseren Chancen agieren!

Wohin steuern wir unsere Wetterküche?
Die Methoden der Unwetterprognose

Potz Blitz – und andere Wetterphänomene

Ein Tag mit dem Wetterfrosch
Der Weg von der Prognose zur Sendung

Veröffentlichungen

Kurzbiografie

Sven Plöger, Jahrgang 1967, ist Diplom-Meteorologe und den Fernsehzuschauern vor allem aus dem »Wetter im Ersten« vor der Tagesschau und nach den Tagesthemen bekannt. Auch in vielen dritten Programmen (z. B. für die »Aktuelle Stunde« im WDR) ›macht‹ er das Wetter.

Sven Plöger hat Meteorologie in Köln studiert und das Studium Anfang 1996 mit dem Diplom abgeschlossen. Er ist seit 1995 anerkannte Fachkraft für die Pilotenausbildung im Bereich Meteorologie und arbeitete bis zum Sommer 1996 insgesamt vier Jahre im Forschungsbereich Tropenmeteorologie der Universitäten Köln und Bonn.

Im Sommer 1996 wechselte er zum privaten Wetterdienst von Jörg Kachelmann – der Meteomedia AG. In diesem guten und engagierten Team ist er noch heute tätig und macht die Prognosen für seine Radio- und Fernsehwetterberichte weiterhin maßgeblich selbst.

Im Zuge der weltweit intensiver werdenden Klimadiskussion hat Sven Plöger 2002 damit begonnen, Vorträge über den Klimawandel zu halten. Seine wichtigste Botschaft: »Wir brauchen keine hochemotionale Klimaideologie, sondern naturwissenschaftliche Klimabildung.« Nur so lassen sich zahlreiche Menschen im Bemühen um geringere Treibhausgasemissionen mitnehmen.

Bei aller Ernsthaftigkeit dieses Themas gilt für Sven Plöger der Satz: »Humor ist, wenn man trotzdem lacht!« Deshalb gehört das schmunzelnde Entlarven manch typisch menschlichen Verhaltens ebenso in einen solchen Vortrag wie das herzhafte Lachen oder das schlichte Staunen – Letzteres vor allem bei bildreichen Vorträgen über Wetterphänomene.

Referenzen und Kundenstimmen

Sven Plöger beteiligt sich intensiv an der Diskussion zum Klimawandel – nicht nur aus naturwissenschaftlicher, sondern auch aus gesellschaftspolitischer Sicht. In diesem Zusammenhang ist er immer wieder Gast verschiedener Fernsehsendungen, wie z. B. »Hart aber fair«, der »Münchener Runde«, »Planet Wissen«, »Beckmann«, »Markus Lanz« oder der »NDR-Talkshow«. Aber auch in Formaten wie »Zimmer frei!« tritt er in Erscheinung.

Auszeichnungen und Pressestimmen

2010 »Medienpreis für Meteorologie – beste Wettermoderation«

Im Zusammenhang mit dem Klimawandel liegt Sven Plöger die Jugend besonders am Herzen. Deshalb ist er Schirmherr des Schulprojektes »Kinder können Klima«, war 2009 Schirmherr des Jugendwettbewerbs »jugend creativ« unter dem Motto »Mach dir ein Bild vom Klima«. Außerdem engagierte er sich beim »Klimaforum 2008«, das unter Federführung des Umweltministeriums von Baden-Württemberg im Stuttgarter Landtag stattfand. Überdies war Sven Plöger auch Solarbotschafter des Bundesverbands Solarwirtschaft e. V..

PROF. DR. MANFRED POHL

Themen

Globalisierung für alle!
Die Aufteilung der materiellen und geistigen Ressourcen

Das Ende der weißen Ethnie
Aufstieg und beginnender Zerfall unserer Kultur

Stadt, Region und Kommune der Zukunft

Veröffentlichungen

DuMont Schauberg – Der Kampf um die Unabhängigkeit des Zeitungsverlages unter der NS-Diktatur
Campus Verlag

Kurzbiografie

Prof. Dr. Manfred Pohl, geb. 1944 in Saarbrücken, ist einer der bekanntesten und renommiertesten Unternehmenshistoriker weltweit. Er studierte nach einer Banklehre Germanistik, Geschichte, Philosophie sowie Volkswirtschaft und promovierte 1972 mit einer Arbeit über das Bankwesen. Von 1972 bis 2004 war er Leiter des Historischen Instituts der Deutschen Bank und arbeitete intensiv mit Hermann Josef Abs zusammen. Im Jahr 2002 führte er alle Kulturaktivitäten der Deutschen Bank weltweit zusammen.

1976 gründete Pohl die Gesellschaft für Unternehmensgeschichte und trug wesentlich dazu bei, dass Unternehmensgeschichte eine wissenschaftlich anerkannte Disziplin wurde. 1990 gründete er die European Association for Banking History und 1998 den Verein Europoint, welcher zahlreiche Initiativen zur Einführung und Identität des Euros durchführte. 2002 gründete er das Frankfurter Kultur Komitee und 2003 war er als geschäftsführendes Vorstandsmitglied an der Gründung des Konvents für Deutschland beteiligt, der von Bundespräsident a. D. Prof. Dr. Roman Herzog geleitet wird.

Pohl ist Initiator und Gründer des im Februar 2008 ins Leben gerufenen Frankfurter Zukunftsrates, der unter dem Vorsitz von Sylvia von Metzler, Kristina Gräfin Pilati, Gerhild Börsig und Bundeswirtschaftsminister a. D. Dr. h. c. Wolfgang Clement steht. Pohl ist seit 2008 dessen Vorsitzender und geschäftsführendes Vorstandsmitglied.

Er ist Mitglied der Studienstiftung des deutschen Volkes und des Cusanus-Werkes. 2008 wurde er zum Botschafter des Saarlandes von dem saarländischen Ministerpräsidenten Peter Müller berufen.

Auszeichnungen und Pressestimmen

Prix des Editeurs *der Sorbonner Universität Paris des Syndicat National des Editeurs, 1970*

Europäischer Kulturpreis *verliehen durch die Europäische Kulturstiftung »Pro Europa« im Europäischen Parlament in Straßburg, 2001*

»Pohls Gedankenfülle ist provokant, und sie will aufrütteln: Heraus aus dem Klein-Klein, Schluss mit dem ewigen Konsens, Globalisierung ist jetzt und hier, und keiner tue genug.« *dpa*

»Pohl liefert viele nutzbringende Werkzeuge, um heutige Phänomene zu verstehen und überhaupt erst sichtbar zu machen.« *Handelsblatt*

»Pohls These: Angesichts einer Flut von asiatischen und afrikanischen Wissenschaftlern und Wirtschaftskapitänen werden die ›weißen‹ Europäer und Amerikaner auf der Welt zur Minderheit. Lange Diskussionen über sein kluges Buch führte Pohl mit Altbundespräsident Roman Herzog und Ex-Wirtschaftsminister Wolfgang Clement.« *Bild am Sonntag*

MATTHIAS PÖHM

Kurzbiografie

»Präsentieren Sie noch oder faszinieren Sie schon?« heißt einer von Pöhms Bestsellern. Die Presse bezeichnet ihn als den »besten Rhetoriktrainer im deutschsprachigen Raum« (Nordwest Zeitung). Er hat Strategien entwickelt, wie man jeden Inhalt so verpacken kann, dass einem das Publikum an den Lippen klebt.

Pöhm ist ein rhetorischer Querdenker, der mit alten Rhetorik-Zöpfen aufräumt. Er ist ein erklärter PowerPoint-Gegner und damit in Deutschland wohl der Radikalste seiner Art. Seine Kunden gewinnen regelmäßig Ausschreibungen, Innovationspreise und Aufträge.

Er ist Trainer des »teuersten und härtesten Rhetorik-Seminars Europas« (FAZ), das einzige Seminar in Europa, in dem die Teilnehmer vor einem bestellten Publikum mit über 100 Menschen reden.

Matthias Pöhm, der seit 1997 als Keynote-Speaker, Buchautor und Trainer tätig ist, hat das Thema Schlagfertigkeit populär gemacht und gilt als Deutschlands »Schlagfertigkeitspapst« (Deutschlandradio).

Referenzen und Kundenstimmen

»Meine Mutter hat mir sprechen beigebracht, Matthias Pöhm hat mich sprachlich das Fliegen gelehrt.« *Dr. Boris Ksendsowski, Trainer »Service jenseits des Vorstellbaren« und Zahnarzt*

»Ich habe von Jörg L. bis Ulrich S. schon viele Referenten gehört, aber was Rhetorik anbelangt, ist Matthias Pöhm einfach der Beste.« *Gina Metafuni, Bewusstseins- und Intuitionstrainerin, Kötzing*

»Ich kann Ihnen gar nicht mit Worten beschreiben, was er für mich und meine Zukunft bewirkt hat. Sensationell!« *Josefine Kamm, Geschäftsführerin Karlheinz-Böhm-Stiftung »Menschen für Menschen«*

»Ich kenne berühmte Rhetoriktrainer wie Enkelmann und Löhr, aber wenn Sie Pöhm erlebt haben, wissen Sie, dass Sie bei den anderen Ihre Zeit verschwendet haben. Pöhm ist mit Abstand der Beste.« *Ramona Wonneberger, Inhaberin Nutzwerk AG*

Auszeichnungen und Pressestimmen

»Matthias Pöhm ist der ›Schlagfertigkeits-Papst‹.« *Stern*

»Matthias Pöhm, der Star unter den Schlagfertigkeitstrainern ...« *Capital*

»Pöhm ist der Schlagfertigkeits-Guru.« *ORF*

»Matthias Pöhm ist der beste Rhetoriktrainer im deutschsprachigen Raum.« *Nordwest Zeitung*

»Popstar der Rhetorikszene.« *Playboy*

»Deutschlands Schlagfertigkeitstrainer Nr. 1.« *Business Inside*

Themen

Nie wieder sprachlos
Schlagfertigkeit ist lernbar

Präsentieren Sie noch oder faszinieren Sie schon?
Wie Sie Entertaiment statt Langeweile verbreiten

Der Irrtum PowerPoint
Ohne Powerpoint und Beamer 3-mal mehr Wirkung erzielen

Schlagfertigkeit in Honorarverhandlungen
So verkaufen Sie Ihre Honorare, dass keine Diskussion entsteht

Veröffentlichungen

ULF D. POSÉ

Themen

Auf zu neuen Ufern
Das evolutive Unternehmen

Neuzeit? – Das war gestern
Wie Unternehmen ihre Zukunft gestalten

Von der Führungskraft zur Führungspersönlichkeit

Die Kraft der Vertrauenskultur

Veröffentlichungen

Kurzbiografie

Rundfunk-, Fernsehjournalist und Buchautor, seit 1977 von Prof. Dr. R. Lay S.J. zum freien Dozenten für Dialektik und Führungslehre ausgebildet. Mit Prof. Lay entwickelte Posé das Handlungstraining für eine erfolgreiche, nachhaltige Unternehmenskultur.

Prof. Lay ist seit 1980 Mentor und Supervisor von POSÉTRAINING, Institut für Dialektik und Führungslehre, Mönchengladbach. Posé ist Lizenzinhaber des HDI und des Persolog.

Posé hält Vorlesungen:
- European School of Management and Technology, ESMT
- Unternehmerische Hochschule Innsbruck, MCI Management Center

Ehrenämter:
- Präsident des Ethikverbandes der Deutschen Wirtschaft e.V.
- Präsident, Bundessenator und Chief Compliance Officer des Bundesverbandes für Wirtschaftsförderung und Außenwirtschaft, BWA
- Mitglied im Verband ›Die-Führungskräfte‹, VAF und VDF sowie Speakers Excellence, Podium – Die Redner-Agentur und German Speakers Association

Referenzen und Kundenstimmen

»Ulf D. Posé klingt als Person und Persönlichkeit lange nach. Er gibt einem grundlegende Leitsätze mit, die einen bis heute im Arbeitsalltag begleiten.« *Petra Godau, Leitung Personalentwicklung, -marketing und Ausbildung, Lufthansa Revenue Services GmbH*

»Wer die Logik der Sprache nicht versteht, kann nicht richtig kommunizieren. Ulf D. Posé hat ausgezeichnete Arbeit geleistet, dies den Kommunikationsmanagern von Henkel klarzumachen und näherzubringen.« *Ernst Primosch, Vice President Henkel, Düsseldorf*

»Ulf Posé weiß, wie man Philosophie operationalisiert. Er referiert nicht nur zum Thema Redlichkeit, sondern zeigt, wie man es im betrieblichen Alltag verankert und dort lebt. Ulf Posé macht die Philosophen des alten Griechen im 21. Jahrhundert so richtig erlebbar.« *Dr. Guido Rettig, Vorsitzender des Vorstandes TÜV NORD AG*

»Ulf Posé beherrscht die Kunst der Dialektik verbunden mit hervorragender Allgemeinbildung in einer Weise, wie ich Sie bisher bei keinem Teilnehmer erlebte.« *Prof. Dr. Rupert Lay, S.J.*

Auszeichnungen und Pressestimmen

2000 wurde Posé vom Bund Deutscher Verkaufsförderer & Trainer, BDVT, ausgezeichnet für exzellente Trainingsleistungen.

WILFRIED POSSIN

Themen

Alles im Kopf
Mit Merktechniken zum Supergedächtnis – eine informative und unterhaltsame Infoshow

Gedächtnistraining und Lerntechniken
Gripstraining mit dem Gedächtnisweltrekordler – ein Seminar zum Mitmachen

Veröffentlichungen

Kurzbiografie

Wilfried Possin wurde 1947 in Berlin geboren. Nach einer umfassenden wirtschaftspädagogischen Ausbildung arbeitete er als freier Trainer in der fachübergreifenden Aus- und Weiterbildung. Die Schwerpunktthemen waren »Verkaufsgesprächstraining« und »Vortrags- und Präsentationstechnik«. Seit 1974 ist Wilfried Possin als Gedächtnistrainer tätig, er war einer der ersten Trainer, der für Mitarbeiter großer Konzerne Seminare zu diesem Thema durchführte. Sein Können demonstrierte er nicht nur in den Seminaren, sondern auch im Fernsehen und als Gedächtniskünstler auf der Bühne.

Wilfried Possin entwickelte 1993 eine Infoshow zum Thema »Merktechniken« – eine Verbindung zwischen Vortrag und Vorführung, bei der er auf unterhaltsame Art und Weise Gedächtnistechniken erklärt und auch Darbietungen aus seinem Programm als Gedächtniskünstler zeigt. Bis heute wird diese Infoshow gerne für Tagungen, Kongresse und Veranstaltungen gebucht.

Auszeichnungen und Pressestimmen

In der Fernsehsendung »Guinness – die Show der Rekorde« errang Wilfried Possin den Weltrekord für eine hervorragende Gedächtnisleistung und damit einen Eintrag ins Guinness Buch (2002).

»Wilfried Possin setzte die Zuschauer durch phantastische Gedächtnisleistungen in Erstaunen.« *Frankfurter Rundschau*

»Aus dem Zuhörerkreis wurden ihm insgesamt zweiunddreißig Begriffe zugerufen, die er anschließend fehlerfrei wiedergeben konnte und das sogar in richtiger Reihenfolge. Außerdem war es ihm möglich sofort zu sagen, welcher Begriff an welcher Stelle genannt wurde. Die Gäste waren sichtlich beeindruckt von dieser Leistung.« *Frankfurter Kultur Komitee*

»Rund 60 Besucher waren begeistert von der Darbietung des Gedächtnisweltrekordlers Wilfried Possin. Er übte mit den Gästen – mit witzigen Beispielen. ›Wer nicht dabei war, hat etwas verpasst‹, so das Fazit eines Teilnehmers ›bitte benachrichtigen Sie mich unbedingt, wenn das Netzwerk wieder so eine Veranstaltung plant‹, war seine Bitte.«
Netzwerk für Unternehmerinnen

PD DR. KEY POUSTTCHI

Themen

Wie das Handy und der RFID-Chip die Gesellschaft verändern

Der mobile Kunde

Mobile Geschäftsprozesse

Mobilfunkmärkte der Zukunft

Veröffentlichungen

Kurzbiografie

PD Dr. Key Pousttchi leitet seit 2001 die Forschungsgruppe wi-mobile an der Universität Augsburg. Er erforscht die Anwendung mobiler und ubiquitärer Technologien durch Unternehmen und Endkunden sowie die Zukunft von Mobilfunkmärkten.

Zuvor war er an der Universität der Bundeswehr München und davor seit 1989 als Offizier der Bundeswehr in verschiedenen Führungs- und Spezialverwendungen tätig, u. a. als Pressesprecher der Deutsch-Französischen Brigade im ehemaligen Jugoslawien und als Dezernent für Anwendungssysteme und integrierte Informationsverarbeitung. Promotion und Habilitation erfolgten an der Universität Augsburg.

PD Dr. Pousttchi ist stellvertretender Sprecher der Fachgruppe »Mobilität und mobile Informationssysteme (MMS)« der Gesellschaft für Informatik e. V. sowie Gutachter für verschiedene Organisationen. Zudem hatte er eine Professur an der Universität Magdeburg inne, war Lehrbeauftragter der Universitäten Zürich und Frankfurt/Main sowie Mitglied des Centre for Business Information, Organisation and Process Management der Westminster Business School in London, Leiter des National Roundtable M-Payment der deutschen Mobilfunkanbieter und Banken und gehörte dem Expertengremium Mobile Enterprise für das Bundesministerium für Wirtschaft und Technologie an.

Neben Vorträgen vor Wissenschaftlern und Praktikern in Europa, Nordamerika und Asien ist er auch gefragter Gesprächspartner nationaler und internationaler Medien, von Handelsblatt, Deutschlandfunk und ZDF bis zur New York Times.

Seine Forschungsgruppe führt neben wissenschaftlicher Forschung und Lehre Strategieberatungsprojekte für national und international agierende Unternehmen durch.

Referenzen und Kundenstimmen

»Dr. Pousttchi ist ein Experte, der es wie kaum ein anderer versteht, die Bedürfnisse der mobilen Nutzer zu erforschen und leicht verständlich zu erklären. Für mich sind seine Vorträge zur Pflicht geworden.«
Thomas Aigner, Geschäftsführer, AME Aigner Media & Entertainment GmbH

Auszeichnungen und Pressestimmen

Wissenschaftspreis der Viermetz-Stiftung 2010

Auszeichnung für den besten Forschungsbeitrag
Journal of Information Technology 2009

Auszeichnung für Exzellenz in der Forschung
Seventh International Conference on Mobile Business, Barcelona 2008

Auszeichnung für Exzellenz in der Forschung
Third International Conference on Mobile Business, New York 2004

UWE GÜNTER V. PRITZBUER

Themen

Weck die Vertriebsseele in dir

Positioniere dich an die Spitze

Weg vom Standard mit Individual Selling

Wenn die Anleger Trauer tragen
Behavioral Finance im Verkauf

Veröffentlichungen

Kurzbiografie

Uwe Günter-v. Pritzbuer, 1959 geboren, ist Volljurist, Vollblutverkäufer und Experte für Vertriebsaktivierung und Vertriebssteuerung mit über 15-jähriger Vertriebspraxis. Er arbeitet selbstständig als Vertriebstrainer, ist Mitbegründer von Carpe Typum und Direktor Training bei der Scheelen AG. Der studierte Wirtschaftsjurist lernte das Trainings-, Verkaufs- und Führungshandwerk bei einem der erfolgreichsten Finanzdienstleister im gehobenen Privatkundengeschäft und zählte elf Jahre zu den erfolgreichsten Beratern. Danach ergänzte er vier Jahre lang sein Know-how durch strategische Beratung und Konzeption bei der führenden Managementberatung für Financial Services.

Heute ist er Vertriebstrainer, Berater, Speaker und Autor. Sein Schwerpunkt ist die Positionierung eines nachhaltig ganzheitlichen, strategischen Beratungs- und Vertriebsansatzes. Dazu konzipiert und realisiert er individuelle Strategien in den Bereichen Beratung, Führung und Training. Sein Ziel ist die Vertriebsoptimierung und die Förderung von Kompetenzen und auch die Entwicklung von Potenzialen für Einzelne, Teams und Organisationen. Basis dafür sind die Diagnostiktools INSIGHTS MDI® und ASSESS®.

Für ihn steht die konsequente Positionierung des Menschen als Mittelpunkt des Vertriebsgeschehens im Vordergrund. Sein Denken ist ertrags- und erfolgsorientiert geprägt, deshalb versteht er nicht nur, wie Vertrieb funktioniert, sondern er fördert ihn durch seine praxisnahe Vermittlung von Fach-Beratungs- und Führungs-Know-how. Sein Grundsatz ist »Aus der Praxis für die Praxis«. Dabei bringt er komplexe Sachverhalte auf den Punkt und spricht Klartext. Er sieht es als seine Aufgabe, den Weg zu zeigen und somit die Sehnsucht nach dem Besseren zu wecken.

Seit 1993 ist er Mitglied im CLUB 55, der Gemeinschaft der Marketing- und Verkaufsexperten in Europa.

Referenzen und Kundenstimmen

»Wir sind rundum mit seiner Arbeit zufrieden, da wir einen Profi, der über den Tellerrand hinaus denkt und wirkt, mit ihm gefunden haben.«
G. Mülle, Vorstand Schunck AG

»Seit 5 Jahren nachhaltig hohe Qualität mit tiefem Praxisbezug. Sehr amüsant, vielfältig, humorvoll und professionell.« *M. Rosellen, CEO comdirect-cpf*

Auszeichnungen und Pressestimmen

1. Platz beim 50-jährigen Jahreskongress des Club 55

Certificate of Yearly Qualifikation/Club 55 seit 1994

PROF. DR. GUIDO QUELLE

Kurzbiografie

Prof. Dr. Guido Quelle ist als einer der wenigen Managementberater weltweit seit über 20 Jahren Experte für profitables Wachstum. Als Unternehmer, Berater, Autor und Redner hat er mehr als 100 deutsche und multinationale Unternehmen und Organisationen in über 300 Projekten dabei unterstützt, den Erfolg zu steigern und Wachstum voranzutreiben. Allein in den von ihm persönlich betreuten Projekten waren bislang mehr als 5.000 Menschen beteiligt. Dr. Guido Quelle ist gefragter Redner, wenn es um darum geht, profitables Wachstum zu schaffen, wachsende Organisationen zu führen und Wachstumsbremsen zu lösen. Zu seinem Repertoire gehören Vorträge und Reden auf nationalen und internationalen Unternehmensveranstaltungen und Führungskonferenzen, ebenso wie Keynote-Speeches auf Tagungen und Kongressen. Fundiertes Wissen, unterhaltsam verpackt, kraftvoll transportiert. So profitieren die Zuhörer von wirkungsvollen Ansätzen für die Veränderung ihres eigenen Handelns. Quelles Reisen, Vorträge, Studien und Beratungsmandate führten ihn in bisher 21 Länder. Er lebt zusammen mit seiner Frau und seinen beiden Leonberger-Hunden in Dortmund.

Themen

Heizen statt bremsen – Wachstum kommt von innen

Der natürliche Feind der Strategie ist das Tagesgeschäft

»Das war schon immer so« – wachsen Sie gegen den Strom

Go the extra mile – begeisterte statt zufriedene Kunden

Referenzen und Kundenstimmen

»Wachstum ist unabdingbar und Dr. Quelle hat uns durch einen brillanten Vortrag neue Perspektiven gezeigt.« *Dr. Peter Spary, geschäftsführendes Vorstandsmitglied des VFW, Berlin*

»Die Überschrift ›Zeitmanagement‹ ist sensationell untertrieben. Die einzelnen Themen können sofort 1:1 umgesetzt werden.« *Andreas Kujawski, Mitglied der Geschäftsleitung Unicorn Geld- und Wertdienstleistungen GmbH, Hannover*

»Guido Quelle hat uns gezeigt, wie wir zusätzliche Potenziale heben können. Eine tolle Kombination aus Unterhaltung und Inhalt.« *Bernd Bohnes, Vertriebsleiter Deutsche Post AG*

»Für mich war dein Vortrag das Highlight des Abends.« *Andreas Ramacher*

Auszeichnungen und Pressestimmen

Erster deutscher und erster europäischer Managementberater in der Million Dollar Consultant® Hall of Fame, 2008
Certified Management Consultant, 2004
Goldene Juniorennadel der Wirtschaftsjunioren Deutschland, 2003

»Quelle gilt ›... als ausgewiesener Experte für profitables Wachstum ...‹« *TH-Technischer Handel*

»Mit seinem verschmitzten Lächeln und den strahlenden Augen muss einem Guido Quelle auf Anhieb sympathisch sein.« *Ruhr Nachrichten*

»Im Vortrag wurde eine erfolgreiche, praktische und individuell justierbare Vorgehensweise skizziert, die zeigt, wie Groß- und Einzelhandelsunternehmen sich als Marke positionieren können, um ihre Kunden langfristig zu binden.« *Marketing-Brief*

Veröffentlichungen

PETER-CHRISTIAN RABENECK

Kurzbiografie

Peter Rabeneck, der Glücksrabe, vereint kaufmännisches Wissen mit Psychologie und Lebenserfahrung mit NLP (Neurolinguistisches Programmieren).

Ich bin 1958 geboren und in Planegg bei München aufgewachsen. Es ist meine Berufung als Trainer/Coach und Speaker, den Menschen neue Perspektiven zu zeigen, damit sie glücklicher werden.

Mein Alleinstellungsmerkmal: Betriebswirt trifft Kommunikationsexperten und Lebenserfahrung trifft NLP-Trainer und -Coach. Mit diesen Werkzeugen schaffe ich nachhaltige und fantastische Ergebnisse – glückliche Menschen und begeisterte Zuhörer.

Die Akzeptanz und der berufliche Erfolg sind sehr schnell gekommen und dafür bin ich sehr dankbar. Welcher Name kann das alles besser transportieren als mein Firmen-Name: »Glücksrabe«

Themen

Die Wege zum Lebensglück.

NLP und die Welt wird bunter und bunter.

Kinder kriegen ist nicht schwer, Vater sein dagegen sehr, oder ...
von der Wichtigkeit der Männer in der Erziehung

Was haben Familie und Personal-Führung gemeinsam?
Lassen Sie sich in die Geheimnisse entführen.

Veröffentlichungen

In Kürze, als Koautor, in dem Buch »Genussprinzip«
(endgültiger Titel stand bei Redaktionsschluss noch nicht fest)

Referenzen und Kundenstimmen

»Herr Peter Rabeneck ist ein hervorragender Trainer und Coach. Sein 2-tägiges Glücksseminar in Berlin im Januar 2010 hat mich entscheidend weitergebracht in Bezug auf Veränderung von Glaubenssätzen, Hierarchisierung meiner Werte und Zielfindung. Peter Rabeneck ist in entspannter, freundlicher Atmosphäre sehr liebenswürdig auf jeden einzelnen Teilnehmer eingegangen. Ich habe mich sehr wohl gefühlt und empfehle das Seminar uneingeschränkt und sehr gerne weiter.« *Ulrike Thiel*

»Durch seine provokante und nichtsdestotrotz sympathische Art und Weise gelingt es Herrn Rabeneck, selbst verschlossene Teilnehmer aus ihrer Komfortzone zu holen, damit der Veränderungsprozess stattfinden kann. Wer sein Leben selbst in die Hand nehmen möchte, statt sich nur treiben zu lassen, und auf Nachhaltigkeit in Coachings und Trainings einen hohen Wert legt, wird mit Herrn Rabeneck eine gute Investition für seine Zukunft tätigen.« *Auszug v. Daniel G.*

»Vielen Dank für die Erfahrung, an deinem Lebensglück-Seminar im Januar 09 teilnehmen zu können! Ich habe ja bereits in dem einen oder anderen Einzelcoaching bei dir lernen können, wie ich positiv mit meiner Energie umgehen und diese auch einsetzen kann. Die Gruppen-Erfahrung war noch mal etwas ganz Besonderes, zu sehen, wie die Teilnehmer sich von Tag zu Tag mehr öffnen und sich positiver fühlen und geben – einfach klasse! Vielen Dank!« *Andrea H.*

THOMAS RADETZKI

Themen

50.000 Mitarbeiterinnen und keine Arbeitsbesprechung
Bienen als Inspiration für effektive betriebliche Zusammenarbeit

30 Milliarden Euro Bestäubungsleistung gefährdet
Musterbetrieb Bienenvolk in globaler Krise

Faszinierendes Leben und Aufgaben der Bienen

Veröffentlichungen

Kurzbiografie

Thomas Radetzki, 1955 in Hamburg geboren. Schon vor dem Abitur stieß er auf Bienen, die bis heute sein Leben prägen. Imkerei wurde zunächst nebenberuflich betrieben. Aufbau einer Einrichtung für Obdachlose mit Wohngemeinschaften und Werkstätten. Gründung einer Firma für Naturkosmetik mit Bienenprodukten. Theologiestudium. 1986 Gründung des Vereins Mellifera e. V. mit der Lehr- und Versuchsimkerei Fischermühle. Als Pionier schaffte er wesentliche Grundlagen für ökologische Konzepte der Bienenhaltung, betreibt Forschung, Ausbildung, Öffentlichkeitsarbeit und engagiert sich in politisch-gesellschaftlicher Debatte. Seine Stärke und Leidenschaft ist die Netzwerkbildung. Mit Erfolg hat er immer wieder Projekte wie das »Netzwerk Blühende Landschaft« initiiert. Aufgrund seines hohen fachlichen Innovationspotenzials gehört Mellifera e. V. heute zu den wichtigsten Meinungsbildnern der deutschsprachigen Imkerei.

»Sich berühren lassen« ist die Devise von Radetzki. Und zwar nicht nur von den Bienen und der Natur, sondern auch von den ganz persönlichen Visionen sowie gemeinsamen Aufgaben. Entsprechend vermittelt er seine Begeisterung für die Bienen mit Kompetenz und satter Erfahrung.

Referenzen und Kundenstimmen

»Der Vortrag von Herrn Radetzki und das Gespräch mit ihm haben uns gemeinsam mit zwölf Partnerfirmen sehr inspiriert, unsere Arbeitszusammenhänge bewusster zu beobachten und dann auch sinnvoll zu gestalten. Es war für die Unternehmen sehr anregend, wie die Bienen eines Volkes in differenzierter Weise höchst effizient mit dem Blick aufs Ganze handeln.« *Achim Hacken, Geschäftsführer Artifex GmbH*

»Seit Jahren verfolgen wir, wie Herr Radetzki den Verein Mellifera e. V. leitet und ein kontinuierlich wachsendes Netzwerk, das sich um die Pflege und den Erhalt der Honigbienen und der anderen Blütenbestäuber kümmert, aufgebaut hat. Dabei konnten wir ihn als versierten Fachmann und engagierten wie zuverlässigen Organisator kennenlernen. Wir halten die von ihm geleistete Arbeit für besonders wertvoll und haben daher wiederholt diese kontinuierliche und qualitative Forschungsarbeit für eine nachhaltige wesensgerechte Art der Bienenhaltung mit bedeutenden finanziellen Zuwendungen unterstützt.« *Heinrich Will, Software AG Stiftung*

DR. BURKHARD RADTKE

Kurzbiografie

Burkhard Radtke, 1974 in Hamburg geboren, ist Trainer, Coach und Berater für Kommunikation, Kundendialog und Mitarbeiterführung.

Zudem lehrt er als Dozent an der Universität Hamburg (Philosophie und Ethik), der Hamburger Hochschule für Angewandte Wissenschaften (Kommunikation und Unternehmensethik), der Hanseatischen Verwaltungs- und Wirtschaftsakademie (Personalentwicklung und Betriebspsychologie), der Fachhochschule für Oekonomie und Management (Kommunikation und Persönlichkeitsentwicklung) und der Northern Business School (Präsentationstechnik und Vortragskunst).

Burkhard Radtke studierte Philosophie, Germanistik, Soziologie, Erziehungswissenschaften und Betriebswirtschaftslehre in Hamburg. Er promovierte mit einer Arbeit über Wahrheit in der Moral.

Themen

Wirksamer kommunizieren

Verkaufsaktiv agieren und reagieren

Mitarbeiter zu Leistung motivieren

Mitarbeitergespräche erfolgreich führen

Veröffentlichungen

Artikel:
Benchmarking – Lernen von den Besten?, Acquisa 11/2003

Materieller Ansporn: Leistungsorientierte Vergütung motiviert Mitarbeiter, Teletalk 08/2003

After Sales-Service ist nicht alles – aber ohne After Sales-Service ist alles nichts, Branchen Index. Call Center & Telesales 2009

Bücher:
Wahrheit in der Moral. Ein Plädoyer für einen moderaten Moralischen Realismus, Paderborn, 2009

Metapher und Wahrheit, Berlin, 2001

ROGER RANKEL

Themen

ENDLICH EMPFEHLUNGEN
Der einfachste Weg der Kundengewinnung!

BESSER VERKAUFEN
In wenigen Schritten zu mehr Umsatz!

SALES SECRETS
Insidertipps für TOP-Verkäufer!

Veröffentlichungen

Kurzbiografie

Bestsellerautor Roger Rankel ist der Experte für Kundengewinnung! Mehrfach ausgezeichnet, u.a. mit dem »Großen Preis des Mittelstands« und dem Internationalen Deutschen Trainingspreis, zählt er zu den gefragtesten Vortragsrednern im deutschsprachigen Raum.

Sowohl für DAX-Unternehmen als auch für erfolgsorientierte Klein- und Mittelständler gehört er zur ersten Wahl, wenn es um Kundengewinnung und nachhaltige Umsatzsteigerung geht. Das Wirtschaftsmagazin impulse bescheinigt ihm: »Die Zahl der Neukunden bei Rankels Schülern steigt im Schnitt um 24 Prozent!«
Roger Rankel bekleidet einen Lehrauftrag an der Fachhochschule Worms. Für den Marketingpapst Prof. Dr. Michael Zacharias ist er der »Begründer des modernen Verkaufens«.

Referenzen und Kundenstimmen

Das in der ERGO Versicherung AG angewandte Empfehlungsmarketingkonzept »ENDLICH EMPFEHLUNGEN« erreicht eine Erfolgsquote von 25 %.

»Ihr Vortrag war das absolute Highlight unserer Veranstaltung. Sie haben alle Erwartungen übertroffen!« Jens Geiger, Management Business Circle, Microsoft Deutschland AG

»Meine Mitarbeiter haben nach dem Seminar deutlich mehr Neukunden gewonnen.« Uwe Breker, Vertriebsleiter, Protection One

Auszeichnungen und Pressestimmen

»Großer Preis des Mittelstands« 2001 durch die Oskar-Patzelt-Stiftung

»Mutmacher des Jahres« 2003 durch das Bayerische Fernsehen

»Internationaler Deutscher Trainingspreis« 2007 durch den BDVT

DR. REINHOLD RAPP

Themen

Open House of Innovation
Innovation im offenen Umfeld erfolgreich realisieren

The Rule of 20 – Geschäftsmodelle verändern und realisieren

CRM – Kundenbeziehungen erfolgreich gestalten

Veröffentlichungen

Kurzbiografie

Dr. Reinhold Rapp ist Gründer und Geschäftsführer von Reinhold Rapp OPEN HOUSE OF INNOVATION.

Seit über 20 Jahren widmet er sich der Anwendung effektiven Beziehungsmanagements im Innovationsbereich und der Schaffung neuer Geschäftsmodelle. Mit der »RULE of 20« hat er den offenen Austausch zwischen Kunden, Partnern, Experten und Mitarbeitern im Innovationsprozess möglich gemacht.

Durch seine Funktion als erster Kundenmanager der Deutschen Lufthansa und als Mitbegründer und Geschäftsführer der CRM Group wurde er als Pionier des Customer-Relationship-Managements gefeiert. Als Visiting Professor an der Cranfield University sowie als Vortragender bei zahlreichen Kongressen und Business Schools hat er das Thema »Beziehungsmanagement« immer weiter vorangetrieben.

Rapp selbst ist Unternehmer aus Leidenschaft. Er gründete mit 16 Jahren sein erstes eigenes Unternehmen. Seine akademische Reputation und seine praktische Erfahrung als Führungskraft und Berater garantieren seinen Zuhörern sowohl neue Denkansätze als auch Hinweise auf die Herausforderungen bei der Umsetzung.

Referenzen und Kundenstimmen

»Sie haben mit Ihrem geistreichen, spritzigen und humorvollen Referat zum Erfolg des ESPRIX-Forums für Excellence beigetragen. Ihre Aussagen haben viele der Anwesenden verblüfft und dabei alte Vorstellungen ins Wanken gebracht. Auf amüsante Weise haben Sie einen Lernprozess beim Publikum eingeleitet.« *Heinz Liedtke, Geschäftsführer ESPRIX Swiss Excellence Award*

»Unsere Besucher und Mitarbeiter sind alle begeistert von Ihrer Art, die uns doch allen bekannten Schwierigkeiten im täglichen Miteinander so treffend aufzuzeigen. Ihre für uns alle nachvollziehbaren Beispiele haben die Zeit Ihres Vortrages so knapp erscheinen lassen, dass alle enttäuscht waren, als es vorbei war.« *Kathrin Wetzel, Geschäftsführerin, Wetzel Processing Group*

»Sie haben bei den Teilnehmern dieses Treffens einen ausgezeichneten Eindruck hinterlassen. Dies ist das beste Ergebnis, das jemals ein Redner bei einer solchen Tagung erreicht hat.« *Dr. Wolf Becke, Vorstandsmitglied, Hannover Rückversicherung AG*

Auszeichnungen und Pressestimmen

Business Circle: Referent des Jahres

Teaching Award vom Zentrum für Unternehmensführung

FRIEDHELM RASKOP

Themen

Exzellente Sales-Strategien für exzellente Verkaufserfolge

Kundenfokussierung total
Kunden mitreißen und begeistern

Perfektes Abschotten von Bestandskunden vor dem Wettbewerb

Vertrauen schlägt den Wettbewerb
Wie man erfolgreich die Sympathie des Kunden gewinnt

Kurzbiografie

Friedhelm Raskop, geboren 1959 in Neuss, startete seine Karriere 1979 mit dem Verkauf von Finanzdienstleistungen. Parallel dazu studierte er Psychologie und Wirtschaftswissenschaften. Nach dem Studium trat er als diplomierter Psychologe in eine Unternehmensberatung für Projektmanagement ein und übernahm schnell die Verantwortung für den Verkauf des zentralen Produkts der Firma, eine intelligente Software zur Unterstützung von Projektmanagement.

Nach 10 Jahren eigener Verkaufspraxis wechselte er in den Trainerberuf und leitet heute ein sehr erfolgreiches Trainingsinstitut in Starnberg. Friedhelm Raskop gilt als exzellenter Verkaufsexperte und Redner in führenden Unternehmen der Wirtschaft. Der Diplom-Psychologe versteht es wie kaum ein anderer, die Themen »Erfolgreicher Verkauf« und »Persönliches Auftreten« absolut schlüssig miteinander zu verbinden. In seinen Vorträgen begeistert er Verkäufer, die sich in hart umkämpften Märkten bewegen. Er liefert individuelle und erfolgreiche Lösungen für den ergebnisorientierten Verkauf mit Niveau. Friedhelm Raskop ist ein gefragter Experte und genießt hohes Ansehen, insbesondere bei Banken, Versicherungen, Immobilienunternehmen sowie Unternehmensberatungen.

Referenzen und Kundenstimmen

»Herr Raskop hat in unserem Unternehmen eine glänzende Arbeit geleistet! Unsere Mitarbeiter im Verkauf sind durch die Umsetzung seiner Ideen effizienter und erfolgreicher geworden. Darüber hinaus haben wir wesentlich mehr Pitches gewonnen.« *Markus Reinert, International Director, Management Board, Jones Lang LaSalle GmbH*

»Ein bemerkenswerter Sprecher, der es versteht, mit Witz, Charme und genialem Know-how im Sales-Bereich unsere Mitarbeiter zu begeistern und zu fesseln. Ein Garant für beständigen Erfolg in unserem Haus!« *Christian Hafner, geschäftsführender Teilhaber Wegelin Privatbankiers*

»Der Mann fesselt von der ersten bis zur letzten Minute. Bei den Jahresauftaktveranstaltungen sind unsere Mitarbeiter jedes Mal total begeistert. Bei Herrn Raskop spürt man in jeder Faser seine eigene umfangreiche Verkaufserfahrung.« *Klaus Piper, Prokurist, Versicherungskammer Bayern*

DR. CHRISTIAN RAUSCHER

Themen

Strategie or not to be
Warum gerade in turbulenten Zeiten das Nachdenken Sinn macht.

Ideen regieren die Welt
Wie innovative Ideen die Geschäftsmodelle wandeln.

Visionen für eine bessere Welt
Großes Denken und Entschlossen Handeln schaffen Lebens-Wert.

Web 2.0 – neue Realität
Wie das Web unser Leben verändert.

Veröffentlichungen

Kurzbiografie

Dr. Christian Rauscher, 1970 geboren, österreichischer Staatsbürger, ist Geschäftsführer des Beratungsunternehmens emotion banking® und Begründer des internationalen Bankenwettbewerbs victor. Er gilt als Experte im Bereich des Strategischen Managements und als Vordenker.

Bereits während seiner Studienzeit an der Wirtschaftsuniversität zeichneten sich – neben dem Studium – zwei Entwicklungslinien ab. Durch seine Tätigkeit als Reiseleiter mit Schwerpunkt Asien Entdeckungsgeist und eine Weltoffenheit, die zur Reflexion aufruft, und als erfolgreicher Mountainbiker in der Marathondisziplin Ehrgeiz und Durchhaltevermögen. Nach dem Studium leistete er an der ersten Österreichischen Fachhochschule wertvolle Aufbauarbeit im Marketing- und Organisationsbereich. Als stellvertretender Vorstand des Institutes für BWL des Außenhandels an der Wirtschaftsuniversität Wien folgte die Promotion zum Thema »Management internationaler Geschäftsbeziehungen«. In dieser Zeit folgten Lehraufträge in den Bereichen Strategisches Management und Marketing an der postgradualen Donau-Universität Krems, die bis heute bestehen. Obgleich er sich stets als »latent habilitationsgefährdet« bezeichnet, erfolgte im Alter von 31 Jahren die Gründung des eigenen Beratungsunternehmens, das heute in Österreich eine führende Stellung in der Beratung von Mittelstandsbanken einnimmt. Seit Jahren analysiert Christian Rauscher den Bankenmarkt des gesamten deutschsprachigen Raumes mit der Standortanalyse victor, die den Banken auch Benchmarkdaten liefert. Er war Vorsitzender zahlreicher Fachkonferenzen (Handelsblatt »Bankenmarkt Österreich«, IIR »Zielgruppenmanagement«, Management Circle »Vertriebscontrolling«, …) und ist heute ein begehrter Referent und Fachbuchautor. In seinen Vorträgen inspiriert und motiviert er durch authentische und anregende Beispiele, die eine Brücke zwischen wissenschaftlichen Konzepten und praktischer Anwendung darstellen. Sein kompromissloses Streben nach Qualität, seine klare Sprache und seine Energie sind hochgradig ansteckend.

NADINE REBEL

Kurzbiografie

Nadine Rebel (*1975), Geschäftsinhaberin der Unternehmensberatung Rebel-Management-Training (gegr. 2000), studierte Soziologie, Psychologie und Pädagogik (M.A. Soz. Univ.). Die Unternehmensberatung wurde nach dem Studium gegründet. Das Wissen um den Menschen und dessen Psyche verbindet Nadine Rebel in ihrer Tätigkeit mit dem Wissen um den Körper (ausgebildete Fitnesstrainerin) und die Außenwirkung von Personen. Das Unternehmen Rebel-Management-Training entwickelt Strategien für kleine und mittelständische Unternehmen, berät Führungskräfte aller Sparten, hilft Start-up-Unternehmen und unterrichtet Studenten und Studentinnen an verschiedenen Universitäten. Der Ansatz der Unternehmensberatung ist stets der Mensch. Zahlen, Daten und Fakten müssen stimmen, sind allerdings mehr als Endprodukt zu sehen. Der Mensch steht in der Tätigkeit von Rebel-Management-Training stets im Mittelpunkt, alle Themen sind im Soft-Skill-Bereich anzusiedeln. Über 3 Jahre war Nadine Rebel Autorin und Herausgeberin des Themenbriefs Mitarbeiterführung, ihr soziales Engagement findet in der von ihr gegründeten Benefiz-Initiative Connect4Benefit seinen Platz.

Themen

Erfolg durch Sprache und Auftritt
Wie Sie Ihr persönliches Image designen; Körpersprache

Charaktereigenschaften des Erfolgs
Souveränität und Selbstmarketing; Stil und Etikette im Einklang mit der eigenen Persönlichkeit

Emotionale Kundenbindung
Seelenstriptease und der Kunde bleibt!

Fett macht fett? – Und scharf macht scharf?
Welche Ernährungslügen kursieren und wie wir gerne darauf hereinfallen.

Referenzen und Kundenstimmen

Unter anderem: Universität Passau, TUM (Technische Universität München); Landeshauptstadt München, VDI (Verband deutscher Ingenieure); Pressedruck Augsburg/Augsburger Allgemeine Zeitung; Direktwerbung Bayern

»Selten war ein Kurzvortrag so faszinierend.« *TC. Stuttgart*

»Beeindruckend anders!« *Thomas Roscher*

Auszeichnungen und Pressestimmen

2008 – Aufnahme in das Who is Who der Bundesrepublik Deutschland

»Die Referentin Nadine Rebel fesselte ihr Publikum über zwei Stunden mit einem Vortrag über die faszinierende Welt der Sprache und der Körpersignale (...).« *Münchner Merkur, Fürstenfeldbrucker Tagblatt, 05.11.2007*

»In der nachfolgenden Diskussion (...) zeigten sich weitere Stärken von Frau Rebel: ihre Geistesgegenwart und Eloquenz.« *BVM-Inbrief, Bundesverband Deutscher Markt- und Sozialforscher e. V., April 2005*

Veröffentlichungen

CD-Hörbuch:
Fit for work für Frauen
Herbst 2009

JÖRG RECKHENRICH

Themen

Jeder Mensch ein Künstler!
Die Dynamik des kreativen Prozesses in Organisationen.

Strategische Kreativität
Wie verstehen Künstler Innovation und erschließen neue Marktlücken?

Veröffentlichungen

Kurzbiografie

Jörg Reckhenrich, 1961 in Münster geboren, ging nach seinem Studium der Bildhauerei und Malerei an der Kunstakademie Münster 1988 nach Berlin. Dort eröffnete er sein erstes Atelier und absolvierte eine Ausbildung im Bereich Kunstmanagement. Über mehrere Jahre arbeitete er an verschiedenen Berliner Museen. Seit 1998 arbeitet er mit internationalen Unternehmen wie Mercedes-Benz, Deutsche Bahn, Bombardier im Bereich von Organisationsentwicklung zusammen. Seit 2004 ist er systemischer Berater und arbeitet als guest lecture an verschiedenen europäischen Business-Schools.

»Jeder Mensch ist ein Künstler« – wenn man die Auseinandersetzung mit sich selbst riskiert. Dieser Satz liegt ihm besonders am Herzen und zieht sich durch seine Arbeit in den verschiedenen beruflichen Feldern. Als Künstler initiiert er Projekte, die sich mit Werten und Führungsleitbildern auseinandersetzen. So entstand als Beispiel die Reihe »Leitsätze für eine zukünftige Organisation«, die aus seiner beraterischen Tätigkeit heraus idealtypische Leitlinien formuliert. Als Berater arbeitet er seit vielen Jahren mit Unternehmen und entwickelte z. B. in einem Kulturentwicklungsprogramm eine Skulptur, welche die Werte aller Führungskräfte der Organisation darstellt. Als guest lecture an der London Business School stellt er Teilnehmer vor kreative Aufgaben und Herausforderungen. In zahlreichen Veröffentlichungen und Vorträgen stellt er im Rahmen seines Ansatzes »Art Thinking in Business« Zusammenhänge zwischen Kunst und Wirtschaft her und spricht z. B. über strategische Innovation von Künstlern wie Tizian vor 500 Jahren.

Referenzen und Kundenstimmen

»Wo behindern uns unsere Erfahrungen und Vorstellungen eher, als dass sie uns helfen? Wie können wir unsere Unternehmen trotz erfolgreicher Vergangenheit auch für die Zukunft fit machen? Die Auseinandersetzung mit diesen für die Wirtschaft immer wichtiger werdenden Fragen mit Mitteln der Kunst bietet die Chance für neue Einblicke. Genau dafür gibt Jörg Reckhenrich bei seinen Projekten und Vorträgen den entsprechenden Raum.« *Harald Preissler, Daimler AG Berlin*

Auszeichnungen und Pressestimmen

»ESMT worked with Jörg Reckhenrich, a Berlin-based artist, who works with business schools to integrate the arts with business education. Jamie Anderson, the programme director, says: ›Jörg's artistic approach brings a refreshing and dynamic view to management education, forcing people to test and experiment in areas where they may often have no formal training. Stage performance and film-making are particularly powerful in the way that they put managers in the spotlight, and allows them to explore communication and emotion in a safe but environment.‹« *Times Article, 14. Mai 2008*

»Reckhenrich has co-written an article for a forthcoming issue of Business Strategy Review with Jamie Anderson and Martin Kupp explaining the rise of the artist Damien Hirst's to prominence.« *Financial Times, 30. Oktober 2009*

HEIKE REISING

Themen

Debitorenmanagement für den Verkauf
Wie unterstütze ich als Verkäufer die Liquidität meines Unternehmens

Nutzen Sie das Telefon!
Telefonisches Mahnwesen für MitarbeiterInnen in Buchhaltung und Verkaufsinnendienst sichert Ihre Liquidität

Der neue Verkäufer
Welche Verantwortung übernimmt der neue Verkäufer – Umsatz ist nicht mehr das alleinige Ziel

Phrasendrescher am Telefon sind out – es lebe der (mit-)denkende Mensch und lösungsorientiertes Denken und Handeln!

Kurzbiografie

Dipl.-Volksw. Heike Reising, geboren in Deutschland, lebt seit 1990 in und um Wien. Nach dem Studium der Volkswirtschaft sammelte sie erste Berufserfahrungen im weltgrößten Versandhaus im Bereich Call Center mit dem Aufbau eines der ersten Outbound-Kundencenter. Ihre nicht selbstständigen Tätigkeiten absolvierte sie in internationalen Konzernen, der Weg in die Selbstständigkeit erfolgte 1992 mit der Gründung eines eigenen Trainings- und Beratungsinstitutes.

Seither entwickelte sie ihre Kernkompetenzen im Bereich Verkauf und Marketing. Mit ihrem Spezialthema »Mahnwesen und Debitorenmanagement« ist sie als führende Trainerin in Deutschland, Österreich und der Schweiz präsent. Neben einer NLP-Lehrtrainerausbildung ist sie NLP-Coach, Unternehmensberaterin, eingetragene Mediatorin und akkreditierte Wirtschaftstrainerin.

Die Trainings, Workshops und Vorträge sind lebendig, (inter-)aktiv, praxisorientiert und direkt umsetzbar. Ihre direkte und klare Art fordert und fördert die TeilnehmerInnen in gleichem Maße.

Referenzen und Kundenstimmen

»Seniorität schafft, wer Seniorität hat. Dafür gab und gibt es nur eine erste Wahl für uns: Heike Reising!« *Andreas Fleschurz, Leiter Kundenservice, Österreichische Post AG*

»Professionelle Berater und das erforderliche Vertrauen in deren sensiblen, kompetenten und zielgerichteten Umgang mit Mitarbeiter/-innen ist die Basis für eine gute Zusammenarbeit. In all diesen Projekten hat sich das Team mit Heike Reising in den letzten Jahren bei der GIS hervorragend qualifiziert und ist daher einer unserer ›Preferred Partners‹.« *Ing. Jürgen Mendetter, Geschäftsführer, GIS Gebühren Info Service GmbH*

»Für Festo ist es besonders wichtig, die Ziele des Unternehmens und der Abteilung in die Trainings zu integrieren. Wir wünschen uns dabei hohe Praxisorientierung und vertrauensvolles Umgehen mit den TeilnehmerInnen. Das alles haben wir in Dipl.-Volksw. Heike Reising in einer Person gefunden, die wir gerne in unsere Pläne und Ziele einbinden und die vom Team als kompetente Begleiterin geschätzt wird. So entstand eine langjährige, vertrauensvolle Zusammenarbeit.« *Ing. Bernhard Kindler, Leiter Customer Service, Festo Gesellschaft m.b.H.*

Auszeichnungen und Pressestimmen

Internationaler Deutscher Trainerpreis in Gold 2009

Expert-Mitglied und Vizepräsidentin des Club55

Vorstandsmitglied des Dialogmarketing Verbandes Österreich

Präsidentin des Verbandes der Management- und Marketingtrainerinnen in Österreich

ANNETTE REISINGER & THALHEIM CONNY

Themen

Heartfacts® – Fakten, die Sie und Ihr Unternehmen bewegen

Mit Herz und Verstand Menschen gewinnen und Märkte erobern

Mit Kopf, Herz und Hand die persönlichen Ressourcen stärken

Heartfacts® – die High Skills der Zukunft

Veröffentlichungen

Kurzbiografie

Annette Reisinger und Conny Thalheim sind seit über zehn Jahren Unternehmerinnen und Mentoren aus Leidenschaft. Ihr Unternehmeralltag gewährt ihnen intensive Einblicke in die Prozesse und Strukturen ihrer Kunden – quer durch alle Hierarchien, Branchen und Unternehmensgrößen.

Gemeinsam sensibilisieren und mobilisieren sie Führungskräfte und Abteilungen, ihre Einzigartigkeit herauszustellen, ihr Nutzenprofil für das Unternehmen zu erhöhen, aus Ideen Taten werden zu lassen, aus Projekten Ereignisse. Sie erkennen und zünden den Funken im Menschen, in Abteilungen und Organisationen und stehen für DIE zentralen Erfolgsfaktoren im Leben und Unternehmen.

Mit der Erfolgsgeschichte »Heartfacts®« des rastlosen Vaters, Ehemanns und Unternehmers Harry, der sinnbildlich für jede/n von uns steht, zeigen Reisinger und Thalheim auf, dass nachhaltiger Erfolg auf gesundem Menschenverstand, Pioniergeist, Herzensbildung und einer positiv erlebbaren Unternehmenskultur fußt. Harry gelingt mit der konsequenten Anwendung der Heartfacts der Turnaround in seinem Leben und seinem Unternehmen. Heute ist es ein höchst lebendiger Organismus, der das gesunde Wachstum im Fokus hat und gleichermaßen Mitarbeiter und Kunden begeistert.

Die Heartfacts sind:
- sauber in der Struktur
- einfach in der Kommunikation
- logisch für Führung und Mitarbeiter

Die Umsetzung der Heartfacts ist eine höchst lustvolle Prävention für Mensch wie Unternehmen, kostet kein Geld, kann morgen starten und führt anstatt in den Kollaps zu Spitzenleistung und Erfolg.

Referenzen und Kundenstimmen

»Zu Unternehmenskultur, Verantwortung, Teamarbeit, Zeitmanagement, Kommunikation, Konzentration ... könnte man viele Bücher lesen. Das kann man sich mit diesem Vortrag sparen.« *Thomas Kölbl, Seminarmanager, IHK-Akademie München-Westerham*

»Macht nachdenklich, höchst professionell, einfach phantastisch.« *Eberhard Weiblen, Geschäftsführer, Porsche Consulting GmbH*

»Die Heartfacts sollte jeder kennen und auf allen Ebenen des privaten und geschäftlichen Lebens umsetzen. Einfach überwältigend!« *Friedrich Eberhard, Präsident des Deutschen Textilreinigungs-Verbandes*

Auszeichnungen und Pressestimmen

»Die Botschaft stimmt, und die vielen Tipps zum Nachmachen sind alltagstauglich.« *manager magazin*
»Den Herzschlag eines Unternehmens entdecken: Annette Reisinger und Conny Thalheim trainieren Akteure des Wirtschaftslebens in kreativer Kommunikation.« *Süddeutsche Zeitung*

MATTHIAS REITHMANN

Themen

querhandeln = querdenken + konkret umsetzen
Adolph Kolping – ein Querhandelnder

Die Säulen der Weisheit – Spiritualität im Geschäftsjahr
Passen Weisheit, Spiritualität und Business überhaupt zusammen?

Bus-Seminarreisen
Neue Impulse fern vom Alltag©

Straßen-Namen-Bildungs-Zentren als innovative Lösungen zur Stadtentwicklung
Erfolgsmodell und Social-Sponsoring-Projekt

Veröffentlichungen

IHK-Magazin 12/2008

Kurzbiografie

Matthias Reithmann, geboren 1968, BDVT-geprüfter Trainer und Berater, Fachkaufmann für Vertrieb, Vertriebsleiter IHK (Bachelor of Sales & Distribution CCI), Fachwirt für Organisation und Führung im Bereich Sozialwesen, katholischer Religionslehrer, Assistent im Versicherungsbüro, Jugend- und Heimerzieher, Leiter der Bus-Seminarreisen – neue Impulse fern vom Alltag© (www.bus-seminarreisen.de), ehrenamtlicher Akademieleiter der Kolpingakademie für Mitgliedermotivation, Ehrenamtsengagement, Leitungsqualität, www.KA-MEL.de, Gründer von Straßen-Namen-Bildungs-Zentren© (SNBZ) als innovative Lösungen zur Stadtentwicklung

Matthias Reithmann lebt nach dem Motto »querhandeln = querdenken + konkret umsetzen und als Persönlichkeit/Unternehmen erfolgreich sein!«.

In den aktuell wirtschaftlich herausfordernden Situationen benötigen Unternehmen in allen Abteilungen und auf allen Funktionsebenen Persönlichkeiten, die bewusst anfangen querzudenken, die Querdenken zulassen und fördern. Und die Persönlichkeiten, die diese verrückten Ideen auf unkonventionellen Wegen, beim Beobachten der Realität, konsequent in die Tat umsetzen (= querhandeln). Unternehmen, die sich auf diese Vorgehensweise einlassen, nehmen Kontakt auf. Er unterstützt die Geschäftsführung, die Vorgesetzten, die Mitarbeiter und die Kunden bei der »querhandelnden« Umsetzung und Veränderungsmöglichkeit in den Bereichen wertorientierte Persönlichkeit, Karriere, Führung und Team, Kunden, Unternehmens- und Lebensphilosophie, Verkauf und Vertrieb. Er schließt seine Seminare, Vorträge, Workshops mit der konkreten Zielfindung, Zielerreichung und Umsetzung der Ziele ab. Zur persönlichen Ergebnissicherung dient die individuelle Zielvereinbarung. Bus-Seminarreisen – neue Impulse fern vom Alltag© ist ein vielseitiges und vor allem ganzheitliches Produkt, das sowohl von Seiten des Seminars 100%ig durchdacht ist als auch die Anforderungen und Wünsche an eine schöne Erlebnisreise voll abdeckt. Der Bus bildet jedoch nicht nur das »Gruppenfahrzeug«, um von A nach B zu kommen, er bietet auch Raum für das Seminar, wie beispielsweise für den Tageseinstieg, kleine Impulsvorträge, Gespräche … Bei der Bus-Seminarreise bekommt so das Seminar mit all seinen Vorteilen einen erfolgreichen und ganzheitlichen Verlauf.

Referenzen und Kundenstimmen

Auf Nachfrage

Auszeichnungen und Pressestimmen

Aufnahme in »Hübners Who is Who = Anerkennung und Kommunikation«, Verlag für Personenenzyklopädien

DR. IMRE MÁRTON REMÉNYI

Themen

Menschen ...
... im Umgang mit sich selbst und anderen
... in innerer und äußerer Veränderung
... auf der Suche nach Sinn und Glück

Veröffentlichungen

Artikel in diversen Herausgeberbänden und Zeitschriften

Kurzbiografie

Dr. Imre Márton Reményi ist in Budapest geboren und in Wien aufgewachsen. Er ist weltweit tätig als Coach für Verantwortungsträger aus Wirtschaft, Politik, Forschung und Lehre, aus dem Sozialbereich, aus Kultur und Kultus.

Neben seiner Lehrtätigkeit an Universitäten, Fachhochschulen und in Lehrgängen universitären Charakters hält er Seminare und Workshops in Unternehmen und Organisationen. Zusätzlich praktiziert er Psychotherapie in seiner eigenen Praxis (Systemisches Institut Wien).

Der Schwerpunkt seiner Tätigkeit liegt auf den so bislang genannten »soft skills«, die gerade in Zeiten der Veränderung besonders zentrale Bedeutung für das Funktionieren organisationaler Strukturen haben. Sein Thema »Menschen im Umgang mit sich selbst und anderen« umspannt die breite Palette von Selbstmanagement bis Leadership, von Teamentwicklung bis Konfliktmanagement und das weite Feld zwischenmenschlicher Kommunikation.

Die Arbeit von Dr. Reményi steht unter dem Motto: »Eine Möglichkeit ist eine Einbahn. Zwei Möglichkeiten sind ein Dilemma. Ab drei Möglichkeiten beginnt das LEBEN!«

Referenzen und Kundenstimmen

Namen seiner Kundinnen und Kunden hier aufzulisten wäre aus seiner Sicht ein Missbrauch des ihm geschenkten Vertrauens. Sie haben Anspruch auf höchste Diskretion.

Auszeichnungen und Pressestimmen

Ähnlich scheinende Situationen sind bei näherer Betrachtung nicht mehr so ähnlich und erfordern meist sehr unterschiedliche Lösungen. Es gibt keine zwei identischen Fragestellungen, und es gibt keine Patentlösungen.

Dr. Imre Márton Reményi geht an jede Aufgabe unvoreingenommen heran und erarbeitet gemeinsam mit seinen Klient(inn)en die für sie passenden Lösungen.

FRANK ALEXANDER REUSCH

Themen

Profitables Wachstum ohne Akquisitionen und Fusionen

So steigern Sie dauerhaft Ihre Wettbewerbsfähigkeit

Marktorientierung und effiziente Geschäftsprozesse

How to improve your information technology

Veröffentlichungen

Kurzbiografie

Frank Alexander Reusch (Jahrgang 1964) studierte Betriebswirtschaft an der FH Koblenz. Weiterhin absolvierte er eine Ausbildung der George Washington University im »International Project Leadership and Management«. Er besitzt Zertifikate als Projectmanagement-Advisor, QS-Manager und Business-Process-Manager.

Seit 2001 ist er Project-Manager und Berater bei einem der größten europäischen Energieversorger.

Reusch leitete mehr als 80 Projekte im Bereich Energiewirtschaft, Automobilbau, Logistik, Handel und Verlagswesen. Daimler, Bertelsmann, Ruhrkohle, RWE und e.on gehören zu seinen namhaften Kunden.

Er hat vielseitige Erfahrung in organisatorischen Restrukturierungen, Post-Merger-Integrationen und komplexen Projektmanagement-Themen. Im Bereich Informationstechnologie leitete er Großprojekte im Bereich individueller Softwareentwicklung und -einführung, IT-Operations- und IT-Programm-Management.

Er besitzt große internationale Erfahrung und war in Ungarn, Polen, Slowakei, Großbritannien, Niederlande, Türkei und Österreich tätig.

Seit 2000 ist er mit Isabel Reusch verheiratet und hat vier Söhne.

Reusch ist Gründer und Chairman der European Initiative Continuous Improvement. Im Jahr 2005 veröffentlichte er den führungsbezogenen KVP-Ansatz. 2009 führte er eine international viel beachtete Studie zum Business-Profit von KVP durch und befragte dazu 7.000 Führungskräfte in Europa. Aktuell arbeitet er an einem neuen Modell organischer Wachstumsstrategien, mit dem Unternehmen ein profitables Wachstum aus eigener Kraft schaffen können.

Referenzen und Kundenstimmen

»Ich finde die Studie äußerst interessant, denn sie gibt gute Argumente an die Hand, um auch in den ›Was soll das, was bringt das, brauchen wir das?‹-Diskussionen zu bestehen. Wer sich also argumentativ munitionieren muss, hat hier eine gut aufbereitete, verständliche Studie mit interessanten Ergebnissen.« *Frank Menzel, geschäftsführender Gesellschafter elements and constructs GmbH*

»Ihr ausgeprägtes unternehmerisches Denken und Handeln hat bei der Lösung der komplexen Aufgabenumfänge sehr geholfen.« *Held, Mercedes-Benz*

ALEXANDER REYSS

Kurzbiografie

Dipl.-Ing. Alexander Reyss, Jahrgang 1970, geboren in Köln. Seit der Kindheit wurde Herr Reyss im Bereich des Leistungssports stark gefördert und spielte jahrelang in der Nationalmannschaft, in der Bundesliga und war mehrfacher Deutscher Meister. Mehrere Jahre besuchte er ein Sportinternat in Kaiserslautern, wo er auch sein Abitur machte. Danach studierte er in Bonn/Köln. Nach seinem Studium absolvierte er diverse Weiterbildungen zum systemischen Coach und Management-Trainer. 1999 gründete er das Beratungs-/Trainingsunternehmen Step4Ward – Institut für das Reiss Profile in Personalentwicklung und Leistungssport. Herr Reyss arbeitete von 2002 bis 2007 in leitender Funktion eines Pharma-Großkonzerns als Personalmanager und Coach im Bereich Management und Verkauf. Er ist zertifiziert auf die Verhaltensanalysen MBTI, DISG, Insights und das wissenschaftlich valide Diagnoseinstrument, das Reiss Profile.

Herr Alexander Reyss gehört zu den deutschen Reiss Profile Pionieren. Er ist mit der erfahrenste praxisorientierte Reiss Profile Coach und Reiss Profile Ausbilder in Deutschland, Unternehmensberater sowie wingwave-Coach. Herr Reyss und sein Team begleiten seit vielen Jahren erfolgreiche Menschen und Unternehmen aus den unterschiedlichsten Branchen und Bereichen wie Künstler, Schauspieler, Unternehmer, Manager, Verkäufer, Personalleiter, Psychologen, Leistungssportler etc. Herr Reyss ist aktives Mitglied in der GSA und im BVMW. Seine Hobbys sind: Reisen, Jagd, Freundeskreis, Sport, Tiere.

Der neue Ratgeber für Ihr Leben von Alexander Reyss:
»Kraftquellen des Erfolgs« zeigt Ihnen, wer Sie wirklich sind, wo Sie Ihre Prioritäten setzen sollten und wie Ihre persönliche Antwort auf die Frage nach den persönlichen Antrieben und dem Sinn des Lebens lautet. Das Buch ist eine praxisnahe Reise durch alle wichtigen Lebensbereiche wie Karriere, Beruf, Gesundheit, Partnerschaft, Kindererziehung, Ernährung. Lernen Sie sich und andere Menschen noch besser kennen und verstehen Sie, warum wir Menschen uns in oft ähnlichen Situationen so grundverschieden verhalten.

Themen

Eine kurze Reise durch die 16 Lebensmotive nach Prof. Steven Reiss

Der An-Trieb des Menschen!

Warum Motivation etwas mit Selbstverantwortung zu tun hat

Umgang mit Stress und psychosomatischen Symptomen in einer krisenerschütterten Zeit

Veröffentlichungen

Kraftquellen des Erfolgs – Das Reiss Profile Praxisbuch Worauf es im Leben wirklich ankommt

Welche persönlichen und beruflichen Stärken haben Sie und andere Menschen?

Was motiviert und treibt Menschen an?

MICHAEL RHODA

Themen

Das Geheimnis von Flow
Wie sich Spitzen-Fähigkeiten entwickeln

Der standardisierte Mensch
Evidenzbasiertes Vorgehen beim Coaching

Freie Kreativität jenseits von Kreativitätstechniken
Vorgefertigte Konzepte loslassen, um Neues zu erschaffen

Veröffentlichungen

Veröffentlichungen zu verschiedenen Themen über Lehraufträge an folgenden Hochschulen:
LMU München, FH München, Macromedia Hochschule, MEDIADESIGN Hochschule, TU München

Kurzbiografie

Michael Rhoda, Jahrgang 1957, ist seit 20 Jahren Unternehmer in München. Der gebürtige Flensburger blieb nach dem Studium der Betriebswirtschaftslehre, das er in Berlin und München absolvierte, dem Süden verbunden und gründete in München das Institut Creativ-Training. Ganzheitliche Gesunderhaltungssysteme, Entwicklung von Körper, Seele und Geist im Einklang und Erfolgsstrukturen für KMUs waren der Ausgangspunkt eines erfolgreichen Unternehmerlebens. In den folgenden Jahren gründete er das Unternehmen Rhome Enterprises.

Sein Forscherdrang führte im Laufe der Jahre zu immer neuen Themen und immer weiteren Einsatzgebieten. Der Einfluss von Yoga auf die berufliche Leistungsfähigkeit, Entspannungstechniken für Manager und Abgrenzung zwischen Coaching und Therapie waren und sind Bereiche, zu denen Michael Rhoda forscht und lehrt. Ein Grundstudium in Psychologie und Philosophie komplettierte die Expertise als psychologischer Personalentwickler. Rhoda gilt als Katalysator für ganzheitliche Entwicklung mit den Schwerpunkten der Gesunderhaltung von Systemen und dem Freisetzen von ungenutzten Potenzialen. Die Einsatzgebiete sind: Krisenbewältigung, Work-Life-Balance, Burn-out-Prophylaxe und spirituelles Wachstum. In den letzten Jahren kamen neue Studiengebiete hinzu. Die Stimmfrequenzanalyse nach Dr. Heinen hat sich dabei am stärksten für die Arbeit in Unternehmen bewährt.

Neben den Lehrveranstaltungen trainiert Michael Rhoda in Unternehmen zu den Themen: Persönlichkeitsentwicklung, Teamentwicklung, Präsentation, Rhetorik, Schlagfertigkeit bei Angriffen, Flow.

In seiner Coachingpraxis erhalten Führungskräfte und Mitarbeiter Beratung und Coaching für ganzheitlichen Erfolg. An verschiedenen Privat-Instituten bildet er Trainer und Coachs aus. Er selbst ist BDVT-geprüfter Trainer und Berater und Master European Business Trainer®.

Seine besonderen Stärken: erlebnisorientierte Lernmethoden, Flow, Vertrauen schaffen für Veränderungsprozesse, lösungsorientiertes Vorgehen, Verbindung von Kopf und Herz, interdisziplinäres Denken.

Referenzen und Kundenstimmen

Veröffentlichungen zu verschiedenen Themen über Lehraufträge an folgenden Hochschulen: Ludwigs-Maximilians-Universität, Fachhochschule München, Macromedia Hochschule für Medien und Kommunikation, MEDIADESIGN Hochschule für Design und Informatik, Technische Universität München.

KAY-SÖLVE RICHTER

Themen

Sympathie ist, wenn man nicht trotzdem lacht
Wie Sie mit Ihrer Persönlichkeit überzeugen

Konflikte sympathisch meistern
So kommen Sie ohne Ellbogen ans Ziel

Überzeugen vor Kamera und Publikum
Wie Sie Ihren Auftritt in der Öffentlichkeit souverän meistern

Mit Sprache begeistern
Warum manche Reden scheitern, bevor sie gehalten werden, und wie Sie mit Worten Ihr Publikum fesseln

Veröffentlichungen

Kurzbiografie

»Nur wer authentisch ist, kann echt gut sein! Nach diesem Motto arbeite ich immer – egal, ob ich als Journalistin vor der ZDF-Kamera stehe, einen Vortrag halte oder eine festliche Gala moderiere.«

Im Mai 2009 hat Kay-Sölve Richter ihren Wecker um acht Stunden vorgestellt: Seitdem moderiert sie statt der heute-Nachrichten im ARDund ZDF-Morgenmagazin die Spätausgabe der ZDF-Nachrichten »heute nacht«.

So unterschiedlich wie ihre Moderationszeiten sind auch die Sendungen und Formate, die sie seit 1993 in TV und Radio präsentiert: unter anderem bei RTL, n-tv, Radio Hamburg und dem WDR. Dabei führte sie mehr als tausend Interviews mit Politikern, Promis, Sportlern, Experten – oder ganz normalen Menschen, die eine Geschichte zu erzählen hatten. Und das nicht nur in den Medien, sondern auch auf der Bühne: bei Kongressen, Preisverleihungen, Podiumsdiskussionen oder Galas. Ihr Ansatz ist dabei stets die Persönlichkeit ihrer Zuhörer und Seminarteilnehmer, denn einstudierte Gesten und Dauerlächeln reichen nicht aus, um sympathisch und authentisch zu überzeugen. 2006 gründete sie gemeinsam mit dem Autor und Fernseh-Journalisten Christoph Münzner Richter & Münzner Medientrainings.

Wie jeder Einzelne an seinem Auftritt arbeiten kann, das ist Schwerpunkt ihrer Präsentationen und Trainings.

Referenzen und Kundenstimmen

»Von kompetent bis schlagfertig reichten die Reaktionen unserer Kongress-Teilnehmer auf Ihre souveräne Moderation. Hier trafen gute Vorbereitung und Humor erfrischend zusammen. Ich bedanke mich bei Ihnen für die sehr gute und professionelle Zusammenarbeit.« *Helga Haag, Management Circle AG*

»Kay-Sölve Richter überzeugte auf unserer 125-Jahr-Feier vor 5.000 Gästen mit Ideen, Konzept und Köpfchen – eine freundliche Lichtgestalt und echte Bereicherung. In Vorbereitung und Organisation eine professionelle Hilfe und prima Ergänzung.« *Roger Jung, Sanofiaventis*

Auszeichnungen und Pressestimmen

Nominierung für den Deutschen Fernsehpreis 2006 für die beste Moderation einer Informationssendung.

Kay-Sölve Richter fällt »neben Kompetenz vor allem durch Spontaneität und Humor« auf. *freundin.de*

DR. WOLFGANG RIEBE

Kurzbiografie

»Die Kraft der Leidenschaft als Unternehmensmotor der Zukunft« Wolfgang Riebe, B. A. (Psychologie und Kommunikation), Erfolgsautor, internationaler Keynote-Speaker und Illusionskünstler, ist ein Experte, wenn es um Einstellungsveränderung, Inspiration und Motivation geht. Er bietet praxisnahe, leicht umsetzbare »Life Skills« für alle Teilnehmer. Durch natürliche Ausstrahlung, Kompetenz und Autorität fesselt Wolfgang Riebe sein großes Publikum mit seinem lebhaften und unterhaltsamen Vortragsstil – und das vermittelt er mit viel Charme und Humor. Mit seinem Erfahrungsschatz inspirierte er Millionen von Menschen weltweit. Auftritte in mehr als 121 Ländern, Star zahlreicher eigener Fernsehsendungen und 24 Jahre Erfahrung in der Industrie machen ihn zum Experten. Von Konferenzen, Kreuzfahrtschiffen und Fernsehen bis Expeditionen – seine große Lebenserfahrung macht ihn zu einem der begehrtesten, humorvollsten und unterhaltsamsten Redner und Entertainer. Er spricht fließend Englisch, Deutsch & Afrikaans und spezialisiert sich auf englische Konferenzen.

Themen

Discover Your Magic
Entdecke dein Magisches Ich

Die 7 Schritte zum Erfolg
Die Macht der Gedanken Ihre innere Einstellung optimieren Visionen und klare Ziele angehen

Corporate Comedy Illusionist
Illusionskünstler; Zauberhafter Conférencier

Referenzen und Kundenstimmen

Zu seinen Vortragskunden gehören namhafte Firmen wie: DaimlerChrysler, Siemens, Ericsson, Alexander Forbes, ERA, Hapag-Lloyd, BASF, BMW, Peugeot, Old Mutual, Shell, Antalis, Specsavers, Planworx, Lufthansa, Toyota, PPC Cement, Beachcomber Tours, Novartis, Anglo Platinum, AIDA, Euro Corrugated, Microsoft u. v. m.

»Recht herzlichen Dank für deine tollen Darstellungen bei unserer ›Just Intelligent Tour‹. Wir haben ganz tolles Feedback von unseren Kunden erhalten.« *Schwarzkopf Professional*

»Wir alle bei Rennies Travel und unsere Kunden sind nur am Schwärmen, seit Du hier warst. Deine positive Ausstrahlung ist einfach ›amazing‹.« *Rennies Travel*

Veröffentlichungen

CHRISTINE RIEDELSBERGER

Themen

Präsenz vom ersten Augenblick
Inszenieren Sie sich selbst wirkungsvoll

Auftritt mit Wirkung

Profil & Wirkung im Verkauf

Kurzbiografie

Christine Riedelsberger, 1972 in München geboren, ergänzte ihr Studium der Pädagogik (MA) durch Improvisationstheater, Stimmbildung, Körpertraining und Inszenierung im Rahmen ihrer theaterpädagogischen Ausbildung. Sie trainiert ihre Kunden aus den verschiedensten Branchen für den erfolgreichen Auftritt bei Reden, Präsentationen, Verkaufs- und Messegesprächen, indem sie ihnen zeigt, wie man sich selbst, seine Inhalte und seine Botschaften mit Hilfe von Körpersprache, Stimme und Sprache wirkungsvoller gestaltet. Sie verknüpft für Präsentationen kreative Ideen und Inhalte zu authentischen und lebendigen Mischungen zur Verführung der Zuhörer mit Erlebnischarakter. Vor allem bei der praktischen Arbeit, bei Übungen und beim Feedback profitieren Trainingsteilnehmer von ihren theaterpädagogischen Kenntnissen. Christine Riedelsberger zeigt, wie man von den Techniken und dem Wissen des Theaters und der Schauspieler um Auftritt, Bühne und Publikumswirkung lernen kann, um sich selbst und seine Themen wirkungsvoller in Szene zu setzen.

Qualifikation und Ausbildung: NLP Practitioner, Pädagogik (MA) mit Nebenfach Psychologie, Schwerpunkt Theaterpädagogik, Systemische Aufstellung, zertifizierte Expertin im Qualitätsnetzwerk von Joachim Klein

Referenzen und Kundenstimmen

»Wir haben Frau Riedelsberger bei einem ihrer Vorträge erlebt und sind begeistert – so gut unterhalten wie bei Walt Disney und so tiefsinnig wie eine Mathematikvorlesung.« *Dr. Stefan Freundt, Geschäftsführer der Star512 Datenbank GmbH*

»Charmant, kompetent, kurzweilig und praxisorientiert! ... Durchweg positive Teilnehmerstimmen und ausgebuchte Vortragsräume sprechen für Sie.« *Michael Zehnter, Sparkassenverband Bayern, Bereichsleiter Firmenkunden & Kredit*

»Ihr Vortrag war spannend und witzig, interessant und unterhaltsam.« *Reinhold Faller, Hamburg-Mannheimer Vers.-AG*

Auszeichnungen und Pressestimmen

Auszeichnung zum Top-Speaker durch die Qualitätsplattform Top-Speaker.eu, 2010

Auszeichnung zum Qualitätsexperten 2010 durch das Qualitätsnetzwerk der Erfolgsgemeinschaft.com

GABRIELE RIEDL

Themen

Effektives Kundenmanagement
& Verkaufs- und Argumentationstechniken

Systeme und Veränderungen effektiv managen

Situatives und entwicklungsorientiertes Führen

NLP im Management
Effiziente NLP-Methoden für Ihren Business-Erfolg

Kurzbiografie

Gabriele Riedl, Jahrgang 1960, war nach einem Teilstudium der Medizin fast 20 Jahre lang als Key-Account-Managerin und Führungskraft – mit Schwerpunkt Marketing & Vertrieb – in der Pharmaindustrie tätig. Schon in dieser Zeit begann sie, ihr Wissen und ihre Kompetenz durch diverse Aus- und Weiterbildungen zu erweitern: Vertriebs- und Marketingschulungen, Wirtschaftstraining, systemisches Coaching, Organisationsentwicklung, Wissensmanagement, NLP, Trainerausbildung, Unternehmensberatung, Mediation. 1996 gründete sie die Unternehmensberatung trilog G. Riedl KG mit den Schwerpunkten Führungskräfteentwicklung, Veränderungsmanagement und Vertriebs- und Marketingentwicklung. Ihr reicher Erfahrungsschatz reicht von Workshops und Moderationen über Potenzialermittlung und Coaching bis hin zu Change-Management sowie Personal- und Organisationsentwicklung. Heute kann Gabriele Riedl stolz auf einen stetig wachsenden Kundenstamm blicken, den sie in Kooperation mit einem renommierten (nationalen und internationalen) Trainer- und Beraterteam coacht, schult und berät.

Mitgliedschaften: GSA (German Speakers Association), VMMT (Verband der Management- und Marketingtrainer), ARGE proEthik (WKO).

Referenzen und Kundenstimmen

»Frau Riedl ist eine der besten Trainerinnen, die ich je erlebt habe, mit hoher Praxisorientierung und unkonventioneller Annäherung an alltägliche Problemstellungen.«

»Frau Riedl geht sehr positiv mit den Menschen um und hat ein sehr breites Wissen, ihre Methoden machen Lust auf mehr.«

»Frau Riedl formuliert sehr klar mit hohem Praxisbezug, bei ihr erlebt man viele Aha-Effekte.«

Auszeichnungen und Pressestimmen

Vom Institute for International Research (IIR) wurde Gabriele Riedl bereits zweimal – 2006 und 2008 – als »Trainer of the Year« ausgezeichnet.

PROF. DR. HEINZ RIESENHUBER

Themen

Deutschlands Chance: Innovation
Deutschland auf dem Weg in die Wissensgesellschaft

Energie im 21. Jahrhundert

Mittelstand – Motor für Wachstum

Wirtschaft braucht Ehtik

Veröffentlichungen

Zahlreiche Beiträge zur Forschungs- und Technologiepolitik in Fachzeitschriften und Jahrbüchern

Japan ist offen. Chancen für deutsche Unternehmen
Buch

Kurzbiografie

Heinz Riesenhuber, geb. 1.12.1935, Professor Dr. rer. nat. Dr. h.c. mult., Bundesforschungsminister a. D., deutscher Politiker, 1995 ausgezeichnet mit dem Cicero-Rednerpreis, hält bundesweit und im europäischen Ausland Vorträge in Deutsch und Englisch zu den Themen Innovation und Wissensgesellschaft.

Er lebt in Frankfurt am Main, ist verheiratet, hat zwei Söhne und zwei Töchter. Nach dem Studium der Naturwissenschaften und der Volkswirtschaft promovierte er 1965 in Chemie und war von 1966 bis 1982 für die Metallgesellschaft AG in Frankfurt tätig, u. a. als Geschäftsführer der Erzgesellschaft, später als Geschäftsführer der Synthomer Chemie GmbH. Er ist seit 1961 Mitglied der CDU und begann seine politische Karriere als Landesvorsitzender der Jungen Union Hessen (1965 – 1969). Seit 1965 ist er Mitglied im Landesvorstand und seit 1968 im Präsidium der CDU Hessen.

Dr. Riesenhuber ist seit 1976 Mitglied des Deutschen Bundestages, zunächst für den Wahlkreis Frankfurt I und seit 2002 für den neuen Wahlkreis Main-Taunus, in dem er auch 2009 mit deutlicher Mehrheit wieder das Direktmandat gewann. Er bestimmte als Vorsitzender des CDU-Bundesfachausschusses für Energie und Umwelt Ende der siebziger Jahre maßgeblich das Energie- und Umweltprogramm seiner Partei mit und war 1980 – 1982 energiepolitischer Sprecher der CDU/CSU-Bundestagsfraktion. 1982 wurde er von Bundeskanzler Helmut Kohl zum Bundesforschungsminister berufen und führte dieses Amt bis 1993. Anschließend vertrat er bis 2002 als Ko-Präsident die deutschen Interessen im Deutsch-Japanischen Kooperationsrat für Hochtechnologie und Umwelttechnik. Er setzt sich seit 1993 im Wirtschaftsausschuss des Deutschen Bundestages – 2001/2002 als Vorsitzender – besonders für die Stärkung des deutschen Technologiestandorts und innovativer Unternehmen ein. Er ist seit 1995 Honorarprofessor an der Goethe-Universität Frankfurt und wurde 2006 zum Präsidenten der Deutschen Parlamentarischen Gesellschaft gewählt.

Dr. Riesenhuber ist außerdem Mitglied in Aufsichtsräten und Beiräten nationaler und internationaler Unternehmen.

Auszeichnungen und Pressestimmen

Seine Arbeit wurde mit zahlreichen Preisen und Auszeichnungen gewürdigt, darunter:
- die Ehrendoktorwürden des Weizman-Instituts/Israel, der Berg- und Hüttenakademie Krakau/Polen, der Universität Surrey/England und der Universität Göttingen
- das Große Bundesverdienstkreuz mit Stern
- Verdienstorden aus Hessen, Österreich, Frankreich und Japan
- der Goldene Ehrenring des Deutschen Museums München
- der Cicero-Rednerpreis

STEFFEN RITTER

Kurzbiografie

Geben Sie durch einfache Systeme Ihrer Verkaufsarbeit neuen und vor allem nachhaltigen Schwung. Kunden gewinnen und Kunden ausbauen kann fast von selbst, kann automatisch laufen. Nutzen Sie die Kraft systematischen Vertriebs als Katalysator Ihrer Ergebnisse. Lassen Sie sich inspirieren von vielfältigen, teilweise verblüffend einfachen Ideen rund um Ihre Kundenarbeit! Steffen Ritter führt Sie »Mit System zum Erfolg«!

Steffen Ritter, geboren 1968 in Sangerhausen (Harz) ist Kongressredner, mehrfacher Erfolgsautor und seit bereits 20 Jahren Vordenker des Institut Ritter. Er gibt seit 1999 einmal im Quartal die Zeitschrift Unternehmer-Ass heraus, welche sich ausschließlich der unternehmerischen Entwicklung im Vertrieb widmet. Seit Ende der 1990er Jahre ist Steffen Ritter regelmäßig gebuchter Keynote-Speaker auf Tagungen von Unternehmensverbänden und Firmen verschiedenster Branchen sowie renommierten Finanzdienstleistern, Versicherern und Banken.

Sie erhalten ein Feuerwerk von Impulsen und Chancen, die Sie unmittelbar auf Ihre Arbeit übertragen können. Profitieren Sie von Anregungen, die eigene Arbeit effizienter zu gestalten. Sich selbst und den eigenen Vertrieb zu organisieren macht Spaß. So wie ein Vortrag von Steffen Ritter auf Ihrer Tagung.

Klar. Begeisternd. Motivierend.

Seit 2005 leitet Steffen Ritter die offenen und firmeninternen »Entwicklungstage®« auf der Insel Rügen sowie auf der Zugspitze, in denen er in seiner sympathischen und zugleich aufrüttelnden Art nachhaltig wirksame Wachstumsimpulse setzt.

Themen

Mit System zum Erfolg
Wie Sie durch gute Gewohnheiten u. Standards Kunden erreichen; Wie Sie Ihren Erfolg automatisieren

VON SELBST – Effizienz im Vertrieb
Wie Sie Ihre Vertriebsabläufe durch Standards systematisieren; Wie Sie nachhaltig mehr verkaufen

SPECIAL: Entwicklungstage® auf der Insel Rügen sowie auf der Zugspitze in 3.000 m Höhe

Veröffentlichungen

Referenzen und Kundenstimmen

»Die Inhalte des Seminars waren hervorragend auf die eigene Branche übertragbar.« *Jens Weißflog, 3-facher Olympiasieger 1984 und 1994, 3-facher Weltmeister, Skispringen, Oberwiesenthal*

»Die Entwicklungstage sind für jeden empfehlenswert! In entspannter Umgebung, jenseits des Alltags mit professioneller Unterstützung über die Entwicklung der eigenen Persönlichkeit und seiner Arbeit nachdenken – besser geht es nicht.« *Uwe Daßler, Olympiasieger 1988, 400 m Freistil, Potsdam*

»Eines der wenigen Seminare auf dem Markt, bei dem sich jede Minute gelohnt hat.« *Hans-Peter Friedrich, Seligenstadt*

Auszeichnungen und Pressestimmen

»Das durchgängige Beispiel ... macht die Umsetzung ... besonders gut nachvollziehbar. Dabei wird rasch deutlich, dass die Schrittfolge auch leicht auf Unternehmen anderer Branchen übertragen werden kann, etwa Consultants, Steuerberater und auch Handwerksbetriebe.« *www.gvi2.tiware.net, Geld und Verbraucher Verlags-GmbH, 23.10.2008*

Der tägliche Infodienst wurde im November 2009 vom Gabler Verlag zur Internetseite des Monats gekürt.

HINRICH ROMEIKE

Themen

Niederlagen – Eigenmotivation und Wille zum Erfolg

Kurzbiografie

Hinrich Romeike, 45 Jahre, Zahnarzt, Doppelolympiasieger in Peking 2008 im Vielseitigkeitsreiten. Ein Amateur gewinnt gegen Profis, Romeikes Philosophie, die er auch in seinen Vorträgen vermittelt, ist so schlicht wie wirkungsvoll. Man kann auf mehrere Arten Motivation erzeugen. Zum Beispiel mit Schmerz und Freude, mit Hass und Liebe. Beides kann funktionieren, aber ihm persönlich liegt das Hauen nicht. Romeikes Philosophie ist die Wichtigkeit der Kleinigkeiten, die den Unterschied ausmacht bei gleich guten Leuten. Romeike wurde bereits 2005 im Team Weltmeister und musste 2004 bei den Olympischen Spielen die Aberkennung der Goldmedaille wegen umstrittener Entscheidungen hinnehmen. So enthält auch sein Vortrag Hinweise zum persönlichen Verkraften von Niederlagen und die Schöpfung von Kraft aus Rückschlägen. The flying dentist, wie er in England genannt wird, ist verheiratet, hat 3 Kinder und lebt in der Nähe von Rendsburg.

Referenzen und Kundenstimmen

Zum Beispiel Volksbank-Raiffeisenbank Itzehoe: »Noch Wochen später wird uns zur gelungenen Veranstaltung gratuliert, was in Norddeutschland durchaus selten ist. Dieses Lob verdanken wir Ihrem authentischen Vortrag, der mit tiefgehenden Erkenntnissen und Erfahrung brillierte. Gerade auch in der freundlicherweise durchgeführten Diskussion haben Sie uns bewegende Erkenntnisse vorgetragen.«

WOLFGANG RONZAL

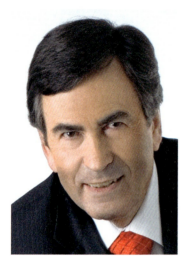

Themen

Die Vergissmeinnicht-Strategie®
Beim Kunden positiv in Erinnerung bleiben

Wie Sie Ihre Kunden begeistern
und zu treuen Stammkunden machen

Lustarbeit statt Frustarbeit
Wie Führungskräfte Spitzenleistungen ermöglichen

Leitender Sachbearbeiter oder sachkundiger Leiter?
Sich selbst und andere führen

Veröffentlichungen

Kurzbiografie

Motivierte Mitarbeiter = begeisterte Kunden = mehr verkaufen!

Wolfgang Ronzal sorgt für Motivation und Qualität. Er begeistert durch seinen mitreißenden und humorvollen Vortragsstil. Seine Spezialität sind Vorträge vor großem Publikum, Motivationsveranstaltungen für die Mitarbeiter (Verkäufer) und Kundenevents. Er ist Expert-Member im elitären Club 55, der Vereinigung Europäischer Marketing- und Verkaufsexperten, Professional Mitglied der German Speakers Association und gehört zu den Top 100 Excellent Speakers in Europa. Er war viele Jahre Universitätsdozent an der Wirtschaftsuniversität Wien und ist nun Dozent an mehreren Fachakademien.

Er hat über 30 Jahre praktische Erfahrung im Vertrieb und ist Experte für Servicequalität und Kundenbindung, Mitarbeiterführung und Motivation, Verkaufsförderung und Verkaufsmotivation. Bisher über 50.000 begeisterte Teilnehmer bei seinen Seminaren und Vorträgen begeistern nun ihre eigenen Kunden. Wolfgang Ronzal vermittelt in einer Art »Seminar-Kabarett« Spaß, Freude und viele praktische Tipps zur Eigenmotivation und zum Umgang mit Kunden und Mitarbeitern. Sein Bestseller »Wie Sie Kunden zu Partnern machen« wurde ins Chinesische und Koreanische übersetzt. Mit der Vergissmeinnicht-Strategie® (= beim Kunden positiv in Erinnerung bleiben) hat er eine eigene Marke geschaffen. Ein besonderes Anliegen für ihn ist es, die Chancen und Möglichkeiten zu nutzen, welche die Zielgruppe 50 plus für Kunden und Mitarbeiter bietet.

Referenzen und Kundenstimmen

»Danke für Ihre tollen Motivationsseminare!« *Herbert Schandl, Leiter T- Mobile Business Serviceteam Austria*

»Kompetent, motivierend, begeisternd.« *Hans A. Hey, Unternehmensberater, Heilbronn*

»Danke für den unvergesslichen Abend.« *Heinz-Otto Koch, Vorstand Kreissparkasse Euskirchen*

»Fachlich kompetent, humorvoll vorgetragen und mit inhaltlichem Tiefgang. Kompliment!« *Eagle Invest AG*

Auszeichnungen und Pressestimmen

- 1999 Trainer des Jahres in Deutschland *Akademie für Führungskräfte*
- 2007 TÜV-Siegel »tested Kundenzufriedenheit Seminare« *TÜV Rheinland*
- 2009 Marketingpreis für das Lebenswerk *Direktmarketingakademie für Finanzdienstleistungen*
- Auszeichnung zum Top-Keynote-Speaker unter den Top 100 der Perfect Speakers, 2010
- Auszeichnung zum Qualitätsexperten 2010 durch das Qualitätsnetzwerk der Erfolgsgemeinschaft.com
- Mitglied im Q-Pool 100, Offizielle Qualitätsgemeinschaft Internationaler Wirtschaftstrainer und -berater e.V.

GEORGES T. ROOS

Themen

Megatrends und gesellschaftlicher Wandel
Demografie, Beschleunigung, Individualisierung, Virtualisierung.

Kundenwünsche von morgen
Wertewandel, Luxus von morgen, LOHAS, Lifestyle der Zukunft.

Zukunft des Körpers
Gesundheit, Cyborg, Hirndoping, Soft- Touch vs. Hightech-Medizin.

Früherkennung
Tools und Instrumente, Früherkennung für KMU leicht gemacht, Zukunftsfitness.

Veröffentlichungen

Kurzbiografie

Georges T. Roos, 1963 in Basel geboren, arbeitete bereits als Student als Journalist und Redakteur bei Rundfunk, Agentur und Zeitungen. Nach dem Studium (lic. phil.) an der Universität Zürich war er erst Redakteur, dann Mitglied der Redaktionsleitung einer führenden Schweizer Regionalzeitung. 1996 – 1999 war er Mitglied des renommierten GDI (Gottlieb Duttweiler Institut) bei Zürich. 2000 gründete er das private Zukunftsforschungs- und Beratungsinstitut »ROOS Trends & Futures« (Büro für kulturelle Innovation). Er ist überdies Gründer und Direktor der European Futurists Conference Lucerne.

Der Zukunftsforscher Georges T. Roos ist ein international geschätzter Referent über Megatrends und Herausforderungen der Zukunft. Seine frei vorgetragenen Präsentationen inspirieren und unterhalten zugleich.

Referenzen und Kundenstimmen

»Wir möchten uns bei Ihnen für den Input bedanken. Wir haben am Ende der beiden Seminartage eine Auswertung gemacht – unter anderem auch zu Ihrem Referat. Fazit: Wir hatten noch nie einen externen Referenten, der so gut bewertet wurde. Und es haben bisher doch einige berühmte Persönlichkeiten an unseren Führungskräfteseminaren teilgenommen.« *Claudia Zürcher, Kalaidos Bildungsgruppe Schweiz*

»Seit vergangenem Dienstag hören wir nur positive Feedbacks über Ihren erfrischenden Beitrag zum Thema ›Die Immobilie für die mobile Gesellschaft – Megatrends und Lifestyle 2020‹. Ich danke Ihnen daher nochmals ganz herzlich für die spannende Präsentation.« *Dominic Speiser, Leiter Immobilien Portfoliomanagement, Helvetia Versicherungen*

»Für Ihre Mitwirkung an unserem Ersten Deutschen Verbrauchertag möchte ich Ihnen herzlich danken. Ihre Rede war prima und passte gut ins Gesamtprogramm. Sie vermittelten einen fakten- und gedankenreichen Rahmen für die übrigen mehr politischen Beiträge.« *Prof. Dr. Edda Müller, Vorstand Verbraucherzentrale Bundesverband*

INES ROSENER

Themen

Trumpfkarte Persönlichkeit – begeistern Sie sich und andere!

Stehende Ovationen
Präsentationen vom anderen Stern

Karrierekick 2010
Karriere mit Lust und Leidenschaft

Ihr Weg zu exzellenten Mitarbeitern

Kurzbiografie

Ines Rosener, 1966 in Stuttgart geboren, sammelte nach Abschluss ihres international orientierten Betriebswirtschaftsstudiums über 10 Jahre operative Management- und Führungspraxis sowohl in Verkaufs- als auch in Personalfunktionen unterschiedlicher Branchen. Als Senior Beraterin bei Baumgartner & Partner Personalberatung/TMP Worldwide begleitete sie mehrere Jahre Fach- und Führungskräfte in ihrer beruflichen Entwicklung und unterstützte nationale und internationale Unternehmen bei der passgenauen Rekrutierung und Entwicklung ihrer Mitarbeiter.

Seit 2003 ist Frau Rosener selbstständige Trainerin und Coach für Fach- und Führungskräfte in allen Fragen persönlicher und beruflicher Weiterentwicklung. Ihre langjährige praktische Erfahrung, ihre internationale Ausrichtung sowie Weiterbildungen zum NLP-Master und systemischen Coach und Prozessberater sind ideale Grundlagen für ihre Tätigkeit. Ihre Teilnehmer begeistert sie in den Themen Persönlichkeit, Rhetorik/Präsentation, Auftritt und berufliche Orientierung.

Als Expertin für Auftritt und persönliche Wirkung hat sie sich einen ausgezeichneten Namen erworben. Sie überzeugt durch exzellente Fachkenntnisse gepaart mit einer überzeugenden, authentischen Persönlichkeit und steht für spannende, lebhafte und nachhaltige Seminare, Vorträge und Coachings.

Referenzen und Kundenstimmen

»Ich kann Ihnen wirklich nur das Feedback geben, dass Ihre Seminare eine wahre Bereicherung sind!« *Niederlassungsleiterin eines Personaldienstleistungsunternehmen*

»Bei mir arbeitet es seit Freitag in meinem Kopf und es entstehen Planungen bei mir, in meiner Firma, bei meiner Chefin – Sie hätten Ihre helle Freude, wenn Sie das miterleben könnten. Es war wirklich ein super Vortrag!« *Leiter Marketing eines Maschinenbauunternehmens*

MICHAEL ROSSIÉ

Themen

Rhetoriktraining

Kommunikationstraining

Medientraining

Vorträge zu allen drei Themen und deren Teilbereichen, wie Körpersprache, Stimme, Sprache, Gespräche

Veröffentlichungen

Sprechertraining
Econ-Verlag München (5. Auflage 2009)

Frei Sprechen
Econ-Verlag München (3. Auflage 2009)

Schwierige Gespräche mit Chefs und Kollegen
Haufe-Verlag, Freiburg (2005)

Rednertraining für Schulleiter
Verlag der Deutschen Wirtschaft, Bonn (2004)

Ein Buch über Theaterregie und ein Buch über Medientraining sind in Vorbereitung.

Kurzbiografie

Michael Rossié arbeitet seit 25 Jahren als Sprechtrainer & Coach im Auftrag namhafter Radio- und Fernsehsender sowie als Trainer und Speaker in allen Bereichen der Wirtschaft.

Seine praxisbezogenen Tools sind leicht nachzuvollziehen und sofort umsetzbar. Er begeistert seine Zuhörer und Teilnehmer in über 150 Seminaren pro Jahr, und seine Vorträge enthalten die ideale Mischung aus Training und Entertainment. Kein Vortrag gleicht dem anderen, und auch Zuhörer mit viel Seminarerfahrung lernen Neues. Mit ihm wird Lernen zum Erlebnis.

Autor der Bücher »Sprechertraining«, Econ-Verlag München (5. Auflage 2009), »Frei Sprechen«, Econ-Verlag München (3. Auflage 2009), »Schwierige Gespräche mit Chefs und Kollegen«, Haufe-Verlag, Freiburg (2005) und »Rednertraining für Schulleiter« (2004), Verlag der Deutschen Wirtschaft, Bonn. Ein Buch über Theaterregie und ein Buch über Medientraining sind in Vorbereitung.

Referenzen und Kundenstimmen

Vorstände und Pressesprecher von ca. 200 Unternehmen, vor allem aus den Branchen: Banken, Automobile, Versicherungen, Biotech, Elektronik und Verkehr, sowie ca. 25 Fernseh- und Radiosender und viele Film- und Fernsehproduktionen.

Auszeichnungen und Pressestimmen

Keynote-Speaker auf der GSA-Convention 2009 in Mannheim mit einer Bewertung von 1,02.

CLAUDIA ROTH

Themen

Menschenrechte, Kultur und Soziales, Ökologie und Klimaschutz, Außen- und Europapolitik

Veröffentlichungen

Das Politische ist privat. Erinnerungen für die Zukunft
Aufbauverlag 2006

Die Asyl-Lüge
von Roland Appel u. Claudia Roth,
Verlag Volksblatt – Verlag köln 1993

Kurzbiografie

Claudia Roth ist Parteivorsitzende und MdB von Bündnis 90/Die Grünen. Sie arbeitete als Dramaturgin und als Managerin der Band »Ton Steine Scherben«, bevor sie 1985 Pressesprecherin der grünen Bundestagsfraktion wurde.

Von 1989 bis 1998 war sie Mitglied des Europaparlaments, ab 1994 Fraktionsvorsitzende der Grünen im EP. Sie war Mitglied u.a. im Ausschuss »Bürgerliche Freiheiten und Innere Angelegenheiten« und im Unterausschuss Menschenrechte.

Von 1998 bis März 2001 und erneut seit Oktober 2002 ist sie Bundestagsabgeordnete. 1998 wurde sie zur Vorsitzenden des neu konstituierten Ausschusses für Menschenrechte und Humanitäre Hilfe gewählt.

Von März 2003 bis Oktober 2004 war Claudia Roth Beauftragte der Bundesregierung für Menschenrechtspolitik und Humanitäre Hilfe im Auswärtigen Amt. 2001 wurde sie erstmals Parteivorsitzende von Bündnis 90/Die Grünen. 2004, 2006 und 2008 wurde sie wiedergewählt.

Auszeichnungen und Pressestimmen

Für ihre Tätigkeit als Beauftragte für Menschenrechtspolitik und Humanitäre Hilfe wurde Claudia Roth am 30. Juni 2004 zum Ritter der französischen Ehrenlegion ernannt.

BERND RÖTHLINGSHÖFER

Themen

Werbung mit kleinem Budget
Clever werben mit wenig Geld.

Sprich mich nicht an!
Für eine neue Ethik in der Werbung.

Falsche Hühnchen, echte Gewinne.
Mundpropaganda, die erfolgreichste Werbeform der Welt

Marketeasing, Werbung total anders.

Veröffentlichungen

Kurzbiografie

Bernd Röthlingshöfer ist Fachjournalist und Autor, lebt in Berlin und Schlier bei Ravensburg. Erfinder der Marketeasing©-Methode.

Er wurde 1960 in Nürnberg geboren, studierte einige Semester germanistische Linguistik, Psychologie und Philosophie, übte sich dann als Kleinkabarettist und erschien 1983 als Texter auf der Werbebühne.

Als Creative Director und Geschäftsführer in diversen Werbeagenturen betreute er Kleinunternehmen, internationale Marken, Ministerien und Non-Profit-Organisationen.

Er schreibt erfolgreiche Fachbücher zum Thema Werbung und Marketing. Seine Schwerpunkte: neue Marketingmethoden, Werben mit kleinem Budget und der faire Dialog mit den Kunden.

Neben seiner Tätigkeit als Vortragsredner leitet er Workshops und nimmt Lehraufträge an Universitäten, Fachhochschulen und zahlreichen anderen Bildungseinrichtungen wahr. Er ist Chefredakteur des Fachinformationsdienstes WerbePraxis aktuell (Verlag für die Deutsche Wirtschaft, Bonn).

Bernd Röthlingshöfer hasst Marketinggesülze, Fachidiotentum und verabscheut heiße Luft. Er redet Klartext, ist praxisnah, mitreißend und präsentiert eine Fülle von Ideen in seinem Vortrag.

Referenzen und Kundenstimmen

»Wenige können trockene Sachthemen derart spannend darlegen.«
Hans-Peter Röntgen

HORST RÜCKLE

Themen

Werte im Unternehmen
Sieger haben klare Werte

Prinzipien erfolgreicher Unternehmens- und Personalentwicklung

Was Körpersignale verraten

Erfolgreich kommunizieren

Veröffentlichungen

Körpersprache für Manager
12 Auflagen, München 1979 u. überarbeitete Neuauflage 1992

Coaching
Düsseldorf 1992

Mit Visionen an die Spitze
Wiesbaden 1994

Nutzen bieten, Kunden gewinnen
Düsseldorf 2002

Körpersprache im Verkauf
München 2003

(Alle Bücher können beim Autor bezogen werden.)

Kurzbiografie

Horst Rückle, 1939 geboren, deutscher Staatsbürger, Managementberater und -trainer, wohnhaft in Filderstadt-Plattenhardt, Dompfaffweg 4, Industriekaufmann, Wehrpflichtiger, 1963 kaufmännischer Leiter eines Bauunternehmens, Absolvent eines 5-jährigen Fernlehrgangs zum »Geschäftsführer«, 1968 zur Neuorientierung der beruflichen Aktivitäten zunächst neben- und dann hauptberuflicher Verkäufer im Außendienst, Verkaufsleiter, Trainer, 1970 Gründer und Geschäftsführer des hr TEAM und der Horst Rückle Team GmbH und nach 35-jähriger Führung jetzt deren Mentor.

Verheiratet seit 1984 mit Ester, geborene Maier, ein Sohn und eine Tochter. Seit 1976 Mitglied im BDU, während möglicher zwei Wahlperioden Vorsitzender der Fachgruppe Weiterbildung und Training.

In mehr als 10 Büchern, dabei Bestseller wie »Körpersprache« und »Coaching«, hat er seine Erkenntnisse einer breiten Öffentlichkeit vorgelegt. Jeweils 10 Jahre Lehraufträge an den Universitäten in Bamberg (Körpersprache) und Stuttgart (Führungspraxis) bewiesen die Richtigkeit der theoretischen Grundlagen, die er in mehr als 7.500 Seminar-, Coaching-, Beratungs- und Vortragstagen an Verkäufer, Führungskräfte, Freiberufler und Top-Manager in Seminaren, Coachings und Prozessbegleitungen vermittelt hat. Seminare und Vorträge vor bis zu 6.000 Zuhörern, weltweit.

In mehrere Aktiengesellschaften bringt Horst Rückle seine Erfahrungen ein, indem er als Vorsitzender oder stv. Vorsitzender des Aufsichtsrats aktiv ist. Horst Rückle ist nach wie vor als gefragter Trainer, Berater, Redner und Coach in Universitäten, Fachhochschulen, Vereinen und Verbänden – inzwischen weltweit – tätig.

Referenzen und Kundenstimmen

- SAT 1, Frühstücks-TV, Thema »Mobbing«
- Hessischer Rundfunk 3. Programm, Thema »Körpersprache«
- WDR, Reihe Philosophie heute, Film »Nutzt Eigennutz den anderen?« (Wirtschaftsethik)
- SDR 3, »Leute« – Interview, Thema »Coaching«
- Stadt-Radio 107,7, Thema »Körpersprache«
- TV Pro7, Thema »Körpersprache«
- WDR, Thema »Coaching«
- SWR 3, Nachtcafé, Thema »Vom Nichts zum Erfolg«

Auszeichnungen und Pressestimmen

»Neues vom Körpersprache-Experten« *Marketing & Verkauf*

»Hände weg, nicht hoch« *Frankfurter Allgemeine Zeitung*

»Eliten gesucht« *Immobilien Manager*

»Die Zukunft als Chance sehen« *Cosmocareer*

»Ein rhetorisch glänzender Motivator« *Sindelfinger Zeitung*

ROLF H. RUHLEDER

Themen

Feuerwerk der Rhetorik
Die Kunst zu überzeugen – in allen Lebenslagen

Rhetorik und Kinesik
Redegewandtheit und Körpersprache

Verkaufsrhetorik

Mitarbeiterführung

Veröffentlichungen

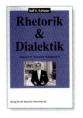

Einfach besser verkaufen
Buch, 3. Auflage

Ruhleder-Sprüche und Zitate
Buch, 7. Auflage

Ruhleder – Rede- und Überzeugungstraining
CD

Kurzbiografie

Geschäftsführer des Management Instituts Ruhleder, Bad Harzburg, bekannter Rhetorik-Dozent und Verkaufstrainer, der mehr als 70 Veranstaltungen pro Jahr durchführt. Er trainiert Unternehmer, Top-Manager, Politiker und Führungskräfte aller Ebenen und Bereiche. Rolf H. Ruhleder hat über 120.000 Verkäufer und Außendienstmitarbeiter im Verkauf geschult und für viele führende Unternehmen maßgeschneiderte Schulungskonzeptionen entwickelt. Er ist durch zahlreiche Publikationen, u. a. im manager magazin, CAPITAL, DIE ZEIT, F.A.Z., Rheinischer Merkur, DIE WELT, Handelsblatt, salesBUSINESS, acquisa und WirtschaftsWoche, bekannt geworden. Focus zählt ihn zu den 10 Erfolgsmachern Deutschlands.

Er hat mehr als 1.300 Artikel und 17 Bücher – Ergebnisse aus seiner Seminartätigkeit – veröffentlicht. Rolf H. Ruhleder hat den Ruf, einer der führenden Rhetorik-Dozenten und Verkaufstrainer im deutschsprachigen Raum zu sein. Zu den Themen »Rhetorik, Lampenfieber und Körpersprache« wurden mehrere Rundfunk- und Fernsehsendungen mit ihm durchgeführt. Ferner wurde über ihn ein Bühnenstück »Wir Verkäufer« verfasst, das über neun Monate im Badischen Staatstheater in Karlsruhe aufgeführt wurde. In über 25 Jahren schulte er insgesamt über 385.000 Teilnehmer in mehr als 2.750 Seminaren und Großveranstaltungen.

Referenzen und Kundenstimmen

»Besser geht es nicht. Praxis pur.« *A. Langbehn, Behr's Verlag GmbH & Co. KG*

»Hart und herzlich. Ich profitiere heute noch davon.« *B. Weyermann, Weyermann GmbH & Co. KG*

»Ich habe schon Erfahrung mit neun Rhetorik-Trainern gesammelt, doch Ruhleder war der beste, weil er einem schonungslos den Spiegel vors Gesicht hält und die Wahrheiten ausspricht.« *R. Franz, Roland Franz & Partner Essen*

Auszeichnungen und Pressestimmen

Auszeichnung zum Top-Keynote-Speaker unter den Top 100 der Perfect Speakers, 2009

»Deutschlands härtester Rhetoriktrainer.« *WirtschaftsWoche*

»Der mit dem Wort tanzt.« *management und seminare*

»Deutschlands Manager-Trainer Nr. 1.« *RTL*

»Der Erfolgstrainer.« *SWR*

»Ruhleder, eine Kapazität von nationalem Ruf.« *Hamburger Abendblatt*

»Jeder Satz ein Treffer.« *Hannoversche Allgemeine*

JOACHIM RUMOHR

Themen

XING optimal nutzen

Erfahren Sie alles über die strategische Nutzung von XING

Die 7 Schritte zum erfolgreichen Networker
So bauen Sie sich ein Netzwerk auf.

Veröffentlichungen

Kurzbiografie

Joachim Rumohr ist geborener Hamburger und seit 1990 im Verkauf tätig. Im Oktober 2003 war er eines der ersten Mitglieder auf XING, erkannte schnell das Potenzial und begann, XING systematisch für seinen Beruf zu nutzen. Seit Dezember 2006 gibt er als XING-Experte sein Wissen professionell weiter und hat bereits rund 5.000 Teilnehmer (Stand 30.09.09) in seinen Vorträgen und Seminaren begrüßen können.

Seit September 2008 hat Rumohr eine Masterlizenz der XING AG und veranstaltet mit seinen Trainern in Deutschland, Österreich und der Schweiz das offizielle XING-Seminar powered by XING. Joachim Rumohr ist Professionell-Mitglied der GSA (German Speakers Association) und steht als Referent für die Themen XING und Networking zur Verfügung. Seinen Ruf als anerkannter XING-Experte unterstreicht Rumohr mit vielen Tipps & Tricks in seinem Blog, dem Buch »XING optimal nutzen«, einem kostenlosen E-Mail Seminar, vielen Veröffentlichungen in Zeitungen und Fachmagazinen und nicht zuletzt durch seinen regelmäßigen Einsatz als externer Referent und Seminarleiter für die XING AG. Mit dem Thema »Networking« beschäftigt er sich seit vielen Jahren und schon immer hat Joachim Rumohr gern Menschen zusammengebracht. Seit 2004 veranstaltet er regelmäßig XING-Events und im Juli 2007 wurde er einer der ersten offiziellen XING-Ambassadors. Auf diesem Wege hat Rumohr in den letzten Jahren tausende Menschen beim Business-Networking zusammengebracht.

Referenzen und Kundenstimmen

»Falls man Ihnen das noch nicht geschrieben hat. Sie sind ein sensationeller Referent!« *R. Huthmacher, Ammersee*

»Es hat riesigen Spaß gemacht und ich habe viel gelernt und nicht nur das, ich hab es sogar gleich umgesetzt !! Vielen Dank, Sie sind jeden Cent wert.« *C. Stikkers, Hamburg*

»Eine geballte Ladung wertvoller Tipps und genialer Insider-Tricks – von Ihnen präsentiert mit viel Professionalität, Humor, Konzentration und Wissen.« *B. Stackelberg, München*

Viele weitere positive Kundenstimmen zu seinen Vorträgen, Seminaren und dem XING-Buch finden sich auf seiner Internetseite und im Gästebuch seines XING-Profils.

ERICH RUTEMÖLLER

Kurzbiografie

Aus der Fußball-Bundesliga, in der er bis 1994 als Trainer tätig war, wechselte Erich Rutemöller zum Deutschen Fußball-Bund (DFB). Zunächst als Junioren-Trainer, später als Chef der Trainerausbildung, bei der er unter anderem Lothar Matthäus zum Fußball-Lehrer ausbildete. An der Sporthochschule Köln leitet er die Lehrgänge zum Erwerb der Trainerlizenz, und als Coach des noch existierenden »Team 2006« bleibt er in der Praxis.

Viele neue Erfahrungen sammelt indes der Trainer-Lehrer vom Trainer-Lehrling Jürgen Klinsmann. Wie seine Vorgänger Berti Vogts, Erich Ribbeck und Rudi Völler hielt auch Klinsmann an der DFB- Tradition fest, dass Rutemöller auch zum Beraterteam der Nationalelf zählt. 5 Sterne Redner Erich Rutemöller erzählt in seinen Vorträgen viele Anekdoten aus dem Fußball. Aufgrund seiner internationalen Einsätze ist er auch ein gefragter Referent zu Themen rund um die Fußball-Welt- und Europameisterschaft.

Bekannt wurde Rutemöller unter anderem durch den Spruch »Mach et, Otze!«: Sein Spieler Frank Ordenewitz hatte am 7. Mai 1991 im DFB Pokal-Halbfinale zwischen dem 1. FC Köln und dem MSV Duisburg Rutemöller in der Pause angekündigt, eine rote Karte provozieren zu wollen. Er wäre, durch die zweite gelbe Karte im laufenden Wettbewerb, aus der ersten Halbzeit für das Pokalfinale gesperrt gewesen. Nach dem damaligen Regelwerk hätte Ordenewitz aber eine Rot-Sperre in der Bundesliga absitzen können, dann hätte er im Finale spielen können. Nach Bekanntwerden des Falls wurde Ordenewitz wegen unsportlichen Verhaltens trotzdem für das Finale gesperrt.

Seine Insiderkenntnisse und sein fachlich fundiertes Know-how zu den Themen Fußball, Talentförderung, Motivation und Team gepaart mit seiner sympathischen westfälisch-rheinischen Art begeistern sein Publikum. Wie kaum ein anderer Redner schafft er in seinen Vorträgen den Brückenschlag zwischen Wirtschaft und Sport und zieht konstruktive sowie inspirierende Parallelen. Aufgrund seiner langjährigen Erfahrung im nationalen und internationalen Fußball ist Erich Rutemöller gerne gesehener Keynote-Speaker auf Tagungen und Kongressen.

Themen

Zwölf Freunde sollt ihr sein

Motivationsstrategien im Fußball

Faszination Fußball

Machen Sie Ihr Team fit für die Champions League

Veröffentlichungen

Artikel in diversen Fußball-Sachbüchern

Mitglied im Redaktionskollegium der Fachzeitschrift »Fußballtraining«

Referenzen und Kundenstimmen

Teilnehmerstimmen:
»Mit Begeisterung und Esprit hat Herr Rutemöller in seinem interessanten und spritzigen Vortrag gezeigt, wie gute Teamarbeit zum Erfolg führen kann: Tolle Erkenntnisse aus der Welt des Fußballs, die wir für unsere tägliche Arbeit nutzen können.« *Marina Weiler, Referentin Marketing, Brunel GmbH*

Referenzen:
- Brunel
- Cimpa-Airbus
- Lapp Kabel
- Wirtschaftsjunioren Deutschland

VOLKER SAAR

Themen

SalesBasics
In fünf Schritten zum Erfolg. Alles, was das Verkäuferherz höherschlagen lässt.

PsychoLogik
Grundprinzipien menschlichen Handelns. Verhaltensweisen besser verstehen und positiv beeinflussen

PictureTalking
Die Kraft der Bilder nutzen. Bilder sind der Klebstoff für das Gehirn.

LeaderShip
Wenn Sie schon der Kapitän sind, brauchen Sie auch einen Lotsen. Besonders in unbekannten Gewässern.

Kurzbiografie

Verkaufstraining hat heute nur dann einen Wert, wenn ich es morgen direkt in der Praxis einsetzen kann. Und wenn es übermorgen Mehrumsatz generiert. Natürlich bedeutet Training auch Spaß, denn das ist die Voraussetzung für nachhaltiges Lernen. Und darüber hinaus geht es um Fördern und Fordern.« Das ist das Credo von Volker Saar, Jahrgang 1961. Nach siebzehn Jahren Praxis- und Führungserfahrung gibt er jetzt sein Wissen in spannenden Vorträgen und Trainings weiter.

Ob es um die fünf Schritte des erfolgreichen Verkaufens geht oder um die Kunst der Führung: Die Trainings treffen bei den Betroffenen immer ins Schwarze, denn Tempo und Intensität werden auf die Kenntnisse der Teilnehmer eingestellt.

PictureTalking® heißt das neue Zauberwort im Verkauf, weil ein Bild wirklich mehr sagt als 1.000 Worte. Tauchen Sie ein in das Bilderbuch der Möglichkeiten. Malen Sie Ihre Fakten bunt oder ziehen Sie ihnen etwas Hübsches an. So erreichen Sie nicht nur den Kopf, sondern auch das Herz Ihres Kunden. »If you can't picture it, you can't see it« (Albert Einstein).

Volker Saar ist Diplom-Betriebswirt und European Business Coach®. In Gelsenkirchen geboren, ist er von Aachen über Darmstadt, Hamburg, Wiesbaden, Berlin und München in Nürnberg gelandet. Und die Reise ist noch nicht zu Ende. Er hat viele Jahre als Führungskraft im Vertrieb gearbeitet, sowohl bei den Großen im Arzneimittelmarkt als auch bei mittelständischen Firmen.

JUAN R. SÁNCHEZ

Themen

Verkauf

Teambildung

Motivation

Kurzbiografie

Juan R. Sánchez, 1961 in Spanien geboren, kam 1996 zum Horst Rückle Team (hr TEAM). Das seit mehr als 40 Jahren erfolgreich tätige Trainings- und Beratungsunternehmen aus Böblingen ist einer der führenden deutschen Anbieter im Bereich der Personal- und Organisationsentwicklung.

Nach dem Abitur bestritt er auf Bühnen in Berlin seinen Lebensunterhalt. Damit nicht ausgelastet arbeitete er zusätzlich als Telefonverkäufer für Wein und Autozubehör. Nach dem Mauerfall leitete er den Verkauf von CAD/CAE-Systemen eines marktführenden Softwarehauses und führte die Niederlassung in den neuen Bundesländern zum Erfolg. In dieser Zeit studierte er BWL im Abendstudium bei der VWA. Seinen Wunsch, Trainer und Coach zu werden, realisierte er 1996 mit seinem Einstieg beim hr TEAM.

Er gilt im hr TEAM als unkonventioneller Trainer, Coach und Referent. Er schafft sofort Nähe und Beziehung zu seinen Teilnehmern und Zuhörern. Dadurch gewinnt er schnell deren Vertrauen. Mit seiner provokativen und direkten Art gelingt es ihm, spielend auf den Punkt zu kommen. Seine Trainings und Vorträge sind direkt, unterhaltsam und werden immer zum Event.

Er spricht fließend Spanisch und ist dadurch flexibel einsetzbar.

Referenzen und Kundenstimmen

Bosch-Gruppe (für Deutschland und Spanien)
Bundesagentur für Arbeit
Jawoll
Metro
Siedle
Sun Microsystems
VBH Holding
Volksbank Mittelhessen

»Ihre Veranstaltungen sind ein Erlebnis. Sie machen Mut und Lust auf mehr ›Verkauf‹. Sollten wir vergessen, was Verkaufen bedeutet, brauchen wir nur an diese Veranstaltung zu denken. Vielen Dank dafür.«

»Solche Praxisnähe haben wir in einem Training noch nicht erlebt. Sie haben uns von der ersten Minute an gefesselt und begeistert.«

»Anspruchsvolle Sachverhalte so einfach, einprägsam und plakativ so zu vermitteln, wie Sie es tun, ist bewundernswert.«

»Sie haben ab heute keine Kunden, sondern Fans!«

SVEN SANDER

Kurzbiografie

Sven Sander, 1966 in Kiel geboren, hat das Management von der Pike auf gelernt. In verschiedenen Führungspositionen, u. a. als Service-Logistik-Manager von Deutschland und Osteuropa, sammelte er einschlägige Erfahrungen, baute den Geschäftsbereich »Service« eines börsennotierten Unternehmens auf und war ebenso erfolgreich als Geschäftsführer mehrerer Windpark-Betriebsgesellschaften tätig. Schon früh zeichnete sich seine Kommunikations- und Motivationsstärke ab, was dazu führte, dass er zum einen bereits mit 27 Jahren Vertrauensführungskraft und zum anderen interner Trainer für Vertrieb und Kommunikation wurde. Diese mehr als 20-jährige Erfahrung in Verkauf, Service, Führung sowie zahlreiche Trainerausbildungen garantieren ein sehr praxisbezogenes, umsetzbares und gleichzeitig unterhaltsames Training.

Seit 2003 coacht und trainiert er Top-Manager und Politiker für Medienauftritte, Reden und Präsentationen. Er zählt zu den gefragtesten Trainern und Vortragsrednern für die Themen »Schlagfertigkeit« und »Rhetorik«!

Themen

Schlagfertig statt sprachlos!

Schlagfertigkeit, die Königsdisziplin der Kommunikation

Rhetorik als Infotainment
Präsentieren Sie noch oder faszinieren Sie schon?

Veröffentlichungen

Referenzen und Kundenstimmen

»Herr Sander ist ›Weltklasse‹ im Umgang mit konkretem Feedback. Jeder kann sein Feedback gut aufnehmen. Das Seminar ist sehr gut und sollte als Consultant-Standard aufgenommen werden! Für jeden ist viel dabei! Die Effektivität der Übungen ist überraschend hoch.« *H. H. Jorgensen, Consultant, IBM GmbH Deutschland, München*

»Das Seminar ist das Beste, was ich zu dem Thema bisher gehört habe! Besonders gefiel mir, dass ich viel Motivation für die persönliche Veränderung mitgenommen habe. Ich war überrascht, dass ich so gut unterhalten wurde.« *Jörg Freienstein, Consultant und Rhetoriktrainer, Hamburg*

»Sven Sander führt eloquent und unterhaltsam durch den Abend.« *Süddeutsche Zeitung*

»Danke für die fantastischen 3 Tage, ich freue mich auf das Folge-Seminar, denn dieses war unvergesslich! Überrascht war ich, dass die Inhalte so leicht verständlich vermittelt wurden und das Verhältnis zu Herrn Sander sofort vertraut war. Er ist extrem kompetent und auch als Mensch äußerst angenehm, uneingeschränkt weiterzuempfehlen.« *Philipp Schöpf, IBM Consultant, Düsseldorf*

MICHAEL SANDVOSS

Themen

Gemeinsamkeiten führen zusammen, Unterschiede führen weiter
Teamführung im Wandel

Beziehungsmanagement
Führen und Vermarkten im Wandel

Unterscheiden ohne zu trennen
Dialektik als Potenzial für erfolgreiche Führung im Wandel

Management von Befindlichkeiten
Selbststeuerung & Teamführung in Zeiten des Wandels

Kurzbiografie

Michael Sandvoss ist seit 1985 im Medien-Sektor in unterschiedlichen Führungspositionen und als Unternehmer aktiv. Sein Spezialgebiet ist die Verbindung und Anwendung von neuesten wissenschaftlichen Erkenntnissen, Trends und der Philosophie mit den langjährigen Erfahrungen als Führungskraft und Unternehmer insbesondere in der Vermarktung. Er »übersetzt« diese Erkenntnisse in die Sprache der modernen Medienwelt und für die Anforderungen an Führungskräfte und solche, die es werden wollen. Er zeigt auf, wie man gerade jetzt in diesem starken Wandel persönlich und beruflich erfolgreich sein kann.

Michael Sandvoss hat Betriebswirtschaft mit dem Schwerpunkt Marketing, Werbepsychologie und empirische Betriebswirtschaft in Berlin und München studiert. Seine berufliche Laufbahn begann er als Vertriebsleiter im Video/Film-Bereich bei der Entertainment Media, München. Anschließend war er Geschäftsführer der Telefonmarketinggesellschaft Tast GmbH, München. Nach dem Einstieg bei Hubert Burda Media als Objektleiter von ELLE, ELLE Decoration und Das HAUS war er zuletzt stellvertretender Verlagsleiter.

Im internationalen Verlagsgeschäft war er als Strategic Development Director bei Ziff-Davis in New York und San Francisco. In dieser Zeit bekam er eine Ausbildung als Sales Coach und arbeitete intensiv mit der Methode »Structured Sales«, die in den USA zu den erfolgreichsten Methoden der Verkaufsführung zählte. Danach wurde er Geschäftsführer des Computerzeitschriften-Verlags Ziff in München.

Mit einer Beratung und einem Verlag machte er sich dann selbstständig und produzierte und vermarktete unter anderem Kundenzeitschriften und Onlinemedien. 2005 stieg er wieder in das Konzernmanagement ein und wurde Leiter des Verlagsbüros Zeitschriften der Axel Springer AG in München. Seit 2009 ist er als General Manager Sales von Axel Springer Media Impact für die Vermarktung der Medien der Axel Springer AG in der Region Süd verantwortlich.

Neben seinem beruflichen Engagement insbesondere in der Vermarktung/ Vertrieb im Medienbereich beschäftigt sich Michael Sandvoss intensiv mit Philosophie. Seit 2001 konzipiert und moderiert er den »SALON« in München und ist seit 2004 Mitinitiator der »Weimarer Visionen«, die seit 2005 die »Festspiele des Denkens« in Weimar veranstaltet.

Michael Sandvoss ist seit Jahren mit den Weimarer Visionen als Initiator und Moderator aktiv.

DR. BERNHARD SANEKE

Themen

Warum Flugzeuge abstürzen und Unternehmen versagen

Warum Piloten fliegen und Manager siegen

Scott gegen Amundsen
Wettlauf um Leben und Tod

Veröffentlichungen

Kurzbiografie

Dr. Bernhard Saneke ist selbstständiger Zahnarzt mit Spezialgebiet Implantologie/Chirurgie sowie Chef des von ihm gegründeten medizinischen Zentrums mit 8 Zahnärzten. Seine Praxis wurde mit dem Unternehmerpreis für die Zahnarztpraxis 2000 ausgezeichnet. Dieser Preis wird an Zahnärzte verliehen, die sich durch hervorragendes unternehmerisches Geschick auszeichnen. Parallel zu seiner Tätigkeit als ärztlicher Unternehmer ist er Pilot bei der Deutschen Lufthansa AG und fliegt dort den Airbus A 340 im weltweiten Streckennetz. In seinen Seminaren und auf Kongressen gibt Dr. Bernhard Saneke seine Erfahrungen als Pilot, Arzt und Unternehmer auf spannende und gleichzeitig unterhaltende Weise weiter.

2009 wird sein Vortrag mit dem Jahresbestpreis der Vereinigung europäischer Marketing- und Verkaufsexperten »Club 55« ausgezeichnet, dem er seit 2004 angehört. Wer seinen Vortrag »Warum Flugzeuge abstürzen und Unternehmen versagen« gehört hat, wird diesen mit Begeisterung in Erinnerung halten.

Referenzen und Kundenstimmen

Volkswagen AG, DATEV eG, Hager Elektro AG, Verband Freier Berufe in Hessen, Oemus Media AG, Degussa AG, Rhein. Sparkassen- u. Giroverband, Future Management Group AG, Otto Versand AG, Deutsche Apotheker und Ärztebank eG, Dentsply Friadent GmbH, Sparkassenakademie Bayern, Bundesverband des Elektrogroßhandels, Deutsches Zahnärztliches Rechenzentrum, Int. Fortbildungsgesellschaft mbH

»Durch Ihre Art der Präsentation haben Sie sicherlich viele neue ›Fans‹ hinzugewonnen.« *Business Unplugged, Köln*

»Sehr kurzweilig, erfrischend und lehrreich. Ihre Botschaften werden regelmäßig auf unseren Meetings zitiert und sind in allen Köpfen präsent.« *Dt. Apotheker- und Ärztebank*

Auszeichnungen und Pressestimmen

»100 Chefs klatschten begeistert ... und nahmen seine mit viel Humor und Menschenkenntnis vorgetragenen Erkenntnisse gerne auf.« *Westfalen-Blatt*

»Manche bezeichnen das als Erfahrung, was sie seit 20 Jahren falsch machen. Bernhard Saneke hat es in seinem Berufsleben geschafft, diese Art von Fehlern zu vermeiden.« *Donaukurier*

AIMÉ SANS

Themen

Management by Nature
Strategien für erfolgreiches Changemanagement

Kurzbiografie

Der gebürtige Franzose Aimé Sans, Jahrgang 1961, studierte BWL in Straßburg und war 15 Jahre lang im Management führender deutscher Unternehmen, z. B. bei Herlitz, tätig. Ein einjähriges Sabbatical führte ihn einmal um die Welt, bevor er 1999 die BUSINESS & NATURE GmbH in München gründete, eine Agentur für Events, Incentive-Reisen und Teamtrainings. Als ausgebildeter Trainer und Prozessbegleiter arbeitet er seit 2001 in der Team- und Führungskräfteentwicklung, leitet Seminare zum Thema Kreativität und Kommunikation und unterstützt Firmen bei der Entwicklung ihrer Unternehmenskultur.

In seiner täglichen Arbeit beweist er, dass Natur und Business sich nicht ausschließen, sondern dass gerade die Natur Vorbild sein kann für gelungenes Changemanagement. So belegt er in seinem Vortrag eindrucksvoll, wie moderne Unternehmen von den Methoden der Evolution lernen können, um den ständig wechselnden Herausforderungen der Wirtschaft zu begegnen und einen positiven Umgang mit Veränderung zu entwickeln.

Referenzen und Kundenstimmen

»Spannender Vortrag, der mir für die eigenen Prozesse die Augen geöffnet hat!« *Norbert Salamon, Leiter Marketing, Bosch ST*

»Sehr professioneller Redner, ergänzt durch eine bildgewaltige Slideshow!« *Vortrags-Teilnehmer*

GÜNTHER SATOR

Themen

Feng Shui
Leben, Wohnen und Arbeiten in Harmonie.

Business Energy für mehr Erfolg, Zeit und Geld.

Mit klugem Energie-Management durch schwierige Zeiten.

Leadership-Seminare mit dem Fokus Business Energy.

Veröffentlichungen

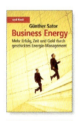

Kurzbiografie

Günther Sator, 1960 in Südafrika geboren, Feng Shui- und »Energy«-Experte, Managementtrainer und Bestsellerautor. Der ausgebildete Maschinenbau-Ingenieur gilt als europäischer Pionier des »westlichen Feng Shui«. Er begann vor über 25 Jahren, sich mit ganzheitlicher Lebens- und Raumgestaltung zu beschäftigen, die Prinzipien des Feng Shui und andere »Energietechniken« weltweit zu studieren und es als modernes Selbsthilfe-Instrument zu etablieren. Bisher hat Günther Sator 15 Bestseller verfasst, die in 16 Sprachen übersetzt wurden und als Basisliteratur für westliches Feng Shui gelten.

Neben tausenden Privatkunden gilt Sator als kompetenter Berater und Coach für Wirtschaftsunternehmen und Großbetriebe im In- und Ausland und ist als internationaler Vortragender gefragt. Nach 20 Jahren mit dem Schwerpunkt Feng Shui entwickelte Günther Sator 2006 etwas revolutionär Neues: »Business-Energy« – ein dynamisches Business-Tool, mit dem die beruflichen und persönlichen Ressourcen rasch und effizient erschlossen werden können.

Referenzen und Kundenstimmen

»Natürlich, Feng Shui kostet Geld. Aber die Früchte ernten jetzt alle, da wir uns rundherum wohlfühlen – und unsere internationalen Gäste auch! Wenn man eine offene Unternehmenskultur lebt – und Feng Shui ist einer der Punkte, in dem sich das ausdrückt – dann kommen Akzeptanz und Erfolg von selber.« *Hermann Haslinger, Commend International, Salzburg*

»Ihr Business-Energy-Buch hat mir viele wichtige Informationen und Anregungen gegeben. Es ist sehr praxisnah geschrieben und für mich ein persönlicher Coach in Form eines Buches.« *Petra Hinze, Berlin*

Auszeichnungen und Pressestimmen

»Günther Sator hat ein auf der Energielehre der chinesischen Heilkunst basierendes System zur Energieaktivierung entwickelt, welches das persönliche Potenzial sofort und überall anwendbar macht.« *managerSeminare*

»»Alles ist Energie und Resonanz: Was man ausstrahlt, zieht man an‹, sagt Günther Sator. Der Feng-Shui-Guru zeigt in ›Business Energy‹, wie man seine Fähigkeiten effizienter entfaltet, hemmende Verhaltensmuster ›wegklopft‹, sich von Energieräubern verabschiedet und beruflichen Erfolg sowie positive Zufälle regelrecht anzieht.« *Trend*

SANJAY SAULDIE

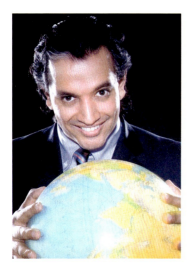

Themen

Mehr Besucher. Mehr Kunden. Mehr Umsatz! Die Geheimnisse erfolgreicher Websites!

Kundengewinnung im Internet – Strategien für maximalen Erfolg

Wie Sie im Internet zum Zielgruppenbesitzer werden

So wird Ihr Unternehmen im Internet zur Marke

Veröffentlichungen

Kurzbiografie

Mit seinen gekonnt vorgetragenen Informationen zum Thema »Internet Marketing« versteht es Sanjay Sauldie, selbst komplizierte Zusammenhänge einfach darzustellen und allgemein verständlich zu machen. Mit dieser besonderen Fähigkeit schafft er es, das Publikum von der ersten bis zur letzten Minute zu faszinieren und zu fesseln. Das Publikum wird in den Vortrag einbezogen und zum Mitdenken angeregt, was 100% Aufmerksamkeit und damit ein unvergessliches Vortragsereignis beschert.

Nach dem Studium der Informatik und Mathematik in Köln und Multimedia- Design in Stuttgart entwickelte Sanjay Sauldie die international und national anerkannte Internet Marketing Strategie iROI®, die heute bereits von über 100 Unternehmen erfolgreich im Internet praktiziert wird. Vom Europäischen Internet Marketing Institut und der Akademie eimia.de wurde er 2009 zum Direktor ernannt.

Für jeden Teilnehmer liefert er wertvolle, umsetzbare Impulse, Information und Motivation. Wie immer präsentiert er in humorvoller und unterhaltsamer Weise, dynamisch, voller Begeisterung und Esprit. Alle Vorträge werden speziell auf Ihre Veranstaltung, Wünsche und Zielgruppe zugeschnitten, mit garantierter Begeisterung und Nachhaltigkeit. Sie können es bald selbst erleben!

Referenzen und Kundenstimmen

»Nochmals ein großes Kompliment für Ihre Gabe, komplexe Sachverhalte in spannender und einfacher Art darzustellen.« *Trautel Schäfer, Schäfer Shop*

»Sehr gerne erinnere ich mich an das professionelle und effektive Coaching im vergangenen Jahr. Sie haben das Potenzial unserer Website sehr schnell erkannt und haben uns Mittel und Wege aufgezeigt, wie wir zu mehr Erfolg bei unserer Internetpräsenz gelangen. Dafür vielen Dank!« *Prof. Lothar Seiwert, Bestseller-Autor und Zeitmanagement-Papst*

Auszeichnungen und Pressestimmen

2006: Inititative Mittelstand: Innovationspreis für die iROI-Strategie im Bereich Marketing im Vertrieb
2007: Initiative Mittelstand; Innovationspreis für die Entwicklung des iROI-Keyword-Trichters im Bereich Online Marketing
2008: Conga Award: Top 10 Referent und Trainer Deutschlands
2009: Conga Award: Top 10 Referent und Trainer Deutschlands

Er gehört zu den Top 100 Speakers Excellence in Deutschland, Österreich und Schweiz und ist Mitglied der GSA – German Speakers Association.

DR. HANNE SEELMANN-HOLZMANN

Themen

Cultural Codes
Erfolgsformel für die internationale Arbeit

Gehen Sie mit dem Golfschläger auf den Tennisplatz?
Asiatische Märkte erfordern andere Werkzeuge!

China Know Why
Eine Anleitung zur Zähmung des Drachen

Auf zur Fettnäpfchenrallye?
Wie Sie die Tücken im Asiengeschäft meistern

Veröffentlichungen

Kurzbiografie

Dr. Seelmann ist Soziologin und Wirtschaftswissenschaftlerin. Sie spezialisierte sich auf den Kulturvergleich Asien – Europa. Von 1982 bis 1993 führte sie zahlreiche Forschungsprojekte in internationalen Arbeitsgruppen in verschiedenen Ländern Asiens durch. 1994 gründete sie ihre eigene Beratungsfirma.

Das von ihr entwickelte Cultural-Intelligence-Konzept stellt ein neuartiges Steuerungs- und Führungsinstrument für die internationale Arbeit dar. Zu ihren Kunden gehören europäische Global Player und Hidden Champions. Neben der strategischen Beratung des Top-Managements bereitet sie Führungskräfte auf ihren Asieneinsatz vor. Dr. Seelmann lehrt als Gastdozentin an der International Business School in Nürnberg im Fach Intercultural Management.

Als Rednerin sensibilisiert sie für die vielen Fallstricke im internationalen Geschäft. Mit Hilfe unterhaltsamer Geschichten illustriert sie kulturell bedingte Unterschiede und knackt mit einem Augenzwinkern den Cultural Code. Ihre Zuhörer erfahren, wie sie ihre Souveränität auch in fremdkultureller Umgebung sichern.

Referenzen und Kundenstimmen

»Lebendig, anschaulich und mit viel Humor übersetzt Dr. Seelmann die Besonderheiten anderskulturellen Denkens. Für die Zuhörer bedeutet dies spannenden Genuss mit gleichzeitig hohem Informationswert!«
Dieter Hierner, Deutsche Bank

»Spannend und kurzweilig, mit hoher Fachkompetenz und Praxisrelevanz – Dr. Seelmann fesselt ihre Zuhörer von der ersten bis zur letzten Minute!« *Dr. Michaela Schuhmann, Wirtschaftsreferat Stadt Nürnberg*

Auszeichnungen und Pressestimmen

Mitglied in der deutschen Gruppe des EU-Botschafterinnen-Netzwerks zur Förderung von Frauen als Unternehmerinnen

»Hanne Seelmann-Holzmann ist führende Spezialistin für interkulturelle Fragen.« *Impulse (10/04)*

DR. JOACHIM SEIDEL

Themen

Erfolg durch Persönlichkeit
Selbstbild und Weltsicht der Gewinner

Aufbruch zum Durchbruch
Strategie und Taktik des Erfolgs

Aus der Fülle zur Erfüllung
Die Kunst der Zufriedenheit

Veröffentlichungen

Kurzbiografie

Der Arzt, Philosoph und Theologe Dr. Joachim Seidel ist Generalist auf höchstem Niveau. Sein Themenfeld als Autor, Vortragsredner und Trainer ist der ganzheitliche persönliche Erfolg.

Drei abgeschlossene Hochschulstudien und berufliche Stationen als Unternehmensberater und Psychotherapeut machen Joachim Seidel zum Fachmann für die Strategien des Erfolgs und die Kunst der Zufriedenheit. Eine dreijährige Journalistikschule und die Arbeit als Dozent schulten die Rhetorik und Didaktik des gebürtigen Leipzigers.

Sie kennen als Vortragsredner bislang nur Erfolgseinpeitscher oder realitätsferne Harmonie-Onkel?

Dann sollten Sie Dr. Seidel kennenlernen. Er stellt sich dem Anspruch eines erfüllten Lebens – und verknüpft Erfolgsstreben und Glückssuche auf eine Weise, die Ihre Mitarbeiter und Kunden begeistern wird.

Gestalten Sie Ihr Leben, wie es sein soll: spannend, lehrreich, intensiv.

Referenzen und Kundenstimmen

Zu den Kunden von Dr. Seidel zählen Groß- und mittelständische Unternehmen (Automobil, IT, Finanzwirtschaft, Healthcare), internationale Spitzensportler (Olympiateilnehmer, Welt- und Europameister aus Handball, Schwimmen, Kanu, Radrennsport) und Privatpersonen.

»Die Vorträge von Dr. Seidel ermutigen zum ersten Schritt. Er löst die Bremsen und entfacht Lust auf Veränderung.« *Martin Pfister, Biosaxony Dresden*

»Dr. Seidel liefert Treibstoff für Kopf und Herz – er hat mich daran erinnert, was mir möglich ist.« *Ulrike Stange, HC Leipzig*

»Seriös, aber keine Minute langweilig, tiefgründig und stets voller Praxisbezug. Gratulation zu einem tollen Vortrag!« *André Tangermann, Riller & Schnauck, Berlin*

JENS SEILER

Kurzbiografie

Jens Seiler ist nach seiner Tätigkeit als Parlamentsstenograf seit 1996 unter dem Künstlernamen CAIROS als hauptberuflicher Gedächtniskünstler und Gedächtnistrainer tätig.

Als Künstler präsentiert er seine Show »Die Magie des Denkens - Gehirnleistungen jenseits des Vorstellbaren«.

Als Trainer vermittelt er Faszination Gedächtnis, mentale Fitness – stets als gehirngerechte Weiterbildungsmaßnahme.

Ihr Nutzen:
Eine Show mit Alleinstellungsmerkmal. Vorträge und Seminare, die die digitale Demenz aushebeln, Sie mental fit machen, ihre Gedächtnisleistungen sowie ihre Allgemeinbildung erhöhen.

Als Vorsitzender des Vereins »Klug – Klüger e. V.«, welcher sich für die Bildung der Jugendlichen einsetzt, ist Jens Seiler ehrenamtlich tätig.

Zu allen Präsentationen bietet Jens Seiler Literatur an, welche über den Verlag C. H. Beck in München verlegt wird.

Referenzen und Kundenstimmen

Mehrere Weltkrekorde

»Wetten, dass ...?« und viele weitere TV-Auftritte

Weltwirtschaftsgipfel in Davos

Internationaler Bonner Presseball

Internationaler Börsen- und Bankenball in Frankfurt

Auftritte in bisher 30 Ländern

Auszeichnungen und Pressestimmen

4 Weltrekorde in der Gedächtniskunst sowie im Schnellrechnen

Ganzseitiger Pressebeitrag in »Die Welt« und in »Financial Times«

»Echt gut« *2005, Auszeichnung durch den baden-württembergischen Ministerpräsidenten Günther Oettinger*

»Ihre Idee für ein kinderfreundliches Deutschland wurde von unserer Jury als einer der besten Vorschläge ausgewählt und am 25. Oktober 2008 auf der Internetseite ›Gut für Kinder‹ präsentiert.« *2008, Deutscher Sparkassen- und Giroverband*

Themen

Die Magie des Denkens
Gedächtnisleistungen jenseits des Vorstellbaren

Gedächtnistraining
Seminar 1: Mnemotechnik für Beruf, Schule und Alltag; Seminar 2: Mnemotechnik für Fortgeschrittene

Mentale Fitness
Schulungsprogramm, bestehend aus Basismodulen, die individuell kombiniert werden

Schnell und effizient Sprachen lernen
Eine Anleitung, mit der Sie jede Sprache lernen können

Veröffentlichungen

PROF. DR. LOTHAR SEIWERT

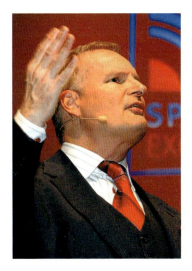

Kurzbiografie

Prof. Dr. Lothar Seiwert, CSP, ist Europas führender und bekanntester Experte für das neue Zeit- und Lebensmanagement. Kaum ein anderer Sachbuchautor und Vortragsredner wurde so häufig ausgezeichnet. 2007 wurde er vom Dachverband der Weiterbildungsorganisationen (DVWO) mit dem »Life-Achievement-Award« für sein Lebenswerk gewürdigt. Die zweite wichtige Auszeichnung für die Elite der Redner und Trainer konnte er im selben Jahr entgegen nehmen, als er in die »Hall of Fame« der German Speakers Association aufgenommen wurde. 2008 erhielt er für seine exzellenten Leistungen als Business-Speaker den »Conga-Award« der Vereinigung Deutscher Veranstaltungsorganisatoren.

Millionen Menschen haben von Lothar Seiwert gelernt, ihre Zeit besser zu führen. Die Bücher des prominenten Keynote-Speakers stürmen immer wieder die Bestsellerlisten und wurden weltweit mehr als vier Millionen Mal verkauft. Seine Vorträge in deutscher und englischer Sprache haben in Europa, Asien und den USA mehr als 400.000 Zuhörer mit Spannung verfolgt. Lothar Seiwert steht wie kein anderer Experte für die Themen Zeitautonomie und Zeitsouveränität. Der prominente Business-Sprecher gehört zum Kreis der »Excellent Speakers« in Europa.

Nach seinen Stationen im Personal- und Bildungswesen zweier Konzerne und seiner Tätigkeit als Management-Consultant einer renommierten Unternehmensberatung lehrte er mehr als 12 Jahre im Hochschulbereich, zuletzt an der Universität St. Gallen. Heute leitet er als erfolgreicher Unternehmer die Heidelberger »Seiwert Keynote-Speaker GmbH«, die sich auf sein Vortragsgeschäft zu den Themen Time- Management, Life-Leadership® und Work-Life-Balance spezialisiert hat. Prof. Seiwert ist seit 2009 der Präsident der German Speakers Association (GSA). 2010 wurde er in den USA mit dem höchsten und härtesten Qualitätssiegel für Vortragsredner, dem CSP (Certified Speaking Professional), ausgezeichnet.

Themen

Simplify Your Time
Einfach Zeit haben

Life-Leadership
Wenn du es eilig hast, gehe langsam

Work-Life-Balance
Sinnvolles Selbstmanagement für ein Leben in Balance

Slow Down to Speed Up
How to manage your time and rebalance your life

Veröffentlichungen

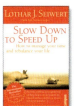

Referenzen und Kundenstimmen

»Anschaulich präsentiert und mit Zaubertricks garniert, fesselte ›Zeitmanagement-Papst‹ Seiwert die Zuhörer.« *SalesBUSINESS-Meetings*

Bayer, Daimler, Deutsche Bank, HP, IBM, Microsoft, McKinsey, Mövenpick, MLP, Porsche, Red Bull, REWE, SAP, Siemens, UBS u. v. m.

Auszeichnungen und Pressestimmen

- CSP der National Speakers Association, USA, 2010
- Life-Achievement-Award für sein Lebenswerk vom Dachverband der Weiterbildungsorganisationen (DVWO) 2007
- Aufnahme in die »Hall of Fame« der German Speakers Association
- Conga-Award der Vereinigung Dt. Veranstaltungsorganisatoren 2008
- Sowie über zehn weitere namhafte Auszeichnungen und Ehrungen

»Der führende Zeitexperte« *Capital*
»Der Zeitmanagement-Guru« *manager magazin*
»Deutschlands führender Zeitmanager« *FOCUS*

ARISTIDIS SELALMAZIDIS

Themen

Ganzheitliche Unternehmens-
entwicklung
Nachhaltiges und werteorientiertes
Management

Kurzbiografie

Aristidis Selalmazidis ist einer der Vorreiter für werteorientierte und nachhaltige Wirtschaft. Geboren 1968, gründete er mit 26 Jahren seine Unternehmensberatung für Unternehmen/Verbände in Deutschland, Griechenland, Italien und Frankreich. Der Querdenker studierte Biotechnologie und Betriebswirtschaftslehre mit den Schwerpunkten Marketing und Außenwirtschaft, in Nebenfächern Sozialwissenschaften und Philosophie. Als Spezialist für Marketing und Human Relations betreut er namhafte europäische Unternehmen ganzheitlich in der Unternehmens-Entwicklung und Vermarktung. Er verbindet als »Business Coach« auf besondere Weise moderne Marketingmethoden und werteorientiertes Human Relations Management. Das aktiviert in den Vermarktungs-Strategien und in den Mitarbeitern die Stärken. Sein Business-Know-how, seine Kreativität und sein Einfühlungsvermögen stellt er in den Dienst einer Haltung, die geprägt ist von der humanistischen Psychologie, Ethik und der Freude am Unternehmertum.
Sprachen: Deutsch, Griechisch und Englisch fließend, Grundkenntnisse in Französisch und Italienisch.

Leitbild: Mit Menschen und Umwelt verantwortungsvoll umgehen, die Potenziale aktivieren und mit dieser Energie wirtschaftlich erfolgreicher arbeiten.

Referenzen und Kundenstimmen

»... wer Aristidis Selalmazidis erleben kann, schätzt seine ihm eigene Art, mit der er wichtige Einsichten, Lösungen und Wege aufzeigt ...«
Uwe Thee, PEUGEOT

»... motivierend, selbstbewusst, Kenner der Materie, querdenkend, mit Charme ... jeder nimmt individuelle Motivation mit ...« *Martin Schulte, Director of Sales IC Steigenberger*

ADLER, Champagne GOSSET, CORNELIUS, ENGELBRECHTS Designmöbel, METRO Group, PEUGEOT, WEB.DE u. a.

PHILIP W. SEMMELROTH

Kurzbiografie

Philip W. Semmelroth ist seit seinem 14. Lebensjahr im Verkauf tätig. Mit 18 gründete er offiziell sein erstes Unternehmen und ist noch heute als Geschäftsführer der Computer und Service GmbH mit dieser Firma verbunden. Seine Aufgabe als Technologieberater ist die Kommunikation technischer Inhalte auf Entscheidungsebene. Er bildet das Bindeglied zwischen ausführenden Fachleuten und entscheidenden Kaufleuten. Seit 2007 ist er als Verkaufstrainer aktiv und schult IT-Experten im Umgang mit Kunden. In Form von Inhouse-Seminaren schult er ganze Technikergruppen oder aber den Außendienst von IT-Unternehmen. Als Kenner der Thematik und erfahrener Verkaufstrainer hilft er auf Wunsch auch im Einzelcoaching seinen Mandanten, bessere Erfolge im direkten Kontakt zum Kunden zu erzielen. Zahlreiche Unternehmen haben seine Fähigkeiten bereits genutzt, um den eigenen Vertrieb erheblich zu optimieren. Professioneller Kundenkontakt setzt professionelle Planung im Vorfeld voraus. Daher hat Semmelroth sich sehr früh auf die Perfektion des Zeitmanagements konzentriert, wobei er seinen Kunden immer wieder vermittelt: Zeitmanagement bedeutet Selbstmanagement. Wer sich selbst organisiert, kommt auch mit der zur Verfügung stehenden Zeit aus und ist dem Wettbewerb gegenüber stets im Vorteil. Durch ständige Seminare, Fortbildungen und Studium ist Dipl.-Kfm. (FH) Philip W. Semmelroth, MBA, in der Lage, sich neuen Gegebenheiten stets anzupassen und seine Kunden auf die aktuellen Herausforderungen vorzubereiten.

Auszeichnungen und Pressestimmen

Zertifizierter Teilnehmer des Management Instituts Ruhleder

Mitglied des Deutschen Managerverbands

Mitglied der Wirtschaftsjunioren Köln

Bester Global-MBA-Absolvent an der FDU (2005), New Jersey, USA

Absolvent der Offiziersschule des Heeres (Oberleutnant)

MBA-Repräsentant der Fairleigh Dickinson University in Germany

Themen

Zeitmanagement
Moderne Technik optimiert Leerlaufzeiten – steigern Sie Ihre Effektivität und Effizienz.

Gesundheit first
Lernen Sie Methoden, Ihre Gesundheit zu fördern und Ihre Energiereserven besser zu nutzen. Dauerhaft.

Verkaufstraining im hands-on-lab
Praxisorientiertes Verkaufstraining: Hier stehen Sie im Mittelpunkt und steuern Ihren Erfolg!

Coaching – der freie Blick des externen Beraters
Engpassanalyse, Vertriebsstrategieevaluierung, Mitarbeiterkompetenzschulung – alles für Ihren Erfolg

PHILLIP VON SENFTLEBEN

Themen

Romantik-Flirt
So gewinnen Sie das Herz eines Menschen

Business-Flirt
Flirten als gewinnende Kommunikationstechnik

Veröffentlichungen

Kurzbiografie

Berufsflirter und Bestsellerautor Phillip von Senftleben lebt für das Flirten und vom Flirten: Anfänglich stand er »nur« regelmäßig im Studio für seine tägliche bundesweite Radioserie DER FLIRTER (hier ruft er Frauen auf der Arbeitsstelle an und erflirtet sich – meist erfolgreich – deren private Telefonnummer). Nachdem er sich so ein Millionenpublikum erflirtet hat, häuften sich die Anfragen nach didaktischer Weitergabe seiner lernbaren Flirt-Techniken. Deshalb vermittelt er seine Flirt-Kunst in regelmäßigen kundenorientierten Schulungen: vom privaten und diskreten Einzelcoaching über Kleingruppenseminare, Workshops mit großer Teilnehmerzahl und Flirt-Vorträge vor mehreren Hundert Zuhörern zu verschiedenen Anlässen. Die Themenschwerpunkte liegen hierbei auf dem Privatflirt, aber auch dem so genannten Businessflirt.

Auch unterrichtet er Flirten an verschiedenen Bildungseinrichtungen, wie z. B. an der Universität Potsdam.

Seine Grundthese ist: »Man bekommt von jedem Menschen, was man von ihm haben will.«

Auszeichnungen und Pressestimmen

Auszug aus über 300 Presseartikeln, die weltweit erschienen sind:

»Der Berliner ist ein wahres Genie beim Flirten.« *Berliner Kurier*

»Was Marcel Reich-Ranicki für die Literatur, ist er fürs Flirten.« *MDR*

»Der legitime Nachfolger von Casanova.« *Wunderwelt Wissen Pro7*

»Wie man genau den richtigen Ton trifft und die schwierigsten Fälle knackt, das weiß Phillip von Senftleben.« *SAT.1 Frühstücksfernsehen*

»Der beste Flirtguru Deutschlands.« *RTL Explosiv*

HELMUT SESSLER

Themen

Messbare Weiterbildung
Miss es – oder vergiss es

Führen mit Vision
Weg vom Vor-gesetzten hin zum Leader

Limbic Sales
Warum Kunden wirklich kaufen

Beratungsleistung erfolgreich verkaufen

Veröffentlichungen

Kurzbiografie

Helmut Seßler, 1949 geboren, ist seit 20 Jahren erfolgreich als Verkaufstrainer und Verkaufstrainer-Ausbilder tätig. Er gründete 1989 die INtem Trainergruppe Seßler & Partner GmbH mit Sitz in Mannheim und arbeitet in der INtem-Gruppe mit mehr als 80 INtem-Trainern, Coachs und Beratern am Umsetzungserfolg der Kunden. Helmut Seßler steht für die messbare und nachhaltige Umsetzungsorientierung seiner Weiterbildungsmaßnahmen. Der Leitgedanke des Motivations- und Verhaltenstrainers stützt sich auf das Wort von Erich Kästner: »Es gibt nicht Gutes – außer man tut es.« Genau hierauf – auf das Tun – baut seine Geisteshaltung und Motivation auf. Seine Trainingsschwerpunkte sind: Trainerausbildung, Führungskräftetraining, Coaching, Vorträge und Visions-Workshops.

Helmut Seßler ist:
- NLP-Master-Practitioner, Trainer und Lehrtrainer DVNLP
- NLP-Coach und Lehrcoach DVNLP
- Neuro-Systemischer Coach
- Zertifiziert nach Michael Grinder: gruppendynamische Ausbildung
- Bankkaufmann, Betriebswirt, Immobilienfachwirt
- Verfasser zahlreicher Fachartikel und Autor mehrerer Bücher
- Seit mehr als 30 Jahren im Verkauf
- Mitglied im Q-Pool 100 - der offiziellen Qualitätsgemeinschaft internationaler Wirtschaftstrainer und Berater e. V.
- Mitglied bei der German Speakers Association e. V.
- Mitglied seit 20 Jahren im BDVT Berufsverband für Trainer Berater und Coachs
- Konzeptor aus innerer Überzeugung

Referenzen und Kundenstimmen

ABB; HypoVereinsbank AG; DeTeWe, Lampe Bank Frankfurt/M. u. v. a.

Auszeichnungen und Pressestimmen

Internationaler Deutscher Trainingspreis 2008 in Gold

Kompetenzmanagement in den vier Bereichen des Bildungscontrollings

Internationaler Deutscher Trainingspreis 2007 in Silber für ein Tandem-Training und Coaching der Unternehmensnachfolge

Internationaler Deutscher Trainingspreis 2006 in Silber für ein flächendeckendes Konzept »Großhandel macht den Einzelhandel fit«

Weiterbildungs-Innovations-Preis 2000 vom Bundesinstitut für Berufsbildung für den Ausbildungsgang zur Dentalberaterin

Deutscher Trainingspreis 1998 in Silber für die Einbindung der Führungskräfte als Coach ihrer Mitarbeiter

Deutscher Trainingspreis 1994 in Gold für das INtem IntervallSystem Verkaufstraining

DR. HANS SIDOW

Kurzbiografie

Dr. Hans Sidow ist langjähriger Unternehmensberater und Management- Trainer.

Die Hauptgebiete seiner beruflichen Kompetenz sind Strategie-Entwicklung und -Umsetzung und Key-Account-Management.

Veröffentlichungen

Key-Account-Management
Wettbewerbsvorteile durch kundenbezogene Strategien

ISABELLE VON SIEBENTHAL

Kurzbiografie

Isabelle von Siebenthal wurde in der Schweiz geboren. Sie absolvierte in New York und Monaco eine Ausbildung zur Balletttänzerin. Nach dreijährigen Engagements als Tänzerin, z. B. an der Opéra de Monte-Carlo und Engagements in verschiedenen Musicals, besuchte sie die Schauspielschule in Nizza. Sie hatte Bühnenengagements in Luzern, Hannover und Hamburg. Zu ihren Erfahrungen gehören ebenso zahlreiche Produktionen, Serien und Filme in Deutschland und der Schweiz. Als Fernsehschauspielerin machte sich Isabelle von Siebenthal seit Mitte der 1990er Jahre einen Namen in unzähligen TV-Movies und Serien.

Isabelle von Siebenthal qualifizierte sich im Jahr 2008/2009 zum systemischen Coach. Inzwischen wendet sie ihre jahrelangen Erfahrungen als Schauspielerin im Coaching von Führungskräften, Politikern und angehenden Schauspielern an. Sie hat sich als Schauspielerin, systemischer Coach und NLP-Practitioner auf die Schwerpunkte Auftrittskompetenz, angewandte Rhetorik und perfektes Reden vor Publikum und Kamera spezialisiert. Inhalte sind unter anderem Sprech- und Atemtechnik, Mimik, Gestik und Körpersprache sowie der Umgang mit Stress und Lampenfieber.

DR. MONIQUE R. SIEGEL

Themen

Denken
Innovation; de Bono Thinking Tools; Leonardo da Vinci

Leadership
Wirtschafts- und Unternehmensethik; Kommunikation; Abraham Lincoln

Zukunftsfragen
MEGATRENDS; Zukunfts- & Trendforschung; Female Shift

Kultur
Europäische Geschichte und Kultur; Deutsche Literatur; Europa im 20. Jahrhundert

Veröffentlichungen

Kurzbiografie

Monique R. Siegel ist gebürtige Berlinerin, überzeugte New Yorkerin und engagierte Zürcherin mit kosmopolitischer Einstellung. Sie ist zweisprachig (Deutsch und Englisch) und verfügt über gute Kenntnisse der französischen und italienischen Sprache.

Berufliche Schwerpunkte:
Nach Schulzeit und ersten Berufsjahren wanderte sie 1962 nach New York aus und promovierte dort u. a. in Germanistik. Seit 1971 lebt sie in der Schweiz, wo sie nach mehrjähriger Führungstätigkeit 1980 in Zürich eine eigene Firma gegründet und sich als Wirtschaftsberaterin, Publizistin und Referentin im In- und Ausland etabliert hat, u.a. mit der Gründung und Leitung des jährlichen internationalen Wirtschaftsforums »Management-Symposium für Frauen« (1985–1996) und der Folgeveranstaltung »Zukunftstag Zürich« (1997–1999), der Wirtschaftstagung mit einem 24-Stunden-Nonstop-Programm.

Weitere Tätigkeiten:
- Bestseller-Autorin (insgesamt 11 Bücher) und Kolumnistin
- Mehr als 2 Jahrzehnte internationaler Auftritte als Referentin, Moderatorin und Event-Spezialistin (Schwerpunkte: Leadership, Trendforschung, Innovation, Kommunikation)
- Förderung der Integration von Frauen in die Wirtschaft, u. a. auch in Entwicklungsländern (Kenia, Tanzania); field work im Bereich Microcredits in Bangladesh

Neue berufliche Schwerpunkte:
- Herbst 2004: Gründung der multimedialen Vorlesungsreihe Euro-Kultur (www.eurokultur.ch): ein Einblick in zweieinhalb Jahrtausende europäischer Politik, Wirtschafts- und Kulturgeschichte.
- 2007: Ende des zweijährigen Nachdiplomstudiums an der Universität Zürich für einen »Master of Advanced Studies UZH in Applied Ethics«. Angewandte Ethik, besonders Wirtschaftsethik, ist ein weiterer beruflicher Schwerpunkt.
- 2009 ist das Buch »Eine Sandale für Ruth. Novellen in der Bibel« erschienen – ein Plädoyer für die Kunst des Geschichtenerzählens.

PROF. DR. HERMANN SIMON

Themen

Sofortmaßnahmen gegen die Krise

Hidden Champions des 21. Jahrhunderts
Die Erfolgsstrategien unbekannter Weltmarktführer

Power Pricing

Veröffentlichungen

Kurzbiografie

Hermann Simons Karriereweg verläuft dreigleisig als Unternehmensberater, Erfolgsautor und Wirtschaftsprofessor. Simon ist Chairman der weltweit operierenden Beratungsfirma Simon-Kucher & Partners Strategy & Marketing Consultants.

Bevor Simon sich ganz der praktischen Unternehmensberatung widmete, war er Professor für Betriebswirtschaftslehre und Marketing an den Universitäten Mainz (1989 – 1995) und Bielefeld (1979 – 1989). Simon lehrte als Gastprofessor an internationalen Hochschulen: Harvard Business School, Stanford, London Business School, INSEAD, Keio-Universität Tokio und Massachusetts Institute of Technology. Von 1985 bis 1988 leitete er das Universitätsseminar der Wirtschaft (USW), Schloß Gracht / Köln. Simon war und ist Mitglied der Herausgeberbeiräte zahlreicher Fachzeitschriften, unter anderem International Journal of Research in Marketing, Management Science, Recherche et Applications en Marketing, Décisions Marketing, European Management Journal sowie mehrerer deutschsprachiger Zeitschriften. Als Mitglied zahlreicher Aufsichtsräte und Stiftungskuratorien hat Simon umfangreiche Erfahrungen in Corporate Governance gewonnen. Von 1984 bis 1986 war er Präsident der European Marketing Academy (EMAC).

Hermann Simons Bücher stoßen in Managerkreisen auf große Resonanz und wurden bereits in 22 Sprachen übersetzt. Durch seine Veröffentlichungen hat Simon eine Reihe von Begriffen geprägt, die heute zum Standardrepertoire der Managementtheorie und -praxis gehören: So gehen unter anderem die Termini »Preismanagement«, »Hidden Champions«, »Servicewüste« und »Investor Marketing« auf ihn zurück. Simon genießt international einen ausgezeichneten Ruf als Fachmann auf dem Gebiet der Unternehmensstrategie.

Auszeichnungen und Pressestimmen

Dr. h.c. IEDC Business School (Slowenien)

Träger des Gutenberg-Preises 2009

Wahl zum einflussreichsten Managementdenker im deutschsprachigen Raum hinter dem verstorbenen Peter Drucker (www.managementdenker.de, 2005 – 2008)

»Hermann Simon gehört zu den 30 prominentesten Wirtschaftsexperten.« *Cicero, 10/2008*

»Er hat die Bahn-Card erfunden und gilt als Preispapst.« *Financial Times Deutschland 02.04.09*

PROF. DR. WALTER SIMON

Themen

Strategisch die Zukunft managen
Regeln und Methoden gekonnter Kursbestimmung

Dichtung und Wahrheit von Erfolgsrezepten – Was taugen die Empfehlungen der Managementgurus?

Futurenavigation – Konzepte u. Werkzeuge für das Zukunftsmanagement

Was taugen Persönlichkeitstests?
Sind Sie der, was Psychologen von Ihnen behaupten?

Veröffentlichungen

Kurzbiografie

Prof. Dr. Walter Simon, geb. 1946, ist gebürtiger Hamburger und gelernter Drogist. Nach der Lehre fuhr er zunächst zur See. Anschließend studierte er VWL und Soziologie an der Universität für Wirtschaft und Politik in Hamburg, später an der Johann-Wolfgang-von-Goethe-Universität in Frankfurt am Main sowie an der Sophia-Universität in Tokio mit den Abschlüssen Dipl.-Volkswirt und Dipl.-Soziologe sowie einer Promotion zum Dr. rer. pol. 1980 trat er als Personalentwickler in das Berufsleben ein und gründete 1983 das Innovationsteam für Produktion und Wirtschaft GmbH (IPW-Training und Consulting GmbH) mit Sitz in Bad Nauheim, aus dem später die virtuelle Business Training University hervorging.

Von 1985 bis 2001 nahm Walter Simon Lehraufträge und Gastprofessuren an in- und ausländischen Hochschulen wahr. Walter Simon hat 40 Beratungsprojekte erfolgreich realisiert, schrieb 200 Artikel und 16 Bücher zu gesellschafts- und personalpolitischen Themen. Er ist Initiator des Q-Pool 100. Zu seinen Kunden gehören: Mittel- und Großunternehmen, Bundes- und Länderministerien, Krankenhäuser, Verbände, Stadtverwaltungen, Forschungseinrichtungen, Politiker des In- und Auslandes. Außerdem ist er bei allen maßgeblichen Redneragenturen gelistet. Praxis: ca. 1.000 Seminare mit etwa 15.000 Teilnehmern; 41 mittlere und größere Beratungsprojekte, 45 Diplomarbeiten, 16 Bücher, 10 Gutachten.

Referenzen und Kundenstimmen

»Querdenker waren Mangelware. Fachliche Auseinandersetzungen fehlten auf der ›Zukunft Personal‹ weitgehend. Einzige Ausnahme: Prof. Dr. Walter Simon. Er stellte seinen ›Forschungsbericht zum Wahrheitsgehalt von Potenzialanalysen und Persönlichkeitstests‹ vor, in dem er die Aussagekraft der gängigen Instrumente anzweifelt … Die Zuschauer standen dicht gedrängt um den Referenten und machten deutlich: Querdenker sind begehrte Mangelware auf der ›Personal‹.« *Training aktuell, Juli 2007*

»Fit for Future – Lust auf Neues? Dieser Frage geht Prof. Dr. Simon nach. … 16 Bücher und 200 Artikel zu Fragen der Personal- und Unternehmensführung hat er bisher veröffentlicht und sich auf diese Weise einen exzellenten Ruf erworben … Seine vielfältigen und anspruchsvollen Auftritte als Gastredner und Businessspeaker haben Simon landesweit bekannt gemacht.« *step out. Erstes niedersächsisches Forum für Unternehmensgründungen aus Hochschulen, 2008*

»Viel zu lachen hatten die 70 Zuhörer auch bei Prof. Dr. Walter Simon, Fachautor und gefeierter Kongressredner … Veranstaltung der Reihe ›Denken und Handeln für morgen‹.« *Hannover 2009*

Auszeichnungen und Pressestimmen

Internationaler Trainingspreis (Silber) 2006

JOACHIM SKAMBRAKS

Themen

In 30 Sekunden überzeugen: 9 Schritte zum effektiven Elevator Pitch
Die überzeugende Kurzpräsentation

Der GolfFlüsterer – Warum gute Golfer die besseren Manager sind
Spitzenleistungen in Management und Sport entspannt erreichen

8 Tipps, wie Sie mit wenig Aufwand effektive Netzwerke aufbauen und Erfolg im Business haben

Veröffentlichungen

Kurzbiografie

Bereits seit 2004 steht Joachim Skambraks für den Elevator Pitch, die effektivste Verkaufstechnik, um in 30 Sekunden Kunden zu gewinnen.

Joachim Skambraks gehört als »Excellent Speaker« zu den TOP 100 Referenten in Deutschland und ist Mitbegründer und professionelles Mitglied der GSA German Speakers Association und der Global Speakers Federation.

Der Autor von acht erfolgreichen Management-Büchern ist gefragter Referent und Trainer bei namhaften Unternehmen.

Referenzen und Kundenstimmen

Daimler AG, refugio GmbH, EXXETA AG, VBG VerwaltungsberufsGenossenschaft, Volkswagen AG, Deutsche Bundesbank, Marlboro Gold Academy, Siemens Automotive, Ullstein Verlagsgruppe, DGZfP GmbH, DELL Inc., BAW Bayerische Akademie für Werbung, ÖPWZ Österreichisches Sales Forum

»Super, wie Sie den Menschen nach dem Vortrag ein klares Feedback gegeben haben, das ist wie eingemeißelt in meinem Gehirn.« *Mag. Robert Ukowitz, Wirtschaftskammer*

»Rhythmus und Geschwindigkeit des Trainings waren sehr gut. Wir waren direkt in der Praxis der Neukundengewinnung.« *Wolfgang Braun, Kreditschutzverband von 1870*

»Ich hätte nicht geglaubt, dass ich so spontan auf zwei verschiedene Bilder die BECOM projizieren kann. Danke für das tolle Seminar.« *Ing. Johann Pinter, BECOM Electronics*

Auszeichnungen und Pressestimmen

»Verkaufsprofi Joachim Skambraks zeigt, wie Verkäufer Kunden für sich gewinnen, Einwänden begegnen und durch taktisch kluges Vorgehen ihre Verkaufsergebnisse um ein Vielfaches steigern können.« *Computerwoche*

»Nach einem kurzen Coaching, bei dem Skambraks Hinweise zu Verbesserung gab, durfte jeder einen zweiten Versuch wagen. Die Ergebnisse waren verblüffend – beim zweiten Mal machten es alle sehr viel besser. Lernerfolg vor Zeugen – auch Bildungscontroller wären mit dem GABAL-Abend in München höchst zufrieden gewesen.« *GABAL e.V.*

PROF. DENNIS J. SNOWER

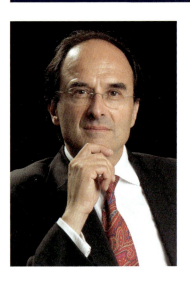

Kurzbiografie

Dennis J. Snower, 1950 geboren, amerikanischer Staatsbürger, ist Präsident des Kieler Instituts für Weltwirtschaft und Professor für theoretische Volkswirtschaftslehre an der Christian-Albrechts-Universität zu Kiel.

Dennis Snower wurde in Wien geboren und wuchs dort bis zu seinem 17. Lebensjahr auf. Er studierte an der Oxford University und schloss 1971 mit einem BA in Philosophy, Politics and Economics ab. Den MA und PhD erhielt er von der Princeton University (1975).

Er arbeitete an der University of Maryland als Assistant Professor (1975 – 1979), am Institut für Höhere Studien als Assistant Professor (1979 – 1980) und am Birkbeck College, University of London (Lecturer 1980 – 1983, Reader [1983 – 1988] und Professor [1989 – 2004]).

Dennis Snower hat folgende Regierungen in den Gebieten Arbeitsmarktpolitik, Ausbildungspolitik und Wohlfahrtsstaatreform beraten: Großbritannien, Frankreich, Italien, die Niederlande, Schweden und Spanien. Er arbeitete als Consultant für den Internationalen Währungsfond und die Weltbank und war Gastprofessor an zahlreichen Universitäten, z. B. Columbia University, Dartmouth College, European University Institute (Florenz), Harvard University, Princeton University und Stockholm University.

Er publiziert in vielen der wichtigsten Zeitschriften der Wirtschaftswissenschaften, inklusive der American Economic Review, Economic Journal, Journal of Economic Perspectives, European Economic Review, Journal of Labor Economics usw.

Zusammen mit Assar Lindbeck entwickelte er die »Insider-Outsider Theorie«, die die Arbeitslosendynamik in Europa erklären kann, er entwickelte die Theorie des »Friktionalen Wachstums«, die zu einer neuen Erklärung der Beziehung zwischen Inflation und Arbeitslosigkeit führt, und die Theorie des »High-Low Search«. Mit verschiedenen Mitarbeitern des Instituts für Weltwirtschaft entwarf er diverse wirtschaftspolitische Maßnahmen (z. B. Beschäftigungsgutscheine und Sozialkonten), die in verschiedenen Ländern mit Erfolg angewendet wurden.

JULIA SOBAINSKY

Themen

Die ersten 7 Sekunden
Die ersten 7 Sekunden einer Begegnung sind entscheidender, als Sie glauben.

Umgangsformen und Hirnforschung
Was hat der berühmte Knigge mit Hirnforschung zu tun?

Macht Charisma Macht?
Brauchen unsere Politiker und Führungskräfte mehr Ausstrahlung und Charisma?

Veröffentlichungen

Kurzbiografie

»Langeweile war gestern«. Julia Sobainsky studierte Schauspiel und Tanz, und das spürt man bei ihren Vorträgen. Ihre Inhalte regen zum Nachdenken an, aber ihre Darbietung ist Unterhaltung pur. Ob vor einem großen Auditorium oder im kleineren Kreis, Julia Sobainsky reißt die Zuhörenden mit.

Als eine der wenigen Spezialisten weltweit zum Thema Charisma und charismatische Führung berät sie seit 1996 als Coach, Trainerin und Vortragsrednerin Fach- und Führungskräfte aus Wirtschaft und Politik.

Julia Sobainsky arbeitete 14 Jahre am Theater und inzwischen über 20 Jahre als Sprecherin für Funk und TV. Seit Jahren führt sie ein eigenes Tonstudio für Sprachaufnahmen und Werbung. Auch ihre Jahre als Redakteurin für Hörfunk und Print gaben ihr das Wissen und die Erfahrung, was heute Charisma und Ausstrahlung bei Menschen begünstigt, und das Know-how darüber, wie die Wahrnehmung der Öffentlichkeit funktioniert.

Zusatzausbildungen zum systemischen Coach, Veränderungsmanager und zum NLP-Master gaben ihr zusätzliche Mittel an die Hand, um auch Unternehmen in Veränderungssituationen begleiten zu können.

Julia Sobainsky arbeitet mit einem eigens von ihr entwickelten System, welches Charisma erlernbar und steigerbar macht. Dieses System hat sich als überlegen gezeigt, da sie ganzheitlich arbeitet. Da, wo andere Spezialisten auf Rhetorik setzen, geht Julia Sobainsky mit ihren Klienten weit über dieses übliche Maß hinaus. In ihre Coachings und Trainings fließen Übungen aus dem professionellen Schauspieltraining ebenso ein wie Stimmbildung, ihr Wissen über moderne Umgangsformen, Mentaltraining und viele andere Methoden. Auch ist sie Spezialistin im Bearbeiten von Lampenfieber und Auftrittsängsten.

Referenzen und Kundenstimmen

Deutsche Bundesbank, Deutsche Telekom, Media Markt, KUKA Roboter, MEDION, ThyssenKrupp, Strabag, DeTeImmobilien, McKinsey & Company, Bausch & Lomb, Dr. Mann Pharma, DACHSER Logistik, Stadt Duisburg, Westfalenpost, Runners Point, GeaGroup, DSW21, HeringBau, Vorwerk, MDK (Medizinischer Dienst der Krankenversicherungen) u. v. a.

Auszeichnungen und Pressestimmen

»Gleich zu Beginn möchte ich Ihnen das Buch ›Der Neue Restaurant-Knigge‹ ans Herz legen. Eine ganz besondere Empfehlung, geschrieben von Julia Sobainsky.« *Restaurant-News*

»Mit Julia Sobainsky darf Etikette wieder Spaß machen.« *Rheinische Post*

SAMI SOKKAR

Themen

Erfolgsfaktor Mensch
Leidenschaft für Erfolg

Marketingstrategien im 21. Jahrhundert
Strategien für Ihr erfolgreiches Marketing

Werteorientierte Führung
Wie Sie in herausfordernden Zeiten Ihre Führungskräfte und Mitarbeiter motivieren

Veröffentlichungen

Kurzbiografie

Sami Sokkar, Autor und begehrter Dozent an namhaften Hochschulen und Bildungseinrichtungen, ist seit 2000 bei der SAP Deutschland AG & Co. KG in unterschiedlichen Funktionen im Bereich Kundenmanagement und Vertrieb sowie Unternehmensstrategie und Organisationsentwicklung tätig. Seinen Erfahrungsschatz sammelte er in Projekten in der Region EMEA. Seit 2008 verantwortet er die Leitung eines weltweiten Personalentwicklungsprogramms für den Vorstandsbereich SAP Business Solutions and Technology der SAP AG. Aufgrund seines hohen theoretischen und praxisbezogenen Hintergrunds ist er gefragter Experte, Referent und Moderator auf nationalen und internationalen Kongressen, Seminaren und Bildungsveranstaltungen. Seine Inhalte sind: Trends im Marketing, Eventmarketing, Vertrieb sowie Mitarbeiter- und Unternehmensführung.

Referenzen und Kundenstimmen

Bertelsmann AG, Commerzbank AG, Villeroy & Boch AG, SAP AG, MLP AG, Evangelischer Kirchentag, Pernod Ricard Deutschland GmbH, Wirtschaftsjunioren Bremerhaven, Kreissparkassen Heidelberg, Kassel und Karlsruhe, Deutsche Sparkassenakademie, Europäische Medien & Eventakademie, Europäischer Verband der Veranstaltungs-Centren, ...

»Die Einstimmung der Mitarbeiter auf das Jubiläumsjahr unserer Kreissparkasse ist Herrn Sokkar ausgezeichnet gelungen: Durch seinen unterhaltenden, humorvollen Vortrag konnten zahllose Impulse überzeugend vermittelt werden. Herzlichen Dank für einen interessanten, kurzweiligen Nachmittag!« *Uwe Braun, Vorstandsvorsitzender der Kreissparkasse Freudenstadt*

»Heute kennt ein Mensch von allen Dingen den Preis und von keinem den Mehrwert – die Seminare von Sami Sokkar sind mit ihrer großen Praxisrelevanz Mehrwert pur und ideal für alle Unternehmen, bei denen der Kunde und Mitarbeiter im Mittelpunkt der Aktivitäten steht oder stehen soll.« *Dipl.-Kfm. Henrik Häcker, Geschäftsführer Messezentrum Salzburg/ Salzburgarena*

»Sami Sokkar, ein ›Volltreffer‹ in unserer ›world of motivation‹ – Motivation und Begeisterung pur in einem kurzweiligen Vortrag für noch motiviertere Mitarbeiter ...« *Ingo Schwerdtfeger, Geschäftsleitung, marbet Marion & Bettina Würth GmbH & Co. KG*

Auszeichnungen und Pressestimmen

Herr Sokkar ist bei Speakers Excellence unter den TOP 100 Speakers.

DR. DIRK SOLTAU

Themen

Ehe ich mich wundere, glaube ich es nicht
Die 7 erstaunlichsten Erkenntnisse der Astrophysik

Das Rätsel der Zeit

Das Wasser
Die erstaunlichste Flüssigkeit der Welt

Sternstunde
Ein Spaziergang über die Milchstraße

Kurzbiografie

Dirk Soltau, Jahrgang 1951, wurde in Frankfurt am Main geboren und verbrachte seine Jugendzeit in einem kleinen Ort im Taunus.

Wenn dort die Nächte nicht so dunkel und die Diskotheken nicht so weit gewesen wären, dann wäre in seinem Leben vielleicht manches anders gelaufen. So aber entdeckte Dirk Soltau die Sterne – und die Sterne ihn. Schon mit elf Jahren fasste er den Entschluss, die Erforschung der Sterne zu seinem Beruf zu machen.

Nach dem Diplom ging Dirk Soltau nach Freiburg, wo er promovierte und sich am Kiepenheuer-Institut für Sonnenphysik dem Studium von Magnetfeldern auf der Sonne widmete.

Die Sonnenteleskope, an denen Dirk Soltau arbeitet, stehen im Observatorio del Teide auf der Insel Teneriffa, das so fast zu seiner zweiten Heimat geworden ist. Heute leitet er eine Arbeitsgruppe für adaptive Optik.

»Astronomie ist Staunen pur.«

Seit Jahren ist Dirk Soltau ein Botschafter seiner Wissenschaft. Er verlässt seinen »Elfenbeinturm« und teilt sein Wissen und sein Staunen mit seinem Publikum. Inzwischen ist er mit seinen Vorträgen in vielen Bereichen unterwegs: von der Dinner Speech bis zur Großveranstaltung, von Auftritten auf Kleinkunstbühnen bis hin zu Vortragsreisen auf Kreuzfahrtschiffen.

Wenn Dr. Dirk Soltau seine Vorträge hält, dann ist das Publikum gebannt. Vergessen ist die Befürchtung, Astrophysik könnte trocken und kopflastig präsentiert werden. Dabei spielen nicht zuletzt die atemberaubenden Bilder, die seine Vorträge begleiten, eine wichtige Rolle. Der Wissenschaftler ist eben auch ein Vollblut-Redner, dessen wichtigstes Anliegen es ist, sein Publikum zu begeistern.

Referenzen und Kundenstimmen

Auszug aus den Referenzen:
Deutsche Bank, Fujitsu-Siemens, IBM, IKB Bank, Towers Perrin, Osram, IMS Health, Uponor, Hapag-Lloyd, Wincor-Nixdorf, Robinson Club GmbH, Würth Solar, Rohde&Liesenfeld, ...

DR. LUISE MARIA SOMMER

Themen

Faszination: Gedächtnis

Mentales Jungbleiben mit LMS
Leichter Merken mit System

Gutes Gedächtnis? Ja, gerne!

Veröffentlichungen

Kurzbiografie

LMS – das führt von Lernen und Merken mit System zu Luise Maria Sommer – zweifache österreichische Gedächtnismeisterin mit einem Eintrag im Guinness-Buch der Rekorde 2003. Ihr Buch **»Gutes Gedächtnis – leicht gemacht«** landete sofort in den Bestsellerlisten und hat sich mittlerweile zum Longseller entwickelt.

Dr. Luise Maria Sommer ist häufig Gast in TV und Radio und Vortragende in namhaften Seminarunternehmen. In ihren Vorträgen und Seminaren gelingt es ihr immer wieder, ihre Zuhörer/innen mit ihrer Begeisterung anzustecken. Sie motiviert zunächst durch verblüffende Gedächtnisleistungen live auf der Bühne, lässt sich dann jedoch gerne hinter die Kulissen blicken. Durch spontanes Learning by Doing erfahren die Teilnehmer in kurzweiliger, interaktiver Weise, wie sie ihr eigenes Gedächtnis mit den richtigen Werkzeugen in Zukunft noch besser fordern und fördern können. Luise Maria Sommer lebt authentisch vor, wie lebenslanges Lernen mit einem trainierten Gedächtnis leichter fällt und gleichzeitig mental jung hält.

Fantasie und Humor kommen ebenfalls nicht zu kurz – schließlich steht **LMS** auch für (lebenslanges) **LERNEN MACHT SPASS**.

Referenzen und Kundenstimmen

»Sie machen einen wirklich guten Job! Man kann sofort spüren, dass Sie eine tiefe Überzeugung vermitteln. Auch Ihre attraktive und professionelle Erscheinung unterstreicht das vermittelte Thema ausgezeichnet. Ich bin wirklich beeindruckt! Alles Gute und weiterhin soo viel Spaß bei der Umsetzung Ihrer Berufung – der Erfolg ist Ihnen garantiert!« *Christian Linasi, Linasi-Consulting, Wien*

»Neulich habe ich Sie wieder einmal im Fernsehen gesehen und mich an das Seminar erinnert, das ich vor 3 Jahren bei Ihnen besucht habe – und das mir sehr viel Spaß gemacht hat! Sofort bin ich im Geiste die Namen durchgegangen, die wir damals bei Ihnen gelernt haben, und habe mir auch die Gesichter wieder in Erinnerung gerufen. Es ist unglaublich, aber ich habe sie alle noch gewusst – bis auf einen. Der ist mir aber dann, als ich mir die Bilder wieder angesehen habe, gleich wieder eingefallen. Ihre Methode hat wirklich 100%ig gewirkt! Super!« *Elisabeth Wawris, Sekretariat der Geschäftsführung, Informations-Technologie Austria GmbH, Wien*

Auszeichnungen und Pressestimmen

Erste »Österreichische Gedächtnismeisterin« 2001 und »Österreichische Gedächtnismeisterin« 2002

Eintrag im Guinness-Buch der Rekorde 2003

Grand Master of Memory, Manchester 2004

Verleihung des »Goldenen Buches« für den Bestseller »Gutes Gedächtnis – leicht gemacht« durch Wissenschaftsminister Dr. Johannes Hahn am 23.4.2009

ROBERT SPENGLER

Themen

Präsentation/Rhetorik
Durch Performance überzeugen

Potenzialanalytik
Werkzeuge für Recruiting und Führungskompetenz nutzen

Markante Typen
Sich und andere besser verstehen

Persönliche Kommunikation
In Kontakt

Kurzbiografie

Robert Spengler ist der Regisseur für die persönliche Kommunikation. In seinen Vorträgen und Coachings zeigt er Menschen auf spannende, ganz konkrete Weise, wie sie besser wirken, wie sie durch ein gewinnendes Auftreten mehr erreichen, wie sie authentischer und positiver kommunizieren.

Seine Zuhörer und Teilnehmer merken schnell: Dieser Münchner, Jahrgang 59, ist ein Mann der Tat – was er sagt, ist sofort umsetzbar. Kein Wunder, denn als Kaufmann arbeitete Spengler viele Jahre erfolgreich im Vertrieb und baute eine eigene Handelsfilialkette auf. Seine Erfahrungen im Verkauf und das jahrelange Training von Verkäufern waren für ihn die beste Schule. Bei vielen renommierten Trainern und Rednern bildete er sich fort und holte sich methodisch den letzten Schliff.

Regie führt Robert Spengler bei seinen eigenen Auftritten: Seine eigene Spielfreude, sein Improvisationstalent und sein Humor inspirierten ihn zu einer Zusammenarbeit mit professionellen Schauspielern. Mit ihnen inszeniert er vor seinen Zuhörern und Seminarteilnehmern, anschaulich und packend, was bei anderen Theorie bleibt. In seinen Bühnenshows gibt er auch seinen Zuschauern Regieanweisungen in Form einmaliger Tipps, wie sie auf der Bühne des Lebens ihre Glanzrolle finden.

»Wer außergewöhnliche Erlebnisse schafft, erhält außergewöhnliche Ergebnisse«, sagt Robert Spengler. Sein Anliegen ist es, dass Menschen ihr volles Potenzial entfalten und sich frei und offen ausdrücken. Dafür müssen sie bereit sein, Grenzen zu überschreiten und neue Wege zu gehen. Das erfordert Mut. Robert Spengler macht Mut. Das wissen Teilnehmer und Zuhörer aus den Reihen von BMW, Deutsche Bank, Microsoft und Siemens, aber auch viele Mittelständler zu schätzen. Am Ende eines intensiven Seminartages sagte einmal ein Teilnehmer: »Heute war der beste Tag meines Lebens!«

Wenn alle sagen: Die Zeiten werden härter, der Druck steigt, dann hält Robert Spengler dem seine Botschaft entgegen:

»... weil es Spaß macht, besser zu sein!«

RENATE SPIERING

Themen

Innovationen, Trends, Imaging, Medien

LernArchitektur, LernSzenarien, LernFelder

Alles, was Menschen in einen guten Zustand bringt

Kreative Kommunikationskonzepte

Veröffentlichungen

Zahlreiche Fachartikel in:
Designers Digest, Deutscher Drucker, Publishing Praxis, PhotoPresse

Kurzbiografie

Renate Spiering vermittelt seit 1980 in Vorträgen und Seminaren auf charmante, humorvolle Weise Verständnis für innovatives Publizieren. Dabei hat sie immer auch die Menschlichkeit im Blick.

Konfliktprävention verhindert oder vermindert psycho-soziale Scherben. Wie Verbindungen gelingen zwischen Brauchtum und Innovationen, zwischen Alt und Jung, zwischen Stadt und Land, das zeigt sie in vielen Projekten. Als Medienforscherin vermittelt sie in vielen anschaulichen bunten Beispielen, wie es gelingt, beruflich auf dem neuesten Stand und dabei gesund und glücklich zu sein.
Inspiration ist bei Renate Spiering immer garantiert!
Heilsame Interventionen in Organisationen beleuchtet sie auf erfrischende Weise, indem sie Unternehmen als Organismus erfahrbar macht. So entsteht Veränderungsbereitschaft in Teams mit Lust und Leichtigkeit. Liebe und Bereitschaft zum Neuen ist die wichtigste Voraussetzung für erfolgreiche Change-Prozesse.
Besondere Spezialität der Vorträge von Renate Spiering ist, in Sprachbildern zu sprechen, die Menschen gut weitertragen können.
Die vielfältigen Potenziale aller Menschen im Raum erfahrbar und deutlich zu machen, dabei spontan effektiv Impulse für konstruktive Entwicklung entstehen zu lassen, gehört zu ihren Stärken, die Wertewandel gelingen lassen.
Herzen bewegen, Denkrahmen weiten für eine lebenswerte Zukunft, das gehört ebenso ins Portfolio wie das Einbinden moderner Moderationsmethoden: ZukunftsBrillen, VisionsWerkstatt, LernArchitekturen, Dialog-Szenarien.

Ein Vortrag von Renate Spiering erfrischt, ermutigt, inspiriert.

Referenzen und Kundenstimmen

»Trends und Ressourcen effektiv nutzen – mit ihrer speziellen humorvollen Fragetechnik und durch gekonnte Sprachspiele gelang es Renate Spiering immer wieder schnell, uns zu verdeutlichen, welche Chancen in den derzeitigen Entwicklungen liegen.« *Ulrich Heinemann, Bundesvorstand FDI Führungskräfte Druckindustrie*
»Handlungsfähigkeit in Betrieben – Renate Spiering ist unser Kristallisationskeim für Zukunftsideen.« *Dr. Alfred Fleissner, Hirnforscher Universitätskrankenhaus Eppendorf*
»Anschauliche Sprachbilder helfen uns dabei, komplexe Zusammenhänge gut zu verstehen, in Handlungsfähigkeit umzusetzen und so unsere Arbeitsabläufe nachhaltig zu optimieren.« *Lore Bark, Managerin Fotografie Willie von Recklinghausen Automotive*

Auszeichnungen und Pressestimmen

»Ich bewerte die inspirierende Dialogkultur, die Renate Spiering auf den Weg bringt, als überaus wichtig. Wenn sich zwei von ihr intensiv trainierte Menschen begegnen, kann das nur gut ausgehen.« *Klaus Tiedge, Herausgeber Designers Digest*

»... unsere europäische Meisterin im Photoshop! Sie bearbeitet hervorragend auch Bilder der Seele.« *Kurt K. Wolf, Deutscher Drucker*

STEFAN SPIES

Kurzbiografie

Stefan Spies, 1965 geboren, gehört zu den führenden Coachs im Top-Management. Seit 1999 profitieren Führungskräfte von dem Knowhow des Theatermenschen: Indem er die Werkzeuge von Regisseur und Schauspieler auf berufliche Situationen anwendet, erfüllt er den Wunsch, das eigene Auftreten in schwierigen beruflichen Begegnungen auf glaubhafte Art gestaltbar zu machen. Seine Vorträge, die man wohl besser als »Körpersprache-Shows« bezeichnet, bieten herausragendes Infotainment: Mitreißend und nachhaltig werden die Zuschauer für nonverbale Signale sensibilisiert. »Der Gedanke lenkt den Körper« ist nicht nur der Titel seines Buches, sondern seine zentrale Botschaft: Nicht die äußere Pose, sondern die innere Haltung führt zu einem souveränen Auftritt.

Spies assistierte bei namhaften Regisseuren wie Wilson, Zadek (Schauspiel), Kupfer, Chéreau (Oper) und Kresnik (Tanz). Als Regisseur debütierte er 1990 mit »Fräulein Julie« von Strindberg. Es folgten Regiearbeiten an Staats- und Landestheatern sowie Lehrtätigkeiten und Opernproduktionen an den renommiertesten Musikhochschulen Deutschlands. 1999 begann er seine Lehrtätigkeit im Management. Inzwischen coacht er Vorstände von DAX-100-Unternehmen, trainiert High Potentials führender Konzerne, leitet Road-Shows und ist ein gefragter Keynote-Speaker. 2009 trainierte er die Bundesligaschiedsrichter. Die Nachricht erregte international Aufmerksamkeit.

Referenzen und Kundenstimmen

»Hochstatus versus Tiefstatus; Gelassenheit versus Aufregung; Emotionalisierung versus Entemotionalisierung; Erhaltung und Sicherung der Souveränität; Bewegungsmuster zur Beruhigung; die Wirkung der Gedanken auf die Körpersprache; das waren die Schwerpunkte, zu denen Stefan Spies die Bundesliga-Schiedsrichter mit wertvollen Tipps versorgte und sie für ihr Auftreten und für ihre persönliche Darstellung in dem konfliktträchtigen Arbeitsfeld trainierte. Ein sehr erfolgreiches Projekt für unsere Bundesliga-Schiedsrichter!« *Lutz Fröhlich, DFB, Abteilungsleiter Schiedsrichter*

AOK Berlin, Aral AG, BASF SE, Berlin Chemie AG, BDU e. V., Cegelec GmbH & Co. KG, Daimler AG, DFB e. V., Deutsche Telekom AG, DIBAG Industriebau AG, Douglas GmbH & Co. KG, ECE Projektmanagement GmbH & Co. KG, Europäisches Patentamt, Franz Haniel Akademie GmbH, Fraunhofer-Gesellschaft e. V., GALERIA Kaufhof GmbH, German Council of Shopping Centers e. V., Immobilien-Scout GmbH, Kienbaum Consultants International, KPMG AG, MAN AG, Management Circle AG, OC & C Strategy Consultants GmbH, Pfleiderer AG, RTL2 Fernsehen GmbH & Co. KG, T-Systems Enterprise Services GmbH.

Auszeichnungen und Pressestimmen

Platz 1 der besten Wirtschaftsbücher.« *Financial Times Deutschland*

»Ein impulsgebendes Werk für Fach- und Führungskräfte.« *Beste Bewertung bei ManagerSeminare*

Themen

Eindruck
Nonverbale Signale lassen sich verstehen und nutzen.

Präsenz
Schauspieltechnik erhöht die Wirkung im Raum.

Verhandlungen
Geheime Machtkämpfe lassen sich mittels »Statuswechsel« gewinnen.

Glaubwürdigkeit
»Improvisiertes Sprechen« belebt tausend Mal Gesagtes.

Veröffentlichungen

ROLAND SPINOLA

Themen

Geld – Wurzel aller Übel??
Einfache Betrachtungen zu einem komplexen Thema

Mit Schwung in die Zukunft!
Einige kurzweilige und ernsthafte Betrachtungen zum Wandel in unserer Zeit

Paradigmenwechsel
Was steckt hinter dem Schlagwort?

Wegweiser und Leitplanken
Ideen und Gedanken, die uns helfen können, zukunftstauglicher zu werden

Veröffentlichungen

Kurzbiografie

Roland Spinola, Dipl.-Ing., geboren in Köln, Studium an der Universität München, ist Trainer, Berater und Redner. Er war bis Mitte 2001 geschäftsführender Gesellschafter der von ihm gegründeten Herrmann Institut Deutschland GmbH in Fulda.

Roland Spinola hat in seiner beruflichen Laufbahn als beratender Ingenieur, Computerspezialist, Vertriebsleiter, Trainer und als Manager im Bereich Aus- und Weiterbildung gearbeitet, davon sechs Jahre im internationalen Schulungszentrum von IBM in Brüssel als Manager Executive Development.

Im Rahmen dieser Aufgabe entwickelte sich sein besonderes Interesse für die Zusammenhänge zwischen Gehirnfunktion und menschlicher Kreativität. 1982 lernte er Ned Herrmann und sein Modell der präferenten Denk- und Verhaltensstile kennen und erwarb nach einer Ausbildung bei ihm die Lizenz für das Herrmann-Dominanz-Instrument (H.D.I. bzw. HBDI), ein Fragebogen, dessen Auswertung bevorzugte Denkstile aufzeigt. Um sich diesem Thema und dem Aufbau des Herrmann Instituts widmen zu können, hat Roland Spinola im Herbst 1990 nach 24-jähriger Zugehörigkeit (zuletzt als Leiter Führungskräfteentwicklungsprogramme) die IBM Deutschland verlassen und sich selbstständig gemacht.

Schwerpunkte der Seminare und Vorträge von Roland Spinola sind die Themen Kreativität, Kooperation und Synergie im Team sowie »Intercultural Differences«. Außerdem beschäftigt er sich mit den teilweise dramatischen Veränderungen in der Welt und zeigt in Vorträgen und Seminaren deren Frühwarnzeichen auf.

Sein besonderes Interesse gilt den systemischen »Webfehlern« unserer Währungssysteme, die uns 2008 die seit langem schwerste Finanzkrise »beschert« haben. Sein Vortrag »Geld – Wurzel aller Übel??« ist seit dieser Zeit besonders gefragt.

Roland Spinola gehört heute zu den Toptrainern und Referenten Deutschlands.

Roland Spinola ist verheiratet und hat drei erwachsene Kinder. Er lebt seit Herbst 1990 mit seiner Frau Anke in Fulda.

Referenzen und Kundenstimmen

»Jedenfalls sind Sie für mich ein Trainer, der auf dem Markt einen Unterschied macht.« *Leiter PE eines großen deutschen Konzerns*

DR. BORIS SPRINGER

Themen

Werte in Kommunikation, Führung und Verkauf

Warum sind wertebasierte Unternehmen erfolgreicher?

Die wertschätzende Gewinnung der Zielgruppe 50plus

Veröffentlichungen

Diverse Fachartikel

Kolumne »Springers Werte«
Wöchentliche Werte-Kolumne seit 07/2009

Kurzbiografie

»Wertedenken ist die Erfolgsbasis für zukunftsorientiertes, unternehmerisches Handeln« – diese Maxime bringen die Veranstaltungen von Dr. Boris Springer auf den Punkt.

Jahrgang 1959, absolvierte Boris Springer ein naturwissenschaftliches Studium in Köln, das er mit der Promotion abschloss. 1989 wechselte Dr. Springer an die Universität Bonn und etablierte eine selbstständige Arbeitsgruppe, die unter anderem durch zahlreiche Forschungsgelder Anerkennung erhielt. Parallel engagierte er sich ehrenamtlich für die Aus- und Weiterbildung junger Wissenschaftler.
1994 folgte Springer einem Ruf aus der freien Wirtschaft zum Aufbau eines Dienstleistungsunternehmens. Dort übernahm er rasch auch die Qualifizierung und Führung des Unternehmensnachwuchses. Diverse Branchenauszeichnungen bestätigen seinen fachlichen Erfolg – zudem motivierten ihn früh die ersten spezifischen beruflichen Kontakte zur Zielgruppe 50plus, sich diesem Thema als Trainer und Coach detaillierter zu widmen.
Seit seiner Ausbildung zum zertifizierten Trainer und Berater entwickelt Boris Springer maßgeschneiderte Schulungskonzepte und Vorträge rund um das Thema »Wirtschaftsethik – Wert und Werte«. Seine besondere Aufmerksamkeit gilt dem wertschätzenden Umgang mit der Generation 50plus, der immer wichtigeren Zielgruppe von Händlern und Dienstleistern.
Auf Dr. Springers Wissen und Erfahrung greifen zahlreiche renommierte Branchen, Verbände und Trainernetzwerke zurück; seine Veranstaltungen gelten als Impulslieferanten mit Kreativ-Kick für die verschiedensten Zielgruppen.
Dr. Boris Springer ist u.a. Vorsitzender des Ehrenrates BaTB (Bundesverband ausgebildeter Trainer und Berater e.V.), zertifizierter Experte in der »Erfolgsgemeinschaft« von Joachim Klein sowie Mitglied im BDVT (Berufsverband der Verkaufsförderer und Trainer e.V.), in der Wertekommission e.V. und bei Mensa in Deutschland e.V.

Referenzen und Kundenstimmen

»Sie haben nicht nur über wertschätzende Kommunikation gesprochen, sondern diese auch in Ihrem Vortrag gelebt: spannend, informativ, kurzweilig und humorvoll.«

»Vielen Dank für den tollen Fachvortrag. Es hat großen Spaß gemacht, Ihnen zuzuhören. Wir alle sind inspiriert und motiviert, die Generation 50plus für unsere Unternehmen zu gewinnen.«

»Ihr Vortrag hat vom ersten Augenblick gezeigt, dass Sie auf fundierte praktische Erfahrungen im Umgang mit der Zielgruppe 50plus zurückgreifen können.«

Auszeichnungen und Pressestimmen

2006 Aufnahme in das Experten-Netzwerk »Erfolgsgemeinschaft«

2008 Trainerpreis des BaTB (Bundesverband der ausgebildeten Trainer und Berater e. V.)

Sch

GABRIEL JULIUS SCHANDL

Kurzbiografie

Mag. Gabriel Julius Schandl, 1973 geboren, verheiratet und Vater von 3 Kindern. Er studierte Wirtschaft an der Kepler-Universität in Linz sowie in Siena, Italien. Er ist Lektor für Social Skills an der Fachhochschule Puch-Urstein und Mitbegründer von Mensch in Bewegung – dem Trainer- und Berater-Forum für Persönlichkeits- und Organisationsentwicklung. Als eingetragener Unternehmensberater arbeitet er seit über 12 Jahren erfolgreich für und mit Einzelpersonen, Teams und verschiedensten Firmen. Gabriel Schandl ist Professional Member in der GSA (German Speakers Association).

Der Nutzen für seine Kunden: Die Teilnehmer erfahren kompaktes Know-how in kurzer Zeit. Der unterhaltsame und aktivierende Vortragsstil begeisterte schon tausende Zuhörer. Lockere und einfache Übungen zum Mitmachen bringen Ihre Teilnehmer unterhaltsam in Schwung und erhöhen den Lerneffekt.

Referenzen und Kundenstimmen

»Erstaunlich, wie viel Weisheit man in 2 Stunden verpacken kann. Danke für einen sehr interessanten, zum Nach- (und Um-)denken anregenden Abend.« *Ulrike Grubmüller, FCI Austria*

»IT-Fachtagungen sind für Teilnehmer oft sehr anstrengend. Das 45-Minuten-Aktivreferat von Gabriel J. Schandl zum Thema: ›Wellness im Kopf‹ bildete einen erfrischenden Abschluss eines langen ersten Veranstaltungstages. In kurzer Zeit die Zuhörer vom Thema zu begeistern, ihnen einzelne praktische Tipps anzubieten und somit ein Publikum von ca. 70 IT-Verantwortlichen zum Nachdenken und Mitarbeiten zu motivieren, ist wirklich gelungen.« *DI Gerald Kempinger, IBM*

Auszeichnungen und Pressestimmen

»Nach Knabl betrat der Salzburger Erfolgs-Coach Gabriel J. Schandl die Bühne und entpuppte sich als hervorragender Motivator. Er rief die Gipfeltreffen-Teilnehmer dazu auf, die Erwartungen ihrer Gäste und Kunden nicht nur zu erfüllen, sondern zu übertreffen.« *Presse-Bericht der Steiermärkischen Sparkasse*

»Abschließend konnte Herr Gabriel Schandl, Team Mensch in Bewegung, zum Thema ›Die Kraft der Begeisterung‹ trotz des umfangreichen Tagungsprogrammes noch einmal die ganze Aufmerksamkeit der Tagungsteilnehmer gewinnen.« *Pressebericht Wirtschaftskammer Oberösterreich*

Gabriel Schandl wird von Managern und Personalchefs als einer der 100 besten Soft-Skills-Seminarveranstalter (Zeitschrift Gewinn 9/03) empfohlen.

Themen

Die Kunst der Verführung
Wie Spitzen-Unternehmen ihre Kunden begeistern

Lernen von der Weisheit Salomos
Uraltes Wissen für die täglichen Herausforderungen nutzen

Die Kraft der Kreativität
Vom Gehirnbesitzer zum Gehirnbenutzer

Keine Zeit zu verlieren!
Praktische Tipps für Ihr Ziel-, Zeit- und Stress-Management

Veröffentlichungen

MICHAELA SCHARA

Themen

Das Geheimnis des Pfaus
Warum Werbung und Marketing ganz natürlich sind.

Schlafen Sie gut mit PowerPoint?
Ein provokativer Vortrag, der auf amüsante Weise zeigt, wie man es nicht machen sollte.

Speed-Contacting

Internette Wichtigkeiten & interessante Nichtigkeiten

Kurzbiografie

Ing. Michaela Schara, 1967 in Wien geboren, ist Marketing- & Multimedia-Coach und Inhaberin der Werbeagentur »midesign : die kommunikationswerkstatt«.

Als Unternehmensberaterin und Fachfrau im Bereich Neuromarketing coacht und betreut sie große und kleine Firmen, Vereine und Künstler im Bereich Marketing und Öffentlichkeitsauftritt. Die Kombination Unternehmensberatung: Werbeagentur gewährleistet, dass die Beratungen und Strategien mit einem hohen Praxisgehalt einhergehen.

Neben der beratenden und ausführenden Tätigkeit ist Michaela Schara auch als Trainerin und Vortragende tätig. Die Vorträge und Impulsreferate bieten nicht nur fachliches Know-how, sondern auch kurzweilige Unterhaltung. Die Themen reichen von Marketing und Werbung über Kommunikationstheorie bis hin zu IT, Recht im Internet und Gestaltung von Präsentationsmedien.

Ein weiteres Fachgebiet, das ursprünglich als Hobby begann, sind regionale Kult- und Kraftplätze, speziell im Bereich des südlichen Niederösterreich. Auch zu diesem Thema gibt es immer wieder Vorträge, in denen neben der kulturhistorischen Geschichte der Plätze auch die Bedeutung der Kraftplätze in unserer heutigen Zeit beleuchtet wird.

Auszeichnungen und Pressestimmen

CAAA (Certified Austrian Advertising Agency)

Diplom-Kommunikations-Kauffrau (Dkkff.)

MONIKA SCHEDDIN

Themen

Erfolgsstrategie Networking.

First-Class-Networking.

So gründen Sie ein Netzwerk.

Coach yourself.
Die besten Coaching-Tools auf den Punkt gebracht.

Veröffentlichungen

Kurzbiografie

Monika Scheddin, geboren am 8. Dezember 1960, verdreifachte den Deutschland-Umsatz als Managerin im japanischen Maschinenbauunternehmen Brother, sanierte als General Manager der US-Software-Company Microdynamics die deutsche Niederlassung und baute anschließend ab 1995 die WOMAN's Business Akademie GmbH auf. Scheddin ist Networking-Expertin, zertifizierter Business-Coach und gilt als inspirierende Rednerin mit einem homorvoll-pragmatischen Vortragsstil. Als Coach verkörpert Monika Scheddin eine lebendige und wertschätzende Haltung zwischen Adoptieren und Herausfordern – ganz nach dem Motto: »Wenn schon anders, dann besser!«

Ihre Erfahrungen im Business und im Coaching teilt Monika Scheddin seit 1999 mit den Teilnehmerinnen ihrer Coaching-Ausbildung und bildet dabei nach eigener Methode aus. Diese Methode stellt die Quintessenz vielfältiger Praxiserfahrungen und fundierter Weiterbildungen dar und kombiniert diese mit kreativen Elementen aus Literatur, Musik oder Schauspielerei. Scheddins Methode bietet echte Langzeiteffekte mit wirkungsvollen Sicherungsmechanismen angereichert mit vielen leicht anwendbaren Übungen und Tools.

Monika Scheddin ist langjährige Lehrbeauftragte der Ludwig-Maximilians-Universität München.

Ihr Schlüsselthema ist und bleibt das Thema »Netzwerken«. Denn: »Wer nicht netzwerkt, verzichtet freiwillig auf Chancen!« Buch »Erfolgsstrategie Networking« (Allitera Verlag, 3. Auflage 2009). Monika Scheddin ist Erfinderin des Gute-Leute-Mittagstisches, einer handverlesenen Netzwerk-Plattform für exponierte Persönlichkeiten, und Gründerin des WOMAN's Business Club, eines Netzwerks speziell für Führungsfrauen und Unternehmerinnen in München und Frankfurt.

Referenzen und Kundenstimmen

»Man merkt Monika Scheddin die große Erfahrung an. Sie weiß, wovon sie spricht, und liefert dabei so unglaublich viel Inspiration und macht Mut, dass Gleiches für jeden schaffbar ist. Scheddin, das ist Substanz und Erde gepaart mit Leichtigkeit und Humor.«

»Großartig für alle, die ›tun‹ wollen – nicht verkopft, aber fundiert.«

»Was für ein Luxus: Man hört Monika Scheddin einfach zu, bekommt tiefe Erkenntnisse so einfach präpariert, dass man anschließend mit größtem Vergnügen loslegt – und sich fragt, warum man nicht früher auf diese schlüssigen Ideen gekommen ist!«

Auszeichnungen und Pressestimmen

»Monika Scheddin ist Trägerin des Trüffelschweinordens am langen Bande (verliehen von den erfolgreichen Absolventen der Coaching-Ausbildung 2002) und wird gerne und oft als Expertin und Interviewpartnerin gebeten, z. B. von Welt am Sonntag, W & V, Süddeutsche Zeitung, Cosmopolitan, Madame, Focus Money, Frankfurter Allgemeine Magazin, Financial Times Deutschland.«

FRANK M. SCHEELEN

Themen

Zukunftsmanagement
7 Schritte zum Erfolgsunternehmen

Change Management
Wandel erfolgreich gestalten

Change Management
Alte Pfade verlassen, neue Felder erobern

Change Management
Mit positivem Spirit in die Zukunft

Veröffentlichungen

Kurzbiografie

Frank M. Scheelen, der Experte für Zukunftsbusiness und Change Management, ist erfolgreicher Unternehmer, bekannter Bestsellerautor und visionärer Speaker. »Wir fördern menschliches und unternehmerisches Wachstum« ist das Leitbild der ganzheitlichen Unternehmensberatung, die die von ihm gegründete und geleitete renommierte SCHEELEN® AG mit der Tochtergesellschaft INSIGHTS MDI International® Deutschland GmbH auszeichnet. Daraus hat Frank M. Scheelen in 20 Jahren erfolgreicher Arbeit eine ständig wachsende Unternehmung mit vier Firmen und Niederlassungen im In- und Ausland sowie 500 Partnern entwickelt. Er weiß also aus erster Hand um die unternehmerischen Herausforderungen und um erfolgreiche Lösungsmodelle und Zukunftskonzepte. Zahlreiche renommierte Unternehmen europaweit vertrauen seinem Know-how und seinen Strategien zur langfristigen Erfolgssteigerung.

Er ist exklusiver Lizenzträger sowie Master-Ausbilder für INSIGHTS MDI® und ASSESS by Scheelen® in Zentraleuropa.

Frank M. Scheelen ist Präsident des Q-Pool 100, der Offiziellen Qualitätsgemeinschaft Internationaler Wirtschaftstrainer und -berater, Expert- Member im »Club 55«, der Gemeinschaft europäischer Marketing- und Verkaufsexperten, Mitglied der German Speakers Association GSA sowie Lehrbeauftragter der University of Applied Science, München.

Referenzen und Kundenstimmen

Mit seiner Expertise und seiner langjährigen Erfahrung im strategischen HR- und Change Management ist Frank M. Scheelen als »Certified Human Resource Professional« ausgezeichnet.

2009 wurde er als einer der 10 Top-Speaker und Moderatoren ausgezeichnet.

»Unterhaltsam, kurzweilig und informativ verstand es Frank M. Scheelen glänzend, die Zuhörer zu begeistern.« *Sales Profi*

»Ihr Vortrag war Spitzenklasse und hat das Thema für den Kongress vorgegeben.« *D. Braun, Fachjournalist*

Erfolgsstrategien für zukunftsorientierte Unternehmen:
Megatrend Mensch®: Mitarbeiter und Kunden begeistern
Megatrend Mensch®: Unternehmerisches Wachstum mit Kompetenz und klarer Zielfokussierung

Auszeichnungen und Pressestimmen

»Der visionäre Vortragsredner Frank M. Scheelen motivierte 300 Geschäftsleute aus der Region.« *Augsburger Allgemeine*

KURT-GEORG SCHEIBLE

Themen

Facetelling - Was uns Gesichter erzählen
Wissen WER und WIE jemand ist - sicher, zuverlässig und sofort auf den ersten Blick.

Unternehmer 2.0 - Führen statt Managen - Leisten statt arbeiten.

Zur rechten Zeit das rechte Wort.
Warum manche ewig verhandeln - und andere ganz einfach bekommen was sie wollen.

Konflikte schneller lösen - als Sieger

Veröffentlichungen

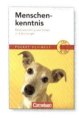

Kurzbiografie

Kurt-Georg Scheible, Bankkaufmann und Diplom-Wirtschaftsingenieur, ist selbst Unternehmer. Bereits 1994 übernahm er eine Papiergroßhandlung, die er um einen Verlag, einen Büroversorger und eine Vertriebsgesellschaft für Glückwunschkarten erweiterte. Mit Partnern gründete er 1998 ein Ingenieurbüro zur Nutzung regenerativer Energien, das seit 1999 einen Windpark betreibt.

Seine aktuellen Unternehmen – Kurt-Georg Scheible führt diese mit den von ihm selbst entwickelten Grundsätzen für Unternehmer 2.0 – importieren unter anderem italienischen Spitzenkaffee.

Als Gründungspartner des Deutschen Instituts Mittelstand für Entwicklung, Sicherung und Nachhaltigkeit stellt er dieses Wissen und diese Erfahrung heute auch anderen mittelständischen Unternehmern zur Verfügung.

Sein Schwerpunkt ist Verhandeln in Führung und Verkauf. Neben seinen Keynotes und Seminaren begleitet er Unternehmer und Top-Manager in nachhaltigen Einzel-Trainings und -Coachings. Als Verhandlungsexperte unterstützt er vor, während und nach Verhandlungen und geht als einer der wenigen auch selbst mit an den Verhandlungstisch.

Kurt-Georg Scheible ist Dozent an internationalen Business-Schools und der Mediationsausbildung des Deutschen Familienrechtsforums e.V. Er ist Mitglied der GSA German Speakers Association und weiterer namhafter Verbände. Als Autor veröffentlicht er Fachbeiträge und Bücher. Sein jüngstes Buch »Menschenkenntnis. Personen richtig einschätzen und überzeugen« ist im Cornelsen-Verlag erschienen.

Referenzen und Kundenstimmen

Teilnehmerstimmen:
»Erste Erfolge sind mir mit Ihren Empfehlungen bereits gelungen – sowohl privat als auch beruflich.«
»Workshops und Seminare haben bei meinem vorherigen Arbeitgeber, der AUDI AG, regelmäßig stattgefunden. Selten jedoch habe ich ein derartiges Vermögen des Trainers gespürt«
»Viele Tipps und strategische Gesprächsvorlagen, sehr gut!!«
»... lenkt den Blick aufs Wesentliche einer menschenorientierten Führungskraft«
»... sehr kurzweiliger, interessanter Vortrag, der mir trotz 10-stündigem Arbeitstag noch Laune gemacht hat.«

Referenzen:
EnBW, RWE, CapGemini, Kienbaum Consultants, Coaching Center St. Gallen, mab Business School Zürich, Dresdner Bank

Auszeichnungen und Pressestimmen

Goldene Ehrennadel der Wirtschaftsjunioren 2008
Landespreis der Wirtschaftsjunioren 2002
Bundespreis der Wirtschaftsjunioren 2002

GABRIELE SCHENDL-GALLHOFER

Themen

Mythos »Inneres Feuer«

Die Führungskraft als Zündfunke für den Durchbruch

Endlich Erfolg!- überzeugend Verkaufen mit dem inneren Feuer.

Der ChangeBooster®
PC-Analyseinstrument zur Messung der Umsetzungskraft

Veröffentlichungen

Kurzbiografie

Gabriele Schendl-Gallhofer, 1962 in Graz geboren, seit 1984 in der Schweiz. verheiratet, 2 Kinder.
Sie studierte an der Pädagogischen Akademie in Graz. Mehrere Jahre war sie Operationsmanager eines internationalen Konzerns.
Die Lähmung ihres rechten Armes war der entscheidende Einschnitt, der sie aus dem Berufsleben zuerst in die Invalidität führte und aus heutiger Sicht den Grundstein für Ihre jetzige Tätigkeit legte. Mit Hilfe von Coachingmethoden war es ihr möglich, das Schulter-Armproblem zu beseitigen. Diese Erfahrung der Kraft der Gedanken am eigenen Körper brachte sie dazu, an Coachingausbildungen teil zu nehmen.

Frau Schendl-Gallhofer ist seit 1999 international als Coach im Persönlichkeitsbereich tätig. Vor 6 Jahren war es ihr gelungen ein PC-basiertes Messinstrument zu entwickeln, mit dessen Hilfe es möglich ist, die innere Einstellung der MitarbeiterInnen zum aktuellen Projekt sichtbar zu machen, den ChangeBooster®. Aus der langjährigen praktischen Erfahrung in der Anwendung dieses Instrumentes, vermittelt sie Inhalte zum Thema Change und Mensch, die einen zusätzlichen Fokus in der Analyse und im Aufbau eines Changeprozesses oder Projektes ermöglichen.

Sie glauben zum Thema erfolgreichen Verkauf alles zu wissen? Frau Schendl-Gallhofer wird Sie auch hier durch die Erfahrungen mit der Anwendung des ChangeBooster® mit neuen Erkenntnissen begeistern und überraschen. »Ihr Vortrag war ganz anders, als was ich bis jetzt kenne, der hat mich sehr nachdenklich gemacht und inspiriert.« So die Aussage eines Veranstalters im Mai 2010. Ueberzeugen Sie sich selbst.

Referenzen und Kundenstimmen

»Das Thema ist sehr gut angekommen. Als Veranstalter bekam ich viele positive Teilnehmerfeedbacks ...« *T. Kappauf, PWHC*

»Die Folgegespräche mit einigen Teilnehmenden der Veranstaltung haben mir deutlich gemacht, dass die Umsetzung Ihrer Thesen machbar ist und auch durchgeführt wird ...« *R. Terboven, Kreisverwaltung Schwelm*

»Der Vortrag war von einer Leichtigkeit, wie sie nur von professionellen und selbstbewussten Referees vorgetragen werden kann ...«
R. Garrison, Arizona

»Anhand ihres eigenen Lebenslaufes stieß sie die hochkonzentrierten ZuhörerInnen auf Kernfragen ...« *P. Backhoff, Journalistin*

Auszeichnungen und Pressestimmen

Erfolgsexperte bei Joachim Klein 2010 und 2011

BERND SCHERER

Themen

Power of Mind im Business

Kreativitätstechniken im Business

Komplexe Verhandlungen mit schwierigen Kunden und in sonstigen Grenzbereichen

Erfolgreiche, nachhaltige Auftragsakquise bei Zukunfts- und Potenzial-Kunden

Veröffentlichungen

Kurzbiografie

Persönliche Daten:
Jahrgang 1948; verheiratet, 3 Kinder; lebt in Oostende/Belgien; Managing-Partner von Bernd Scherer Training®; bis Dezember 2006 u. a. Vorstand/Verwaltungsrat Sales & Marketing eines globalen Unternehmensnetzwerkes in Luxemburg; Senior Managing-Partner der AFL GmbH – Akademie für Führungskräfte und Leistungsträger

Ausbildungen:
Generalistische, kaufmännische, betriebswirtschaftliche und psychologische Grundausbildung, Trainee-Programm Vertrieb/Marketing, Geprüfter Trainer und Berater (BDVT), T'ai-Chi und Qi-Gong-Trainer, sonstige kontinuierliche Weiterbildung über 40 Jahre.

Berufserfahrung: Über 30 Jahre Vertriebs-, Marketing- und Managementerfahrung, über alle klassischen Stationen eines Großunternehmens: vom Marketing- und Vertriebstrainee über die Bezirksleitung, Gebietsverkaufsleitung und halbnationale Verkaufsleitung bis zur nationalen Gesamtverkaufsleitung, u. a. als Director für den Großkundenbereich im L'Oréal- Konzern. Zuletzt Vorstand/Verwaltungsrat Sales & Marketing eines internationalen Unternehmensnetzwerkes in Luxemburg. Ehemaliger Ultraathlet, Autor, Co-Autor und Dozent internationaler Vertriebs-, Marketing- und Stressbewältigungsseminare. Seit 1997 Managing-Partner von Bernd Scherer Training®. Dozententätigkeit (Auszug): Als Dozent bei der Akademie für Führungskräfte der Wirtschaft, Überlingen/ Bodensee und bei der NAA Nürnberger Akademie für Absatzwirtschaft tätig.

Seine Einstellung:

Persönlichkeit ist, was übrig bleibt, wenn man Ämter, Orden und Titel von einer Person abzieht.

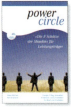

HERMANN SCHERER

Kurzbiografie

Hermann Scherer, MBA, studierte Betriebswirtschaft mit den Schwerpunkten Marketing und Verkaufsförderung und baute eigene Unternehmen auf, die alle zum Marktführer wurden. Parallel wurde er internationaler Unternehmensberater und Trainerausbilder der weltweit größten Trainings- und Beratungsorganisation.

Die Zusammenarbeit mit weit über 2.000 Marktführern hat ihm den Ruf des konsequent praxisorientierten Business-Experten eingebracht.

Die Süddeutsche Zeitung schreibt: »Er zählt zu den Besten seines Faches.« Er zählt seit vielen Jahren zu den TOP 100 Excellent Speakers, wurde mehrfach mit dem Excellence Award ausgezeichnet und das Magazin Focus zählt ihn zu den »Erfolgsmachern«.

Hermann Scherer hielt Lehraufträge an mehreren Universitäten, unter anderem an der Universität St. Gallen, und ist Autor von mehr als 20 Büchern, die bereits in über 15 Ländern erschienen sind.

Themen

Jenseits vom Mittelmaß
Spielregeln für die Pole-Position in den Märkten von morgen

CQ – Chancenintelligenz
Warum manche lebenslang Chancen suchen – und andere sie täglich nutzen

Referenzen und Kundenstimmen

»Unsere Veranstaltung war – nicht zuletzt dank Ihres lebendigen und erkenntnisreichen Vortrages ... ein Highlight für alle Teilnehmer.« *Ingo Warnke, Mercedes-Benz, Vertriebsorganisation Deutschland*

»Ihr Vortrag war das Beste, das ich in 25 Jahren Vertriebstätigkeit gehört habe!« *Thomas Wässa, W. & L. Jordan*

Auszeichnungen und Pressestimmen

»Er zählt zu den Besten seines Faches. Seine Vorträge und Seminare sind gefragt – bei Marktführern und solchen, die es werden wollen.« *Süddeutsche Zeitung*

»Wer Vorträge über Wirtschaftsthemen üblicherweise für steif und einschläfernd hält, hat Hermann Scherer noch nicht gehört.« *Donaukurier*

»Ein fulminantes, rhetorisches Feuerwerk.« *LBE*

»Mit Humor und rhetorischer Genialität fegte Scherer über die Bühne und zeichnete dabei Beispiele für Motivation und Überzeugungskraft an die Tafel.« *Main-Post*

»Ein Virtuose seines Faches.« *Nordbayrischer Kurier*

»Die Spitzentrainer und Highlights des Jahres.« *RTL*

- Top 100 Excellent Speaker
- Mitglied im Q-Pool 100
- Top 10 Referent Conga Award
- Excellence Award
- »Professional Member« der GSA – German Speakers Association

Veröffentlichungen

JIRI SCHERER

Kurzbiografie

Jiri Scherer studierte Betriebswirtschaft und absolvierte ein Master of Advanced Studies in Innovation Engineering in der Schweiz.

Er hat mehrjährige Erfahrung in der Moderation von Innovationsworkshops und dem Durchführen von Kreativitätsseminaren. Er ist Gastdozent an Fachhochschulen und Universitäten sowie Trainer bei verschiedenen Weiterbildungsinstitutionen in der Schweiz, Deutschland und Österreich.

Er ist Autor mehrerer Bücher sowie diverser Fachartikel zum Thema kreatives Denken und Innovation. Er ist einer der besten Speaker zum Thema Kreativität.

Seine Referate bestechen durch fundiertes Wissen, intelligenten Humor und mehrere Aha-Effekte. Er hält Seminare und Referate auf Deutsch und Englisch.

Themen

Business-Creativity und Innovation
Aus Denkmustern ausbrechen
Häufige Kreativitätsbarrieren
Kreativität als Input und Innovation als Output

Kreativitätstechniken
Was ist kreatives Denken?
Chaotische und strukturierte Kreativitätstechniken
Parallelität von Kreativität und Humor

Veröffentlichungen

Referenzen und Kundenstimmen

Scherer arbeitet für unterschiedlichste Firmen wie: AstraZeneca, McKinsey, Schweizer Fernsehen, Bayer, Daimler, IBM, Migros, PricewaterhouseCoopers, Swiss Ice Hockey, Rotes Kreuz, Tchibo, UBS Credit Suisse, Fiducia, Universität St. Gallen, Underberg, Schlumberger, Schweizer Fernsehen, Siemens, Thalia, Swiss

»... die Qualität des Abends, der Referent und sein Workshop waren ausgezeichnet.« *Stefan Zettel, CEO Ascentiv*

»Motivierend, humorvoll und lehrreich zugleich. Gerne wieder.« *Max Koch, Geschäftsführer*

Auszeichnungen und Pressestimmen

»... ein Feuerwerk an kreativen Ideen und Anregungen.« *Zürcher Oberländer, 1. Juli 2007*

»Jiri Scherer ... wusste die Anwesenden mit seinem interaktiven Referat zu begeistern.« *Landbote, 13. Dezember 2005*

Jiri Scherer ist Preisträger des »New Entrepreneurs in Technology and Science Award« der Gebert Rüf Stiftung.

PROF. DR. JOSEF SCHERER

Themen

Der Managerrisikokoffer
Zur Schaffung und Steigerung dauerhafter Unternehmenswerte

Die Krise als Chance
Erfolgreich durch die Wirtschaftsflaute

Wir lieben Umsatz!
Nachhaltigen Mehrwert schaffen im Bereich Vertrieb mit Risiko-, Chancen- und Compliancemanagement

Veröffentlichungen

Kurzbiografie

Rechtsanwalt Prof. Dr. Josef Scherer ist seit 1996 Professor für Wirtschaftsprivatrecht und Unternehmensrecht, insbesondere Risiko- und Krisenmanagement, Sanierungs- und Insolvenzrecht an der Fachhochschule Deggendorf. Zuvor arbeitete er als Staatsanwalt und Richter am Landgericht in einer Zivilkammer.

Neben seiner Tätigkeit als Seniorpartner der Kanzlei für Wirtschaftsrecht Prof. Dr. Scherer, Dr. Rieger & Partner erstellt er wissenschaftliche Rechtsgutachten und agiert als vorsitzender Richter in Schiedsgerichtsverfahren. Seit 2001 arbeitet er auch als Insolvenzverwalter in verschiedenen Amtsgerichtsbezirken.

Prof. Dr. Josef Scherer ist gesuchter Referent unter anderem beim Fachanwaltslehrgang für Insolvenzrecht, bei Managementschulungen in namhaften Unternehmen und Konzernen sowie im Weiterbildungsprogramm des Senders BR-alpha. In Kooperation mit TÜV konzipierte er als Studiengangsleiter und Referent den Masterstudiengang Risikomanagement und Compliancemanagement an der FH Deggendorf.

Seine Forschungs- und Tätigkeitsschwerpunkte liegen auf den Gebieten Compliance- und Risikomanagement sowie des Vertragsrechts, Produkthaftungsrechts, Sanierungs- und Insolvenzrechts und der Managerhaftung.

Schwerpunkte:
Beratung
Mediation
Vertretung in Prozessen
Schiedsgerichtsverfahren

DR. RALPH SCHEUSS

Themen

Zukunftsstrategien

Radikale Innovation

Change-Management

Dynamisierung

Veröffentlichungen

Handbuch der Strategien
220 Konzepte der weltbesten Vordenker - Campus Verlag, Frankfurt/New York

Die 5 Zukunftsstrategien
Impulse für mehr Wachstum, mehr Dynamik und mehr Geschäft - Walhalla Metropolitan, Regensburg/Berlin

Der Sprung des Drachen
Strategien gegen Hyperwettbewerber aus Asien - Campus Verlag, Frankfurt/New York

Crazy Business
Strategien der Leader - Walhalla Metropolitan, Regensburg/Berlin

Kurzbiografie

Dr. Ralph Scheuss ist international tätiger Strategieberater, Keynote-Speaker und Bestseller-Autor aus St. Gallen (Schweiz). Seine Tätigkeit als Wettbewerbsstratege führt ihn in die aggressivsten Businesszonen der Welt, wo er Geschäftsimpulse für mehr Innovation, mehr Wachstum und mehr Dynamik entwickelt.

Er unterstützt Firmen bei ihrer strategischen Positionierung, beim Aufspüren aktueller Business-Trends sowie im Innovations- und Change-Management. Zudem referiert er häufig auf Symposien, Kongressen und Events. Zu seinen Kunden zählen führende international tätige große und mittelständische Unternehmen und Organisationen. Dr. Scheuss ist als innovativer Denker und dynamischer, praktischer Impulsgeber bekannt.

Ralph Scheuss besitzt drei akademische Abschlüsse der Universität St. Gallen. Sein Know-how vertiefte er unter anderem an der Anderson Graduate School of Management der University of California in Los Angeles. Ralph Scheuss ist Mitglied der World Future Society, der Strategic Management Society sowie akkreditierter Berater des Institute of Management Consultants in New York.

Dr. Scheuss veröffentlichte mehrere Bücher und Fachartikel zu Strategie-, Innovations- und Changethemen. Einige davon sind zu Bestsellern in ihrem Fachgebiet geworden.

Referenzen und Kundenstimmen

»Dr. Scheuss führt aus dem Alltagstrott heraus und lässt einen über das Wesentliche nachdenken, bestimmte Dinge überdenken und fördert das Querdenken. Dr. Scheuss denkt unkonventionell. Er ist erfrischend.« *Dr. Ulrich von Bassewitz, Chief Financial Officer, APG AG (Affichage Holding AG, Schweiz)*

»Dr. Scheuss bietet innovative Impulse mit einer Fülle von Ideen für mehr Dynamik, mehr Wachstum und mehr Business. Lebendig ist die Mischung aus Analyse, Success-Storys, Checklisten, Impulsen und Beispielen.« *Echo zum Sonntag - Eine Erfolgsnische finden*

Auszeichnungen und Pressestimmen

»Anhand zahlreicher Beispiele aus der Praxis macht Ralph Scheuss deutlich, dass nur die Spezialisierung der Angebote sowie die Differenzierung gegenüber anderen Anbietern auf Dauer zum Erfolg führen. Originalität und Einzigartigkeit sind ein Muss, denn allein der Hyper-Value – der Mehrwert – eines Produktes überzeugt die gut informierten und anspruchsvollen Kunden von heute.« *Praxisjournal*

»Angesichts der aktuellen schweren Turbulenzen an den Weltmärkten ist das Buch von Dr. Scheuss wohltuend. ... Das Werk inspiriert den Intellekt und bereitet Vergnügen beim aktiven Lesen.« *GfPM - Gesellschaft für Produktionsmanagement*

HEIDI SCHILLER

Themen

Business im Busch
Erfolgreiche Projekte in Entwicklungsländern

Guten Gewissens Geld verdienen
Ethische Investments in Afrika

Soziales Unternehmertum
Gesellschaftliche Verantwortung mit Gewinn

Wie kommt Strom in den Busch?
Ländliche Elektrifizierung in Afrika

Veröffentlichungen

Afrika Business Blog.
www.femity.net

Gibt es schlechten Solarstrom?
Kommentar, globalo, Magazin für nachhaltige Zukunft, Nr. 6/2009

Stromversorgung: Kreative Investoren gefragt
Africa live, Nr. 4/2008

Soziales Unternehmertum: Die Quadratur des Kreises?
Africa live, Nr. 3/2008

Kurzbiografie

»Verantwortung übernehmen bedeutet nicht, Geld zu verschenken. Verantwortung übernehmen heißt, Perspektiven vor Ort zu schaffen.«

Diplom-Kauffrau Heidi Schiller ist leidenschaftliche Afrika-Unternehmerin und Expertin für Social Investments. Seit 2003 entwickelt und realisiert sie nachhaltige Geschäftsmodelle für das ländliche Afrika.

Schillers Herz schlägt für konkrete Projekte, die vor Ort profitabel arbeiten. Der klassischen Entwicklungshilfe steht sie skeptisch gegenüber. Sie setzt auf nachhaltige Entwicklung durch gezielte Investitionen. Mit ihren Projekterfahrungen lenkt die Unternehmerin den Blick ihrer Zuhörer auf das wirtschaftliche Potenzial des Schwarzen Kontinents. Ihre Schwerpunkte: ländliche Entwicklung, erneuerbare Energien und Kleinunternehmen.

In ihren Vorträgen nimmt Schiller ihr Publikum mit auf die Reise ins ländliche Afrika. Authentisch und lebhaft erzählt und mit Bildern und Filmen untermalt, zieht sie ihre Zuhörer in den Bann und räumt mit so manchem Afrika-Klischee auf. Begeisterte Teilnehmer schätzen ihre klaren Standpunkte, konkreten Beispiele und kuriosen Anekdoten.

Heidi Schiller ist Mitglied der German Speakers Association (GSA) und Mentee im begehrten Mentoring-Programm. Sie führt den »Afrika Business Blog« und publiziert regelmäßig in den Fachmedien.

Referenzen und Kundenstimmen

»Schiller fand bei ihrer Präsentation eine gute Mischung aus Konzepten, plastischen Beispielen sowie provokativen Thesen und Fragen. Sie hat eine lebhafte Diskussion über Geschäftsmodelle in Afrika ausgelöst und wertvolle Denkanstöße gegeben. Ich empfehle KAÏTO allen Unternehmen, die in Richtung Afrika gehen wollen.« *Guido Glania, Geschäftsführer der Alliance for Rural Electrification (ARE), Brüssel*

»Authentisch, professionell, mitreißend. Was von Heidi Schiller geboten wurde, übertraf alle Erwartungen: Ihr Vortrag ›Wie kommt Strom in den Busch?‹ fesselte das gesamte Publikum und erntete zu Recht großen Beifall.« *Dr. Andreas Rückemann, CEO heliatek GmbH, Dresden*

Auszeichnungen und Pressestimmen

2006 1. Platz im Businesswettbewerb Best Concept, einem Geschäftsideen- Wettbewerb für Gründerinnen in Bayern

2009 Deutscher Solarpreis von EUROSOLAR in der Kategorie »Eine-Welt-Zusammenarbeit«

»Besser als Entwicklungshilfe« *globalo, Magazin für nachhaltige Zukunft, Nr. 5 2009. Titel-Story*
»Energie für den Westen Afrikas« *FORUM Nachhaltig Wirtschaften, 3/2008*
»Energiebündel für Afrika« *Süddeutsche Zeitung Nr. 144, 26.07.2007*

THOMAS SCHLEICHER

Themen

ACHTUNG PENSIONSGEFAHR!
Wie Sie einen Fluch (wieder) vergolden.

Achtung Falle!
Wie man die betriebliche Altersversorgung per Gehaltsumwandlung richtig macht.

Die Gehaltsumwandlung
Wie Sie aus einer Pflicht ein Profit-Center kreieren.

Veröffentlichungen

Kurzbiografie

Thomas Schleicher ist Business-Experte für betriebliche Pensionsberatung und Strukturierung. Als einer der ersten Abgänger europaweit absolvierte er 2005 den Studiengang Betriebswirtschaft für betriebliche Altersversorgung. Trotz seines jungen Alters blickt er bereits auf mehr als 10 Jahre Praxis in der Beratung rund um die Betriebsrente zurück. Sein Wissen brachte er bis heute bei über 80 Unternehmen aller Couleur ein. Zu seinen Kunden zählen neben den Unternehmern selbst u.a. nahmhafte Versicherungsgesellschaften, Steuerberater, Finanzdienstleister, Unternehmensberater, kurz: alle, die mit der Betriebsrente zu tun haben.

2010 veröffentlichte er seine gesammelten Erkenntnisse über die Betriebsrente des Unternehmens in seinem Buch »ACHTUNG PENSIONSGEFAHR!«. Mit seiner auf betriebswirtschaftliche Aspekte ausgerichteten Sichtweise ist er einer der ersten Autoren in Deutschland, der die oftmals als komplex empfundene Materie Betriebsrente in die Sprache des Unternehmers übersetzt hat.

Thomas Schleicher vermittelt in seinen Vorträgen, wie man den Fluch »betriebliche Pensionsvorsorge« (wieder) in den Griff bekommt. Die Betriebsrente ist seiner Überzeugung nach ein Profit-Center, welches willkommene Profite für Mitarbeiter und Unternehmer erzeugt, für die man nicht mehr arbeiten muss.

Referenzen und Kundenstimmen

»Geht nicht gibt es nicht. Nach 5 Jahren praktischer Erfahrung mit Herrn Schleicher kann ich dies absolut unterstreichen.« *Günther Müller, Dipl.-Kfm./Steuerberater/Wirtschaftsprüfer, Pforzheim*

»Die Beratung und Lösung auf den Geschmack des Kunden auszurichten ist eine selten anzutreffende Gabe – Herr Schleicher besitzt diese.« *Angelika Löbich, Steuerberaterin, Ilsfeld*

»Danke für Ihre ausgiebige und kompetente Beratung. Dank Ihrer Hilfe wurde endlich das Thema Altersvorsorge von vielen Mitarbeitern in Angriff genommen.« *Edgar Eder, Geschäftsführer HMR Automatisierungs- und Prozesstechnik GmbH, Weinheim*

»Herr Schleicher zeigt in seinen Vorträgen klar auf, dass die eigenen Motive und Möglichkeiten die Basis für – teilweise verblüffend einfache – Lösungen beim Umgang mit der Betriebsrente ergeben.« *Rainer Witt, Postbank Finanzberatung AG, Berlin*

»Die Art und Weise der Wissensvermittlung war sehr gut und absolut nachvollziehbar. DANKE!« *Lars Rieger, Standard Life Versicherung AG, Frankfurt*

PROF. DR. MARCO SCHMÄH

Kurzbiografie

Professor Dr. Marco Schmäh ist ein Mann der Praxis und hat sich auf Vertriebsthemen spezialisiert. Nach dem Studium des Wirtschaftsingenieurwesens an der Technischen Universität Karlsruhe folgte eine Promotion zum Thema Dienstleistungen im Business-to-Business-Marketing an der Freien Universität Berlin. Danach war Schmäh bei einem internationalen Großkonzern und Weltmarktführer aus der Elektronikindustrie zuerst als Marketing-Manager für das internationale Service-Geschäft der fossilen Energieerzeugung zuständig, anschließend als Account-Manager im Vertrieb Afrika/Asien/Pazifik.

Seit 1996 ist er als Dozent für Vertrieb und Marketing sowie als Unternehmensberater tätig. Im September 2001 wurde er auf den Lehrstuhl für Marketing und E-Commerce an der ESB Business School Reutlingen berufen. Schmäh gilt als der Experte zum Value Based Selling© in Deutschland. Dank seiner extrem überzeugenden Inhalte und seines unterhaltsamen Vortragsstils ist er bei der Referentenagentur Sales Motion mit fünf Sternen gelistet.

Themen

Value Based Selling – mit wettbewerbsrelevanten Vorteilen zum Erfolg

Die Geheimnisse der Spitzenverkäufer – Verbesserungspotenzial für mehr Erfolg im Verkauf

Leistung und Motivation in Zeiten der Veränderung

Was Unternehmen erfolgreich macht – eine Analyse von Spitzenunternehmensgründern

Veröffentlichungen

Über 100 Beiträge von und über Prof. Dr. Marco Schmäh in Fachzeitschriften und Zeitungen (Handelsblatt, WirtschaftsWoche, manager magazin-online, acquisa, absatzwirtschaft, salesBUSINESS)

Referenzen und Kundenstimmen

»... die gestrige Veranstaltung mit Herrn Prof. Schmäh war ein toller Erfolg. Er hat das Thema – Value Based Selling – praxisnah, humorvoll und mit einer sehr professionellen Einstellung unseren Partnern nähergebracht. Vielen Dank für die tolle Empfehlung und die sehr angenehme Zusammenarbeit. Wir werden Ihr Haus und Herrn Prof. Schmäh gerne weiterempfehlen ... « *Humberto Duarte – PIN (Partner im Netzwerk)*

»Herr Professor Schmäh überzeugt durch profunde Kenntnis des BtoB-Marketings, die er mit Enthusiasmus, rhetorischer Brillianz und Humor vermittelt. Er gehört für mich zu den herausragenden Rednern der deutschen Marketing-Welt/-Szene.« *Dr. Matthias Kirchherr, Vice President Sales Europe Lenze AG*

»Das Feedback aller Mitarbeiter war sensationell. Die anschließende Diskussion zeigte, dass der Vortrag den Nerv der Mitarbeiter getroffen hat. Jeder Mitarbeiter konnte für sich neue Erkenntnisse für seine Aufgaben mitnehmen.« *Detlef Kuritke, MdGL, Siemens AG-Deutschland – Region Südwest*

»Die Vorträge von Prof. Dr. Schmäh unterscheiden sich im Gegensatz zu vielen anderen Referenten – und das ist vielleicht das größte Kompliment – durch eine überaus hohe ›Verständlichkeit‹. Seine Vorträge transportieren – durch exzellente Rhetorik untermalt – vielfältige Informationen, die nachvollziehbar, logisch und sehr gut strukturiert sind. Last but not least: Vorträge von Prof. Schmäh sind einfach ›kurzweilig‹.« *Thomas Becker, Geschäftsführer, Bonfiglioli Deutschland GmbH*

Auszeichnungen und Pressestimmen

Best Lecturer ESB BUSINESS SCHOOL 2009

»Forscher Schmäh verbindet in seiner Unternehmensberatung die Theorie mit der Praxis.« *acquisa*

CHRISTINE SCHMIDHUBER

Themen

Die Networking-Queen

Miss Perfect und die innere Balance

Die erfolgreiche Solounternehmerin und ihr Weg dorthin

Mit Mentoring zu neuen Jobperspektiven

Veröffentlichungen

Fach- und Lifestyleartikel u. a.:

Kulinarischer Report des Deutschen Buchhandels 2009–2010

DER KULINARIKER – Das Magazin für mehr Genuss

tempra365 – Das Management-Magazin für Office Professionals

Vorwort im Buch ›Das professionelle 1x1/Office Management‹ von Sabine Kramer & Marion Etti

(Leit-)Artikel in d. Jahrbüchern 2003–2007 ›Modernes Office-Management‹ aus dem Alabasta Verlag 2000

Kurzbiografie

Christine Schmidhuber, 1968 geboren, startete im internationalen Hotelkonzern, zuletzt in der Konzernzentrale während der Umsetzung der Mehrmarkenstrategie. Unter anderem folgte die Position Assistentin der Geschäftsleitung in einem führenden Architekturbüro, für das sie zudem viele PR- und Marketingprojekte umsetzte. Daran anschließend folgten mehrere Jahre als Assistentin eines persönlich haftenden Gesellschafters einer renommierten Privatbank. Parallel dazu war sie von 2001 bis 2007 Mitglied des geschäftsführenden Vorstands des Bundesverbandes Sekretariat und Büromanagement e. V. Zusammen mit der 1. Vorsitzenden verantwortete sie die Zielsetzung und strategische Ausrichtung sowie die Bundesgeschäftsstelle in Bremen.

Sie baute die »tempra365 – Das Management Magazin für Office Professionals« mit auf, initiierte und leitete ein bundesweites Mentoringprojekt und ist zudem ausgebildete Mentorin. Sie plante und organisierte diverse Fachtagungen, Vortragsabende und deutschlandweite Office-Foren mit großen Fachausstellungen. Sie war mit zuständig für die PR- und Marketingaktivitäten. Christine Schmidhuber rief den bundesweiten Aktionstag »bSb Office Day« ins Leben und vertrat den Verband im Deutschen Frauenrat. Seit dieser Zeit hat sie viele Vorträge im In- und Ausland gehalten, Workshops geleitet, Fachtagungen moderiert. Für den bSb gab sie viele Rundfunk-(Live-)Interviews und war zuletzt im ZDF-Morgenmagazin im April 2009 zu sehen. Seit Jahren schreibt sie Fachartikel für Fachzeitschriften, Online-Magazine und Bücher zu beruflichen Themen, Reisen, Kulinarik, Lifestyle. Sie ist Sprecherin der Jury für die Produkte des Jahres der PBS-Industrie und hält die Laudatio auf der Messe »Paperworld«. Im Sommer 2009 macht sie sich selbstständig mit CS Fine Communications: Text – Training – Konzeption.

Referenzen und Kundenstimmen

»Ihren Impulsvortrag fand ich klasse. Sehr inspirierend, informativ und authentisch. Ihre Praxisbeispiele sind nachvollziehbar, kommen an und machen das Gesagte erlebbar. Sie weiß definitiv, wovon sie spricht.«
Monika Gunkel, 1. Vorsitzende Bundesverband Sekretariat und Büromanagement e. V.

»Als Rednerin findet sie stets die passenden Worte, ansprechend, zutreffend, spannend, unterhaltsam.« *Horst-Werner Maier-Hunke, Durable*

DIRK SCHMIDT

Themen

Gewonnen wird im Kopf
Wie Sie es schaffen, Spitzenleistung im Unternehmen anzuwenden

Motivation und Verkauf = der Schlüssel zum Erfolg

Motivation für die Märkte von morgen
Wie Sie Ihr Unternehmen strategisch zum Erfolg führen

Veröffentlichungen

Kurzbiografie

Dirk Schmidt ist Experte für Motivation, Redner und Autor.
Einem großen Publikum wurde er durch TV-Sendungen bei RTL (»Der Motivator«), SAT1, WDR, N24 und Kabel1 bekannt.

Anlehnend an seine Bücher und Veröffentlichungen hält er Vorträge zum Thema Motivation.

Mit Strategien aus dem Leistungssport vermittelt Dirk Schmidt in begeisternder Art & Weise Konzepte für Ihren UnternehmensErfolg.

Zu seinen Kunden zählen u.a. Allianz, Bayer, Commerzbank, Deutsche Bank, DHL, Dr. Oetker, HDI, Melitta, Mercedes, Microsoft und WAZ Mediengruppe.

Profitieren Sie vom Know-how des führenden Experten, um Ihre Ziele zu erreichen!

Referenzen und Kundenstimmen

»Sämtliche Teilnehmer waren von der Veranstaltung begeistert, und selbst alte ›Hasen‹ konnten bestätigen, dass sie noch nie zuvor eine solch exzellente Motivationsveranstaltung erlebt haben.« *Martin Maciossek, Seidel GmbH + Co.*

»Sie haben mit viel Charme, Witz und vor allem mit Ihrer eigenen Motivation mit dazu beigetragen, dass unsere Veranstaltung zum Erfolg wurde.« *Christine Foest, Microsoft Deutschland GmbH*

»Die Veranstaltung war von der ersten bis zur letzten Minute ein Erfolg, auch ist in unserem Unternehmen ein neuer Geist eingezogen und die Motivation der Mitarbeiter wurde auf ein anderes Niveau gehoben.« *Volkmar Gryschok, STRABAG*

Auszeichnungen und Pressestimmen

»Der Motivationsexperte Dirk Schmidt« *WDR*

»Dirk Schmidt ist der Erfolgstrainer!« *N24*

KERSTIN K. SCHMIDT

Kurzbiografie

Kerstin K. Schmidt, geb. 1978, ist selbstständig als Unternehmensberaterin, Trainerin und Coach. Nach ihrer Ausbildung als Industriekauffrau war sie 10 Jahre im Personalwesen in verschiedenen Branchen tätig, zuletzt als Human Resources Manager. Während dieser Zeit hat sie die Prüfungen zur Geprüften Betriebswirtin, Geprüften Personalfachkauffrau sowie die Ausbildereignungsprüfung erfolgreich abgeschlossen. Im August 2009 hat sie sich selbstständig gemacht im Bereich Karriere-, Bewerbungs- und Prüfungscoaching, Change Management, berufliche Weiterbildung, um ihre Erfahrungen weiterzugeben. Daneben ist sie seit 2006 als Prüferin an verschiedenen IHKs tätig. Derzeit schreibt Kerstin K. Schmidt an drei fachlichen Ratgebern zu den Themen »Prüfungsvorbereitung«, »Vorstellungsgespräch« und »Personalführung«.

Themen

Menschliche Personalführung

Welcher Typ Führungkraft sind Sie?
Und wie gehen Sie auf die verschiedenen Mitarbeitertypen ein?

Entspannt ins Vorstellungsgespräch

Entspannt in die Abschlussprüfung

NICOLA SCHMIDT

Kurzbiografie

Nutzen Sie die Chance des ersten Eindrucks. Sie ist Ihre größte.

Nicola Schmidt, geb. 1967, ist Expertin für Ihre visuelle Kompetenz. Mit Charme und Herzblut zeigt sie in ihren spannenden Trainings die Wirkung und Darstellung der Kleidung und der Umgangsformen im Business.

Als studierte Textilmanagerin arbeitete Nicola Schmidt viele Jahre als selbstständige Unternehmerin. Die Erfahrungen in unterschiedlichen Bereichen weckten das Interesse nach einer neuen Herausforderung. Somit begann sie ihr Tätigkeitsfeld weiter auszubauen und sich weiter zu spezialisieren.

Sie verbindet ihre Begeisterung für Menschen, Mode und Stil und sorgt dafür, dass Ihre Persönlichkeit einen authentischen Auftritt mit einem bleibenden Eindruck hinterlässt.

Referenzen und Kundenstimmen

Brors Garden Design; Cutwater; Gutshof Zens; Pleoma

Themen

Kompetenz sichtbar machen - authentisches Auftreten und Kleidung
Das Firmenimage wird über die Mitarbeiter kommuniziert

Hinterlassen Sie mit Ihrem Auftritt einen bleibenden Eindruck
Sich innerlich und äußerlich stärken - mit Ausstrahlung überzeugen

Farben - Formen - Dresscodes
Lassen Sie Ihr Äußeres für sich sprechen und überzeugen Sie von Anfang an.

Business-Etikette/moderne Umgangsformen

MARTINA SCHMIDT-TANGER

Themen

Charisma
Ist Charisma lernbar und lebbar?
Charisma für Führungskräfte

Coaching
Erfolgsfaktor Coaching; Was ist Coaching, was ist es nicht?

Female Power
Status und Sprache im männlichen Umfeld Professional Women-Erfolgsvermeidungsstrategien

Veröffentlichungen

Kurzbiografie

Martina Schmidt-Tanger baut Brücken zwischen Business und Psychologie.

Seit 25 Jahren eine der führenden Stimmen in Deutschland zu den Themen »Coaching«, »Charisma«, »Business-Kommunikation«, »NLP« und »Female Business«.

Diplom-Psychologin mit Zusatzstudium in Biologie, Pädagogik, Medizin. Ausbildungen in Gruppendynamik, systemischer Familientherapie und anderen Verfahren der humanistischen Psychologie (Gestalt-, Gesprächs-, Verhaltens-, Körpertherapie). Beraterin für personale Kommunikation und Public Relations für die BZgA. Wirtschaftspsychologin und Organisationsentwicklerin für die Führungskräfte der Lufthansa AG. Als selbstständige Trainerin und Unternehmensberaterin Begleitung von Veränderungsprozessen und Coachings für deutsche und internationale Firmen.

Inhaberin von NLP professional und von CCC professional, Competence.Center.Coaching, Gründerin der Professional Coaching Association.

Sprecherin der German Speakers Association in der Kategorie »Professionell«. Mitglied der Ausbildungskommission des Deutschen Verbandes für NLP. Eine der ersten und erfahrensten Lehrtrainerinnen/-coaches in Deutschland.

Eine Sprecherin, die durch Erfahrung, Reife, akademische Ausbildung und gelebte Erkenntnissen in Wirtschaft und Psychologie ihren Inhalten Leichtigkeit und Substanz verleiht.

Autorin zahlreicher Fachartikel und erfolgreicher Bücher.

Referenzen und Kundenstimmen

»Ein Buch über Charisma? Kann man darüber überhaupt schreiben? – Wenn es jemandem gelungen ist, das Unfassbare des Charismas in Worte zu fassen ... und damit fassbarer zu machen, dann Martina Schmidt-Tanger mit diesem Buch.« *Dr. Marco Freiherr von Münchhausen*

»Für alle Coaches, die ihre charismatische Autorität als Coach ausbauen und andere darin unterstützen wollen, aus der Tiefe ihrer Persönlichkeit zu wirken und zu leuchten, ist dieses Buch ein Muss!« *Prof. Dr. Barbara Schott*

»Martina Schmidt-Tanger begeisterte mich zum einen mit ihrem außerordentlichen, höchst umfangreichen Wissen, zum anderen mit ihrem mitreißenden Temperament, ihrem außergewöhnlichen Humor und ihrer unwiderstehlichen Lebendigkeit, die wirklich alle Facetten des Lebens mit einschließt. Ihre vorzüglichen Entertainer-Qualitäten und ihre fabelhafte (Bühnen) Präsenz sind niemals Selbstzweck. Ich danke ihr für die wundervollen, herrlich lehrreichen Tage auf Sylt und ich freue mich schon jetzt auf die nächste Begegnung.« *S. Samel, Management- Trainerin, Fernsehmoderatorin*

ROLF SCHMIEL

Themen

Motivationspsychologie
»Wichtig ist auf dem Platz! Motivation für Manager und Vertriebler«

Führungspsychologie
»Ihre Mitarbeiter - Die unbekannten Wesen! Menschenkenntnis für Führungskräfte«

Verkaufspsychologie
»Das Casanova-Prinzip: Wie Sie Ihre Kunden verführen!«

Veröffentlichungen

Kurzbiografie

Rolf Schmiel ist Diplom-Psychologe und Motivationstrainer. Er zählt zu den führenden deutschen Experten der Erfolgspsychologie.

Seit über zehn Jahren begeistert er mit seinen wissenschaftlich fundierten und praxisnahen Erlebnisvorträgen die Kunden und Mitarbeiter renommierter Unternehmen, wie z.B. Audi, BMW, Deutsche Bank, Lufthansa, Nokia, Siemens und Vodafone.

Sein Psychologie-Studium finanzierte Rolf Schmiel komplett aus eigener Kraft – ob als Verkäufer, Moderator oder Straßenkünstler. So entdeckte er als Student nicht nur aus Büchern und Vorlesungen Faszinierendes über die Psyche der Menschen, sondern auch durch seine vielfältigen Erfahrungen, die er in den unterschiedlichsten Jobs sammeln konnte.

1999 gründet Rolf Schmiel sein wirtschaftspsychologisches Coaching-Institut. Er berät Firmen wie Henkel und die Würth-Gruppe. Durch seine engen Kontakte zu den Arbeitgeberverbänden fragen immer mehr Führungskräfte und Unternehmer nach seinen exklusiven Coachings. Darüber hinaus ist er als Buchautor und Gastredner tätig.

Rolf Schmiel lebt mit seiner Familie im Ruhrgebiet.

Referenzen und Kundenstimmen

»Am Festabend wurde Ihr rhetorisches Feuerwerk eifrig besprochen. Wir konnten uns an keinen besseren Festredner erinnern.« *Geschäftsführer T. Jünger, Arbeitgeberverband Holzindustrie & Kunststoffverarbeitung*

»Ein absolut hervorragender Vortrag! Insbesondere die Verbindung aus Infotainment und den für uns wichtigen vertriebsspezifischen Themen hat alle begeistert.« *Vertriebsleiter Deutschland J. Waldeck, Linde Gas*

»Ihre Botschaften haben Sie einprägsam und mit viel Wortwitz vermittelt. Sämtliche Rückmeldungen der Teilnehmer waren ausnahmslos positiv!« *Senior Vice President Dr. B. Andrich, Lufthansa Technik AG*

»Neben dem hervorragenden Vortrag möchte ich die professionelle Abwicklung und Organisation hervorheben. Selten trifft man Referenten, bei denen der professionelle Auftritt ud die Abstimmungso stimmig sind wie bei Ihnen.« *Pressesprecher J. Fink, Arbeitgeberverband Chemie Hessen*

Auszeichnungen und Pressestimmen

»Künstler des Jahres 2006 in der Sparte Business Entertainment«
Auszeichnung der Fachpresse der Eventbranche

»Deutschlands Redner Nr. 1 zu den Parallelen von Fußball und beruflichem Erfolg« *TOP MAGAZIN 03/09*

RALF SCHMITT

Themen

BusinessImpro
Überzeugen »frei Schnauze«

Zuhörer gewinnen – mit Spontaneität und Schlagfertigkeit

BusinessImpro aktiviert das spannendste Präsentationstool überhaupt: den Präsentator selbst!

Veröffentlichungen

Kurzbiografie

Ralf Schmitt, geb. 1975, ist festes Ensemblemitglied der »Steifen Brise«. Seine umfassende Ausbildung macht ihn zu einem echten Show-Allrounder. Er ist gelernter Veranstaltungstechniker, verfügt über eine durch Sprecherziehung und Gesangsunterricht geschulte Stimme und kann mehrere Instrumente spielen. Er lernte die Kunst der Moderation und des »Warm-up« von der Pike auf. Sein Comedytalent entdeckte und förderte er bei Mäc Härder und John Hudson, besuchte Improtheater-Workshops in Deutschland und den USA. In der Moderation (Commerzbank, Fifa Fanfest Mastercard, MTV) und im Warm-up (Lafer, Lichter, Lecker und DAS QUIZ mit Jörg Pilawa) zeigen sich Ralf Schmitts größte Stärken: seine Spontaneität und seine große Liebe zum Publikum, egal ob 10 oder 10.000.

Bei seinem Impulsvortrag »BusinessImpro« legt Ralf Schmitt zusammen mit Torsten Voller den Themenschwerpunkt auf authentisches Kommunizieren und kurzweiliges Präsentieren – eine Schlüsselqualifikation für berufliches Fortkommen. Denn wer andere für sich und die eigenen Ideen begeistern will, muss in jeder Hinsicht überzeugen können.

Referenzen und Kundenstimmen

»Aus unserer Sicht können wir ohne Einschränkung sagen, dass sie (die Beraterveranstaltungen) ein großer Erfolg gewesen sind.« *DekaBank*

»Durch Ihre professionelle und zielführende Arbeit haben Sie erreicht, dass die Veranstaltung ein großer Erfolg war. Alle Teilnehmer waren sehr begeistert und sprechen immer noch von Ihrer tollen Performance. Aus diesem Event ergeben sich für mich wieder viele positive und nützliche Erfahrungen, die ich in zukünftige Projekte einfließen lassen möchte.« *EnBW*

Auszeichnungen und Pressestimmen

»Schlagfertigkeit hilft in vielen Situationen. Wie man sie erlernen und trainieren kann, zeigten Torsten Voller und Ralf Schmitt.« *Saarbrückener Zeitung*

»Ein unterhaltsamer Abend mit praxistauglichen Tipps für mehr Überzeugungskraft im Beruf.« *Allgäuer Zeitung*

TOM SCHMITT

Themen

Der Macht-Code
Führen mit Status-Intelligenz®

Respekt – Wie Sie bekommen, was Sie wollen

Pole-Position für Verkäufer
Sich durchsetzen bei Preisverhandlungen

Die Körpersprache der Sieger
Erfolgreich mit Status-Intelligenz

Veröffentlichungen

Status-Spiele
2. Auflage Fischer-Taschenbuch

Endlich mehr Charisma
Artikel in Gentleys 2010

Kurzbiografie

Tom Schmitt, geb. 1954, ist Dipl.-Sozialpädagoge, Schauspieler und Regisseur (Ausbildung u. a. bei Whoopi Goldberg). Schon während seines Studiums der Theaterpädagogik gründete er 1978 die erste Improvisationstheatergruppe im deutschsprachigen Raum mit Auftritten in Deutschland und Westeuropa. Später dann Aufbau und Leitung eines Privattheaters.

1989 bis 1994 arbeitete er als Verkäufer und Leiter einer Niederlassung im Metallhandel. Seit 1994 ist er als Trainer selbstständig. Er ist Mitglied »Professionell« der German Speakers Association und »Expert Member of Club 55«, der Gemeinschaft europäischer Marketing- und Verkaufsexperten mit Sitz in Genf. Tom Schmitt ist Keynote-Speaker mit Humor und fundiertem Hintergrund – Lachen garantiert. Tom Schmitt ist der Status-Experte®.

Referenzen und Kundenstimmen

Deutsches Franchise Institut GmbH; EK-Großeinkauf, Bielefeld e. G.; Karstadt Warenhaus AG; Office Kongress; GWV Fachverlage GmbH

»Tom Schmitt hat als einer der Keynote-Speaker unseres Jubiläums-Office-Kongresses in Hamburg in jeder Hinsicht überzeugt. Sowohl sein Vortrag ›Pole-Position für die Assistentin: Wie Sie in jeder Situation die Oberhand behalten‹ als auch der darauf aufbauende Workshop ›Körpersprache‹ begeisterte die Teilnehmerinnen:
›Informativ und kurzweilig zugleich‹, ›Prädikat: psychologisch wertvoll!‹, ›Fesselnd wie ein Theaterstück‹, ›Sehr lebhafter und anschaulicher Vortrag. Neue Sichtweisen!‹« *Sonja Althoff, Projektleiterin Sekretariat Seminare, GWV Fachverlage GmbH*

»Vielen Dank für Ihr Engagement beim Deutschen Franchise-Tag. Ihr Vortrag wurde mit 1.4 (nach Schulnoten) als der beste von allen bewertet. Wir freuen uns jetzt schon auf die weitere Zusammenarbeit.« *Dipl.-Betriebsw. Peter Karg, Geschäftsführer Deutsches Franchise Institut*

»Krönender Abschluss unseres Events bildete Dein äußerst aufschlussreicher und prägnanter Vortrag, was bedeutet, dass sich sicherlich viele unserer Teilnehmer noch eine Weile mit dem Inhalt beschäftigen werden. Ich bin sicher, wir werden Dich einmal gerne wieder für einen unserer Events verpflichten.« *Gerald W. Huft, Geschäftsführer ICJ mice magazine*

Auszeichnungen und Pressestimmen

Gewinner des Trainingspreises in Gold und des Internationalen Deutschen Trainingspreises 2004 (Trainings-Oskar). Seine Verkaufsseminare sind Stiftung-Warentest-getestet – Qualität »Hoch«.

»Tom Schmitt zeigt uns mit seinem Modell, dass wir immer und überall mit dem Status spielen können.« *Financial Times Deutschland*

»Tom Schmitt – aus der Praxis für die Praxis. Kein langes Drumherum-Reden, sondern auf den Punkt gebracht. Tipps und Tricks, die einleuchten und sofort umgesetzt werden können. Genial einfach – einfach genial.« *Markus Hofmann*

AXEL SCHMITTKNECHT

Themen

Der Selbst-Entwickler

Ist Autorität erlernbar?

Gelebte Führungskunst

Kurzbiografie

Axel Schmittknecht ist Gründer der GROW AG und einer der innovativsten Berater und Trainer zum Thema Persönlichkeitsentwicklung. Mit seinem Engagement in der GROW AG berät er besonders Unternehmer, Führungskräfte und junge Potenzialträger zu den Themen Unternehmens- und Führungskultur sowie Persönlichkeitsentwicklung. Gemeinsam mit Dr. h.c. Beate Heraeus erschuf Axel Schmittknecht die Reihe »Macher von Morgen« für junge Menschen aus Unternehmerfamilien. Zusammen mit Prof. Dr. Wolfgang Reitzle realisierte er die Reihe »Von oben nach ganz oben«, die sich an Spitzenführungskräfte aus deutschen Konzernen richtet.

In den Vorträgen und Seminarprogrammen von Axel Schmittknecht werden neue und erprobte Erkenntnisse aus Psychologie, Neurobiologie sowie Philosophie in einen ökonomischen Kontext gesetzt und vermittelt

Referenzen und Kundenstimmen

Zu seinen zahlreichen Kunden zählen u. a. Bank Austria, Bosch, buw Unternehmensgruppe, Dyckerhoff, Hannover School of Health Management (HSHM), Hoerbiger, Lanxess und wir – Das Magazin für Unternehmerfamilien.

»Axel Schmittknecht hat alle Führungskräfte im Vertrieb unserer Bank nachhaltig in ihrer Persönlichkeitsentwicklung vorangebracht.« *Gerald Krenn, Leiter Retail Marketing Bank Austria*

»Axel Schmittknecht knüpft in seinem Seminar zum ›Selbst-Entwickler‹ von Jens Corssen unmittelbar an dessen Vortrag an. Mit Geschick, Humor und viel Einfühlungsvermögen nimmt Axel Schmittknecht den Faden auf und vertieft durch viele plastische Beispiele die Inhalte von Jens Corssen. Dabei bindet er sein Publikum durch viele Übungen ein und ermöglicht es so jedem Einzelnen, sich die Erkenntnisse wirklich zu eigen zu machen.« *Prof. Dr. Dr. Daniel Wichelhaus, Geschäftsführer der HSHM*

PROF. DR. CLAUDIUS A. SCHMITZ

Kurzbiografie

Prof. Dr. Claudius A. Schmitz ist Professor für Marketing und Handel an der Fachhochschule Gelsenkirchen, erfahrener Seminarist, Trainer und Referent auf vielen Kongressen. Bisher wechselte er zweimal die Rheinseite. Er wurde 1957 in Düsseldorf geboren, studierte und promovierte in Köln und ging dann für drei Jahre zur Fachhochschule in Düsseldorf. Seinem Lebensmotto ist er – seinem Nachnamen entsprechend – immer treu geblieben: Rheinischer Adel verpflichtet.

In seinen Vortragsveranstaltungen verbindet er fachliche Ernsthaftigkeit mit rheinischer Lebendigkeit, was ihm weit über die Grenzen des Rheinlands hinaus den Ruf eines sachverständigen »Meisters der Kurzweil« eingebracht hat. Seine Einlagen als Zauberer verleihen seinen Vorträgen und Moderationen einen ganz persönlichen Charme. Die Klaviatur des »Infotainments« spielt er wie kaum ein anderer.

Seine Gabe, Zuhörer in der freien Wirtschaft oder Studierende in Seminaren zu begeistern, resultiert aus seiner Leidenschaft für Kunst, Zauberei und Reisen. Hieraus schöpft er seine Ideen für neue Marketing- Konzepte, Vortragsthemen und sein neues Buch »Charismating©«. Auch hier geht es darum, den Leser mit neuen Ideen und Ansätzen in den Bann zu ziehen. Denn Kunden, Zuhörer und Leser wollen begeistert werden. Langeweile und ruinöser Preiswettbewerb sind die schlechtere Alternative.

Mit dieser Einstellung ist er im Rahmen seiner Unternehmensberatung ein geschätzter Berater (inter-)nationaler Unternehmen aus Industrie, Handel, Handwerk und dem Dienstleistungssektor.

Themen

Mehr Frequenz im Geschäft

Ihr Betrieb als Marke

Alles verändert sich.
Und was ist mit mir?

Charismating
Wie begeistere ich meine Kunden?

Veröffentlichungen

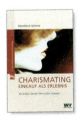

Herausforderung Zukunft

Das magische Unternehmen:
Was der Marketingmanager vom Zauberer lernen kann

Einkaufsverhalten im Handel

Referenzen und Kundenstimmen

»Für seine zweitägigen Moderationen und Fachvorträge auf dem Drogeriemarktforum erhält er zum achten Male die Note 1,1.« *Euroforum (Kongressveranstalter)*

»Prof. Schmitz hat unsere Kunden begeistert und amüsant motiviert.« *Peugeot*

»Höchst informativ und sehr kurzweilig.« *PepsiCo*

»Der absolute Höhepunkt unserer Tagungen Philip Morris: ein Genie der Unterhaltungskunst.« *Deutsche Post*

»Authentisch und sehr verschmitzt. Sein Publikum hätte ihm noch Stunden zuhören können.« *Genossenschaftsbanken*

Auszeichnungen und Pressestimmen

»Claudius Schmitz weiß geschickt die Klaviatur des Infotainments zu spielen. Langweilig wird es bei ihm keine Sekunde. Für den Abschlussvortrag des dritten Fellbacher Einzelhandelssprechtags gibt es tosenden Applaus.« *Stuttgarter Nachrichten am 18. Okt. 2009*

THILO SCHNEIDER

Themen

Die Kraft der persönlichen Einstellung

Die Kraft der verantwortungsbewussten Wahl

Das Fundament der Dankbarkeit

Den jetzigen Moment nutzen

Kurzbiografie

Thilo Schneider wurde im Jahr 1968 in Deutschland/Saarland geboren. Während seines betriebswirtschaftlichen Studiums 1987 hat Thilo Schneider sich in die Selbstständigkeit gewagt, die er bis dato nicht verlassen hat.

Ab 1989 wechselte er in die Finanzbranche und lernte alle themenspezifischen Bereiche kennen: Versicherungen, Kapitalanlagen, Finanzierungen, Private Equity usw. Er war verkäuferisch und beratend tätig, wobei er 1995 sein Tätigkeitsgebiet als Referent in den Bereichen Finanzen und Persönlichkeitsentwicklung erweiterte.

Ab 1997 zog sich Thilo Schneider immer mehr aus dem aktiven Finanzgeschäft zurück, um sich als Referent überwiegend der Erwachsenenbildung mit Schwerpunkt Finanzen und Persönlichkeitsentwicklung zu widmen. Mit Beginn dieser Tätigkeit besuchte er regelmäßig Seminare (national und international) zur eigenen Persönlichkeitsentwicklung und bildete sich mit mehr als 2000 Sachbüchern autodidaktisch weiter.

Thilo Schneider kann in seinen Vorträgen praxisbezogen und auf eigene Erfahrungen hinweisend referieren, so dass er maßgeSCHNEIDERte Konzepte und Ideen für seine Zuhörer anbieten kann, die diese schnell und effektiv umsetzen können. Auch im Bereich des Coaching kann Thilo Schneider seine Erfahrungen voll und ganz dem Kunden zur Verfügung stellen. Ausgehend von seinem Ziel, Persönlichkeitsentwicklung auf hohem Niveau länderübergreifend anzubieten, hat Thilo Schneider schon Vorträge und Seminare in osteuropäischen Ländern abgehalten, so z. B. in Slowenien, Kroatien, Bulgarien, Tschechien und Polen.

Referenzen und Kundenstimmen

»Ganz wichtig für mich war die Erkenntnis, dass Veränderung nie im Umfeld beginnt, sondern immer nur und ausschließlich bei sich selbst! Ich möchte auch ein großes Lob an den Referenten Hrn. Schneider aussprechen – EIN EXPERTE!!« *Mag. Adrian Kawan*

»Ich möchte mich hiermit ganz herzlich bei Herrn Schneider für dieses praxisorientierte und bewusstseinserweiternde Seminar bedanken. Sämtliche Themen haben auch nach dem Seminar zu intensiven Diskussionen und sofortigem Ausprobieren geführt. Ich werde diesen Referenten jederzeit weiterempfehlen.« *Pavla Planisek*

»Das Seminar war ein voller Erfolg für mich. Herr Schneider hat es geschafft, eine Überschaubarkeit komplexer Themen und hilfreiche Lösungsansätze auf eine Art und Weise zu verbinden und zu vermitteln, dass ich diese Leistung, aufgrund meiner vorherigen Erfahrungen, als unschlagbar bezeichnen kann.« *Josef Amtmann*

VOLKER SCHNEIDER

Themen

Schluss mit 08/15 - Intelligenz in der Führung ist erlaubt!
Wie Sie die Komplexität in Management & Leadership beherrschen!

Ich bin halt so! - Das Märchen von der immer authentischen Führungskraft
Zwischen Beliebigkeit und Authentizität

Veröffentlichungen

Management & Führung 3

Ich bin halt so! Das Märchen von der immer authentischen Führungskraft.
Oder wie Sie die Komplexität der Führung beherrschen.

Mit FührungsIntelligenz Komplexität beherrschen
08/15-Rezepte helfen nicht weiter

Kurzbiografie

Seit mehr als 10 Jahren ist Volker Schneider als Trainer & Coach für Führungskräfte sowie als Moderator & Speaker für Konzerne und mittelständige Unternehmen tätig. Sein Expertenwissen hat der Dipl.-Betriebswirt (FH) über 10 Jahre in unterschiedlichen Geschäftsführerpositionen und als Vorstandsvorsitzender einer Aktiengesellschaft (>500 MA) gesammelt.
So entstanden in mehr als 20 Jahren Praxis Erfahrungen und Erfolge, die Volker Schneider zum Experten für Management & Leadership machen. Und damit zum richtigen Ansprechpartner für Führungskräfte und das Topmanagement.

Der Experte für Führungsintelligenz

»Intelligenz ist die zusammengesetzte Fähigkeit, zweckvoll zu handeln, vernünftig zu denken und sich mit seiner Umgebung wirkungsvoll auseinanderzusetzen.« (David Wechsler, Intelligenzforscher)
Ungeachtet dessen, ob wir von einer oder mehreren Intelligenzen ausgehen, bedeutet intelligentes Führen, alle Fähigkeiten bewusst für einen nachhaltigen Erfolg einzusetzen. Unter »Werte-Können-Handeln!« erfasst Volker Schneider die Erfolgsfaktoren für FührungsIntelligenz. Und das Gute daran: FührungsIntelligenz kann man lernen!
»Unternehmen brauchen intelligente Führungskräfte und keine Vorgesetzten.« Denn Führung ist ein komplexer Vorgang. Volker Schneider ist davon überzeugt, dass die Qualität und das Wertebewusstsein der Führungskräfte wesentliche Erfolgsfaktoren in Unternehmen sind. Heute und noch viel stärker in der Zukunft.

In seinen Vorträgen begeistert Volker Schneider seine Zuhörer mit seiner unterhaltsamen, manchmal provokanten, jedoch immer souveränen Art.

Referenzen und Kundenstimmen

Auszug: AcoGuss GmbH, Bilfinger + Berger AG, Biotronik Vertriebs GmbH + Co. KG, Dailmer AG, Deutsche Telekom AG, FAG Kugelfischer AG, Michelin Reifenwerke KGaA, MVV Energie AG, T-COM AG, Tornos Deutschland GmbH

»Ihre herausragenden rednerischen Fähigkeiten, Ihre unterhaltsame und ideenreiche Art haben die gemeinsamen Workshops mit Ihnen jederzeit zu einer außergewöhnlich gewinnbringenden Zeit werden lassen. Als Fazit möchte ich sagen: Kompetenz, Wissen und Authentizität.« *Ralf Hoffmeister, Sales Director Germany Biotronik Vertriebs GmbH*
»Ich bin völlig begeistert und motiviert nach Hause gefahren – gerade auch aufgrund der Ihnen eigenen dynamischen und auch humorvollen Art, die Inhalte zu vermitteln. Danke für 3 spannende Tage, aus denen ich viel Brauchbares mitgenommen habe!« *Nils Höfer, T-Systems Enterprise Services GmbH*

Auszeichnungen und Pressestimmen

Master of Business Entertainment (MBE)
Mitglied der Wertekommission e.V. Werte Bewusst Führen

CARMEN SCHÖN

Themen

Strategische Verhandlungsführung

Die Führungskraft als Unternehmer

Kaltakquisition und Selbstmarketing

Veröffentlichungen

Kurzbiografie

Die Hamburger Juristin Carmen Schön, Jahrgang 1967, trainiert seit 2004 das Top-Management, Führungskräfte und Rechtsanwälte. Sie doziert an den Hochschulen St. Gallen, der Hamburg Media School sowie der Fakultät für Rechtswissenschaften Hamburg.

Nach dem Studium der Rechtswissenschaften und Psychologie in Hamburg, Speyer und New York startete sie ihre berufliche Laufbahn als RTL-Fernsehmoderatorin der Sendung »Wir kämpfen für Sie«. Sie war Justitiarin der MobilCom AG und Gründungsmitglied der freenet. de AG, bei der sie die Abteilung Recht- und Beteiligungsmanagement leitete. Als internationale Key-Account-Managerin einer Tochter der Deutschen Telekom AG baute sie die Märkte in West- und Osteuropa auf, führte ein Team und verantwortete internationale Projekte in zweistelliger Millionenhöhe.

Carmen Schön ist ausgebildete Trainerin, Coach, Organistionsentwicklerin und Psychodramatikerin. Sie ist Autorin der Bücher »Bin ich ein Unternehmertyp?« (GABAL 2008), »Die geheimen Tricks der Arbeitgeber« (Eichborn 2009), »Kaltakquise – der direkte Weg zum Kunden« (GABAL 2010) sowie zahlreicher Fachartikel zu den Themen Karriere- und Verhandlungsmanagement, Selbstmarketing, Department-Branding und die Führungskraft als Unternehmer.

Referenzen und Kundenstimmen

Airbus Deutschland GmbH, AOL Deutschland Medien GmbH, Vodafone, Baker & McKenzie, CMS Hasche Sigle, Euler Hermes Kreditversicherungs- AG, Financial Times Deutschland, Gruner + Jahr AG & Co. KG, Hamburger Sparkasse AG, Joh. Berenberg, Gossler & Co. KG, Nörr Stiefenhofer Lutz, Union Investment Gruppe

Auszeichnungen und Pressestimmen

Rezension der Bücher in:
Hamburger Abendblatt
Süddeutsche Zeitung
Die Welt
Bild-Zeitung
Hamburger Morgenpost

»Eines des besten Bücher zum Thema Karrierestrategien.« *Karrierestrategien (Managementbuch)*

»Ein äußerst gelungener Ratgeber« *FAZ Hochschulanzeiger 2009*

DR. MED. MICHAEL SCHÖN

Themen

Ein Team effektiv zum Ergebnis führen
Wirksamkeit und Einfluss

ERFOLG – reine Nervensache!
Entscheidungs- und Handlungskompetenz

Strategisches Neuro-Marketing
Umsatz und Markenerfolg

Warum Piloten patzen und Manager stolpern
Ergebnis und Sicherheit

Veröffentlichungen

Coachingzone PULSZONE der berufSZiel
2008

Erfolg – reine Nervensache!
erscheint 2011

Warum Piloten patzen und Manager stolpern
erscheint 2011

Kurzbiografie

Managementexperte und Business Coach Dr. med. Michael Schön war über 10 Jahre erfolgreicher Abteilungsdirektor. Durch seine Tätigkeit als leitender Angestellter mit Prokura sammelte der Mediziner und Neuropsychologe einschlägige Erfahrungen. Seine Managementausbildung erlangte er in der internen Führungsakademie. Als Pilot wurde er nach den Richtlinien der JAR-FCL ausgebildet.

5 Sterne Redner Dr. med. Michael Schön ist Inhaber der Marken CAMP ALPHA® und ErfolgsBrainer®. Als Coach steht er für nachhaltig bessere Ergebnisse im Business, wobei ihn das Zusammenspiel von unbewusster Absicht und Ergebnis sowie die Erkenntnisse im Neuromarketing besonders faszinieren. Bekannt geworden ist der Business Coach auch durch seine Trainings in Flugsimulatoren. Dr. med. Michal Schön ist Mitglied im Verein Berliner Kaufleute und Industrieller (VBKI), einem der angesehensten und ältesten deutschen Wirtschaftsclubs (gegründet 1879).

Seine Praxisnähe als Manager, Pilot und Coach machen seine Vorträge zum Thema Motivation, Marketing und Konfliktlösung besonders interessant.

Referenzen und Kundenstimmen

Teilnehmerstimmen:

»Sehr geehrter Herr Dr. Schön, für Ihren Vortrag über ›Strategisches Neuromarketing für Umsatz und Erfolg‹ bedanke ich mich auch im Namen aller Teilnehmer ganz herzlich. Die vergleichsweise große Teilnehmerzahl bewies das Interesse am Thema. Es ist Ihnen bestens gelungen, uns die komplexen Vorgänge im Gehirn und insbesondere die Bedeutung von Emotionen und vom Unterbewusstsein zu verdeutlichen. Dabei stellte sich wieder einmal die klassische Frage, ob sich der Mensch als Konsument, Wähler oder Straftäter (etc.) wirklich frei entscheiden kann.« *Prof. Dr. Hermann Freter, Präsident, Marketing-Club Siegen e.V.*

»Ihrer Präsentation letzte Woche in Würzburg haben wir mit großem Interesse gelauscht. Viele Aspekte waren neu, überraschend und hilfreich.« *Martina Sponholz, in-cito Prof. Sponholz & Partner*

»Für Ihren äußerst interessanten und spannenden Vortrag möchte ich mich auch im Namen aller Mitglieder des Marketing-Club Augsburg e.V. noch einmal ganz herzlich bedanken. Dass das Thema Ihres Vortrages ›Wie der Kopf seinen Willen bildet und was dabei herauskommt‹ auf großes Interesse unserer Mitglieder gestoßen ist, zeigt die große Teilnehmerzahl von 84 Mitgliedern.« *Florian Möckel, Marketing-Club Augsburg*

NORBERT SCHÖNLEBER

Themen

Die Kündigung im Mietrecht
Tipps und Taktik

Wohnungseigentum
Worauf muss ich achten?

Erben und Vererben
Wie vermeide ich Fehler?

Die Testamentsvollstreckung
Wie findet mein letzter Wille Beachtung?

Veröffentlichungen

Kurzbiografie

Rechtsanwalt Norbert Schönleber wurde 1959 in Köln geboren. Er studierte Rechtswissenschaft an der Universität zu Köln. Bereits dort erfolgte die erste Beschäftigung mit dem Immobilienrecht sowie dem Erbrecht. Diesen beiden Rechtsgebieten ist er bis heute treu geblieben und beschäftigt sich sehr eingehend damit.

Nach dem Referendariat war Norbert Schönleber zunächst zwei Jahre in der Rechtsabteilung eines Immobilienunternehmens tätig. Dort erfolgte auch die Weiterbildung zum Immobilienkaufmann mit Abschluss bei der IHK Köln.

Seit 1989 ist er in Köln als Rechtsanwalt nahezu ausschließlich auf dem Gebiet des Immobilien- und Erbrechts tätig. Rechtsanwalt Schönleber ist Fachanwalt für Miet- und Wohnungseigentumsrecht sowie zertifizierter Testamentsvollstrecker. Durch sein großes berufliches Engagement ist er in zahlreichen Gremien tätig.

Auf seine Initiative hin wurde 1997 die Arbeitsgemeinschaft Mietrecht und Immobilien im Deutschen Anwaltverein gegründet. Seitdem ist er Mitglied des geschäftsführenden Ausschusses. Außerdem ist er Vorsitzender des Gesetzgebungs- und Fachausschusses Miet- und Wohnrecht im Deutschen Anwaltverein sowie Mitglied des Mietrechts- und des Erbrechtsausschusses des Kölner Anwaltvereins und des Fachanwaltsausschusses der Rechtsanwaltskammer Köln.

Weiterhin ist er Vorstandsmitglied der Arbeitsgemeinschaft Testamentsvollstreckung und Vermögenssorge (AGT). Neben der anwaltlichen Tätigkeit sowie der Verbandstätigkeit ist Rechtsanwalt Schönleber zunehmend auch als Referent auf den Gebieten Immobilienrecht und Erbrecht tätig, und zwar sowohl für Fachkollegen als auch für Laienpublikum.

In seinen Vorträgen versteht er es, Theorie und Praxis zu verbinden und mit lebensnahen Beispielfällen die teilweise sehr komplizierte Materie verständlich darzustellen. Mit anschaulichen Vorträgen wird den Zuhörern das Rechtsgebiet lebendig nahegebracht.

Auszeichnungen und Pressestimmen

Aufgeführt im Who is Who Deutschland

Erbrechtsexperte bei experto.de

PROF. DR. BARBARA SCHOTT

Kurzbiografie

Prof. Dr. Barbara Schott, M.A. – begeisterte Versicherungsverkäuferin und Filialdirektorin. Sie interessiert sich besonders für die Fähigkeit, eigene Spitzenleistungen selbst zu gestalten. Als Professorin für Marketing und Vertrieb an der FH Nürnberg gründete sie den ersten Vertriebslehrstuhl in Deutschland. Ihre Vortragsthemen befassen sich mit Spitzenleistungen im Verkauf und Management. Sie ist Fachbuchautorin, Lehrcoach DVNLP und Heilpraktikerin Psychotherapie.

LUDGER SCHRIMPF

Themen

Steuer Dich – erfolgreich & gesund!

Lust auf Leistung

Die Spielregeln für Erfolg
Das MentalFit-Programm der Sieger

Veröffentlichungen

Kurzbiografie

Ludger Schrimpf, geb. 1959, Olpe/Biggesee. MentalFit-Experte, NLP-Trainer (Society of NLP & DVNLP), Heilpraktiker (Psychotherapie), Dipl.-Sozialarbeiter und Sportler.

Als »Menschenforscher« interessierte sich Ludger Schrimpf schon immer für Veränderungsprozesse, die einfach funktionieren und uns wirklich voranbringen. Er verfügt über große therapeutische Erfahrung und hohe Sozialkompetenz. Seine berufliche Karriere begann im Gesundheitsbereich, Spezialgebiete waren Psychiatrie und Sucht. Es folgten langjährige Tätigkeiten als Berater von Einzelpersonen und Unternehmen mit erstaunlich hoher Erfolgsquote.

Seine andere Leidenschaft ist Sport! Über viele Jahre spielte Ludger Schrimpf in der hessischen Fußballliga, heute ist er begeisterter Läufer und Triathlet. Er weiß, wie Sportler »ticken« und was sie brauchen, um sich gezielt auf Erfolg zu steuern.

1998 startete Ludger Schrimpf mit dem MentalFit-Programm für die Bereiche Sport, Gesundheit und Business. Dadurch wurde seine Arbeit noch effektiver und erfolgreicher. 2001 gründetet er das Institut Schrimpf MentalFit und spezialisierte seine Trainingsmethode. Er entwickelte die SCHRIMPF MentalFit-Methode®, eine genial einfache und verblüffend wirksame Methode zur optimalen Zielausrichtung und Leistungsmaximierung. Kernprogramm sind die 2 x 7 Spielregeln für Erfolg! 2008 wurde Ludger Schrimpf als »Professional Member« in die German Speakers Association GSA aufgenommen, die angesehene Speaker & Trainer-Organisation.

Seine Spezialität: In seinen Vorträgen, Seminaren und Coachings vermittelt er die Erfolgsprinzipien der MentalFit-Methode® spielend einfach und enorm gewinnbringend. Sein Erfolgsmotto ist: Steuer Dich! Zielgruppen sind Sportler, Trainer, Führungs-/Nachwuchskräfte, Unternehmer, Selbstständige und andere Top-Leister, die ihr Potenzial noch besser ausschöpfen wollen.

Referenzen und Kundenstimmen

Viele Kunden profitieren von der SCHRIMPF MentalFit-Methode® und sind begeistert von der Wirkung des Programms. Ob Spitzensportler wie Lothar Leder, die deutschen Skispringer oder Großkonzerne wie ThyssenKrupp Stahl AG, alle sind sich einig: Die MentalFit-Methode® ist einfach genial, sofort umsetzbar und hat bahnbrechende Wirkung.

»Ludger Schrimpf ist einer der renommiertesten deutschen Mentaltrainer im Sport-, Business- und Gesundheitsbereich.« *Sports ProEmotion*

WILLI SCHROLL

Themen

Megatrends: Wie Zukunftstrends Ihre Branche verwandeln
Vorreiter, Szenarien, Empfehlungen

Digital Lifestyles
Wie Kunden morgen leben und agieren

Mobile Business-Trends
Wertschöpfung mit Kontextintelligenz und Augmented Reality

Web 3.0
Soziale Semantik, Sensor Web und das Internet der Dinge

Veröffentlichungen

Kurzbiografie

Willi Schroll ist Experte für strategische Zukunftsforschung und Technologieanalyse. Er beobachtet und analysiert die relevanten Trends in Wirtschaft und Gesellschaft, generiert systematisch Projektionen, Szenarien, Trendreports und Zukunftsvisionen. Sein besonderes Augenmerk gilt den Zukunftstechnologien und deren Einschlagskraft auf unser Leben und Arbeiten. Mit hochaktuellen Vortragsthemen vermittelt er dem Publikum den entscheidenden strategischen Wissensvorsprung. Seit mehr als 15 Jahren berät er Unternehmen, Verbände und Behörden, um aus komplexem Zukunftswissen konkrete Orientierung und strategische Handlungsempfehlungen abzuleiten. In seinen Vorträgen versteht er es, mit ansprechenden Visualisierungen und in freier Rede Trend- und Zukunftswissen lebendig zu kommunizieren.

Referenzen und Kundenstimmen

forward2business – Business Thinktank; Hanns-Seidel-Stiftung (München); IFA Convention – Internationale Funkausstellung; Learning World – Innovationskongress für Lerntechnologien; Münchner Kreis (SYSTEMS); Technology-Review-Konferenz (Heise Verlag); Übermorgenkongress (forward2business); VDE (Verband d. Elektrotechnik Elektronik Informationstechnik e. V.)

Auszeichnungen und Pressestimmen

»Der Web 2.0-Report liefert eine umfassende Analyse des Phänomens Web 2.0 im deutschsprachigen Raum.« *Prof. Frank Piller, TU München/MIT*

»Eine zukunftsweisende Analyse« *Winfried Kretschmer, changeX*

MARTIN SCHUKART

Themen

Integrierte Online-Kommunikation
Konkrete Möglichkeiten der Online-Offline-Integration zur Steigerung der Effizienz von Kommunikation

Trends im Digital-Dialog-Marketing
Social-Marketing, E-Mail – Newslettermarketing, Mobile, Online-Magazine: neue Wege zum Dialog

Bewegtbild Online, Mobile
Kundenentertainment, Aufmerksamkeit und Branding. Möglichkeiten und Chancen

Online-Personalmarketing
Nutzung innovativer und »bewährter« Online-Ansätze im Personalmarketing incl. Recruiting

Veröffentlichungen

Kurzbiografie

Martin Schukart ist Director Consultant für Online- und Mobile Marketing. Er berät national und international namhafte Unternehmen und leitet Interactive-Kampagnen und Projekte. Auf seiner Agenda stehen aktuell Konzepte mit dem Ziel des Online-Dialogs incl. Social Media und Mobile. Weiterhin integrative Online-Offline-Mobile Kommunikation incl. Bewegtbild. Diese Projekte berät und leitet er u.a. bei »rms. relationship marketing solutions«, einer Full-Service-Online-Agentur. Er greift dabei neueste Trends und Entwicklungen des »digitalen Marketing« auf, um diese in Kundenprojekten voranzutreiben. In seinen praxisorientierten Vorträgen kombiniert er langfristige Ausblicke mit konkreten Einblicken in neueste Online-Kommunikation. Zu den erwähnten Trends zählen die aktuellen Entwicklungen, wie die Differenzierung der Online-Kommunikation, Themen des Mobile Marketings und Themen des individuellen (Online-)Kundendialogs. Bis 2005 war Martin Schukart als Account-Manager bei OgilvyInteractive tätig. Dort spezialisierte er sich unter anderem auf Kampagnen mit integriertem Kommunikationsansatz. Als Redner hält er Vorträge auf nationalen Fachkongressen, -veranstaltungen und Messen. Zudem steht er für den Know-how-Transfer für Fachpublikum aus Dienstleistungs- und Industrieunternehmen, (Online-)Consultingunternehmen und (Online-)Werbeagenturen zur Verfügung.

Herr Schukart studierte bis 1999 in Göttingen Betriebswirtschaftslehre mit den Schwerpunkten Marketing, Handelsbetriebslehre und Werbepsychologie.

Referenzen und Kundenstimmen

Aktuelle Referenzen sind Vorträge auf der »dmexco 2010« zum Thema »Social-Media und Web 2.0 für B2B Unternehmen« oder auf der InternetWorld2010 zum Thema »Bewegtbild-Online, Einsatzmöglichkeiten und Chancen«. Weiterhin Vorträge zum Thema »Neue Wege im Online-Recruiting/Online HR – Auszubildende, Fachkräfte über neue Wege gewinnen und binden.«– oder zum Thema »Wirkungsvolle Kommunikation – Sinnvolle Verknüpfung von Online-Mobile und Offline«.

Zu den betreuten Kunden zählen: Telekom, Merck, Kaufhof Warenhaus AG, Air Liquide Gruppe, Deutsche Bank Real Estate, LOTTO, Payback und Yahoo!

DR. EUGEN MARIA SCHULAK

Kurzbiografie

Dr. Eugen Maria Schulak versteht es, relevante Meinungen, Einsichten und Werthaltungen gekonnt auf den Punkt zu bringen, so dass Schwieriges klar und allzu Klares wiederum bedenklich wird. In amüsanter und oft auch provokativer Weise stellt der gebürtige Wiener Themen unserer Zeit vor Publikum zur Diskussion. Seit über zehn Jahren ist er sowohl für private Unternehmungen wie staatliche Institutionen ein gefragter und beliebter Ansprechpartner in Sachen Philosophie.

Schulak wurde zunehmend auch zur philosophischen Beratung von Unternehmungen herangezogen und so verschmolzen nach und nach ökonomisches und philosophisches Wissen zu einem fruchtbaren Diskurs. Bekannt wurde der Referent der Fünf-Sterne-Agentur Sales Motion durch seine zahlreichen Auftritte im Radio, seine umfangreiche Publikationstätigkeit sowie seine Interviews zur Philosophischen Praxis in Zeitungen und Fachzeitschriften. Aber auch die Lehre kommt bei ihm nicht zu kurz: Jedes Jahr betreut er in seinen Vorlesungen und Seminaren an die sechshundert Studenten der Universität Wien, der Fachhochschule Wien und der Fachhochschule Wiener Neustadt.

Themen

Philosophie und wirtschaftliches Handeln
Philosophische Einsichten für Beruf und Karriere

Referenzen und Kundenstimmen

Bundeskammer der Architekten, Österreichische Kontrollbank, Lebensministerium, Academy of Life, Volkswirtschaftliche Gesellschaft, Universität Wien, Wirtschaftskammer, Österreichischer Rundfunk, Computer Measurement Group

Veröffentlichungen

Ständiger Kolumnist der Wiener Zeitung

Wenn Eros uns den Kopf verdreht. Philosophisches zum Seitensprung
(gemeinsam mit Harald Koisser)
Wien 2005

Auszeichnungen und Pressestimmen

Goldmedaille im Rahmen des Deutschen PR-Preises in der Kategorie »Neuland und innovative Ideen« für die Siemens »Academy of Life«

»Es gibt noch echte Philosophen und Eugen Maria Schulak ist einer von ihnen.« *Wirtschaftsblatt*

»Der Wiener Philosoph Eugen Maria Schulak bringt Führungskräfte auf Kant und Co.« *Der Standard*

HELGA SCHULER

Themen

Mit Emotional Power treue Kunden gewinnen
Emotionale Kundenbeziehungen durch Gefühlsarbeit

Der neue Innendienst: vertriebsaktiv und performanceorientiert
Ein Modell für Transparenz und Erfolg

Ran ans Telefon – mit Telefonmarketing zum loyalen Kunden
Wie Kunden von Outbound-Anrufen profitieren

Veröffentlichungen

Kurzbiografie

Helga Schuler ist eine Pionierin in den Bereichen Telefonmarketing, Callcenter und Serviceoptimierung. Von Anfang an stellte die Diplom-Pädagogin die konsequente Kundenfokussierung und den effizienten Einsatz aller Ressourcen in Außen- und Innendienst in den Mittelpunkt ihrer Aktivitäten. Sie baute in Deutschland die ersten Telesales-Teams und Callcenter auf. Mit ihrer Unternehmensberatung PRISMA implementierte sie erfolgreich CRM-Strategien in unterschiedlichen Branchen. Die praxisorientierte Umsetzung von Projekten gemeinsam mit den Beteiligten ist für sie ebenso eine Selbstverständlichkeit wie ein sicheres Gespür für Veränderungen der Unternehmenskultur und -organisation durch neue Medien und andere Trends und Entwicklungen in Service und Vertrieb.

Heute berät und begleitet sie mit ihrem Netzwerk »top-perform«, Managementberatung für Wachstum und Performance, Unternehmen bei der Veränderung von Organisationen mit dem Ziel der Umsetzung von CRM. Hierbei ist ihr Schwerpunkt die kundensegmentspezifische Organisation und Steuerung von Vertrieb und Service sowie die vertriebs- und performanceorientierte Neuausrichtung von Innendiensteinheiten.

Mit dem innovativen Ansatz »Emotional Power« setzt sie in der Ausbildung von Servicemitarbeitern neue Impulse. Ihre These: Echte Kundenbindung entsteht durch die gelebte Beziehungskompetenz der Mitarbeiter, insbesondere in den persönlichen Kundenkontakten. Die Mitarbeiter müssen gezielt unterstützt werden, um professionelle Gefühlsarbeit leisten zu können.

Helga Schulers Vortragsstil spricht die Emotionen der Teilnehmer an. Diese schätzen besonders ihre starke Präsenz, ihren Humor sowie ihre motivierenden Botschaften, verbunden mit eindeutigem Praxisbezug.

Referenzen und Kundenstimmen

»Theoretisch fundiert und durch plastische Beispiele sehr praxisnah vermitteln Sie das Thema ›Emotional Power in Vertrieb und Service‹ Durch diese Mischung gelingt es Ihnen, Einsteiger in das Thema und Fachleute zu begeistern – ein authentisches Beispiel für gelebte Emotional Power« *Roman Becker, Geschäftsführer, forum! Marktforschung*

»Herzerfrischend, offen und direkt, mit vielen Impulsen für Mitarbeiter und Führungskräfte.« *Bastian També, Vertriebsleitung, JÄGER DIREKT GmbH & Co. KG*

Auszeichnungen und Pressestimmen

Für ihre Pionierarbeit und unternehmerische Leistung wurde Helga Schuler mit dem Prix Veuve Clicquot als Unternehmerin des Jahres 1999 ausgezeichnet.

ANNE M. SCHÜLLER

Themen

Zukunftstrend Kundenloyalität
Dauerhafter Erfolg und satte Gewinne: Mit treuen Immer-wieder-Kunden und begeisterten Empfehlern

Zukunftstrend Empfehlungsmarketing Die beste Umsatz-Zuwachsstrategie aller Zeiten: Wie Sie aktive positive Empfehler in der Offline- und Online-Welt gewinnen

Die kundenfokussierte Mitarbeiterführung Der Kunde ist der wahre Boss. Mit einer kundenfokussierten Führungskultur und loyalen Mitarbeitern zum Erfolg

Effiziente Kundenrückgewinnung
Wie Sie Schritt für Schritt verlorene Kunden zurückgewinnen und eine 2. Kundenloyalität aufbauen

Veröffentlichungen

Kurzbiografie

Anne M. Schüller ist Diplom-Betriebswirtin und Management-Consultant. Sie gilt als führende Expertin für Loyalitätsmarketing und als eine der besten Wirtschaftsreferenten im deutschsprachigen Raum. Sie hat, gemeinsam mit dem Unternehmensberater Gerhard Fuchs, den Begriff des »Total Loyalty Marketing« geprägt und neun Management-Erfolgsbücher geschrieben. Managementbuch.de zählt sie zu den wichtigen Managementdenkern. Für ihr Buch »Kundennähe in der Chefetage« erhielt sie den Schweizer Wirtschaftsbuchpreis 2008.

Über 20 Jahre lang hatte sie Führungspositionen in Vertrieb und Marketing verschiedener nationaler und internationaler Dienstleistungsunternehmen inne und dabei mehrere Auszeichnungen erhalten.

Als Top-Rednerin auf Kongressen, Tagungen und Firmenveranstaltungen hält sie hochkarätige, motivierend-praxisnahe Keynote- und Impulsvorträge zu Themen rund um das Loyalitätsmarketing. Dazu führt sie auch Power-Workshops und Profi-Seminare durch. Sie gehört zum Kreis der »Excellent Speakers«.

Sie ist Dozentin an der Universität St. Gallen (Institut für öffentliche Dienstleistungen und Tourismus), an der BAW München (Bay. Akademie für Werbung und Marketing) sowie am Management Center Innsbruck (MCI). Sie hat ferner einen Lehrauftrag an der Hochschule Deggendorf für Strategisches Marketing im MBA-Studiengang Gesundheitswesen.

Referenzen und Kundenstimmen

Zu ihrem Kundenkreis gehört die Elite der deutschen, österreichischen und schweizerischen Wirtschaft, u.a. SiemensForum, IBM, BITKOM, BMW, Allianz, Basler Versicherungen, Gothaer, Generali, A1, Swisscom, Vodafone, T-Online, TUI, Erste Bank, Schweizer Post, Interspar, Intersport, Wempe, L'Oréal sowie HypoVereinsbank.

Auszeichnungen und Pressestimmen

»Vom Applaus her zu schließen war Schüllers Vortrag für die meisten Zuhörer das Highlight der Impact 08.« *Das Branchenmagazin HORIZONT über den Marketingkongress mit 8 Spitzenreferenten*

»Ein herzliches Danke für Ihren tollen Auftritt im Rahmen unseres Branchenforums! Selten habe ich so viel gutes Feedback für einen Vortrag bekommen.« *Andreas Stumptner, Chefredakteur VideoMarkt*

»Leuchtendes Positiv-Beispiel war die Management-Beraterin, Uni-Dozentin und Buchautorin Anne M. Schüller, die zum Thema Kundenloyalität einen mitreißenden Vortrag hielt.« *Bernhard Pruckner-Fragner, Chefredakteur a3BOOM!*

»Als besten Vortrag, weil am nächsten an der Praxis, charakterisierten viele Teilnehmer eine von Anne M. Schüller, Erfinderin des Total Loyalty Marketing, vorgestellte Projektstudie.« *Die ›Bäcker Zeitung‹, BÄKO-Kongress*

KLAUS-DIETER SCHULZ

Kurzbiografie

- Jahrgang 1957
- Vier Kinder
- Pädagogisches Studium: Germanistik, Sport, Psychologie, Soziologie
- H.D.I.-zertifizierter Trainer
- Arbeit nach der humanistischen Psychologie nach Carl Rogers und der positiven Psychologie
- Berufserfahrung in Weiterbildungseinrichtungen der Automobilindustrie, zuletzt in leitender Position im Bereich Personalentwicklung
- Selbstständigkeit seit 01.06.1996
- Coach im Bereich Selbstmanagement, Performanceentwicklung, Führungskompetenz
- Trainings zur Führungskompetenz und Teamentwicklung
- Lehrbeauftragter an der Fachhochschule Düsseldorf, Fachbereich 7, Wirtschaft, mit den Themen »Rhetorik und Gesprächsführung« sowie »Persönlichkeits- und Erfolgsmanagement«

Referenzen und Kundenstimmen

»Wir haben in dem Veränderungs- und Coachingprojekt des Customer-Service in Darmstadt der Business-Unit Coatings & Additives die schwierigen und anspruchsvollen Ziele erreicht und können spürbare Fortschritte und Veränderungen bei den Mitarbeitern beobachten. Die ursprünglichen Führungsprobleme und Kommunikationsprobleme wurden aufgearbeitet und es hat sich in dem Bereich ein Wir-Gefühl in der Zusammenarbeit eingestellt!« *Daniel Dohm, Leiter HR-Management, BU-Coatings & Additives, Evonik Degussa GmbH*

»Herr Schulz hat mit sicherem Gespür die richtigen Methoden im Teamentwicklungsprojekt eingesetzt und die bestehenden Konflikte nachhaltig aufgearbeitet.« *Dr. Annette Lemke, Corporate Executive Development Metro AG*

»Ich habe in der mehrjährigen Supervisionsarbeit mit Herrn Schulz ungewöhnliche, meine Entwicklung und meine Leistungsfähigkeit vorantreibende Impulse erhalten.« *Torsten Außem, Filial-Geschäftsführer Galeria Kaufhof GmbH, Münster*

Themen

Selbstmanagement und beruflicher Erfolg
Resilienz als Schlüssel für beruflichen und persönlichen Erfolg

Führungskompetenz als Humankapital
Sozialkompetenz als Schlüsselqualifikation für Führungskräfte

Aspekte des »Gender Mainstreaming« am Arbeitsplatz
Möglichkeiten des Selbstcoachings für Männer

Organisationsveränderung – schnell gedacht, aber schwer gemacht!

Veröffentlichungen

»Leistungsfreude statt Leistungsdruck«
Personalentwicklung braucht strategische Aus- und Weiterbildung, kfz-betrieb, 10/97

»Der richtige Draht zum Kunden«
Professionelles Telefonmarketing schafft Kontakte, kfz-betrieb, 01/98

RAINER SCHULZ

Themen

Schwachstellen und Effizienzsteigerungen der Materialflüsse in automatisierten Anlagen

MFR der nächsten Generation – ohne Programmieren einsetzbar

Veröffentlichungen

Kurzbiografie

Rainer Schulz, 1966 geboren, ist gelernter Handwerksmeister Elektroinstallation und seit mehr als 18 Jahren im Bereich Programmierung von fördertechnischen Anlagen tätig. Er war viele Jahre bei namhaften Industrieunternehmen für die Programmierung und Prozesssteuerung von automatischen Hochregallagern verantwortlich. 1994 machte er sich selbstständig und ist nun geschäftsführender Gesellschafter der sysmat GmbH. Heute zählt das Unternehmen zu den marktführenden Anbietern von Materialfluss-Software zur herstellerübergreifenden Steuerung von komplexen, automatisierten Anlagen.

Rainer Schulz programmierte mit seinem Expertenwissen die erste hochgradig konfigurierbare und herstellerneutrale Materialflussrechner-Software matCONTROL®, mit deren Hilfe Hochregallager und automatisierte Anlagen einfach und zuverlässig gesteuert werden können. Er schuf damit, als Vorreiter in dieser Branche, für Systemintegratoren und Anlagenbauer die Möglichkeit, den Materialflussrechner – ohne projektspezifische Programmierung – selbstständig in die eigenen Anlagen zu integrieren und entsprechend den individuellen Anforderungen anzupassen. Mit diesem »Herzstück« für automatisierte Anlagen ist es möglich, die Inbetriebnahmezeiten um bis 70 % zu reduzieren und durch einen integrierten Routenplaner sogar eine Zeitersparnis von bis zu 80 % zu erreichen.

Seine Erfahrungen und sein umfangreiches Know-how gibt Rainer Schulz nicht nur im Rahmen von Automatisierungs- und Modernisierungsprojekten weiter. Er unterstützt mit seinen Fachkenntnissen und Vorträgen die Seminare im »Forum für Führungskräfte« und die »Management Circle AG«. Rainer Schulz ist Autor diverser Fachartikel und war 2005 an der Marktstudie »www.warehouse-modernisierung.de« zum Thema Lagermodernisierung beteiligt. Seit 2007 ist er außerdem der Initiator des Internetportals LOGnews.de.

Referenzen und Kundenstimmen

»Sysmat ist der einzige Hersteller, der es uns ermöglicht, unsere Schneidanlagen für Schaumstoffe, gemäß den individuellen Kundenanforderungen, selbstständig zu konfigurieren. Stets konnten wir auf die professionelle Beratung und tatkräftige Unterstützung von Herrn Schulz bauen.« *Fecken-Kirfel GmbH & Co. KG*

»Wir hatten in Herrn Schulz jederzeit einen kompetenten, zuverlässigen und engagierten Gesprächspartner.« *Lohmann & Rauscher GmbH Co. KG*

»Herr Schulz ist sehr praxisorientiert.« *Lear GmbH*

Auszeichnungen und Pressestimmen

Die Materialflussrechner-Software matCONTROL® wurde 2009 in die Top 20 der innovativen Produkte für den Mittelstand, im Bereich Logistik gewählt.

PROFESSOR DR. GEORG SCHÜRGERS

Themen

Burnon statt Burnout

Kann Arbeit Spaß machen?
11 Dos and Donts zur Freude bei der Arbeit; Stabilisieren Sie Ihre Energiebilanz

Die Führungskraft als Gesundheitsmanager

Ganzheitliches Gesundheitsmanagement
Mentale Potenziale langfristig nutzen Selbst- und Mitarbeitermotivation

Kurzbiografie

Professor Dr. Georg Schürgers, Jahrgang 1957, Arzt, Psychotherapeut, Psychiater und Psychosomatiker, lehrt seit 1994 als Professor an der HAW Hamburg, Fakultät Wirtschaft und Soziales. Seine Arbeitsschwerpunkte liegen im Bereich mentale Belastungen am Arbeitsplatz, Soft Skills für Führungskräfte sowie Kreativität und mentale Potenziale im Unternehmen. Er ist seit Jahren Referent und Coach für internationale Großunternehmen mit den Themenschwerpunkten Gesundheitsmanagement, Stress- und Burnout-Prophylaxe, Arbeitsklima und Gesundheit. Er berät Kliniken zum Thema Personalführung und Mitarbeitermotivation.

Georg Schürgers hat eine psychoanalytische und hypnotherapeutische Ausbildung und ist seit über 25 Jahren als Arzt in Unternehmen der Gesundheitswirtschaft tätig, u. a. als leitender Oberarzt einer Universitätsklinik sowie als Chefarzt eines psychosomatischen Krankenhauses.

Schürgers versteht es in hervorragender Weise, Wissen lebendig werden zu lassen und seine Zuhörer zu begeistern. Er folgt dabei dem von ihm entwickelten »Burnon-Prinzip«, in dem Freude und Begeisterung die wesentlichen Schlüssel zu Erfolg und Gesundheit darstellen. Er lebt in seinen Vorträgen und Seminaren mit seiner Person das vor, wovon er redet. Diese Authentizität fasziniert.

Er fordert zu einem »Mental Doping ohne Drogen« auf und zur systematischen Nutzung schlummernder Potenziale. »Öffnen Sie mentale Tore und stabilisieren Sie Ihren Energiepool!« Mit seiner humorvollen und spielerischen Vortragsweise, die zwischen »Stand-up-Comedian«, »Edutainment« und sachlich wissenschaftlichem Vortrag oszilliert, zieht er seine Zuhörer in seinen Bann. Er nutzt neueste Erkenntnisse der Hirnforschung und möchte motivieren und begeistern. »Wer begeistert ist, lernt ganz nebenbei und nachhaltig!« Als erfahrener Psychiater und Psychotherapeut wagt er sich auch – manchmal augenzwinkernd – an interessante und unterhaltsame »Psycho-Themen« wie »Mut zum Anderssein«, »Wer oder was ist verrückt?«, »Kraftwerk Liebe« u. a.

Referenzen und Kundenstimmen

»Schürgers verbindet theoretisches Wissen und praktische Berufserfahrung in brillanter Weise. Er ist ein ›Menschenkenner‹, der Potenziale aufschließt, ermutigt und bewegt.« *H. Hagena, von Rundstedt und Partner, Düsseldorf, Partnerin*

»Schürgers sprüht vor Energie und füllt den Raum. Ein Meister der Rhetorik.« *P. Stratmeyer, KOPM-Institut, Hamburg, Organisationsentwicklung im Krankenhaus*

ELKE SCHWARZ

Kurzbiografie

Elke Schwarz ist Strategieberaterin, Referentin und Seminarleiterin für die Spezialgebiete: Neurokommunikation, Neuromarketing, Mikrokommunikation und Emotion Selling©. Sie erklärt, wann und warum Kunden kaufen, und fasziniert mit neuen, spannenden und wirkungsvollen Erklärungen. Das Ergebnis: praxisnahes Wissen für mehr Wertschöpfung.

Als Mitglied des Vorstandes der Deutschen Gesellschaft für Neuromentale Medizin, Kausale Stressmedizin und Gesundheitsmanagement e. V. hält sie Vorträge über den Zusammenhang von Neurokommunikation und Stressmedizin und deren Auswirkungen auf ein neues Marketing, eine neue Unternehmens- und Vertriebskommunikation.

Auszeichnungen und Pressestimmen

Artikel und Kommentare in Banken & Sparkassen, DIE ZEIT u. a.

Themen

Emotion Selling© – Wirtschaftsfaktor Emotionen
Kunden kaufen Emotionen

Vertrieb: Messbar mehr Umsatz durch neue Erkenntnisse der Neurokommunikation

Vertrieb: Wann kaufen Kunden und wann nicht?

Neue Methoden und Standards der Neurokommunikation in Marketing und Werbung für wirksamere Kampagnen

Veröffentlichungen

HUBERT SCHWARZ

Themen

Aus eigenem Antrieb
Wie die Mechanismen des eigenen Antriebs zu Höchstleistungen motivieren können

Erfolgsfaktor Leidenschaft
Der Turbo unseres eigenen Antriebs

In 80 Tagen um die Welt
Botschaften hinter einem erfolgreich bestandenen Abenteuer

Veröffentlichungen

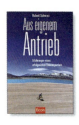
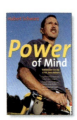

Kurzbiografie

Hubert Schwarz, 1954 geboren in Spalt bei Nürnberg. Der Sozialpädagoge Hubert Schwarz beginnt seine berufliche Laufbahn als Jugendpfleger. Nach elf Jahren gibt er seine gesicherte Existenz auf, um sich mit Leidenschaft in das Abenteuer Sport zu stürzen. Als Extremsportler und Radmarathonspezialist sprengt der ehemalige Jugendpfleger persönliche Fesseln und Rekorde: Er umrundet die Welt in 80 Tagen, besteht als erster Deutscher das legendäre Race Across America (5.000 km nonstop), findet Eingang ins Guiness-Buch der Rekorde.

Als Unternehmer gründet er im Jahre 1998 das Hubert-Schwarz-Zentrum und baut es gemeinsam mit seiner Frau Renate zum erfolgreichen Coaching-Dienstleister, Adventure-Reiseveranstalter und Event-Organisator aus.

Hubert Schwarz beherrscht die Kunst, Grenzen zu überwinden: Sein Lebensweg dokumentiert dies nachhaltig. Seine Philosophie »Power of mind« beherzigt den Grundsatz, dass in jedem von uns viel mehr Leistungsvermögen steckt, als wir vielleicht annehmen. Ein starker Wille und die richtige Balance zwischen Augenmaß und Wagemut lassen uns ehrgeizige Ziele erreichen, persönliche Grenzen überwinden und zum Vorbild in einer starken Gemeinschaft werden. Der Erfahrungsschatz von Hubert Schwarz bietet fundierte Ansatzpunkte für ein breites Spektrum hochrelevanter Themen im Bereich »Motivation, Persönlichkeitsentwicklung und Teambuilding«. Unternehmensmitarbeiter, Führungskräfte und ein allgemein interessiertes, breites Publikum können davon gleichermaßen profitieren.

Begegnen Sie Hubert Schwarz als Vortragsredner oder gestalten Sie mit seiner Unterstützung Motivationsseminare und -events!

Referenzen und Kundenstimmen

Audi AG, DATEV eG, Deutsche Post, Dt. Vermögensberatung AG, GfK AG, adidas, ORACLE Deutschland GmbH, REWE Zentral AG, Hewlett Packard GmbH, DeTeMobil MobilNet GmbH, PUMA AG u. v. m.

»Hubert Schwarz live zu erleben ist wie eine Begegnung der dritten Art. Als Extremsportler hat er schier Übermenschliches geleistet, aber er ist dabei authentisch und greifbar geblieben. Sein Charme und seine spannende Erzählweise fesseln die Zuhörer – eine faszinierende Persönlichkeit, die inspiriert und motiviert!« *Erich Schuster, geschäftsführender Gesellschafter in der defacto Unternehmensgruppe*

DR. TORSTEN SCHWARZ

Themen

Online-Marketing
Über das Internet neue Kunden ansprechen

E-Mail-Newsletter
Gelesen werden statt gelöscht

Social Media-Marketing
Der gute Ruf im Mitmach-Web

E-Commerce einbinden
Online mehr verkaufen

Veröffentlichungen

Kurzbiografie

Dr. Torsten Schwarz, geboren 1961 in Wiesbaden, ist einer der Pioniere des Online-Marketing. 1994 richtete er einen der weltweit ersten Webserver ein. Seit 1996 führt er regelmäßig Seminare rund um das Thema Internet-Werbung durch und hat inzwischen zehn Bücher dazu verfasst. Die Fachzeitschrift »acquisa« nahm ihn 2004 in ihre Liste der 36 Vordenker in Marketing und Vertrieb auf.

Seine Schulzeit verbrachte Schwarz in Kairo (Ägypten), studiert hat er an der Freien und später an der Technischen Universität Berlin. Als Geologe arbeitete er an Forschungsprojekten in Nordafrika. In Nigeria entdeckte er auf dem Mambilla-Plateau die erste große Bauxitlagerstätte des Landes. Nach der Promotion mit »summa cum laude« leitete er den Bauxitforscherverbund Eurolat. In dieser Funktion richtete er im April 1994 einen Webserver als Informationszentrale ein. Seine Faszination für neue Medien als Marketinginstrument veranlasste ihn 1996 zum Wechsel in die Unternehmensberatung. Seine Geologenkarriere beschloss er endgültig mit der Habilitation im Jahr 2000.

Schwarz ist mehrfacher Lehrbeauftragter in Marketing und E-Commerce. Sein im Jahr 2000 erschienenes Buch »Permission-Marketing – macht Kunden süchtig« war sechs Monate lang in den Top Ten der Business-Bestseller der Financial Times Deutschland. Zwei Jahre lang war er Marketingleiter eines Softwareherstellers. Schwarz leitet den Arbeitskreis Online-Marketing des Verbands der Deutschen Internetwirtschaft und ist aktives Mitglied in den Berufsverbänden DDV, BVDW und GSA. Neben Lehraufträgen an den Fachhochschulen Worms und Pforzheim ist er Dozent an der Bayerischen Akademie für Werbung (BAW) und der Deutschen Dialog Akademie (DDA). 2005 initiierte er das Onlineportal marketing-BOERSE. Es ist heute das größte deutschsprachige Dienstleisterverzeichnis im Bereich Marketing.

Referenzen und Kundenstimmen

»Er versteht es, seine Leidenschaft für das Thema Online-Marketing auf die Teilnehmer zu übertragen. Er überzeugt durch herausragendes Fachwissen und kann dieses auch sehr unterschiedlichen Zielgruppen anschaulich vermitteln.« *Birgit Sandföhr, Leiterin Rodenstock Akademie*

»Immer spannend und kurzweilig, dazu bis ins Detail informativ und pragmatisch – so sollte es sein, wenn über neue innovative Themen referiert wird. Sehr zu empfehlen!« *Bettina Bernhardt, Customer Relationship Management, AUDI AG*

Auszeichnungen und Pressestimmen

»Vordenker in Marketing und Vertrieb« *aquisa*

»Einer der führenden Experten für Online-Marketing in Deutschland« *Horizont*

»Guru in Sachen digitales Marketing« *e-commerce magazin*

»Dozent des Jahres 2009« *DDA – Die Dialog Akademie*

FELIX A. SCHWEIKERT

Themen

Die Sales-Bond-Methode
Wie Sie mit Persönlichkeit und Stil Ihre Leistungen hochwertig präsentieren und Ihre Kunden begeistern.

Ziele – dem Erfolg Richtung geben
Wie Sie Ihre Ressource Zeit sinnvoll einsetzen und diese effizient und konsequent für Ihren Erfolg nutzen.

Vorbildliche Führung
Wie Sie die Erfolgsmuster geschichtlicher Führungspersönlichkeiten in Ihren Führungsalltag übertragen können.

Veröffentlichungen

Kurzbiografie

Felix A. Schweikert wurde in Schwetzingen in Baden-Württemberg geboren. Nach der Ausbildung zum Bankkaufmann und dem Wehrdienst studierte er in Deutschland und in England Betriebswirtschaft. Bereits während seines Studiums sammelte er intensive Erfahrungen im Vertrieb, unter anderem bei einer deutschen Großbank.

Felix A. Schweikert hat seine Berufung zum Beruf gemacht und ist seit 2001 als Trainer, Autor und Coach tätig. Mit großem Einfühlungsvermögen und der Freude, mit Menschen zu arbeiten, zählt er zu den anerkannten Experten für zielorientiertes Verkaufen und vorbildliche Führung. Sein hohes Expertenwissen dokumentiert er durch zahlreiche Publikationen z. B. in den relevanten Fachmedien. In seinen Trainings, Seminaren und Vorträgen begeistert er seine Zuhörer durch die bildhafte Darstellung seiner Themen und die offene, provokative und gleichzeitig faire Art. Durch die Kombination von theoretischem Fachwissen und Praxisbeispielen erreichen seine Teilnehmer hohe Umsetzungserfolge.

Referenzen und Kundenstimmen

»Herr Schweikert hat mich als Fachmann und Dozent überzeugt. Man hat deutlich gemerkt, dass er auf dem Gebiet aktiv ist und aus der Praxis stammt. Er konnte seine Ausführungen immer anhand praxisnaher Beispiele und tatsächlicher Begebenheiten verdeutlichen. Er ist sachlich und inhaltlich auf dem neuesten Stand und hat hervorragende pädagogische Fähigkeiten. Die drei Tage haben sehr viel Spaß gemacht!« *Kerstin Hummel, Rüsselsheimer Volksbank*

»Seit 2001 arbeiten wir mit Herrn Schweikert zusammen. In seinen Veranstaltungen überzeugt er durch seine Fachkenntnisse sowie seine didaktischen Fähigkeiten. Wir schätzen die Arbeit mit ihm sehr und freuen uns – angesichts der positiven Teilnehmerresonanz – auf die weiterhin gute Zusammenarbeit.« *Dr. Stefan Weingarz, Akademie Deutscher Genossenschaften*

Auszeichnungen und Pressestimmen

Aufnahme als Premium-Qualitäts-Experte in das Qualitätsexpertennetzwerk der Erfolgsgemeinschaft von Joachim Klein, zu dem nur ausgewählte und besonders qualifizierte Experten Zugang erhalten.

»Inhalt und Aufbereitung zeugten von hoher Fachkompetenz und langjähriger Erfahrung im Themenumfeld. Die Darstellung war ausgezeichnet.« *Geldinstitute*

»Ich schätze die Fachkompetenz und die Kreativität von Herrn Schweikert.« *Bankmagazin*

SABINE SCHWIND VON EGELSTEIN

Kurzbiografie

Sabine Schwind von Egelstein zeigt Führungskräften aus Politik und Wirtschaft, wie sie die eigene Wirkung mit einem durchgängig stimmigen Konzept in der verbalen und nonverbalen Kommunikation nachhaltig verbessern. Sie bringt deren öffentliches Erscheinungsbild und Auftreten auf ein neues Niveau, damit sie authentisch in der Öffentlichkeit wahrgenommen werden und ihre Botschaft stimmig vermitteln.

Ihr Motto ist: Durch persönliche Klasse überzeugen!

Seit 1995 ist die erfahrene PR-Managerin Imagedesignerin und Expertin für moderne Umgangsformen im nationalen wie internationalen Business. Als Rednerin, Trainerin und Moderatorin von Firmenveranstaltungen begeistert sie durch ihre charmante und kompetente Art jeden Zuhörerkreis.

2008 erschien ihr Buch »Das Geheimnis der Klasse Männer«, das gleich nach Erscheinen Spartenbestseller bei Amazon wurde und der Focus mit einer Doppelseite vorstellte.

Themen

Knigge war gestern
Know-how rund um moderne Umgangsformen im Business

einfach sicher auftreten
Durch persönliche Klasse überzeugen

Ihre Kunden sind Unternehmen, die sich ein adäquates Auftreten ihrer Mitarbeiter und Führungskräfte wünschen, Einzelpersonen, die in der Öffentlichkeit stehen oder sich aus beruflichen Gründen einen Namen machen möchten, sowie Print- und Broadcast-Medien, die sie kontinuierlich seit 1999 als Expertin befragen.

Referenzen und Kundenstimmen

»Frau Schwind von Egelstein ist eine gelungene Mischung aus Botschafterin des stilvollen Auftritts und entspannter Persönlichkeit; in der Kombination sicherlich selten, wenn nicht einzigartig.«

Imagework: Aufsteigen von der Person zur Marke
7 Schritte zu Ihrem persönlichen Image

Sie ist Professional Member der German Speakers Association, wurde als Gründungsmitglied in den Deutschen Knigge-Rat berufen, ist Dozentin an der FH München, der Bayerischen Eliteakademie und der Wirtschaftskammer Tirol.

Dinner-Coaching
Moderiertes Abendessen mit Know-how zur Tischkultur

Auszeichnungen und Pressestimmen

Veröffentlichungen

Als Expertin für moderne Umgangsformen hatte sie 2003/04 einen festen Sendeplatz im Fernsehen. 2006 berichtete sie von der Bambiverleihung. Sie war Gast bei »extra3« und im Kabarett-Talk »Pelzig unterhält sich«.

»Diese Frau ist ein Profi!« *FOCUS-Magazin*

Ihr Spielfilm »Imagework«, der Schüler innovativ auf den Berufseinstieg vorbereitet, gewann das »Comenius-Siegel« sowie den »Award of Masters«. Ihr Mentorenprojekt »Bunt kickt gut« wurde persönlich vom Bundespräsidenten Rau ausgezeichnet.

st

JOCHEN P. STARGARDT

Themen

UQ – Unternehmerintelligenz
Führung, Kommunikation, Motivation, Innovation

Handel ist Wandel
Erfolgsstrategien des Handels – zielorientiert & konsequent – effektiv & effizient

Korrigieren statt Kritisieren
Kritikgespräche, die garantiert zum Erfolg führen

Veröffentlichungen

Gemeinsames Buchprojekt mit seiner Frau Simone zum Thema »UQ – Unternehmerintelligenz« erscheint 2011

Kurzbiografie

Ihr Experte für den Handel

Authentisch, zielgruppenorientiert, praxisnah – so beschreiben seine Kunden den lebhaften und motivierenden Vortragsstil von Jochen Stargardt. Hierbei gelingt es ihm stets, auch vermeintlich trockene Inhalte mit Leben zu erwecken und diese kurzweilig zu gestalten.

Jochen Stargardt wurde 1976 in Crailsheim geboren. Nach seinem Studium der Wirtschaftswissenschaften an der Universität Würzburg, mit den Schwerpunkten Marketing und Personal & Organisation, startete der Diplom-Kaufmann seine berufliche Karriere als Führungskraft bei der Nr. 1 im Discounthandel. Die hier gewonnenen Erfahrungen gab er später als Inhouse-Consultant bei Europas führendem Pharmahändler an das Management zahlreicher Apothekenketten weiter. In dieser Zeit absolvierte er auch eine 2-jährige innerbetriebliche »General-Management-Ausbildung«, die von der Ashridge Business School durchgeführt wurde.

Parallel hierzu baute er als Unternehmer, gemeinsam mit seiner Frau Simone, den erfolgreichen privaten Akademie-Standort »carriere & more« in der Region Stuttgart auf.

Seit 2007 arbeitet Jochen Stargardt als Redner, Trainer und Unternehmensberater im eigenen Unternehmen StarConTra. Neben Vorträgen und Seminaren berät er Unternehmen mit seinem generalistischen Ansatz in Fragen zur Steigerung der Innovationskraft, Strategie- und Organisationentwicklung sowie der Prozessverbesserung.

Zu seinen Kunden zählen große Discounter, Weiterbildungsunternehmen, Pharmaunternehmen ebenso wie Apotheken, Energieversorger und Unternehmen der Druckindustrie. Als Experte für UQ – Unternehmerintelligenz inspiriert er in seinen mitreißenden Vorträgen zu den Themenbereichen Führung & Innovation und enträtselt den Wandel im Handel.

- Zertifizierter Creatrix™-Consultant
- Associate-Trainer nach dem eva-Lernsystem®

Referenzen und Kundenstimmen

»Sie haben mit Ihrem Vortrag den entscheidenden Beitrag zum Gelingen unserer Veranstaltung geleistet. Unsere Teilnehmer waren von Ihrem Vortrag begeistert.« *Walter Trummer, Trummer Holding GmbH, Nürnberg*

»Jochen provided us with a very professional approach on Self Organization & Time Management. He managed to combine the Company objectives and the one from each individual to deliver a consistent message to improve the daily life of our employees.« *Corinne Rabault, Training Coordinator at Averion International, Basel*

SIMONE STARGARDT

Themen

UQ – Unternehmerintelligenz
Führen, lernen, motivieren, organisieren

Mythos Handel
Was wir vom Handel lernen können
– zielorientiert & konsequent –
effektiv & effizient

Veröffentlichungen

Gemeinsames Buchprojekt mit ihrem Mann Jochen zum Thema »UQ – Unternehmerintelligenz« erscheint 2011

Kurzbiografie

Ihre Expertin für den Handel

Charmant, humorvoll und mit einem gewinnenden Lächeln begeistert sie ihre Zuhörer. Fachlich kompetent und praxiserfahren schafft sie es, auch theoretische Inhalte lebhaft zu gestalten.

Simone Stargardt wurde 1979 in Landshut geboren. Die studierte Diplom-Betriebswirtin (BA) verknüpfte schon während ihres Studiums die Theorie mit der Praxis. Während ihres dualen Hochschulstudiums in Heidenheim in Kooperation mit dem führenden deutschen Discounter lernte sie die Regeln des Handels von der Pike auf. Schon früh wurde sie in der Mitarbeiterführung und als Unternehmerin im Unternehmen gefordert und gefördert. Bereits mit 23 Jahren schloss sie ihr Studium mit Auszeichnung ab und übernahm Verantwortung in leitender Position.

Zwei Jahre später folgte sie ihrer Leidenschaft, Menschen zu begeistern und mit neuen Ideen noch erfolgreicher zu machen, und wurde Unternehmerin in eigener Sache. Als Trainerin und Beraterin betreute sie von nun an eine Vielzahl kleinerer Unternehmen und sammelte erste Erfahrungen als Referentin und Rednerin. Parallel dazu übernahm sie als eine der jüngsten Referentinnen eine Honorardozentenstelle an der Dualen Hochschule Stuttgart. Unter anderem hielt sie Vorlesungen für Handelsbetriebslehre, Personalmanagement und Standortpolitik. 2005 baute sie gemeinsam mit ihrem Mann ihre unternehmerischen Aktivitäten weiter aus und positionierte die private Akademie »carriere & more« als innovativsten Bildungsträger in der Region Stuttgart, den sie seitdem mit großem Erfolg leitet.

Neben der Tätigkeit in ihrer Akademie zählt sie große Discounter, Energieversorger und Unternehmen der Druckindustrie zu ihren Kunden. Als Expertin für UQ – Unternehmerintelligenz ist sie eine gefragte Rednerin zum Thema »Mitarbeiterführung und modernes Personalmanagement«.

Referenzen und Kundenstimmen

»Mit ihrem engagierten, motivierenden Vortragsstil gelingt es Frau Stargardt stets, Theorie und Praxis inhaltsreich und kurzweilig miteinander zu verknüpfen.« *Professor Dr. Oppermann, Duale Hochschule Baden-Württemberg, Stuttgart*

»Frau Stargardt gelang der Spagat, sowohl die Interessen der Gesamtgruppe wie auch die Interessen der einzelnen Teilnehmer im Seminar zu vereinen.« *Annette Götzel, BBQ, Waiblingen*

THOMAS STARKE

Kurzbiografie

Thomas Starke, 1967 im Rheinland geboren, studierte Betriebswirtschaftslehre und Kommunikationswissenschaften in Siegen, Brest und Portsmouth.

Er war als Produktmanager sowie Marketing- und Vertriebsleiter in renommierten Betrieben vom ehemaligen Start-up-Unternehmen bis zum Weltkonzern mehr als 15 Jahre tätig. Neben der Konsumgüterindustrie war sein Schwerpunkt auch die europäische Investitionsgüterindustrie.

Seit 2008 ist Thomas Starke mit Gründung von »Concept and Sales« als Vertriebsberater mit den Schwerpunkten Vertrieb, Marketing und Messen als Coach und Dozent/Vortragsredner tätig.

Er weiß, wie die Fragen im Vertrieb gelöst werden müssen: Mit kreativen Ansätzen und persönlichem Engagement lässt sich mehr bewegen als mit aufwändigen Kampagnen ohne persönliche Note.

Themen

Vertriebswege kennen und nutzen – der direkte Weg zum Kunden!

Vertrieb mit kleinem Budget – zünden Sie den Turbo für Ihren Vertrieb!

Erfolgreiches Ausstellen auf Messen – Erfolg ist planbar!

Referenzen und Kundenstimmen

»Der Vortrag von Herrn Starke war eine sehr gelungene Veranstaltung. Anschaulich, praxisbezogen und nachhaltig wurden erhebliche Optimierungsvorschläge dargestellt. Nicht jeder Vortrag ist derart kurzweilig.« *L.M. Müller, GF Wirtschaftsberatung Müller & Partner, Neuhaus-Schierschnitz*

»Eine Fülle von Ideen, die sehr gut auf den Punkt gebracht werden. Der Vortrag war dabei unterhaltsam und leidenschaftlich präsentiert. Die Umsetzbarkeit der Ansätze ist gut, ich konnte für unser Unternehmen viele Anregungen mitnehmen.« *Sarah Voigtländer, GF somron, München*

Auszeichnungen und Pressestimmen

»Er ist als Coach für Existenzgründer und mittelständische Unternehmen bundesweit tätig und stellt sein umfangreiches Fachwissen dabei zur Verfügung.« *GründerMagazin*

KATHARINA STARLAY

Kurzbiografie

Sie erzählt aus der lebendigen Praxis und schöpft aus 25 Jahren Erfahrung in Mode, Kosmetik und Firmenkultur:

Katharina Starlay, Jahrgang 1966, ging nach ihrem Studium als Modedesignerin beim LETTE-Verein Berlin den unüblichen Weg: Sie eröffnete (lange vor dem Trend) ein Studio für Modeberatung in Berlin und bot Stilberatung und Garderobenplanung für Endkunden an. Nach 3 Jahren und einigen Tausend Farbanalysen konzentrierte sie sich auf ihre Karriere als Führungskraft in großen Unternehmen des Einzelhandels (Einkauf und Verkauf von Mode und Kosmetik, z. B. bei P&C, OTTO Versand, Globus Schweiz, Parfümerie Douglas). Nach 2 Interims-Jahren als Personalvermittlerin von Führungskräften ist sie seit 2002 als Unternehmensberaterin für Kleiderstilfragen und Designerin für Corporate Couture tätig. Unternehmenserfahrung und stilistisches Know-how treffen hier aufeinander.

Sie berät das Management in Service- und Stilfragen, gibt Trainings für Chefs und Mitarbeiter und entwirft und produziert unverwechselbare Kollektionen für Firmen mit Anspruch an ihr Image. Ihre Vorträge leben von der aktuellen Erfahrung und haben eines zum Ziel: »Menschen und Unternehmen gut aussehen zu lassen«.

Referenzen und Kundenstimmen

»Es war teilweise so witzig, aber auch spannend, dass man der Referentin noch Stunden hätte zuhören können. Ich denke, es ging den meisten Frauen genauso. Auf jeden Fall fand ich es sehr interessant und ein schöner ›Frauenabend‹. Gestern stand übrigens ein Artikel über den Vortrag von Frau Starlay im Weser-Kurier. Die Verfasserin ging es wohl ähnlich wie mir, und ich habe den Artikel schmunzelnd gelesen. Ich wünsche Ihnen eine schöne Woche und viel Spaß beim Punktezählen ... Ich bin heute bei 9 Punkten – wieder nix mit Business ...« *Teilnehmerin des Vortrags »Power Dressing« exklusiv für Frauen, Marketing Club Bremen*

»Mit ansteckender Überzeugung vermittelt sie, was wichtig ist, und erhält von unseren Klienten kontinuierlich glänzende Beurteilungen. Sie kann begeistern und bewegen. Eine mehrfache Gewinn-Situation ohne Routineverlust – so macht Zusammenarbeit Spaß!« *Felix Merkli, Practice Leader Career Transition Vice President Operations Right Management Switzerland AG*

»Katharina Starlay hat uns nicht nur Bewusstsein für das Thema vermittelt, sie hat uns nicht nur geschult, sie hat nicht nur unsere Dienstbekleidung designed ... Vielmehr hat sie uns begleitet auf dem Weg zu einer attraktiven, qualitativ hochwertigen und gewinnenden Erscheinung als Europas Nr. 1 in der Autovermietung! Dafür gebührt ihr mein herzlicher Dank!« *Michael Meißner, Regionalleiter Airport, Rail & Road und Projektverantwortlicher Dienstkleidung Europcar Autovermietung GmbH, Oktober 2007*

Initiative

MCF² – die Marketingfrauen, Gründerin der Initiative im Marketing Club Frankfurt

Themen

Power Dressing
Was machen erfolgreiche und supermächtige Frauen und Männer anders? Der Vortrag vermittelt Strategie

Erfolgsfaktor Kleidung – das unterschätzte Marketing-Tool
So können Sie negative Werbung vermeiden.

Kleidung – Knigge – Kompetenz
Ihre Mitarbeiter sind die Visitenkarte Ihres Unternehmens. Ein Seminar mit Servicebezug!

Veröffentlichungen

Self Marketing – mit Echtheit zum Erfolg

Es zählt was bleibt – Repräsentation und Ausstrahlung

GREGOR STAUB

Themen

mega memory® Gedächtnistraining
Leben heißt Lernen!

Veröffentlichungen

Kurzbiografie

Gregor Staub, geb. 03.06.1954, studierte an der höheren Wirtschaftsschule (HVW) in Olten und schloss das Studium als Betriebsökonom ab. Er entwickelte durch die intensive Arbeit mit Schülern und Studenten das Trainingsprogramm mega memory® Gedächtnistraining. Seit 1990 vermittelt er in seinen Seminaren Methoden und Techniken, mit Hilfe derer jeder Mensch sich Dinge schnell und einfach merken kann. Basis seiner Arbeit ist die altgriechische MNEMO-Technik. Gregor Staub ist Autor vieler Bücher zum Thema Gedächtnistraining. Er ist creative member des Club of Budapest, Mitglied im Club 55 und Vorstandsmitglied der German Speakers Association (GSA).

Nach vielen tausend Veranstaltungen in Zusammenarbeit mit hunderten von Firmen, Medien, Universitäten und Schulen ist sein Konzept außergewöhnlich ausgereift – und sofort umsetzbar. In über 2.000 Zeitungs-, Radio- und TV-Beiträgen wird Gregor Staub als mitreißender Redner beschrieben, der mit seiner positiven Lebenshaltung und Überzeugungskraft seine Zuhörer zum Handeln bringt und langfristig motivieren kann, seine Lernstrategien umzusetzen. Heute berät er namhafte Firmen und Organisationen und vermittelt seine Methoden und Erfahrungen in Vorträgen und Seminaren an Schulen und Universitäten. Sein Selbstlern-Kurs mega memory® Gedächtnistraining ist bereits 1990 erschienen. Seit Mai 2008 gibt es mit der 8. Auflage eine Audio- & E-Learning-Edition.

Referenzen und Kundenstimmen

»Ich hatte noch nie so viel Spaß und Freude beim Lernen – und bin einfach fassungslos, wie einfach Sie mir das Lernen machen. Heute habe ich in einem Rutsch die 100er-Zahlen gelernt. Es hat einfach nur Spaß gemacht und innerhalb von einer Stunde konnte ich sie alle! Wahnsinn!« *Alexandra L., Juli 2009*

»... seit ungefähr 3 Jahren unterstützt mich Ihre Technik beim Auswendiglernen endlos scheinender Skripte während meines Studiums. Momentan besiege ich hierdurch mein Auslandsstudium in Schweden (...) Ohne diese Technik ... ich mag nicht daran denken!« *Matthias MS L., April 2009*

»Ich habe mir Ihre Videos und Interviews angeschaut – Sie sind der Beweis dafür, wie man mit Begeisterung und Glauben Berge versetzen und dabei einen Riesenbeitrag für die Gesellschaft sein kann. Ich freue mich auf den Zeitpunkt, in dem Ihre Methodik Pflichtveranstaltung in der Schule ist!« *Konstantin S., Dezember 2008*

Auszeichnungen und Pressestimmen

Schon 2003 wurde er vom Magazin TRAiNiNG zum Trainer des Jahres gewählt.

»Eigentlich müsste sich jeder Lehrer eine dicke Scheibe von Gregor Staubs Talent abschneiden können. Er hat nicht nur ein ausgezeichnetes Gedächtnis – er ist auch ein glänzender Unterhalter. Es gelingt ihm, sein Wissen auf spielerische Art weiterzugeben.« *Solothurner Tagblatt, 21.10.2008*

ALEXANDER STEHLIG

Themen

High Speed und was man dazu braucht

Blindes Verständnis – Arbeiten mit Rennfahrern und anderen Ikonen

Entwicklung eines Rennwagens – Grenzen und Möglichkeiten

Hightech und seine Tücken

Veröffentlichungen

Interviews und Beiträge in vielen Technik- und Motorsport-Zeitschriften

Mit Teamwork zum DTM-Titel

Vertraut wie ein altes Ehepaar (Kommunikation ist alles)

Kurzbiografie

Alexander (Alex) Stehlig gehört mit zu den erfolgreichsten und kompetentesten Fahrzeug- und Renningenieuren des deutschen Motorsports, speziell in der DTM.

Nach einer dramatischen Saison im Jahre 2007 konnte er gemeinsam mit seinem Rennfahrer Mattias Ekström im letzten Rennen erneut den DTM Titel für Audi gewinnen. Bereits seit 2001 hat er die Verantwortung für den Rennwagen von M. Ekström, mit dem dieser auch 2004 schon den Meister- und im Jahr 2005 den Vizemeistertitel einstrich. Beim DTM Werksteam Abt Sportsline betreute er unter anderem Christian Abt und Kris Nissen. Im Rennsport ist Alex Stehlig seit seinem Studium der Fahrzeugtechnik und des Maschinenbaus erfolgreich.

5 Sterne Redner Alex Stehlig ist ein hervorragender Experte, der mit fundierten Kenntnissen der Fahrzeugtechnik und mit seinen Erfahrungen im Motorsport glänzt. Als Redner vermittelt er, was es bedeutet, neueste technische Entwicklungen mit höchster Sorgfalt und unter unglaublichem Druck punktgenau auf die Strecke zu bringen. Neuentwicklungen, die sich sofort beweisen müssen und über Gewinnen oder Verlieren entscheiden.

Die Vorträge von Alex Stehlig sind voll von Anekdoten aus der erfolgreichen Zusammenarbeit mit Motorsportlegenden wie den Formel-1-Fahrern Alain Prost, Emerson Fittipaldi und Jonny Cecotto sowie Team-Mitgliedern seines Rennstalls und geben spannende Einblicke in die Hintergründe des Renn- und Motorsports. Dies beweist er, unter anderem, auch bei seinen gelegentlichen Moderationen bei Sport1.

Referenzen und Kundenstimmen

Teilnehmerstimmen:
»Herr Stehlig hat uns in seinem Vortrag zum Thema Fahrzeugtechnik in sehr lebendiger Art das Thema Motorsport näher gebracht und uns aufgezeigt, welche immense Präzision und Hightech hinter der Konstruktion eines Rennwagens steckt. Vielen Dank für den begeisternden Vortrag.« *Prof. Dr.-Ing. Winfried Theis, FH Nürnberg*

»Alex ist der kompetenteste Renningenieur, mit dem ich je in der DTM zusammengearbeitet habe. Er hat einen großen Anteil an meinem Meistertitel und trägt auch weiterhin dazu bei, meine Erfolge in der DTM zu sichern.« *Mattias Ekström, DTM Meister 2004*

Referenzen:
- Deutsche Telekom
- Lufthansa
- Together

Auszeichnungen und Pressestimmen

2004 und 2007 Meister mit Mattias Ekström in der DTM

2005 Vize-Meister in der DTM mit Mattias Ekström

CHRISTIANE STEIN

Themen

Always good News!
Auch schlechte Nachrichten können freundlich vorgetragen werden

Moderation & Businesstalk

Medientraining

Kurzbiografie

Christiane Stein moderiert beim Nachrichtensender n-tv. Hier präsentiert sie vor allem am Wochenende die Nachrichten zur vollen Stunde. Viele Jahre lang war sie eng mit der ARD verbunden. Für die meisten Zuschauer war sie lange »das Gesicht« des Vorabendprogramms im Ersten. Zahlreiche Schauspieler beliebter TV-Serien waren Gast in ihrer Sendung. Sie versteht es, komplexe Inhalte unterhaltsam und charmant auf die Bühne zu bringen. Deshalb ist die Diplomkauffrau seit Jahren eine gern gesehene Moderatorin im Rahmen von hochklassigen Unternehmensveranstaltungen. Als Dozentin und Medientrainerin hat sie auch ihren festen Platz hinter der Kamera. Redaktionelle Aufarbeitung ihrer Moderationen sowie Seminarvorbereitungen gehören zu ihrer täglichen Arbeit.

Referenzen und Kundenstimmen

PWC, BMW, Ikea, T-Systems, T-Online, Wella, Altana Pharma, Masterfoods, Zeiss, Arcor, Iveco Magirus, Siemens, Bosch, Blaupunkt, BHW, HP, Armstrong, Hyundai, e-plus, Eon Ruhrgas, ARD, NBC Europe, n-tv Nachrichtenfernsehen

»... kann ich mich endlich auf diesem Weg sehr herzlich für Ihre äußerst gelungene Moderation der Ehrung bei unserem Tag des Außendienstes in Hannover bedanken ... Mit Ihrer frischen, souveränen, netten und gewinnenden Art haben Sie bei allen Teilnehmern einen prima Eindruck hinterlassen. Sie sind eine rheinische Frohnatur ...«
Württembergische Versicherung

»... dies war auf die exzellente Moderation von Frau Stein zurückzuführen. Frau Stein hat bei den Vorständen, bei den über 1200 Preisträgern und nicht zuletzt beim Veranstaltungsteam selbst einen hervorragenden Eindruck hinterlassen.« *PKW Werbeagentur GmbH*

»... wir müssen Ihnen zu der ausgezeichneten Arbeit während der CeBIT gratulieren. E-Plus war mit der i-mode-Einführung einer der Höhepunkte der Messe. Dies verdanken wir vor allem auch Ihrer außerordentlichen Leistung. (...) Ein großes Danke von unserer Seite an Sie! ...« *e-plus Mobilfunk*

GEORG VON STEIN

Themen

Eloquenz und gewinnende Gesprächsführung
Können Sie begeistern, ohne geistreich zu sein. Wie Sie mit Redegewandtheit andere überzeugen

Öffentlicher Auftritt und Präsentation
Wie Sie Ihre Zuhörer und Zuschauer in den Bann ziehen

Gutes Deutsch
Wer die Sprache richtig zu verwenden weiß, beherrscht die Kommunikation

Kurzbiografie

Ein Bildhauer, gefragt, wie er es denn mache, dass aus einem Steinblock ein so wunderschöner Löwe wird, antwortet: »Ach das ist ganz einfach, ich schlage alles weg, was nicht nach Löwe aussieht.« Georg von Stein, 1966 in München geboren, trainiert Unternehmenssprecher, Geschäftsführer und Vorstände für deren öffentliche Auftritte und Präsentationen und gibt Seminare und Vorträge zu Eloquenz, Rhetorik und gutem Deutsch. Georg von Stein »schlägt« mit dem Rhetorikmeißel alles Wirkungslose weg, damit seine Klienten in Verhandlungen, in Gesprächen auf der Bühne und bei Präsentationen strahlen, Applaus bekommen und den Löwen rauslassen können. Er greift dafür auf 15 Jahre Erfahrung als Journalist, Unternehmensberater, Manager, Aufsichtsrat, Moderator und Kommunikationstrainer zurück. Zu seinen Kunden zählen IBM, Siemens, Philips, Bertelsmann, Axel Springer, Philips, Toshiba, Cisco, Vallourec, Mannesmann, Nokia genauso wie viele mittelständische Unternehmen (Carl Zeiss, Forum Kogresse, AIC Kongresse, Management Forum Starnberg, Adva Optical, KUKA u. v. a.).

Referenzen und Kundenstimmen

»Was man bei Georg von Stein erlebt und lernt, sind beste Zutaten für wirkungsvolle, geistreiche Auftritte und Präsentationen.« *Dimitrios Haratsis, Axel Springer ZANOX*

»Georg von Stein ist ein absoluter Kommunikationsprofi. Mit seinen prägnanten Praxisbeispielen und Tipps können sich unsere Sprecher um ein Vielfaches besser darstellen und in Interviews oder Kundengesprächen überzeugen.« *Ulrike Beringer, Novell*

»Er ist ein kluger Rhetoriker und einfach auch ein guter Moderator.« *Georg Kolb, Pleon*

Auszeichnungen und Pressestimmen

Viele Artikel und Interviews in Magazinen und Zeitungen von NEWS (Handelsblatt Verlag) über MAXIM bis hin zu Spektrum der Wissenschaft

ANDREAS STEINBORN

Themen

Konfliktmanagement: Konfliktkompetenz entscheidet
Bestehende Konflikte bewältigen;
Notwendige Konflikte anpacken;
Überflüssige Konflikte vermeiden

Moderation / Mediation
Kompetent vermitteln in Konflikten

Konfliktkompetenz systematisch steigern
Intensivkurs Praxisvertiefungskurs

Ihr »Wunschthema« zum Themenfeld betriebliche Konflikte mit Ihrem individuellen Schwerpunkt

Kurzbiografie

Andreas Steinborn, Jahrgang 1966, ist Trainer bei CCC Creative Communication Consult, DEM bundesweit tätigen Spezialanbieter für betriebliches Konfliktmanagement mit über 20 Jahren Erfahrung. Wie gehen Sie mit Konflikten um? Konfrontative Suche nach der objektiven Wahrheit? Hartes Durchsetzen? Oder fauler Kompromiss? Lassen Sie sich überraschen mit spannenden Anregungen, verblüffenden Einsichten und praxiserprobtem Handwerkszeug für einen eleganteren Umgang mit Konflikten.
Als Spezialist für schwierige Kommunikationssituationen unterstützt Andreas Steinborn Sie darin, konfliktbedingte Reibungsverluste im Umgang mit Kunden, Kollegen und Mitarbeitern zu senken und damit Ihrem Unternehmen sehr viel Geld und den Mitarbeitern sehr viel an Nerven zu sparen. Kaufmännische Ausbildung, wirtschaftspsychologisches Studium, Ausbildungen in Mediation, Supervision und Coaching, Vertriebserfahrung in Klein- und Großunternehmen sowie Projektleitungen in Industrie, IT- und Dienstleistungsbranche bilden mit jahrelanger Praxis seine Basis für wirkungsvolles Training, Moderation, Coaching und überzeugende Vorträge.

Referenzen und Kundenstimmen

»Andreas Steinborn von CCC begeisterte mit seinem Fachvortrag unsere Kunden ... löste ausnahmslos große Begeisterung bei den Teilnehmern aus. Wir bedanken uns für Ihren fesselnden Vortrag.«
Alexander Waldorf, BRUNATA Wärmemesser GmbH & Co. KG

»Es war ein sehr gutes und vor allem inspirierendes Seminar.« *Uwe Bürkel, Union Investment*

»... hat in einer solch lebendigen Art und Weise das Seminar gehalten, dass ich noch jetzt ... alle Ereignisse, Bilder und natürlich die verschiedenen Übungen vor Augen habe.« *Klaus Ort, Stadtwerke Delmenhorst*

»Erwartungen wurden bei weitem übertroffen.« *Anja Mendler, Sigma-Aldrich Chemie Holding GmbH*

»Aktives Lernen und richtige Aha-Erlebnisse.« *Ute Latzke, Deutsche Welthungerhilfe*

»Dies war eines meiner besten Seminare. Weiter so!« *Frank Waldmeier, Deutsche Telekom AG*

»Perfekte Mischung von Theorie und Praxis.« *Carsten Rehfeld, Hypoport AG*

»Die Teilnehmer kamen voll des Lobes und tief beeindruckt von diesen Seminaren.« *Werner Janke, Leiter Aus- und Weiterbildung, Deutsche Bausparkasse Badenia AG*

MARK STEINER

Themen

Mit Veränderungskompetenz zu neuen Erfolgen
Change-Fähigkeiten in chaotischen Zeiten

Führen in anspruchsvollen Situationen
Führungskraft heißt Führen mit Kraft

Ethik im Management
Globale und lokale Verantwortung

Verkaufen mit Lust und Spaß
Überzeugen und gemeinsam gewinnen!

Veröffentlichungen

Kurzbiografie

Mark Steiner ist CEO der Line5Consult GmbH (Organisationsentwicklung) und der Line5Academy GmbH (Persönlichkeitsförderung). Er gründete diese Unternehmen basierend auf den zahlreichen Entwicklungen aus der vorangegangenen Firmengeschichte der ProHuman Training GmbH.

Seine Devise: »Wir verbinden Menschen mit Prozessen.« Das Duo Consult + Academy steht für: Klare Strategien – Einfache Prozesse/Kraftvolle Führung – Initiative Mitarbeiter/Dynamische Umsetzung – Messbare Erfolge.

Mark Steiner kennt aus eigener Unternehmererfahrung die Tücken und Probleme sowie die Herausforderungen unterschiedlichster Wirtschaftsaufgaben. Selbst persönliche Schicksalsschläge konnten ihn nie von seinem Weg abbringen, sondern haben ihn zu einem realitätsnahen und krisenerprobten Consultant, Trainer und Coach geformt.

Mark Steiner ist Inhaber der Masterlizenz und Lizenzgeber für die DelphinStrategien® im deutschsprachigen Raum, entwickelte pragmatische Tools wie das Kojotenmanagement® oder das MAP-System® (Das persönliche Erfolgsinstrument: Motiv-Action-Power-System). Zudem ist er Lizenznehmer bestbewährter Analyse- und Umsetzungs-Instrumenten wie PersonaGlobal® (Prozessbeschleunigung mit Erfolgsmessung) oder InterLAB® (Stressresistenz).

Durch seine breite Wissensaneignung im Bereich der Psychologie ist ihm der Mensch bestens vertraut. Seine zahlreichen Direkterfahrungen in unterschiedlichen Funktionen ermöglichen ihm ein rasches Praxisverständnis. Die fortwährend intensiven Aus- und Weiterbildungen in den Themen »Veränderungsmanagement«, »Strategieentwicklung« und »Prozesssteuerung« geben seiner Berater- und Trainerkompetenz das Ganzheitliche, den systemischen Ansatz wie auch das Verständnis für das synergetische Zusammenwirken.

Referenzen und Kundenstimmen

Alcon Pharmaceuticals Ltd, SwissLife, Bossard AG, Migros, SWISS, Deutsche Telekom, Feldschlösschen Brauerei, Hirslanden-Klinik, Maquet u. a. m.

SF DRS (10vor10, Rundschau, Quer), SAT.3/ARD (Dok-Film), SAT.1, SWR (Saldo), Pro7 (FocusTV), WDR (Talk-Sendung), diverse Lokalsender sowie diverse Printmedien.

»... er hat das Flair auf den Punkt zu kommen, die Teilnehmer ohne Umschweife direkt anzusprechen. Und obwohl er scharfkantig sein kann, hat man ihn einfach gern; packend, motivierend, ein Erlebnis mit Nachhaltigkeit.«
»... Ein Profi, menschlich, überzeugend, ansteckend, praxisnah!«
»... Er ist zielorientiert und einfühlsam, er geht auf die Bedürfnisse der Teilnehmer ein, hat Humor und ist ein aufmerksamer Beobachter, der das Wesentliche schnell erfasst.«

ANDREAS STEINLE

Kurzbiografie

Andreas Steinle, Dipl.-Kommunikationswirt, ist Geschäftsführer des Zukunftsinstituts in Kelkheim/Frankfurt. Er verantwortet dort den Consulting-Bereich des Unternehmens und betreut nationale wie internationale Kunden in Strategie- und Innovationsprozessen. Andreas Steinle ist als Referent auf internationalen Kongressen tätig und hat mehrere Studien sowie Bücher veröffentlicht, u. a. »Zukunft machen – Wie Sie von Trends zu Business-Innovationen kommen«. Eine monatliche Kolumne von ihm erscheint im manager magazin online.

Referenzen und Kundenstimmen

»Sehr geehrter Herr Steinle, wir möchten Ihnen im Namen des gesamten FORUM impulse Veranstaltungsteams nochmals ein herzliches DANKE für Ihren perfekt vor- und aufbereiteten Vortrag aussprechen. ›Gespickt‹ mit spannenden und toll recherchierten, neuen Informationen und vor allem durch Ihre lebhafte und kurzweilige Vortragsform hielt Ihre Präsentation wirklich jede Menge Impulse für unsere Gäste bereit.« *Anette Wolf, RIXCOM – Wirksame Kommunikation, München, 1.4.2009*

»Lieber Herr Steinle, ganz herzlichen Dank für Ihr Engagement bei den Bayreuther Dialogen. Sie haben mit Ihrem Vortrag den Höhepunkt der Veranstaltung gesetzt. Ich bin begeistert von Ihrer Rhetorik, Ihren Aussagen und den dazu passenden Bildern bzw. Graphiken. Von Ihnen kann man wirklich viel lernen.« *Jürgen Fuchs, Unternehmer-Berater und Buchautor, 30.10.2008*

Veröffentlichungen

Studien:
Praxis-Guide Cross-Innovations.
Wettbewerbsvorteile durch einen branchenübergreifenden Innovationsansatz - Zukunftsinstitut 2009

Lebensstile 2020
Eine Typologie für Gesellschaft, Konsum und Marketing – Zukunftsinstitut 2007

Service Märkte – Die neuen Dienstleister – Zukunftsinstitut 2006

Hyperconsuming
Was kommt nach Geiz-ist-geil? - Zukunftsinstitut 2005

Bücher:
Zukunft machen.
Wie Sie von Trends zu Business-Innovationen kommen Campus, 2007

Trend 2004.
Arbeit – Freizeit – Eigenzeit. (zus. mit P. Wippermann) Piper, 2004

Trendbuch Generationen:
Die neue Moral der Netzwerkkinder (zus. mit P. Wippermann) Piper, 2003

Wörterbuch der New Economy
Duden Verlag, 2001

www.vortragsimpulse.de

CHRISTIAN STELZMÜLLER

Kurzbiografie

Christian Stelzmüller studierte Betriebswirtschaftslehre mit den Schwerpunkten Personal, Teamentwicklung & Interaktionsmanagement sowie Umweltmanagement. Während und nach seinem Studium war er bei diversen Unternehmen (KUKA, VALEO) für Personalentwicklung, Leadershipdevelopment, Personalmarketing und Vorschlagswesen verantwortlich.

Seine enorme Erfahrung im Bereich Coaching und Moderation hat Christian Stelzmüller durch die erfolgreiche Begleitung zahlreicher Neuorganisationen und Umstrukturierungen in der Industrie. Bis heute ist er hauptberuflich in der strategischen und internationalen Personalentwicklung eines internationalen Großkonzerns tätig. Der 5 Sterne Experte für Coaching, Führung, Konfliktmoderation und Human Resources bietet zahlreiche Seminare sowie Beratung und Coaching an.

Referenzen und Kundenstimmen

Referenzen:
- KUKA
- Polytan
- HRnetworx

Auszeichnungen und Pressestimmen

Abgeschlossene Ausbildung als systemischer Berater und Coach (ICO-Augsburg)

Zertifizierung als Coach nach dvct (Deutscher Verband für Coaching & Training e.V.)

Themen

Führung und Coaching erleben

Umgang mit Mobbing

Mitarbeiterbindung / Retention

Employer Branding und Hochschulmarketing

LOTHAR STEMPFLE

Kurzbiografie

Diplom-Betriebswirt (BA)
Verkäufer
Gebietsverkaufsleiter
Regionalleiter Schulung
Abteilungsleiter Vertrieb/Training
Selbstständiger Trainer und Vertriebsentwickler (seit 1993)

Spezialthemen:
- Neukundenakquisition
- Verkauf am Telefon
- Durch Mehrwertverkauf höhere Preise realisieren
- Reklamationsbearbeitung
- Unfaire Verhandlungstechniken erfolgreich kontern

Referenzen und Kundenstimmen

Deutsche-Verkäufer-Schule

Beste Referenzen durch fast alle Branchen und langjährige erfolgreiche Zusammenarbeit mit namhaften Firmen.

»motivierend – informativ – kurzweilig – nachhaltig«

Auszeichnungen und Pressestimmen

Deutscher Trainingspreis in Gold (BDVT 1997)

Internationaler Deutscher Trainingspreis Silber (BDVT 2004)

Internationaler Deutscher Trainingspreis Silber (BDVT 2007)

»... zeigt den Verkäufern, wie sie am Telefon überzeugen und auch noch Spaß dabei haben.« *Süddeutsche Zeitung*

Themen

Erfolgreich verkaufen am Telefon
Beim Telefonieren mental auf dem Hochpunkt sein, Verkaufsrhetorik als Schüssel zum Erfolg

Umgang mit unfairen Verhandlungstechniken
Manipulation erkennen und begegnen

Reklamationen als Reklame nutzen
Bedeutung der perfekten Reklamationsbehandlung für den Vertriebserfolg

Fast jeden Neukunden erobern
Umsatz durch Neukunden steigern, mit Neukundenakquisition in die Pole-Position, Kunden akquirieren

Veröffentlichungen

Zahlreiche Veröffentlichungen in namhaften Fachzeitschriften und Fachmagazinen

www.vortragsimpulse.de

CHRISTIANE STENGER

Themen

Warum fällt das Schaf vom Baum?
Gedächtnistraining mit der Jugendweltmeisterin

Fit im Kopf
Einführung in Lern- und Gedächtnistechniken

Fit im Job
Fachspezifische Einführung ins Gedächtnistraining

Veröffentlichungen

Kurzbiografie

Christiane Stenger, 1987 in München geboren, ist Gedächtniskünstlerin, Sachbuchautorin und Referentin zum Thema »Gedächtnistraining« und Lernen. Parallel zu ihrem Studium der politischen Wissenschaften in München hält sie Vorträge und Seminare und publiziert Bücher, Audio-CDs und Spiele zum Gedächtnistraining. 2007 und 2008 führte sie zusammen mit Dextro Energy die Kampagne »Fit im Kopf« an über 80 Schulen in Deutschland durch und promotete das Gedächtnisspiel »Dr. Kawashima: Mehr Gehirnjogging« von Nintendo. Christiane Stenger gelingt es in interaktiven Vorträgen, ihr Publikum für die ungewöhnlichen Lern- und Gedächtnistechniken zu begeistern und an die Entdeckung der eigenen Fantasie und Kreativität heranzuführen. Aufgrund ihrer Kompetenzen ist sie immer wieder Gast in TV-Shows wie TV Total, Stern TV, Gripsshow oder in Reportagen wie Galileo oder Spiegel TV zu sehen.

Referenzen und Kundenstimmen

Arbeitskammer des Saarlandes, Ascenion GmbH, BASF, Commerz Partner, Dextro Energy, Dr. Klein, ETH Zürich, Forum Institut für Management, Haniel Akademie, Thyssen Krupp Ideenpark 2006, Lufthansa Systems, Nintendo of Europe, Porsche, Roche Diagnostics, Schmidt- Colleg, Science Days, Sparkassen, Universität Mannheim, Zeppelin Universität

»Das äußerst interessante und abwechslungsreiche Seminar mit Frau Stenger hat uns sehr viel Spaß gemacht. Sie hat selbst die letzten Zweifler überzeugt und durch die interaktive Gestaltung in kürzester Zeit für Erfolgserlebnisse im Gedächtnistraining gesorgt. Frau Stenger hat den Workshop trotz ihres jungen Alters sehr souverän durchgeführt und uns gezeigt, dass durch einfache Techniken die Gedächtnisleistung enorm gesteigert werden kann. Wir waren begeistert!« *Ascenion GmbH, 2009*

Auszeichnungen und Pressestimmen

Gedächtnisweltmeisterin 1999

Grandmaster of Memory 1999

Juniorengedächtnisweltmeister 2000, 2002, 2003

»Die Gedächtnisweltmeisterin erklärt, wie auch normal Begabte ihre grauen Zellen auf Trab bringen.« *Stern*

»Sie gehört trotz ihrer Jugend zu den besten Gedächtnissportlern der Welt.« *Focus*

»Mit ihrem Vortrag faszinierte Christiane Stenger die Besucher: herzerfrischend, keine Sekunde langweilig und unglaublich souverän.« *Mittelschwäbische Zeitung*

CHRISTIAN STERRER

Themen

Die Schwerpunkte der Vorträge sind kundenspezifisch zu vereinbaren

10 Gebote im Projektmanagement
Kritische Erfolgsfaktoren im PM

Projektmanagement für Führungskräfte

Erfolgsfaktor Projektmanagement

Veröffentlichungen

Kurzbiografie

Christian Sterrer, 1968 in Wien geboren, lebt in Gmunden und ist als Trainer, Berater, Projektleiter und Vortragender an verschiedenen MBAs und Universitäten tätig. Weiter ist er Managing Partner von pmcc consulting – einer international tätigen Beratungsfirma für Projektmanagement.

Christian Sterrer studierte Betriebswirtschaft und Sportmanagement in Wien und wurde durch Zufall Projektleiter. Die ersten Projekte wickelte er erfolgreich mit »Hausverstand« aber ohne eine fundierte Projektmanagement-Ausbildung ab. Danach absolvierte er einen Universitätslehrgang für internationales Projektmanagement.

Christian Sterrer arbeitet seit nunmehr über 15 Jahren im Projektmanagement und begleitete viele Unternehmen aus verschiedensten Branchen in der Optimierung des Projektmanagements, coachte über 100 Projekte und bildete sowohl Projektleiter als auch Führungskräfte im Projektmanagement aus.

Unter der Führung von Christian Sterrer wurden viele Tools im Projektmanagement sowie ein eigenständiger Ansatz für Kleinprojekte entwickelt, die bei vielen Unternehmen erfolgreich im Einsatz sind.

In seinen Vorträgen stellt er die zentralen Themen des Projektmanagement kurzweilig und kompakt vor und hilft insbesonders Führungskräfte, die komplexe Themenstellung schnell zu verstehen und die nötigen Entscheidungen in ihrem Unternehmen zu treffen.

Im Herbst 2009 veröffentlichte er sein zweites Buch zum Projektmanagement.

Referenzen und Kundenstimmen

»Mit Christian Sterrer haben wir Projektmanagement erfolgreich eingeführt.« *Kurt Weiss, Salzburg AG*

»Er hat mir in meinem wichtigsten Projekt geholfen und mir das Projektmanagement strukturiert.« *Rupert Höllbacher, Bosch Dieselsysteme*

»Ein hervorragendes PM-Training: Kompakt stellt Christian Sterrer in einem erfrischenden Training das Thema Projektmanagement vor.« *Norbert Bilek, Uniqa*

»Christian Sterrer ist einer unserer erfolgreichsten Referenten.« *Gerhard Aumayr, Salzburg Management Business School*

SLATCO STERZENBACH

Veröffentlichungen

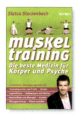

Kurzbiografie

Slatco Sterzenbach, Jahrgang 1967, ist der »Ironman« unter den Speakern: Der Diplom-Sportwissenschaftler und Autor mehrerer Bestseller ist siebenfacher IRONMAN™-Finisher und berät Weltmeister, Olympiasieger und Firmenvorstände. Nach mehr als 25 Jahren Praxis in den Themen Gesundheit, Prävention und Leistungsfähigkeit gilt Slatco Sterzenbach als führender Experte für Spitzenleistungen, der selbst lebt, was er lehrt. Slatco Sterzenbach berät DAX-Unternehmen wie Allianz, Beiersdorf und Deutsche Telekom sowie weitere renommierte Unternehmen wie Microsoft und GlaxoSmithKline und trainiert deren Mitarbeiter in puncto Erfolg. Durch seine Seminare und sein Consulting erreicht Slatco Sterzenbach einen sensationellen Return on Investment.

Referenzen und Kundenstimmen

»Die Kombination aus sachlich fundierter Information gepaart mit positiver Motivation unterscheidet Sie von manch anderem Trainer. Ihre Stärke liegt darin, dem Teilnehmer auch die Chance zu geben, durch eindrucksvolle Bilder, entspannende Musik und anschauliche Weisheiten ein wenig in sich gehen zu können und daraus eigene Vorsätze zu formulieren.« *Rainer Schaidnagel, Vorstand Raiffeisenbank Kempten eG*

»Sowohl unsere Händler und Lieferanten als auch die Feedbackbögen zeigen: Sie waren das absolute Highlight unserer Veranstaltung! Durch wirkungsvolle Präsentation der Inhalte kommen Sie in allen Phasen sehr sympathisch, bescheiden und hoch glaubhaft rüber.« *Samuel Steiner, Marketingleiter service&more Dienstleistung für Kooperationen und Handel GmbH*

»Innovativ, brillant und einzigartig (...) exzellente Vortragsweise (...) verursachte eine ansteckende Begeisterung (...) eine außerordentlich gelungene Veranstaltung. Es war ein perfekter Tag und alles wird jetzt anders!« *Silvio Rahr, Geschäftsführer HELIOS Privatkliniken GmbH*

Auszeichnungen und Pressestimmen

Conga-Award von mehr als 25.000 Fachleuten aus der Tagungs- und Kongressbranche in der Kategorie »Referenten & Trainer«

Auszeichnung mit Top-10-Platzierung in der Kategorie »Trainer und Referenten« 2008 und 2009

1. Platz beim Conga Award, der Oscar für Speaker und Referenten, 2010

Auszeichnung zum Top-Keynote-Speaker unter den Top 100 der Perfect Speakers, 2011

Auszeichnung zum Qualitätsexperten 2011 durch das Qualitätsnetzwerk der Erfolgsgemeinschaft.com

DIRK STILLER

Kurzbiografie

Kurz nach seinem Volontariat bei RTL-Radio (Luxemburg, Bonn, Berlin) übernahm er die Redaktionsleitung der legendären 104.6 RTL-Morgensendung »Arno und die Morgencrew«, bei der er von Anfang an auch als On-Air-Personality dabei war. Seit dieser Zeit arbeitet er auch als Autor (Comedy, Ghost-Writing, Werbung, Drehbücher). 1998 verließ er 104.6 RTL als Chefredakteur und arbeitet seither u. a. als Programmberater und Comedycoach. Mit seiner Firma STILLER ENTERTAINMENT entwickelt er heute strategische Comedy-Formate und beliefert ca. 70 % aller deutschsprachigen TV- und Radiosender mit Comedy.

Er unterrichtet Comedy an vielen Bildungseinrichtungen und trainiert in Inhouse-Schulungen die Redaktionen vieler namhafter Produktionsfirmen und Radiostationen.

Zu seinen Kunden gehören/gehörten u.a. Harald Schmidt, Stefan Raab, Kaya Yanar, Rudi Carrell, Anke Engelke, 104.6 RTL, FFH, ffn, rpr1, Radio Hamburg, Radio NRW, MDR, WDR, NDR, BR, SWR, RTL, Pro7, Sat1, Berliner Verlag u. v. m.

Referenzen und Kundenstimmen

Dozent: Deutsche Hörfunkakademie, medienpraxis, Privatsenderpraxis, Volkshochschule Berlin-Mitte

Themen

Comedy-Writing
Einführung in die lustige Welt des Gagschreibens

Comedy-Techniken
Lustigsein kann jeder lernen

Comedy in den Medien
Strategische Programm- und Comedyplanung

Komisches Geld
Karriereplanung für Humorfacharbeiter

HARALD STOCK

Themen

Verkaufen in der Badewanne
durch Kennen von Einkaufs- und Verkaufsprozesse erfolgreicher verkaufen

Kurzbiografie

Harald Stock, 1956 geboren, deutscher Staatsbürger, Unternehmensberater – Trainer – Coach.

Nach seinem erfolgreich abgeschlossenen Studium der Volkswirtschaftslehre in Bielefeld und Kiel war er ab 1982 zunächst als Vertriebs- und Marketingmanager in der Konsumgüterindustrie (Jacobs Suchard und Dr. Oetker) in Management-Funktionen tätig, bevor er das so gewonnene praktische Wissen und die Erfahrungen in seine Arbeit in Unternehmensberatungen einbrachte (Cap Gemini und MIS Consulting). Umfassende Erfahrungen als Trainer, Moderator und Coach (u. a. in diversen Siebel on target-Programmen) runden das Spektrum von fast 27 Berufsjahren sinnvoll ab.

Der berufliche Fokus von Harald Stock lag dabei immer auf der Kombination aus Vertriebsmethodenwissen und Soft Skills/Verhalten, also einerseits der Frage, »WAS« muss im Vertrieb getan werden, beginnend mit der Vertriebsstrategie, über die Go-to-Markets mit den Messages für Lösungen, Vertriebsprozesse hin zu den traditionellen Methoden wie Opportunity Management, Accountmanagement usw. Andererseits der Frage, »WIE« muss es konkret umgesetzt werden, welche Fähigkeiten und Fertigkeiten benötigt man hierfür. Also eine klassische Kombination aus Know-how und Do-how. Dieses umfassende Methodenwissen hat Herr Stock in zahlreiche Unternehmen eingebracht und deren Vertriebsorganisationen nachhaltig professionalisiert, die größten davon sind z. B. Microsoft, HP, IBM, EMC² und Deutsche Telekom.

Harald Stock stellt eine Kombination aus einem »Pragmatischen Strategen« und einem »Kreativen Moderator« dar. Dabei liegt sein Schwerpunkt immer in einer klaren Menschen-Orientierung. Er provoziert Menschen gerne damit, »hinter den Vorhang zu schauen« und Dinge aus einem anderen Blickwinkel zu betrachten und sie somit auf der Ebene der Persönlichkeit zu beeinflussen.

Mitgliedschaften:
German Speakers Association
Microsoft Business Sales Circle

PETRA STOEPPLER

Themen

Gesund durch Reiki und Feng Shui?!?

Stressfrei arbeiten – Eigenes Potenzial besser nutzen

Kraft & Energie – aber wie?

Leben in Farbe ...
Farb- und Raumgestaltung mit Feng Shui

Kurzbiografie

Petra Stoeppler, Jahrgang 1962

- Reiki-Meisterin nach dem System der natürlichen Heilung von Mikao Usui
- Ausgebildete Feng-Shui-Beraterin nach Grand Master Yap Cheng Hai
- Initiatorin des Gütesiegels Ethik / der Berufs-Ethik für Feng Shui und Geomantie-Berater (FGG-Ethik)

20 Jahre Unternehmenserfahrung als Assistentin auf Vorstands- und Geschäftsführungsebene haben das Leben von Petra Stoeppler geprägt und die Mechanismen in Konzernen und mittelständischen Unternehmen transparent werden lassen.

Die beste Voraussetzung, ein Bewusstsein für das wertvollste Potenzial zu entwickeln, das der Wirtschaft zur Verfügung steht:

DER MENSCH.

Seine Gesundheit und Motivation stehen im Mittelpunkt ihrer Tätigkeit. Ihre anschaulichen Vorträge und Seminare sowie ihre individuellen Konzepte und Beratungen aus den Bereichen Reiki und Feng Shui tragen sowohl zum Erfolg des Einzelnen als auch zum Erfolg eines jeden Unternehmens bei.

Vorrangiges Ziel von Petra Stoeppler ist es, Schulmedizin und Alternative zum Wohle des Menschen zu verbinden. Dabei motivieren ihre lebhafte und anschauliche Performance, Veränderungen zu begrüßen und neue Wege zu gehen.

Referenzen und Kundenstimmen

BAYKOMM – Bayer Kommunikationszentrum, Boesner GmbH, Dr. Mildred Scheel Akademie, GWV Fachverlage GmbH, IHK, IKEA Deutschland, SEB AG ...

»Ihr Vortrag und die anschließenden Gespräche haben einen tollen Eindruck hinterlassen ...« *SEB AG*

»... sehr gute Einführung in Feng Shui und Reiki, sehr informativ, spannender Vortragsstil, kritische Grundhaltung diesen beiden Gebieten gegenüber, sehr angenehme Stimme, sehr kompetent« *Dr. Mildred Scheel Akademie*

DR. MICHAEL STRENG

Themen

Projekt- und Portfoliomanagement
So wird aus Unternehmenszielen erfolgreiche Realität

Projektmanagement, Change und kultureller Wandel
So werden Organisationen fit für die (Projekt-) Zukunft

Bereit für Wachstum?
Wie Sie Ihr Beratungsunternehmen schnell und nachhaltig vergrößern

Die sieben Stellschrauben des Unternehmererfolgs
Unternehmenswachstum und persönlicher Erfolg gehören zusammen

Veröffentlichungen

Beitrag Dr. Michael Streng:
Bereit für Wachstum? Wie Sie Ihr Beratungsunternehmen schnell vergrößern

Kurzbiografie

Dr. Michael Streng – Gründer, Geschäftsführer, Coach und Unternehmer-Macher

Der Unternehmer-Macher und Unternehmer aus Leidenschaft, Dr. Michael Streng (geb.1968), ist Geschäftsführer und Gründer mehrerer erfolgreicher Firmen, gelernter Koch und promovierter Betriebswirt; außerdem ist er zertifizierter Management-Berater (CMC des BDU). Dr. Streng nimmt Lehraufträge für Projektmanagement wahr und ist Autor zahlreicher Buch- und Zeitschriftenartikel.

Ein Schwerpunktthema seiner Vorträge und Keynotes ist der Themenbereich »Menschen in Projekten erfolgreich machen«. Er führt aus, wie erfolgreiches Projektmanagement dank des Dreiklangs aus »Mensch-Methode-Technologie« in der Praxis erfolgreich geplant, eingeführt und gelebt wird.

Einen zweiten Schwerpunkt setzt Dr. Streng als regelmäßiger Gastgeber der »Kranzbacher Unternehmer-Tage«. Mit diesem Intensiv-Seminar richtet er sich an alle Freiberufler und modernen Dienstleister. Dr. Streng gibt in diesen Intensiv-Seminaren wertvolle Leitfäden und Checklisten zur sofortigen Umsetzung an die Hand. Zur nachhaltigen Verankerung im Unternehmeralltag eignet sich das Coaching-Programm »Abenteuer Unternehmen«. Neben den Unternehmerseminaren und Coachings bietet Dr. Streng auch Impulsvorträge zu stets aktuellen Unternehmer-Themen an.

Referenzen und Kundenstimmen

»Man muss bezaubern, wenn man etwas Wesentliches bekommen will, das ist Euch gelungen!« *Stephan Breideneich, Geschäftsführer*

»Das Seminar hat mir in vieler Hinsicht die Augen geöffnet. Ich kann gelassener agieren und erreiche meine Ziele.« *Tobias Ochsner, Apotheker*

Auszeichnungen und Pressestimmen

Dr. Michael Streng
- Certified Management Consultant (CMC des BDU)
- Bis 2005 Assessor für den Project Excellence Award der Deutschen Gesellschaft für Projektmanagement (GPM)

INGRID STROBEL

Kurzbiografie

Ingrid Strobel ist Expertin für Burn-out- und Stressbewältigung.

Sie leistet Aufklärungsarbeit zu Stressthemen und hat ein Anti-Stress-Paket entwickelt, das Unternehmen aus der Stressfalle führt.

Themen

Zeitschöpfung

Gewaltfreie Kommunikation

Authentisches Präsentieren

TATJANA STROBEL

Themen

Was steckt hinter der Physiognomik

Welche Merkmale sagen was über einen Menschen aus

Einsatz des Wissens im Job und Privatleben

Veröffentlichungen

Ich weiß wer Du bist, das Geheimnis in Gesichtern zu lesen
Fachbuch Physiognomik Veröffentlichung 09

Unterschriften und ihre Aussagen
Business and Woman, 12/2009

Charakterkopf oder Schwachkopf
Business and Woman, 10/2009

2009 Wie kaufen Frauen Autos anhand ihrer Physiognomie
Ladies Drive, 02/2009

Zahlreiche Analysen von Prominenten und Politikern in der Bild

Kurzbiografie

Inhaberin von ts HEAD WORKS Zürich, Sozialpädagogin.

14 Jahre Vertrieb in der Luxusgüter-Industrie, u. a. Mitglied der Geschäftsführung bei Marionaud Schweiz, zuletzt Führung von 600 Mitarbeitern und 100 Einzelhandelsfilialen. Sie ist als freie Trainerin für internationale Unternehmen tätig und berät verschiedene Medien als Physiognomik-Expertin.

»Das Gesicht ist die Visitenkarte der allgemeinen Situation eines Individuums« *Ernst Kretschmer*

Tagtäglich begegnen wir unzähligen Menschen – und jeder hat sein ureigenes Gesicht. In Sekundenbruchteilen entscheiden wir, ob uns das Gegenüber sympathisch ist oder nicht, intuitiv, ohne dass wir uns diesen Ablauf erklären können. Welche Geheimnisse im Gesicht eines jeden Menschen verborgen liegen, wie man diese entschlüsseln und damit auch mehr Verständnis für die anderen und sich selbst entwickeln kann – davon handeln die spannenden Vorträge, Workshops und Ausbildungen mit der Referentin Tatjana Strobel.

Die Wissenschaft der Physiognomik unterstützt Sie, wenn:
- Sie andere Menschen schneller einschätzen und dementsprechend reagieren möchten
- Sie Ihre Mitarbeiter zukunftsweisend und persönlichkeitsorientiert führen möchten
- Sie künftig herausfordernde Situationen entschärfen wollen
- Sie Ihren beruflichen Erfolg durch den bewussten und souveränen Auftritt sichern und ausbauen wollen

Die Lehre der Physiognomik (physis=Körper; gnoma=Wissen/Kennzeichen), als Inbegriff aller Erscheinungsformen eines Individuums, besteht seit Menschengedenken. Schon immer haben Tiere und Menschen durch ihre äußere Körperform Angst, Sympathie, Angriffsbereitschaft oder Gleichgültigkeit angezeigt. Aus genauer Beobachtung entstanden Erkenntnisse, anhand derer Rückschlüsse auf die Gesundheit und das Verhalten eines Individuums möglich sind. Diese Wissenschaft lässt sich bis in die Antike zurückverfolgen. Bekannte Ärzte und Philosophen, wie Hippokrates und Wilhelm Schüssler, dokumentierten und überlieferten ihre Arbeit anhand der Physiognomik.

Referenzen und Kundenstimmen

Douglas Holding, Deutschland
Schwarzkopf Professional Deutschland, Österreich
Fressnapf, Schweiz
Frankfurter Ring, Deutschland
Business and Woman, Deutschland
Ringier Verlag, Schweiz

THOMAS STROBEL

Kurzbiografie

Wie wichtig Wissensaustausch zwischen Menschen für exzellente Ergebnisse ist, hat Dipl.-Ing. Thomas Strobel in seiner langjährigen Berufserfahrung in verschiedenen Rollen hautnah miterlebt. Für den erfolgreichen Umgang mit Wissen verbindet er heute die Praxisanforderungen an Arbeitsteams mit geeigneten Kommunikationsstrukturen und aktuellen Ergebnissen der Gehirnforschung. Seine Kunden profitieren von einem Erfahrungsschatz, der von der Arbeit mit Zukunftstrends bis hin zu Umsetzungsprojekten für die Optimierung von Wissensmanagement reicht. Exzellenter Umgang mit Wissen spart Zeit und Geld – und gleichzeitig steigt die Motivation von Mitarbeitern. Thomas Strobel studierte Maschinenwesen an der Technischen Universität München. Zwischen 1990 und 2006 arbeitete er in internationalen Technologie-Firmen in mehreren Funktionen mit Führungsverantwortung. Schwerpunkte seiner Tätigkeit waren die Gestaltung von Produktions- und Logistikabläufen, Zukunftsforschung, Innovationsplanung, Portfolio-Management und die Definition von Geschäftsstrategien. Erfolgreiche Projekte zur Verbesserung von Geschäftsprozessen, Informationsflüssen und Wissensaustausch sind fester Bestandteil seiner beruflichen Praxis, gerade weil Menschen davon profitieren.
Seit 2007 ist er geschäftsführender Gesellschafter der FENWIS GmbH.

Arbeitsschwerpunkte von FENWIS sind
- Zukunftslandkarten: Schlussfolgerungen aus vernetzten Zukunftstrends für die Strategieentwicklung in Unternehmen und für die Portfolio-Planung,
- erfolgreicher Wissens- und Erfahrungsaustausch zwischen Menschen und
- lebenslanges Lernen mit innovativen Lernkonzepten.

FENWIS-Kunden nutzen die Expertise von Thomas Strobel in Form von Vorträgen, Seminaren, Workshops und Projekten. Zusätzlich moderiert er Netzwerkveranstaltungen für Wissensmanager.

Der Nutzen für Unternehmen ist sichtbar in:
- schnelleren Prozessen mit höherer Qualität
- gesteigerter Kundenzufriedenheit
- geringeren Kosten
- mehr Innovationen und Patenten

Referenzen und Kundenstimmen

»Ihr Methoden- und Erfahrungswissen in der gesamtheitlichen Bewertung von Trends und zur Gestaltung einer Zukunftslandkarte war von höchstem Wert für unser anspruchsvolles Projekt.« *Dr. Wilfried Stoll, Festo AG & Co. KG, Esslingen*

»Sie verwenden Bilder zur Darstellung komplexer Sachverhalte, die das Wesentliche klar verständlich herausstellen.« *Dr. Johann Bachner, Unternehmensberatung Dr. Bachner GbR, Aspisheim*

»Ihre sehr anschauliche Darstellung der Abhängigkeiten von Zukunftstrends war eine wertvolle Erfahrung für unsere Tagungsteilnehmer.« *Hans J. Tobler, IG exact, Männedorf, Schweiz*

Themen

Zukunftslandkarten
Trends und ihre Auswirkungen auf Geschäftsstrategien

Erfolgreicher Erfahrungs- und Wissensaustausch
Die richtige Balance zwischen Menschen und Technik

Lebenslanges Lernen
Erfolgskonzepte für Wissenstransfer und berufliche Weiterbildung in Unternehmen

Geschäftsmodelle für Wissen
Neue Geschäftschancen in der Wissensgesellschaft

Veröffentlichungen

Fachmagazin wissensmanagement:

Navigationshilfe Zukunftslandkarte Mehr Sicherheit bei Entscheidungen

Nur in Köpfen steckt dynamisches Wissen

Zukunftslandkarte fördert Kreativität – Denkbares machen statt Machbares denken

DR. BARBARA STROHSCHEIN

Kurzbiografie

Dr. Barbara Strohschein studierte Philosophie und Soziologie, Psychologie und Ästhetische Erziehung an der Universität Regensburg. Nach dem Staatsexamen war sie als wissenschaftliche Assistentin im Bereich Bildungsforschung an der Universität tätig. An der Universität Hamburg promovierte sie mit summa cum laude über »Tagtraum, Hoffnung, Utopie und die ästhetische Erziehung«, zentrale Themen des Philosophen Ernst Bloch.

Als Lektorin beim Hoffmann und Campe Verlag gab sie eine Buchreihe heraus und war in der Kunst- und Philosophiezeitschrift »Spuren« als Redakteurin tätig.

Nach ihren Verlags- und Redaktionstätigkeiten begann sie als freie Autorin Prosa, Lyrik und wissenschaftliche Essays in Büchern, Anthologien und Zeitschriften zu veröffentlichen und Vorträge zu halten.

Ebenso konzipierte und moderierte sie Veranstaltungen in den Literaturhäusern Berlin und Hamburg sowie an Universitäten, Kulturforen und Akademien, sowie die fünfteilige philosophische Talkshow »Jugendtraum und Wirklichkeit« im NDR 3.

Ihre Theaterstücke wurden in Koblenz, Graz, Kiel und Hamburg uraufgeführt.

Ihre zahlreichen Hörspiele wurden in den Sendern SFB, RB, BR, ORF produziert.

Ende der 90er Jahre erarbeitete sie für das Institut für Friedensforschung, Universität Hamburg, eine Studie über »Die Wertung und Entwertung des Menschen in der Humankapital- und Globalisierungsdebatte, der Genforschung und den Medien«. Aus dieser Studie entwickelte sie ein wissenschaftlich fundiertes Konzept für Werte- und Kulturvermittlung in Unternehmen, in Kooperation mit Managern, Trainern und Wissenschaftlern.

Aufgrund ihrer Forschungsarbeiten gründete sie 2006 ihre philosophische Praxis für Werte, »cor amati« und führt Seminare und Einzelberatungen durch, begleitet durch das Forschungsprojekt »Management und Ethik«.

Sinn und Ziel ihrer Arbeit ist es, Werteorientierung und Kulturbewusstsein in Unternehmen für nachhaltige Qualität und Erfolg anzuregen und zu vermitteln.

PIA STRUCK

Kurzbiografie

Nach ihrem Betriebswirtschaftsstudium gründete Pia Struck mehrere Unternehmen, die sie als Geschäftsführerin und Vorstand leitete. 2001 verkaufte sie die Unternehmen und arbeitete 5 Jahre lang als Senior Managerin in der Strategie-Abteilung eines multinationalen Telekommunikationsunternehmens. Dort begleitete sie federführend klassische nationale und internationale Strategie-Prozesse sowie M&A-Projekte und nachfolgende Post-Merger-Integrationsprozesse.

Seit 2006 ist Frau Struck selbstständige Beraterin im Bereich Change-Management und Coaching. Dabei hat sie sich dem systemisch-komplementären Change-Management-Ansatz, wie von der Firma Königswieser & Network entwickelt, verschrieben. Hierbei wird systemische Beratung und Haltung mit manageriell-strategischem Know-how verbunden, um Unternehmen und Bereiche ganzheitlich und nachhaltig zu entwickeln.

Gleichzeitig ist Frau Struck Gründungsmitglied und Vorstand in einer bilingualen Montessori-Schule.

Pia Struck lebt mit ihrem Mann und ihren zwei Kindern im Rhein-Main-Gebiet.

Arbeitsschwerpunkte:
- Einzel- und Teamcoaching
- Konzeption und Begleitung von Change-Prozessen
- Durchführung von Workshops, Veranstaltungen und systemischen Ausbildungen

Ausbildungen:
- Betriebswirtschaftsstudium (Diplom-Betriebswirtin)
- Systemische Berater-Langzeitausbildung
- Konfliktmanagement
- Familienaufstellung
- Gruppendynamik
- NLP-Practitioner

Referenzen und Kundenstimmen

Deutsche Bahn AG
Boehringer Ingelheim GmbH & Co. KG
Techem AG
Raiffeisen Landesbank Tirol AG
Pfalzklinikum Kaiserslautern
Wust GmbH
Sennheiser GmbH
Königswieser & Network GmbH
LGT Gruppe Liechtenstein

Auszeichnungen und Pressestimmen

»Unternehmerin des Jahres 1999 in Hessen«

3. Platz Start-up-Wettbewerb (McKinsey & Stern)

RALF R. STRUPAT

Kurzbiografie

Ralf R. Strupat ist ein TOP-Redner der neuen Generation. Ganzheitlich, praxis- und lebensnah wie kaum ein anderer – lebendig – ehrlich – spricht offen Themen an, die uns jetzt bewegen – mit Wirk-Zeugen, die sofort einsetzbar sind – nachhaltig – beGEISTernd!

Nach seiner kaufmännischen Ausbildung und anschließendem Studium arbeitete Ralf R. Strupat zunächst in der Krisenberatung. Danach ging er in die Baubranche, um als Führungskraft in den nächsten zehn Jahren den Bereich Personal und Vertrieb zu leiten.

Hier entwickelte er die Umsetzungsstrategie der KundenBegeisterung und das Prinzip »Das bunte Ei«. Die Erweiterung seiner Erfolgsstrategie erfolgte durch »Der Eiertanz«. Somit nehmen Kunden- und Mitarbeiter-Begeisterung zwei tragende Säulen in seinem GEIST-Lauf ein.

Der vierfache Familienvater berät bundesweit viele tolle Menschen aus den unterschiedlichsten Branchen und ist zudem in Vorständen von Non-Profit-Organisationen sozial engagiert sowie Geschäftsführer eines sehr erfolgreichen Wirtschaftskreises in Hannover, Aufsichtsratmitglied einer AG und als Dozent tätig.

Seit 2003 begeistert er mit seinem Unternehmen STRUPAT.KundenBegeisterung! Erleben Sie den Umsetzungsexperten für gelebte Begeisterung und lassen Sie sich von seiner Leidenschaft, seinen Ideen, verblüffenden Erkenntnissen und neuen Strategien inspirieren.

Referenzen und Kundenstimmen

»Auch diesmal haben Sie die ›Flamme der Begeisterung‹ entzündet. Der Applaus bestätigt, dass Sie wieder Ihr Ziel erreicht haben. Die Kunden der IHK waren begeistert!« *Harald Grefe, Stv. Hauptgeschäftsführer, IHK Ostwestfalen Bielefeld*

»Wir von Carolinen suchen nach ›bunten Eiern‹. Sie haben die ›typischen‹ Verhaltensmuster genau auf den Punkt gebracht – da ist bei uns etwas passiert! Und das war wirklich nicht einfach bei unseren ›schlauen Füchsen‹ aus dem Vertrieb!« *Sabine Reitzuch, Marketingleitung, Carolinen Mineralbrunnen Wüllner Bielefeld*

Auszeichnungen und Pressestimmen

Mehr als 300 Veröffentlichungen bestätigen Erfahrung, Wissen und Können, z. B.:

»Die richtige ›Inszenierung‹ beim Verkauf« *Februar 2009, BioHandel*

»Mehrwerte schaffen, Kunden begeistern« *Oktober 2008, MittelstandsMagazin*

»Das bunte Ei – mit Kundenbegeisterung gewinnen« *August 2008, H & V Journal*

»Warum Marketing alleine nichts bewirkt« *Juli 2008, Deutscher Vertriebs- und Verkaufs-Anzeiger*

Themen

Begeisterung JETZT!

KundenBegeisterung als Lebenselixier der Zukunft

Wirtschaft braucht Begeisterung!

MitarbeiterBegeisterung in schwierigen Zeiten

Veröffentlichungen

HANS-JOACHIM STUCK

Themen

Vorträge über sein Leben und seine Karriere

Veröffentlichungen

Die Autobiographie erschien 2010

Kurzbiografie

Hans-Joachim Stuck ist 1951 in Garmisch-Partenkirchen als Sohn der Rennfahrerlegende Hans Stuck geboren und selbst zu einem der bekanntesten Rennfahrer geworden. Bereits im Alter von 19 Jahren gewann er zum ersten Mal das 24-Stunden-Rennen am Nürburgring. Er blickt zurück auf 40 Jahre aktiven Motorsport, dessen Höhen ihm seine Bodenständigkeit nicht nehmen konnten und dessen Tiefen ihn nur wachsen haben lassen. Seit Anfang 2008 ist er Repräsentant des Volkswagen Konzerns für den Bereich Motorsport und nach wie vor erfolgreich bei seinen Renneinsätzen.

1969 1. Rennen 300 km Nürburgring (Koepchen-BMW 2002)
1970 Sieger 24h-Rennen Nürburgring (Koepchen-BMW 2002)
1972 Deutscher Rennsportmeister (Ford Capri RS)
1974 Formel 2 Vize-Europameister (March-BMW 742) 1. Rennen Formel 1 GP-Argentinien (March-Ford)
1975 3. Platz IMSA-Serie USA (BMW 3.5 CSL) Sieger 12h-Rennen Sebring (BMW 3.5 CSL)
1979 Sieger BMW PROCAR-Serie (BMW M1)
1981 2. Platz Deutsche Rennsportmeisterschaft (BMW 320)
1983 2. Platz Deutsche Rennsportmeisterschaft (BMW 320)
1984 2. Platz Tourenwagen EM (BMW 635 CSI)
1985 Langstreckenweltmeister (Porsche 962) Sieger ADAC-Supercup (Porsche 962) Sieger 12h-Rennen Sebring (Porsche 962)
1986 Vize-Langstreckenmeister (Porsche 962) Sieger 24h-Rennen Le Mans, Sieger 12h-Rennen Sebring
1987 Sieger 24h-Rennen Le Mans
1988 Sieger 12h-Rennen Sebring, 2. Platz 24h-Rennen Le Mans
1990 Deutscher Tourenwagenmeister (Audi V8 quattro)
1993 IMSA-Supercar Champion (Porsche 993) Sieger 12h-Rennen Sebring (Porsche 996)
1998 Sieger 24h-Rennen Nürburgring (BMW 320 Diesel) Entwicklungsprogramm BMW-Williams V12 und Riley & Scott BMW V8
2002 Sieger 1000 Meilen Atlanta (BMW M3 GTR)
2004 Sieger 24h-Rennen Nürburgring (BMW M3 GTR)
2005 2. Platz 24h-Rennen Nürburgring (BMW M3 GTR)
2006 Sieger 24h-Rennen Dubai (BMW M3 GTR)
2007 5 Klassensiege VLN Nürburgring mit Johannes Stuck (BMW Z4)
2008 Klassensieger 24h-Rennen Nürburgring (Scirocco)
2009 German Truck Meister (MAN Race Truck) 3 Podiumsplätze bei der VLN Serie Nürburgring, davon 1 Sieg (Audi R8 LMS)

Referenzen und Kundenstimmen

»Ich möchte mich für Ihren stimulierenden und überaus motivierenden Beitrag im Rahmen unseres diesjährigen Strategiemeetings herzlich bedanken. Speziell die offene Ansprache, wie mit Erfolg, aber auch Misserfolg umgegangen wird und welche Parallelen sich für unseren Geschäftsalltag ziehen lassen, war für alle Teilnehmer sehr eindrucksvoll.« *Andreas Kohler, Vice President Sales Operations, Lilly Deutschland GmbH*

DR. WOLFGANG STURZ

Kurzbiografie

Dr.-Ing. Wolfgang Sturz ist »Wissensmanager aus Leidenschaft«. Er beschäftigt sich seit über 25 Jahren mit Fragen der globalen Kommunikation und Wissensvermittlung. Dabei geht es ihm stets um die gesamte Prozesskette der Schaffung, Verwaltung und Weitergabe von Wissen.

Dem Maschinenbaustudium (Promotion im Bereich Automatisierung) und der Projektarbeit für einen US-Konzern folgte eine Führungsposition bei der Fraunhofer Gesellschaft. Bereits während des Studiums beschäftigte er sich intensiv mit Themen der technischen Kommunikation. Aus dieser Leidenschaft heraus folgte 1986 die Gründung seines ersten Unternehmens für multilinguale technische Kommunikation. Heute leitet er die daraus entstandene international aufgestellte Sturz Gruppe. Maßgeblich für den Erfolg seiner Unternehmen war stets der bewusste Umgang mit Wissen: »Wissen wird durch Teilen immer wertvoller«.

Dr. Sturz ist einer der führenden Experten für die Einführung von Wissensmanagement-Strukturen mit Lehraufträgen an der Universität Ulm, der Akademie der Bildenden Künste Stuttgart und der Steinbeis-Hochschule Berlin.

Die Zuhörer seiner Vorträge profitieren von seiner geballten Erfahrung als Unternehmer und Wissensmanager. Durch seinen Vortragsstil verknüpft Dr. Sturz auf unverwechselbare Weise Theorie und Praxis und vermittelt selbst komplexe Sachverhalte leicht nachvollziehbar und unterhaltsam.

Themen

Wissensmanagement in KMU
Ziele, Werkzeuge, Nutzen

Stabwechsel erfolgreich meistern
Wissensverlust vermeiden

Persönliches Wissensmanagement
Mit Informationen zum Erfolg

Storytelling
Wissenstransfer durch Geschichten

Veröffentlichungen

Referenzen und Kundenstimmen

»Mit seinem Einführungsvortrag hat Dr. Sturz den Nutzen von Wissensmanagement auf den Punkt gebracht.« *Stefan Herzog, Gesellschaft für Innovationsforschung und Beratung mbH*

»Dr. Sturz versteht es auf bemerkenswerte Art, sein Publikum zu begeistern: Seine innovativen Überlegungen eröffnen dem Zuhörer ganz neue Aspekte des Wissensmanagements – dabei verliert Dr. Sturz zu keiner Zeit den Bezug zur täglichen Praxis.« *Dipl.-Ing. Markus Rabsch, Leiter Electronic Publishing DHW*

Auszeichnungen und Pressestimmen

»Dr. Sturz steht für das, was er ist: Wissensmanager aus Leidenschaft. Innovative Ideen, Strategien, anschaulich vorgetragen, praxisrelevant erläutert – auf den bundesweiten WISSENnetworx-Veranstaltungen ist er daher ein gefragter Redner und ausgewiesener Fachmann. Er versteht es, das Publikum für seine Sache zu begeistern und nachhaltig für das spannende Thema Wissensmanagement zu interessieren.« *Oliver Lehnert, Herausgeber des Fachmagazins »wissensmanagement – das Magazin für Führungskräfte«*

CHRISTINE ROSA THANNER

Kurzbiografie

Christine Rosa Thanner, in Freising/Bayern geboren, studierte in Regensburg und Augsburg Sportwissenschaft und Geographie. Nach 2 Jahren Lehrtätigkeit am Gymnasium arbeitete sie als Informatik-Projektleiterin bei DEC (München) und bei Leica (Schweiz). 1996 machte sie sich selbstständig. Mit der Thematik »Vitalität im Berufs-Leben« gab sie Seminare und Erlebnisvorträge für Schweizer und deutsche Firmen und Organisationen.

Seit 2007 ist ihr Schwerpunkt »Hormon-Power® – natürliche Aktivierung der körpereigenen Hormone«. Was und wie steuern uns körpereigene Hormone? Wie kann man sie in Balance halten und unterstützen – und zwar auf natürliche Art? Was haben unsere Hormone auch mit Energie, seelischer Balance, Vitalität und Leistungsfähigkeit im Berufsleben zu tun? Wie steuern sie auch das teilweise unterschiedliche Verhalten zwischen Mann und Frau?

Neben ihren Seminaren Hormon-Power® bietet sie aktivierende, spannende Erlebnisvorträge zu dieser Thematik auch für Großgruppen an.

Referenzen und Kundenstimmen

»Ihr Erlebnis-Referat gehörte zu den Highlights der Veranstaltung. Für diese Bereicherung des Events danke ich Ihnen auch an dieser Stelle nochmals herzlich.« *Peter Fuhrer, Leiter des Schweizerischen Marketingforums, Kongress 2004 mit ca. 400 TeilnehmerInnen*

»Unter dem Titel ›Vitalität im Berufsleben‹ wurde der Erlebnisworkshop für die 122 Filialleiterinnen und Filialleiter von Kuoni, Helvetic Tours und PRS AG im Hotel Victoria-Jungfrau durchgeführt. Es hat uns beeindruckt, wie einfach es ist und wie wenig es braucht, um sich im Berufsalltag fit und vital zu halten. Ihre Übungen sind nicht nur leicht umsetzbar, sie machen außerdem großen Spaß und man fühlt sich nachher sehr entspannt. Die vielen positiven schriftlichen und mündlichen Rückmeldungen der Teilnehmerinnen und Teilnehmer zeigen, dass Ihr Vortrag ein Erlebnis war und Ihre Tipps und praktischen Übungen großen Anklang gefunden haben. Herzlichen Dank!« *Kuoni AG, Zürich, Daniel Reinhart, damaliger Vertriebschef*

Auszeichnungen und Pressestimmen

»Der sehr vital und witzig-spritzig wirkenden Kursleiterin mit bayrischem Charme und schweizerischer Teilprägung spürte man die innere Berufung förmlich an. Ihre innere und äußere Motivation scheinen Hand in Hand zu gehen. Und dieser zündende Funke sprang in Kürze auf die Kursteilnehmer über.« *Telekom (jetzige Swisscom) St. Gallen: Firmenzeitung*

Themen

Hormonische Zeiten
Spielen die Hormone mit uns – oder wir mit ihnen?

Vitalität im (Berufs-)Leben
Von (Glücks-)Hormonen und anderen wichtigen Aspekten

Veröffentlichungen

HEIKO THIEME

Themen

Aktien, Renten oder Bargeld

Chancen und Risiken in diesem Jahrzehnt

Einfluss von Politik und Wirtschaft auf den Börsentrend

Aktien als Teil der Altersvorsorge

Veröffentlichungen

Artikel in deutsch- und englischsprachigen Medien seit über 25 Jahren

Presseinterviews in Deutsch und Englisch sowie etlichen anderen Sprachen

The Viewpoint/Der Standpunkt
Strategiebericht veröffentlicht in Deutsch und Englisch von 1979 bis 2005

Kolumne – Der Brief von Wall Street
– wöchentlich in der Frankfurter Allgemeine Zeitung von 1987 bis 2003

Blog seit 2008
Analysen und Strategien für Anleger

Kurzbiografie

Heiko Thieme, 1943 in Leipzig geboren und aufgewachsen in Goslar, begann nach dem Jurastudium seine Börsenkarriere 1972 in Edinburgh und London. Seit 1979 arbeitet er in der Finanzmetropole New York. Die ersten zehn Jahre war er bei der Deutsche Bank Capital Corp. für den US-Aktienmarkt verantwortlich. Danach machte er sich selbstständig und ist seit 1990 Chairman der American Heritage Management Corporation.

Der internationale Anlagestratege und Portfoliomanager kommentiert regelmäßig in Funk und Fernsehen Wirtschaft, Politik und Börse. Sein freier und häufig provozierender Vortragsstil fasziniert sowohl Fachleute im kleinen Kreise als auch bei Großveranstaltungen mit 2.000 Zuhörern. Er versteht komplexe Themen klar zu analysieren und verständlich zu präsentieren. An der New Yorker Pace University war er sechs Jahre Adjunct Professor und anschließend Gastreferent an der prestigereichen Columbia University in New York. In Europa hält er seit 25 Jahren Gastvorlesungen. Heiko Thiemes Interesse an der jungen Generation dokumentiert er in seinem Büro, wo er in 30 Jahren über 300 Trainees ausbildete.

Auch als Autor ist er international bekannt. Sein zweisprachiger Strategiebericht wurde 25 Jahre weltweit gelesen. Als freier Kolumnist der Frankfurter Allgemeine Zeitung schrieb er von 1987 bis 2003 jeden Montag im Finanzteil. Heute spricht Heiko Thieme seine Leser direkt über einen Blog auf seiner Webpage an. Seine tägliche Börsenhotline, die es seit 1986 gibt, ist die älteste im deutschsprachigen Raum.

Auch im Privatleben beweist Heiko Thieme Kontinuität. Er ist seit 33 Jahren mit seiner französischen Frau Corinne verheiratet und hat drei erwachsene Kinder. Seinen 14. Marathon lief er 2009 in New York.

Referenzen und Kundenstimmen

Wiedereinladungen zu Vorträgen und Seminaren sind die beste Referenz. In Luxemburg referierte Heiko Thieme 16 Jahre für die Deutsche Bank und Börsenzeitung. In der Schweiz hielt er von 1987 bis 2002 für die Coop Bank die längste Vortragsreihe dieser Art. In Wien hält er für den Business Circle beim Wertpapierforum seit sieben Jahren das Eröffnungsreferat. Wegen seiner häufig kontroversen und unkonventionellen Prognosen, die jedoch am Ende oft zutrafen, wird Heiko Thieme auch als »Jules Verne der Börse« bezeichnet.

Auszeichnungen und Pressestimmen

1989 in Deutschland beim Internationalen Anlegerkongress ausgezeichnet für die zutreffendste Jahresprognose nach dem Crash-Jahr 1987. Bester Fondsmanager in den USA von 1991 bis 1993 und 1997. Aber auch als schlechtester Fondsmanager erhielt er 1995 einen Preis, der in seinem Büro neben allen anderen Pokalen steht. In der Presse wird Heiko Thieme oft zitiert und natürlich gelegentlich kritisiert, auch wegen seines Mottos – »der Pessimist ist der einzige Mist, auf dem nichts wächst«.

JOCHEN THINIUS

Themen

Kreativität – die eigene Tiefe spüren!
Wege, Anleitungen und Gewissheiten, das Beste aus sich herauszuholen!

Wie läuft frisches Wasser den Berg rauf und alte Überzeugungen den Bach runter? Creactivity vom Ich.

ROI – Return on Ideas!
Designmanagement als Strategie für Innovationen und Markenerfolge

Du sprichst so, wie du denkst, und du denkst so, wie du sprichst!

Kurzbiografie

Jochen Thinius (Diplom-Betriebswirt, Privatdozent für Kommunikationspsychologie und Neuromarketing, Coach, Creativ Consultant).

1945 in Nordenham geboren, studierte BWL und Psychologie, nachdem er vorher eine Lehre als Industriekaufmann bei der ESSO AG Hamburg absolviert hatte. Nach seinem Examen war er bei Grey, McCann Erickson und MPW Univas als Berater, Geschäftsführer und Creativ Director tätig. Der Start in die Kommunikationsbranche war Tiefenpsychologie und Motivforschung.

1980 gründete er seine eigene GWA–Agentur, die er 2000 verkaufte. Seitdem ist Jochen Thinius Geschäftsführer seines Institutes für Zukunftsforschung und angewandte Kreativität. In Ergänzung dazu nimmt er eine Reihe von Lehraufträgen als Privatdozent wahr. Seine Tätigkeitsschwerpunkte sind das Neue Marketing, Neuromarketing, Kreativitätslehre, Design- und Kulturtheorie sowie Kommunikations- und Neuropsychologie.

Die Vorträge von Jochen Thinius fokussieren auf Unternehmenszukunft, Kreativität, Persönlichkeitsentwicklung und Rhetorik im Sinne von Denkstrukturen. Jochen Thinius ist Entwickler des Story-Telling-Marketings und Experte im Qualitätsnetzwerk Erfolgsgemeinschaft.

Referenzen und Kundenstimmen

»Erfrischend anders, neu, polarisierend und belebend!«

»Wenn Sie Brainstorming im wahrsten und für alle Sinne suchen.«

»Endlich jemand, der uns nicht nach dem Mund redet und die Dinge klar und eindeutig auf den Punkt bringt.«

»Keine Vorträge aus der Konservendose!«

»Was auch immer Sie planen: Konferenzen, Events, Strategiemeetings oder Impulsvorträge, Jochen Thinius macht Ihre kreativen Talente und Sinne wach, schafft Kribbeln im Kopf und fordert Sie heraus!«

»Ein völlig durchrationalisiertes Leben minimiert die Kreativität – ersetzt sie durch automatische Reflexe. Schöpferisches Denken entzündet sich in der Begegnung mit dem Unbekannten, dem Zufall, dem Ungeordneten, Absurden oder Unmöglichen.«

DIETER THOMA

Themen

Gold, Silber, Bronze – der Weg zum Weltmeister

Kurzbiografie

Keynote-Speaker und Referent Dieter Thoma hat eine beeindruckende Karriere als Skispringer vorzuweisen: Olympiasieger, zweifacher Weltmeister, mehrfacher Deutscher Meister sowie Sieger bei der Vier-Schanzen-Tournee und 1997 Skisprung-Weltcupgesamtsieger. Außerdem gewann er zwölf Weltcups und dreizehn internationale Medaillen.

Nach seiner aktiven Sportlerkarriere begann Dieter Thoma als Co-Moderator von Günther Jauch bei diversen RTL-Skisprung-Events. Auch hier überzeugte er mit Glanzleistungen und wurde mit zwei Fernsehpreisen ausgezeichnet. Derzeit steht er für die ARD als Skisprung-Experte vor der Kamera.

Der 5 Sterne Redner zeigt seine Qualitäten nicht nur im TV. Der ausgesprochen sympathische Referent erzählt entspannt aus seinem Sportlerleben und redet Klartext, wenn es um die nötige Konsequenz und Motivation geht. Positives Denken und Willensstärke, um eigene Ziele zu erreichen, sind weitere Inhalte des 5 Sterne Redners. Rückschläge zu verarbeiten und wieder aufzustehen waren wesentliche Bestandteile seiner Karriere. Aufgrund zahlreicher Verletzungen weiß er, wovon er spricht. Dieter Thoma zeigt seinem Publikum auf unterhaltsame Art und Weise die Parallelen zwischen Sport und Wirtschaft, von Einsatzwillen und Begeisterung bis hin zu Strategie und Teamarbeit.

Referenzen und Kundenstimmen

»Besonders hat mich die natürliche und authentische Art begeistert, mit der Dieter Thoma den Weg eines Spitzensportlers zum Erfolg beschrieben hat und eine Brücke in die Welt der ›normalen Arbeit‹ und des ›normalen Lebens‹ geschlagen hat. Viele der von ihm angesprochenen Punkte sind uns zwar allen unterbewusst bekannt; jedoch hat es mir sehr geholfen, die wesentlichen Punkte noch einmal klar vor Augen zu haben und wieder stärker in mein Bewusstein zu rücken. Der Vortrag war in jeder Hinsicht kurzweilig, sympathisch, ansprechend und mit dem Wesentlichen im Leben – dem Menschlichen – ausgestattet.«
Michael Wessel-Ellermann, Leitung Sales Consulting – Managed Services, Bechtle AG

Referenzen:
hilbert feith Kommunikationsideen, Lafarge, Pfizer, Robinson Club, RTL, Vodafone, Volkswagen, Würth

Auszeichnungen und Pressestimmen

»Bayerischer Fernsehpreis« und »Goldene Victoria« für seine Arbeit als Sportkommentator

Sportliche Erfolge:
- 13 internationale Medaillen
- 2x Ski-Sprung- und -Flug-Weltmeister 1999 und 1990
- Olympia-Gold und Bronzemedaille 1994
- Olympia-Silbermedaille 1998
- Sieger der Vierschanzentournee 1990
- Weltcupsieger Skisprung 1997

PROF. DR. BASSAM TIBI

Veröffentlichungen

Kurzbiografie

Bassam Tibi ist A.D. White Professor an der Cornell University, USA und lehrt parallel hierzu Internationale Beziehungen an der Universität Göttingen. Er wurde am 4. April 1944 in Damaskus in die Damaszener Notablenfamilie der Banu al-Tibi geboren, wo er auch bis zum Abitur die Schule besuchte. Er kam 1962 nach Frankfurt und studierte dort Sozialwissenschaften, Philosophie und Geschichte u. a. bei Adorno, Habermas, Horkheimer und Fetscher. Seine Promotion erlangte er ebenfalls in Frankfurt, die Habilitation in Hamburg. Er ist Autor von 26 Büchern in deutscher Sprache sowie von sechs original in Englisch verfassten Büchern. Seine Bücher wurden in 16 Sprachen übersetzt.

Bassam Tibi lehrte von 1973 bis zu seiner Emeritierung 2009 als Professor für Internationale Beziehungen an der Universität Göttingen, wo er 1988, nach der Ablehnung eines Rufes an die Universität Bergen, Leiter der neu gegründeten Abteilung für Internationale Beziehungen wurde. Seit Juli 2004 wirkt er parallel an der US-Elitehochschule Cornell University und seit 2008 an der Yale University. Zwischen 1982 und 2000 war er in verschiedenen Funktionen an der Harvard University. Diese »affiliations« begannen im akademischen Jahr 1982/83 in Harvard als Visiting Scholar. Tibi wirkte hiernach für viele Jahren als Research Associate, ehe er dort 1990/91 als Akademie-Stipendiat seine Forschungstätigkeit fortsetzte. Der Höhepunkt dieser Harvard-Jahre war die Zeit von 1998 bis 2000, als Tibi »The Bosch Fellow of Harvard« war. 2004/05 kehrte er als Visiting Scholar nach Harvard zurück, um danach im Sommer 2005 als Senior Research Fellow an die National University of Singapore (NUS) zu gehen, wo er am Asia Research Institute (ARI) über Islam und Pluralismus forschte.

Zwischen 1989 und 1993 war Prof. Tibi Mitglied des Fundamentalism Project der American Academy of Arts and Sciences. Als Fellow der Rockefeller Foundation am Bellagio Center am Comer See/Italien hat er seine in Chicago und Cambridge, MA betriebene Forschung fortgesetzt. Er ist Mitautor der fünfbändigen bei Chicago University Press erschienenen Veröffentlichung des »Fundamentalism Project«.

Zwischen 1986 und 2004 hatte Prof. Tibi zahlreiche Gastprofessuren in den USA, in Asien und Afrika inne und hielt öffentliche Vorlesungen an ca. 30 Universitäten auf vier Kontinenten.

Außerhalb der Academia hat Prof. Tibi in vielen Instituten gewirkt, u. a. als Mitglied der Goethe-Versammlung und ebenso als Mitglied des Bosch-Kollegs für postgraduierte Förderung.

Auszeichnungen und Pressestimmen

1995 – das Bundesverdienstkreuz 1. Klasse für seine Wirkung »für ein besseres Verständnis des Islam« in Deutschland und für seine Vermittlung zwischen den Zivilisationen.
1997 – Wahl zum »Man of the Year«, gewählt vom »Biographical Institute« (USA)
2003 – Jahrespreis der Schweizer Stiftung für abendländische Besinnung zusammen mit dem jüdischen Gelehrten Michael Wolffsohn

ULRICH TILGNER

Themen

Iran, Irak, Afghanistan
Die Lage im Krisendreieck

Scheitert der Westen in Afghanistan?

Öl – Triebfeder für Krieg oder Friedensfaktor?

Menschenrechte im Mittleren Osten

Veröffentlichungen

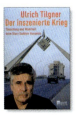

Kurzbiografie

1948 geboren in Bremen, 1958 – 1966 Altes Gymnasium in Bremen, 1968 – 1975 Studium der Kulturwissenschaften, der Politischen Wissenschaften und der Wirtschaftsgeschichte an den Universitäten Freiburg und Tübingen mit dem Magisterabschluss, 1975 – 1978 Mitarbeiter des Süddeutschen Rundfunks, 1979 – 1980 Chef vom Dienst im dpa-Landesbüro Südwest, 1980 – 1981 Korrespondentenbüro im Iran, Arbeit für ARD Rundfunk und Fernsehen, Korrespondent für dpa und mehrere Tageszeitungen. Seit 1982 Berichterstattung für ZDF und SF/DRS über den Nahen und Mittleren Osten (Kriege, Bürgerkriege, Entführungen, Intifada), 1986 – 2000 Büro Amman/Jordanien, 1991 und 2003 Berichte über den Kuwait-Krieg und den Irak-Krieg aus Bagdad, 2002 – 2008 Leiter ZDF-Büro in Teheran, 2006 – 2008 ZDFSonderkorrespondent für den Nahen und Mittleren Osten. Seit April 2008 Korrespondent für das Schweizer Fernsehen SF.

Für seine Berichterstattung über den Irak-Krieg erhielt Ulrich Tilgner den Hanns-Joachim-Friedrich-Preis für Fernsehjournalismus 2003. Er hätte »unter den extremen Bedingungen der Kriegsberichterstattung seine professionelle Qualität und seine journalistische Unabhängigkeit bewahrt und bewiesen«. So lautet die Begründung des Trägervereins in Hamburg.

Ulrich Tilgner berichtet seit den 80er Jahren aus dem Orient. Er beschäftigt sich vor allem mit den politischen Konflikten der Region und ihren wirtschaftlichen und kulturellen Hintergründen.

Sein Berichtsgebiet umfasst Irak, Iran und Afghanistan. Neben Beiträgen mit aktuellen Informationen aus den Kriegs- und Krisengebieten fertigt Tilgner Dokumentationen über die Region.

Auszeichnungen und Pressestimmen

Hanns-Joachim-Friedrich-Preis für Fernsehjournalismus 2003

DR. OLIVER TISSOT

Themen

Key-joke Speaker Highlight
Wichtige Themen und Ideen merkwürdig, nachhaltig und mit viel Lachverstand verankern

Gewinnbringendes Lachen
Humor professionell eingesetzt für Innovations-, Kreativitäts- und Change-Prozesse

Das Kolumbus-Konzept
Neuland betreten mit verblüffenden Perspektiven und ungewöhnlichen Motivationsmethoden

Veröffentlichungen

Kurzbiografie

Dr. Oliver Tissot, Kabarettist, Entertainer und Stand-up-Comedian ist ein Meister des Wortwitzes. Er jongliert Hochgeistiges mit Tiefgang und Tiefschürfendes in Hochform. Mit einer Mischung aus Meinungsfrechheit, Marotte und mehr macht er Furore. Er verblüfft durch treffsichere und maßgeschneiderte Wortspiele sowie ausgefeilte und intelligent-hintergründige Pointen. Ob Gala oder Gaudi, zwanzig oder zweitausend Zuhörer: Tissot serviert den humoristischen Höhepunkt für Meetings, Greetings und »Ihr Dings« in charmanter, amüsanter und kurzweiliger Art.

»Reden ist Silber, Lachen ist Gold.« *Dr. Oliver Tissot*

Referenzen und Kundenstimmen

»Wir haben – und das will bei unserer langen Existenz am Markt schon etwas heißen – selten so viel hintergründigen und anregenden Wortwitz erlebt.« *Susan Kielmann, Kienbaum Executive Consultants*

»Ihre mit viel Witz, aber doch sehr feinsinnig dargebotenen Pointen rund um das Projekt trafen den Nagel auf den Kopf und ließen bei Mitarbeitern und Führungskräften kein Auge trocken.« *Ernst Hauenstein, Siemens AG*

»Ihre Sensibilität für die jeweilige Situation, verbunden mit Ihrer ›frechen Schnauze‹, hat alle Anwesenden fasziniert.« *Gerald Schreiber, defacto marketing*

»Die Begeisterungsstürme werden noch lange nachhallen.« *Kathrin Schwabe, Jenapharm*

Auszeichnungen und Pressestimmen

Goldene Pyramide, ITVA-Festival

Worldfest Flagstaff Gold Award

New York Festivals Silver Worldmedal

Master of Excellence (Gold)

»Oliver Tissot ist ein Phänomen, denn er bietet Unterhaltung mit Mehrwert. Seine Gag-Frequenz liegt weit über dem Durchschnittswert. Dabei beweist er wahrhaft originäre Stand-up-Tugenden, feuert Pointen aus der Hüfte, hochkonzentriert und exakt auf den Punkt.«

DR. JENS TOMAS

Veröffentlichungen

Kurzbiografie

Dr. Jens Tomas ist einer der europäischen Top-Experten für das Thema Kommunikation und der damit untrennbar verbundenen Persönlichkeitsentwicklung. Er zählt heute zu den gefragtesten Referenten Deutschlands. Dr. Tomas trainiert und coacht Vorstände internationaler Konzerne ebenso wie erfolgsorientierte Mittelständler und Freiberufler. Einem Millionenpublikum wurde er als TV-Coach mit der Sendung »Schwer vermittelbar« bekannt. Seine neue Coaching-Sendung auf ProSieben heißt »Hilfe vom Profi«. Er ist gefragter Interviewpartner renommierter Medien, wie z. B. »Die Welt«, »Die Zeit« oder »Managerseminare«. Dr. Tomas ist Besteller-Autor und hat zahlreiche Artikel veröffentlicht. Im Jahre 2008 wurde er im Rahmen des Conga-Awards von über 25.000 Seminarveranstalter zu einem der 10 besten Trainer und Referenten Deutschlands gewählt. Diese Wahl kommt nicht von ungefähr, denn Seminarteilnehmer und Unternehmen, die er berät und trainiert, erreichen regelmäßig Spitzenresultate. Aufgrund seines hohen »Innovations-Potenzial« reicht seine Trainertätigkeit auch oft über sein Kernthema »Kommunikation« hinaus, so begleitete er u. a. die österreichische Skisprungnationalmannschaft, die 2007 Weltmeister wurde.

Neben dem erforderlichen Blick über den Tellerrand zeichnet sich Dr. Tomas in seinen Vorträgen und Seminaren besonders dadurch aus, komplexe Strategien in eingängiger, leicht verständlicher und humorvoller Weise zu präsentieren. Dabei kombiniert er unterschiedliche Konzepte aus Wissenschaft und Wirtschaft zu praktikablen Erfolgsbausteinen, die Top-Ergebnisse produzieren. Egal, ob für internationale Konzerne, mittelständische Unternehmen, Einzelpersonen oder Spitzenteams im Sport.

DR. CORNELIA TOPF

Themen

Präsentation
So fangen Sie jeden Torpedo spielend auf

Gemischtes Doppel in der Führung
Gemeinsam geht es besser

Small Talk

Verhandlungsführung
Wer zuerst spricht, hat schon verloren

Veröffentlichungen

Kurzbiografie

Cornelia Topf hat eine steile Karriere vorzuweisen. Nach einer Lehre zur Industriekauffrau studierte sie Wirtschaftswissenschaften und promovierte in Gießen. Sie war als PR-Managerin und Journalistin tätig und machte sich 1988 als Trainerin und Coach selbstständig. In dieser Funktion unterstützt sie Führungskräfte und ihre Mitarbeiter auf allen Hierarchie-Ebenen. Sie hat zahlreiche Fachbücher verfasst, darunter viele Bestseller.

Die Referentin kennt die Fragestellungen, die Menschen bewegen. Die Antworten und Lösungen vermittelt sie ihnen in ihren unterhaltsamen und motivierenden Vorträgen. Sie ist überzeugt: Keiner muss großartig Neues lernen, um seine Träume zu realisieren. Ihr Wahlspruch stammt von Thornton Wilder: »Unsere größten Stärken schlummern in uns selbst. Manchmal brauchen wir jemanden, der sie weckt.« Besonders die Förderung von Frauen liegt der charismatischen Rednerin am Herzen. Mit gezielt eingesetzter Körpersprache und schlagfertiger Kommunikation führt Cornelia Topf die Teilnehmer ihrer Vorträge auf den Erfolgsweg. Zum nächsten Karrieresprung, zu mehr Durchsetzungskraft und zum Erreichen ihrer Ziele. Die Referentin steht für enormes Fachwissen, strahlende Energie und sprühenden Humor.

Referenzen und Kundenstimmen

Continental AG
Celesio AG
Homag AG
MTU Studienstiftung
Günther-RID-Stiftung
Deutsche Bundesbank
Universität Augsburg

Auszeichnungen und Pressestimmen

»Coach und Buchautorin Cornelia Topf zeigt die typischen Fehler der Frauen, wenn es um Geld geht.« *Brigitte.de*

»Die Wirtschaftswissenschaftlerin Dr. Cornelia Topf berät seit mehr als 20 Jahren in Karrierefragen.« *Süddeutsche.de*

FRANK TRTSCHKA

Themen

Mein Weg zum Ultrasportler

Motivation & Durchhaltevermögen

Erfolgreicher Vertrieb & Marketing im Sport

Ultra-Radmarathon- Weltmeisterschaft
Die sportliche und logistische Bewältigung eines Ultraevents

Veröffentlichungen

Kurzbiografie

... in nur 5 Jahren vom 112-kg-Kettenraucher zum 68-kg-Nichtraucher, RAAM-qualifizierten Ultra-Radmarathon-Vizeweltmeister, Rekord-Extremwanderer und mehrfachen, erfolgreichen U3-Marathonläufer ...

Frank Trtschka, geboren am 25.03.1977 in Schlema, entwickelte sich in nur 5 Jahren vom 112 kg kettenrauchenden Workaholic zum wahren Ultrasportler. Wie der Vogtländer diesen harten, steinigen und mitunter schmerzhaften Weg bewältigen konnte, schildert er in seinen Reden, Vorträgen und Seminaren.

Nach einer kaufmännischen Ausbildung verdiente er sich als Marketing- und Vertriebsleiter in renommierten deutschen Industriebetrieben seine geschäftlichen Erfolge, die heute die Grundlage seines eigenen Geschäfts und seiner Vorträge zu Vertrieb und Marketing bilden.

Der Plauener hat es geschafft, durch eigene Leistungen und einen unbrechbaren Willen seinen Extremsport salonfähig zu machen und eine internationale breite Masse dafür zu begeistern. Durch einzigartige Aktionen und Events, zu denen er sich selbst der jeweiligen Herausforderung stellt, versetzt er Zuschauer und andere Sportler stets in Erstaunen und Zweifel. Was unmöglich erscheint, packt Trtschka an und beweist an sich selbst, dass mit Motivation und Durchhaltevermögen mehr erreicht werden kann, als man meist selbst glaubt.

Referenzen und Kundenstimmen

»Unglaublich starke und geniale Leistung! Diese Aktion auf die Beine zu stellen und sich einer solchen Herausforderung zu stellen ist schon großartig, es dann aber auch noch durchzuziehen, ist wirklich meisterlich! Tiefster Respekt ...« *Christoph Strasser, Ultra-Radmarathon-Weltmeister 2007, Vize-Europameister 2008*

Auszeichnungen und Pressestimmen

Vize-Weltmeister im Ultra-Radmarathon 2009
Erster & einziger Finisher »Floss 72 Stunden Ergometer Challenge«
Rekordhalter Nonstopwanderung auf dem Vogtland Panoramaweg
Erfolgreiche Qualifikation für das Race Across America
9-facher TOP-10-Marathonläufer AK-M30 (2007 – 2009)
3-facher Marathonsieger AK-M30 (2007 – 2009)
9-facher Hunderter-Finisher (2007 – 2009)
2-facher Flèche-Allemagne-Finisher (2006/2008)
4-facher Super Randonneur (2006/2007/2008/2009)

JANE UHLIG

Themen

Kommunikationsangriff, Kommunikationsfalle oder Kommunikationskollaps

Medien im Nationalsozialismus
Politische Funktionen von Massenmedien in Diktaturen

Medienpropaganda in Geschichte, Gegenwart und Zukunft

Die Kölnische Zeitung
Eine Reise in die Geschichte einer Zeitung

Veröffentlichungen

Kurzbiografie

Jane Uhlig studierte Sozialpädagogik und Kommunikationspsychologie. Sie leitete die Frankfurter Texterschule und war von 2004 bis 2008 die Geschäftsführerin/Pressesprecherin des Konvents für Deutschland. Seit November 2008 ist sie Geschäftsführerin/Pressesprecherin des Frankfurter Zukunftsrates.

Auf ihre Anregung hin wurde der Roman-Herzog-Medienpreis zur Reformberichterstattung ins Leben gerufen. Darüber hinaus war sie Mitherausgeberin des Buches »Mut zum Handeln« (Campus Verlag), bei dem sie wesentlich an der inhaltlichen Konzeption beteiligt war. Sie ist seit 6 Jahren Dozentin für Kommunikation an der Akademie für Marketing-Kommunikation.

Als Publizistin arbeitet sie intensiv mit dem bekannten und renommierten Unternehmenshistoriker Prof. Dr. Manfred Pohl zusammen, der sie u. a. beauftragte, für sein Buch »M. DuMont Schauberg – Der Kampf um die Unabhängigkeit des Zeitungsverlags unter der NS-Diktatur« die Kölnische Zeitung in der Weimarer Republik und im Nationalsozialismus nach inhaltsanalytischen Kriterien unter geschichtlichen Fragestellungen im Vergleich zu anderen damaligen Zeitungen wie der Vossischen Zeitung, der Frankfurter Zeitung und dem Westdeutschen Beobachter zu untersuchen.

Jane Uhlig moderierte die erste Frankfurter Zukunftsnacht in der Alten Oper in Frankfurt am Main.

Referenzen und Kundenstimmen

»Frau Uhlig zeichnete sich insbesondere durch ihre kommunikativen Fähigkeiten aus. Die ihr von mir übertragenen Aufgaben erledigte sie stets zu meiner vollsten Zufriedenheit.« *Bundespräsident a. D. Prof. Dr. Roman Herzog*

»Jane Uhlig verfügt über herausragende Fachkenntnisse im kommunikativen, medialen, journalistischen und politischen Bereich. Die inhaltliche, redaktionelle und kommunikative Arbeit des Buches ›Mut zum Handeln‹ mit 26 bedeutenden Chefredakteuren und 26 renommierten Persönlichkeiten aus Politik und Wirtschaft (Campus) gestaltete sie in bravouröser Weise.« *Bundeswirtschaftsminister a.D. Dr. h.c. Wolfgang Clement*

»Frau Uhlig gehört zu den brillantesten Kommunikationsexperten in Deutschland. Die Analyse der Kölnischen Zeitung in der Weimarer Republik und im Nationalsozialismus gelang ihr in herausragender Weise.« *Prof. Dr. Manfred Pohl, Universität Frankfurt am Main*

»Gratulation zur Moderation. Sie haben das Publikum professionell und charmant durch den Abend geführt. Großes Kompliment.« *Detlef Braun, Geschäftsführer Messe Frankfurt*

MAGDALENA UNGER

Themen

Atempause – Zeit für die innere Balance

Die Macht der Atemkraft
Gelassen schwierige Situationen meistern.

Atemkraft – Lebenskraft

Karrierefaktor Stimme

Veröffentlichungen

Kurzbiografie

Magdalena Unger, geboren 1952 in Regensburg, ist seit 1999 selbstständige Seminarleiterin und Coach für Persönlichkeitsentwicklung und souveräne Selbstpräsentation. Ihre breitgefächerte Kompetenz zieht sie aus ihrem ungewöhnlichen beruflichen Lebensweg.

hre Ausbildungen als Industriekauffrau und staatlich anerkannte Familienpflegerin führten sie sowohl im kaufmännischen als auch im psychosozialen Bereich zu verantwortungsvollen Aufgaben bis hin zur Bereichsleiterin in der Münchner Bank eG.

Die Freude am Gesang und ihr Gesangsstudium waren für Magdalena Unger schließlich ausschlaggebend, ihre Qualifikationen mit weiteren Ausbildungen zur Atempädagogin (AFA), zur Stimmpädagogin und zur Focusingtherapeutin (igf) zu ergänzen.

Auf ihrem beruflichen Karriereweg wurde Magdalena Unger die Macht der Atemkraft durch eigenes Erleben, aber auch in der Beobachtung der Kolleginnen und Kollegen bewusst. Dies führte dazu, alle ihre Aus- und Fortbildungen zusammenzufassen. Ihre Vision »Die Wirtschaft braucht mehr Atem« verwirklicht sie seitdem in Seminaren, Einzelcoachings und Vorträgen.

Zu ihren Kunden zählen Konzerne ebenso wie Mittelstand, Einzelunternehmen, Kommunen und Nonprofitorganisationen.

Magdalena Unger ist Mitglied im AFA Berufsverband der AtemtherapeutInnen und AtempädagogInnen (Vorstand seit September 2008), im BPW München und im europäischen Stimmnetzwerk.

Referenzen und Kundenstimmen

»Magdalena Unger unterlegte ihre Ausführungen mit Atempraxis und machte so ihren Vortrag zum lebendigen Dialog mit den Zuhörerinnen.« *BPW Salzburg*

»An einem Wochenende in traumhaftem Ambiente habe ich eine neue Welt entdeckt: Atemräume. Buchstabensuppe. Lebensfreude. Souveränität. Magdalena Unger vermittelt sehr professionell, individuell und anregend das Handwerkszeug, damit Redenhalten und Auftritte in der Öffentlichkeit Freude machen. Unbedingt zu empfehlen!« *Shirley Seul, Autorin*

Auszeichnungen und Pressestimmen

»Sicher wissen Sie, dass Sie ein Instrument in Ihrem Körper tragen, die Stimme. Aber wissen Sie auch, wie man sie stimmen kann, damit sie angenehm klingt? Die Atem- und Stimmpädagogin Magdalena Unger kann Ihnen helfen. Die letzte Folge unserer Serie über das Atmen.« *SZ-Magazin 2003/Nr. 27*

GERHARD J. VATER

Themen

Wahrhafte Kundenorientierung ist einfach!
Mehr aus Weniger

Amateure sind die besseren Profis
Über die Kunst, nie wieder arbeiten zu müssen

Darf Arbeiten Freude machen?
Freude an der Arbeit heißt Arbeit an der Freude

Die Legende vom gesättigten Markt
Markt ist nicht – Markt denkt man

Kurzbiografie

Mag. Gerhard J. Vater gilt als Experte für erlebbare Kundenorientierung. Er versteht sich als Denkpartner und Prozessbegleiter. Seine Mission ist es, Kundenorientierung endlich erlebbar zu machen.

Kundenorientierung beginnt im Kopf und Verkaufen ist zu allererst Einstellungssache. Schwerpunkt seiner Vortragstätigkeit ist die Förderung des Bewusstseins für die Wechselwirkung von Kundenorientierung und Arbeitsfreude. Er öffnet seinem Publikum Augen und Ohren für die eigenen Möglichkeiten im Umgang mit Kunden. Durch diese Steigerung der Wahrnehmungsfähigkeit entstehen neue und andere Dimensionen zur Kundenbetreuung. So entdecken die Teilnehmer den Wert ihrer Arbeit und finden die Freude daran wieder.

Als Wirtssohn hat er früh gelernt, seine Wahrnehmungsfähigkeit für Gäste zu schärfen und mit Freude ehrliches Interesse am Kunden zu entwickeln. Inzwischen ist Gerhard J. Vater seit fast drei Jahrzehnten in der Managementberatung und beruflichen Aus- und Weiterbildung engagiert, seit 1993 selbstständig. Davor war er als Verkaufsleiter und Geschäftsführer tätig.

Auf das Handelswissenschaftsstudium an der Wirtschaftsuniversität Wien folgten Berater-, Trainer- und Coaching-Ausbildungen. Der erfahrene Managementtrainer ist Vortragender an verschiedenen Bildungsinstitutionen und als Referent bei Kongressen und Symposien gefragt.

Gerhard J. Vater ist anerkannt als »Professional Member« der German Speakers Association (GSA) und im Vorstand des Austrian Chapters der GSA.

Referenzen und Kundenstimmen

»Gewohnten Denkmustern entfliehen, die Perspektive wechseln, hinter die Kulissen schauen – Gerhard J. Vater rüttelt und schüttelt sein Publikum gekonnt mit provokanten Thesen wach. Seine Ansätze sind unterlegt mit konkreten, nachvollziehbaren Beispielen sowie Geschichten aus dem Alltag und erfüllen so die Thesen und Theorien mit Leben.«

»Das Thema des Arbeitsfreude-Vortrags fand ich von Ihnen wirklich toll aufbereitet – darüber kann man wirklich viel nachdenken und diskutieren. Danke, wir bleiben in Kontakt!«

»Gerhard Vater ist der lebende Beweis dafür, dass Überlegen überlegen macht. Er überschreitet mit seinen Gedanken bewusst und konsequent Grenzen und kommt so zu Betrachtungsansätzen, die sich erfrischend vom Mainstream abheben.«

»Ich freue mich sehr, dass ich Ihrem Vortrag auf unserer Tagung lauschen durfte, es war wirklich sehr interessant! Und ich hoffe, es gibt noch einige Gelegenheiten. Diese Form des Denkens ist eine Bereicherung!«

ROBERT VAN DE VELDE

Themen

Kunden für's Leben

Der Faktor Mensch

Changemanagement

Traincentive Training und Incentive: 2 unvergessliche Erlebnisse auf einmal

Kurzbiografie

Robert Van De Velde, gebürtiger Belgier – einer aus der 64er Reihe –, arbeitet seit 1993 als Trainer, Coach und Referent. Heute wird er branchenübergreifend angefragt, jedoch liegen seine Anfänge in der Automobilbranche. Erst Verkaufsleiter, später Geschäftsführer eines renommierten Autohauses, stand für ihn immer der Mensch hinter dem Kunden im Vordergrund. Schnell erkannte er seine kommunikativen und motivierenden Fähigkeiten, andere Menschen zu gewinnen, und verstärkte dieses Talent durch eine intensive Trainerausbildung. Robert Van De Velde lebt, was er sagt, und er zeigt Wirkung durch ein gewinnendes Auftreten und die Fähigkeit zur einfachen Darstellung komplexer Sachverhalte. Bildhaft kommunizierend transportiert er Trainingsinhalte empfängerorientiert, frisch und witzig. Er schafft in seinen Seminaren ein offenes Klima, in dem kreative Ideen gedeihen. Als Stichwortgeber und Ideenbrunnen steckt Robert Van De Velde sein Umfeld an und fördert die weitere Entwicklung. Er empfängt seine Kunden offen und freundlich und findet Mittel und Möglichkeiten, individuelle Bewusstseinsprozesse auszulösen und die Seminarziele zu erreichen. Ein Mehrwert für jeden Kunden.

Referenzen und Kundenstimmen

»Großartiges Coaching! Ich bin präsenter und aktiver bei der Kundenansprache und nutze jede Chance zum Cross-Selling. Ein genialer Tag, der mir zeigte, dass es sich lohnt, noch mehr Gas zu geben.« *VB, Mai 2009*

»Wir hatten niemals einen besseren Trainer und haben alle noch wochenlang von Ihrer Menschlichkeit und Ihren Tipps geschwärmt. Ein geniales Erlebnis und eine tolle Erfahrung.« *ASM, Jan. 2009*

»Als Person und Trainer haben Sie mich ungemein in den Bann gezogen. Ich frage mich, wie Sie es schaffen, 6 Stunden ohne Spickzettel, niemals den Faden verlierend, immer präsent zu sein. Das ist es, was einen Experten auszeichnet. Man spürt Ihre Leidenschaft. Ich durfte einen tollen, faszinierenden, lehrreichen, lustigen und vor allem motivierenden Tag erleben.« *Führungskraft, März 2009*

Auszeichnungen und Pressestimmen

Excellent Speaker TOP 100 2007

Mitglied Trainers Excellence 2008 und 2009

Traincentive-Experte seit 2008

»Mit Ford an die Spitze« Top Trainer 1996 und 1997

PROF. DR.-ING. RAINER VEYHL

Themen

Armut in Westafrika: helfen, aber wie?

Richtig Kritik üben

Sinneswahrnehmung und Sinnestäuschung

Physik im Alltag

Kurzbiografie

Rainer Veyhl, geboren 1955 in Schenefeld, Kreis Pinneberg, hat sein Physikstudium in Hamburg absolviert. Gleich im Anschluss war er im Philips-Konzern tätig in der Entwicklung passiver elektrischer Bauelemente, zum Schluss als Leiter der Entwicklungsabteilung einer Produktionsfirma. Parallel zu dieser Tätigkeit promovierte er an der Technischen Universität Braunschweig. Im Januar 1997 erhielt Rainer Veyhl den Ruf an die Fachhochschule Westküste in Heide.

Neben der beruflichen Tätigkeit betreibt er seit mehr als 30 Jahren traditionelles Shoto-Ryu-Karate und unterrichtet diese Kampfkunst und Selbstbehauptungskurse seit mehr als 25 Jahren.

Zusätzlich zu seinem Hauptamt als Hochschullehrer ist er tätig als Berater für kleine und mittelständische Unternehmen und hält Seminare und Vorträge. Neben seinen fachlichen Schwerpunkten der Schichttechnologie speziell für resistive Bauelemente und der Produktionswirtschaft deckt er Themen ab wie Konfliktbewältigung, Selbstmotivation und mentale Stärkung und er moderiert im Konfliktfall.

Rainer Veyhl leistet seit mehr als 7 Jahren Entwicklungshilfe in Ghana/Westafrika und hat mit dem von ihm gegründeten Verein eine Berufsschule initiiert, in der mehr als einhundert Schüler eine Ausbildung bekommen. Im Themenfeld Entwicklungshilfe hält er zahlreiche Vorträge nicht nur über seine eigene Tätigkeit, sondern auch über die kritischen Auswirkungen der Entwicklungshilfe.

INGO VOGEL

Themen

Top Emotional Selling
Brillanter Vorsprung für Spitzenverkäufer

So reden Sie sich an die Spitze
Sprache als Erfolgsinstrument

So verkaufen Sie sich richtig gut:
Mit Charisma zur Marke

Future Selling:
Der Spitzenverkäufer der Zukunft

Veröffentlichungen

Kurzbiografie

Ingo Vogel, 1963 in Düsseldorf geboren, ist Ingenieur, Bestsellerautor, Top-Speaker und Verkaufstrainer. Er gilt europaweit als der Experte für PowerSprache und Emotionales Verkaufen – beides die faszinierende Essenz aus seiner über 20-jährigen Verkaufspraxis nach Ingenieurstudium und fast 10 Jahren im Profisport.

Ingo Vogel ist 5-facher Buchautor mit ca. 1.000 Presseveröffentlichungen und gefragter Gast in Radio und TV. Seine Kunden, von Allianz bis ZDF, lieben seine mitreißenden, atmosphärischen Erlebnisvorträge und nutzen sein innovatives Verkaufstraining »Top Emotional Selling« schon seit Jahren als glasklaren Wettbewerbsvorteil.

Ingo Vogel weckt in Führungskräften und Verkäufern emotionale Potenziale, aktiviert mentale Ressourcen und motiviert so zu mehr Charisma, echter Begeisterung und Leidenschaft, ganzheitlich souveränem Auftreten und zu brillanter Verkaufsrhetorik für mehr Verbindlichkeit, Entschlossenheit und Abschlussstärke.

Seine spürbare Leidenschaft, sein ansteckender Humor und sein fundiertes Experten-Know-how machen seine Vorträge und Seminare zum außergewöhnlich motivierenden, emotionalen Erlebnis.

Ingo Vogels Credo: »Spitzenverkäufer überzeugen ihre Kunden emotional – mit viel Charisma, echter Lust und Leidenschaft!«

Auszeichnungen und Pressestimmen

Rhetorikexperte Ingo Vogel ZDF

»Ingo Vogel, der Kommunikationsexperte« *Wirtschaftswoche*

»PowerSprache-Experte Ingo Vogel« *ZDF*

»Ingo Vogel zeigt, dass ausdrucksstarke Sprache kein Zufall sondern für jeden erlernbar und leicht praktizierbar ist.« *Handelsblatt*

»Starke Worte« *Cosmopolitan*

»Publikum in der Liederhalle beeindruckt. Ingo Vogel schafft es, seine Zuhörer zwei Stunden lang zu fesseln. Ohne spektakuläre Effekte, nur mit Worten.« *Stuttgarter Nachrichten*

CONNIE VOIGT

Themen

Interkulturelle Führungsentwicklung

Trust-Management

Kulturintegration bei Fusionen

Veröffentlichungen

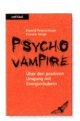

Kurzbiografie

Connie Voigt, Publizistin, Moderatorin und Leadership-Coach im internationalen Umfeld, moderiert in ihren Open-Space-Vorträgen und Seminaren inspirierende Impulse zur transkulturellen Verständigung in multikulturell organisierten Unternehmen. Ihren Zuhörern veranschaulicht sie leicht verständlich mit provozierenden Fragen ihr Thema der »interkulturellen Führung« als Fortsetzung von Diversity-Programmen. Daraus entwickelte sie den Begriff »Diversity 2.0«. »Change ist Standard« ist konstantes Leitmotiv ihrer praxisnahen Vorträge, die zur direkten Umsetzung im Alltag animieren. Sie bezeichnet sich als Change Agent mit eigener großer Karrierevielfalt. Die studierte Expertin für Nordamerikastudien (M.A. in US-Politik und Medienpolitik der FU Berlin) vereint Laufbahnen als Chefredakteurin des Schweizer Fachmagazins »HR Today«, als Kommunikationsleiterin des global tätigen Konzerns Gategroup (vormals Gate Gourmet International), als Wirtschaftsjournalistin verschiedener TV-Sender in London und zuletzt als Business-Coach für Führungsentwicklung. Leadership, Stärkung von (Selbst-)Vertrauen und (unternehmens-)kulturelle Integration von Teams sind ihre leidenschaftlichen Themen, die sie mit Herzblut vermittelt.

Sie sagt: »Ich hatte Chefs aus 7 verschiedenen Kulturen. Bei keinem der 7 hatte ich das Gefühl, verstanden zu werden. Ich selber führte Menschen aus 7 Kulturen und habe viele Fehler begangen. Diese intensiven Erfahrungen gebe ich meinen Kunden auf Vorträgen und Seminaren weiter und erspare ihnen einige kostspielige Ärgernisse.«

Referenzen und Kundenstimmen

»Frau Voigt öffnet Türen, die man vorher nicht bewusst wahrnimmt, und begleitet den Veränderungsprozess mit langfristigem Erfolg.«
Michael Peters, Vorstandsmiglied Eurex Frankfurt AG
»Connie Voigt holte mit ihren holistischen Fragen Optionen aus mir heraus, die ich nie zuvor überdacht habe. Sie inspiriert und öffnet den Geist.« *Der CEO einer Medienorganisation*
»Connie hat die ungeheure Gabe, Menschen in eine positive Gedanken- und Gefühlswelt zu transferieren.« *Ein Londoner Top-Banker*
»Ich würde sie als eine Art ›Visibility-Coach‹ beschreiben, weil sie Menschen für sich selbst und ihre Umwelt sichtbar macht.« *Der HR-Leiter in der verarbeitenden Industrie*

Auszeichnungen und Pressestimmen

»Die Psychovampire sind ein Ansatz, der Lust macht, über sich und seine Mitmenschen zu reflektieren und zu einem neuen Selbstwertgefühl zu finden.« *KMU-Magazin 2009*
»Exzellent!« *Das Hamburger Abendblatt machte die Psychovampire im April 2009 zum Buch der Woche.*
»getAbstract empfiehlt ›Interkulturell führen‹ allen Managern und Teamleitern in internationalen Unternehmen, die länderübergreifende Projekte begleiten.« *Zürich Okt. 2009*
»Die Herausgeberin Connie Voigt und ihre Autoren vertreten mutige und innovative Positionen, die die aktuelle Diversity-Diskussion sicherlich bereichern.« *Internationale Gesellschaft für Diversity Management, Sep. 2009*

TORSTEN VOLLER

Kurzbiografie

Torsten Voller, geb. 1969, ist Geschäftsführer und festes Ensemblemitglied des Hamburger Theaters »Steife Brise«. Seit Jahren arbeitet er als Schauspieler, Konzepter, Coach und Moderator im spannenden Bereich »Businesstheater«, einer Theaterform, die Firmen mit den Mitteln des Theaters den Spiegel vorhält, Strukturen verdeutlicht und Change-Prozesse begleitet. Er ist national und international für renommierte Unternehmen tätig, hat in vielen Seminaren und Workshops Führungskräfte und Mitarbeiter bekannter Unternehmen gecoacht, darunter OTTO, Vattenfall, EnBW, Jägermeister, FIFA und Lufthansa. Nach dem Abitur machte Torsten Voller zunächst eine Ausbildung zum Bankkaufmann und studierte Diplom-Pädagogik, bevor er sich zum professionellen Schauspieler und Sprecher ausbilden ließ. Mit »BusinessImpro« verbindet er seine pädagogischen Kenntnisse, seine Wirtschaftserfahrung und sein schauspielerisches Können auf beeindruckende Weise. Bei seinem Impulsvortrag legt Torsten Voller zusammen mit Ralf Schmitt den Themenschwerpunkt auf authentisches Kommunizieren und kurzweiliges Präsentieren – eine Schlüsselqualifikation für berufliches Fortkommen.

Themen

BusinessImpro: Überzeugen »frei Schnauze«
Zuhörer gewinnen – mit Spontaneität und Schlagfertigkeit

BusinessImpro aktiviert das spannendste Präsentationstool überhaupt: den Präsentator selbst!

Veröffentlichungen

Referenzen und Kundenstimmen

»Aus unserer Sicht können wir ohne Einschränkung sagen, dass sie (die Beraterveranstaltungen) ein großer Erfolg gewesen sind.« *DekaBank*

»Durch Ihre professionelle und zielführende Arbeit haben Sie erreicht, dass die Veranstaltung ein großer Erfolg war. Alle Teilnehmer waren sehr begeistert und sprechen immer noch von Ihrer tollen Performance. Aus diesem Event ergeben sich für mich wieder viele positive und nützliche Erfahrungen, die ich in zukünftige Projekte einfließen lassen möchte.« *EnBW*

Auszeichnungen und Pressestimmen

»Schlagfertigkeit hilft in vielen Situationen. Wie man sie erlernen und trainieren kann, zeigten Torsten Voller und Ralf Schmitt.« *Saarbrückener Zeitung*

»Ein unterhaltsamer Abend mit praxistauglichen Tipps für mehr Überzeugungskraft im Beruf.« *Allgäuer Zeitung*

FRIEDHELM WACHS

Themen

Ihre Verhandlungsstrategie ist falsch!
60 Minuten für den 4fachen Gewinn

Helden verhandeln anders
Ghandi, Genscher, Gorbatschow und andere Erfolgsmacher

Die Zukunft quergedacht
Was uns bis 2030 erwartet

Das Leben ist eine Symphonie und Sie der Star-Dirigent
Motivierende Erfolgsstrategien

Veröffentlichungen

Kurzbiografie

Friedhelm Wachs, 1963 in Berlin geboren, Diplom-Politologe und MBA (International Management), ist ein weltweit gefragter Verhandlungsführer und Experte in politischen und wirtschaftlichen Verhandlungsprozessen auf Top-Entscheider-Ebene. Während des Kalten Krieges gestaltete er in den achtziger Jahren gesamteuropäische Verhandlungen in der Jugend- und Sportpolitik und unterstützt seit über 25 Jahren Unternehmen und Regierungen bei der Erreichung ihrer Verhandlungsziele sowohl am Verhandlungstisch als auch im Hintergrund. Seit seinem MBA-Studium setzt er sich intensiv mit den Forschungsprogrammen der Harvard Law School, der ESSEC Business School Paris und der HHL Leipzig Graduate School of Management auseinander, lehrt an verschiedenen Business-Schools und schafft so als einer der wenigen Experten in diesem Bereich den Brückenschlag zwischen einer sich rasant entwickelnden Forschung und einer komplexer werdenden Praxis. Seit 2008 steht er als Präsident dem European Negotiation Institute ENI vor. Dax- und Fortune-500-Unternehmen unterstützt er mit seiner Verhandlungsberatungsfirma »Petaneon Strategy Group«. Er arbeitet eng mit bedeutenden Experten, namhaften akademischen Institutionen und Weltkonzernen zusammen.

Als erfolgreicher Unternehmer unterstützt er Start-ups mit den Themen Führung, Werte, Ziele, Zukunft.

Seit seinem 16. Lebensjahr begeistert er als Redner auf Kongressen und gewann international eine Reihe von Speaking- und Debating-Competitions.

Für mittelständische Unternehmer hat er ein spezielles Verhandlungskonzept entwickelt. 2007 begann er zusätzlich unter den Labels »Mister Negotiation« und »besser verhandeln« sein Wissen und seine Erfahrungen weiterzugeben, indem er Entscheidungsträger mit Verhandlungskonzepten und -strategien vertraut macht und sie darin intensiv trainiert. Noch im selben Jahr wurde er mit dem Titel »International Training Fellow 100« ausgezeichnet.

Referenzen und Kundenstimmen

»The best strategist we've ever met.« *RWE Water Spain*
»Champions League« *Air Liquide*
»Visionär mit Bodenhaftung: Im Dinge-Bewegen und Themen-Transportieren kennt Friedhelm Wachs sich aus.« *FU Berlin*

Auszeichnungen und Pressestimmen

2000 World Award for Best Service
2002 Senator e. h.
2007 International Training Fellow 100
2007 Schmalenbach Scholar
2009 Excellence Award GSA
2009 Most outstanding Senator of the world

»So macht man große Politik.« *Bild*
»The economy will profit considerably.« *Bloomberg*

DIETER W. WAGNER

Themen

Das Orchester-Prinzip.
Was das Marketing von der Musik lernen kann.

Management am Dirigentenpult.
Was Führung wirklich bedeutet!

Hier spielt die Musik:
Wie Sie den Dialog mit Ihrem Kunden zum Konzert entwickeln.

Musik macht's möglich:
So verändern Sie erfolgreich Ihre innere Einstellung zum Kunden.

Veröffentlichungen

Kurzbiografie

Dieter W. Wagner, 1962 geboren, Dialogtrainer – von Anfang an. Nach seinem BWL-Studium sorgte er in den 90er Jahren in verschiedenen Funktionen als Marketing-Manager für professionelle Dialoge mit dem Kunden – im Mailing, am Telefon und im Face-to-face-Dialog.

Heute ist Dieter W. Wagner erfolgreicher Marketing-Berater und -Trainer für wirksame Dialoge mit dem Kunden. Er ist der erste BDVT-zertifizierte Trainer im Dialogmarketing. Seit Ende 1998 überzeugt er seine Zuhörer als Redner, Trainer und Dozent in seinen Vorträgen und Seminaren mit dem – von ihm selbst entwickelten – »Orchester-Prinzip«. Von ihm stammt die Idee, das Marketing aus der Sicht des Orchesters zu betrachten und in seinen Auftritten mit den Möglichkeiten der Musik zu visualisieren.

Die Teilnehmer erleben die Erfolgsfaktoren für einen erfolgreichen Kundendialog aus einer ganz neuen Perspektive. Dieter W. Wagner motiviert, bewegt und klärt in unterhaltsamer Weise auf: über Klangerlebnisse, Leidenschaft, Erfolg, Professionalität und Kundenbeziehung – unabhängig von Anlass, Zeitpunkt oder Art des Dialogs. Und diesen Dialog führt er obendrein auch im Hörfunk. Seit einigen Jahren arbeitet er als Sprecher und Moderator im Radio.

Dieter W. Wagner ist u. a. Mitglied beim Berufsverband der Trainer (BDVT) und er wurde in das QualitätsExpertenNetzwerk Erfolgsgemeinschaft berufen, in das nur ausgewählte und besonders qualifizierte Experten Zugang bekommen.

Referenzen und Kundenstimmen

»Eine Investition, die sich für uns wirklich gelohnt hat.« *Petra Mönch, Versicherungsbranche*

»Wie ein schönes Konzert, an das man gerne zurückdenkt.« *Claudia Mathes, Energiebranche*

»Wahnsinn, wie Sie das Thema mit Leidenschaft und Spaß rübergebracht haben.« *Bernd König, Automobilbranche*

Auszeichnungen und Pressestimmen

»Eine Geschichte, die mit Herz und Emotionen geschrieben wurde. Eigentlich sind die Gedanken nahe liegend, und dennoch kommt man einfach nicht drauf.« *amazon.de*

»... Denn der Autor schaffte es, mich völlig in die Geschichte hineinzuziehen. Ich dachte über Marketing nach, ohne an Marketing zu denken. Mein Fazit: überraschend, motivierend, faszinierend, aber auch lustig, unterhaltsam und bereichernd.« *buch.de*

»Meine Faszination ist schwer in Worte zu fassen.« *libri.de*

ALEXANDRA WAGNER-KUGLER

Themen

Als Weiterbilder erfolgreich.
Optimale Selbstvermarktung ist möglich!

Vom EGO zur MARKE
Personal Branding als Basis für Markenerfolg

Neue Impulse in stürmischen Zeiten
Als Berater/Trainer/Coach der Krise trotzen

Kurzbiografie

Alexandra Wagner-Kugler, 1970 in Völklingen/Saar geboren, arbeitet vorwiegend als Coach und Berater zum Thema Positionierungs-Coaching und strategische Marketing-Beratung für Trainer/Coachs und Berater. Seit 20 Jahren ist sie im Marketing-Umfeld tätig. Als gelernte Schriftsetzerin und Dipl.-Ing. (FH) Druck- und Medientechnik hat sie die Werbebranche aus vielen Perspektiven kennengelernt.

Nach über 8 Jahren im Agentur- und Industrie-Umfeld und der dazu parallelen Weiterbildung zum Coach hat sie ihre Erfahrungen aus Marketing, Kundenbetreuung und -Akquise sowie Coaching und Training zu einem Produkt zusammengefasst und sich spezialisiert auf die Markenberatung und Positionierung für Trainer/Coachs/Berater und Redner. Dazu hält sie Workshops und Vorträge und hat die »Impulstage Berlin« (www.impulstageberlin.de) mit initiiert, eine Plattform für Einsteiger und Fortgeschrittene in der Weiterbildungsbranche.

Alexandra Wagner-Kugler ist Partner-Mitglied der GSA – German Speakers Association, Leiterin der PEG (Professional Expert Group) Coaching der GSA, und akkreditierte Beraterin der KfW.

Referenzen und Kundenstimmen

»Für Alexandra Wagner-Kugler steht die Trainerpersönlichkeit mit all ihren Facetten im Vordergrund. Mit ihrer wertschätzenden und zugleich investigativen Art nimmt sie dieses ›menschliche Rohmaterial‹ so lange unter die Lupe, bis eine geschliffene Positionierung zum Vorschein kommt. Wenn Sie vom Edelstein zum Diamant werden wollen, empfehle ich Ihnen, sich von Alexandra Wagner-Kugler ins richtige Licht rücken zu lassen.« *Die SCHUBs, Sandra Schubert, Expertin für Verkaufs- und Vertriebspartnertrainings, www.schubs.com*

»Sie fokussieren mich und Sie bringen mir so manches Gesetz dieser Branche bei. Auf gemeinsame Taten in einem spannenden Markt. Es gibt viel zu kommunizieren – im unterhaltsamen Extrakt und mit unentdeckten Exponaten!« *HAAS. KOMMUNIZIERT. VERÄNDERUNG. Mathias Haas.*

»Frau Wagner-Kugler versteht es, ihren Coachee anscheinend unsichtbar an die Hand zu nehmen und zu seinen Stärken zu führen. So eröffnen sich zuvor nicht erkennbare Wege und Möglichkeiten, eigene Ziele zu erreichen.« *Matthias Mengeling, Fachübersetzungen*

PETRA WAHL

Themen

Dienstleistung und Kommunikation
Einstellung – Haltung – Sprache

Konflikte entschärfen
Was unterschiedliche Kommunikationsstile anrichten

Präsentation wirken – bewirken

Work-life-Balance
Der richtige Umgang mit Lebenszeit

Kurzbiografie

Petra Wahl wurde 1957 geboren und ist Spezialistin für die Themen Konfliktkommunikation, Präsentation und Kundenorientierung. Sie ist seit 2000 im Trainings- und Speakerbereich tätig und hat einige Artikel in Fachzeitschriften veröffentlicht, u. a. zum Thema Mitarbeiterführung.

Sie hat 8 Jahre Führungserfahrung und hält zudem Vorträge zu diesem Themenbereich. Sie coacht Führungskräfte sehr erfolgreich, als Life-Coach und als systemische Beraterin.

Als Organisationsberaterin, Mediatorin, Coach, Speaker ist sie deutschlandweit unterwegs und hält Vorträge u. a. in englischer Sprache. Ausgebildet ist sie zusätzlich in gewaltfreier Kommunikation nach Marshall Rosenberg.

Referenzen und Kundenstimmen

»... informativ, kurzweilig und eine sehr angenehme und wertschätzende Atmosphäre.«

»Ich bekam Denkanstöße für kritische Situationen.«

»Fühle mich bestätigt in dem, was ich schon tue, und bekam noch neue Hinweise dazu.«

»Auf meine Fragen wurde eingegangen, es blieb nichts offen und es war sehr intensiv.«

»Der rote Faden blieb erhalten, trotz Unterbrechungen durch Rückfragen.«

DANIEL WAHNER

Themen

Vortragszyklus: Erfolg ist mein Geburtsrecht - Erfolg gesund erleben
Zum Erfolg berufen ... Sie entscheiden! Tu was Du nicht lassen kannst!
... Job oder Berufung?

Kurzbiografie

1966 in München geboren, ist er begeisterter Vater seiner Zwillingssöhne Alexis und Lenny, die seit Anfang 2004 ihre Sonnen über sein Leben strahlen lassen.

Der aus dem TV bekannte Speaker, Fitnessexperte und Buchautor ist ein facettenreicher Allrounder. Daniel Wahners Know-how resultiert aus seiner Zusammenarbeit mit zahlreichen Unternehmen, Privatklienten, Zuhörern und über 30 Jahren Leistungssport, der sich vom Wettkampfschwimmen bis zum Triathlon und vom Kraftsport bis zum Kampfsport erstreckt. Differenzierte Fortbildungen, umfangreiche Lektüre, intensive Selbsterfahrungen, akribisches Beobachten und Analysieren sowie die langjährige Praxis mit Klienten, Bühnenauftritte und Seminarleitungen bilden das Fundament seiner Karriere.

In seinen Vorträgen, Seminaren und Coachings führt der praktizierende Coach und Personal Trainer Sie schrittweise und nachvollziehbar an die Gesetzmäßigkeiten des erlebbaren und ganzheitlichen Erfolges.

Das Talent, komplexe Zusammenhänge mit einfachen Worten und Metaphern spielerisch-witzig auf den Punkt bringen zu können, machen Daniel Wahner zu einem Vortragsredner mit hohem Unterhaltungswert.

Bei Fernsehauftritten, Vorträgen und Seminaren entmystifiziert er für sein Publikum den Erfolg und zeigt dafür einfache Integrationsstrategien auf. Einem Schachspieler gleich, schafft Daniel Wahner aus bestehenden Elementen intelligente Verbindungen, die den Interessierten völlig neue Perspektiven und Chancen in ihrer Lebensgestaltung eröffnen. Seine Auftritte verdeutlichen, wie das Zusammenspiel von Körper, Seele, Geist und Verstand Einfluss auf unser Leben und dessen erfolgreiches Meistern nimmt. Dank seiner sportlichen Historie fällt es dem Experten leicht, die Maxime »Sit mens sana in corpore sano!« weit über den profanen Worthülsenstatus und grassierenden Fitnesswahn hinauszutragen und sie als Erfolgsschlüssel zu »entlarven«.

Daniel Wahner weist einen Weg, die eigene Bestimmung zu erkennen, ihr zu folgen und dem persönlichen Erfolg den verdienten Durchbruch zu ermöglichen.

Die Spontaneität, Lebendigkeit und der hohe Unterhaltungswert seiner Veranstaltungen sind Garanten für ein kurzweiliges Event.

Sein evolutionsbasiertes Credo lautet: »Erfolg ist Ihr Geburtsrecht!«

JOCHEN WAIBEL

Kurzbiografie

Schweigen Sie noch oder stimmen Sie schon?

Jochen Waibel, 1962 geboren im württembergischen Allgäu, zu Hause in seiner Wahlheimat Hamburg, vom Herzen Schwabe, vom Kopf Hanseat. Er ist verheiratet und Vater zweier Söhne.

Studium der Arbeitspsychologie, Bewegungswissenschaft und Betriebswirtschaft an der Universität Hamburg. Aus- und Weiterbildung in systemischer Gestalt- und Organisationsberatung, Atem- und Stimmtraining sowie klassischem Gesang und Rezitation. Außerdem Rhetorik und Sprechwissenschaft an der Universität Halle-Wittenberg.

Jochen Waibel gründete 1995 das private Institut Stimmhaus® kunst psyche organisation mit Sitz in Hamburg-Winterhude. Als Pionier der Stimmpsychologie entwickelte er den Begriff der Stimmpersönlichkeit sowie den zugehörigen Online-Test.

Waibel engagiert sich als Dialog-Experte in der Dialog- und Führungskultur von Unternehmen. Er ist akkreditierter Berater und Coach bei diversen Berater- und Coachingpools sowie von Employer-Assistant-Programmen. Geschäftsführung, Vorstandstätigkeit, Reden und Stimmperformances zu diversen Themen.

Renommierter Fachbuchautor:
»Schweigen Sie noch oder stimmen Sie schon?« Stimmpersönlichkeit – Führung – Dialog. *(2010)*
Ich Stimme. Das Stimmhaus-Konzept für die Balance von Stimme und Persönlichkeit. *(2000)*

Referenzen und Kundenstimmen

Waibel bietet Topunternehmen, Managern, Führungskräften und Geschäftsführern praxisnahe Lösungen und alltagstaugliche Übungen.

»(…) Sein Vorhaben, Kraft und Motivation zu vermitteln für eine konstruktive betriebliche Konflikt- und Dialogkultur, ist ihm hervorragend gelungen.« *Dr. Christine Kaul, Volkswagen Coaching GmbH, im Vorwort zum neuen Buch von Waibel*

»Ihre Rede war fantastisch zusammengestellt und ich habe selten so eine reiche und zutreffende Analyse des Themas gehört.« *Herr F.*

Auszeichnungen und Pressestimmen

»Erhellend und einladend.« *Die Zeit*

»Arbeiten Sie an Ihrer Stimme – damit Sie den richtigen Ton treffen. Buchtipp: Jochen Waibel, Ich Stimme.« *Focus*

Themen

Ich bin Stimme
6 aus 18 Stimmpersönlichkeiten und die sieben stimmlich-rhetorischen Ausdrucksvariationen

Keine Angst vor Konflikten: Der Konflikt-Dialog
Kommunikation am »Runden Tisch« für einen stimmigen Unternehmensdialog

Anleitung zum Mobbingopfer oder Begeisterung
Selbstwirksamkeit und Selbstbehauptung bringen Arbeitszufriedenheit

Führungs-VITA
Führung durch Vertrauen und Verantwortung als vorausschauende Führungspersönlichkeit

Veröffentlichungen

HERMANN H. WALA

Themen

Positionierung – STRATEGIE
Der Erfolgsfaktor im Wettbewerb

Positionierung – KOMMUNIKATION
Emotionale Erlebniswelten schaffen

Positionierung – WERTE
Über den Wert zur Marktführerschaft

Positionierung – PERSÖNLICHKEIT
Der Mensch im Zentrum der Marke

Veröffentlichungen

Der Mensch im Zentrum der Marke erscheint im Herbst 2011.

Kurzbiografie

Hermann H. Wala ist seit 25 Jahren ein erfahrener Marketingexperte in der Werbung und in der Medienbranche. Nach dem Marketingstudium war er langjährig bei einer der größten Network-Werbeagenturen tätig. Er verantwortete das Marketing, die strategische Entwicklung und Umsetzung internationaler Werbekampagnen bei einer der weltweit größten Network-Werbeagenturen. Im Anschluss führte er die Markenkommunikation und Positionierung eines bedeutenden und innovativen europäischen Medienhauses. Mit 20 Jahren Berufserfahrung gründete er das Beratungsunternehmen WALA Strategy & Brand Consultants, mit dem er sein Fachwissen gewinnbringend für seine Mandanten aus den unterschiedlichsten Branchen im Mittelstand wie auch in Konzernen einsetzt. Die Geradlinigkeit in der Umsetzung sowie die kurzfristigen und direkt messbaren Erfolge sind die Kriterien, die seine Vorträge nutzbringend und wertvoll machen. Hermann Wala zeigt anhand nachvollziehbarer Theorien und bekannter Praxisbeispiele, wie Sie sich schon heute auf die Herausforderung von morgen vorbereiten.

Referenzen und Kundenstimmen

»Wer sich weiterbildet, ist besser vorbereitet für die Zukunft. Die Veranstaltung war ein Riesenerfolg. Seine Dynamik und Energie haben uns fasziniert.« *Patrick Molck-Ude, Executive Vice President T-Mobile International AG & Co. KG*

»Ein Muss für alle Führungskräfte.« *Christian Götsch, Gründer und Geschäftsführer Experteer GmbH*

»Sein Vortrag war ein absolutes Highlight unserer Veranstaltung. Zufriedene Teilnehmer sind sein Markenzeichen.« *Tobias Mai, Geschäftsführer Vertrieb Hubert Burda Media*

Auszeichnungen und Pressestimmen

»Hermann Wala ist ein exzellenter Redner und Entertainer und vermittelt in seinem mitreißenden Vortrag praxisnahes Know-how.« *Stephan Paetow, stellv. Chefredakteur Focus Magazin*

»In dem praxisnahen Vortrag von dem Positionierungsexperten Hermann Wala wird auf eindrucksvolle und unterhaltsame Art das theoretische Wissen in die Praxis umgesetzt.« *Prof. Dr. Dr. Claudius Schikora, Fachhochschule für angewandtes Management*

DR. ELFY WALCH

Kurzbiografie

Dr. Elfy Walch, Unternehmensberaterin, Trainerin, Coach, Vortragende. Seit über 20 Jahren ist sie im Beratungs-, Medien- und Trainingsbusiness tätig. Als Journalistin, als Pressereferentin, als Geschäftsführerin einer PR-Agentur, als Inhaberin von Kommunikationsunternehmen. Seit 2010 ist sie Inhaberin der Unternehmensberatung »Dialogkommunikation«. Ihre Kernthemen sind »Dialog – warum wir ihn im 21. Jahrhundert mehr denn je brauchen« und »Gelassenheit – wie wir mit ihr souveräner und erfolgeicher werden«.

Schnell, gut, ehrlich – so sollte Kommunikation im 3. Jahrtausend ihrer Meinung nach sein, sowohl in der persönlichen Begegnung als auch in Social Media, im Web 2.0. In diesem Sinne unterstützen Elfy Walch und ihr Team Unternehmen, Führungskräfte und Persönlichkeiten dabei, »im Gespräch zu bleiben«. Sie helfen, den Dialog mit den jeweiligen Ziel- und Dialoggruppen wirksam zu gestalten. Dialogkommunikation – gewürzt mit der richtigen Dosis Gelassenheit – macht kreativer, effizienter und erfolgreicher! Dies setzt sie sowohl in der Beratung, im Coaching als auch in Vorträgen um.

Auszeichnungen und Pressestimmen

»Wie macht man das bloß: gelassen und souverän bleiben, wenn Feuer am Dach ist? Die Salzburgerin Elfy Walch ist Expertin für Gelassenheit und wirkt aufgeräumt, geerdet, strukturiert. Wie sie das macht? Die Trainerin und Moderatorin beruhigt: ›Manche haben das Glück, Dinge von Haus aus leichter zu nehmen, andere eben nicht. Für die meisten von uns ist Gelassenheit aber ein lebenslanges Experiment.‹« *Salzburger Nachrichten*

»Führungskräfte verwenden nach wie vor einen hohen Anteil ihrer Arbeitszeit für persönliche Kommunikation. Auf den ersten Blick ist die Sache ganz einfach. Wir reden miteinander, hören einander zu, lesen voneinander und verstehen uns … mehr oder weniger … Wir interpretieren, beurteilen und bewerten die Aussagen anderer, ziehen Schlüsse daraus und bestimmen damit unser Kommunikationsverhalten. Elfy Walch bringt in Kommunikations- und Dialogseminaren das Komplexe am Selbstverständlichen auf den Punkt.« *Kommunikation und Kompetenz*

Themen

Dialog – Warum wir ihn im 21. Jahrhundert mehr denn je brauchen
Dialog – Ihr Erfolg in der Kommunikation

Gelassenheit – wie wir mit ihr souveräner und erfolgreicher werden
Souveräner mit Gelassenheit

M.U.T. – Mehr Ungewöhnliches Tun in herausfordernden Zeiten
Innovation im Beruf

Veröffentlichungen

»Punkten Sie mit Gelassenheit - lassen Sie sich nicht stressen!«
GSA TopSpeakersEdition; Jörg Löhr (Hg.), Buchbeitrag

RAINER WÄLDE

Kurzbiografie

Rainer Wälde, Berater, Trainer, TV-Moderator und Buchautor, ist ein Experte seines Faches. Als Leiter der TYP Akademie steht er an der Spitze des Marktführers für Image- und Stilberatung in Deutschland und weiteren europäischen Ländern. Rainer Wälde ist Herausgeber des Referenzwerkes »Der große Knigge« und Vorsitzender des Deutschen Knigge-Rates. Mit seiner humorvollen, herzlichen und natürlichen Vortragsweise, gepaart mit seinem Experten-Know-how, begeistert er die Teilnehmer seiner Seminare und Foren gleichermaßen.

»Understatement – Der Stil des Erfolgs«

Referenzen und Kundenstimmen

Axel Springer AG; Bosch Telecom; Fürstlich Castell'sche Bank; GEHE Pharma Handel; Gillette Deutschland; HNF Nixdorf Paderborn; Mercedes Benz; Procter & Gamble

»Mit Ihrer wertschätzenden Art ist es Ihnen gelungen, Akzeptanz zu erreichen und Lust für die Umsetzung im Alltag zu machen.« *Claudia Henrichs, DKV Krankenversicherung*

»Sie haben es in den ersten Minuten geschafft, Interesse und Neugier zu wecken. Mich hat überrascht, mit welch einfachen Mitteln Sie meine Mitarbeiter und mich für das Thema begeistern konnten.« *Heribert Schröder, Vertriebsdirektor Deutsche Post AG*

»Danke für die exzellente Veranstaltung und Ihre professionelle Art.« *Dr. Mariola Söhngen, Vorstand Entwicklung Paion AG*

Auszeichnungen und Pressestimmen

Laut Focus zählt Rainer Wälde zu den »Erfolgsmachern 2009« und gehört zu den 100 Top-Rednern in Deutschland von »Speakers Excellence«.

Seine Fernsehserie »In 115 Tagen um die Welt« wurde 2009 mit dem »World Media Award« ausgezeichnet.

Themen

Understatement – Der Stil des Erfolgs
Wie Sie mit Understatement nicht provozieren, sondern souverän wirken.

Personal Branding – »Natürlich« erfolgreich
Wie Sie Ihre eigenen Stärken erkennen

Knigge 2.0 – Erfolgreich mit gutem Stil im Business
Werte-Ethik statt Image-Ethik – gutes Benehmen kommt von innen

Veröffentlichungen

Personal Branding
Natürlich erfolgreich. Auch bei facebook, twitter & Co.

www.vortragsimpulse.de

RALPH WARNATZ

Themen

Leistung steigern – Eindruck hinterlassen

Führen und Überzeugen
Persönlichkeit und Vitalität; Führungskraft und Erfolgsstrategien; Kommunikation und Rhetorik

Team Performance: Energien freisetzen – Wirken und Bewegen:
Change- und Kreativitätsmanagement!

Kurzbiografie

Ralph Warnatz, Gründer von Motiv Management Partner, Augsburg, war selbst Hochleistungssportler mit internationalen Einsätzen. Seit über 15 Jahren forscht, berät und trainiert der diplomierte Trainingswissenschaftler (TU-München) in Unternehmen und im Leistungssport rund um das Thema »Systematische Leistungsentwicklung«. Neben seinem Fachwissen begeistert er immer wieder als einer der gefragtesten Referenten des deutschsprachigen Raums das Publikum durch seine motivierende und sympathische Art, komplexe Sachverhalte praxisnah und umsetzbar zu vermitteln. Seine »Trainingsprinzipien der Spitzenleistung« finden ihre Anwendung in der strategischen Planung jeder Karriere im Sport wie im Business.

Referenzen und Kundenstimmen

Zu seinen Kunden gehören unter anderem ALKO, Deutsche Bahn, Deutsche Doka, Bilfinger Berger, Deutsche Telekom, Hewlett Packard, KUKA Roboter, Linde Material Handling, manroland Druckmaschinen, Molkerei Alois Müller (Müller Milch), OVB, Stadt Frankfurt a. M., Thyssen Krupp Automotive, Skandia u. v. m.

»Durch diesen Kontext ist es möglich, Werte, Inhalte und neue Denkweisen zu erkennen – kurzum Schwung für den Alltag zu gewinnen.« *FAZ*

»Wegweiser zu den Schätzen der eigenen Persönlichkeit.« *W&V*

»Warnatz verstand es, seine Zuhörer sofort mitzureißen.« *Süddeutsche Zeitung*

»Insbesondere die erfrischende und motivierende Art von Herrn Warnatz war voll überzeugend. Hinzu kamen viele interessante Hinweise, die man recht schnell auch praktisch umsetzen kann.« *Wirtschaftswissenschaftliche Fakultät, Universität Eichstätt-Ingolstadt*

SEBASTIAN WARTENBERG

Themen

Social Media für KMU
Werkzeuge und Strategien für den Mittelstand

Online Reputationsmanagement
Achten Sie auf Ihren guten Namen, andere tun es auch.

XING, der Businessbeschleuniger
Kontakte finden, aufbauen und verwalten.

Twittern, bis der Kunde kommt
Corporate Twitter für Einsteiger in Agenturen und Unternehmen.

Kurzbiografie

Sebastian Wartenberg, Jahrgang 1973, studierte an der Fachhochschule für Kommunikation und Design in Berlin Kommunikationsmanagement mit Abschluss zum Diplom-Kommunikationswirt. Neben seiner Position als Geschäftsführer der Strategieberatung synergieeffekt.net am Standort Berlin unterrichtet Herr Wartenberg Marketing am privaten Institut für Marketing und Kommunikation (IMK) in Berlin. Ehrenamtlich unterstützt der Marketingberater Gründer und Gründungswillige als Coach und Juror im Businessplan-Wettbewerb Berlin-Brandenburg. Heute betreut er im Segment Business-to-Consumer (B2C) vor allem kleine und mittlere Unternehmen beim strategischen Markenauf und -ausbau im Internet, der Initialisierung neuer Geschäftsfelder im Web 2.0 und dem Reputationsmanagement. Getreu dem Motto: »Geredet wird über Sie und Ihr Unternehmen sowieso, nutzen Sie die neuen Instrumente und bestimmen SIE das Thema«, plädiert der Webcaster und Autor für eine neue Offenheit im Umgang mit Konsumenten und anderen Anspruchsgruppen.

Seine Marketing- und Kommunikationsseminare richten sich vorzugsweise an Führungskräfte in Unternehmen und Agenturen, welche die neuen Social-Media-Kanäle für sich und ihre Kunden (hier zu nennen u. a. Facebook, Xing, YouTube, Slideshare) als Multiplikatoren und Einstieg in eine neue Dimension der Kommunikation nutzen wollen. Seine Einblicke in unterschiedliche Branchen geben den Teilnehmern Erfahrungswerte aus der Praxis und schulen den Blick für eventuelle Stolperfallen, welche das Web 2.0 für den Mittelstand bereithält.

MATHIAS PAUL WEBER

Themen

Deutschland – Deine Steuern. Ein Streifzug durch den Steuerdschungel

Mein Freund vom Finanzamt

Vom Gegner zum Partner – Erfolgreiches Beziehungsmanagement mit dem Finanzamt

Veröffentlichungen

Berichte und Beiträge in der Frankfurter Allgemeinen, Sonntagszeitung und anderen Publikationen

Interviews bei N24 (Wirtschaftsreport), WDR 2 (Hörfunk) und Lokalradios

Kurzbiografie

Konflikte mit dem Finanzamt sind lösbar. Und vermeidbar.

Er kommt von der »dunklen Seite der Macht«: Mathias Paul Weber absolvierte eine Ausbildung zum Steuerinspektor und arbeitete drei Jahre in einer Oberfinanzdirektion. Anschließend wechselte Weber in die Wirtschaft und ist seit über 15 Jahren als Steuerberater tätig. Der Diplom-Finanzwirt erkannte früh: Das Thema Steuern wird sehr emotional behandelt und führt so häufig zu unnötigen Konflikten. Schließlich etablierte er sich als Deutschlands erster SteuerConflictCoach.

Er hilft als Troubleshooter seinen Kunden bei der Lösung und Vermeidung von Konflikten mit dem Fiskus und unterstützt sie bei der Betriebsprüfung und anderen schwierigen Situationen. Mathias Paul Weber kennt sowohl die »Denke« der Finanzbeamten als auch die Nöte der Steuerzahler. Diese duale Erfahrung macht ihn zum gefragten Referenten der Fünf-Sterne-Agentur Sales Motion. Mit seiner lockeren Art verwandelt er das vermeintlich trockene Thema in einen spannenden Krimi mit Happy End. Der Redner gibt viele Tipps, wie man sich im »Steuerdschungel« auch ohne Machete sicher bewegt, wie der Finanzbeamte vom Feind zum Partner wird, was bei finanziellen Problemen zu tun ist und wie man die Schuldenfalle umgeht.

Referenzen und Kundenstimmen

- MLP
- Dorma
- Investoren Akademie
- DeguDent
- DVAG
- Frankfurter Sparkasse 1822

»Herrn Weber ist es durch eine sehr gute Methodik und Präsentation gelungen, das Thema den Zuhörern überzeugend zu vermitteln. Interessant und praxisbezogen waren dann auch die anschließende Diskussion sowie die persönlichen Gespräche, zu denen Herr Weber im Abschluss zur Verfügung stand.« *Dr. Helmhard Kraft, Bundesverband Mittelständische Wirtschaft*

Auszeichnungen und Pressestimmen

»Wenn gar nichts mehr geht, vermittelt Mathias Paul Weber.« *Frankfurter Allgemeine Zeitung*

PROF. DR. PHIL. JENS WEIDNER

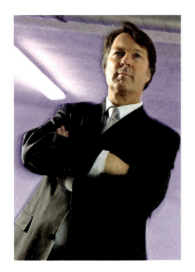

Kurzbiografie

Prof. Dr. phil. Jens Weidner (geb. 1958) lehrt seit 1995 Kriminologie/ Viktimologie und Erziehungswissenschaften an der Fakultät Wirtschaft & Soziales der Hochschule für Angewandte Wissenschaften, Hamburg. Er arbeitete mit Gangschlägern in Philadelphia, USA und behandelte 10 Jahre lang Hooligans, Skinheads und Totschläger für die deutsche Justiz. 1987 entwickelte er das »Anti-Aggressivitäts-Training® für Gewalttäter«, mit dem heute 2000 Schläger pro Jahr in Deutschland und der Schweiz behandelt werden.

Seit 1994 ist er als Dozent am Gottlieb-Duttweiler-Institut für Wirtschaft & Gesellschaft in Zürich tätig. Sein Spezialgebiet dort: Seminare zur Förderung der Durchsetzungsstärke bei Führungskräften.

Er ist Eigentümer der Firma »Aggressions-Seminar-Service & Management- Training« und Miteigentümer des »Deutschen Instituts für Konfrontative Pädagogik«. Neben einer Vielzahl von Wissenschaftspublikationen zum Thema »Kriminologie & Gewalt« ist er Autor des Bestsellers »Die Peperoni-Strategie. So setzen Sie Ihre natürliche Aggression konstruktiv ein«, der 33 Wochen Platz 1 im Wirtschaftsbuch-Ranking der Financial Times Deutschland belegte.

Sein Leitsatz: »One evil action every day keeps the psychiatrist away!«

Themen

Die Peperoni-Strategie – setzen Sie sich durch, um Gutes zu tun!

Die Machtspiele im Management – so viel Biss brauchen Sie zum Erfolg!

80% Mephisto – 20% Gutmensch – zum Persönlichkeitsprofil der Durchsetzungsstarken

Veröffentlichungen

Gewalt im Griff
Band 1 und 3 (Juventa Verlag GmbH)

Anti-Agressivitäts-Training® für Gewalttäter
Ein deliktspezifisches Behandlungsprogramm (Forum Verlag Godesberg)

Auszeichnungen und Pressestimmen

»Die Peperoni-Strategie. Eine Einweisung in die Kunst der positiven Aggression, verbunden mit einer sanften Warnung: Don't try this at home.« *Financial Times Deutschland*

»Mehr Biss im Beruf zeigen, und der Karriere steht nichts mehr im Weg. (Aber passen Sie auf, dass Ihnen die Schärfe nicht im Hals stecken bleibt!)« *Bloomberg Television*

»Die Peperoni steht für Schärfe und Durchsetzungskraft – wie bei der scharfen Schote kommt es auf die richtige Dosierung an.« *DIE WELT*

»Die Strategie hilft gemeinen Gegenspielern mit Tatkraft, Courage und Rückgrat zu begegnen – indem man 20 Prozent Chili unter die 80 Prozent Süßpaprika-Persönlichkeit mischt.« *managerSeminare*

»Ein Mitarbeiter, der ›positiv aggressiv‹ ist, kämpft für seine Projekte, hält Gegenwind aus und weiß sich zu wehren, wenn Kollegen ihn ausnutzen und ausbooten wollen.« *Frankfurter Allgemeine Zeitung*

»Weidner spielt den Mephisto perfekt, jenen ironisch-intellektuellen Teufel aus Goethes Faust.« *Süddeutsche Zeitung*

»Ich werde jetzt nicht mehr so naiv durchs Berufsleben stolpern«, *sagte eine Produktmanagerin während der Abschlussbesprechung in der Wirtschaftswoche*

»Die Tatsache, dass Karriere viel Biss und manchmal Kampf braucht, ist nach diesem Vortrag wohl allen klar.« *Seminarteilnehmer H. Meier*

MARKUS WEIDNER

Themen

Qnigge® – Freude an Qualität
Schon der alte Knigge hat's gewusst

Werte schaffen Werte
Mit Führung und Servicequalität
zum Erfolg

Qualitätsmanagement 2.0
webbasierte Servicedokumentation,
die lebt!

Themen des Hotel- und Veranstaltungsbereichs
Qualitätsmanagement und Verkauf

Kurzbiografie

Markus F. Weidner, Jahrgang 1961, ist Experte für Qualitätsmanagement und Verkauf.

Mit der Idee »Qnigge® – Freude an Qualität« begeistert er seine Zuhörer und schafft mit einem wirkungsvollen Konzept für Kundenbegeisterung und Mitarbeiterzufriedenheit »Freude an Qualität«. In seinen kurzweiligen Vorträgen verbindet er die Gedanken des Freiherrn von Knigge mit modernen Managementmethoden. Servicequalität und Werteorientierung liegen ihm dabei besonders am Herzen.

Er arbeitet seit über 15 Jahren erfolgreich als Trainer für namhafte Hotels, Veranstaltungszentren, Kliniken, Handelsunternehmen und Verbände.

Mit seinen Keynotes »Qnigge® - Freude an Qualität« und »Werte schaffen Werte« tritt er bei Firmenveranstaltungen und Kongressen auf und schafft ein Bewusstsein für die Zusammenhänge zwischen Führungskompetenz und Servicequalität.

Er hat über 25 Jahre Berufserfahrung mit langjähriger Führungserfahrung in internationalen Hotel- und Dienstleistungsunternehmen.

Als VP Education ist er außerdem im deutschen Chapter des weltgrößten Verbandes der Veranstaltungsindustrie MPI Meeting Professionals International engagiert.

Fachliche Kompetenzen:
- Senior Business Coach Dale Carnegie®
- NLP®-Master-Practioner
- Qualitätsmanager DGQ (Deutsche Gesellschaft für Qualität)
- Auditor DGQ • EFQM Assessor
- Zertifizierung von Kliniken, Hotel- und Dienstleistungsunternehmen

Referenzen und Kundenstimmen

»Die Veranstaltung war sehr auf die Bedürfnisse unseres Unternehmens abgestimmt. Die Art der Durchführung war sehr motivierend!«
Sven Flecke, Direktor Hotel Bergström, Oktober 2010

»Ich kann Ihnen, Herr Weidner, nur nochmals danken, für das, was Sie mir durch diesen Tag mitgegeben haben ... Es war ein großer Anstoß für Verbesserungen für meine Funktion als Führungskraft und Mensch.«
Irene Schneeberger, Operative Leitung, Klinik St. Irmingard, Prien, Juni 2010

»Der Vortrag war sehr gut ... Insgesamt war es zudem noch sehr kurzweilig und spannend vorgetragen. Vielen Dank für den informativen Vortrag.« *Birgit Stenschke, Vertrieb Codiplan GmbH, Mai 2010*

»Durch die Erfahrung von Herrn Weidner konnten die Prozesse optimiert.« *Gerald Schölzel, GF, Lufthansa Training & Conference Center Seeheim*

Auszeichnungen und Pressestimmen

Egon Steigenberger Preis

CHRISTINE WEINER

Themen

Das Pippilotta-Prinzip

Führungskraft sein heißt als Vorbild wirken

Führung durch Vertrauen

Training für Sekretariat und Assistenz

Veröffentlichungen

Kurzbiografie

Christine Weiner, geboren 1960 in Gießen, startete ihre Vielfältigkeit zuerst mit dem Beruf der Erzieherin und Heilpädagogin. Nach sieben Jahren im sozialen Bereich begann sie sich für die andere Seite der Medaille zu interessieren, machte das Fachabitur nach und studierte Betriebswirtschaftslehre (FH) mit Schwerpunkt und Diplom in »Personalentwicklung«. Danach kamen zwei Jahre als Assistentin der Geschäftsleitung in einer sehr renommierten internationalen Agentur. Was das genau war, erzählt sie gerne im Seminar oder bei einem Vortrag. Weiter ging es mit dem Volontariat bei einer Zeitung und ab 1993 als Redakteurin und Moderatorin im Hörfunk und Fernsehen. Im SWR-Fernsehen und bei ARD 1 Plus ist sie als Buchexpertin bekannt. Dank ihrer langjährigen Erfahrung als Redakteurin, Agentin und Autorin sind ihre Buchtipps fundiert und bei den Zuschauern sehr beliebt. Christine Weiner hat selbst mehrere Bücher veröffentlicht und begleitet Autoren bei Buchprojekten (populäres Sachbuch) und wird weiter als Buchexpertin in der Presse gebucht. Der Übergang von der redaktionellen Arbeit zurück in die direkte Arbeit mit Menschen war fließend. 2001 schloss sie den NLP-Practitioner ab, machte eine systemische Ausbildung zur lösungsorientierten Supervisorin, Coachin und Beraterin, ist seit 2005 Stressbewältigungstrainerin und hat gerade ihr M.A.- Studium »Management von Gesundheits- und Sozialeinrichtungen« beendet. Im Moment absolviert sie gerade wieder eine Ausbildung, um ihre systemische Beratung weiter zu vertiefen.

Christine Weiner ist Mitglied der Asgodom Training Group und wird auch von der Referenten-Agentur Bertelsmann vertreten.

Referenzen und Kundenstimmen

»Viel gelernt und viel gelacht!« *Cornelie Greger*

»Frau Weiner ist nicht nur das Pippilotta-Prinzip, sondern auch das Prinzip Herzensbildung.« *Diana Netty*

»Schon so oft gehört und immer wieder nehme ich etwas Neues mit. Toll!« *Annette Pfaffmann*

UWE WEINREICH

Themen

Vertrauen – Das Beste, was Kunden Ihnen geben können.

Breaking the Rules
Wer die Regel bricht, gewinnt. Innovation auf (un)gewöhnlichen Wegen.

Seien Sie anders und begeistern Sie Ihre Kunden
Charakter zeigen statt Unternehmensimage polieren.

Sie führen! Leadership bei Veränderungsprozessen.

Veröffentlichungen

Kurzbiografie

Als Wirtschaftspsychologe beobachtet Uwe Weinreich seit mehr als 20 Jahren das Geschehen in Unternehmen und findet ungewöhnliche Lösungen und pointierte Beschreibungen. Seine Themen sind Innovation, Kommunikation, Kunden-, Vertrauens- und Beschwerdemanagement. Wird er gefragt, was Psychologie mit Wirtschaft zu tun habe, lautet seine Antwort: »Was in der Wirtschaft hat denn nichts mit Psychologie zu tun?« Das erstaunte Schweigen des Gegenübers ist Antwort genug. Für Veranstaltungen, die eine lauwarme Wohlfühl-Rede brauchen, ist Uwe Weinreich nicht der Richtige. Suchen Sie jedoch Provokation und Überspitzung in einem humorvollen Vortrag, der nicht nur unterhalten, sondern die Teilnehmer motivieren und zur Diskussion anregen soll? Dann ist Herr Weinreich genau passend.

Seine Stärken:
- Klare Analysen
- Klare Worte
- Viel Humor
- Praxisnähe
- Und direkt umsetzbare Tipps

Seine Vorträge sind provokant, inspirierend und vor allem regen sie zum Denken und Handeln an. Uwe Weinreich spricht nicht akademisch, sondern erzählt aus seinen reichhaltigen Erfahrungen als Berater, Unternehmer und Innovator.

1961 in Bremen geboren, studierte er Psychologie, war anschließend als wissenschaftlicher Mitarbeiter und Projektleiter tätig und wechselte 1991 in die Selbstständigkeit als Management- und Organisationsberater. Seit 2010 gehört er zum Beraterteam der SNPC in Berlin. Auf seinem Berufsweg hat er das kreative und innovative Potenzial nicht nur anderen vermittelt, sondern lebt es auch selbst. Projekte von der Weltpremiere eines Managementtrainings unter Einsatz eines Orchesters der Weltspitze bis hin zu komplexen technischen Innovationen, wie zum Beispiel der Entwicklung von Mobile-Learning-Systemen, kennzeichnen seinen nicht nur psychologischen Weg.

Herr Weinreich ist inspirierender Redner auf Firmenveranstaltungen und internationalen Kongressen. Vortragssprachen sind Deutsch, Englisch und Italienisch.

Referenzen und Kundenstimmen

»Ich bin ganz begeistert. Es ist genau das Thema, das hier alle umtreibt« *Seminarteilnehmer der Deutschen Post World Net*

»Ein unkonventionelles Managementtraining.« *Rheinischer Merkur*

»Einem Menschen, der so viel über Kommunikation und das Thema ›Wie ticken die Menschen eigentlich?‹ weiß, einen netten Brief zu schreiben, ist eine echte Herausforderung.« *Deutscher Ring*

RENKER K. WEISS

Themen

Kunden gewinnen und nicht vertreiben
Basiswissen im Verkauf

Ihr Erfolg mit Kunden versteckt sich im Kühlschrank
Kundenbegeisterung neu!

Die Reklamation als Kundenbindungsmöglichkeit

Führungskräftetrainings auf »hoher See«
Was können Manager von Seemännern lernen?

Kurzbiografie

1965 in Kärnten/Österreich geboren, hat er Kow-how und Berufserfahrung in Österreich, Deutschland, Nahost, Skandinavien, Baltikum und CEE durch Tätigkeiten in Führungspositionen bei Unternehmen wie z. B. Polaroid, Ericsson und UTA (jetzt Tele2) erworben. Umfangreiche Ausbildungen sind neben der langjährigen Berufserfahrung Basis seiner Kompetenz. Gemeinsam mit seiner Frau Eva Moser-Weiss ist er als Berater, Trainer und Coach tätig. Die Beratungsschwerpunkte liegen bei prozessorientierten Themen wie der Begleitung von Veränderungsprozessen, Entscheidungsfindungen, Krisenmanagement, Strategieentwicklung sowie Mitarbeiter- und Teamentwicklung. Er trägt in Akademien, Seminaren und Lehrgängen mit vertriebs- und managementorientierten Schwerpunkten sowohl auf Deutsch als auch auf Englisch vor und leitet auch Führungskräftetrainings und Teamentwicklungen auf »hoher See«. Seit 2005 ist er Lehrgangsleiter des Key-Account-Management-Diplomlehrgangs in Wien. Renker K. Weiss hält Diplome als akademischer Unternehmensberater, systemischer Coach, Erwachsenenbildungstrainer, akkreditierter Wirtschaftstrainer, Outdoortrainer sowie die internationale Zertifizierung zum Certified Management Consultant. In seinen Trainings, Lehrgängen und Seminaren wird immer auf den Wissenstransfer geachtet, um Erkenntnisse aus Gehörtem und Übungen rasch in die Alltagssituationen der Teilnehmer zu integrieren. Spaß, Visualisierung, erlebnisorientiertes Lernen und unkonventionelle Ansätze sind wichtige Bestandteile. In alle Konzepte fließen Ergebnisse der modernen Lern- und Gehirnforschung ein, um ein erfolgreiches Lernen mit Freude zu gewährleisten. Seine ungewöhnlichen Visualisierungen tragen zusätzlich zur Steigerung von Motivation, Aufmerksamkeit und Lernbereitschaft positiv bei.

Referenzen und Kundenstimmen

Mitarbeiter und Führungskräfte von Unternehmen wie Austrian Standards/ÖNORM, Appelt, Berner, Bosch, Bose, Degudent, Elektro-lux, Energie OÖ, Esterházy Betriebe, EWE Küchen, Frequentis, Hutchison 3G Austria, Infoscreen, ISTA, IDS Scheer, Jobpilot/Monster.de, L'ORÉAL, Mobilkom Austria, Neudörfler Büromöbel, Novo Nordisk, Rauch, Schuller Eh'klar, Siemens AG, Sony, T-Systems, Telekom Austria, Thomas Cook/Neckermann und viele mehr

ULLI WELTER

Themen

Entschieden entscheiden!

HEUREKA – mit taktisch-operativer Kreativität zum Erfolg!

TEAMotional, von der Gruppe zum Team!

Veröffentlichungen

Deutsche Hochschule der Polizei (DHPol), 2008

Int. Zeitung für Sozialpsychologie und Gruppendynamik in Wirtschaft und Gesellschaft, Wien 2010
Entschieden entscheiden!

Kurzbiografie

Ulli Welter, Jahrgang 1959, blickt auf eine nahezu 20-jährige Karriere bei Spezialeinheiten der Polizei zurück. Anfang der 80er Jahre versah er Dienst in einem Spezialeinsatzkommando (SEK). Nach einem Studium an der Fachhochschule wurde er mehrere Jahre als Führer eines SEK-Kommandos eingesetzt und war in dieser Funktion für die erfolgreiche Bewältigung zahlreicher Einsätze verantwortlich.

Dem weiterführenden Studium an der Polizeiführungsakademie folgte eine erneute Verwendung bei den Spezialeinheiten und letztlich die Übertragung der Leitung einer gesamten Einheit.

Personalauswahl und -entwicklung, Teambuilding und Fortbildung zählen hier ebenso zu den Schwerpunkten der Aufgabe wie das Leiten größerer operativer Einsätze.

Dabei gehört die Befreiung von Geiseln oder Entführungsopfern ebenso zum Repertoire wie der Schutz gefährdeter Personen oder die Festnahme von Terroristen und besonders gewaltbereiten oder bewaffneten Verbrechern.

So verschieden die Einsätze auch immer waren, hatten sie doch eines gemeinsam: Es mussten immer Entscheidungen getroffen werden, meistens mit sehr schwerwiegenden Konsequenzen – manchmal über Leben und Tod!

Im Kontext zu seinen Vorlesungen an der Deutschen Hochschule der Polizei und in der Fortbildung von Führungskräften wurde immer deutlicher, dass das Thema hinter der Entscheidung, also das kausale Problem, im wahrsten Sinne des Wortes nicht entscheidend ist, sondern vielmehr der Prozess der Entscheidung an sich.

Ob beim operativen Einsatz von Spezialeinheiten oder bei wichtigen Entscheidungen in den Chefetagen von Unternehmen, es gibt viele Parallelen, wie zum Beispiel taktisch-operative Kreativität, Teambildung oder die wichtigen Faktoren, die eine Entscheidung bedingen und beeinflussen!

Der Vortrag mit dem Titel »Entschieden entscheiden!« setzt sich mit diesem Thema eingehend auseinander, spaltet den Prozess der Entscheidung in einzelne Faktoren auf und beleuchtet diese eingehend. Er verdeutlicht die wesentlichen Zusammenhänge und gibt dabei authentisch Denkanstöße aus der Praxis für die Praxis.

SUSANNE WENDEL

Kurzbiografie

Susanne Wendel, geboren 1972, ist Öcotrophologin und Food-Expertin aus Leidenschaft, die weiß, wovon sie spricht. Seit ihrem 14. Lebensjahr interessiert sie sich für Gesundheit, Ernährung & Fitness. Sie ist gefragte Referentin, Trainerin und Moderatorin, wenn es um Experten-Know-how im Bereich »Ernährung und Gesundheit« geht. Sie kennt jeden Mythos rund ums Essen. Ihr Spezialgebiet ist der Einfluss des Essens auf Fitness, Wohlbefinden und Ausstrahlung, weiterhin psychologische Aspekte des Essens. Für sie ist Gesundheit nicht schlechtes Gewissen, sondern Lebensmotto! In ihren Büchern vermittelt sie praktisches und verblüffendes Wissen auf unterhaltsame Weise. Susanne Wendel begeistert Mitarbeiter und Führungskräfte von Unternehmen ebenso wie Multiplikatoren in der Gesundheitsbranche mit ihren praxisnahen, unterhaltsamen und innovativen Vorträgen. Erfahren Sie alles, was Sie schon immer über gesunde und leistungssteigernde Ernährung wissen wollten.

Und Vorsicht: Sie werden in Zukunft bunt essen!!

Referenzen und Kundenstimmen

Susanne Wendel ist gefragte Expertin unter anderem bei ARD, ZDF, RTL, Pro7, BR3, WDR3, TV München und Focus Gesundheit, weiterhin bei diversen Printmedien

Kunden (Auszug): MSD Sharp & Dohme GmbH, Tetra Pak GmbH, E.on Bayern AG, Bayer AG Schweiz, Shell, DaimlerChrysler AG, Hypovereinsbank, Bayerische Landesapothekerkammer, DRK-Blutspendedienst, Leichter leben Vertriebsgesellschaft, Hepart AG

»Sehr praxisorientiert, lebendig und lustig. Hat richtig Spaß gemacht.«

»Komplexe Inhalte einfach erklärt und viele praktische Beispiele.«

»Sehr gute Referentin, stimmiges Konzept.«

»Die Begeisterung von Frau Wendel ist ansteckend.«

Auszeichnungen und Pressestimmen

Auszeichnung zum Qualitätsexperten 2009 durch das Qualitätsnetzwerk der Erfolgsgemeinschaft.com

Auszeichnung zum Top-Speaker durch die Qualitätsplattform Top-Speaker.eu, 2009

Themen

Mit Top-Essen zu Top-Leistung!
Das richtige Essen in allen Lebenslagen

Gesund ist sexy
Die besten Strategien für Gesundheit, Fitness & Ausstrahlung

Managerfood – richtig essen im Job
Auch bei Stress & Zeitdruck, in der Kantine und unterwegs gesund essen

Bier auf Wein, das lass sein ...
Die besten Mythen, Märchen & Fakten rund ums Essen

Veröffentlichungen

RUTH WENGER

Themen

Informations-Management
»Update fürs Gehirn« Zeitgewinn im Umgang mit Menge & Komplexität der tägl. anfallenden Information

Alpha Performance – weniger tun und mehr erreichen
Was das Gehirn alles leisten kann, wenn man es nutzt

Flow – der Schlüssen zu Ihrem Leistungspotenzial
Gehirnwissenschaftl. fundiertes Wissen und nutzbare Praktiken für erfolgsrelev. Schlüsselfähigkeiten

Alpha Skills für Kopfarbeiter – effizienter lesen, besser zuhören, ensptannter arbeiten
Praktische Skills für den Arbeitsalltag von Menschen, die viel Information zu verarbeiten haben.

Veröffentlichungen

Kurzbiografie

Ruth Wenger, 1956, ist Entwicklerin der alphaskills®, VR-Präsidentin der alphaSkills ag und Buchautorin. Seit 1992 ist sie mit ihrem eigenen Trainingsunternehmen als Trainerin und Private Coach für Führungskräfte in Europa und den USA tätig. Nach einer pädagogischen und wirtschaftlichen Ausbildung sowie 6 Jahren Studien und Assistenz im Bereich Gehirn- und Bewusstseinsforschung an verschiedenen Instituten in Europa und den USA führte sie 10 Jahre lang eine Seminar-Akademie in der Schweiz.

Aus der Schnittstelle Gehirn/Bewusstseinsforschung und Erfüllung unternehmerischer Anforderungen entwickelte sie höchst effiziente Skill-Trainings, welche seit 10 Jahren mit großem Erfolg geschult werden. Auf der Grundlage eines funktionalen, sekundenschnellen Zugangs zum Alpha-Zustand werden erfolgsrelevante Schlüsselfähigkeiten geschult im Bereich »Informations-Management« sowie »Ressourcen-Management«. Dieser höchst leistungsfähige Bewusstseinsmodus, in dem das Gehirn am aufnahme- und leistungsfähigsten ist, ist in der Gehirnforschung bekannt und gut dokumentiert als ein Zustand, in dem Höchstleistungen erbracht werden können, ohne dabei zu »verbrennen«.

Nebst ihrer Tätigkeit als Speaker im deutsch- und englischsprachigen Bereich schult sie heute alphaskills®-Top-Führungskräfte aus Politik und Wirtschaft vorwiegend im Private Coaching oder in Premium-Segmenten.

Referenzen und Kundenstimmen

»Ein wahrer Augenöffner, um die immer größer werdende Informationsflut – ob in gedruckter oder elektronischer Form – effizienter und stressfreier in den Griff zu bekommen.« *Herbert Reiss, Vice President, Hewlett-Packard, Böblingen/D, seit 09 Inhaber/Berater »Change Leader«*

»Das Informations-Management-Training bei Ruth Wenger war ein Aha-Erlebnis. Ich brauche heute nur noch die Hälfte der Zeit, um meine Aktenberge zu bearbeiten, und bin erst noch viel entspannter dabei. Als Coach hat mich ihre kompetente und humorvolle Art total überzeugt.« *Anita Fetz, Ständerätin und Unternehmerin, Basel/CH (Private Coaching)*

»›alphaskills®‹ ist das einzige gesamtheitliche Konzept, das Nachhaltigkeit und Effektivität in einem Ansatz vereint. Die optimale Nutzung vorhandener Ressourcen führt zu einer Leistungssteigerung, ohne sich selbst auszubeuten.« *Rolf Schumann, Head European Business Development »better place« (Private Coaching)*

Auszeichnungen und Pressestimmen

ZfU Trainings-Award 2007 und ZfU Associate-Faculty

»›Da hilft nur eines: schneller lesen?‹ Nein, denn das ist nur mehr vom Gleichen. Es braucht einen neuen Umgang mit der Information – und vor allem einen anderen Zugang zum Gehirn.« *Schweizerische Handelszeitung*

DR. MED. PETRA WENZEL

Kurzbiografie

Dr. med. Petra Wenzel, 1959 in Hannover geboren, arbeitete nach dem Studium der Humanmedizin als Ärztin zunächst in der Industrie und später sowohl im Krankenhaus als auch in der Praxis.

Den Fokus ihrer Tätigkeit richtete sie zunehmend auf die Vorbeugung von Erkrankungen und Hilfe zur Selbsthilfe.

Dr. Petra Wenzel ist Ärztin und geprüfte Präventologin. Sie arbeitet in einer Klinik für Psychosomatik. Darüber hinaus berät sie Selbstständige, Manager und Führungskräfte mit den Schwerpunkten Gesundheit und Persönlichkeitsentwicklung.

Sie ist gefragte Referentin und leitet motivierende Seminare. Als freie Journalistin ist sie erfolgreiche Autorin von Bestsellern zur gesundheitlichen Aufklärung (weit über 580.000 verkaufte Bücher).

Referenzen und Kundenstimmen

»Geschickt und mit Charme haben Sie wissenschaftlich fundierte Details vermittelt. Mit viel Witz und Begeisterung gewinnen Sie Ihr Publikum.«

»Die hohen Erwartungen, die viele von uns an die Veranstaltung hatten, wurden bei Weitem übertroffen!«

»Humorvoll und spannend!«

»Der Vortrag war super! Haben alle Teilnehmer zurückgemeldet und das war ja auch am Applaus abzulesen!«

»Bei allem wissenschaftlichen Hintergrund für Laien sehr gut verständlich. Sie packen viel rein, überfordern aber nicht und würzen immer wieder mit Anekdoten, tollen Cartoons und spaßiger Verpackung (auch für ernsten Inhalt). Danke!«

Themen

Schlau gelaunt!
Anleitung für den gesunden Menschenverstand für eine gesunde Lebensführung

Die Vitalstoff-Entscheidung
Gesund und fit durch natürliche Nahrungsergänzung

Per Du mit dem inneren Schweinehund
Wie Sie aus »perdu« ein »per Du« machen und Ihre Ziele erreichen

Olympisches Feuer statt Burn-out
Drohende Verausgabung rechtzeitig erkennen und verhindern

Veröffentlichungen

ANDREAS WENZLAU

Themen

KundenProfiling
Neue Kunden gewinnen mit der Profiling-Methode

Zeitmanagement
Mehr Zeit für wirklich wichtige Aufgaben

Stressintervention für Führungskräfte

Veränderungen finden statt!
Unternehmen im Wandel

Veröffentlichungen

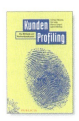 

Kurzbiografie

Ausgehend von einer Managementausbildung im Handel war Andreas Wenzlau mehrere Jahre in verschiedenen Führungspositionen als Vertriebsleiter und Geschäftsführer für Wirtschaftsförderung, Beratung und Training auf den Gebieten Vertrieb, Betriebswirtschaft und Informationstechnik verantwortlich.

Seit über 16 Jahren ist er freiberuflicher Trainer, Berater und Coach sowie Inhaber und Geschäftsführer der Unternehmensberatung aw management consulting in Emmendingen. Er ist Initiator und Lizenzgeber der Methode KundenProfiling und entwickelte das System zusammen mit einem Spezialistenteam, u. a. aus den Bereichen Psychologie, Pädagogik und Wirtschaft, konsequent weiter.

Andreas Wenzlau ist spezialisiert auf Führung und Kommunikation in Unternehmen. Zu seinen Auftraggebern zählen Wirtschaftsverbände, Konzerne und mittelständische Unternehmen. Außerdem ist er als Lehrbeauftragter für Management an der Hochschule Offenburg tätig.

Er ist Autor von »KundenProfiling – Die Methode zur Neukundenakquise« und »Moderne Parabeln – Geschichten für Coachs und Manager«.

Auszeichnungen und Pressestimmen

»Andreas Wenzlau ist spezialisiert auf Veränderungsprozesse in Unternehmen.«

»Mit der innovativen Methode KundenProfiling ist Andreas Wenzlau Spezialist für Neukundengewinnung.« *F.A.Z. Institut*

ANDREAS WERNER

Themen

Personalentwicklung

Management-Audit und Potenzialanalysen

Arbeitszeugnisse

Eignungsdiagnostische Verfahren

Veröffentlichungen

Artikel: »Firmenspezifische Weiterbildung – Auslöser und Begleiter gewollter Entwicklung«.
In: Brauner, D. Raff, R. (Hrsg.): Berufsziel Unternehmensberater, 2. Auflage, Sternenfels 2003

Artikel: »Entwicklungshilfe – Personalentwicklung im Autohaus«,
Autohaus München 9/2004

Kurzbiografie

Andreas Werner, 1961 geboren, führt die Geschäfte der renommierten Horst Rückle Team GmbH (hr TEAM). Das 1970 gegründete Trainings- und Beratungsunternehmen aus Böblingen ist einer der führenden deutschen Anbieter im Bereich der Personal- und Organisationsentwicklung.

Der studierte Diplom-Ökonom Andreas Werner war viele Jahre als Executive Search in zwei internationalen Beratungsgesellschaften tätig, bevor er Geschäftsbereichsleiter und Geschäftsführer in einem deutschen Finanzdienstleistungskonzern wurde und schließlich die Geschäftsführung im hr TEAM übernahm.

In seinen Vorträgen im Bereich des Personalmanagements versteht er es, die Zuhörer für neue Ideen zu öffnen, zur eigenen Weiterentwicklung zu bewegen und ins Handeln zu bringen. Ihm gelingt es, pointierte Aha-Effekte zu setzen und entlang trefflicher Beispiele auch komplexe Zusammenhänge in humorvoller Weise deutlich zu machen.

Referenzen und Kundenstimmen

AOK Baden-Württemberg (Stuttgart)

BT Germany (München)

Heidelberg Cement AG (Heidelberg)

Metro AG (Düsseldorf)

real-SB-Warenhaus GmbH (Mönchengladbach)

»Vielen Dank für Ihren hervorragenden Vortrag, mit dem Sie unsere Führungskräfte mit den neusten Trends und Möglichkeiten der Personalentwicklung vertraut gemacht haben. Selten haben wir in so kurzer Zeit derart viele Impulse erhalten. Für Ihre Sachkenntnis und nicht zuletzt Ihren Humor sind wir sehr dankbar.«

»In seinen didaktisch gut aufbereiteten Vorträgen versteht es Andreas Werner, die Zuhörer zu fesseln und komplizierte Sachverhalte anschaulich zu vermitteln.«

PROF. DR. THOMAS WESSINGHAGE

Themen

Bewegung ist Leben

Motivation in Sport und Beruf

Leben, Stress, Gesundheit

Gesellschaft des längeren Lebens

Veröffentlichungen

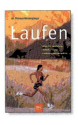 

Kurzbiografie

Weltruhm erlangte Prof. Dr. Wessinghage als Ausnahmeathlet durch seine internationalen sportlichen Erfolge über verschiedene Lauf-Distanzen: u. a. wurde er 1982 Europameister über 5.000 Meter in Athen.

Prof. Dr. Wessinghage ist Facharzt für Orthopädie, Physikalische und Rehabilitative Medizin/Sportmedizin. Seit Anfang 2008 ist Prof. Dr. Wessinghage Ärztlicher Direktor der drei Rehakliniken der Medical Park Gruppe im Tegernseer Tal. Er ist erfolgreicher Autor diverser Bücher zu den Themen Gesundheit, Bewegung, Laufen und wurde im Sommer 2008 zum Co-Dekan der Deutschen Hochschule für Prävention und Gesundheitsmanagement berufen.

Vortragssprachen: Deutsch, Englisch

Referenzen und Kundenstimmen

- Dozent an der Deutschen Hochschule für Prävention und Gesundheitsmanagement
- Ständiger Experte für die Fachzeitschriften Runners World, Fit For Fun und Fit For Life u. v. m.
- Kooperationspartner aller Krankenkassen – Seminarleiter Medical Consultants – Seminarleiter Wörwag Pharma – Referent Handel, Banken, Kliniken, Kongresse – Buchautor – Ärztlicher Leiter/Trainer der Aktion »Von null auf 42«

PROF. DR. EWALD WESSLING

Themen

Revolution 2.0 – wie Computer und Internet uns verändern
Erkennen Sie die Megatrends! Nutzen Sie den digitalen Wandel!

Keine Panik! Wie Sie Chancen im digitalen Wandel nutzen
Lernen Sie von Google & Co.! Profitieren Sie vom Internet

Customer 2.0 – wie das Internet Ihre Kunden verändert
Revolutionieren Sie Ihr Marketing! Gewinnen Sie neue Kunden

Alle Vorträge auch auf Englisch.

Veröffentlichungen

Kurzbiografie

Ewald Wessling ist der Experte für den digitalen Wandel. In seinen Vorträgen vermittelt er kompetent, eingängig und unterhaltsam Expertenwissen auf Augenhöhe.

Als Konzernmanager und Geschäftsführer eines mittelständischen Verlages verantwortete er für Europas größten Zeitschriftenverlag, Gruner + Jahr, den ersten profitablen Online-Auftritt. Heute hilft er Unternehmen, ihre Stärken in die neuen digitalen Märkte zu übertragen, und coacht Inhaber, Vorstände und Geschäftsführer.

Ewald Wessling studierte Volkswirtschaft, Publizistik und Philosophie in Münster, Harvard und Stanford und promovierte über »Information und Wissen«. Er lehrt als Professor für Kommunikation im digitalen Wandel an der SRH Hochschule in Berlin und hält Lehraufträge an Hochschulen in Hamburg. Dort pflegt er den Kontakt zu den »Digital Natives«, die heute mit der Maus in der Hand aufwachsen. Er ist verheiratet und hat vier Kinder.

Referenzen und Kundenstimmen

»Ihr Beitrag war spitze! Kundenfeedback ist perfekt!« *Dr.-Ing. Peter Conrady, Geschäftsführer, J. Metzler GmbH (MAN Roland Gruppe)*

»Der Tenor der Teilnehmer war: ausgezeichnet, noch nie einen so guten Vortrag über digitalen Wandel gehört.« *Wolfgang Haas, Geschäftsführer, Südwestdeutscher Zeitschriftenverleger-Verband*

»Ihr Nachmittag war der Höhepunkt unserer Veranstaltung!« *Bernd Friedrich, Vorsitzender EMVD / Geschäftsführer Evangelische Gemeindepresse*

»Many thanks for your presentation, which has proved an eye opener for our staff.« *Eric Blok, Managing Director, G + J / RBA Publishing B.V.*

»Selten habe ich eine so hellsichtige Analyse der komplexen Zusammenhänge der Digitalisierung erlebt.« *Peter Boudgoust, Intendant des SWR und Vorsitzender der ARD*

Auszeichnungen und Pressestimmen

Speakers Excellence TOP 100 Member 2008 und 2009

»Ewald Wessling machte nicht nur mit der Geschichte und dem Aufbau des Internets und mit Anwendungen vertraut, er analysierte auch Stolperfallen. Das Internet funktioniert ganz anders als der Rest der Welt. Das machte er seinen Zuhörern klar.« *Hannoversche Allgemeine Zeitung*

»Dr. Wessling verstand es, auch auf sehr humorvolle Weise mit Vorurteilen aufzuräumen.« *ngz-online.de*

»Glanzlicht der Tagung war der mit anhaltendem Beifall bedachte Vortrag, der inhaltlich wie rhetorisch überzeugte. 100 Minuten frei vorgetragen und keine Sekunde langweilig.« *SZV-Rundbrief*

THOMAS WESTERHAUSEN

Themen

Stimme – Instrument des Erfolgs

Body Power
Erfolgsfaktor Körpersprache

Emotional kommunizieren
Das Geheimnis von Charisma

Die Kunst der erfolgreichen Unternehmenskommunikation

Veröffentlichungen

Kurzbiografie

Thomas Westerhausen hat nach dem Wirtschaftsabitur seine Ausbildungen als Musiker und Schauspieler in Deutschland und den USA absolviert und war einige Jahre international für Rundfunk, TV, CDProduktionen und Tourneen tätig. Während dieser Zeit trieb ihn seine Neugier zu immer weiteren Fort- und Ausbildungen speziell auf den Gebieten Psychologie und Kommunikation. Heute arbeitet er als Fachmann in diesen Bereichen für diverse TV-Sendungen/-Sender (u. a. Taff Magazin, Pro7, SAT1, WDR, VOX, 3SAT). Mit den Jahren erwarb er sich unterschiedlichste Kompetenzen und ist heute Lehrtrainer und Lehrcoach für verschiedene Institutionen (u. a. ECA, DVNLP, Q-Pool 100) und Methoden (u. a. Stimme, Körpersprache, NLP, Harvard Business Modell, systemisches Coachen, Werte-Management). Er ist Inhaber des Zertifikats für Psychotherapie (HPG).

Er ist Mitinhaber des Trainingsinstitutes POWER RESEARCH SEMINARE, für das er im In- und Ausland (Österreich, Schweiz, USA, Spanien, Italien, Dubai) in Vorträgen, offenen Seminaren und Inhouse-Trainings und -Coachings sein Wissen zum Besten gibt.

Von Industrieunternehmen über Medizineinrichtungen bis hin zur Politik spannt sich seine Klientel. Er ist zusammen mit Katja Dyckhoff Autor des bestverkauften deutschsprachigen Stimmbuches: »Stimme – Instrument des Erfolgs« (inkl. CD). Dieses Buch wurde vom »Hamburger Abendblatt« zu einem der 10 besten Trainingsbücher gewählt. Weitere Veröffentlichungen: unter anderem das Körpersprachebuch: »Body Power: Erfolgsfaktor Körpersprache« (inkl. DVD). Viele der von ihm neu entwickelten Methoden werden mittlerweile an unterschiedlichen Institutionen und Hochschulen gelehrt. Heute noch findet Thomas Westerhausen neben den umfangreichen Vortrags- und Trainingsaktivitäten Zeit, um Hörbücher zu sprechen oder diese sogar im eigenen Tonstudio zu produzieren. Durch die künstlerisch geprägten Wurzeln in Musik und Schauspiel liebt Thomas Westerhausen die Vortragsform des Infotainment, es soll auch gelacht werden.

Fachwissen, Engagement und Emotionalität sind dabei die Stützpfeiler der informativen und unterhaltsamen Vorträge.

Referenzen und Kundenstimmen

»Thomas Westerhausen ist ein genialer Redner! Habe viel gelernt und gelacht! Toller Vortrag!« *U. Thomsen, Geschäftsführer Propan Rheingas GmbH & Co. KG*

Auszeichnungen und Pressestimmen

»Stimme: Instrument des Erfolgs« *vom Hamburger Abendblatt unter die zehn besten Bücher des Jahres gewählt*

»Probieren Sie die Trainingsmethoden von Dyckhoff und Westerhausen aus; Sie werden überrascht sein, wie viel Potenzial noch in Ihrer Stimme steckt. Jeder, der viel sprechen und überzeugen muss, wird davon profitieren.« *Hamburger Abendblatt*

URLICH WICKERT

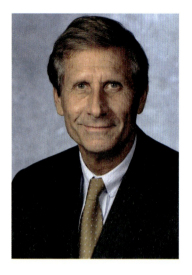

Themen

Zeit zu handeln. Den Werten einen Wert geben.

Gewinnen um jeden Preis – Ethik in Beruf und Wirtschaft

Werte im Wandel

Auf dem Weg zur Informationsgesellschaft

Veröffentlichungen

Kurzbiografie

Ulrich Wickert, Jahrgang 1942, wurde in Tokio geboren, wo sein Vater für die Deutsche Botschaft arbeitete. Seine Kindheit verbrachte er in Heidelberg und Paris, später studierte er in Bonn Politikwissenschaft und Jura und verbrachte als Fulbright-Stipendiat ein Jahr in den USA. Nach seinem ersten juristischen Staatsexamen ging er 1968 als freier Hörfunkautor zum WDR.

Ab 1969 arbeitete Ulrich Wickert als Redakteur für die Sendung »Monitor«. Nachdem ihn der WDR mehrfach als Korrespondent zu den Präsidentschaftswahlen nach Frankreich geschickt hatte, wechselte er 1978 nach einem kurzen Intermezzo als USA-Korrespondent in das Frankreich-Studio der ARD. 1981 ging er noch einmal in die USA und leitete dort das ARD-Studio in New York, bevor er 1984 als Leiter des Pariser Studios an die Seine zurückkehrte. Zu seinen bekanntesten Reportagen aus Frankreich zählt ein Film über den waghalsigen Versuch, zu Fuß die vielbefahrene Place de la Concorde zu überqueren.

Auf besonderen Wunsch seines Vorgängers Hanns Joachim Friedrichs wurde Ulrich Wickert Anfang Juli 1991 erster Moderator der ARD-Nachrichtensendung »tagesthemen«. Nach seinem Abschied von den »tagesthemen« im August 2006 moderierte er die ARD-Literatur-Sendung »Wickerts Bücher«.

Ulrich Wickert ist Honorarprofessor an der Hochschule Magdeburg-Stendal. Wegen seiner Verdienste um die deutsch-französischen Beziehungen wurde er 2005 zum Offizier der Ehrenlegion ernannt.
Er setzt sich intensiv mit dem sozialen Wandel und dem Werteverlust in der heutigen Gesellschaft auseinander. Seine Vorträge und Veröffentlichungen beschäftigen sich mit den Auswirkungen und Folgen des Verlustes ethischer und moralischer Tugenden. Neben diesem sozialen Engagement ist Ulrich Wickert bekennender Frankreichliebhaber und gilt als Experte für die gesellschaftlichen wie politischen Strukturen des Landes.

LORENZ WIED

Themen

Differenzierung oder Aus!

Preiskampf ist Wertvernichtung!

Positionierung – die wichtigste Businessstrategie der Welt

Gründerfallen – so kommen Sie an die Startlinie und ans Ziel.

Veröffentlichungen

Kurzbiografie

Lorenz Wied, 1961 in Linz geboren, studierte industrielle Fertigung. Mit 21 Jahren Aufbau eines vollstufigen Tochterunternehmens in den USA. BWL-Studium, Schwerpunkt Marketing, Unternehmensführung. 10 Jahre in internationalem Bekleidungskonzern. 2001 MBA-Abschluss – Webster University. Seit 1997 Beratung – Experte für Strategie, Positionierung, Differenzierung. Trainer, Universitätslektor, Autor, Adjunct Strategic Marketing Professor an der Webster University, Vortragender in Executive-MBA-Programmen an der Donauuniversität Krems, Universität Bremen, Freie Universität Bozen, Fachhochschulen, Privatuniversität PEF, häufiger Vortragender.

Lorenz Wied ist Gründungspräsident der Austrian Marketing Confederation, Beirat im Marketingclub Linz und Präsident des MBA-Club Linz. Mitglied der AMCHAM.

Lorenz Wied berät Unternehmen bei der Entwicklung und Umsetzung differenzierender Positionierungs-Strategien. Er ist Partner von Trout & Partners, dem weltweit führenden Spezialisten für strategische Positionierung.

Referenzen und Kundenstimmen

Accor, Bayer Schering AG, Caritas, Doka, Fischer Ski, Intercontinental Hotels, Kaba, Lenzing AG, Miba AG, Polyclip, Raiffeisen, Skidata, Thalia, Trodat, Trotec, Unsen, Viviatis AG, Zorlu.

»Die Differenzierungsphilosophie ist wie ein genetischer Erfolgscode, der sich durch die Marketing-, Innovations- und Produktorganisation zieht. Die Logik ist ansteckend, weil sie auch zwingt, Vereinfachungen auf allen Ebenen vorzunehmen. Das ›magic Ingredient‹ des modernen Marketings.« *Dr. Dieter Eichinger, Vice President Lenzing AG, Business Unit Textiles*

»Sie sind überhaupt bei den besten Lehrenden des gesamten Studienganges.« *MM-Mag. Dr. jur. Axel Kassegger, Campus 02.*

Auszeichnungen und Pressestimmen

»Gute Ideen sind einfach und plausibel. Diese Erkenntnis vermittelt Lorenz Wied eindrucksvoll jedem, der Gefahr läuft, sich in der Komplexität des Marketings zu verstricken. Ich kenne keinen vergleichbaren Autor in der Business-Literatur.« *B. Samland, Vorstand, Endmark GmbH*

GERHARD WIESBAUER

Themen

12 Stufen zum Verkaufsprofi:
Exzellente Kommunikation entlang des Verkaufszyklus, von Eiskalt-Akquise bis Abschluss

Kommunikations-Profiler:
Lernen Sie Kommunikations-Profile zu erstellen. Vermeiden Sie Fehlinformationen, gewinnen Sie Treffsicherheit

Keine Geheimnisse mehr in Verhandlungsführung:
Wie Ihre GesprächspartnerInnen ticken, entscheiden, was sie motiviert

Echtzeit-Training: Die 3 Gesetze der Gewinner – Motivation die wirkt.

Kurzbiografie

Reihe 1 – wir bringen Sie nach vorne! Dieser Firmenslogan wird auch gelebt. Wir haben die Ressourcen, Sie dort abzuholen, wo Sie sind, und dort hinzubringen, wo Sie sein möchten!

Sie profitieren von meiner 20-jährigen Erfahrung in Verkauf und Vertriebsmanagement, national und international. Sie profitieren von über 5 Jahren Management-Consulting-Know-how bei den Big Five. Sie profitieren von meinem Engagement und den neuesten Erkenntnissen aus Praxis und Lehre durch mehrere Lektorate an diversen Fachhochschulen. Seit mehr als 7 Jahren betreibe ich erfolgreich Reihe 1, begleitet von einem exzellenten TrainerInnen- und CoachInnen-Team.

Reihe 1 ist die Nummer 1 in Echtzeit-Trainings unter Echtbedingungen. Das heißt, wir arbeiten vor Ort, unter natürlichen Rahmenbedingungen und keiner nachgestellten Laborsituation. Wir vereinbaren gemeinsam Ziele (z. B. 20 % Zusatzverkauf oder 50 % weniger Mitarbeiterfluktuation …). Die TeilnehmerInnen erhalten rasch ein- und umsetzbare Kommunikationswerkzeuge. Wir begleiten Sie bis zur Zielerreichung: Wir begeistern, befähigen, bewegen, begleiten – denn nichts motiviert mehr als Erfolg, denn »nur das was du gern machst, wirst du auch gut machen!« Messbare Erfolge schon während des Trainings, das ist höchste Motivation später im Job! Die Lernkurve bleibt hoch, unterstützt mit Coaching, Blended Learning und Mobile Learning via Handy.

Referenzen und Kundenstimmen

»Durch Coaching von Reihe 1 ist es mir nachhaltig gelungen, meine Einstellung zu ändern, meine Stärken und Chancen zu definieren. Das war die Basis für heutigen Erfolg.« *Petra Indrak, Personalberatung CONSENT*

»Ich bin viel unterwegs. Zeitintensive Seminare würden mich zusätzlich belasten. Reihe 1 ist anders, zeitsparend und nutzenorientiert, genau das, was Praktiker brauchen.« *Alexander Kamhuber, KAM Henkel Central Eastern Europe*

Auszeichnungen und Pressestimmen

»www.mit-trainings-aus-der-krise« *Magazin Training*

»Evaluierungsberatung, bevor Sie Trainings einkaufen« *Training*

»Anforderungen an PersonalistInnen und PersonalentwicklerInnen mit Reihe 1 meistern« *Magazin Training*

»Sinnbild für Wissen und Freiheit« *Wirtschaftsblatt*

»Bildung die Spaß macht« *Kurier*

»Der ROI passt – Trainings mit hohem Return on Investment« *DerStandard*

»Trainer des Monats März 2007« *Magazin Training*

TORSTEN WILL

Themen

Business-Kommunikation
Informieren, Überzeugen, Motivieren!

Macht der »Verführung«
Wie Sie wirklich bekommen, was Sie wollen!

100 Kunden in 100 Tagen
Kunden gewinnen, binden, empfohlen werden!

Frust in Lust
Wie Sie Frustration in Faszination verwandeln!

Veröffentlichungen

Kurzbiografie

Torsten Will startet bereits im Alter von 18 Jahren als Unternehmer. In weniger als drei Jahren gelingt es ihm, neben Abitur und Zivildienst in 19 Ländern ein Unternehmensnetzwerk mit Millionenumsätzen zu realisieren. Die Inhalte seiner Vorträge und Beratungen sind daher aus der Praxis und für jeden Teilnehmer sofort erfolgreich anwendbar.

Seit 1994 unterstützt Torsten Will als Trainer, Coach, Berater und Keynote-Speaker internationale Konzerne, Organisationen und zahlreiche Einzelpersonen, darunter Persönlichkeiten aus TV, Sport und Politik.

In nur zehn Jahren nehmen über 250.000 Teilnehmer in 19 Ländern an Veranstaltungen mit Torsten Will teil. In 2010 haben über 45.000 Zuhörer den Podcast von Torsten Will für ihren persönlichen Erfolg genutzt.

Torsten Will versetzt seine Teilnehmer in einen dauerhaften Spitzenzustand und versorgt Unternehmen und Einzelpersonen mit Ideen und Inspiration für anhaltende Motivation, effektive Kommunikation und mehr Erfolg.

Referenzen und Kundenstimmen

Unter anderem ArabellaSheraton, Eismann, Engelhard Arzneimittel, L'ORÉAL, Neways, Numondu, GFI IHK uvm.

»Die Begeisterung lässt uns nicht mehr los.« *Eismann Tiefkühlheimservice*

»Die Kapazität im Bereich der Persönlichkeitsentwicklung!« *L'ORÉAL*

»Eine ideale Möglichkeit, wieder Energie zu tanken und mit neuen Kenntnissen über die eigene Persönlichkeit in Zukunft noch erfolgreicher durchzustarten!« *ArabellaSheraton Hotels*

Auszeichnungen und Pressestimmen

Mit Überschriften wie u. a. »Der Mehr-Wert-Vermittler« (Top Magazin) und »Der Fitnesstrainer für den Geist« (Magazin Gesundheit) berichten verschiedene Medien über den engagierten Speaker, Trainer und Coach.

Das Wirtschaftsmagazin »DM Euro« empfiehlt Torsten Will als einen der drei besten Smartcoachs Deutschlands.

»Der persönliche Auftritt zählt; keiner weiß es besser.« *Westfälische Rundschau*

»Top-Trainer Smart-Coaching.« *DM Euro*

»Unternehmen in ganz Europa profitieren.« *Rheinische Post*

»Erfolg ist machbar.« *Top Magazin*

RAINER WILLMANNS

Themen

Frösche, die miauen, fallen auf!
Oder quakt Ihr Vertrieb noch?

Entwickeln Sie Ihr Spitzenimage
Mehr als »Spieglein, Spieglein an der Wand ...«

CRM – Geldverbrennung oder Effizienzsteigerung?
So gelingen CRM-Einführungen.

Tiefenpsychologische Traumbegleitung
Der etwas andere Ansatz zur Mitarbeitermotivation

Veröffentlichungen

Kurzbiografie

Rainer Willmanns, geboren 1959, verheiratet, Vater von 3 erwachsenen Kindern. Als Unternehmensberater und Trainer betreut er seit 1985 über 4.500 Firmenkunden in Deutschland, Österreich und der Schweiz im Bereich vertriebsfokussiertes Kunden-Kontakt-Management und der strukturierten Einführung von Kundendatenbanken (CRM).

Grundlage seiner Kompetenz sind die Qualifikationen als:
- Dipl.-Pädagoge (RP)
- EDV-Datenbankorganisator (IBM)
- EDV-Fachmann (Wirtschaft)
- Betriebswirt (IHK)

Mit seinem Slogan: »Frösche, die miauen, fallen auf – oder quakt Ihr Vertrieb noch?« fasst der Strategie- und Vertriebsprofi Willmanns den Anspruch seines kundenzentrierten Ansatzes zusammen.

Als Vorstandsvorsitzender leitet Rainer Willmanns seit nunmehr 10 Jahren den Deutschen Managerverband e. V.

Er ist Autor der Bücher: Praxishandbuch Öffentlichkeitsarbeit; Trainingshandbuch »Zusammenhänge« zu cobra Adress PLUS 11; Trainingshandbuch »Quintessenz« zu cobra Adress PLUS 12, WERteleitfaden für Führungskräfte; Paradoxa und Praxis im Innovationsmanagement.

Referenzen und Kundenstimmen

»Es macht irrsinnig viel Spaß, das Gelernte aus Ihrem Vortrag anzuwenden. 1.000 Dank!« *Ludwig Schott*

»Ihr Vortrag hat tiefe Eindrücke hinterlassen und hierfür möchte ich mich von Herzen bei Ihnen bedanken.« *Volker Breisch*

»Sie sind nicht nur mit Abstand einer der besten Kommunikationstrainer, sondern auch ein bemerkenswerter Vortragsrhetoriker. Noch nie habe ich Vertrieb so tiefgehend verstanden wie nach Ihrem Vortrag!« *Claudia Küppers*

»Ganz herzlichen Dank für das gelungene Seminar für unsere Salespartner. Sehr beeindruckend ... Sie haben das Gesamtthema so übersichtlich und ... grandios zusammengefasst. Ich meine, Sie könnten hierzu auch ein Buch schreiben ...« *Jürgen Litz*

Auszeichnungen und Pressestimmen

Rainer Willmanns ist bekannt aus Funk und Fernsehen. Seine Artikel erscheinen regelmäßig in den verschiedensten Medien. Er ist Herausgeber des »ManagerReports« für den Deutschen Managerverband seit 2001 und des »Lernen & Wissen Reports« seit 1997.

MARGIT WINKLER

Themen

Tipps für mehr Umsatz

So werden Sie Vertriebsprofi

Speziell für Banken: Zielgruppe 50 plus

Kurzbiografie

Margit Winkler, 1963 in Hessen geboren, arbeitet seit Jahren als erfolgreiche Beraterin, Trainer und Coach im Verkauf. Um die Erfolgsfaktoren für das Verkaufsgespräch und den Vertrieb eines Unternehmens noch genauer zu bestimmen, absolvierte sie im Laufe der Zeit verschiedene Zusatzausbildungen. Damit gelingt es, Strukturen in Unternehmen aufzubrechen und selbst gestandenen Beratern neue Impulse zu geben. Seit Jahren im Verkaufstraining tätig, hat sie sich auf heterogene Gruppen spezialisiert. Der Vorteil liegt auf der Hand: Ganze Vertriebsmannschaften werden zu neuen Verhaltensweisen angeleitet, das Team entwickelt sich, und der wichtigste Effekt: Die Gruppe ist hoch motiviert, das Neue gemeinsam in die Praxis umzusetzen. Impulse setzt sie bereits durch motivierende Vorträge zu ihrem Thema Vertrieb. Mit »Tipps für mehr Umsatz« und »So werden Sie Vertriebsprofi« erreicht sie die Herzen der Zuhörer. Sie ermutigt zu neuen Verhaltensweisen und zeigt mit Praxisbeispielen, auf was es ankommt. Speziell für Banken zeigt sie mit ihrem Vortrag »Zielgruppe 50 plus«, was Voraussetzungen und Erfolgsfaktoren für die nachhaltige Umsetzung einer Marktbearbeitung sind.

Margit Winkler ist gelernte Bank- und Marketingfachfrau. Sie arbeitet seit Jahren im Vertrieb als Beraterin, Trainer und Coach. Als geprüfte Vertriebstrainerin, NLP-Master und systemischer Coach verfügt sie über mannigfache Möglichkeiten für die Kundenbeziehung. Zu ihren Kunden gehören Banken und der Mittelstand. Ab 2009 bildet sie zum zertifizierten Vertriebsprofi (IHK) aus.

Margit Winkler ist Mitglied beim BankingClub und bei Gabal e. V. Netzwerk Lernen.

Referenzen und Kundenstimmen

»Der Vortrag während der Versammlung wurde von den Teilnehmern sehr positiv bewertet, die Inhalte als praxisnah, umsetzbar und wichtig für die Betriebe.« *Geschäftsführer der Kreishandwerkerschaft Odenwaldkreis und der angeschlossenen Innungen, Herr Löb*

»Ein kurzweiliger Vortrag, der zur Umsetzung motiviert. Weitere Themenvorträge sind für die Innung geplant.« *Innungsmeister der Bäcker, Herr Ludwig Schmitt*

DR. MED. ALEX WITASEK

Themen

Gesundheit für Leistungssteigerung und Wohlbefinden
Wege zu mehr Leistung, Begeisterung und Wohlbefinden

Fit for the Job
Energievoll und leichter arbeiten, mit richtiger Ernährung ungeahnte Kräfte entwickeln, better aging

Der Neue Reichtum
Bewusstsein für ein gesundes Leben

Hotel Consulting
Wohlfühlmedizin in Urlaubsatmosphäre

Veröffentlichungen

Kurzbiografie

Dr. med. Alex Witasek wurde am 29.01.1955 in Salzburg geboren. Neben der Schule studierte er zehn Jahre lang Violoncello am Mozarteum. Nach dem Medizinstudium und einem Jahr als Leiter des UNO-Medical Centers in Syrien spezialisierte er sich neben Orthopädie und Allgemeinmedizin auf die Gesundheitsvorsorge. Er wurde Arzt für F.X. Mayr Medizin und manuelle Medizin. Nach zwei Jahren im Gesundheitszentrum Golfhotel am Wörthersee wechselte er in den renommierten Lanserhof bei Innsbruck, den er 14 Jahre lang ärztlich leitete. Dort leitete er auch das Institut für Regenerationsforschung und war Initiator und Autor mehrerer Studien. Als Präsident der Internationalen Gesellschaft der Mayr Ärzte ist er auch Lehrbeauftragter für Moderne Mayr Medizin. Seit 2006 ist er ärztlicher Direktor im artepuri Hotel »meerSinn« im Ostseebad Binz auf Rügen. Als kreativer und erfahrener Experte für Vorsorge- und Regenerationsmedizin in Urlaubsatmosphäre berät er Gesundheitshotels, die ihren Gästen mehr bieten wollen als Wellness. Hiermit möchte er den Menschen ein neues Bewusstsein für ein gesundes Leben vermitteln.

Lust auf Gesundheit, Eigenverantwortung für einen gesunden Lebensstil und die Vermittlung einer Leichtigkeit des Seins auf der Basis von Genuss und Staunen über die Wunder unseres Geistes und unseres Körpers, das sind die Werte, die Dr. med. Alex Witasek den Menschen vermittelt. »Glück ist die Relativierung der Wichtigkeiten« ist eine seiner Botschaften. Ernährung, Bewegung, Schlaf, Stressmanagement, Hilfe zur Selbsthilfe, das sind die Themen, die den zivilisationsgeschädigten Leistungsmenschen von heute erreichen sollen und die Dr. Witasek mit fundierter fachlicher Kompetenz und leichtfüßigem Humor vermittelt. Als Autor von zahlreichen Artikeln in Fachpresse und Büchern, bei zahlreichen Auftritten in Rundfunk und Fernsehen und als gefragter Redner für Firmen und Kongresse begeistert Dr. Witasek ein breites Publikum. Mit seinen Hobbys Hochseesegeln (4 Atlantiküberquerungen), Musik, Reiten und Reisen schafft er sich den nötigen Ausgleich und Weitblick.

Referenzen und Kundenstimmen

Antenne Bayern, Barmenia, Centro de Salud Lapinha Brasilien, Confida Liechtenstein, ECOVIS, Getränke Nordmann, HALI, Harvard Medical School Boston, ORF, Raiffeisen Landesbank, Sparkassen, Speakers Excellence Top 100, SVIT-Immobilien Forum Schweiz

»Dr. Witasek war mit einer Bewertung von 1,06 der Top-Referent von 10 Referenten der Tagung. Äußerung der Teilnehmer: ›Super, bitte wiederholen!‹« *Tiroler Sparkasse*

»Der Vortrag von Dr. Witasek war sicherlich der Höhepunkt des Wertpapierberatertages.« *DEKA Bank*

Auszeichnungen und Pressestimmen

bester Redner auf dem Oberbayerischen Wissensforum 2010

European Health Spa Award für sein artepuri med Konzept

CHRISTIANE WITTIG

Themen

Systemisches Konsensieren
Der Weg zu konfliktfreien Entscheidungen

Werbeartikel – Ware oder Idee?

Pleiten, Pech und Pannen auf Messen vermeiden

Tue Gutes und lasse darüber reden
Der Weg zu effektiver PR-Arbeit

Veröffentlichungen

Gastbeitrag zum Thema Messen, Kongresse & Co. im: Handbuch Marketing für Weiterbildner
Beltz Verlag

Kurzbiografie

Christiane Wittig ist gelernte Werbekauffrau und seit 1990 erfolgreich als Trainerin und Coach für Persönlichkeitsentwicklung tätig. 1969 zog es die gebürtige Berlinerin nach München. Hier arbeitete sie in einer Werbeagentur mit Schwerpunkt audiovisuelle Medien, Werbeleiterin und PR-Verantwortliche in der Investitionsgüterindustrie.

1990 wagte sie den Schritt in die Selbstständigkeit und gründete die Agentur wws weiterbildung – seminare+coaching. 1993 erweiterte Christiane Wittig ihre Angebotspalette um das Thema Arbeitsorganisation, Selbst- und Zeitmanagement als Training on the Job. Nach Zusatzausbildungen für systemische Beratung, zum lizenziertem IVK-Practitioner für innere Veränderungskompetenz und lizenziertem Gestalt-Coach arbeitet sie seit 3 Jahren zunehmend als Coach im Bereich Teambuilding und Optimierung von Change-Prozessen. Durch den Einsatz des ChangeBooster® – einem PC-gestützten Tool zur Sichtbarmachung innerer Widerstände – erreichen ihre Trainings und Coachings eine besonders tiefe Nachhaltigkeit.

Mitgliedschaften:
- Prüfungsausschuss Werbekaufleute der IHK München
- CommClubs Bayern
- Trainertreffen Deutschland
- Member of German Speakers Association
- Regionalleitung Oberbayern und stellv. Sprecherin im Vorstand GABAL e. V.
- Mitglied im Forum Werteorientierung

Trainer-Qualitäts-Zertifikat der DeGefest (Deutsche Gesellschaft zur Förderung und Entwicklung des Seminar- und Tagungswesens)

Referenzen und Kundenstimmen

Robert Bosch GmbH, Bamberg; Schreiner Group, München; XL Insurance, Köln; IABG, Ottobrunn; Sasol Sovents Germany, Hamburg; Ensinger GmbH, Nufringen; Novartis Pharma GmbH, Nürnberg

»Insgesamt gehe ich seit dem Coaching viel bewusster mit mir, meiner Arbeitszeit und meiner Arbeitsumgebung um.«

»Fühle mich jetzt viel sicherer, weil ich meine E-Mails und Aufgaben ›im Griff habe‹.«

»Nochmals herzlichen Dank für Ihre wertvollen Hinweise, die für mich ›Gold wert‹ sind.«

»Es war ein sehr bewegendes, erlebnisreiches und vor allem beeindruckendes Seminar.«

»Wir hatten auf der Rückfahrt und am Wochenende noch Gelegenheit, das Training zu reflektieren, und sind erstaunt und begeistert, welche Spiegel uns die Pferde vorgehalten haben.«

SABINE WITTIG

Themen

Innovationen L-E-B-E-N !
Sieben Sofortmaßnahmen für Entscheider

Freundlich reicht nicht!
Die drei Erfolgsprinzipien wirksamer Kundenbindung

Ready for Take-off! Bringen Sie Ihre Projekte zum Fliegen.
Wirksames Projektmanagement in der Praxis

Impulsworkshop für Entscheider
Wie Sie mit ProzessIntelligenz© noch mehr mit Ihren guten Kunden machen können

Veröffentlichungen

Regelmäßige Veröffentlichungen in Fachmagazinen und Zeitschriften

Kurzbiografie

Wie können Unternehmen ihre guten Kunden begeistern und dauerhaft an sich binden? Zwei Komponenten sind dafür ausschlaggebend: Sie bieten ihren Kunden ein qualitativ hochwertiges Produkt oder eine exzellente Dienstleistung. Die dahinter liegenden Prozesse und Strukturen sind passgenau und stabil darauf ausgerichtet. Diese beiden Aspekte zu verknüpfen ist die Kernkompetenz von Sabine Wittig. Durch über 20 Jahre Erfahrung im direkten Kundenkontakt und langjährigen Verantwortungen in der Gestaltung wesentlicher Unternehmensprozesse bei internationalen Marktführern der Luftfahrt kennt sie beide Perspektiven. Als Expertin für Kunden & Prozesse unterstützt sie seit 2005 Entscheider aus der Wirtschaft sowohl in der Lösungsentwicklung als auch in der wirkungsvollen Steuerung der Umsetzung. Das Ergebnis: Hohe Zufriedenheit der guten Kunden durch zuverlässige und konsequent kundenorientierte Dienstleistungs- und Servicequalität.

Sie
... bringt die Dinge auf den Punkt
... bleibt dran, wenn es schwierig wird
... integriert das Know-how der Führungskräfte und Mitarbeiter
... sorgt für die Umsetzung
... hat einen routinierten Umgang mit Komplexität
... weiß, wovon sie spricht, aus eigener Praxis
... erkennt schnell die Brennpunkte
... beherrscht die Mechanismen in Mittelstand und Konzern.

Sie steht für
... pragmatisches und strukturiertes Vorgehen
... konsequente Zielorientierung
... parkettsicheres Auftreten.

Arbeitssprachen: Deutsch, Englisch, Französisch, Italienisch und Spanisch.
Sabine Wittig ist anerkanntes professionelles Mitglied der German Speakers Association.

Referenzen und Kundenstimmen

Zu ihren Kunden im In- und Ausland zählen u. a. Deutsche Bahn, RWE, EON, Deutsche Lufthansa, Bilfinger Berger, Fraport, Sparkasse Koblenz, awk Aussenwerbung, Beckman Coulter, manroland, Stadtbetriebe Wuppertal, Sparkasse Ludwigsburg, Dr. Oetker, Thomas Cook, TÜV Akademie, Braufactum, Emirates.

»DIE Expertin für kundenorientierte Prozesse. Sie überzeugt durch eine strukturierte und umsetzungsorientierte Arbeitsweise und weiß, wovon sie spricht. Sie erkennt schnell die wichtigen Punkte, achtet auf Details, ohne das Ziel aus den Augen zu verlieren. Was sie anpackt, wird auch umgesetzt. Noch dazu mit Empathie und Akzeptanz auf allen Ebenen.« *Tanja M. Schlesinger, Bereichsleiterin Bordservice DB Fernverkehr AG*

»Einer der besten Vorträge auf unseren regelmäßigen Führungskreistagungen. Sie zeigt, worauf es ankommt: professionell, lebendig und praxisnah.« *Jürgen Hagenlocher, Geschäftsführer Videor GmbH*

DR. BERND M. WITTSCHIER

Themen

Führung und Persönlichkeit

Die Führungskraft als Coach

Die Führungskraft als Konfliktlöser

Führen im Vertrieb

Veröffentlichungen

Dr. Bernd M. Wittschier ist Fachbuchautor; zahlreiche Artikel zum Thema Mediation, Coaching, Führung

Kurzbiografie

Dr. Bernd M. Wittschier, promovierter Philosoph, Pädagoge und Theologe, war über zehn Jahre Führungskraft und Manager in exponierter Stellung für Vertrieb, Aus- und Weiterbildung eines der größten Finanzdienstleistungsunternehmen in Deutschland.

Dr. Bernd M. Wittschier gründete 1996 das Unternehmen 4 • 2 • 3 Konflikt – Dialog – Mediation. Er ist gefragter Experte für Konfliktlösungen in Unternehmen und gilt als Pionier der Wirtschaftsmediation in Deutschland. Er ist Gründungsmitglied des Bundesverbandes für Wirtschaftsmediation (BMWA) in Kassel.

Im Jahr 1998 gründete er als weiteres Standbein das Unternehmen 4 • 2 • 3 Beratung und Training für die Wirtschaft GmbH und coacht erfolgreich Vorstände, Geschäftsführer und Führungskräfte aller Managementebenen und war u. a. Dozent an der European Business School (ebs) in Oestrich-Winkel. Als geschäftsführender Gesellschafter der European School of Coaching bildet er selber Führungskräfte zum Coach aus.

Arbeitsschwerpunkte:
1. Konfliktvermittlung in akuten Konflikten und Auseinandersetzungen
2. Coaching, Supervision, Moderation
3. Ausbildung von Führungskräften zu Coachs und Mediatoren/Moderatoren

Forschungsschwerpunkte:
1. Konflikt-Management/Mediation
2. Persönlichkeits-Modelle
3. Theorie und Praxis von Mediation und Führung

Referenzen und Kundenstimmen

»Wir möchten Ihnen für die langjährige und gute Zusammenarbeit danken. Welche Form der Zusammenarbeit wir auch gewählt haben, Begeisterung bei unseren Kunden über die Qualität der Leistung war das Ergebnis.« *BFS Service GmbH*

»Entgegen anfänglicher Bedenken der Mitarbeiter war das Training schon nach der ersten Einheit ein voller Erfolg.« *Privatärztliche Verrechnungsstelle Rhein-Ruhr GmbH*

»Sensibel und spontan, Sie lassen an Ihrer Erfahrung praktisch teilhaben, liebevoller Umgang mit den Schwächen der Menschen.«

»Ich schätze Ihre ansteckende Begeisterung.«

Auszeichnungen und Pressestimmen

»Konflikte lösen ist sein Metier. Der Mediator vermittelt, wenn es in der Firma knirscht und kracht.« *Die Welt*

DR. GERHARD WOHLAND

Themen

Wenn eine Frage falsch ist, dann auch jede Antwort
Über das Elend falscher Fragen

Denk- und Handlungswerkzeuge der Höchstleister

Das widerständige Nest
Über dynamikrobustes Projektmanagement (DPM)

Vom Wissen zum Können
Über moderne Talentförderung

Veröffentlichungen

Kurzbiografie

Dr. Gerhard Wohland ist promovierter Physiker und arbeitet seit 25 Jahren als Berater.

Sein Beratungsansatz ist die Erkenntnis, dass fast alle Probleme moderner Wirtschaft eine gemeinsame Ursache haben: Dynamik. Das ist die Menge an innovativen Überraschungen, die ein Unternehmen erzeugen und aushalten muss, um konkurrieren zu können.

Überraschungsrobuste Unternehmen nennt er Höchstleister. Er schaut ihnen seit 15 Jahren über die Schulter, wie sie in dynamischer Umgebung den Marktdruck erzeugen, unter dem die anderen leiden. Dabei sind so genannte Denk- und Handlungswerkzeuge entstanden. Inzwischen stehen etwa 30 davon für talentierte Könner zur Verfügung.

Es gehört zu seinen Leidenschaften, seine Erkenntnisse beratend und kritisch an Interessenten weiterzugeben. Dabei machen ihn seine fesselnde Vortragsweise und seine gut durchdachten, anschaulichen Fallbeispiele zu einem gefragten Gesprächspartner und Referenten.

Sein Motto: »Ohne Humor sollte sich niemand der Welt zumuten.«

Referenzen und Kundenstimmen

»... nochmals herzlichen Dank für Ihren Vortrag. Er ist bei den Kollegen hervorragend angekommen.« *Ulrich Debus, Bereichsleiter Projektmanagement, T-Systems, Bonn*

»Obgleich ich Ihren Vortrag schon mehrfach gehört habe und die Inhalte kenne, bin ich jedes Mal wieder gefesselt von Ihrer faszinierenden Art zu referieren.« *Dr. Robert Bachfischer, Geschäftsführer, Management Centrum Schloss Lautrach*

»Ausgepowert nach einer Arbeitswoche gelang es Herrn Wohland, mich in einem Seminar zum Thema Höchstleistungsorganisation mit seinen Ideen und Lösungsansätzen zu fesseln und zu begeistern.« *Dr. Josef Fiala, Vorstand der Generali Holding Vienna AG, Wien*

»... ich habe unsere Zusammenarbeit als sehr angenehm und professionell erlebt. Wir möchten uns sehr herzlich bei Ihnen ... bedanken. Die Teilnehmer waren begeistert ...« *Sebastian Schuh, Leiter Strategische Personalentwicklung und Generali Akademie Generali Holding Vienna AG, Wien*

»Vielen, vielen Dank für Ihren tollen Beitrag. Er ist super angekommen und ich denke, Sie haben wieder jede Menge neue Fans gewonnen.« *Chris Rupp, General Manager der SOPHIST GmbH Nürnberg*

»Es war wieder einmal ein großes Vergnügen, Sie ... erleben zu dürfen.« *Jean-Claude Parent, GF von Schindler, Parent & Cie. GmbH*

»Eine Meisterleistung, wie Sie Gemüter aller Kategorien zum eigenen Nachdenken bringen konnten.« *Horst Schwanhäuser, früher Geschäftsführer von Schwan-STABILO*

HOLGER WÖLTJE

Themen

E-Mails im Griff

Blackberry-Praxis für Führungskräfte

Die Zeit im Griff mit Outlook

Zeitmanagement mit iPhone/ Zeitmanagement mit Blackberry

Veröffentlichungen

Kurzbiografie

PC, Notebook, Smartphone – unsere technischen Arbeits- und Kommunikationsmittel werden immer komplexer und stehlen uns häufig mehr Zeit, als sie einsparen. Holger Wöltje, Deutschlands führender Experte für Zeitmanagement mit Outlook, Blackberry und iPhone, zeigt Ihnen auf einfache und verständliche Weise, wie Sie sich in der Informationsflut auf das Wesentliche konzentrieren, Ihre E-Mails in den Griff bekommen, außer Kontrolle geratene Hilfsmittel wie Outlook und Blackberry wieder zum Freund und Helfer verwandeln und mehr Zeit für das gewinnen, was Ihnen wirklich wichtig ist.

Holger Wöltje ist Diplom-Ingenieur (BA) für Informationstechnik, Lehrbeauftragter für Zeitmanagement und mehrfacher Bestseller-Autor – sowie in seiner Freizeit Hobby-Barmixer und in Miami ausgebildeter Salsa-Tanzlehrer. Seit 1996 hat er über 5.000 Anwendern in Seminaren und Einzelcoachings geholfen, die moderne Computertechnik produktiver einzusetzen. Artikel und Interviews mit Holger Wöltje erschienen z. B. in Focus Money, manager magazin und Capital. Sein gemeinsam mit Prof. Dr. Lothar Seiwert verfasstes Buch »Zeitmanagement mit Outlook« inklusive Online-Videokurs wurde 2009 mit dem Comenius-Award geehrt, der wichtigsten europäischen Auszeichnung für Multimedia-Bildungsmedien.

Seit 2001 ist Holger Wöltje selbstständiger Berater und Vortragsredner und unterstützt u. a. Mitarbeiter der Credit Suisse, REWE, Hewlett-Packard, ThyssenKrupp und Lufthansa dabei, ihren Arbeitsstil zu optimieren. Er zeigt Outlook-, Blackberry- und iPhone-Nutzern, wie sie ihre Termine, Aufgaben und E-Mails in den Griff bekommen und mehr Zeit für das Wesentliche gewinnen.

Referenzen und Kundenstimmen

»Ein Meister der Präsentation.« *Manuel Million, Cross Projects Coordinator CRM@SAP Program Office, SAP AG, St. Leon-Rot*

»Besonders angesprochen hat mich Ihre lockere, erfrischende Art und hervorragende Fachkompetenz.« *Andreas Hausmann, Country Manager ProCurve Networking, Hewlett-Packard Deutschland GmbH, Böblingen*

»Sehr gute Informationen lebendig, praktisch und anwendbar vermittelt.« *Eckart Schmidt, IT-Strategie und Planung, Deutsche Post AG, Bonn*

Auszeichnungen und Pressestimmen

- Auszeichnung zum Qualitätsexperten 2006-2010 und erneut 2011 durch das Qualitätsnetzwerk der Erfolgsgemeinschaft.com
- Comenius-Award 2009
- Auszeichnung zum Top-Speaker durch die Qualitätsplattform Top-Speaker.eu, 2009, 2010 und 2011

PETER A. WOREL

Themen

Reden Sie noch oder überzeugen Sie schon?

Etikette – (k)ein Buch mit sieben Siegeln

Rhetorik und Körpersprache
Diese Geheimnisse sollten Sie kennen

Veröffentlichungen

Gedanken für die Praxis
Rhetorik, Dialektik, Etikette und Körpersprache im Berufsalltag

Kurzbiografie

»Reden Sie noch – oder überzeugen Sie schon?« Der Titel einer seiner Vorträge ist für Peter A. Worel auch Motto. Er redet nicht nur vor den Menschen, sondern mit den Menschen. Stets bezieht er seine Zuhörer ein, beispielsweise indem er ihnen den Spiegel vorhält und ihnen aufzeigt, wie sie auf andere wirken.
Einen besonderen Schwerpunkt seiner Tätigkeit legt er auf die individuelle Verfeinerung von Rhetorik und Dialektik in all ihren Facetten, von Etikette und von Körpersprache. Damit profiliert er sich als Experte für überzeugendes Auftreten. Stets stehen bei ihm der Mensch und dessen Signale auf Dritte im Mittelpunkt.

Peter A. Worel, Jahrgang 1962, diplomierter Wirtschaftsmathematiker und Kirchenmusiker, besitzt die Fähigkeiten, Menschen und ihr Auftreten treffend zu analysieren und ihnen einfühlsam Hilfen für überzeugenderes Auftreten und damit für mehr Erfolg zu vermitteln.
Seine Fachkompetenz hat Peter A. Worel über Jahre hinweg u.a. bei Dr. Rolf H. Ruhleder, Deutschlands Manager-Trainer Nr. 1, sowie bei Prof. Werner Correll, einem der besten Führungs- und Überzeugungspsychologen, erworben.

Bereits vor seiner selbstständigen Tätigkeit als Geschäftsführer von »Stilwelt – Führungsberatung, Seminare & Coaching« lehrte und trainierte er parallel zu seinen Aufgaben als Abteilungsleiter einer Großbank an der Sparkassenakademie Bayern.
Seine Kunden und Zuhörer profitieren von seiner mehr als 18-jährigen Erfahrung als Führungskraft, Trainer, Dozent und Redner sowie als gefragter Interviewpartner der Medien (n-tv, N24, BR, Handelsblatt u.a.).

Referenzen und Kundenstimmen

»Peter A. Worel ist ein hervorragender Trainer, Dozent und Redner mit einer sehr großen Ausstrahlung. Seine Veranstaltungen sind sehr erfolgreich und das Feedback der Teilnehmer ist ausgezeichnet. Ich kann Herrn Worel nur empfehlen.« *Dr. Rolf H. Ruhleder (Deutschlands härtester und teuerster Rhetoriktrainer)*

»Herr Worel zeigt ein vorbildliches Engagement. Es wird getragen von hohem Verantwortungsbewusstsein. Seine sehr guten Fachkenntnisse sowie seine ausgezeichneten rhetorischen und didaktischen Fähigkeiten haben ihm als Dozenten hohe Anerkennung bei den Teilnehmern verschafft.« *Sparkassenakademie Bayern*

»Die Seminareinheit von Herrn Worel in unserem Haus war sehr informativ, spannend und kurzweilig, einfach erfrischend anders. Auch die Zusammenarbeit haben wir als äußerst positiv empfunden. So können wir Herrn Worel nur weiterempfehlen.« *Ute Reuther-Bub, Bereichsleiterin Aus- und Weiterbildung, Neustadt a.d. Aisch*

Auszeichnungen und Pressestimmen

Die größte Auszeichnung für einen Redner ist, erneut eingeladen zu werden. Allen meinen bisherigen und zukünftigen Kunden, die mir ihr Vertrauen immer wieder aufs Neue schenken, danke ich dafür.

DR. FLEUR SAKURA WÖSS

Themen

Zen-Leadership

Auftritt, Präsenz und Zen

Veröffentlichungen

Der souveräne Vortrag
Linde Verlag 2004

Kurzbiografie

Fleur Wöss, Dr. phil., spricht zum Themenkreis »Was kann Zen-Meditation für moderne Führungskräfte leisten?«. In dieser 45- oder 90-Minuten-Keynote macht sie ihre Zuhörer in packender Weise mit einer für die meisten fremden Welt bekannt, mit einem jahrtausendelang erprobten System für innere Ruhe und souveräne Stärke. Nach dem Vortrag wissen diejenigen, die dazu die nötige Selbstführungsstärke aufweisen – eine notwendige Voraussetzung jeder Führungskraft! –, was sie tun können, um das wahre Geheimnis asiatischer Führungskunst für sich zu nutzen.

Darüber hinaus coacht Fleur Wöss Fachvortragende und Führungskräfte für Reden, Präsentationen und Vorträge. Ihr wissenschaftlicher, unternehmerischer und didaktischer Hintergrund fließt in ihre Vortrags- und Präsentations-Coachings ein, ebenso ihr Hintergrund als Zen-Meditations-Coach für Führungskräfte.

Akademischer Hintergrund: Studium der Japanologie, Sanskrit und Buddhismuskunde an der Universität Wien mit jahrelanger Forschungstätigkeit in Japan, an der Sophia Universität (Tokyo) und der Universität Tokyo (zahlreiche Publikationen). 14 Jahre Forschungs- und Vorlesungstätigkeit an verschiedenen Universitäten.

Fleur Wöss ist Gründungspräsidentin der German Speakers Association GSA, Chapter Austria.

Fleur Wöss leitet das Daishin Zen-Zentrum Wien und die Daishin Zen Akademie International.

Referenzen und Kundenstimmen

»Kompetent, vielfältig und mitreißend – einfach gut.« *Markus Hofer, NetUSE AG, Kiel*

TIMO WUERZ

Themen

Timo Wuerz zeigt, wie gute Dramaturgie in der Kommunikation funktioniert:
wie Handlungen aufgebaut werden, welche Charaktere in welchem Zusammenhang am besten funktionieren

Veröffentlichungen

Kurzbiografie

Timo Wuerz ist Problemlöser und Arschretter. Und Experte für Geschichten, die wirken. Wie dies genau funktioniert, und welche Storys Sie und Ihr Unternehmen idealerweise nutzen können, das erfahren Sie in seinem Vortrag bzw. Seminar.

In der Werbung, in Filmen, Pressemitteilungen wie auch in der Weiterbildung – erfolgreiche Kommunikation basiert immer auf wirkungsvollen Erzählstrukturen. Denn nur wirklich gute Geschichten wecken Interesse und bleiben in Erinnerung – und sind damit letzten Endes effektiv.

Timo Wuerz leitet Kreativ-Eingreif-Teams für die Konzeption und Gestaltung von Filmen, Shows oder Themenparks und verbindet als gefragter Illustrator, Designer, Dozent und Autor visuelle Kompetenz mit der Fähigkeit, Inhalte durch optimales Storytelling zu einer durchschlagkräftigen Einheit zu verbinden.

Kein Wunder, dass Autoren, Computerspiele-Hersteller und Filmkonzerne seine Expertise gerne in Anspruch nehmen. Als Redner und Experte für »Story Creation« zeigt Timo Wuerz, wie jede Kommunikationsarbeit von aktiver, bewusster Storygestaltung profitiert und wie Sie für jeden Bereich die optimale Geschichte entwickeln können. Passend zu Ihren Produkten, Ihrem Unternehmen – passend zu Ihren Kunden. Spannend, unterhaltend und nicht zuletzt: effektiv erinnerungswürdig. Erleben Sie Timo Wuerz und erfahren Sie, was gute Geschichten für Sie bewirken können.

Referenzen und Kundenstimmen

»Ich kenne niemanden, der Dramaturgie so auf den Punkt verdichten kann wie Timo. Ein Blick von ihm genügt, und er hat die wesentlichen Punkte jeder Story erfasst. Und auf den zweiten Blick sagt er schon, wie selbst die komplexesten Storys verbessert werden können. Ein absolutes MUSS für jeden, der im weitesten Sinne Geschichten erzählt!«
Dr. Stefan Frädrich, Bestsellerautor, Redner, TV-Coach

»Meine Kollegen und ich waren beeindruckt von Timo Wuerz' fundiertem Fachwissen, das uns geholfen hat, die Abläufe und Erkenntnisse noch besser zu verstehen und den Workflow entsprechend zu optimieren.« *Michael Hazkiahu, Creative Director, Wolf & Motoori GmbH*

Auszeichnungen und Pressestimmen

»Timo Wuerz ist der Rockstar der Comic-Szene.« *Süddeutsche Zeitung 2009*

»... eine ultraschnelle Allzweckwaffe. Wuerz ist Zeichner, Maler, Künstler, Unternehmer, Coach und Produktdesigner – und in allem verteufelt gut.« *Music Supporter, 2009*

DR. JÜRGEN WUNDERLICH

Themen

Die Vorträge werden selbstverständlich zielgruppenorientiert gestaltet

Chancenreicher verkaufen
Sie werden für genutzte Chancen bezahlt und nicht für ausgelassene

Fischotter oder Ente?
Redest du noch oder wirkst du schon?

Intuition oder/und Ratio?
Ist es wirklich sinnvoll, nur auf Intuition oder nur auf seinen Verstand zu setzen?

Veröffentlichungen

Kurzbiografie

Dr. Jürgen Wunderlich ist als Experte für persönliche Wirksamkeit in Führung und Vertrieb für seine Kunden aktiv.

Dr. Jürgen Wunderlich, 1964 in Nürnberg geboren, Apotheker und Trainer. Als ehemaliger Leistungssportler lernte er während seiner Jugend rasch, wie wichtig es ist, mental fit zu sein, sich Ziele zu setzen und durchzuhalten. Nach seiner Promotion übernahm er im Bayer-Konzern Führungsverantwortung. Schon bald nahm er die Mittlerrolle zwischen Produktion und Entwicklung an verschiedenen Standorten ein. 1998 übernahm Dr. Wunderlich bei der Bayer Bitterfeld GmbH in einem modernen Gruppenarbeits-Modellbetrieb die Führungsverantwortung für über 100 Mitarbeiter. Intensive Personalführung, schnelle Entscheidungsfindung und wirksames Betriebsmanagement waren hier gefragt. 2001 machte sich Dr. Wunderlich mit einem eigenen, kleineren Unternehmen selbstständig. Dort arbeitet er selbst aktiv im Verkauf und testet innovative Verkaufs- und Entscheidungsstrategien in schwierigem Umfeld.

Ehrenamtlich baute er bei den Leipziger Wirtschaftjunioren die Trainingsakademie Mitteldeutschland in Kooperation mit Halle und Dessau auf und leitete sie 2004 und 2005.

Dr. Wunderlich nutzt aktiv seine umfassenden Kenntnisse aus Sport, Führung, Verkauf und Gesundheit, um die Wirksamkeit in Führung und Verkauf zu steigern. Daraus entstand die I³-Power®-Strategie. Diese vermittelt er in lebendigen Trainings und Vorträgen, die pragmatisch dort ansetzen, wo sie Ihnen stärkere Wirksamkeit verleihen.

Referenzen und Kundenstimmen

»Den Teilnehmern des MUK hat Ihre Keynote anlässlich unseres 42. Roundtable sehr gut gefallen. Sie haben es außerordentlich gut verstanden, uns ein plastisches Bild vom Fischotter und der Ente zu zeichnen. Für die Nachhaltigkeit haben Sie durch die lebendigen Beispiele mit Ihren Impulsgebern und wirkungsorientierter Kommunikation gesorgt. Dafür bedanken wir uns sehr herzlich und würden uns freuen, Sie als unseren Gast beim 43. Roundtable am 15.10. begrüßen zu dürfen.« *Lutz Steffen, Sprecher des Münchner Unternehmerkreises IT*

»Meine Mitarbeiter und ich haben den Vortrag von Ihnen genossen und viele Anregungen daraus entnommen!« *Herman-Josef Körwer, Vertriebsleiter, Langenfeld*

THERESIA-MARIA WUTTKE

Themen

Business and Spirit:
Spiritualität in Führung und Management

Zen und Wirtschaft

Veröffentlichungen

Kurzbiografie

Theresia-Maria Wuttke, geboren 1950, ist eine Visionärin in Sachen gesellschaftlicher Entwicklung. Noch bevor etwas die Medien oder das Massenbewusstsein erreicht, geht sie den Impulsen ihrer schöpferischen und intuitiven Intelligenz nach und kreiert Konzepte, die die Weiterentwicklung des menschlichen Bewusstseins voranbringen. Zahlreiche Unternehmer und Medien reden davon, dass Wirtschaftsunternehmen menschlicher, sozialer und umweltverträglicher arbeiten müssten. Theresia-Maria Wuttke trägt nicht nur die zentrale Botschaft in die Welt hinaus, sondern beweist als Unternehmerin, dass und wie es gelingt: Seit über 30 Jahren gibt sie ihre Erfahrungen an Menschen verschiedener Zielgruppen weiter, und das mit unerschütterlicher Erfolgssicherheit.

Pragmatisch, klar und mit größtem Selbstverständnis verdeutlicht sie das, was für andere kaum greifbar ist: die Verbindung von sozialem und wirtschaftlichem Erfolg. Als integrale Beraterin verhilft sie unter Unternehmern, Führungskräften und Beratern zu Spitzenleistungen – indem diese ihre vollen Potenziale entfalten und eindeutig ausrichten.

Neben ihrer persönlichen Erfahrung schöpft die gelernte Bankkauffrau, Pädagogin, Tiefenpsychologin und Meditationslehrerin aus der Vielfalt ihrer Berufe und ihrem umfassenden fachlichen Fundament. Sie ist Master- und Lehrcoach sowie Business-Management-Coach und gründete 2005 das Haus der Mitte – Centrum für integrale Beratung, Coaching und Aus- und Weiterbildung. In diesem europaweit anerkannten Lehrinstitut vermittelt sie ihre patentierten und lizenzierten Konzepte in Weiterbildungen zum integralen Coach und Berater. Als Autorin vermittelt sie ihren Lesern die Gewissheit, dass innere und äußere Führung zusammengehören, wie sie in ihrem neuesten Buch – Wege aus der Mitte – authentisch aufzeigt. Themen wie Zen und Wirtschaft, Retreats für Manager gehören ebenso zu ihrer Mission wie Wirtschaft und Spiritualität; was sich jetzt als Megatrend 2020 abzuzeichnen beginnt, Patricia Aberdunce, ist für sie Selbst-Verständnis. Sie ist eine geschätzte Sprecherin zum Thema: »Business and Spirit« in Unternehmen, öffentlichen Veranstaltungen und soeben wurde sie für das neue Buch von Karl Gamper: »Erfolg ist menschlich« gewonnen, das gerade erschienen ist.

Referenzen und Kundenstimmen

Können jederzeit nachgefragt werden

Auszeichnungen und Pressestimmen

Seit 1996 in Who is Who

XYZ

LIOR I. YAROM

Themen

Innovation & Expansion
Ideen, Visionen, Szenarien, Ziele, Strategien & Konzepte, Strategische Allianz

Kommunikation
Integriertes Handels- & Produktmarketing, Multichanneling & Crossmarketing, Werbewirksamkeit & Usability

Vermarktung
Neukundengewinnung, Bestandskundenpflege, Kundenrückgewinnung

Technologie
Informations-, Kommunikations- & Wissensprozesse, Internet, Web2.0 & social media

Kurzbiografie

Lior I. Yarom, geb. 1965, Geschäftsführer und persönlich haftender Gesellschafter der REBEL freestyle GROUP, legte nach seinem BWLStudium (Internationales Marketing; FU Berlin) die Grundsteine seiner beruflichen Laufbahn im filialisierten Facheinzelhandel (beratungs- und planungsintensive Konsumgüter). Nach kaufmännischer Ausbildung, Assistenz der Geschäftsleitung bis zur Geschäftsführung durchlief er erfolgreich alle wesentlichen Stationen.

In mittelständischen Konzernen der Konsumgüterindustrie absolvierte er erfolgreich seine vertriebs- sowie marketingorientierte Karriere, bevor er im Führungskreis eines international tätigen Einkaufsverbandes Verbundgruppenerfahrung sammelte. Sehr früh entdeckte er die Chancen des Internets für den Mittelstand und seine vielfältigen Kooperationen. Als Geschäftsführer des von ihm konzipierten Tochterunternehmens führte er die Verbundgruppe durch den Einsatz neuer Technologien und Medien zum erfolgreichen ›first mover‹ im eBusiness. Zu gestalten waren die hochkomplexen und sensiblen Informations-, Kommunikations-, Marketing-, Vertriebs-, Regulierungs- und Wissensprozesse der Verbundgruppe mit 19 Landeszentralen, an über 4.500 Standorten und mit über 1.000 Lieferanten.

Der Schritt in die Selbstständigkeit folgte 2006. Der Fokus seiner breit aufgestellten REBEL freestyle GROUP liegt auf der ganzheitlichen Vernetzung aller Beratungs- und Dienstleistungen rund um Innovation, Kommunikation, Vermarktung und Technologie. Der rebellische Querdenker fordert und fördert sich, seine Mitarbeiter, Partner und Kunden konsequent, sich proaktiv der ›Herausforderung Zukunft‹ zu stellen. Die systematische Suche nach Kundenorientierung, Servicequalität, Kundenloyalität, profitabler Vermarktung sowie wertorientierter Expansion ist seine Mission; er wird engagiert alle Kreativität, Power und Verantwortung einsetzen, um kein Erfolgspotenzial zur nachhaltigen wirtschaftlichen Optimierung Ihres Unternehmens ungenutzt verstreichen zu lassen.

Referenzen und Kundenstimmen

»Guter Stratege, cleverer Unternehmer. Zielorientiert, qualifiziert und menschlich überzeugend.« *J. Tenné, GF, Quimron GmbH*

»Herrn Yarom habe ich als innovativ denkenden und handelnden Manager kennengelernt. Ein sehr angenehmer Geschäftspartner, den ich sehr schätze. Die gemeinsamen Projekte hatten immer Erfolg.« *R. Lauenroth, Marketing Manager, IBM Deutschland GmbH*

Auszeichnungen und Pressestimmen

»Unsere Pressestelle arbeitet seit 2008 sehr gern und vertrauensvoll mit Herrn Yarom zusammen. Für das Thema ›Web 2.0 – neue Chancen und Möglichkeiten in der integrierten Kommunikation‹ ist er auch für den Arbeitskreis Öffentlichkeitsarbeit des ZGV ein gefragter Experte und Ansprechpartner geworden. Ich schätze Herrn Yarom als kreativen, aktiven und offenen Kollegen in der Verbundgruppenszene.« *J. Saalmann, Referentin Presse- und Öffentlichkeitsarbeit, Onlineredakteurin, ZGV e. V.*

ANDREAS ZEUCH

Themen

Kopflos oder bauchfrei?
Intuitive Führungskräfte – Intuitive Unternehmen

Durchgeplant und totgemanagt
Unternehmen brauchen Möglichkeitsräume

Intuitions-Einführungsseminar für Führungskräfte

Intuitions-Fortsetzungsseminar
Training mit Coaching on the Job

Veröffentlichungen

Kurzbiografie

Andreas Zeuch, 1968 geboren, studierte Musiktherapie und lernte, mit kreativen Methoden Probleme zu lösen. 1997 ging er zum Schlagzeugstudium nach New York City ans renommierte »Drummers Collective«.

Im Anschluss war es ihm dank seines herausragenden Studienabschlusses möglich, seine Doktorarbeit am Institut für Erwachsenenbildung der Universität Tübingen durchzuführen. Er entwickelte ein professionelles Intuitionstraining, das er auf seine Wirksamkeit hin untersuchte.
Über die Arbeit in seiner »beratergruppe sinnvoll · wirtschaften« hinaus ist Zeuch auch Autor zahlreicher deutscher und englischer Artikel und Bücher über Intuition und Nichtwissen in Unternehmen. 2007 veröffentlichte er das erste deutsche Praxisbuch über Nichtwissen in Unternehmen unter der Mitwirkung internationaler Autoren wie Harrison Owen und Claus Otto Scharmer vom MIT.

Zeuch ist der einzige Berater, der Unternehmen mit seinem Team dabei unterstützt, eine effektive Entscheidungskultur zu entwickeln. Sein Verdienst liegt darin, Intuition als Führungskompetenz zu professionalisieren und Nichtwissen zum Innovationsmotor zu machen.

Als Redner nutzt er 20 Jahre Bühnenerfahrung als Schlagzeuger und Schauspieler (z. B. Stadttheater Heidelberg, Nationaltheater Mannheim).

Referenzen und Kundenstimmen

»Die Teilnehmer waren begeistert von der Methodik, wie das Wissen vermittelt wurde, und fragten gleich an, wann eine Fortsetzung des Workshops geplant ist. Dr. Zeuch hat uns von seiner Kompetenz überzeugt und wir haben ihn als Mitglied in unseren Expertenpool eingeladen.« *TIS innovation Park, Italien*

Referenzauszug: BASF AG, Continental AG, SHK Einkaufs- und Vertriebs AG, TUI InfoTec GmbH, Universitäten Bielefeld, Regensburg, Volksbank Stade-Cuxhaven, Wolfsburg AG ...

Auszeichnungen und Pressestimmen

Erste Reaktionen auf das aktuelle Buch »Feel it! So viel Intuition verträgt Ihr Unternehmen«:

»Dieses Buch ist ein Vergnügen.«

»Eine Kampfansage an klassische Managementlehren«

»Ein leidenschaftiches Plädoyer für eine neue Wirtschaftswelt«

Das Buch wird unter anderem empfohlen vom Wirtschaftsmagazin ECO des Schweizer Fernsehens, der Neuen Zürcher Zeitung, dem Schweizer Personalmagazin ALPHA und dem Deutschen Online-Journal ChangeX.

ISABELLE ZIEGLER

Themen

Systeme im Umbruch – Menschen im Aufbruch?!

Märkte im Wandel! Unternehmen im Wandel. Und der Mensch?

Leitwolf oder Leidwolf?!

Wer andere führen will, muss zunächst sich selbst führen können

Kurzbiografie

Isabelle Ziegler studierte Betriebswirtschaftslehre und Psychologie an den Universitäten Bochum und Düsseldorf. Im Anschluss an ihre dreijährigen Managementerfahrungen bei RTL ist die Diplomkauffrau seit 1997 als Beraterin, Coach und Referentin für Führungskräfte und Mitarbeiter tätig; zunächst beim Institut für angewandte Kreativität und ab 1998 bei Kienbaum Management Consultants. Seit Mai 2002 arbeitet sie selbstständig.

Neben ihren Impulsvorträgen bietet Isabelle Ziegler Seminare zu den Themen Führung, Kommunikation, Transformation und Positionierung sowie Team- und Einzelcoachings für Führungskräfte an. Auf sehr lebendige, erfrischende Art schlägt Isabelle Ziegler Brücken zwischen Ökonomie und Menschen sowie zwischen Mensch und Mensch. Sie vermittelt ein neues Bewusstsein, neue Perspektiven auf bekanntes Business.

Referenzen und Kundenstimmen

»Es hat Spaß gemacht, es war spannend und von bester Qualität!«
Claus Stopinski, Unternehmerforum Marktplatz Führung

»Ihr erfrischender, überzeugender und rhetorisch perfekter Vortrag macht Lust auf mehr. Isabelle Ziegler stellt sich hervorragend auf ihr Publikum ein und gibt immer wieder brillante Gedankenanstöße.« *Meiert J. Grootes, Chairman Panadoro Group Ltd.*

»In unseren Tranformationsprozess von einem inhaber- zu einem managementgeführten Unternehmen hat uns Frau Ziegler erfolgreich auf sehr individuelle Weise unterstützt. Durch ihre offene und zugleich verbindliche Art hat sie alle Beteiligten gefordert, abgeholt, eingebunden und vorangebracht. Wir freuen uns auf die weitere Zusammenarbeit.«
Manfred Ritter, Dr. Christopher Heinemann, Geschäftsführer Manufactum

Auszeichnungen und Pressestimmen

»»Satte Löwen jagen nicht«, das pfiffige Referat von Isabelle Ziegler weckte beim Investors Cocktail der EEK Finanzplanung die Aufmerksamkeit der rund 300 Gäste im Bellevue Palace in Bern.« *Berner Bär*

PETRA ZIEGLER

Themen

Erfolgsfaktor Stimme – stimmig sprechen als Führungskraft

Die Stimme am Telefon
Ihre ganz persönliche Visitenkarte

Erfolgsfaktor Stimme
Ihre ganz persönliche Visitenkarte

Diese Vorträge verstehen sich immer als interaktive Vorträge.

Kurzbiografie

Petra Ziegler, geboren in Ulm/Donau, studierte Linguistik/Romanistik und absolvierte parallel dazu eine 7-jährige klassische Gesangsausbildung. Nach dem Magister Artium machte sie noch in Stuttgart eine Schauspielausbildung und legte beim damaligen Süddeutschen Rundfunk die Sprecherprüfung ab. Sie spielte an verschiedenen Theatern und in Fernsehrollen, u. a. auch in Musicals. Außerdem war sie als Synchronsprecherin und -autorin in über 120 Filmen tätig. Seit 1982 singt sie deutsch-französische Chansons mit Tourneen durch ganz Deutschland. 2001 Veröffentlichung der CD ZWISCHENTÖNE.

Seit 1990 ist sie als Stimm- und Sprechtrainerin in den verschiedensten Unternehmen unterwegs. Der Kundenkreis geht von Fach- und Führungskräften bis zu Mitarbeitern in Callcentern.

Ihre Vortragstätigkeit führt sie durch ganz Deutschland und ins europäische Ausland.

Petra Ziegler ist Mitglied bei der manager-lounge und im europäischen Stimmnetzwerk stimme.at.

Referenzen und Kundenstimmen

»Durch ihre ganzheitliche Herangehensweise und pragmatischen Tipps hat Frau Ziegler mir geholfen, mehr Erfolg bei Vorträgen und Diskussionen zu erzielen und dabei trotzdem authentisch zu bleiben.« *EnbW AG*

»Sehr unterstützend waren Ihre Motivation und Begeisterung sowie Ihre persönliche Ausstrahlung.« *Putzmeister AG, Betonpumpen*

Auszeichnungen und Pressestimmen

Artikel über Petra Ziegler im manager magazin, Focus , bei T-Online, in der Stuttgarter Zeitung, Stuttgarter Nachrichten, Pforzheimer Zeitung, Esslinger Zeitung.

PROF. DR. CHRISTIAN ZIELKE

Kurzbiografie

»Der Weg zu allem Großen geht durch die Stille. – Je tiefer die Stille, desto höher die Inspiration. – Ich habe zum Glück mit Hilfe guter Freunde und günstiger Umstände alles gefunden, wofür es sich zu leben lohnt.« Und dies wünsche ich von Herzen auch Ihnen:

Geboren 1962 – Hauptschule, Realschule und Gymnasium – Marine – Entwicklungshilfe – Studium der Rechtswissenschaften, Sozialwissenschaften, Pädagogik und Theologie – arbeitsrechtliche Promotion – verantwortliche Positionen in internationalen Unternehmen: Außenhandelskammer Hongkong, DaimlerChrysler, Hoechst AG und Preussag Konzern, zuletzt als internationaler Personalleiter für das weltweite Erdölgeschäft in 18 außereuropäischen Ländern – Fachanwalt für Arbeitsrecht, Managementberater, Executive-Coach, Trainer und Buchautor: langjährige erfolgreiche Beratung oberer Führungskräfte ausgewählter DAX-Unternehmen in Fragen der persönlichen Effizienzsteigerung und der Leistungsverbesserung ganzer Organisationseinheiten mit Schwerpunkt Vertrieb – mit 37 Jahren zum Professor für Kommunikation in der Wirtschaft und Personalmanagement berufen – Gründung eines eigenen Instituts für obere Führungskräfte im Bereich des persönlichen und unternehmerischen Erfolgs, spezialisiert auf Führung, Kommunikation und Motivation in Krisenzeiten – Keynote-Speaker für besondere Managementthemen, die das Leben bewegen, und als Experte und Impulsgeber zu Gast in Rundfunk und Fernsehen.

»Das Leben ist endlich. Nutzen wir die uns gegebene Zeit nach den für uns richtigen Prioritäten.«

Referenzen und Kundenstimmen

»Ein überwältigender Vortrag, der viele Teilnehmer unseres Unternehmens Executives Programmes noch heute beflügelt. Das macht Lust auf mehr und steckt absolut an!« *Patricia Christen, EGS Executive Education, Oestrich-Winkel*

»Über einen Mann wie Sie zu lesen ist ja schon spannend. Aber in Kontakt zu treten ist ein echter Höhepunkt: eine Entdeckungsreise und das Beste ist: Was ich durch Sie entdeckte, ist wirklich wertvoll.« *Andreas Kluge-Rech, Qualitätsmanagement, Dr. Ing. h.c.F. Porsche AG*

Auszeichnungen und Pressestimmen

Aufnahme in Marquis »WHO'S WHO IN THE WORLD«

»Der Mann der unprätentiösen Rede« *Dr. Ursula Kals, FAZ*

Themen

Hurra, es ist Montag – es geht zur Börse
Führung und Motivation in schweren Zeiten

Nie wieder ohne Auftrag!
Sogwirkung durch Magnetmarketing!

Magische Verkaufspräsentationen
Sicher zum Abschluss!

Schwierige Kunden, Vorgesetzte, Kollegen und Mitarbeiter
So sparen Sie Zeit, Kosten und Nerven!

Veröffentlichungen

Bücher u. a.: **Die häufigsten Managementfehler**, 2. Auflage, Haufe Verlag 2007 - 1. Auflage in russischer Übersetzung 2006

Management Trainer mit CD-Rom
2. Auflage, Haufe Verlag 2007

CDs/DVDs u. a.: **30 Minuten für Ihre Jobsicherheit** als Buch (2005) und Hörbuch, Gabal Verlag 2008

Führungstechniken live
als Buch und Hörbuch, Haufe Verlag 2007

www.vortragsimpulse.de

WALTER ZIMMERMANN

Kurzbiografie

Walter Zimmermann, 1963 im Allgäu geboren, ist der Selfmademan. Bereits mit 21 Jahren macht er sich selbstständig und baut einen Vertrieb mit 240 Mitarbeitern auf. Mit 30 Jahren verkauft er sein erstes Unternehmen und beginnt seine Kenntnisse und praktischen Erfahrungen in Vorträgen und Trainings weiterzugeben. Dabei legt er extrem viel Wert auf Praxisnähe und Umsetzbarkeit. Es entsteht daraus der Schwerpunkt »Effizienz«, wozu er bereits 2004 sein erstes Werk veröffentlicht. Mittlerweile ist das Thema Effizienz in allen Wirtschaftsbereichen und sogar bei Modellbezeichnungen der Automobilhersteller nicht mehr wegzudenken. Wenn es gilt, vorhandene Vertriebsressourcen bzw. Marketingbudgets effizient einzusetzen, ist er der bedeutendste Experte zu diesem Thema. Er ist dabei so erfolgreich, dass er seit Jahren zu den Top-100-Speakern im deutschsprachigen Raum zählt und Dozent an verschiedenen Hochschulen ist. Seine Kunden wie z. B. Bayer Schering, Henkel, McDonald's und viele andere, schätzen die pragmatische Art und hohe Umsetzbarkeit seiner Herangehensweise.

Themen

Messbar mehr Neukunden – kein Zufall, sondern System!

Der Ertrag pro Kundenkontakt lässt sich nachweisbar steigern

Die Nummer 1 im Kundenkopf
So kommen Sie auf die Überholspur

Zukunftsmarkt Erlebnisindustrie
So starten Sie künftig von der Pole-Position

Veröffentlichungen

Referenzen und Kundenstimmen

»... ich hatte das Glück, gestern Ihrem Vortrag in Bad Homburg folgen zu können. Sie haben meine Kollegen und mich wahnsinnig begeistert. Ihre Art ist so motivierend und erfrischend. Ihr offener Umgang mit den Zuhörern, das Zugeben, auch selbst Fehler begangen zu haben und Selbstzweifeln ausgesetzt gewesen zu sein, sowie die Hinweise auf die Schwierigkeit der Umsetzung Ihrer Vorschläge differenziert Sie von Ihren ›Kollegen‹. Diesen offenen Umgang kannte ich bisher nur aus Vorträgen von Herrn Jörg Löhr.« *Rainer Schäfer, Geschäftsführer, Lufthansa City Center International GmbH*

»... ich möchte mich noch einmal recht herzlich bei Ihnen für die erfolgreiche Begleitung unserer Touch-in-Town-Tour bedanken. Ich bin sehr froh darüber, dass Sie als Speaker mit dabei waren und jeden Abend erneut die Teilnehmer in Ihren Bann gezogen haben. Es war begeisternd, wie konstant es Ihnen gelungen ist, an allen fünf Veranstaltungen eine solch gleichbleibend hohe Qualität abzuliefern. Dazu kann ich nur sagen: ›hochprofessionell‹. Ihr Vortrag war das jeweilige Herzstück der Veranstaltung.« *Holger Kaestner, Manager Market STD, Samsung*

Auszeichnungen und Pressestimmen

Club 55 European Community of Experts in Marketing and Sales Q-Pool 100

Top 100 Member 2010 Speakers Excellence

GSA German Speakers Association

»... einer der 10 Erfolgsmacher 2007 in Deutschland.« *Magazin FOCUS*

»Jammerern und Zögerern nimmt Walter Zimmermann gehörig den Wind aus den Segeln.« *Psychologie Heute*

BERND ZIPPER

Themen

Treibende oder Getriebene?
Ein Ausblick auf 2020 - wir verändern technologische Trends unsere Kommunikation und Gesellschaft?

Geistiges Eigentum, Innovation oder Wettbewerbsbehinderung?
Wie Patente im Wettbewerb instrumentalisiert werden

Zukunft des Publishing
Wie wir in Zukunft Medien produzieren werden

Publishing im Jahr 2020
Trends, Prognosen, Hypothesen

Veröffentlichungen

Kurzbiografie

Bernd Zipper, geb. 1967, Technologie- und Strategieberater, Publizist.

Bernd Zipper ist CEO der zipcon consulting und des zipcon consulting network und gilt als Trendscout und Trendsetter in Sachen Publishing- und Kommunikationstechnologien. Bereits seit Mitte der 90er Jahre ist er als Consultant in diesem Bereich aktiv und international bekannt durch seine Publikationen in Seybold Report, Publishing Praxis sowie Deutscher Drucker. Bernd Zipper ist gleichermaßen Praktiker, Stratege und Visionär. In seinen Vorträgen, Beiträgen, Workshops und auf Konferenzen spannt er den Bogen von der Idee zur Umsetzung und von der Bestandsaufnahme zur Vision.

Bernd Zipper treibt die Frage um, wie der technologische Wandel die Kommunikationslandschaft verändert und wie man dabei erfolgreich die wirtschaftliche und gesellschaftliche Zukunft gestalten kann.
Das Thema Web-to-Print ist dabei ein persönlicher Schwerpunkt des Beraters aus dem Ruhrgebiet. Der Herausgeber des Onlineservice beyondprint.de wird als praxisorientierter und kritischer Technologie- und Strategieberater, Referent und Moderator geschätzt. Seine visionären Vorträge gelten weltweit als richtungsweisende Managementempfehlung für die Druck- und Medienindustrie. Seit 2008 ist er Lehrbeauftragter der Universität Wuppertal am Lehrstuhl von Prof. Heinz-Reiner Treichel.

Referenzen und Kundenstimmen

»Bernd Zipper ist ein Denker. Bernd Zipper ist ein Philosoph. Bernd Zipper ist ein Innovator. Er war einer der Ersten, die Web-to-Print verstanden und hierfür eine Leidenschaft entwickelt haben. Bernd Zipper ist unser Guide in die Zukunft der Printindustrie.« *Prof. Frank Romano, RIT School of Print Media*

»Die Zusammenarbeit mit Bernd Zipper ist uns einerseits ein unerschöpflicher Quell von Ideen und sprudelnder Kreativität. Andererseits hilft er uns auch immer wieder, die notwendige Erdung und die Besinnung auf die tatsächliche Marktrelevanz unserer Lösungen und Stategien zu finden.« *Thomas Masselink, Geschäftsführer BWH GmbH*

Auszeichnungen und Pressestimmen

»Mit ihrem Web-to-Print-Forum haben der BVDM und Bernd Zipper von zipcon Zeichen gesetzt.« *Druckspiegel 1/2007*

»Web-to-Print ist zurzeit das heißeste Thema der Printbranche.« *page 4/2008*

JÜRGEN ZIRBIK

Themen

Führung by GMV
Schluss mit dem »Geblubber«

Management by GMV
Vertrauen ist gut, ...

Meetings by GMV
Keine Kaffeekränzchen mehr

Business-Kommunikation by GMV
Wenn die schon den Mund aufmachen ...

Veröffentlichungen

Das GMV-Prinzip®
(voraussichtlich 2010)

Die Fernseh-Station
(1998)

Die Radio-Station
(1996)

Ziele – endlich eigene Ziele finden und erreichen
E-Book

Kurzbiografie

Jürgen Zirbik, geboren 1957 in Ebern/Unterfranken, Unternehmer, Business-Trainer und -Coach, Pädagoge, Journalist, Autor, Netzwerker, Provokateur.

Nach Lehramtsstudium für Sport und Germanistik und Referendariat absolvierte Jürgen Zirbik 1986/1987 ein Hörfunkvolontariat, studierte zusätzlich Kommunikationswissenschaft und war in den folgenden 15 Jahren Moderator, Journalist, Reporter, Autor, Chefredakteur und Geschäftsführer bei verschiedenen privaten Radiostationen, Hörfunk- und TV-Journalist bei WDR, RTL und Sat.1. Er veröffentlichte Medien-Fachbücher und schrieb zusätzlich für Tageszeitungen und das Wirtschaftsmagazin »Brand eins«.

Nach Journalisten- und Medienlaufbahn schwenkte er als PR-, Marketing- und Kommunikationsberater verstärkt in den Business-Kontext. In verschiedenen PR- und Werbeagenturen war er als Führungskraft, Berater und Moderator tätig.

Seit 2004 liegt sein Schwerpunkt mit zirbik Business-Coaching auf dem Training und Coaching von Führungskräften und der Optimierung der Business-Kommunikation. Hier trainiert er in Workshops zu den Themen »Führung«, »Kundenbindung«, »Unternehmens-Ziele«, »Business-Sparring« und »Kommunikation«. Vortrags-, Coaching- und Trainingsstil nutzen Elemente aus dem NLP, dem (Kampf)Sport, aus Pädagogik und Psychologie.

Als Redner tritt er in Impuls-Vorträgen provokativ und mit gesundem Menschenverstand (GMV) auf.

Das GMV-Prinzip® ist ein weitgehend neuer Ansatz, gerade für Management und Führung, nach dem Motto: »Schluss mit dem ›Geblubber‹, einfach, wahr, klar, deutlich – Punkt.« Nachdem er kaum noch GMV im Business feststellen kann (und damit nicht alleine ist), hat er sich der Mission GMV verschrieben.

Jürgen Zirbik ist Gründer der Ziele Akademie und u. a. engagiert beim weltweiten Unternehmernetzwerk BNI – Business Network International und wurde als Netzwerker des Jahres in 2008 ausgezeichnet.

Referenzen und Kundenstimmen

»Er hat die Fähigkeit, sich als kompetenter Coach nicht in den Vordergrund zu spielen und trotzdem die Gruppe so zu führen, dass sie ohne große Umwege fast automatisch zum Ziel kommt. Erfolgserlebnis vorprogrammiert.« *Barbara Spangler, LGA Qualitest GmbH*

»Jürgen Zirbik steuert die Teilnehmer durch seine professionelle, zielorientierte, keinesfalls konfliktscheue aber persönlich sehr angenehme Art interessanterweise immer zu einem allseits getragenen Ergebnis. Dabei schafft er mit leichter Hand die für die Einzelnen und die Gruppe notwendigen individuellen Freiräume, in denen kreatives Denken erst möglich wird.« *Bruno Ruckriegl, TÜV Rheinland Group*

DR. DR. HERMANN-JOSEF ZOCHE

Themen

Firmenethik als Erfolgsfaktor

Gutes Geld verdienen

Die Zehn Gebote als Basis für eine Firmenethik

Freude ist die Voraussetzung für den Erfolg

Veröffentlichungen

Kurzbiografie

Hermann-Josef Zoche, geb. 1958 in Bremen. Studium der Philosophie und Theologie in Frankfurt/M., Freiburg, München und Augsburg. Promotion in katholischer Theologie (Augsburg, über Gnadenlehre) und in systematischer Philosophie (Freiburg, über Systeme des Denkens), im Nebenfach Studium in Wirtschafts- und Sozialwissenschaften, Ordenseintritt (1983) bei den Augustiner Chorherren der »Brüder vom Gemeinsamen Leben« in Maria Bronnen, Priesterweihe 1987, seit 1991 Pfarrer in Waldkirch bei Waldshut/Schwarzwald. Über 20 Buchveröffentlichungen, darunter Fachbücher für Manager mit Bestsellern wie »Die Zehn Gebote für Manager«, »Das Bibel-Brevier für Manager«, »Jesus und die Marktwirtschaft«, »Die Jesus AG«. Zeitungs- und Zeitschriftenartikel, viele Radio- und Fernsehbeiträge, Vorträge im In- und Ausland.

Hermann-Josef Zoche ist Spezialist für alle Fragen der Firmenethik. Er hat sich einen Namen gemacht mit Vorträgen zu den zentralen Themen Ethik, Sinn, Erfolg und Konflikte. Seine besondere Fähigkeit besteht darin, auch allgemein menschliche Themen in seine Vorträge einzubinden. Mit praktischen Beispielen und nachvollziehbaren Erklärungen macht er auch schwierige philosophische Inhalte allgemein verständlich. Pater Zoche fasziniert seine Zuhörer mit der heute so selten gewordenen freien Rede. Seine Gabe und sein Medium ist das Wort. Mit oft witzigen und spontanen, zugleich aber nachdenklich stimmenden und tiefsinnigen Gedanken wird jeder Vortrag zu einem unverwechselbaren Erlebnis, aus dessen sprühender und zugleich gebündelter Energie Zuhörer jedweder Couleur Gewinn ziehen.

Eine besondere Note bekommen die Vorträge dadurch, dass Pater Zoche aktiv als Pfarrer im Südschwarzwald tätig ist und seine Reden mit vielen Praxisfällen würzen kann. Seine Vorträge laden dazu ein, über den eigenen Tellerrand hinauszublicken und sich wenigstens für eine kurze Zeit mit den wirklich wichtigen Dingen des Lebens zu befassen.

Pater Zoche ist gefragter Redner bei Kongressen, Symposien und Tagungen, ebenso auch bei Jubiläen und anderen Feierlichkeiten. Er kann Hebräisch, Latein und Griechisch und spricht Englisch, Französisch sowie Italienisch, seine Vorträge allerdings hält er nur auf Deutsch.

TERESA ZUKIC

Themen

Der befreiende Umgang mit Fehlern

Jeder ist normal, bis du ihn kennst
Von der spirituellen Kraft, Menschen zu (er)tragen

Abenteuer Christ sein
5 Schritte zu einem erfüllten Leben

Fit mit der Bibel
7 Überraschungen aus der Bibel, um erfolgreich zu sein

Veröffentlichungen

Kurzbiografie

Schwester Teresa Zukic, 1964 geboren in Kroatien, deutsche Staatsbürgerin, Dipl.-Religionspädagogin, Buchautorin, Malerin, Komponistin für Musicals, Initiatorin von Kirchenfestivals und neuen Gottesdienstformen, ist Referentin für Erwachsenenbildung und Ordensschwester, wenn auch eine außergewöhnliche.

Aufgewachsen in Weinheim a. d. Bergstraße, wurde sie als Sportlerin im Kunstturnen und als Mehrkämpferin in der Leichtathletik bekannt. Im Sportinternat, kurz vor dem Abitur, endeckt sie die Bibel in einer Nacht, lässt sich taufen und tritt ins Kloster ein. 1994 gründet sie ihre eigene Gemeinschaft: die Kleine Kommunität der Geschwister Jesu in Pegnitz.

Die FAZ betitelte sie als die »deutsche Antwort auf Sister Act«. Bekannt geworden als »skateboardfahrende Nonne« ist das Multitalent aber längst darüber hinausgewachsen. Als Publikumsmagnet füllt sie mit ihren Vorträgen Säle, mit ihren Musicals und außergewöhnlichen Gottesdiensten die Kirchen. Schwester Teresa ist Gastreferentin bei Managerseminaren, diskutiert seit Jahren in Talkshows mit Beckmann oder gewinnt 100.000 Euro im Wissensquiz bei Jörg Pilawa. 2004 erhält sie den Kulturpreis für Musik und Gegenwartsliteratur in Bayreuth.

Ihre große Internet- und Medienpräsenz verdankt sie ihrem unermüdlichen Fleiß. Mit 70 Vorträgen im Jahr begeistert sie Christen aller Konfessionen, Unternehmen und Wirtschaftsforen.

Referenzen und Kundenstimmen

»Sie hat das Herz getroffen. Es war ein Highlight in unserer langjährigen Veranstaltungsreihe.« *H. Wollner, SchmidtColleg 2008*

»Es war faszinierend, den Motivationsfunken auf die Teilnehmerinnen überspringen zu sehen, mit fantastischem Feedback.« *Anne-Katrin Heger, Telis-Finanzen zum Women Business Day '09*

»Schwester Teresa hat sich auf ihre unnachahmliche Art, die kaum verbal zu beschreiben ist, große kulturelle Verdienste erworben.« *Laudatio zum Kulturpreis von Landrat Dr. Dietl, Bayreuth*

Auszeichnungen und Pressestimmen

»Eine Referentin, die Furore macht.« *fff-Bayreuth*

»Das Phänomen ›Schwester Teresa‹ ergriff im Nu alle Anwesenden.« *Regensburger Stadtmission*

RALF A. ZUNKER

Themen

Die Brain-Watchers
Bleiben Sie mental auf der Höhe

Charisma
Wirkungsvolles Auftreten
Überzeugende Darstellung
So gewinnen Sie andere

Einfluss mit Strategie
Argument, Sachebene ...
und weitere Irrtümer

Verhandlungspsychologie vom Feinsten
Die Kunst der AIKIDO-Rhetorik

Veröffentlichungen

Kurzbiografie

Ralf A. Zunker mag. art.: Der Initiator, der Erfolgs-Potenziale multidimensional aktiviert! Neben seinen Studien ist Ralf A. Zunker mit allein 40 Jahren Bühnen-, 20 Jahren Fernseh-, Rundfunk- und Synchronerfahrung ein Mann der Tat. Er unterrichtet seit 28 Jahren, ist seit 16 Jahren Trainer und Dozent und verbindet komplexes Wissen mit außergewöhnlicher Erfahrung zu einem praxisorientierten Konzept. Er arbeitete mit Größen wie: Johannes Heesters, Samy Molcho, Günter Strack, Manfred Krug, Pit Krüger, Gunter Phillipp.

- Studium der Chemie, Mathematik und Physik (TU Darmstadt)
- Studium der Psycholinguistik (Goethe-Universität Frankfurt) Dr. habil. Roland F. Varwig
- Psychoanalyse Prof. Dr. Kutter ehem. Vorsitzender d. Psychoanalytischen Vereinigung
- Cert. Hypnotiseur ABH aufgenommen im American Board of Hypnotherapy
- Studium der Theater-, Film- und Fernsehwissenschaften (Goethe-Universität Frankfurt)
- Rhetorik-Studium bei Prof. Dr. phil. Schlosser und Prof. Dr. phil. Frey
- Doktorand der Psycholinguistik
- Cert. NLP-Lehr-Trainer DVNLP Anthony Robbins, Bryan Tracy S. Landsiedel, C. Salgado
- Cert. NLP Master-Practitioner INLPTA International NLP Trainer Association
- Mental-Training AA
- Remote-Viewing
- Cert. Reiki Meister & Lehrer n. Dr. Mikao Usui, Ausbildung: Institut für Energetische Therapie Bobby N. Hepp
- Cert. Schauspieler – Sprecher – Regisseur
- Ausbildungen bei Freiherr Sweder von dem Bussche-Hünnefeld, Eva Zeidler, Th. Morawietz, I. Setzinger-Corner
- Staatl. Schauspiel-Examen Berlin
- Arbeit für Theater, Funk & Fernsehen: ZDF/HR/SAT1 etc.

Referenzen und Kundenstimmen

Teilnehmer nennen ihn den »Leonardo da Vinci« der Neuzeit.

»Sie sollten Ihre Teilnehmer künftig vorwarnen, dass ihr Leben in den Wochen und Monaten danach eine Wendung nehmen könnte, die jegliche Vorstellungskraft übersteigt. Ich jedenfalls habe es so erlebt.«
Anja Kolbe

»Seit über 20 Jahren besuche ich jährlich eine Weiterbildungsveranstaltung mit namhaften Referenten. Das Seminar von Herrn Zunker zähle ich zu den besten.« *Benjamin Güller, Gen.-Manager Steigenberger Inselhotel Konstanz*

Auszeichnungen und Pressestimmen

- Aufgenommen unter die Top-100-Trainers-Excellence
- Aufgenommen in die German Speakers Association GSA
- Aufgenommen im »Best-of« der Seminator AG

JÜRGEN ZWICKEL

Themen

PACK'S AN!
Sei positiv anders durch anpackende Selbstmotivation

PACK'S AN!
Mit den wichtigsten 150 Millimetern im Leben motiviert und erfolgreich handeln

PACK'S AN!
Hör auf zu jammern und zu klagen – beweg dich endlich! Veränderungen motiviert anpacken

PACK'S AN!
So wirke und rede ich KREAVIEREND im Vertrieb und in der Führung

Veröffentlichungen

Veröffentlichungen im Jahr 2010

Kurzbiografie

Jürgen Zwickel, 1969 geboren, ist Experte für ein starkes persönliches und unternehmerisches Motivations-Management. Da er sich schon in sehr jungen Jahren beruflich dazu entschloss, sein Hauptaugenmerk auf den Umgang mit Menschen zu legen, und in seinen Berufsjahren in einer großen Bankengruppe als Verantwortlicher erfolgreich verschiedene Stationen im Vertrieb, in der Personalentwicklung und als Persönlichkeits-, Vertriebs- und Führungskräftetrainer durchlief, hat er sich jetzt seit einigen Jahren als selbstständiger Experte auf ein Thema spezialisiert, das ihn schon über die gesamten Jahre seines abwechslungsreichen beruflichen und persönlichen Weges immer sehr interessierte und auch faszinierte: die Motivation von Menschen als Grundlage für persönliche Spitzenergebnisse im Beruf und im Leben.

Dafür hat er, auch dank seiner über zwei Jahrzehnte gemachten praktischen Erfahrungen und Erkenntnisse und durch seine verschiedensten Aus- und Weiterbildungen in diesem Bereich, ein spezielles System kreiert, das klare und nachhaltige Motivation zum Handeln beim Menschen entstehen lässt und somit zu persönlichen Spitzenergebnissen führt: PACK'S AN! – das starke Motivationssystem, das anpackt ... damit's rund läuft in Führung, Vertrieb und Leben. Dabei geht es zum einen in der ICH-SELBST-Motivation um die zehn starken Punkte für unternehmerische, berufliche und persönliche Entwicklung und zum anderen um die Bausteine für ein motivierendes Kommunizieren und Umgehen mit anderen Menschen in Führung und Vertrieb – KREAVIEREND sein in Führung und Vertrieb. Denn nur durch einen motivierenden Umgang mit mir selbst und mit anderen ist das Erreichen von Spitzenergebnissen in allen Bereichen, ob Vertrieb, Führung oder der eigenen Persönlichkeit, erst möglich.

Referenzen und Kundenstimmen

»Den Vortrag empfand ich als sehr erfrischend. Sehr gut gefielen mir die sieben Bewegungssteine, durch die Jürgen Zwickel den Spannungsbogen vom Anfang bis zum Schluss erhalten hat und durch die auch im Nachhinein eine gute Orientierung gegeben ist. Jürgen Zwickel versprüht positive Energie und brachte mit seinem Vortrag neue Bewegung in meinen Kopf! Komme gerne wieder!« *Hermann Zeissner, DAK – Leiter Vertrieb Mittelfranken*

»Beeindruckend, wie Jürgen Zwickel es schafft, mit Emotionen und Natürlichkeit seine Zuhörer zum Nachdenken über das ›Alltägliche‹ zu bewegen. Jeder Mensch hat Stärken – er muss nur lernen, sie zu erkennen. Der Vortrag gibt tolle Erkenntnisse, wie wir unser Denken und Handeln Tag für Tag aufs Neue positiv beeinflussen können – sowohl beruflich, als auch privat!« *Stefan Andraschko, Verkaufsberater Toyota Automobiles Deutschland*

Auszeichnungen und Pressestimmen

»Der Redner und Trainer Jürgen Zwickel zog die Anwesenden in seinen Bann.« *Donaukurier*

REGISTER

VORTRAGS-KATEGORIEN

VORTRAGSKATEGORIEN

ALLIANZEN & NETZWERKE	767	SPORT, GESUNDHEIT & FITNESS	819
EINKAUF	768	STRESSMANAGEMENT	820
GEDÄCHTNISTRAINING	769	TEAMENTWICKLUNG	822
GESCHICHTE & LITERATUR	770	TEAMWORK & NETWORKING	824
INNOVATION, ZUKUNFT & VISIONEN	771	UMWELT & ENERGIE	826
JOURNALISMUS & MEDIEN	774	UNTERNEHMENSERFOLG	827
KOMMUNIKATION	775	UNTERNEHMENSKULTUR & ETHIK	829
KÖRPERSPRACHE	780	VERTRIEBSMETHODEN	832
KREATIVITÄT	781	WIRTSCHAFT & FINANZEN	834
KUNDENBINDUNG & VERTRIEB	783	WISSENSCHAFT	835
KUNST & KULTUR	786	WORK-LIFE-BALANCE	836
LÄNDER & KULTUREN	787	ZEITMANAGEMENT	838
MANAGEMENT	788		
MARKEN & MARKETING	792		
MÄRKTE & STRATEGIEN	794		
MENSCHENFÜHRUNG	797		
METEOROLOGIE & KLIMAFORSCHUNG	801		
MOBILITÄT, UMWELT & ENERGIE	801		
MOTIVATION	802		
MOTORSPORT & TECHNIK	803		
NEUE TECHNOLOGIEN & MEDIEN	803		
PERSÖNLICHKEITSENTWICKLUNG	805		
POLITIK & ZEITGESCHEHEN	808		
PROJEKTMANAGEMENT	809		
PSYCHOLOGIE & PÄDAGOGIK	810		
REISEN & EXPEDITIONEN	813		
RHETORIK	814		
SPIRIT & WERTE	816		

VORTRAGSKATEGORIEN
ALLIANZEN & NETZWERKE

B

Bauer-Jelinek, Christine
Beyer, Joachim G.
Biermann, Jasmin
Böhm, Michael
Brandau, Lars
Brühl, Johanna

C

Christiani, Alexander
Cole, Tim

D

Derks, Ariane
Deters, Monica
Drax, Ulrich
Dreykorn, Prof. Klaus-Peter

E

Ematinger, Reinhard
Etrillard, Stéphane

F

Fischer, Dr. Jörg

G

Garrelts, Frank
Garten, Matthias
Geisselhart, Roland

H

Haas, Martina
Hahn, Prof. Carl H.
Hahn, Thorsten
Haider, Siegfried
Händeler, Erik
Heinz, Susi
Heller, Elisabeth
Himmelreich, Achim
Horx, Matthias

J

Janssen, Benedikt
Junk, Ann

K

Kalkbrenner, Christian
Kittl, Armin
Klöckner, Bernd W.
König, Helmut
Koschnitzke, Frank
Koye, Prof. Dr. Bernhard
Kreuter, Dirk

L

Lejeune, Dr. phil.h.c. Erich
Lutz, Dieter

M

Metzler, Jutta
Michels, Dr. Rolf
Minderer, Raimund

N

Nienaber, Tjalf

O

Onneken, Jacobus
Ott-Göbel, Brigitte

P

Plath, Alexander

R

Radetzki, Thomas
Reithmann, Matthias
Reusch, Frank Alexander
Rumohr, Joachim

S

Sandvoss, Michael
Saneke, Dr. Bernhard
Sauldie, Sanjay
Sokkar, Sami
Spiering, Renate

Sch

Schara, Michaela
Scheddin, Monika
Scherer, Bernd
Scheuss, Dr. Ralph
Schleicher, Thomas
Schmidhuber, Christine
Schön, Carmen
Schönleber, Norbert
Schukart, Martin

V

Voller, Torsten

W

Wachs, Friedhelm
Wala, Hermann
Wartenberg, Sebastian
Weiner, Christine
Wenger, Ruth
Will, Torsten
Wittig, Christiane

Y

Yarom, Lior I.

Z

Zielke, Prof. Dr. Christian
Zirbik, Jürgen

VORTRAGSKATEGORIEN
EINKAUF

F

Forghani, Foad

G

Grossmann, Matthias

H

Herrmann, Ralf

J

Jantzen, Gerhard

K

Karthaus, Detlef

L

Langguth, Veronika

N

Nitzschke, Tobias

W

Willmanns, Rainer

VORTRAGSKATEGORIEN
GEDÄCHTNISTRAINING

B

Braun, Sven

G

Geisselhart, Oliver

H

Heimsoeth, Antje
Hofmann, Markus

K

Karsten, Dr. Gunther
Krengel, Martin
Küthe, Stefan

L

Lejeune, Dr. phil.h.c. Erich

M

Mahr, Renate Irena
Matejka, Laila

N

Neidhardt, Heike

P

Possin, Wilfried

R

Riebe, Dr. Wolfgang

S

Sommer, Dr. Luise Maria

Sch

Schrimpf, Ludger

St

Staub, Gregor

Z

Zunker, Ralf A.

VORTRAGSKATEGORIEN
GESCHICHTE & LITERATUR

A

Altmann, Dr. h.c. Hans

B

Bouillon, Dr. Regina

G

Geisselhart, Roland
Grün, Dr. Klaus-Jürgen

H

Händeler, Erik
Heinz, Susi

P

Pohl, Prof. Dr. Manfred

R

Reithmann, Matthias

S

Siegel, Dr. Monique R.

Sch

Schara, Michaela
Schulak, Dr. phil. Eugen Maria
Strohschein, Dr. Barbara

T

Tissot, Dr. Oliver

W

Waibel, Jochen
Weiner, Christine

VORTRAGSKATEGORIEN
INNOVATION, ZUKUNFT & VISIONEN

A

Adler, Eric
Alt, Dr. Franz
Altmann, Dr. h.c. Hans
Amon, Ingrid
Astor, Frank

B

Baldus, Vinzenz
Bartnitzki, Sascha
Baschab, Thomas
Bauer-Jelinek, Christine
Bauhofer, Dr. Ulrich
Baum, Sigrun
Bennefeld, Christian
Berger, Armin
Berger, Dr. Thomas
Berger, Prof. Dr. Dr. Wolfgang
Berndt, Jon Christoph
Bienert, Caroline
Biermann, Jasmin
Blümelhuber, Prof. Dr. Christian
Bock, Dr. Petra
Bode, Andreas
Bornhäußer, Andreas
Bosshart, Dr. David
Brdenk, Peter
Brügger, Chris
Bublath, Dr. Joachim
Buchenau, Peter
Buholzer, Dr. phil. Sonja
Burger, Christoph

C

Cohn-Vossen, Chris
Cole, Tim
Conzelmann, Gerhard
Cremer-Altgeld, Lilli

D

Dahlke, Dr. Ruediger
Dahlmann, Wolfgang
Dallwitz-Wegner, Dominik
Danz, Gerriet

Drax, Ulrich
Dreykorn, Prof. Klaus-Peter
Dyckhoff, Katja

E

Eberl, Thomas
Eichsteller, Prof. Harald
Eigner, Anja
Enkelmann, Nikolaus

F

Fett, Josua
Fischer, Dr. Jörg
Fischer, Ernst Peter
Föller, Dr. Andreas
Fritsch, Dr. Michael
Fournier, Dr. Dr. Cay von

G

Garrelts, Frank
Garten, Matthias
Gehlert, Thomas
Geisselhart, Roland
Giger, Dr. Andreas
Göller, Thomas
Greisinger, Dr. Manfred
Greisle, Alexander
Grün, Dr. Klaus-Jürgen
Gulder, Angelika
Gurzki, Prof. Dr. Thorsten

H

Haak, Thomas
Haas, Martina
Haas, Mathias
Hagmaier, Ardeschyr
Hahn, Hans-Joachim
Hahn, Prof. Carl H.
Hahn, Thorsten
Halboth, Micaela
Händeler, Erik
Hans, Prof. Dr. Norbert
Haugeneder, Katrin
Hauptmann, Jörg

Hegemann, Brigitte E.
Heimsoeth, Antje
Heindl, Prof. Dr. Eduard
Heinz, Susi
Henke, Claudia
Henne, Dr. Gudrun
Herrmann, Ralf
Hettenkofer, Brigitte
Himmelreich, Achim
Hofert, Svenja
Hoffmann, Dr. Kerstin
Hofmann, Alexander
Holz, Heike
Horx, Matthias
Hubert, Martin

I

Itt, Edgar

J

Janssen, Benedikt
Jánszky, Sven Gábor
Jopp, Heinz Dieter

K

Kaduk, Dr. Stefan
Kaiser, Gabriela
Kamps, Markus
Karmasin, Dr. Helene
Karsten, Dr. Gunther
Katsiamita-Bußmann, Matina
Keicher, Imke
Kenzelmann, Peter
Kerzel, Stefan
Khoschlessan, Dr. Darius
Kilian, Dr. Karsten
Kittl, Armin
Klapheck, Martin
Klaus, Steffen
Kleinhenz, Susanne
Klöckner, Bernd W.
Knauer, Rudolf
Knauer, Ulrike
Knauf, Jürgen T.
Knoll, Ulla
Koch-Mehrin, Dr. Silvana
Kohl, Rüdiger
Köhler, Martin
Köhler, Thomas R.
Koschnitzke, Frank
Koye, Prof. Dr. Bernhard
Kratzmann, Rainer
Krenn, Roland
Krippendorf, Beat

Kübler, Dr. Anette
Kupp, Dr. Martin

L

Lackner, Tatjana
Langendörfer, Simone
Langenscheidt, Dr. Florian
Langsdorf, Antonia
Lejeune, Dr. phil.h.c. Erich
Liebetrau, Axel
Lins, Nadja
Löhner, Michael
Löhr, Jörg
Lutz, Dieter

M

Mader, Thomas
Mahr, Renate Irena
Maier, Andreas P.
Matejka, Laila
Matthies, Peter
Mayer de Groot, Dr. Ralf
Mayr, Dr. Reinhard
Mesnaric, Christa
Meyer, Jens-Uwe
Meyer, Stephan
Micic, Dr. Pero
Mrazek, Sabine
Müller Scholz, Wolf K.
Müller, Hermann
Muthers, Helmut

N

Narbeshuber, Esther & Johannes
Niemetz, Alexander
Nussbaum, Cordula

P

Perl-Michel, Marc
Petek, Rainer
Pfläging, Niels
Pilsl, Karl
Pircher-Friedrich, Prof. Dr. Anna Maria
Plehwe, Kerstin
Pöhm, Matthias

R

Rapp, Dr. Reinhold
Rauscher, Dr. Christian
Reithmann, Matthias
Reusch, Frank Alexander
Rhoda, Michael

Riebe, Dr. Wolfgang
Riesenhuber, Prof. Dr. Heinz
Roos, Georges T.
Roth, Claudia

S

Sánchez, Juan R.
Saneke, Dr. Bernhard
Sauldie, Sanjay
Seelmann-Holzmann, Dr. Hanne
Seidel, Dr. Joachim
Seiwert, Prof. Dr. Lothar
Selalmazidis, Aristidis
Siegel, Dr. Monique R.
Simon, Prof. Dr. Hermann
Simon, Prof. Dr. Walter
Sokkar, Sami
Sommer, Dr. Luise Maria
Spiering, Renate
Spinola, Roland

Sch

Scheelen, Frank M.
Schendl-Gallhofer, Gabriele
Scherer, Bernd
Scherer, Jiri
Scheuss, Dr. Ralph
Schiller, Heidi
Schleicher, Thomas
Schmidhuber, Christine
Schmidt-Tanger, Martina
Schmittknecht, Axel
Schmitz, Prof. Dr. Claudius
Schönleber, Norbert
Schroll, Willi
Schukart, Martin
Schürgers, Prof. Dr. Georg

St

Stargardt, Jochen
Steiner, Mark
Steinle, Andreas
Stenger, Christiane
Sterrer, Christian
Streng, Dr. Michael
Strobel, Thomas

T

Thanner, Christine
Thieme, Heiko
Thinius, Jochen
Tissot, Dr. Oliver

U

Uhlig, Jane
Unger, Magdalena

V

Vater, Gerhard J.
Veyhl, Prof. Dr.-Ing. Rainer
Voigt, Connie

W

Wachs, Friedhelm
Waibel, Jochen
Wala, Hermann
Walch, Dr. Elfy
Weinreich, Uwe
Wenger, Ruth
Wessling, Prof. Dr. Ewald
Westerhausen, Thomas
Wied, Lorenz
Willmanns, Rainer
Wittig, Christiane
Wittig, Sabine
Wohland, Dr. Gerhard
Wöltje, Holger
Wuerz, Timo

Y

Yarom, Lior I.

Z

Ziegler, Isabelle
Zielke, Prof. Dr. Christian
Zipper, Bernd
Zirbik, Jürgen
Zoche, Dr. Dr. Hermann Josef
Zunker, Ralf A.

VORTRAGSKATEGORIEN
JOURNALISMUS & MEDIEN

A

Al-Omary, Falk
Alt, Dr. Franz
Amon, Ingrid
Anker, Dr. Heinrich

B

Bauer-Jelinek, Christine
Baum, Thilo
Baumgartner, Paul Johannes
Begemann, Dr. Petra
Blümelhuber, Prof. Dr. Christian
Bode, Andreas
Brandau, Lars
Bublath, Dr. Joachim

C

Cohn-Vossen, Chris
Cole, Tim
Cremer-Altgeld, Lilli

D

Dagan, Daniel

E

Eichsteller, Prof. Harald

G

Geisselhart, Roland
Gierke, Dr. Christiane
Goldhammer, Prof. Dr. Klaus
Greisinger, Dr. Manfred
Gundlach, Alida

H

Hagspiel, Gerhard
Hahn, Thorsten
Hamberger, Rainer W.
Hauser, Tobias
Heinz, Susi
Himmelreich, Achim

Hoffmann, Dr. Kerstin

J

Junk, Ann

K

Kahn, Oliver
Kappest, Klaus-Peter
Khalil, Christian
Klaus, Steffen
Koch-Mehrin, Dr. Silvana
Köhler, Thomas R.

L

Lackner, Tatjana

M

Mayer de Groot, Dr. Ralf
Metzler, Jutta
Münzner, Christoph
Mengden, Waltraut von

N

Niemetz, Alexander
Nill-Theobald, Dr. Christiane

P

Paulsen, Kai
Pohl, Prof. Dr. Manfred
Pöhm, Matthias

R

Richter, Kay-Sölve
Roth, Claudia

S

Sandvoss, Michael
Spiering, Renate
Spies, Stefan

Sch

Schönleber, Norbert
Schukart, Martin

St

Steinle, Andreas
Stiller, Dirk
Stein, Georg von

T

Tilgner, Ulrich

U

Uhlig, Jane

V

Voigt, Connie

W

Wälde, Rainer
Weiner, Christine
Wessling, Prof. Dr. Ewald
Wittig, Christiane
Wuerz, Timo

Z

Ziegler, Petra

VORTRAGSKATEGORIEN
KOMMUNIKATION

A

Abromeit, Jörg
Adler, Eric
Ahrens, Leif
Al-Omary, Falk
Alt, Dr. Franz
Amon, Ingrid
Arndt, Roland
Aschenbrenner, Anton
Astor, Frank
Auch-Schwelk, Annette

B

Baber, Rainer
Baldus, Vinzenz
Bartel, Stefan
Bartnitzki, Sascha
Battistini, Nicola
Bauer, Michael
Bauhofer, Dr. Ulrich
Baum, Thilo
Baumgartner, Paul Johannes
Becker, Bernhard W.
Belilowski, Hilke
Bellin-Sonnenburg, Rebecca
Ben Said, Daniela A.
Berger, Armin
Berger, Prof. Dr. Dr. Wolfgang
Bernecker, Michael
Betschart, Janet
Betschart, Martin
Beyer, Joachim G.
Bielinski, Rainer
Bilger, Birgit
Bischoff, Irena
Blümelhuber, Prof. Dr. Christian
Bode, Andreas
Böhm, Michael
Bohn, Susanne
Bolbrügge, Dr. Gisela
Bommer, Isabel
Bönisch, Wolfgang
Borbonus, René
Bornhäußer, Andreas
Bösl, Michael
Bosshart, Dr. David
Bottequin, Jean-Marie A.
Bouillon, Dr. Regina
Brablec, Carmen
Brand, Markus

Brandau, Lars
Brandl, Peter Klaus
Brandmeyer, Prof. Dr. Klaus
Braun, Roman
Brügger, Chris
Bublath, Dr. Joachim
Bucka-Lassen, Dr. Edlef
Buholzer, Dr. phil. Sonja
Burger, Christoph
Burger, Thomas
Büssow, Ronald

C

China, Ralf
Christ, Nicolai
Christiani, Alexander
Cohn-Vossen, Chris
Cole, Tim
Correll, Prof. Dr., Werner
Cremer-Altgeld, Lilli
Creutzmann, Prof. Andreas

D

Dagan, Daniel
Dahlmann, Wolfgang
Dallwitz-Wegner, Dominik
Danz, Gerriet
Demann, Stefanie
Dennes, Andrea
Derks, Ariane
Dibué, Barbara
Dieball, Dr. Werner
Dierks, Christiane
Dietz, Angela
Doderer, Prof. Alexander
Drax, Ulrich
Dreeßen, Diana
Dressel, Dr. Martina
Dreykorn, Prof. Klaus-Peter
Dyckhoff, Katja

E

Eggen, Carla
Eichsteller, Prof. Harald
Eigner, Anja
Emmelmann, Christoph
Emrich, Dr. Martin
Engelbrecht, Sigrid
Enkelmann, Dr. Claudia
Etrillard, Stéphane

F

Fett, Josua

Fey, Dr. Gudrun
Fiedler, Heinke
Fischbacher, Arno
Fischer, Claudia
Fischer-Appelt, Bernhard
Forghani, Foad
Först, Regina
Frädrich, Dr. Stefan
Franke, Uwe
Freudenthaler, Alfred
Frey, Jürgen
Fridrich, Michael
Fritsch, Dr. Michael
Fritz, Hannelore
Fritze, Nicola
Fuchs, Dr. Helmut
Fugger, Donata Gräfin
Fournier, Dr. Dr. Cay von

G

Galal, Marc M.
García, Isabel
Garrelts, Frank
Gay, Friedbert
Gehlert, Thomas
Geisselhart, Oliver
Geisselhart, Roland
Gerland, Elke
Goldhammer, Prof. Dr. Klaus
Göller, Thomas
Gorsler, Dr. Barbara
Graber, Barbara
Greisinger, Dr. Manfred
Gross, Ilona
Grotz, Brigitte
Grün, Dr. Klaus-Jürgen
Grundl, Boris
Gundlach, Alida
Gurzki, Prof. Dr. Thorsten
Graeve, Melanie von

H

Haag, Iris
Haas, Martina
Haas, Mathias
Hagmaier, Ardeschyr
Hahn, Thorsten
Hann, Dr. Stephanie
Hans, Prof. Dr. Norbert
Harten, Mathias
Hartig, Jörg
Haugeneder, Katrin
Hauptmann, Jörg
Havener, Thorsten
Hegemann, Brigitte E.

Heimsoeth, Antje
Heinemann, Prof. Dr. Elisabeth
Heinz, Susi
Henke, Claudia
Herkenrath, Lutz
Hermens, Ellen
Herrmann, Ralf
Hertlein, Margit
Herzog-Windeck, Alexandra
Hettenkofer, Brigitte
Hettl, Matthias
Heynemann, Bernd
Hirschmann, Wolf R.
Höcker, Bernd
Hoffmann, Dr. Kerstin
Hofmann, Alexander
Holz, Heike
Horx, Matthias
Howard, Elizabeth „Liz"
Huber, René
Hubert, Martin

I

Ion, Frauke K.
Itt, Edgar

J

Jäger, Roland
Jankowsky, Margaret
Janssen, Benedikt
Jantzen, Gerhard
Junk, Ann

K

Karmasin, Dr. Helene
Karthaus, Detlef
Katsiamita-Bußmann, Matina
Kehl, Wolfgang T.
Keicher, Imke
Kenzelmann, Peter
Kerzel, Stefan
Kessler, Dr. Annette
Khalil, Christian
Kilian, Dr. Karsten
Klapheck, Martin
Klaus, Steffen
Kleinhenz, Susanne
Klöckner, Bernd W.
Kmoth, Nadine
Knauer, Rudolf
Knoll, Ulla
Koch-Mehrin, Dr. Silvana
Köder, Eckhardt
Kohl, Rüdiger

Köhler, Hans-Uwe L.
Köhler, Martin
Köhler, Thomas R.
Kolar-Zovko, Spomenka
Konhardt, Andrea
Konrad, Boris
Koschnitzke, Frank
Kraft, Helmut
Kratzmann, Rainer
Kremmel, Ursula
Kriesten, Michael
Krippendorf, Beat
Krumm, Rainer
Kübler, Dr. Anette
Kühl, Anne
Kurz, Jürgen
Küthe, Stefan
Kutscher, Patrik P.
Kutzschenbach, Claus von

L

Lackner, Tatjana
Lai, Oriana
Lammers, Stefan
Lamprechter, Kirsten
Landauer, Adele
Landwehr, Thomas
Lange, Dieter
Lange, Prof. Dr. Dr.h.c. Gerhard
Langendörfer, Simone
Langer-Weidner, Birgit
Langguth, Veronika
Legien-Flandergan, Beatrice
Lehky, Maren
Lejeune, Dr. phil.h.c. Erich
Lins, Nadja
Liscia, Marcello
Löhner, Michael
Löhr, Jörg
Loschky, Eva
Lüdemann, Carolin

M

Mader, Thomas
Mahr, Renate Irena
Maier, Andreas P.
Martin, Leo
Matejka, Laila
Matschnig, Monika
Matthes, Gerhard
Matyssek, Dr. Anne Katrin
Mayer de Groot, Dr. Ralf
Mazur, Hans-Gerd
Merk, Dr. Markus
Merkel, Birgitt
Mesnaric, Christa
Metzler, Jutta
Meyer, Stephan
Michael, Klaus
Michler, Annekatrin
Michler, Herbert
Mischek, Monika
Moder, Alex
Moesslang, Michael
Mühlbauer, Gabriele
Müller, Hermann
Münzner, Christoph
Mengden, Waltraut von
Münchhausen, Dr. Marco Freiherr von

N

Nasher, Prof. Dr. Lord Jack
Neidhardt, Heike
Niemetz, Alexander
Niermeyer, Rainer
Nill-Theobald, Dr. Christiane
Nimo, Sabine
Nimsky, Beate
Nitzschke, Tobias

O

Oppitz, Stefan
Osmetz, Prof. Dr. Dirk
Ott-Göbel, Brigitte
Otto, Mike John

P

Paulsen, Kai
Philipp, Manuel
Pircher-Friedrich, Prof. Dr. Anna Maria
Plath, Alexander
Plehwe, Kerstin
Pöhm, Matthias
Posé, Ulf
Pritzbuer, Uwe Günter von

R

Rabeneck, Peter
Radetzki, Thomas
Radtke, Dr. Burkhard
Rankel, Roger
Raskop, Friedhelm
Rebel, Nadine S.
Reckhenrich, Jörg
Reisinger, Annette
Reithmann, Matthias
Remenyi, Dr. Imre Marton
Reyss, Alexander
Rhoda, Michael
Richter, Kay-Sölve
Riebe, Dr. Wolfgang
Riedelsberger, Christine
Riedl, Gabriele
Ronzal, Wolfgang
Rosener, Ines
Rossié, Michael
Rückle, Horst
Ruhleder, Rolf H.

S

Saar, Volker
Sánchez, Juan R.
Sander, Sven
Sandvoss, Michael
Saneke, Dr. Bernhard
Sauldie, Sanjay
Seelmann-Holzmann, Dr. Hanne
Seidel, Dr. Joachim
Seiler, Jens
Selalmazidis, Aristidis
Siegel, Dr. Monique R.
Skambraks, Joachim
Sokkar, Sami
Sommer, Dr. Luise Maria
Spiering, Renate
Spies, Stefan
Spinola, Roland
Springer, Dr. Boris
Senftleben, Phillip von
Siebenthal, Isabelle von

Sch

Schara, Michaela
Scheddin, Monika
Scheible, Kurt-Georg
Scherer, Bernd
Schmidhuber, Christine
Schmidt, Nicola
Schmidt-Tanger, Martina
Schmitt, Ralf

Schmitt, Tom
Schmitz, Prof. Dr. Claudius
Schön, Carmen
Schön, Dr. Michael
Schott, Prof. Dr. Barbara
Schukart, Martin
Schuler, Helga
Schüller, Anne M.
Schulz, Klaus-Dieter
Schürgers, Prof. Dr. Georg
Schwarz, Elke
Schweikert, Felix A.
Schwind von Egelstein, Sabine

St

Stargardt, Jochen
Stargardt, Simone
Stehlig, Alexander
Stein, Christiane
Steinborn, Andreas
Steiner, Mark
Steinle, Andreas
Stelzmüller, Christian
Stiller, Dirk
Strobel, Thomas
Strohschein, Dr. Barbara
Struck, Pia
Strupat, Ralf R.
Sturz, Dr.-Ing. Wolfgang
Stein, Georg von

T

Thalheim, Conny
Thinius, Jochen
Tissot, Dr. Oliver
Tomas, Dr. Jens
Topf, Dr. Cornelia

U

Uhlig, Jane
Unger, Magdalena

V

Velde, Robert van de
Vater, Gerhard J.

Veyhl, Prof. Dr.-Ing. Rainer
Vogel, Ingo
Voigt, Connie
Voller, Torsten

W

Wachs, Friedhelm
Wagner, Dieter W.
Waibel, Jochen
Walch, Dr. Elfy
Wälde, Rainer
Warnatz, Ralph
Wartenberg, Sebastian
Weidner, Markus
Weiner, Christine
Weinreich, Uwe
Wenger, Ruth
Wenzel, Dr. med. Petra
Wessling, Prof. Dr. Ewald
Westerhausen, Thomas
Will, Torsten
Willmanns, Rainer
Wittig, Christiane
Wittschier, Dr. Bernd
Wohland, Dr. Gerhard
Worel, Peter A.
Wuerz, Timo

Y

Yarom, Lior I.

Z

Ziegler, Petra
Zielke, Prof. Dr. Christian
Zimmermann, Walter
Zipper, Bernd
Zirbik, Jürgen
Zoche, Dr. Dr. Hermann Josef
Zunker, Ralf A.
Zwickel, Jürgen

VORTRAGSKATEGORIEN
KÖRPERSPRACHE

A

Adam, Clemens
Astor, Frank

B

Bartel, Stefan
Becker, Bernhard W.
Berger, Armin
Beyer, Joachim G.
Bischoff, Irena
Bönisch, Wolfgang
Borbonus, René
Bottequin, Jean-Marie A.

C

Christ, Nicolai

D

Danz, Gerriet
Dennes, Andrea
Dibué, Barbara
Dyckhoff, Katja

E

Eggen, Carla
Enkelmann, Nikolaus

F

Fett, Josua
Fischbacher, Arno
Fischer, Dr. Jörg
Fröhlich, Gabriele

G

Gálvez, Cristián
García, Isabel
Gerland, Elke
Grotz, Brigitte

H

Haag, Iris
Havener, Thorsten
Heimsoeth, Antje
Heinemann, Prof. Dr. Elisabeth
Herkenrath, Lutz
Hertlein, Margit
Hettl, Matthias
Holz, Heike
Howard, Elizabeth „Liz"

K

Katsiamita-Bußmann, Matina
Kenzelmann, Peter
Kerzel, Stefan
Kessler, Dr. Annette
Kmoth, Nadine
Knauer, Ulrike
Kühl, Anne
Küthe, Stefan

L

Langguth, Veronika
Lejeune, Dr. phil.h.c. Erich
Liscia, Marcello
Loschky, Eva
Lüdemann, Carolin

M

Mahr, Renate Irena
Matschnig, Monika
Merkel, Birgitt
Michler, Annekatrin
Moesslang, Michael
Münzner, Christoph

N

Nasher, Prof. Dr. Lord Jack

O

Obst, Gisela
Ott-Göbel, Brigitte

R

Rabeneck, Peter
Raskop, Friedhelm
Rebel, Nadine S.
Richter, Kay-Sölve
Riedelsberger, Christine
Rossié, Michael
Rückle, Horst
Ruhleder, Rolf H.

S

Skambraks, Joachim
Sobainsky, Julia
Spiering, Renate
Spies, Stefan

Sch

Scheible, Kurt-Georg
Schmidt, Nicola
Schmitt, Tom
Schön, Carmen
Schweikert, Felix A.
Schwind von Egelstein, Sabine

St

Strobel, Tatjana

U

Unger, Magdalena

V

Velde, Robert van de

W

Westerhausen, Thomas
Will, Torsten
Worel, Peter A.

Z

Ziegler, Petra
Zielke, Prof. Dr. Christian
Zirbik, Jürgen
Zunker, Ralf A.

VORTRAGSKATEGORIEN
KREATIVITÄT

A

Adam, Clemens
Astor, Frank

B

Baum, Thilo
Bellin-Sonnenburg, Rebecca
Berger, Armin
Berger, Prof. Dr. Dr. Wolfgang
Biermann, Jasmin
Bischoff, Irena
Böhm, Michael
Bouillon, Dr. Regina
Brügger, Chris

D

Danz, Gerriet
Dennes, Andrea
Dibué, Barbara
Doderer, Prof. Alexander
Dyckhoff, Katja

E

Eggen, Carla
Ematinger, Reinhard
Engelbrecht, Sigrid

G

Geisselhart, Oliver
Greisinger, Dr. Manfred

H

Haas, Mathias
Halboth, Micaela
Heimsoeth, Antje
Herkenrath, Lutz
Herzog-Windeck, Alexandra
Hofmann, Markus
Howard, Elizabeth „Liz"
Hubert, Martin

I

Itt, Edgar

K

Karsten, Dr. Gunther
Katsiamita-Bußmann, Matina
Kenzelmann, Peter
Kerzel, Stefan
Kessler, Dr. Annette
Kübler, Dr. Anette
Kupp, Dr. Martin
Küthe, Stefan

L

Lange, Dieter
Langendörfer, Simone
Langenscheidt, Dr. Florian
Lejeune, Dr. phil.h.c. Erich

M

Matejka, Laila
Mesnaric, Christa
Meyer, Jens-Uwe
Michler, Herbert
Mühlbauer, Gabriele
Müller, Waldemar
Münchhausen, Dr. Marco Freiherr von

N

Nussbaum, Cordula

P

Paulsen, Kai
Rapp, Dr. Reinhold

R

Reithmann, Matthias
Rhoda, Michael

S

Sandvoss, Michael
Siegel, Dr. Monique R.
Sommer, Dr. Luise Maria
Spiering, Renate
Spies, Stefan
Spinola, Roland

Sch

Scherer, Jiri
Schmidt, Kerstin Katharina
Schmidt, Nicola
Schmitt, Ralf
Schrimpf, Ludger
Schürgers, Prof. Dr. Georg

St

Stoeppler, Petra
Strobel, Thomas
Strohschein, Dr. Barbara

T

Tissot, Dr. Oliver

V

Voller, Torsten

W

Wala, Hermann
Welter, Ulli
Wenger, Ruth
Westerhausen, Thomas
Wuerz, Timo

Y

Yarom, Lior I.

Z

Zunker, Ralf A.

VORTRAGSKATEGORIEN
KUNDENBINDUNG & VERTRIEB

A

Adam, Clemens
Adler, Eric
Ahrens, Leif
Aichhorn, Ulrike
Altmann, Alexandra
Altmann, Dr. h.c. Hans
Arndt, Roland
Astor, Frank
Auch-Schwelk, Annette

B

Baber, Rainer
Baldus, Vinzenz
Bartnitzki, Sascha
Baschab, Thomas
Bauer, Michael
Baum, Thilo
Baumgartner, Paul Johannes
Bennefeld, Christian
Bergauer, Theo
Berger, Armin
Bernecker, Michael
Bielinski, Rainer
Biesel, Hartmut H.
Blümelhuber, Prof. Dr. Christian
Bock, Dr. Petra
Bode, Andreas
Böhm, Michael
Bolbrügge, Dr. Gisela
Bönisch, Wolfgang
Bornhäußer, Andreas
Bösl, Michael
Bosshart, Dr. David
Brablec, Carmen
Brandl, Peter Klaus
Bubendorfer, Thomas
Buchenau, Peter
Buhr, Andreas
Burzler, Thomas

C

China, Ralf
Christ, Nicolai
Christiani, Alexander
Cohn-Vossen, Chris

Cole, Tim
Conzelmann, Gerhard

D

Dahlmann, Wolfgang
Dallwitz-Wegner, Dominik
Dieball, Dr. Werner
Dierks, Christiane
Doderer, Prof. Alexander
Drax, Ulrich
Dreykorn, Prof. Klaus-Peter
Dyckhoff, Katja

E

Eichsteller, Prof. Harald
Eigner, Anja
Emrich, Dr. Martin
Etrillard, Stéphane
Eckert, Heiko van

F

Fedrigotti, Antony
Fett, Josua
Fink, Klaus-J.
Fischbacher, Arno
Fischer, Claudia
Forghani, Foad
Först, Regina
Fortmann, Harald R.
Frädrich, Dr. Stefan
Franke, Uwe
Frey, Jürgen
Fridrich, Michael
Fritze, Nicola
Fröhlich, Gabriele
Fuchs, Dr. Helmut

G

Galal, Marc M.
Garrelts, Frank
Garten, Matthias
Gay, Friedbert
Gehlert, Thomas
Geisselhart, Oliver
Geisselhart, Roland

Gieschen, Gerhard
Glattes, Karin
Gnida, Mathias
Göller, Thomas
Graupner, Gaby S.
Gross, Ilona
Grossmann, Matthias
Grotz, Brigitte
Grün, Dr. Klaus-Jürgen
Gunkel, Klaus
Gurzki, Prof. Dr. Thorsten
Graeve, Melanie von

H

Haag, Iris
Hagmaier, Ardeschyr
Hahn, Thorsten
Hanisch, Christian R.
Hans, Prof. Dr. Norbert
Hauptmann, Jörg
Häusel, Dr. Hans-Georg
Heimsoeth, Antje
Heinz, Susi
Heun, Michael A.
Hinrichsen, Timo
Hirschmann, Wolf R.
Höcker, Bernd
Hofmann, Alexander
Hofmann, Markus
Holz, Heike
Huber, René
Hubert, Martin
Hübner, Sabine

I

Itt, Edgar

J

Janssen, Benedikt
Jantzen, Gerhard
Jendrosch, Prof. Dr. Thomas
Jeschke, Dr. Wolfgang

K

Kalkbrenner, Christian
Karsten, Dr. Gunther
Kehl, Wolfgang T.
Kenzelmann, Peter
Kerzel, Stefan
Khoschlessan, Dr. Darius
Kilian, Dr. Karsten
Klapheck, Martin
Klaus, Steffen

Kleinhenz, Susanne
Klöckner, Bernd W.
Kmoth, Nadine
Knauer, Ulrike
Knudsen, Jeppe Hau
Köhler, Hans-Uwe L.
Köhler, Martin
Kolar-Zovko, Spomenka
König, Helmut
Konrad, Boris
Koschnitzke, Frank
Kraft, Helmut
Kratzmann, Rainer
Kremmel, Ursula
Krengel, Martin
Kreuter, Dirk
Kriesten, Michael
Krippendorf, Beat
Krumm, Rainer
Küthe, Stefan
Kutscher, Patrik P.
Kutzschenbach, Claus von

L

Lammers, Stefan
Lang, Dr. Jürgen
Lange, Dieter
Lange, Prof. Dr. Dr.h.c. Gerhard
Langendörfer, Simone
Langguth, Veronika
Laubrinus, Jörg
Lejeune, Dr. phil.h.c. Erich
Liebetrau, Axel
Limbeck, Martin
Liscia, Gianni
Löhner, Michael
Löhr, Jörg
Lüdemann, Carolin

M

Mader, Thomas
Maier, Andreas P.
Marx, Frank
Matejka, Laila
Matthes, Gerhard
Matthies, Peter
Mazur, Hans-Gerd
Menthe, Thomas
Merk, Dr. Markus
Metzler, Jutta
Michael, Klaus
Motsch, Elisabeth
Müller Scholz, Wolf K.
Müller, Hermann
Müller, Waldemar

Muthers, Helmut
Mengden, Waltraut von

N

Nasher, Prof. Dr. Lord Jack
Neidhardt, Heike
Nienaber, Tjalf
Nimo, Sabine
Nitzschke, Tobias

O

Obst, Gisela
Onneken, Jacobus
Oppitz, Stefan

P

Palluch, Boris
Plath, Alexander
Posé, Ulf
Pritzbuer, Uwe Günter von

Q

Quelle, Prof. Dr. Guido

R

Radtke, Dr. Burkhard
Rankel, Roger
Rapp, Dr. Reinhold
Raskop, Friedhelm
Rauscher, Dr. Christian
Rebel, Nadine S.
Reising, Heike
Reisinger, Annette
Reithmann, Matthias
Reyss, Alexander
Riedelsberger, Christine
Riedl, Gabriele
Ritter, Steffen
Ronzal, Wolfgang
Röthlingshöfer, Bernd
Ruhleder, Rolf H.
Rumohr, Joachim

S

Saar, Volker
Sánchez, Juan R.
Sander, Sven
Sandvoss, Michael
Saneke, Dr. Bernhard
Sans, Aimé
Sauldie, Sanjay

Seidel, Dr. Joachim
Seiler, Jens
Simon, Prof. Dr. Hermann
Skambraks, Joachim
Sokkar, Sami
Springer, Dr. Boris
Senftleben, Phillip von

Sch

Schandl, Gabriel
Schara, Michaela
Scheelen, Frank M.
Scheible, Kurt-Georg
Schendl-Gallhofer, Gabriele
Scherer, Bernd
Scherer, Hermann
Schleicher, Thomas
Schmäh, Marco
Schmidt, Dirk
Schmidt, Nicola
Schmitt, Tom
Schmitz, Prof. Dr. Claudius
Schön, Carmen
Schön, Dr. Michael
Schönleber, Norbert
Schott, Prof. Dr. Barbara
Schukart, Martin
Schuler, Helga
Schüller, Anne M.
Schürgers, Prof. Dr. Georg
Schwarz, Dr. Torsten
Schwarz, Elke
Schweikert, Felix A.

St

Stargardt, Jochen
Starke, Thomas
Starlay, Katharina
Stein, Christiane
Steiner, Mark
Steinle, Andreas
Stempfle, Lothar
Stenger, Christiane
Stock, Harald
Strobel, Tatjana
Strupat, Ralf R.

T

Thalheim, Conny
Tissot, Dr. Oliver

V

Velde, Robert van de

Vater, Gerhard J.
Vogel, Ingo

W

Wachs, Friedhelm
Wagner, Dieter W.
Wagner-Kugler, Alexandra
Wala, Hermann
Wälde, Rainer
Warnatz, Ralph
Wartenberg, Sebastian
Weidner, Markus
Weinreich, Uwe
Wenzlau, Andreas
Wessling, Prof. Dr. Ewald
Westerhausen, Thomas
Will, Torsten

Willmanns, Rainer
Winkler, Margit
Wittig, Sabine
Wittschier, Dr. Bernd
Worel, Peter A.
Wunderlich, Dr. Jürgen

Y

Yarom, Lior I.

Z

Zielke, Prof. Dr. Christian
Zimmermann, Walter
Zipper, Bernd
Zirbik, Jürgen
Zoche, Dr. Dr. Hermann Josef

VORTRAGSKATEGORIEN
KUNST & KULTUR

A

Amon, Ingrid
Astor, Frank

B

Berger, Armin
Bode, Andreas
Bosshart, Dr. David
Bottequin, Jean-Marie A.
Bouillon, Dr. Regina
Brdenk, Peter

C

Cohn-Vossen, Chris

D

Dagan, Daniel
Dierks, Christiane

F

Fischer, Ernst Peter

G

Geisselhart, Roland
Grün, Dr. Klaus-Jürgen
Gundlach, Alida

H

Händeler, Erik
Hauser, Tobias
Heinz, Susi

K

Karmasin, Dr. Helene
Kerkhoff, Gerd
Kernke, Dr. Sylvia
Kessler, Dr. Annette
Klapheck, Martin

M

Matejka, Laila
Müller, Waldemar

R

Reckhenrich, Jörg
Roth, Claudia

S

Siegel, Dr. Monique R.
Spies, Stefan

Sch

Schmitt, Ralf
Schulak, Dr. phil. Eugen Maria

St

Strohschein, Dr. Barbara

T

Thinius, Jochen
Tissot, Dr. Oliver

V

Voller, Torsten

W

Wagner, Dieter W.
Waibel, Jochen
Wuerz, Timo

VORTRAGSKATEGORIEN
LÄNDER & KULTUREN

B

Baumann, Bruno
Bosshart, Dr. David
Bublath, Dr. Joachim
Bücher, Norman

D

Deetjen, Stella

G

Grün, Dr. Klaus-Jürgen

H

Hamberger, Rainer W.
Hann, Dr. Stephanie
Harscher, Reiner
Hauser, Tobias
Hegemann, Brigitte E.
Heller, Elisabeth
Horx, Matthias

J

Jankowsky, Margaret

K

Kappest, Klaus-Peter
Katsiamita-Bußmann, Matina
Knauer, Rudolf
Koye, Prof. Dr. Bernhard
Kriesten, Michael
Kulinna, Matthias
Kutscher, Patrik P.

L

Lammers, Stefan
Langenscheidt, Dr. Florian

M

Maier, Andreas P.
Motsch, Elisabeth

N

Nehberg, Rüdiger
Niemetz, Alexander

P

Pilny, Dr. Karl

S

Seelmann-Holzmann, Dr. Hanne
Siegel, Dr. Monique R.

Sch

Scherer, Bernd
Schiller, Heidi
Schwind von Egelstein, Sabine

T

Tilgner, Ulrich

W

Wittig, Sabine

Z

Ziegler, Isabelle
Zielke, Prof. Dr. Christian

VORTRAGSKATEGORIEN
MANAGEMENT

A

Ahrens, Leif
Altmann, Alexandra
Altmann, Dr. h.c. Hans
Auch-Schwelk, Annette

B

Baldus, Vinzenz
Bartnitzki, Sascha
Bauer-Jelinek, Christine
Baum, Thilo
Bennefeld, Christian
Berger, Prof. Dr. Dr. Wolfgang
Bernecker, Michael
Bielinski, Rainer
Biermann, Jasmin
Biesel, Hartmut H.
Blümelhuber, Prof. Dr. Christian
Bode, Andreas
Bohn, Susanne
Bolbrügge, Dr. Gisela
Bollmann, Kai
Bornhäußer, Andreas

Bösl, Michael
Bosshart, Dr. David
Bottequin, Jean-Marie A.
Brablec, Carmen
Brand, Markus
Brandau, Lars
Brandes, Dieter
Brandl, Peter Klaus
Braun, Roman
Brügger, Chris
Bubenheim, René
Buchenau, Peter
Bücher, Norman
Buholzer, Dr. phil. Sonja

C

Christ, Nicolai
Cohn-Vossen, Chris
Cole, Tim
Cordier, Janetta
Correll, Prof. Dr., Werner
Cremer-Altgeld, Lilli
Creutzmann, Prof. Andreas

D

Dahlmann, Wolfgang
Davis, Zach
Despeghel, Dr. Dr. Michael
Dieball, Dr. Werner
Dierks, Christiane
Drax, Ulrich
Dreeßen, Diana
Dreykorn, Prof. Klaus-Peter
Dyckhoff, Katja

E

Eichsteller, Prof. Harald
Eigner, Anja
Ematinger, Reinhard
Emrich, Dr. Martin
Etrillard, Stéphane

F

Feldmeier, Sonja
Fett, Josua
Fiedler, Heinke
Fischbacher, Arno
Fischer, Martin
Fischer-Appelt, Bernhard
Föller, Dr. Andreas
Forghani, Foad
Först, Regina
Frädrich, Dr. Stefan
Freudenthaler, Alfred
Frey, Jürgen
Frey, Prof. Dr. Urs
Fricke, Thomas
Fridrich, Michael
Fritsch, Dr. Michael
Fritz, Hannelore
Fuchs, Dr. Helmut
Fournier, Dr. Dr. Cay von

G

Garten, Matthias
Gay, Friedbert
Gehlert, Thomas
Geisselhart, Oliver
Geisselhart, Roland
Gieschen, Gerhard
Glattes, Karin
Goldfuß, Jürgen W.
Göller, Thomas
Gorsler, Dr. Barbara
Graber, Barbara
Gross, Ilona
Grotz, Brigitte

Grün, Dr. Klaus-Jürgen
Grundl, Boris
Gunkel, Klaus
Gurzki, Prof. Dr. Thorsten

H

Haas, Martina
Haas, Mathias
Hagmaier, Ardeschyr
Haider, Siegfried
Händeler, Erik
Hanisch, Christian R.
Harten, Mathias
Hauptmann, Jörg
Häusel, Dr. Hans-Georg
Hegemann, Brigitte E.
Heimsoeth, Antje
Heinz, Susi
Henne, Dr. Gudrun
Hermens, Ellen
Herrmann, Ralf
Herzog-Windeck, Alexandra
Hettl, Matthias
Heun, Michael A.
Himmelreich, Achim
Hinz, Olaf
Hirschmann, Wolf R.
Hofert, Svenja
Hoffmann, Dr. Kerstin
Hofmann, Alexander
Holz, Heike
Horx, Matthias
Howard, Elizabeth „Liz"
Hubert, Martin

I

Ion, Frauke K.

J

Jäger, Roland
Jankowsky, Margaret
Jendrosch, Prof. Dr. Thomas
Jeschke, Dr. Wolfgang

K

Kaduk, Dr. Stefan
Kahn, Oliver
Kalkbrenner, Christian
Kamps, Markus
Karmasin, Dr. Helene
Karsten, Dr. Gunther

Katsiamita-Bußmann, Matina
Kehl, Wolfgang T.
Keicher, Imke
Kenzelmann, Peter
Kernke, Dr. Sylvia
Kerzel, Stefan
Kisslinger-Popp, Cornelia
Klapheck, Martin
Kleinhenz, Susanne
Klöckner, Bernd W.
Kmoth, Nadine
Knauf, Jürgen T.
Knoll, Ulla
Knoll, Dr. Klaus-Peter
Knudsen, Jeppe Hau
Kohl, Rüdiger
Köhler, Martin
Köhler, Tanja
Kolar-Zovko, Spomenka
Konhardt, Andrea
Konrad, Boris
Koschnitzke, Frank
Köster, Dr. Gerd
Koye, Prof. Dr. Bernhard
Kraft, Helmut
Kremmel, Ursula
Krengel, Martin
Krippendorf, Beat
Krumm, Rainer
Kübler, Dr. Anette
Kulinna, Matthias
Kutzschenbach, Claus von

L

Lackner, Tatjana
Lai, Oriana
Lammers, Stefan
Landwehr, Thomas
Lang, Dr. Jürgen
Lange, Dieter
Lange, Prof. Dr. Dr.h.c. Gerhard
Langendörfer, Simone
Langguth, Veronika
Laschkolnig, Martin
Laubrinus, Jörg
Lehky, Maren
Lejeune, Dr. phil.h.c. Erich
Letter, Michael
Liebetrau, Axel
Limbeck, Martin
Lins, Nadja
Löhner, Michael
Löhr, Jörg
Lorenz, Thomas
Loschky, Eva
Lutz, Dieter

M

Macioszek, Dr. H.-Georg
Mader, Thomas
Mahr, Renate Irena
Maier, Andreas P.
Marx, Frank
Matthies, Peter
Mazur, Hans-Gerd
Menthe, Thomas
Merk, Dr. Markus
Mesnaric, Christa
Metzler, Jutta
Meyer, Jens-Uwe
Meyer, Stephan
Michael, Klaus
Micic, Dr. Pero
Miller, Gloria
Mischek, Monika
Moder, Alex
Mrazek, Sabine
Mühlbauer, Gabriele
Müller Scholz, Wolf K.
Müller, Hermann
Muthers, Helmut
Markt, Roswitha A. van der
Mengden, Waltraut von

N

Nasher, Prof. Dr. Lord Jack
Nehberg, Rüdiger
Niermeyer, Rainer
Nill-Theobald, Dr. Christiane
Nimsky, Beate

O

Obst, Gisela
Onneken, Jacobus
Ortmann, Dr. Ingo
Osmetz, Prof. Dr. Dirk
Osterhammel, Bernd
Osterhoff, Prof. Rolf
Ott-Göbel, Brigitte

P

Perl-Michel, Marc
Petek, Rainer
Pfläging, Niels
Pilny, Dr. Karl
Pilsl, Karl
Pircher-Friedrich, Prof. Dr. Anna Maria
Plath, Alexander
Plehwe, Kerstin
Pöhm, Matthias

Posé, Ulf
Pritzbuer, Uwe Günter von

Q

Quelle, Prof. Dr. Guido

R

Radtke, Dr. Burkhard
Rankel, Roger
Rapp, Dr. Reinhold
Rauscher, Dr. Christian
Reisinger, Annette
Reithmann, Matthias
Remenyi, Dr. Imre Marton
Reusch, Frank Alexander
Reyss, Alexander
Riedl, Gabriele
Ritter, Steffen
Ronzal, Wolfgang
Rückle, Horst
Ruhleder, Rolf H.

S

Saar, Volker
Sánchez, Juan R.
Sander, Sven
Sandvoss, Michael
Saneke, Dr. Bernhard
Sans, Aimé
Sauldie, Sanjay
Seelmann-Holzmann, Dr. Hanne
Seiwert, Prof. Dr. Lothar
Selalmazidis, Aristidis
Sidow, Dr. Hans
Siegel, Dr. Monique R.
Simon, Prof. Dr. Hermann
Simon, Prof. Dr. Walter
Skambraks, Joachim
Sokkar, Sami
Spiering, Renate
Spies, Stefan
Springer, Dr.Boris
Senftleben, Phillip von

Sch

Schara, Michaela
Scheddin, Monika
Scheelen, Frank M.
Scheible, Kurt-Georg
Scherer, Bernd
Scherer, Prof. Dr. Josef
Scheuss, Dr. Ralph
Schmäh, Marco

Schmidhuber, Christine
Schmidt, Dirk
Schmidt, Nicola
Schmitz, Prof. Dr. Claudius
Schneider, Volker
Schön, Carmen
Schön, Dr. Michael
Schott, Prof. Dr. Barbara
Schuler, Helga
Schüller, Anne M.
Schulz, Klaus-Dieter
Schürgers, Prof. Dr. Georg
Schwarz, Elke
Schweikert, Felix A.
Schwind von Egelstein, Sabine

St

Stargardt, Jochen
Stargardt, Simone
Steinborn, Andreas
Steiner, Mark
Steinle, Andreas
Stelzmüller, Christian
Stenger, Christiane
Sterrer, Christian
Streng, Dr. Michael
Strobel, Tatjana
Strupat, Ralf R.
Sturz, Dr.-Ing. Wolfgang

T

Thalheim, Conny
Thoma, Dieter
Tissot, Dr. Oliver
Tomas, Dr. Jens

U

Uhlig, Jane
Unger, Magdalena

V

Velde, Robert van de
Vogel, Ingo
Voigt, Connie

W

Wachs, Friedhelm
Wagner, Dieter W.
Wala, Hermann
Wälde, Rainer
Warnatz, Ralph

Wartenberg, Sebastian
Weidner, Markus
Weidner, Prof. Dr. phil. Jens
Weinreich, Uwe
Welter, Ulli
Wenger, Ruth
Werner, Andreas
Wessling, Prof. Dr. Ewald
Westerhausen, Thomas
Wied, Lorenz
Will, Torsten
Willmanns, Rainer
Winkler, Margit
Wittig, Christiane
Wittig, Sabine
Wohland, Dr. Gerhard

Wöltje, Holger
Worel, Peter A.
Wunderlich, Dr. Jürgen

Y

Yarom, Lior I.

Z

Zeuch, Dr. Andreas
Ziegler, Petra
Zielke, Prof. Dr. Christian
Zimmermann, Walter
Zirbik, Jürgen
Zoche, Dr. Dr. Hermann Josef

VORTRAGSKATEGORIEN
MARKEN & MARKETING

A

Adam, Clemens
Ahrens, Leif
Al-Omary, Falk

B

Baldus, Vinzenz
Bartnitzki, Sascha
Battistini, Nicola
Baum, Thilo
Begemann, Dr. Petra
Belz, Otto
Bennefeld, Christian
Berger, Dr. Thomas
Berndt, Jon Christoph
Bernecker, Michael
Blümelhuber, Prof. Dr. Christian
Bode, Andreas
Böhm, Michael
Bollmann, Kai
Bösl, Michael
Bosshart, Dr. David
Brablec, Carmen
Brandes, Dieter
Brandmeyer, Prof. Dr. Klaus
Buhr, Andreas

C

China, Ralf
Christiani, Alexander
Cohn-Vossen, Chris
Cremer-Altgeld, Lilli

D

Danz, Gerriet
Derks, Ariane
Dibué, Barbara
Diete, Lothar
Doderer, Prof. Alexander

E

Eichsteller, Prof. Harald
Eigner, Anja
Emrich, Dr. Martin

F

Feldmeier, Sonja
Fett, Josua
Fiedler, Heinke
Fink, Klaus-J.
Fischer-Appelt, Bernhard
Fleischlig, Birgit

Fortmann, Harald R.

G

Garten, Matthias
Geisselhart, Roland
Gierke, Dr. Christiane
Gieschen, Gerhard
Giger, Dr. Andreas
Glattes, Karin
Gnida, Mathias
Göller, Thomas
Greisinger, Dr. Manfred
Grotz, Brigitte
Grün, Dr. Klaus-Jürgen
Graeve, Melanie von

H

Haas, Mathias
Haider, Siegfried
Häusel, Dr. Hans-Georg
Heinz, Susi
Herzog-Windeck, Alexandra
Hirschmann, Wolf R.
Hofmann, Alexander
Hubert, Martin
Hübner, Sabine

J

Janssen, Benedikt
Jendrosch, Prof. Dr. Thomas

K

Kahn, Oliver
Kalkbrenner, Christian
Karmasin, Dr. Helene
Khoschlessan, Dr. Darius
Kilian, Dr. Karsten
Klapheck, Martin
Klaus, Steffen
Kleinhenz, Susanne
Klöckner, Bernd W.
Knauer, Ulrike
Knudsen, Jeppe Hau
Kohl, Rüdiger
Köhler, Hans-Uwe L.
Kolar-Zovko, Spomenka
Krengel, Martin

L

Lai, Oriana
Lampe, Manuel
Langenscheidt, Dr. Florian

Liebetrau, Axel
Limbeck, Martin
Liscia, Gianni

M

Mader, Thomas
Maier, Andreas P.
Matthes, Gerhard
Mayer de Groot, Dr. Ralf
Mazur, Hans-Gerd
Merk, Dr. Markus
Metzler, Jutta
Motsch, Elisabeth
Muthers, Helmut
Mengden, Waltraut von

N

Neidhardt, Heike

O

Onneken, Jacobus
Otto, Mike John

P

Paulsen, Kai
Perl-Michel, Marc
Philipp, Manuel
Pilny, Dr. Karl
Plehwe, Kerstin
Pöhm, Matthias

R

Rapp, Dr. Reinhold
Rauscher, Dr. Christian
Reithmann, Matthias
Ritter, Steffen
Röthlingshöfer, Bernd

S

Sánchez, Juan R.
Saneke, Dr. Bernhard
Sauldie, Sanjay
Sidow, Dr. Hans
Skambraks, Joachim
Sokkar, Sami
Spiering, Renate
Senftleben, Phillip von

Sch

Schara, Michaela

Scheible, Kurt-Georg
Scherer, Bernd
Scherer, Hermann
Schmäh, Marco
Schmidhuber, Christine
Schmidt, Nicola
Schmitz, Prof. Dr. Claudius
Schön, Carmen
Schön, Dr. Michael
Schukart, Martin
Schüller, Anne M.
Schwarz, Dr. Torsten
Schwarz, Elke
Schweikert, Felix A.
Schwind von Egelstein, Sabine

St

Starlay, Katharina
Stein, Christiane
Steinle, Andreas
Stempfle, Lothar

T

Thinius, Jochen
Thoma, Dieter
Tissot, Dr. Oliver

U

Uhlig, Jane

W

Wachs, Friedhelm
Wagner, Dieter W.
Wagner-Kugler, Alexandra
Wala, Hermann
Wälde, Rainer
Wartenberg, Sebastian
Weinreich, Uwe
Wenzlau, Andreas
Wessling, Prof. Dr. Ewald
Wied, Lorenz
Will, Torsten
Willmanns, Rainer
Wittig, Christiane
Wuerz, Timo

Y

Yarom, Lior I.

Z

Zielke, Prof. Dr. Christian
Zimmermann, Walter
Zipper, Bernd
Zoche, Dr. Dr. Hermann Josef

VORTRAGSKATEGORIEN
MÄRKTE & STRATEGIEN

B

Baldus, Vinzenz
Bartnitzki, Sascha
Bauer-Jelinek, Christine
Belz, Otto
Bennefeld, Christian
Berger, Dr. Thomas
Berndt, Jon Christoph
Bielinski, Rainer
Biesel, Hartmut H.
Blümelhuber, Prof. Dr. Christian
Bode, Andreas
Böhm, Michael
Bollmann, Kai
Bönisch, Wolfgang
Bösl, Michael
Bosshart, Dr. David
Brügger, Chris

C

Cohn-Vossen, Chris
Cordier, Janetta

Cremer-Altgeld, Lilli

D

Dallwitz-Wegner, Dominik
Derks, Ariane
Dibué, Barbara
Diete, Lothar
Doderer, Prof. Alexander
Drax, Ulrich
Dreeßen, Diana

E

Eichsteller, Prof. Harald
Eigner, Anja
Ematinger, Reinhard

F

Feldmeier, Sonja
Fett, Josua
Fischer, Dr. Jörg
Frey, Jürgen
Frey, Prof. Dr. Urs

G

Gehlert, Thomas
Geisselhart, Roland
Gierke, Dr. Christiane
Gieschen, Gerhard
Giger, Dr. Andreas
Goldhammer, Prof. Dr. Klaus
Göller, Thomas
Grossmann, Matthias
Gurzki, Prof. Dr. Thorsten

H

Haas, Mathias
Hahn, Prof. Carl H.
Haider, Siegfried
Heinz, Susi
Heller, Elisabeth
Herzog-Windeck, Alexandra
Hettl, Matthias
Himmelreich, Achim
Hirschmann, Wolf R.
Hoffmann, Dr. Kerstin
Hofmann, Alexander
Hubert, Martin
Hübner, Sabine

J

Janssen, Benedikt

Jánszky, Sven Gábor

K

Kahn, Oliver
Kalkbrenner, Christian
Karmasin, Dr. Helene
Keicher, Imke
Kernke, Dr. Sylvia
Kerzel, Stefan
Khoschlessan, Dr. Darius
Kilian, Dr. Karsten
Kleinhenz, Susanne
Knauf, Jürgen T.
Knoll, Dr. Klaus-Peter
Knudsen, Jeppe Hau
Kohl, Rüdiger
Köhler, Hans-Uwe L.
Köhler, Thomas R.
Kolar-Zovko, Spomenka
König, Helmut
Koye, Prof. Dr. Bernhard
Krengel, Martin
Kreuter, Dirk
Kriesten, Michael
Kübler, Dr. Anette
Kupp, Dr. Martin
Kutzschenbach, Claus von

L

Lampe, Manuel
Liebetrau, Axel

M

Mader, Thomas
Maier, Andreas P.
Marx, Frank
Matthies, Peter
Mayer de Groot, Dr. Ralf
Mazur, Hans-Gerd
Merath, Stefan
Metzler, Jutta
Meyer, Jens-Uwe
Meyer, Stephan
Michael, Klaus
Michels, Dr. Rolf
Micic, Dr. Pero
Miller, Gloria
Müller Scholz, Wolf K.
Muthers, Helmut
Mengden, Waltraut von

N

Niemetz, Alexander

Nienaber, Tjalf
Nill-Theobald, Dr. Christiane

O

Obst, Gisela
Onneken, Jacobus

P

Perl-Michel, Marc
Petek, Rainer
Pfläging, Niels
Pilny, Dr. Karl
Pilsl, Karl
Plehwe, Kerstin

R

Rapp, Dr. Reinhold
Rauscher, Dr. Christian
Reising, Heike
Reithmann, Matthias
Reusch, Frank Alexander
Riedl, Gabriele

S

Sandvoss, Michael
Saneke, Dr. Bernhard
Sauldie, Sanjay
Sidow, Dr. Hans
Simon, Prof. Dr. Hermann
Skambraks, Joachim
Sokkar, Sami
Spiering, Renate
Springer, Dr.Boris

Sch

Scheuss, Dr. Ralph
Schiller, Heidi
Schleicher, Thomas
Schmäh, Marco
Schmidhuber, Christine
Schmidt, Dirk
Schmitz, Prof. Dr. Claudius

Schön, Dr. Michael
Schönleber, Norbert
Schuler, Helga
Schwarz, Dr. Torsten
Schwarz, Elke

St

Starke, Thomas
Steinle, Andreas
Stock, Harald
Strobel, Thomas

T

Thieme, Heiko

V

Vogel, Ingo

W

Wachs, Friedhelm
Wagner, Dieter W.
Wagner-Kugler, Alexandra
Wala, Hermann
Wartenberg, Sebastian
Wessling, Prof. Dr. Ewald
Wied, Lorenz
Willmanns, Rainer
Winkler, Margit
Wittig, Christiane
Wittig, Sabine

Y

Yarom, Lior I.

Z

Zielke, Prof. Dr. Christian
Zimmermann, Walter
Zipper, Bernd
Zirbik, Jürgen

VORTRAGSKATEGORIEN
MENSCHENFÜHRUNG

A

Abromeit, Jörg
Adam, Clemens
Adler, Eric
Ahrens, Leif
Altmann, Alexandra
Altmann, Dr. h.c. Hans
Amon, Ingrid
Anker, Dr. Heinrich
Arndt, Roland
Aschenbrenner, Anton
Astor, Frank

B

Baber, Rainer
Baldus, Vinzenz
Bartel, Stefan
Baschab, Thomas
Bauer, Michael
Bauer-Jelinek, Christine
Bauhofer, Dr. Ulrich
Baum, Sigrun
Baumann, Bruno
Baumgartner, Paul Johannes
Becker, Bernhard W.
Belilowski, Hilke
Ben Said, Daniela A.
Bergauer, Theo
Berger, Prof. Dr. Dr. Wolfgang
Berndt, Jon Christoph
Betschart, Martin
Beyer, Joachim G.
Bielinski, Rainer
Biermann, Jasmin
Biesel, Hartmut H.
Bilger, Birgit
Bilgri, Anselm
Bischoff, Irena
Böhm, Michael
Bohn, Susanne
Bommer, Isabel
Bönisch, Wolfgang
Bösl, Michael
Bosshart, Dr. David
Bottequin, Jean-Marie A.
Bouillon, Dr. Regina
Brand, Heiner

Brand, Markus
Brandes, Dieter
Brandl, Peter Klaus
Braun, Roman
Brühl, Johanna
Bubendorfer, Thomas
Bubenheim, René
Buchenau, Peter
Buholzer, Dr. phil. Sonja
Buhr, Andreas
Büssow, Ronald

C

China, Ralf
Christ, Nicolai
Cohn-Vossen, Chris
Conen, Horst
Conzelmann, Gerhard
Cordier, Janetta
Correll, Prof. Dr., Werner
Cremer-Altgeld, Lilli

D

Dagan, Daniel
Dahlmann, Wolfgang
Dallwitz-Wegner, Dominik
Dieball, Dr. Werner
Diete, Lothar
Dietz, Angela
Drax, Ulrich
Dreeßen, Diana
Dreykorn, Prof. Klaus-Peter
Dyckhoff, Katja

E

Eckstein, Holger
Eigner, Anja
Emrich, Dr. Martin
Enkelmann, Nikolaus
Etrillard, Stéphane
Etzlstorfer, Dr. Christoph

F

Fedrigotti, Antony
Fett, Josua

Fey, Dr. Gudrun
Fiedler, Heinke
Fischbacher, Arno
Fischer, Martin
Fischer-Appelt, Bernhard
Fleischlig, Birgit
Föller, Dr. Andreas
Först, Regina
Frädrich, Dr. Stefan
Franke, Uwe
Freudenthaler, Alfred
Fricke, Thomas
Fritsch, Dr. Michael
Fritz, Hannelore
Fuchs, Dr. Helmut
Fournier, Dr. Dr. Cay von

G

Gay, Friedbert
Gehlert, Thomas
Geisselhart, Roland
Gerland, Elke
Gnida, Mathias
Göller, Thomas
Gorsler, Dr. Barbara
Graber, Barbara
Greisinger, Dr. Manfred
Groth, Alexander
Grotz, Brigitte
Grün, Dr. Klaus-Jürgen
Grundl, Boris
Gundlach, Alida
Gunkel, Klaus

H

Haag, Iris
Haas, Martina
Haas, Mathias
Haberl, Rudolf
Hagmaier, Ardeschyr
Hahn, Hans-Joachim
Halboth, Micaela
Händeler, Erik
Hanisch, Christian R.
Hann, Dr. Stephanie
Hans, Prof. Dr. Norbert
Harten, Mathias
Hartig, Jörg
Haugeneder, Katrin
Hegemann, Brigitte E.
Heimsoeth, Antje
Heinemann, Prof. Dr. Elisabeth
Henke, Claudia
Henne, Dr. Gudrun
Herkenrath, Lutz

Hermens, Ellen
Herrmann, Ralf
Hertlein, Margit
Herzog, Matthias
Hettenkofer, Brigitte
Hinrich, Romeike
Hinrichsen, Timo
Hinz, Olaf
Höcker, Bernd
Hofmann, Alexander
Holz, Heike
Horx, Matthias
Huber, René

I

Ion, Frauke K.

J

Jäger, Roland
Jankowsky, Margaret
Janssen, Benedikt
Jantzen, Gerhard
Jendrosch, Prof. Dr. Thomas
Jeschke, Dr. Wolfgang
Junk, Ann

K

Kahn, Oliver
Kamps, Markus
Karthaus, Detlef
Katsiamita-Bußmann, Matina
Katzmaier, Corinna
Keicher, Imke
Kenzelmann, Peter
Kerzel, Stefan
Klapheck, Martin
Klein, Dr. Susanne
Kleinhenz, Susanne
Klöckner, Bernd W.
Kmoth, Nadine
Knauer, Rudolf
Knauf, Jürgen T.
Knoblauch, Prof. Dr. Jörg
Knoll, Ulla
Kobjoll, Klaus
Köder, Eckhardt
Köhler, Martin
Köhler, Tanja
Kolar-Zovko, Spomenka
Konhardt, Andrea
Koschnitzke, Frank
Köster, Dr. Gerd
Koye, Prof. Dr. Bernhard
Kraft, Helmut

Kremmel, Ursula
Krenn, Roland
Kriesten, Michael
Krippendorf, Beat
Krumm, Rainer
Kübler, Dr. Anette
Küthe, Stefan
Kutscher, Patrik P.
Kutzschenbach, Claus von

L

Lackner, Tatjana
Lammers, Stefan
Landwehr, Thomas
Lang, Dr. Jürgen
Lange, Dieter
Lange, Prof. Dr. Dr.h.c. Gerhard
Langendörfer, Simone
Langer-Weidner, Birgit
Langguth, Veronika
Laschkolnig, Martin
Laubrinus, Jörg
Legien-Flandergan, Beatrice
Lehky, Maren
Lejeune, Dr. phil.h.c. Erich
Letter, Michael
Limbeck, Martin
Lins, Nadja
Löhner, Michael
Löhr, Jörg
Loschky, Eva
Lutz, Dieter

M

Mahr, Renate Irena
Maier, Andreas P.
Martin, Leo
Matthies, Peter
Matyssek, Dr. Anne Katrin
Maus, Manfred
Mazur, Hans-Gerd
Menthe, Thomas
Merk, Dr. Markus
Merkel, Birgitt
Mesnaric, Christa
Meyer, Stephan
Michael, Klaus
Michler, Annekatrin
Micic, Dr. Pero
Miller, Gloria
Mischek, Monika
Moesslang, Michael
Mrazek, Sabine
Mühlbauer, Gabriele
Müller, Hermann

Markt, Roswitha A. van der
Mengden, Waltraut von
Münchhausen, Dr. Marco Freiherr von

N

Nasher, Prof. Dr. Lord Jack
Niermeyer, Rainer
Nill-Theobald, Dr. Christiane
Nimsky, Beate
Nitzschke, Tobias
Nußbaum, Dr. Albert

O

Obst, Gisela
Osterhammel, Bernd
Osterhoff, Prof. Rolf
Ott-Göbel, Brigitte

P

Palluch, Boris
Paulsen, Kai
Petek, Rainer
Pfläging, Niels
Pilsl, Karl
Pircher-Friedrich, Prof. Dr. Anna Maria
Plath, Alexander
Plehwe, Kerstin
Pöhm, Matthias
Posé, Ulf
Pritzbuer, Uwe Günter von

Q

Quelle, Prof. Dr. Guido

R

Rabeneck, Peter
Radtke, Dr. Burkhard
Rebel, Nadine S.
Reisinger, Annette
Reithmann, Matthias
Remenyi, Dr. Imre Marton
Reyss, Alexander
Rhoda, Michael
Riedl, Gabriele
Ronzal, Wolfgang
Rosener, Ines
Rückle, Horst
Ruhleder, Rolf H.
Rutemoeller, Erich

S

Saar, Volker
Sánchez, Juan R.
Sander, Sven
Saneke, Dr. Bernhard
Seidel, Dr. Joachim
Selalmazidis, Aristidis
Sidow, Dr. Hans
Skambraks, Joachim
Sobainsky, Julia
Sokkar, Sami
Sommer, Dr. Luise Maria
Spengler, Robert
Spiering, Renate
Spies, Stefan
Spinola, Roland
Springer, Dr. Boris
Senftleben, Phillip von
Siebenthal, Isabelle von

Sch

Scheddin, Monika
Scheelen, Frank M.
Scheible, Kurt-Georg
Schendl-Gallhofer, Gabriele
Scherer, Bernd
Schmidhuber, Christine
Schmidt, Dirk
Schmidt, Kerstin Katharina
Schmidt, Nicola
Schmidt-Tanger, Martina
Schmiel, Rolf
Schmitt, Tom
Schmittknecht, Axel
Schmitz, Prof. Dr. Claudius
Schneider, Volker
Schön, Dr. Michael
Schrimpf, Ludger
Schuler, Helga
Schüller, Anne M.
Schulz, Klaus-Dieter
Schürgers, Prof. Dr. Georg
Schweikert, Felix A.
Schwind von Egelstein, Sabine

St

Stargardt, Jochen
Stargardt, Simone
Steinborn, Andreas
Steiner, Mark
Stelzmüller, Christian
Streng, Dr. Michael
Strobel, Tatjana
Strobel, Thomas
Strohschein, Dr. Barbara
Struck, Pia
Strupat, Ralf R.

T

Thalheim, Conny

U

Unger, Magdalena

V

Velde, Robert van de
Veyhl, Prof. Dr.-Ing. Rainer
Vogel, Ingo
Voigt, Connie

W

Wachs, Friedhelm
Wagner, Dieter W.
Waibel, Jochen
Wala, Hermann
Warnatz, Ralph
Weidner, Markus
Weidner, Prof. Dr. phil. Jens
Weiner, Christine
Weinreich, Uwe
Welter, Ulli
Wenger, Ruth
Wenzel, Dr. med. Petra
Westerhausen, Thomas
Will, Torsten
Willmanns, Rainer
Wittig, Christiane
Wittig, Sabine
Wittschier, Dr. Bernd
Wohland, Dr. Gerhard
Wunderlich, Dr. Jürgen
Wuttke, Theresia Maria

Z

Ziegler, Isabelle
Ziegler, Petra
Zielke, Prof. Dr. Christian
Zimmermann, Walter
Zirbik, Jürgen
Zoche, Dr. Dr. Hermann Josef
Zukic, Teresa
Zwickel, Jürgen

VORTRAGSKATEGORIEN
METEOROLOGIE & KLIMAFORSCHUNG

L

Lomborg, Dr. Bjørn

P

Plöger, Sven

S

Soltau, Dr. Dirk

VORTRAGSKATEGORIEN
MOBILITÄT, UMWELT & ENERGIE

A

Alt, Dr. Franz

B

Baumann, Bruno
Bosshart, Dr. David
Bublath, Dr. Joachim

D

Dagan, Daniel

F

Fischer, Ernst Peter

G

Gnida, Mathias

H

Haas, Mathias
Horx, Matthias

J

Jankowsky, Margaret

K

Karmasin, Dr. Helene

L

Lampe, Manuel
Liebetrau, Axel

M

Matzig, Roland

N

Niemetz, Alexander

P

Pilny, Dr. Karl
Pircher-Friedrich, Prof. Dr. Anna Maria
Pousttchi, Dr. Key

R

Radetzki, Thomas
Roth, Claudia

S

Snower, Prof. Dennis J.
Soltau, Dr. Dirk

Sch

Schiller, Heidi

St

Strobel, Thomas

W

Wachs, Friedhelm
Wuerz, Timo

VORTRAGSKATEGORIEN
MOTIVATION

L

Langenscheidt, Dr. Florian

M

Mesnaric, Christa
Mischek, Monika

St

Sterzenbach, Slatco

VORTRAGSKATEGORIEN
MOTORSPORT & TECHNIK

G

Gnida, Mathias

K

Karmasin, Dr. Helene

S

Saneke, Dr. Bernhard

St

Stehlig, Alexander
Stuck, Hans-Joachim

W

Wittig, Christiane

VORTRAGSKATEGORIEN
NEUE TECHNOLOGIEN & MEDIEN

A

Al-Omary, Falk
Alt, Dr. Franz

B

Battistini, Nicola
Bennefeld, Christian
Berger, Dr. Thomas
Berndt, Jon Christoph
Bode, Andreas
Bosshart, Dr. David
Bublath, Dr. Joachim

C

Cole, Tim

E

Eichsteller, Prof. Harald
Eigner, Anja

F

Fischer, Dr. Jörg
Fortmann, Harald R.

G

Garrelts, Frank
Garten, Matthias
Gehlert, Thomas
Goldhammer, Prof. Dr. Klaus
Greisle, Alexander
Grün, Dr. Klaus-Jürgen
Gurzki, Prof. Dr. Thorsten

H

Haas, Martina
Hahn, Thorsten
Heindl, Prof. Dr. Eduard
Heinz, Susi
Himmelreich, Achim
Hofert, Svenja
Horx, Matthias
Hubert, Martin

J

Jánszky, Sven Gábor
Jopp, Heinz Dieter

K

Klaus, Steffen
Knudsen, Jeppe Hau
Koch-Mehrin, Dr. Silvana
Köhler, Thomas R.
Koye, Prof. Dr. Bernhard
Krengel, Martin
Kübler, Dr. Anette

M

Mader, Thomas
Maier, Andreas P.
Mayr, Dr. Reinhard
Metzler, Jutta
Micic, Dr. Pero
Müller Scholz, Wolf K.
Müller, Waldemar
Mengden, Waltraut von

N

Niemetz, Alexander

P

Pilny, Dr. Karl
Pousttchi, Dr. Key

R

Rauscher, Dr. Christian
Riesenhuber, Prof. Dr. Heinz
Röthlingshöfer, Bernd
Rumohr, Joachim

S

Saneke, Dr. Bernhard
Sauldie, Sanjay
Spiering, Renate

Sch

Schara, Michaela
Schroll, Willi
Schukart, Martin
Schulz, Rainer
Schwarz, Dr. Torsten

St

Strobel, Thomas
Stein, Georg von

W

Wagner-Kugler, Alexandra
Wenger, Ruth
Wessling, Prof. Dr. Ewald
Willmanns, Rainer
Wöltje, Holger

Y

Yarom, Lior I.

Z

Zipper, Bernd

VORTRAGSKATEGORIEN
PERSÖNLICHKEITSENTWICKLUNG

A

Adam, Clemens
Adler, Eric
Ahrens, Leif
Aichhorn, Ulrike
Anker, Dr. Heinrich
Aschenbrenner, Anton
Astor, Frank
Auch-Schwelk, Annette

B

Baldus, Vinzenz
Bartel, Stefan
Bartnitzki, Sascha
Bauhofer, Dr. Ulrich
Baum, Thilo
Baumgartner, Paul Johannes
Becker, Bernhard W.
Bellin-Sonnenburg, Rebecca
Ben Said, Daniela A.
Bergauer, Theo
Berger, Armin
Berger, Prof. Dr. Dr. Wolfgang
Berndt, Jon Christoph
Betschart, Janet
Betschart, Martin
Beyer, Joachim G.
Biermann, Jasmin
Bilger, Birgit
Bischoff, Irena
Böhm, Michael
Bohn, Susanne
Bönisch, Wolfgang
Borbonus, René
Bottequin, Jean-Marie A.
Bouillon, Dr. Regina
Brablec, Carmen
Brand, Markus
Bubenheim, René
Buchenau, Peter
Bücher, Norman
Buholzer, Dr. phil. Sonja
Burger, Christoph
Burger, Thomas

C

China, Ralf
Christ, Nicolai
Conen, Horst
Conzelmann, Gerhard
Cremer-Altgeld, Lilli

D

Dahlke, Dr. Ruediger
Dahlmann, Wolfgang
Danz, Gerriet
Demann, Stefanie
Dennes, Andrea
Dibué, Barbara
Dieckmann-von Bünau, Dr. Detlef
Dierks, Christiane
Diete, Lothar
Dietz, Angela
Doderer, Prof. Alexander
Dyckhoff, Katja

E

Eberl, Thomas
Eckstein, Holger
Eggen, Carla
Emmelmann, Christoph
Engelbrecht, Sigrid
Enkelmann, Nikolaus
Etzlstorfer, Dr. Christoph

F

Fedrigotti, Antony
Fett, Josua
Fey, Dr. Gudrun
Fischbacher, Arno
Fischer, Martin
Fleischlig, Birgit
Först, Regina
Frädrich, Dr. Stefan
Fridrich, Michael
Fritz, Hannelore
Fröhlich, Gabriele

G

Galal, Marc M.
Gálvez, Cristián
Gantert, Jörg
Gay, Friedbert
Gehlert, Thomas
Geisselhart, Oliver
Gerland, Elke
Gierke, Dr. Christiane
Gnida, Mathias
Goldschmidt, Ralph
Göller, Thomas
Graber, Barbara
Greisinger, Dr. Manfred
Grossmann, Matthias
Grundl, Boris
Gulder, Angelika
Gunkel, Klaus

H

Hagmaier, Ardeschyr
Halboth, Micaela
Händeler, Erik
Hann, Dr. Stephanie
Harten, Mathias
Hartig, Jörg
Haugeneder, Katrin
Heimsoeth, Antje
Heinemann, Prof. Dr. Elisabeth
Herkenrath, Lutz
Hermens, Ellen
Herrmann, Brigitte
Herrmann, Ralf
Hertlein, Margit
Herzog, Matthias
Hettenkofer, Brigitte
Hinz, Olaf
Höcker, Dr. Ralf
Hofmann, Markus
Holz, Heike
Howard, Elizabeth „Liz"
Huber, René

I

Ion, Frauke K.
Itt, Edgar

J

Jäger, Roland
Janssen, Benedikt
Jantzen, Gerhard

K

Karsten, Dr. Gunther
Karthaus, Detlef
Katsiamita-Bußmann, Matina
Katzmaier, Corinna
Kehl, Wolfgang T.
Kenzelmann, Peter
Kerzel, Stefan
Kessler, Dr. Annette
Klein, Dr. Susanne
Kleinhenz, Susanne
Klöckner, Bernd W.
Kmoth, Nadine
Knauer, Ulrike
Köhler, Martin
Köhler, Tanja
Kolar-Zovko, Spomenka
Köster, Dr. Gerd
Kremmel, Ursula
Kroeger, Steve
Kühl, Anne
Kundermann, Michaele
Küthe, Stefan

L

Lachmann, Siegfried
Lammers, Stefan
Lamprechter, Kirsten
Landwehr, Thomas
Lang, Dr. Jürgen
Lange, Dieter
Langendörfer, Simone
Langenscheidt, Dr. Florian
Langguth, Veronika
Langsdorf, Antonia
Laschkolnig, Martin
Laubrinus, Jörg
Legien-Flandergan, Beatrice
Lehky, Maren
Lejeune, Dr. phil.h.c. Erich
Letter, Michael
Limbeck, Martin
Lins, Nadja
Liscia, Marcello
Löhr, Jörg
Lorenz, Thomas
Loschky, Eva

M

Mahr, Renate Irena
Maier, Andreas P.
Matejka, Laila
Matschnig, Monika
Matthies, Peter

Merath, Stefan
Merkel, Birgitt
Mesnaric, Christa
Meyer, Stephan
Michler, Herbert
Mischek, Monika
Moesslang, Michael
Motsch, Elisabeth
Mrazek, Sabine
Mühlbauer, Gabriele
Müller, Hermann
Markt, Roswitha A. van der
Münchhausen, Dr. Marco Freiherr von

N

Nasher, Prof. Dr. Lord Jack
Niermeyer, Rainer
Nimo, Sabine
Nimsky, Beate
Nussbaum, Cordula

O

Obst, Gisela
Onneken, Jacobus
Oppitz, Stefan
Osterhammel, Bernd
Ott-Göbel, Brigitte

P

Paulsen, Kai
Petek, Rainer
Pilsl, Karl
Plath, Alexander
Posé, Ulf
Pritzbuer, Uwe Günter von

R

Rabeneck, Peter
Raskop, Friedhelm
Rebel, Nadine S.
Reithmann, Matthias
Remenyi, Dr. Imre Marton
Reyss, Alexander
Rhoda, Michael
Rosener, Ines
Rückle, Horst
Ruhleder, Rolf H.

S

Sandvoss, Michael
Seiwert, Prof. Dr. Lothar
Simon, Prof. Dr. Walter

Skambraks, Joachim
Sobainsky, Julia
Sommer, Dr. Luise Maria
Spengler, Robert
Spiering, Renate
Spies, Stefan
Spinola, Roland
Springer, Dr. Boris

Sch

Scheelen, Frank M.
Scheible, Kurt-Georg
Schendl-Gallhofer, Gabriele
Scherer, Hermann
Scherer, Jiri
Schmidt, Dirk
Schmidt, Kerstin Katharina
Schmidt, Nicola
Schmiel, Rolf
Schmitt, Ralf
Schmitt, Tom
Schön, Carmen
Schön, Dr. Michael
Schrimpf, Ludger
Schulz, Klaus-Dieter
Schürgers, Prof. Dr. Georg
Schwarz, Hubert
Schweikert, Felix A.
Schwind von Egelstein, Sabine

St

Staub, Gregor
Steinborn, Andreas
Stelzmüller, Christian
Stempfle, Lothar
Sterzenbach, Slatco
Stoeppler, Petra
Strobel, Tatjana
Strobel, Thomas
Strohschein, Dr. Barbara
Struck, Pia
Stein, Georg von

T

Thoma, Dieter
Tissot, Dr. Oliver
Trtschka, Frank

U

Unger, Magdalena

V

Vater, Gerhard J.
Veyhl, Prof. Dr.-Ing. Rainer
Voigt, Connie
Voller, Torsten
Wagner, Dieter W.
Wagner-Kugler, Alexandra
Wahner, Daniel
Wala, Hermann
Walch, Dr. Elfy
Wälde, Rainer
Weidner, Markus
Weidner, Prof. Dr. phil. Jens
Welter, Ulli
Wenger, Ruth
Wenzel, Dr. med. Petra

Westerhausen, Thomas
Will, Torsten
Willmanns, Rainer
Wittig, Christiane
Wöltje, Holger
Worel, Peter A.
Wöss, Dr. Fleur Sakura

Z

Ziegler, Isabelle
Ziegler, Petra
Zielke, Prof. Dr. Christian
Zimmermann, Walter
Zirbik, Jürgen
Zunker, Ralf A.

VORTRAGSKATEGORIEN
POLITIK & ZEITGESCHEHEN

A

Al-Omary, Falk
Alt, Dr. Franz

B

Bauer-Jelinek, Christine
Bosshart, Dr. David
Bublath, Dr. Joachim

C

Cohn-Vossen, Chris
Cremer-Altgeld, Lilli

D

Dagan, Daniel
Dieball, Dr. Werner

F

Forghani, Foad

G

Grün, Dr. Klaus-Jürgen

H

Händeler, Erik
Henkel, Hans-Olaf
Horx, Matthias

J

Janssen, Benedikt
Jopp, Heinz Dieter

K

Koch-Mehrin, Dr. Silvana

L

Lackner, Tatjana

M

Meyer, Stephan

N

Niemetz, Alexander

P

Pilny, Dr. Karl
Plehwe, Kerstin
Pohl, Prof. Dr. Manfred

R

Roos, Georges T.
Roth, Claudia

S

Siegel, Dr. Monique R.
Snower, Prof. Dennis J.
Spiering, Renate
Spinola, Roland

Sch

Schiller, Heidi
Schulak, Dr. phil. Eugen Maria

St

Strohschein, Dr. Barbara

T

Thieme, Heiko
Tilgner, Ulrich
Tissot, Dr. Oliver

U

Uhlig, Jane

VORTRAGSKATEGORIEN
PROJEKTMANAGEMENT

A

Astor, Frank

B

Biermann, Jasmin
Blaschka, Dr. Markus
Böhm, Michael
Bohn, Susanne
Bolbrügge, Dr. Gisela
Buchenau, Peter

C

Christ, Nicolai

G

Gehlert, Thomas
Graeve, Melanie von

H

Haas, Martina
Händeler, Erik
Hinz, Olaf

J

Janssen, Benedikt

K

Kehl, Wolfgang T.
Knoll, Dr. Klaus-Peter
Kübler, Dr. Anette

L

Lamprechter, Kirsten
Lange, Dieter

M

Mahr, Renate Irena
Meyer, Stephan
Miller, Gloria
Mischek, Monika
Müller, Hermann

O

Ortmann, Dr. Ingo

P

Plehwe, Kerstin

S

Spiering, Renate

St

Stargardt, Simone
Sterrer, Christian
Streng, Dr. Michael

V

Velde, Robert van de

W

Wala, Hermann
Wenger, Ruth
Wittig, Sabine
Wohland, Dr. Gerhard

VORTRAGSKATEGORIEN
PSYCHOLOGIE & PÄDAGOGIK

A

Abromeit, Jörg
Altmann, Alexandra
Amon, Ingrid
Aschenbrenner, Anton
Auch-Schwelk, Annette

B

Bartel, Stefan
Bauer-Jelinek, Christine
Beyer, Joachim G.
Biermann, Jasmin
Bischoff, Irena
Bock, Dr. Petra
Bommer, Isabel
Borbonus, René
Bottequin, Jean-Marie A.
Brand, Markus
Braun, Roman
Bücher, Norman
Burger, Christoph

C

Christ, Nicolai
Conen, Horst
Correll, Prof. Dr., Werner
Cremer-Altgeld, Lilli

D

Dahlke, Dr. Ruediger
Dallwitz-Wegner, Dominik
Dieball, Dr. Werner
Dietz, Angela
Drax, Ulrich
Dyckhoff, Katja

E

Emmelmann, Christoph
Emrich, Dr. Martin
Engelbrecht, Sigrid
Enkelmann, Dr. Claudia
Etrillard, Stéphane

F

Fischbacher, Arno
Freudenthaler, Alfred
Fuchs, Dr. Helmut

G

Garten, Matthias
Gehlert, Thomas
Geisselhart, Oliver
Geisselhart, Roland
Gnida, Mathias
Grotz, Brigitte
Grün, Dr. Klaus-Jürgen
Gulder, Angelika

H

Haberl, Rudolf
Hagspiel, Gerhard
Hartig, Jörg
Hegemann, Brigitte E.
Heimsoeth, Antje
Herrmann, Ralf
Heß, Sabine
Hettenkofer, Brigitte
Hofmann, Alexander
Hofmann, Markus
Horx, Matthias

J

Jankowsky, Margaret
Jendrosch, Prof. Dr. Thomas
Junk, Ann

K

Kahn, Oliver
Kamps, Markus
Karsten, Dr. Gunther
Katsiamita-Bußmann, Matina
Kenzelmann, Peter
Kleinhenz, Susanne
Klöckner, Bernd W.
Kmoth, Nadine
Köhler, Martin
Konrad, Boris
Koschnitzke, Frank
Krengel, Martin
Krenn, Roland
Krippendorf, Beat
Kundermann, Michaele

L

Lang, Dr. Jürgen
Lange, Prof. Dr. Dr.h.c. Gerhard
Langendörfer, Simone
Langguth, Veronika
Langsdorf, Antonia
Löhner, Michael

M

Macioszek, Dr. H.-Georg
Martin, Leo
Matejka, Laila
Matyssek, Dr. Anne Katrin
Merkel, Birgitt
Mesnaric, Christa
Meyer, Stephan
Münchhausen, Dr. Marco Freiherr von

N

Nasher, Prof. Dr. Lord Jack
Neidhardt, Heike
Niermeyer, Rainer
Nitzschke, Tobias
Nußbaum, Dr. Albert

O

Oppitz, Stefan

P

Pircher-Friedrich, Prof. Dr. Anna Maria

R

Rabeneck, Peter
Reithmann, Matthias
Reyss, Alexander

S

Saar, Volker
Sander, Sven
Sandvoss, Michael
Seidel, Dr. Joachim
Selalmazidis, Aristidis
Sommer, Dr. Luise Maria
Spiering, Renate
Senftleben, Phillip von

Sch

Scheible, Kurt-Georg
Schmidt, Nicola
Schmidt-Tanger, Martina
Schmiel, Rolf

Schmitt, Tom
Schön, Dr. Michael
Schrimpf, Ludger
Schulak, Dr. phil. Eugen Maria
Schulz, Klaus-Dieter
Schürgers, Prof. Dr. Georg

St

Staub, Gregor
Steinborn, Andreas
Steiner, Mark
Stenger, Christiane
Stoeppler, Petra
Strobel, Tatjana
Strohschein, Dr. Barbara
Stein, Georg von

T

Thinius, Jochen
Thoma, Dieter
Tomas, Dr. Jens

U

Unger, Magdalena

V

Voller, Torsten

W

Wagner, Dieter W.
Waibel, Jochen
Warnatz, Ralph
Weiner, Christine
Weinreich, Uwe
Wenger, Ruth
Wenzel, Dr. med. Petra
Werner, Andreas
Westerhausen, Thomas
Willmanns, Rainer
Wittschier, Dr. Bernd
Wuttke, Theresia Maria

Z

Ziegler, Petra
Zielke, Prof. Dr. Christian
Zirbik, Jürgen
Zukic, Teresa
Zunker, Ralf A.
Zwickel, Jürgen

VORTRAGSKATEGORIEN
REISEN & EXPEDITIONEN

B

Baumann, Bruno
Bosshart, Dr. David
Bubendorfer, Thomas
Bublath, Dr. Joachim
Bücher, Norman

G

Gnida, Mathias
Graeve, Melanie von

H

Hamberger, Rainer W.
Harscher, Reiner
Hauser, Tobias

J

Jankowsky, Margaret

K

Kappest, Klaus-Peter
Kroeger, Steve

M

Merk, Dr. Markus

N

Nehberg, Rüdiger

P

Petek, Rainer

R

Reithmann, Matthias

Sch

Schrimpf, Ludger

W

Wittig, Christiane

VORTRAGSKATEGORIEN
RHETORIK

B

Baber, Rainer
Bartel, Stefan
Baum, Thilo
Baumgartner, Paul Johannes
Becker, Bernhard W.
Ben Said, Daniela A.
Betschart, Martin
Beyer, Joachim G.
Bischoff, Irena
Borbonus, René
Bottequin, Jean-Marie A.
Bouillon, Dr. Regina
Burger, Christoph
Burger, Thomas

C

Christ, Nicolai

D

Danz, Gerriet
Demann, Stefanie
Dibué, Barbara
Doderer, Prof. Alexander
Dyckhoff, Katja

E

Eggen, Carla
Enkelmann, Dr. Claudia
Enkelmann, Nikolaus

F

Fett, Josua
Fey, Dr. Gudrun
Fischbacher, Arno
Fridrich, Michael

G

Gálvez, Cristián
García, Isabel
Geisselhart, Oliver
Gerland, Elke
Grossmann, Matthias

Grundl, Boris

H

Haag, Iris
Haugeneder, Katrin
Heimsoeth, Antje
Heinemann, Prof. Dr. Elisabeth
Herkenrath, Lutz
Hermens, Ellen
Hertlein, Margit
Höcker, Bernd
Howard, Elizabeth „Liz"

J

Jankowsky, Margaret
Jantzen, Gerhard

K

Karthaus, Detlef
Kenzelmann, Peter
Kerzel, Stefan
Kleinhenz, Susanne
Klöckner, Bernd W.
Köhler, Hans-Uwe L.
Kolar-Zovko, Spomenka
Kremmel, Ursula
Kreuter, Dirk
Kühl, Anne
Küthe, Stefan

L

Lachmann, Siegfried
Lamprechter, Kirsten
Langguth, Veronika
Lejeune, Dr. phil.h.c. Erich
Liscia, Marcello
Löhr, Jörg
Loschky, Eva
Lüdemann, Carolin

M

Mahr, Renate Irena
Maier, Andreas P.
Marx, Frank

Merkel, Birgitt
Mesnaric, Christa
Moesslang, Michael
Münzner, Christoph

N

Nasher, Prof. Dr. Lord Jack
Neidhardt, Heike
Niemetz, Alexander

O

Obst, Gisela
Ott-Göbel, Brigitte

P

Philipp, Manuel
Plath, Alexander
Posé, Ulf

R

Radtke, Dr. Burkhard
Rebel, Nadine S.
Reithmann, Matthias
Reyss, Alexander
Richter, Kay-Sölve
Riedelsberger, Christine
Rosener, Ines
Rossié, Michael
Rückle, Horst
Ruhleder, Rolf H.

S

Siegel, Dr. Monique R.
Skambraks, Joachim
Sobainsky, Julia
Spengler, Robert
Spiering, Renate
Spinola, Roland
Springer, Dr. Boris

Sch

Scheible, Kurt-Georg
Schmidt, Nicola
Schmitt, Tom
Schulz, Klaus-Dieter
Schürgers, Prof. Dr. Georg
Schweikert, Felix A.

St

Stelzmüller, Christian
Stempfle, Lothar
Stiller, Dirk
Stein, Georg von

U

Unger, Magdalena

V

Voigt, Connie

W

Wagner, Dieter W.
Weidner, Markus
Westerhausen, Thomas
Will, Torsten
Willmanns, Rainer
Worel, Peter A.

Z

Ziegler, Petra
Zielke, Prof. Dr. Christian
Zunker, Ralf A.

VORTRAGSKATEGORIEN
SPIRIT & WERTE

A

Adam, Clemens
Adler, Eric
Alt, Dr. Franz
Amon, Ingrid
Anker, Dr. Heinrich
Aschenbrenner, Anton
Astor, Frank

B

Baldus, Vinzenz
Baschab, Thomas
Bauer-Jelinek, Christine
Bauhofer, Dr. Ulrich
Baum, Sigrun
Baumann, Bruno
Bayerl, Amata
Belilowski, Hilke
Bellin-Sonnenburg, Rebecca
Bergauer, Theo
Berger, Armin
Berger, Prof. Dr. Dr. Wolfgang
Berndt, Jon Christoph
Beyer, Joachim G.
Bilger, Birgit
Bilgri, Anselm
Bischoff, Irena
Bock, Dr. Petra
Böhm, Michael
Bommer, Isabel
Bösl, Michael
Bosshart, Dr. David
Brand, Markus
Braun, Roman
Bubenheim, René
Bucka-Lassen, Dr. Edlef
Burger, Christoph

C

Christ, Nicolai
Cohn-Vossen, Chris
Conzelmann, Gerhard
Cordier, Janetta
Cremer-Altgeld, Lilli

D

Dahlke, Dr. Ruediger
Dallwitz-Wegner, Dominik
Dieckmann-von Bünau, Dr. Detlef
Dreeßen, Diana
Dyckhoff, Katja

E

Eckstein, Holger
Emmelmann, Christoph
Engelbrecht, Sigrid
Etrillard, Stéphane

F

Fischer, Martin
Först, Regina
Fritz, Hannelore
Fournier, Dr. Dr. Cay von

G

Geisselhart, Roland
Giger, Dr. Andreas
Glattes, Karin
Göller, Thomas
Graber, Barbara
Greisinger, Dr. Manfred
Grotz, Brigitte
Grün, Dr. Klaus-Jürgen
Grundl, Boris
Gulder, Angelika
Gundlach, Alida

H

Haas, Martina
Hagspiel, Gerhard
Hahn, Hans-Joachim
Halboth, Micaela
Händeler, Erik
Hanisch, Christian R.
Hann, Dr. Stephanie
Haugeneder, Katrin
Hauser, Tobias
Heimsoeth, Antje
Heller, Elisabeth

Henke, Claudia
Henne, Dr. Gudrun
Herkenrath, Lutz
Herrmann, Ralf
Herzog-Windeck, Alexandra
Hettenkofer, Brigitte
Hettl, Matthias
Hofmann, Alexander
Hübner, Sabine

I

Itt, Edgar

J

Jankowsky, Margaret
Junk, Ann

K

Kahn, Oliver
Keicher, Imke
Kilian, Dr. Karsten
Kisslinger-Popp, Cornelia
Kittl, Armin
Klapheck, Martin
Kleinhenz, Susanne
Kmoth, Nadine
Knauer, Rudolf
Knauf, Jürgen T.
Knoblauch, Prof. Dr. Jörg
Knoepffler, Prof. Dr. mult. Nikolaus
Knoll, Ulla
Köhler, Hans-Uwe L.
Köhler, Martin
Koschnitzke, Frank
Köster, Dr. Gerd
Kratzmann, Rainer
Kremmel, Ursula
Krenn, Roland
Krippendorf, Beat

L

Lai, Oriana
Lammers, Stefan
Lang, Dr. Jürgen
Langendörfer, Simone
Langenscheidt, Dr. Florian
Langsdorf, Antonia
Laschkolnig, Martin
Lejeune, Dr. phil.h.c. Erich
Lins, Nadja
Löhner, Michael
Löhr, Jörg
Lüdemann, Carolin

M

Mahr, Renate Irena
Maier, Andreas P.
Mattersberger, Michael
Matthies, Peter
Merk, Dr. Markus
Merkel, Birgitt
Mesnaric, Christa
Metzler, Jutta
Meyer, Stephan
Michael, Klaus
Michler, Annekatrin
Michler, Herbert
Mischek, Monika
Mrazek, Sabine
Müller Scholz, Wolf K.
Markt, Roswitha A. van der

N

Niemetz, Alexander
Niermeyer, Rainer
Nitzschke, Tobias

O

Osterhammel, Bernd

P

Petek, Rainer
Pilny, Dr. Karl
Pilsl, Karl
Pircher-Friedrich, Prof. Dr. Anna Maria
Plath, Alexander
Plehwe, Kerstin

R

Radetzki, Thomas
Reisinger, Annette
Reithmann, Matthias
Rhoda, Michael
Riebe, Dr. Wolfgang
Riedl, Gabriele
Romeike, Hinrich

S

Saar, Volker
Sánchez, Juan R.
Sator, Günther
Seidel, Dr. Joachim
Selalmazidis, Aristidis
Siegel, Dr. Monique R.
Skambraks, Joachim

Sokkar, Sami
Spiering, Renate
Springer, Dr. Boris
Siebenthal, Isabelle von

Sch

Schandl, Gabriel
Schara, Michaela
Scheible, Kurt-Georg
Schendl-Gallhofer, Gabriele
Scherer, Bernd
Schiller, Heidi
Schmidt, Nicola
Schmidt-Tanger, Martina
Schmitt, Tom
Schmittknecht, Axel
Schneider, Thilo
Schön, Dr. Michael
Schrimpf, Ludger
Schulak, Dr. phil. Eugen Maria
Schuler, Helga
Schürgers, Prof. Dr. Georg
Schwind von Egelstein, Sabine

St

Steinborn, Andreas
Steiner, Mark
Stoeppler, Petra
Strohschein, Dr. Barbara
Struck, Pia
Strupat, Ralf R.

T

Thalheim, Conny
Thinius, Jochen
Tissot, Dr. Oliver
Trtschka, Frank

U

Uhlig, Jane
Unger, Magdalena

V

Vater, Gerhard J.
Veyhl, Prof. Dr.-Ing. Rainer
Vogel, Ingo

W

Wachs, Friedhelm
Wagner-Kugler, Alexandra
Wahner, Daniel
Waibel, Jochen
Wala, Hermann
Wälde, Rainer
Warnatz, Ralph
Weidner, Markus
Weiner, Christine
Wenger, Ruth
Westerhausen, Thomas
Will, Torsten
Wittig, Christiane
Wohland, Dr. Gerhard
Wöss, Dr. Fleur Sakura
Wuttke, Theresia Maria

Z

Zielke, Prof. Dr. Christian
Zirbik, Jürgen
Zoche, Dr. Dr. Hermann Josef
Zukic, Teresa

VORTRAGSKATEGORIEN
SPORT, GESUNDHEIT & FITNESS

B

Bauhofer, Dr. Ulrich
Baum, Prof. Dr. Klaus
Bayerl, Amata
Belilowski, Hilke
Berger, Dr. Thomas
Beyer, Joachim G.
Braumann, Prof. Dr. med. Klaus-Michael
Bubendorfer, Thomas
Buchenau, Peter
Bücher, Norman
Buckert, Ingo

C

Clavadetscher, Andrea
Cohn-Vossen, Chris
Conzelmann, Gerhard

D

Dagan, Daniel
Dahlke, Dr. Ruediger
Dallwitz-Wegner, Dominik
Despeghel, Dr. Dr. Michael
Dressel, Dr. Martina

E

Eberl, Thomas
Emmelmann, Christoph
Etzlstorfer, Dr. Christoph

F

Frädrich, Dr. Stefan
Fricke, Thomas
Fritz, Hannelore
Fuchs, Dr. Helmut

G

Geisselhart, Oliver
Geisselhart, Roland

H

Hamberger, Rainer W.
Händeler, Erik
Hegemann, Brigitte E.
Heimsoeth, Antje
Herzog, Matthias
Hettenkofer, Brigitte

I

Itt, Edgar

J

Junk, Ann

K

Kahn, Oliver
Kamps, Markus
Karsten, Dr. Gunther
Kemeröz, Tamer
Klapheck, Martin
Knauf, Jürgen T.
Knoll, Dr. Klaus-Peter
Kratzmann, Rainer
Krenn, Roland
Kroeger, Steve

L

Langguth, Veronika
Lauenroth, Jörg
Legien-Flandergan, Beatrice
Lins, Nadja
Liscia, Marcello
Löhr, Jörg

M

Matejka, Laila
Mattersberger, Michael
Maus, Manfred
Merk, Dr. Markus

P

Pircher-Friedrich, Prof. Dr. Anna Maria

R

Rebel, Nadine S.
Reisinger, Annette
Reyss, Alexander
Roth, Claudia
Rutemoeller, Erich

S

Sander, Sven
Sommer, Dr. Luise Maria

Sch

Scherer, Bernd
Schrimpf, Ludger
Schürgers, Prof. Dr. Georg
Schwarz, Hubert

St

Sterzenbach, Slatco

Stoeppler, Petra

T

Thalheim, Conny
Thanner, Christine
Thoma, Dieter
Trtschka, Frank

U

Unger, Magdalena

W

Wahner, Daniel
Waibel, Jochen
Warnatz, Ralph
Welter, Ulli
Wendel, Susanne
Wenger, Ruth
Wenzel, Dr. med. Petra
Wessinghage, Prof. Dr. Tomas
Witasek, Dr. med. Alex

VORTRAGSKATEGORIEN
STRESSMANAGEMENT

A

Astor, Frank

B

Bauhofer, Dr. Ulrich
Baum, Prof. Dr. Klaus
Berger, Armin
Beyer, Joachim G.
Biermann, Jasmin
Bilger, Birgit
Bohn, Susanne
Bottequin, Jean-Marie A.
Brand, Markus
Brandes, Dieter
Brandl, Peter Klaus
Bubendorfer, Thomas

Buchenau, Peter
Bucka-Lassen, Dr. Edlef
Burger, Thomas

C

Christ, Nicolai
Conen, Horst
Conzelmann, Gerhard
Correll, Prof. Dr., Werner

D

Dahlke, Dr. Ruediger
Dennes, Andrea
Despeghel, Dr. Dr. Michael
Dieckmann-von Bünau, Dr. Detlef

E

Eberl, Thomas
Emmelmann, Christoph
Engelbrecht, Sigrid
Enkelmann, Nikolaus

F

Fischer, Martin
Fritz, Hannelore
Fröhlich, Gabriele

G

Gerland, Elke
Gnida, Mathias
Goldschmidt, Ralph
Göller, Thomas

H

Hartig, Jörg
Heimsoeth, Antje
Herrmann, Brigitte
Hettenkofer, Brigitte
Holz, Heike

K

Karsten, Dr. Gunther
Katsiamita-Bußmann, Matina
Katzmaier, Corinna
Knauf, Jürgen T.
Kremmel, Ursula
Krengel, Martin
Kübler, Dr. Anette
Kundermann, Michaele

L

Lamprechter, Kirsten
Lange, Dieter
Langendörfer, Simone
Langguth, Veronika
Lauenroth, Jörg
Legien-Flandergan, Beatrice
Lejeune, Dr. phil.h.c. Erich
Loschky, Eva

M

Mahr, Renate Irena
Mattersberger, Michael
Merkel, Birgitt
Mühlbauer, Gabriele
Müller, Hermann

Münchhausen, Dr. Marco Freiherr von

N

Niermeyer, Rainer
Nitzschke, Tobias
Nussbaum, Cordula

R

Remenyi, Dr. Imre Marton
Reyss, Alexander

S

Seiwert, Prof. Dr. Lothar
Skambraks, Joachim
Spiering, Renate
Schön, Dr. Michael

Sch

Schrimpf, Ludger
Schulz, Klaus-Dieter
Schürgers, Prof. Dr. Georg

St

Steiner, Mark
Stelzmüller, Christian
Stoeppler, Petra
Strobel, Ingrid

T

Thanner, Christine
Thoma, Dieter

U

Unger, Magdalena

W

Walch, Dr. Elfy
Wenger, Ruth
Wenzel, Dr. med. Petra
Will, Torsten
Witasek, Dr. med. Alex
Wöss, Dr. Fleur Sakura

Z

Zimmermann, Walter
Zunker, Ralf A.

VORTRAGSKATEGORIEN
TEAMENTWICKLUNG

A

Adam, Clemens
Astor, Frank

B

Bartel, Stefan
Baumann, Bruno
Bellin-Sonnenburg, Rebecca
Ben Said, Daniela A.
Bergauer, Theo
Berger, Armin
Berger, Prof. Dr. Dr. Wolfgang
Beyer, Joachim G.
Bilger, Birgit
Bohn, Susanne
Bolbrügge, Dr. Gisela
Bönisch, Wolfgang
Bottequin, Jean-Marie A.
Brand, Heiner
Brand, Markus
Brandl, Peter Klaus
Brühl, Johanna
Buchenau, Peter

C

Christ, Nicolai
Conen, Horst
Conzelmann, Gerhard

D

Dietz, Angela
Dyckhoff, Katja

E

Eggen, Carla
Emmelmann, Christoph

F

Fischer, Dr. Jörg
Först, Regina
Frädrich, Dr. Stefan
Fridrich, Michael

G

Gay, Friedbert
Gehlert, Thomas
Gerland, Elke
Gnida, Mathias
Goldfuß, Jürgen W.
Göller, Thomas
Greisinger, Dr. Manfred
Grundl, Boris
Gunkel, Klaus
Graeve, Melanie von

H

Haas, Mathias
Hagmaier, Ardeschyr
Halboth, Micaela
Händeler, Erik
Heimsoeth, Antje
Heinemann, Prof. Dr. Elisabeth
Herrmann, Ralf
Herzog, Matthias
Hettenkofer, Brigitte
Hettl, Matthias
Hinz, Olaf
Höcker, Bernd
Holz, Heike
Howard, Elizabeth „Liz"

I

Ion, Frauke K.
Itt, Edgar

J

Jäger, Roland
Jankowsky, Margaret
Jantzen, Gerhard

K

Karthaus, Detlef
Katsiamita-Bußmann, Matina
Klein, Dr. Susanne
Kleinhenz, Susanne
Knauf, Jürgen T.
Kobjoll, Klaus

Köhler, Tanja
Kolar-Zovko, Spomenka
Koschnitzke, Frank
Kraft, Helmut
Kremmel, Ursula
Kroeger, Steve

L

Lammers, Stefan
Landwehr, Thomas
Lange, Dieter
Langendörfer, Simone
Laschkolnig, Martin
Lauenroth, Jörg
Lejeune, Dr. phil.h.c. Erich
Löhr, Jörg
Lorenz, Thomas

M

Mahr, Renate Irena
Matthies, Peter
Merkel, Birgitt
Mesnaric, Christa
Miller, Gloria
Mischek, Monika
Mrazek, Sabine
Mühlbauer, Gabriele
Müller, Hermann

N

Niermeyer, Rainer
Nimo, Sabine
Nimsky, Beate
Nitzschke, Tobias
Nussbaum, Cordula

O

Oppitz, Stefan
Osterhammel, Bernd
Ott-Göbel, Brigitte

P

Paulsen, Kai
Petek, Rainer
Pilsl, Karl
Posé, Ulf
Pritzbuer, Uwe Günter von

R

Rebel, Nadine S.
Reithmann, Matthias

Remenyi, Dr. Imre Marton
Reyss, Alexander
Rosener, Ines
Rückle, Horst

S

Sandvoss, Michael
Sokkar, Sami
Spiering, Renate
Spies, Stefan
Spinola, Roland

Sch

Scheible, Kurt-Georg
Scherer, Bernd
Schmitt, Tom
Schön, Dr. Michael
Schrimpf, Ludger
Schürgers, Prof. Dr. Georg
Schweikert, Felix A.
Schwind von Egelstein, Sabine
Steinborn, Andreas
Stelzmüller, Christian

St

Strobel, Tatjana
Strobel, Thomas
Struck, Pia

V

Stein, Georg von
Velde, Robert van de
Voigt, Connie
Voller, Torsten

W

Wagner, Dieter W.
Wala, Hermann
Walch, Dr. Elfy
Welter, Ulli
Wenger, Ruth
Westerhausen, Thomas
Will, Torsten
Wittig, Christiane
Wittig, Sabine

Z

Ziegler, Isabelle
Zirbik, Jürgen

VORTRAGSKATEGORIEN
TEAMWORK & NETWORKING

A

Adler, Eric
Altmann, Alexandra
Altmann, Dr. h.c. Hans
Arndt, Roland
Astor, Frank

B

Baschab, Thomas
Bauer-Jelinek, Christine
Baum, Sigrun
Bayerl, Amata
Becker, Bernhard W.
Betschart, Janet
Beyer, Joachim G.
Bielinski, Rainer
Böhm, Michael
Bohn, Susanne
Bolbrügge, Dr. Gisela
Bommer, Isabel
Bösl, Michael
Brablec, Carmen
Brühl, Johanna
Buchenau, Peter
Büssow, Ronald

C

Christ, Nicolai
Christiani, Alexander
Clavadetscher, Andrea
Cohn-Vossen, Chris
Cole, Tim

D

Dallwitz-Wegner, Dominik
Derks, Ariane
Dibué, Barbara
Drax, Ulrich
Dreeßen, Diana
Dreykorn, Prof. Klaus-Peter

E

Eigner, Anja

Emmelmann, Christoph
Emrich, Dr. Martin
Etrillard, Stéphane

F

Fedrigotti, Antony
Freudenthaler, Alfred
Fricke, Thomas
Fritsch, Dr. Michael
Fritz, Hannelore
Fournier, Dr. Dr. Cay von

G

Garrelts, Frank
Garten, Matthias
Gehlert, Thomas
Geisselhart, Roland
Goldfuß, Jürgen W.
Göller, Thomas
Greisle, Alexander
Gurzki, Prof. Dr. Thorsten
Graeve, Melanie von

H

Haas, Martina
Hagspiel, Gerhard
Hahn, Thorsten
Händeler, Erik
Heimsoeth, Antje
Henke, Claudia
Henne, Dr. Gudrun
Herrmann, Ralf
Hofmann, Alexander

I

Itt, Edgar

J

Jankowsky, Margaret
Janssen, Benedikt
Junk, Ann

K

Kahn, Oliver
Katsiamita-Bußmann, Matina
Keicher, Imke
Kenzelmann, Peter
Kerzel, Stefan
Kittl, Armin
Klapheck, Martin
Klaus, Steffen
Klöckner, Bernd W.
Knoll, Ulla
Köder, Eckhardt
Köhler, Martin
Kolar-Zovko, Spomenka
König, Helmut
Koschnitzke, Frank
Koye, Prof. Dr. Bernhard
Krenn, Roland
Kübler, Dr. Anette
Kurz, Jürgen
Kutzschenbach, Claus von

L

Lange, Dieter
Lange, Prof. Dr. Dr.h.c. Gerhard
Langendörfer, Simone
Langer-Weidner, Birgit
Lejeune, Dr. phil.h.c. Erich
Löhner, Michael

M

Mahr, Renate Irena
Maier, Andreas P.
Maus, Manfred
Merk, Dr. Markus
Mesnaric, Christa
Mischek, Monika
Müller, Hermann
Mengden, Waltraut von

N

Niemetz, Alexander
Nienaber, Tjalf
Niermeyer, Rainer
Nill-Theobald, Dr. Christiane
Nussbaum, Cordula
Nußbaum, Dr. Albert

O

Ott-Göbel, Brigitte

P

Petek, Rainer
Plath, Alexander

R

Reithmann, Matthias
Reyss, Alexander
Riedl, Gabriele

S

Sánchez, Juan R.
Sander, Sven
Sandvoss, Michael
Saneke, Dr. Bernhard
Seidel, Dr. Joachim
Selalmazidis, Aristidis
Sokkar, Sami
Spiering, Renate
Senftleben, Phillip von

Sch

Schandl, Gabriel
Scheddin, Monika
Scheible, Kurt-Georg
Schmidhuber, Christine
Schön, Dr. Michael
Schürgers, Prof. Dr. Georg
Schwind von Egelstein, Sabine

St

Stehlig, Alexander
Steiner, Mark
Stelzmüller, Christian
Sterrer, Christian
Strobel, Tatjana
Strobel, Thomas
Strohschein, Dr. Barbara
Struck, Pia

T

Tissot, Dr. Oliver
Trtschka, Frank

W

Wachs, Friedhelm
Wagner, Dieter W.
Waibel, Jochen
Wala, Hermann

Walch, Dr. Elfy
Warnatz, Ralph
Weiner, Christine
Weinreich, Uwe
Wenger, Ruth
Will, Torsten
Wittig, Christiane

Y

Yarom, Lior I.

Z

Zielke, Prof. Dr. Christian
Zirbik, Jürgen

VORTRAGSKATEGORIEN
UMWELT & ENERGIE

A

Alt, Dr. Franz
Astor, Frank

B

Brdenk, Peter
Bublath, Dr. Joachim

D

Dahlke, Dr. Ruediger

F

Fischer, Ernst Peter

G

Geisselhart, Roland

H

Hauser, Tobias
Heindl, Prof. Dr. Eduard
Horx, Matthias

K

König, Helmut

M

Matzig, Roland

N

Niemetz, Alexander

P

Pilny, Dr. Karl
Plöger, Sven

R

Radetzki, Thomas
Riesenhuber, Prof. Dr. Heinz
Roth, Claudia

S

Saneke, Dr. Bernhard
Snower, Prof. Dennis J.
Soltau, Dr. Dirk

Sch

Schiller, Heidi

T

Thieme, Heiko

W

Wachs, Friedhelm
Wuerz, Timo

VORTRAGSKATEGORIEN
UNTERNEHMENSERFOLG

A

Alt, Dr. Franz
Anker, Dr. Heinrich
Astor, Frank

B

Bauhofer, Dr. Ulrich
Baum, Thilo
Becker, Bernhard W.
Begemann, Dr. Petra
Berger, Armin
Berger, Prof. Dr. Dr. Wolfgang
Berndt, Jon Christoph
Betschart, Martin
Bohn, Susanne
Bottequin, Jean-Marie A.
Brablec, Carmen
Brand, Heiner
Brandes, Dieter
Brandl, Peter Klaus
Brandmeyer, Prof. Dr. Klaus
Brühl, Johanna
Buchenau, Peter
Bücher, Norman
Buholzer, Dr. phil. Sonja
Buhr, Andreas

C

Christ, Nicolai
Cole, Tim
Conzelmann, Gerhard

D

Dahlmann, Wolfgang
Danz, Gerriet
Dietz, Angela
Dyckhoff, Katja

E

Etzlstorfer, Dr. Christoph

F

Fedrigotti, Antony

Fischer-Appelt, Bernhard
Först, Regina
Frey, Prof. Dr. Urs

G

Gehlert, Thomas
Geisselhart, Oliver
Gnida, Mathias
Goldfuß, Jürgen W.
Göller, Thomas
Graber, Barbara
Graupner, Gaby S.
Greisinger, Dr. Manfred
Grossmann, Matthias
Grundl, Boris
Gunkel, Klaus
Graeve, Melanie von

H

Haas, Martina
Haas, Mathias
Hagmaier, Ardeschyr
Haider, Siegfried
Halboth, Micaela
Händeler, Erik
Heimsoeth, Antje
Herrmann, Ralf
Herzog-Windeck, Alexandra
Hettl, Matthias
Himmelreich, Achim
Hinz, Olaf
Hirschmann, Wolf R.
Holz, Heike
Hübner, Sabine

J

Jankowsky, Margaret
Janssen, Benedikt

K

Kalkbrenner, Christian
Karsten, Dr. Gunther
Kehl, Wolfgang T.
Kenzelmann, Peter
Kerkhoff, Gerd

Kilian, Dr. Karsten
Klöckner, Bernd W.
Kmoth, Nadine
Knauer, Ulrike
Knauf, Jürgen T.
Knoblauch, Prof. Dr. Jörg
Knoll, Dr. Klaus-Peter
Kohl, Rüdiger
Köhler, Hans-Uwe L.
Krumm, Rainer
Kupp, Dr. Martin

L

Lachmann, Siegfried
Lang, Dr. Jürgen
Lange, Dieter
Langendörfer, Simone
Langenscheidt, Dr. Florian
Laschkolnig, Martin
Laubrinus, Jörg
Lejeune, Dr. phil.h.c. Erich
Letter, Michael
Löhr, Jörg
Lorenz, Thomas
Lüdemann, Carolin

M

Macioszek, Dr. H.-Georg
Mahr, Renate Irena
Maier, Andreas P.
Marx, Frank
Matthies, Peter
Menthe, Thomas
Merath, Stefan
Mesnaric, Christa
Metzler, Jutta
Meyer, Stephan
Michels, Dr. Rolf
Michler, Herbert
Micic, Dr. Pero
Miller, Gloria
Mischek, Monika
Moder, Alex
Motsch, Elisabeth
Mrazek, Sabine
Muthers, Helmut
Markt, Roswitha A. van der
Mengden, Waltraut von
Münchhausen, Dr. Marco Freiherr von

N

Narbeshuber, Esther & Johannes
Neidhardt, Heike
Niemetz, Alexander

Niermeyer, Rainer
Nimo, Sabine
Nimsky, Beate
Nitzschke, Tobias

O

Onneken, Jacobus
Osterhammel, Bernd

P

Petek, Rainer
Pfläging, Niels
Pilny, Dr. Karl
Pilsl, Karl
Plath, Alexander
Pohl, Prof. Dr. Manfred
Posé, Ulf
Pritzbuer, Uwe Günter von

Q

Quelle, Prof. Dr. Guido

R

Rapp, Dr. Reinhold
Reyss, Alexander
Riebe, Dr. Wolfgang
Ritter, Steffen
Röthlingshöfer, Bernd
Rückle, Horst

S

Sator, Günther
Seiwert, Prof. Dr. Lothar
Simon, Prof. Dr. Walter
Sobainsky, Julia
Spiering, Renate
Springer, Dr. Boris

Sch

Scheelen, Frank M.
Scheible, Kurt-Georg
Scherer, Hermann
Schleicher, Thomas
Schmidt, Dirk
Schmidt, Nicola
Schmiel, Rolf
Schneider, Volker
Schürgers, Prof. Dr. Georg
Schweikert, Felix A.
Schwind von Egelstein, Sabine

St

Stargardt, Simone
Starke, Thomas
Streng, Dr. Michael
Strobel, Tatjana
Strobel, Thomas
Struck, Pia
Sturz, Dr.-Ing. Wolfgang
Stein, Georg von

T

Thoma, Dieter
Tissot, Dr. Oliver

W

Wagner, Dieter W.
Wagner-Kugler, Alexandra
Wala, Hermann
Weidner, Markus

Wenger, Ruth
Wenzel, Dr. med. Petra
Wessling, Prof. Dr. Ewald
Westerhausen, Thomas
Will, Torsten
Wittig, Christiane
Wittig, Sabine
Worel, Peter A.

Y

Yarom, Lior I.

Z

Zeuch, Dr. Andreas
Ziegler, Isabelle
Ziegler, Petra
Zielke, Prof. Dr. Christian
Zimmermann, Walter
Zirbik, Jürgen

VORTRAGSKATEGORIEN
UNTERNEHMENSKULTUR & ETHIK

A

Abromeit, Jörg
Adam, Clemens
Ahrens, Leif
Alt, Dr. Franz
Amon, Ingrid
Anker, Dr. Heinrich
Aschenbrenner, Anton
Astor, Frank

B

Baldus, Vinzenz
Bauer-Jelinek, Christine
Bauhofer, Dr. Ulrich
Baum, Sigrun
Becker, Bernhard W.
Berger, Prof. Dr. Dr. Wolfgang
Betschart, Janet
Bilgri, Anselm
Bischoff, Irena

Bock, Dr. Petra
Böhm, Michael
Bohn, Susanne
Bommer, Isabel
Bösl, Michael
Bottequin, Jean-Marie A.
Brandes, Dieter
Brandmeyer, Prof. Dr. Klaus
Buchenau, Peter
Buholzer, Dr. phil. Sonja

C

Christ, Nicolai
Cohn-Vossen, Chris
Cole, Tim
Conen, Horst
Cordier, Janetta

D

Dahlmann, Wolfgang
Dallwitz-Wegner, Dominik
Derks, Ariane
Dieckmann-von Bünau, Dr. Detlef
Diete, Lothar
Drax, Ulrich
Dreykorn, Prof. Klaus-Peter
Dyckhoff, Katja

E

Eckstein, Holger
Emrich, Dr. Martin

F

Fischer, Martin
Fischer-Appelt, Bernhard
Föller, Dr. Andreas
Fournier, Dr. Dr. Cay von
Fritsch, Dr. Michael
Fritz, Hannelore
Fröhlich, Gabriele
Fugger, Donata Gräfin

G

Gay, Friedbert
Gehlert, Thomas
Geisselhart, Roland
Giger, Dr. Andreas
Glattes, Karin
Goldfuß, Jürgen W.
Göller, Thomas
Greisinger, Dr. Manfred
Grotz, Brigitte
Grün, Dr. Klaus-Jürgen
Grundl, Boris

H

Haas, Martina
Haberl, Rudolf
Hahn, Hans-Joachim
Hahn, Prof. Carl H.
Händeler, Erik
Haugeneder, Katrin
Hegemann, Brigitte E.
Heimsoeth, Antje
Heinz, Susi
Heller, Elisabeth
Henne, Dr. Gudrun
Herrmann, Ralf
Hettenkofer, Brigitte

Hettl, Matthias
Hirschmann, Wolf R.
Hofmann, Alexander
Holz, Heike
Horx, Matthias
Hübner, Sabine

I

Ion, Frauke K.
Itt, Edgar

J

Jäger, Roland
Jankowsky, Margaret
Jeschke, Dr. Wolfgang
Junk, Ann

K

Kaduk, Dr. Stefan
Kahn, Oliver
Karmasin, Dr. Helene
Katsiamita-Bußmann, Matina
Keicher, Imke
Kernke, Dr. Sylvia
Kilian, Dr. Karsten
Klapheck, Martin
Kmoth, Nadine
Knauer, Rudolf
Knoblauch, Prof. Dr. Jörg
Knoepffler, Prof. Dr. mult. Nikolaus
Kobjoll, Klaus
Kohl, Rüdiger
Köhler, Martin
Köhler, Tanja
Köster, Dr. Gerd
Koye, Prof. Dr. Bernhard
Kremmel, Ursula
Krenn, Roland
Krippendorf, Beat
Krumm, Rainer
Kübler, Dr. Anette

L

Lachmann, Siegfried
Lai, Oriana
Lammers, Stefan
Lange, Dieter
Langendörfer, Simone
Laschkolnig, Martin
Lehky, Maren
Lejeune, Dr. phil.h.c. Erich
Lins, Nadja

Löhner, Michael
Lomborg, Dr. Bjørn
Lorenz, Thomas

M

Mahr, Renate Irena
Maier, Andreas P.
Mattersberger, Michael
Matthies, Peter
Matyssek, Dr. Anne Katrin
Maus, Manfred
Merk, Dr. Markus
Mesnaric, Christa
Metzler, Jutta
Meyer, Jens-Uwe
Meyer, Stephan
Michler, Annekatrin
Michler, Herbert
Minderer, Raimund
Mrazek, Sabine
Müller, Hermann
Markt, Roswitha A. van der
Münchhausen, Dr. Marco Freiherr von

N

Narbeshuber, Esther & Johannes
Nehberg, Rüdiger
Niemetz, Alexander
Nill-Theobald, Dr. Christiane
Nimsky, Beate
Nußbaum, Dr. Albert

O

Oppitz, Stefan
Osmetz, Prof. Dr. Dirk
Osterhammel, Bernd

P

Petek, Rainer
Pfläging, Niels
Pilsl, Karl
Pircher-Friedrich, Prof. Dr. Anna Maria
Plath, Alexander
Plehwe, Kerstin
Pohl, Prof. Dr. Manfred
Posé, Ulf

R

Radetzki, Thomas
Radtke, Dr. Burkhard
Reisinger, Annette

Reithmann, Matthias
Reusch, Frank Alexander
Reyss, Alexander
Riedl, Gabriele
Riesenhuber, Prof. Dr. Heinz
Roth, Claudia
Rückle, Horst

S

Sander, Sven
Saneke, Dr. Bernhard
Sans, Aimé
Seidel, Dr. Joachim
Selalmazidis, Aristidis
Siegel, Dr. Monique R.
Spiering, Renate
Springer, Dr. Boris

Sch

Schandl, Gabriel
Scheelen, Frank M.
Scherer, Bernd
Scherer, Prof. Dr. Josef
Schiller, Heidi
Schmidt, Nicola
Schmidt-Tanger, Martina
Schmittknecht, Axel
Schön, Dr. Michael
Schulak, Dr. phil. Eugen Maria
Schürgers, Prof. Dr. Georg
Schwind von Egelstein, Sabine

St

Stargardt, Jochen
Starlay, Katharina
Steinborn, Andreas
Steiner, Mark
Stelzmüller, Christian
Streng, Dr. Michael
Strohschein, Dr. Barbara
Struck, Pia

T

Thalheim, Conny
Thieme, Heiko
Thinius, Jochen
Tissot, Dr. Oliver

U

Uhlig, Jane

V

Vater, Gerhard J.
Voigt, Connie
Voller, Torsten

W

Wachs, Friedhelm
Wagner, Dieter W.
Waibel, Jochen
Wala, Hermann
Wälde, Rainer
Weinreich, Uwe
Wenger, Ruth

Wenzel, Dr. med. Petra
Westerhausen, Thomas
Will, Torsten
Wittig, Christiane
Wohland, Dr. Gerhard
Wuttke, Theresia Maria

Z

Zeuch, Dr. Andreas
Ziegler, Isabelle
Zielke, Prof. Dr. Christian
Zipper, Bernd
Zirbik, Jürgen
Zoche, Dr. Dr. Hermann Josef

VORTRAGSKATEGORIEN
VERTRIEBSMETHODEN

A

Adam, Clemens
Astor, Frank

B

Bartnitzki, Sascha
Baumgartner, Paul Johannes
Ben Said, Daniela A.
Berger, Armin
Biesel, Hartmut H.
Böhm, Michael
Bönisch, Wolfgang
Brandl, Peter Klaus
Buchenau, Peter
Buhr, Andreas
Burzler, Thomas

C

China, Ralf
Christ, Nicolai

E

Eckert, Heiko van

F

Fett, Josua
Fischer, Dr. Jörg
Forghani, Foad
Fortmann, Harald R.
Frädrich, Dr. Stefan
Frey, Jürgen
Fridrich, Michael

G

Gehlert, Thomas
Geisselhart, Oliver
Göller, Thomas
Graupner, Gaby S.
Grossmann, Matthias
Gunkel, Klaus
Graeve, Melanie von

H

Haag, Iris
Haas, Mathias
Hagmaier, Ardeschyr
Hahn, Thorsten
Haider, Siegfried
Hauptmann, Jörg

Heun, Michael A.
Hirschmann, Wolf R.
Huber, René

J

Janssen, Benedikt
Jantzen, Gerhard

K

Klaus, Steffen
Klöckner, Bernd W.
Kmoth, Nadine
Knauer, Ulrike
König, Helmut
Koschnitzke, Frank
Kreuter, Dirk
Küthe, Stefan

L

Lang, Dr. Jürgen
Lange, Dieter
Laubrinus, Jörg
Lejeune, Dr. phil.h.c. Erich
Liebetrau, Axel
Limbeck, Martin
Liscia, Gianni
Lorenz, Thomas

M

Mader, Thomas
Maier, Andreas P.
Matthes, Gerhard
Mazur, Hans-Gerd
Menthe, Thomas
Metzler, Jutta
Motsch, Elisabeth
Mühlbauer, Gabriele

O

Obst, Gisela
Onneken, Jacobus

P

Plath, Alexander
Pritzbuer, Uwe Günter von

R

Raskop, Friedhelm
Reithmann, Matthias
Ritter, Steffen

Rückle, Horst
Ruhleder, Rolf H.
Rumohr, Joachim

S

Sandvoss, Michael
Sauldie, Sanjay
Semmelroth, Philip
Seßler, Helmut
Skambraks, Joachim
Spengler, Robert
Springer, Dr. Boris

Sch

Scheible, Kurt-Georg
Schleicher, Thomas
Schmidt, Dirk
Schön, Dr. Michael
Schweikert, Felix A.

St

Starke, Thomas
Stempfle, Lothar
Stock, Harald
Strobel, Tatjana

T

Tissot, Dr. Oliver

V

Velde, Robert van de
Vater, Gerhard J.

W

Wagner, Dieter W.
Wenzlau, Andreas
Will, Torsten
Willmanns, Rainer

Y

Yarom, Lior I.

Z

Zielke, Prof. Dr. Christian
Zimmermann, Walter
Zirbik, Jürgen

VORTRAGSKATEGORIEN
WIRTSCHAFT & FINANZEN

B

Bartl, Thorsten
Bauer-Jelinek, Christine
Berger, Prof. Dr. Dr. Wolfgang
Betschart, Martin
Bock, Dr. Petra
Bollmann, Kai
Braun, Sven
Bücher, Norman

C

Creutzmann, Prof. Andreas

D

Dagan, Daniel
Drax, Ulrich

E

Eichsteller, Prof. Harald
Eigner, Anja

F

Fritsch, Dr. Michael

G

Geisselhart, Roland
Gorsler, Dr. Barbara

H

Haak, Thomas
Haas, Mathias
Hahn, Thorsten
Händeler, Erik
Henkel, Hans-Olaf
Höcker, Dr. Ralf
Hofmann, Alexander

J

Jankowsky, Margaret
Janssen, Benedikt

K

Kahn, Oliver
Kamps, Markus
Katsiamita-Bußmann, Matina
Keicher, Imke
Kisslinger-Popp, Cornelia
Klapheck, Martin
Klöckner, Bernd W.
Knoll, Dr. Klaus-Peter
Koch-Mehrin, Dr. Silvana
Köhler, Thomas R.
Koye, Prof. Dr. Bernhard
Kühn, Stefanie

L

Lackner, Tatjana
Langsdorf, Antonia
Liebetrau, Axel
Lutz, Dieter

M

Mazur, Hans-Gerd
Metzler, Jutta
Meyer, Stephan
Michels, Dr. Rolf
Miller, Gloria
Moder, Alex
Müller Scholz, Wolf K.

N

Niemetz, Alexander

P

Pfläging, Niels
Pilny, Dr. Karl
Pohl, Prof. Dr. Manfred
Pritzbuer, Uwe Günter von

R

Reising, Heike
Reisinger, Annette
Reusch, Frank Alexander
Ritter, Steffen

S

Saarh, Volker
Saneke, Dr. Bernhard
Seidel, Dr. Joachim
Simon, Prof. Dr. Hermann
Snower, Prof. Dennis J.
Spinola, Roland

Sch

Scherer, Prof. Dr. Josef
Scheuss, Dr. Ralph
Schiller, Heidi
Schleicher, Thomas
Schulak, Dr. phil. Eugen Maria
Schwarz, Elke

St

Stein, Christiane
Steinle, Andreas

T

Thalheim, Conny
Thieme, Heiko
Tilgner, Ulrich

W

Wachs, Friedhelm
Weber, Mathias Paul
Wittig, Sabine

Z

Zielke, Prof. Dr. Christian

VORTRAGSKATEGORIEN
WISSENSCHAFT

B

Bauhofer, Dr. Ulrich
Berger, Dr. Thomas
Blümelhuber, Prof. Dr. Christian
Boller, Prof. Dr. Thomas
Bollmann, Kai
Braumann, Prof. Dr. med. Klaus-Michael
Bublath, Dr. Joachim

D

Dallwitz-Wegner, Dominik
Debus, Oliver
Dieball, Dr. Werner
Dieckmann-von Bünau, Dr. Detlef
Drax, Ulrich

E

Eigner, Anja
Ematinger, Reinhard
Emrich, Dr. Martin

F

Fischer, Ernst Peter

G

Gehlert, Thomas
Geisselhart, Roland
Grün, Dr. Klaus-Jürgen
Gurzki, Prof. Dr. Thorsten

H

Häusel, Dr. Hans-Georg
Hegemann, Brigitte E.
Heindl, Prof. Dr. Eduard
Horx, Matthias

J

Jankowsky, Margaret

K

Kaduk, Dr. Stefan
Karsten, Dr. Gunther
Kenzelmann, Peter
Kittl, Armin
Köhler, Martin
Köhler, Thomas R.
Konrad, Boris
Koye, Prof. Dr. Bernhard
Krengel, Martin
Kulinna, Matthias

L

Lomborg, Dr. Bjørn

M

Mahr, Renate Irena
Mayr, Dr. Reinhard
Micic, Dr. Pero

N

Neidhardt, Heike

P

Philipp, Manuel
Pircher-Friedrich, Prof. Dr. Anna Maria
Plöger, Sven
Pohl, Prof. Dr. Manfred
Pousttchi, Dr. Key

R

Riesenhuber, Prof. Dr. Heinz

S

Saneke, Dr. Bernhard
Seelmann-Holzmann, Dr. Hanne
Snower, Prof. Dennis J.
Soltau, Dr. Dirk

Sch

Scherer, Prof. Dr. Josef
Schmäh, Marco
Schön, Dr. Michael
Schulak, Dr. phil. Eugen Maria
Schürgers, Prof. Dr. Georg

St

Strohschein, Dr. Barbara

V

Veyhl, Prof. Dr.-Ing. Rainer

W

Wachs, Friedhelm
Wenger, Ruth
Wenzel, Dr. med. Petra
Wohland, Dr. Gerhard

Z

Zielke, Prof. Dr. Christian
Zipper, Bernd

VORTRAGSKATEGORIEN

WORK-LIFE-BALANCE

A

Aschenbrenner, Anton
Astor, Frank

B

Bauhofer, Dr. Ulrich
Baum, Prof. Dr. Klaus
Baumann, Bruno
Bergauer, Theo
Berger, Armin

Beyer, Joachim G.
Biermann, Jasmin
Bilger, Birgit
Bohn, Susanne
Bottequin, Jean-Marie A.
Brand, Markus
Bubendorfer, Thomas
Buchenau, Peter
Bücher, Norman
Burger, Thomas

C

Christ, Nicolai
Conen, Horst
Conzelmann, Gerhard

D

Dahlke, Dr. Ruediger
Dennes, Andrea
Despeghel, Dr. Dr. Michael
Dieckmann-von Bünau, Dr. Detlef
Dietz, Angela

E

Eberl, Thomas
Eggen, Carla
Engelbrecht, Sigrid

F

Fischer, Martin
Fleischlig, Birgit
Fritz, Hannelore
Fröhlich, Gabriele

G

Gall, Peter
Gerland, Elke
Goldfuß, Jürgen W.
Goldschmidt, Ralph
Göller, Thomas
Greisinger, Dr. Manfred
Greisle, Alexander
Gulder, Angelika
Gunkel, Klaus

H

Halboth, Micaela
Harten, Mathias
Hartig, Jörg
Heimsoeth, Antje
Herrmann, Brigitte

Hettenkofer, Brigitte
Holz, Heike

I

Ion, Frauke K.
Itt, Edgar

J

Jäger, Roland
Janssen, Benedikt

K

Karsten, Dr. Gunther
Katsiamita-Bußmann, Matina
Katzmaier, Corinna
Kenzelmann, Peter
Kerzel, Stefan
Knauf, Jürgen T.
Köster, Dr. Gerd
Kremmel, Ursula
Krengel, Martin
Kroeger, Steve
Kundermann, Michaele
Küthe, Stefan

L

Lachmann, Siegfried
Lammers, Stefan
Lamprechter, Kirsten
Landwehr, Thomas
Lange, Dieter
Langendörfer, Simone
Langguth, Veronika
Lauenroth, Jörg
Legien-Flandergan, Beatrice
Lejeune, Dr. phil.h.c. Erich
Lins, Nadja
Liscia, Marcello
Lorenz, Thomas
Loschky, Eva

M

Mahr, Renate Irena
Mattersberger, Michael
Matthies, Peter
Merkel, Birgitt
Mesnaric, Christa
Mischek, Monika
Mühlbauer, Gabriele
Markt, Roswitha A. van der
Münchhausen, Dr. Marco Freiherr von

N

Niermeyer, Rainer
Nimsky, Beate
Nussbaum, Cordula

O

Ott-Göbel, Brigitte

P

Posé, Ulf

R

Rebel, Nadine S.
Remenyi, Dr. Imre Marton
Reyss, Alexander
Riebe, Dr. Wolfgang

S

Sator, Günther
Seiwert, Prof. Dr. Lothar
Siegel, Dr. Monique R.
Spiering, Renate

Sch

Schön, Dr. Michael
Schrimpf, Ludger
Schulz, Klaus-Dieter
Schürgers, Prof. Dr. Georg
Schwind von Egelstein, Sabine

St

Stelzmüller, Christian
Sterzenbach, Slatco
Stoeppler, Petra
Streng, Dr. Michael
Strobel, Ingrid

T

Thanner, Christine
Thoma, Dieter
Tissot, Dr. Oliver

U

Unger, Magdalena

W

Wahner, Daniel
Wenger, Ruth
Wenzel, Dr. med. Petra
Wenzlau, Andreas
Westerhausen, Thomas
Will, Torsten
Witasek, Dr. med. Alex
Wöltje, Holger
Wöss, Dr. Fleur Sakura

Z

Ziegler, Petra
Zielke, Prof. Dr. Christian
Zimmermann, Walter
Zunker, Ralf A.

VORTRAGSKATEGORIEN
ZEITMANAGEMENT

A

Adam, Clemens
Astor, Frank

B

Bartel, Stefan
Biermann, Jasmin

Bohn, Susanne
Bouillon, Dr. Regina
Buchenau, Peter
Bucka-Lassen, Dr. Edlef

D

Dahlmann, Wolfgang
Davis, Zach

Dieckmann-von Bünau, Dr. Detlef

E

Eggen, Carla

F

Fischer, Martin
Franke, Uwe
Fritz, Hannelore

G

Gall, Peter
Gehlert, Thomas
Goldfuß, Jürgen W.
Goldschmidt, Ralph
Göller, Thomas
Greisle, Alexander
Gunkel, Klaus
Graeve, Melanie von

H

Hauptmann, Jörg
Heimsoeth, Antje
Holz, Heike

J

Jäger, Roland
Janssen, Benedikt

K

Karsten, Dr. Gunther
Katzmaier, Corinna
Kenzelmann, Peter
Klaus, Steffen
Koschnitzke, Frank
Kremmel, Ursula
Krengel, Martin
Kreuter, Dirk
Küthe, Stefan

L

Lachmann, Siegfried
Lamprechter, Kirsten
Langendörfer, Simone
Lejeune, Dr. phil.h.c. Erich

M

Mahr, Renate Irena
Matthes, Gerhard
Merkel, Birgitt
Mesnaric, Christa
Mühlbauer, Gabriele

N

Niemetz, Alexander
Nussbaum, Cordula

O

Obst, Gisela

Q

Quelle, Prof. Dr. Guido

S

Seiwert, Prof. Dr. Lothar
Semmelroth, Philip

Sch

Schmidt, Kerstin Katharina
Schulz, Klaus-Dieter
Schweikert, Felix A.

St

Stargardt, Simone
Stelzmüller, Christian
Streng, Dr. Michael
Strobel, Ingrid

W

Wenger, Ruth
Wenzel, Dr. med. Petra
Wenzlau, Andreas
Wittig, Christiane
Wöltje, Holger

Z

Zielke, Prof. Dr. Christian
Zimmermann, Walter

REGISTER

REDNER-
KATEGORIEN

REDNERKATEGORIEN

BUSINESS-EXPERTE	843
CELEBRITY-SPEAKER	845
COACH	847
DOZENT	850
EXPERTE	854
JOURNALIST	857
KABARETTIST	858
KEYNOTE-SPEAKER	859
MODERATOR	864
POLITIKER	868
REDNER	868
SPORT-PERSÖNLICHKEIT	874
TRAINER/BERATER	875

REDNERKATEGORIEN
BUSINESS-EXPERTE

A

Adam, Clemens
Al-Omary, Falk

B

Baldus, Vinzenz
Baum, Thilo
Becker, Bernhard W.
Begemann, Dr. Petra
Bergauer, Theo
Berger, Dr. Thomas
Beyer, Joachim G.
Böhm, Michael
Bolbrügge, Dr. Gisela
Borbonus, René
Brablec, Carmen
Brand, Markus
Brandes, Dieter
Brandl, Peter Klaus
Braun, Sven
Buchenau, Peter
Buholzer, Dr. phil. Sonja
Burger, Christoph

C

Christ, Nicolai
Cole, Tim
Cremer-Altgeld, Lilli

D

Diete, Lothar
Doderer, Prof. Alexander

E

Eckstein, Holger
Eichsteller, Prof. Harald
Ematinger, Reinhard
Eckert, Heiko van

F

Fett, Josua
Fey, Dr. Gudrun

Fiedler, Heinke
Fischer, Dr. Jörg
Fischer-Appelt, Bernhard
Forghani, Foad
Först, Regina
Fortmann, Harald R.
Fridrich, Michael
Fritz, Hannelore

G

Gay, Friedbert
Gehlert, Thomas
Gierke, Dr. Christiane
Göller, Thomas
Grundl, Boris
Graeve, Melanie von

H

Haas, Martina
Haas, Mathias
Hahn, Thorsten
Haider, Siegfried
Hermens, Ellen
Hettenkofer, Brigitte
Hettl, Matthias
Heun, Michael A.
Himmelreich, Achim
Hirschmann, Wolf R.
Hübner, Sabine

J

Jankowsky, Margaret
Janssen, Benedikt
Jendrosch, Prof. Dr. Thomas

K

Kalkbrenner, Christian
Kehl, Wolfgang T.
Kenzelmann, Peter
Kilian, Dr. Karsten
Klein, Dr. Susanne
Klöckner, Bernd W.
Knauer, Ulrike
Knauf, Jürgen T.

Knoblauch, Prof. Dr. Jörg
Knoll, Dr. Klaus-Peter
Kohl, Rüdiger
Köhler, Hans-Uwe L.
Köhler, Thomas R.
Kübler, Dr. Anette
Kühn, Stefanie
Kupp, Dr. Martin

L

Lammers, Stefan
Lampe, Manuel
Lang, Dr. Jürgen
Langendörfer, Simone
Laschkolnig, Martin
Laubrinus, Jörg
Lehky, Maren
Liebetrau, Axel
Limbeck, Martin
Löhr, Jörg

M

Macioszek, Dr. H.-Georg
Maier, Andreas P.
Marx, Frank
Matschnig, Monika
Mattersberger, Michael
Matthies, Peter
Mazur, Hans-Gerd
Merath, Stefan
Mesnaric, Christa
Metzler, Jutta
Meyer, Stephan
Micic, Dr. Pero
Miller, Gloria
Mischek, Monika
Moesslang, Michael
Mrazek, Sabine
Mühlbauer, Gabriele
Müller, Hermann
Markt, Roswitha A. van der

N

Nussbaum, Cordula

O

Obst, Gisela
Onneken, Jacobus

P

Palluch, Boris
Petek, Rainer

Pfläging, Niels
Pilny, Dr. Karl
Pilsl, Karl
Plath, Alexander

Q

Quelle, Prof. Dr. Guido

R

Rapp, Dr. Reinhold
Raskop, Friedhelm
Ritter, Steffen
Roos, Georges T.
Röthlingshöfer, Bernd
Ruhleder, Rolf H.
Rumohr, Joachim

S

Sauldie, Sanjay
Semmelroth, Philip
Skambraks, Joachim
Sobainsky, Julia
Sokkar, Sami
Spengler, Robert
Springer, Dr. Boris

Sch

Scheelen, Frank M.
Scheible, Kurt-Georg
Scherer, Hermann
Schleicher, Thomas
Schmidt, Kerstin Katharina
Schmidt, Nicola
Schmiel, Rolf
Schön, Dr. Michael
Schukart, Martin
Schweikert, Felix A.
Schwind von Egelstein, Sabine

St

Stargardt, Simone
Strobel, Thomas

V

Voigt, Connie

W

Wagner, Dieter W.
Wagner-Kugler, Alexandra
Wala, Hermann

Weidner, Markus
Wessling, Prof. Dr. Ewald
Will, Torsten
Willmanns, Rainer
Wittig, Sabine
Wöltje, Holger
Worel, Peter A.

Y

Yarom, Lior I.

Z

Zielke, Prof. Dr. Christian
Zimmermann, Walter
Zirbik, Jürgen

REDNERKATEGORIEN
CELEBRITY-SPEAKER

A

Adler, Eric
Alt, Dr. Franz
Altmann, Dr. h.c. Hans
Aschenbrenner, Anton

B

Bauhofer, Dr. Ulrich
Baumgartner, Paul Johannes
Bilgri, Anselm
Bischoff, Irena
Blümelhuber, Prof. Dr. Christian
Bollmann, Kai
Bosshart, Dr. David
Brand, Heiner
Brandmeyer, Prof. Dr. Klaus
Bubendorfer, Thomas
Bublath, Dr. Joachim
Buholzer, Dr. phil. Sonja

C

Cohn-Vossen, Chris
Cole, Tim

D

Dagan, Daniel
Dieball, Dr. Werner
Drax, Ulrich

E

Eckstein, Holger
Etrillard, Stéphane

F

Fett, Josua
Föller, Dr. Andreas
Fricke, Thomas
Fugger, Donata Gräfin

G

Geisselhart, Oliver
Geisselhart, Roland
Grün, Dr. Klaus-Jürgen
Grundl, Boris
Gundlach, Alida

H

Hahn, Hans-Joachim
Halboth, Micaela
Hamberger, Rainer W.
Heinz, Susi
Henkel, Hans-Olaf
Herkenrath, Lutz
Hinrich, Romeike
Hirschmann, Wolf R.
Höcker, Dr. Ralf
Hofmann, Alexander

J

Jeschke, Dr. Wolfgang

K

Kahn, Oliver
Karsten, Dr. Gunther
Keicher, Imke
Kittl, Armin
Klaus, Steffen
Kleinhenz, Susanne
Klöckner, Bernd W.
Kmoth, Nadine
Knoblauch, Prof. Dr. Jörg
Knudsen, Jeppe Hau
Koschnitzke, Frank

L

Lai, Oriana
Landauer, Adele
Lange, Dieter
Lange, Prof. Dr. Dr.h.c. Gerhard
Langendörfer, Simone
Langsdorf, Antonia
Lejeune, Dr. phil.h.c. Erich
Löhr, Jörg

M

Matschnig, Monika
Mayer de Groot, Dr. Ralf
Mazur, Hans-Gerd
Merk, Dr. Markus
Meyer, Jens-Uwe
Micic, Dr. Pero
Mengden, Waltraut von
Münchhausen, Dr. Marco Freiherr von

N

Niemetz, Alexander
Nussbaum, Cordula

O

Obst, Gisela
Osterhammel, Bernd

P

Plehwe, Kerstin
Possin, Wilfried

R

Rapp, Dr. Reinhold
Rebel, Nadine S.
Reithmann, Matthias
Romeike, Hinrich

Roos, Georges T.
Roth, Claudia
Rutemoeller, Erich

S

Sánchez, Juan R.
Sator, Günther
Sauldie, Sanjay
Seelmann-Holzmann, Dr. Hanne
Seiwert, Prof. Dr. Lothar
Simon, Prof. Dr. Hermann
Skambraks, Joachim
Sommer, Dr. Luise Maria
Spengler, Robert
Senftleben, Phillip von

Sch

Scheddin, Monika
Schendl-Gallhofer, Gabriele
Scherer, Prof. Dr. Josef
Schukart, Martin
Schürgers, Prof. Dr. Georg
Schwind von Egelstein, Sabine

St

Staub, Gregor
Stein, Christiane
Stenger, Christiane
Stuck, Hans-Joachim

T

Thieme, Heiko
Thinius, Jochen
Thoma, Dieter
Tissot, Dr. Oliver
Tomas, Dr. Jens

U

Uhlig, Jane

W

Wenzel, Dr. med. Petra
Wittig, Christiane
Worel, Peter A.

Z

Ziegler, Petra
Zipper, Bernd
Zirbik, Jürgen
Zoche, Dr. Dr. Hermann Josef

REDNERKATEGORIEN
COACH

A

Adam, Clemens
Al-Omary, Falk
Astor, Frank
Auch-Schwelk, Annette

B

Bartnitzki, Sascha
Bauhofer, Dr. Ulrich
Baum, Prof. Dr. Klaus
Baum, Thilo
Baumgartner, Paul Johannes
Becker, Bernhard W.
Begemann, Dr. Petra
Bellin-Sonnenburg, Rebecca
Ben Said, Daniela A.
Bergauer, Theo
Berger, Armin
Berndt, Jon Christoph
Betschart, Martin
Beyer, Joachim G.
Biermann, Jasmin
Bilger, Birgit
Bischoff, Irena
Blaschka, Dr. Markus
Bode, Andreas
Böhm, Michael
Bohn, Susanne
Bolbrügge, Dr. Gisela
Bönisch, Wolfgang
Borbonus, René
Bottequin, Jean-Marie A.
Bouillon, Dr. Regina
Brablec, Carmen
Brand, Markus
Brandes, Dieter
Brandl, Peter Klaus
Bubenheim, René
Buchenau, Peter
Bücher, Norman
Buholzer, Dr. phil. Sonja
Burger, Christoph
Burger, Thomas
Burzler, Thomas

C

Christ, Nicolai
Conen, Horst
Conzelmann, Gerhard
Cremer-Altgeld, Lilli

D

Danz, Gerriet
Demann, Stefanie
Dennes, Andrea
Dibué, Barbara
Dieckmann-von Bünau, Dr. Detlef
Diete, Lothar
Dietz, Angela
Dressel, Dr. Martina
Dyckhoff, Katja

E

Eberl, Thomas
Eckstein, Holger
Eggen, Carla
Eichsteller, Prof. Harald
Emmelmann, Christoph
Emrich, Dr. Martin
Engelbrecht, Sigrid
Eckert, Heiko van

F

Fey, Dr. Gudrun
Fiedler, Heinke
Fink, Klaus-J.
Fischbacher, Arno
Fischer, Dr. Jörg
Fleischlig, Birgit
Först, Regina
Frädrich, Dr. Stefan
Franke, Uwe
Freudenthaler, Alfred
Fritz, Hannelore

G

Gálvez, Cristián
Gehlert, Thomas

Geisselhart, Oliver
Gerland, Elke
Glattes, Karin
Gnida, Mathias
Göller, Thomas
Graber, Barbara
Greisinger, Dr. Manfred
Grundl, Boris
Gulder, Angelika
Gunkel, Klaus
Graeve, Melanie von

H

Haag, Iris
Haas, Martina
Hagmaier, Ardeschyr
Haider, Siegfried
Halboth, Micaela
Hann, Dr. Stephanie
Hartig, Jörg
Heimsoeth, Antje
Herkenrath, Lutz
Hermens, Ellen
Herrmann, Brigitte
Herrmann, Ralf
Hertlein, Margit
Herzog, Matthias
Herzog-Windeck, Alexandra
Hettenkofer, Brigitte
Hettl, Matthias
Heun, Michael A.
Hinz, Olaf
Hirschmann, Wolf R.
Höcker, Bernd
Holz, Heike

I

Ion, Frauke K.
Itt, Edgar

J

Jäger, Roland
Jankowsky, Margaret
Jantzen, Gerhard

K

Kalkbrenner, Christian
Karsten, Dr. Gunther
Karthaus, Detlef
Katsiamita-Bußmann, Matina
Katzmaier, Corinna
Kehl, Wolfgang T.
Kenzelmann, Peter

Khalil, Christian
Khoschlessan, Dr. Darius
Kilian, Dr. Karsten
Klaus, Steffen
Klein, Dr. Susanne
Klöckner, Bernd W.
Kmoth, Nadine
Knauer, Ulrike
Knauf, Jürgen T.
König, Helmut
Kraft, Helmut
Kremmel, Ursula
Krengel, Martin
Kroeger, Steve
Krumm, Rainer
Kübler, Dr. Anette
Kühl, Anne
Kühn, Stefanie
Küthe, Stefan

L

Lachmann, Siegfried
Lammers, Stefan
Lamprechter, Kirsten
Landwehr, Thomas
Lange, Dieter
Langendörfer, Simone
Langguth, Veronika
Langsdorf, Antonia
Laubrinus, Jörg
Lauenroth, Jörg
Legien-Flandergan, Beatrice
Lehky, Maren
Lejeune, Dr. phil.h.c. Erich
Letter, Michael
Limbeck, Martin
Lins, Nadja
Loschky, Eva
Lüdemann, Carolin

M

Mahr, Renate Irena
Matejka, Laila
Matschnig, Monika
Matthies, Peter
Mayer de Groot, Dr. Ralf
Merath, Stefan
Merkel, Birgitt
Mesnaric, Christa
Metzler, Jutta
Meyer, Stephan
Michler, Herbert
Minderer, Raimund
Moesslang, Michael
Motsch, Elisabeth

Mrazek, Sabine
Mühlbauer, Gabriele
Müller, Hermann
Münzner, Christoph
Markt, Roswitha A. van der
Mengden, Waltraut von
Münchhausen, Dr. Marco Freiherr von

N

Neidhardt, Heike
Niemetz, Alexander
Niermeyer, Rainer
Nimo, Sabine
Nimsky, Beate
Nussbaum, Cordula

O

Obst, Gisela
Onneken, Jacobus
Ortmann, Dr. Ingo
Osterhammel, Bernd
Ott-Göbel, Brigitte

P

Paulsen, Kai
Petek, Rainer
Philipp, Manuel
Pilny, Dr. Karl
Posé, Ulf
Possin, Wilfried

R

Rabeneck, Peter
Rebel, Nadine S.
Remenyi, Dr. Imre Marton
Reyss, Alexander
Rhoda, Michael
Richter, Kay-Sölve
Riedelsberger, Christine
Rosener, Ines
Rossié, Michael
Rückle, Horst
Ruhleder, Rolf H.

S

Sauldie, Sanjay
Sobainsky, Julia
Sokkar, Sami
Spengler, Robert
Spiering, Renate
Spies, Stefan

Sch

Scheible, Kurt-Georg
Schendl-Gallhofer, Gabriele
Schleicher, Thomas
Schmidt, Kerstin Katharina
Schmidt, Nicola
Schmitt, Ralf
Schmitt, Tom
Schneider, Volker
Schön, Carmen
Schön, Dr. Michael
Schrimpf, Ludger
Schuler, Helga
Schulz, Klaus-Dieter
Schürgers, Prof. Dr. Georg
Schweikert, Felix A.
Schwind von Egelstein, Sabine

St

Starke, Thomas
Steinborn, Andreas
Stelzmüller, Christian
Stempfle, Lothar
Strobel, Ingrid
Strobel, Tatjana
Strohschein, Dr. Barbara
Struck, Pia
Stein, Georg von

T

Trtschka, Frank

U

Unger, Magdalena

V

Velde, Robert van de
Veyhl, Prof. Dr.-Ing. Rainer
Voigt, Connie

W

Wagner, Dieter W.
Wagner-Kugler, Alexandra
Wahner, Daniel
Walch, Dr. Elfy
Wenger, Ruth
Wenzel, Dr. med. Petra
Wenzlau, Andreas
Wessling, Prof. Dr. Ewald
Westerhausen, Thomas

Will, Torsten
Wittig, Christiane
Wittig, Sabine
Wittschier, Dr. Bernd
Worel, Peter A.
Wöss, Dr. Fleur Sakura
Wuerz, Timo

Z

Zeuch, Dr. Andreas
Ziegler, Isabelle
Ziegler, Petra
Zielke, Prof. Dr. Christian
Zimmermann, Walter
Zipper, Bernd
Zirbik, Jürgen

REDNERKATEGORIEN
DOZENT

A

Abromeit, Jörg
Adam, Clemens
Adler, Eric
Amon, Ingrid
Aschenbrenner, Anton

B

Bartnitzki, Sascha
Baschab, Thomas
Bauer-Jelinek, Christine
Bauhofer, Dr. Ulrich
Baum, Prof. Dr. Klaus
Baum, Sigrun
Baumgartner, Paul Johannes
Becker, Bernhard W.
Belilowski, Hilke
Berger, Dr. Thomas
Bernecker, Michael
Betschart, Martin
Beyer, Joachim G.
Bienert, Caroline
Biermann, Jasmin
Bilger, Birgit
Blümelhuber, Prof. Dr. Christian
Bode, Andreas
Böhm, Michael
Bohn, Susanne
Boller, Prof. Dr.Thomas
Bollmann, Kai
Bönisch, Wolfgang
Bösl, Michael
Bottequin, Jean-Marie A.
Bouillon, Dr. Regina

Brablec, Carmen
Brandes, Dieter
Brügger, Chris
Bublath, Dr. Joachim
Buchenau, Peter
Bücher, Norman
Bucka-Lassen, Dr. Edlef
Buckert, Ingo
Buholzer, Dr. phil. Sonja

C

Christ, Nicolai
Cole, Tim
Correll, Prof. Dr., Werner
Cremer-Altgeld, Lilli
Creutzmann, Prof. Andreas

D

Dahlmann, Wolfgang
Dallwitz-Wegner, Dominik
Debus, Oliver
Demann, Stefanie
Derks, Ariane
Dibué, Barbara
Dieball, Dr. Werner
Dieckmann-von Bünau, Dr. Detlef
Doderer, Prof. Alexander
Drax, Ulrich
Dressel, Dr. Martina
Dreykorn, Prof. Klaus-Peter
Dyckhoff, Katja

E

Eberl, Thomas
Eichsteller, Prof. Harald
Eigner, Anja
Ematinger, Reinhard
Emmelmann, Christoph
Emrich, Dr. Martin
Engelbrecht, Sigrid
Etrillard, Stéphane

F

Feldmeier, Sonja
Fischbacher, Arno
Fischer, Claudia
Fischer, Ernst Peter
Fortmann, Harald R.
Frädrich, Dr. Stefan
Franke, Uwe
Frey, Prof. Dr. Urs
Fricke, Thomas
Fridrich, Michael
Fritsch, Dr. Michael

G

Garten, Matthias
Geisselhart, Oliver
Geisselhart, Roland
Gieschen, Gerhard
Giger, Dr. Andreas
Glattes, Karin
Gnida, Mathias
Goldfuß, Jürgen W.
Göller, Thomas
Greisle, Alexander
Grotz, Brigitte
Grün, Dr. Klaus-Jürgen
Gulder, Angelika
Gurzki, Prof. Dr. Thorsten
Graeve, Melanie von

H

Haas, Martina
Haberl, Rudolf
Hahn, Hans-Joachim
Hahn, Thorsten
Haider, Siegfried
Halboth, Micaela
Hamberger, Rainer W.
Hann, Dr. Stephanie
Hans, Prof. Dr. Norbert
Hartig, Jörg
Hauptmann, Jörg
Hegemann, Brigitte E.

Heimsoeth, Antje
Heindl, Prof. Dr. Eduard
Heinz, Susi
Henke, Claudia
Herkenrath, Lutz
Hermens, Ellen
Herrmann, Brigitte
Herrmann, Ralf
Herzog, Matthias
Herzog-Windeck, Alexandra
Hettenkofer, Brigitte
Himmelreich, Achim
Hirschmann, Wolf R.
Hofert, Svenja
Hoffmann, Dr. Kerstin
Holz, Heike
Hubert, Martin

J

Jankowsky, Margaret
Janssen, Benedikt
Jopp, Heinz Dieter
Junk, Ann

K

Kaduk, Dr. Stefan
Kamps, Markus
Karsten, Dr. Gunther
Karthaus, Detlef
Katsiamita-Bußmann, Matina
Katzmaier, Corinna
Kenzelmann, Peter
Kernke, Dr. Sylvia
Kerzel, Stefan
Kessler, Dr. Annette
Khoschlessan, Dr. Darius
Kilian, Dr. Karsten
Klöckner, Bernd W.
Kmoth, Nadine
Knauer, Rudolf
Knoblauch, Prof. Dr. Jörg
Knoepffler, Prof. Dr. mult. Nikolaus
Kohl, Rüdiger
Köhler, Martin
Köhler, Thomas R.
Kolar-Zovko, Spomenka
Konhardt, Andrea
König, Helmut
Koper, Ton
Köster, Dr. Gerd
Koye, Prof. Dr. Bernhard
Krengel, Martin
Krenn, Roland
Krippendorf, Beat
Kroeger, Steve

Kühl, Anne
Kulinna, Matthias
Kupp, Dr. Martin
Küthe, Stefan
Kutscher, Patrik P.

L

Lackner, Tatjana
Lai, Oriana
Lammers, Stefan
Lamprechter, Kirsten
Lange, Dieter
Langendörfer, Simone
Langer-Weidner, Birgit
Lehky, Maren
Lejeune, Dr. phil.h.c. Erich
Liebetrau, Axel
Limbeck, Martin
Lins, Nadja
Liscia, Marcello
Löhner, Michael
Loschky, Eva
Lüdemann, Carolin

M

Mader, Thomas
Mahr, Renate Irena
Matejka, Laila
Matschnig, Monika
Matthes, Gerhard
Matzig, Roland
Mayr, Dr. Reinhard
Mazur, Hans-Gerd
Merkel, Birgitt
Mesnaric, Christa
Metzler, Jutta
Meyer, Jens-Uwe
Meyer, Stephan
Michael, Klaus
Michels, Dr. Rolf
Michler, Herbert
Micic, Dr. Pero
Mischek, Monika
Moder, Alex
Moesslang, Michael
Mrazek, Sabine
Mühlbauer, Gabriele
Müller, Hermann
Münzner, Christoph
Muthers, Helmut
Mengden, Waltraut von

N

Nasher, Prof. Dr. Lord Jack
Neidhardt, Heike
Niermeyer, Rainer
Nitzschke, Tobias
Nußbaum, Dr. Albert

O

Obst, Gisela
Osmetz, Prof. Dr. Dirk
Ott-Göbel, Brigitte
Otto, Mike John

P

Palluch, Boris
Petek, Rainer
Pilny, Dr. Karl
Pircher-Friedrich, Prof. Dr. Anna Maria
Pöhm, Matthias
Posé, Ulf
Possin, Wilfried
Pousttchi, Dr. Key

Q

Quelle, Prof. Dr. Guido

R

Radtke, Dr. Burkhard
Rebel, Nadine S.
Reckhenrich, Jörg
Reising, Heike
Reithmann, Matthias
Remenyi, Dr. Imre Marton
Reyss, Alexander
Rhoda, Michael
Richter, Kay-Sölve
Ronzal, Wolfgang
Röthlingshöfer, Bernd
Ruhleder, Rolf H.
Rutemoeller, Erich

S

Saar, Volker
Sander, Sven
Sauldie, Sanjay
Seelmann-Holzmann, Dr. Hanne
Seidel, Dr. Joachim
Seiwert, Prof. Dr. Lothar
Selalmazidis, Aristidis
Sidow, Dr. Hans
Simon, Prof. Dr. Hermann

Simon, Prof. Dr. Walter
Sobainsky, Julia
Sokkar, Sami
Sommer, Dr. Luise Maria
Spiering, Renate
Spies, Stefan
Spinola, Roland
Senftleben, Phillip von
Siebenthal, Isabelle von

Sch

Scheible, Kurt-Georg
Scherer, Bernd
Scherer, Jiri
Scherer, Prof. Dr. Josef
Schleicher, Thomas
Schmäh, Marco
Schmidt, Kerstin Katharina
Schmidt, Nicola
Schmidt-Tanger, Martina
Schmitt, Tom
Schön, Carmen
Schroll, Willi
Schulak, Dr. phil. Eugen Maria
Schulz, Klaus-Dieter
Schürgers, Prof. Dr. Georg
Schweikert, Felix A.
Schwind von Egelstein, Sabine

St

Stargardt, Jochen
Stargardt, Simone
Starke, Thomas
Stein, Christiane
Steinborn, Andreas
Stelzmüller, Christian
Stempfle, Lothar
Sterrer, Christian
Stiller, Dirk
Stoeppler, Petra
Strobel, Ingrid
Strobel, Tatjana
Strobel, Thomas
Strohschein, Dr. Barbara
Strupat, Ralf R.
Sturz, Dr.-Ing. Wolfgang

T

Thieme, Heiko
Thinius, Jochen
Tissot, Dr. Oliver
Trtschka, Frank

U

Uhlig, Jane
Unger, Magdalena

V

Vater, Gerhard J.
Veyhl, Prof. Dr.-Ing. Rainer
Voigt, Connie

W

Wachs, Friedhelm
Wagner, Dieter W.
Wahner, Daniel
Waibel, Jochen
Wartenberg, Sebastian
Welter, Ulli
Wenger, Ruth
Wenzel, Dr. med. Petra
Werner, Andreas
Wessinghage, Prof. Dr. Tomas
Wessling, Prof. Dr. Ewald
Westerhausen, Thomas
Wied, Lorenz
Will, Torsten
Willmanns, Rainer
Winkler, Margit
Wittig, Christiane
Wittig, Sabine
Wittschier, Dr. Bernd
Wohland, Dr. Gerhard
Wöltje, Holger
Worel, Peter A.
Wuerz, Timo
Wunderlich, Dr. Jürgen

Y

Yarom, Lior I.

Z

Zeuch, Dr. Andreas
Ziegler, Petra
Zielke, Prof. Dr. Christian
Zimmermann, Walter
Zipper, Bernd
Zirbik, Jürgen

REDNERKATEGORIEN
EXPERTE

A

Adam, Clemens
Al-Omary, Falk

B

Bartnitzki, Sascha
Bauhofer, Dr. Ulrich
Baum, Thilo
Baumann, Bruno
Baumgartner, Paul Johannes
Becker, Bernhard W.
Begemann, Dr. Petra
Berger, Armin
Berger, Dr. Thomas
Berndt, Jon Christoph
Betschart, Martin
Beyer, Joachim G.
Bienert, Caroline
Bischoff, Irena
Blaschka, Dr. Markus
Böhm, Michael
Bohn, Susanne
Bolbrügge, Dr. Gisela
Boller, Prof. Dr.Thomas
Bönisch, Wolfgang
Bottequin, Jean-Marie A.
Brablec, Carmen
Brand, Heiner
Brandl, Peter Klaus
Braun, Sven
Buchenau, Peter
Bücher, Norman
Buholzer, Dr. phil. Sonja
Buhr, Andreas
Burger, Christoph
Burzler, Thomas

C

Cole, Tim
Conen, Horst
Conzelmann, Gerhard
Cremer-Altgeld, Lilli

D

Danz, Gerriet
Demann, Stefanie
Dieckmann-von Bünau, Dr. Detlef
Dietz, Angela
Dressel, Dr. Martina
Dyckhoff, Katja

E

Eberl, Thomas
Eckstein, Holger
Eichsteller, Prof. Harald
Ematinger, Reinhard
Emmelmann, Christoph
Eckert, Heiko van

F

Fey, Dr. Gudrun
Fink, Klaus-J.
Fischbacher, Arno
Fischer, Dr. Jörg
Forghani, Foad
Först, Regina
Fortmann, Harald R.
Frädrich, Dr. Stefan
Frey, Jürgen

G

Gay, Friedbert
Gehlert, Thomas
Geisselhart, Oliver
Gnida, Mathias
Goldfuß, Jürgen W.
Goldschmidt, Ralph
Göller, Thomas
Greisinger, Dr. Manfred
Greisle, Alexander
Grundl, Boris
Graeve, Melanie von

H

Haag, Iris
Haas, Martina

Haas, Mathias
Hahn, Thorsten
Haider, Siegfried
Halboth, Micaela
Händeler, Erik
Hartig, Jörg
Haugeneder, Katrin
Herkenrath, Lutz
Hermens, Ellen
Herrmann, Ralf
Herzog, Matthias
Heß, Sabine
Hettenkofer, Brigitte
Hettl, Matthias
Hofmann, Markus
Holz, Heike
Huber, René

I

Ion, Frauke K.

J

Jäger, Roland
Jankowsky, Margaret
Janssen, Benedikt
Jantzen, Gerhard
Jendrosch, Prof. Dr. Thomas
Jopp, Heinz Dieter

K

Kaiser, Gabriela
Kalkbrenner, Christian
Karsten, Dr. Gunther
Kehl, Wolfgang T.
Kenzelmann, Peter
Khalil, Christian
Khoschlessan, Dr. Darius
Kilian, Dr. Karsten
Klaus, Steffen
Klöckner, Bernd W.
Kmoth, Nadine
Knauer, Ulrike
Knauf, Jürgen T.
Knoblauch, Prof. Dr. Jörg
Knoll, Dr. Klaus-Peter
Kohl, Rüdiger
Köhler, Hans-Uwe L.
Köhler, Martin
Köhler, Thomas R.
Kolar-Zovko, Spomenka
König, Helmut
Köster, Dr. Gerd
Krengel, Martin
Krumm, Rainer

Kübler, Dr. Anette
Kühn, Stefanie
Kundermann, Michaele
Kurz, Jürgen
Küthe, Stefan

L

Lachmann, Siegfried
Lammers, Stefan
Lampe, Manuel
Lang, Dr. Jürgen
Lange, Dieter
Langendörfer, Simone
Langguth, Veronika
Langsdorf, Antonia
Laschkolnig, Martin
Laubrinus, Jörg
Lejeune, Dr. phil.h.c. Erich
Letter, Michael
Liebetrau, Axel
Limbeck, Martin
Liscia, Marcello
Lomborg, Dr. Bjørn
Lorenz, Thomas
Loschky, Eva
Lüdemann, Carolin

M

Macioszek, Dr. H.-Georg
Mahr, Renate Irena
Maier, Andreas P.
Mayer de Groot, Dr. Ralf
Mesnaric, Christa
Michels, Dr. Rolf
Michler, Herbert
Micic, Dr. Pero
Miller, Gloria
Mischek, Monika
Moder, Alex
Moesslang, Michael
Motsch, Elisabeth
Mühlbauer, Gabriele
Muthers, Helmut
Mengden, Waltraut von
Münchhausen, Dr. Marco Freiherr von

N

Nasher, Prof. Dr. Lord Jack
Neidhardt, Heike
Niermeyer, Rainer
Nimsky, Beate
Nitzschke, Tobias
Nussbaum, Cordula

O

Obst, Gisela
Onneken, Jacobus
Ortmann, Dr. Ingo
Osterhammel, Bernd
Ott-Göbel, Brigitte

P

Petek, Rainer
Pilny, Dr. Karl
Plath, Alexander
Posé, Ulf
Possin, Wilfried

Q

Quelle, Prof. Dr. Guido

R

Raskop, Friedhelm
Reyss, Alexander
Richter, Kay-Sölve
Riedelsberger, Christine
Ritter, Steffen
Romeike, Hinrich
Ruhleder, Rolf H.
Rumohr, Joachim

S

Sandvoss, Michael
Seiwert, Prof. Dr. Lothar
Semmelroth, Philip
Sobainsky, Julia
Sommer, Dr. Luise Maria
Spengler, Robert
Spiering, Renate
Spies, Stefan
Spinola, Roland
Springer, Dr. Boris

Sch

Scheible, Kurt-Georg
Scherer, Hermann
Scherer, Jiri
Schleicher, Thomas
Schmidt, Dirk
Schmidt, Nicola
Schmitt, Tom
Schneider, Volker
Schön, Dr. Michael
Schrimpf, Ludger
Schukart, Martin
Schulz, Rainer
Schürgers, Prof. Dr. Georg
Schweikert, Felix A.
Schwind von Egelstein, Sabine

St

Staub, Gregor
Steinborn, Andreas
Stelzmüller, Christian
Stempfle, Lothar
Stoeppler, Petra
Strobel, Tatjana
Strobel, Thomas
Strohschein, Dr. Barbara
Struck, Pia
Sturz, Dr.-Ing. Wolfgang
Stein, Georg von

T

Thanner, Christine
Thoma, Dieter
Trtschka, Frank

U

Unger, Magdalena

V

Vater, Gerhard J.
Veyhl, Prof. Dr.-Ing. Rainer
Voigt, Connie

W

Wagner, Dieter W.
Wagner-Kugler, Alexandra
Wahner, Daniel
Wälde, Rainer
Weidner, Markus
Weidner, Prof. Dr. phil. Jens
Welter, Ulli
Wenger, Ruth
Wenzel, Dr. med. Petra
Wessling, Prof. Dr. Ewald
Westerhausen, Thomas
Will, Torsten
Willmanns, Rainer
Witasek, Dr. med. Alex
Wittig, Sabine
Wöltje, Holger
Worel, Peter A.
Wöss, Dr. Fleur Sakura

Y

Yarom, Lior I.

Z

Zeuch, Dr. Andreas
Ziegler, Isabelle

Ziegler, Petra
Zielke, Prof. Dr. Christian
Zimmermann, Walter
Zipper, Bernd
Zirbik, Jürgen

REDNERKATEGORIEN
JOURNALIST

A

Al-Omary, Falk
Alt, Dr. Franz

B

Baum, Thilo
Baumgartner, Paul Johannes
Bottequin, Jean-Marie A.
Buchenau, Peter

C

Cole, Tim
Cremer-Altgeld, Lilli

H

Hahn, Thorsten
Haider, Siegfried
Hamberger, Rainer W.
Händeler, Erik
Hauser, Tobias

K

Kappest, Klaus-Peter
Kerzel, Stefan
Khalil, Christian
Kilian, Dr. Karsten
Klaus, Steffen
Kremmel, Ursula

L

Lejeune, Dr. phil.h.c. Erich

M

Münzner, Christoph

N

Niemetz, Alexander
Nussbaum, Cordula

P

Pilsl, Karl

R

Richter, Kay-Sölve
Röthlingshöfer, Bernd

S

Simon, Prof. Dr. Walter
Spiering, Renate

Sch

Schweikert, Felix A.

St

Stein, Georg von

T

Thieme, Heiko
Tilgner, Ulrich

V

Voigt, Connie

W

Wälde, Rainer
Wenzel, Dr. med. Petra

Z

Zirbik, Jürgen

REDNERKATEGORIEN
KABARETTIST

A

Adler, Eric
Astor, Frank

B

Buchenau, Peter

G

Geisselhart, Oliver
Goldfuß, Jürgen W.

H

Höcker, Dr. Ralf

K

Kenzelmann, Peter

M

Müller, Waldemar

P

Possin, Wilfried

R

Riebe, Dr. Wolfgang

S

Spengler, Robert

Sch

Schmitt, Ralf

T

Tissot, Dr. Oliver

V

Voller, Torsten

REDNERKATEGORIEN
KEYNOTE-SPEAKER

A

Abromeit, Jörg
Adam, Clemens
Adler, Eric
Ahrens, Leif
Aichhorn, Ulrike
Al-Omary, Falk
Alt, Dr. Franz
Altmann, Alexandra
Altmann, Dr. h.c. Hans
Amon, Ingrid
Anker, Dr. Heinrich
Arndt, Roland

B

Baldus, Vinzenz
Bartel, Stefan
Bartnitzki, Sascha
Baschab, Thomas
Bauer-Jelinek, Christine
Bauhofer, Dr. Ulrich
Baum, Thilo
Baumann, Bruno
Baumgartner, Paul Johannes
Bayerl, Amata
Becker, Bernhard W.
Belz, Otto
Ben Said, Daniela A.
Bennefeld, Christian
Berger, Dr. Thomas
Berger, Prof. Dr. Dr. Wolfgang
Berndt, Jon Christoph
Bernecker, Michael
Betschart, Martin
Beyer, Joachim G.
Bielinski, Rainer
Biesel, Hartmut H.
Bilgri, Anselm
Bischoff, Christian
Bischoff, Irena
Blaschka, Dr. Markus
Blümelhuber, Prof. Dr. Christian
Bock, Dr. Petra
Bode, Andreas
Böhm, Michael
Bohn, Susanne
Bolbrügge, Dr. Gisela
Boller, Prof. Dr. Thomas
Bollmann, Kai
Bommer, Isabel
Bönisch, Wolfgang
Borbonus, René
Bornhäußer, Andreas
Bösl, Michael
Bosshart, Dr. David
Brablec, Carmen
Brand, Heiner
Brand, Markus
Brandau, Lars
Brandes, Dieter
Brandl, Peter Klaus
Brandmeyer, Prof. Dr. Klaus
Braumann, Prof. Dr. med. Klaus-Michael
Braun, Roman
Brügger, Chris
Bubendorfer, Thomas
Bublath, Dr. Joachim
Buchenau, Peter
Bücher, Norman
Buholzer, Dr. phil. Sonja
Buhr, Andreas
Burger, Christoph
Burger, Thomas
Burzler, Thomas
Büssow, Ronald

C

Christ, Nicolai
Christiani, Alexander
Clavadetscher, Andrea
Cole, Tim
Conen, Horst
Conzelmann, Gerhard
Creutzmann, Prof. Andreas

D

Dagan, Daniel
Dahlke, Dr. Ruediger
Dahlmann, Wolfgang
Dallwitz-Wegner, Dominik
Danz, Gerriet
Davis, Zach
Deters, Monica
Dieball, Dr. Werner

Dierks, Christiane
Diete, Lothar
Dietz, Angela
Doderer, Prof. Alexander
Drax, Ulrich
Dressel, Dr. Martina
Dreykorn, Prof. Klaus-Peter
Dyckhoff, Katja

E

Eberl, Thomas
Eckstein, Holger
Eichsteller, Prof. Harald
Eigner, Anja
Ematinger, Reinhard
Emmelmann, Christoph
Emrich, Dr. Martin
Engelbrecht, Sigrid
Enkelmann, Dr. Claudia
Enkelmann, Nikolaus
Etrillard, Stéphane
Etzlstorfer, Dr. Christoph
Eckert, Heiko van

F

Fett, Josua
Fey, Dr. Gudrun
Fink, Klaus-J.
Fischbacher, Arno
Fischer, Ernst Peter
Fischer, Martin
Fischer-Appelt, Bernhard
Föller, Dr. Andreas
Forghani, Foad
Först, Regina
Fortmann, Harald R.
Frädrich, Dr. Stefan
Franke, Uwe
Freudenthaler, Alfred
Frey, Jürgen
Fricke, Thomas
Fuchs, Dr. Helmut
Fugger, Donata Gräfin
Fournier, Dr. Dr. Cay von

G

Gall, Peter
Gálvez, Cristián
Gantert, Jörg
García, Isabel
Garrelts, Frank
Garten, Matthias
Gehlert, Thomas
Geisselhart, Oliver

Geisselhart, Roland
Gieschen, Gerhard
Giger, Dr. Andreas
Glattes, Karin
Goldfuß, Jürgen W.
Goldhammer, Prof. Dr. Klaus
Goldschmidt, Ralph
Göller, Thomas
Gorsler, Dr. Barbara
Graber, Barbara
Graupner, Gaby S.
Greisinger, Dr. Manfred
Greisle, Alexander
Gross, Ilona
Grossmann, Matthias
Groth, Alexander
Grotz, Brigitte
Grün, Dr. Klaus-Jürgen
Grundl, Boris
Gurzki, Prof. Dr. Thorsten

H

Haas, Martina
Haas, Mathias
Haberl, Rudolf
Hagmaier, Ardeschyr
Hagspiel, Gerhard
Hahn, Hans-Joachim
Hahn, Prof. Carl H.
Hahn, Thorsten
Haider, Siegfried
Halboth, Micaela
Hamberger, Rainer W.
Händeler, Erik
Hanisch, Christian R.
Hann, Dr. Stephanie
Hans, Prof. Dr. Norbert
Harten, Mathias
Hartig, Jörg
Hauptmann, Jörg
Häusel, Dr. Hans-Georg
Havener, Thorsten
Hegemann, Brigitte E.
Heimsoeth, Antje
Heindl, Prof. Dr. Eduard
Heinemann, Prof. Dr. Elisabeth
Heinz, Susi
Heller, Elisabeth
Henkel, Hans-Olaf
Henne, Dr. Gudrun
Herkenrath, Lutz
Hermens, Ellen
Herrmann, Brigitte
Hertlein, Margit
Herzog, Matthias
Hettl, Matthias

Heun, Michael A.
Himmelreich, Achim
Hinrich, Romeike
Hinrichsen, Timo
Hirschmann, Wolf R.
Höcker, Dr. Ralf
Hoffmann, Dr. Kerstin
Hofmann, Alexander
Hofmann, Markus
Horx, Matthias
Hubert, Martin
Hübner, Sabine

I

Ion, Frauke K.

J

Itt, Edgar
Jäger, Roland
Jankowsky, Margaret
Janssen, Benedikt
Jánszky, Sven Gábor
Jeschke, Dr. Wolfgang

K

Kaduk, Dr. Stefan
Kahn, Oliver
Kalkbrenner, Christian
Karmasin, Dr. Helene
Karsten, Dr. Gunther
Karthaus, Detlef
Kehl, Wolfgang T.
Keicher, Imke
Kemeröz, Tamer
Kenzelmann, Peter
Kerkhoff, Gerd
Kerzel, Stefan
Kilian, Dr. Karsten
Kittl, Armin
Klapheck, Martin
Klaus, Steffen
Kleinhenz, Susanne
Klöckner, Bernd W.
Kmoth, Nadine
Knauer, Rudolf
Knauer, Ulrike
Knauf, Jürgen T.
Knoblauch, Prof. Dr. Jörg
Knoepffler, Prof. Dr. mult. Nikolaus
Knudsen, Jeppe Hau
Kobjoll, Klaus
Koch-Mehrin, Dr. Silvana
Köder, Eckhardt
Kohl, Rüdiger

Köhler, Hans-Uwe L.
Köhler, Martin
Köhler, Tanja
Köhler, Thomas R.
Kolar-Zovko, Spomenka
Konrad, Boris
Koschnitzke, Frank
Koye, Prof. Dr. Bernhard
Kraft, Helmut
Kratzmann, Rainer
Kremmel, Ursula
Krengel, Martin
Krenn, Roland
Kreuter, Dirk
Kriesten, Michael
Krippendorf, Beat
Kroeger, Steve
Kübler, Dr. Anette
Kühn, Stefanie
Kundermann, Michaele
Kupp, Dr. Martin
Kurz, Jürgen
Küthe, Stefan
Kutscher, Patrik P.

L

Lackner, Tatjana
Lai, Oriana
Landauer, Adele
Lang, Dr. Jürgen
Lange, Dieter
Lange, Prof. Dr. Dr.h.c. Gerhard
Langendörfer, Simone
Laschkolnig, Martin
Laubrinus, Jörg
Lehky, Maren
Lejeune, Dr. phil.h.c. Erich
Liebetrau, Axel
Limbeck, Martin
Lins, Nadja
Liscia, Gianni
Liscia, Marcello
Löhr, Jörg
Lomborg, Dr. Bjørn
Lorenz, Thomas
Loschky, Eva
Lüdemann, Carolin
Lutz, Dieter

M

Macioszek, Dr. H.-Georg
Mahr, Renate Irena
Maier, Andreas P.
Martin, Leo
Matejka, Laila

Matschnig, Monika
Matthies, Peter
Matyssek, Dr. Anne Katrin
Matzig, Roland
Maus, Manfred
Mayer de Groot, Dr. Ralf
Mayr, Dr. Reinhard
Mazur, Hans-Gerd
Menthe, Thomas
Merk, Dr. Markus
Mesnaric, Christa
Messner, Reinhold
Meyer, Jens-Uwe
Meyer, Stephan
Michael, Klaus
Michler, Annekatrin
Michler, Herbert
Micic, Dr. Pero
Miller, Gloria
Moder, Alex
Moesslang, Michael
Motsch, Elisabeth
Mrazek, Sabine
Mühlbauer, Gabriele
Müller Scholz, Wolf K.
Müller, Waldemar
Münzner, Christoph
Muthers, Helmut
Markt, Roswitha A. van der
Münchhausen, Dr. Marco Freiherr von

N

Nasher, Prof. Dr. Lord Jack
Nehberg, Rüdiger
Niemetz, Alexander
Nienaber, Tjalf
Nill-Theobald, Dr. Christiane
Nussbaum, Cordula
Nußbaum, Dr. Albert

O

Obst, Gisela
Onneken, Jacobus
Osmetz, Prof. Dr. Dirk
Osterhammel, Bernd
Osterhoff, Prof. Rolf
Ott-Göbel, Brigitte
Otto, Mike John

P

Palluch, Boris
Perl-Michel, Marc
Petek, Rainer
Pfläging, Niels

Philipp, Manuel
Pilny, Dr. Karl
Pilsl, Karl
Pircher-Friedrich, Prof. Dr. Anna Maria
Plath, Alexander
Plehwe, Kerstin
Plöger, Sven
Pohl, Prof. Dr. Manfred
Pöhm, Matthias
Posé, Ulf
Possin, Wilfried
Pousttchi, Dr. Key
Pritzbuer, Uwe Günter von

Q

Quelle, Prof. Dr. Guido

R

Rankel, Roger
Rapp, Dr. Reinhold
Raskop, Friedhelm
Rauscher, Dr. Christian
Rebel, Nadine S.
Reckhenrich, Jörg
Reithmann, Matthias
Remenyi, Dr. Imre Marton
Reusch, Frank Alexander
Rhoda, Michael
Richter, Kay-Sölve
Riebe, Dr. Wolfgang
Riedl, Gabriele
Riesenhuber, Prof. Dr. Heinz
Ritter, Steffen
Romeike, Hinrich
Ronzal, Wolfgang
Rosener, Ines
Rossié, Michael
Roth, Claudia
Ruhleder, Rolf H.
Rutemoeller, Erich

S

Sánchez, Juan R.
Saneke, Dr. Bernhard
Sans, Aimé
Sator, Günther
Sauldie, Sanjay
Seelmann-Holzmann, Dr. Hanne
Seidel, Dr. Joachim
Seiler, Jens
Seiwert, Prof. Dr. Lothar
Selalmazidis, Aristidis
Semmelroth, Philip
Siegel, Dr. Monique R.

Simon, Prof. Dr. Hermann
Skambraks, Joachim
Snower, Prof. Dennis J.
Sobainsky, Julia
Sokkar, Sami
Soltau, Dr. Dirk
Sommer, Dr. Luise Maria
Spengler, Robert
Spiering, Renate
Spies, Stefan
Spinola, Roland
Senftleben, Phillip von

Sch

Schandl, Gabriel
Scheddin, Monika
Scheelen, Frank M.
Scheible, Kurt-Georg
Scherer, Bernd
Scherer, Hermann
Scherer, Jiri
Scherer, Prof. Dr. Josef
Scheuss, Dr. Ralph
Schiller, Heidi
Schleicher, Thomas
Schmäh, Marco
Schmidhuber, Christine
Schmidt, Dirk
Schmidt-Tanger, Martina
Schmiel, Rolf
Schmitt, Ralf
Schmitt, Tom
Schneider, Thilo
Schneider, Volker
Schön, Carmen
Schön, Dr. Michael
Schroll, Willi
Schulak, Dr. phil. Eugen Maria
Schuler, Helga
Schüller, Anne M.
Schürgers, Prof. Dr. Georg
Schwarz, Dr. Torsten
Schwarz, Hubert
Schweikert, Felix A.
Schwind von Egelstein, Sabine

St

Stargardt, Jochen
Stargardt, Simone
Staub, Gregor
Stehlig, Alexander
Stein, Christiane
Steinborn, Andreas
Steiner, Mark
Steinle, Andreas

Stelzmüller, Christian
Stempfle, Lothar
Sterrer, Christian
Sterzenbach, Slatco
Streng, Dr. Michael
Strobel, Thomas
Strupat, Ralf R.
Sturz, Dr.-Ing. Wolfgang
Stein, Georg von

T

Thanner, Christine
Thieme, Heiko
Thinius, Jochen
Thoma, Dieter
Tissot, Dr. Oliver
Tomas, Dr. Jens
Topf, Dr. Cornelia

U

Uhlig, Jane

V

Velde, Robert van de
Vater, Gerhard J.
Vogel, Ingo

W

Wachs, Friedhelm
Wagner, Dieter W.
Wahner, Daniel
Waibel, Jochen
Wala, Hermann
Walch, Dr. Elfy
Wälde, Rainer
Warnatz, Ralph
Wartenberg, Sebastian
Weber, Mathias Paul
Weidner, Markus
Weidner, Prof. Dr. phil. Jens
Weiner, Christine
Weinreich, Uwe
Wendel, Susanne
Wenger, Ruth
Wenzel, Dr. med. Petra
Wenzlau, Andreas
Wessinghage, Prof. Dr. Tomas
Wessling, Prof. Dr. Ewald
Westerhausen, Thomas
Wied, Lorenz
Will, Torsten
Willmanns, Rainer
Wohland, Dr. Gerhard

Wöltje, Holger
Worel, Peter A.
Wöss, Dr. Fleur Sakura
Wunderlich, Dr. Jürgen
Wuttke, Theresia Maria

Y

Yarom, Lior I.

Z

Zeuch, Dr. Andreas
Ziegler, Petra
Zielke, Prof. Dr. Christian
Zimmermann, Walter
Zipper, Bernd
Zirbik, Jürgen
Zoche, Dr. Dr. Hermann Josef
Zukic, Teresa
Zwickel, Jürgen

REDNERKATEGORIEN
MODERATOR

A

Ahrens, Leif
Alt, Dr. Franz
Altmann, Alexandra
Amon, Ingrid
Arndt, Roland
Aschenbrenner, Anton
Astor, Frank

B

Bartel, Stefan
Baumgartner, Paul Johannes
Becker, Bernhard W.
Belilowski, Hilke
Belz, Otto
Bennefeld, Christian
Berger, Armin
Berger, Dr. Thomas
Bernecker, Michael
Beyer, Joachim G.
Bielinski, Rainer
Biermann, Jasmin
Bilger, Birgit
Bischoff, Irena
Böhm, Michael
Bohn, Susanne
Bönisch, Wolfgang
Bornhäußer, Andreas
Bösl, Michael

Bottequin, Jean-Marie A.
Brandau, Lars
Brügger, Chris
Brühl, Johanna
Bubenheim, René
Bublath, Dr. Joachim
Buholzer, Dr. phil. Sonja
Büssow, Ronald

C

China, Ralf
Christ, Nicolai
Cohn-Vossen, Chris
Cole, Tim
Cordier, Janetta
Cremer-Altgeld, Lilli

D

Dagan, Daniel
Dallwitz-Wegner, Dominik
Derks, Ariane
Deters, Monica
Dibué, Barbara
Dierks, Christiane
Doderer, Prof. Alexander
Drax, Ulrich
Dreeßen, Diana
Dreykorn, Prof. Klaus-Peter
Dyckhoff, Katja

E

Eckstein, Holger
Eggen, Carla
Eichsteller, Prof. Harald
Eigner, Anja
Emrich, Dr. Martin
Etrillard, Stéphane
Eckert, Heiko van

F

Feldmeier, Sonja
Fett, Josua
Fischer, Dr. Jörg
Föller, Dr. Andreas
Fortmann, Harald R.
Freudenthaler, Alfred
Fritsch, Dr. Michael
Fritz, Hannelore
Fournier, Dr. Dr. Cay von

G

Gálvez, Cristián
Garrelts, Frank
Gehlert, Thomas
Gieschen, Gerhard
Giger, Dr. Andreas
Glattes, Karin
Goldhammer, Prof. Dr. Klaus
Gorsler, Dr. Barbara
Greisinger, Dr. Manfred
Grün, Dr. Klaus-Jürgen
Gundlach, Alida
Gurzki, Prof. Dr. Thorsten

H

Haag, Iris
Haas, Martina
Haas, Mathias
Haberl, Rudolf
Hagspiel, Gerhard
Hahn, Thorsten
Haider, Siegfried
Hamberger, Rainer W.
Hanisch, Christian R.
Harscher, Reiner
Harten, Mathias
Havener, Thorsten
Hegemann, Brigitte E.
Heinemann, Prof. Dr. Elisabeth
Henne, Dr. Gudrun
Hermens, Ellen
Heß, Sabine
Hettenkofer, Brigitte

Hettl, Matthias
Hinz, Olaf
Hirschmann, Wolf R.
Höcker, Bernd
Hoffmann, Dr. Kerstin
Hofmann, Alexander

I

Ion, Frauke K.
Itt, Edgar

J

Jäger, Roland
Jankowsky, Margaret
Jeschke, Dr. Wolfgang
Jopp, Heinz Dieter
Junk, Ann

K

Kaduk, Dr. Stefan
Kalkbrenner, Christian
Kamps, Markus
Katsiamita-Bußmann, Matina
Keicher, Imke
Kernke, Dr. Sylvia
Kerzel, Stefan
Kilian, Dr. Karsten
Kisslinger-Popp, Cornelia
Klapheck, Martin
Klöckner, Bernd W.
Knauer, Rudolf
Knauf, Jürgen T.
Knudsen, Jeppe Hau
Köhler, Hans-Uwe L.
Köhler, Martin
Köhler, Thomas R.
König, Helmut
Koschnitzke, Frank
Koye, Prof. Dr. Bernhard
Kremmel, Ursula
Krengel, Martin
Krenn, Roland
Kriesten, Michael
Kübler, Dr. Anette
Kutscher, Patrik P.
Kutzschenbach, Claus von

L

Lachmann, Siegfried
Lackner, Tatjana
Lai, Oriana
Lammers, Stefan
Landauer, Adele

Landwehr, Thomas
Lang, Dr. Jürgen
Lange, Dieter
Langendörfer, Simone
Langer-Weidner, Birgit
Langguth, Veronika
Langsdorf, Antonia
Lauenroth, Jörg
Lehky, Maren
Lejeune, Dr. phil.h.c. Erich
Liebetrau, Axel
Liscia, Marcello
Löhner, Michael
Lüdemann, Carolin

M

Mader, Thomas
Mahr, Renate Irena
Matschnig, Monika
Mayer de Groot, Dr. Ralf
Mayr, Dr. Reinhard
Menthe, Thomas
Merk, Dr. Markus
Merkel, Birgitt
Mesnaric, Christa
Meyer, Jens-Uwe
Meyer, Stephan
Michler, Annekatrin
Micic, Dr. Pero
Mischek, Monika
Moder, Alex
Mühlbauer, Gabriele
Müller Scholz, Wolf K.
Müller, Hermann
Müller, Waldemar
Markt, Roswitha A. van der

N

Niemetz, Alexander
Niermeyer, Rainer
Nill-Theobald, Dr. Christiane
Nimo, Sabine
Nitzschke, Tobias

O

Osmetz, Prof. Dr. Dirk
Osterhoff, Prof. Rolf
Ott-Göbel, Brigitte

P

Paulsen, Kai
Petek, Rainer
Plath, Alexander

Plehwe, Kerstin
Plöger, Sven
Pöhm, Matthias
Posé, Ulf

Q

Quelle, Prof. Dr. Guido

R

Rapp, Dr. Reinhold
Rauscher, Dr. Christian
Rebel, Nadine S.
Reckhenrich, Jörg
Reising, Heike
Reithmann, Matthias
Reusch, Frank Alexander
Reyss, Alexander
Richter, Kay-Sölve
Riebe, Dr. Wolfgang
Riedelsberger, Christine
Riedl, Gabriele
Ronzal, Wolfgang
Rosener, Ines
Rückle, Horst

S

Saar, Volker
Sánchez, Juan R.
Sander, Sven
Sandvoss, Michael
Sauldie, Sanjay
Seidel, Dr. Joachim
Seiler, Jens
Sidow, Dr. Hans
Siegel, Dr. Monique R.
Skambraks, Joachim
Sobainsky, Julia
Sokkar, Sami
Spiering, Renate
Senftleben, Phillip von

Sch

Schara, Michaela
Scheddin, Monika
Scherer, Bernd
Scherer, Jiri
Scherer, Prof. Dr. Josef
Schleicher, Thomas
Schmäh, Marco
Schmidhuber, Christine
Schmidt, Nicola
Schmitt, Ralf
Schön, Carmen

Schott, Prof. Dr. Barbara
Schuler, Helga
Schulz, Klaus-Dieter
Schwind von Egelstein, Sabine

St

Stargardt, Jochen
Stargardt, Simone
Stein, Christiane
Steinborn, Andreas
Steiner, Mark
Steinle, Andreas
Stelzmüller, Christian
Stiller, Dirk
Stock, Harald
Strobel, Thomas
Strohschein, Dr. Barbara
Struck, Pia
Stein, Georg von

T

Thieme, Heiko
Tissot, Dr. Oliver

U

Uhlig, Jane
Unger, Magdalena

V

Velde, Robert van de
Vogel, Ingo
Voigt, Connie
Voller, Torsten

W

Wagner, Dieter W.
Waibel, Jochen
Walch, Dr. Elfy
Warnatz, Ralph
Weiner, Christine
Weinreich, Uwe
Wendel, Susanne
Wenzlau, Andreas
Wessling, Prof. Dr. Ewald
Westerhausen, Thomas
Will, Torsten
Wohland, Dr. Gerhard

Y

Yarom, Lior I.

Z

Ziegler, Isabelle
Zielke, Prof. Dr. Christian
Zimmermann, Walter
Zipper, Bernd
Zirbik, Jürgen

REDNERKATEGORIEN
POLITIKER

A

Al-Omary, Falk

K

Koch-Mehrin, Dr. Silvana

O

Ott-Göbel, Brigitte

R

Riesenhuber, Prof. Dr. Heinz
Roth, Claudia

REDNERKATEGORIEN
REDNER

A

Abromeit, Jörg
Adam, Clemens
Adler, Eric
Ahrens, Leif
Aichhorn, Ulrike
Al-Omary, Falk
Alt, Dr. Franz
Altmann, Alexandra
Altmann, Dr. h.c. Hans
Amon, Ingrid
Arndt, Roland
Aschenbrenner, Anton
Astor, Frank
Auch-Schwelk, Annette

B

Baldus, Vinzenz
Bartel, Stefan
Bartl, Thorsten
Bartnitzki, Sascha
Baschab, Thomas
Battistini, Nicola
Bauer-Jelinek, Christine
Bauhofer, Dr. Ulrich
Baum, Sigrun

Baum, Thilo
Baumann, Bruno
Baumgartner, Paul Johannes
Becker, Bernhard W.
Belilowski, Hilke
Belz, Otto
Bennefeld, Christian
Berger, Armin
Berger, Dr. Thomas
Berger, Prof. Dr. Dr. Wolfgang
Berndt, Jon Christoph
Bernecker, Michael
Betschart, Martin
Beyer, Joachim G.
Bielinski, Rainer
Bilgri, Anselm
Bischoff, Christian
Bischoff, Irena
Blümelhuber, Prof. Dr. Christian
Bock, Dr. Petra
Böhm, Michael
Bohn, Susanne
Bolbrügge, Dr. Gisela
Bollmann, Kai
Bönisch, Wolfgang
Borbonus, René
Bösl, Michael
Bottequin, Jean-Marie A.

Brablec, Carmen
Brand, Heiner
Brandes, Dieter
Braun, Roman
Braun, Sven
Brdenk, Peter
Brügger, Chris
Bubenheim, René
Bublath, Dr. Joachim
Buchenau, Peter
Bücher, Norman
Bucka-Lassen, Dr. Edlef
Buckert, Ingo
Buholzer, Dr. phil. Sonja
Buhr, Andreas
Burger, Christoph
Burger, Thomas
Burzler, Thomas
Büssow, Ronald

C

China, Ralf
Christ, Nicolai
Cohn-Vossen, Chris
Cole, Tim
Conen, Horst
Conzelmann, Gerhard
Cordier, Janetta
Correll, Prof. Dr., Werner
Creutzmann, Prof. Andreas

D

Dagan, Daniel
Dahlmann, Wolfgang
Dallwitz-Wegner, Dominik
Danz, Gerriet
Davis, Zach
Deetjen, Stella
Dennes, Andrea
Despeghel, Dr. Dr. Michael
Deters, Monica
Dibué, Barbara
Dieball, Dr. Werner
Dierks, Christiane
Dietz, Angela
Doderer, Prof. Alexander
Drax, Ulrich
Dressel, Dr. Martina
Dreykorn, Prof. Klaus-Peter
Dyckhoff, Katja

E

Eberl, Thomas
Eckstein, Holger

Eichsteller, Prof. Harald
Eigner, Anja
Emmelmann, Christoph
Emrich, Dr. Martin
Engelbrecht, Sigrid
Enkelmann, Dr. Claudia
Etrillard, Stéphane

F

Fedrigotti, Antony
Feldmeier, Sonja
Fett, Josua
Fey, Dr. Gudrun
Fink, Klaus-J.
Fischbacher, Arno
Fischer, Dr. Jörg
Fischer, Ernst Peter
Fischer, Martin
Föller, Dr. Andreas
Forghani, Foad
Först, Regina
Fortmann, Harald R.
Freudenthaler, Alfred
Frey, Jürgen
Fricke, Thomas
Fridrich, Michael
Fritsch, Dr. Michael
Fritz, Hannelore
Fritze, Nicola
Fuchs, Dr. Helmut
Fugger, Donata Gräfin
Fournier, Dr. Dr. Cay von

G

Gantert, Jörg
Garrelts, Frank
Gay, Friedbert
Gehlert, Thomas
Geisselhart, Oliver
Geisselhart, Roland
Gerland, Elke
Gieschen, Gerhard
Giger, Dr. Andreas
Goldfuß, Jürgen W.
Goldschmidt, Ralph
Göller, Thomas
Graupner, Gaby S.
Greisinger, Dr. Manfred
Greisle, Alexander
Gross, Ilona
Grossmann, Matthias
Groth, Alexander
Grotz, Brigitte
Grün, Dr. Klaus-Jürgen
Grundl, Boris

Gulder, Angelika
Gundlach, Alida

H

Haag, Iris
Haak, Thomas
Haas, Martina
Hagmaier, Ardeschyr
Hagspiel, Gerhard
Hahn, Hans-Joachim
Hahn, Thorsten
Haider, Siegfried
Halboth, Micaela
Hamberger, Rainer W.
Händeler, Erik
Hanisch, Christian R.
Hann, Dr. Stephanie
Hans, Prof. Dr. Norbert
Harscher, Reiner
Harten, Mathias
Hauptmann, Jörg
Hauser, Tobias
Havener, Thorsten
Hegemann, Brigitte E.
Heimsoeth, Antje
Heinemann, Prof. Dr. Elisabeth
Heinz, Susi
Henke, Claudia
Henkel, Hans-Olaf
Hermens, Ellen
Herrmann, Ralf
Herzog, Matthias
Herzog-Windeck, Alexandra
Heß, Sabine
Hettenkofer, Brigitte
Hettl, Matthias
Hinrich, Romeike
Hirschmann, Wolf R.
Höcker, Dr. Ralf
Hofert, Svenja
Hoffmann, Dr. Kerstin
Hofmann, Alexander
Hofmann, Markus
Holz, Heike
Huber, René
Hubert, Martin
Hübner, Sabine

I

Itt, Edgar

J

Jäger, Roland

Jankowsky, Margaret
Janssen, Benedikt
Jánszky, Sven Gábor
Jantzen, Gerhard
Jeschke, Dr. Wolfgang
Jopp, Heinz Dieter
Junk, Ann

K

Kaduk, Dr. Stefan
Kaiser, Gabriela
Kalkbrenner, Christian
Kamps, Markus
Karmasin, Dr. Helene
Karsten, Dr. Gunther
Karthaus, Detlef
Katsiamita-Bußmann, Matina
Keicher, Imke
Kemeröz, Tamer
Kenzelmann, Peter
Kerkhoff, Gerd
Kernke, Dr. Sylvia
Khoschlessan, Dr. Darius
Kilian, Dr. Karsten
Kisslinger-Popp, Cornelia
Kittl, Armin
Klapheck, Martin
Klaus, Steffen
Kleinhenz, Susanne
Klöckner, Bernd W.
Knauer, Rudolf
Knauer, Ulrike
Knauf, Jürgen T.
Knoblauch, Prof. Dr. Jörg
Knoll, Ulla
Knoll, Dr. Klaus-Peter
Koch-Mehrin, Dr. Silvana
Kohl, Rüdiger
Köhler, Hans-Uwe L.
Köhler, Martin
Köhler, Thomas R.
Kolar-Zovko, Spomenka
König, Helmut
Konrad, Boris
Koschnitzke, Frank
Köster, Dr. Gerd
Koye, Prof. Dr. Bernhard
Kraft, Helmut
Kratzmann, Rainer
Kremmel, Ursula
Krengel, Martin
Kreuter, Dirk
Kriesten, Michael
Krippendorf, Beat
Kroeger, Steve

Kübler, Dr. Anette
Kühn, Stefanie
Kulinna, Matthias
Kundermann, Michaele
Kurz, Jürgen
Küthe, Stefan
Kutscher, Patrik P.
Kutzschenbach, Claus von

L

Lackner, Tatjana
Lai, Oriana
Lammers, Stefan
Lampe, Manuel
Lang, Dr. Jürgen
Lange, Prof. Dr. Dr.h.c. Gerhard
Langendörfer, Simone
Langenscheidt, Dr. Florian
Langguth, Veronika
Laubrinus, Jörg
Legien-Flandergan, Beatrice
Lehky, Maren
Lejeune, Dr. phil.h.c. Erich
Liebetrau, Axel
Limbeck, Martin
Lins, Nadja
Liscia, Gianni
Löhner, Michael
Loschky, Eva
Lüdemann, Carolin
Lutz, Dieter

M

Mader, Thomas
Mahr, Renate Irena
Maier, Andreas P.
Martin, Leo
Matejka, Laila
Matschnig, Monika
Mattersberger, Michael
Matthes, Gerhard
Matyssek, Dr. Anne Katrin
Maus, Manfred
Mayer de Groot, Dr. Ralf
Mazur, Hans-Gerd
Merk, Dr. Markus
Merkel, Birgitt
Mesnaric, Christa
Messner, Reinhold
Meyer, Jens-Uwe
Meyer, Stephan
Michael, Klaus
Michler, Annekatrin
Michler, Herbert
Micic, Dr. Pero

Miller, Gloria
Mischek, Monika
Moder, Alex
Moesslang, Michael
Motsch, Elisabeth
Mrazek, Sabine
Mühlbauer, Gabriele
Müller Scholz, Wolf K.
Müller, Hermann
Müller, Waldemar
Münzner, Christoph
Muthers, Helmut
Markt, Roswitha A. van der
Münchhausen, Dr. Marco Freiherr von

N

Nehberg, Rüdiger
Neidhardt, Heike
Niemetz, Alexander
Nienaber, Tjalf
Niermeyer, Rainer
Nill-Theobald, Dr. Christiane
Nimsky, Beate
Nussbaum, Cordula

O

Obst, Gisela
Onneken, Jacobus
Osmetz, Prof. Dr. Dirk
Osterhammel, Bernd
Ott-Göbel, Brigitte

P

Petek, Rainer
Pfläging, Niels
Philipp, Manuel
Plath, Alexander
Plehwe, Kerstin
Plöger, Sven
Pohl, Prof. Dr. Manfred
Pöhm, Matthias
Posé, Ulf
Possin, Wilfried
Pousttchi, Dr. Key
Pritzbuer, Uwe Günter von

Q

Quelle, Prof. Dr. Guido

R

Radetzki, Thomas
Radtke, Dr. Burkhard

Rankel, Roger
Rapp, Dr. Reinhold
Rauscher, Dr. Christian
Rebel, Nadine S.
Reising, Heike
Reisinger, Annette
Reithmann, Matthias
Reusch, Frank Alexander
Rhoda, Michael
Richter, Kay-Sölve
Riedelsberger, Christine
Riesenhuber, Prof. Dr. Heinz
Ritter, Steffen
Romeike, Hinrich
Ronzal, Wolfgang
Rosener, Ines
Roth, Claudia
Rückle, Horst
Ruhleder, Rolf H.
Rutemoeller, Erich

S

Saar, Volker
Sánchez, Juan R.
Sander, Sven
Sandvoss, Michael
Saneke, Dr. Bernhard
Sans, Aimé
Sator, Günther
Sauldie, Sanjay
Seelmann-Holzmann, Dr. Hanne
Seidel, Dr. Joachim
Seiler, Jens
Seiwert, Prof. Dr. Lothar
Selalmazidis, Aristidis
Sidow, Dr. Hans
Siegel, Dr. Monique R.
Simon, Prof. Dr. Hermann
Simon, Prof. Dr. Walter
Snower, Prof. Dennis J.
Sobainsky, Julia
Sokkar, Sami
Sommer, Dr. Luise Maria
Spengler, Robert
Spiering, Renate
Spies, Stefan
Spinola, Roland
Springer, Dr. Boris

Sch

Schandl, Gabriel
Schara, Michaela
Scheddin, Monika
Scheible, Kurt-Georg
Scherer, Bernd
Scherer, Hermann
Scherer, Jiri
Scherer, Prof. Dr. Josef
Scheuss, Dr. Ralph
Schiller, Heidi
Schleicher, Thomas
Schmäh, Marco
Schmidhuber, Christine
Schmidt, Dirk
Schmidt, Nicola
Schmidt-Tanger, Martina
Schmitt, Tom
Schmittknecht, Axel
Schmitz, Prof. Dr. Claudius
Schneider, Thilo
Schneider, Volker
Schön, Dr. Michael
Schott, Prof. Dr. Barbara
Schrimpf, Ludger
Schroll, Willi
Schukart, Martin
Schulak, Dr. phil. Eugen Maria
Schuler, Helga
Schüller, Anne M.
Schulz, Klaus-Dieter
Schürgers, Prof. Dr. Georg
Schwarz, Elke
Schwarz, Hubert
Schweikert, Felix A.
Schwind von Egelstein, Sabine

St

Stargardt, Jochen
Stargardt, Simone
Starlay, Katharina
Staub, Gregor
Stehlig, Alexander
Stein, Christiane
Steinborn, Andreas
Steinle, Andreas
Stelzmüller, Christian
Stempfle, Lothar
Stenger, Christiane
Sterrer, Christian
Stock, Harald
Stoeppler, Petra
Streng, Dr. Michael
Strobel, Tatjana
Strobel, Thomas
Strohschein, Dr. Barbara
Strupat, Ralf R.

T

Thalheim, Conny
Thanner, Christine

Thieme, Heiko
Thinius, Jochen
Thoma, Dieter
Tilgner, Ulrich
Tissot, Dr. Oliver
Tomas, Dr. Jens
Topf, Dr. Cornelia

U

Uhlig, Jane
Unger, Magdalena

V

Velde, Robert van de
Vater, Gerhard J.
Vogel, Ingo

W

Wachs, Friedhelm
Wagner, Dieter W.
Wagner-Kugler, Alexandra
Wahner, Daniel
Waibel, Jochen
Wala, Hermann
Walch, Dr. Elfy
Wälde, Rainer
Warnatz, Ralph
Wartenberg, Sebastian
Weber, Mathias Paul
Weidner, Markus
Weidner, Prof. Dr. phil. Jens
Weiner, Christine

Weinreich, Uwe
Wendel, Susanne
Wenger, Ruth
Wenzel, Dr. med. Petra
Werner, Andreas
Wessinghage, Prof. Dr. Tomas
Wessling, Prof. Dr. Ewald
Westerhausen, Thomas
Will, Torsten
Willmanns, Rainer
Winkler, Margit
Wittig, Christiane
Wittig, Sabine
Wittschier, Dr. Bernd
Wohland, Dr. Gerhard
Wöltje, Holger
Worel, Peter A.
Wunderlich, Dr. Jürgen

Y

Yarom, Lior I.

Z

Zeuch, Dr. Andreas
Ziegler, Isabelle
Ziegler, Petra
Zielke, Prof. Dr. Christian
Zimmermann, Walter
Zipper, Bernd
Zirbik, Jürgen
Zoche, Dr. Dr. Hermann Josef
Zukic, Teresa
Zunker, Ralf A.

REDNERKATEGORIEN
SPORT-PERSÖNLICHKEIT

B

Brand, Heiner
Bubendorfer, Thomas
Bücher, Norman
Buckert, Ingo

C

Clavadetscher, Andrea

E

Emrich, Dr. Martin
Etzlstorfer, Dr. Christoph

F

Fricke, Thomas

G

Gantert, Jörg

H

Heynemann, Bernd
Hinrich, Romeike

I

Itt, Edgar

K

Kahn, Oliver
Karsten, Dr. Gunther
Kmoth, Nadine
Krenn, Roland

L

Löhr, Jörg

M

Merk, Dr. Markus

P

Petek, Rainer

R

Reyss, Alexander
Romeike, Hinrich
Rutemoeller, Erich

Sch

Schwarz, Hubert

St

Stehlig, Alexander

T

Thoma, Dieter
Trtschka, Frank

W

Wessinghage, Prof. Dr. Tomas

REDNERKATEGORIEN
TRAINER/BERATER

A

Adam, Clemens
Aichhorn, Ulrike
Al-Omary, Falk
Astor, Frank
Auch-Schwelk, Annette

B

Baber, Rainer
Baldus, Vinzenz
Bartel, Stefan
Bartnitzki, Sascha
Bauhofer, Dr. Ulrich
Baum, Thilo
Baumgartner, Paul Johannes
Becker, Bernhard W.
Bellin-Sonnenburg, Rebecca
Ben Said, Daniela A.
Bergauer, Theo
Berger, Armin
Berger, Prof. Dr. Dr. Wolfgang
Betschart, Janet
Betschart, Martin
Beyer, Joachim G.
Biermann, Jasmin
Biesel, Hartmut H.
Bilger, Birgit
Bischoff, Irena
Blaschka, Dr. Markus
Böhm, Michael
Bohn, Susanne
Bolbrügge, Dr. Gisela
Bönisch, Wolfgang
Borbonus, René
Bottequin, Jean-Marie A.
Bouillon, Dr. Regina
Brablec, Carmen
Brand, Heiner
Brand, Markus
Brandes, Dieter
Brandl, Peter Klaus
Brühl, Johanna
Bubendorfer, Thomas
Buchenau, Peter
Bücher, Norman
Bucka-Lassen, Dr. Edlef
Buholzer, Dr. phil. Sonja

Burger, Christoph
Burger, Thomas
Burzler, Thomas

C

China, Ralf
Christ, Nicolai
Conen, Horst
Conzelmann, Gerhard
Correll, Prof. Dr., Werner
Cremer-Altgeld, Lilli

D

Dahlmann, Wolfgang
Danz, Gerriet
Demann, Stefanie
Dennes, Andrea
Dibué, Barbara
Dietz, Angela
Doderer, Prof. Alexander
Drax, Ulrich
Dyckhoff, Katja

E

Eberl, Thomas
Eckstein, Holger
Eggen, Carla
Eichsteller, Prof. Harald
Emmelmann, Christoph
Engelbrecht, Sigrid
Eckert, Heiko van

F

Fett, Josua
Fey, Dr. Gudrun
Fiedler, Heinke
Fink, Klaus-J.
Fischbacher, Arno
Fischer, Claudia
Fischer, Dr. Jörg
Fischer, Martin
Fleischlig, Birgit
Forghani, Foad
Först, Regina
Fortmann, Harald R.

Franke, Uwe
Frey, Jürgen
Frey, Prof. Dr. Urs
Fridrich, Michael
Fritz, Hannelore

G

Gay, Friedbert
Gehlert, Thomas
Geisselhart, Oliver
Gerland, Elke
Gierke, Dr. Christiane
Goldfuß, Jürgen W.
Goldschmidt, Ralph
Göller, Thomas
Graber, Barbara
Graupner, Gaby S.
Greisinger, Dr. Manfred
Greisle, Alexander
Grossmann, Matthias
Grotz, Brigitte
Grundl, Boris
Gulder, Angelika
Gunkel, Klaus
Graeve, Melanie von

H

Haag, Iris
Haas, Martina
Haas, Mathias
Hagmaier, Ardeschyr
Haider, Siegfried
Halboth, Micaela
Hartig, Jörg
Haugeneder, Katrin
Hegemann, Brigitte E.
Heimsoeth, Antje
Heinemann, Prof. Dr. Elisabeth
Herkenrath, Lutz
Hermens, Ellen
Herrmann, Brigitte
Herrmann, Ralf
Hertlein, Margit
Herzog-Windeck, Alexandra
Heß, Sabine
Hettenkofer, Brigitte
Hettl, Matthias
Heun, Michael A.
Himmelreich, Achim
Hinz, Olaf
Hirschmann, Wolf R.
Höcker, Bernd
Hofert, Svenja
Hoffmann, Dr. Kerstin
Holz, Heike

Huber, René

I

Ion, Frauke K.

J

Jäger, Roland
Jankowsky, Margaret
Janssen, Benedikt
Jantzen, Gerhard

K

Kalkbrenner, Christian
Karsten, Dr. Gunther
Karthaus, Detlef
Kehl, Wolfgang T.
Kenzelmann, Peter
Kessler, Dr. Annette
Khalil, Christian
Khoschlessan, Dr. Darius
Kilian, Dr. Karsten
Klaus, Steffen
Kleinhenz, Susanne
Klöckner, Bernd W.
Kmoth, Nadine
Knauer, Ulrike
Knauf, Jürgen T.
Köhler, Hans-Uwe L.
Köhler, Martin
Köhler, Tanja
Köhler, Thomas R.
Kolar-Zovko, Spomenka
König, Helmut
Köster, Dr. Gerd
Kraft, Helmut
Kremmel, Ursula
Krengel, Martin
Kreuter, Dirk
Krumm, Rainer
Kübler, Dr. Anette
Kühl, Anne
Kundermann, Michaele
Kurz, Jürgen
Küthe, Stefan

L

Lachmann, Siegfried
Lammers, Stefan
Lamprechter, Kirsten
Landwehr, Thomas
Langendörfer, Simone
Langguth, Veronika
Laschkolnig, Martin

Laubrinus, Jörg
Legien-Flandergan, Beatrice
Lehky, Maren
Lejeune, Dr. phil.h.c. Erich
Letter, Michael
Limbeck, Martin
Liscia, Gianni
Liscia, Marcello
Loschky, Eva
Lüdemann, Carolin

M

Mahr, Renate Irena
Maier, Andreas P.
Matejka, Laila
Matschnig, Monika
Matthes, Gerhard
Matthies, Peter
Mayer de Groot, Dr. Ralf
Menthe, Thomas
Merath, Stefan
Merkel, Birgitt
Mesnaric, Christa
Metzler, Jutta
Michels, Dr. Rolf
Michler, Annekatrin
Michler, Herbert
Micic, Dr. Pero
Miller, Gloria
Minderer, Raimund
Mischek, Monika
Moder, Alex
Moesslang, Michael
Motsch, Elisabeth
Mühlbauer, Gabriele
Müller, Hermann
Münzner, Christoph
Muthers, Helmut
Markt, Roswitha A. van der
Mengden, Waltraut von
Münchhausen, Dr. Marco Freiherr von

N

Neidhardt, Heike
Niemetz, Alexander
Niermeyer, Rainer
Nimo, Sabine
Nimsky, Beate
Nitzschke Tobias
Nussbaum, Cordula

O

Obst, Gisela
Onneken, Jacobus

Osterhammel, Bernd
Ott-Göbel, Brigitte

P

Palluch, Boris
Paulsen, Kai
Petek, Rainer
Pilny, Dr. Karl
Pilsl, Karl
Plath, Alexander
Posé, Ulf
Possin, Wilfried
Pritzbuer, Uwe Günter von

Q

Quelle, Prof. Dr. Guido

R

Rabeneck, Peter
Radtke, Dr. Burkhard
Rapp, Dr. Reinhold
Raskop, Friedhelm
Reithmann, Matthias
Remenyi, Dr. Imre Marton
Reyss, Alexander
Rhoda, Michael
Richter, Kay-Sölve
Riedelsberger, Christine
Rosener, Ines
Rückle, Horst
Ruhleder, Rolf H.
Rumohr, Joachim

S

Sánchez, Juan R.
Sauldie, Sanjay
Seßler, Helmut
Skambraks, Joachim
Sobainsky, Julia
Sokkar, Sami
Spengler, Robert
Spiering, Renate
Spies, Stefan
Spinola, Roland
Springer, Dr. Boris

Sch

Scheelen, Frank M.
Scheible, Kurt-Georg
Scherer, Jiri
Schleicher, Thomas
Schmidt, Dirk

Schmidt, Kerstin Katharina
Schmidt, Nicola
Schmiel, Rolf
Schmitt, Ralf
Schmitt, Tom
Schneider, Volker
Schön, Carmen
Schön, Dr. Michael
Schrimpf, Ludger
Schukart, Martin
Schuler, Helga
Schulz, Klaus-Dieter
Schulz, Rainer
Schürgers, Prof. Dr. Georg
Schwarz, Dr. Torsten
Schweikert, Felix A.
Schwind von Egelstein, Sabine

St

Stargardt, Simone
Starke, Thomas
Staub, Gregor
Steinborn, Andreas
Steiner, Mark
Stelzmüller, Christian
Stoeppler, Petra
Strobel, Ingrid
Strobel, Tatjana
Strobel, Thomas
Strohschein, Dr. Barbara
Struck, Pia
Sturz, Dr.-Ing. Wolfgang
Stein, Georg von

T

Thanner, Christine
Thoma, Dieter
Trtschka, Frank

U

Unger, Magdalena

V

Velde, Robert van de
Vater, Gerhard J.
Veyhl, Prof. Dr.-Ing. Rainer
Voller, Torsten

W

Wagner, Dieter W.
Wagner-Kugler, Alexandra
Wahner, Daniel
Walch, Dr. Elfy
Wälde, Rainer
Weidner, Markus
Weinreich, Uwe
Wenger, Ruth
Wenzel, Dr. med. Petra
Wenzlau, Andreas
Wessling, Prof. Dr. Ewald
Westerhausen, Thomas
Will, Torsten
Willmanns, Rainer
Wittig, Christiane
Wittig, Sabine
Wittschier, Dr. Bernd
Wöltje, Holger
Worel, Peter A.

Y

Yarom, Lior I.

Z

Zeuch, Dr. Andreas
Ziegler, Isabelle
Ziegler, Petra
Zielke, Prof. Dr. Christian
Zimmermann, Walter
Zipper, Bernd
Zirbik, Jürgen

REGISTER

SPRACHE

SPRACHE

ARABISCH	881
DÄNISCH	881
ENGLISCH	881
FRANZÖSISCH	885
HINDI	887
ITALIENISCH	887
NEUGRIECHISCH	888
NIEDERLÄNDISCH	888
PORTUGIESISCH	888
RUSSISCH	889
SCHWEDISCH	889
SERBOKROATISCH	889
SPANISCH	890
TSCHECHISCH	890
UNGARISCH	891

SPRACHE
ARABISCH

B

Ben Said, Daniela A.

Sch

Schwarz, Dr. Torsten

SPRACHE
DÄNISCH

B

Bucka-Lassen, Dr. Edlef

G

Graber, Barbara

K

Knudsen, Jeppe Hau

L

Lomborg, Dr. Bjørn

SPRACHE
ENGLISCH

A

Abromeit, Jörg
Adler, Eric
Aichhorn, Ulrike
Al-Omary, Falk
Alt, Dr. Franz
Altmann, Alexandra
Altmann, Dr. h.c. Hans
Anker, Dr. Heinrich
Astor, Frank

B

Bartel, Stefan
Baschab, Thomas
Battistini, Nicola
Bauhofer, Dr. Ulrich
Baum, Prof. Dr. Klaus
Baumann, Bruno
Belilowski, Hilke
Bellin-Sonnenburg, Rebecca
Bennefeld, Christian
Berger, Dr. Thomas

Berger, Prof. Dr. Dr. Wolfgang
Berndt, Jon Christoph
Betschart, Martin
Beyer, Joachim G.
Bielinski, Rainer
Bischoff, Christian
Blaschka, Dr. Markus
Blümelhuber, Prof. Dr. Christian
Bode, Andreas
Böhm, Michael
Bohn, Susanne
Bolbrügge, Dr. Gisela
Boller, Prof. Dr.Thomas
Bollmann, Kai
Bommer, Isabel
Bönisch, Wolfgang
Bornhäußer, Andreas
Bosshart, Dr. David
Bottequin, Jean-Marie A.
Bouillon, Dr. Regina
Brablec, Carmen
Brand, Heiner
Brand, Markus
Brandes, Dieter
Brandl, Peter Klaus
Braumann, Prof. Dr. med. Klaus-Michael
Brdenk, Peter
Brügger, Chris
Bubendorfer, Thomas
Buchenau, Peter
Bücher, Norman
Bucka-Lassen, Dr. Edlef
Buholzer, Dr. phil. Sonja
Buhr, Andreas
Burzler, Thomas

C

Christ, Nicolai
Christiani, Alexander
Cole, Tim
Cordier, Janetta
Creutzmann, Prof. Andreas

D

Dagan, Daniel
Davis, Zach
Debus, Oliver
Deetjen, Stella
Demann, Stefanie
Derks, Ariane
Despeghel, Dr. Dr. Michael
Dibué, Barbara
Dierks, Christiane
Diete, Lothar
Drax, Ulrich

Dyckhoff, Katja

E

Eberl, Thomas
Eckstein, Holger
Eichsteller, Prof. Harald
Eigner, Anja
Ematinger, Reinhard
Emrich, Dr. Martin
Engelbrecht, Sigrid
Etrillard, Stéphane
Etzlstorfer, Dr. Christoph
Eckert, Heiko van

F

Fett, Josua
Fey, Dr. Gudrun
Fiedler, Heinke
Fischer, Claudia
Fischer, Ernst Peter
Fischer, Martin
Fischer-Appelt, Bernhard
Forghani, Foad
Fortmann, Harald R.
Frädrich, Dr. Stefan
Freudenthaler, Alfred
Fricke, Thomas
Fournier, Dr. Dr. Cay von

G

Gálvez, Cristián
Gay, Friedbert
Geisselhart, Oliver
Gierke, Dr. Christiane
Giger, Dr. Andreas
Glattes, Karin
Gnida, Mathias
Goldfuß, Jürgen W.
Goldhammer, Prof. Dr. Klaus
Gorsler, Dr. Barbara
Graber, Barbara
Greisinger, Dr. Manfred
Grossmann, Matthias
Grün, Dr. Klaus-Jürgen
Grundl, Boris
Gurzki, Prof. Dr. Thorsten

H

Haak, Thomas
Haas, Mathias
Hagspiel, Gerhard
Hahn, Hans-Joachim
Hahn, Prof. Carl H.

Haider, Siegfried
Hamberger, Rainer W.
Händeler, Erik
Hann, Dr. Stephanie
Harscher, Reiner
Harten, Mathias
Hegemann, Brigitte E.
Heindl, Prof. Dr. Eduard
Heinemann, Prof. Dr. Elisabeth
Heinz, Susi
Heller, Elisabeth
Henkel, Hans-Olaf
Henne, Dr. Gudrun
Hermens, Ellen
Hettl, Matthias
Himmelreich, Achim
Hinrich, Romeike
Hinrichsen, Timo
Hinz, Olaf
Hoffmann, Dr. Kerstin
Hofmann, Alexander
Hofmann, Markus
Horx, Matthias
Hubert, Martin
Hübner, Sabine

I

Ion, Frauke K.

J

Jankowsky, Margaret
Janssen, Benedikt
Jánszky, Sven Gábor
Jeschke, Dr. Wolfgang
Junk, Ann

K

Kaduk, Dr. Stefan
Kahn, Oliver
Kappest, Klaus-Peter
Karmasin, Dr. Helene
Karsten, Dr. Gunther
Katzmaier, Corinna
Keicher, Imke
Kemeröz, Tamer
Kenzelmann, Peter
Kerkhoff, Gerd
Kerzel, Stefan
Khoschlessan, Dr. Darius
Kilian, Dr. Karsten
Kisslinger-Popp, Cornelia
Kittl, Armin
Klein, Dr. Susanne
Knauer, Ulrike

Knauf, Jürgen T.
Knoblauch, Prof. Dr. Jörg
Knoepffler, Prof. Dr. mult. Nikolaus
Knudsen, Jeppe Hau
Knudsen, Jeppe Hau
Kobjoll, Klaus
Koch-Mehrin, Dr. Silvana
Köhler, Thomas R.
Kolar-Zovko, Spomenka
König, Helmut
Konrad, Boris
Koper, Ton
Koye, Prof. Dr. Bernhard
Kremmel, Ursula
Krengel, Martin
Kreuter, Dirk
Kriesten, Michael
Kroeger, Steve
Krumm, Rainer
Kübler, Dr. Anette
Kühl, Anne
Kundermann, Michaele
Kupp, Dr. Martin
Kurz, Jürgen

L

Lackner, Tatjana
Lai, Oriana
Lammers, Stefan
Lampe, Manuel
Lamprechter, Kirsten
Landauer, Adele
Lang, Dr. Jürgen
Lange, Dieter
Lange, Prof. Dr. Dr.h.c. Gerhard
Langenscheidt, Dr. Florian
Langguth, Veronika
Langsdorf, Antonia
Laschkolnig, Martin
Lehky, Maren
Lejeune, Dr. phil.h.c. Erich
Liebetrau, Axel
Limbeck, Martin
Liscia, Gianni
Liscia, Marcello
Lomborg, Dr. Bjørn
Loschky, Eva

M

Macioszek, Dr. H.-Georg
Mader, Thomas
Mahr, Renate Irena
Maier, Andreas P.
Matschnig, Monika
Matthies, Peter

Matzig, Roland
Mayer de Groot, Dr. Ralf
Mayr, Dr. Reinhard
Menthe, Thomas
Merk, Dr. Markus
Mesnaric, Christa
Messner, Reinhold
Meyer, Jens-Uwe
Meyer, Stephan
Micic, Dr. Pero
Miller, Gloria
Mischek, Monika
Moesslang, Michael
Motsch, Elisabeth
Mrazek, Sabine
Müller Scholz, Wolf K.
Müller, Hermann
Müller, Waldemar
Münzner, Christoph
Markt, Roswitha A. van der
Mengden, Waltraut von
Münchhausen, Dr. Marco Freiherr von

N

Nasher, Prof. Dr. Lord Jack
Niemetz, Alexander
Niermeyer, Rainer
Nill-Theobald, Dr. Christiane
Nußbaum, Dr. Albert

O

Obst, Gisela
Onneken, Jacobus
Oppitz, Stefan
Ortmann, Dr. Ingo
Osmetz, Prof. Dr. Dirk
Ott-Göbel, Brigitte
Otto, Mike John

P

Palluch, Boris
Paulsen, Kai
Petek, Rainer
Pfläging, Niels
Pilny, Dr. Karl
Pilsl, Karl
Pircher-Friedrich, Prof. Dr. Anna Maria
Plath, Alexander
Plehwe, Kerstin
Pöhm, Matthias
Posé, Ulf
Pousttchi, Dr. Key

Q

Quelle, Prof. Dr. Guido

R

Rabeneck, Peter
Rapp, Dr. Reinhold
Reckhenrich, Jörg
Reising, Heike
Reisinger, Annette
Remenyi, Dr. Imre Marton
Reusch, Frank Alexander
Reyss, Alexander
Richter, Kay-Sölve
Riebe, Dr. Wolfgang
Riedl, Gabriele
Riesenhuber, Prof. Dr. Heinz
Romeike, Hinrich
Roos, Georges T.
Rosener, Ines
Roth, Claudia
Ruhleder, Rolf H.
Rutemoeller, Erich

S

Saar, Volker
Sánchez, Juan R.
Sandvoss, Michael
Saneke, Dr. Bernhard
Sans, Aimé
Sator, Günther
Sauldie, Sanjay
Seelmann-Holzmann, Dr. Hanne
Seidel, Dr. Joachim
Seiwert, Prof. Dr. Lothar
Selalmazidis, Aristidis
Siegel, Dr. Monique R.
Simon, Prof. Dr. Hermann
Skambraks, Joachim
Snower, Prof. Dennis J.
Soltau, Dr. Dirk
Sommer, Dr. Luise Maria
Spiering, Renate
Spinola, Roland

Sch

Schandl, Gabriel
Scheddin, Monika
Scheelen, Frank M.
Scheuss, Dr. Ralph
Schiller, Heidi
Schmäh, Marco
Schmidt-Tanger, Martina
Schmiel, Rolf

Schmitt, Ralf
Schneider, Thilo
Schön, Dr. Michael
Schott, Prof. Dr. Barbara
Schrimpf, Ludger
Schroll, Willi
Schukart, Martin
Schuler, Helga
Schüller, Anne M.
Schulz, Klaus-Dieter
Schwarz, Dr. Torsten
Schwarz, Hubert
Schweikert, Felix A.
Schwind von Egelstein, Sabine

St

Stargardt, Jochen
Starke, Thomas
Staub, Gregor
Stehlig, Alexander
Steinborn, Andreas
Steinle, Andreas
Stelzmüller, Christian
Stenger, Christiane
Sterzenbach, Slatco
Strobel, Tatjana
Strobel, Thomas
Struck, Pia
Stuck, Hans-Joachim
Sturz, Dr.-Ing. Wolfgang
Stein, Georg von

T

Thalheim, Conny
Thieme, Heiko
Thinius, Jochen
Tomas, Dr. Jens

Topf, Dr. Cornelia
Trtschka, Frank

U

Uhlig, Jane

V

Voigt, Connie
Voller, Torsten

W

Wachs, Friedhelm
Wagner-Kugler, Alexandra
Wahner, Daniel
Weinreich, Uwe
Wendel, Susanne
Wenger, Ruth
Wenzel, Dr. med. Petra
Wessinghage, Prof. Dr. Tomas
Wessling, Prof. Dr. Ewald
Westerhausen, Thomas
Wied, Lorenz
Will, Torsten
Wittig, Sabine
Wöltje, Holger
Wuerz, Timo
Wunderlich, Dr. Jürgen

Z

Zeuch, Dr. Andreas
Ziegler, Isabelle
Ziegler, Petra
Zielke, Prof. Dr. Christian
Zipper, Bernd
Zunker, Ralf A.

SPRACHE
FRANZÖSISCH

A

Anker, Dr. Heinrich

B

Belz, Otto
Ben Said, Daniela A.
Berger, Prof. Dr. Dr. Wolfgang

Bosshart, Dr. David
Bottequin, Jean-Marie A.
Brügger, Chris
Bubendorfer, Thomas

E

Emrich, Dr. Martin
Etrillard, Stéphane

F

Fortmann, Harald R.

G

Gorsler, Dr. Barbara

H

Heller, Elisabeth
Henne, Dr. Gudrun
Hinrichsen, Timo

J

Junk, Ann

K

Kilian, Dr. Karsten
Koch-Mehrin, Dr. Silvana
Koye, Prof. Dr. Bernhard

L

Lang, Dr. Jürgen
Langenscheidt, Dr. Florian
Liscia, Marcello

M

Maier, Andreas P.
Micic, Dr. Pero
Mrazek, Sabine
Müller, Waldemar
Münchhausen, Dr. Marco Freiherr von

O

Ott-Göbel, Brigitte

P

Plath, Alexander
Plehwe, Kerstin
Pöhm, Matthias

R

Richter, Kay-Sölve
Rutemoeller, Erich

S

Sans, Aimé
Siebenthal, Isabelle von

Sch

Schiller, Heidi
Schuler, Helga
Schwarz, Dr. Torsten

St

Starke, Thomas
Stelzmüller, Christian

W

Wittig, Sabine

Z

Ziegler, Petra

SPRACHE
HINDI

S

Sauldie, Sanjay

SPRACHE
ITALIENISCH

A

Altmann, Dr. h.c. Hans

B

Bubendorfer, Thomas

E

Emrich, Dr. Martin

F

Fedrigotti, Antony

K

Knauer, Rudolf
Knoepffler, Prof. Dr. mult. Nikolaus
Krengel, Martin

L

Lampe, Manuel
Liscia, Gianni
Liscia, Marcello

M

Messner, Reinhold
Münchhausen, Dr. Marco Freiherr von

P

Pircher-Friedrich, Prof. Dr. Anna Maria

R

Richter, Kay-Sölve

St

Streng, Dr. Michael

W

Weinreich, Uwe
Wittig, Sabine

SPRACHE
NEUGRIECHISCH

K

Katsiamita-Bußmann, Matina
Kremmel, Ursula

M

Münchhausen, Dr. Marco Freiherr von

SPRACHE
NIEDERLÄNDISCH

B

Bottequin, Jean-Marie A.
Brandes, Dieter

R

Riebe, Dr. Wolfgang

St

Sturz, Dr.-Ing. Wolfgang

V

Velde, Robert van de

SPRACHE
PORTUGIESISCH

P

Pfläging, Niels

SPRACHE
RUSSISCH

L

Lachmann, Siegfried

Sch

Schön, Dr. Michael

SPRACHE
SCHWEDISCH

N

Nußbaum, Dr. Albert

St

Struck, Pia

SPRACHE
SERBOKROATISCH

M

Micic, Dr. Pero

SPRACHE
SPANISCH

B

Berger, Prof. Dr. Dr. Wolfgang

E

Emrich, Dr. Martin

G

Grossmann, Matthias

H

Hann, Dr. Stephanie
Haugeneder, Katrin

J

Jankowsky, Margaret
Janssen, Benedikt

K

Kilian, Dr. Karsten
Koye, Prof. Dr. Bernhard

L

Lang, Dr. Jürgen

O

Ortmann, Dr. Ingo

P

Pfläging, Niels

R

Richter, Kay-Sölve

S

Sánchez, Juan R.

W

Wittig, Sabine

SPRACHE
TSCHECHISCH

K

Karsten, Dr. Gunther

SPRACHE
UNGARISCH

R

Reményi, Dr. Imre Márton

VERZEICHNIS DER REDNER VON A–Z

VERZEICHNIS DER REDNER VON A–Z

A

Abromeit, Jörg	16
Adam, Clemens	17
Adler, Eric	18
Ahrens, Leif	19
Aichhorn, Ulrike	20
Aigner, Dr. Barbara	21
Al-Omary, Falk	22
Alt, Prof. Dr. Franz	23
Altmann, Alexandra	24
Altmann, Dr. h.c. Hans Christian	25
Amon, Ingrid	26
Anker, Dr. Heinrich	27
Arndt, Roland	28
Aschenbrenner, Anton	29
Astor, Frank	30
Auch-Schwelk, Annette	31

B

Baber, Rainer	34
Baldus, Vinzenz	35
Bartel, Stefan	36
Bartl, Thorsten	37
Bartnitzki, Sascha	38
Baschab, Thomas	39
Battistini, Nicola	40
Bauer, Michael	41
Bauer-Jelinek, Christine	42
Bauhofer, Dr. Ulrich	43
Baum, Prof. Dr. Klaus	44
Baum, Sigrun	45
Baum, Thilo	46
Baumann, Bruno	47
Baumgartner, Paul Johannes	48
Bayerl, Amata	49
Becker, Bernhard W.	50
Begemann, Dr. Petra	51
Belilowski, Hilke	52
Bellin-Sonnenburg, Rebecca	53
Belz, Otto	54
Ben Said, Daniela A.	55
Bennefeld, Christian	56
Bergauer, Theo	57
Berger, Armin	58
Berger, Dr. Thomas	59
Berger, Prof. Dr. Dr. Wolfgang	60
Berndt, Jon Christoph	61
Bernecker, Prof. Dr. Michael	62
Berth, Dr. Rolf	63
Betschart, Janet	64
Betschart, Martin	65
Beyer, Joachim G.	66
Bielinski, Rainer H.	67
Bienert, Caroline	68
Biermann, Jasmin	69
Biesel, Hartmut H.	70
Bilger, Birgit	71
Bilgri, Anselm	72
Bischoff, Christian	73
Bischoff, Irena	74
Blaschka, Dr. Markus	75
Blümelhuber, Prof. Dr. Christian	76
Bock, Dr. Petra	77
Bode, Andreas	78
Böhm, Michael	79
Bohn, Susanne	80
Bolbrügge, Dr. Gisela	81
Boller, Prof. Dr. Thomas	82
Bollmann, Kai	83
Bommer, Isabel	84
Bönisch, Wolfgang	85
Borbonus, René	86
Bornhäußer, Andreas	87
Bösl, Michael	88
Bosshart, Dr. David	89
Bottequin, Jean-Marie	90
Bouillon, Dr. Regina	91
Brablec, Carmen	92
Brand, Heiner	93
Brand, Markus	94
Brandau, Lars	95
Brandes, Dieter	96
Brandl, Peter Klaus	97
Brandmeyer, Prof. Dr. Klaus	98
Braumann, Prof. Dr. med. Klaus-Michael	99
Braun, Roman	100
Braun, Sven	101
Brdenk, Peter	102
Brügger, Chris	103
Brühl, Johanna	104
Bubendorfer, Thomas	105
Bubenheim, René	106
Bublath, Dr. Joachim	107
Buchenau, Peter	108
Bücher, Norman	109
Bucka-Lassen, Dr. Edlef	110
Buckert, Ingo	111
Buholzer, Dr. phil. Sonja	112
Buhr, Andreas	113
Burger, Christoph	114
Burger, Thomas	115
Burzler, Thomas	116
Büssow, Ronald	117

C

China, Ralf	120
Christ, Nicolai	121
Christiani, Alexander	122
Clavadetscher, Andrea	123
Cohn-Vossen, Chris	124
Cole, Tim	125
Conen, Horst	126
Conzelmann, Gerhard	127
Cordier, Janetta	128
Correll, Prof. Dr. Werner	129
Corssen, Jens	130
Cremer-Altgeld, Lilli	131
Creutzmann, Prof. Andreas	132

D

Dagan, Daniel	134
Dahlke, Dr. Ruediger	135
Dahlmann, Wolfgang	136
Dallwitz-Wegner, Dominik	137
Danz, Gerriet	138
Davis, Zach	139
Debus, Oliver	140
Deetjen, Stella	141
Demann, Stefanie	142
Dennes, Andrea	143
Derks, Ariane	144
Despeghel, Dr. Dr. Michael	145
Deters, Monica	146
Dibué, Barbara	147
Dieball, Dr. Werner	148
Dieckmann-von-Bünau, Dr. Detlef	149
Dierks, Christiane	150
Diete, Lothar	151
Dietz, Angela	152
Doderer, Prof. Alexander	153
Drax, Ulrich	154

VERZEICHNIS DER REDNER VON A–Z

Dreeßen, Diana	155
Dressel, Dr.-Ing. Martina	156
Dreykorn, Prof. Klaus-Peter	157
Dyckhoff, Katja	158

E

Eberl, Thomas	160
Eckert, Heiko von	161
Eckstein, Holger	162
Eggen, Carla	163
Ehlers, Michael	164
Eichsteller, Prof. Harald	165
Eigner, Anja	166
Ematinger, Reinhard	167
Emmelmann, Christoph	168
Emrich, Dr. Martin	169
Engelbrecht, Sigrid	170
Enkelmann, Dr. Claudia E.	171
Enkelmann, Nikolaus	172
Etrillard, Stéphane	173
Etzlstorfer, Dr. Christoph	174

F

Fedrigotti, Antony	176
Feldmeier, Sonja	177
Fett, Josua	178
Fey, Dr. Gudrun	179
Fiedler, Heinke	180
Fink, Klaus-J.	181
Fischbacher, Arno	182
Fischer, Claudia	183
Fischer, Dr. Ernst Peter	184
Fischer, Dr. Jörg	185
Fischer, Martin	186
Fischer-Appelt, Bernhard	187
Fleischlig, Birgit	188
Föller, Dr. Andreas	189
Forghani, Foad	190
Först, Regina	191
Fortmann, Harald R.	192
Fournier, Dr. Dr. Cay von	193
Frädrich, Dr. Stefan	194
Franke, Uwe	195
Frenzel, Ralf	196
Freudenthaler, Alfred	197
Frey, Jürgen	198
Frey, Prof. Dr. oec. Urs	199

Fricke, Thomas	200
Fridrich, Michael	201
Fritsch, Dr. Michael	202
Fritz, Hannelore	203
Fritze, Nicola	204
Fröhlich, Gabriele	205
Fuchs, Dr. Helmut	206
Fugger, Donata Gräfin	207

G

Galal, Marc	210
Gall, Peter	211
Gálvez, Cristián	212
Gantert, Jörg	213
García, Isabel	214
Garrelts, Frank	215
Garten, Matthias	216
Gartner, Roland	217
Gay, Friedbert	218
Geffroy, Edgar K.	219
Gehlert, Thomas	220
Geisselhart, Oliver	221
Geisselhart, Roland	222
Gerland, Elke	223
Gierke, Dr. Christiane	224
Gieschen, Gerhard	225
Giger, Dr. Andreas	226
Glattes, Karin	227
Gnida, Mathias	228
Goldfuß, Jürgen W.	229
Goldhammer, Dr. Klaus	230
Goldschmidt, Ralph	231
Göller, Thomas	232
Gorsler, Dr. Barbara	233
Gottschling, Thomas	234
Graber, Barbara	235
Graeve, Melanie von	236
Graupner, Gabi S.	237
Greisinger, Dr. Manfred	238
Greisle, Alexander	239
Gross, Ilona	240
Grossmann, Matthias	241
Groth, Alexander	242
Grotz, Brigitte	243
Grün, Dr. Klaus-Jürgen	244
Grundl, Boris	245
Gulder, Angelika	246
Gundlach, Alida	247

Gunkel, Klaus	248
Gurzki, Prof. Dr. Thorsten	249

H

Haag, Iris	252
Haak, Thomas	253
Haas, Martina	254
Haas, Mathias	255
Haberl, Rudolf	256
Hagmaier, Ardeschyr	257
Hagspiel, Gerhard	258
Hahn, Prof. Dr. Dr. h.c. mult. Carl H.	259
Hahn, Hans-Joachim	260
Hahn, Thorsten	261
Haider, Siegfried	262
Halboth, Micaela	263
Hamberger, Rainer W.	264
Händeler, Erik	265
Hanisch, Christian R.	266
Hann, Dr. Stephanie	267
Hanneman, Renate	268
Hans, Prof. Dr. Norbert	269
Harscher, Reiner	270
Harten, Mathias	271
Hartig, Jörg	272
Haugeneder, Katrin	273
Hauptmann, Jörg	274
Häusel, Dr. Hans-Georg	275
Hauser, Tobias	276
Havener, Thorsten	277
Hegemann, Brigitte	278
Heimsoeth, Antje	279
Heindl, Prof. Dr. Eduard	280
Heinemann, Prof. Dr. Elisabeth	281
Heinz, Susi	282
Heller, Elisabeth	283
Henke, Claudia	284
Henkel, Prof. Dr.-Ing. E.h. Hans-Olaf	285
Henne, Dr. Gudrun	286
Herkenrath, Lutz	287
Hermens, Ellen	288
Herrmann, Brigitte	289
Herrmann, Ralf	290
Hertlein, Margit	291
Herzog, Matthias	292
Herzog-Windeck, Alexandra	293

VERZEICHNIS DER REDNER VON A–Z

Heß, Sabine	294	**K**		Köhler, Thomas R.	380
Hettenkofer, Brigitte	295			Kolar-Zovko, Spomenka	381
Hettl, Prof. Dr. Matthias K.	296	Kahn, Oliver	334	Konhardt, Andrea	382
Heun, Michael A.	297	Kaiser, Gabriela	335	König, Helmut	383
Heynemann, Bernd	298	Kalkbrenner, Christian	336	Konrad, Boris Nikolai	384
Himmelreich, Achim	299	Kamps, Markus	337	Koper, Ton	385
Hinrichsen, Timo	300	Kappest, Klaus-Peter	338	Koschnitzke, Frank	386
Hinz, Olaf	301	Karmasin, Dr. Helene	339	Köster, Dr. Gerd	387
Hirschmann, Wolf R.	302	Karsten, Dr. Gunther	340	Koye, Prof. Dr. Bernhard	388
Höcker, Bernd	303	Karthaus, Detlef	341	Kraft, Helmut	389
Höcker, Dr. Ralf	304	Katsiamita-Bußmann, Matina	342	Kratzmann, Rainer	390
Hofert, Svenja	305	Katzengruber, Werner	343	Kremmel, Ursula	391
Hoffmann, Dr. Kerstin	306	Katzmaier, Corinna	344	Krengel, Martin	392
Hofmann, Alexander	307	Kehl, Wolfgang T.	345	Krenn, Roland	393
Hofmann, Markus	308	Keicher, Imke	346	Kreuter, Dirk	394
Höhler, Prof. Dr. phil. Gertrud	309	Kemeröz, Tamer	347	Kriesten, Michael	395
Holz, Heike	310	Kenzelmann, Peter	348	Krippendorf, Beat	396
Horx, Matthias	311	Kerkhoff, Gerd	349	Kroeger, Steve	397
Howard, Liz	312	Kernke, Dr. Sylvia E.	350	Krumm, Rainer	398
Hrabé de Angelis, Prof. Dr. Martin	313	Kerzel, Stefan	351	Kübler, Dr. Anette	399
Huber, René E.	314	Kessler, Dr. Annette	352	Kühl, Anne	400
Hubert, Martin	315	Khalil, Christian	353	Kühn, Stefanie	401
Hübner, Sabine	316	Khoschlessan, Dr. Darius	354	Kulinna, Matthias	402
Hummel, Prof. Ulrich	317	Kilian, Karsten	355	Kundermann, Michaele	403
		Kisslinger-Popp, Cornelia	356	Kupp, Martin	404
I		Kittl, Armin	357	Kurz, Jürgen	405
		Klapheck, Martin	358	Küthe, Stefan	406
		Klaus, Steffen	359	Kutscher, Patric P.	407
Ion, Frauke K.	320	Klein, Dr. Susanne	360	Kutzschenbach, Claus von	408
Itt, Edgar	321	Kleinhenz, Susanne	361		
		Klöckner, Bernd W.	362	**L**	
J		Kmoth, Nadine	363		
		Knauer, Rudolf	364	Lachmann, Siegfried	410
Jäger, Roland	322	Knauer, Ulrike	365	Lackner, Tatjana	411
Jankowsky, Margaret	323	Knauf, Jürgen T.	366	Lai, Oriana	412
Janssen, Benedikt	324	Knoblauch, Prof. Dr. Jörg	367	Lammers, Stefan	413
Janssen, Heiko	325	Knoepffler, Prof. Dr. mult. Nikolaus	368	Lampe, Manuel	414
Jánszky, Sven Gábor	326	Knoll, Dr. Klaus-Peter	369	Lamprechter, Kirsten	415
Jantzen, Gerhard	327	Knoll, Ulla	370	Landauer, Adele	416
Jendrosch, Prof. Dr. Thomas	328	Knudsen, Jeppe Hau	371	Landwehr, Thomas	417
Jeschke, Peter	329	Kobjoll, Klaus	372	Lang, Dr. Jürgen	418
Jeschke, Dr. Wolfgang	330	Koch-Mehrin, Dr. Silvana	373	Lange, Dieter	419
Jopp, Heinz Dieter	331	Köder, Eckhardt	374	Lange, Prof. Dr. Dr. h.c. Gerhard	420
Junk, Ann	332	Koenig, Alexander	375	Langendörfer, Simone	421
		Kohl, Rüdiger	376	Langenscheidt, Dr. Florian	422
		Köhler, Hans-Uwe L.	377	Langenstein, Zita	423
		Köhler, Martin	378	Langer-Weidner, Birgit	424
		Köhler, Tanja	379	Langguth, Veronika	425

VERZEICHNIS DER REDNER VON A–Z

Langsdorf, Antonia	426
Laschkolnig, Martin	427
Laubrinus, Jörg	428
Lauenroth, Jörg	429
Legien-Flandergan, Beatrice	430
Lehky, Maren	431
Lehmann, Ute	432
Lejeune, Erich	433
Letter, Michael	434
Liebetrau, Axel	435
Limbeck, Martin	436
Lins, Nadja	437
Liscia, Gianni	438
Liscia, Marcello	439
Löhner, Michael	440
Löhr, Jörg	441
Lomborg, Dr. Bjørn	442
Lorenz, Thomas	443
Loschky, Eva	444
Lüdemann, Carolin	445
Lutz, Dieter	446

M

Macioszek, Dr. H.-Georg	448
Mader, Thomas	449
Mahler, Ursu	450
Mahr, Renate Irena	451
Maier, Andreas P.	452
Markt, Roswitha van der	453
Martin, Leo	454
Marx, Frank	455
Matejka, Laila	456
Matschnig, Monika	457
Mattersberger, Michael	458
Matthes, Gerhard	459
Matthies, Peter	460
Matyssek, Dr. Anne Katrin	461
Matzig, Roland	462
Maus, Manfred	463
Mayer de Groot, Dr. Ralf	464
Mayr, Prof. Dr.-Ing. Reinhard	465
Mazur, Hans-Gerd	466
Mengden, Waltraut von	467
Menthe, Thomas	468
Merath, Stefan	469
Merk, Dr. Markus	470
Merkel, Birgitt	471
Mesnaric, Christa	472

Messner, Reinhold	473
Metzler, Jutta	474
Meyer, Jens-Uwe	475
Meyer, Stephan	476
Michael, Klaus	477
Michels, Dr. Rolf	478
Michler, Annekatrin	479
Michler, Herbert	480
Micic, Dr. Pero	481
Miller, Gloria	482
Minderer, Raimund	483
Mischek, Monika	484
Moder, Alex	485
Moesslang, Michael	486
Molcho, Prof. Samy	487
Motsch, Elisabeth	488
Mrazek, Sabine	489
Mühlbauer, Gabriele	490
Müller, Hermann	491
Müller, Waldemar	492
Müller Scholz, Wolf K.	493
Münchhausen, Dr. Marco Freiherr von	494
Münzner, Christoph	495
Muthers, Helmut	496

N

Narbeshuber, Esther & Johannes	498
Nasher, Prof. Dr. Lord Jack	499
Nehberg, Rüdiger	500
Neidhart, Heike	501
Niemetz, Alexander	502
Nienaber, Tjalf	503
Niermeyer, Rainer	504
Nill-Theobald, Dr. Christiane	505
Nimo, Sabine	506
Nimsky, Beate	507
Nitzschke, Tobias	508
Nußbaum, Dr. Albert	509
Nussbaum, Cordula	510

O

Obst, Gisela	512
Onneken, Jacobus	513
Oppitz, Stefan	514
Ortmann, Dr. Ingo	515

Osmetz, Prof. Dr. Dirk	516
Osterhammel, Bernd	517
Osterhoff, Prof. Rolf	518
Ott-Goebel, Brigitte	519
Otto, Mike John	520

P

Palluch, Boris	522
Paulsen, Kai Henrik	523
Pelzer, Antje	524
Perl-Michel, Marc	525
Petek, Rainer	526
Pfläging, Niels	527
Philipp, Manuel	528
Pilny, Dr. Karl	529
Pilsl, Karl	530
Pircher-Friedrich, Prof. Dr. Anna Maria	531
Plath, Alexander	532
Plehwe, Kerstin	533
Plöger, Sven	534
Pohl, Prof. Dr. Manfred	535
Pöhm, Matthias	536
Posé, Ulf D.	537
Possin, Wilfried	538
Pousttchi, Dr. Key	539
Pritzbuer, Uwe Günter von	540

Q

Quelle, Dr. Guido	542

R

Rabeneck, Peter-Christian	543
Radetzki, Thomas	544
Radtke, Dr. Burkhard	545
Rankel, Roger	546
Rapp, Dr. Reinhold	547
Raskop, Friedhelm	548
Rauscher, Dr. Christian	549
Rebel, Nadine	550
Reckhenrich, Jörg	551
Reising, Heike	552
Reisinger, Annette	553
Reithmann, Matthias	554
Reményi, Dr. Imre Márton	555

VERZEICHNIS DER REDNER VON A–Z

Reusch, Frank Alexander	556
Reyss, Alexander	557
Rhoda, Michael	558
Richter, Kay-Sölve	559
Riebe, Wolfgang	560
Riedelsberger, Christine	561
Riedl, Gabriele	562
Riesenhuber, Prof. Dr. Heinz	563
Ritter, Steffen	564
Romeike, Hinrich	565
Ronzal, Wolfgang	566
Roos, Georges	567
Rosener, Ines	568
Rossié, Michael	569
Roth, Claudia	570
Röthlingshöfer, Bernd	571
Rückle, Horst	572
Ruhleder, Rolf H.	573
Rumohr, Joachim	574
Rutemöller, Erich	575

S

Saar, Volker	578
Sánchez, Juan R.	579
Sander, Sven	580
Sandvoss, Michael	581
Saneke, Dr. Bernhard	582
Sans, Aimé	583
Sator, Günther	584
Sauldie, Sanjay	585
Seelmann-Holzmann, Dr. Hanne	586
Seidel, Dr. Joachim	587
Seiler, Jens	588
Seiwert, Prof. Dr. Lothar	589
Selalmazidis, Aristidis	590
Semmelroth, Philip W.	591
Senftleben, Phillip von	592
Seßler, Helmut	593
Sidow, Dr. Hans	594
Siebenthal, Isabelle von	595
Siegel, Dr. Monique R.	596
Simon, Prof. Dr. Hermann	597
Simon, Prof. Dr. Walter	598
Skambraks, Joachim	599
Snower, Prof. Dr. Dennis J.	600
Sobainsky, Julia	601
Sokkar, Sami	602

Soltau, Dr. Dirk	603
Sommer, Dr. Luise Maria	604
Spengler, Robert	605
Spiering, Renate	606
Spies, Stefan	607
Spinola, Roland	608
Springer, Dr. Boris	609

Sch

Schandl, Gabriel	612
Schara, Michaela	613
Scheddin, Monika	614
Scheelen, Frank M.	615
Scheible, Kurt-Georg	616
Schendl-Gallhofer, Gabriele	617
Scherer, Bernd	618
Scherer, Hermann	619
Scherer, Jiri	620
Scherer, Prof. Dr. Josef	621
Scheuss, Dr. Ralph	622
Schiller, Heidi	623
Schleicher, Thomas	624
Schmäh, Prof. Dr. Marco	625
Schmidhuber, Christine	626
Schmidt, Dirk	627
Schmidt, Kerstin Katharina	628
Schmidt, Nicola	629
Schmidt-Tanger, Martina	630
Schmiel, Rolf	631
Schmitt, Ralf	632
Schmitt, Tom	633
Schmittknecht, Axel	634
Schmitz, Prof. Dr. Claudius A.	635
Schneider, Thilo	636
Schneider, Volker	637
Schön, Carmen	638
Schön, Dr. Michael	639
Schönleber, Norbert	640
Schott, Prof. Dr. Barbara	641
Schrimpf, Ludger	642
Schroll, Willi	643
Schukart, Martin	644
Schulak, Dr. Eugen Maria	645
Schuler, Helga	646
Schüller, Anne M.	647
Schulz, Klaus-Dieter	648
Schulz, Rainer	649
Schürgers,	

Prof. Dr. med. Georg	650
Schwarz, Elke	651
Schwarz, Hubert	652
Schwarz, Dr. Torsten	653
Schweikert, Felix A.	654
Schwind von Egelstein, Sabine	655

St

Stargardt, Jochen	658
Stargardt, Simone	659
Starke, Thomas	660
Starlay, Katharina	661
Staub, Gregor	662
Stehlig, Alexander	663
Stein, Christiane	664
Stein, Georg von	665
Steinborn, Andreas	666
Steiner, Mark	667
Steinle, Andreas	668
Stelzmüller, Christian	669
Stempfle, Lothar	670
Stenger, Christiane	671
Sterrer, Christian	672
Sterzenbach, Slatco	673
Stiller, Dirk	674
Stock, Harald	675
Stoeppler, Petra	676
Streng, Dr. Michael	677
Strobel, Ingrid	678
Strobel, Tatjana	679
Strobel, Thomas	680
Strohschein, Dr. Barbara	681
Struck, Pia	682
Strupat, Ralf R.	683
Stuck, Hans-Joachim	684
Sturz, Wolfgang	685

T

Thanner, Christine Rosa	688
Thieme, Heiko	689
Thinius, Jochen	690
Thoma, Dieter	691
Tibi, Bassam	692
Tilgner, Ulrich	693
Tissot, Dr. Oliver	694
Tomas, Dr. Jens	695
Topf, Dr. Cornelia	696

VERZEICHNIS DER REDNER VON A–Z

Trtschka, Frank	697

U

Uhlig, Jane	700
Unger, Magdalena	701

V

Vater, Gerhard J.	702
Velde, Robert van der	703
Veyhl, Prof. Dr.-Ing. Rainer	704
Vogel, Ingo	705
Voigt, Connie	706
Voller, Torsten	707

W

Wachs, Friedhelm	708
Wagner, Dieter W.	709
Wagner-Kugler, Alexandra	710
Wahl, Petra	711
Wahner, Daniel	712
Waibel, Jochen	713
Wala, Hermann	714
Walch, Dr. Elfy	715
Wälde, Rainer	716
Warnatz, Ralph	717
Wartenberg, Sebastian	718
Weber, Mathias Paul	719
Weidner, Markus	720
Weidner, Prof. Dr. Jens	721
Weiner, Christine	722
Weinreich, Uwe	723
Weiss, Renker K.	724
Welter, Ulli	725
Wendel, Susanne	726
Wenger, Ruth	727
Wenzel, Dr. med. Petra	728
Wenzlau, Andreas	729
Werner, Andreas	730
Wessinghage, Prof. Dr. Thomas	731
Wessling, Prof. Dr. Ewald	732
Westerhausen, Thomas	733
Wickert, Ulrich	734
Wied, Lorenz	735
Wiesbauer, Gerhard	736
Will, Torsten	737
Willmanns, Rainer	738
Winkler, Margit	739
Witasek, Dr. med. Alex	740
Wittig, Christiane	741
Wittig, Sabine	742
Wittschier, Dr. Bernd M.	743
Wohland, Dr. Gerhard	744
Wöltje, Holger	745
Worel, Peter	746
Wöss, Dr. Fleur	747
Wuerz, Timo	748
Wunderlich, Dr. Jürgen	749
Wuttke, Theresia-Maria	750

Y

Yarom, Lior I.	752

Z

Zeuch, Dr. Andreas	753
Ziegler, Isabelle	754
Ziegler, Petra	755
Zielke, Prof. Dr. Christian	756
Zimmermann, Walter	757
Zipper, Bernd	758
Zirbik, Jürgen	759
Zoche, Dr. Dr. Hermann-Josef	760
Zukic, Teresa	761
Zunker, Ralf A.	762
Zwickel, Jürgen	763

VI
Vortrags**Impulse**

Wir machen Ereignisse zu Erlebnissen!

Ihre Veranstaltung ist unsere Herausforderung!

Gemeinsam finden wir für Sie den Top-Redner, der aus Ihrem Event ein Ereignis macht.

Die richtige Wahl des Redners setzt Impulse, die Inhalte bleiben in den Köpfen Ihrer Gäste und generiert primär Eines: Nachhaltigkeit.

Vortrags**Impulse** ist eine Marke der Unternehmen **Erfolg** GmbH, dem größten Veranstalter von Redner-Events im deutschsprachigen Raum mit über 386.000 begeisterten Teilnehmern in den erfolgreichen Vortragsreihen der letzten 10 Jahre.

Sie genießen durch die einzigartige Kombination der Rednervermittlung und Veranstalter entscheidende Vorteile.

Vortrags**Impulse** ist Mitglied der International Association of Speakers and Bureaus - IASB.

Anzeige

Ihren Event-Erfolg im Blick!

Der Partner für:

Redner-/Experten-Vermittlung

Wir haben den passenden Redner/Experten für Ihre
- Events/Kongresse
- Führungskräftetagungen
- Kunden- und Mitarbeiterveranstaltungen
- Vertriebsmeetings
- unternehmensinterne Veranstaltungen

Media-Produktion*

Wir produzieren
- Bücher rund um die Themen
  - Redner · Veranstaltung · Vorträge
- Print-Materialien für Redner/Experten
- Digitale Medien

* Beispielsweise das vorliegende Deutsche Rednerlexikon

Service

Wir unterstützen Redner/Experten bei
- Präsentations-Erstellungen
- Planung von Tagungen, Workshops, Seminaren, Konferenzen
- Realisierung Eventmanagement

Wir freuen uns über Ihre Kontaktaufnahme:

Vortragsimpulse GmbH
Ismaninger Str. 47
85356 Freising
Telefon +49 (0) 81 61-78 738-26
www.vortragsimpulse.de

Unternehmen Erfolg präsentiert:
Von den Besten

Komprimiertes Expertenwissen von TOP-Referenten

Vortragsreihen & Seminare
„Von den Besten profitieren"
in über 25 Städten
in Deutschland und Österreich

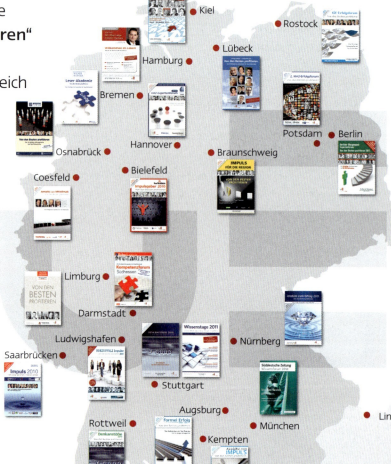

Info & Buchung:
www.unternehmen-erfolg.de
Service-Telefon 0700/83 26 78 33*

Unternehmen Erfolg GmbH | Ismaninger Straße 47 | D-85356 Freising | E-Mail: info@unternehmen-erfolg.de

Anzeige

profitieren

Unternehmen Erfolg bietet zeit- und kostensparend Seminarwissen in einem Vortragserlebnis der gefragtesten und hochkarätigsten Top-Referenten an. Themen für ein kontinuierliches Wissens-Update und als Impulsgeber und Förderer Ihres beruflichen und privaten Erfolgs. Wählen Sie aus über 100 Referenten Ihre Favoriten auf der Bühne.

Vorträge im Wissensabo

Aktuell stehen Ihnen über 25 Vortragsreihen & Seminare mit verschiedenen Referenten in Einzelvorträgen zur Auswahl. Stellen Sie sich Ihr individuelles Programm zusammen oder buchen Sie die ganze Veranstaltungsreihe zum Vorzugspreis. Die Eintrittskarten sind übertragbar, jedoch vom Umtausch ausgeschlossen – ideal als Kundengeschenk oder zur Mitarbeitermotivation. Wir wünschen Ihnen einen Platz unter den „Besten" und vor allem: Viel Erfolg!

UE-Insider – mehr Wissen, mehr Erfolg
UE-Tipps – der kostenlose Newsletter

Mit den UE-Tipps sind Sie immer auf dem Laufenden – im kostenlosen Unternehmen Erfolg-Newsletter finden Sie wissenswerte Neuigkeiten und viele interessante Tipps zu Vorträgen und Referenten.

Informieren Sie sich über aktuelle Vortragsangebote in Ihrer Nähe und über neue Bücher von Top-Referenten. Lassen Sie sich von spannenden Interviews inspirieren oder nehmen Sie einfach nur am UE-Gewinnspiel teil.

Bestellen Sie die kostenlosen UE-Tipps unter:
www.unternehmen-erfolg.de

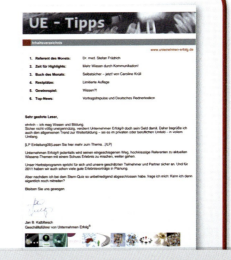

Service-Telefon 0700 / 83 26 78 33* | Fax: 0700 / 83 26 32 93*   *max. 12 ct/Min. aus dem Festnetz der Deutschen Telekom

DIE BEKANNTMACHER:

Rein in die Medien – Zeigen Sie Kompetenz und erzielen Sie Wirkung
Mit Vortrags**Impulse** und SPREEFORUM.

Erfolgreich als Redner: effektive Vermarktung und Positionierung!
Bin ich eine unverwechselbare Persönlichkeit? Kennen mich genügend Leute und vor allem, kennt mich meine Zielgruppe? Erziele ich Tagessätze, die ich verdiene? Werde ich als Experte wahrgenommen? Bin ich in Presse und Medien präsent? Wenn Sie diese Fragen bewegen, dann lassen Sie uns über Ihre Marke sprechen, und über Ihre Positionierung. Denn Vortrags**Impulse** und SPREEFORUM International haben speziell für professionelle Trainer, Speaker, Berater und Coaches ein einzigartiges Angebot entwickelt, das Sie in die Medien bringt und Ihr sichtbares Profil nachhaltig schärft.

Wir präsentieren: Eine neue Partnerschaft.

Vortrags**Impulse** ist eine Marke der Unternehmen Erfolg GmbH, dem größten Veranstalter von Redner-Events im deutschsprachigen Raum mit über 386.000 begeisterten Teilnehmern in den erfolgreichen Vortragsreihen der letzten 10 Jahre. Wir vermitteln Redner, produzieren Medien wie das »Deutsche Rednerlexikon« und bieten Vortragenden professionelle Services.

SPREEFORUM International ist die PR-Agentur speziell für Trainer, Speaker, Berater und Coaches. Mit zehn Schritten positionieren wir Experten sichtbar auf dem Markt, verleihen Ihnen ein Image, bringen Sie in die Medien und lassen Sie so zur eigenen Marke werden.
Motto: Erfolgreich ist, wer präsent ist.

Sprechen wir über Ihre Marke!

Anzeige

Ihr Erfolg als TOP-Experte!

In die Medien kommt nur, wer etwas zu sagen hat. Nicht der Lauteste findet Gehör, sondern derjenige, der kreativ mit Botschaften und Themen umgeht, der gute Geschichten erzählt und aktuelle Anlässe wählt. Das ist die Basis des Erfolges. Dazu kommen weitere zehn Schritte:

- ein klares Profil • professionelle PR • gute Beziehungen in die Medien • ein typgerechtes Image • interessante Events • prägnante Texte • aussagekräftige Publikationen • Bücher • mediales Know-how in Theorie und Praxis • Mehrwerte für die Szene und Journalisten.

Unsere drei Positionierungs-Pakete verbinden alle zehn Schritte sinnvoll mit dem Ziel: Steigern Ihrer Sichtbarkeit in Print-, Online- und sozialen Medien und Sie unverwechselbar zu machen.

Drei Pakete, ein Ziel: Ihr Erfolg

Paket 1:
Strategieentwicklung
EUR 2.170

1-tägiger Exklusiv-Workshop mit Falk Al-Omary.
Inhalt: Entwicklung Ihrer Positionierung, Ihrer persönlichen und unternehmerischen Ziele, Ihrer zukünftige PR-Inszenierung, eines Zeit-, Maßnahmen- und Themenplans sowie einer Zielgruppen- und Wirkungsanalyse.
Ergebnis: ein klares Profil, eine deutliche Botschaft und verschiedene Themenideen für die Medien, ein Claim, ein prägnantes Wording und eine klare Vision.

Investment: 2.170 EUR zuzüglich Mehrwertsteuer und Reisekosten – exklusiver Sonderpreis für Kunden von VortragsImpulse. Wird bei der Buchung von Paket 2 und/oder 3 einmalig zur Hälfte angerechnet.

Paket 2:
Presse & PR
EUR 1.100/1.600 monatlich

Nach einem telefonischen Briefing erhalten Sie wahlweise 12 oder 24 Pressemeldungen im Laufe eines Jahres, einen individuellen Medienverteiler gemäß Ihrer Wünsche und Vorgaben und ein einheitliches Wording. Die Meldungen werden an alle gewünschten Verteiler versendet, in 130 Online-Medien platziert, suchmaschinenoptimiert und journalistengerecht verfasst. Die Themen werden gemeinsam entwickelt und redaktionell aufbereitet. Sie haben die Möglichkeit, jeweils eine Bilddatei mitzuversenden. Inklusive: 30 Minuten PR- und Medienberatung pro Monat.

Investment: 1.100 EUR pro Monat zuzüglich Mehrwertsteuer bei 12 Pressemeldungen im Jahr. 1.600 EUR zuzüglich Mehrwertsteuer pro Monat bei 24 Pressemeldungen im Jahr. Mindestvertragslaufzeit 12 Monate.

Paket 3:
Power-Positionierungs-Paket* EUR 1.970 monatlich

Der gesamte Leistungsumfang mit insgesamt 10 Modulen: Positionierungs-Workshop, Themen-Management, PR-Beratung und PR-Umsetzung, externe Pressestelle und Journalistenkontakte, Image-Marketing und Personal-PR, Event- und Formatentwicklung, Textarbeiten, Publikationsmanagement, Medienberatung und Medienentwicklung.

Das Rund-um-Paket für Ihre mediale Wirkung und Inszenierung.

Investment: 1.970 EUR pro Monat zuzüglich Mehrwertsteuer bei einer Mindestvertragslaufzeit von 12 Monaten.

* Es sind auch individuelle Angebote und Absprachen möglich.

Robert Amelung freut sich auf Ihren Anruf oder Ihre Mail – hier sind die Kontaktdaten:

Robert Amelung
Unternehmen Erfolg GmbH

Ismaninger Straße 47
85356 Freising

r.amelung@unternehmen-erfolg.de
Telefon: +49 (0)8161-9919-93

Performancecoaching:

Bringen Sie neue Kraft und Ausdruck in Ihren Vortragsstil!
Mit Vortrags**Impulse** und Stefan Spies.

Schaffen Sie beeindruckende Bühnenmomente!
Wirke ich auf der Bühne als Redner authentisch? Nutze ich mein volles Potenzial? Und vor allem: Gelingt es mir, meine Zuhörer mit meinem Vortrag zu begeistern? Unternehmen Erfolg – Vortrags**Impulse** und Stefan Spies haben speziell für professionelle Speaker ein Coachingangebot entwickelt, bei dem Sie Ihre Performance auf der Bühne steigern. »Der Gedanke lenkt den Körper« ist nicht nur der Titel seines Buches, sondern seine zentrale Botschaft. Veränderung von Innen heraus! Nicht die äußere Pose, sondern das gezielte Gestalten der inneren Haltung führt zu einem glaubhaften und souveränen Auftritt.

Wir präsentieren: Eine neue Partnerschaft.

STEFAN SPIES

Vortrags**Impulse** ist eine Marke der Unternehmen Erfolg GmbH, dem größten Veranstalter von Redner-Events im deutschsprachigen Raum mit über 386.000 begeisterten Teilnehmern in den erfolgreichen Vortragsreihen der letzten 10 Jahre. Wir vermitteln Redner, produzieren Medien wie das »Deutsche Rednerlexikon« und bieten Vortragenden professionelle Services.

Stefan Spies gehört zu den führenden Coachs im Top-Management. Seit 1999 profitieren Führungskräfte von dem Knowhow des Theaterregisseurs und Dramaturgen: Er lehrt Sie als professionelle Redner die Werkzeuge aus der Welt des Schauspiels und der künstlerischen Bühnenpräsenz anzuwenden.

Reden wir über Performance!

Anzeige

Ihr Erfolg als TOP-Experte!

Als Redner hinterlassen Sie einen nachhaltigen Eindruck durch optimierte Sprechtechnik, die Fähigkeit innere Bilder zu erzeugen und wenn sich Körpersprache und Rhetorik im Einklang befinden.

Lernen Sie, wie Sie Ihre innere Haltung gezielt verändern und Sie dadurch zu einem souveränen Vortragsstil finden. Lernen Sie, wie Sie durch richtiges Atmen, Artikulieren, Modulieren und Sprechtechnik Ihrer Stimme Resonanz und Kraft geben. Lernen Sie, wie Sie trotz Aufregung Phänomene wie dünne Stimme, Frosch im Hals, Stress und Lampenfieber reduzieren. Lernen Sie, wie Sie Ihre Aussagen lebendig und emotional transportieren und innere Bilder erzeugen.

Ergreifen Sie die Chance Ihre Performance zu optimieren!

Drei Pakete, ein Ziel: Ihr Erfolg!

PAKET 1:
Minicoaching
EUR 850

- Persönliches Kennenlernen
- Analyse der Themen des Vortrags und thematische Einführung
- Probevortrag aus einem bekannten Thema
- Feedbackrunde und Beispiele für die Optimierung der Performance
- Definition eventueller Optimierungsfelder

Investment: 850 EUR zuzüglich Mehrwertsteuer – 2 Stunden ohne Pause (10% Rabatt nur für Mitglieder des »Deutschen Rednerlexikons«)

PAKET 2:
Tagescoaching
EUR 3.400

- Detaillierte Analyse der Themen des Vortrags und thematische Einführung
- Probevortrag aus einem bekannten Thema
- Analyse der Dramaturgie
- Feedbackrunde und Beispiele für die Optimierung der Performance
- Praktische Beispiele in weiteren Vortragssequenzen
- Follow-up Modul

Investment: 3.400 EUR zuzüglich Mehrwertsteuer – 8 Stunden inkl. Pausen (10% Rabatt nur für Mitglieder des »Deutschen Rednerlexikons«)

PAKET 3:
Mehrtagescoaching
EUR 3.400/Tag

- Die Definition der Inhalte erfolgt nach individueller Absprache, ebenso die Zahl der notwendigen Tage.

Investment: 3.400 EUR/Tag zuzüglich Mehrwertsteuer – 8 Stunden inkl. Pausen/Tag (10% Rabatt nur für Mitglieder des »Deutschen Rednerlexikons«)

Robert Amelung freut sich auf Ihren Anruf oder Ihre Mail – hier sind seine Kontaktdaten:

Robert Amelung
Unternehmen Erfolg GmbH

Ismaninger Straße 47
85356 Freising

r.amelung@unternehmen-erfolg.de
Telefon: +49 (0)8161-9919-93

DIE REDNERFLÜSTERER:

Bringen Sie frischen Wind in Ihren Vortrag!
Mit VortragsImpulse und PRESENCY.

Ihr Vortrag: Ihr Vorsprung!
Ist mein Vortrag perfekt? Oder lässt er sich optimieren? Hebt sich mein Ansatz trennscharf von denen meiner Mitbewerber ab? Macht der Titel meiner Präsentation neugierig? Sind meine Slides so gestaltet, dass sie mich unterstützen – oder stehlen sie mir womöglich die Show? Und was kann ich ganz generell noch besser machen? Wenn Sie sich eine dieser Fragen schon mal gestellt haben, lassen Sie uns übers Reden reden. Denn Unternehmen Erfolg - VortragsImpulse, und PRESENCY – Deutschlands Präsentationsagentur – haben speziell für professionelle Speaker ein neues Coachingangebot entwickelt, bei dem Sie Ihre Inhalte, Ihr Design und Ihre Performance von Sparringspartnern auf Augenhöhe überprüfen lassen können.

Wir präsentieren: Eine neue Partnerschaft.

VortragsImpulse ist eine Marke der Unternehmen Erfolg GmbH, dem größten Veranstalter von Redner-Events im deutschsprachigen Raum mit über 386.000 begeisterten Teilnehmern in den erfolgreichen Vortragsreihen der letzten 10 Jahre. Wir vermitteln Redner, produzieren Medien wie das »Deutsche Rednerlexikon« und bieten Vortragenden professionelle Services.

PRESENCY ist Deutschlands Präsentationsagentur für Auftritte, die faszinieren, überzeugen, inspirieren, informieren und sich langfristig verankern. Mit einem völlig neuen Angebotsmix: Wir konzipieren Vorträge, gestalten wirkungsvolle Slides und coachen Speaker auf dem Weg zur optimalen Präsentation.

Reden wir übers Reden!

Anzeige

Die Stimme eines TOP-Speakers!

Stefan Hagen ist Unternehmensberater und Moderator der »kabeleins« – Serie »Hagen hilft«. PRESENCY hat ihn bei der Überarbeitung seiner Präsentation unterstützt. Dazu gehörte die Überprüfung und Neuausrichtung seiner Positionierung, die inhaltliche Überabeitung seines Vortrags sowie die Reduzierung und Gestaltung von Slides.

Sein Fazit: »*Nochmals vielen Dank für die tolle Zusammenarbeit. Ich fand es einfach nur klasse, wie Sie es mit Ihren Ideen geschafft haben, den Vortrag neu zu inszenieren und dennoch den Hagen auch Hagen sein zu lassen. An der Reaktion der Zuschauer konnte ich erkennen, dass der Ablauf und die Präsentation genau den Nerv trafen. Ihre Ideen sind wirklich neu, spannend und einfach anders. Sie helfen nicht nur, Sie machen auch Mut. Und das geht weit über die eigentliche Zusammenarbeit hinaus. Der Vortrag war ein voller Erfolg, durch Ihre Hilfe ...* «

Drei Pakete, ein Ziel: Ihr Erfolg!

PAKET 1:
Online-Check-up
EUR 490

Sie schicken uns Ihre PowerPoint bzw. ein Video Ihres Auftritts. In einer schriftlichen Kurzanalyse überprüfen wir die Disziplinen Inhalt, Design, Performance und Technik. Daraus leiten wir einen konkreten Maßnahmenplan für Sie ab.

Investment: 490 EUR zuzüglich Mehrwertsteuer – exklusiver Sonderpreis für Kunden des »Deutschen Rednerlexikons«. Wird bei Buchung von Paket 2 und/oder 3 einmalig angerechnet.

PAKET 2:
Redner-Workshop
EUR 5.800

2-tägiger Exklusiv-Workshop mit Gerriet Danz. Je nach Wunsch, z. B. Überprüfung der Speaker- bzw. Vortrags-Positionierung, Neuaufbau/Optimierung des Vortrags, Entwickeln und Einbau von eindrucksvollen Inszenierungsideen für den Vortrag. Ergebnis: ein Storyboard für Ihren neuen Auftritt. Mit skizzierten Slide-Ideen und einem inhaltlichen Abriss als perfekte Basis für Ihr Rede-Manuskript.

Investment: 5.800 EUR zuzüglich Mehrwertsteuer und Reisekosten außerhalb von Hamburg.

PAKET 3:
Design/Technik
nach Aufwand

Slide-Design nach neuropsychologischen Erkenntnissen, technische Umsetzung und Optimierung in PowerPoint oder Keynote zur sofortigen Präsentation.

Investment: individuelles Angebot nach Aufwand.

Robert Amelung freut sich auf Ihren Anruf oder Ihre Mail – hier sind seine Kontaktdaten:

Robert Amelung
Unternehmen Erfolg GmbH

Ismaninger Straße 47
85356 Freising

r.amelung@unternehmen-erfolg.de
Telefon: +49 (0)8161-9919-93

Sind Sie Trainer oder Referent?
Dann werden Sie jetzt Mitglied!

✓ **Weiterbildung für Trainer, Referenten und Coaches auf höchstem Niveau bei hochkarätigen Events und in der GSA University**

✓ **Wertvoller Erfahrungsaustausch unter Kollegen**

✓ **Kostenloser Eintrag in das Print-Expertenverzeichnis: Machen Sie sich bei Einkäufern und Agenturen bekannt!**

✓ **Kostenloses Online-Profil: Optimieren Sie Ihre Positionierung im Internet über unsere suchmaschinenoptimierte Website!**

✓ **Internationales Netzwerk aus über 6000 Referenten**

**Werden Sie jetzt Mitglied!
Weitere Informationen unter info@germanspeakers.org
oder telefonisch unter +49 8141 35 55 80.**

We connect experts worldwide - to do business!

Anzeige

GSA
German Speakers Association
Germany Austria Switzerland

Prof. Dr. Lothar Seiwert, CSP, GSA HoF
Präsident 2009 - 2011

✓ Erleben Sie unsere Mitglieder live auf einem unserer spannenden Events

✓ Finden Sie Ihren Referenten in unserem Print-Expertenverzeichnis "Who We Are"

✓ Knapp 600 Mitgliederprofile online auf www.germanspeakers.org

✓ Machen Sie sich selbst ein Bild über Ihren Referenten auf GSA-TV

**Nutzen Sie unser Netzwerk!
Weitere Informationen und die Online-Profile
finden Sie auf www.germanspeakers.org.**

Management – fundiert und innovativ

K. Friedrich, F. Malik, L. J. Seiwert
Das große 1x1 der Erfolgsstrategie
ISBN 978-3-86936-001-0
€ 24,90 (D) / € 25,60 (A) / sFr 42,90

Barbara Schneider
Fleißige Frauen arbeiten, schlaue steigen auf
ISBN 978-3-89749-912-6
€ 19,90 (D) / € 20,50 (A) / sFr 33,90

Hermann Scherer
Jenseits vom Mittelmaß
ISBN 978-3-89749-910-2
€ 49,00 (D) / € 50,40 (A) / sFr 78,90

Ingo Vogel
Top Emotional Selling
ISBN 978-3-86936-003-4
€ 19,90 (D) / € 20,50 (A) / sFr 33,90

Roger Rankel, Marcus Neisen
Endlich Empfehlungen
ISBN 978-3-89749-845-7
€ 24,90 (D) / € 25,60 (A) / sFr 42,90

Steven Reiss
Das Reiss Profile™
ISBN 978-3-86936-000-3
€ 29,90 (D) / € 30,80 (A) / sFr 48,90

H. Schäffner, S. Frädrich
So kommen Sie als Experte ins Fernsehen
ISBN 978-3-86936-002-7
€ 39,90 (D) / € 41,10 (A) / sFr 64,90

Connie Voigt
Interkulturell führen
ISBN 978-3-86936-004-1
€ 47,00 (D) / € 48,40 (A) / sFr 75,90

Ann Salerno, Lillie Brock
Change Cycle
ISBN 978-3-86936-007-2
€ 24,90 (D) / € 25,60 (A) / sFr 42,90

Weitere Informationen finden Sie unter www.gabal-verlag.de